433 ベトナム百科

COLUMN

出発前に必ずお読みください！　旅の健康管理とトラブル対策について …… 427、429

歩き方の使い方

本書で用いられる記号・略語

住　住所
通り名のあとのSt.やRd.は省略しています。階数を表す○Fは現地表記の階数を、通り名の次のQ. 1はQuận 1（第1区）の略で、地区名を表しています。

☎　電話番号
固定電話の電話番号は市外局番から記しています。

URL　ホームページアドレス

E-mail　eメールアドレス

営　営業時間
L.O.はラストオーダーの時間を記しています。

開　開館時間

休　休業日・休館日
ベトナムでは多くの公共機関、レストラン、ショップは、祝日とテト（旧正月）の3日～1週間は休館・休業となります。本書ではそれ以外の休業日・休館日について記載してあります。

料　料金

カード　使用可能なクレジットカード

予約　予約の必要度合い

町名の日本語読みです。

中国との貿易でにぎわう国境近くの町
ランソン
MAP折表-1B
ランソンの市外局番 0205
Lạng Sơn

ランソンはハノイの北東約150kmの所に位置し、中国の国境までは約15km。1979年の中越紛争（→P.442）時には中国軍の侵攻を受け、町は大半が破壊されたが、中国との国交が正常化した現在では活気を取り戻している。
中国との盛んな国境貿易を物語るように、市場では中国から輸入された電化製品、食器、漢方薬の材料らしき物などが並べられている。また、黒い民族衣装を着たヌン族の人たちの姿も見られる。

ドンダン（→P.386）にある中国国境、友誼関

ハノイ
ダナン
ホーチミン市

両替
町なかのあちこちに銀行があり、USドルや中国元などからベトナム・ドンへの両替が可能。日本円の両替はできない。

見どころ Sightseeing

岩山からの眺望も楽しめる鍾乳洞
タムタイン洞窟（三清洞）　MAP P.386-1A参照
Động Tam Thanh　Tam Thanh Cave
町外れの小高い岩山の中に鍾乳洞があり、山腹に寺も建てられ人々の信仰を集めている。鍾乳洞内は美しくライティングされており、見学も可能だ。また岩山の頂上からは、ランソンの町と、のどかな田園風景が見渡せる。

タムタイン洞窟（三清洞）
☎なし　開6:00～18:00
休無休　料2万ドン

タムタイン洞窟の奥はライティングされているが、足元が暗い。懐中電灯があると便利

仏教寺がある美しい鍾乳洞
ニタイン洞窟（二清洞）　MAP P.386-1A参照
Động Nhị Thanh　Nhi Thanh Cave
タムタイン洞窟と同じく鍾乳洞があり、内部はライティングされている。ここにも仏教寺があり、聖なる場所とされている。

ニタイン洞窟（二清洞）
☎なし　開7:00～17:00
休無休　料2万ドン

アクセス ACCESS

ランソンへの行き方
●列車
ハノイ駅からのランソン行きの便は2022年10月現在、運休中。また、ハノイのザーラム駅からドンダン（→P.386）経由で中国・南寧行きの列車が火・金曜21:20発の週2便運行していたが、2022年10月現在、運休中。再開は未定。
●バス
ハノイのミーディン・バスターミナルから5:00～17:30の間に20分間隔で運行。12万ドン、所要約4時間。同ザップバット・バスターミナルから6:00～17:00の間に30分間隔で運行。10万ドン～、所要約3時間30分～4時間。ハザンからも便がある。

ランソンからの交通
●列車
ハノイ駅への便は2022年10月現在、運休中。また、中国・南寧からハノイのザーラム駅行きの列車がドンダン1:55発の1便運行していたが、2022年10月現在、運休中。再開未定。
●バス
ランソン北バスターミナル（Bến Xe Phía Bắc Lạng Sơn MAP P.386-1B参照）から4:35～17:00の間に、ハノイのミーディン・バスターミナル、ザップバット・バスターミナル行きが頻発。12万ドン～、所要約3～5時間。ランソン市内またはドンダンからもバスが頻発しており、乗降場所の送迎サービスを含むバスもある。URL vexere.comでオンライン予約が可能。

385

紹介している地区の市外局番を指しています。

町名のベトナム語表記です。

紹介している地区の場所を指しています。

紹介している見どころの日本語読みとベトナム語表記です。星印は見どころのおすすめ度を表しています。

地図上の位置を指します。MAP P.386-1Aの場合は、P.386の地図の1Aの範囲にあることを示しています。折は巻頭の折り込み地図を示しています。

紹介している見どころの英語表記です。

町への行き方、その町からほかの町への行き方が記してあります。

 **読者投稿**　　Voice **編集部からのプチ情報**

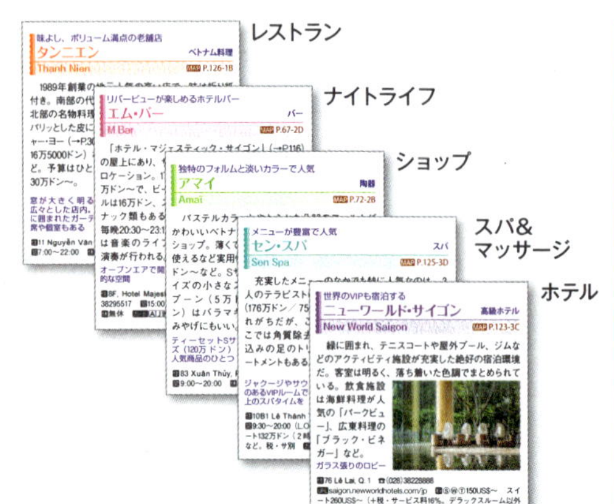

レストラン
ナイトライフ
ショップ
スパ&マッサージ
ホテル

ホテル、レストラン、ショップ（主要物件）の名称は、原則として日本語読み、もしくはアルファベットで表記してありますが、ベトナム語は地方によって発音が異なります。本書ではなるべく、その地方の発音に近いカタカナ表記をしました。
高級ホテル、中級ホテルなどのホテルのカテゴリーは、料金だけでなく、立地、施設の充実度、コンセプトなど、日本人にとっての利便性を考慮して分けてあります。
ドミトリー以外の部屋のタイプの料金は1部屋当たりのものです。また、本書では断りがない限り、正規料金で記載してあります（ホテル事情→ P.425）。

Ⓢシングルルーム
Ⓦダブルルーム
Ⓣツインルーム
Ⓓドミトリールーム

★ベトナム全図
南シナ海
中華人民共和国
ラオス
タイ
カンボジア
海南島
バックボ湾
(トンキン湾)
タイランド湾
ドンヴァン
バックボー遺跡 P.388
ハザン P.390
バンゾック滝 P.387
カオバン P.387
サパ P.369
ラオカイ P.379
バックハー P.375
バベ湖 P.389
ドンダン P.386
ヒューギ
ランソン P.385
友誼関
ライチャウ
ムオンライ
ホン河(紅河)
ダー川
イエンバイ
タイグエン
ヴィエットチー
ディエンビエンフー P.381
タイチャン
ソンラー
ハノイ P.280
バイチャイ
カムファー
モックチャウ
ホアビン
ハイフォン P.365
ハロン湾 P.26, 356
ドーソン P.367
マイチャウ P.310
ナメオ
タイビン
ナムディン
ビエンサイ
ニンビン P.350
ホー朝城跡 P.27, 306
タインホア
サムソン
ノーンヘット
ナムカン
ヴィン
ケオヌア
カウチェオ
チャーロー
ランカン
フォンニャ・ケバン国立公園 P.29, 269
ドンホイ
DMZ(非武装地帯) P.268
ベンハイ川
ラオバオ
クロン
サバナケット
フエ P.260
ハイヴァン峠 P.224
ダナン P.216
チャム諸島 P.247
ミーソン遺跡 P.29, 247
ホイアン P.28, 238
タムキー
ナムザン郡
クアンガイ
ボーイー
コントゥム
プレイク
クイニョン P.186
レタン
トゥイホア
シェムリアップ
トンレサップ湖
メコン川
バンメトート P.208
ダラット P.199
ニャチャン P.180
カムラン湾
ドンナイ川
ホアルー
ファンラン-タップチャム P.186
カーナービーチ
プノンペン
サーマット
タイニン P.132
トゥドゥック
ビエンホア
チアン・ダム
トゥーンフック
モックバイ
バベット
ヴィンスーン
チャウドック P.159
クチ P.130
ムイネー P.177
ファンティエット P.174
コンポンチュレイ
ビンヒエップ
ホーチミン市 P.56
ティンビエン
ロンスエン P.156
タンアン
サーシア
ハーティエン P.163
カイベー P.146
ミトー P.138
カンゾー
ブンタウ P.133
ユーンドン
フーコック島 P.166
サデック
ベンチェー P.141
ヴィンロン P.144
ラックジャー P.161
カントー P.148
チャーヴィン P.147
メコン川(前江)
ソクチャン P.154
メコン川(後江)
バックリウ
カーマウ P.161
コンダオ島 P.171
カーマウ岬
南寧
東興
モンカイ
湛江
広州
マカオ
海口
三亜
0
200km
N
中華人民共和国
武漢
重慶
ブータン
インド
バングラデシュ
ミャンマー
広州
香港
台湾
ハノイ
海口
ビエンチャン
ラオス
ベトナム
同面積の日本
タイ
バンコク
カンボジア
プノンペン
ホーチミン市
フィリピン
ブルネイ
クアラルンプール
マレーシア
シンガポール
赤道
スマトラ島
カリマンタン島
スラウェシ島
インドネシア
オーストラリア
0
1000km
1
2
3
4
A
B
C

ホーチミン市
フーニュアン区
Quan Phu Nhuan
ビンタン区
Quan Binh Thanh
タンビン区
Quan Tan Binh
3区
Quan 3
10区
Quan 10
1区
Quan 1
11区
Quan 11
4区
Quan 4
2区
Quan
(トゥーティエム)
P.56欄外
5区(チョロン地区)P.82
Quan 5
6区
Quan 6
8区
Quan 8
7区
Quan 7
(フーミーフン地区)
P.56欄外
ホーチミン市中心部図
P.122-123
チョロン P.84-85
ブイヴィエン通り・デタム通り
P.70-71
サーカス劇場 P.64欄外
パシフィック航空 P.88へ
ベトナム航空 P.88へ
タンソンニャット国際空港へ
イースティン・グランド・ホテル・サイゴン P.118
コム・タム・バーギエン P.96
センターポイントビルディング
ジブラル
アルコープ・ライブラリー P.120
クチ、タイニン、タンビン・バスターミナルへ
統一病院
スケッチトラベル
ホーチミン本店 P.89へ
2区・タオディエンへ P.72へ
ミエンドン・バスターミナルへ P.61
スイティエン P.81へ
アオザイ博物館 P.81へ
佐川急便ベトナムへ P.88
ランドマーク81
スカイビュー P.79
メイハウス P.108
チェー・クック・バック・タン P.102
クックガック P.93
ダーカオ市場
ヴィンギエム寺(永厳寺)
P.77
タンディン教会
タンディン市場
パイン・セオ46A P.98
ハイランズ・コーヒー
フォー・ホア・パスター
P.97
レヴァンタム公園
94トゥイー P.96
ナウ・コーナー
(2F) P.109
イェンラム
ホーチミン市作戦博物館 P.75欄外
歴史博物館 P.76
フンヴオン廟
ヴァンダイエット
ベトナム料理教室 P.113
サイゴン
動植物園 P.79
テレビ局
ホーチミン市
人文社会科学大学
ベトナム航空チケットオフィス
カンボジア領事館 P.88
ラマナ
グエンヴァンチョイ市場
パスター研究所
中国領事館
P.89
ベンタン劇場
ソフィテル・サイゴン・プラザ P.116
フランス
領事館
タンビン市場
レティリエン公園
ホアフン市場
婦人文化会館
サイゴン駅 P.60欄外, 61
ラ・メゾン・ド・ラボティケア
P.111
ホテル・デザール・サイゴン・
Mギャラリー・コレクション P.114
マイ・ハウス・サイゴン P.114
タイ領事館
日本国総領事館 P.88,432
インターコンチネンタル・サイゴン
P.116
ル・メリディアン・サイゴン
P.115
アンスーン・バスターミナルへ
ヤックラム寺(覚林寺)
P.77
サイゴン大教会 P.75
(聖母マリア教会)
中央郵便局
P.75,88
※2022年8月現在、改修工事中
戦争証跡博物館
P.74
サーロイ寺
ロータス・サイゴン
ホーチミン市
人民委員会
庁舎 P.67欄外
ロッテ・ホテル・サイゴン P.118
パークハイアット・サイゴン P.114
市民劇場 P.66欄外
統一会堂 P.74
(独立宮殿)
ベトナム伝統医学博物館
P.76
キーホア公園
3区公安
カペラ
ヴィンコム・プラザ
VIP
ロンヴァン
水上人形劇場 P.80欄外
ホーチミン市
博物館 P.76
カラベル・サイゴン
バクダン船着場 P.63
百科大学
ホアビン劇場
10区ホアビン文化センター
ビンヤン病院
タオダン公園
レヴェリー・
サイゴン P.115
サンワータワー
ルネッサンス・リバーサイド
ホテル・サイゴン P.116
バクダン・スピードフェリー
ターミナル P.62
ホテル・マジェスティック・サイゴン
チュンヴーン病院
夕方頃からB級グルメの屋台が並ぶ
P.69
ベンタン市場
P.78
サイゴン病院
ハムギー通り
Ham Nghi St.
ビテクスコ・フィナンシャル・
タワー P.79欄外
ニューワールド・
サイゴン P.118
ゼン・プラザ
ハムギー通りバス乗り換え所
P.58,60,61
美術博物館 P.76
国立銀行
ベトコム
ファッションブティックが並ぶ
P.69
ホンファット
タンハイヴァン
(新海寮)
ツーズー病院
ホーチミン博物館 P.75欄外
サイゴン港 P.104
サイゴン川クルーズ船乗り場
P.104
ダムセン公園 P.81へ
ヤックヴィエン寺(覚園寺) P.77へ
フート競技場
(競馬場)
リータイトー通り
フォー・タウバイ
コープマート
ソイ・チェー・ブイティスアン P.101
サイゴン・
バスターミナル
P.58,60,62
チョロン行きバス停
ヤンシン市場
P.78欄外
タイビン市場
エクアトリアル・
ホーチミン・シティ
P.118
ホテル・ニッコー・サイゴン
P.117
プルマン・サイゴン・センター P.118
総合大学
オンラン橋
五行廟
イミグレーション
オフィス
師範大学
トンニャット競技場
ACB
チョロン P.84-85
ウインザー・プラザ P.114欄外
アンドン・プラザ
アンドン市場 P.86
ランファーム
P.110
水餃子の店が並ぶ
P.83欄外
チョーライ病院
ファムゴックタック病院
フングーン・プラザ
夕方以降、
洋服やサンダルの屋台が並ぶ P.69
ナンシー市場
ミエンタイ・
バスターミナル P.62へ
ガーデン・モール
ティエンハウ寺 P.84
(天后宮)
チャンフンチェンハン病院
ドンカン
ハンロン
5区文化センター
チョロン・バスターミナル P.62
チャータム教会 P.85
キムビエン市場
チョロン中央郵便局
P.88
ビンタイ市場
P.86
ディミ P.107
タウフー運河
チャイナエアライン P.88へ
創宮館 P.109へ
アーティナス P.81
サイゴン川
バス路線
メーリン広場〜チョロン・バスターミナル
サイゴン・バスターミナル〜ミエンドン・バスターミナル
サイゴン・バスターミナル〜ミエンタイ・バスターミナル
サイゴン・バスターミナル〜タンソンニャット国際空港
7区〜タンソンニャット国際空港
N
0
800
A
B
C
D
1
2
3

地球の歩き方 D21 ● 2023〜2024年版

ベトナム
Vietnam

COVER STORY

10世紀にわたって栄えてきた職人街、ハノイ旧市街。コロナ禍の厳しいロックダウンで、かつてない静寂に包まれたこの街も今ではすっかり日常を取り戻し、ハノイにはベトナム初となる都市鉄道が開通しました。ベトナムを訪れるなら、ぜひ首都ハノイからスタートしてみてください。いにしえの姿を残す歴史ある街並みに、人々の濃密な生活の匂いが染み付き、今日もハノイ旧市街はワイワイ、ガヤガヤと1日中にぎやか。コロナ禍も何のその、若いエネルギーにあふれ、進化し続けるこの国の底力を目の当たりにするはず。

地球の歩き方 編集室

VIETNAM  CONTENTS

279 都市ガイド 北 部

393 旅の準備と技術編

知っておきたい

地図凡例

- 見どころ
- ホテル
- レストラン、カフェ
- ショップ、スパ、マッサージ
- ナイトライフ
- 銀行
- 郵便局
- 病院
- 学校
- バスターミナル、バス停
- トイレ
- ガソリンスタンド
- タクシー乗り場
- 寺、廟、祠
- 教会
- モスク
- 市場
- 映画館
- 航空会社
- 旅行会社&ツアーオフィス
- 公安（警察）
- ツーリストインフォメーション

基本的に記事で紹介しているすべての町の見どころ、ホテル、レストラン、ショップなどは地図上に位置を記してあります。ただし、掲載地図範囲にないものは☞でその方向を示してあります。

住 住所
☎ 電話番号
URL ホームページアドレス
E-mail eメールアドレス
日本の予約先 日本国内の予約先
営 営業時間
開 開館時間
休 休業日・休館日
料 料金
カード 使用可能なクレジットカード
A アメリカン・エキスプレス・カード
D ダイナースクラブカード
J JCBカード
M マスターカード
V ビザカード
予約 予約の必要度合い
ドレスコード ドレスコード

■掲載情報のご利用にあたって

編集部では、できるだけ最新で正確な情報を掲載するよう努めていますが、現地の規則や手続きなどがしばしば変更されたり、またその解釈に見解の相違が生じることもあります。このような理由に基づく場合、または弊社に重大な過失がない場合は、本書を利用して生じた損失や不都合について、弊社は責任を負いかねますのでご了承ください。また、本書をお使いいただく際は、掲載されている情報やアドバイスがご自身の状況や立場に適しているか、すべてご自身の責任でご判断のうえでご利用ください。

■現地取材および調査時期

本書は、2022年8月から11月の取材調査データを基に編集されています。しかしながら時間の経過とともにデータの変更が生じることがあります。特に飲食店などの料金は、旅行時点では変更されていることも多くあります。また2012年初頭にベトナム政府から国内での料金表示、売買はベトナム・ドンで行うよう通達が出されて以来、ホテル、レストラン、ショップなどの料金表示はUSドルからベトナム・ドンへと移っています。本書では取材時に各店が提示する通貨単位での料金を記載しているため、USドルとベトナム・ドンが混在しています。さらに、ベトナムでは長年、値段は売り手と買い手の交渉によって決められるという習慣があります。現在は、都市部を中心に定価販売の店も増えていますが、値段交渉が有効な所も多く残っています。したがって、本書のデータはひとつの目安としてお考えいただき、現地では観光案内所などで、できるだけ新しい情報を入手してご旅行ください。

■発行後の情報の更新と訂正情報について

発行後に変更された掲載情報や訂正箇所は、『地球の歩き方』ホームページ「更新・訂正情報」で可能なかぎり案内しています（ホテル、レストラン料金の変更などは除く）。

URL **www.arukikata.co.jp/travel-support**

■投稿記事について

投稿記事は、多少主観的になっても原文にできるだけ忠実に掲載してありますが、データに関しては編集部で追跡調査を行っています。投稿記事のあとに（東京都 ○○ '22）とあるのは、寄稿者と旅行年度を表しています。旅行年度のないものは2017年以前の投稿で、2022年8月から9月にデータの再確認を行ったものには、寄稿者データのあとに調査年度を入れ['22]としています。読者投稿は文頭に✉を付けて掲載しています。

ジェネラルインフォメーション

ベトナムの基本情報

▶ 多民族国家ベトナム→ P.449

▶ ベトナム人の信仰→ P.460

▶ 旅のベトナム語→ P.462

北部山岳地帯には少数民族が多く暮らす

国　旗
ベトナム国旗は金星紅旗（コー・ドー・サオ・ヴァン：Cờ Đỏ Sao Vàng）と呼ばれ、旧ベトナム民主共和国（北ベトナム）の国旗として 1945 年に制定した旗を、南北統一（1976 年）後も使用している。

正式国名
ベトナム社会主義共和国
Socialist Republic of Viet Nam

国　歌
ティエン・クアン・カー Tiến Quân Ca

面　積
33 万 1690km^2。日本の約 90%

人　口
約 9851 万人（'21 年）

首　都
ハノイ。人口約 825 万人（'21 年）

国家主席（元首）
グエン・スアン・フック
Nguyễn Xuân Phúc

共産党書記長
グエン・フー・チョン Nguyễn Phú Trọng

首　相
ファム・ミン・チン Phạm Minh Chính

政　体
社会主義共和制

民族構成
キン族（ベト族）が約 86%。そのほかに 53 の少数民族が存在している。

宗　教
約 80% が仏教徒。そのほか、キリスト教（9%）、イスラム教、カオダイ教、ホアハオ教、ヒンドゥー教など。

言　語
公用語はベトナム語。文字はクオック・グー（Quốc Ngữ）を使用する。外国人や旅行者を相手にする所では英語がよく通じる。店によっては日本語が通じることもある。ほかに年配者にはフランス語やロシア語が通じることもある。

通貨と為替レート

VND

▶ 旅の予算→ P.396

▶ 通貨と両替→ P.419

通貨単位はドン(Đồng = VND)。使用されている紙幣は 100、200、500、1000、2000、5000、1 万、2 万、5 万、10 万、20 万、50 万ドンの 12 種類だが、100、200 ドンはほとんど流通していない。硬貨は 200、500、1000、2000、5000 ドンの 5 種類あるが、こちらも流通していない。

また、以前流通していた US ドルは決められた場所以外の取引は禁じられており、基本的に流通はしていない。

1円≒ 170 ドン
1US$ ≒ 2 万 4627 ドン
1ドン≒ 0.0059 円（1000 ドン≒ 6 円）
（2022 年 11 月現在）

紙幣は桁数が大きく、柄が似ているので間違えないように

コインは、ほとんど流通していない

国際電話のかけ方

▶ 電話と郵便→ P.422

日本からベトナムへの電話のかけ方

国際電話会社の番号		国際電話識別番号		ベトナムの国番号		市外局番（頭の 0 は取る。各町の項参照）		相手先の電話番号
0033（NTT コミュニケーションズ）※1 0061（ソフトバンク）※1 005345（au 携帯）※2 009130（NTT ドコモ携帯）※3 0046（ソフトバンク携帯）※4	+	010	+	84	+	××	+	1234567

※1 「マイライン」、「マイラインプラス」の国際区分に登録している場合は不要。ただしマイラインは 2024 年 1 月終了。
詳細は URL www.myline.org/
※2 au は 005345 をダイヤルしなくてもかけられる。
※3 NTT ドコモは 009130 をダイヤルしなくてもかけられる。
※4 ソフトバンクは 0046 をダイヤルしなくてもかけられる。

入出国

▶ビザ→P.402
▶入国の手順→P.404
▶出国の手順→P.406

ビ　ザ
入国時点で6ヵ月間以上の残存有効期間を有するパスポートと、出国用の航空券を有する日本国民に対しては、15日以内の滞在に限りビザは不要。16日以上滞在する場合はビザが必要だが、2022年10月現在、観光目的の場合、30日間滞在できるシングルエントリーのeビザの取得のみが可能。eビザはオンラインで申請・取得する。所要3営業日、25US$（カード決済のみ）。eメールで送られてくるeビザを印刷し、入国時に提示する。

パスポート
ビザ取得時（ビザなしの場合は入国時）に6ヵ月以上の残存有効期間が必要。

日本からのフライト時間

▶ベトナムへのアクセス→P.399

日本から直線距離で約3600km。ホーチミン市までは、成田国際空港と羽田空港から約6時間、関西国際空港からは約5時間30分、中部国際空港からは約6時間、福岡空港からは約5時間20分。ハノイまでは、成田と羽田から約5時間35分、関空からは約5時間、中部からは約5時間25分、福岡からは約4時間30分。ダナンまでは、成田と羽田から約5時間30分、関空からは約4時間35分。
※いずれも直行便での最短所要時間。

ビジネスアワー

以下は、一般的な営業時間の目安。ショップやレストランなどは店によって異なる。

銀　行
月～金曜8:00～11:30、13:00～16:00。日曜、祝日は休み。土曜は営業する所もある。営業時間中は両替が可能。

ショップ
8:00～21:00。

レストラン
10:00～22:00だが、6:00オープンや24:00まで営業する所もある。また、高級店はランチタイムとディナータイムの間に、2～3時間クローズする所が多い。

時差とサマータイム

時差は日本の2時間遅れ。日本の正午はベトナムでは午前10:00となる。サマータイムはない。

祝祭日

日付	祝祭日
1/1	元日
1月 旧暦の大晦日と1/1～1/3（※2023年の元日は1月22日）	テト（旧正月）
3月 旧暦の3/10（※2023年は4月29日）	フンヴオンの命日
4月 4/30	南部解放記念日
5月 5/1	メーデー
9月 9/2	国慶節（独立記念日）

※2023年の国慶節は、3日（日）と4日（月）は振替休日となり3連休になる予定。

ベトナムでは、テト（旧正月）に縁起物のキンカンを飾る。テト前は町のあちこちにキンカンを売る市が立つ

ベトナムから日本への電話のかけ方

国際電話識別番号	+	日本の国番号	+	相手先の電話番号（市外局番の頭の0は取る）
00 ※1	+	81	+	XX-1234-5678 ※2

※1　ホテルの部屋からは、外線につながる番号を頭に付ける。
※2　携帯電話などへかける場合も、「090」「080」などの最初の0を除く。

▶日本語オペレーターに申し込むコレクトコール
・KDDI　ジャパンダイレクト 120-81-0010

インターネット

Wi-Fi

▶電話と郵便→P.422

Wi-Fi
ベトナムのインターネット環境は整っており、各空港をはじめ、ホテル、レストラン、カフェなどあらゆる所でWi-Fiが無料で使える。

気候

▶旅のシーズンと持ち物 → P.397

ベトナムは南北に細長く気候は地域によって多彩に変化する。また変化に富んだ自然景観も楽しめる。写真はニャチャン

旅行のベストシーズン

●南部
雨が少なく、湿度も下がる11～3月。

●中部
ビーチを楽しむなら乾季のなかでも晴天が多い5～8月。観光メインなら暑さもさほどではない3月中旬の乾季に入って間もない頃。

●北部
雨が少なく、気温も下がる10～11月。

ベトナムには明確な雨季があり、スコールもある。そのためバイク、自転車用の雨合羽はさまざまなタイプがあり、少々の雨ならこれで十分

ベトナムは全体としては高温多雨で、熱帯モンスーン気候に属している。しかし、南北に細長い国土のため、同じ時期でも地域によって気候は大きく異なる。特に冬（11～3月）は、北部では朝晩はジャケットを必要とするほど冷えるが、南部では日中30℃を超える日が続く。出発前に目的地の気候を調べ服装を整えよう。ウェブサイトは右記のようなものがある。

地球の歩き方＞世界の天気＆服装ナビ
URL www.arukikata.co.jp/weather
日本気象協会 tenki.jp
URL www.tenki.jp/world

ホーチミン市と東京の気温と降水量

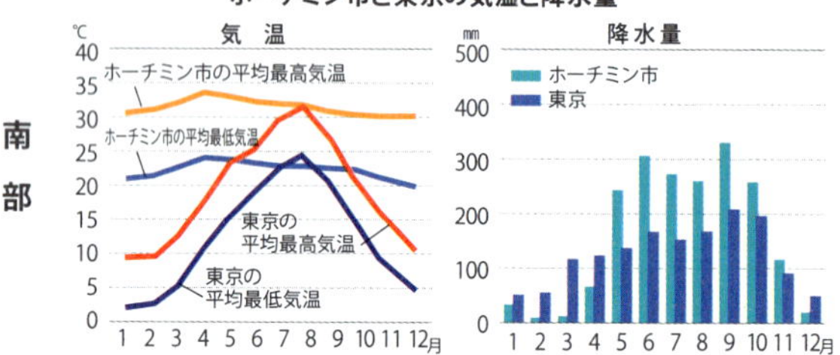

ダナンと東京の気温と降水量

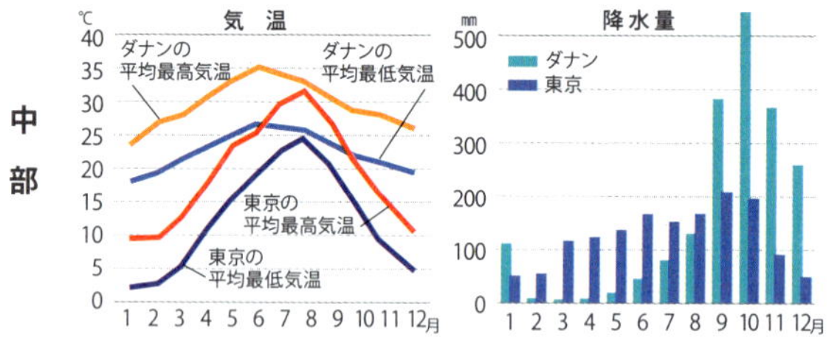

ハノイと東京の気温と降水量

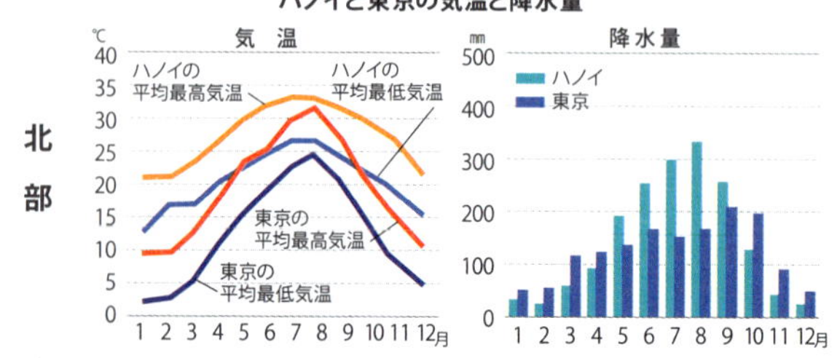

電圧とプラグ

左からA型、C型、SE型の変換アダプター

電圧はほとんどが220Vで、まれに110Vがある。周波数は50Hz。プラグはA型とC型の複合型が多く、A型、C型、まれにSE型とBF型がある。日本の100V用電気製品を使用するには、変圧器が必要。中級以上のホテルであれば、変圧器を借りることも可能。日本の電気製品でも、100～240V対応の物であれば変圧器なしで使用できるため、使用予定の電気製品の説明書を読んでおこう。ただし100～240V対応製品でもプラグの変換アダプターは必要となるため要注意。

ビジネス利用の多い都市部のホテルでは、数は少ないがLANケーブルの差し込み口が設置されている所も

チップ

チップの習慣はなく、基本的に不要。

レストラン
高級店以外では不要。高級店でも、サービス料が付加されている場合は不要。

ホテル
ベルボーイやルームサービスに対しては、1万～2万ドン程度。

ツアーガイドやドライバー
プライベートツアーの場合、1日5万～10万ドンくらい。格安ツアーの場合は渡さなくてもOK。

マッサージやスパ
渡す場合は5万～10万ドンを目安に。料金にチップやサービス料が含まれている場合もあるので確認を。

タクシー
不要。

飲料水

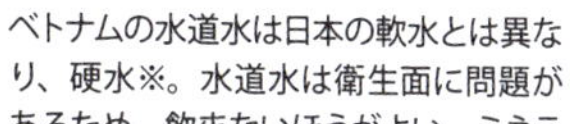

ベトナムの水道水は日本の軟水とは異なり、硬水※。水道水は衛生面に問題があるため、飲まないほうがよい。ミネラルウオーターは町なかの商店をはじめ、あらゆる場所で売られている。種類にもよるが500mLで5000ドン～。

※硬水はカルシウム、マグネシウムなどの含有量が多い水。軟水は逆に少ない。

さまざまな種類のミネラルウオーターが売られている。内容量も500mL、1L、2Lなどがある

DVD

DVD購入の際はリージョンコードの確認を忘れずに。日本のリージョンコードは「2」、ベトナムは「3」のため、「All code」と明記されている物でないと日本では見られない。なお、アニメや映画などのDVDコピー商品は日本に持ち込めないので注意。

郵便

郵便局からは国内・国際郵便を送れる。写真はホーチミン市の中央郵便局

郵便局の営業時間はだいたい7:00～19:00。日曜営業の郵便局もある。

郵便料金　日本までのエアメールの場合、はがき、封書は20gまで3万ドン。船便の小包は、1kgまで47万5600ドン。以後は1kg増すごとにプラス18万5800ドン。

▶電話と郵便
→P.422

税金

基本的に10～20%のVAT（付加価値税）がかかるが、現実的に旅行者レベルでの買い物、支払いにはほとんど適用されていないようだ。旅行者がVATを支払うのは、中・高級ホテルや高級レストランでの支払い時くらい。VAT還付制度があり、国際線が就航している空港や港にあるVAT還付カウンターで手続きできる。手順を踏めば還付金を受け取ることができるので、事前によく確認しておきたい。

▶ VAT還付制度
→P.407

安全とトラブル

ベトナムは比較的治安がよくテロや凶悪犯罪などは少ないが、スリやひったくりなどの軽犯罪の発生率は日本より高い。旅行者は気をつけよう。危険情報などに関しては、外務省のHPや下記URLを参照。最新情報はこちら→ URL book.arukikata.co.jp/support/

警察	**113**
消防	**114**
救急車	**115**

▶旅のトラブル対策
→P.429

年齢制限

たばこ、アルコールともに法律の規定はない。社会的に認められるのはたばこ、アルコールともにだいたい18歳から。50ccを超えるバイクの運転には免許証が必要で、外国人もその対象になっている。また、ベトナムは日本が加盟する国際運転免許証の条約が異なるため、日本の国際運転免許証は通用しない。

度量衡

メートル法。

話題の情報をチェック！

ベトナム最旬NEWS

ベトナム南・中・北部の各町で、話題を集めているニュースや最新スポット、新しい観光情報など、ホットな話題を一挙にご紹介！　気になる情報をチェックしてベトナム旅行に役立てよう。

南部 ホーチミン市

3大カフェブランドだけじゃない！

カフェチェーンがさらに急増&拡大中

ベトナム・コーヒーブランドの大手3社(→P.102)に加えて、新たなカフェチェーンが市内で急増し、各チェーンともに店舗を拡大。数年前に登場し、安価で手軽と人気になった「パッシオ」、全国で爆発的な人気を誇るハノイ発のレトロカフェ「コン・カフェ」などのほか、ここ数年は「カティナ・サイゴン・カフェ」や「フィンデリ」が特に店舗展開が多く、人気を集めている。街で見かけたらぜひ利用してみて。

1「パッシオ」はコーヒーが2万5000ドン～とリーズナブル　2,3 ドリンクやスイーツがおいしく地元の若者に人気の「カティナ・サイゴン・カフェ」。ランブータン・ミルクティー（6万ドン）がおすすめ

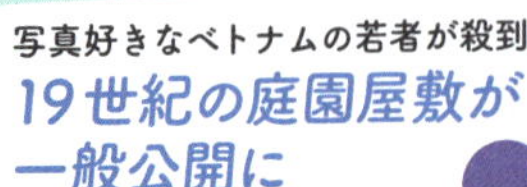

4 広々とした店舗が多い「フィンデリ」　5「グータ」はスタンド形式の小さな店舗が主流。バイン・ミーがおいしい　6,7 不動の人気を誇る「コン・カフェ」(→P.101)はココナッツミルクシャーベットを使ったドリンクで有名。ノートやコップなどのグッズもかわいい

写真好きなベトナムの若者が殺到

19世紀の庭園屋敷が一般公開に

中部 フエ

市街中心部からティエンムー寺へ行く手前1kmあたりにある。19世紀にズックドゥック帝が娘の住居兼客人の接待用に造った屋敷で、その後は政府高官や皇帝の親戚などの手を経て、最近になって一般公開されるようになった。約1400坪の敷地には多くの樹木が植わり、伝統建築様式の母屋やハス池などを擁している。

アンヒエン庭園屋敷　Nhà Vườn An Hiên

MAP P.266-1A　住 58 Nguyễn Phúc Nguyễn　☎ (0234)397555
開 8:00 ～ 17:00　休 無休　料 5万ドン、12歳以下無料

1 客が一定数集まると、英語とベトナム語で解説をしてくれる　2 中央が仏間になっており、ここは仏間に続く客間　3 木々が縁取る、入口の古い石の門も撮影スポット

中部 ダナン

変わり種ドリンクも試したい

コンセプトカフェが大流行

ダナンでは、さまざまなテーマを設けたユニークなコンセプトカフェが続々オープン。なかでもサパの少数民族の村をイメージした「クアゴー・カフェ」、レトロな庭園カフェ「チン・カフェ」、路地裏の茶カフェ「ゴック・ニャー・トゥイ・ミン」がおすすめ！ ダナンで人気のちょっと変わったドリンクもぜひ試してみて。

少数民族の衣装もレンタルできる A

A エスニック布が飾られた雰囲気のある店内。多数の異なるスペースがある

C 緑に覆われた門をくぐると民家を改装したカフェが。レトロな家具が置かれた店内は妙に居心地がよい。小さな庭もある

B 1970年代のベトナムの家をイメージした店内にはベトナムの国民的な作曲家チン・コン・ソンの音楽が流れる

Ⓐクアゴー・カフェ→P.229 Ⓑチン・カフェ→P.229 Ⓒゴック・ニャー・トゥイ・ミン→P.228

試してみたいメニュー

A 塩コーヒー Cà Phê Kem Muối

ダナンで流行している塩コーヒー。甘いベトナム・コーヒーにほんのり塩味が効いて美味。3万9000ドン

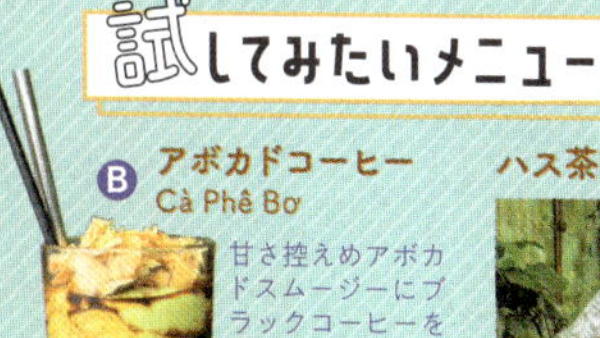

B アボカドコーヒー Cà Phê Bơ

甘さ控えめアボカドスムージーにブラックコーヒーをイン。ココナッツチップスの食感もよく癖になるおいしさ。3万8000ドン

C ハス茶 Trà Sen

ハス茶をオーダーするとハスの花に包まれた茶葉を取り出し、いれてくれる。香りがよく、まろやかな味わい。13万5000ドン

北部 ハノイ

気分はまるでグランピング!?

都会で楽しむバーベキュー

コロナ禍のハノイでは、広々とした屋外でのキャンプや街なかでキャンプ気分を楽しめるグランピングが人気に。ここは2021年、ロッテ・センター・ハノイの7階にオープンしたグランピング場で、高層ビルに囲まれたオープンエアの開放的なスペースで食事ができる。

ピクニック・カフェ&バーベキュー・ハノイ

Picnic Cafe & BBQ Hanoi

MAP P.342-2A 住 7F, Lotte Center Hanoi, 54 Liễu Giai, Q. Ba Đình ☎ なし URL www.facebook.com/picnichanoi

営 18:00～22:30 休 無休 料 バーベキューセットひとり79万2000ドン（アルコール別途） カード MV 予約 要予約

1, 2 テントが設置されたグランピング場。音楽ライブなどが行われることも 3 バーベキューセットが人気。そのほかスナック類もあるこれを見れば一目瞭然！

ベトナム主要エリア

ハノイ Hà Nội

▶P.280

街の歴史は古く、由緒ある寺やフランス統治時代の建物などが残り、しっとりとした雰囲気が漂う。市内にはタンロン遺跡（→ P.27、295）、近郊にはニンビンのチャンアン複合景観（→ P.27、350）、ホー朝城跡（→ P.27、306）と3つの世界遺産がある。

サパ Sa Pa

▶P.369

海抜約1500mに位置する山間部に開けた町。少数民族の集落を巡るトレッキングが人気。

ホイアン Hội An

▶P.28 ▶P.238

16～17世紀には日本人町も造られ、海のシルクロードの要衝として栄えた町。オリエンタルな古い町並みは、訪れる人を郷愁へと誘う。世界遺産のミーソン遺跡（→ P.29、247）はホイアンからツアーが出ている。

フエ Huế

▶P.28 ▶P.260

グエン朝の都がおかれていた古都。王宮、寺院、皇帝陵など風情ある建築物が残る。世界遺産フォンニャ・ケバン国立公園（→ P.29、269）へもフエから行ける。

ミトー Mỹ Tho

▶P.138

メコンデルタの町で、ホーチミン市から日帰りで行けるショートトリップが人気。メコンの支流を手こぎ舟で進むジャングルクルーズが楽しめる。

ホーチミン市 Hồ Chí Minh

▶P.56

ショッピングやグルメをリードする商業の中心都市。高層ビルが建ち並び、車やバイクがあふれ、ベトナムパワーを満喫できる。

ガイド

南北に細長いベトナム。まずは北部・中部・南部の主要都市と世界遺産（→P.26）を知って、自分の“歩き方”を見つけよう。

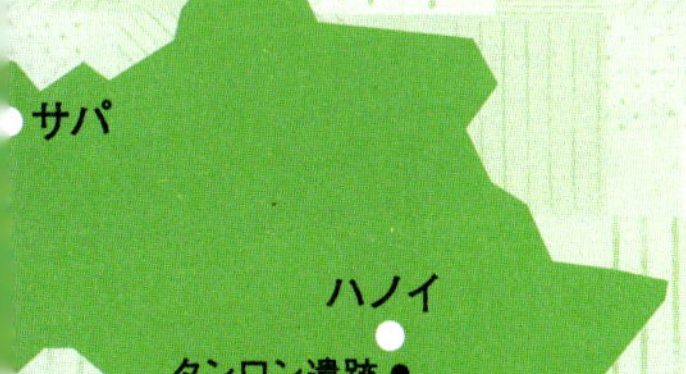

P.279

北部 North

ベトナムの首都ハノイを起点に、世界遺産のハロン湾やニンビン、少数民族が暮らすサパなどへ足を延ばしてみよう。

ハロン湾 Vịnh Hạ Long

▶P.24 ▶P.26 ▶P.356

世界遺産のハロン湾クルーズは北部観光のハイライト。

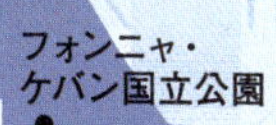

P.215

中部 Central

日本からの直行便がある話題のビーチリゾート、ダナンを起点に、世界遺産の古都、フエとホイアンを訪れたい。

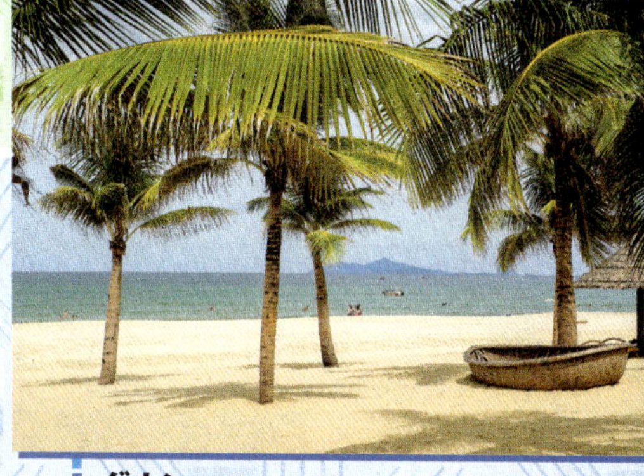

ダナン Đà Nẵng

▶P.216

明るく開放的な雰囲気の中部最大の港湾都市。ヤシの並木が続く長い海岸沿いには美しいビーチがあり、ベトナムを代表する人気のビーチリゾートでもある。

ニャチャン Nha Trang

▶P.180

南部を代表するビーチリゾート。沖合に浮かぶ島々の自然景観を楽しむボートトリップが人気。大きな漁港があり、海鮮料理がおいしいことでも知られている。

ニャチャン
ダラット
ホーチミン市
ミトー

P.55

南部 South

言わずと知れた観光都市ホーチミン市では、南国の雰囲気にどっぷり浸ろう。リピーターにはダラットやニャチャンがおすすめ。

ダラット Đà Lạt

▶P.199

海抜約1400mに位置する、フランス統治時代に開発された高原の避暑地。滝や湖など、自然景観の見どころが多い。歴史あるコロニアル様式のホテルは女性に人気。

エリア別 ベトナム旅行モデルプラン

Plan 1 ホーチミン市3泊5日

1日目 ショッピング&カフェをハシゴ

泊 ホーチミン市

13:00 ホーチミン市、タンソンニャット国際空港着

14:00 ホテルにチェックイン後、ショッピング&話題のカフェを巡る。小腹がすいたらバイン・ミーを

お気に入りアイテムをゲット

バイン・ミーは必食

市内には雰囲気抜群のおしゃれカフェが急増中！

2日目 ホーチミン市市内観光

泊 ホーチミン市

09:00 市内観光スタート。統一会堂（独立宮殿）、戦争証跡博物館（→ともにP.74）、ベンタン市場（→P.78）など主要観光スポットを一気に回る

1日中観光客でにぎわうベンタン市場

仏領時代の建築、中央郵便局（→P.75）も必見

3日目 メコンデルタでジャングルクルーズ

泊 ホーチミン市

08:00 ホーチミン市出発

10:00 ミトー（→P.138）到着。ジャングルクルーズや名物料理などを堪能

17:00 ホーチミン市帰着

ミトーへはツアー利用が便利

4日目 クチへ半日トリップ

泊 機内

08:00 ホーチミン市中心部出発

10:00 クチ（→P.130）到着。クチの地下トンネルなどを見て回る

クチへはツアー利用が一般的

14:30 ホーチミン市中心部帰着。最後のショッピング&マッサージへ

最終日ディナーもベトナム料理を

プラスαで カンボジア、アンコール・ワットへ

ホーチミン市から世界遺産アンコール・ワットのあるカンボジア、シェムリアップへは飛行機で約1時間。時間に余裕がある人は組み合わせてみよう。カンボジアのビザは空港で取得可能。

アンコール・ワットは世界三大仏教遺跡のひとつ

5日目 日本へ帰国

00:35 タンソンニャット国際空港発

08:00 成田国際空港着

主要観光地を網羅 南北縦断11泊13日

時間に余裕があれば、南北縦断もおすすめ。ベトナムのおもな世界遺産を中心に周遊してみよう。

- 1&2日目 ホーチミン市着 — ホーチミン市 泊
- 3日目 フエ — フエ 泊
- 4日目 フォンニャ・ケバン国立公園 — フエ 泊

- 5日目 ホイアン — ホイアン 泊
- 6日目 ミーソン遺跡 — ホイアン 泊
- 7&8日目 ダナン — ダナン 泊

- 9&10日目 ハノイ — ハノイ 泊

- 11日目 ハロン湾 — ハノイ 泊
- 12日目 ニンビン — 機内 泊
- 13日目 ハノイから日本へ

日本から直行便が飛んでいるホーチミン市、
ダナン、ハノイの3都市を起点とした3つのプランをご紹介。

古い町並みが残るホイアン

Plan2 ダナン&ホイアン3泊5日

1日目 リゾートホテルへ
泊 ダナン

14:05 ダナン国際空港着

15:00 ホテルにチェックイン。プールでのんびり

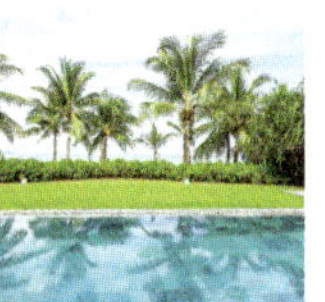
ダナンのホテルはアクティビティが充実

2日目 ダナン観光
泊 ダナン

10:00 終日ダナン観光。五行山(→P.223)などを回る

神秘的な洞窟がある五行山

3日目 ホイアン観光
泊 ホイアン

12:00 ホイアンへ移動。終日ホイアン観光。夜もホイアンの町を散歩

ホイアン名物のカオ・ラウ

4日目 ミーソン遺跡へ半日トリップ
泊 機内

08:00 ホイアン出発

09:10 世界遺産、ミーソン遺跡(→P.29、247)に到着。ミーソン遺跡観光

14:30 ホイアン帰着。ホイアンで最後のショッピングや町歩き

ミーソン遺跡へはツアー利用が便利

プラスαで フエやフォンニャ・ケバン国立公園へ
フォンニャ・ケバン国立公園(→P.29、269)へ行く場合はフエを起点にするといい。ダナンからバスまたは列車でフエへ行き、フエを起点にフォンニャ・ケバン国立公園を観光、ダナン&ホイアンへ戻るルートがおすすめ。

見事な石筍が見られるティエンドゥーン洞窟(天国の洞窟)

5日目 日本へ帰国

00:20 ダナン国際空港発

07:35 成田国際空港着

Plan3 ハノイ3泊5日

1日目 旧市街を散策
泊 ハノイ

13:50 ハノイ、ノイバイ国際空港着

15:15 ホテルにチェックイン。その後、旧市街(→P.288)散策へ

ハノイ旧市街は街歩きが楽しい

2日目 ハノイ市内観光
泊 ハノイ

09:00 市内観光スタート。ホーチミン廟(→P.293)、世界遺産のタンロン遺跡(→P.27、294)など主要観光スポットを回る

ベトナム初の大学が開設された文廟(→P.296)

本場のフォーをわいたい

プラスαで ニンビン、サパへ
世界遺産があるニンビン(→P.27、350)へはハノイから車で約2時間、少数民族が暮らすサパ(→P.369)へは車で約5時間。ニンビンは日帰り可能だが、サパへは2泊3日ほど余裕をもった日程を組みたい。

棚田が美しいサパ

ハロン湾へはツアー利用が便利

3日目 ハロン湾へ日帰りトリップ
泊 ハノイ

08:00 ハノイ出発

11:30 ハロン湾(→P.24、26、356)到着。船に乗り換え、ハロン湾の景観や洞窟観光を楽しむ

20:00 ハノイ帰着

4日目 バッチャン村へ
泊 機内

バッチャン焼のカップ

09:00 ハノイ中心部出発

09:30 バッチャン(→P.308)到着。バッチャン焼のショッピング

12:30 ハノイ中心部帰着。市内観光をしつつ、最後のショッピング&マッサージへ。夜は水上人形劇(→P.298)を観賞

5日目 日本へ帰国

00:05 ノイバイ国際空港発

07:10 成田国際空港着

ベトナムの伝統芸能、水上人形劇

注目トピック ①

ウミガメとジュゴンの海

楽園のパワースポット コンダオ島

打ち寄せる透明な波、のんびり売り子が昼寝する市場、素材勝負の新鮮シーフード。海ではジュゴンが泳ぎ、月夜の浜にはウミガメが産卵に訪れる。それが癒やしの楽園、コンダオ島だ。しかも、ベトナム有数のパワースポットまであるのだ。

楽園ポイント 1

島中ビーチだらけ

まずは海へ！

町に近いロヴォイ・ビーチ(MAP P.171下図-1B)でも十分美しいが、町の西寄りに広がるアンハイ・ビーチ(MAP P.171下図-2A)はさらに透明度が高い。飛行機好きにおすすめは滑走路真下のダムチャウ・ビーチ(MAP P.171上図)。飛行機の離発着をビーチから楽しめるが、レンタバイクかタクシーチャーターが必要。

便数が少ないので、離発着を見たい人は行く前に時刻表の確認を

楽園ポイント 2

シーフードだけじゃない

郷土の味に舌鼓

ココナッツアイス

カサ貝

カキ粥

ハッ・バン

ここならではの味は、アワビに似た食感のカサ貝(Ốc Vú Nàng)や、新鮮なカキたっぷりのお粥(Cháo Hàu)。島の名物ナッツ、ハッ・バン(Hạt Bàng)は香りの濃さとクリスピーさが特徴で、市場で買える。人気のココナッツのアイス(Kem Dừa、3万ドン～)も島内の屋台で。

遠浅のアンバイ・ビーチ。市街中心部から歩いて行けるビーチでもこの透明度

楽園ポイント4

俗世と隔絶した癒やしの園

シックス・センシズ・コンダオ

コンダオ島の楽園的魅力に早くから注目し、町なかから離れた島の一画に自然の地形を生かしたリゾートを設けたのが「シックス・センシズ・コンダオ」（→P.173）。近年はホテルが増えてきているが、まだまだ各リゾート間で距離をとっており、隠れ家としての魅力をもつ宿が多い。

上／部屋からは、ただただ静かな海が目前に広がる
中／自然に溶け込む建築はシックス・センシズならばこそ　下／周辺の海は特に透明度が高い

コンダオ島とは？

「コンダオ島」といわれるのは一般的に、コンダオ諸島12島のうち、空港があり観光の中心となるコンソン（Côn Sơn）島のこと。

楽園ポイント5

心に残る神秘体験を

ウミガメに合いにバイカン島へ

ダイビング中、運がよければジュゴンに出合えるコンダオ島。しかし、この島を世界に知らしめているのはウミガメの産卵だ。6～8月は、国立公園主催のツアーに参加すれば見学できる（→P.172）。

楽園ポイント3

英雄をしのぶのみならず

願い事もかなえてくれる

ベトナム人観光客のお目当ては、実は海よりもカメよりも、収容所跡への独立の英雄たちの慰霊と、神格化された彼らに願いごとをすることだ。特に夜中のハンユーン墓地（→P.172）は ラッシュアワー並みに混雑する。

左／町なかにはお供え店がいっぱい
下／独立運動家たちが投獄されていたコンダオ収容所跡（→P.172）

注目トピック②

レトロなバイクが置かれたカウンター（デン・コーヒー＆ハウス）

コーヒーの町で見つけた バンメトート すてきカフェ案内

コーヒーの産地として知られるバンメトートは、ここ数年、
地元の厳選豆を使った、おしゃれで居心地のいいカフェが急増中。
山小屋風&ガーデンカフェやビンテージスタイルのカフェなど地元でも人気のカフェをご紹介。

おすすめカフェ 1

地元の若者に大人気

デン・コーヒー&ハウス
Den Coffee & House

平屋の一軒家をカフェに改装。耳に心地よい音楽が流れる店内は、ベトナム各地の風景写真や絵が飾られ、友人宅を訪れたような居心地のよさ。コーヒー豆はバンメトート産から厳選し、コーヒー1杯1万2000ドン～。地元の若者に混じってゆったり過ごしたいカフェだ。

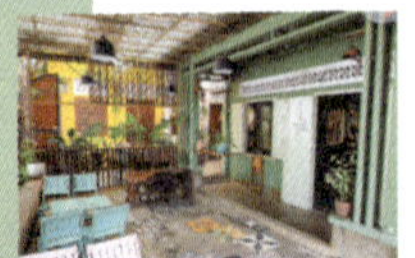

MAP P.209B図-1A
住 25 Tống Duy Tân, P. Tân Lợi
☎091-4176879（携帯） 営6:00～22:00 休無休
カード不可 予約不要

左・上／アースカラーに彩られたレトロな雰囲気の店内。屋外席、半屋外席もあり、朝はのんびりとコーヒーを飲みながら過ごす人が多い

左・上／家具がどれもおしゃれ！
下／左は生搾りキャロットジュース3万ドン、右はカフェラテ3万ドン

おすすめカフェ 2

ナチュラルカラーの癒やしカフェ

カフェ・カルム
Cafe Calme

入口や中庭に配されたトロピカルグリーンが目を癒やしてくれる。店内は広々としてセンスのいいインテリアでまとめられており、ラップトップを持ち込んで作業する人や恋人・友人と静かに過ごす人が多い。中心部から離れるが地元支持の高いカフェ。

MAP P.209B図-2A参照
住 17 Mai Thị Lựu, P. Ea Tam
☎092-4694779（携帯）
営7:00～22:00 休無休
カード不可 予約不要

メルヘンな世界が広がる

モック・モンモー
Moc Mong Mo

手入れの行き届いた小さな庭には山小屋風のウッドハウスが建ち、まるで絵本の中の世界のよう。コンパクトな店内も凝った造りで、窓から庭を眺められる小さなカウンター席や2階のお座敷風席などでゆっくりできる。

DATA→P.213

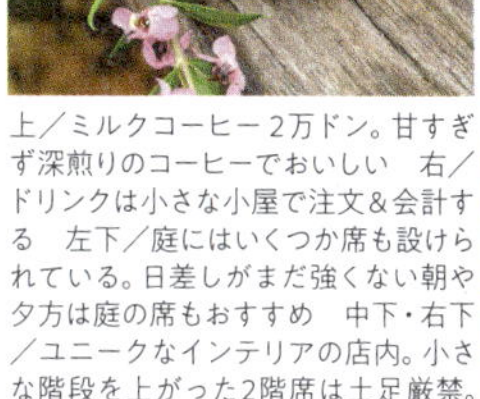

上／ミルクコーヒー2万ドン。甘すぎず深煎りのコーヒーでおいしい　右／ドリンクは小さな小屋で注文&会計する　左下／庭にはいくつか席も設けられている。日差しがまだ強くない朝や夕方は庭の席もおすすめ　中下・右下／ユニークなインテリアの店内。小さな階段を上がった2階席は土足厳禁。足を伸ばしてくつろげる

おすすめ
カフェ
4

ビンテージ風のおしゃれカフェ

ハウス・オブ・レンズ・コーヒー
House of Lens Coffee

時代めいたタイプライターやレトロなテレビに混じってモダンなデザインのスツールやアートがさりげなく飾られ、ノスタルジックな空気をまとった店内は独特の雰囲気。部屋によって内装が異なり、屋外席もある。

DATA→P.213

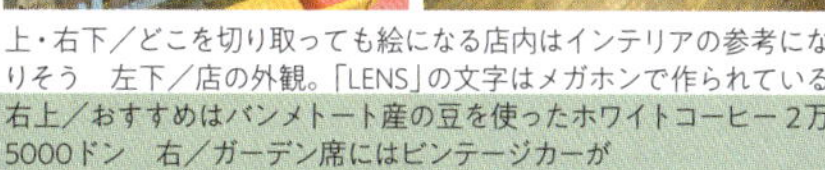

上・右下／どこを切り取っても絵になる店内はインテリアの参考になりそう　左下／店の外観。「LENS」の文字はメガホンで作られている
右上／おすすめはバンメトート産の豆を使ったホワイトコーヒー2万5000ドン　右／ガーデン席にはビンテージカーが

注目トピック③

大自然に囲まれてリフレッシュ

メコンデルタで田舎ステイ

観光地から少し離れた、自然豊かな田舎での滞在が近年人気を集めている。特にメコンデルタはガーデンステイやホームステイが点在し、ゆったりと時間が流れる田舎暮らしを体験できる。

手入れの行き届いた美しいガーデン（メコン・ホーム）

緑＆花に癒やされる

ベンチェーのガーデンステイ

ローカルの人々が暮らすベンチェーの村には、木々や花々が目を楽しませてくれるガーデンステイが登場。緑や花々に囲まれた静かな環境で、羽を伸ばしてゆっくり過ごしたい。

メコン・ホーム
Mekong Home

観光客はほとんど訪れないベンチェーの村にあり、ひと味違ったメコンデルタ滞在を楽しめる。宿泊、食事のほか、料理教室、釣り、ココナッツ農園や地元の市場などを訪れるツアーがセットになったプランもある。

DATA→P.143

左上／食事もおいしいと評判　左下／川沿いで食事を楽しもう　右／ココナッツランプなど自然素材を使ったかわいらしい客室

左上／各バンガローはハンモックのあるテラス付き　左下／立派なヤシの木に囲まれたガーデン。周辺も緑いっぱい　右上／バンガロー内は簡素な造りだが、清潔。エアコン付きの客室もある　右下／朝食は目玉焼き＋バイン・ミーまたは焼きそば。ドリンクも選べる

ベンチェー・ガーデン・ファームステイ
Ben Tre Garden Farmstay

ミトーにほど近いベンチェーの村にある。トロピカル植物が生い茂るガーデンにバンガローが数軒建つ小規模の宿でアットホームな雰囲気。スタッフは英語が通じないが、英語を話すオーナーと電話で取り次いでくれる。

MAP P.140-2A
住 Tổ 10, Ấp Phước Xuân, An Khánh, Châu Thành, Bến Tre
☎032-8944788（携帯）
料 49万9000ドン～（朝食付き）
カード ADJMV　全6室

左上／アンビン島の人々はフレンドリーな人が多い　左下／島のあちらこちらで見かける手こぎ舟　右／のどかな風景が魅力的

人々の暮らしに触れる

ヴィンロンのアンビン島でホームステイ

ヴィンロン市街地から船で5分。アンビン島（→P.146）には地元の暮らしが垣間見られる宿が点在する。ゆったり時間が流れる田舎でのんびりステイを楽しもう。

アンビン島は南国フルーツ天国

メコンデルタでも有数のフルーツの産地でもあるアンビン島。果樹園だけでなく島のあちらこちらに果物が実り、見て歩くだけでも楽しい。

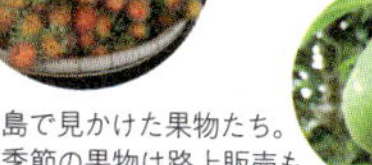

島で見かけた果物たち。季節の果物は路上販売も

メコン・リバーサイド・ホームステイ
Mekong Riverside Homestay

ヴィンロン市街からのフェリーが発着する船乗り場から徒歩約15分の川沿いの宿。広いガーデンにバンガローが点在し、レストラン棟からはメコンデルタの雄大な眺めを楽しめる。魚釣りやボートツアーも主催。

MAP P.146-2A　住145A/11 Bình Lương, An Bình, Long Hồ, Vĩnh Long　☎090-7747305（携帯）
料35万～60万ドン（朝食付き）　カード不可
全16室

左上／船を改造したユニークなバンガロー　左中／各バンガローは小さなテラス付き　左下／バンガロー内はベッド、冷蔵庫、テーブル、チェスト、バスルームとシンプル。清潔に保たれていて蚊帳もあり安心　右上／川沿いにはファミリー用の大きなバンガローもある　右下／夕方は川からの風が気持ちいい。時期によっては肌寒いことも

注目トピック④

世界遺産で1泊

ハロン湾で優雅に宿泊クルーズ

ベトナムを代表する世界遺産、ハロン湾。ハノイからの日帰りツアーが一般的だけれど、思いっきりハロン湾を満喫するなら船での宿泊ができるクルーズへ!

鮮やかなヒスイ色の海面に無数の岩山が顔を出すハロン湾

おすすめのクルーズ船

ハロン湾へのクルーズ船はたくさんあるけれど、1泊2日からの船上泊クルーズなら、施設もサービスも評価が高い「パラダイス」と「バーヤ」が断然おすすめ。

ビュッフェ式の食事

パラダイス

ラグジュアリーな船旅を満喫できるクルーズ船。エレガンス、グランド、セイルと名づけられた3つの船があり、宿泊付きハロン湾遊覧はおもにエレガンス号とセイル号。どちらも客室はやや狭いものの上品な内装でレストランなど共有エリアも豪華。

DATA→P.362

左／真っ白な外観の豪華客船
右／ゆったりとしたソファや椅子が配されたサンデッキ

上／セイル号はクラシカルな内装で、スイートルームはバスタブ付き。ハロン湾の眺めをひとり占めできる専用バルコニーがある
左下／モダンな造りのエレガンス号スイートルームのテラス
右下／朝の太極拳など船上アクティビティも楽しめる

ハロン湾のおもな見どころ

宿泊するクルーズ船によってコースや訪れる観光スポットは異なる。ここでは、代表的な見どころをご紹介。

向かい合う
ニワトリの形

最も有名な
香炉岩！

左上／カヌーで湾を散策。運がよければハロン湾にすむ動物や海に浮かぶクラゲを見られる　右上／ハロン湾最大の鍾乳洞、スンソット洞窟　右下／ティートップ島からは湾を見下ろす絶景を楽しめる

バーヤ

ハロン湾では老舗のクルーズ船で、老舗ならではの安心感とホスピタリティのあるサービスが好評。ベトナムのデザインを取り入れたウッディな客室は全室バルコニー付き。料理教室、太極拳などアクティビティも豊富。

DATA→P.362

カクテルも
楽しんでね

左上／ふかふかのベッドで気持ちよく眠りにつける　中上／食事は地元食材を使ったメニュー。もちろんハロン湾で取れる海鮮も楽しめる　中下／クルーズの途中、手こぎのボートに乗り換えて水上生活者の家や漁船を見学　右上／全室バス、トイレ付き　右下／スパも併設　右／船は4階建てでサンデッキにはビーチチェアが並ぶ

豊かな自然と歴史が育む

ベトナムの世界遺産

ハノイ・タンロン王城遺跡中心地区
ハノイ
ニンビン
ホー王朝の城塞
ハロン湾
チャンアン複合景観
フォンニャ・ケバン国立公園
フエの建造物群
ダナン
ミーソン聖域
古都ホイアン
ホーチミン市

現在、ユネスコに登録されているベトナムの世界遺産は8ヵ所。大自然の神秘に触れられる自然遺産や、いにしえの記憶を刻む文化遺産、自然と文化ふたつの要素を内包する複合遺産と、一度は訪れたいベトナムの世界遺産をご案内。

大自然が織りなす絶景

ハロン湾 Ha Long Bay

P.356
自然遺産

海面から突き出た無数の岩山が造り出す、ベトナムを代表する景勝地。ハロン湾一帯は中国南部から続く広大なカルスト地形の一部で、この独特な景観は、石灰岩大地が氷河期に沈降し、海上に残った部分が長い歳月をかけて風雨などに侵食され形成されたもの。ハロン湾には、龍が吐き出した宝玉が岩山となり、外敵の侵入を防いだという伝説が残る。

大小2000もの岩山をぬって進むクルーズが人気

タムコックはハロン湾のようなタワーカルストの岩山が連なり、水田の合間をぬって手こぎボートで進む

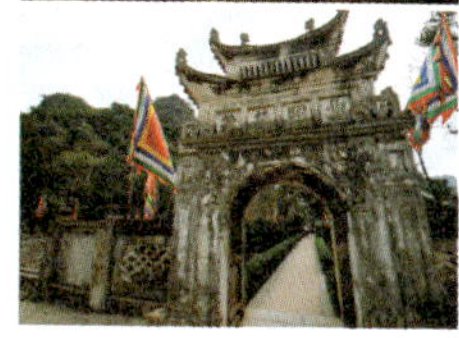

左上／チャンアンの岩山の下は洞窟になっており、手こぎ舟でいくつもの洞窟内を進む　右上／季節によっては水路の両脇が稲を実らせた水田となるタムコック　左／ベトナム初の独立王朝がおかれたホアルー

P.350
複合遺産

美しき山水画の世界

チャンアン複合景観

Trang An Scenic Landscape Complex

チャンアンやタムコックといった景勝地のほか、古都ホアルーなどを含むベトナム北部・ニンビンの一部が世界複合遺産として登録。エリア一帯はカルスト地形で、水田が広がる湿地帯に奇岩が林立する独特の景観が印象的だ。山水画に描かれたような美しい景観が広がるタムコックやチャンアンを手こぎボートでゆっくり回ろう。

各王朝の歴史重なる遺跡群

ハノイ・タンロン王城遺跡中心地区

P.294
文化遺産

Central Sector of the Imperial Citadel of Thang Long - Hanoi

11～19世紀に栄えた各ベトナム王朝の城が築かれていた場所。1010年、タンロン（現ハノイ）に都をおいたベトナム初の長期王朝リー（李）朝の城であるタンロン城の遺構と、フエに遷都されたグエン（阮）朝時代に一地方都市の城として1805年に建設されたハノイ城の一部が残されており、ふたつを合わせたエリアが世界文化遺産に登録されている。

右上／国旗掲揚塔の展望室から遺跡が眺められる
下／ハノイ城の正門、ドアン門（端門）。タンロン城の建築物はフエ遷都時に分解されフエへ運ばれたため、建築遺物や遺構などのみが残り、さらに年代の異なる建物の遺構や遺物が発掘されている

石造りのトンネルがある重厚な城門。正門は南で、東・西・北門がある

P.306
文化遺産

石造りの城門が残る

ホー王朝の城塞

Citadel of Ho Dynasty

ハノイの南、タインホア省の村にあるホー（胡）朝時代の城跡。ホー朝は1400～1407年のわずか7年という短命で消えた王朝だが、そのわずかな期間で築いた立派な石の城は当時の東南アジアでは最大規模だったという。高さ約7mもの城壁は南北約900m、東西約700mとほぼ正方形で四方をぐるりと囲んでいたが、現在は四方に重厚な石造りの城門が残されている。

グエン朝王宮（→P.262）。旧市街は王宮を中心に碁盤の目状に造られた。王宮内部はベトナム、中国、フランスなど各国の建築様式を取り入れた建築物が見られる

P.260 文化遺産

宮廷文化が花開いた古都

フエの建造物群 Complex of Hue Monuments

ベトナム最後の王朝、グエン（阮）朝の都がおかれた中部の町、フエ。約150年間栄華を極めた王朝のもと、ベトナムの伝統様式に加えて中国やフランスの意匠を取り入れた華麗な建築物、料理や雅楽など、華やかな宮廷文化が花開いた場所だ。中国の紫禁城を模して建てられた王宮をはじめ、主要な霊廟や寺などの歴史的建造物が世界文化遺産に登録されている。

上／中国文化を積極的に取り入れた皇帝らしく、中国色がより強いミンマン帝陵（→P.266）　左／世界遺産・フエの建造物群のハイライト、王宮の前には大きなハス池がある　右／見事な装飾でびっしりと埋め尽くされたカイディン帝陵（→P.267）

P.238 文化遺産

ノスタルジックな中世の港町

古都ホイアン Hoi An Ancient Town

15～19世紀にアジアとヨーロッパの交易拠点として栄えた港町。江戸時代初期には朱印船貿易の舞台となり、異国の地にやってきた日本人商人たちによって日本人町が造られた。数百年の時を経た現在も、往時の町並みを色濃く残すノスタルジックタウンとして知られ、ランタンの柔らかな光がともる旧市街が世界文化遺産として登録されている。

左／旧市街はあちらこちらにブーゲンビリアの花が咲き、かわいらしい雰囲気　下／屋根付きの日本橋は日本人商人たちによって建てられた。日本人町の衰退後、改築され現在は中国風の建築に

チャンパ王国の聖地

ミーソン聖域

P.247 文化遺産

My Son Sanctuary

ベトナム中部沿岸と中部高原を支配していた古代チャンパ王国(→P.456)の聖地だった場所で、ヒンドゥー教シヴァ神信仰の地。聖山マハーパルヴァタを望む盆地に、れんが造りの塔など70棟を超える遺構が草木に埋もれて残っている。4世紀末に創建され、13世紀頃までに建てられたといわれている。1999年に世界文化遺産に登録された。

ミーソン遺跡の遺物の一部はダナンのチャム彫刻博物館(→P.221)に展示されている

7世紀頃かられんがを使った建築へと変わっていったが、接着剤を用いないチャンパの建築方法はいまだに解明されていない

左／洞窟内部は静寂に包まれている
右／地底湖のようなフォンニャ洞窟
下／息をのむ美しさのティエンドゥーン洞窟

世界最大の洞窟を有する

フォンニャ・ケバン国立公園

P.269 自然遺産

Phong Nha-Ke Bang National Park

ラオス国境近くの豊かな原生林に覆われた国立公園で、ベトナム固有の植物約400種とこの地域固有の動物38種が確認されている。大小約300の鍾乳洞があり、約2億5000万年前に形成されたフォンニャ洞窟、ティエンソン洞窟、見事な石筍が美しいティエンドゥーン洞窟(天国の洞窟)などが有名だ。2009年に初めて調査が行われた世界最大の洞窟、ソンドン洞窟へはツアー限定で中に入れる。

指さしオーダーにも使える

ベトナム料理メニュー

ネム・ザン（チャー・ヨー）
Nem Rán(Chả Giò)

ひき肉やキクラゲ、春雨入りの揚げ春巻。北部ではネム・ザン、南部はチャー・ヨーと呼び、形や具も若干異なる。

ビー・クオン
Bì Cuốn

豚の皮をゆでて細切りにし、天日で乾かした珍味、ビーをライスペーパーで巻いた通好みの一品。

ゴイ・クオン
Gỏi Cuốn

見た目も涼しげな生春巻。エビ、生野菜、米麺ブンなどを薄いライスペーパーでくるりと巻いて。

クオン・ジエップ
Cuốn Diếp

からし菜の生春巻。ライスペーパーの代わりにピリッと辛いからし菜で米麺ブンなどをくるりと巻いたフエ料理。

クオン・フエ
Cuốn Huế

春雨を薄い米皮でくるみ、上に豚肉とエビで彩りを添えて。見た目にもこだわるのがフエ流。

チャオ・トム
Chạo Tôm

サトウキビの芯にエビすり身を巻き付けて焼いたフエ料理。ライスペーパーで野菜などと一緒に包んで食べる。

チャー・カー
Chả Cá

まさにベトナム風さつま揚げ。そのなじみやすさが人気の理由かも。カルシウムもたっぷり。

バイン・ベオ
Bánh Bèo

中部の料理で、小皿スタイルはフエ風。小皿ごと蒸した米粉生地に干しエビをトッピング。つるんとした食感が美味。

100選

中国やカンボジア、フランスなどの影響を受けながら独自の食文化を築いてきた美食の国、ベトナム。地域によって特色があり、生野菜やハーブをふんだんに使用したヘルシーな料理が多いのが特徴だ。あふれんばかりの豊かな食材のマジック、シンプルにして繊細な味の数々にトライしてベトナムパワーの源をまるごといただこう！

※この項ではベトナム語読みの表記を原則として北部方言に統一しており、一部( )内に南部方言を記しています。

👍：おすすめのメニュー

南部 中部 北部：各地域発祥あるいはその地域で多く食べられているメニュー

バイン・ボット・ロック
Bánh Bột Lọc

プリンとした半透明の外皮に包まれたエビたち。ヌックマム (→P.39) のたれで食べるとどんどんいけそう。フエ料理。

ゴイ・ガー
Gỏi Gà

鶏肉のサラダ。ゆでた鶏肉をメインに、キャベツやオニオンスライスなどと合わせたボリュームある一品。

ゴイ・ブオイ
Gỏi Bưởi

柑橘系フルーツであるザボンのサラダ。スルメイカやエビと一緒にあえるのが一般的。南部で多く食べられる一品。

ゴイ・ホア・チュオイ
Gỏi Hoa Chuối

バナナの花のサラダ。千切りにしたバナナの花を野菜や肉などと一緒にあえ、さっぱりとした味わい。

ゴイ・ドゥ・ドゥ
Gỏi Đu Đủ

青いパパイヤのサラダ。未熟なパパイヤの果肉を千切りにし、さっぱりと仕上げた一品は映画『青いパパイヤの香り』で有名。

ゴイ・ゴー・セン
Gỏi Ngó Sen

ハスの茎のサラダ。エビ、豚肉などを具材に用いることが多く、ヌックチャム (→P.39) であえ、砕きピーナッツをまぶす。

スープ
Món Canh / Súp

カイン・チュア
Canh Chua

南部

甘酸っぱいスープ。トマトやパイナップル、ライギョなどの淡水魚が入った具だくさんスープで、ベトナム南部のお袋の味。

カイン・コアイ・モー
Canh Khoai Mỡ

紫イモのスープ。紫イモを食感が残る程度にすりおろした、トロリとした食感が美味。南部家庭料理のひとつ。

カイン・ゲウ・ティー・ラー
Canh Nghêu Thì Là

ハマグリとディルのスープ。ハマグリのだしが利いたスープにトマトの酸味、ディルの香りがマッチ。北部家庭料理。

ガー・タン
Gà Tần

烏骨鶏の薬膳スープ。烏骨鶏を数種類の薬草などと一緒に煮込む。滋養に富み、病後や妊婦の栄養食とされる。

スップ・マン・クア
Súp Măng Cua

カニとホワイトアスパラガスの贅沢スープ。トロリとした上品な味を黒コショウが引き立てる。

ザウ・ムオン・サオ・トイ
Rau Muống Xào Tỏi

シンプルなのについつい箸が伸びてしまう、空芯菜のニンニク炒め。サイドメニューにおすすめ。

ティエン・リー・サオ・トイ
Thiên Lý Xào Tỏi

夜来香（イエライシャン）のニンニク炒め。夜来香はガガイモ科のツル植物で、黄緑色の花と芳香が特徴。

ボン・ビー・サオ・トイ
Bông Bí Xào Tỏi

カボチャの花とニンニクの炒め物。新食感のカボチャの花が美味。ニンニクの香りでご飯も進む。

マム・コー・クエット
Mắm Kho Quẹt

ゆで野菜とヌックマム（→P.39）のカラメルソース添え。豚の脂や干しエビなどと一緒にヌックマム、砂糖で煮詰めたたれに、ゆで野菜をディップして食べる南部の料理。

ズア・チュア・サオ・ティット
Dưa Chua Xào Thịt

高菜漬けと豚肉の炒め物。豚バラ肉やローストポークを使うことが多い。酸味のある高菜とジューシーな豚肉の相性抜群。

ティット・コー・ト
Thịt Kho Tộ

豚肉の土鍋ヌックマム（→P.39）煮込み。コショウがピリリと利いていてご飯が進む。ビールのつまみにも。

ティット・コー・ダウ・フ
Thịt Kho Đậu Phụ

豚肉と厚揚げの土鍋煮。甘辛い味付けで、ご飯が進むこと間違いなし。家庭料理でもある。

ネム・ヌオン
Nem Nướng

豚肉つくねのグリル。揚げたライスペーパーや野菜などと一緒にライスペーパーに包んで食べるニャチャン名物。

ティット・ルオック・チャム・マム・ズオック
Thịt Luộc Chấm Mắm Ruốc

ゆで豚肉の塩辛ディップ。豚肉をライスペーパーで巻き、塩辛のような小エビの発酵調味料、マム・ズオックに付けて食べる。

ティット・コー・ヌオック・ズア
Thịt Kho Nước Dừa

豚肉のヌックマム（→P.39）＆ココナッツジュース煮込み。ベトナム版豚の角煮とでもいうべき料理で、甘辛味が卵にも染み込んで美味。

ティット・バー・チー・クワイ
Thịt Ba Chỉ Quay

豚バラ肉のロースト。カリカリにローストした皮が香ばしく、中の肉はしっとり軟らか。食堂などでも食べられる。

カイン・ガー・チエン・ボー
Cánh Gà Chiên Bơ

鶏手羽先のバター揚げ。レモン汁を搾った塩コショウに付けてさっぱりと。鶏手羽先のヌックマム（→P.39）揚げもポピュラー。

ガー・サオ・サー・オッ
Gà Xào Sả Ớt

鶏肉のレモングラス炒め。たっぷりのレモングラスやタマネギなどと一緒に炒める。牛肉バージョンもあり。

チム・ボー・カウ
Chim Bồ Câu

たれを付けてローストしたハト。頭の先から爪の先までパリパリといける。ビールのつまみにグッド。

ボー・サオ・ボー・ソイ
Bò Xào Bó Xôi

牛肉とホウレンソウの炒め物。牛肉炒めによく合う野菜は、ほかに空芯菜、インゲン豆、花ニラなど。

ボー・コー
Bò Kho

ベトナム風ビーフシチュー。フランスパンと一緒に食べるほか、米麺フー・ティウを入れて食べることも多い。

ボー・ラー・ロット
Bò Lá Lốt

ロットの牛肉巻き。ロットという香りのよい葉で牛肉ミンチを巻いて、香ばしく網焼きにした物。葉っぱごと食べる。

ボー・ルック・ラック
Bò Lúc Lắc

牛肉のサイコロステーキ。ベトナムの牛肉はやや噛み応えがある。タマネギやピーマンなどと一緒に炒めることが多い。

ボー・ビッ・テッ
Bò Bít Tết

ベトナム風ビーフステーキ。熱々の鉄板で供され、フランスパンと一緒に食べることが多い。ベトナムの牛肉はやや硬め。

トム・スー・ハップ・ヌオック・ズア

Tôm Sú Hấp Nước Dừa

エビのココナッツジュース蒸し。ココナッツジュースで蒸すことで、よりエビの身が軟らかくマイルドな味わいになる。

トム・カン・ヌオン

Tôm Càng Nướng

淡水産の手長エビの塩焼き。長〜い両手(?)の中に詰まった細い身が一番うまいのだとか。

トム・フム・ドゥット・ロー

Tôm Hùm Đút Lò

ロブスターのテルミドール。取れたてを賞味したいならニャチャンやダナンなどの港町まで足を延ばそう。

バイン・トム・ホー・タイ

Bánh Tôm Hồ Tây

ハノイ名物エビの天ぷら。米粉のサクサクとした天ぷら衣の上にエビが載っている。スナック感覚で食べられている。

トム・スー・ヌオン

Tôm Sú Nướng

ウシエビの串焼き。ベトナム海鮮料理ではポピュラーな一品だが、たれは各地で異なる。ダナンでは青トウガラシのたれ。

トム・サオ・ボン・ヘ

Tôm Xào Bông Hẹ

エビと花ニラの炒め物。シャキシャキとした花ニラの食感が楽しい一品で、ご飯が進む。

クア・ザン・ムオイ

Cua Rang Muối

カニの丸揚げの塩炒め。丸揚げにしたカニを塩・コショウなどで炒めた一品。タマリンドソースバージョンもある。

ゲ・ハップ

Ghẹ Hấp

甲羅模様が美しい花ガニの蒸し物。淡泊なカニ肉はライムを搾った塩コショウであっさりと。

カン・クア・チエン・トム

Càng Cua Chiên Tôm

カニ爪とエビすり身フライ。カニ爪にエビのすり身を巻きつけて揚げた贅沢な料理。プリッとした食感で美味。

クア・ロット

Cua Lột

ソフトシェルクラブのから揚げ。甲羅まで軟らかい脱皮直後のカニをパリッとから揚げにしていただく。

ムック・モッ・ナン

Mực Một Nắng

イカの一夜干し。ニャチャン産などのイカは新鮮で、身は軟らかい。ジューシーでビールが進む一品。

ムック・チエン・ゾン
Mực Chiên Giòn

イカフライ。ビールのつまみにしてもイケそう。イカ料理はどれも比較的リーズナブルだ。

ハウ・ヌオン・ボー・トイ
Hàu Nướng Bơ Tỏi

カキのニンニクバター焼き。プリプリのカキにバターが溶けて絶妙のハーモニー。カキの網焼き、ハウ・ヌオン(Hàu Nướng)も人気。

ゲウ・ハップ・サー
Nghêu Hấp Sả

ハマグリのレモングラス蒸し。ベトナム産はやや小ぶり。レモングラスの香りが鼻孔をくすぐる。

ソー・フェット・トゥー・スエン
Sò Huyết Tứ Xuyên

四川風赤貝。焼いた赤貝に甘辛いソースがかかった一品で、ビールにぴったり。日本のものより小粒だが味はバツグン！

オック・ニョイ・ティット
Ốc Nhồi Thịt

淡水貝タニシの肉詰め。コリコリ食感の身と豚ミンチなどを混ぜて殻に詰め、ショウガの葉やレモングラスなどと蒸した料理。

カー・コー・ト
Cá Kho Tộ

魚の土鍋煮。ヌックマム(→P.39)とココナッツジュースで煮詰めた甘辛味の家庭料理。魚は淡水魚を使うことが多い。

カー・トゥー・チエン・ソッ・カー
Cá Thu Chiên Sốt Cà

サワラのトマトソースがけ。揚げたサワラにトマトソースをたっぷりかけたフレンチテイストあふれる一品。

チャー・カー・タン・ロン
Chả Cá Thăng Long

白身魚の油鍋。白身魚をたっぷりのネギ、ディルと一緒に揚げ焼きにし、米麺ブンと一緒に食べるハノイの名物料理。

カー・ハップ・グン・ハイン
Cá Hấp Gừng Hành

魚の香味蒸し。上に載せたネギとショウガの風味が利いている(写真は炭火蒸しスタンバイ状態)。

カー・タイ・トゥオン
Cá Tai Tượng

メコンデルタ名物、象耳魚(エレファントフィッシュ)のから揚げ。身は野菜とともにライスペーパーにくるんで。

ルオン・サオ・ラン
Lươn Xào Lăn

ウナギの香味炒め。ショウガやレモングラス、カレー粉などを使ってエスニック風に炒めた料理。ウナギは北部でよく食される。

エック・チエン・ボー
Ếch Chiên Bơ

カエルのから揚げ、バター風味。カエルは家庭の食卓にものぼる食材で、鶏肉に似た淡白な味が特徴だ。

フォー・ガー
Phở Gà

鶏肉のフォー。牛肉のフォーに比べてあっさりとした味わい。ライムを搾り入れるとまた違った味わいになる。

フォー・ボー
Phở Bò

北部

牛肉の米麺フォー。火の通った牛肉のチン (Chín)、レア牛肉のタイ (Tái) や牛バラ肉のナム (Nạm) など、好みの具が選べる。

ミー・ホアイン・タイン
Mì Hoành Thánh

ワンタンメン。黄色い中華麺は日本の物よりやや硬めでスープもあっさりしている。ミー・ヴァン・タン (Mì Vằn Thắn) ともいう。

フー・ティウ
Hủ Tiếu

南部

フォーとはひと味違う南部の米麺。レバー、エビ、豚肉など具だくさんが甘めの豚骨スープにマッチ。

バイン・ダー・クア
Bánh Đa Cua

カニ汁幅広麺。茶色く平たい麺、バイン・ダーを使った北部の港町ハイフォンの名物麺。カニのすり身入りで美味。

ミエン・ガー
Miến Gà

鶏肉のスープ春雨。ツルリとしたのどごしの春雨はあっさりスープと相性がいい。鶏肉のほか、ウナギ入りなどもある。

バイン・カイン・クア
Bánh Canh Cua

南部
中部

カニ入り汁麺。タピオカ粉や米粉などで作るモチモチの麺を使った料理で、とろみのあるスープにカニ身がゴロッと贅沢に入る。

ブン・ボー・フエ
Bún Bò Huế

フエ名物、米麺ブンを使った牛肉のピリ辛スープ麺。スパイシーなスープに牛肉や練り物が入り、好みで野菜を入れていただく。

ブン・タン
Bún Thang

ハノイの五目スープ麺。あっさりスープに米麺ブン、錦糸卵、ゆで鶏肉、ハムなどが彩りよく載って見た目にも鮮やか。

ブン・オック
Bún Ốc

タニシの汁麺。タニシのだしが利いたトマトベースのピリ辛スープに、米麺ブン、ゆでたタニシの身が載る。北部名物。

ブン・モック
Bún Mọc

ハノイ発祥の豚肉のスープ麺。豚骨スープに米麺ブン、豚肉のつみれ、スペアリブなどが載り、あっさりとした味わい。

ブン・ジエウ
Bún Riêu

北部

カニとトマトの汁麺。すりつぶした田ガニが入ったトマトスープ麺。つるりとした食感の米麺ブンがいいアクセントに。

ブン・マム
Bún Mắm

南部

発酵魚の汁麺。魚の発酵調味料を使った濃厚でうまみたっぷりのスープが美味。メコンデルタ地方の名物麺。

ブン・チャー
Bún Chả

北部

ハノイ名物ベトナム風つけ麺。細めの米麺ブンを、炭火で焼いたつくねや豚の焼肉、たっぷりの野菜と一緒にヌックマム（→P.39）だれに付けて食べる。

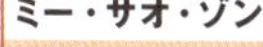

ミエン・サオ・クア
Miến Xào Cua

カニ入り春雨炒め。カニのほぐし身がたっぷり入った贅沢な一品で、春雨にもカニのうまみが。海鮮料理店やカニ専門店で。

ミー・サオ・ゾン
Mì Xào Giòn

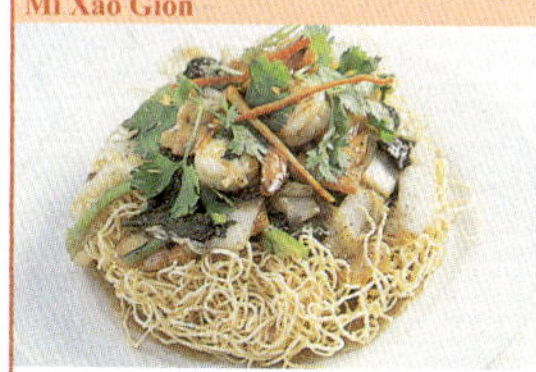

かた焼きそば。麺のパリパリ感を楽しもう。ちなみに軟らかい焼きそばは、ミー・サオ・メム（Mì Xào Mềm）。

ブン・ティット・ヌオン
Bún Thịt Nướng

南部

焼肉載せ汁なし麺。野菜、米麺ブンの上に香ばしく焼いた焼肉や揚げ春巻を載せ、ヌックチャム（→P.39）であえて食べる南部料理。

ブン・ダウ・マムトム
Bún Đậu Mắm Tôm

北部

米麺ブン＆揚げ豆腐のマムトム添え。プレスしたブンと揚げ豆腐、香草を発酵調味料マムトム（→P.39）に付けて食べる北部料理。

ミー・クアン
Mì Quảng

中部

幅広米麺の汁なし麺。甘辛く煮付けたエビや豚肉が載る中部クアンナム地方の名物麺。ゴマせんべいを割り入れて食べる。

カオ・ラウ
Cao Lầu

中部

ホイアン名物汁なし麺。コシの強い麺に野菜、豚肉、揚げワンタンなどが載り、甘辛いたれをからませて食べる。

コム・チエン・タップ・カム
Cơm Chiên Thập Cẩm

五目チャーハン。ラップスーンという甘みがありやや脂っぽいサラミソーセージを入れる場合もある。

コム・チエン・カー・マン
Cơm Chiên Cá Mặn

南部

塩気の強い干し魚のチャーハン。具は、細かくほぐしたカリカリ食感の魚と卵などシンプル。南部でよく食べられている。

コム・チエン・トム
Cơm Chiên Thơm

パイナップルチャーハン。パイナップルの器に盛りつけているのでチャーハンにも香りが移ってフルーティな味わい。

コム・セン
Cơm Sen

ハスの実ご飯。ほっくりとした食感のハスの実入りチャーハンをハスの葉に包み蒸したフエ料理。ハスの葉の香りもいい。

コム・ヘン
Cơm Hến

フエ風シジミご飯。シジミのほかスターフルーツ、香草、ゴマ、ピーナッツなどの具を混ぜ合わせて食べる。フエの家庭料理。

コム・ガー・ホイアン
Cơm Gà Hội An

ホイアン風鶏飯。中国・海南島から伝わったとされる料理で、鶏だしで炊いたご飯の上に、ゆで鶏肉が載る。

コム・ダップ
Cơm Đập

土鍋で炊き上げたカリカリのおこげご飯。香ばしい香りが食欲をそそる。ネギやゴマをかけて食べる。

チャオ・ガー
Cháo Gà

鶏粥。鶏だしが利いたやさしい味わい。北部の粥はどろっとしているが、南部の粥はサラサラとしたタイプが多い。

コム・タム
Cơm Tấm

砕き米のワンプレートご飯。精米過程で砕けた米を炊き、炭火で焼いた豚肉などのおかずをトッピングした南部の料理。

バイン・セオ
Bánh Xèo

南部 中部

エビや豚肉を米粉生地でパリッと挟み焼きにした料理。南部では野菜で包みヌックチャム（→P.39）に付けて、中部では野菜と一緒にライスペーパーに包んで味噌だれで食べる。

バイン・ミー
Bánh Mì

ベトナム風サンドイッチ。バゲットにレバーパテやハム、なます、パクチーなどの具をサンド。卵焼きや肉団子入りもある。

バイン・クオン
Bánh Cuốn

米粉の皮でキクラゲ、豚ひき肉などの具を包み蒸したクレープのような料理。朝食やおやつに人気。

ソイ・タップ・カム
Xôi Thập Cẩm

五目おこわ。うずらの卵、サラミなどが載る。トウモロコシや緑豆のおこわなど種類豊富。おかずを載せて食べることも多い。

ソイ・ガック
Xôi Gấc

ガックというトゲのある実で赤く色付けした甘いおこわはテト（旧正月）料理に欠かせない。ベトナム版赤飯か？

ラウ・ゼー
Lẩu Dê

ヤギ鍋。ヤギの骨で取ったダシにヤギ肉、デーツ、クコの実などを加えて長時間煮込んだスープは薬膳のような味わい。

ラウ・ナム
Lẩu Nấm

キノコ鍋。種類を多く入れるのがおいしくするコツ。ゴマ・塩だれで。じわじわと全国人気に。

ラウ・タップ・カム
Lẩu Thập Cẩm

ベトナム風五目鍋。海鮮、肉、キノコ、野菜たっぷりの具だくさんな鍋で、最後は中華麺で締める場合が多い。

ラウ・ジエウ・クア
Lẩu Riêu Cua

田ガニ＆トマトスープの鍋。ブン・ジエウ(→P.37)の鍋版で、空芯菜、バナナの花、揚げ豆腐や米麺ブンなどと一緒にいただく。

ボー・ニュン・ザム
Bò Nhúng Dấm

牛肉の酢しゃぶ鍋。酢入りのスープにスライス牛肉をさっとくぐらせ、野菜と一緒にライスペーパーに包んで食べる。

ヌックマムだけじゃない！

ベトナム料理の極意は付けだれにあり

ベトナム料理の味のベースは何といっても「ヌックマム」。煮物でも炒め物でも、あらゆる場面で活躍するこの万能調味料は、小魚を塩に漬け込み発酵させて作った魚醤で、何といってもその強烈な臭いに特徴がある。

そのヌックマムをベースにした付けだれもまた、ベトナムの食卓には欠かせない。なかでも最もポピュラーなのが、湯で薄めたヌックマムに砂糖、酢(ライム汁)、ニンニクを混ぜてトウガラシを浮かべた「ヌックチャムNước Chấm」。こちらは臭いもあまり気にならないし、ちょっと甘酸っぱい味が揚げ春巻をはじめ、どんな料理ともよくマッチする。でもやっぱり魚醤の臭いは苦手という人は、豆醤油の「ヌックトゥオン」がおすすめ。

さらに要チェックなのが「トゥオンダウ」というたれ。こちらは大豆味噌とピーナッツペーストをベースにした味噌だれで、チャオ・トム(→P.30)や生春巻のお供として登場することが多い。生春巻には黒味噌「トゥオンデン」や赤い味噌「トゥオンゴッ」も合うが、これらはおもに南部のフォー屋のテーブル調味料として活躍している。

もうひとつ、付けだれとして重要なのが「マム」という塩辛類だ。この種類も多いが、代表的なのはヌックマム用の小魚を発酵させた「マムネム」。実はこのマムネムの上澄み液がヌックマムというわけ。同様に小エビから作られる「マムトム」も、その臭いのすごさは半端ではないが、あっさりしたゆで豚やハノイ名物チャー・カーの味を引き立てる名脇役だ。

レストランで料理を何品か注文すると、こうした付けだれが小皿に入っていくつも運ばれてくる。どれがどの料理用なのか迷ってしまいそうだが、心配はご無用。店員が「この料理はコレ」とアドバイスしてくれるだろうし、そもそも厳密なルールはない。いわば絶妙なブレンドを施した多彩なたれこそが味の決め手、食べる人の好みで“マイ・テイスト”をいろいろ楽しむのがベトナム流なのだ。

❶小エビの塩辛マムトムMắm Tôm は強烈な臭い
❷大豆醤油のヌックトゥオンNước Tương(北部ではシーザウ Xì Dầu)
❸小魚から作られる代表的な塩辛マムネムMắm Nêm
❹タマリンドの酸味が利いたマムメーMắm Meはシーフードに
❺トウガラシを浮かべたヌックチャムNước Chấmは基本
❻黒味噌トゥオンデンTương Đenと赤味噌トゥオンゴッ Tương Ngọt
❼エビ、カニには塩コショウにライムを搾るムオイティエウMuối Tiêu
❽ピーナッツ味噌だれのトゥオンダウTương Đậu

宮廷料理から庶民の味まで

織細なるフエ料理の世界を堪能する

バリエーション豊かなベトナム料理のなかでも、ひときわ異彩を放っているのが「フエ料理」だ。中部の古都フエ（→P.260）は、かつてベトナム最後の王朝、グエン（阮）朝（1802 ～ 1945年）の都がおかれていた所で、当時国中から集められた一流の料理人たちは、皇帝と皇族たちのために絶えず腕を競い合った。こうして編み出されたのが、カニ、エビ、カモ、ハスの実などの高級食材をふんだんに使い、贅沢にして洗練されたフエ宮廷料理の数々。さらに野菜などで花や動物を形作り、華麗に盛りつけられた料理は芸術的な美しさだ。

フエのホテルやレストランなどでは、こうした宮廷風料理を体験できるディナーコースがあり、人気を呼んでいる。王朝風の衣装を身に着け、民族音楽と伝統儀式のショーを楽しみながら賞味するいにしえの味。お値段のほうも豪勢（？）だが、フエを訪れたならグエン朝グルメ体験としゃれこむのもいいかも。

さて、もともと宮廷内の物だったレシピは、やがて官吏の家庭に伝わり、後に庶民層へ広まったといわれている。こうして発展していったフエ庶民料理、代表的な物には激辛麺のブン・ボー・フエ（→P.36）やバイン・ベオ（→P.30）、バイン・ボット・ロック（→P.31）などがあるが、いずれも安くて種類も豊富。素朴ながらどこか繊細な味わいなのは、宮廷料理の流れを受け継いでいるからだろう。もうひとつ隠れたフエの美味が多彩な伝統菓子の数々。名物ムッ・セン（ハスの実の砂糖漬け）やメースン（ピーナッツヌガー）、バイン・スー・セー（ココナッツあんもち）など、優雅な古都の味をお試しあれ。

今や都市部にはセンスのいいフエ料理専門店がたくさんあるし、地方の小さな町へ行っても「MÓN ĂN HUÉ（フエ料理）」という看板を見かけるほどファンの多いフエ料理。ベトナム・グルメプランに、ひと味違うフエの味もプラスしてみてはいかが？

「ピルグリミッジ・ビレッジ」（→P.274）の宮廷料理コースメニュー。鳳凰のオードブル、パイナップルのランタンに刺された揚げ春巻、ハスの葉に包まれたハスの実ご飯はいかにもフエ風アレンジ

超ワイルド!?

これが珍ベトナム料理だ！

ベトナムには特に厳しい宗教上の食戒律がないため、牛、鶏、豚肉はもちろん、アヒルやカエルも家庭の食卓をにぎわせる。そればかりか犬、ヘビ、ウサギ、ヤギ、アルマジロ、ヤマアラシ、ハト、コウモリ、カメ、田ネズミ、カブトガニetc.、何でも食材になってしまう。

といっても、それらは一般のレストランのメニューにはまず載っていないし、普段家庭で食べることもない。こうした精の付く珍味の数々は、大切な客人のもてなしや特別な会食の席などに予約をしたり、専門店に足を運んで賞味する、いわば高級料理なのだ。当然値段も普通の料理に比べればかなり高いのだが、肝心のお味のほうは「超ワイルド」のひとことに尽きる……。

ここでは旅行者でもトライしやすい野趣あふれる珍ベトナム料理を紹介しよう。

犬料理 ティット・チョー　Thịt Chó

「おいしいから」、「滋養を付けるため」などのほかか「厄落とし」の意味合いも強く、旧暦の月末に食べる人が多い。ベトナム全土で食べられてはいるが、どちらかといえば北部でよく食べられている。ハノイのザンボー湖の北のヌイチュック通り沿い（MAP P.342-3B）に犬肉料理屋がある。とはいえ、北部でも絶対に犬肉は口にしないという人は多いし、もともとそういう食習慣のない中・南部にいたっては、露骨にイヤな顔をする人もいる（店はたくさんあるのだが……）。

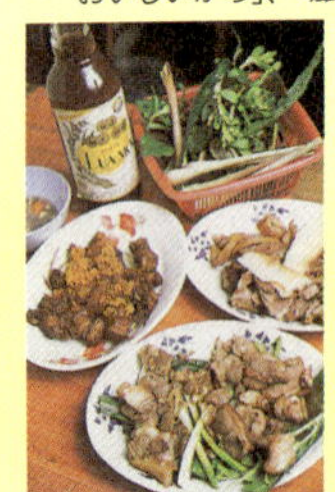

犬料理は濃いめの味付けの料理が多い。写真の炒め物、揚げ物以外に、犬肉鍋もポピュラーな料理だ

ヘビ料理 ティット・ザン　Thịt Rắn

ベトナム全土で食べられており、特に有名なのはハノイの北東約7kmの所にあるレマット（Lệ Mật MAP P.306-1B）村だ。村にはヘビ料理専門店が数軒あり、生き血、スープ、炒め物、揚げ物、焼き物などフルコースでヘビ料理を食べさせてくれる。コブラを含めて食用ヘビは数種類あり、希望すれば選ばせてくれる。

これら以外にも町によっても独特な野味料理がある。有名なのは北部ハノイのハト料理、高原地方ダラットのシカ料理、メコンデルタの田ネズミ料理など。ホッ・ヴィッ・ロン（孵化寸前のアヒルの卵をゆでた物〈→P.42〉）や椰子虫をつまみに一杯やるのは全然珍しくなかったりするのだ。

そんなベトナムの人たちが絶対に食べないのが、クジラ。クジラは海の守り神とされているため、「食べるなんてとんでもない！」というわけ。まことに食文化とは多様にして奥深いものだ。

ヘビ料理のフルコース（3人用）。肉はもちろん、生き血、ウロコ、骨まで余す所なく調理される

早い　安い　ウマイ

クアンコム・ビンザンの達人を目指せ！

「Cơm」の看板が目印の大衆食堂「クアンコム・ビンザンQuán Cơm Bình Dân※」。店頭にはベトナムの家庭料理が並び、注文は好きなおかずを指さしするだけでOK。値段は野菜料理なら2万ドン～、肉料理は3万ドン～、海鮮料理は4万ドン～。テイクアウトもできる。

※単にコム・ビンザンと呼ばれることも。南部発音では～ビンヤン。

皿飯 Cơm Đĩa コム・ディア

ひとりなら、ご飯におかずを載せるワンプレートスタイルが一般的。

別盛り Cơm Phần コム・ファン

ふたり以上なら別盛りでもOK。

ウマイ！をゲットする 心得 三ヵ条

一、人気店情報を入手すべし。
地元の人に聞いたりして
事前の情報収集もしっかりと。

二、早めに店に到着すべし。
昼食なら11:00頃、夕食は19:00頃
までに行くのがベター。
おかずがなくなり次第閉店となる。

三、食事時に店の前にバイクがズラリと
並んでいたら要チェック。
安くてうまい確率大。

食事時にはおかずがズラリ。数十種類ものおかずを提供する店もある

土鍋煮をウリにしている店もあり、注文するとできたてが楽しめる

「マン・ベー Mang Về」と告げると持ち帰り用に詰めてくれる

おかずが冷めないよう、いつでも熱々で提供

別盛りで注文すると、席まで運んでくれる

ナルホド簡単！　クアンコム・ビンザンの利用法

1 店頭にズラリと並んだおかず。野菜炒めに焼肉、焼き魚、卵焼き、スープ……。う～ん、目移りしちゃう

2 「コレ、コレちょーだい！」食べたい物を直接指さして注文。値段が心配なら注文前に聞いておこう

3 席に着いて待つこと数分、すぐにご飯と頼んだおかずがいっせいにやってくる

4 「このたれはこれに付けて……」と店員さんがレクチャー（これは1人前ではありません。念のため……）

5 食後に「ティン・ティエン（お勘定）」と声をかけると、マネジャーがやってきてサササッと計算。料金はテーブルで支払う

路上はグルメパラダイス

何でもありの屋台料理

ちょいと一杯

ビール系

Beer

「ヨー！（乾杯）」と、ヤギ鍋屋でめいっぱい盛り上がるオヤジたち

町のあちこちにある路上飲み屋ではスルメイカ屋台も出現！

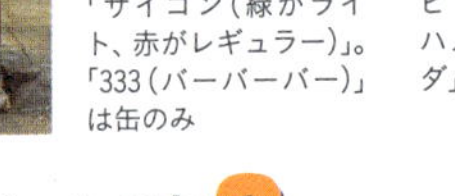
南部を代表するビール「サイゴン（緑がライト、赤がレギュラー）」。「333（バーバーバー）」は缶のみ

北部を代表するビール「ビア・ハノイ」と「ハリダ」

これが自家製生ビール「ビア・トゥーイ」。度数は低くやや水っぽい味だが、さらに氷を浮かべて飲むのが通

ビールの友ベスト3

孵化寸前のアヒルの卵をゆでたホッ・ヴィッ・ロン（Hột Vịt Lộn）は塩コショウで。北部ではチュン・ヴィッ・ロン（Trứng Vịt Lộn）と呼ばれる

大粒のゆでハマグリ。このうまさはやめられない止まらない

豚肉を発酵させたネム・チュア。酸味のなかに粒コショウがピリリ

種類豊富

麺屋系

バイン・カイン・クア（→P.36）。屋台でも、エビ入りで豪華！

ベンタン市場の食堂街では、頭上に乱舞する料理名の看板が頼り

歩道いっぱいにテーブルを並べ、次から次へと客がひっきりなしにやってくる

天秤棒の屋台は毎日同じ場所、同じ時間で。写真はブン・オック（→P.36）売り

Noodle

ベトナムの路上は、朝から晩までおいしい物にあふれている。朝ご飯の定番メニューは屋台の麺とお粥。おやつ代わりにつまむスナック類。1日の締めくくりには生ビール「ビアホイ」で一杯。「これは何？」とつい足を止めてのぞき込んでみれば、気取らない庶民派のグルメが呼んでいる。何でもありの屋台料理には出合いと驚きがいっぱいだ。

Snack

小腹がすいたら

スナック系

ホカホカの肉まん、バイン・バオ(Bánh Bao)。具なし、ウズラの卵入りなどさまざま

夕方のおやつの時間になると小道にもスナックの屋台がズラリ

臓物のココナッツ煮込み、ファー・ラウ(Phá Lấu)。クリーミーでクセになる味

「Kem」の文字を見つけたらそこにはアイスクリームが。これはアジアで流行っている、パンにアイスクリームを挟んだアイスクリームサンド

フォーの生春巻、フォー・クオン(Phở Cuốn)。ハノイっ子の定番スナック

ハノイ風ピロシキ、バイン・ゴイ(Bánh Gối)(右下)などの揚げ物は野菜と一緒に

バイン・ミー(→P.38)は屋台で売られているのが一般的

ガッツリ

お食事系

Food

山積みされたカニの中にカブトガニを発見。果たしてうまいのか？

トロトロのカニスープ、スップ・クア(Súp Cua)の屋台。おいしい店にはやはり人が集まる

ホーチミン市で人気のピータン入りのカニスープ。鶏足入りのカニスープもある

ハノイのスープ・ブンといえば、このブン・ジエウ(→P.37)。いたるところにあり、食べ比べてみるのもおもしろい

鶏おこわ、ソイ・ガー(Xôi Gà)。さまざまな部位の鶏肉がたっぷり載ってこれ一品でおなかいっぱいに

海鮮焼きそば、ミー・サオ・ハイ・サン(Mì Xào Hải Sản)は港町でぜひ食べたい

ホルモン粥、チャオ・ロン(Cháo Lòng)はベトナムではポピュラーな粥のひとつ

レストランはこう使いこなす

ベトナムのレストラン（ニャーハン：Nhà Hàng）は比較的カジュアルな雰囲気の所が多いので、大人数の場合や一部の高級店を除いて特に予約をする必要はない。予算はひとりの場合、料理2～3品と飲み物で30万～50万ドン、庶民的な店なら20万～30万ドンくらいを目安に。ベトナム料理は中華のようにひと皿を数人で取り分けるスタイルが多いので、やはり複数で行ったほうが割安で済むだろう。

店で人数を告げると席に案内され、渡されたメニューを見ながらオーダーするという手順は日本と同じだが、勘定はテーブルで支払うシステムなので注意。食事が終わって店員に合図をすれば、すぐに計算書を持ってくるので、よく確認してから支払おう。基本的にチップは必要ないが、渡したい場合は金額の5～10％以内の少額をテーブルに残せばよい。

簡単メニュー解読法

ベトナム料理のメニューの読み方は意外と簡単だ。メニューはたいてい野菜、豚肉、鶏肉、牛肉、シーフード、鍋物という具合に分類されて書かれているし、料理名は素材名と料理法の組み合わせからなる物が多い。メニューが読めるとオーダーも楽しくなってくる。この単語リスト片手に、どんどん新しい料理をオーダーしてみよう！

料理名の読み方

パターン1

Bò 牛肉 （主素材名）	＋	Xào 炒める （調理方法）	＋	Bó Xôi ホウレンソウ （副素材名）

パターン2

Gỏi あえ物 （できあがり状態）	＋	Đu Đủ パパイヤ （素材名）

ベトナム流テーブルマナー指南

ベトナムは日本と同じ米食文化、そして箸文化。そのため初めてのベトナム旅行で、言葉が理解できず、習慣がわからなくても、食べることに限れば大きなとまどいは感じないはずだ。テーブルマナーも、日本で常識とされていることを守っていれば基本的に大丈夫。とはいえ、日本のそれとは多少の違いもあるため、ここで食事マナーの常識のおさらいと、簡単な違いを解説しておこう。

高級レストランのテーブル。グラス、ナプキン、箸、レンゲが美しくセッティングされている

高級レストランにて

高級店では、予約をする、小ぎれいな服装で、といったことは日本と同じ。テーブルマナーも大きな違いはない。

食堂・屋台にて

周りを意識せずリラックスしてしまうぶん、むしろ高級レストランより注意したほうがいいことが多い。

まずは混み合う時間は相席が当たり前。また、忙しいときの外国人客は邪険な応対をされることも。往々にしてテーブルや椅子は小さく、やや窮屈。

テーブルに用意されている箸、レンゲ、碗などは使う前に必ず紙ナプキン（ティッシュの場合もある）で拭いておこう。ほこりっぽい所に出しっぱなしにされているためで、地元のベトナム人もみんなしており、決して失礼なことではない。

左／箸、つまようじ、トウガラシ、ライム、塩、コショウ、酢（トウガラシ入り）など。この食堂のテーブルは比較的揃っているほう
右／見知らぬ人との相席もベトナム食堂のおもしろさ

おしぼりを使うと、1000～2000ドンほど取られることもある。ぼられているわけではない。

食堂でも、麺を食べる際、音を立ててすするのはよろしくない。いったん箸でレンゲに移してから口に運ぶこと。

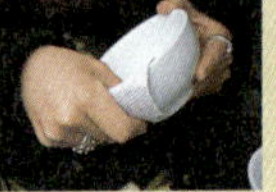

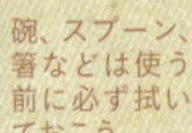

碗、スプーン、箸などは使う前に必ず拭いておこう

素材名1（肉・魚介類）

（以下アルファベット順）

Ba Ba	スッポン
Bò	牛
Cá	魚
Cá Chẻm	バラマンディ
Cá Quả（Cá Lóc）	ライギョ
Cá Trê	ナマズ
Cánh Gà	手羽先
Chim Bồ Câu	ハト
Cua	カニ
Ếch	カエル
Gà	鶏
Ghẹ	花ガニ
Hàu	カキ
Heo / Lợn	豚
Lươn	ウナギ
Mực	イカ
Nai	シカ
Ốc	タニシ
Rắn	ヘビ
Sò Huyết	赤貝
Tép	小エビ
Thịt	肉
Thỏ	ウサギ
Tôm	エビ
Tôm Càng	手長エビ
Tôm Hùm	ロブスター
Trứng	卵
Vịt	アヒル

素材名2（野菜類）

Bắp / Ngô	トウモロコシ
Bắp Cải	キャベツ
Bí Đỏ	カボチャ
Bó Xôi	ホウレンソウ
Bông Cải Xanh	ブロッコリー
Cà Chua	トマト
Cà Rốt	ニンジン
Cà Tím	ナス
Chanh	ライム
Củ Cải	大根
Đậu Bắp	オクラ
Dưa Chuột / Dưa Leo	キュウリ
Giá	モヤシ
Gừng	ショウガ
Hành	ネギ
Khoai Tây	ジャガイモ
Lạc	ピーナッツ
Măng	タケノコ
Măng Tây	アスパラガス
Mía	サトウキビ
Mướp Đắng	ニガウリ
Nấm	キノコ
Rau	野菜
Rau Diếp	ロメインレタス
Rau Mùi / Ngò Rí	コリアンダー
Rau Muống	空芯菜
Rau Diếp Cá	ドクダミ
Rau Tía Tô	シソ
Sen	ハス（の実）
Tỏi	ニンニク

果　物

Bưởi	ザボン
Chôm Chôm	ランブータン
Chuối	バナナ
Dừa	ココナッツ
Đu Đủ	パパイヤ
Khế	スターフルーツ
Mãng Cầu	シュガーアップル
Măng Cụt	マンゴスチン
Mít	ジャックフルーツ
Nhãn	リュウガン
Ổi	グアバ
Sầu Riêng	ドリアン
Thanh Long	ドラゴンフルーツ
Vải	ライチ
Vú Sữa	ミルクフルーツ
Xoài	マンゴー

調 理 法

Cuốn	巻く
Gói	包む
Gỏi	あえる
Hấp	蒸す
Kho	煮付ける
Luộc	ゆでる
Nấu	煮る
Nướng	焼く
Rán / Chiên	揚げる
Trộn	混ぜる
Xào	炒める

味付け・調味料

Cà Ri	カレー
Cay	辛い
Chua	酸っぱい
Chua Ngọt	甘酸っぱい
Dấm	酢
Đắng	苦い
Đường	砂糖
Mắm	塩辛
Mặn	塩辛い
Me	タマリンド
Muối	塩
Ngọt	甘い
Nước Mắm	ヌックマム
Nước Tương	醤油
Ớt	トウガラシ
Sả	レモングラス
Tiêu	コショウ

できあがり状態・その他

Bánh	粉物料理の総称
Bánh Mì	パン
Bánh Tráng	ライスペーパー
Bột Sắn	タピオカ
Bún / Phở	米麺
Canh / Súp	スープ
Cháo	粥
Cơm	ご飯
Cơm Chiên	チャーハン
Đặc Biệt	特別
Đậu Phụ	豆腐
Hải Sản	シーフード
Gỏi	あえ物
Khai Vị	前菜
Lẩu	鍋物
Mì	中華麺
Miến	春雨
Nem / Viên	肉団子
Salad	サラダ
Thập Cẩm	五目
Tráng Miệng	デザート
Xôi	おこわ

クアンコム・ビンザン（→P.41）などでひと皿にご飯とおかずを載せた、いわゆる皿飯（コム・ディア）の場合には、箸ではなく、右手にスプーン、左手にフォークで食べることも多い。

食堂、高級店での違い

食堂ではご飯のお碗に口を付けて食べてもいいが、高級店ではダメ。ただし、食堂でも麺やスープの碗には口を付けてはダメ。レンゲやスプーンを使うこと。

高級店のスープはひとりずつの碗でサーブされるが、食堂では人数分が大碗で出される。しかもスープ用の碗はない。ご飯を半分ほど食べてからレンゲでご飯の碗に入れて、茶漬けのようにして食べるか、ご飯をいったん食べ切ってから同じ碗にスープを入れてスープを楽しむ。その後またご飯を入れる。

左／スープはご飯の碗と同じ物を使う　右／ご飯も複数の場合は大碗で出され、それを各自が取り分ける

フォーの食べ方指南

1. フォーと香草、野菜が運ばれてきたら準備OK！
※香草は各テーブルにドカン！とセッティングされている店もある

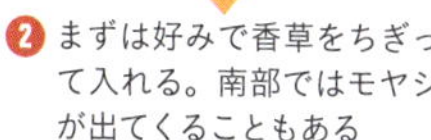

2. まずは好みで香草をちぎって入れる。南部ではモヤシが出てくることもある

3. ライムをぎゅっとひと搾りして酸味を付ける
※辛いのが好みならトウガラシや辛子味噌を入れてもいい

4. 箸とスプーン（レンゲ）を使ってよくかき混ぜて完成

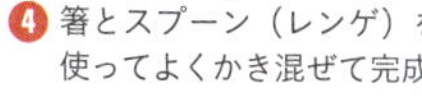

5. 箸とスプーン（レンゲ）を使って食べる。決して音を立てたり、碗に口を付けてはいけない

※写真のようにフォーと野菜＆香草が別々に出されるのは中・南部。北部はネギが載っている程度で、あまり野菜＆香草は入れない。

おすすめの
ベトナムスイーツ&ドリンク

伝統甘味からフランスの影響を受けたちょっとおしゃれなデザートまで、ベトナムのスイーツはどれも魅力たっぷり。町歩きに疲れたら、ベトナムスイーツでひと休みといこう。

チェー Chè

「ベトナム版ぜんざい」とでもいうべき、ベトナムの伝統甘味。クラッシュアイスを入れるタイプと入れないタイプがある。

チェー・ホア・クア
Chè Hoa Quả
季節のフルーツのミックス・チェー。見た目も味もさわやかな逸品。

チェー・タック・ズア
Chè Thạch Dừa
ナタデココとココナッツのチェー。独特の食感と味は南国ならでは。

チェー・スオン・サー・ホッ・ルー・ダウ・サイン
Chè Sương Sa Hột Lựu Đậu Xanh
ザクロの種に似せてタピオカ粉とクワイの実から作られるチェー。

チェー・タップ・カム
Chè Thập Cẩm
ミックス・チェー。どの店でもハズレがなく、初心者におすすめ。

チェー・バップ
Chè Bắp
もち米とトウモロコシのチェー。甘みが増す組み合わせは隠れた人気。

チェー・セン
Chè Sen
ハスの実のチェー。ハスの実はクセがなくどんな味にもなじみやすい。

チェー・ダウ・サイン
Chè Đậu Xanh
緑豆のチェー。もっちりとした食感で甘さ控えめ。誰からも好かれる。

チェー・ダウ・ドー(冷)
Chè Đậu Đỏ
煮込んだあずきを冷やしてココナッツミルクをかけた冷チェー。

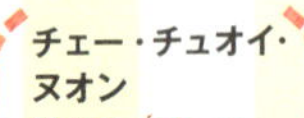

チェー・チュオイ・ヌオン
Chè Chuối Nướng
焼きバナナのチェー。バナナをもち米で包んで焼き、ココナッツミルクをかけた物。

チェー・コアイ・モン
Chè Khoai Môn
もち米とタロイモのチェー。サツマイモバージョンもある。

チェー・ダウ・チャン
Chè Đậu Trắng
もち米と豆のチェー。ココナッツミルク味で、食べ応えもあり。

チェー・バイン・チョイ・タウ
Chè Bánh Trôi Tàu
白玉入りチェー。おもに北部で食べられる温かいチェーの代表格。

チェー・ダウ・ドー(温)
Chè Đậu Đỏ
あずきを煮込んだ温チェー。日本人には懐かしくほっとする味。

アイス・プリン・その他 Kem / Bánh Flan / Tráng Miệng Khác

ひんやり冷たいアイスやプリンなどの定番スイーツからちょっと変わったスイーツまでめじろ押し。

ザウ・カウ
Rau Câu

ココナッツ味、コーヒー味などのゼリー。一度に2、3個イケそう。

ケム・ズア
Kem Dừa

ボリューム満点ココナッツアイス。殻の内側の白い果肉も美味。

ケム・ソイ
Kem Xôi

おこわとアイスクリームの組み合わせ。意外に相性がいい。

スア・チュア・ネップ・カム
Sữa Chua Nếp Cẩm

古代米の黒米とヨーグルトを合わせたハノイ発のデザート。

バイン・フラン
Bánh Flan

濃厚なカスタードプリンは絶品！ 北部ではカラメンと呼ばれる。

タウ・フー
Tàu Hũ

豆腐花。おぼろ豆腐のシロップがけで、ツルンとした食感が楽しい。

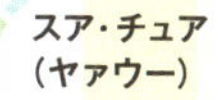

スア・チュア（ヤァウー）
Sữa Chua / Yaourt

ヨーグルト。フローズンタイプやドリンクタイプも人気。北部はスア・チュア、南部はヤァウーという。

ドリンク Đồ Uống

町のいたるところにジューススタンドがあり、その場で季節の果物を搾ってくれる。見慣れないドリンクにもトライ。

チャー・チャイン
Trà Chanh

ライムティー。近年、ハノイで登場した緑茶にライムを搾ったドリンク。

シン・トー・ボー
Sinh Tố Bơ

アボカドシェイク。シン・トーは果物、練乳、砂糖、氷をミキサーにかけて作る。

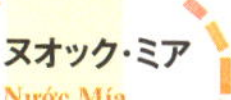

ヌオック・ミア
Nước Mía

ほんのり甘いサトウキビジュース。この屋台は町中で見かける。

スア・ダウ・サイン（後方）スア・ダウ・ナイン（手前）
Sữa Đậu Xanh / Sữa Đậu Nành

豆乳はコクがありヘルシー。緑色の物は緑豆の豆乳。

ヌオック・エップ・ズア・ハウ
Nước Ép Dưa Hấu

スイカのフレッシュジュース。スイカ以外にも種類豊富なフレッシュジュースがある。

焼き菓子・ケーキ

Các Loại Bánh Ngọt

素朴な伝統菓子から卵やミルクたっぷりのケーキまで、焼き菓子やケーキにもチャレンジしたい。

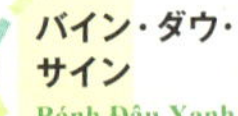

バイン・ダウ・サイン
Bánh Đậu Xanh

緑豆の寒天寄せケーキ。甘さ控えめで優しい味だ。

バイン・ケップ・メー
Bánh Kẹp Mè

甘い香りを放つワッフル。市場内で営業していることが多い。

バイン・チュオイ
Bánh Chuối

バナナケーキ。焼きたては最高！ タロイモ入りもある。

チュオイ・チエン
Chuối Chiên

甘酸っぱいバナナとサクサク米粉衣が絶妙にマッチした揚げバナナ。

バイン・ガック
Bánh Gấc

ガックのもち菓子。赤いガックの実で色付けしたタピオカ生地でモチモチ食感。

バイン・コアイ・ミー・ヌオン
Bánh Khoai Mì Nướng

キャッサバケーキ。タピオカの素となるキャッサバを使ったモチモチ食感のケーキ。

バイン・スー・ケム
Bánh Su Kem

シュークリーム。厚めの生地の中には卵たっぷりのカスタードクリームが。

チェー・コン・オン
Chè Con Ong

ショウガのもち米団子。ショウガと砂糖をたっぷり入れ、炊き上げたもち米のお菓子。

バイン・ザー・ロン
Bánh Da Lợn

三層蒸しもち。パンダンリーフで色付けしたタピオカ粉ベースのもち。豚の三枚肉に見えることから「豚皮ケーキ」と呼ばれる。

バイン・ソアイ
Bánh Xoài

ココナッツと黒ごまの団子。ソアイとはマンゴーのことだが、マンゴーは入っていない。

バイン・ガン
Bánh Gan

アヒルの卵とココナッツミルクで作る焼きプリン。

バイン・クオン
Bánh Cuộn

ロールケーキ。昔懐かしい素朴な味わい。

バイン・コム
Bánh Cốm

軟らかいぎゅうひみたいなもち米のお菓子。中には豆あんが。

ベトナムのカフェを極める

Vietnamese Cafe

南部のローカルカフェはビーチチェアで道路に向かって座るのが特徴。深く腰掛け、通りを眺めれば、毎日小さな発見がある

近所のおじさんたちのたまり場の渋〜いカフェも健在

豆から焙煎方法までこだわったカフェが急増中

意外と知られていないが、ベトナムはコーヒーの生産国だ。輸出はブラジルと世界第1位を競っており、もちろん日本にも輸出されている。フランス統治下の頃、気候がコーヒー栽培に適していることに目を付けたフランス人たちが始めたのが今にいたっている。そのお陰で、ベトナム人はよくコーヒーを飲む。ベトナム全土、どんな小さな町へ行っても必ずカフェがある。

そんなカフェ文化にちょっとだけ足を踏み入れてみよう。カフェから見えるベトナムには、ショッピングやグルメとは違った普段着の姿が見えてくる。

新聞を読みながら、携帯電話でおしゃべりしながら、何をするわけでもなく通りを眺めながら、男たちは一杯のコーヒーで自分の世界を作り出す

ベトナム・コーヒーといえばバンメート（→P.208）のチュングエン・ブランドが有名。おみやげにも人気

ユニークなコンセプト・カフェも誕生（クアゴー・カフェ→P.13、229）

南部はコーヒー文化、北部はお茶文化が根付いている。南部ではアイスコーヒーがよく飲まれる

ホーチミン市でも人気のハノイ発、卵入りの「エッグコーヒー」（カフェ・フォー・コー→P.324）

ローカルカフェ コーヒー指南

ローカルカフェでは、独特のアルミやステンレスのフィルターで出され、目の前でポタリ、ポタリとできあがるのを待つ。最初にコンデンスミルクをタップリと入れておくのがベトナム流。

カフェ・スア（ホット・ミルク・コーヒー）

1 

オーダーするとこの状態で出てくるので、できあがるまで数分待つ。コーヒーが冷めないように碗にはお湯が入っている

2 

できあがったらフタを皿代わりにしてフィルターを外す。よくかき混ぜて、甘〜いコーヒーのできあがり

カフェ・スア・ダー（アイス・ミルク・コーヒー）

1 

オーダーすると左記のホットコーヒーと同じ状態で出てくるので、同じように待つこと数分。氷は別グラスに入っている

2 

できあがったらよくかき混ぜ、氷をカップに入れて、アイス・ミルク・コーヒーのできあがり

カフェ番外編 路上のカフェ

カフェは路上にもある。町歩きに疲れたら、ちょっとひと休みに座ってみよう。足元にもディープなベトナムが待っている。

特に北部の路上カフェはお茶を出すことが多い

カフェでは水たばこ（トゥオック・ラオ）に興じる男たちも

お茶請けはハッ・フオン・ズオン（ヒマワリの種）、ハッ・ズア（スイカの種）

ベトナムのエレガンス アオザイ

ベトナム旅行中、ベトナム女性の着るアオザイ姿の可憐な美しさにハッとさせられた覚えのある人は多いだろう。スレンダーな体を上着（アオ：Áo）と長いパンツ（クアン：Quần）でスッポリ包み込み、露出が少なく清楚な感じをうかがわせる一方、スリットからチラリとのぞく肌やボディコンシャスなシルエットからは、ほのかな色気が漂う。旅行の前に、ベトナムの文化のひとつであるアオザイの歴史や豆知識を勉強しておこう。

スタイルの変遷

時代の流れとともに変化するアオザイのデザインは、時代を反映する鏡でもある。スタイル変化からベトナムの文化や歴史が見えてくる。

17世紀

4枚布のアオザイ

現在の形は5枚の布を使用するが、この頃は4枚の布を組み合わせており、体のラインが隠れるデザイン。畑や市場での仕事がしやすいよう、締め付けの少ない前開きのひらひらとしたアオザイを腰ひもで結ぶスタイルが主流。

アオザイの下には、年配の女性はダークカラー、若い女性は赤や白の衣を身に着けた

19世紀

5枚布のアオザイへと変遷

5枚の布を使用し、左肩のあたりで前布をとめるスタイルが主流に。この頃のアオザイには5つのボタンがあり、その一つひとつに礼義、知性など儒教の五常の徳が込められているとされた。

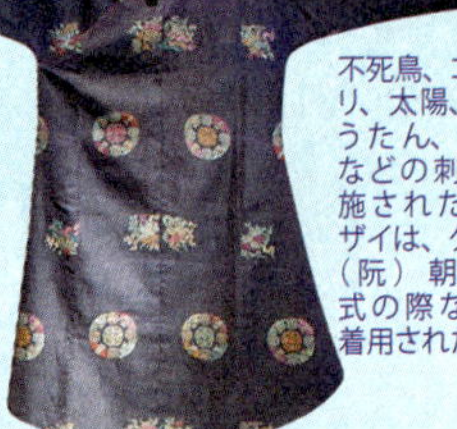

不死鳥、コウモリ、太陽、ひょうたん、果物などの刺繍が施されたアオザイは、グエン（阮）朝の儀式の際などに着用された

1940年代

西洋風アオザイが登場

1887年以降のフランス植民地時代、アオザイもフランス文化を取り入れた西洋風のデザインに変化を遂げた。ボディラインを強調するデザインが取り入れられ始めるのもこの頃。

1942年に結婚祝いとして贈られたアオザイ。この頃のアオザイは数が少なく貴重な品だ

明るい色合いのアオザイが多く、レースなどさまざまな素材が使用されるようになった

1950年代

現在の形に近いアオザイが主流

1958年に初めてラグラン・スリーブが取り入れられ、体のラインを強調するデザインが多く見られる。ボートネックのアオザイなどが登場し、アオザイがもっとファッショナブルに進化した。

左／現在のアオザイの多くがラグラン・スリーブを採用　右／ベトナム共和国初代大統領ゴ・ディン・ジエムの弟の妻であった、事実上のファーストレディ、マダム・ヌーが着用したボートネックのアオザイ

アオザイ裏話

アオザイは、ベトナム人の体型に適し、かつマイナス部分をカバーしてくれる。一般にベトナム人は背が低く小柄で、肩幅が狭い。しかし、ひきずるほど長いパンツとその下に厚底のサンダルを履けば身長をカバー。また、肩の下の切り替えが、なで肩の魅力を生かす。

しかし、あの見事なスタイルにも秘密がある。アオザイを着るときは、カップ付き下着を着用している人も多いとか。もちろんアオザイを仕立てるときも、アオザイ用下着を着用して作るのだ。結婚式を数週間後に控えてダイエットに励む女性も。美しいアオザイ姿のためには涙ぐましい努力も必要なのだ。

アオザイ博物館に行こう

ホーチミン市のアオザイ博物館は、貴重なアオザイの保存はもちろん、アオザイの歴史と文化の研究・発信を目指し、アオザイのみに特化した博物館で、意外にもベトナム初となる。

アオザイ博物館および展示場を設立したのは、現代アオザイの先駆者とも呼ばれるシー・ホアン氏。数々のデザインコンクールで受賞を果たし、アオザイを芸術作品に高めた功労者でもある。

情熱的なアーティストタイプのシー・ホアン氏。真っすぐな瞳と親しみやすい笑顔が印象的だ

博物館は約2万㎡もの広大な敷地をもつ

12年もの年月をかけ、アオザイ博物館をオープンに導いたシー・ホアン氏に、博物館への熱い思いを語ってもらった

アオザイ博物館の見どころを教えて下さい。

私自身が集めた約100点の新旧アオザイコレクションは必見です。歴史的に有名な人物から提供してもらったアオザイや、17世紀から現代までのアオザイの変遷がわかる資料館と、ベトナムを代表する有名人や歌手が着用した近代アオザイの資料館があるので、両方じっくり見てほしいですね

なぜアオザイ博物館を開館しようと思ったのですか？

もともと講師として働いていた私を、世界20カ国以上のファッションショーや交流イベントに招待されるまでに導いてくれたアオザイに恩返ししたいという気持ちと、もっと多くの人にアオザイを好きになってもらいたいという気持ちが大きいです。

アオザイスタイル

ハレの日の衣装としてはもちろん、アオザイにはこんなにもバリエーションがある。

少数民族の刺繍アオザイ
ダン・ティ・ミン・ハン Đặng Thị Minh Hạnh 氏によってデザインされた、ベトナムの少数民族の刺繍が施されたアオザイは、フランスのファッションショーに出品された

アオザイ×着物
ベトナム国内のフェスティバルに出品された、日本の要素を取り入れたアオザイ

手描き風アオザイ
技術の進歩により、イラストを転写したアオザイの制作も可能に

宗教着としてのアオザイ
手前はベトナムの仏教徒、後方はキリスト教徒が着用するアオザイ

オーダーメイドに挑戦！

短時間で作れる店もあるので、自分の体にフィットする好みのアオザイを作ってみよう。

1 まずは既製品を参考に、あるいは希望のイラストや写真を持参してデザインを決める。なるべく具体的に希望をスタッフに伝えよう。その後、生地選び。種類豊富なので大まかな種類を決めて、あとは実際に生地を体に合わせてみて選ぼう

2 採寸は美しいシルエットを作るカギ。できるだけ細かく採寸したほうがよい。最低でも15ヵ所、多い場合は30ヵ所にも及ぶ

3 刺繍や糸、ビーズの種類、飾りボタンなど細部まで決め込もう

コットンやシルクのブラウスもオーダーメイドできる。普段使いできる物を作るのもいい（30US$～）

取材協力：フレーム・ツリー・バイ・ザッカ （→ P.106）

1970年代

ヒッピーアオザイがトレンドに

1960年代後半から1990年代半ばまで、アメリカのヒッピーカルチャーの影響を受け、ビビッドカラーと奇抜な模様の布を使ったアオザイが流行。ベトナム戦争中もヒッピー文化に傾倒する若者が着用した。

丈は短め、ゆとりのあるボディラインが特徴

サイケな幾何学模様のヒッピーアオザイ

戦時中に着られていたアオザイ

1980年代

ハンドペイントのアオザイが登場

1980年代からミス・アオザイコンテストがスタート。古い伝統衣装としてではなく、ファッションとしてアオザイが再び注目を集め始める。1989年、ベトナムを代表するアオザイデザイナーのシー・ホアン氏がハンドペイントを施した芸術性の高いアオザイが爆発的人気に。

ハンドペイントのアオザイは登場当時邪道とされ、反発も受けたが、現在では定番となっている

まざまな女性が着用したアオザイがズリと並び、種類の多さに驚かされる

また、外国文化の流入にともなって、伝統文化であるアオザイを着るベトナム人が少なくなりました。この伝統文化が失われつつある今、このタイミングで開館しなければいけないという使命感がありました。

ー・ホアン氏にとってアオザイとは?

アオザイは自分の家族のような存在。恋人のように情熱な愛ではないけれど、生涯離れることのない強い絆を感じていますし、とても愛おしく思います。アオザイ人生30年間の集大成としての博物館にぜひお越しください。

※アオザイ博物館データは→ P.81。

シー・ホアン Sĩ Hoàng
1962年生まれ。芸術大学を首席で卒業したのち、芸術家、美術講師として活躍していた1989年、ミス・アオザイコンテストに出場する自身の生徒のアオザイにハンドペイントを施したところ、その斬新なアオザイが一大ムーブメントを巻き起こす。現在は講師、アオザイデザイナー、芸術家、役者など多方面で活躍中。

アオザイ・ハウス　Ao Dai House
MAP P.67-2C　住 107 Đồng Khởi, Q. 1, HCMC　☎(028)38279383
営 9:00～21:00　休 無休　カード A J M V
シー・ホアン氏をはじめ、有名アオザイデザイナー6人の作品が展示・販売されている。

SOUVENIR CATALOG

厳選おみやげカタログ

ベトナムならではの品がたくさん！

ぬくもりあふれる刺繍製品や、どこかレトロで懐かしい市場風アイテムなど、日本に買って帰りたいベトナムみやげをセレクト。今のベトナムを感じられる旬のアイテムを手に入れよう。

ベトナムの伝統素材、竹で編まれた上品なバンブーバッグ60万ドン。内布付き（ホアリー→P.230）

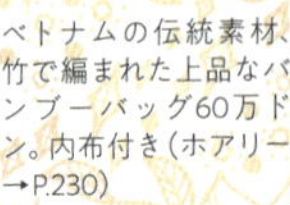

ランタンなどベトナムにまつわるモチーフの手刺繍が施されたポーチ45万ドン（キト→P.105）

レトロな大ぶりの花柄の布を使った折りたたみ収納できるエコバッグ。20万ドン（ホアリー→P.230）

ビーチチェアのビニール素材を使ったカラフルなビーチバッグ10万ドン。青色もある（ホアリー→P.230）

優しい色合いがすてきなダナンやハノイの街並みを描いたポストカード各3万ドン（ホアリー→P.230）

ベトナム国旗カラーのTシャツを着たネコ刺繍がとてもかわいい布マスク45万ドン（キト→P.105）

繊細な手刺繍が施されたアイテムの数々。トートバッグ75万ドンなど（モリコ・サイゴン→P.328）

鮮やかなサーモンピンクが目を引く、少数民族の布を使ったポーチ20万ドン（ホアリー→P.230）

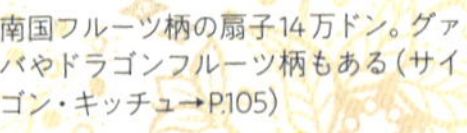

南国フルーツ柄の扇子14万ドン。グァバやドラゴンフルーツ柄もある（サイゴン・キッチュ→P.105）

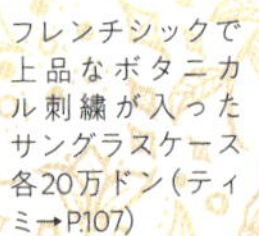

ドット柄デザインのソンベー焼マグカップ15万9500ドン（トゥーフー・セラミックス→P.106）

フレンチシックで上品なボタニカル刺繍が入ったサングラスケース各20万ドン（ティミ→P.107）

バイン・ミー店など、ベトナムらしいミニチュアハウス。28万9000ドンなど（キッサ・ハウス→P.192）

おすすめ グルメみやげ

フェアトレード商品をはじめ、珍しいお酒やお茶などベトナムならではの高品質なグルメみやげもチェック。

クチで作られるピーナッツバターやカシューナッツカカオバターなど各8万ドン（ズズ・コンセプト・ストア→P.107）

フレンチコロニアルを意識したラベルのローズティー88g、9万9000ドン（ランファーム→P.110、206）

シュガーパームを使ったココナッツキャンディ各8万ドン。右はパイナップル味（ホアリー→P.230）

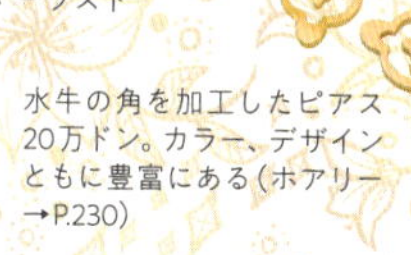

小花柄がかわいらしい財布10万ドン。内側はシロクマ柄のイエローの布（ワンダーラスト→P.230）

ココナッツネクターでコーティングしたほんのり甘いカカオニブ。75gで8万ドン（ズズ・コンセプト・ストア→P.107）

水牛の角を加工したピアス20万ドン。カラー、デザインともに豊富にある（ホアリー→P.230）

左は梅酒、右はリンゴ酒。各120mLで9万5000ドン（ゴック・ニャー・トゥイ・ミン→P.228）

1、2、3の数字をベトナム語で刺繍したモッ・ハイ・バーポーチ各20万ドン（ホアリー→P.230）

ベトナム・コーヒーやシクロなどベトナムらしいモチーフのピンバッジ各7万ドン（ホアリー→P.230）

まろやかな味わいのミルク・ウーロン茶。100gで36万ドン（ゴック・ニャー・トゥイ・ミン→P.228）

宝石のような色とりどりのゼリー。ミックスフレーバー4万ドン（ランファーム→P.110、206）

自然の塩味がおいしいベトナム産マカダミアナッツ。500gで21万ドン（ホアリー→P.230）

安くて便利

スーパーマーケットへ行こう

調味料やお菓子といった食材など
おみやげにいいアイテムが安く手に入る
スーパーマーケットは旅行者の強い味方。
※下記商品はすべておもなスーパーマーケットで。値段は目安。

固形スープの素 各1万3200ドン
上はベトナム版ビーフシチュー、下はフォー・ガー

フェイスマスク 2万5000ドン
安いものなら1万1000ドンからある

ココナッツパウダー 7600ドン

お湯で溶かすとココナッツミルクになる

ピスタチオ 13万9000ドン
塩味がしっかり効いてビールのつまみにいい

インスタント麺 8100ドン
南部ベトナム朝食の定番、ビーフシチュースープ麺

北部名物のカニ麺 2万3200ドン
バイン・ダー・クア（→P.36）のインスタント麺

ライスペーパー 2万9000ドン
メーカーによってサイズや厚さが異なる

ポテトチップス 2万1900ドン

定番メーカーのプレミアバージョン、和牛味

ベトナムコーヒー 12万ドン

老舗ブランドのチュングエンの「サンタオ5」

自然な甘さのココナッツジュースをパックに
ココナッツジュース 1万6800ドン

中部ご当地ビール 1万1600ドン

フエのフタはさわやかな飲み口でファンが多い

南部ご当地ビール 各1万4000ドン
ホーチミン市のビア・サイゴン。数種類あり

南・中・北部のご当地お菓子もスーパーで

南部

ココナッツキャンディ。サイズや種類はもちろん、メーカーによって微妙に味も異なる。3万ドン〜

中部

フエ（→P.260）からエントリーしたヌガーの「メー・スン」（左）など。フエの伝統菓子はピーナッツ、ゴマ、黒ゴマなど多種多様で5万ドン〜

北部

緑豆をすりつぶして固めたバイン・ダウ・サイン。日本語が話せるベトナム人は「キナコ」と説明してくれるが、味や食感はまさに日本のきな粉。お茶請けによさそう。2万5000ドン〜

都市ガイド

南部

ホーチミン市のアイコン的存在の市人民委員会庁舎

ベトナム最大の商業都市

MAP 折表-4B

ホーチミン市

ホーチミン市の市外局番
028

TP. Hồ Chí Minh

ホーチミン市とホー・チ・ミン氏

英語だとHo Chi Minh City、漢字だと胡志明市と表記される。1975年のベトナム戦争終結までは南ベトナムの首都で、サイゴン（Sài Gòn）と呼ばれており、現在も鉄道駅などは、当時のまま「サイゴン駅」となっている。

ホーチミン市を「サイゴン」と呼ぶ人も多いが、これには人物のホー・チ・ミンと街のホーチミンを区別するため、ホー・チ・ミンを呼び捨てにしないためなど諸説ある。本書でも人物のホー・チ・ミンと街のホーチミンを区別するため、街は「ホーチミン市」と表記している。

拡大する都市圏

ホーチミン市の中心部は概して1区、3区とされているが、人口増加とともに都市圏も徐々に拡大し、7区（MAP折裏-3C、3D）のフーミーフン（Phú Mỹ Hưng）地区と、2区（MAP折裏-2D）のトゥーティエム（Thủ Thiêm）地区など、郊外に新都心が誕生。さらに4区のタンフー（Tân Phú）地区にはイオンモールが、ビンタン（Bình Thạnh）区には81階建て、高さ461.2mと、国内一の高さを誇る複合施設「ランドマーク81タワー」（→P.79）がオープンし、周辺の開発が進められている。

ちなみに市街地や郊外県も含めたホーチミン市はかなり広く、大きい。行政区画は22に区分されており、郊外県としてクチ（→P.130）も含まれている。面積は約2095km²と、東京都よりもやや小さい程度。

街の産業の発展を支えてきた市中心部を流れるサイゴン川

急スピードで発展するホーチミン市。サイゴン川沿いが公園として整備され、1区と4区を結ぶカンホイ橋付近には新しい高層ビルが完成した

ベトナム戦争が終結し、解放される1975年までは「サイゴン」と呼ばれていたベトナム最大の商業都市、ホーチミン市。人口は約907万7158人、その数は年々増加の一途をたどっている。街はサイゴン川の西側に開けており、かつて「プチパリ」とたたえられていた美しい街並みは、ここ十数年で急激な変貌を遂げ、今では整然と並ぶ街路樹やシックなコロニアル様式の建物、カトリック教会にわずかにその面影を残すだけとなった。市場経済を軸とした自由競争はますます街に活力を与え、現在も進化中だ。高層ビルが増え、通りやロータリーは1日中車やバイクであふれ返っている。2012年にベトナム初となる地下鉄建設工事が市中心部で着工、2020年初頭からのコロナパンデミックで工事が中断したものの、2023年末にメトロ1号線が開通する予定だ。ベトナム観光をホーチミン市からスタートしたら、「社会主義国ベトナム」のイメージは大きく裏切られるだろう。とどまるところを知らないこの大都市は、強烈な日差しのようにエネルギッシュなパワーで今日も発展を続けている。

一方で、昔と変わらない光景も生きている。市場に行けばメコンの恵みをいっぱいに授かった南国特有のフルーツや野菜が山積みされ、裏通りには天秤棒を担いだ威勢のいい女性が行き来する。近年では買い物・美食天国ホーチミン市のイメージが強いが、街角にはそんな普段着のホーチミン市もいたるところで目にする。

ホーチミン市の住所欄の表記について：住所欄には通り名に続き、行政区画の区を入れていますが、ベトナム語で区を表す「Quận」を略し、例えば3区なら「Q. 3」のように「Q. ○○」と表示しています。

ホーチミン市・タンソンニャット国際空港到着

空港内でできること

●両　替

到着ロビーにはEXIMバンク、BIDVバンクなどの銀行代理の両替所があり、日本円やUSドルなどの現金からベトナム・ドンへの両替が可能だ。日本円、USドルの両替レートは各両替所ともに市内の各銀行の本店とほぼ同レートだが、各行によってレートは若干異なる。両替後はその場できちんと確認しよう。また、到着ロビーにはATMが設置されている。銀行の営業時間は年中無休で、その日の最初の到着便の到着時間から最終便の到着時間まで。どこかの両替所は営業しているので両替に困ることはないだろう。

●SIMカードの購入

SIMフリーの携帯端末を持っている場合は、SIMカードの購入がおすすめ。オンラインで地図を使えたり、グラブなどの配車サービスを使えたりと、数日間だとしてもベトナム滞在が格段に快適になる。到着ロビーには、Vinaphone、Viettel、Mobifoneの大手通信会社のブースが並び、ここでSIMカードを購入できる。購入にはパスポートが必要で、購入後すぐに電話・ネットともにつながるようになる。

会社によって微妙に内容や値段が異なるが、Vinaphoneの場合、4GのSIMカードでデータ通信のみのSIMとデータ通信＋通話のSIMがある。毎日5GB使えるデータ通信のみのSIMは15万ドン（1日2GBの場合は12万ドン）。毎日4GB使え、国内通話50分付きのSIMは18万ドン（国内通話200分の場合は25万ドン）。いずれも30日間有効。

左／機内預け荷物が出てくるターンテーブルは電光掲示板で確認を　中／通信大手Vinaphoneのブース　右／到着ロビーにはATMが数台設置されている

空港から市内へのアクセス

タンソンニャット国際空港からホーチミン市中心部までは約8km。空港から市中心部までのアクセスには、タクシーまたは国際線ターミナルと市内間の運行をしている路線バスの利用が便利。エアポートミニバスの運行はなく、バイクタクシーも空港内では営業していない。

●タクシー

メータータクシー

到着ロビーを出て左側にメーター使用のタクシー乗り場があり、「Taxi Stand」の表示が出ている。乗り場には各社の料金表があるが、メーター使用のタクシーは、どのタクシー会社も市内（1区）までだいたい16万ドン～。数社のタクシー会社がスタンドで停まっており、各社の制服を着た配車担当スタッフがいるので、利用する場合は声をかけてみよう。ただし、空港からのメータータクシーによるぼったくり被害が多いため、割高にはなるが定額タクシーまたはグラブなどの配車サービスを利用するのがおすすめだ。

✉空港のタクシー乗り場から乗ったのに、メーターの0がひとつ多く、10倍の値段を払うように言われ、態度も運転もひどすぎた。必ず定額制のタクシーに乗るべき。
（東京都　くりまる　'22）

入国手続きについて

具体的な入国手続きについてはP.404の「入国の手順」を参照のこと。

国際線ターミナルと国内線ターミナルは隣接

タンソンニャット国際線ターミナルと、国内線ターミナルは隣接しており、徒歩約3分。

空港でのATM利用

タンソンニャット国際線ターミナルの到着ロビーにはATMが数台あり、マスターカード、ビザカードでベトナム・ドンのキャッシングが可能。また、隣接する国内線ターミナル1階にもATMが数台設置されており、マスターカード、ビザカードなどでベトナム・ドンのキャッシングが可能。

空港での両替は少なめに

市内には空港よりもレートのよい両替所や銀行がある。空港で両替し過ぎないように注意しよう。なお、市内の両替所は22:00頃まで営業している。

空港からのメータータクシーについて

空港からも利用でき、評判がいいのはビナサン・タクシー、マイリン・タクシー（→P.63欄外）。ともにベトナムを代表する大手のタクシー会社。しかしここ数年、空港から市内へのメータータクシーでのトラブルが急増しているので、心配ならば配車サービスのグラブ（→P.58）または、割高にはなるが定額タクシー（→P.58）を利用したほうがよい。在ホーチミン市日本国総領事館のホームページで「ぼったくりタクシー防止カード」（→下記）を入手しておくと安心。

ぼったくりタクシー防止カード

タクシー降車時に法外な料金を請求されるといったトラブルの増加を受け、在ホーチミン市日本国総領事館が発行したカード。乗車した際にタクシー会社名や車両番号を控えることで犯罪を防止し、万一トラブルに遭った場合でもその後の追跡が可能になる。下記のURLから入手を。
URL www.hcmcgj.vn.emb-japan.go.jp/2011/dec/20111201bottakuri_taxi_boshi_card.pdf

タクシー空港使用料

空港からメータータクシーやグラブの車に乗る場合、乗車料金とは別に空港使用料がかかる。タクシーの空港使用料は1万ドン。

配車サービスの車が停まるレーンBは到着ロビーと駐車場の間にある

到着ロビーにはバス乗り場やメータータクシー乗り場の案内が出ている

送迎車は到着ロビー出口あたりで出迎えのスタッフが名前を書いた紙を持って待機している

定額タクシー

到着ロビーまたは到着ロビー出口付近で定額タクシーを販売する数社がブースを並べている。ブースで行き先を告げ、チケットを買うと車まで案内してくれる。車は空港から1区までの場合、7人乗りで25万ドン～。料金には空港使用料が含まれているので、タクシー降車時にドライバーにお金を支払う必要はない。

配車サービス

配車サービスのグラブ（→P.416欄外）が利用できる。乗り場は到着ロビーを出て、道を渡った奥のレーンB。グラブの予約時に乗り場は10番レーン（Lane B Pillar 10）と出てくるが、10番は到着ロビーの柱の番号のこと。到着ロビーで10番の柱を確認してから道を渡り、ドライバーの到着を待とう。グラブを利用する予定の人はあらかじめアプリをダウンロードしておこう。空港から市内（1区）までは通常は12万ドン～。乗車料金に加えて車の空港使用料1万ドンが加算される。雨の日や混雑する時間帯はメータータクシーよりも高くなることがある。市内までは渋滞に巻き込まれない限り、所要約20分。

●路線バス

到着ロビーを出て右へ進んだあたりから路線バスが市内まで運行。市内までは渋滞に巻き込まれない限り所要約45分。便利なのは空港と1区中心部やブイヴィエン通り（→P.70）近くのファングーラオ通りなどを通り、9月23日公園のサイゴン・バスターミナル（MAP P.122-3B）までを結ぶ109番バス。5:45～23:40の間に18分間隔で運行、1万5000ドン（4.5km以内は8000ドン）。そのほか、152番バスは空港からハムギー通りバス乗り換え所（MAP P.128-1B～129-1D）やチャンフンダオ通りを経由し、7区までを結ぶ。5:15～19:00の間に20～30分間隔で運行、5000ドン。大きな荷物を持って乗車する場合はプラスひとり分の運賃。

ブイビエン通り周辺へ行くのに便利な109番バス

152番バス。1区中心部までのルートは109番バスとそれほど変わらない

●旅行会社の送迎車

空港～市内間の送迎を含めたツアーに参加していれば、現地の旅行会社が送迎車を用意してガイドなどが出迎えに来ているはずだ。送迎付きツアーに参加している人は、空港内のどこでどのように待ち合わせをするのかを事前に確認しておこう。

●ホテルのシャトルバス

事前にホテル予約がしてあり、さらに空港からの送迎サービスを頼んでいる場合は、ホテルのシャトルバス（有料）が利用できる。ホテルスタッフの多くは、ホテル名と宿泊者の名前を書いたボードを掲げて到着ロビーの出口で待機しているが、空港内のどこでどのように待ち合わせをするのかを事前に確認しておこう。

✉ホーチミン市のタンソンニャット国際空港内の両替所は、それぞれレートが違うので、何ヵ所かあたったほうがいい。一番いいレートの両替所と、市内の銀行はほと↗

ACCESS

ホーチミン市への行き方

●飛行機（空港の詳細は→P.408）

国際線：関西国際空港、成田国際空港、羽田空港、中部国際空港、福岡空港から直行便がある（→P.399）。近隣諸国はバンコク、プノンペン、クアラルンプール、シンガポール、香港、ソウルなどから直行便がある。

国内線：各地からベトナム航空（VN）、ベトジェット・エア（VJ）、バンブー・エアウェイズ（QH）の便がある。

●ハノイから（所要約2時間10分）
VN：毎日21〜23便　VJ：毎日22〜24便　QH：毎日9〜10便

●クアンニン（ハロン湾）から（所要約2時間）
VN：週4便　VJ：週3便　QH：週4便

●ハイフォンから（所要約1時間55分）
VN：毎日6〜7便　VJ：毎日7〜8便　QH：毎日2便

●ダナンから（所要約1時間25分）
VN：毎日16〜18便　VJ：毎日8〜9便　QH：毎日2〜3便

●フエから（所要約1時間25分）
VN：毎日6便　VJ：毎日6便　QH：毎日1便

●ドンホイから（所要約1時間30分）
VN：毎日1便　VJ：毎日2便　QH：毎日1便

●クイニョンから（所要約1時間5分）
VN：毎日2〜3便　VJ：毎日3便　QH：毎日3便

●ニャチャンから（所要約1時間）
VN：毎日4〜5便　VJ：毎日3〜4便　QH：毎日1便

●バンメトートから（所要約55分）
VN：毎日1便　VJ：毎日2便　QH：毎日1便

●ダラットから（所要約50分）
VN：毎日3〜4便　VJ：毎日3便　QH：毎日1便

●フーコック島から（所要約55分）
VN：毎日7〜8便　VJ：毎日8〜10便　QH：毎日2〜4便

●コンダオ島から（所要約55分）　VN：毎日6〜8便　QH：毎日2〜3便

●列　車

ハノイ方面から毎日4便運行している。所要時間は最も速い便でハノイから約32時間17分、フエから約19時間24分、ダナンから約16時間24分、ニャチャンから約7時間21分（→P.412）。

●バ　ス

主要都市から毎日運行している。詳しくは各町のアクセスの項を参照。

●船

ホーチミン市〜ブンタウ間に水中翼船が運航している（→P.62）。

地方への旅の起点

ホーチミン市はメコンデルタ各町をはじめ、クチのトンネル観光やフーコック島などへの旅行の起点となる街だ。移動方法には飛行機、列車、バス、船があるので、行き先や自分の旅行のスタイルに合わせて選ぼう。

●飛行機の旅の起点

タンソンニャット国際空港　国内線ターミナル

国内線ターミナルは国際線ターミナルに隣接しており、1階にチェックインカウンター、2階に出発ゲートがある。

↘んど同じだった。（福岡県　野田 順子）['22]

搭乗手続きについて

搭乗手続きについてはP.411の「国内の交通」を参照のこと。

空港使用税

国内線の空港使用税は航空券購入時に支払うシステムになっており、空港で支払う必要はない。

国内線ターミナルから市内へ行く際の配車サービス乗り場

グラブなどの配車サービスを利用して国内線ターミナルから市内へ出る場合、乗り場は到着ロビーを出て、メータータクシー乗り場レーンを超えた先にある駐車場1階のD1レーン。乗り場はわかりづらく、変更される可能性もあるので利用前に確認を。

空港へは早めに向かおう

市内から空港までの道は、時間帯によって渋滞することが多く、思ったよりも時間がかかる。また、国内線は手荷物のX線検査が混み合うため、時間に余裕をもって早めに出発しよう。事前にウェブチェックインが可能な航空会社・路線であれば、利用したほうがよい。

タンソンニャット国際空港の国内線ターミナルは、利用する航空会社によって入口が分かれているので、市内からタクシーで向かう際は運転手に航空会社名も伝えるといいだろう

タンソンニャット国際空港の国内線ターミナル。国内線利用の際も、ウェブチェックインをしていなければ、遅くとも2時間前までにチェックインしよう

タンソンニャット国際空港の国内線ターミナルの出発ロビーには、カフェスタンドやフードコート、みやげ店がある

上／サイゴン駅1階のチケット売り場。整理券をもらって順番を待つ　下／駅構内にはカフェや売店もある

サイゴン駅

MAP P.122-1A
住1 Nguyễn Thông, Q. 3
☎1900-1520（ホットライン）

チケット売り場

営5:00～21:00　休無休
カード M V

荷物輸送受付

営7:00～17:00
休無休
料ハノイまでは1kg2554ドン。所要3～5日

鉄道チケットはベトナム鉄道のウェブサイト（→P.61欄外）から予約でき、オンライン決済が可能。詳細はP.412。サイゴン駅へは市中心部からタクシー、バイクタクシーで10～15分。バイクタクシーは4万ドン～。

鉄道チケット販売代理店

MAP P.71-1C
住269 Đề Thám, Q. 1
☎(028) 38367640
営6:30～22:00
休無休　カード M V

デタム通りにある代理店。サイゴン駅発のすべての鉄道チケットが1ヵ月前から予約可能（要問い合わせ）。5US$の手数料がかかり、チケットの払い戻しは発車の4時間前までだが、直前だと応じてくれない場合もあるため1日前が確実。キャンセルチャージは発車時間の何時間前かによって異なり、20～40%。

市内から空港への行き方

タクシー

市内中心部から空港までのメータータクシー利用は、ドンコイ通りから14万ドン～。配車サービスのグラブ（→P.416欄外）は14万ドン～。空港までは渋滞に巻き込まれない限り、所要約20分。

路線バス

9月23日公園のサイゴン・バスターミナル（MAP P.122-3B）から109番バスが5:45～23:40の間に18分間隔で運行、1万5000ドン（4.5km以内は8000ドン）。ハムギー通りバス乗り換え所（MAP P.128-1B～129-1D）から152番バスが5:15～19:00の間に12～30分間隔で運行、5000ドン。所要約45分。

バイクタクシー

市内中心部から空港まで8万ドン～。空港までは通常、所要約25分。

ホテルのシャトルバス

ホテルで送迎サービスを行っていれば、これが最も安心で確実だ。

ホーチミン市発の直行便

各地へベトナム航空（VN）、ベトジェット・エア（VJ）、バンブー・エアウェイズ（QH）の便がある。

●ハノイ行き（所要約2時間5分）
VN：毎日21～23便　VJ：毎日22～24便　QH：毎日9～10便

●クアンニン（ハロン湾）行き（所要約2時間）
VN：毎日1便　VJ：毎日1便　QH：週4便

●ハイフォン行き（所要約2時間）
VN：毎日6～7便　VJ：毎日7～8便　QH：毎日2便

●ダナン行き（所要約1時間20分）
VN：毎日15～16便　VJ：毎日9～10便　QH：毎日2～3便

●フエ行き（所要約1時間25分）
VN：毎日6便　VJ：毎日6便　QH：毎日1便

●ドンホイ行き（所要約1時間35分）
VN：毎日1便　VJ：毎日2便　QH：毎日1便

●クイニョン行き（所要約1時間10分）
VN：毎日2～3便　VJ：毎日4便　QH：毎日2便

●ニャチャン行き（所要約1時間）
VN：毎日5～6便　VJ：毎日3～4便　QH：毎日1便

●バンメトート行き（所要約1時間）
VN：毎日1便　VJ：毎日2便　QH：毎日1便

●ダラット行き（所要約50分）
VN：毎日3～4便　VJ：毎日3便　QH：毎日1便

●フーコック島行き（所要約1時間）
VN：毎日5～8便　VJ：毎日8～10便　QH：毎日2～4便

●コンダオ島行き（所要約1時間）
VN：毎日6～7便　QH：毎日2～3便

左／国内線のチェックインロビーにある自動発券機。ウェブチェックインができない路線に乗る場合やチェックインカウンターが混んでいるときは利用しよう　右／国内線出発ロビー

●列車の旅の起点

ホーチミン市の駅はサイゴン駅。市中心部から北西へ約3kmの所に位置するサイゴン駅からはニャチャン、ダナン、フエを経由しハノイまでの列車が運行している。

サイゴン駅（Ga Sài Gòn） MAP P.122-1A

ホーチミン市発の便

●ハノイ行き　毎日4便、所要32時間30分～。途中ニャチャン、ダナン、フエなどで停車する（→P.412）。　※便数はシーズンごとに変わる。

サイゴン～ニャチャン間のハイクオリティ列車

サイゴン～ニャチャン間は、全車両の内装を少し豪華に変えたハイクオリティ列車SNT 1およびSNT 2が運行。サイゴン発がSNT 2で木～土曜1日1便運行、ニャチャン発はSNT 1で金～日曜1日1便運行。いずれも68万3000ドン～。時期によって便数、料金ともに異なる。

●バスの旅の起点

鉄道網が発達していないベトナムでは、バスは非常に有効な交通手段だ。大きな町はもちろん、地方の小さな町へもバスは走っている。おもなバスターミナルは市内に4ヵ所あり、行き先方面によって分かれている。フーンチャン（→P.91）などのバス会社はローカルバスと比べて値段は少々高いが、サービスもよく安心して利用できる。

寝台バス

多くの路線で寝台バスも運行。バスの種類にもよるが、車内には上下2段の簡易ベッドが並び、テレビ、トイレ、給水器を完備。

ミエンドン・バスターミナル（Bến Xe Miền Đông） MAP 折裏-1D参照

市中心部から約22km北東のビンユーン省に2020年移転（住Bình Thắng, Dĩ An, Bình Dương）。北部方面行きの長距離バスが発着している。ハムギー通りバス乗り換え所（→欄外）またはサイゴン・バスターミナル（→P.62）から93番バスに乗り、終点下車。4:45～19:15の間に20～30分間隔で運行。7000ドン、所要約75分。タクシーなら34万ドン～、所要約40分。

●ハノイ行き　7:00～21:30の間に寝台バスが13便。70万～100万ドン、所要35～40時間。

●ダナン行き　7:00～18:00の間に寝台バスが9便。60万ドン～、所要約22時間。

●フエ行き　6:00～18:00の間に寝台バスが14便。60万～70万ドン、所要19～25時間。

●ニャチャン行き　7:00～22:30の間にリムジン寝台バスが30分～1時間間隔。30万～70万ドン、所要8～10時間。

●ファンティエット行き　7:00～22:30の間に寝台バスが37便。25万～45万ドン、所要約6時間。

●バンメトート行き　6:30～23:00の間に寝台バスが30分～1時間間隔。30万～50万ドン、所要約9時間。

●ダラット行き　寝台バスが7:45、22:30、23:00発の3便。30万ドン、所要約7時間30分。

●ブンタウ行き　6:00～17:00の間に1時間に2便。17万ドン～、所要約2時間。

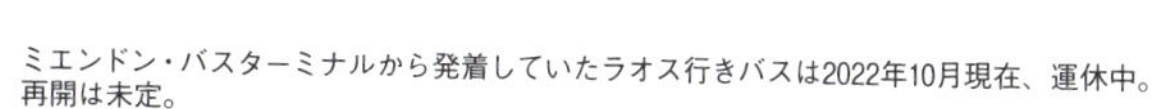

ミエンドン・バスターミナルから発着していたラオス行きバスは2022年10月現在、運休中。再開は未定。

南部の鉄道旅行の起点、サイゴン駅

列車チケットの買い方、列車の利用方法について

詳しい列車チケットの買い方や列車の利用方法についてはP.411の「国内の交通」を参照。

また、下記のベトナム鉄道のウェブサイトで鉄道の時刻表や料金の確認、購入ができる。

URL dsvn.vn

鉄道旅行の注意

鉄道利用の注意点やトラブルについてはP.412欄外を参照のこと。

バスチケットの買い方、バスの利用方法について

詳しいバスチケットの買い方やバスの利用方法についてはP.413を参照のこと。

ハムギー通りバス乗り換え所

Trạm Trung Chuyển Trên Đường Hàm Nghi

MAP P.128-1B～129-1D

ハムギー通り上に点在するバス停。バス停は複数あり、行き先によって乗り場が異なる。各バス停には路線番号が表示されている。チョロン行き1番バスや空港行き152番バスなど、市内の路線バス発着がおもで、各中距離バスターミナルまでも結ぶ。

複数のバス停が集まるハムギー通りバス乗り換え所

バス会社ごとにチケット販売窓口が分かれている（ミエンタイ・バスターミナル）

長距離バスターミナルではスリ、ひったくりに要注意

長距離バスターミナルにはスリやひったくりが非常に多い。特にミエンドン・バスターミナル、ミエンタイ・バスターミナルでは外国人はもちろん、ベトナム人も狙われることがある。貴重品はポケットやウエストポーチ、リュックの外側ポケットなど、取り出しやすい所には入れておかないように。

長距離バスターミナルでの食事

ミエンドン・バスターミナルにはカフェや食堂、売店があり、簡単な食事ができる。また、チケット売り場の２階にはスーパーマーケットもある。ミエンタイ・バスターミナルには食堂はなく、売店のみ。

９月23日公園にあるサイゴン・バスターミナル

船会社

グリーンラインズDP
Greenlines DP
MAP P.127-3D
住10B Tôn Đức Thắng, Q. 1（バクダン・スピードフェリーターミナル内）
☎098-8009579（携帯、ホットライン）
URL greenlines-dp.com
営7:00〜17:00
休無休　カード MV

船は全席指定席。チケットに書かれた番号のカバーがかけられた席に座ろう

ミエンタイ・バスターミナル（Bến Xe Miền Tây） MAP 折裏-3A参照

市中心部から約10km南西に位置する。メコンデルタの各町など、南西部行きの中距離・長距離バスが発着。サイゴン・バスターミナル（→下記）から102番バスに乗り、終点下車。5:00〜18:00の間に20〜30分間隔で運行。7000ドン、所要約80分。タクシーなら26万ドン〜、所要約35分。

- ミトー行き　16:00発の１便。４万5000ドン、所要約１時間30分。
- ベンチェー行き　7:15〜16:00の間に６〜７便。６万5000ドン〜、所要約２時間。
- カントー行き　0:00〜23:00の間に寝台バスが30分〜１時間間隔。16万5000ドン、所要約４時間。
- ソクチャン行き　0:30〜23:30の間に寝台バスが30分〜１時間間隔。17万ドン、所要約５時間。
- ロンスエン行き　3:00〜23:15の間に寝台バスが30分間隔。17万ドン、所要約５時間。
- チャウドック行き　0:00〜23:30の間に寝台バスが１時間間隔。21万ドン、所要約６時間。
- カーマウ行き　7:00〜22:00の間に12便。19万ドン〜、所要７時間35分〜８時間。
- ラックジャー行き　7:55発の１便。15〜16万ドン、所要約６時間。
- ハーティエン行き　寝台バスが8:00、10:30、12:30、21:30、23:30発の５便。20万5000ドン、所要約７時間。

チョロン・バスターミナル（Bến Xe Chợ Lớn） MAP P.84-2A

市中心部から約5km南西に位置する。クチ行きのバスが発着。ハムギー通りバス乗り換え所（→P.61欄外）から１番バスに乗り、終点下車。5:00〜19:00の間に18〜26分間隔で運行。5000ドン、所要約30分。

- クチ行き　94番バス。4:30〜19:00の間に12〜20分間隔。２万ドン、所要約１時間15分。

サイゴン・バスターミナル（Bến Xe Sài Gòn） MAP P.70-1B

ベンタン市場から徒歩約15分、ファングーラオ通りの９月23日公園にあるバスターミナル。市内の路線バス発着がおもで、各中・長距離バスターミナルまでも結んでいる。

- クチ行き　13番バス。4:00〜19:00の間に25〜30分間隔。２万ドン、所要約１時間25分。クチ・トンネル（ベンユック）へは終点で79番のバスに乗り換えが必要。7000ドン。
- モックバイ（タイニン方面）行き　70-3番バス。5:40〜15:00の間に１時間間隔。５万ドン、所要約２時間30分。

船の旅の起点

ホーチミン市とブンタウを結ぶ水中翼船は、バクダン・スピードフェリーターミナル（MAP P.127-3D）からグリーンラインズDPが運航している。

月〜木曜9:00、12:00発の２便、金曜9:00、12:00、14:00発の３便、土曜8:00、10:00、12:00、14:00発の４便、日曜8:00、10:00、12:00発の３便運航。月〜金曜32万ドン、土・日曜35万ドン。６〜11歳は月〜金曜27万ドン、土・日曜29万ドン、５歳以下無料。所要約２時間。天候によっては運休や時刻が変更になることもある。週末は２〜３日前までに予約を。

グリーンラインズDPの船

Voice ブンタウ行き船が発着するバクダン・スピードフェリーターミナル（→上記）と水上バスが発着するバグダン船着場（→P.63）の住所は同じだが、乗り場は異なる。前者↗

市内交通

ホーチミン市は広く、移動には乗り物の利用が便利。旅行者に利用頻度が高いのはタクシーとバイクタクシーだろう。

●タクシー →P.415

10社以上のメーター制のタクシー会社があり、軽自動車、セダン、ワゴンなど車の種類もさまざま。ガソリンの値段により運賃は常に変動しており、料金体系は各社によって異なるが、ビナサン・タクシーの７人乗りタイプの場合、初乗り１万2000ドン、30kmまで1kmにつき１万9600ドン。移動距離によって料金が加算される。グラブなど配車サービス（→P.416）も利用でき、通常はメータータクシーより割安。

広いホーチミン市内はタクシーを有効に使おう

●バイクタクシー →P.417

事故やトラブルもあるため、予算を節約する必要がないのならタクシー利用を。利用する場合は配車サービス（→P.417）がおすすめ。流しのバイクタクシーの料金は事前交渉制で、外国人旅行者なら1kmで２万ドンくらいが目安。

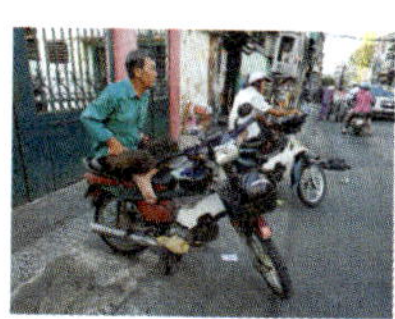
バイクタクシーには縄張りがあり、各辻で客待ちをしている

●シクロ →P.418

旅行会社所属、あるいは組合所属のシクロ以外は、市内乗り入れ禁止となっている。また観光エリアでのシクロはトラブルが多い。シクロツアーを行っている旅行会社を通して利用するのが安心。

シクロ利用は旅行会社を通そう

●路線バス →P.416

市内にはたくさんの路線バスが走っており、ほとんどがエアコン付きの大型バス。運賃は6000ドン、7000ドンがほとんどで一部5000ドン。運行時間は路線によって異なるが、だいたい5:00頃～19:00頃で、ほぼ５～30分間隔で運行している。

ときどき路線番号や路線の変更もされるので、利用前に確認するのが望ましい

●水上バス

１区のバクダン埠頭にあるバクダン船着場（Ga Tàu Thủy Bạch Đằng MAP P.127-3D）と市北部トゥードゥック区のリンドン（Linh Đông）船着場の５区間を結ぶ水上バス。バクダン～２区のビンアン（Bình An）ルートは8:30～21:00の間に13便（土・日曜8:30～21:30の間に16便）運航。

黄色の船体が目印

●レンタサイクル・バイク →P.418

日本の国際免許はベトナムでは通用しないため、バイクレンタルの際は要注意。１日15万ドン～（ガソリン代別）。レンタル屋はデタム通り周辺に多い。レンタサイクルは、アプリをインストールして利用する公共自転車サービス「TNGO」がスタート。30分5000ドン、１日５万ドン（営5:00～20:00）。

↘はドンコイ通り近くで、後者は前者よりも北側のメリン広場前。

市内交通の乗り物について

市内交通のタクシー、バイクタクシー、シクロ、路線バス、レンタサイクル・バイクの詳しい利用方法はP.415を参照のこと。

トラブルが少ないタクシー会社

比較的トラブルが少ないのは以下の２社。

ビナサン・タクシー（Vinasun Taxi）
☎(028) 38272727

マイリン・タクシー（Mai Linh Taxi）
☎1055

白タク利用は避けよう

くれぐれも注意したいのは、車体の脇に社名も電話番号も書かれていない個人タクシーだ。これらはトラブルが非常に多く、おすすめできない。

偽タクシーに注意

車体のロゴやカラーリングを、大手のマイリン・タクシーやビナサン・タクシーに似せたタクシーが増えている。乗車料金が異様に高かったり、遠回りをしたりと、トラブルが多いので注意が必要。遠目からではわかりづらいので、レストランやホテルからタクシーを利用する場合は、タクシーを呼んでもらうほうがいいだろう。

市内交通のトラブル

タクシー、バイクタクシーでのトラブルはP.429の「旅のトラブル対策」を参照のこと。

バイクタクシー料金は？

ベンタン市場～ドンコイ通り間なら１万5000ドン程度。

シクロ料金は？

各自の交渉能力やルートにもよるが、ひとり乗りで市内を約１時間巡って23万ドン～。

市内バス路線マップ

下記のウェブサイトで市内のバス料金や走行ルートが確認できる（アプリとしてスマートフォンにダウンロードも可能）。
URL map.busmap.vn

水上バス

サイゴン・ウオーターバス
Saigon Water Bus
MAP P.127-3D
住10B Tôn Đức Thắng, Q. 1（バクダン船着場内）
☎1900-636830（ホットライン）
営チケットオフィス7:00～20:00 休無休
料１万5000ドン

公共自転車

TNGO
☎1900-633548（ホットライン）
URL tngo.vn

サーカス劇場

ホーチミン市サーカス団
Đoàn Xiếc TP. Hồ Chí Minh
Ho Chi Minh City Circus
MAP 折裏-1B参照
住 Công Viên Gia Định, Hoàng Minh Giám, Q. Gò Vấp
☎081-3686565、092-8055992（携帯、ホットライン）
開土・日曜19:30～
休月～金曜　料15万～20万ドン、子供（椅子に座る場合）10万ドン　カード不可

タンソンニャット国際空港付近にあるサーカス劇場。演目は空中アクロバットといった高度なものから動物が活躍するほほ笑ましいものまで幅広く、家族で楽しめる内容になっている。

2本のひもを使って宙を舞うアクロバット

書店

グエンフエ書店
Nha Sach Nguyen Hue
MAP P.127-3C
住 40 Nguyễn Huệ, Q. 1
☎(028)38225796　営8:00～22:00　休無休　カード JMV

中心部にある大きな書店。旅行関係の本や雑誌、地図などの品揃えがよい。2階は文具売り場。

2階文具売り場ではおみやげによさそうなノートも販売

レトロなおしゃれカフェが流行中

ベトナム全土で流行しているレトロなたたずまいのカフェがホーチミン市でも若者に大人気。ベンタン市場近くのカフェ「リン」は街歩きの休憩にも使えて便利。

緑を配した涼しげな「リンLinh」（MAP P.128-1A）。2階テラス席がおすすめ

歩き方　Orientation

ホーチミン市とひと口にいっても、市街地は南北約15km、東西約12kmの広さの大きな街だ。とはいえ外国人旅行者にとって意味のあるエリアは限られている。ここではツーリスティックなエリアをおもな大通りに沿って、概略を説明する。ホーチミン市のだいたいのイメージをつかんでおこう。

まずはホーチミン市の中心部を歩いてみよう

ホーチミン市1区の中心部はドンコイ通り、レロイ通り、ハムギー通りを3辺とする三角地帯（正確には三角形ではないが…）に囲まれている。このサイゴン・トライアングルは自分の足で歩いてみよう。

●ドンコイ通り～トンドゥックタン通り　MAP P.123-1D～2D

サイゴン大教会からサイゴン川に向かう道がドンコイ通り、三角形の第1辺だ。並木の美しいこの通りは早くから開けた目抜き通りで、 かつてはみやげ店が軒を連ねるショッピングストリートとして有名だったが、2022年8月現在、みやげ店は激減。それでも、ドンコイ通りやそれと交差する通りにはおしゃれなカフェやレストランが集まり、市内でも有数の繁華街となっている（→P.66）。

ドンコイ通りを東南へ進みサイゴン川まで出ると、右側にコロニアル調の「ホテル・マジェスティック・サイゴン」（→P.116）が見えてくる。右折してトンドゥックタン通りに出て、ハムギー通りまでサイゴン川沿いを歩いてみよう。川沿いはバクダン公園として整備され、川風が気持ちいい。夕方には地元の人々が集まり、夕涼みの場となっている。

サイゴン川沿いに遊歩道が設けられ整備されたバクダン公園。ハムギー通りあたりからハイバーチュン通りあたりまで続く

●ハムギー通り～ベンタン市場前　MAP P.123-3C～3D

三角形の第2辺目、ハムギー通りまで来たら右折。ハムギー通りは高層ビルが建つ大通りだが、周辺には地元の人向けの食料品店や小さな市場もある。ハムギー通り以南は、食堂や屋台が多く、特にヤンシン市場（→P.78欄外）付近はよりローカル色が強くなるが、最近はチェーン店のカフェやおしゃれなレストラン、ブティックなども増え、新旧が入り交じったエリアに。

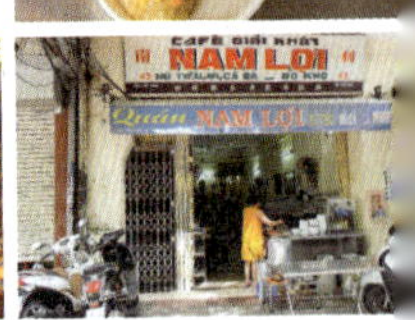

上／1品2万8000ドンで点心が食べられる「ボーネー・バー・ヌーイ」（MAP P.128-2B）　左下／「ベップ・ニャー・ルック・ティン」（→P.92）の店内　右下／魚麺が有名な「ナムロイ」（MAP P.129-1C）

✉レストランやカフェなどで、袋に入ったおしぼり（ウェットティッシュ）が頼まなくても出てくるが、たいてい有料（2000ドン前後）。レストランによっては金額がレシートに↗

ハムギー通りを西に進むと、ホーチミン市の中央市場であるベンタン市場が遠くに見えてくる。市場前はロータリーになっていたが地下鉄建設工事のため、ロータリー周辺は2022年８月現在、囲われている。ベンタン市場に向かって歩いていくと右手に、三角形の第３辺目レロイ通りに出る。

左／ベンタン市場正面入口　右／１日中にぎやかなベンタン市場周辺。市場至近、レタントン通りの路地には飲食店が集まる一画がある

●レロイ通り

MAP P.123-2D

レロイ通りは、2013年から地下鉄建設工事のため一部が車両通行止めとなっているが、歩行者は通行できるので、変わりゆく街並みを歩いてみよう。道路左側には以前に比べてだいぶ数は減ったが、みやげ店や衣類を売る露店がいくつかあり、そぞろ歩く外国人の姿も。右側に近代的なビル「サイゴン・センター」が見え、１ブロック進むと交差する道路はパスター通りだ。左側（北側）にはファッションや雑貨の店が並んでいる。そのままレロイ通りを直進すると交差する大通りはグエンフエ通り。かつて車が行きかう大通りだったが、ベトナム戦争終結40周年とホーチミン生誕125周年を記念して、2015年に生まれ変わった。ホーチミン市人民委員会庁舎の前には全長4.5ｍのホーチミンの像が立ち、歩行者天国として新たな観光スポットになっている。そしてレロイ通りの正面に市民劇場が見えてきたら、サイゴン・トライアングルを一周したことになる。ベンタン市場から市民劇場までは歩いて約15分の道のりだ。

上／サイゴン・センター・ビル　下／地下鉄工事が続くレロイ通りには閉店した店が連なる

このトライアングルの中にはホテル、レストラン、旅行会社、コンビニエンスストア、銀行など旅行者に必要な施設が集まっているが、物価はほかのエリアに比べて高めだ。

高級ホテルの多いドンコイ通り、グエンフエ通り周辺がおもにツアー客やビジネスマンエリアなら、リーズナブルな旅をよしとする個人旅行者は、ブイヴィエン通りとデタム通り（→P.70）を目指そう。また、レタントン通り（東側）、タイヴァンルン通り（→P.68）には日本料理店やバーが集まっている。

左／夜になるとグエンフエ通り周辺のビルがカラフルにライトアップされ、いっそうにぎやかに
中／グエンフエ通りにある古いアパート内にはたくさんのカフェやショップが入店し若者に人気のスポットになっている
右／ライトアップされたグエンフエ通りのハスの花の噴水。地元の人々の憩いの場となっている

↘表記されている。使用しなければ「ー2000」のように表示されていることもある。（千葉県　匿名希望）['22]

街歩き中に便利なトイレ情報

清潔でトイレットペーパーの備え付けがある旅行者にも利用しやすいトイレなら、高級ホテルやショッピングセンターへ行こう。ホテルは中級ホテルでも貸してくれることがある。オフィスビルの中にも利用しやすいトイレは多い。また、市内には有料公衆トイレ（1000ドン～）が設置されているが、トイレットペーパーがなかったり、あまり清潔とはいえない所が多い。

薬局

ファーマシティ
Pharmacity

MAP P.127-2C
住 97 Hai Bà Trưng, Q. 1
☎ 1800-6821（ホットライン）
営 6:00～24:00
休 無休
カード M V

ベトナム全土に展開する薬局。ホーチミン市では街のいたるところにあり、便利。薬はもちろんマスクや新型コロナウイルスの抗原検査キット（８万2000ドン～）も販売。

サイゴン大教会裏のブックストリートには書店やブックカフェが並ぶ（MAP P.126-1B）

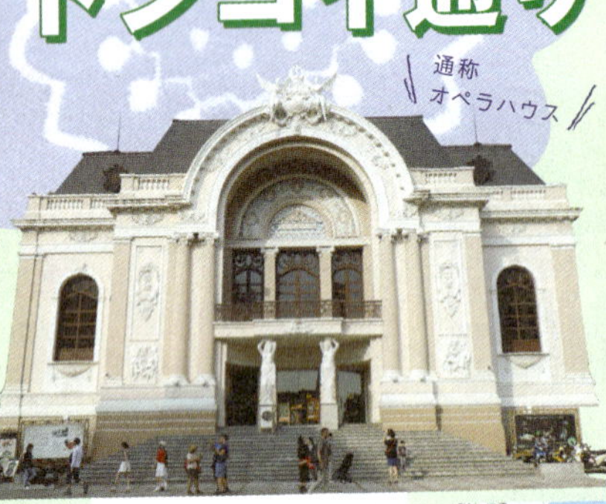

緑の並木道が続くドンコイ通り

夜はライトアップされ、より優美な姿を見せてくれる市民劇場

市民劇場

Nhà Hát Thành Phố
Opera House

MAP 下図-1A、1B

ドンコイ通りに堂々と建つ壮麗な劇場。フランス統治時代の1900年に建てられ、ベトナム戦争中は南ベトナムの国会議事堂としても使用されていた。現在の姿は建築当時の意匠を忠実に復元したもので、通常は入館できないが、アー・オー・ショー（→P.80）の公演が定期的に行われているほか、週末の夜などには公演が行われることもある。

上／「カフェ・コーバー」（→P.67欄外）をはじめ、複数のレストランやカフェが入る複合施設「リトル・サイゴン・ドンコイ」
下／外国人観光客が一度は訪れる目抜き通り

ドンコイ通りは、グエンフエ通り（MAP P.126-2B～P.127-3D）、ハイバーチュン通り（MAP P.126-1B～P.127-2D）と並行して南東に延びる、ホーチミン市の目抜き通りといえる通りだ。このあたりは近代的なデパートや高級ホテルなどが建ち並び、市内有数の一等地となっている。その一方で、フランス統治時代からの建

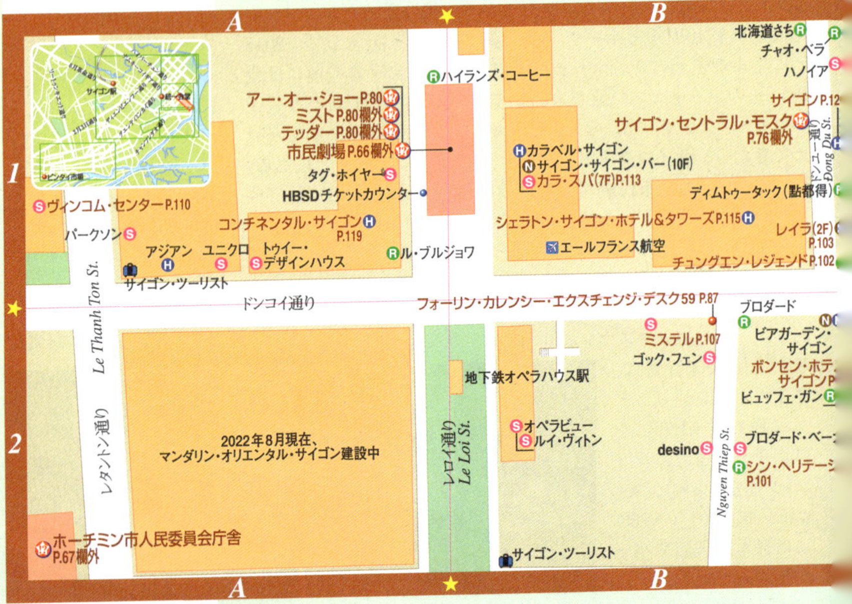

※地図中、左上の小エリア図の赤枠部分が、折り込み地図裏でのこのストリート図の位置を示しています。

街のシンボル、ホーチミン市人民委員会庁舎

左・右／左は「カフェ・コーバー」のテラス席、右は店内

ホーチミン市人民委員会庁舎
Ủy Ban Nhân Dân Thành Phố Hồ Chí Minh
Ho Chi Minh City Hall

MAP P.66-2A

グエンフエ通りの突き当たり、レタントン通りに建つ1908年建造のフランス風建築物。現在はホーチミン市人民委員会の本部として使用されている。建物には見事な装飾が施され、人民委員会庁舎前にはホーチミン像が立つ。夜はライトアップされ、いっそう美しい姿が見られる。写真撮影は禁止とされているが、離れて撮影すれば問題はない。

物も残り、新旧が混在した独特の街並みが見られる。

以前は、ベトナム雑貨のみやげ店やスーパーマーケットなどが集まり、ホーチミン市随一のショッピングストリートとして知られていたが、2022年８月現在、観光客向けのみやげ店の数は激減。それでもおしゃれなカフェやレストラン、洗練されたブティックが点在し、にぎやかな雰囲気は健在。ホーチミン市を訪れる旅行者の多くは、何度となくこの美しい並木の通りを行き来することとなるだろう。

ベトナム料理の有名店も多い

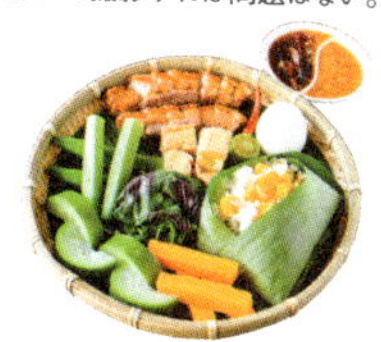

コーバー風プレートご飯
７万9000ドン

カフェ・コーバー
Caphe Co Ba

MAP 下図-1D
住 1F, 6 Đồng Khởi, Q. 1
☎ 093-3225027（携帯）
営 7:30～23:00（L.O. 22:00）
休 無休
カード A J M V
予約 不要

ドンコイ通り沿いのビルの一画に店を構える人気のカフェ。1975年以前のサイゴンをイメージしたレトロな内装で、テラス席からはドンコイ通りが眺められる。

在住外国人が集う
ホーチミン市のグルメエリア

レタントン通り&タイヴァンルン通り

スイーツでひと休み

リピーター続出のチキンカレー

ヴィズ・ルン Vidu Lung

MAP P.127-1D 住8A/6C2 Thái Văn Lung, Q. 1 ☎090-3000701（携帯） 営月～木曜18:30～21:30（金曜11:30～14:00） ※L.O.は閉店30分前 休土・日曜、不定休 カード不可 予約望ましい

絶品のチキンカレー（19万ドン）が評判のカフェ。営業時間は流動的なため、インスタグラム（vidu.saigon）で確認を。

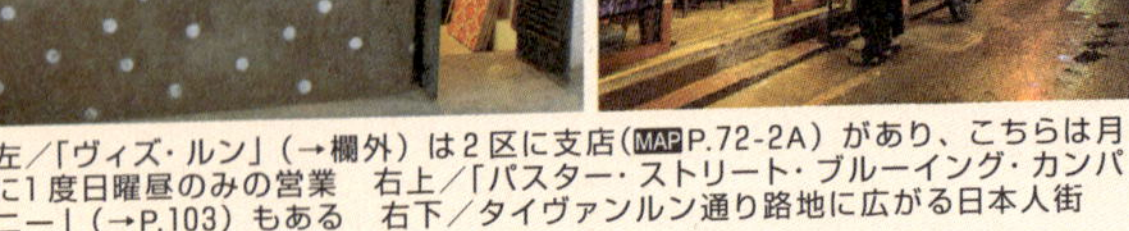

左／「ヴィズ・ルン」（→欄外）は2区に支店（MAP P.72-2A）があり、こちらは月に1度日曜昼のみの営業　右上／「パスター・ストリート・ブルーイング・カンパニー」（→P.103）もある　右下／タイヴァンルン通り路地に広がる日本人街

レタントン通り、ハイバーチュン通り、ティーサック通り、タイヴァンルン通り一帯は、ホーチミン市在住の外国人向けアパートやオフィスがたくさんある地域で、外国人密度が高い。そのため日本をはじめ、韓国、インド、イタリア、フランス、タイとバラエティ豊かに各国料理のレストランが点在する。「パークハイアット・サイゴン」（→P.114）の向かいにあるハイバーチュン通り路地には洗練されたレストランやバーが集まる人

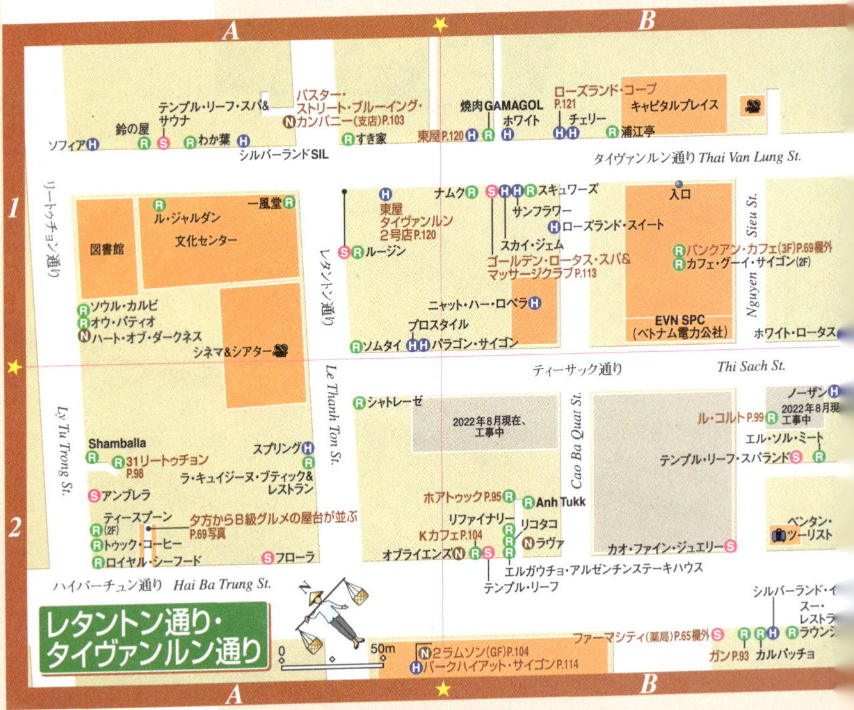

レタントン通り・タイヴァンルン通り

A B 1 2

テンプル・リーフ・スパ&サウナ　パスター・ストリート・ブルーイング・カンパニー（支店）P.103　焼肉GAMAGOL　ホワイト　ローズランド・コープ P.121　チェリー　キャピタルプレイス　鈴の屋　わか葉　ソフィア　すき家　東屋P.120　浦江亭　シルバーランドSIL　タイヴァンルン通り Thai Van Lung St.　ナムク　スキュワーズ　サンフラワー　ローズランド・スイート　入口　東屋タイヴァンルン2号店P.120　ルージン　スカイ・ジェム　ゴールデン・ロータス・スパ&マッサージクラブP.113　バンクアン・カフェ(3F)P.69欄外　カフェ・グーイ・サイゴン(2F)　リートゥチョン通り　ル・ジャルダン　一風堂　図書館　文化センター　レタントン通り　ソウル・カルビ　オウ・パティオ　ハート・オブ・ダークネス　シネマ&シアター　ニャット・ハー・ロペラ　プロスタイル　ソムタイ　パラゴン・サイゴン　EVN SPC（ベトナム電力公社）　ホワイト・ロータス　Nguyen Sieu St.　ティーサック通り　Thi Sach St.　Le Thanh Ton St.　シャトレーゼ　2022年8月現在、工事中　ノーザン　ル・コルト P.99　2022年8月現在工事中　エル・ソル・ミート　テンプル・リーフ・スパランド　Ly Tu Trong St.　Shamballa　31リートゥチョン P.98　スプリング　ラ・キュイジーヌ・ブティック&レストラン　アンブレラ　Cao Ba Quat St.　ホアトゥック P.95　Anh Tukk　ティースプーン(2F)　夕方からB級グルメの屋台が並ぶ P.69写真　リファイナリー　リコタコ　Kカフェ P.104　ラヴァ　トゥック・コーヒー　オブライエンズ　カオ・ファイン・ジュエリー　ベンタン・ツーリスト　ロイヤル・シーフード　フローラ　エルガウチョ・アルゼンチンステーキハウス　テンプル・リーフ　ハイバーチュン通り Hai Ba Trung St.　シルバーランド・イ…　スー・レストラ…　ラウン…　ファーマシティ(薬局)P.65欄外　ガン P.93　カルパッチョ　2ラムソン(GF)P.104　パークハイアット・サイゴン P.114　N　0　50m

※地図中、右上の小エリア図の赤枠部分が、折り込み地図裏でのこのストリート図の位置を示しています。

左・右上・右下／寿司屋や居酒屋もあるタイヴァンルン通り路地 上／「バンクアン・カフェ」入口

ローカルアパート内のカフェに注目

ホーチミン市カフェの定番ともなりつつあるローカルアパート内のカフェ。タイヴァンルン通りにあるローカルアパート内最上階の「バンクアン・カフェ」（MAP P.69-1B）は、静かで居心地がよくおすすめ。すぐ下の階にある「カフェ・グーイ・サイゴン」ではライブ演奏も楽しめる。

「バンクアン・カフェ」の店内

気エリア。毎晩、地元の若者や外国人客でにぎわっている。

タイヴァンルン通りには韓国料理レストランやミニホテルが、ティーサック通りにはエコノミークラスのホテルや足マッサージ店などが点在している。ここ数年、活気づいているのがレタントン通りとタイヴァンルン通りの路地だ。静かな住宅街だったこの路地には、日本料理店やラーメン店、居酒屋、バー、ラウンジ、カフェなど、日系を中心とした飲食店が次々とオープンし、にぎわいを見せている。

一方でローカルな風景もわずかながら残っている。カオバークワット通りとティーサック通りが交差するあたりには、フー・ティウ（→P.36）の屋台やコーヒー屋台が立ち、周辺で働くベトナム人たちが利用している。

ハイバーチュン通りの路地（MAP P.68-2A）は夕方からB級グルメの屋台が並ぶ

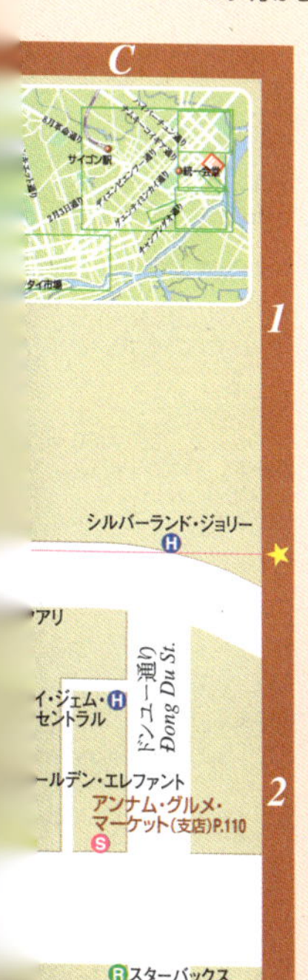

Column さまざまな表情をもつホーチミン市のストリート

レタントン通りは、西側はベンタン市場あたりから、東側はトンドゥックタン通りあたりまで続く長い道だ。おもに西側寄りに中級〜エコノミークラスのホテル、ブティックなどが軒を連ね、東側には日本料理店が集まっている。レタントン通り周辺は、ベトナム戦争終結後に北部出身のベトナム人が住み着いたエリアで、北部風のご飯を出す食堂もある。ファムホンタイ通り（MAP P.128-1A）には名刺やネームプレートの店が並び、ステンレス、プラスチック製の看板などを販売。

中心部の西側グエンチャイ通り（MAP P123-3C）には、地元志向のファッションブティックが並んでおり、夕方以降はチョロン方向へ数kmにわたって（MAP 折裏-3B〜3C）洋服やサンダルの屋台が出る。レコンキウ通り（MAP P.128-1B）は、ホーチミン市の骨董通り。また、グエンティミンカイ通りから脇に入った道（MAP P.122-2B）は、夕方頃からスナックやローカルフードなどベトナムの屋台が集うホーチミン市のB級グルメ通りだ。

個性豊かなストリートを歩き、ちょっとディープなベトナム体験をしてみよう。

上／レコンキウ通りの骨董店 左／約30年前に使用されていた籐の籠

グエンチャイ通りにはレディスファッション店が多い。日本でも使える服が安く手に入る

上／グエンティミンカイ通りの屋台街。お粥やフォーもあり親子連れも多い 下／ベトナム風大根餅のボッ・チン

ベトナム最大の
バックパッカーエリア

ブイヴィエン通り&デタム通り

金・土曜の夜は人があふれ返り、通りを歩くのもひと苦労

週末はブイヴィエン通りが路上ビアガーデンに

ブイヴィエン通りの名物のひとつ、ビアホイ（大衆ビアホール）の前に小さなプラスチックの椅子を並べて飲むスタイルは今も健在。毎晩18:00頃から椅子がセッティングされ、週末は特に盛り上がる。

夕方から深夜までビールを飲む旅行者で路上屋台がいっぱいになる

ブイヴィエン通りには夜になると串焼きやスルメ、貝料理などローカルフードの屋台が出る

デタム通り・ブイヴィエン通りは、安宿、レストラン、食堂、バー、24時間営業のコンビニエンスストア、旅行会社と、旅行者に必要なスポットが集まるベトナム最大の旅人街。世界中からバックパックを背負った旅人たちがこのエリアを目指してやってくる。

旅行会社はおもにデタム通りと、それと交差するファングーラオ通りに多く、格安ツアーやオープンツアーバス、隣国カンボジア行きのバスなどを予約できる。

ファングーラオ通りと並行するブイヴィエン通りには、近年、通りの中ほどからオープンエアの大型スポーツバーやナイトクラブが次々とオープ

ブイヴィエン通り・デタム通り

A B 1 2

サイゴン・バスターミナル P.58、60、62
9月23日公園
夕方以降屋台が出る
ファングーラオ通り
カンボジア行きバス会社が並ぶ
シャンティ・インディアン・キュイジーヌ
バーガーキング
ヴィエン P.120欄外
フォークイン（麺屋）
ヤンヤン・バス
フーンヘン・バス
ジャイアントアイビス・トランスポート P.91
サークルK
インターナショナルプラザ
タイビン市場
ファンアン・バックパッカーズ・ホステル P.121
ホステル・コイ
ララ・ホーム
アンファン
ロング・ホステル
ニュー・サイゴン2
コンクイン通り
Cong Quynh St.
ファミリーマート
ビックユエン
サイゴン・スター・ホステル
ロータス
ニュー・レジェンド
ゴックミン P.121
ゲストハウスが並ぶ
ドークアンダウ通り
Do Quang Dau St.
VAブラザーズ
ノック・ノック・バ
ミス・サイゴン
サークルK
クレイジー・ナイト
ローザ
メラキ・ブティック
ブイヴィエン通り
モン・アミ・ベーカリー
ボンジュール
ドンキー
ステーション・ワン
ナマステ・インディア
東北餃子
ドゥックヴーン
ババズ・キッチン P.99
コム・ガー・ハイナム・シンガポール
ファーマシティ（薬局）
サイゴン駅
統一会堂
ベンタイン市場

※地図中、左下の小エリア図の赤枠部分が、折り込み地図裏でのこのストリート図の位置を示しています。

上／路地のローカル飲み屋も観光客でいっぱい
左／大型スポーツバー各店にはダンサーも登場

昼間のブイヴィエン通りは人通りが少なくのんびりとした雰囲気

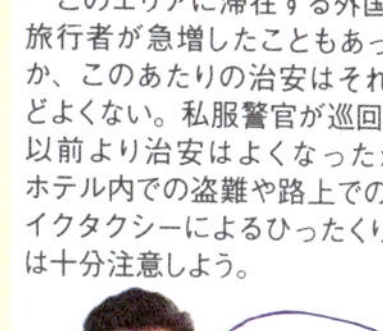

ファッションの店も多い

ン。ブイヴィエン通りが歩行者天国となる金・土曜の夜は、ミラーボールやディスコライトで派手に照らされた各店が爆音でクラブミュージックを流し、通り一帯がまるでナイトクラブのような様相を呈している。

外国人が集うこの旅人街のかたわらには、等身大の庶民の生活も残っている。ドンコイ通りではあまり見かけなくなった路上商人、屋台の数々。特にノスタルジックな生活臭が満ちているのは、ファングーラオ通りとブイヴィエン通りの間を網の目のように走る狭い路地だ。開けっ放しの民家から大音響で流れるテレビの音、抑揚の利いた物売りの声。小さなテーブルを構えただけの路上麺屋。元気に遊び回る子供たち……。ファングーラオ通りの西の端にはタイビン市場があり、ここでも庶民的な光景を見ることができる。

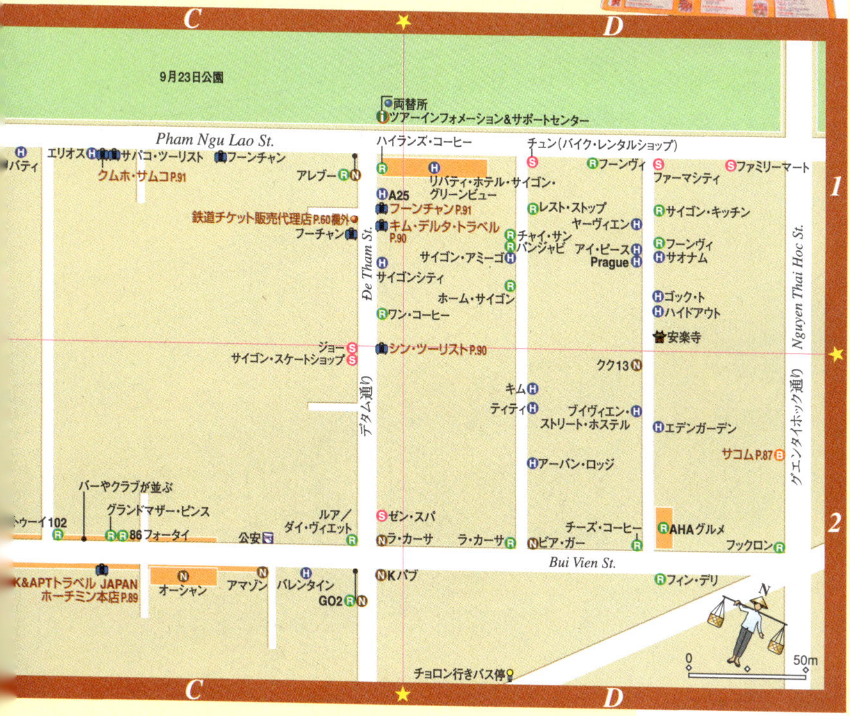

ブイヴィエン通り&デタム通りの治安

このエリアに滞在する外国人旅行者が急増したこともあってか、このあたりの治安はそれほどよくない。私服警官が巡回し、以前より治安はよくなったが、ホテル内での盗難や路上でのバイクタクシーによるひったくりには十分注意しよう。

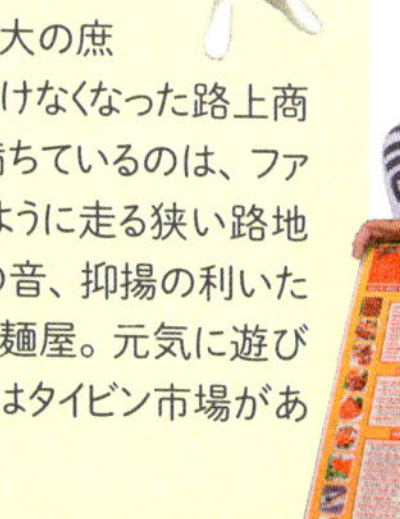

飲んでいって！

C D

9月23日公園
両替所
ツアーインフォメーション&サポートセンター
Pham Ngu Lao St.
ハイランズ・コーヒー
チュン(バイク・レンタルショップ)
バティ
エリオス
サパコ・ツーリスト
フーンチャン
クムホ・サムコ P.91
アレブー
リバティ・ホテル・サイゴン・グリーンビュー
フーンヴィ
ファーマシティ
ファミリーマート
A25
フーンチャン P.91
レスト・ストップ
ヤーヴィエン
サイゴン・キッチン
鉄道チケット販売代理店 P.60欄外
フーチャン
キム・デルタ・トラベル P.90
チャイ・サン
バンジャビ
アイ・ピース
Prague
フーンヴィ
サオナム
サイゴン・アミーゴ
サイゴンシティ
De Tham St.
ホーム・サイゴン
ワン・コーヒー
ゴック・ト
ハイドアウト
安楽寺
ジョー
サイゴン・スケートショップ
シン・ツーリスト P.90
クク13
Nguyen Thai Hoc St.
キム
ティティ
ブイヴィエン・ストリート・ホステル
エデンガーデン
デタム通り
アーバン・ロッジ
サコム P.87
グエンタイホック通り
バーやクラブが並ぶ
グランドマザー・ピンス
トゥーイ102
86フォータイ
公安
ルア／ダイ・ヴィエット
ゼン・スパ
ラ・カーサ
ラ・カーサ
チーズ・コーヒー
ビア・ガー
AHAグルメ
フックロン
Bui Vien St.
K&APTトラベル JAPAN ホーチミン本店 P.89
オーシャン
アマゾン
バレンタイン
GO2
Kパブ
フィン・デリ
チョロン行きバス停
N
0 50m
1
2
C D

最新の
おしゃれスポットが集まる

2区・タオディエン

上／「カシュー・チーズ・デリ」のエイジド・カシュー・チーズを使ったクラシックサンドイッチ（10万ドン） 下／カシュー・チーズは20種類あり、12万ドン～ 右／「カシュー・チーズ・デリ」のある「サイゴン・コンセプト」

カシュー・チーズ・デリ
Kashew Cheese Deli

MAP 下図-2B
住 14 Trần Ngọc Diện, P. Thảo Điền, Q. 2
☎079-6179190（携帯）
営 9:00～20:00
休 無休　料 税別
カード MV　予約 不要

カシューナッツから作るチーズを使ったサンドイッチ（9万5000ドン～）やチーズプレートなどが楽しめる。

フレーム・ツリー・バイ・ザッカ（→P.106）もあります

ホーチミン市1区から車で20～30分。ハノイ・ハイウェイの北側、サイゴン川に囲まれたエリアが2区・タオディエンだ。欧米人を中心に、在住外国人やベトナム人富裕層が多く暮らすエリアで、緑が多くリゾート感ある開放的な雰囲気のカフェやレストラン、洗練されたショップが集まり、1区や3区などホーチミン市中心部のにぎやかな街並みとはかけ離れた別世界が広がる。

タオディエン

A　B　1　2
0　300m
サイゴン川
ドゥードゥア・カフェ
サイゴン・アウト・キャスト
ヴィラ・ソン・サイゴン
Hem 118
Hem 204
Hem 215
Hem 76
No. 66 St.
No. 60 St.
No. 62 St.
No. 47 St.
No. 59 St.
No. 44 St.
No. 41 St.
No. 1 St.
No. 38St.
グエンヴァンフーン通り Nguyen Van Huong St.
クオックフーン通り Quoc Huong St.
タオディエン通り Thao Dien St.
チャンゴックジエン通り Tran Ngoc Dien St.
スアントゥイー通り Xuan Thuy St.
Tulip St.
Lotus St.
Orchid St.
Hem 28 Thao Diem
Tong Huu Dinh St.
Le Van Mien
Ngo Quang Huy St.
Nguyen Ba Huan St.
Do Quang St.
Nguyen Cu St.
Nguyen Duy Hieu St.
Nguyen Ba Linh St.
Nguyen U Di St.
Xa Lo Xa Noi
ボートハウス
ズズ・コンセプト・ストア P.107
トゥーフー・セラミック P.106
トロワ・グルマン P.73
モックフーン・スパ・タオディエン P.112
スパ・バー P.111
クアンブイ
コン・カフェ
アンナム・グルメ・マーケット
アマイ P.108
ハナ P.105
エル・ガウチョ
デコシー
ルージーン
マッドハウス
スナップ・カフェ
フレーム・ツリー・バイ・ザッカ
ソンベー P.108
カシュー・チーズ・デリ P.72
サイゴン・コンセプト
ラ・ヴィラ P.73
オッキオ
ワオ P.107
ヴィズ（支店）P.68写真
ヴィラ・ロイヤル・アンティーク&ティールーム
ブッダ・バー
ビンテージ・エンポリウム（支店）P.101
レストラン、カフェ、バーが並ぶ
タオディエン・パール
丸亀製麺
スターバックス コーヒー
メコン・マーチャント
アンフー駅
タオディエン駅

※地図中、右上の小エリア図の赤枠部分が、折り込み地図裏でのこのストリート図の位置を示しています。

左／スアントゥイ通りの大型家具店「デコシー」
右／美しいハス池をたたえた癒やしのスパ「スパ・バー」（→P.111）

「スパ・バー」のある長い路地には、格子の付いた和風の建物が印象的なカフェやレストランが並ぶ

「ソンベー」ではレトロなビンテージグラスも要チェック

左は「アマイ」の豆皿、各12万ドン。右は「ハナ」（→P.105）のバッグ45万ドン

古民家を改装した「ズズ・コンセプト・ストア」（→P.107）

左／「ズズ・コンセプト・ストア」店主の鵜飼さん
上／ユニークなインテリアも取り扱う

タオディエンの中心は、最旬の店が軒を連ねるスアントゥイ通り。タオディエン・エリアの入口であるタオディエン通りから西へ約1kmにわたって、アルゼンチン・ステーキの「エル・ガウチョ」、レトロカフェチェーンの「コン・カフェ」（→P.101）の支店やパステルカラー陶器の「アマイ」（→P.108）など地元でも評判の店が並ぶ。また、タオディエン通りから川沿いへ向かうチャンゴックジエン通りには、話題の店が集合した複合施設「サイゴン・コンセプト」があり、カシューナッツを使ったチーズやコーヒーを楽しめる「カシュー・チーズ・デリ」（→P.72欄外）、オーダーメイド服の「フレーム・ツリー・バイ・ザッカ」（→P.106）、ビンテージ・ソンベーの「ソンベー」（→P.108）などが入っている。北側のサイゴン川沿いにはトロピカルガーデンに白亜のヴィラが点在するリゾートホテル「ヴィラ・ソン・サイゴン」もある。

Column タオディエン・エリアで絶品フレンチに舌鼓

洗練されたレストランが多いタオディエン・エリアには、フランス料理も名店揃い。なかでも老舗の「トロワ・グルマン」と「ラ・ヴィラ」は、ヴィラを改装した一軒家レストランで、味も雰囲気もよいと評判が高い。

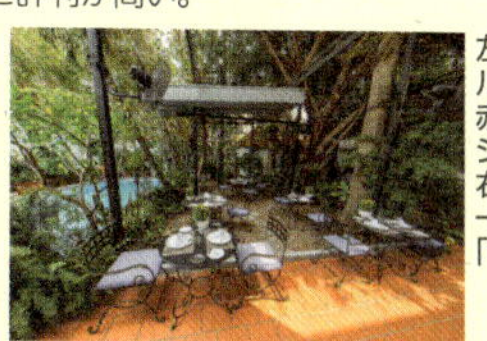

左／「トロワ・グルマン」は白＆赤が基調のクラシカルな店内
右／プール付き一軒家ヴィラの「ラ・ヴィラ」

トロワ・グルマン Trois Gourmands
伝統的なフランス料理にアジアのエッセンスを加えた料理が得意。5品のコースメニューは116万3000ドン。自家製チーズがおいしいことでも有名。
MAP左図-2B　住39 Trần Ngọc Diện, P. Thảo Điền, Q. 2　☎(028)37444585、090-8225884（携帯）　営11:00～15:00、18:00～深夜（L.O. 21:30）　休月曜　料税別　カードMV　予約不要

ラ・ヴィラ La Villa
20年近い経験をもつフランス人オーナーシェフによる店。木～土曜のランチコース（89万ドン、99万ドン）がお得。夜のコースは169万ドン～。
MAP左図-2A　住14 Ngô Quang Huy, P. Thảo Điền, Q. 2　☎(028)38982082　営18:30～21:30（木～土曜11:45～13:30もあり）　休無休　カードADJMV　予約要予約

見どころ　Sightseeing

ベトナム戦争が終結した場所

MAP P.123-2C

統一会堂（独立宮殿）

Dinh Thống Nhất (Dinh Độc Lập)　Independence Palace

南ベトナム政権時代、独立宮殿と呼ばれた旧大統領官邸。現在の建物はフランス統治時代のノロドム宮殿があった敷地に1962年から４年間かけて建てられた物で、大小100以上の部屋と、屋上にはヘリポートまである。

正面入口から入ると右側に内閣会議室、左側に宴会室、大統領と副大統領の応接室などが並んでいる。官邸の中で最も豪華なのは、各国の大使が大統領に国書を呈上した部屋で、壁面は大きな漆画で飾られている。上階は大統領とその家族のためのスペースで、大統領夫人の宴会室や娯楽室、映画室などがある。最上階は展望台となっており、ここからかつて解放軍の戦車がやってきたレユアン通りが眺められる。地下に下りると一変して、秘密の軍事施設。ベトナム戦争中に使われた大統領の司令室や暗号解読室、アメリカと連絡を取り合った放送局などが残されている。

1975年４月30日、解放軍の戦車がこの官邸の鉄柵を突破して無血入城を果たし、事実上ベトナム戦争は終結した。現在は統一会堂と呼ばれ、国賓を迎えるときや会議に使われるとき以外は、一般に公開されている。

ベトナム近代史の象徴ともいえる統一会堂

ベトナム戦争の記憶を刻む

MAP P.123-2C

戦争証跡博物館

Bảo Tàng Chứng Tích Chiến Tranh　War Remnants Museum

ベトナム戦争の歴史を、実際に使用された兵器などの戦争遺物、写真などの展示で綴(つづ)る博物館。農村での虐殺など、目を覆いたくなるような凄惨な戦争犯罪を記録した写真パネルの数々や、枯れ葉剤による被害状況の記録、ホルマリン漬けの奇形胎児などの展示は、戦争の傷痕を生々しく証明している。

屋外には、拷問の島と呼ばれたコンソン島の牢獄「トラの檻」を忠実に復元した物もある。この檻の中で、南ベトナム政府に反対する人々に激しい拷問が科せられたのだ。これらの展示は見る者に衝撃すら与え、あらためて戦争の愚かさを思い知らされる。

世界中の従軍写真家たちが撮影した写真を集めた部屋「レクイエム」の中には、故沢田教一氏がピュリッツアー賞を受賞した作品『安全への逃避』（→P.443）が飾られ、写真家・石川文洋氏がベトナム戦争を撮った作品もある。

左／枯葉剤散布の際に米軍が実際に使用したマスク
右／石川文洋氏がベトナム戦争を撮影したカメラも展示

✉「統一会堂には、要人が脱出するための大きな秘密（？）の地下道が造られていて、タンソンニャット空港まで続いていた。現在は通れませんけど」とガイドは説明してくれた。↗

統一会堂（独立宮殿）
住135 Nam Kỳ Khởi Nghĩa, Q. 1
☎(028) 38223652
URL www.dinhdoclap.gov.vn
開8:00～16:30
休無休
料入場料：４万ドン、子供１万ドン、展示「ノロドム宮殿から独立宮殿」と統一会堂のセットチケット：６万5000ドン、子供１万5000ドン
日本語のオーディオガイド９万ドン。

ヘリパッドには大統領専用のヘリコプターが常時待機していた。現在展示されているのはグエン・ヴァン・チュー大統領が使用していたモデル

大統領一家の寝室も公開されている

戦争証跡博物館
住28 Võ Văn Tần, Q. 3
☎(028) 39306325、39305587
開7:30～17:00（最終入場16:30）
休無休
料４万ドン、子供（６～15歳）２万ドン、５歳以下無料
無料の日本語パンフレットあり。

３階建ての立派な建物。展示には一部日本語の説明も併記

世界各国がベトナム戦争を当時どのように報道したか紹介する展示コーナーがある

★★★ 19世紀に建てられた

中央郵便局

MAP P.123-2D

Bưu Điện Thành Phố　Central Post Office

サイゴン大教会の横にある一見駅のような建物が、実は中央郵便局。19世紀末のフランス統治時代に建てられ、建築文化財としても貴重な物だ。よくよく見ると、細かなデザインや飾りがいたるところに見られる。正面の時計の下には建設の期間（1886～1891年）、1階の窓と窓の間にある白い飾りの下にはフランス人の名前が刻まれている。内部天井はクラシックなアーチ状になっており、右側には1892年のサイゴンとその付近の地図、左側には1936年の南ベトナム（当時はコーチシナと呼ばれていた）とカンボジアの電信網が描かれている。1階の中央はみやげ物売り場になっている。

中央のみやげ物売り場

レモンイエローの壁が印象的

★★★ 仏領時代に建てられた

サイゴン大教会（聖母マリア教会）

MAP P.123-2C

Nhà Thờ Đức Bà

Notre Dame Cathedral

19世紀末に建てられた赤れんが造りの教会で、正式名称は聖母マリア教会という。ふたつの尖塔をもつ美しいカトリック教会は、ドンコイ通りの北西の端に優雅なたたずまいを見せている。日曜のミサには熱心なクリスチャンでいっぱいに。クリスマスには派手な電飾がともされ、ひと晩中賛美歌が流される。

美しいステンドグラスも見もの。ミサの時間以外も内部見学が可能

天を突くようにそびえる赤れんがのサイゴン大教会。前方の広場にはマリア像が立つ

★★★ ピンク色のキュートな外観

タンディン教会

MAP P.123-1C

Nhà Thờ Giáo Xứ Tân Định　Tan Dinh Church

ビビッドなピンク色の外観が特徴的なゴシック建築の教会。1876年に建てられた、市内でも古い教会のひとつ。内部も非常に美しく見応えがあるが、不定期でミサのときのみ教会内に入れることがある。礼拝の邪魔にならないよう配慮しよう。

青空に鮮やかなピンク色が映える。教会前のハイバーチュン通りは1日中交通量が多いため、外観撮影で道を渡る際は十分注意を

↘そのときは「フムフム……」と聞き流したが、あとになって気がついた。統一会堂から空港までは7～8kmはある。あの話は本当だったのだろうか？（福岡県　匿名希望）['22]

中央郵便局

住2 Công Xã Paris, Q. 1
☎(028) 38221677
開7:00～19:00（土曜～18:00）
休無休　料無料

入口右側にはトラベルインフォメーションサービスや両替所がある。

ホーチミン博物館

Bảo Tàng Hồ Chí Minh
Ho Chi Minh Museum
MAP P.123-3D
住1 Nguyễn Tất Thành, Q. 4
☎(028) 38255740
開7:30～11:30、13:30～17:00
休無休　料無料

ホーチミン主席の革命活動の写真や記念品が展示されている。1911年、ホーチミンはフランスの商船に乗り込んで、ここからフランスへと渡った。

展示物はあまり多くないが、ホーチミンの足跡をたどれる

サイゴン大教会（聖母マリア教会）

住1 Công Xã Paris, Q. 1
開8:00～11:00、15:00～16:00
休無休　料無料

ミサは、月～土曜は5:30、17:30。日曜は5:30、6:45、8:00、9:30、16:00、17:15、18:30。
※2022年8月現在、改修工事中。

ホーチミン作戦博物館

Bảo Tàng Chiến Dịch Hồ Chí Minh
Ho Chi Minh Campaign Museum
MAP P.123-1D
住2 Lê Duẩn, Q. 1
☎033-6578946（携帯）
開7:30～11:00、13:30～16:30
休土・日曜　料無料

1975年4月30日のサイゴン解放の瞬間の写真など、いわゆる「ホーチミン作戦」を中心に革命の経緯を紹介。

タンディン教会

住289 Hai Bà Trưng, Q. 3
開5:00～12:00、14:00～22:00
休無休　料無料

ミサは月～土曜は5:00、6:15、17:30、19:00。日曜は前記に加えて7:30、9:00、16:00もある。

★先史～現代までの歴史をたどる

歴史博物館

MAP P.123-1D

Bảo Tàng Lịch Sử　History Museum

先史時代から近代までのベトナムの歴史を、貴重な展示品とともにたどれる。銅鼓で知られるドンソン文化時代の青銅器のほか、チャンパ時代のチャム彫刻の出土品、南部ベトナムとアジア諸国の文化をテーマ別に紹介したエリアなど、非常に幅広い内容で見応えがある。また、中庭では土・日曜のみ水上人形劇も観賞できる（約30分、最少催行人数12人）。

左／チャム彫刻　右／19世紀の仏像

★街の歴史や成り立ちがわかる

ホーチミン市博物館

MAP P.123-2D

Bảo Tàng Thành Phố Hồ Chí Minh　Ho Chi Minh City Museum

1885～1890年に建てられたフレンチコロニアル風の建物。ふたつの独立戦争、つまり抗仏戦争とベトナム戦争当時のサイゴン・ジャディン地区の写真と品々が、そのまま展示されている。1階ではベトナム伝統の民芸、工芸や当時の生活が人形模型で再現されており興味深い。

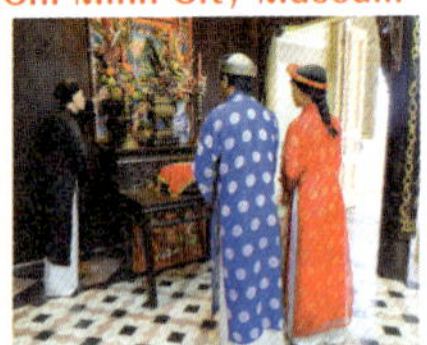
キン族の伝統的な結婚式の様子を再現

★多岐にわたる展示が魅力

美術博物館

MAP P.123-3C

Bảo Tàng Mỹ Thuật　Fine Arts Museum

20世紀初頭にフランス人建築家によって建てられた趣ある建物を利用。3館からなり、入口正面のメイン館は、ベトナム人アーティストを中心とした絵画や彫刻などの、古典アートから現代アートまでを展示した常設展。左端の建物も常設展で、中央の建物は特別展示場。建物のクラシカルな造りも見ものだ。

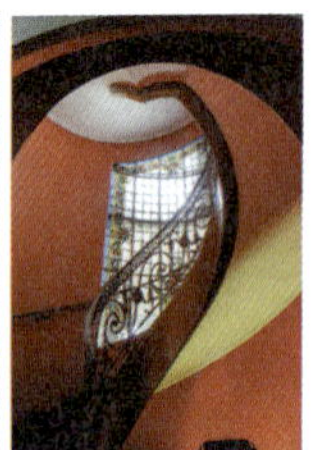
左／中国人商人の邸宅だった建物を改装
右／内部の造りも往時のまま

★ベトナム伝統医学の貴重な資料を展示

ベトナム伝統医学博物館

MAP P.122-2A

Bảo Tàng Y Học Cổ Truyền Việt Nam　Museum of Traditional Vietnamese Medicine

ベトナム初の伝統医学博物館。ベトナム全土から収集した資料は3000点以上にものぼる。6階まである館内には古代の薬学書や漢方薬を作る道具などが展示・紹介され、見応えがある内容となっている。説明はベトナム語表記がおもだが、4～5人のグループならスタッフが無料で英語ガイドをしてくれる。ビデオ上映もあり。

左・右／古代から伝わる生薬や昔の医学書、薬の調合に使う道具などが展示されたエリア

Voice! 南部女性博物館（Bảo Tàng Phụ Nữ Nam Bộ）は南部ベトナムの女性たちに焦点をあて、歴史や生活、文化などを紹介。MAP P.122-1B　住 202 Võ Thị Sáu, Q. 3　☎(028)↗

歴史博物館
住2 Nguyễn Bỉnh Khiêm, Q. 1
☎(028) 38298146
URL www.baotanglichsutphcm.com.vn
開8:00～11:30、13:00～17:00（水上人形劇は土・日曜10:30、14:30）
休月曜　料3万ドン（水上人形劇10万ドン、子供5万ドン）

ホーチミン市博物館
住65 Lý Tự Trọng, Q. 1
☎(028) 38299741
開8:00～17:00
休無休　料3万ドン（カメラの撮影は2万ドン）

ミュンヘンの展示場をモデルにした建物にも注目

美術博物館
住97A Phó Đức Chính, Q. 1
☎(028) 38294441
開8:00～17:00　休無休
料3万ドン、子供（6～16歳）1万5000ドン

サイゴン・セントラル・モスク
Saigon Central Mosque
MAP P.66-1B
住66 Đông Du, Q. 1
開4:00～21:00
休無休　料無料

1935年、南インド出身のムスリムによって建てられたイスラム寺院。白い壁にライトグリーンの装飾が美しく、1日6回の礼拝には市内に住む信者たちが訪れる。モスクに入る場合、短パンでの入場は不可。

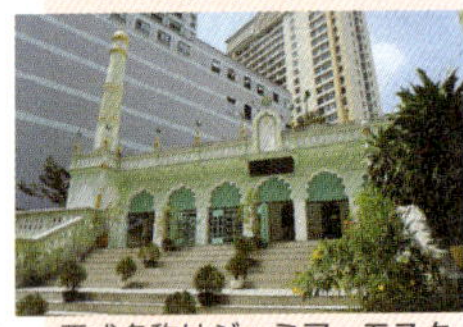
正式名称はジャミア・モスクという

ベトナム伝統医学博物館
住41 Hoàng Dư Khương, Q. 10　☎(028) 38642430
URL www.fitomuseum.com.vn
開8:30～17:00　休無休
料12万ドン、子供（身長120cm以下）6万ドン

★★ 日本留学した僧侶が開いた寺

MAP P.122-1B

ヴィンギエム寺（永厳寺）

Chùa Vĩnh Nghiêm　Vinh Nghiem Temple

空港から市内へ向かうナムキーコイギア通り沿いにある。日本留学から帰国した僧が開いた寺で、1964～1971年にかけてベトナムの伝統的な仏教建築と、当時の最新の建築技術を駆使して建てられた。比較的新しい造りで、南部では最大規模の寺。境内には本堂のほかに高さ40mの七重の塔と舎利塔、鐘楼（しょうろう）がある。鐘楼の「平和の鐘」は日本の曹洞宗の寺から寄贈された物。広い境内も仏教の祭りの日には、身動きできないほどの参詣客で埋め尽くされる。

上／堂々としたたたずまいの寺。正門の左手には七重の塔が建ち、隣には精進料理のレストランがある　下／本堂では毎日9:15、15:15から約1時間15分の読経がある

★ 1744年創建の古刹

MAP 折裏-2A

ヤックラム寺（覚林寺）

Chùa Giác Lâm　Giac Lam Temple

1744年創建の、ホーチミン市では最古といわれるベトナム仏教寺院。２回の修建を経た現在でも、寺院内は古めかしくも荘厳な雰囲気に満ちている。内部には歴史を物語る仏像や調度品が多く飾られている。歴代の僧の肖像画や18本の手が伸びる観音像があり、そばに無造作に置かれている大理石の椅子は400年前、一本木のテーブルは200年以上も前の物とか。左側奥が本殿になっており、金色に輝く木彫り飾りの奥中央には本尊の仏像、両サイドには数多くの金の彫像、仏像が安置されている。柱には古いベトナム文字（チューノム）が書かれている。寺の門の外には黄、緑、赤で彩色された七重の仏塔があり、塔の上からは密集する住宅街が見渡せる。

参拝者が次々に訪れる本堂。シャンデリアなど西洋の要素もうかがえる

★ 住宅街にひっそりとたたずむ

MAP 折裏-2A参照

ヤックヴィエン寺（覚園寺）

Chùa Giác Viên　Giac Vien Temple

市街地の西のダムセン公園近くには、ヤックラム寺に似た古い寺、ヤックヴィエン寺がある。約200年前に建てられたという寺は、民家が密集する路地の奥に残っている。僧侶、ヤックヴィエンを崇拝するために建てられたとされ、現在も僧侶が菩提を弔っている。

ゴテゴテとした派手さはないが、ホーチミン市内でも古刹

↘ 39325519　開7:30～11:30、13:30～17:00　休無休　料無料

ヴィンギエム寺（永厳寺）

住339 Nam Kỳ Khởi Nghĩa, Q. 3
☎(028) 38483153、38439901
開7:00～11:30、13:30～17:00
休無休　料無料
中心部からタクシー、バイクタクシーで15～20分。

スリ・タンディ・ユッタ・パニ

Sri Thenday Yuttha Pani

MAP P.126-3B

住66 Tôn Thất Thiệp, Q. 1
☎なし
開7:00～19:00　休無休
料無料
パスター通り沿いにある建立100年以上のヒンドゥー教寺院。中庭にある小さな階段を上がると、そこにはベトナム人の顔をしたヒンドゥー教の神様が！　観光客はほとんどいないが、２階の神様は必見。

寺院内に張り巡らされた美しいタイル装飾も一見の価値あり

ヤックラム寺（覚林寺）

住118 Lạc Long Quân, Q. Tân Bình
☎(028) 38653933
開6:00～12:00、14:00～20:30
休無休
料無料
中心部からタクシー、バイクタクシーで15～20分。１日に４回、僧侶の読経の時間がある。

ヤックヴィエン寺（覚園寺）

住161/35/20 Lạc Long Quân, Q. 11　☎(028) 38581674
開7:00～12:00、13:30～21:00
休無休　料無料
ダムセン公園の西隣、表通りからかなり奥まった所にある。ラックロンクアン通り247の路地を入り、徒歩約10分。中心部からタクシー、バイクタクシーで20～25分。

寺院内には大小153体もの仏像が祀られている

乾物売り場。ドライフルーツやナッツ類もあり、試食可能。量り売りしてくれる

左／チェー（→P.46）にもトライ　右／素朴な味わいのプリン

自然素材のバッグも種類豊富

量り売りスパイス店。フォーのスープに使うスパイスなども販売

ベンタン市場
営店によって異なるが、だいたい7:00～19:00　休無休

ミリタリーグッズ市場
ヤンシン市場
Chợ Dân Sinh
Dan Sinh Market
MAP P.128-2B
住104 Yersin, Q. 1
営店によって異なるが、だいたい6:00～18:00　休無休

　ベトナム戦争中、従軍記者が取材に出かける際に、備品を買いに走った所がこの市場。数は減ったが、今でも軍隊払い下げ品を売る店が並ぶ一画がある。

昔のホーロー製品を売る店がある

★★★ ホーチミン市観光の目玉　MAP P.123-2C

ベンタン市場

Chợ Bến Thành　Ben Thanh Market

　生鮮食料品から衣料、雑貨まで何でも揃う、ホーチミン市最大の市場。北側はおもに食料品店や食堂が、南側は衣料品や生活雑貨の店が並び、市場中央にはみやげ物や雑貨の店が集まっている。隅から隅までベトナムの匂いがぎっしりと詰まった所だ。ただし観光客も多いため、どの店も料金交渉は手強く、値段は高めだ。

左／生鮮食品売り場が活気づく朝　中／ひと坪ショップがびっしり　右上／軽食、甘味、麺類などが食べられる食堂エリア　右下／みやげ店では値段表示の店も増えてきた

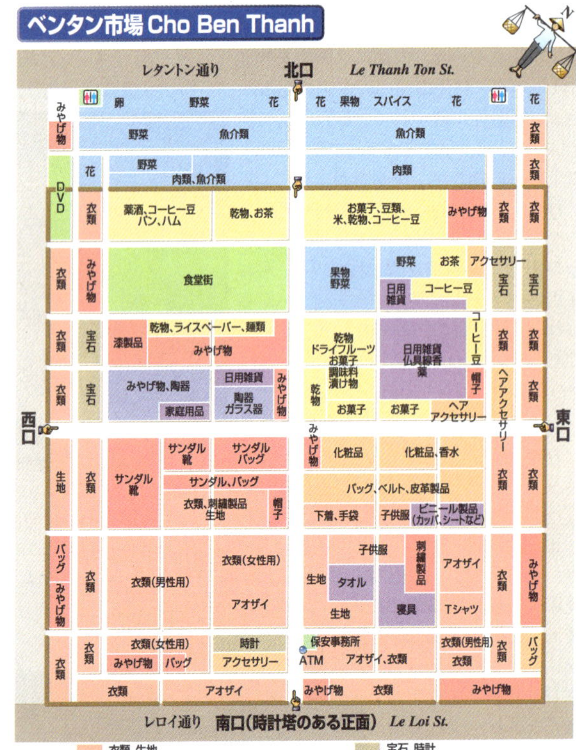

✉ ホーチミン市内の観光スポット周辺のココナッツジュース売りに要注意。こちらの購入意思などお構いなしにココナッツをナイフで切り「もう切ってしまったので買ってくれな↗

★★ 東南アジア一の高さを誇る展望台 MAP 折裏-1D参照

ランドマーク81スカイビュー

Landmark 81 Skyview

巨大なタワーマンション群が建ち並ぶ新興地区にある、東南アジア最高層（461.2m）の超高層ビル「ランドマーク81タワー」内にできた展望台。展望台は79～81階の３フロアからなり、眼下には周辺のタワーマンション群、サイゴン川、２区タオディエン・エリア（→P.72）なども見え、街を一望できる。さらに81階の屋外エリアには一段高い回廊「スカイウオーク」が設けられている。

上／市街を一望　左下／スカイウオークでは命綱をつけて空中散歩気分が楽しめる　右下／79階の日本料理店「ミワク」にあるテラス席

展望台からは周辺のタワー群も眼下に

ランドマーク81スカイビュー
住720A Điện Biên Phủ, P. 22, Q. Bình Thạnh
☎(028)36399999
URL www.landmark81skyview.com
開10:00～22:00（最終入場21:00）
休無休
料30万ドン、子供（身長100～140cm）15万ドン
カード JMV
チケット売り場は地下１階で、売り場近くに展望台への専用エレベーターがある。

★★ 市内を一望できる展望台 MAP P.123-3D

サイゴン・スカイデッキ

Saigon Skydeck

ホーチミン市で２番目に高いビル「ビテクスコ・フィナンシャル・タワー」の49階にある展望台。地上178mの高さからホーチミン市を360度見渡すことができる人気スポットだ。無料で利用できる望遠鏡でホーチミン市の観光名所を探してみよう。

左／ホーチミン市の観光スポットが一望のもと。視界に入る名所や地名がわかるタッチパネルも備えている　右／望遠鏡やタッチパネルの使用は無料。52階にはヘリパッドもある

サイゴン・スカイデッキ
住49F, Bitexco Financial Tower, 36 Hồ Tùng Mậu, Q. 1
☎(028)39156156
URL www.saigonskydeck.com
開9:30～21:30（最終入場20:45）
休無休　料20万ドン、４～12歳と65歳以上13万ドン、３歳以下無料　カード ADJMV
無料の英語ガイドツアーあり。

ビテクスコ・フィナンシャル・タワー
Bitexco Financial Tower
MAP P.123-3D
住36 Hồ Tùng Mậu, Q. 1
☎(028)39156868　営店によって異なるが、だいたい10:00～22:00
休無休
ハスの花をかたどったホーチミン市のアイコン的存在のビル。68階建てで、上階はオフィス、１～５階はショップやレストランが入店する「アイコン68ショッピングセンター」。

★★ 世界有数の歴史ある動植物園 MAP P.123-1D

サイゴン動植物園

Thảo Cầm Viên Sài Gòn　Saigon Zoo and Botanical Garden

統一会堂を背にレユアン通りを真っすぐ行った突き当たりにある。広大な敷地の園内は、家族連れやカップルでいつもにぎわっている。入口を入って左に歴史博物館（→P.76）、右にフンヴオン廟、奥に動物園があり、ゾウやフラミンゴもいる。

左・右／さまざまな動物を間近で見られる

サイゴン動植物園
住2 Nguyễn Bỉnh Khiêm, Q. 1
☎(028)38291425
開7:00～18:30　休無休
料６万ドン、子供（身長130cm以下）４万ドン

仏領時代に造られたベトナム最古の動植物園

↘いと困る」などと言って高額な値段を請求される。親切心は切り捨てて、毅然とした対応を。（福岡県　森重宏文）['22]

水の中に潜ったり人形が火を噴いたりと演出が豊富で飽きさせない

水上人形劇
ロンヴァン水上人形劇場
Nhà Hát Múa Rối Nước Rồng Vàng
Golden Dragon Water Puppet Theatre
MAP P.123-2C
住55B Nguyễn Thị Minh Khai, Q. 1
☎(028) 39302196
URL www.goldendragonwaterpuppet.vn
開火・金曜18:30（チケット窓口は9:00～11:30、13:30～18:00）休月・水・木・土・日曜　料30万ドン　カード不可
URL ticket.box.vnでオンライン購入が可能（要登録）。座席指定、カード支払い（JMV）可能。

アー・オー・ショー
住7 Công Trường Lam Sơn, Q. 1
☎084-5181188（携帯）
URL www.luneproduction.com
開18:00または20:00（上演はひと月に12～18日、1日1回公演。ウェブサイトで確認）
料70万～160万ドン
※チケットはウェブサイトから購入できる。また、公演日のみ市民劇場の専用チケット売り場（開9:00～18:00）でも購入できる。
カード A J M V

テッダー Teh Dar
MAP 住 ☎ URL 料 カード アー・オー・ショーと同じ
ベトナム中部の高原地帯で暮らす少数民族の暮らしがテーマのショー。
※2022年10月現在、休演中

ミスト The Mist
MAP 住 ☎ URL 料 カード アー・オー・ショーと同じ
世界で活躍するベトナム人ダンス集団「アラベスク」によるコンテンポラリーダンスショー。ベトナム南部の農村の暮らしをテーマに、ストーリー性のある情熱的なダンスパフォーマンスが見ものだ。
※2022年10月現在、休演中

アオザイ展示場
住2F, Saigon House, 77 Nguyễn Huệ, Q. 1
☎088-8666903（携帯）、091-4726948（携帯）
開10:00～18:00　休無休
料10万ドン、子供5万ドン
カード不可
英語の無料ガイドあり。

ベトナム北部の伝統芸能

水上人形劇

Múa Rối Nước　Water Puppetry

ベトナム北部に古くから伝わる伝統芸能、水上人形劇がホーチミン市でも本場さながらの迫力とともに楽しめる。水面を舞台に魚釣りや田植え、ボートレースといった生活に根ざした小話や民話が3～5分のスパンで次々に展開される。民族音楽の演奏と奏者のかけ声に合わせて演目は進むため、言葉はわからずとも見応えは十分だ。なお、座席は指定制のため、事前に会場横のチケット窓口で購入しておこう。ショーは約45分間。

コミカルな人形の動きを見ていると45分間はあっという間

市民劇場で上演するニューサーカス　MAP P.66-1A

アー・オー・ショー

À Ố Show　A O Show

17種類の伝統音楽の調べにのって、ベトナムの生活に欠かせない竹を使ったアクロバットが繰り広げられるエンターテインメントショー。穏やかな南部の農村と、それとは対照的な喧騒の街ホーチミン市を独自の世界観で表現。ベトナム中部の高原、タイグエン地方を舞台にした「テッダー」やダンスショーの「ミスト」（→ともに欄外）は2022年10月現在、休演中。再開および公演スケジュールはウェブサイトで確認を。

見事なバランス！

上／サーカス出身の若きベトナム人演者17名の見事な演技に目が釘付け　中／竹があるときはカゴに、あるときはお椀舟に姿を変えて登場　下／普段は入場できない市民劇場に入れるのも貴重な体験

17世紀から現代までのアオザイを展示　MAP P.127-3C

アオザイ展示場

Áo Dài Exhibition　Ao Dai Exhibition

アオザイ・デザイン界を牽引する、シー・ホアン氏（→P.50）がプロデュース。17世紀から現代までのアオザイを展示しており、なかなか見応えがある。しかし展示の数は少ないので、興味のある人はアオザイ博物館（→P.81）へ行くのがおすすめ。

アオザイの歴史の変遷がわかる展示

★地元で人気のアミューズメントパーク MAP 折裏-2A参照

ダムセン公園

Công Viên Văn Hóa Đầm Sen Dam Sen Park

中心部から西へ約10kmの所にある、ホーチミン市きってのアミューズメントパーク。ここは遊園地と動物園を足して、ベトナムっぽさをかけ合わせたような所だ。ショーやイベント、動物のサーカス、激流下りや水中世界探検などのアトラクション、ジェットコースターやメリーゴーラウンド、さらにプール、ミニ動物園、チョウ園、植物園まで、あらゆる娯楽施設が集合している。

「ダムセン」とはベトナム語でハス池のこと。その名前のとおり、公園内には大きなハス池がある

★★トリックアートミュージアム MAP 折裏-3C

アーティナス

Artinus

巨大なトリックアートの絵画作品を100点以上展示した美術館。「ベトナム」、「海の世界」、「ジャングルの世界」、「名画の世界」、「エジプト」、「神秘の世界」、「巨大な世界」、「奇妙な世界」、「恋愛」と、9つのテーマごとにエリアが分かれる。作品には自由に触れたり写真撮影したりすることができる。

作品は韓国出身のトリックアート作家15人によるもの

郊外の見どころ Sightseeing

★★17世紀からのアオザイの歴史がわかる MAP 折裏-1D参照

アオザイ博物館

Bảo Tàng Áo Dài Ao Dai Museum

ベトナムを代表するアオザイ・デザイナー、シー・ホアン氏（→P.50）が私有地の庭園内に設立した、ベトナム初のアオザイ博物館。17世紀から現代までのアオザイの変遷の歴史をはじめ、著名人が実際に着用した物、戦時下の物、宗教や民族ごとのアオザイなど盛りだくさんの展示内容だ。アオザイのレンタルも可能。

1960年代のヒッピーカルチャーの影響を受けて若者の間で流行したアオザイ

★★摩訶不思議なテーマパーク MAP 折裏-1D参照

スイティエン

Suối Tiên Suoi Tien Park

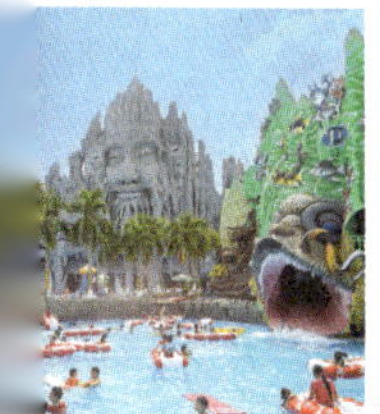

106ヘクタールの広大な敷地に50以上のアトラクションを備えた、ベトナム最大級のテーマパーク。ベトナムの神話や伝説をテーマにしたアトラクションやショー、プールにワニ釣りまでなんでもアリ。家族連れはもちろん、ツッコミどころ満載の不思議ワールドを体験したい人はぜひ。

神話に登場する王様、ラック・ロン・クアンが見守るプール

ダムセン公園

住3 Hòa Bình, Q. 11
☎(028) 38588418
開8:00～17:00（土・日曜～19:00）、最終入場は16:30
休火曜 料入場料20万ドン、園内の乗り物乗り放題付き28万ドン ※身長100～140cmの子供は半額

ハムギー通りバス乗り換え所から38番バスに乗り、終点下車。5:15～19:00の間に12～17分間隔で運行。6000ドン、所要35～40分。中心部からタクシー、バイクタクシーで20～25分。

アーティナス

住2-4, Đường Số 9, Khu Đô Thị Mới Him Lam, P. Tân Hưng, Q. 7
☎(028) 62983767
開9:00～18:00（土・日曜、祝日～19:00）、最終入場は閉館30分前 休無休 料23万ドン、子供18万ドン（土・日曜、祝日28万ドン、子供23万ドン）
カード A D J M V

ベンタン市場からタクシーで約20分。

アオザイ博物館

住206/19/30 Long Thuận, P. Long Phước, Thủ Đức
☎091-4726948（携帯）
URL baotangaodai.com.vn
開8:30～17:30 休無休
料5万ドン

中心部からタクシーで約1時間。35万ドン程度。サイゴン・バスターミナルから88番のバスに乗り、アオザイ博物館への小道の手前で下車。そこから約300m先にあるが、電話すれば電気カーで迎えに来てくれる（要予約）。運転手に行先を伝えておくこと。5:00～19:00の間に7～15分間隔で運行。6000ドン、所要約70分。

10年以上の歳月をかけて完成した博物館。コレクションの量と質はさすが

スイティエン

住120 Xa Lộ Hà Nội, P. Tân Phú, Thủ Đức ☎(028) 38960260
開8:00～17:00 休無休
料19万5000ドン（園内アトラクション3種類付き）～、子供（身長100～140cm）14万5000ドン

中心部からタクシーで約1時間。30万ドン程度。サイゴン・バスターミナルから19番のバスに乗り、スイティエン下車。5:00～20:15の間に8～12分間隔で運行。7000ドン、所要約1時間20分。

ディープな街歩きが楽しめるチャイナタウン　MAP 折裏-3A、3B

チョロン
Chợ Lớn

チョロン最大の卸市場、ビンタイ市場周辺は１日中にぎわっている

市の中心街から西へ約5km行くと、ホーチミン市在住華人の大半が住むといわれるチャイナタウン——チョロン地区がある。といっても「チョロン」という名前の区があるわけではなく、チャンフンダオ通りを中心に広がる５区と、ビンタイ市場のある６区の東側あたりを指して、こう呼ばれている。チョロンとはベトナム語で大市場（チョ＝市場、ロン＝大きい）の意味で、チョロンの中心にあるビンタイ市場のことをチョロンと呼ぶ人も多い。

この街が形成されたのは18世紀後半。中部の新興勢力グエン（阮）氏の台頭で、多くの華僑たちがこの地へ移住したのがその始まりだ。現在でも通りには漢字の看板を掲げた個人商店やレストランがびっしり建ち並び、けたたましいバイク音に混じって広東語が聞こえてくることも。

マルグリット・デュラス原作のフランス映画『愛人／ラマン』で描かれた、20世紀初頭のどこか退廃的な雰囲気のチョロンとはイメージが違うものの、ゆっくりと歩けばその名残ともいえる趣のある建物や濃密な中国色に出合えるはず。ホーチミン市街とはひと味違った熱気や情緒を感じつつ、発見と出合いをおおいに楽しもう。

✉チョロンはスリ、ひったくり多発地帯

チョロン周辺でスリやひったくりに遭う日本人旅行者が非常に多いと聞く。チョロンはベトナム人でさえ気を引き締める場所。外国人旅行者のわれわれは、さらなる注意が必要な場所であることを肝に銘じよう。
（福岡県　匿名希望）['22]

地元で人気の甘味屋

タム・ムーイラム　85
MAP P.84-2B
住 85 Châu Văn Liêm, Q. 5
☎ (028) 38567493
営 10:00～20:00　休 無休
カード 不可　予約 不要

地元の学生にも人気のテイクアウト専門の甘味屋。一番人気のココナッツゼリーは３万5000ドン。ココナッツの器に２層のゼリーがたっぷり入っている。ほかにバイン・フラン（→P.47、１万5000ドン）もある。どれもひんやりして甘さ控えめでおいしい。小さな店なので見逃さないように。

ハーキー（何記甜品店）Hà Ký
MAP P.84-2B
住 138 Châu Văn Liêm, Q. 5
☎ (028) 38567039
営 10:00～22:00　休 無休
カード 不可
予約 不要

漢方薬のゼリーや黒ゴマのチェーなど、市内ではなかなかお目にかかれない広東スイーツが食べられる。杏仁豆腐（２万5000ドン）や白玉団子のチェー（湯丸糖水、３万8000ドン）は素朴な味。プリンも美味。

上／白玉団子のチェー
下／イチゴプリンもおすすめ

アクセス ACCESS

チョロンへの行き方

●バス
ハムギー通りバス乗り換え所（→P.61欄外）、またはメリン広場のバス停（MAP P.127-3D）から、１番バスに乗り終点下車。5:00～20:00の間に14～18分間隔で運行。5000ドン、所要約30分。デタム通り周辺からはチャンフンダオ通り沿いのバス停が便利。

●タクシー
ベンタン市場からビンタイ市場まで行った場合、14万ドン～。所要約20分。

●バイクタクシー
ベンタン市場からビンタイ市場まで行った場合、６万ドン～。所要約15分。

✉甘味屋「タム・ムーイラム」（→欄外）のココナッツゼリーがすごくおいしい。あまりにもおいしいので連日通い詰めた。店には値段が明記された写真が貼ってあるの↗

歩き方 Orientation

ベンタン市場前のロータリーから西へ延びるチャンフンダオ通り。それを真っすぐ行き、道の両側に並ぶ商店の看板文字がベトナム語より漢字のほうが多くなり、車やバイクの喧騒が一段と増してくると、そこはもうチョロン。チャイナタウンといっても、残念ながらチョロンにはバンコクや横浜のチャイナタウンのようなネオンピカピカのレストラン街は存在しない。ただひたすら商店が並び、その間にホテルやレストランが点在している。路線バスで行く場合も、とりあえず終点のチョロン・バスターミナルで降りたら、ビンタイ市場まで行き、まずはそこから歩き始めよう。

布＆裁縫道具の市場、ダイクアンミン・モール

ビンタイ市場をひととおり見て回ったら、チョロン・バスターミナル前の通りを東へ行き、交差するホックラック通りを左折すると、左側にチャータム教会がある。しばしこの静寂の教会を見学し、その後ここから東に延びる喧騒のチャンフンダオ通りへ入って行こう。

チャンフンダオ通りからグエンチャイ通りに入り、東へ数分行くとティエンハウ寺だ。古色蒼然とした寺院を堪能したら、さらに東へ約3分。市場の周りの露店がにぎわうサータイ市場が見えてくる。また、このあたりには中国各地の郷土会館もある。

左／中華料理店では餃子を食べられる店も多い　右上／裁縫道具街のトンユイタン通り　右下／以前に比べて数が減った漢方薬局店

歩いてみよう “中国文化満喫コース”

ビンタイ市場（→P.86）➡チャータム教会（→P.85）➡布屋街（チャンフンダオ通り）➡漢方薬屋街（フーンフン通り）➡ダイクアンミン・モール＆裁縫道具街（トンユイタン通り）➡ティエンハウ寺（→P.84）➡サータイ市場（→P.86）

ローカル屋台スポット

レストランでは味わえないB級グルメ、屋台食。都市化の進むホーチミン市において、その姿は消えつつある。とはいえ、デタム通り周辺（→P.70）やチョロン地区（→P.82）は今でも屋台や売り子が多く出没するエリア。デタム通り周辺には時間限定のお粥や甘味の屋台が、チョロン地区では中国風の食べ物の屋台もあり、売り子の数も多い。

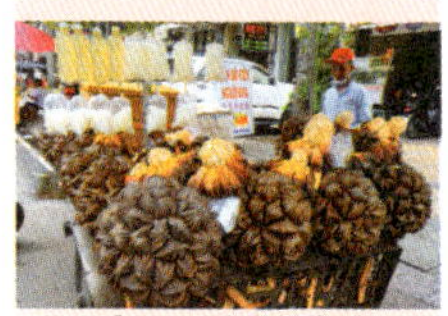
ナタデココのような食感のニッパヤシ（Dừa Nước）の屋台も見かける。1袋4万ドンくらい

水餃子店通り

MAP P.84-1A

ハートンクエン通りには、水餃子を売る店が数軒ほど並ぶ所がある。看板にあるSủi Cảoの文字が目印。店は小さいが、ボリューム満点の水餃子が美味で、地元客に人気。この近隣には中国語の看板が多く目立つ。

チョロンで飲茶なら

バオズ・ディムサム
Baoz Dimsum

MAP P.85-2C
住82-84-86-88 Nguyễn Tri Phương, Q. 5
☎(028) 39231480、092-2887878(携帯)
営6:30～22:30　休無休
カード J M V　予約不要

リーズナブルに本格的な飲茶を楽しめる大型レストラン。1品6万ドンくらい～。

チャーシュー入りメロンパン、菠蘿餐包6万ドン

漢方薬屋街

MAP P.84-2B

チャンフンダオ（Trần Hưng Đạo）通りを挟んで北側のフーンフン（Phùng Hưng）通りには時代めいた漢方薬の老舗が数軒ある。店先には漢方の薬材や乾物が並び、希少価値の高い物も。

なかには昔ながらの店構えの漢方薬店も

裁縫道具街

MAP P.84-2B

チャンフンダオ通りの布問屋街を東へ進み、右側に布＆裁縫道具の市場、ダイクアンミン・モールが見える。この市場の手前の小さな路地、トンユイタン（Tống Duy Tân）通りにも裁縫道具の店が連なる。

リボンやワッペン、チロリアンテープなどもある

布屋街

MAP P.84-2A、2B

チャンフンダオ通りの西端から200mくらいにわたってズラリと布地問屋が並ぶ。通りに面した店だけでなく、建物の中まで1000店以上がひしめきあい、問屋街のパワーを肌で感じる。店では商品の搬入や仕分けなどが行われていて、活気に満ちている。

色とりどりのシルク、コットンを並べた生地屋がズラリと並ぶ

文房具の問屋街

MAP P.84-2B

チャンフンダオ通りを挟んで南側のハイトゥーンランオン（Hải Thượng Lãn Ông）通りへ延びるフーンフン通りは文房具店が並ぶ。

文房具店の店先ではハンコのオーダーメイドが可能

↘で言葉が通じなくても問題なかった。（京都府　河村佳宏）['22]

上／歴史を感じさせるたたずまい　下／屋根部分の装飾にも注目

ティエンハウ寺（天后宮）
住710 Nguyễn Trãi, Q. 5
開6:00～11:30、13:00～16:30（毎月旧暦の1日・15日5:00～22:00）
休無休　料無料
巨大な渦巻き線香は1ヵ月くらい燃え続けるという。売店で売っている小型の物で3万ドン～。

見どころ Sightseeing

★★ 航海安全の守り神を祀る中国寺院

ティエンハウ寺（天后宮）

Chùa Bà Thiên Hậu　　Thien Hau Temple

MAP 下図-2B

1760年に建てられたベトナム最古の華人寺のひとつ。福建系華僑の多くが信仰する航海安全の守り神、ティエンハウ（天后聖母）が祀られている。寺の天井からいくつも下げられた巨大な渦巻き線香などは、中国そのものといった雰囲気だ。境内に1日中絶えることのない線香の香りが、今も変わらない人々のあつい信仰を物語っている。

チョロンを代表する古刹。渦巻き線香に専用の札をつるして祈願できる

チョロン

A　B
1
2
N
0　200m
ドゥックファット
2月3日通り 3 Thang 2 St.
タンフック通り
Tan Phuoc St.
グエンラン
Tran Quy St.
レダイハン通り Le Dai Hanh St.
リーナムデー通り Ly Nam Đe St.
リートゥンキエット通り
トンニャット競技場
グエンキム通り
Nguyen Kim St.
ACB
サトラ・フーズ
チャンクイ通り
タウイン通り
ドーゴックタン通り
Tan Khai St.
小さな食堂が並ぶ
タンカイ通り
ユーントゥジャン通り
仏具・祭祀用具店が並ぶ
Pho Co Dieu St.
Nguyen Chi Thanh St.
Ly Thuong Kiet St.
水餃子の店が並ぶ P.83欄外
強記麵家
ハートンクエン通り
BIDV
トゥアンキウ通り Thuan Kieu St.
チョーライ病院
グエンチータン通り
Duong Tu Giang St.
Do Ngoc Thanh St.
ドンスエン・ホットポット
Tan Thanh St.
フンブーン・プラザ
フンヴーン病院
Pham Dinh Ho St.
路上市場
タンタン通り
Ta Uyen St.
Pham Huu Chi St.
フックアン会館
Hong Bang
ファンフーチ通り
電器屋が並ぶ
Ha Ton Quyen St.
ガーデン・モール
バイクの部品、修理の店が並ぶ
ハーキー（何記甜品店）P.82欄外
ティエンハウ寺（天后宮）P.84
オンラン会館（温陵會館）P.85欄外
ホンバン通り
フックロン
路上市場
媽祖天后廟
ギアアン会
Nguyen Trai St.
サコム
杏徳堂薬行
民益
チョロンモス
グエンティニョ通り Nguyen Thi Nho St.
ホックラック通り Hoc Lac St.
東源鶏飯
タム・ムーイラム P.82欄外
サータイ市場 P.86
グエンチャイ通り
漢方薬の店が並ぶ P.83
フンフンハン（薬屋）
愛華大酒楼
フエフエベーカ
ファムディンホー通り
Tran Chanh Chieu St.
果物の路上店が並ぶ
チャータム教会 P.85
ダイクアンミン・モール
テーヨイジードン
Trang Tu St.
布問屋が並ぶ P.83
二府廟
裁縫道具の店が並ぶ P.83
チョロン・バスターミナル P.62
ハイトゥーンランオン通り Hai Thuong Lang Ong St.
ランオン通り Lang Ong
小公園
漢方薬の店が並ぶ
ビニール製品、カゴの店が多い
キムビエン市場
文房具問屋が並ぶ P.83
チョロン中央郵便局 P.88
Thap Muoi St.
タップムーイ通り
Phung Hung St.
Nguyen An Khuong St.
Nguyen Thi St.
Mac Cuu St.
Tau Hu Canal
ティミへ（約400m）P.107
ビンタイ市場 P.86
Chu Van An St.
Phan Van Khoe St.
ヴォーヴァンキエット通り
チャーヴァー橋
Binh Đong St.
ファンヴァンコエ通り
Bai Say St.
ジャーフー通り Gia Phu St.
タウフー運河
ビンドン通り
バイサイ通り

★クリーム色の尖塔が印象的

チャータム教会

MAP P.84-2A

Nhà Thờ Cha Tam　Cha Tam Church

チャンフンダオ通りの布屋街に出ると、クリーム色の尖塔が姿を現す。1900年創建のこのカトリック教会は、1963年11月、時の南ベトナム政権に対するクーデターの際、ゴ・ディン・ジエム（Ngô Đình Diệm）が無条件降伏をした場所として知られている。ミサは毎日行われ、チョロン地区の熱心なカトリック教徒が訪れている。別名をフランシスコ・ザビエル教会という。

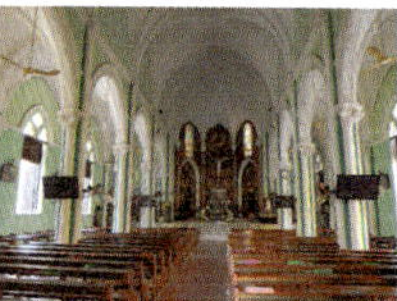

上／ごみごみとしたチョロンにあって優美な姿はよりいっそう引き立つ
左／ミサのときは中に入れる

チャータム教会
住25 Học Lạc, Q. 5
開6:00～18:00　休無休
料無料
　ミサは月～金曜5:30、17:30。土曜18:30、19:30。日曜は5:30、7:15、8:45、16:00、17:00。

オンラン会館（溫陵會館）
Hội Quán Ôn Lăng
On Lang Assembly Hall
MAP P.84-2B
住12 Lão Tử, Q. 5
開6:15～17:00　休無休
　1740年創建の福建系の寺。天后聖母や観世音菩薩など16の神様が祀られている。

極彩色の内部は広々としている

C　D　1　2
Dao Duy Tu St.
チャン・グエン・ハン像
ゴークイン通り
Ngo Quyen St.
グエンチータン通り
VP
アサイゴン
ヴァンスアン病院
寄宿舎
ゴージャートゥ通り Ngo Gia Tu St.
ビアサイゴン
ファムゴックタック病院
フンヴーン通り
Hung Vuong St.
コープマート
グエンチーフーン通り
ACB
路上市場
ウインザー・プラザ P.114欄外
アンドン・プラザ
アンドン市場 P.86
ビナタバ
Tran Phu St.
An Duong Vuong St.
傳記飯店2
夕方以降、洋服やサンダルの屋台が並ぶP.69
Nguyen Trai St.
Manwah
アンユーンヴーン通り
157
ブレッドトーク
基者教會光中光
チャンフー通り
フォー・レ
ティエンフィ
ファットタン
Phan Van Tri St.
ゴックソン
ヒーランモン
ビナサンタワー
ファミリーマート
グエンチャイ通り
ハイランズ・コーヒー
スターバックス コーヒー
アンビン病院
KFC
Qママビュッフェ
タンダーコート
チャー・ティエン・フーン
バットダット
ジ・アレイ
ドンアー
フックロン
Nguyen Tri Phuong St.
バオズ・ディムサム P.83欄外
トーフアット
ロッテリア
パブリック
ドンカン
ドンダーシネマ
インペリアル
クーロン
Tran Hung Dao St.
ハンロン
スイカオ・ダイヌーン(大娘水餃)
チャンフンダオ通り
ハンロン
フォーチュン2
Tran Tuan Khai St.
ACB
チャンフンダオ通り
慶記燒臘飯店
アルカンシェール
ヴァンホア
Tan Da St.
Tran Hung Dao St.
フーンナムコープ書店
5区文化センター
An Binh St.
Vo Van Kiet St.
タウフー運河
Tau Hu Canal
サイゴン駅
統一会堂
ビンタイ市場

※地図中、右下の小エリア図の赤枠部分が、折り込み地図裏でのこの地図の位置を示しています。

昔懐かしいレトロな食器類が手に入る

ビンタイ市場
住57A Tháp Mười, Q. 6
☎(028) 38571512
営店によって異なるが、だいたい6:00〜18:00　休無休

ビンタイ市場に出没する日本語使いに注意
　自称「市場内で警備の仕事をしている」という日本語の話せるベトナム人が、市場の案内をするからと言い寄ってくる、との投稿が編集部に寄せられている。親切にされたからといって、たやすく気を許さないように。

卸売業が集まる大型市場　MAP P.84-2A

ビンタイ市場

Chợ Bình Tây　Binh Tay Market

　1930年、中国の潮州で生まれたクァック・ダム（Quách Đàm）が、泥地だったこの地を開墾したのが始まりといわれる、チョロン最大の中央市場。ほとんどの店が卸を生業としており、店舗数は2000店以上。中庭を取り囲むように2階建ての売り場が並ぶ独特の建築で、2016年から約2年かけて全面改修工事を行っていたが、2018年末に再オープンした。

食品売り場では発酵食品やビーフジャーキーの店も見かける

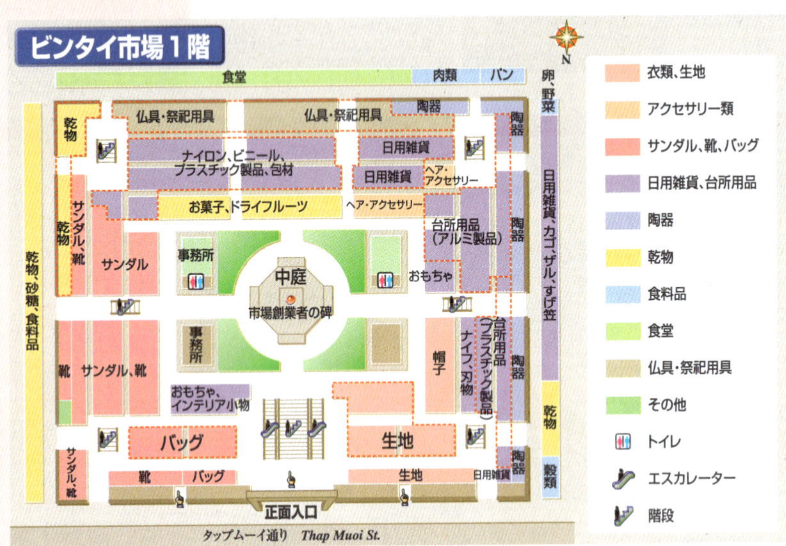

近代的な建物の市場　MAP P.85-1D

アンドン市場

Chợ An Đông　An Dong Market

　近代的な建物の市場。活気があり、特に2、3階の服、サンダル売り場は1日中にぎわっている。日本のシーズン遅れの化粧品が安く売られている一画も。同じ建物内の1階入口左側に郵便局、地下には食堂街がある。

アンドン市場
住34-36 An Dương Vương, Q. 5
営8:00〜18:00頃　休無休

食堂街には甘味の店もある

人々の生活が垣間見られる　MAP P.84-2B

サータイ市場

Chợ Xã Tây　Xa Tay Market

　日常生活の垣間見える地元に密着した小さな市場だが、周辺には古い建造物が残り、市場の雑踏と相まって味のある風情を醸し出している。市場脇にはチョロン・モスクが建つ。

サータイ市場
営店によって異なるが、だいたい6:00〜12:00　休無休

ビンタイ市場、アンドン市場と比べると最も生活に密着した市場だ

✉市場で物を手にすると必ずといっていいほど「Where are you from?」と声をかけてくる店員さんたち。日本人は高い値段を言われるので、自分の中でこのくらいの値段なら買うと↗

インフォメーション INFORMATION

銀　行

●ベトコム・バンク　Vietcom Bank

［本 店］ MAP P.127-2D 住5 Công Trường Mê Linh, Q. 1 ☎(028)38271940 営7:30～11:30、13:00～16:30 休土・日曜

USドル・日本円をはじめ、主要通貨の現金の両替が可能。JCBカード、マスターカード、ビザカードでのキャッシングが可能（要パスポート）。

●VIB　Vietnam International Commercial Joint Stock Bank

MAP P.127-3D 住2 Ngô Đức Kế, Q. 1 ☎(028)38242620 営8:00～17:00（土曜～12:00） 休日曜

USドルとユーロの両替が可能（要パスポート）。入口に24時間利用できるATMがあり、主要カードでのキャッシングが可能。

●サコム・バンク　Sacom Bank

MAP P.71-2D 住177-179-181 Nguyễn Thái Học, Q. 1 ☎(028)38360243 営7:30～11:30、13:00～17:00（土曜～11:30） 休日曜

USドル・日本円をはじめ、主要通貨の現金の両替が可能（要パスポート）。

●シティバンク　Citibank

MAP P.127-3C 住Sun Wah Tower, 115 Nguyễn Huệ, Q. 1 ☎(028)35211111 営8:30～17:00 休土・日曜

シティカードを使って日本で入金し、現地でベトナム・ドンに換算して、ドンで引き出すことが可能。

両替所

●フンロン　Hung Long

MAP P.67-2C 住86 Mạc Thị Bưởi, Q. 1 ☎(028)38297887 営8:00～18:00 休無休

USドル・日本円などの現金の両替が可能。JCBカード、マスターカード、ビザカードでのキャッシングが可能。ベトナム・ドンからUSドル、日本円への再両替も可能。

●フォーリン・カレンシー・エクスチェンジ・デスク 59　Foreign Currency Exchange Desk 59

MAP P.66-2B 住135 Đồng Khởi, Q. 1 ☎(028)38231316、090-3810248（携帯） 営7:00～22:00 休無休

USドル・日本円などの現金の両替が可能。

病　院

●ロータスクリニック ホーチミン　Lotus Clinic HCMC

MAP P.127-1C 住3F, Lancaster Bldg., 22 Bis Lê Thánh Tôn, Q. 1 ☎(028)38270000 URL lotus-clinic.com E-mail info@lotus-clinic.com 営9:00～12:30、14:00～18:00（土曜～13:00、予約受付8:30～17:30） 休日曜、祝日

ベトナム初の日系クリニックで、日本人医師と日本人看護師が常勤。一般内科、外科、小児科など診療全般を行う。医療機器や設備も整っており、特殊な検査以外は院内で検査可能。各種日系海外旅行保険会社のキャッシュレス対応も可能。

●ラッフルズ・メディカル・ホーチミン・クリニック　Raffles Medical Ho Chi Minh Clinic

MAP P.122-1B 住167A Nam Kỳ Khởi Nghĩa, Q.3 ☎(028)38240777（24時間対応、診療予約は8:00～17:00） URL www.rafflesmedicalgroup.com E-mail Japanese_HCMC@rafflesmedical.com（日本語可能） 営24時間受付 休祝日

国際色豊かな医師たちが、国際水準を満たした一次医療、救急医療、専門医療を提供し、輸入物の薬の提供も行っている。日本人医師常勤（要予約、夜間は緊急対応のみ）。日本語予約電話受付は月～金曜8:00～17:00（土曜～12:00）。各種日系海外旅行保険会社のキャッシュレス対応も可能。

●ファミリーメディカルプラクティス・ホーチミン市　Family Medical Practice HCMC

MAP P.126-1B 住Diamond Plaza, 34 Lê Duẩn, Q. 1 ☎(028)38227848、38221919（日本語デスク：月～木曜8:00～17:00、金曜～14:30、土曜～12:00） URL www.vietnammedicalpractice.com E-mail hcmc.jpdesk@vietnammedicalpractice.com（日本語） 営8:00～19:00（土曜～16:30） 休無休

日本人医師、日本人スタッフ常勤。内科、小児科、婦人科、消化器内科、整形外科、感染症科などでの診療、緊急医療・搬送（国内外）などを提供。24時間体制の院内検査ラボ、画像診断センター、薬局、入院施設（個室）、最新設備搭載の救急車などを備え、ハイレベルな専門医が治療にあたる。日系海外旅行保険、クレジットカード付帯保険のキャッシュレス対応も可能。日中は予約優先、緊急時は24時間対応。

●コロンビア・アジア・サイゴン・インターナショナル・クリニック　Columbia Asia Saigon International Clinic

MAP P.126-1A 住8 Alexandre de Rhodes, Q. 1 ☎(028)38238888、38290485（日本語ホットライン、月～金曜8:00～17:00、土曜～12:00） URL www.columbiaasia.com 営8:00～18:00（土曜～17:00、日曜～18:30） 休無休

アメリカとの合弁によるクリニック。外国人医師、またはベトナム人医師が診察する。クレジットカード付帯の海外旅行保険でも、キャッシュレスサービスが可能なものもある。

※前記の4院は緊急時を除き予約制。緊急の場合でも、事前に電話連絡しておくことが望ましい。4院ともにおもな海外旅行保険会社と提携しており、加入者はキャッシュレスで治療が受けられる。しかし対象外の治療もあるため、事前に要確認。また、クレジットカードに付帯されている海外旅行保険は、通常キャッシュレスの対象外で、いったん現地で治療費を支払い、帰国後に保険会社に請求することになる。さらにカード会社によって保険会社が違うため、事前に自分のクレジットカードに付帯されている保険会社名を確認しておくことが望ましい。

↘決めて交渉をがんばってほしい。私は27US$と言われたかばんを5US$で買いました。（奈良県　イクミン）['22]

インフォメーション INFORMATION

おもな航空会社

●ベトナム航空　Vietnam Airlines

MAP 折裏-1B参照　住49 Trường Sơn, Q. Tân Bình　☎1900-1100（ホットライン）　営8:00〜17:00　休日曜、祝日　カード A D J M V

●日本航空　Japan Airlines

☎(028) 38422161（日本語ホットライン）
Free 1800-599925（ホットライン）

カウンター業務は行っていないため、問い合わせは上記のホットライン(営7:00〜17:00　休土・日曜、日本の祝日、12/30〜1/3)に。

●全日空　All Nippon Airways

MAP P.127-3C　住16F, Sun Wah Tower, 115 Nguyễn Huệ Q. 1　☎(028) 38219612　営8:30〜17:30　休土・日曜、祝日　カード A D J M V

●ベトジェット・エア　VietJet Air

MAP P.124-3A　住8 Bis Công Trường Quốc Tế, Q. 1　☎1900-1886（ホットライン）　営7:30〜20:45（日曜、祝日〜19:00）　休無休　カード A D J M V

●バンブー・エアウェイズ

MAP P.122-1B　住112 Lý Chính Thắng, Q.3　☎1900-1166（ホットライン）　営8:00〜18:00（土・日曜8:30〜17:00）　休無休　カード A D J M V

●パシフィック航空　Pacific Airlines

MAP 折裏-1B参照　住112 Hồng Hà, Q. Tân Bình　☎(028) 71001550　営8:00〜12:00、13:00〜17:00　休土・日曜、祝日　カード M V

●キャセイパシフィック航空 Cathay Pacific Airways

MAP P.124-3A　住5F, Centec Tower, 72-74 Nguyễn Thị Minh Khai, Q. 1　☎(028) 38223203　営8:30〜16:30　休土・日曜、祝日　カード A D J M V

●チャイナエアライン　China Airlines

MAP 折裏-3D参照　住Room 1B, 7F Crescent Plaza, 105 Tôn Dật Tiên, Q. 7　☎(028) 54141008　営8:00〜12:00、13:00〜17:00（土曜〜12:00）　休日曜、祝日　カード A J M V

郵便・宅配

●中央郵便局

MAP P.123-2D　住2 Công Xã Paris, Q. 1　☎(028) 38221677　営7:00〜19:00（土曜〜18:00）　休無休

EMS、DHLの取り扱いがある。

●チョロン中央郵便局

MAP P.84-2B　住26 Nguyễn Thi, Q. 5　☎(028) 38551763　営7:00〜19:00（日曜7:30〜12:00、13:00〜17:00）　休無休

●郵便税関

MAP P.126-1B　住117-119 Hai Bà Trưng Q. 1　☎(028) 38251636　営8:00〜17:00　休無休

●EMS

MAP P.128-2B　住216 Nguyễn Công Trứ, Q. 1　☎1900-545433（ホットライン）　営7:30〜20:30（土・日曜8:00〜16:30）　休祝日

●佐川急便ベトナム

MAP 折裏-1D参照　住169 Điện Biên Phủ, Q. Bình Thạnh　☎(028) 38409330（内線8206）　E-mail sgv_info-hcm@sgh-global.com　営8:00〜12:00、13:00〜16:00　休土曜午後、日曜、祝日　カード不可

電話1本で集荷、日本の届け先住所まで配達してくれる。日本までは通常、所要5〜7日。料金の目安は10kg160US$〜、20kg320US$〜（梱包代も含む）。食品は輸送不可、食器は発送制限あり。利用の際は出国の最低3営業日前までに連絡を。

●DHL

MAP P.67-2C　住71C Đồng Khởi, Q. 1　☎1800-1530（ホットライン）　営8:00〜18:00（土曜〜16:00）　休日曜、祝日　カード A D J M V

専用封筒、箱代は無料。日本までパッケージ0.5kg162万5350ドン、1kg195万9219ドン。所要1〜2営業日。

おもな領事館

●日本国総領事館

MAP P.122-2B　住261 Điện Biên Phủ , Q. 3　☎(028) 39333510
URL www.hcmcgj.vn.emb-japan.go.jp
開8:30〜12:00、13:15〜16:45（領事8:30〜11:30、13:30〜16:45）　休土・日曜、ベトナムのすべての祝日と日本の一部の祝日

※パスポートの発給、帰国のための渡航書の発給については→P.432。入館には身分証明書が必要。

●カンボジア領事館

MAP P.123-1C　住41 Phùng Khắc Khoan, Q. 1　☎(028) 38292751　開7:30〜11:30、14:00〜17:00　休土・日曜、祝日

カンボジア入国にはビザが必要だが、空港でのアライバルビザ（30US$）またはeビザ（36US$、所要3業務日）申請が便利。どちらも30日間滞在可能な観光シングルビザ。eビザは以下公式ウェブサイトから申し込む。

URL www.evisa.gov.kh

領事館でビザを申請する場合は、1ヵ月間滞在可能な観光ビザは所要3業務日で100万ドン。即日発行は200万ドン。申請には6ヵ月以上の有効期間があるパスポートと顔写真1枚（4cm×6cm）が必要。

※2022年11月現在、カンボジアへ入国するにあたって、新型コロナ関連の水際対策は撤廃されている。ワクチン接種有無にかかわらず、入国後の隔離やPCR検査陰性証明書などは必要ない。ただし、感染状況に応じて急遽変更となる可能性があるので事前に確認を。

●ラオス領事館

MAP P.126-2B　住93 Pasteur, Q. 1　☎(028)38297667　開8:30〜11:30、13:30〜16:30　休土・日曜、祝日

日本国籍の場合、入国時点でパスポートに6ヵ月以上の有効期間があれば、ビザなしで15日以内

の滞在が可能。30日間滞在できるアライバルビザ（40US$、写真２枚要）やeビザ（50US$、所要３業務日）も取得可能。eビザは以下公式ウェブサイトから申し込む。

URL application.visalaos.com/application

領事館で取得する場合は１ヵ月間滞在可能なビザは所要３業務日で30US$。申請には６ヵ月以上有効期間があるパスポートと写真（4cm ×6cm）２枚が必要。

※2022年11月現在、ラオスへの入国は新型コロナワクチン２回以上の接種証明書（英語、紙ベースのオリジナル必須）、到着72時間前のPCR検査陰性証明書、到着48時間前の抗原検査陰性証明書のいずれかが必要。

●中国領事館

MAP P.123-1C 住175 Hai Bà Trưng, Q. 1

☎(028)38292459 開8:30～11:00、14:30～16:30

休土・日曜、祝日

中国ビザ申請サービスセンター

Chinese Visa Application Service Centre

MAP P.125-3C 住16F, Saigon Trade Center, 37 Tôn Đức Thắng, Q. 1 ☎1900-561599（ホットライン）

URL www.visaforchina.cn

E-mail hcmcenter@visaforchina.org

開9:00 ～ 12:00 休土・日曜、祝日

日本国籍の場合、一般の観光ならビザなしで15日間の滞在が可能。それ以上滞在する場合は中国ビザ申請サービスセンターまたは日本でビザを申請していくこと。

※2022年11月現在、観光目的での中国への入国は不可。

旅行会社＆ツアーオフィス ❁ TRAVEL OFFICE & TOUR OFFICE

旅行会社&ツアーオフィス

●TNK & APTトラベル JAPAN ホーチミン本店

TNK & APT travel JAPAN Ho Chi Minh

MAP P.71-2C 住61-63 Bùi Viện Q. 1

URL www.tnkjapan.com

LINE ID：https://lin.ee/A2sNAk3

営8:00～22:00 休無休 カード J M V

日本人スタッフが駐在する旅行会社で、女性のひとり旅と学生のグループやビジネス視察、専門通訳手配も可能。各種格安ツアーやバスの手配などを扱う。日本語ガイドが付くメコンデルタ（41US$）とクチ・トンネル半日（35US$）ツアーは、各旅行会社のなかでも最も安く、ホタル観賞ができるナイト・メコンデルタ・ツアー（65US$）のほか、サイゴン川ディナークルーズ（27US$～）、アジア最大級のマングローブ林の中を手こぎボートで行くカンザー・ツアー（88US$）の評判も高い。ほかにハノイ（→P.313）、ダナン（→P.225）、ホイアン（→P.248）にも支店がある。

※2022年10月現在、問い合わせはウェブサイトまたは公式LINEからのみとなっている。

[各種ツアー]

ナイトシクロツアー（29US$～）、水上人形劇＆フエ宮廷料理ディナーツアー（50US$～、夕食付き）、日帰りカイベー水上マーケット（88US$）、スイティエン公園ツアー（40US$～）など。アンコール・ワット観光の起点となるシェムリアップの現地発着、ホーチミン市発のパッケージツアーも手配可能。

※ひとり当たりの料金（ふたり以上参加の場合）。

●ピース・イン・ツアー Peace In Tour

MAP P.123-2C 住51 Trương Định, Q. 3

☎(028)39306309、39306165 URL www.pitt.jp

営8:00～11:30、13:00～17:30（土曜～12:00）

休日曜、祝日 カード A J M V

日本の旅行会社、ピース・イン・ツアーの現地オフィス（表の看板はIndochina Tourist & Trade)。日本人スタッフが駐在。ツアーはすべて宿泊先ホテルより発着し、日本語ガイドが同行。前日の午前中までに予約したほうがいい。各種ツアーのほか、航空券、車、ガイドの手配、ホテル予約、空港からホテルまでの送迎などが可能。

[各種ツアー]

クチ半日観光（84US$、昼食なし）、ミトー１日観光（108US$、昼食付き）など。

※ふたり参加の場合のひとり料金。最少催行人数ふたり。

●スケッチトラベル ホーチミン本店

Sketch Travel Ho Chi Minh City

MAP 折裏-1C参照 住14-16-18 Nguyễn An Ninh, Q. Bình Thạnh（Apex Vietnam内）

☎(028)38207366 URL vietnam.sketch-travel.com URL www.facebook.com/VietnamSketchTravel E-mail vietnam@sketch-travel.com（日本語対応） 営9:00～17:00（土曜～12:00）

休日曜、祝日 カード J M V

ベトナム現地の情報を豊富にもつ日系旅行会社で、日本人スタッフが駐在。南部から北部までベトナム各地の日帰りツアーを催行しており、リゾート宿泊パッケージやゴルフ、世界遺産へのツアー、航空券（ベトナム発日本行きや、その他の国際線およびベトナム国内線）や車の手配など、多岐にわたる観光に関するサービスを提供。また、ビジネスにおける車チャーターや通訳なども行っている。

[各種ツアー]

市内半日観光ダイジェスト（30US$～）、メコン川クルーズ（55US$～）、クチとメコン１日観光（80US$～）ほか、アンコール・ワットやバンコクなどの周辺諸国やベトナム・リゾート、中部フエ・

ホイアンへのツアーなどもある。
※ふたり参加の場合のひとり料金。

●ウェンディーツアー
Wendy Tour（SMI-VN Travel. Co., Ltd.）

MAP P.125-2C 住25/60 Nguyễn Bỉnh Khiêm, Q. 1 ☎(028) 38219451 URL www.wendytour.com/vietnam E-mail vietnam@wendytour.jp（日本語可能） 営9:00〜18:00（土曜〜17:00） 休日曜、祝日 カードMV

日本人スタッフが駐在し、日本語ガイド同行のバスツアーを催行。前日までに要予約。各種ツアーのほか、各種チケットの手配が可能。日本語ガイド付きタンソンニャット国際空港から宿泊先のホテルへの送迎は70万ドン（ふたり以上）。エステやショーなどのクーポンも販売している。

[各種ツアー]

メコン川クルーズ1日（159万ドン、昼食付き）、メコン川ナイトクルーズ（205万ドン、夕食付き）、カオダイ教寺院とクチ・トンネル1日（199万ドン、昼食付き）、クチ・トンネル（104万ドン）、インドシン号ディナークルーズ（85万ドン、夕食付き）、カンザー・マングローブの森1日（249万ドン、昼食付き）、ローカル列車の旅（179万ドン）など。
※ふたり参加の場合のひとり料金。最少催行人数はふたり。

●ポコロコベトナム
Poco Loco Vietnam

MAP P.127-1D
住8A/11C2 Thái Văn Lung, Q. 1
☎034-3964372（携帯）
URL www.pocolocovietnam.com
E-mail pocolocovietnam@gmail.com
営9:00 〜 18:00 休不定休 カードMV

日本人経営のツアーオフィスで、プライベートバイクツアーを主催。日本語ツアーガイドがバイクを運転し、おすすめの屋台やローカルスポットなど要望に合わせて連れて行ってくれる。宿泊先への送迎付き、保険完備。保険登録のため2〜3営業日前までに要予約。

[各種ツアー]

ナイトグルメツアー（96US$〜、食事代は別途必要）
※ひとり当たりの料金。最少催行人数は1名。

●ベトスペース・トラベル
Vietspace Travel

MAP P.125-3D
住Aqua 2, 22OT01, Vinhomes Golden River, 2 Tôn Đức Thắng, Q. 1 ☎(028) 38205065
URL vietspacetravel.com
E-mail vietspace@vietspacetravel.com（日本語可能） 営9:00 〜 17:30（土曜〜 12:00）
休日曜、祝日 カードJMV

イタリアのスクーター、ベスパの後部座席に乗ってホーチミン市内観光地を巡るベスパツアー（英語ガイド、119US$〜）やカイベー水上マーケット＆ヴィンロン・ツアー（155US$）、ベンチェー・ボートトリップ＆メコン名物セー・ロイ乗車体験（125US$）といったユニークなツアーを提供している。コンダオ島（→P.171）へのツアーや、中部高原へのツアーも扱っており、ツアーアレンジも可能。日本人スタッフがメール対応してくれるので、日本からの申し込みでも安心。

[各種ツアー]

日帰りビエンホア汽車の旅（日本語ガイド、145US$）、コンダオ島1泊2日（英語ガイド、405US$。航空券は含まない）など。
※ふたり参加の場合のひとり料金。

●キム・デルタ・トラベル
Kim Delta Travel

MAP P.71-1C 住268 Đề Thám, Q. 1
☎(028) 66817618
URL kimdeltatravel.com.vn
営7:00〜22:00 休無休 カードMV

シン・ツーリストと並ぶ老舗のツアーオフィスで、タム・トラベルからキム・デルタ・トラベルへと改名した。カオダイ教寺院とクチ・トンネル1日（69万ドン、入場料込み）、メコンデルタ1日（45万ドン）などのツアーを主催。

●シン・ツーリスト
The Sinh Tourist

MAP P.71-2C 住246-248 Đề Thám, Q. 1
☎(028) 38389593
URL www.thesinhtourist.vn
営8:00〜17:00 休無休 カードJMV

シン・カフェからシン・ツーリストへと改名した老舗のツアーオフィスで、ベトナム全土に支店をもつ。格安ツアー、オープンツアーバス（→P.413）をはじめ、航空券の手配、ホテル予約など総合的なサービスを行う。日本語のパンフレットあり。

[各種ツアー]

ホーチミン市内半日観光（24万9000ドン〜、各入場料は別途必要）、カオダイ教寺院とクチ・トンネル1日（59万9000ドン〜、クチ・トンネル入場料が別途必要）、メコンデルタ1日（49万9000ドン〜）など。メコンデルタに滞在したあとカンボジアのプノンペンやカンポットへ抜け、ツアーを終了させることもできる。プノンペン（67万9000ドン〜）への直行バスも運行。
※ひとり当たりの料金（2名以上参加の場合）。料金は参加日によって異なるため注意。最少催行人数は8名。

●アンヴィエット・ホップオン・ホップオフ・ベトナム
Anh Viet Hop On-Hop Off Vietnam

MAP P.122-1B
住 210 Điện Biên Phủ, Q. 3
☎091-3674412（携帯、ホットライン）
URL www.hopon-hopoff.vn
E-mail sale@anhviettourist.com 営8:00〜18:00

メコンもクチも行ってしまった場合、カンザー・ツアーがおすすめ。自力で行くのは難しいので、ツアー利用が便利。途中フェリーやモーターボートなども使って国立公園へ。手こぎボートで巡るマング↗

休土・日曜、祝日 カードMV

ベンタン市場や統一会堂など主要観光スポットを巡る乗り降り自由な市内バスツアー「ホップオン・ホップオフ」を中央郵便局（→P.75）前発着で8:00～15:30の間に30分間隔で運行。また、16:00～24:00の間はグエンフエ通り（住92-94 Nguyễn Huệ, Q. 1）から30分間隔で運行するナイトツアーもある。どちらも1時間有効のチケットは14万9000ドン。24時間有効のチケットは47万5000ドン。ルートや時刻表など、詳細は前記ウェブサイトでチェック。また、ウェブサイトでチケットの購入もできる。

赤い車体のダブルデッカーバス

バス会社

●フーンチャン　Phuong Trang

MAP P.71-1C　住272 Đề Thám, Q. 1
☎1900-6067（ホットライン）　URL futabus.vn
営24時間　休無休　カード不可

ベトナム全土で運行するバス会社。ムイネー行きのバスは毎日6:30～23:30の間に10便運行、16万ドン。ニャチャン行きのバスは毎日8:00～24:00の間に14便運行、27万5000ドン。ダラット行きのバスは終日運行、30万ドン。上記は基本的に3列×2段の寝台バスでWi-Fiも無料で利用でき快適だが、バスのタイプは事前に要確認。ブンタウへは5:00～19:00の間に1時間間隔で運行、18万ドン。メコンデルタ方面（カントー、ヴィンロン、カーマウ、チャウドックなど）の路線も充実。バス乗り場は行き先により異なるので、現地で確認を。

オレンジ色の車体のフーンチャン寝台バス

カンボジアへの直行バス

以下の各社がカンボジアへの直行バスを運行している。ラオスのビエンチャンへ行くバスはミエンドン・バスターミナルから運行していたが、2022年10月現在、運休中。

●ジャイアントアイビス・トランスポート Giantibis Transport

MAP P.70-1B　住301 Phạm Ngũ Lão Q. 1
☎037-9567333（携帯）　URL www.giantibis.com
営6:00～21:00　休無休　カード不可

カンボジア国内でもサービスがよいと人気のバス会社。プノンペン行きバスはシートバスのみで8:00発の1便運行、39US$。プノンペンから乗り換える必要があるが、シェムリアップ、シハヌークビル、カンポットなど各町へのバスもある。カンボジアビザはeビザのほか国境で取得可能。

●クムホ・サムコ　Kumho Samco

MAP P.71-1C　住229 Phạm Ngũ Lão, Q. 1
☎(028) 62915389、1900-6065（ホットライン）
URL www.kumhosamco.com.vn
営6:00～21:00　休無休　カード不可

カンボジアのプノンペン行きバスは毎日7:30、8:30、11:00の3便運行。7:30発と8:30発の便は寝台バスで72万ドン、11:00発の便はシートバスで60万ドン。バス乗り場はオフィス前。また、ブンタウ、ファンティエット、バンメトート行きなどの国内バスも運行。チケット売り場は各バスターミナル内にもあり、行き先によってバスターミナルは異なる。

現地ツアーについて

個人旅行を対象としたツアーを扱う旅行会社はデタム通り（→P.70）周辺に多く集まり、予約はオンラインまたは直接窓口で前日までに。ツアーの種類や料金はどこもほぼ同じだが、内容やサービスに違いがあるので数社を比較・検討してから決めよう。

●メコンクルーズツアー

旅行会社によって多少の違いはあるが、20名ほどのグループツアーなら英語ガイド、昼食付きで69万5000ドン～。日本語ガイドなら41US$～。果樹園、ライスペーパー工場、養蜂場などを訪れ、手こぎボートでメコンデルタの支流をクルーズ。通常7:30～8:00頃旅行会社の前から出発、夕方17:00頃帰着。昼過ぎに出発してメコンデルタでホタルを観賞するツアーもある。

●ホーチミン市内観光ツアー

統一会堂、戦争証跡博物館、サイゴン大教会、中央郵便局など、ホーチミン市の見どころを効率よく回るコース。最大12名のグループツアーならバスでの移動と英語ガイド付きで69万ドン～。午前中、午後は選べる場合が多く、所要約3時間。

●カオダイ教寺院とクチ・トンネルツアー

タイニンでカオダイ教の寺院と礼拝を見学し、クチ・トンネル内部を歩き、射撃体験（有料）ができるコース。最大12名のグループツアーなら英語ガイド付きで119万ドン～。通常8:00頃旅行会社の前から出発、夕方18:30頃帰着。クチ・トンネルのみのツアーもある。

●バイクツアー

ここ数年人気が高いのがバイクツアー。バイクの後ろに乗って街なかを観光したり、夜の屋台を案内してもらったりとホーチミン市らしい体験ができる。運転手がアオザイ女性だったり、ベスパに乗って回ってくれたりとツアー会社によって内容はさまざま。バイクツアーでの大きな事故は起こっていないが、参加する場合は、保険完備の旅行会社を選ぼう。

↘ローブの森は、メコンツアーと違ってほとんど人がおらず（私たちだけでした！）、とっても静かで神秘的。オプションでワニ釣りも。（神奈川県　島田美穂）['22]

レストラン Restaurant

路地裏ビストロで味わうファンラン家庭料理

ニャー・トゥー Nha Tu

ベトナム料理

MAP P.122-2B

　南部ファンランの小さな漁村で生まれ育ったベトナム人女性オーナー、トゥーさんが営む路地裏の一軒家ビストロ。「ニャー・トゥー」とは「トゥーさんの家」のことで、店内にはアンティークの食器棚やピーコック柄のレトロなテーブルクロスが敷かれた木製テーブルが置かれ、まるで自宅に招かれたようなアットホームな空間が広がる。メニューに並ぶのは気取らない普段着のベトナム料理。特に、クレイポットで作るエビや魚の煮付け、カキのお粥など、トゥーさんの母直伝のレシピを用いた故郷の味はぜひ試してみたい。

屋上には小さなテラス席もある

住129/4 Võ Văn Tần, Q. 3
☎(028) 39305069
営9:00～15:00、16:30～22:00
休無休　カードMV
予約ランチは要予約

手前はタニシの肉詰め（7万5000ドン）、右奥がカキのお粥（Cháo Hào、11万5000ドン）。1品5万5000ドン～

メコンデルタ料理のおいしさに開眼

ベップ・ニャー・ルック・ティン Bep Nha Luc Tinh

ベトナム料理

MAP P.129-2C

　日本人にはまだなじみの薄いメコンデルタ地域の食文化にフォーカスした市内でも珍しいレストラン。ココナッツジュースで煮る魚や豚肉の甘辛い煮付け（Kho Tộ）、さまざまな川魚や淡水エビなどを使った発酵調味料マム（Mắm）の料理など、メコンデルタ出身者なら誰もが懐かしむ料理がズラリ。煮付け、マム料理、炒め物、漬物、スープ、サラダ、ご飯がセットになったモイ・ティン・クエ（Mối Tình Quê、75万ドン）などのメコンデルタ家庭料理のセット（62万ドン～）がおすすめ。

店内はメコンデルタの田舎をイメージした空間で、店の中央には池が設けられ涼しげ

住37 Nam Kỳ Khởi Nghĩa, Q. 1
☎(028) 39153999
営10:00～22:00（L.O. 21:00）　休無休
料税・サ別　カードAMV　予約要予約

甘辛い煮付けにマム料理の独特の味わい、甘酸っぱい漬物などご飯が進む料理ばかり。アラカルトは1品20万ドンくらいから

ストリートフード×伝統料理のベトナム料理

ジーマイ Di Mai

ベトナム料理

MAP P.128-2A

　フランス文化の面影が感じられる1960年代のオールド・サイゴンをイメージしたレトロな店内でいただけるのは、ベトナム各地のストリートフードと伝統的なベトナム料理を組み合わせた、ここでしか味わえないオリジナル料理。化学調味料や着色料は一切使用せず、趣向を凝らした料理の数々は通いたくなる味わいだ。野菜料理は6万8000ドン～、メインは15万ドンくらいから。竹筒に鶏肉ともち米、香草を詰めてグリルしたメニュー（Gà Ống Tre、38万8000ドン）などを試したい。

2～3人で訪れるなら必食のジーマイ風前菜プレート（26万8000ドン）

住136-138 Lê Thị Hồng Gấm, Q. 1
☎(028) 38217786　営11:00～21:00
休無休　料税別　カードADJMV
予約週末、祝日は要予約

タイルの床や赤いランプのかわいらしい店内。奥には調理風景が見えるキッチンがある。市内に4店舗展開

各店データ欄の「税・サ別」は税・サービス料別途のことを意味し、税（VAT）は10%です。サービス料は通常5%です。

レストラン Restaurant

港町ニャチャンの郷土グルメ専門店
ガン
Ganh

ベトナム料理

MAP P.68-2B

ベトナム料理は地域によってさまざまな郷土料理があるが、独特の食文化でベトナム人にもファンが多いのがニャチャン料理だ。ここは、生魚のサラダ(Gỏi Cá Mai、16万5000ドン)やクラゲ麺(Bún Sứa、7万7000ドン)などニャチャンの特産グルメを楽しめる専門店。ライスペーパーで豚つくねや青マンゴー、野菜&ハーブ、揚げライスペーパーなどを包み、ひき肉入りピーナッツだれで食べるネム・ヌオン(→P.33、11万ドン)は異なる食材の風味や食感が口の中で混ざり美味!

手前がネム・ヌオン。奥は青マンゴーとカタクチイワシのサラダ(13万5000ドン)

住91 Hai Bà Trưng, Q. 1
☎(028)66820692 営11:00～23:00
休無休 料税別
カード JMV 予約要予約

ひとりでも入りやすい雰囲気。メニューは写真付きなので選びやすい。1品5万ドン～とリーズナブルな価格も魅力

昔の南部ベトナムの家を再現
クックガック
Cuc Gach

ベトナム料理

MAP 折裏-1C

ベトナムの著名な建築家が手がけた一軒家レストラン。1940年代のベトナム南部の生活様式を再現した店内は、アンティークの調度品や南部の昔ながらの陶磁器、ソンベー焼の食器が置かれ、レトロなベトナムを体感できる空間。メニューは、家庭料理を中心にクア・ロット(→P.34、36万ドン)やエビのビール蒸し(Tôm Thẻ Hấp Bia、75万ドン)などの海鮮料理も食べられる。メニュー数はかなり多く、写真付きではないので何を頼めばいいか迷ったら店員に聞いてみよう。1品12万ドンくらい。通りを挟んで2店舗ある。

コロニアル建築の一軒家を改装した趣ある店

住9-10 Đặng Tất, Q. 1
☎(028)38480144
営9:00～23:00
休無休 カード MV
予約ディナーは望ましい

手前左は豚肉と卵の煮付け(Thịt Kho Trứng、14万ドン)、手前右はひき肉入り卵焼き(Trứng Chiên Thịt Bằm、12万ドン)

ベトナム全土の美食が集合
エス・エイチ・ガーデン
SH Garden

ベトナム料理

MAP P.67-1C

元客室乗務員のベトナム人オーナー夫婦がベトナム各地で食べ歩いたおいしい料理を厳選してメニュー化。家庭料理も多く、他店ではなかなか味わえないメニューも。店のおすすめは、中部クアンナム省のゴマせんべいですくって食べるシジミのサラダ(Hến Xúc Bánh Đa Quảng Nam、16万5000ドン)やハノイ風からし菜の生春巻(Cuốn Diếp Tôm Hà Nội、19万5000ドン)など。前菜でも1品16万5000ドン～とやや高めだが味はもちろん、サービスもスマート。

シジミのサラダは中部クアンナム省の郷土料理

住26 Đồng Khởi, Q. 1
☎(028)66596622、098-1999188(携帯)、096-5596188(携帯)
営10:00～22:30 休無休 料税別
カード DJMV 予約望ましい

ドンコイ通りを眺められる窓際の席は要予約

レストラン Restaurant

アパート屋上の隠れ家レストラン

シークレット・ガーデン Secret Garden

ベトナム料理

MAP P.126-2B

路地裏のアパート屋上に店を構える大人気店。半屋外のガーデン風レストランで、のどかで開放的な雰囲気はベトナムの田舎を思わせる。ソンベー焼の素朴な器で提供するのは、ベトナム南部の伝統料理や家庭料理を中心に、モダンなエッセンスを加えたオリジナル料理。何を頼んでもハズレがなく、ていねいに作られた料理はどれも味付けが抜群で、食べやすい。ベトナム家庭料理を頼むなら、肉詰め豆腐のトマトソース煮（Đậu Hũ Dồn Thịt Sốt Cà、10万5000ドン）などがおすすめ。

牛肉料理も軟らかでとても美味。手前は夜来香の牛肉炒め（15万5000ドン）

住4F, 158 Alley Pasteur, Q. 1
☎090-9904621（携帯）
営11:00 ～ 23:00
休無休　料税別
カード A D J M V
予約不要

緑に囲まれたオープンエアの客席

老舗のベトナム料理レストラン

ホアンイエン Hoang Yen

ベトナム料理

MAP P.67-1D

料理はどれもレベルが高く、地元のベトナム人も認める味。豚肉のココナッツジュース煮込み（Thịt Kho Nước Dừa、13万9000ドン）や紫イモとエビのスープ（Canh Khoai Mỡ Tôm、14万5000ドン～）など南部の代表的な家庭料理がおすすめ。写真付きメニューがあり、わかりやすい。また、系列のビュッフェレストラン「ビュッフェ・ホアンイエン・プレミア」（MAP P.126-3B）は、ベトナム料理はもちろん海鮮メニューが豊富で、ライブキッチンで調理法を指定できる（平日昼32万5000ドン、平日夜47万5000ドン）。

手前はエビ入り揚げ春巻（Chả Giò Tôm、14万5000ドン）、左奥はひき肉入り卵焼き 8 万9000ドン

住7-9 Ngô Đức Kế, Q. 1
☎(028) 38231101
営10:00～22:00
休無休　料税・サ別
カード A D J M V　予約不要

「ビュッフェ・ホアンイエン・プレミア」は営10:00 ～ 22:00

ベンタン市場近くの路地にある

ベップ・メ・イン Bep Me Inn

ベトナム料理

MAP P.126-3A

路地を進んだ先にある小さなベトナム料理店。1階はベトナムの日常を切り取った壁画が彩る食堂のような雰囲気で、2階は床タイルのかわいらしいカフェのような内装。ベトナム南部・北部の代表的な家庭料理が楽しめ、おすすめは厚めの生地がおいしいバイン・セオ（→P.38、13万9000ドン）、ココナッツシェルに入ったチャーハン（Cơm Chiên Trái Dừa、14万9000ドン）など。メニューにはグルテンフリーやベジタリアン対応などの表示があり選びやすい。

手前はココナッツシェル入りチャーハン

住Hẻm 136, 9 Lê Thánh Tôn, Q. 1
☎(028) 22111119
営10:30～22:30
休無休　料税別
カード J M V　予約不要

1960年代にベトナム南部の主要な乗り物だった乗合バス、セー・ラムがディスプレイされた1階席。ゆっくり食事を楽しむなら2階席がおすすめ

Voice!「ホアンイエン」（→上記）は、野菜料理もおすすめで、特にカボチャの花や夜来香など南部ならではの花の炒め物をぜひ。市内に 4 店舗ある。

レストラン Restaurant

ベトナム南部料理がおいしい
クアン・ブイ・オリジナル ベトナム料理
Quan Bui Original MAP P.127-1D

モダンコロニアルな雰囲気の一軒家レストラン。ソンベー焼の器でサーブされるベトナム料理は、南部風の甘めの味付け。鶏肉料理は9万9000ドン～。野菜料理は調理方法によって値段が異なり6万9000ドン～。ポークリブハニーソース（15万9000ドン）などが人気。

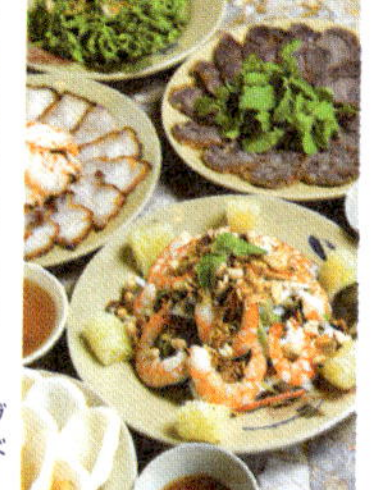
手前のマンゴーとエビのサラダ（Gỏi Xoài Tôm Sú、14万9000ドン）もおすすめ

住19 Ngô Văn Năm, Q. 1 ☎(028)38291515 営7:00～23:00 休無休 料税・サ別 カード ADJMV 予約不要

アヘン工場跡地に建つ
ホアトゥック ベトナム料理
Hoa Tuc MAP P.68-2B

フランス統治時代のアヘン工場を改装したコロニアルな雰囲気漂うレストラン。ワインのセレクトに力を入れており、伝統的なベトナム料理に少しアレンジを加えたメニューはワインにも合う。人気はベトナム中部風のバイン・セオ（→P.38、12万5000ドン）など。

人気のガーデン席。夜も雰囲気がいい

住74 Hai Bà Trưng, Q. 1 ☎(028)38251676 営11:00～22:00 休無休 料税・サ別 カード ADJMV 予約望ましい

プロパガンダアートが目を引く
プロパガンダ ベトナム料理
Propaganda MAP P.126-1A

壁一面に描かれたプロパガンダアートが印象的な店内で、ベトナムの家庭料理をベースにしたヘルシーな創作料理が味わえる。人気は種類豊富な生春巻（8万5000ドン～）や玄米パフと揚げ豆腐が載った汁なし麺（Bún Đậu Hủ Gạo Lức Propaganda、14万ドン）など。

迫力のプロパガンダ壁画に彩られた店内

住21 Hàn Thuyên, Q. 1 ☎(028)38229048 営7:30～23:00 休無休 料税・サ別 カード ADJMV 予約望ましい

味よし、ボリューム満点の老舗店
タンニエン ベトナム料理
Thanh Nien MAP P.126-1B

1989年創業の地元人気の高い店で、味は折り紙付き。南部の代表的な料理を中心に、海鮮料理や北部の名物料理もメニューに並ぶ。店のおすすめはパリッとした皮にジューシーなひき肉などが詰まったチャー・ヨー（→P.30、16万5000ドン）など。予算はひとり30万ドン～。

窓が大きく明るく広々とした店内。緑に囲まれたガーデン席や個室もある

住11 Nguyễn Văn Chiêm, Q. 1 ☎(028)38225909 営7:00～22:00 休無休 カード AJMV 予約不要

屋台がコンセプトの大型店
ニャーハン・ゴン ベトナム料理
Nha Hang Ngon MAP P.126-2B

150種類以上ものベトナム庶民料理を楽しめる。特に麺料理は豊富で、メコンデルタ名物のブン・マム（→P.37、9万5000ドン）、ハイフォン名物のバイン・ダー・クア（→P.36、9ドン）など各地の味が大集合。

地元の人にも人気の屋台形式レストラン

住160 Pasteur, Q. 1 ☎(028)38277131 営7:30～22:00（L.O.21:30） 休無休 カード ADJMV 予約4人以上は要予約

ヘルシーで繊細な味わいのフエ料理
ティブ ベトナム料理
Tib MAP P.123-1C

フエ料理の老舗で、素朴で庶民的な料理から伝統的な宮廷料理まで豊富なメニューを揃えている。トマトベースの肉団子スープをかけて食べるフエの米麺（Dấm Nước、14万5000ドン）などがおすすめ。予算はひとり50万ドン～。

2022年8月、改装を終えて再オープン

住187 Ter Hai Bà Trưng, Q. 3 ☎093-3395993（携帯） 営11:00～14:00、17:00～22:00 休無休 料税・サ別 カード JMV 予約要予約

レストラン Restaurant

本格的なフエ庶民料理の店

ナムジャオ Nam Giao

ベトナム料理　MAP P.126-3A

ベンタン市場北口付近の路地にあり、本格的な味と安さで人気のフエ料理店。おすすめはピーナッツの食感と、味の濃いシジミ飯が絶妙にマッチしたコム・ヘン（→P.38、7万ドン）。ピリ辛牛肉スープ麺のブン・ボー・フエ（→P.36、7万ドン～）や米粉の蒸し料理もおいしい。

カニのすり身も入るスペシャル・ブン・ボー（8万8000ドン）

住136/15 Lê Thánh Tôn, Q. 1　☎(028) 38250261
営8:00～21:00　休無休　カード不可　予約不要

カニ身たっぷりの揚げ春巻

ネム Nem

ベトナム料理　MAP P.124-2B

北部ハイフォン名物、カニの揚げ春巻ネム・クア・ビエン（Nem Cua Biển、7万6000ドン）が絶品。パリッと揚げたての皮の中にはジューシーなカニ身がたっぷり。米麺ブン（6000ドン）とハーブと一緒にいただく。ブン・チャー（→P.37）もある。

サーブすると卓上でカットしてくれる

住15E Nguyễn Thị Minh Khai, Q. 1　☎(028) 62991478
営10:00～22:00（L.O.21:30）　休四半期ごとの第1月曜14:00～
カード J M V　予約不要

うま味凝縮のキノコ鍋専門店

アシマ Ashima

ベトナム料理　MAP P.124-2A

20種類以上のキノコを、野菜や肉、海鮮などと一緒に食べるキノコ鍋、ラウ・ナム（→P.39）の専門店。スープは、漢方、キノコ、豚骨などを48時間以上煮込んだオリジナル、スパイシー、ベジタブルの3種類（16万9000ドン～）から選べる。6種のキノコ鍋で70万ドン～。

黒鶏や和牛、スッポンの鍋セットもある

住35A Nguyễn Đình Chiểu, Q. 1　☎(028) 73001314
営10:30～23:00　休無休　カード A D J M V　予約不要

口コミで話題の店が集結

ココチン・フードコート Cocochin Food Court

フードコート　MAP P.127-3C

現地で口コミ人気の有名店が集結。南部から北部まで、ベトナム全土の味が楽しめる。店内はフードコートとは思えないしゃれた内装で、2階席もある。入口でポストペイドカードを受け取り、注文時は各店でポストペイドカードに記録してもらい、最後に出口で会計というシステム。

1品5万～10万ドンで甘味や軽食もあり使い勝手がいい

住GF-1F, Saigon House, 77 Nguyễn Huệ, Q. 1　☎088-8666330（携帯）　営10:00～22:30　休無休　カード A D J M V　予約不要

庶民的なカニ料理専門店

94トゥイー 94 Thuy

カニ料理　MAP P.124-1A

料理のボリュームと味は地元でも評判。名物ミエン・サオ・クア（→P.37、22万ドン）はカニ肉がたっぷり。ほかにも丸揚げにしたカニのタマリンド炒め（Cua Rang Me、時価）、ふんわりジューシーな身が詰まったクア・ロット（→P.34、26万ドン）などカニ尽くしが楽しめる。

エビ＆カニの春雨炒め（24万ドン）も人気メニューのひとつ

住84 Đinh Tiên Hoàng, Q. 1　☎(028) 39101062
営9:00～21:00　休無休　カード J M V　予約不要

若者に人気の貝料理専門店

オック・チ・エム Oc Chi Em

貝料理　MAP P.124-3A

ベトナムでは広く貝料理が親しまれており、種類も実に豊富。ここは貝料理をおしゃれに楽しめると地元の若者に人気の専門店で、海の貝から淡水の貝までさまざまな種類の貝料理がメニューに並ぶ。1品7万ドンくらいから。

大人気メニュー、ゾウゲバイとエッグヨークのバター炒め（Ốc Hương Xào Bơ Trứng Muối、14万5000ドン）

住6B Công Trường Quốc Tế, Q. 3　☎090-6870102（携帯）
営16:00～22:00　休無休　カード D J M V　予約望ましい

レストラン Restaurant

地元の人に親しまれるフォーの老舗

フォー・ホア・パスター 麺

Pho Hoa Pasteur MAP P.122-1B

地元の人や観光客でにぎわう1968年創業の老舗フォーの店。甘めで優しい味わいのスープが評判で、12種類から選べる（フォー・ガー以外は牛肉のフォー）。一番人気はレア牛肉入り（Phở Bò Tái）。小8万5000ドン、大9万5000ドン。

牛バラのフォー・ナム（Phở Nạm）。揚げパン（Quẩy、7000ドン）をひたすとさらに美味

住260C Pasteur, Q. 3　☎(028) 38297943
営5:00～23:30　休無休　カード J M V　予約不要

じっくり煮込んだスープが絶品

フォー24 麺

Pho 24 MAP P.126-1A

24時間以上かけて作るコクのあるスープがおいしい、ファストフード風のフォー専門店。牛肉のフォーはレア（Tái）、ウェルダン（Chín）、牛肉団子（Bò Viên）の3種類あり、サイズで値段が変わる（3万5000～6万5000ドン）。鶏肉のフォー（3万～6万ドン）、ご飯もの、甘味もある。

ウェルダンの牛肉フォー。セットもある

住9 Nguyễn Văn Chiêm, Q. 1　☎(028) 39227190
営6:00～22:00　休無休　カード J M V　予約不要

プリプリのイカがうまい南部麺

フー・ティウ・ムック・オンジャー・チンゴック 麺

Hu Tieu Muc Ong Gia Chinh Goc MAP P.127-3C

スルメや豚骨でだしを取る甘めのスープに豚肉やエビ、ウズラの卵などが載る南部の米麺、フー・ティウ（→P.36）。この店は豚肉などの代わりに、プリプリの新鮮なイカをたっぷり載せたフー・ティウ・ムック（5万ドン）で一躍有名に。路地奥にある。

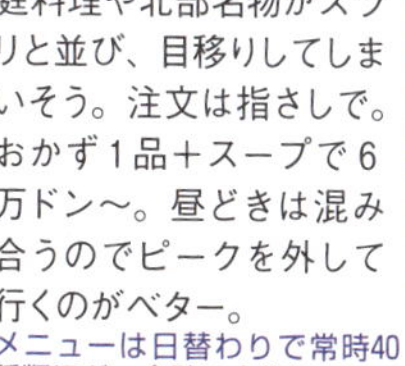

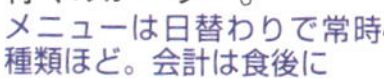

甘めのスープにイカ、イカ団子、揚げニンニクがたっぷり

住62/3 Tôn Thất Thiệp, Q. 1　☎090-9608614（携帯）
営6:30～21:00　休無休　カード不可　予約不要

北部風おかず&家庭料理の食堂

ドンニャン・コム・バーカー 大衆食堂

Dong Nhan Com Ba Ca MAP P.127-3C

北部風の味付けで地元客に人気のクアンコム・ビンヤン（→P.41）。店頭には代表的なベトナム家庭料理や北部名物がズラリと並び、目移りしてしまいそう。注文は指さしで。おかず1品＋スープで6万ドン～。昼どきは混み合うのでピークを外して行くのがベター。

メニューは日替わりで常時40種類ほど。会計は食後に

住11 Tôn Thất Thiệp, Q. 1　☎(028) 38225328　営10:00～20:00（日曜～14:00）　休無休　カード不可　予約不要

行列必至のバイン・ミー専門店

バイン・ミー・フィンホア バイン・ミー

Banh Mi Huynh Hoa MAP P.123-3C

開店と同時に行列ができ、閉店まで常に客でにぎわっている大人気のバイン・ミー（→P.38）のテイクアウト専門店。バイン・ミーのメニューは肉やパテ、ポークフロス、野菜、香草など、すべての具がたっぷり入ったスペシャル・バイン・ミー（Bánh Mì Đặc Biệt、5万9000ドン）のみ。

コリアンダーや辛いのが苦手な人は注文時に忘れずに伝えよう

住26 Lê Thị Riêng, Q. 1　☎(028) 39250885、089-6698833（携帯）　営11:00～21:00　休無休　カード不可　予約不要

食堂併設の老舗ベーカリー

ニューラン ベーカリー

Nhu Lan MAP P.129-1C

1968年創業の老舗パン屋。各種パンはもちろん、ハムや肉まん、甘味など何でも揃い、1日中買い物客でにぎわう。自家製のバゲットを使った具だくさんのバイン・ミーがおいしいことでも知られ、グリルポーク、鶏肉、魚、肉団子など数種類あり、どれも3万ドン。

ハム入りのバイン・ミー・ティット（Bánh Mì Thịt）

住50, 66-68 Hàm Nghi, Q. 1　☎(028) 38292970
営6:00～22:00　休無休　カード不可　予約不要

Voice!「バイン・ミー・フィンホア」（→上記）は、混み具合によっては、並んでいるときに店員が注文を取りにきてくれ、その場で会計ということもある。おつりが出ないように準備しておくとスムーズ。

巨大ポークリブが豪快に載るコム・タム

コム・タム・バー・ギエン 大衆食堂

Com Tam Ba Ghien MAP 折裏-1B

ふっくら炊き上げた砕き米に、約400gの炭火焼きポークリブが豪快に載ったコム・タム（→P.38）の名店。肉はひと晩特製だれに漬け込み、弱火でじっくり、最後に強火で焼き上げるため軟らか＆ジューシー。6種類あり、7万5000～14万2000ドン。

一番人気のポークリブ（Sườn、7万5000ドン）

住84 Đặng Văn Ngữ, Q. Phú Nhuận ☎(028)38461073
営7:30～21:00 休無休 カード不可 予約不要

米麺ブン&揚げ豆腐の北部料理

ブン・ダウ・ゴー・ニョー・フォー・ニョー 大衆食堂

Bun Dau Ngo Nho Pho Nho MAP P.126-2B

店名の「ブン・ダウ」とは米麺ブンと揚げ豆腐を、マムトム（→P.39）というエビの発酵調味料に付けて食べるベトナム北部料理（→P.37のブン・ダウ・マムトム）。写真手前は、ゆで豚肉、ハノイ名物の未熟なもち米のさつま揚げなどがセットになったBún Đậu Tá Lả（7万ドン／1人前）。

マムトムが苦手な人は醤油を付けて食べよう

住156C Pasteur, Q. 1 ☎093-3290589（携帯）
営10:00～21:00 休無休 カード不可 予約不要

バイン・セオの有名店

バイン・セオ 46A 大衆食堂

Banh Xeo 46A MAP P.123-1C

野外に並んだテーブルはいつも満席状態。外はパリッ、中はモチッとした食感がたまらない名物バイン・セオ（→P.38）は11万ドン。チャー・ヨー（→P.30、17万ドン／10本）もおいしい。店頭では手際よくバイン・セオを焼く姿も見られる。

ここのバイン・セオは具だくさん。野菜で包んで、なます入りヌックマムだれに付けて食べる

住46A Đinh Công Tráng, Q. 1 ☎(028)38241110 営10:00～14:00、16:00～21:00 休無休 カード不可 予約不要

巻物料理が味わえる

ラップ&ロール ベトナム料理

Wrap & Roll MAP P.126-1B

カフェのような店内で、生春巻、揚げ春巻、蒸し春巻など、ベトナム全土の巻物料理が楽しめる。からし菜の生春巻、クオン・ジエップ（→P.30、6万5000ドン／4本）や、北部のカニ肉入り揚げ春巻（Nem Vuông Cua Bể、10万4000ドン）などを試してみよう。

定番の生春巻（Gỏi Cuốn、6万5000ドン／4本）。ココナッツ風味の甘めのピーナッツだれがよく合う

住GF, M Plaza, 39 Lê Duẩn, Q. 1 ☎(028)38230600
営10:00～22:00 休無休 カードAJMV 予約不要

ボリューム満点のチキンライス

31リートゥチョン 大衆食堂

31 Ly Tu Trong MAP P.68-2A

路地を進んだ先にある食堂で、名物はチキンライス、コム・ガー・ソイ・モー（5万ドン）。鶏ガラスープで炊いたご飯を強火でパラパラに炒め、その上に載ったパリッと香ばしいから揚げが食欲をそそる。薄味のスープ（1万ドン）とも相性ぴったりだ。食事どきには長蛇の列ができる。

追加のから揚げは、ひとつ3万ドン

住31 Lý Tự Trọng, Q. 1 ☎(028)38251300
営15:30～20:00 休無休 カード不可 予約不要

中国料理を洋風にアレンジ

ティエンナム（天南餐廳） 中国料理

Thien Nam MAP P.129-1C

中国海南島出身の主人が1952年に開業した、歴史ある中国料理店で、地元の評価が高く、珍しい料理が多数。肉載せハマグリのチーズ焼き（28万ドン）や鶏の骨を抜き、腹にケチャップライスを詰めた料理（69万ドン）がおすすめ。

手前がハマグリのチーズ焼き、中央右はオックステールのスープ（25万ドン）

住53 Nam Kỳ Khởi Nghĩa, Q. 1 ☎(028)38223634 営10:00～22:00 休無休 カードAJMV 予約グループは要予約

レストラン Restaurant

盛りつけも美しい創作フレンチ
ル・コルト
フランス料理
Le Corto
MAP P.68-2B

まるでアートのような美しいひと皿が楽しめると、在住フランス人が通う。ダラット野菜や味噌などアジアの食材をフランス料理の手法で仕上げ、奥深く繊細な味わいを生み出す。平日昼のセットメニュー（3品のコース29万ドン）や日曜のブランチビュッフェ（75万ドン）がお得。

平日ランチセットの一例、海鮮パスタ

住5D Nguyễn Siêu, Q. 1　☎(028) 38220671
営11:00～14:00、17:30～23:00（土曜17:30～23:00）
休無休　料税・サ別　カード A D J M V　予約望ましい

世界からも注目される本格ピザ
ピザ・フォーピース
イタリア料理
Pizza 4P's
MAP P.126-3A

窯で焼き上げる絶品ピザとダラット産の自家製チーズが自慢。ブッラータチーズや4種のチーズを使ったピザ、ベトナム料理の創作ピザなど豊富なラインアップがうれしい。市内に14店舗、ハノイやダナン、ニャチャンにもある。

看板メニューのブッラータ・パルマハム（29万8000ドン）。カニのパスタや一品料理、ナチュラルワイン、デザートもおいしい

住8 Thủ Khoa Huân, Q. 1　☎(028)36220500　営10:00～翌2:00（日曜～23:00）　休無休　料税別　カード J M V　予約要予約

お得なシーフードビュッフェを堪能
ラ・ブラッセリー
インターナショナル料理
La Brasserie
MAP P.122-3B

贅を尽くした夜のシーフードビュッフェが話題。カキ、カニ、ロブスターといった高級海鮮をはじめ、肉料理やパスタ、ローカルフード、デザートなどが時間無制限で食べ放題。アルコール飲み放題付きで、大人150万ドン。

海鮮は調理法を指定できる。ロブスターはボイルまたは、チーズ焼きがおすすめ

住2F, Hotel Nikko Saigon, 235 Nguyễn Văn Cừ, Q. 1
☎(028) 39257777　営18:00～22:00　休無休　料税・サ別（15.5%）　カード A D J M V　予約要予約

おしゃれなベジタリアンレストラン
フ　ム
ベジタリアン料理
…hum
MAP P.123-2C

ヘルシーで見た目も美しいベジタリアン料理を楽しめる。シグネチャーメニューは、タピオカで作られるモチモチ食感の麺を用いたクエソン・タピオカヌードル・イン・スパイシーソース（13万ドン）や自家製豆腐（14万ドン）など。化学調味料不使用。

ヴィラを改装した一軒家レストラン

住32 Võ Văn Tần, Q. 3　☎(028)39303819、089-9189229(携帯)
営10:00～22:00　休日曜（祝日は営業）　料税・サ別
カード A M V（20万ドン以上の支払いのみ）　予約不要

本格的な香港式飲茶が楽しめる
オーシャン・パレス
広東料理
Ocean Palace
MAP P.125-2D

香港から仕入れた食材や調味料で、香港人シェフが腕によりをかけて作る料理はどれも本場の味。フカヒレ、アワビなどの高級食材のほか、14:30までは本格飲茶（1品6万ドンくらい～）が味わえ、休日は約600席の店内が満席になることも。

焼売（8万8000ドン）。お茶代は3万ドン／1人前～

住2 Lê Duẩn, Q. 1　☎(028) 39118822　営10:00～14:30、17:00～22:00（日曜9:00～、飲茶～14:30）　休無休
料税・サ別　カード A D J M V　予約不要

数あるインド料理店のなかの人気店
ババズ・キッチン
インド料理
Baba's Kitchen
MAP P.70-2A

在住インド人にも人気のインド料理店。カシミール地方のマトン・ローガン・ジョシュ（17万ドン）やゴアのフィッシュカレー（15万5000ドン）、南インド・ケーララのマラバールカレーやドーサに代表される南インドの朝食＆軽食ティファンなど、インド各地の味を楽しめる。

インド風クレープのドーサ（14万ドン～）

住274 Bùi Viện, Q. 1　☎(028) 38386661
営11:00～22:30　休無休　カード J M V　予約不要

Voice! 「ピザ・フォーピース」（→上記）は昼夜問わず予約なしでは入れないことも多い人気店。お目当ての店舗で食事をするなら予約が確実。

古民家を改装した和みの庭園カフェ

ダバオ・コンセプト
Dabao Concept

カフェ

MAP P.122-2B

静かな路地を進み、フエの王宮を思わせるデコラティブな門をくぐると、緑の木陰とそよ風が気持ちいい庭が広がる。庭の奥の建物は18～19世紀にフエ出身の人々が住んでいたとされる古い邸宅で、柱や床のタイルなどはそのままに建物の特徴や雰囲気を生かしてリノベーション。龍の天井画や柱絵などフエ風の華やかな部屋のほか、木のぬくもりを感じる部屋などエリアごとに空間が異なる。ドリンクやケーキ類もおいしく、ミルキーなホイップクリームが載ったストロベリースムージー（６万7000ドン）がおすすめ。

天気のいい日は庭でカフェタイムを楽しみたい

住18A Tú Xương, Q. 3
☎035-4527147（携帯）　営7:00～22:00
休無休　カード A D J M V　予約 不可

上／フォトジェニックなカフェ
左／左がストロベリースムージー。右はザクロのソーダ（６万2000ドン）

エッグコーヒーが人気の隠れ家カフェ

オッキオ・カフェ
Okkio Caffe

カフェ

MAP P.128-1B

ベンタン市場近く、小さな入口から赤いらせん階段を上がると現れる、隠れ家風の人気カフェ。インダストリアル照明とコロニアル風の床タイルがアンティーク感を醸し出す店内には、通りに面してカウンター席が設けられており、レロイ通りを見下ろせる。腕のいいバリスタが多数おり、ベトナム産をはじめ、エチオピアやコロンビア産の厳選したコーヒー豆を使ったドリンクも魅力。フレンチプレス、エアロプレスのほか、ハンドドリップはケメックス、カリタウェーブ、V60から好みの抽出方法を選べる。

クリーミーでふわふわホイップのエッグコーヒー（７万5000ドン）は驚きのおいしさ

住3F, 120-122 Lê Lợi, Q. 1
☎084-8011118（携帯）
営7:30～22:00　休無休
カード A J M V　予約 不要

店の奥には革張りのソファ席もある。市内に４店舗展開している

静かにゆったり過ごせる

スー・カフェ
Soo Kafe

カフェ

MAP P.124-1B

静かな住宅街にたたずむおしゃれなカフェ。ペンダントランプがやわらかな照明を作り出す店内は、BGMの音量も控えめでパソコンで仕事をする人や本を読みながらゆっくり過ごす人が多い。コーヒーは４万ドン～、マンゴープリン（３万5000ドン）などのデザートも絶品。

緑に囲まれたテラス席もある

住2-3F, 10 Phan Kế Bính, Q. 1　☎089-9312386（携帯）
営8:00～23:00　休無休　カード M V　予約 不要

極上の１杯が楽しめる

サイゴン・コーヒー・ロースタリー
Saigon Coffee Roastery

カフェ

MAP P.122-1B

ベトナムや各国の厳選豆を使ったスペシャルティコーヒー（８万ドン～）が味わえる本格派。豆は店で焙煎しているため、店内はコーヒーのアロマに包まれている。熟練のバリスタがひきたての豆でていねいにいれてくれるコーヒーは格別な味わいだ。コーヒー豆も販売。

住宅街に建つ一軒家カフェ

住232/13 Võ Thị Sáu, Q. 3　☎093-8808385（携帯）
営7:00～22:00　休無休　カード M V　予約 不要

Voice 「ダバオ・コンセプト」（→上記）は、週末は特に混雑し、満席となることも多い。平日の午前中は人が少ないのでおすすめ。支店（MAP P.124-3A）もある。

レストラン Restaurant

チョコブランド「マルウ」のカフェ
メゾン・マルウ・サイゴン カフェ
Maison Marou Saigon MAP P.128-2B

カカオ豆の仕入れからチョコレート作りまで一貫して行うベトナム発のビーン・トゥ・バー・チョコレートブランド「マルウ」のカフェ。「マルウ」のチョコレートを使ったマルウ・モカ（10万ドン）などのドリンクやダークムース（12万ドン）といったスイーツが味わえる。

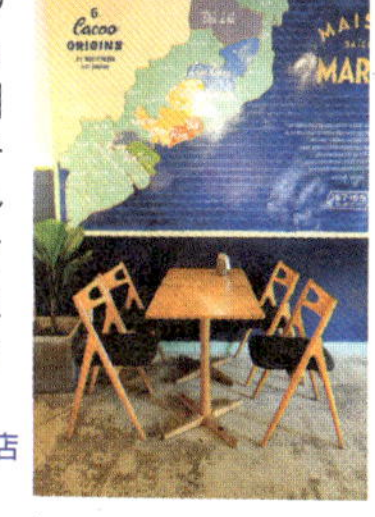

市内に3店舗ありハノイにも支店がある

住167-169 Calmette, Q. 1 ☎(028)73005010 営9:00～22:00（金～日曜～22:30） 休無休 カードAJMV 予約不要

専任の自家焙煎士がいる
レ・モン カフェ
Les Monts MAP P.129-1C

コーヒー豆のバイヤーとして活躍してきたベトナム人オーナーが開いたカフェ。ベトナムだけでなく世界中から約40種類の生豆を輸入し、専任の焙煎士が店内でローストしている。ハンドドリップコーヒー（8万ドン～）は週替わりで約10種類の豆から選べる。

おいしいコーヒーを自家製クロワッサン（4万5000ドン）と一緒に味わいたい

住51 Hàm Nghi, Q. 1 ☎(028)38227713 営8:00～18:00 休無休 カードAJMV 予約不要

フォトジェニックなカフェメニュー
ビンテージ・エンポリウム カフェ
The Vintage Emporium MAP P.124-1B

料理やドリンクに花がデコレーションされた見た目もかわいいメニューが評判。人気のモロッカン・エッグス（17万ドン）などの食事メニューほか、ターメリックのゴールドラテ（6万5000ドン）といったカラフルなドリンク類も試したい。2区にも支店（MAP P.72-2A）がある。

コロニアル風のおしゃれな店内

住95B Nguyễn Văn Thủ, Q. 1 ☎090-4413148（携帯） 営7:00～21:00 休無休 カードADJMV 予約不要

サードウェーブコーヒーが楽しめる
シン・ヘリテージ カフェ
Shin Heritage MAP P.66-2B

コーヒーを愛するベトナム人オーナーが開いたサードウェーブコーヒーの店。豆の好みまたは飲み方に応じて、最も適した方法でバリスタがていねいにいれてくれる。スペシャルティコーヒー（10万ドン～）は7種類あり、北部ソンラーや中南部プレイクなど、すべてベトナム産の厳選コーヒー豆。

ドンコイ通り近くの小さなカフェ

住13 Nguyễn Thiệp, Q. 1 ☎(028)38246168 営7:30～19:00 休無休 カードJMV 予約不要

テラス席から街を見下ろす
コン・カフェ カフェ
Cong Caphe MAP P.126-2B

ハノイ発、ベトナム全土にチェーン展開するレトロカフェ。ホーチミン市内にも数多く展開しているが、同店舗は古いアパートの中にあり、テラス席から街が見下ろせる。ココナッツミルク・ウィズ・コーヒー（5万9000ドン）などのココナッツミルクシャーベットを使ったドリンクが名物。

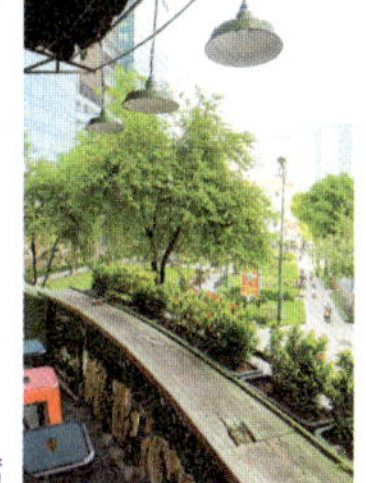

人気のテラス席

住1F, 26 Lý Tự Trọng, Q. 1 ☎091-1811165（携帯） 営7:00～23:00 休無休 カード不可 予約不要

地元人気が高いチェー&おこわ
ソイ・チェー・ブイティスアン 甘味
Xoi Che Bui Thi Xuan MAP P.122-3B

1977年創業の歴史あるチェー（→P.46）屋。学校帰りの学生や家族連れが、ここのチェーを目指してやってくる。あっさりとしていてあとを引くチェー（1万4000ドン～）のウマさに、やみつきになるのも納得。鶏肉のおこわ（Xôi Gà Xé、3万3000ドン）も人気。

奥はチェー・タップ・カム（→P.46、2万ドン）。手前の生春巻（1万ドン／1本）も人気がある

住111 Bùi Thị Xuân, Q. 1 ☎(028)38332748 営6:30～22:30 休無休 カード不可 予約不要

Voice! ホーチミン市では豆からこだわったサードウェーブ系コーヒー店が急増中。豆を店内で販売している店も多いのでコーヒー好きな人へのおみやげにもおすすめ。

レストラン Restaurant

杏仁寒天の専門店

チェー・クック・バック・タン 甘味

Che Khuc Bach Thanh MAP 折裏-1C

杏仁豆腐に使う杏仁霜（ぎょうにんそう）を使ったミルク寒天、チェー・クック・バック（Chè Khúc Bạch）の店。クック・バックはコーヒー、ココナッツなど6種類あり、マルベリーとパッションフルーツは生の果肉から作っている。数種類をミックスしたタップ・カムは2万5000ドン～。

手前左はライチ入り（Tứ Quý Vải、2万5000ドン）。プリン（1万2000ドン）も美味

住68/210 Trần Quang Khải, Q. 1　☎(028) 38482286
営9:00～22:00　休無休　カード不可　予約不要

南国フルーツのデザート&ドリンク

シン・トー142 甘味

Sinh To 142 MAP P.122-1B

生搾りジュースやシン・トー（→P.47）など南国フルーツを使ったデザートが楽しめる。季節にもよるが、写真中央のアボカドのシン・トー（Sinh Tố Bơ、4万5000ドン）や、写真右のイチゴヨーグルト（Dâu Dầm Yaourt、4万5000ドン）がおすすめ。

左はドリアンとアボカド＆アイス（Bơ Sầu Riêng Dầm Kem、6万ドン）

住142 Lý Chính Thắng, Q. 3　☎(028) 38483574
営8:00～23:00　休無休　カード不可　予約不要

その他のレストラン Restaurant

コム・ガー・ハイナム（新加坡式海南雞飯） 大衆食堂

Com Ga Hai Nam MAP P.128-2B

住205-207 Calmette, Q. 1　☎(028) 38217751
営9:30～21:30
休日曜、祝日　カード不可　予約不要

地元でおいしいと評判の食堂。シンガポール風の海南チキンライス（コム・ガー・ハイナム：Cơm Gà Hải Nam）は、チキンスープで炊いたライスにゆでたチキンがどんと載って5万5000ドン。チャーハンなど中国料理全般もイケる。

Column 人気コーヒーチェーン店で、ベトナム・コーヒー飲み比べ

ベトナムはブラジルと輸出世界第1位を競うコーヒー豆生産国。せっかくのベトナム旅行ならさまざまなベトナム・コーヒーを、というコーヒー好きも多いはず。手軽に飲み比べを楽しむには街でよく見かけるチェーン店が手っ取り早い。ベトナム全土に展開する、味の異なる以下の3店でコーヒーを楽しめば、あなたも立派なベトナム・コーヒー通！

ハイランズ・コーヒー　Highlands Coffee

香りにこだわり、独自の方法で焙煎。苦みは残しつつも比較的マイルドで飲みやすいのが特徴。コーヒーは3万5000ドン～。

MAP P.127-2C　住B3, Vincom Center, 70-72 Lê Thánh Tôn, Q. 1　☎(028) 38272981　営7:00～22:00　休無休　カード J M V　予約不要

ホットは若干酸味が強め、アイスは苦み控えめ。ハイランズ・コーヒーはチェーン店のなかでもオシャレ度が高い

チュングエン・レジェンド　Trung Nguyen Legend

ベトナム・コーヒーの老舗ブランド、チュングエンのカフェ。ホットは苦みが強めだが、バターで焙煎しているため甘い香りを感じる。

MAP P.66-1B　住80 Đồng Khởi, Q. 1　☎091-5289932(携帯)
営7:00～22:00　休無休
カード J M V　予約不要

ホット5万5000ドン～。アイスコーヒーは、フィルターでいれたコーヒーを氷の入ったグラスに流し入れる

フックロン　Phuc Long

1957年創業のコーヒーとお茶の老舗メーカー。酸味、苦みが強いツウ好みのストロングな味わいが特徴で3万ドン～。ライチ・ティー（5万ドン～）などのお茶もおいしい。

MAP P.67-2D　住29 Ngô Đức Kế, Q. 1　☎(028) 38248333
営7:00～22:30　休無休
カード J M V　予約不要

テイクアウトも可能。コーヒーやお茶も販売している

ナイトライフ Night Life

本格的なカクテルを楽しむならココ

レイラ Layla

バー

MAP P.66-1B

ドンユー通りとドンコイ通りの角に建つコロニアル建築内にあるカクテルバー。オーストラリア出身のミクソロジスト、ジェイさんがオープンさせた店で、ベトナム産ハーブや南国のフルーツを使ったミクソロジーカクテルを味わえる。人気はキウイ・バジル・デライト（17万ドン）やココナッツシェルをグラス代わりにしたキック・バック・コラーダ（16万ドン）など。ジンまたはウオッカベースの自分好みのカクテルを、炭酸水、フルーツ、ハーブなどから選んで作ることもできる。店の入口はドンユー通りに面している。

左はスモーキー・レッドフック16万ドン

住2F, 63 Đông Du, Q. 1
☎(028) 38272279
営16:00～翌1:00（金・土曜～翌2:00）
休無休　料税・サ別
カードADJMV　予約不要

スタイリッシュな内装。ドンコイ通りを眺められる席もある

ベトナム発のクラフトビールブランドが運営

パスター・ストリート・ブルーイング・カンパニー Pasteur Street Brewing Company

バー

MAP P.126-3B

アメリカの醸造技術とベトナムの食材を組み合わせたオリジナリティあふれる生のクラフトビールを楽しめる。コショウやコーヒーなどを使ったビールはどれもさわやかな口当たりで飲みやすく、175mL3万9000ドン～。12種類のほか、季節によって数種類の味わいが登場する。パスター通りの路地にあるこの店は、パスター・ストリート・ブルーイング・カンパニーのタップルーム1号店で、こぢんまりした隠れ家的な雰囲気で人気がある。レタントン通りをはじめ2区や3区にも支店があり、いずれも広々とした店内。

グラスの大きさは175mL、330mL、620mLの3種類

住2F, 144/3 Pasteur, Q. 1
☎(028) 73007375　営16:00～23:00
休無休　カードJMV　予約望ましい
［支店］MAP P.68-1A　住26A Lê Thánh Tôn, Q. 1

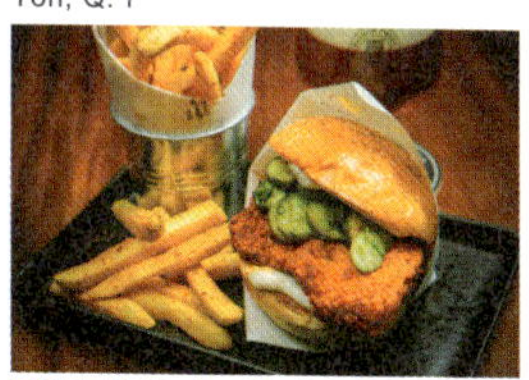
料理もおいしく、ビールに合うフードメニューが並ぶ。フライドポテト7万5000ドン、ハンバーガー16万5000ドン～

街を一望するルーフトップバー

チル Chill

レストラン・バー

MAP P.123-3C

有名人も訪れる屋上バー。夜空に浮かび上がるバーカウンターと、遮る物のないホーチミン市の夜景には思わず息を飲んでしまう。毎晩DJプレイがある。カクテル32万ドン～。

2022年10月現在、改装工事中で、同年12月に再オープン予定。営業時間やドリンクの値段などは変更の可能性大

住26&27F, AB Tower, 76A Lê Lai, Q. 1　☎093-8822838（携帯）、(028) 73004554　営17:30～翌2:00（食事～22:30）　休無休　カードADJMV　予約レストランは要予約　ドレスコード 男性の短パン、タンクトップ、スポーツウエア、サンダルは不可

リバービューが楽しめるホテルバー

エム・バー M Bar

バー

MAP P.67-2D

「ホテル・マジェスティック・サイゴン」（→P.116）の屋上にあり、サイゴン川を眼下に見下ろす絶好のロケーション。17種類あるオリジナルカクテルは25万ドン～で、ビールは16万ドン、スナック類もある。毎晩20:30～23:15は音楽のライブ演奏が行われる。

オープンエアで開放的な空間

住8F, Hotel Majestic Saigon, 1 Đồng Khởi, Q. 1　☎(028) 38295517　営15:00～24:00（最終入店23:30）　料税・サ別　休無休　カードAJMV　予約川沿いの席は望ましい

美しい夜景とおいしいカクテル
ソーシャル・クラブ・ルーフトップ　バー
Social Club Rooftop　MAP P.124-3A

5つ星ホテルのルーフトップバーで、24階からの夜景がすばらしい。リゾート感あるチェアやプールのある空間はカジュアルながら洗練された大人の雰囲気。おすすめはシグネチャーカクテル（27万ドン～）のハバナ・オー・ナナやトーキョー・ヨーなど。

15:00～19:00は一部ドリンクが50%オフ

住24F, Hotel Des Arts Saigon-MGallery Collection, 76-78 Nguyễn Thị Minh Khai, Q. 3　☎(028)39898888
営15:00～深夜　休無休　料税・サ別　カード A D J M V
予約望ましい

地元でも人気の5つ星ホテルのバー
2ラムソン　バー
2 Lam Son　MAP P.68-2A

地元でも人気が高い5つ星ホテル内のバー。シグネチャーカクテルは、自家製タマリンドシロップとシングルモルトウイスキーを組み合わせた、スモーキー・アンクル・タム（37万ドン）など。水・金・土曜の夜はDJプレイがあり、深夜まで盛り上がる。

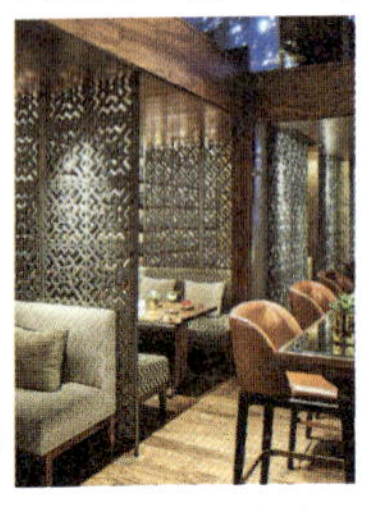
毎日17:00～20:00はハッピーアワーで会計からドリンクが50%オフ

住GF, Park Hyatt Saigon Hotel, 2 Lam Sơn Square, Q. 1
☎(028)38241234　営17:00～深夜　休無休　料税・サ別
カード A D J M V　予約不要

若者に人気のクラブ
ラッシュ　クラブ
Lush　MAP P.125-3D

クラブスペースでは、ヒップホップ、レゲエなどさまざまなジャンルの音楽が日替わりで流れる。火曜はレディスナイトで、女性客は一部のドリンクが無料。水曜はドリンク2杯注文で3杯目が無料。毎晩23:00頃が最高潮。ビール14万5000ドン～。

SNSでイベントをチェックしてから訪れよう

住2 Lý Tự Trọng, Q. 1　☎091-8630742（携帯）
URL www.facebook.com/LushSaigon　営21:00～翌4:00
休月曜　カード A J M V　予約不要

自家製チェコ・ビールで乾杯
ホアヴィエン　ビアホール
Hoa Vien　MAP P.124-2B

黒生ビールを含む2種類のビール（4万4000ドン～／0.3L）とともに、チェコ風チーズフライ（19万2000ドン）や特製ポークグリル（26万4000ドン）を。店は路地の奥まった所にあるが、路地の入口から店までは電気カーで無料送迎してくれる。

ジョッキがしっかり冷えているのもうれしい

住18 Bis/28 Nguyễn Thị Minh Khai, Q. 1　☎(028)38290585
営10:00～深夜（料理L.O. 22:00）
休無休　カード A D J M V　予約不要

サイゴン川をディナークルーズ

4区のサイゴン港（MAP P.123-3D）から、毎晩サイゴン川ディナークルーズ船が出ている。

●おもなクルーズ船　MAP P.123-3D

ベンゲー号　Ben Nghe

魚の形のクルーズ船。乗船17:30～、出航20:00頃、帰港21:00頃。音楽の生演奏や曲芸などが行われる。乗船料3万5000ドン、料理は別途注文。食事をせず、乗船のみの場合は10万ドン。予約不要。
☎077-8888865（携帯）　URL taubennghe.vn

インドシナ号　Indochina Junk Dinner Cruise

ジャンク船を模したクルーズ船で伝統音楽や民族ダンスショーが楽しめる。乗船は18:00～、出航19:30、帰港21:00。乗船料込みでセットメニュー35万ドン～。旅行会社を通して予約をするのが便利。
☎088-8024240（携帯、ホットライン）、(028)38957438　URL www.indochinajunk.com.vn

ジャンク船を模したインドシナ号。夜風を感じられるデッキもある

●屋形船

日本料理店のKカフェが主催する純和風の屋形船。料理は、刺身や天ぷらを中心にした日本料理コース（120万ドン）、BBQコース（100万ドン）、ベトナム料理コース（85万ドン）の3種類から選べる。出航時間はリクエストでき、クルーズ時間は約2時間。最少催行人数は6人。

Kカフェ　K Cafe

MAP P.68-2B　住74A4 Hai Bà Trưng, Q. 1
☎(028)38245355、090-3912522（携帯、日本語可能）
E-mail k.cafe.hcm@gmail.com
営10:30～14:00、17:00～21:00　休無休
カード A J M V　予約前日までに要予約

ショップ  Shop

ユニークな雑貨がめじろ押し
サイゴン・キッチュ
Saigon Kitsch

ベトナム雑貨
MAP P.127-3C

フランスとベトナム両方にルーツをもつデザイナーのオードリーさんによる雑貨店。原色のポップカラーに彩られた店内は、オードリーさんのセンスが光るベトナムらしさ満点のグッズがめじろ押し。店は3フロアからなり、1階はプロパガンダアートをモチーフにしたショットグラス（4個セットで22万ドン）や飼料袋のリサイクルグッズなど、こまごまとした雑貨が、2階はベトナムコーヒーやバイン・ミーが描かれたランチョンマット（33万ドン）や漆のカトラリーが、3階にはオリジナルのバッチャン焼が並ぶ。

300点以上の商品が並ぶ店内

住43 Tôn Thất Thiệp, Q. 1
☎(028) 38218019
営8:00～22:00　休無休
カード D J M V

左のマグカップ各15万ドン。奥のベトナムフルーツがモチーフのグッズは新作。右がエコバッグ19万ドン

ハンドメイドのベトナム雑貨＆希少なオールド・ソンベー焼
キ　ト
Kito

ベトナム雑貨＆陶器
MAP P.127-3C

刺繍小物や昔ながらの製法で作られる手描きのバッチャン焼など、ベトナムの伝統的な手工芸品をオーナー夫婦のセンスで磨き上げたオリジナル雑貨が魅力。オーナーのミオさん考案のアオザイとワンピースを組み合わせた「アオザイワンピ」（190万ドン～）も人気で、オーダーメイドも可能だ。アンティーク＆ビンテージのソンベー焼、ライティウ焼といった南部陶器のコレクションが圧巻の2階も必見。オーナーのキトさんは市内における古い南部陶器愛好グループのリーダー的存在で、知識もコレクションの数もピカイチ。

古いもので約100年前の南部陶器もある

住13 Tôn Thất Thiệp, Q. 1
☎(028) 38296855　営10:00～21:00
休無休（不定休あり）　カード A D J M V

上／ビーズ刺繍がかわいい新作バッグ　右／ビンテージ布のアオザイワンピ240万ドン。オーダーメイドは260万ドン～

洗練されたバッグが話題
ハ　ナ
Hana

カゴバッグ
MAP P.72-2A

もともとは問屋だったが、他店にはないシックな色合いにファーやビジューなどを施したオリジナルのプラカゴが口コミで評判を呼び、専門店をオープン。店内には100種類以上のバッグがところ狭しと並ぶ。プラカゴは7万～50万ドンで、ウオーターヒヤシンスやイグサなど自然素材を使ったバッグ（15万～50万ドン）も人気。ほとんどが内布付きで便利。

左／持ち手の布が華やかなプラカゴ50万ドン　右／バラ模様がすてきなイグサのバッグ45万ドン

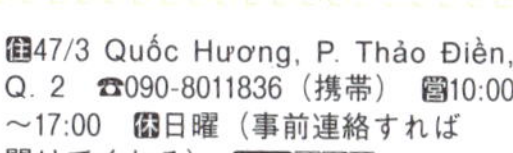
住47/3 Quốc Hương, P. Thảo Điền, Q. 2　☎090-8011836（携帯）　営10:00～17:00　休日曜（事前連絡すれば開けてくれる）　カード J M V

1階だけでなく、2階、3階にも商品があり、じっくり見てお気に入りを探したい

Voice!「キト」（→上記）のソンベー焼はビンテージでも18万ドン～。ソンベー、ライティウに加えて古いビエンホア焼もあり、珍しい品も多い。訪れるだけでも価値大。

モダンなエッセンスを加えたニュー・ソンベー焼

トゥーフー・セラミックス

陶器

Tu Hu Ceramics

MAP P.72-2B

素朴であたたかみのあるたたずまいに惹かれ、その魅力を発信したいとベトナム人女性が立ち上げたソンベー焼のブランド。ソンベー焼に使われる伝統的な青色に着目し、ドット柄やストライプなど伝統的なソンベー焼にはないデザインをあしらった「The Color is Blue」コレクションがヒットし、一躍有名に。価格はソース皿で3万2000ドン～、湯呑み10万9000ドンなど。ツボクサをモチーフにした「Summer Centella」、デイジーの花をモチーフにした新作コレクションも登場。

茶碗、ソース皿、マグカップなど種類豊富

住Hẻm 11, 4 Nguyễn Ư Dĩ, P. Thảo Điền, Q. 2
☎034-9096060（携帯）
営9:00～18:00　休無休
カードADJMV

上のブルーコレクションのケーキ皿は各6万9000ドン。右のピオニーの花が描かれたケーキ皿は9万9000ドン。しっかり梱包してくれるので安心

「ザッカ」から改名した日本人経営の老舗有名店

フレーム・ツリー・バイ・ザッカ

オーダーメイドウエア

Flame Tree by Zakka

MAP P.72-2B

市内でオーダーメイド服を作るなら必ず名前が挙がる超有名店。しっかりとした縫製と、日本人のパタンナーが起こすデザインには定評があり、「長く使える布小物や他店では作れない洋服も仕立ててくれる」と、在住外国人やベトナム人のリピーターも多い。布の種類は300～400種類あり、オリジナルのシルクのろうけつ染めをはじめ、近年は世界各地から珍しい布をセレクト。オーダーメイドは布やデザインで料金が変わるが布代込みでアオザイ110US$～、ワンピース88US$～。

オーダーメイドの所要日数は3日～が目安。店は2区の「サイゴン・コンセプト」の一画にある

住14 Trần Ngọc Diện, P. Thảo Điền, Q. 2
☎070-3134714（携帯）
営10:00～19:00（オーダー～18:00）
休12/24、12/25　カードJMV

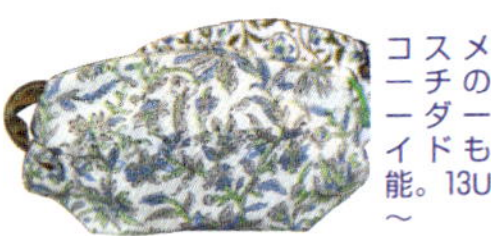

ポーチのオーダーメイドも可能。コスメ13US$～

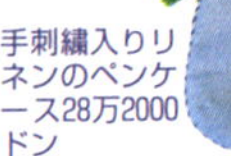

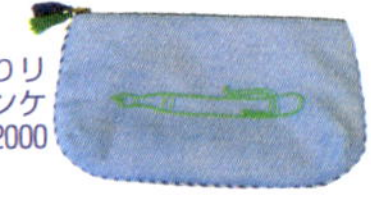

手刺繍入りリネンのペンケース28万2000ドン

ベトナムの伝統製品をモダンにアレンジ

サイゴン・ブティック・ハンディクラフツ

ベトナム雑貨

Saigon Boutique Handicrafts

MAP P.126-3B

昔からベトナムで日常的に使われてきたカゴバッグや漆製品、バッチャン焼などにパステルカラーやモダンなデザインを施すなど、「伝統×モダン」をコンセプトにしたオリジナル商品が魅力。特に色使いが秀逸で、キュートな商品にあれもこれもと目移りしてしまいそう。

花柄の華やかな陶器も人気。茶碗は9万9000ドン～

住58 Lê Lợi, Q. 1　☎(028)39152228、098-4176499（携帯）
営9:00～22:00　休無休　カードAJMV

ベトナムブランドのセレクトショップ

クラフト・ハウス

ベトナム雑貨

The Craft House

MAP P.67-1C

ハンドクラフトやサステナブルな商品に着目し、ベトナム人オーナーが厳選したベトナム発のブランドを集めたセレクトショップ。タイルのコースターやチェス、Tシャツからバッグなど幅広い品揃え。毎月新商品が登場する。市内に4店舗ある。

ノート、バッグ、コースター、カップなどがセットになったサイゴン・トラベル・スーベニア・キット78万ドン

住32 Đồng Khởi, Q. 1　☎090-9991042（携帯）
営9:00～22:00　休無休　カードADJMV

ショップ Shop

古民家を再利用したセレクトショップ

ズズ・コンセプト・ストア ベトナム雑貨

Zuzu Concept Store MAP P.72-2B

古民家の趣ある店内には、ハンドクラフトやオーガニック商品を中心に、日本人オーナーがセレクトしたいち押し商品が並ぶ。カシューナッツのカカオバター（→P.53）やココナッツの花蜜から作る酢など、他店では手に入りづらいフェアトレード商品にも注目。

文字盤にベトナムの廃材を再利用したクールな腕時計（各540万ドン）

住48A Trần Ngọc Diện, P. Thảo Điền, Q. 2　☎077-9148390（携帯）　営10:00～17:00　休火・水曜　カードMV

遊び心たっぷりのカード類がGood

ワ　オ ベトナム雑貨

OHQUAO MAP P.72-2A

店名のワオは「Wow」をベトナム語発音で表したもので、思わず「ワオ！」と言いたくなるユニークな商品を集めている。特にベトナムコーヒーやマッチなどをカラフルにデザインしたポストカード（各5万ドン）やグリーティングカードは要チェック。

グリーティングカードは6万ドン～

住19 Đường Số 38, P. Thảo Điền, Q. 2　☎079-9830021（携帯）　営10:00～20:00　休無休　カードMV
［支店］MAP P.124-3A　住58/12 Phạm Ngọc Thạch, Q. 3

使い勝手のいい刺繍アイテム

ニンクーン 刺繍

Ninh Khuong MAP P.67-2C

ベトナムの農村の様子や素朴な動物など眺めているだけでほっこりする、あたたかみのある刺繍がかわいい。内布を防水加工にした歯磨きセット入れや、旅行にちょうどいいアクセサリーポーチ（各22万9000ドン）など使い勝手のいいアイテムが多い。

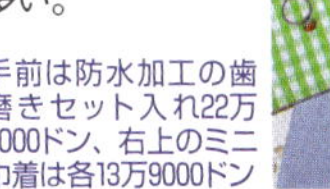

手前は防水加工の歯磨きセット入れ22万9000ドン、右上のミニ巾着は各13万9000ドン

住71B Đồng Khởi, Q. 1　☎(028)38279079
営9:00～21:00　休無休　カードAJMV

美しい手刺繍のアイテム

ティミ 刺繍

Timi MAP 折裏-3A

15年以上のお針子経験をもつベトナム人女性が開いた店。ていねいに手刺繍が施されたアイテムは、色合い、デザインともに上品で美しい物ばかり。おみやげに人気なのはアルファベットの刺繍がかわいくデザインされたポーチ（14万ドン～）など。

アルファベット刺繍のハンカチ各13万ドン、巾着14万ドン～、ミツバチ刺繍のポーチ27万ドン

住121A/15B Hậu Giang, Q. 6　☎090-8940381（携帯）
営10:00～18:30　休無休　カードADJMV

ベトナム・モチーフのキルト商品

メコン・キルツ 手工芸品

Mekong Quilts MAP P.126-3B

ベトナム、カンボジアの農村部の女性を支援するNGOが運営する雑貨店。ベトナムのすげ笠、ノンラーや農村の風景をモチーフにしたキルト商品がメインで、ベッドカバーや枕カバーのほか、コースターやメガネケースなど小物類もある。刺繍入り藍染のポーチ8US$も人気。

ポップなカラーのキルト商品がたくさん

住85 Pasteur, Q. 1　☎(028)22103110
営10:00～18:00　休祝日　カードAJMV

ベトナムの少数民族アイテムが豊富

ミステル 手工芸品

Mystere MAP P.66-2B

少数民族の織物や布小物が充実。各民族の刺繍をアレンジした小物類はしっかりした作りで色使い、デザインともに洗練されている。人気の商品はクッションカバー（15万ドン～）、シルバーアクセサリーなど。珍しい北部ロロ族の刺繍アイテムは要チェックだ。

サイケな色合いがかわいい花モン族のポーチ26万ドン。ペンケースにちょうどいいサイズ

住141 Đồng Khởi, Q. 1　☎(028)38239615
営8:30～21:30　休無休　カードJMV

Voice!「ズズ・コンセプト・ストア」（→上記）はカフェを併設しており、ダラットの茶葉やコーヒーなど、オーガニック食材を使ったドリンクやケーキを提供。

ショップ Shop

自然素材のリビング雑貨
メイハウス
Mayhouse
リビング雑貨 MAP 折裏-1C

「環境に優しく長く使えるものを」とラタンや竹、シーグラスなどベトナムの自然素材を使ったインテリア・キッチン用品などのリビング雑貨を扱う。特に高品質なハンドクラフトで知られるフエ産のラタン製品はおすすめ。内布付きラタンのスクエアバスケット22万5000ドンなど。

貝アートが施されたトレイ各26万ドン

住8B Trần Nhật Duật, Q. 1 ☎098-5830132（携帯）
営8:00～20:00 休日曜 カード JMV

ビンテージのソンベー焼
ソンベー
Song Be
陶器 MAP P.72-2B

ソンベー焼に魅了されたベトナム人女性オーナーがオープンさせたビンテージ・ソンベーのショップ。店内にはオーナーが買い集めたさまざまなデザイン・年代のソンベー焼がディスプレイされ、なかには珍しい白×黒パターンの物も。価格は5万～30万ドンくらいで、一点物も多い。

手前中央の鮮やかな水色の皿は30万ドン

住14 Trần Ngọc Diện, P. Thảo Điền, Q. 2 ☎034-7740942（携帯） 営9:00～18:00 休無休 カード ADJMV

独特のフォルムと淡いカラーで人気
アマイ
Amaï
陶器 MAP P.72-2B

パステルカラーとやわらかな凸凹のフォルムがかわいいベトナム発の陶器ブランド「アマイ」のショップ。薄くて軽いのも特徴で、電子レンジでも使えるなど実用性も高い。マグカップSサイズ16万ドン～など。Sサイズの小さなスプーン（5万ドン）はバラマキみやげにもいい。

ティーセットSサイズ（120万ドン）は人気商品のひとつ

住83 Xuân Thủy, P. Thảo Điền, Q. 2 ☎(028) 36364169
営9:00～20:00 休無休 カード AJMV

日本人経営のプラカゴ専門店
ハッパーズ
Happers
カゴバッグ MAP P.127-1D

プラスチックのPPバンドを編み込んだプラカゴの専門店。洗練されたデザインでクオリティも高く、品揃え豊富と評判だ。小4万8000ドン～、中14万ドン～、大32万ドン～。上階はテーラーで、ウエアとお揃いの内布のカゴバッグをオーダー可能（所要1～2日）。

マクラメ編みがすてきなピンクのプラカゴは75万ドン

住15A/39-40 Lê Thánh Tôn, Q. 1 ☎(028) 36020264
営9:00～19:00 休無休 カード JMV

流行をおさえたベトナム発のブランド
リベ
LIBÉ
ウエア MAP P.126-2B

若い女性から絶大な人気を誇る、ベトナム発のファッションブランド。流行をおさえたデザインが豊富で、フェミニン&カジュアルなラインアップだ。1着25万ドンくらいからとリーズナブルながら、安っぽく見えず上品な着こなしができるのもポイント。定期的に新商品が入荷する。

古いアパート内のこの店のほか、市内に3店舗ある

住1F, 26 Lý Tự Trọng, Q. 1 ☎(028) 38231989
営9:30～21:30 休無休 カード JMV

バティックを使ったオリジナルウエア
メゾン・ド・ブンガ
Maison De Bunga
ウエア MAP P.126-3B

バティックをアレンジしたオリジナルデザインのブティック。カラフルな色使いでもほどよく品があり、シティウエアとして活躍しそうなアイテムが揃う。縫製がしっかりしており、服のラインがきれい。サイズはXS～XXL。バッグや帽子もかわいい。

ボタニカル×水玉のブラウス（85万ドン）など複数の布を組み合わせたウエアがメイン。ウエアは80万ドンくらいから

住81 Pasteur, Q. 1 ☎(028) 38230087
営10:30～17:30 休月曜 カード JMV

ショップ Shop

高品質のオリジナルデザインTシャツ
ギンコー・Tシャツ Tシャツ
Ginkgo T-Shirts MAP P.126-3B

からみ合った電線やランタンなど、ベトナムをモチーフにしたユニークなデザインTシャツの店。デザイン性の高さだけでなく、オーガニックコットン100%の物もあり品質にもこだわる。防水や折りたたみなど機能性抜群のバッグ、ベトナムモチーフの雑貨にも注目。

Tシャツは60万ドンくらいから。デザインも豊富

住10 Lê Lợi, Q. 1　☎(028) 38386161
営9:00～21:00　休無休　カードAJMV

ベトナム人女性デザイナーの刺繍ウエア
ナウ・コーナー ウエア
Nau Corner MAP 折裏-1D

小鳥やハスの花など、ベトナムとかかわりのある自然の物をモチーフにした刺繍が特徴的。肌に優しい木の繊維を加工した生地を使うなど随所にこだわりが見られる。花柄や少数民族の布などを使ったオリジナルのアオザイ(69万ドン～)も要チェック。

鳥と植物の刺繍が大胆に施されたデニムシャツ219万ドン

住2F, 9A Nguyễn Hữu Cảnh, Q. Bình Thạnh　☎090-5055313(携帯)　営10:00～17:00　休無休　カードADJMV

スターリングシルバーの手作りアクセ
シマー アクセサリー
Shimmer MAP P.123-3C

銀純度92.5%のベトナム産スターリングシルバーだけを使った、ベトナム人オーナーによる手作りアクセサリーの店。女性に似合う上品でかわいらしいデザインが揃い、指輪は15万ドン～。月餅などベトナムらしいモチーフのデザインも多く、贈り物にもおすすめ。

新作の天然石シルバーリング各68万ドン

住128 Lê Lai, Q. 1　☎090-8985335(携帯)
営9:30～21:30　休無休　カードADJMV

スワロフスキーの手作りアクセ
レ・ハン アクセサリー
Le Hang MAP P.126-3B

アクセサリーデザイナーのレ・ハンさんが営む店。スワロフスキーの正規代理店で、指輪やブレスレットなどスワロフスキーを使った手作りのアクセサリーを販売。指輪12万ドン～、ピアス13万ドン～、ネックレス49万ドン～。オーダーメイドも可能（シンプルな指輪なら30分～）。

パーティにも使えるエレガントなデザインが多い

住101 Lê Thánh Tôn, Q. 1　☎(028) 38273596
営9:00～20:00　休無休　カードADJMV

日本の写真スタジオが経営
創寫舘 写真スタジオ
Soshakan MAP 折裏-3D参照

アオザイやドレス、着物を着て記念撮影ができる。2着アオザイを着て、13cm×18cmの写真6枚（データ付き）で150万ドン。通常は翌日仕上げで、料金にはメイク・衣装・プリント代が含まれる。カップル写真、家族写真、子供だけの写真撮影も可能。

日本でカメラの勉強をしたプロが撮影

住F1 Đường 3A, P.Tân Hưng, Q. 7　☎(028) 39250355(日本語可能)、090-8387622(携帯、日本語可能)
営8:30～16:30　休水曜　カードADJMV　予約要予約

花やフルーツ入りチョコレート
レジェンダリー・ショコラティエ チョコレート
Legendary Chocolatier MAP P.128-1A

ベトナム南部ベンチェー産の高品質カカオを使ったチョコレート専門店。マンゴーやパッションフルーツといったベトナム産のフルーツや食用花、ナッツなどが入ったチョコレートバーが評判。見た目にも美しく、おみやげにもおすすめ。

花やナッツ入りのチョコレートはホワイト、ダーク、抹茶の3種類あり各3万ドン

住46 Trương Định, Q. 1　☎090-1353514(携帯)
営8:00～21:00　休無休　カードJMV

ダラット発の食品ブランド
ランファーム 食料品
L'angfarm MAP 折裏-3C

ダラットはおいしい高原野菜やコーヒー豆などの栽培で知られるが、「ランファーム」はそうしたダラット産の高品質食材を使った食品ブランド。フルーツゼリーやお茶（→P.53）、ドライフルーツ、カシューナッツなどが売れ筋。市内に多数店舗あり。

ベストセラーのひとつ、アーティチョーク茶のティーバッグ（10万9000ドン）

住126-128 Nguyễn Văn Cừ, Q. 1　☎1900-9065（ホットライン）　営7:30～22:00　休無休　カード A D J M V

高品質なフードみやげが充実
アンナム・グルメ・マーケット スーパーマーケット
Annam Gourmet Market MAP P.126-3B

「サイゴン・センター」地下2階にある、食品を中心に国内外から集められた1500種類もの厳選商品を販売する大型スーパーマーケット。オーガニック商品や品質にこだわった食材を多く取り扱っており、フードみやげを買うなら訪れたい。デリカテッセンやカフェも併設。

フリーズドライのパッションフルーツ（左）と果物の砂糖漬け（右）

住B2, Saigon Centre, 65 Lê Lợi, Q. 1　☎(028) 39140515　営9:30～21:30（金～日曜～22:00）　休無休　カード A J M V
[支店] MAP P.69-2C　住16-18 Hai Bà Trưng, Q. 1

安くて何でもあるスーパー
コープマート スーパーマーケット
Co.opmart MAP P.123-2C

生協コープのような組合形式のスーパーマーケットで、値段が安く、品揃えも豊富。地元の人々が日常使いする店だけあって、食料品は特に品揃えがよく、生鮮食品エリアはもちろん、ライスペーパーや乾麺、バラマキみやげにもいい各地名産のお菓子など、おみやげ買いに重宝する。

広々とした店内は生活感いっぱい

住168 Nguyễn Đình Chiểu, Q. 3　☎(028) 39301384　営7:30～22:00　休無休　カード J M V

ローカルファッションの店が多い
サイゴン・スクエア ショッピングセンター
Saigon Square MAP P.128-1B

「ホーチミン髙島屋」（→下記）の向かいにある、地元の若者に人気のショッピングセンター。Tシャツやジャケット、ワンピースといった衣類、バッグ、サングラスやアクセサリーなど、ファッション関連の小さな店がひしめき合い、まるで市場のような雰囲気。

ローカル感たっぷりのショッピングセンター。夕方以降、週末は特に混み合う

住77-89 Nam Kỳ Khởi Nghĩa, Q. 1　☎(028) 38233915　営9:00～21:00　休無休　カード 店により異なる

地下2階のデパ地下は要チェック
ホーチミン髙島屋 ショッピングセンター
Ho Chi Minh Takashimaya MAP P.126-3B

専門店が集まるショッピングセンター「サイゴン・センター」内にある。地下2階から地上3階までの5フロアで約210の国内外ブランドを販売。地下2階の食料品売り場は日本のデパ地下のようなフロア展開で、地元の人気店から日系のスイーツまで注目店がめじろ押しだ。

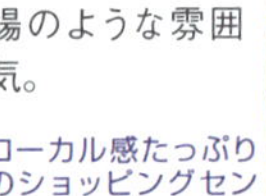
地下2階のデパ地下エリアにはカジュアルな寿司店もある

住92-94 Nam Kỳ Khởi Nghĩa, Q. 1　☎1800-577766（ホットライン）　営9:30～21:30（金～日曜～22:00、5Fレストラン街は10:30～22:30）　休無休　カード A D J M V

国内外の最旬ブランドが揃う
ヴィンコム・センター ショッピングセンター
Vincom Center MAP P.127-2C

「H&M」や「ザラ」などのカジュアル店から高級ブランド店までバラエティ豊かに入店。地下3階には大型スーパーマーケットの「ウィンマート」（→下記）もある。地下3階はレストラン街で、地元で有名なカフェチェーンやレストランが多数入店。

B3（地下3階）からL3Fまでの7フロアにおよそ200店舗が入店している

住70-72 Lê Thánh Tôn, Q. 1　☎(028) 39369999　営10:00～22:00（土・日曜9:30～）　休無休　カード 店によって異なる

Voice 1区のスーパーマーケットなら「ヴィンコム・センター」（→上記）地下3階の「ウィンマートWinMart」（MAP P.127-2C）がおすすめ。売り場が広く、食料品は特に充実の品揃え。

スパ・マッサージ Spa & Massage

自然に囲まれたヒーリングスパ

ノワール・スパ

Noir. Spa

スパ

MAP P.123-1C

オリエンタルとフレンチシックを融合させたインテリアで彩られた館内は、日常を離れて心身ともにリラックスできる空間だ。マッサージを行うスタッフはすべて視覚障がいのある人で、視覚に頼らず手の感覚に集中して施されるマッサージは、的確にツボを刺激してくれ、ハイレベル。ここでは、ぜひマッサージとともに赤ザオ族伝統のハーブ風呂も試したい。サパ・タフィン村の赤ザオ族から直接買い付けている120種類以上のハーブや樹木のミックスを煮出した伝統風呂は、血行を促進しデトックス効果も望める。

赤ザオ族伝統風呂スペースはサパ風のインテリア

住178B Hai Bà Trưng, Q. 1
☎093-3022626（携帯） 営10:00～20:00
休無休 料赤ザオ族のハーブ風呂15万ドン（15～25分）、ベトナミーズアロママッサージ40万ドン（60分）など
カードADJMV 予約要予約

5人のマッサージ師が常駐。マッサージに使うココナッツオイルは3種類の香りから選べる

自然に囲まれたヒーリングスパ

スパ・バー

The Spa Bar

スパ

MAP P.72-2B

2区タオディエンの路地を進んだ先にある癒やしのスパ。周辺は自然に囲まれ、都会とは思えない静けさに包まれている。コクーンをイメージした3室のみのスパルームは、美しいハス池を臨む造りで、少人数でゆったりとしたスペースを楽しめる。トリートメントに使用するのは、ベトナムの天然素材を使った自社製品。フェイシャルやボディマッサージもおすすめだが、せっかくならヘア、フェイシャル、ボディ、足と全身をケアできる180分のスパパッケージ（155万5000ドン）で贅沢な時間を過ごしたい。

トリートメントルームからは緑が見える

住28 Thảo Điền, P. Thảo Điền, Q. 2
☎(028)36204535 営8:30～20:00
休無休 料フェイシャル52万5000ドン～（60分）、シグネチャー・クリーム・マッサージ69万5000ドン（60分）など
カードADJMV 予約前日までに要予約

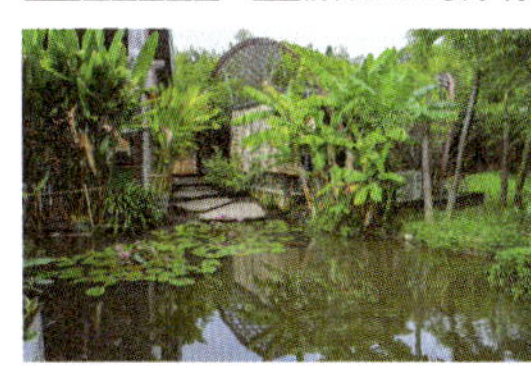

施術後は池に面したデッキでティータイムを楽しめる

フランスの伝統的なハーブ療法を用いたケア

ラ・メゾン・ド・ラポティケア

La Maison de L'Apothiquaire

スパ

MAP P.122-1B

築約100年になる庭付きの洋館を改装したフレンチスパ。ラポティケアとは、17世紀にフランスに存在した「薬剤師」に由来し、ここでは植物のもつ自然のヒーリングの力に着目した、フランスの伝統的なハーブ療法を用いた施術が受けられる。トリートメントに使用するオイルはフランス政府認定のオーガニック製品。シグネチャーボディートリートメントのルネッサンス95（150万ドン／95分）。筋肉の緊張をやわらげて血の巡りをよくし、疲れた体をリフレッシュしてくれる。

トリートメント前にカウンセリングをしてくれる

住64A Trương Định, Q. 3
☎(028)39325181 営9:00～21:00（L.O. 19:30、パッケージは16:30）
休無休 料フェイシャル130万ドン～（60分）、くつろぎの半日コース340万ドン（4時間）など。税別 カードJMV
予約前日までの予約が望ましい

館内はクラシカルなインテリア。ジャクージ付きのVIPルームもある

Voice 「ラ・メゾン・ド・ラポティケア」（→上記）の建物は統一会堂（→P.74）の建築デザインを担当したゴー・ヴィエット・トゥ氏によって建てられた。同スパはドンコイ通りにも支店（MAP P.67-2D）がある

スパ・マッサージ　Spa & Massage

完全個室のラグジュアリーなホテルスパ

スパ・インターコンチネンタル　スパ

Spa InterContinental　MAP P.126-1B

「インターコンチネンタル・サイゴン」（→P.116）内にあるラグジュアリーなスパ。完全個室のプライベート空間で、ベトナム独自のメニューを体験できる。レモングラスやシナモン、スイートバジルといったベトナム産のハーブを包んで蒸し上げたハーブボールを使ったマッサージでリラックスしたあと、ふたりのテラピストによるオイルマッサージを行うトランクウィル・メディテーション・フォーハンズ・マッサージ175万ドン（45分）が人気。気軽に利用できる30分間のフットマッサージ（50万ドン）もある。

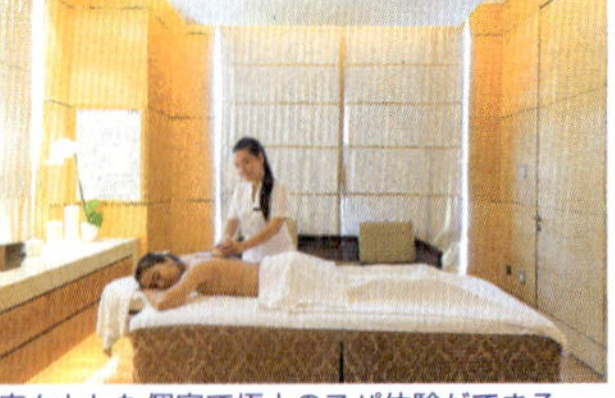
広々とした個室で極上のスパ体験ができる

住3F, InterContinental Saigon, Corner Hai Bà Trưng & Lê Duẩn, Q. 1
☎(028)35209999　営10:00～20:00（L.O. 19:00）　休無休　料ホットストーン・テラピー 180万ドン（80分）、フェイシャル135万ドン～（60分）など。税・サ別
カードADJMV　予約望ましい

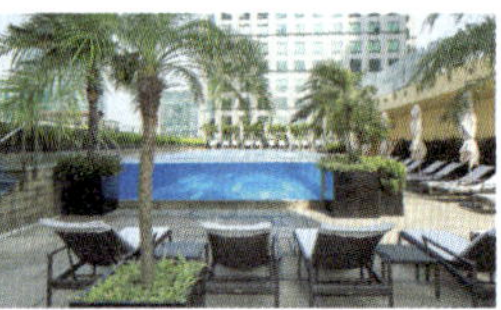
パッケージメニューを利用すれば、ホテルのプールが利用できる

メニューが豊富で人気

セン・スパ　スパ

Sen Spa　MAP P.125-3D

充実したメニューのなかでも特に人気なのは、3人のテラピストによるシックスハンド・マッサージ（176万ドン／75分）。サンダルでの街歩きは足が汚れがちだが、ここでは角質除去込みの足のトリートメントもある。

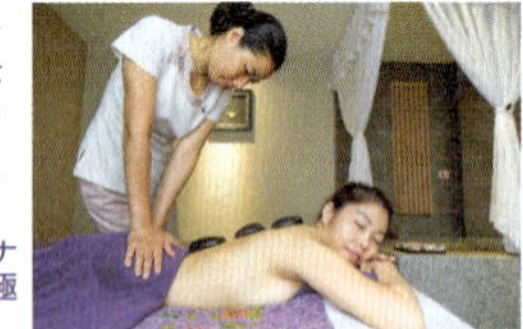
ジャクージやサウナのあるVIPルームで極上のスパタイムを

住10B1 Lê Thánh Tôn, Q. 1　☎(028)39102174、38251250
営9:30～20:00（L.O. 19:00）　休無休　料トラベラーズ・リトリート132万ドン（2時間）、フットマッサージ39万6000ドン（60分）など。税・サ別　カードAJMV　予約望ましい

多くの在住外国人が信頼を寄せる

ミウミウ・スパ2　スパ

Miu Miu Spa 2　MAP P.125-3D

ホットストーンを使ったアロママッサージなど豊富なメニューと腕のよさで人気。30分から3時間までのコースがあり、60分以上のメニューを受ければサウナ&スチームバス利用が無料。チップは料金に含まれている。市内に3店舗展開。

事前質問票で希望を伝えることもできる

住2B Chu Mạnh Trinh, Q. 1　☎(028)66802652
営9:30～23:00（L.O. 22:00）　休無休　料クイックフットマッサージ20万ドン（35分）、シグネチャーアロママッサージ45万ドン（60分）など。税別　カードJMV　予約要予約

自然素材を用いた上質トリートメント

サー・スパ　スパ

Sa Spa　MAP P.123-1C

ベトナム伝統の美容方法を取り入れ、地元のハーブやフルーツなど自然の物をトリートメントに使用。おすすめはショウガを使い血行促進を促すボディマッサージ（73万ドン／75分）など。

緑と静寂に包まれた一軒家スパ。ていねいな施術で人気がある

住40B&D Phạm Ngọc Thạch, Q. 3　☎(028)35210670
営9:00～21:00（L.O. 20:00）　休無休　料ナチュラルフェイシャル68万ドン（60分）、ベトナミーズ・ボディマッサージ53万ドン（60分）など　カードJMV　予約要予約

インドシナ・スタイルの一軒家スパ

モックフーン・スパ・タオディエン　スパ

Moc Huong Spa Thao Dien　MAP P.72-2A

一軒家ヴィラを改装したリゾート感あふれるスパ。ボディマッサージの種類が豊富で、竹筒を使ったマッサージやヒーリングボウルマッサージ（各50万ドン／60分）を試したい。日本語メニューあり。料金にはチップが含まれる。

施術にはオーガニック製品を使用

住61 Xuân Thủy, P. Thảo Điền, Q. 2　☎(028)35191052
営9:00～22:00（L.O. 21:00）　休無休　料フットトリートメント38万ドン（60分）、モックフーン・スペシャルマッサージ45万ドン（60分）など。税・サ別　カードAJMV　予約要予約

Voice! オイルを使わないボディマッサージは、タイマッサージのように体をひねるアクロバティックな施術が含まれることが多い。苦手ならその施術は抜きでお願いしておくこと。

スパ・マッサージ Spa & Massage

自然素材の美肌メニューが人気

カラ・スパ　スパ

Kara Spa　MAP P.66-1B

客室は10室のみなので、男女別のジャクージとサウナが広々と利用できるのがうれしい。使用するプロダクツはすべて自然素材で、黒ゴマとハチミツのスクラブ、海藻のボディラップなど美肌メニューが豊富。

ジャクージ付きのVIPルームは65万ドン（45分／ふたり）で利用できる

住7F, Caravelle Saigon, 19-23 Lam Sơn Square, Q. 1　☎(028)38234999　営10:00～22:00　休無休　料サイゴン・シグネチャー165万ドン（90分）など。税・サ別　カード A D J M V　予約 4時間前までに要予約

マッサージ付きネイルメニューが人気

フェイム・ネイルズ　ネイルサロン

Fame Nails　MAP P.67-1C

ネイルはマッサージチェアに座りながら行ってくれるのでリラックスでき、買い物や観光の合間の休憩にぴったり。ハンドマッサージ付きのスパ・マニキュア（18万ドン／40分）や、フットマッサージ＆足湯付きのスパ・ペディキュア（30万ドン／50分）が人気。

多様なネイルデザインに対応。市内に４店舗あり

住45 Mạc Thị Bưởi, Q. 1　☎(028)62671188　営9:00～20:00（L.O. 19:30）　休無休　料クラシックマニキュア11万ドン（30分）、ジェルネイル38万ドン～など　カード A D J M V　予約 不要

腕のいい香港式足マッサージ

健之家　足マッサージ

Kien Chi Gia　MAP P.127-3C

店内は健全な雰囲気で、腕のいいマッサージ師が多い。メニューは70分コースのみだが、35分延長することもできる。足マッサージのあとは背中、首、手、頭のマッサージもしてくれ、こちらを長めにすることも可能。料金にはチップが含まれている。

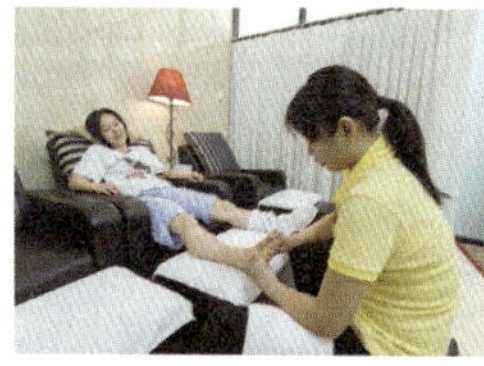

マッサージルームは全６室

住44 Tôn Thất Thiệp, Q. 1　☎090-3316733（携帯）　営10:30～23:00　休無休　料30万ドン（70分）、延長15万ドン（35分）　カード 不可　予約 週末は望ましい

市内に展開する人気足マッサージ店

ゴールデン・ロータス・スパ&マッサージクラブ　スパ&マッサージ

Golden Lotus Spa & Massage Club　MAP P.68-1B

人気の足マッサージのほか、男性のみサウナが利用でき、アカスリを受けられる。系列の「ゴールデン・ロータス・ヒーリング・スパ・ワールド」（MAP P.123-1C）は低温サウナがメインの韓国式スーパー銭湯、チムジルバンが楽しめる。

料金にはチップが含まれている

住15 Thái Văn Lung, Q. 1　☎(028)38221515　営10:00～22:00（L.O. 21:00、サウナは8:30～22:00）　休無休　料足マッサージ39万5000ドン（90分）など　カード J M V　予約 要予約

Column 料理教室でベトナム食文化体験

料理初心者でもわかりやすく教えてくれると口コミで人気となり、在住日本人のリピーターが多い「ヴァンダイエット ベトナム料理教室」では、代表的なベトナム家庭料理を日本語で習うことができる。材料やレシピ（日本語）が用意されているのはもちろん、ポイントを細かく伝えてくれるほか、材料の買える場所や使い方のアレンジなども教えてくれる。メニューは月・水・金曜とそれぞれ異なるメニューで月替わり。市場での食材の買い出しから参加する「市場ツアー」もあり、こちらも好評。

●ヴァンダイエット ベトナム料理教室　Van Diet Cooking Class
MAP 折裏-1D　住32 Mê Linh, Q. Bình Thạnh
☎076-5450143（携帯、日本語）　URL www.vandiet.com

E-mail vandietcooking@gmail.com（日本語）
開10:00～13:00、14:00～17:00（午前と午後の部があり、それぞれ試食時間含む。その他の時間帯は応相談）　休不定休　料70万ドン（２品）など
カード 不可　予約 要予約

左／料理教室メニューの一例。この日はバイン・ミー（→P.38）　右／講習は約３時間。キッズルームあり。赤ちゃんも含め子連れでの参加も大歓迎

ホテル

優美な意匠とあたたかなホスピタリティ
マイ・ハウス・サイゴン
Mai House Saigon

高級ホテル

MAP P.123-2C

フランスの面影を残すマリーキュリー高校の目の前に建ち、フレンチコロニアル風のエレガントなたたずまいが目を引く。ロビーに足を踏み入れると、白い大理石の床、大きなイタリア製のシャンデリアと優雅に弧を描くらせん階段が出迎えてくれる。2022年9月にグランドオープンを迎えたばかりだが、この街の歴史と伝統を感じられる意匠が散りばめられた上質な空間、そしてあたたかなホスピタリティで、早くも街を代表するラグジュアリーホテルに。客室も質のいい上品な家具が配置され、くつろいだ滞在ができる。スパ、ジム、屋外プールあり。

客室は最小でも30㎡。全室禁煙

住157 Nam Kỳ Khởi Nghĩa, Q. 3
☎(028)73039000 URL maihouse.com.vn
料Ⓢ Ⓦ Ⓣ240万2000ドン～ スイート413万5000ドン～（朝食付き）
カード A D J M V 全180室

大きな窓から光が差し込むロビー階の「トム・ティーラウンジ」ではアフタヌーンティーを堪能できる

フレンチコロニアル風のラグジュアリーホテル
パークハイアット・サイゴン
Park Hyatt Saigon

高級ホテル

MAP P.127-2C

白亜の外観が美しいアーバンラグジュアリーを極めた5つ星ホテル。優しいアイボリー色を基調とした客室には、白木を使った大きな両開きのフレンチウインドーやアールデコ調の家具類を設え、機能性も備えた大理石の浴室、さらに趣味のよいバッチャン焼の器を置くなど“エレガント”のひと言。客室のiPad miniや各フロアには24時間態勢でバトラーを配するなど、きめ細かなサービスはハイアット・グループならではだ。バー「2ラムソン」（→P.104）や1階のイタリアン「オペラ」をはじめ、飲食施設もハイレベル。

緑に囲まれた屋外プールでリラックス

住2 Lam Sơn Square, Q. 1
☎(028)38241234
URL www.hyatt.com/ja-JP/hotel/vietnam/park-hyatt-saigon/saiph
料Ⓢ Ⓣ867万5000ドン～ スイート1383万5000ドン～（朝食付き）
カード A D J M V 全245室

「パーク・ラウンジ」では金～日曜にアフタヌーンティービュッフェを提供

エレガントな5つ星ブティックホテル
ホテル・デザール・サイゴン・Mギャラリー・コレクション
Hotel Des Arts Saigon - MGallery Collection

高級ホテル

MAP P.124-3A

世界で瀟洒なブティックホテルを数多く手がけるMギャラリーによる5つ星ホテル。「仏領インドシナの優雅な時間を呼び起こす」がコンセプトとあって、ロビーからコリドー、客室、レストランまで、すべてがシック&エレガント。タイムスリップしたかのような非日常が味わえる。オーナーが集めたアート作品が館内に飾られ、絨毯は香港、ランプはラオスから取り寄せるなど独自のコロニアル様式を極めている。プール、スパ、メインダイニングの「サイゴン・キッチン」、「ソーシャル・クラブ・ルーフトップ」（→P.104）など各施設も趣向を凝らしている。

客室は木をふんだんに使い、あたたかな雰囲気。写真はデラックスルーム

住76-78 Nguyễn Thị Minh Khai, Q. 3
☎(028)39898888
URL www.hoteldesartssaigon.com
料Ⓢ Ⓦ Ⓣ287万5000ドン～ スイート600万ドン～（＋税・サービス料15%。朝食付き） カード A D J M V 全168室

ストリートフードから代表的なベトナム料理まで楽しめる「サイゴン・キッチン」

Voice! 5区チョロンの5つ星ホテルでは飲食店が充実した「ウインザー・プラザ Windsor Plaza」もおすすめ。MAP P.85-1D 住18 An Dương Vương, Q. 5 ☎(028)38336688 URL www.windsorplazahotel.↗

ホテル Hotel

重厚かつゴージャスなデザインの６つ星ホテル
レヴェリー・サイゴン
The Reverie Saigon

高級ホテル

MAP P.67-2C

「アーバンラグジュアリー」をテーマにした大人の隠れ家的ホテル。館内は重厚なヨーロピアンテイストで統一され、ロビーを飾るスワロフスキーのシャンデリアや珍しい青の大理石など、インテリアのほとんどがイタリアから輸入した物。客室にはシモンズの最高級ベッドが置かれ、シーツや布類はフェレッティ社の物を使用。バスタブにはテレビが付き、無料のミニバー、エスプレッソマシンを完備するなど、快適に過ごせるよう細かな配慮がされている。４つのレストラン、スパ、ベトナム初のサウンドプールがある。

客室からサイゴン川を望むデラックスルーム

住57-69F, 22-36 Nguyễn Huệ, Q. 1
☎(028) 38236688
URL thereveriesaigon.com
料ⓈⓌⓉ320US$～
カード ADJMV
全286室

地下１階にはミシュラン３つ星イタリア料理店の「ダ・ヴィットリオ」がある

改装&抜群の立地で快適な滞在がかなう
シェラトン・サイゴン・ホテル&タワーズ
Sheraton Saigon Hotel & Towers

高級ホテル

MAP P.66-1B

ドンコイ通りの一等地に建つ。メインタワーとグランドタワーからなる館内はモダンなインテリアで飾られ、高級感あふれる空間。グランドタワーは、ほとんどの客室からサイゴン川を望むエグゼクティブルームベースで、クラブラウンジを利用できる。379の客室とスイートルームからなるメインタワーは、2019年に全面改装。可動式の大型フラットスクリーンテレビやゆったりくつろげるデイベッドの設置など、ハスの花をモチーフにしたモダンなデザインとともにより快適に過ごせる客室へと進化した。プール、ジム、飲食施設など館内設備も充実。

スーペリアスタジオキングルーム

住88 Đồng Khởi, Q. 1
☎(028) 38272828
URL sheratonsaigon.com
料ⓈⓉ550万ドン～　スイート1300万ドン～（朝食付き）
カード ADJMV　全485室

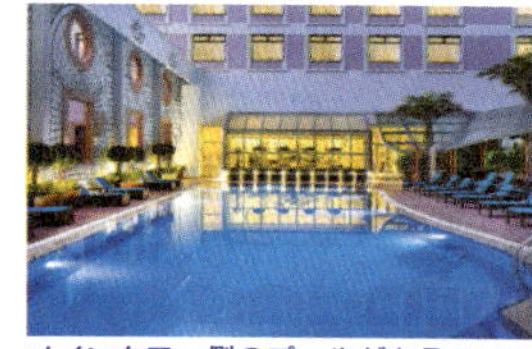
メインタワー側のプールがあるフロアは、グランドタワーと結ばれている

アートも楽しめるモダンな空間
ル・メリディアン・サイゴン
Le Méridien Saigon

高級ホテル

MAP P.127-1D

サイゴン川沿いに建つアートに特化した５つ星ホテル。現地の文化を感じられるようにと、ところどころにサイゴン川やホーチミン市の街並みなどベトナム南部をモチーフにしたアート作品が展示されている。客室は黒が基調のモダンデザイン。全室バスタブとシャワーブースが分かれており、バスタブにつかりながら景色を楽しめる。また、９階のサイゴン川が望めるプールは塩素を入れず、肌や髪に優しい海水を使うなど、随所に細かな配慮がされている。ジムには最新のマシンが備わり、スパも完備。

プレミアクラシックダブルの客室

住3C Tôn Đức Thắng, Q. 1
☎(028) 62636688　URL www.marriott.com/en-us/hotels/sgnmd-le-meridien-saigon　料ⓈⓉ180US$～（朝食付き）
カード ADJMV　全343室

サイゴン川を眺められるプール。客室をはじめプールやバーなど多くの館内施設からサイゴン川の眺めを楽しめる

↘com　料ⓈⓌⓉ120US$～　カード ADJMV　全376室

伝統とモダンが融合した大型ホテル

インターコンチネンタル・サイゴン
InterContinental Saigon

高級ホテル

MAP P.126-1B

床から天井までの大きなガラス窓より望むシティビューの絶景が最大の魅力。使い勝手のよいワークデスクやチェア、浴室には赤い漆塗りのアメニティボックスや竹のタオル掛けなど、モダンと伝統が溶け合った快適空間が広がる。ビジネスならぜひエグゼクティブフロアへ。アフタヌーンティーやイブニングカクテルのクオリティはもちろん、バトラーの給仕も最高レベル。受賞歴のあるバーテンダーによる世界レベルのカクテルを楽しめる「パープル・ジェイド」、海鮮ビュッフェが好評の「マーケット39」など、5つの飲食店やスパの評判も高い。

クラシックキングベッドルーム

住Corner Hai Bà Trưng & Lê Duẩn, Q. 1
☎(028)35209999 URL www.icsaigon.com
料ⓈⓌⓉ345万ドン～ スイート621万ドン～（+税・サービス料15%。クラシッククラブルームとスイートルームは朝食付き）
カード A D J M V 全305室

本格的な広東料理が楽しめる「ユーチュー」

優雅な雰囲気のフランス資本の5つ星ホテル

ソフィテル・サイゴン・プラザ
Sofitel Saigon Plaza

高級ホテル

MAP P.125-3C

設備の整ったフランス系5つ星ホテル。館内はフランス人デザイナーによるエスプリの利いた、モダンなデザイン。全室Wi-Fi接続無料で、アメニティはランバンを提供している。18階から上はエグゼクティブ仕様のクラブフロアで、よりパーソナルなサービスが受けられる。飲食施設はフランス料理の「ル・17ビストロ」、インターナショナル料理のビュッフェが楽しめる「メッズ」、ロビー階の「Tラウンジ」、「エス・プール・バー＆ダイニング」など。ビジネスセンター、屋外プールなどもある。

パープルを基調としたスーペリアルーム

住17 Lê Duẩn, Q. 1 ☎(028)38241555
URL sofitel-saigon-plaza.com
料ⓈⓉ360万ドン～ スイート550万ドン～（+税・サービス料15%。朝食付き）
カード A D J M V 全286室

1区でも比較的静かなエリアにあり、館内は優雅でシックな空気に包まれている。屋上には開放的なプールも

1925年創業の歴史あるホテル

ホテル・マジェスティック・サイゴン
Hotel Majestic Saigon

高級ホテル

MAP P.67-2D

ドンコイ通りとトンドゥックタン通りの角、サイゴン川に面して建つ。ホテルの開業はフランス統治下の1925年、第2次世界大戦中は日本軍の宿舎として、ベトナム戦争中はジャーナリストたちの拠点として街の歴史とともに歩んできた由緒あるコロニアルホテルだ。館内は新館と旧館があり、客室はどちらもウッディな調度品で統一。クラシカルな雰囲気を残しつつ、防音効果のある二重窓など近代的な設備を整えている。ベトナム戦争中に朝日新聞の臨時特派員として芥川賞作家の開高健が滞在していた客室もある。

ゴージャスな雰囲気の「カティナ・ラウンジ」

住1 Đồng Khởi, Q. 1 ☎(028)38295517
URL majesticsaigon.com
料ⓈⓌⓉ350万ドン～ スイート500万ドン～（+税・サービス料15%。朝食付き）
カード A J M V 全174室

開高健が宿泊していた103号室。氏の写真が飾られシグネチャールームになっている

✉タクシーを利用する際はホテルのレセプションやスタッフに呼んでもらったほうがぼったくりに遭わない。自分が宿泊しているホテルでなくても、高級・中級ホテルならタクシーを呼んでくれるので、近く↗

ホテル Hotel

飲食イベントが好評のリバーサイドホテル

ルネッサンス・リバーサイド・ホテル・サイゴン
高級ホテル

Renaissance Riverside Hotel Saigon

MAP P.67-1D

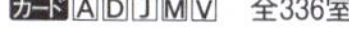

サイゴン川を見下す好立地にある５つ星ホテル。広々とした客室は明るい色使いでシンプルかつ機能的な造り。シティビューとリバービューの２タイプあり、料金は割増しになるがリバービューの部屋が断然おすすめだ。オーセンティックな広東料理が評判の中華料理店「嘉賓」では飲茶の食べ放題プラン（89万8000ドン、税・サ別）を、メインレストランの「ヴィエット・キッチン」ではインターナショナル料理のビュッフェ（125万ドン、税・サ別）を楽しめるなど、館内のレストランやバーでのフードプロモーションが話題。

デラックス・リバービュールーム

住8-15 Tôn Đức Thắng, Q. 1
☎(028)38220033
URL www.marriott.com/SGNBR
料ⓈⓌⓉ300万ドン～　スイート500万ドン～（＋税・サービス料15％）
カード ADJMV　全336室

１区中心部にあり、どこに行くにも便利な立地

きめ細かなサービスの日系５つ星ホテル

ホテル・ニッコー・サイゴン
高級ホテル

Hotel Nikko Saigon

MAP P.122-3B

およそ10名の日本人スタッフが在駐し、日系ならではのきめ細かなサービスを提供している。デラックスルームでも40m²というホーチミン市で最大級を誇る客室はアースカラーを基調とした洗練のデザインで心地よい滞在が期待できる。オーガニック素材を使用するラグジュアリーな「蓮スパ」や飲茶が味わえる中国レストラン「明宮」、シーフードビュッフェが好評の「ラ・ブラッセリー」（→P.99）など館内施設も充実している。中心部から少し距離はあるが、無料のシャトルバスを運行。

全室バスタブ付き

住235 Nguyễn Văn Cừ, Q. 1
☎(028)39257777
URL www.hotelnikkosaigon.com.vn
日本の予約先 0120-003741
E-mail reservation@hotelnikkosaigon.com.vn（日本語可能）　料ⓈⓌⓉ300～360US$　スイート550US$～（＋税・サービス料15.5％。朝食付き）　カード ADJMV　全334室

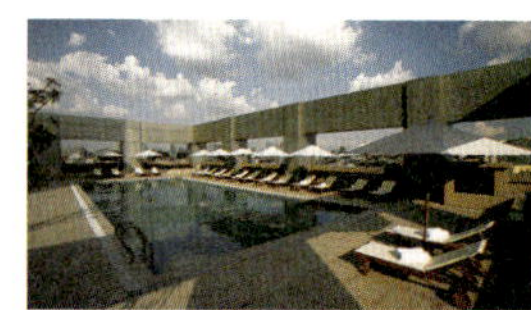
５階のオープンエアのプール

王冠が目印の老舗ラグジュアリーホテル

レックス・ホテル・サイゴン
高級ホテル

Rex Hotel Saigon

MAP P.126-2B

シンボルの王冠を掲げ、威風堂々とグエンフエ通りに建つ老舗の国営ホテル。1927年に車の販売所として建てられ、1960～70年代は米軍の情報基地として、街の歴史とともに変遷してきた貴重な存在のホテルだ。室内はチーク材を多く使った落ち着いた内装で、ワンランク上のプレミアム客室が多いのが特徴。エグゼクティブルームでは、無料レイトチェックアウト、毎日２着ランドリーが無料という特典が付く。サービスも申し分なく、リラックスした滞在ができる。新館１階はシャネルなど高級ブランドショップが軒を連ねる。

エグゼクティブプレミアムの客室

住141 Nguyễn Huệ, Q. 1
☎(028)38292185、38293115、091-7590900（携帯、ホットライン）
URL www.rexhotelsaigon.com
料Ⓢ352万5000ドン～　ⓌⓉ411万ドン～　スイート481万5000ドン～（＋税・サービス料15％。朝食付き）
カード ADJMV　全286室

屋上のバーなど飲食施設は全７店

↘にホテルがあったらそのホテルを通してタクシーを呼ぶことをすすめる。（茨城県　T.C２）['22]

街なかでリゾート気分が味わえる

ロッテ・ホテル・サイゴン 高級ホテル

Lotte Hotel Saigon MAP P.127-2D

サイゴン川を望む5つ星ホテル。広い敷地に贅沢な造りで、開放感のあるロビーや屋外プールはリゾートホテルのような印象だ。客室も広々としており、アメリカ製の高級ベッド、シモンズを使用するほか、全室シャワートイレ完備。

南国リゾートの趣たっぷりの屋外プール

住2A-4A Tôn Đức Thắng, Q. 1　☎(028) 38233333
URL www.lottehotel.com/saigon-hotel
料ⓈⓌⓉ255万ドン～　スイート800万ドン（＋税・サービス料15%。朝食付き）　カード ADJMV　全283室

モダンなデザインのシティホテル

プルマン・サイゴン・センター 高級ホテル

Pullman Saigon Centre MAP P.123-3C

中心部からは若干離れるが、客室は広く洗練されたデザインで、プールバーをもつ屋外プールはシティリゾートの趣だ。30階の「マッド・カウ・ワイン＆グリル」やルーフトップバーなど6つの飲食施設、スパ、ジムがある。

デラックスルーム以上はバスタブ付き

住148 Trần Hưng Đạo, Q. 1　☎(028) 38388686
URL www.pullman-saigon-centre.com　料ⓈⓌⓉ235万7200ドン～　スイート419万9000ドン～（＋税・サービス料15%）
カード ADJMV　全306室

世界のVIPも宿泊する

ニューワールド・サイゴン 高級ホテル

New World Saigon MAP P.123-3C

緑に囲まれ、テニスコートや屋外プール、ジムなどのアクティビティ施設が充実した絶好の宿泊環境だ。客室は明るく、落ち着いた色調でまとめられている。飲食施設は海鮮料理が人気の「パークビュー」、広東料理の「ブラック・ビネガー」など。

ガラス張りのロビー

住76 Lê Lai, Q. 1　☎(028) 38228888
URL saigon.newworldhotels.com/jp　料ⓈⓌⓉ150US$～　スイート260US$～（＋税・サービス料16%。デラックスルーム以外朝食付き）　カード ADJMV　全533室

コロニアル建築のクラシックホテル

ホテル・グランド・サイゴン 高級ホテル

Hotel Grand Saigon MAP P.67-1C

ドンコイ通りに面した老舗ホテル。1930年代のコロニアル風の建物を改築し、随所にロマンティックな香りが漂う。旧館、新館ともに、木のぬくもりあふれる室内はクラシカルな家具がポイントで、バスルームもゴージャス。創業時からのアンティーク・エレベーターも現役で稼動。

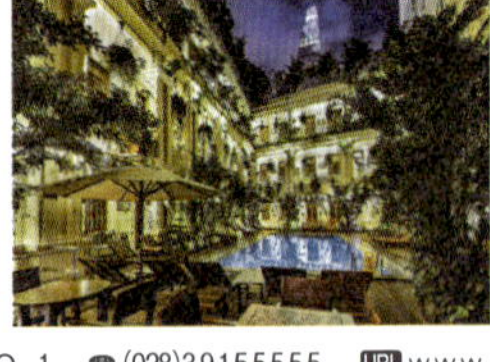

小さなプールのあるパティオ

住8 Đồng Khởi, Q. 1　☎(028) 39155555　URL www.hotelgrandsaigon.com　料ⓈⓉ141US$～　スイート300US$～（＋税・サービス料15%。朝食付き）　カード ADJMV　全251室

空港と市内の中間にある大型ホテル

イースティン・グランド・ホテル・サイゴン 高級ホテル

Eastin Grand Hotel Saigon MAP 折裏-1B

館内はモダンなインテリアで飾られ、3店のレストランや屋外プール、ジム、スパといった施設が整う。46万6000ドン（税・サ別）追加で、ラウンジアクセスや専用チェックインができるクラブルームへのアップグレードが可能。

32㎡のデラックスルーム

住253 Nguyễn Văn Trỗi, Q. Phú Nhuận　☎(028) 38449222
URL www.eastinhotelsresidences.com/eastingrandsaigon
料ⓈⓌⓉ190万ドン～　スイート300万ドン～（＋税・サービス料15.5%）　カード ADJMV　全268室

中心部とチョロンの中間に建つ

エクアトリアル・ホーチミン・シティ 高級ホテル

Equatorial Ho Chi Minn City MAP P.122-3A

中心部からはやや離れるが快適な滞在を楽しめるよう、満足度の高い4つの飲食施設、屋外プール、スパ、フィットネスジムなど館内設備を揃える。客室は2020年に改装し、最新設備＆エレガントなデザインでアップグレードされた。

プレミアムルーム

住242 Trần Bình Trọng, Q. 5　☎(028) 38397777
URL hochiminhcity.equatorial.com　料ⓈⓌⓉ250万ドン～　スイート455万ドン～　カード ADJMV　全333室

✉「ホテル・グランド・サイゴン」（→上記）の新館に泊まりました。ほとんどの部屋はシティビューで、最近増えている高層ビルが見渡せます。バスタブとシャワールームが併設されており、新しいだけに水↗

ホテル Hotel

スタイリッシュな都会派ホテル

エム・ホテル・サイゴン 高級ホテル

M Hotel Saigon MAP P.127-3C

ヒンドゥー寺院のスリ・タンディ・ユッタ・パニ（→P.77欄外）前に建つホテル。館内は白とグレーを基調にしたシンプルかつ都会的なデザインで統一され、客室も機能性にこだわりスタイリッシュ。ミニ庭園付きの客室もある。レストラン、ジムを完備。

ミニマルなデザインの客室。窓のある部屋がおすすめ

住39 Tôn Thất Thiệp, Q. 1 ☎(028) 38212888
URL mhotel.vn 料ⓈⓌⓉ372万8738ドン～ スイート496万2950ドン～（朝食付き） カード ADJMV 全55室

オールド・サイゴンがテーマ

ミスト・ドンコイ 高級ホテル

The Myst Dong Khoi MAP P.67-1C

ドンコイ通り近くに建つブティックホテル。「オールド・サイゴン」をテーマにし、カラフルなタイルやビンテージ風の家具など細部までこだわった客室にはゆったりとした時間が流れる。レストラン、カフェ、屋上プール、スパあり。

新旧が融合し洗練されたた空間のロビー

住6-8 Hồ Huấn Nghiệp, Q. 1 ☎(028) 35203040
URL www.themystdongkhoihotel.com 料ⓈⓌⓉ160US$～ スイート254US$～（＋税・サービス料15%）
カード ADJMV 全108室

1880年創業のコロニアルホテル

コンチネンタル・サイゴン 高級ホテル

Continental Saigon MAP P.66-1A

世界の要人、著名人が宿泊リストに名を連ねる伝統あるホテル。客室は高い天井と広いクローゼットが魅力だ。各国料理のレストラン、ガーデンバー、ビジネスセンター、フィットネスセンターなどがある。

客室の設備は古風だが、根強い人気を誇るホテル。写真は中庭のカフェ

住132-134 Đồng Khởi, Q. 1 ☎(028) 38299201
URL www.continentalsaigon.com
料Ⓢ100US$～ Ⓣ110US$～ スイート145～255US$（朝食付き） カード ADJMV 全83室

スタイリッシュな高層４つ星ホテル

ノボテル・サイゴン・センター 高級ホテル

Novotel Saigon Centre MAP P.124-3A

１区にほど近いにぎやかなエリアに建つ20階建てのシティホテル。明るく清潔感あふれる客室は、白を基調にシンプルかつスタイリッシュにまとめられており、設備も申し分ない。館内設備はアジア&西洋料理の「スクエア」、ふたつのバー、プール、スパ、ジムなど。

20階からの美しい夜景を楽しめる「オン・トップ・バー」

住167 Hai Bà Trưng, Q. 3 ☎(028) 38224866
URL www.novotel-saigon-centre.com 料ⓈⓌⓉ250万ドン～（朝食付き） カード ADJMV 全247室

屋上プールからのリバービューが魅力

リバティ・セントラル・サイゴン・リバーサイド 中級ホテル

Liberty Central Saigon Riverside MAP P.67-1D

市内に展開するリバティ・グループのホテル。客室や屋上プールからはサイゴン川が望め、白木とオフホワイトの客室はモダンかつ機能的な造り。館内にはバーやスパも備わり、快適に過ごせそう。専用ラウンジが使えるエグゼクティブルームもある。

明るく機能的な客室

住17 Tôn Đức Thắng, Q. 1 ☎(028) 38271717
URL www.libertycentralsaigonriverside.com 料Ⓢ220万ドン～ ⓌⓉ260万ドン～ スイート600万ドン～（朝食付き）
カード ADJMV 全170室

クラシカルな調度品で統一

オディス 中級ホテル

The Odys MAP P.128-2B

11階建ての規模の大きなブティックホテルで、館内は仏領インドシナ時代を思わせるクラシカルな雰囲気が漂う。客室は広くはないが細部までこだわった上品なインテリアで高級感がある。スパやテラス席からの眺望がすばらしいレストランを完備。

落ち着いたデラックスルーム

住65-67-69 Nguyễn Thái Bình, Q. 1 ☎(028) 38216915
URL www.theodyshotel.com 料ⓈⓌⓉ105万ドン～（朝食付き） カード ADJMV 全70室

↘回りが快適で、排水もスッキリ。朝食会場が広く内容も充実していて、朝からローストチキンまで並んでいます。（奈良県 suzuka）['22]

ホテル

グエンフエ通りに建つ老舗ホテル

サイゴン・プリンス　中級ホテル

Saigon Prince

MAP P.127-3C

やや古いが明るく広々とした客室は、ベトナム製のファブリックを使用した上質な空間。サイゴン川が見渡せるリバービュールームが人気だ。飲食施設は、多国籍料理の「グリル」など。ジム、屋外プールを完備。

クラブグランドスイートルーム。客室の一部は近年改装

住63 Nguyễn Huệ, Q. 1　☎(028) 38222999
URL www.saigonprincehotel.com　料Ⓢ149万ドン～　ⓌⓉ179万ドン～　スイート329万ドン～（＋税・サービス料15%。朝食付き）　カード ADJMV　全191室

コロニアル建築のブティックホテル

アルコーブ・ライブラリー　エコノミーホテル

The Alcove Library

MAP 折裏-1B

ホテル名のとおり、私設図書館を併設したブティックホテル。客室はシンプルで上品なシンガポール製のインテリアで統一、スイートルームにはキッチンもある。トップフロアの多国籍料理レストランもぜひ利用してみたい。

小規模なブティックホテル。静かな滞在をしたい人におすすめ

住133A Nguyễn Đình Chính, Q. Phú Nhuận
☎(028) 63569966　URL www.alcovehotel.com.vn
料Ⓢ70万ドン～　Ⓦ90万ドン～　Ⓣ80万ドン～　スイート120万ドン～　カード ADJMV　全25室

抜群の立地でツアー利用が多い

サイゴン　エコノミーホテル

Saigon

MAP P.66-1B

ドンユー通りに建ち、どこに行くにも便利な立地。木のあたたかみを生かした客室はエアコン、冷蔵庫、セーフティボックスなど基本的な設備を完備。一部の部屋にはバスタブもある。ビジネスセンター、レストラン、フィットネスセンターなどがある。近年、全館改装を終えた。

シニアデラックスルームはバルコニー付き

住41-47 Đông Du, Q. 1　☎(028) 38299734
URL www.saigonhotel.com.vn　料ⓈⓌⓉ140万ドン～　スイート220万ドン～（朝食付き）　カード MV　全86室

日本人客に特化したサービス

東屋　エコノミーホテル

Azumaya

MAP P.68-1B

屋上露天風呂、足マッサージ店、日本料理店がある「和」をコンセプトにしたホテル。朝食は和食で、民放視聴可能、全室シャワートイレを完備。フロントには日本語可能なスタッフが常駐する。タイヴァンルン2号店（MAP P.68-1A）、レタントン店（MAP P.127-1D）がある。

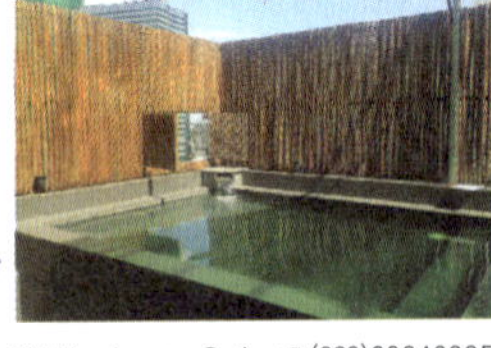

屋上の露天風呂。ダナンやハノイにも展開

住8A/8D1-8A/9D1 Thái Văn Lung, Q. 1　☎(028) 38246835
URL azumayavietnam.com　料ⓈⓌ43～65US$　スイート75～95US$（＋税10%。朝食付き）　カード JMV　全58室

飲み物やスナック、ランドリーが無料

ハンモック・ホテル・ファインアーツ・ミュージアム　エコノミーホテル

The Hammock Hotel Fine Arts Museum

MAP P.128-2B

各客室にハンモックを設けたコンセプトホテル。客室はモダンカジュアルな雰囲気で、2段ベッドの部屋もある。客室内のミニバーやスナックをはじめ、9階のレセプション横にある飲食スペースに置かれたスナックや大型冷蔵庫内のドリンクはすべて無料。

デラックスダブルルーム。宿泊料にはランドリー代も含まれる

住59-61 Nguyễn Thái Bình　☎(028) 36363621
URL thehammockhotel.com　料ⓈⓌ130万ドン～　Ⓣ100万ドン～　ファミリー150万ドン～（朝食付き）　カード AJMV　全45室

ベンタン市場すぐの3つ星ホテル

サヌーヴァ・サイゴン　エコノミーホテル

Sanouva Saigon

MAP P.126-3A

ベンタン市場まで徒歩数分の距離にある中規模ホテル。ていねいなサービスに定評があり、リピーターも多い。客室は、オリエンタルなデザインを施したウッディな家具や鳥籠シルエットのペンダントライトが備わり、コロニアル風のクラシカルな内装。朝食会場となるレストランを併設。

プレミアムデラックスダブルルーム

住177 Lý Tự Trọng, Q. 1　☎(028) 38275275
URL www.sanouvahotel.com　料Ⓢ130万ドン～　ⓌⓉ160万ドン～　スイート300万ドン～（朝食付き）　カード ADMV　全53室

Voice ブイビエン通りは深夜まで大音量の音楽で盛り上がるため、路地の中やファングーラオ通り沿いのホテルがおすすめ。周辺の3つ星ホテルなら「ヴィエンドン Vien Dong」へ。　MAP P.70-1B　↗

ホテル・ゲストハウス Hotel

メンテナンスが行き届いた老舗

フーンセン エコノミーホテル

Huong Sen MAP P.67-1C

ドンコイ通りの老舗ホテルだが毎年改装を重ねており、清潔に保たれた客室には冷蔵庫、セーフティボックスなど基本設備が整い、シャワーは水圧が強く快適。デラックス以上はバルコニー付きだ。ジムやサウナ、レストラン、プール完備。

ダブルデラックスルーム

住66-68-70 Đồng Khởi, Q. 1 ☎(028)38291415
URL www.huongsenhotel.com.vn 料Ⓢ180万ドン～ ⓌⓉ210万ドン～（＋サービス料5％。朝食付き）
カード ADJMV 全76室

創業40年目の老舗3つ星ホテル

ボンセン・ホテル・サイゴン エコノミーホテル

Bong Sen Hotel Saigon MAP P.66-2B

コロニアルとベトナムモダンをミックスさせたロビーや、ベトナム料理のビュッフェが好評な「ガン」など、パブリックエリアの雰囲気がいい。スパ、ジムなどを完備。同経営の「パレス・ホテル・サイゴン」（MAP P.127-3C）のプールも利用できる。

客室は清潔

住117-123 Đồng Khởi, Q. 1 ☎(028)38291516
URL www.bongsenhotel.com
料Ⓢ125万ドン～ ⓌⓉ150万ドン～ スイート250万ドン～（朝食付き） カード ADJMV 全130室

観光にもビジネスにも使える

ローズランド・コープ エコノミーホテル

Roseland Corp MAP P.68-1B

市内に展開するローズランド・グループのホテル。タイヴァンルン通りの3つ星ホテルで、ビジネス・観光のどちらにも利用しやすい。ビュッフェの朝食は3つ星のわりには充実しており、接客もていねいで好感がもてる。一番安いスーペリアは窓なしだが、デラックスよりやや広め。

どの部屋にも小さなデスクが備わる

住6D2 Thái Văn Lung, Q. 1 ☎(028)38238762
URL www.roselandhotels.com 料Ⓢ85万ドン～ ⓌⓉ95万ドン～（朝食付き） カード ADJMV 全70室

アパートメントタイプの客室が人気

EMMホテル・サイゴン エコノミーホテル

EMM Hotel Saigon MAP P.123-1C

グリーンとピンクがテーマカラーのモダンなブティックホテル。中心部までは少々距離があるものの、無料で使える洗濯機＆乾燥機のほか、リビングルームやキッチンが付いたアパートメントタイプの客室があるなど、中・長期滞在も可能なサービスが充実している。レストランあり。

窓から光が差し込む明るい客室

住157 Pasteur, Q. 3 ☎(028)39362100 URL emmhotels.com 料ⓈⓌⓉ104万ドン～ アパートメント145万ドン～（朝食付き） カード ADJMV 全50室

アットホームで居心地良好

ゴックミン ゲストハウス

Ngoc Minh MAP P.70-1B

ファングーラオ通りとドークアンダウ通りのミニホテルが建ち並ぶ路地にある老舗ゲストハウス。改装を重ねており、客室はシンプルながら清潔に保たれていて設備も十分。屋上にはガーデンテラスがあり、ここで朝食を取れる。

バルコニー付きのファミリールーム

住283/11 Phạm Ngũ Lão, Q. 1 ☎098-2910927（携帯）、098-9599076（携帯） URL www.facebook.com/ngocminhhotel283 料Ⓢ50万ドン～ Ⓦ55万ドン～ 3人部屋65万ドン～ ファミリー85万ドン～（＋税・サービス料15％または朝食付き） カード不可 全25室

ボリューミーな朝食が人気

ファンアン・バックパッカーズ・ホステル ゲストハウス

Phan Anh Backpackers Hostel MAP P.70-1A

ファングーラオ通りの路地にある人気のゲストハウス。靴を脱いで上がるスタイルで、館内は常に清潔に保たれている。客室はシンプルだが明るく、基本的な設備が整い、広さも十分。ボリューミーで選べる朝食も人気がある。

ダブルベッドとシングルベッドが並ぶ3人部屋

住373/6 Phạm Ngũ Lão, Q. 1 ☎(028)39209235 E-mail sales@phananhbackpackershostel.com 料Ⓢ35万ドン～ ⓌⓉ40万ドン～ 3人部屋50万ドン～ ファミリー60万ドン～ Ⓓ17万ドン～（＋税・サービス料15％。朝食付き） カード ADMV 全20室

↘ 住275A Phạm Ngũ Lão, Q. 1 ☎(028)38368941 URL www.viendonghotel.com.vn 料ⓈⓌⓉ110万ドン～ スイート220万ドン～（朝食付き） カード ADJMV 全100室

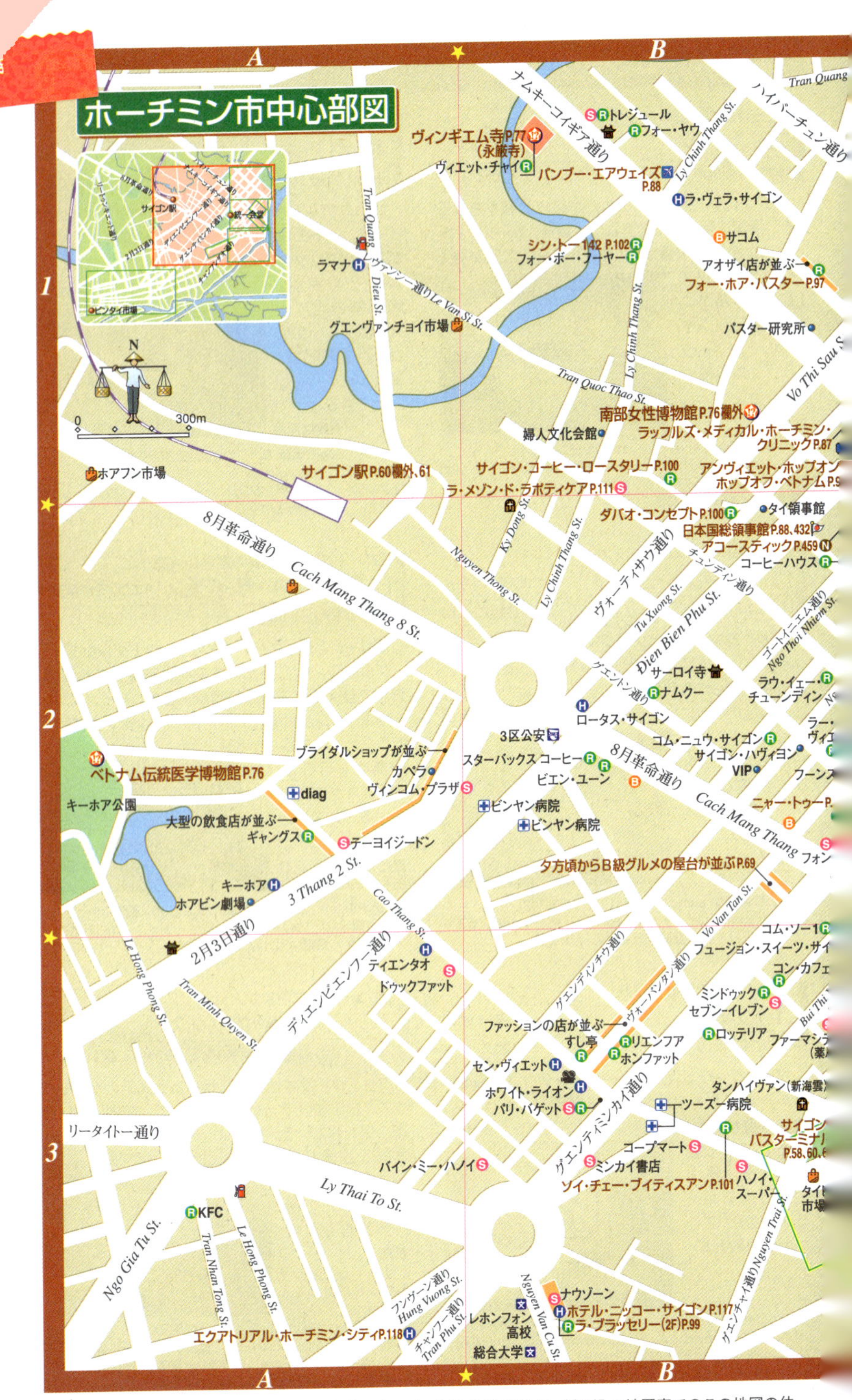

※地図中、左上の小エリア図の赤枠部分が、折り込み地図裏でのこの地図の位置を示しています。

歴史博物館南西部図 P.124-125
人民委員会庁舎周辺図 P.126-127
レタントン通り・タイヴァンルン通り P.68-69
ドンコイ通り P.66-67
ベンタン市場南東部図 P.128-129
ヴィエン通り・デタム通り
歴史博物館 P.76
サイゴン動植物園 P.79
ホーチミン作戦博物館 P.75欄外
ホーチミン市人文社会科学大学
サイゴン大教会 P.75
(聖母マリア教会)
※2022年8月現在、改修工事中
中央郵便局 P.75、88
戦争証跡博物館 P.74
統一会堂 P.74
(独立宮殿)
ロンヴァン水上人形劇場 P.80欄外
ホーチミン市人民委員会庁舎 P.67欄外
ホーチミン市博物館 P.76
市民劇場 P.66欄外
ベンタン市場 P.78
サイゴン・スカイデッキ(49F) P.79
ビテクスコ・フィナンシャル・タワー P.79欄外
ハムギー通りバス乗り換え所 P.58、60、61欄外
美術博物館 P.76
ヤンシン市場 P.78欄外
ホーチミン博物館 P.75欄外
サイゴン港 P.104
サイゴン川クルーズ船乗り場 P.104
バクダン・スピードフェリーターミナル P.62
グリーンラインズDP (ブンタウ行き水中翼船チケット売り場・乗り場) P.62欄外
サイゴン・ウオーターバス (水上バスチケット売り場・乗り場) P.63欄外
バクダン船着場 P.63
サイゴン川
タオダン公園
レヴァンタム公園
9月23日公園
タンディン市場
タンディン教会 P.75
GEMセンター
ホアルー・スポーツセンター
フンヴオン廟
テレビ局
ベンタン劇場
国立銀行
ベトコム
カルメット橋
2区トゥーティエム地区へ
ナウ・コーナー (約900m) P.109へ
ベトスペース・トラベル P.90
ベトナム航空チケットオフィス
カンボジア領事館 P.88
中国領事館 P.89
フランス領事館
マリーキュリー高校
ノボテル・サイゴン・センター P.119
ソフィテル・サイゴン・プラザ P.116
ホテル・デザール・サイゴン・Mギャラリー・コレクション P.114
ソーシャル・クラブ・ルーフトップ(24F) P.104
インターコンチネンタル・サイゴン P.116
ル・メリディアン・サイゴン P.115
ロッテ・ホテル・サイゴン P.118
パークハイアット・サイゴン P.114
シェラトン・サイゴン・ホテル&タワーズ P.115
ルネッサンス・リバーサイド・ホテル・サイゴン P.117
レヴェリー・サイゴン P.115
サンワータワー
ホテル・マジェスティック・サイゴン P.116
ニューワールド・サイゴン P.118
プルマン・サイゴン・センター P.118
セントラルパーク
マイ・ハウス・サイゴン P.114
ヴィクトリー
トップ・ネイル
クックガック
バイン・セオ46A P.98
OZデザイン・ハウス
ハイランズ・コーヒー
トレジュール
ノワール・スパ P.111
ティブ P.95
サー・スパ P.112
オーラック・ド・ブラジル
ウット・カーマウ
すき家
ゴールデン・ロータス・ヒーリング・スパ・ワールド P.113
PT2000
コープマート P.110
コアイ
ター・ストリート・ブルーイング・カンパニー
入口
フム P.99
トゥーンハイ
94トゥイー P.96
パークソン
サンカウ・カーニャック・チョンドン P.459
バイン・ミー・フィンホア P.97
スターバックス・コーヒー
チル(26-27F) P.103
ファッションブティックが並ぶ P.69
チョロン行きバス停
トゥンフン
ディンティエンホアン通り Dinh Tien Hoang St.
Nguyen Van Thu St.
Nguyen Binh Khiem St.
グエンティミンカイ通り Nguyen Thi Minh Khai St.
レユアン通り Le Duan St.
Nguyen Du St.
トンドゥックタン通り Ton Duc Thang St.
グエンフーカン通り
Hai Ba Trung St.
パスター通り Pasteur St.
Nam Ky Khoi Nghia St.
Ly Tu Trong St.
レタントン通り Le Thanh Ton St.
ドンコイ通り Dong Khoi St.
リートゥチョン通り
グエンフエ通り Nguyen Hue St.
レロイ通り Le Loi St.
ハムギー通り Ham Nghi St.
Tran Hung Dao St.
ファングーラオ通り Pham Ngu Lao St.
レライ通り Le Lai St.
Vo Van Kiet St.
チャンフンダオ通り
コバック通り
デタム通り
ゴジャン通り
グエンタイホック通り Nguyen Thai Hoc St.
ヴォーヴァンキエット通り
Yersin St.
グエンチュンチュック通り Nguyen Truong To St.
グエンタッタン通り Nguyen Tat Thanh St.
C
D
1
2
3

バンクーン・タイ・ホー
ヌック・サム・コーバー
オロミア・コーヒー&ラウンジ
クックガック・ダーカオ
グランド・オーパス・サイゴン
クアン94
94トゥイー P.96
フラワーボックス
スー・カフェ P.100
ビンテージ・エンポリウム P.101
ラジオ局
パッシオ・コーヒー
diag
Dien Bien Phu St.
Huynh Khuong Ninh St.
Phan Ngu St.
Phan Ton St.
ディエンビエンフー通り
Nguyen Thanh Y St.
Nguyen Van Thu St.
Nguyen Dinh Chieu St.
グエンビンキエム通り
ミークアン・ミーソン
HD
フー・ティウ・ナムヴァン・タン・タン・ダット
クアン29
Belgō
ベト・ヴィレッジ
トレジュール
ミニストップ
ディンティエンホアン通り
タルティン
ハイランズ・コーヒー
フルーツ・ステーション
書店
ベトナム航空
チケットオフィス
ドンアー
Dinh Tien Hoang St.
グータ・カフェ
By Yoo
大阪満マル
ラスティックス・コーヒー
バイン・ミー・トゥーイ
Gコーヒー
パチパチ
The MARQ
ドンバー
安楽亭
Mac Dinh Chi St.
ラビング・ハット
ギャングス
ACB
寿司世界
九州うどん一吉
Hem 18A
Hem 18B
カフェ、ローカル食堂が並ぶ
出入口
ホアヴィエン P.104
ジューシー
文具店が並ぶ
クウェート領事館
グエンディンチウ通り
ラウ・イェー・ドンフーン10
PVFCCoタワー
アシマ P.96
ファイブスター・タワー
ブン・カー・チャウドック
バイン・ミー・ホンリエン
ネム P.9
パッシオ・コーヒー
インドネシア領事館
Phung Khach Khoan St.
ハイランズ・コーヒー
ファミリーマート
ガーディアン
ガーメット
コーヒー・ファクトリー
シティビュー
バンクーン・ホンハン
ホアンティ
ホアンイエン
Tran Cao Van St.
ラ・フォン
アル・フレスコ
ブン・ボー・フエ31
ビアホイ・ハノイ
クアン・コー・フーン・ベオ
ビーマインド・カフェ
フー・ティウ・ムック・オン・ヤー・カリ
ドンフーン
フックロン(1F)
中国南方航空(1F)
シティマート
サマセット・チャンセラー・コート・ビル
エンプレスタワー
ノボテル・サイゴン・センター P.119
オン・トップ・バー(20F)
ムーンタン・サイ
ベンタン劇
グエンティミンカイ通り
バイン・ミー362
カフェが並ぶ
ワオ(支店) P.107
オック・チ・エム P.96
フックロン
ボー・コンセプト
ハイバーチュン通り
ハイランズ・コーヒー
マイライフ・コーヒー
HDタワー
アメリカ領事館
ベトジェット・エア P.88
ベイクス
グータ・カフェ
ダバオ・コンセプト(支店) P.100欄外
サイゴンタワー
シンガポール航空(1F)
タイ国際航空(1F)
Hai Ba Trung St.
PT2000
センテックタワー
シュリ・レストラン&ラウンジ(23F)
キャセイパシフィック航空(5F) P.88
フランス領事館
フレンドシップタワー
レユアン通り
ホテル・デザール・サイゴン・Mギャラリー・コレクション P.114
ソーシャル・クラブ・ルーフトップ(24F) P.104
エム・プラザ・サイゴン
ドイツ領事館
Le Van Hun St.
サイゴン・カーサ・カフェ
フォー79
A
B
1
2
3
P.126

歴史博物館南西部図

※地図中、右上の小エリア図の赤枠部分が、折り込み地図裏でのこの地図の位置を示しています。

人民委員会庁舎周辺図
P.124
P.128
サイゴン・カーサ・カフェ
フォー79
青年文化会館
タンニエン P.95
フォー24 P.97
チュングエン・レジェンド
ボックス・マーケット
ファミリーメディカルプラクティス・ホーチミン市 P.87
ハイランズ・コーヒー
ダイヤモンド・デパートメント・ストア
ブックストリート P.65欄外写真
ブックカフェ
ラップ&ロール(GF) P.98
エム・プラザ・サイゴン(レストラン街)
スターバックス コーヒー
インターコンチネンタル・サイゴン P.116
スパ・インターコンチネンタル(3F) P.112
マーケット39(GF)
郵便税関 P.88
ハイバーチュン通り
オーラック
グエンティミンカイ通り Nguyen Thi Minh Khai St.
カファ・カフェ
モーモーパラダイス
セイリング・タワー
Alexandre de Rhodes
Le Duan St.
レユアン通り
Nguyen Van Chiem St.
サイゴン大教会 P.75 (聖母マリア教会)
※2022年8月現在、改修工事中
マリア像
中央郵便局 P.75、88
パッシオ・コーヒー
コーヒー・ファクトリー
diag
グエンユー通り
カティナ・サイゴン・カフェ
カフェ・ルナム
コロンビア・アジア・サイゴン・インターナショナル・クリニック P.87
パスター通り
Han Thuyen St.
カルパッチョ
mk(1F)
メサ・プラザ
ドリーマーズ
プロパガンダ P.95
オウ・バルク
スターバックス コーヒー
コーヒービーン&ティーリーフ
カフェが並ぶ
トゥック・コーヒー
北海道 幸
メトロポリタンビル
バオヴィエット・フィナンシャルセンター・タワー
Nguyen Du St.
コン・カフェ(1F) P.101
リベ(1F)
ニュー・プレイグラウンド
Ly Tu Trong St.
ナムキーコイギア通り
コープ・フード
セブン-イレブン
ドンヤオ P.459
レスコ・タワー
ブラウホフ
ニャーハン・ゴン P.95
トゥクトゥク
カトリーヌ・ドゥヌアル・メゾン
出入口
クアン・アン・ゴン138
フォー24
ゴー89
ラオス領事館 P.88
Pasteur St.
シークレット・ガーデン(4F) P.94
ブン・ダウ・ゴー・ニョー・フォー・ニョー P.98
パッシオ・コーヒー
プレジデント・プレイス
チュングエン・レジェンド
統一会堂(独立宮殿) P.74
Nam Ky Khoi Nghia St.
リートゥチョン公園
ホーチミン市人民委員会庁舎 P.67欄外
レタントン通り
ホーチミン市博物館 P.76
出入口
パスター通り
ホー・チ・ミン
レックス・ホテル・サイゴン P.117
グエンユー通り
グエンチュンチュック通り
セントラル・パレス
Huyen Tran Cong Chua St.
ローカル飲み屋が並ぶ
ナムキーコイギア通り
パスター・ストリート・ブルーイング・カンパニー(2F)
メゾン・ド・ブンガ P.108
レ・ハン P.109
メコン・キルツ P.107
Pasteur St.
ギンコー・Tシャツ
文化公園
ブルーダイヤモンド
シルバーランド・イエン
リートゥチョン通り
バクダン
ベンタン・ツーリスト
コム・タム・モック
リバティ・セントラル・サイゴン・シティポイント
Thu Khoa Huan St.
GKセントラル
Nguyen Trung Truc St.
ヒンドゥー教寺院
レロイ通り
ミニストップ
メイヘム・サイゴン
バーベキュー・ガーデン
エー&イーエム・コーナー
ラメンダ・カフェ
ベップ・メ・イン P.94
フォンチャー・コン・テン
ナムジャオ P.96
2022年8月現在、工事中
サイゴン・ブティック・ハンディクラフツ P.106
ニャットハー2
モスボックス
ネイルの店が並ぶ
リバティ・セントラル・サイゴン・センター
ソイガー・ナンバーワン
スリ・タンディ・ユッタ
サヌーヴァ・サイゴン P.120
ピザ・フォーピース P.99
カティナ・サイゴン・カフェ
ルーヴァンラン通り
サイゴン・センター
ビュッフェ・ホアンイエン・プレミア(5F) P.94
アンナム・グルメ・マーケット(B2) P.110
エー&イーエム
イースト・ウエスト・ブルーイング・カンパニー
靴屋が並ぶ
ホーチミン髙島屋 P.110
オッキオ・カフェ(3F) P.100
サイゴン・スクエア P.110
ベンタン市場 P.78
100m

※地図中、左上の小エリア図の赤枠部分が、折り込み地図裏でのこの地図の位置を示しています。

ベンタン市場南東部図
P.126
A
B
1
2
3
アヴァンティ
ガンハー
レタントン通り Le Thanh Ton St.
ルーヴィンフラン通り
靴屋が並ぶ
レロイ通り Le Loi St.
ケムギア
丸亀うどん
ベンタン市場 P.78
オッキオ・カフェ(3F)P.110
サイゴン・スクエア P.110
ソイ・ガー・ウッ・マップ・ナンバーワン
ミニストップ
浦江亭
ナムキーコイギア通り
リートゥチョン通り Ly Tu Trong St.
マリアマン・ヒンドゥー寺院
シティテル
レジェンダリー・ショコラティエ P.109
ドンニャン・コム・バーカー
エー&イーエム・コーナー
リュクス
リン P.64欄外写真
グエンアンニン通り
名刺、ネームプレートの店が並ぶ P.69
辰水
フェーラー
ファムホンタイ通り Pham Hong Thai St.
ハバナ・ビル
ハムギー通り
ベッティン
骨董通り
ニューワールド・サイゴン P.118
2022年8月現在、地下鉄建設工事中
レライ通り Le Lai St.
Tran Hung Dao St.
ファングーラオ通り
2022年8月現在、工事中
レコンキウ通り Le Cong Kieu St.
ハンモック・ホテル・ファインアーツ・ミュージアム P.120
トパーズ・タワー
9月23日公園
Pham Ngu Lao St.
マクドナルド
ローズアイス
コム・ガー・ハイナム P.102 (新加坡式海南雞飯)
美術博物館 P.76
ゴック・カフェ
メゾン・マルウ・サイゴン P.101
EXIM (2022年8月現在、工事中)
オディス
牛繁
トレジュール
ミウミウ・スパ5
ファングーラオ通り
セオ・ソ
ハイランズ・コーヒー
カルメッテ
ディンファット
TP
セン
フォードゥックチン通り
ジーマイ P.92
Thai Binh St.
チャンフンダオ通り
グエンキム
オン・チャー・ヴァー
ミンビー
マルセル
Calmette St.
ボーネー・バー・ヌーイ P.64写真
VIEリムジン
ブイヴィエン通り・デタム通り P.70-71
ダイナム
Le Thi Hong Gam St.
キーコン通り
フォー・フーヴーン
Nguyen
コーヒーハウス
チェー・メー・デン
ミニストップ
ラー・カフェ(2F)
フックロン
コン・カフェ
カフェ・アマゾン
EMS P.88
ルーツ
カティナ・サイゴン・カ
グエンタイホック通り
ロッテリア
チェー・ブーイ・ヴィンロン
コム・タム・トゥアンキエウ
タッチ・サイゴン
サコム
イェルシン通り
Ky Con St.
KFC
カフェ・タバック
トゥンフン
ヤンシン市場 P.78欄外
入口
工具屋が並ぶ
工具屋が並ぶ
デタム通り
Co Bac St.
Nguyen Thai Hoc St.
Yersin St.
ヴィッサン
カルメ
コバック通り
ヴォーヴァンキエット通り
Co Giang St.
ウッ・ウッ
Nguyen Khac Nhu St.
De Tham St.
路上市場
オンラン橋
コジャン通り
コム・タム86

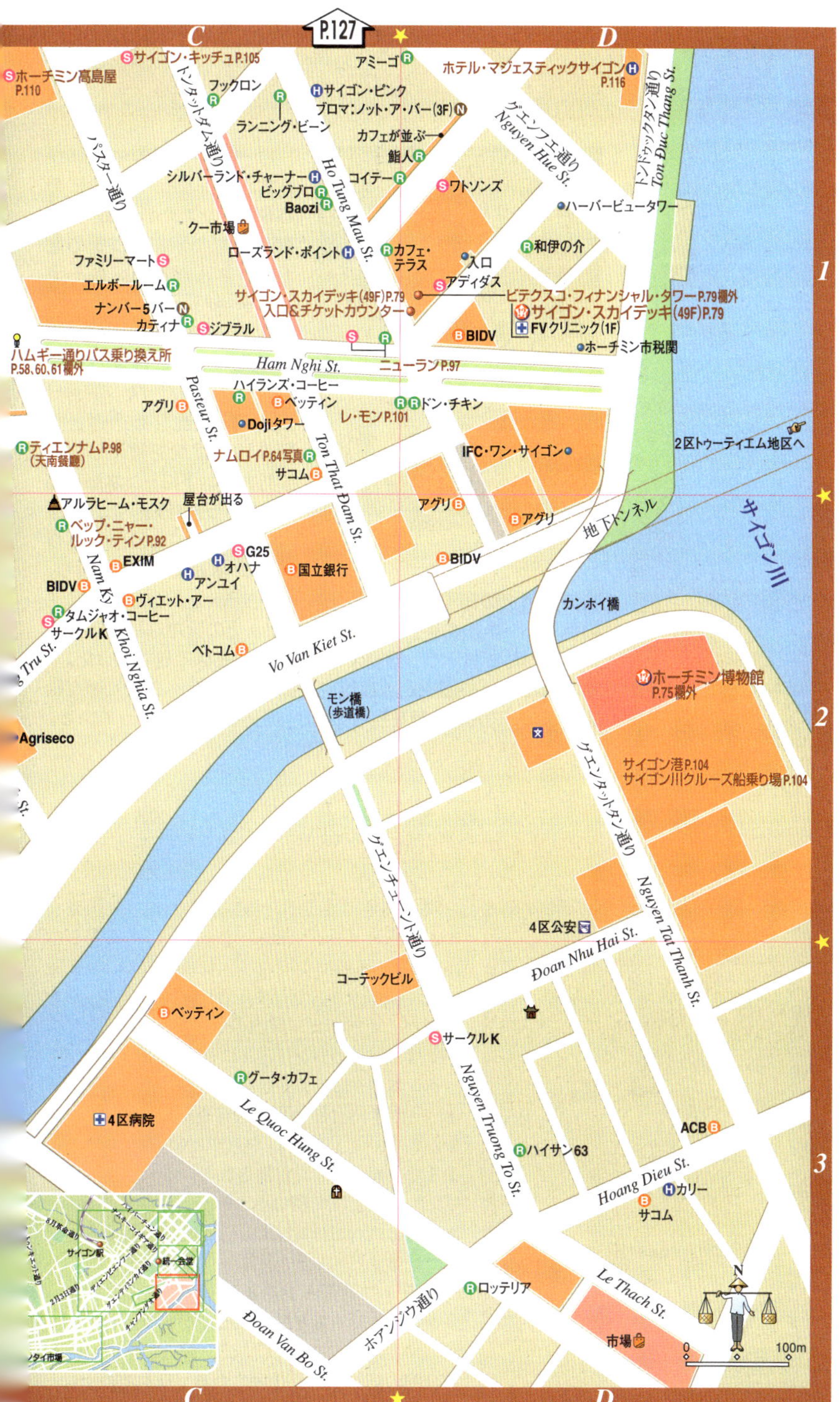

※地図中、左下の小エリア図の赤枠部分が、折り込み地図裏でのこの地図の位置を示しています。

地下トンネルが有名

MAP 折表-4B

クチ

クチの市外局番
028

Củ Chi

クチ・トンネルへの行き方

ホーチミン市内からクチ・トンネルへの直通バスはなく、クチの町で乗り換えなければならない。クチの町へのバスはホーチミン市のサイゴン・バスターミナル、チョロン・バスターミナルから出ている（→P.62）が、旅行会社が主催するツアーに参加するか車をチャーターするのが、所要時間も短くて便利。ホーチミン市内から車で約1時間30分。

クチ・トンネル観光の服装

トンネル内に入るときは汚れてもいい服装で。女性もパンツルックのほうがよい。また、虫よけの薬があればなおよい。

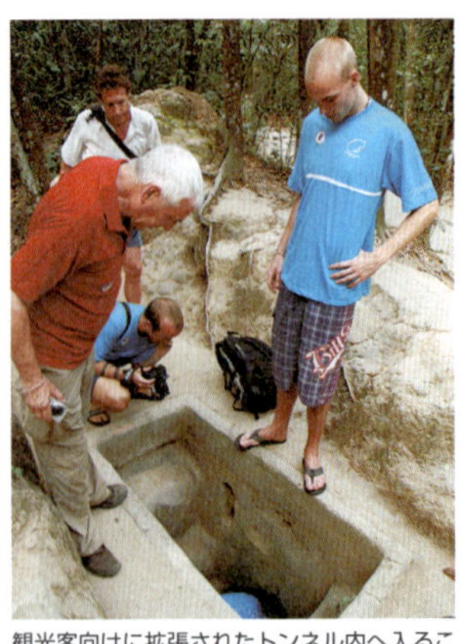

観光客向けに拡張されたトンネル内へ入ることもできるが、それでも内部はかなり狭い

ホーチミン市の中心部から北西へ約70km、途中にある現在のクチの町から約30km離れた所に、クチの地下トンネルがある。ベトナム戦争当時、この地域には解放戦線の拠点がおかれ、鉄の三角地帯と呼ばれた難攻不落の場所だった。アメリカ軍はたび重なる空爆と大量の枯れ葉剤を投下し、解放勢力は地下にトンネルを掘ってゲリラ戦を続けた。総距離約250kmにも及ぶ手掘りのトンネルは現在も残り、当時の抵抗の様子を物語っている。もちろん、アメリカ軍はこの地下トンネルの存在は知っていたが、その複雑な構造を正確にはつかんでおらず、最後まで攻略することはできなかった。

そんな戦いの歴史とは裏腹に、今はトンネルへと続く道々には、水牛がのんびり草を食むのどかな田園風景が広がっている。

見どころ Sightseeing

★★★ 南ベトナム解放民族戦線によって造られた

MAP 左図、P.131

クチの地下トンネル

Địa Đạo Củ Chi　Cu Chi Tunnels

A　B
1
ミニホテル
テニスコート
ベンユック（水上レストラン）
ベンユック寺
武器展示館P.131欄外
休憩所
作戦会議室
病院
台所
司令官室
副司令官室
サイゴン川
サイゴン-ジャディン地区軍司令部基地
射撃場
2
チケット売り場　みやげ物屋
※トンネル入口から水上レストランまで車で約5分
ベンユック地下トンネル・エリア
サイゴン-ジャディン地区党委員会基地

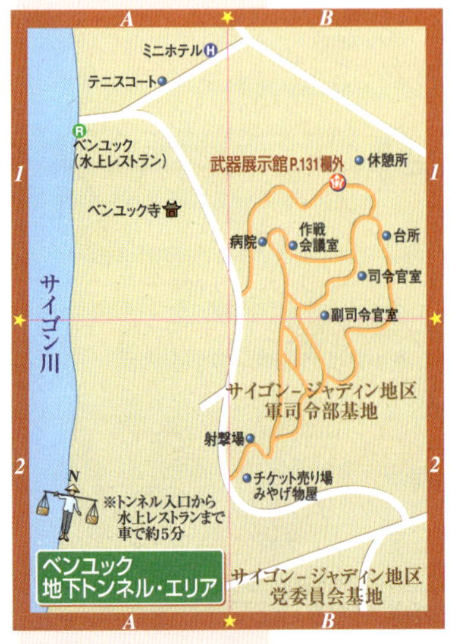

現在見学できるトンネルは、サイゴン川近くにあるベンユック（Bến Dược）と、そこから約15km東にあるベンディン（Bến Đình）の2ヵ所。一般にクチ・トンネルというとベンユックを指すが、ホーチミン市内の旅行会社主催のツアーではたいていベンディンに行く。

ベンユックは広く、道を挟んでサイゴン-ジャディン地区軍司令部と同地区党委員会のトンネルに分かれている。射撃場やみやげ物店などもあり、まるで公園のように整備されている。一方ベンディンはそれより規模は小さいが、見学できるトンネル内の内容はほぼ同じ。ここでは一般的なツアーで見学するベンディンについて説明する。

ベンディン地下トンネルエリア

ゲートをくぐると最初にビデオ上映室があり、解放戦線の戦いや地元住民の暮らしを描いた約10分間の記録映画が上映される。日本語のナレー

女性兵士は、報告書の作成やトンネル内のガイド、負傷兵士の救助など、重要な役目を果たしていたという

人形が自動で動き、実際にどのように爆弾を作っていたかを見せてくれる。極暑のなかで過酷な労働だったことがうかがえる

トンネルの入口は人がやっと通り抜けられる大きさ。ほかにもジャングルに仕掛けられた多くのトラップなどの説明を受ける

ションによる上映を行う部屋もある（ベンユックも同様）。

地下トンネルは整備され、観光用に広げられた一部のトンネルに入ることができる。地上から深さ4m、6m、10mの３層構造になったトンネル内には、会議室、司令官室のほかに、台所や寝室、病院まであり、文字どおり地下生活の様子がうかがえる。

トンネルの土は意外と硬い。腰をかがめて中に入ると、狭い通路は迷路のごとく二差、三差に分かれており、ムッとする臭いと湿気が襲ってくる。少しだけでもトンネル内に入り、苦しい当時のゲリラ戦の様子を肌で感じてみよう。

入口は木の葉や枝でカムフラージュされており、すぐに見つけるのは難しい。うっそうとした林の中を歩いて行くと、ところどころに大きく陥没した爆撃の跡もある。

台　所

かまどの奥には穴が掘られ、敵に発見されないように離れた場所から少しずつ煙が出るよう工夫されている。布で作られた筒の中には米が入っており、これを背負って移動した。隣の食堂では、当時の兵士たちが食べていたタピオカの原料でもあるキャッサバのイモを試食できる。

作戦会議室

狭くて薄暗い部屋の中には、長い机と椅子が置かれている。正面には解放戦線の旗と「独立と自由ほど尊いものはない」というホーチミンの有名な言葉が書かれている。部屋の隅には落とし穴が掘られ、中にはヤリが突き出ている。

司令官・副司令官室

いずれも狭く、薄暗い小部屋にハンモックや木製ベッド、机とタイプライターがあるだけの質素なもの。

ベンディン地下トンネル・エリア

射撃場　みやげ物店　爆破された戦車　バンブー・トラップ　チケット売り場　駐車場　警備室　ビデオ上映室　作戦会議室　執務室　衣服縫製室　作戦会議室　台所　みやげ物屋　ミリタリー・ワークショップ　自製武器展示室　ゲリラの像　食堂　台所

※チケット売り場から射撃場まで徒歩約20分

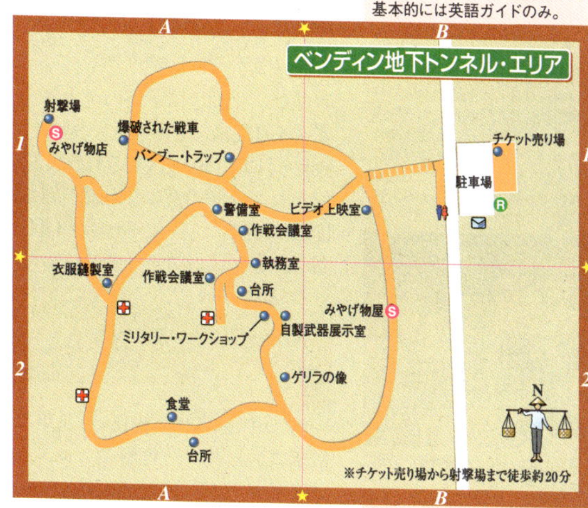

※旅行会社のツアーに参加する場合でも、入場料は別途現地で払うことが多い。

南ベトナム解放民族戦線

1960年12月、“アメリカ帝国主義勢力”と南ベトナムのゴ・ディン・ジエム政権打倒を目標として南部で結成された民族統一戦線（略称NFL）。反共勢力からは「ベトコン：Việt Cộng（越共）」と呼ばれたが、共産主義者以外に農民や知識人も多く含まれていた。1969年には南ベトナム共和国臨時革命政府を樹立。その後、北ベトナム政府軍（NVA）とともに1975年４月、南ベトナムの解放を成し遂げた。

クチ博物館

Nhà Truyền Thống Huyện Củ Chi
Cu Chi Museum
住Tỉnh Lộ 8　☎(028)37948830
開8:00～11:30、13:00～18:00
休無休　料無料

クチの町の中心部近くにある。解放戦線の戦いの記録と使用された武器などを展示。

ベンユック

☎(028)37948820
開7:00～17:00　休無休
料12万5000ドン（武器展示館入場料含む）

武器展示館

Nhà Trưng Bày Vũ Khí Tự Tạo
Self-made Weapon Exhibition Show Room
MAP P.130-1B
開7:00～17:00　休無休

ベンユックにあり、解放戦線の兵士たちが作った武器の模型が展示されている。ワナは下に杭が出ている単純な落とし穴から、踏み込むと鉄の矢が刺さり抜けにくい仕掛けなど、巧妙な物が多い。

ベンディン

☎(028)37946442
開7:00～17:00　休無休
料12万5000ドン

チケットにはガイド代が含まれている。なかには片言の日本語がしゃべれるガイドもいるが、基本的には英語ガイドのみ。

カオダイ教の総本山

MAP 折表-4B

タイニン

タイニンの市外局番
0276

Tây Ninh

タイニンへの行き方

ホーチミン市からタイニンへの直通バスはなく、クチ・バスターミナルで乗り換えることになる。旅行会社主催のツアーに参加するのが所要時間も短くて便利。ホーチミン市内から車で約2時間30分。

カオダイ教とは

1919年、ゴ・ミン・チエンによって唱えられたベトナムの新興宗教。信徒数は約300万人。キリスト教、仏教、イスラム教、ヒンドゥー教、儒教、道教を取り混ぜた混合宗教で、キリスト、釈迦、孔子、ビクトル・ユゴーや李白まで聖人に祀られている。カオダイは宇宙の至上神で、その象徴が巨大な眼「天眼」である。

宇宙の至上神は人類を救済するため、これまで3度現れたとされる。1度目は西洋ではモーゼ、東洋では釈迦、2度目はキリストと老子、そして3度目がカオダイで、地球上の宗教を統一して人類を救おうという思想が信仰の中心となっている。

南北分離の南ベトナム政府時代には、カトリック独裁のゴ・ディン・ジエム政権に武力で抵抗し、政治的な面でも注目された。

寺院内への入場口

ツーリストは正面向かって右側の男性用の入口前にある靴脱ぎ場に靴を預ける。女性信者は左側の入口から入場しなければならないが、ツーリストであれば女性でも男性用の入口から入場可能。

寺院内は独特の世界観で装飾されており美しい

寺院は6つの宗教のそれぞれのシンボルが混在した造りで、正面には「天眼」が描かれている

ホーチミン市の北西約100km、カンボジアと国境を接するタイニン省の省都。ベトナムの独特な新興宗教、カオダイ教の本部があることで有名な所だ。省民の80%はカオダイ教の信者といわれ、純白のアオザイをまとったカオダイ教徒の姿をあちらこちらで見かける。また近郊にはいたるところにカオダイ教の寺院があり、民家に入ればカオダイの象徴である「天眼」の画像が見られる。

市内から15kmほど北東にはバーデン山があり、町なかからもその三角形の美しい姿が眺められる。ベトナム戦争中の一時期、解放戦線の本拠地がこの近くにあり、バーデン山の中腹の洞窟に陣地網を築いて抗戦を続けたという。

見どころ Sightseeing

★★★ 新興宗教、カオダイ教の総本山

カオダイ教寺院

Tòa Thánh Cao Đài　Cao Dai Great Temple

正午の礼拝風景。礼拝の音楽とともに信者たちの荘厳な合唱が寺院を包む

ベトナム全土のカオダイ教の総本山。広大な敷地内に極彩色の巨大な寺院がそびえ建つ。1933～55年に建てられた寺院は、カトリック聖堂の建築様式にアジア的な装飾が施され、何とも不思議な雰囲気だ。内部には龍が巻き付いた派手な柱が並び、正面には宇宙の至上神を表し、カオダイの象徴でもある巨大な眼「天眼」が据えられている。青く塗られた天井には星が描かれ、両側の窓にも天眼が施される。毎日6:00、12:00、18:00、24:00の4回礼拝の時間があり、白いアオザイ姿の信者たちが集まってくる。

ご本尊の「天眼」。礼拝前のみ1階に立ち入って撮影できる

★ メコンデルタで一番高い山

バーデン山

Núi Bà Đen　Ba Den Mountain

町の中心部から約15km北東にある高さ850mの山。平野の中にポコンと黒い三角形のシルエットが浮かび上がっている。山頂にはヴァンソン寺（Chùa Vân Sơn:雲山寺）という小さな寺がある。

Voice! 礼拝を見学する場合は、礼拝の始まる10分前には2階へ上がっておこう。混雑時は入場が制限され、集合時間に間に合わなくなる恐れもある。

気軽に行ける海水浴場

ブンタウ

MAP 折表-4B

ブンタウの市外局番
0254

Vũng Tàu

ブンタウのシンボル、キリストの像（→P.135）

ホーチミン市から船でわずか２時間ほどの所にある、１年中海水浴が楽しめるビーチ。真っ青な空に火炎樹の赤い花が鮮やかに映り、明るい雰囲気に満ちている町だ。バーやカラオケ、ディスコなどナイトライフも充実しており、例えるならベトナムの熱海といったところ。気軽に行けるので、シーズン中は週末ともなるとたくさんの海水浴客でにぎわう。遠浅の海、手に取るとサラサラとこぼれる白砂のビーチ。タイヤチューブの浮き輪に乗って歓声を上げる子供たち。ギラギラと照りつける太陽の下、体を焼く欧米人も多い。そしてひと泳ぎしたあとは、新鮮な海の幸が待っている。

ベトコム・バンク
Vietcom Bank
MAP P.134-2B
住27-29 Trần Hưng Đạo
☎(0254) 3852309
営8:00～11:30、13:00～16:00
休土・日曜
USドルと日本円の現金の両替が可能。ATMは6:30～21:00。

郵便局
MAP P.134-1B
住408 Lê Hồng Phong
☎なし　営7:00～18:00（土曜～12:00）　休日曜

穴場のリゾート、ロンハイ
ホーチミン市から車でブンタウへ向かう途中、バーリア（Bà Rịa）の先にある三差路を左折し、約30分行った所にあるビーチ。ビーチは有料で、水はそれほどきれいではないが、のんびり過ごしたい人にはよい。

アクセス ❀ ACCESS

ブンタウへの行き方

●バス
ホーチミン市のタンソンニャット国際空港国際線ターミナルから72-1番バスがブンタウ・バスターミナル（MAP P.134-1A）へ7:00～19:30の間に90分間隔で運行。16万ドン、所要約２時間15分。ミエンドン・バスターミナルからもバスが運行（→P.61）。

●船
ホーチミン市から水中翼船のグリーンラインズDPが運航（→P.62）。

ブンタウからの交通

●バス
ブンタウ・バスターミナルからホーチミン市行きのバスは終日頻発。タンソンニャット国際空港行きのバスは行きの項目を参照。

ホーチミン市行きは市内からも多数リムジンバスが出ている。ホアマイ（MAP P.134-2B　住47 Trưng Nhị ☎(0254)3833333）が4:30～18:00の間に30分間隔で運行。20万ドン、所要約１時間40分。VIEリムジン（MAP P.134-1B　住33 Đường 3 Tháng 2 ☎081-9001131〈携帯〉）は5:00～22:25の間に30分間隔で運行。19万ドン～、所要約２時間。

●船
ホーチミン市行き水中翼船グリーンラインズDPがロープウエイ乗り場（MAP P.134-1A）から月～木曜12:00、15:00発の２便、金・土曜12:00、14:00、16:00発の３便、日曜10:00、12:00、14:00、16:00発の４便運航。月～金曜32万ドン（子供27万ドン）、土・日曜36万ドン（子供29万ドン）、５歳以下無料。所要約２時間。

コンダオ島行きはフーコック・エクスプレスがブンタウ・フェリーターミナル（MAP P.134-1A）から8:00発の１便運航。月～木曜79万ドン（子供63万ドン）、金～日曜、祝日95万ドン（子供76万ドン）。

グリーンラインズDP　Greenlines DP
☎098-8009579（携帯）
URL greenlines-dp.com

フーコック・エクスプレス　Phu Quoc Express
☎098-9566889（携帯）
URL phuquocexpressboat.com

オー・エス・シー・ベトナム・トラベル
OSC Vietnam Travel
MAP 下図-2B
住 2 Lê Lợi
☎ (0254) 3852008
URL oscvietnamtravel.com
営 7:00～17:00　休 無休
カード A D J M V

市内および近郊へのツアー、車やバスの手配などが可能。

安ウマ！なカニ麺
フーンヴィ
Phuong Vy
MAP 下図-1B
住 104A Võ Thị Sáu
☎ 086-2446878（携帯）
営 6:00～13:00、16:30～21:00
休 無休　カード 不可

タピオカ粉や米粉から作られるモチモチの麺にカニの身がどっさり載った汁麺、バン・カン・ゲ（Bánh Canh Ghẹ、4万ドン～）の専門店。

カニのすり身も入ったスペシャル（Bánh Canh Ghẹ Đặc Biệt、7万ドン）

歩き方 Orientation

ブンタウには4つのビーチがある。市街地の前に広がるフロント・ビーチ（Bãi Trước）、その北にあるストロベリー・ビーチ（Bãi Dâu）と、南のパイナップル・ビーチ（Bãi Dứa）、そして長い砂浜をもつバック・ビーチ（Bãi Sau）だ。海水浴に最も適しているのは、ビーチ幅が広く遠浅のバック・ビーチ。複数のビーチ施設があり、にぎわいを見せている。フロント・ビーチにはたくさんの漁船が停泊しており、なかなか絵になる光景。一部に限られるがフロント・ビーチでも海水浴が楽しめる。ストロベリー・ビーチとパイナップル・ビーチは泳ぐのには適さない。

市街地のチューンコンディン通りと、フロント・ビーチ沿いのクアンチュン通りに挟まれた一帯に、レストランやカフェ、食堂が集まる。ホテルはバック・ビーチ沿いのトゥイーヴァン通りにミニホテルから高級ホテルまでズラリと並ぶ。市街地はさほど広くないので歩いても回れるが、釈迦仏台やバック・ビーチへは歩いては行けないので、タクシーやバイクタクシーを利用しよう。ブンタウの日差しは強烈で、近いと思って歩くと意外に疲れる。フロント・ビーチからバック・ビーチまではタクシーで約10分（10万ドン前後）。

フロント・ビーチは小さな漁港。毎日新鮮な魚が水揚げされる

Voice ブンタウは石油産業の基地で、沖合に油田がある。町の北側には大型クレーンが並ぶドックがあり、この町のもうひとつの顔を見せている。

見どころ Sightseeing

★★★ にぎわいあるブンタウのメインビーチ　MAP P.134-1B

バック・ビーチ（トゥイーヴァン・ビーチ）

Bãi Sau (Bãi Thùy Vân)　Back Beach(Thuy Van Beach)

町の東側にある、長さ約4kmにもわたる白砂のビーチ。夏のシーズン中は、近郊からやってきた海水浴客で埋め尽くされる。ビーチ沿いには海の家が建ち並び、客を呼び込んでいる。水の透明度はさほどでもないが、遠浅で波の穏やかな海では、ジェットスキーに興じる人の姿も見られる。ここには複数の総合ビーチ施設がある。

家族で遊びに来るベトナム人も多い

★★ 驚くほど充実した世界の武器展示　MAP P.134-2B

ロバート・テイラー古武器博物館

Bảo Tàng Vũ Khí Cổ Robert Taylor　Worldwide Arms Museum

イギリス人武器収集家、ロバート・テイラー氏の私設博物館。17～20世紀にかけての世界各国の武器や軍服など約2500点が展示されている。鎌倉時代の侍の甲冑や神聖ローマ帝国時代の甲冑などもあり、見応えがある。

充実のコレクション

★★★ ブンタウを見渡す大きなキリスト像　MAP P.134-2A

キリストの像

Tượng Chúa Kitô Vua　Jesus Christ Statue

町の南端の山上にそびえ建つ高さ30mの白いキリスト像。両手を広げて建つポーズは、南米リオデジャネイロのキリスト像を彷彿させる。バック・ビーチの南端近くから像まで長い石段を上っていく。像内部にはらせん階段が設けてあり、キリスト像の肩の上の展望台に出られ、遠くの海岸線が見渡せる。

15分もあれば頂上まで上れる

★★ 今も残るフランス総督の豪華な別荘　MAP P.134-1A

ホワイト・パレス

Bạch Dinh　White Palace

市街地の北西部、海に面した丘の上に建つ洋館。もともと1889年にフランス総督の別荘として建てられ、南ベトナム政府時代にはゴ・ディン・ジエム大統領、グエン・ヴァン・チュー大統領も使っていた。２階には当時のままの応接間や寝室が残されており、見学も可能。１階には16世紀頃ブンタウ近海で難破した船から引き上げられた陶磁器などが展示されている。２階の窓から広がる海の眺めは最高！　この眺めだけでも贅沢な別荘だったことが想像できる。

その白亜の外観からホワイト・パレスと呼ばれる

Voice! スーパーマーケットで買い物をするなら「ロッテ・マート」へ。MAP P.134-1B 住 Góc Đường 3 Tháng 2 & Thi Sách　☎093-3661818（携帯）　営8:00～22:00　休無休

ソムルーイ・シーフード・マーケット・ストリート

Phố Hải Sản Xóm Lưới
Xom Luoi Seafood Market Street

MAP P.134-2B
住 14 Trương Công Định
☎093-3661818（携帯）
営5:00～22:00　休無休

数十mの道の両脇に約20店の海産物を取り扱う店が並ぶ海鮮市場。

上・下／ブンタウ近郊で取れた新鮮な魚介類がズラリと並び、見て歩くだけでも楽しい。５万ドンくらいでその場で調理もしてくれる

ロバート・テイラー古武器博物館

住 98 Trần Hưng Đạo
☎(0254)3818369　開8:00～17:00　休無休　料７万ドン

キリストの像

住 2 Hạ Long
☎(0254)3856580
開ゲートは6:30～17:00、キリスト像の内部展望台は7:30～11:30、13:30～16:30　休無休　料無料

ホワイト・パレス

住 4 Trần Phú
☎(0254)3511608　開7:30～17:00（最終入場16:30）　休無休
料 1万5000ドン

ブンタウ・ケーブルカー&ホーメイ・パーク

Vung Tau Cable Car & Ho May Park

MAP P.134-1A
住 1A Trần Phú
☎090-8310135（携帯）、090-8002735（携帯）
URL www.homaypark.com
開7:30～18:00（金・土曜～22:00）
休無休
料ロープウエイとホーメイ・パーク入場料のセットチケット40万ドン、17:00以降は20万ドン

ホワイト・パレス前のロープウエイ乗り場から約500m先の山の頂上を結ぶ。頂上は遊園地やプールなどがあるテーマパーク「ホーメイ・パーク」で、ブンタウ市街を一望できる。

★★ 白い大仏と涅槃仏は御利益満点!?

MAP P.134-2B参照

釈迦仏台

Thích Ca Phật Đài　Thich Ca Buddha Statue

市の中心部から約3km北に離れた丘の上にある。敷地内にはいくつかの白い釈迦仏の像があり、狭い階段を上り下りしながら巡ると、釈迦の一生をたどることができる。ここはベトナム人にとっても人気の観光地で、線香を掲げて熱心に祈る人の姿も多い。

その白さがより神々しさを感じさせる

★ 海を見渡せる

MAP P.134-2A

ニェットバン寺（涅槃寺）

Niết Bàn Tịnh Xá　Nirvana Pagoda

1974年に建てられた比較的新しい造りの寺。本堂には大きな釈迦仏が横たわり、線香を掲げて祈る参拝者の姿があとを絶たない。

★★ クジラを祀った神社がある

MAP P.134-1A

タンタム亭

Đình Thần Thắng Tam　The Whale Temple

19世紀初旬、グエン（阮）朝のザーロン帝からミンマン帝の時代に、近隣海域で暴れていた海賊を退治した３人の指揮官を祀っている。同じ敷地内には、ブンタウに打ち上げられたクジラの頭の骨を祀ったクジラの神社、南海翁陵（Nam Hải Lăng Ông）がある。これは漁師の海難事故を防いでくれるクジラの神様「南海将軍」の骨と言い伝えられている。毎年９月上旬から中旬にかけては、海上安全と大漁を祈願した「クジラ祭り」も行われる。

★★ その速さに白熱する本格的なレース

MAP P.134-1A

ドッグレース（グレイハウンド・レーシング）

Đua Chó　Dog Racing

イギリスやオーストラリアでポピュラーなドッグレースが、ブンタウで行われている。毎週金・土曜の夜、ラムソン・スタジアムでグレイハウンド犬による10レースが開催。もちろんギャンブルなので、馬券ならぬ犬券をレースごとに購入可能（単勝、複勝、二連複、三連単があり、２万ドン～）。配当金はレース後すぐに換金できる。白熱したレースが展開されると盛り上がる。

★ 南部ベトナムでは珍しい温泉リゾート

MAP P.134-1B参照

ビンチャウ温泉

Suối Nước Nóng Bình Châu　Binh Chau Hot Spring

ホーチミン市から車でブンタウへ向かう途中の三差路を右に行くとブンタウ、そこを左に折れてさらに北へ進むとビンチャウに着く。ブンタウから車で約１時間半、ホーチミン市からだと約３時間半だ。ここには温泉施設「ミネラ・ホットスプリングス・ビンチャウ」がある。敷地内には温水の湧く湿地帯の中に温水プール（水着着用）、マッドバス（泥風呂）、露天風呂、スパなど約30もの設備がある。ここではぜひ82℃の温水で作る温泉卵を試したい。売店で生卵を買って、自分で湯に浸して作る。ホテルも完備しており、宿泊も可能。

釈迦仏台
住610 Trần Phú　☎なし
開正門は6:00～17:00、正門横の小さな入口は24時間
休無休　料無料

ニェットバン寺(涅槃寺)
住66/7 Hạ Long
開7:00～18:00　休無休　料無料

本堂の寝釈迦仏。小さいお寺だが厳かな雰囲気

タンタム亭
住77A Hoàng Hoa Thám
☎(0254)3526099　開7:00～17:00　休無休　料無料

ていねいに祀られている南海将軍（クジラ）の骨

ドッグレース
ラムソン・スタジアム
Lam Son Stadium
住15 Lê Lợi　☎(0254)3807309
URL www.duachovietnam.net
料入場料９万ドン、VIPルーム18万ドン
　入場チケットはラムソン・スタジアム、ブンタウのホテル、ホーチミン市のチケット代理店で購入できる。レース時間は金・土曜の19:00～22:15。

レース犬は意外と（?）速く見ていて楽しい

ビンチャウ温泉
ミネラ・ホットスプリングス・ビンチャウ
Minera Hot Springs Binh Chau
住QL55, Xã Bình Châu, Huyện Xuyên Mộc
☎(0254)3871131
URL minera.vn　営9:00～17:00
休無休　料入場料24万ドン（温泉卵と足湯込み）、入浴69万ドン（週末86万ドン）
　昼食付き、マッドバス付きなどさまざまなコンボセット（128万ドン～）もある。

レストラン Restaurant

ブンタウで海鮮を食べるならここ!
ガンハオ 1 Ganh Hao 1
海鮮料理
MAP P.134-1A参照

ブンタウでは誰もが知る超有名店。ハマグリやイカ料理なら12万5000ドン〜。タコのグリル（Bạch Tuộc Nướng Muối Ớt、16万ドン〜）やソフトシェルクラブのから揚げ（Cua Lột Rang Muối HK、7万8000ドン／1匹）、海鮮サラダがおすすめ。

手前がタコのグリル、奥がソフトシェルクラブのから揚げ。どちらもピリ辛でビールが進む！

住 3 Trần Phú　☎（0254）3550909　営10:00〜21:00
休無休　カード M V　予約不要

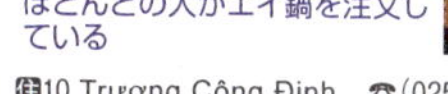

ブンタウ名物エイ鍋の店
ウッムーイ Ut Muoi
海鮮料理
MAP P.134-2B

アカエイの切り身を野菜や米麺ブンと煮込んでいただく、ブンタウ名物のエイ鍋（Lẩu Cá Đuối、22万ドン〜）が食べられる店。淡白なアカエイはクセがなく、小骨のない白身魚のよう。酸味のあるスープとも相性がよく案外いける。

普通のベトナム料理もあるが、ほとんどの人がエイ鍋を注文している

住10 Trương Công Định　☎（0254）3596477
営9:00〜21:00　休無休　カード不可　予約不要

ホテル Hotel

海沿いの大型高級リゾート
マリーナ・ベイ・ブンタウ・リゾート&スパ Marina Bay Vung Tau Resort & Spa
高級ホテル
MAP P.134-1A参照

ブンタウ市街から北に約4km、大海原の絶景を楽しめる大型のラグジュアリーリゾート。宿泊施設は、2階建てのアパートメントタイプで、全室バルコニーまたはテラス付きのオーシャンビュー。レストラン、ジム、スパなども完備。

海に面したインフィニティプール

住115 Trần Phú　☎（0254）3848888
URL marinabayvungtau.com　料ⓈⓌⓉ369万ドン〜　スイート578万ドン〜（朝食付き）　カード A D J M V　全100室

スタイリッシュな4つ星ホテル
マリブ The Malibu
高級ホテル
MAP P.134-1B

バック・ビーチまで徒歩約5分の所に建つビルタイプの大型4つ星ホテル。6階以上が客室となり、上階にあるプールやレストランからの見晴らしは最高。部屋はスタイリッシュな内装で、最も小さいデラックスルームでも39㎡と広く、ゆったりと使えるのがうれしい。

客室は控えめな照明で落ち着いた雰囲気

住263 Lê Hồng Phong　☎（0254）7305779
URL malibuhotel.vn　料ⓈⓌⓉ260万ドン〜　スイート440万ドン〜（朝食付き）　カード D J M V　全209室

パステルカラーのかわいいホテル
リーフミラ・ブンタウ Lief Mila Vung Tau
中級ホテル
MAP P.134-1A参照

ストロベリー・ビーチを望む9階建ての高層ホテル。客室はすべてスイートルーム仕様で、淡い色合いのパステルカラーで統一されている。高層階の客室からは海が見渡せるほか、屋上のインフィニティプールからも絶景が楽しめる。

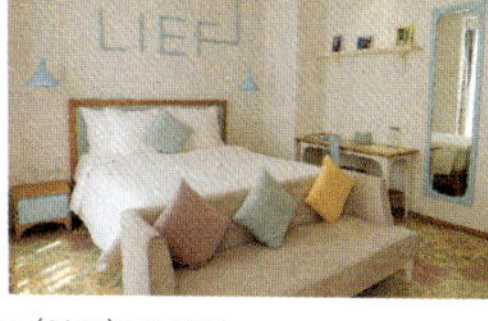

ライフセーバースイートの客室

住160/2 Trần Phú　☎（0254）3858788
URL www.lief.com/mila　料スイート150万ドン〜
カード M V　全30室

手頃な価格で快適ステイ
ムーンタン・ホリデイ・ブンタウ Muong Thanh Holiday Vung Tau
中級ホテル
MAP P.134-2B

フロント・ビーチの目の前に建つ4つ星ホテル。客室は暖色系の落ち着いた色でまとめられており、ゆっくりと過ごせる。プールやジム、レストラン、バー、スパがひととおり揃っているなど、館内設備も十分。

客室はモダンな印象。写真はデラックスツインルーム

住9 Thống Nhất　☎（0254）3552468
URL holidayvungtau.muongthanh.com　料ⓈⓌⓉ160万〜210万ドン　スイート300万〜350万ドン（朝食付き）
カード A D J M V　全85室

Voice! ブンタウのホテルのほとんどは週末、祝日料金を設定しており、週末や祝日は値上がりするので要注意。

メコンクルーズの起点

MAP 折表-4B

ミトー

ミトーの市外局番
0273
Mỹ Tho

ベッティン・バンク
Vietin Bank
MAP 下図-2A
住15B Nam Kỳ Khởi Nghĩa
☎(0273)3872544
営7:15～11:30、13:30～16:45
休土・日曜
USドルと日本円の現金の両替が可能。JCBカード、マスターカード、ビザカードでのキャッシングも可能。

ミトー市場
営店によって異なるが、だいたい7:00～19:00 休無休

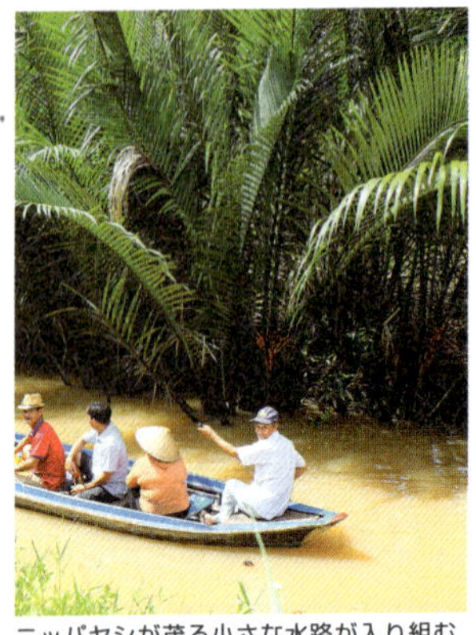
ニッパヤシが茂る小さな水路が入り組むメコンデルタ

ホーチミン市から国道1号線を南西に行くこと約1時間30分。メコンデルタの入口の町、ミトーに到着する。米粉から作られるフー・ティウ麺の本場であり、リュウガン、マンゴー、ランブータンなど豊富な果物の産地としても有名な町だ。

ミトー観光のハイライトは、何といってもメコンクルーズ。モーター付きの木造船に乗り込み、中州のトイソン（Thới Sơn）島やフン（Phụng）島に向けて出発！　両岸に低く続くジャングルを眺めながら、茶色く濁ったメコン川の雄大な流れのなかを行く。ときおりすれ違う貨物を積んだ木造船やフェリー、果物を山積みにした小舟、黙々と網を打つ漁師たちを見やりながら、のんびりと心地よい川風に吹かれよう。

見どころ　Sightseeing

★人々の暮らしを肌で感じる　MAP 左図-2B

ミトー市場
Chợ Mỹ Tho　My Tho Market

おもに生鮮食品が売られている屋内のミトー市場。人ひとりすれ違うのがやっとといった細い路地に、新鮮な野菜や魚がズラリと並んでいる。市場周辺にも太陽の恵みをたっぷり受けて育った南国野菜や果物、魚の乾物などの食料品の路上市場が広がっている。道を挟んだ北側には国営百貨店があり、こちらは生活雑貨が売られている。

淡水魚・エビの乾物なども多く見かける

郵便局：MAP 上図-2B　住59 Đường 30 Tháng 4　☎(0273)3873214　営6:30～20:00（日曜7:00～17:00）　休無休

★★★ 中国×フランスの建築美 MAP P.140-1B

ヴィンチャン寺（永長寺）

Chùa Vĩnh Tràng　Vinh Trang Temple

市内から東に約1km行った所にある、ヤシの木々に囲まれた仏教寺院。1849年に開かれた由緒ある寺だが、その造りは日本の寺とは大違い。中国とフランスの建築様式を取り入れ、曲線的で優美な外観を造り出している。中にはお坊さんのための学校もあり、ここで４年間の修行を積むという。

美しく整備された敷地内に建つ、独特の雰囲気をもった寺院

★★ ヤシの実だけを食べて生活していた MAP P.140-2B

ヤシ教団の寺

Di Tích Đạo Dừa　Coconut Monk Temple

龍の尻尾が異なる中央の塔はダオユアを象徴

ミトーから船で約20分。フン（Phụng）島に遊園地のような奇妙な造形物が見えてくる。ヤシの実だけを食べて生活していたヤシ教団の寺だ。教祖ダオユア（本名グエン・タン・ナム）は1909年フックタン（現ベンチェー省）で生まれ、1928～35年までフランスに留学。その後帰国し、仏教とキリスト教、イスラム教、カオダイ教、ホアハオ教を融合した宗教を確立。ここに小さな教団の生活共同体を作った。ダオユアは当時の南ベトナム政府によって何度も投獄されながら活動を続けたが、1990年に死亡し、教団は解散させられた。

広場に建つ９つの塔は９本の支流があるメコン川と、９人いた妻との婚姻生活を象徴。また後部のふたつのタワーは橋で結ばれているが、その下にはベトナムのジオラマ地図があり、南北ベトナムの統一を象徴している。

ヴィンチャン寺（永長寺）

住Mỹ Phong
☎(0273)3873427
開6:30～18:30　休無休　料無料

敷地内の巨大な布袋像。巨大涅槃像と観音像もある

ドンタム・スネークファーム

Dong Tam Snake Farm
MAP P.140-1A
住Bình Đức, Châu Thành
☎(0273)3853204
開7:00～17:30
休無休　料３万ドン

市内から西へ約10kmの所にある。大蛇や毒ヘビなど、研究用のヘビがうようよ。

ヤシ教団の寺

住Ấp Tân Vinh, Châu Thành
☎(0273)3822198
開7:00～19:00　休無休
料３万ドン、子供２万ドン

ダオユアの写真をはめ込んだ記念碑もある

アクセス ACCESS

ミトーへの行き方

●バス

ホーチミン市のミエンタイ・バスターミナルから16:00発の１便運行。４万5000ドン、所要約１時間30分。カントーのカントー中央バスターミナルからは10:00発の１便運行。10万ドン、所要約２時間。ホーチミン市からは日帰りツアーも利用できる（→P.89～91）。

ミトーからの交通

●バス

中心部から西へ約3kmの所にあるティエンジャン・バスターミナル（MAP P.140-1A）からホーチミン市へは3:00～18:30の間に30分間隔で運行。４万5000ドン～、所要約２時間。カントーへは5:00発の１便運行。８万ドン、所要約２時間。同バスターミナルからは近郊の町へのバス発着が多く、各方面へはベンチェー・バスターミナル（→右記）のほうが本数が多い。

ベンチェーへの行き方

●バス

ホーチミン市のミエンタイ・バスターミナルから7:15～16:00の間に６～７便運行。６万5000ドン～。ミトー市内からの路線バスはなく、タクシーを利用。約30分、20万ドンくらい。

ベンチェーからの交通

●バス

ベンチェー・バスターミナル（MAP P.141-1A参照）からホーチミン市へ終日頻発。６万ドン～、所要約２時間。ヴィンロンへはカントー行きの路線バス71B番に乗り、ミートゥアン大橋で下車（８万ドン、所要約１時間30分）。そこからバイクタクシーまたはタクシーでヴィンロン市内へ行く（約8km、所要約15分。バイクタクシー４万ドン、タクシーなら９万ドンくらい）。

ミトーとベンチェーを結ぶラックミウ橋

MAP 下図-1A〜2A

ミトーとベンチェーを結ぶラックミウ橋（Cầu Rạch Miễu）は、橋部分の長さは第１橋と第２橋を合わせて2878m、全長8331mの大橋でトイソン島、フン島とも結ばれており、陸路でふたつの島へも行ける。

ラックミウ橋からの眺め

ミトー周辺の４つの島

トイソン島：Cù Lao Thới Sơn
（ユニコーン島）
フン島：Cù Lao Phụng
（フェニックス島）
ロン島：Cù Lao Rồng
（ドラゴン島）
クーイ島：Cù Lao Qui
（トータス島）
※（　）内は英語名。

★★★ メコンデルタ旅行のハイライト

メコンクルーズ

MAP 下図

Mekong River Cruise

ミトーの南側を流れるメコン川には、中州状の４つの島がある。最も大きいものがトイソン島、そしてフン島、ロン島、クーイ島と連なる。ミトー観光の目玉は、これらの島々やメコン川の南のベンチェーをボートで巡るツアーだ。トイソン島をはじめ、周辺には果樹園がいくつもある。パパイヤ、マンゴー、ドラゴンフルーツ、ジャックフルーツなど、南国の果樹の間を散策し、もぎたての季節のフルーツが味わえる。その後は手こぎの小舟に乗り換えて、ニッパヤシが茂る細い水路をジャングルクルーズ。ベンチェー側にはココナッツキャンディ工場やハチミツ農園が多く、それらも見学できる。

左／果樹園では、みずみずしい旬のフルーツを南部民謡のドン・カー・タイ・トゥ（Đờn Ca Tài Tử）を聴きながら楽しめる　右／クルーズはこぎ手ひとり当たり２万ドンくらいのチップが必要

旅行会社＆ツアーオフィス ❁ TRAVEL OFFICE & TOUR OFFICE

●ティエンジャン・トラベル
Tien Giang Travel

MAP P.138-2A　住8 Đường 30 Tháng 4
☎(0273)3853666、3852888、091-8406070(携帯)
URL tiengiangtravel.vn
営8:00〜16:00　休無休　カード不可

トイソン島での果樹園、ハチミツ農園、ココナッツキャンディ工場見学やクルーズ体験と、フン島のヤシ教団の寺を回るツアー（約３時間）は、ひとり40万8000ドン〜、ふたり参加の場合はふたりで47万6000ドン〜。前日までに要予約。

●ヴィエット・ニャット・ツーリスト
Viet Nhat Tourist

MAP P.138-2A　住8 Đường 30 Tháng 4
☎(0273)3975559　URL dulichvietnhat.com
営7:30〜17:00　休無休　カード不可

トイソン島の果樹園、ハチミツ農園、ココナッツキャンディ工場を回るツアー（約３時間）は、ふたり参加の場合はひとり80万ドン。夕方以降のホタル観賞ツアーやホームステイプログラムもある。最少催行人数はふたり。日本語ガイドあり。新しくできたフェリーターミナル（MAP P.138-2A）内にもオフィスがある。

✉ツアーで行ったトイソン島のハチミツ売り場近くでは、強制的に椅子に座らされ日本語の歌を聴かされた。その後チップを要求され、支払うまで逃げられないようになって↗

郊外の町

ココナッツの名産地

ベンチェー

MAP 折表-4B、下図

Bến Tre

省全体にヤシが多く、ココナッツの名産地として知られるベンチェー省は、メコン川前江河口部の広大な中州地帯からなる。省都ベンチェーはミトーから車で約30分。メコン川に架かるラックミウ橋を渡り、そこからさらに12kmほど行ったベンチェー川の北岸にある。目抜き通りは市街の中央を南北に走るドンコイ通りで、通りの南側の突き当たりにはベンチェー橋が架かっている。たいして広い町ではないので、散策には1～2時間あれば十分だ。市場や教会などを見たら、ベンチェー橋を渡って対岸を散策するのもいい。このあたりは果樹園が多く、グアバやスモモが植えられている。道なりに10分ほど行くと、ベンチェー橋2があり、ここからの夕日は美しい。

また、ここから南シナ海方面へ約36km離れたヴァムホー（Vàm Hồ）には、水ヤシに営巣するサギの生息地がある（→P.158）。メコン川もここまで来ると川幅が一段と広くなり、海が近いことを実感する。

左／メコンクルーズツアーはベンチェー側からもある　右／ヤシの木が多いベンチェーはココナッツの産地。あちらこちらにヤシの木が群生している

ベンチェーの市外局番
0275

ベンチェーの旅行会社

ビナツアーズ
Vinatours

MAP 下図-1A参照
住179D Võ Nguyên Giáp
☎（0275）3829618
E-mail sale@vinatours.org

ココナッツ工場や果物園があるベンチェー近郊の村をボートや徒歩、シクロに似た荷台付きの乗り物、セー・ロイなどで巡るツアーを主催。4時間のツアーでひとり70万ドン～。

メコンデルタの名物料理

メコン川で養殖されている「象耳魚」のから揚げ：カー・タイ・トゥオン（→P.35）や、米と緑豆を混ぜた生地を丸く揚げたソイ・チン・フォン（Xôi Chiên Phồng）は、メコンデルタの名物料理として有名。たいていのレストランにはあるが、ローカルな食堂にはない。

上／象耳魚の身はライスペーパーで巻いて食べる
下／ソイ・チン・フォンは鍋の中で回して膨らませていく

上・左下／のどかな光景が広がるベンチェーの村　右下／ツアーでも立ち寄ることが多いハチミツ農園もたくさんある

↘いた。昼間から酒を飲みながら何万円もせしめる営業に気分が悪くなった。ミトー観光ではチップの要求に気をつけてほしい。（千葉県　かずくん）['22]

ココナッツキャンディ工場
クエユア　Quê Dừa

MAP P.140-2B
住 Ấp 2 , Tân Thạch Village
☎ 093-9020857（携帯）

バナナ、チョコレート味などのキャンディは各３万ドン。ココナッツ酒（13万ドン／800mL）やココナッツのスキンケア商品も販売している。

キャンディはピーナッツ入りも人気

ベンチェーの見どころ　Sightseeing

名物キャンディ作りが見られる
ココナッツキャンディ工場
Cơ Sở Sản Xuất Kẹo Dừa　**Coconut Candy Workshop**

ミトーから船で約30分のベンチェーのタンタック（Tân Thạch）村には、名物のココナッツキャンディの家内工場があちらこちらにある。工場といっても民家に仕事場があって、手作業で製品化する小規模なもの。ヤシの汁と麦芽を煮つめ、着色素材を加えるという単純な作業だが、技術が必要とのこと。工場は何軒もあり、そのうちの１軒にボートツアーで立ち寄る。

キャンディ作りは成形や梱包など、ほぼ手作業

レストラン　Restaurant

ミトー名物が食べられる大型店
メコン・レスト・ストップ　ベトナム料理
Mekong Rest Stop　MAP P.138-1A参照

ホーチミン市からのツアーでよく利用される茅葺き屋根のオープンエア・レストラン。名物はカー・タイ・トゥオン（→P.35、141欄外。22万9000ドン～）と、ソイ・チン・フォン（→P.141欄外、14万9000ドン）。

朝食ではフー・ティウも人気。店はミトー中心部から車で約10分

住 Km1964 + 300 Quốc Lộ 1, Châu Thành（国道１号線沿い）
☎ (0273) 3858676、093-3334445（携帯）　営 6:00～20:30
休 無休　カード ADJMV　予約 不要

家庭料理が楽しめる食堂
チータン　大衆食堂
Chi Thanh　MAP P.138-1A

ミトー中心部では有名な家庭料理の老舗。豚肉、牛肉、エビ、魚などさまざまな食材を使ったミトーの家庭料理を楽しめる。皿飯のコム・ディアも豊富で、フライドチキンが載ったチキンライス（Cơm Gà Chiên、6万5000ドン）は特に人気。

家庭の味を楽しめる。手前はカイン・チュア（→P.31、６万ドン～）

住 279 Tết Mậu Thân　☎ (0273) 3873756
営 9:00～20:30　休 毎月旧暦15日　カード 不可　予約 不要

ホテル　Hotel

トイソン島の小さなリゾート
アイランド・ロッジ　高級ホテル
The Island Lodge　MAP P.140-2A

ふたりのフランス人が手がけるトイソン島のリゾートホテル。フレンチコロニアル風のインテリアが随所に散りばめられており、タイル張りの客室は竹を多用したナチュラルな雰囲気。メコン川に面したインフィニティプール、スパ、レストランを完備。

客室はガーデンビューまたはリバービューが選べる

住 390 Ấp Thới Bình, Thới Sơn, Châu Thành
☎ (0273) 6519000　URL www.theislandlodge.com.vn
料 Ⓢ Ⓦ Ⓣ 545万ドン～（朝食付き）
カード AMV　全12室

ベンチェー中心部の高層ホテル
ダイヤモンド・スターズ・ベンチェー　高級ホテル
Diamond Stars Ben Tre　MAP P.141-2A

ベンチェー中心部では珍しい高層ホテルで、ベンチェー川沿いに2020年にオープン。クラシカルかつ上品なインテリアで統一された客室は、一番小さな部屋でも35m²と広く、最新設備を備える。レストラン、バー、インフィニティプール、会議室など館内施設も充実。

デラックスルーム

住 140 Hùng Vương, P. An Hội, Bến Tre
☎ (0275) 3748888　URL diamondstarbentre.com
料 Ⓢ Ⓦ Ⓣ 172万7272ドン～　スイート427万2727ドン～（朝食付き）　カード AJMV　全138室

Voice! ミトーは南部の米麺フー・ティウ（→P.36）が有名。魚のフー・ティウなどもあるので見かけたら試してみて。

ホテル Hotel

ベンチェーの田舎でのんびり
メコン・ホーム 中級ホテル
Mekong Home MAP P.141-2A参照

ベンチェー中心部から南へ約12km。ベンチェーの片田舎にある南国植物に囲まれたアットホームなエコリゾート。4000㎡の広大なガーデンの一画にあり、自然と調和したデザインの客室は洗練されたガーデンリゾートの趣だ。レストラン、スパ完備。

全室バルコニー付きで38㎡と広々。写真はダブルルーム

住Ấp 9, Xã Phước Long, Huyện Giồng Trôm, Bến Tre ☎098-7299718(携帯) URL www.mekonghome.com 料ⓈⓌⓉ150万ドン～ 3人部屋180万ドン～（朝食付き） カード V 全10室

ベンチェー中心部の高層ホテル
ベンチェー・リバーサイド・リゾート 中級ホテル
Ben Tre Riverside Resort MAP P.141-2A参照

ベンチェー市街から西へ約3km、ベンチェー川とハムルーン川の角に位置する。真っ白な外観が印象的で、客室はグリーン×ブラウンのカジュアルな内装。対岸にはホテルが有する自然豊かなリバーサイドガーデンがあり、ここでの料理教室といったツアーも開催している。

客室は最小でも28㎡と広々

住708 Nguyễn Văn Tư, P. 7, Bến Tre ☎(0275) 3545454 URL bentreriverside.com 料ⓈⓌⓉ190万ドン～ スイート300万ドン～（朝食付き） カード ADJMV 全81室

ミトー中心部の川沿いホテル
クーロン エコノミーホテル
Cuu Long MAP P.138-2B

ミトー市場やメコン川クルーズ乗り場まで徒歩圏内にあり、便利な立地。2018年開業と比較的新しく、客室はシンプルな内装だが明るく清潔。スタンダードルームのみ窓なし。カフェ・バー、レストランを完備。

ミトーでは比較的規模の大きなホテル

住81-83 Đường 30 Tháng 4, P. 1, Châu Thành ☎(0273) 6266666 URL cuulonghotel.tiengiangtourist.com 料ⓈⓌⓉ55万ドン 3人部屋105万ドン ファミリー180万ドン スイート200万ドン（朝食付き） カード JMV 全65室

竹で造られたバンガロー
キャロット・ホームステイ・ティエンジャン ミニホテル
Ca Rot Homestay Tien Giang MAP P.138-1A参照

ミトー中心部からは約16km離れた場所にあり、メコンデルタの田舎ステイを体験できる。南国の植物が生い茂る広大なガーデンには竹で造られたバンガローが点在。ベッドやテーブルなど、客室の家具も竹製でナチュラルな空間だ。レストランやプールがある。

自然に囲まれてリラックスできる

住Ấp Nguơn, Đông Hoà, Châu Thành ☎096-7794786(携帯) URL www.facebook.com/homestaytiengiang 料ⓈⓌⓉ80万ドン～ スイート88万ドン～（朝食付き） カード V 全20室

メコンデルタでサンセット&ホタル観賞

メコンデルタを訪問したら見逃せないのが、壮大なサンセットと、メコン川支流に生えるカイバン（Cây Bân）というコルクの木に群がるホタル群。天気や時期に左右されることもあるが、運がよければ真っ赤に沈む太陽と、クリスマスツリーのライトさながら、葉陰で点滅するホタルを見ることができる。

ミトー、またはカントーを18:00頃ボートで出発。空が真っ赤に染まる贅沢な夕焼けを堪能したあとの19:00頃、ホタルが集まるポイントへ向かう。ミトーならベンチェー川沿いに1月を除きほぼ1年中見られる。以前はカントーでも見られたが、近年では見られなくなってしまったとか。

ツアーを行っている旅行会社もあるので、ツアーに参加するのがベスト。ボートをチャーターして行くこともできるが、その際は、ツアー内容の詳細確認を怠らないこと。また、夜だけに危険がともなうこともあり、女性だけでの参加はなるべく避けたほうがよい。

左・右／コルクの木に群がるホタル。おしりに近い部分が発光する

MAP 折表-4B

水上マーケットで知られる

ヴィンロン

ヴィンロンの市外局番
0270
Vĩnh Long

ACBバンク
ACB Bank
MAP P.145-2B
住3 Hoàng Thái Hiếu
☎(0270) 3839999
営7:30～11:30、13:00～16:30（土曜～11:30） 休日曜
USドルの現金の両替が可能。マスターカード、ビザカードでのキャッシングも可能。

郵便局
MAP P.145-2B
住12C Hoàng Thái Hiếu
☎(0270) 3822550
営7:30～19:00
休無休

豊かな自然や素朴な人々の暮らしに触れられるアンビン島

ホーチミン市から車で約２時間30分。メコンデルタの町、ヴィンロンでは日の出とともに起きよう。川から昇る太陽をバックに、朝霧の中を行き交う船がシルエットとなって浮かぶ、１日のうちで最も美しいひとときだ。やがて川岸の緑が鮮やかに見え始める頃、市場は活気にあふれ、１日が始まる。

ヴィンロンを訪れたなら、メコン川の中州であるアンビン島へ。細い水路をめぐるメコンクルーズや旬の果物を味わえる果樹園、何よりのんびりとしたメコンデルタの田舎の雰囲気を思う存分楽しめる。

ベトナム南部の伝統建築にフランスの建築様式を取り入れたカイベーの古民家

アクセス ✿ ACCESS

ヴィンロンへの行き方

●バス

ホーチミン市のミエンタイ・バスターミナルから終日頻発。14万ドン～、所要３時間。カントーの91Bカントー・バスターミナルから、ヴィンロン行き路線バスが6:00 ～ 17:00の間に20～30分間隔で運行。２万9000ドン（大きな荷物はプラス１万2000ドン）、所要約１時間。

ヴィンロンからの交通

●バス

市の中心部から西へ約3kmの所にあるヴィンロン・バスターミナル（MAP P.146-2B 住1E Đinh Tiên Hoàng）から、各方面へ便がある。ホーチミン市へは終日頻発。12万ドン～、所要約３時間30分。ベトナム南部の各町を結ぶフーンチャン（Phuong Trang）のバスターミナルもここにあり、ホーチミン市、ダラット行きなどを運行。

町なかの近郊バスターミナル（MAP P.145-2B 住18B Đoàn Thị Điểm）からは、カントー行きの路線バスが5:00～17:00の間に15分間隔で運行。２万9000ドン、所要約１時間。近郊の町、サデック（→下部欄外）への路線バスもある。5:30～17:45の間に35分間隔で運行。１万5000ドン、所要約45分。

旅行会社＆ツアーオフィス ✿ TRAVEL OFFICE & TOUR OFFICE

●クーロン・ツーリスト　Cuu Long Tourist
MAP P.145-1B　住1 Đường 1 Tháng 5
☎(0270) 3823611、077-2062999（携帯）、098-2321999（携帯）
E-mail info@cuulongtourist.com
営7:00～16:00　休無休　カード不可

老舗の旅行会社。カイベーの水上マーケット、ライスペーパー工場、アンビン島の果樹園や盆栽ガーデンなどを巡るツアー（４～５時間）は、ひとり69万ドン。アンビン島に１泊するホームステイツアー（197万8000ドン～）もある。ツアー料金は参加人数に応じて変わる。

Voice! サデック（Sa Đéc）は『愛人／ラマン』で知られるフランス人作家、マルグリット・デュラスが暮らした町。作品に登場する中国人青年の家が残されている。

見どころ Sightseeing

★★ 活気に満ちた大規模な市場

MAP 下図-1B

ヴィンロン市場
Chợ Vĩnh Long　Vinh Long Market

左・右上・右下／アンビン島は果樹園が多く、ヴィンロンは果物がおいしいことでも有名

川沿いの5月1日通り、グエンコンチュー通り、グエンチャイ通り一帯に広がる路上市場を含めたヴィンロン中心部最大の市場。5月1日通りに面した立派な建物の市場を中心に、果物や野菜、魚の露天が道いっぱいに並び、周辺には商店や甘味屋台も出て1日中活気づいている。特に、果物コーナーは旬の南国フルーツが並び、圧巻。味見をさせてくれるので購入前に食べ比べてもいい。

★ ヴィンロン省の歴史を紹介

MAP 下図-1B

ヴィンロン博物館
Bảo Tàng Vĩnh Long　Vinh Long Museum

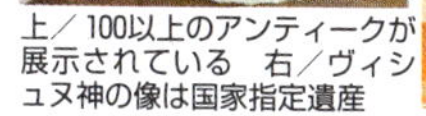

上／100以上のアンティークが展示されている　右／ヴィシュヌ神の像は国家指定遺産

3つの展示館からなる博物館。それぞれ革命の歴史に関する展示館、ヴィンロン省の発展に関する展示館、人々の生活や文化に関する展示館。メコンデルタで興った扶南の中心都市、オケオ遺跡の出土品であるヴィシュヌ神の像（6～7世紀、周辺のヴンリエム出土）や、6～20世紀初頭のヴィンロン周辺の人々の日用品なども展示されている。敷地内にはカフェがあり、ひと休みできる。

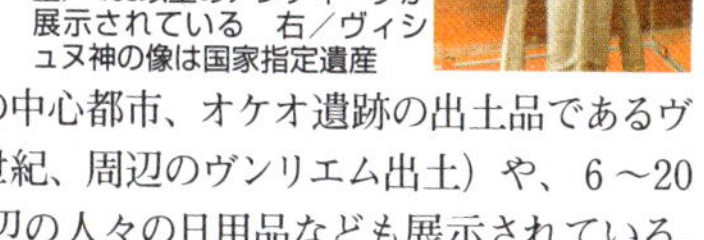

ヴィンロン市場
住 Đường 1 Tháng 5 / Nguyễn Công Trứ / Nguyễn Trãi
営 店によって異なるが、だいたい5:00～19:00

市場には食用花もたくさん。手前左のディエンディエンの花（Hoa Điên Điển）はメコンデルタでよく食べられるマメ科の花。8～9月に出回る

盆栽ガーデン
アンビン島（→P.146）のビンホアフック村にはラン園、盆栽ガーデンが多い。日本の盆栽よりスケールが大きく、トロピカルな植物もある。ちなみにベトナムでもBONSAIという。

ヴィンロン博物館
住 1 Phan Bội Châu
☎ (0270) 3823181
開 7:00～11:00、13:00～17:00
休 土・日曜
料 無料

展示説明はベトナム語のみ

アンビン島

ヴィンロン市街地のフェリー乗り場（MAP P.145-1B）から4:00〜22:00の間にフェリーが往復。所要約5分。1000ドン（自転車は2000ドン、バイクは4000ドン）。

アンビン島の古民家

カイ・クーン氏の古民家
Nhà Cổ Cai Cường
Cai Cuong's Ancient House
MAP 下図-2B
住145/11 Ấp Bình Hòa 1, Bình Hoà Phước

18世紀末の古民家でフレンチコロニアルの外観だが内部はベトナム式。見学可能だが、留守のこともあるので事前に旅行会社などで確認を。

メコン川クルーズが楽しめる

アンビン島

MAP 下図

Cù Lao An Bình　An Binh Island

ヴィンロン市街地からフェリーで約5分。東西南北それぞれ数km以上もあるメコン川の中州、アンビン島はメコンの自然とともに暮らす人々の素朴な生活が残る自然豊かな島で、ヴィンロン観光の目玉でもある。島のいたるところに網の目状の小さな川がいくつもあり、ヴィンロンでのメコンデルタクルーズはその支流からさらに細い水路へと入っていく。

左上／島でも舟は重要な交通手段
右上・左／島内はのんびりとした雰囲気で南国植物や花がたくさん

また、アンビン島にはホームステイができるユニークな民家や古民家が何軒もあり、周辺の小道をサイクリングしたり、果樹園（→下記）を訪れたりと、メコンデルタの田舎ならではののんびりとした滞在ができる（→P.23）。

アンビン島の果樹園

各果樹園の入場料は園や時期によって異なるが、3万5000ドン〜。果物の試食込みのところがほとんど。メコンデルタクルーズツアーで果樹園を訪れる場合も多い。

もぎたて旬のフルーツを味わえる

アンビン島の果樹園

MAP 左図-1A〜2B

Vườn Trái Cây ở Cù Lao An Bình　Fruit Garden in An Binh Island

アンビン島の西部、アンビン（An Bình）村やホアニン（Hòa Ninh）村は果樹園が多く、これらの果樹園を訪問できる。アンビン島で栽培されている果物はランブータン、リュウガン、プラム、グァバなど。季節によって訪問できる果樹園は異なるが、例えば7〜8月ならリュウガン、ランブータンが旬。

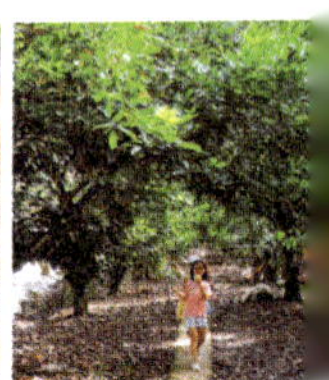

左・右／ランブータン&リュウガンの果樹園、トゥーヒエン果樹園（MAP左図-2B）。もぎたてフルーツを味わえる

郊外の町

カイベーの市外局番 0273

キエット氏の邸宅

Nhà Cổ Ông Kiệt
Mr. Kiet's Ancient House
MAP 上図-1B
住22 Ấp Phú Hòa, Đông Hoà Hiệp, Cái Bè
☎(0273) 3824498
URL kiethouse.com
開8:00〜17:00
休無休
料2万ドン

水上マーケットが有名

カイベー

MAP 折表-4B、上図-1B

Cái Bè

ヴィンロンから車で約1時間、アンビン島のフェリー乗り場（MAP上図-1B）からフェリーで約20分。カイベー水上マーケット（MAP上図-1B）で有名なティエンジャン省の小さな町。JICAと昭和女子大学が保存活動にあたった、約250年前に建てられたキエット氏の邸宅をはじめとする古民家が残っており、散策するのも楽しい。

Voice! アンビン島のレクリエーション施設「ヴィンサン Vinh Sang」（MAP上図-2A）ではダチョウ乗り（3万ドン）ができる。入場料5万ドン。

クメール族が暮らす町

チャーヴィン

Trà Vinh

MAP 折表-4B

クメール寺院のアン寺

ヴィンロンから車で1時間ほど南東へ向かうと、クメール族の人々が多く住むチャーヴィンの町がある。町なかから4kmほど郊外には古いクメール寺院、アン寺（Chùa Âng）があり、内部には仏陀の一生が描かれている。寺の近くにはアオバーオム（Ao Bà Om）という四角い沼があり、神秘的な雰囲気を漂わせている。また、チム寺（Chùa Chim：鳥寺）と呼ばれるクメール寺院も近郊にあり、午後になると庭の木々にシラサギが群れをなしてやってくる。

チャーヴィンの市外局番 0294

ヴィンロンの有名フォー店

フォー91

Pho 91

MAP P.145-2B参照
住91 Đường 2 Tháng 9
☎なし
営6:00～11:00、16:00～21:00
休無休

ヴィンロンでは誰もが知る有名店。5万ドン～。

レストラン Restaurant

川風が心地いいベトナム料理店

フーントゥイー

ベトナム料理

Phuong Thuy

MAP P.145-1B

川沿いのレストランで、コチン川を行き交う船を眺めながらの食事は風情があってよい。一般的なベトナム料理が中心で、ほとんどのメニューが1品10万ドン以下と安い。おすすめはカー・コー・ト（→P.35、10万ドン）やフライドライス（5万ドン～）。英語メニューあり。

朝食メニューのワンタン入りフー・ティウ5万ドン

住1 Phan Bội Châu ☎(0270) 3824786
営6:30～22:00 休無休 カードAMV 予約不要

アンビン島のメコンデルタ料理店

ココ・ホーム

ベトナム料理

Coco Home

MAP P.146-2B

手入れの行き届いた庭でメコンデルタの郷土料理を楽しめる。建物をはじめ、椅子やテーブルなどの家具もココナッツの木でできており、ココナッツを使ったメニューも。おすすめはココナッツミルクを使った甘辛味の牛肉グリル（写真、Bò Nướng Coco、25万ドン）。

牛肉グリルは野菜や米麺ブンと一緒にライスペーパーで包んで食べる

住203A/12 Ấp Hoà Quí, Hoà Ninh, Long Hồ ☎(0270) 3505356 営7:00～21:00 休無休 カード不可 予約不要

ホテル Hotel

ヴィンロンで一番大きなホテル

サイゴン・ヴィンロン

高級ホテル

Saigon Vinh Long

MAP P.145-1A

ヴィンロンの市街地、川沿いに建つ町一番の大型ホテル。全室バスタブ付きの客室は、フローリングの床でカジュアルな内装。館内にはベトナム料理のレストラン、カフェ、バーのほか、プールやジムを完備。シティビューやパークビューもあるが、せっかくならリバービューの客室を選びたい。

目の前には公園とコチン川が広がる立地

住2 Trưng Nữ Vương ☎(0270) 3879988、3879989 URL www.saigonvinhlonghotel.com 料ⓈⓌⓉ125万ドン～ スイート270万ドン（朝食付き） カードADJMV 全84室

テラコッタがテーマのミニホテル

メコン・ポッタリー・ホームステイ

ミニホテル

Mekong Pottery Homestay

MAP P.145-1B参照

客室は2部屋のみと、ホームステイ感覚で滞在できる人気の宿。テラコッタをテーマにしており、れんが造りの客室はいたるところに素焼きの容器や家具が置かれている。要望に応じて敷地内でBBQも可能。市街地から約3km離れた村にあり、ホテルとは少し違った滞在を楽しめる。

各客室には小さなパティオがある

住209A/15 Thanh Mỹ 1, Xã Thanh Đức ☎084-8618182(携帯) URL www.facebook.com/mekongpotteryhomestay 料ⓈⓌⓉ55万ドン～ 3人部屋65万ドン～（朝食付き） カード不可 全2室

Voice!「ココ・ホーム」（→上記）は食事をせず、観光のみの場合は入場料2万ドンが必要。敷地内には宿泊施設もある。

MAP 折表-4B

メコンデルタ最大の都市

カントー

カントーの市外局番
0292
Cần Thơ

カントー・ディナークルーズ
Can Tho Dinner Cruise
MAP P.149-1B
住 Bến Ninh Kiều, Hai Bà Trưng ☎(0292) 3810841
営 9:00～22:00 休 無休
カード 不可 予約 週末は望ましい
メコン川のディナークルーズ船。出航は19:30～21:00（土・日曜、祝日18:00～19:30、20:00～21:30）。乗船料は無料だが、飲食は別料金。隣接してニンキウ・ディナークルーズもあり、出航時間はカントー・ディナークルーズと同じ。

3階建てで、1・2階がレストラン

カントー中心部から約30分で行けるカイラン水上マーケット

ホーチミン市から車で約4時間。メコンデルタ最大の町、カントーは経済の中心都市であるとともに、交通の要衝でもある。また農業研究でその名を知られるカントー大学があるためか、町は明るい活気に満ちている。

カントー川沿いの小さな公園には、ブロンズのホーおじさんが片手を上げてニッコリ。ここから南側の川沿いには、整備され緑が植えられた公園が延びている。船着場では野菜や果物を満載した船から荷揚げされていく光景が見られ、メコンデルタの豊かさを肌で感じられる。

さらにカントーに来たなら、ぜひ水上マーケットを訪れてみよう。手こぎボートで縦横無尽に川を行くエネルギーあふれる女性たちの姿に圧倒される。メコンとともに生きる人々の姿は、いつも力強い。

アクセス ACCESS

カントーへの行き方

●飛行機

ハノイからベトナム航空（VN）が毎日3～4便、ベトジェット・エア（VJ）が毎日4便、バンブー・エアウェイズ（QH）が毎日2便運航。所要約2時間10分。ダナンからはVNが毎日1便、VJが毎日3便運航。所要約1時間30分。フーコック島やコンダオ島からも便がある。

●バス

ホーチミン市のミエンタイ・バスターミナルから0:00～23:00の間に寝台バスが30分～1時間間隔で運行。16万5000ドン、所要約4時間。ミトーからは5:00発の1便運行。8万ドン、所要約2時間。チャウドックからは4:00～18:00の間に1時間間隔で運行。13万ドン～、所要約3時間30分。ヴィンロン、ロンスエン、ソクチャン、ハーティエンなどからも便がある。

カントーからの交通

飛行機に関しては行き方の項（→上記）参照。

●バス

中心部から南西へ約4kmの所にあるカントー中央バスターミナルから各方面へ便がある。ホーチミン市へは終日頻発。14万ドン～、所要約3時間30分。ミトーへは10:00発の1便運行。10万ドン、所要約2時間。ロンスエンへは5:00、7:00発の便以降は1時間間隔で運行。7万5000ドン～、所要約2時間。チャウドックへは5:00、7:00発の便以降は1時間間隔で運行。13万ドン～、所要約3時間30分。ハーティエンへは7:00、8:30、11:30、14:00、16:00発の5便運行。20万ドン、所要4～5時間。ソクチャンへの便もある。ヴィンロンへは、中心部から南西へ約5kmの所にある91Bカントー・バスターミナルから路線バスが発着。6:00～17:00の間に20～30分間隔で運行。2万9000ドン（大きな荷物はプラス1万2000ドン）、所要約1時間。

カントー中央バスターミナル
Bến Xe Trung Tâm Cần Thơ
MAP P.149-2A参照
住 Quốc Lộ 1A, Hưng Thạnh, Cái Răng

91Bカントー・バスターミナル　Bến Xe Lộ 91B Cần Thơ
MAP P.149-2A参照　住 Quốc Lộ 91B

旅行会社＆ツアーオフィス ✿ TRAVEL OFFICE & TOUR OFFICE

●**ヒウ・ツアー　Hieu Tour**

MAP 上図-2B
住27A Lê Thánh Tôn
☎(0292)3819858、093-9419858(携帯)
URL hieutour.com　営8:00～17:00　休無休　カード MV

半日～5日間のカントーを起点とした各種ツアーを主催。ヴィンロンまで船で行き、市場やクメール寺院を訪れる半日ツアーは52US$。カントーのローカルフードを食べ歩くツアーや、自転車でカカオ園や果樹園を訪れる半日ツアーも人気。

●**カントー・ツーリスト　Can Tho Tourist**

MAP 上図-1B
住50 Hai Bà Trưng　☎(0292)3827674
URL www.facebook.com/canthotourist
営7:30～18:00　休無休　カード AJMV

メコン川のボートツアーをメインに行っている。カイラン水上マーケットツアー（約4時間）は、ボート・ガイド代込みのグループツアー（5人）がひとり26万8000ドン。4時間のボートチャーターなら、1隻当たり3人の場合、平日70万ドン～、土・日曜、祝日85万ドン～。4～8人の場合、平日90万ドン～、土・日曜、祝日105万ドン～。カントー近郊の伝統工芸の村を訪れる日帰りサイクリングツアーやホームステイプログラムなどもある。航空券の手配も可能。

バス会社

●**フーンチャン　Phuong Trang**

MAP 上図-2A参照
住 Quốc Lộ 1A, Hưng Thạnh, Cái Răng（カントー中央バスターミナル内）　☎1900-6919(ホットライン)
URL futabus.vn　営24時間　休無休　カード不可

各方面へ寝台バスを運行。ホーチミン市行きは終日30分～1時間間隔で運行。16万5000ドン～、所要約4時間。

見どころ

カントーみやげはここでチェック

MAP P.149-2B

カントー市場

Chợ Cần Thơ　Can Tho Market

町の中心部にある。市場といっても、ほかの町の市場のような生活感はなく、みやげ物店とレストラン「サオホム」(→P.152) が入る。南へ約300m行ったタンアン市場 (Chợ Tân An MAP P.149-2B) 周辺では野菜や果物が道に並び、地元民でにぎわう。

川沿いに建つ町のランドマーク的存在の市場

カントー市場
住Hai Bà Trưng
営店によって異なるが、だいたい8:00～21:00
休無休

センス・シティ
Sense City
MAP P.149-1A
住1 Hòa Bình
☎(0292) 3688988
営8:30～22:00　休無休
近代的なショッピングセンター。スーパーやフードコートがあり、旅行者にも利用価値大。

渦巻き線香が天井を埋め尽くす道教寺院

MAP P.149-1B

廣肇会館

Chùa Ông Cần Thơ　Canton Assembly Hall in Can Tho

線香の煙が立ち込める会館内。天井からは大きな渦巻き線香が無数につり下げられている

1896年に建てられた中国の広州と肇慶出身者のための同郷集会所であり道教寺院。航海や漁業の神様として知られる道教の天后聖母や、戦いや商売の神として信仰を集める関羽が祀られている。屋根や祭壇に見られる細かな彫刻が美しく、地元カントーの人々からは「チュア・オン」と呼ばれ、あつい信仰を集めている。

廣肇会館
住32 Hai Bà Trưng
☎(0292) 3823862
開7:00～17:00
休無休
料無料

カントーでも古い寺院。ライトアップした夜の雰囲気も神秘的

カントーの昔と今を知る

MAP P.149-1B

カントー博物館

Bảo Tàng Cần Thơ　Can Tho Museum

カントーの自然や歴史を紹介する博物館。1階ではオケオ遺跡の出土品の展示のほか、キン族、華人、クメール族の生活や文化を家具や生活用具などとともに紹介。2階は、抗仏戦争とベトナム戦争というふたつの戦争に焦点を当てた展示がメインで、現代のカントーの工業などを紹介するコーナーもある。

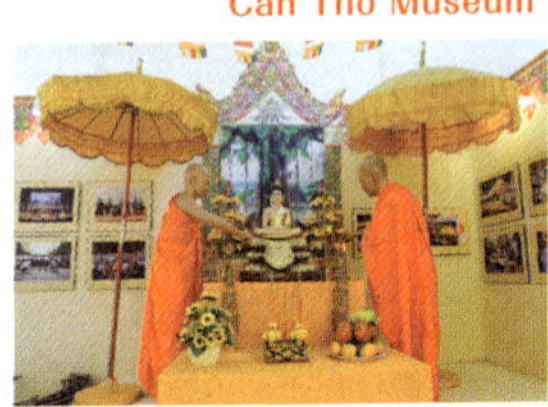

カントー周辺のクメール人の文化を紹介

カントー博物館
住1 Hòa Bình
☎(0292) 3820955
開8:00～11:00、14:00～17:00（土・日曜、祝日～11:00、18:30～21:00）
休月・金曜　料無料

1～7世紀頃の手をかたどった像。オケオ遺跡の出土品

ホーチミンとベトナム革命の歴史

MAP P.149-1A

ホーチミン博物館

Bảo Tàng Hồ Chí Minh　Ho Chi Minh Museum

ホーチミンの生涯を中心に、彼が残した名言とともに革命の歴史をパネルで説明。ホーチミン愛用サンダルやタイプライター、中国から持ち帰った小さな茶碗と箸などの遺品も展示。

敷地内には軍事博物館もある

ホーチミン博物館
住6 Hòa Bình
☎(0292) 3822173
開7:30～11:00、13:30～16:30
休土・日曜、祝日　料無料
同じ敷地内に軍事博物館もあり、戦車などが展示されている。

郊外の見どころ Sightseeing

★★★ 活気あふれる水上マーケット

MAP P.149-2B参照

カイラン／フォンディエン

Cái Răng / Phong Điền　Cai Rang Floating Market / Phong Dien Floating Market

カントー周辺には数ヵ所の水上マーケットがあるが、最も近くて旅行者が手軽に見学できるのは、カイランの水上マーケットだ。市内からソクチャン方面に約7km南下した所にあり、船で約30分。毎朝、メコン川の支流から荷を満載した船が集まり、船上での売買が行われる。6:00～8:00頃がにぎわいのピークだが、夕方まではやっている。

また、カントーの南西約17kmのフォンディエンにも水上マーケットがある。ここは船で約2時間。小規模だが、小さな手こぎ舟の数が多く、シャッターチャンスが狙える。

左／大型の船が多いカイラン　右上／太陽が昇る前から売買が始まる（フォンディエン）　右下／川沿いに水上マーケットを一望できるカフェがある（フォンディエン）

カイラン水上マーケット

ホーチミン市やカントー市内の旅行会社が主催するツアーを利用するのが便利。ハイバーチュン通り沿いのツーリスト・ボートステーション（MAP P.149-2B）付近に、4時間のカイラン水上マーケットツアーを主催するトゥーアン（Tu An）社のチケットブースがあり、ここでツアー申し込みができる。カイラン水上マーケットのほか、フー・ティウ工場、果樹園などを巡る。ひとり10万ドン。ボートチャーターは450万ドン～。問い合わせは☎090-2536661（携帯）

ツアーで立ち寄るフー・ティウ工場では体験もできる

カントーの食堂街

ローカルなご飯を食べるならデタム通り（MAP P.149-2A）へ。麺、お粥、皿飯、甘味など庶民の味がズラリと並んでいる。

屋台も多く、夜はにぎわう

Column 水上マーケットの楽しみ方

夜も明けきらない頃から、カントー周辺の支流を通って、果物や野菜を山積みにした船が川面を滑るようにやってくる。6:00を過ぎる頃には、約1kmにわたる"水上マーケット"ができあがる。船に積まれているのはキャベツ、ウリ、水イモ、トマト、ライム、バナナ、ココナッツなどなど。

大小の船が集まるカイランでは、じっくり観察してみると、少しずつ仕組みが見えてくる。小さい船は大型の船のそばに身を寄せ、交渉したり、売り買いが成立している。大型の船は卸の商人の船で、小さい船は農家の人々なのだ。農家から買い取った卸商はミトーやホーチミン市に売りにいく。もちろん卸の船から小さな船が品物を買ったり、小さい船同士が物々交換の要領で、売り買いしているケースもある。

商人たちの交渉の様子をうかがうのもまた、水上マーケットの醍醐味のひとつ

もっとよく見ていると、妙な物を発見。手こぎの舟以外の大きめの船にはサオのような棒が立っていて、その先端にイモやカボチャがぶら下がっている。これは水上マーケット流の看板だという。つまり、「うちの船ではカボチャを売っています」、または「うちはキャベツの卸商」ということを表す目印なのだ。なかには1本の棒に上からハクサイ、ウリ、トマト、トウガラシなど数種類がぶら下がっている大型船も。さらに同業者はミカンエリア、イモエリア、レンコンエリアといった具合に、だいたい固まって停泊している。その間をすり抜けるように、"水上カフェ"やお粥やバイン・ミー（→P.38）を売る船が行き来する。

ニンジン、レタス、タマネギなどを扱っているという卸商の目印

人々の暮らしや流通の仕組みなどを垣間見ることができれば、よりいっそう興味深い"市場探検"になるだろう。

ミーカン・ツーリスト・ビレッジ
住335 Lộ Vòng Cung, Xã Mỹ Khánh
☎(0292) 3846260
URL mykhanh.com
料9万9000ドン、子供5万ドン
カントー市内から約12km、船で約1時間。バンガローなどの客室が38室あり、宿泊も可能。エアコン、ホットシャワー付きでⓈⓉ60万～80万ドン。レンタサイクル、馬車などで敷地内を回ることもできる。またピッグレース、ドッグレース、サルのサーカスも毎日開催されている(9:45、11:00、13:00、15:00)。

★★ ベトナムの田舎と大自然を満喫　MAP P.149-2B参照

ミーカン・ツーリスト・ビレッジ

Làng Du Lịch Mỹ Khánh　My Khanh Tourist Village

カイランからさらに川を約2km南下した所にある複合観光施設。広大な土地に、マンゴー、リュウガン、パパイヤ、ザボン、バナナなど約20種のフルーツが植えられた果樹園があり、ワニ、ダチョウ、サルなどの動物も飼育されている。また、バンガロータイプの宿泊施設やレストラン、プールもある。

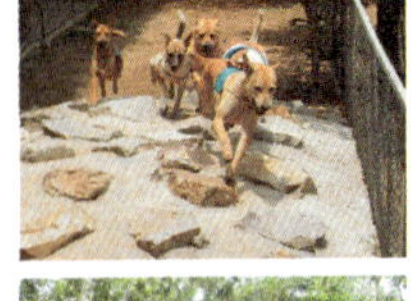

上／ドッグレース。ピッグレースもある
下／緑に囲まれキャンプ気分が味わえる

インフォメーション INFORMATION

●ベトナム航空　Vietnam Airlines
MAP P.149-2A
住66 Nguyễn An Ninh　☎(0292) 3844320
営8:00～12:00、13:30～17:00（土曜、祝日～11:00、14:00～17:00）　休日曜

●ベトコム・バンク　Vietcom Bank
MAP P.149-2A
住3-5-7 Hòa Bình　☎(0292) 3820445
営7:00～11:30、13:00～16:30　休土・日曜
USドルと日本円の現金の両替が可能。ATMでアメリカン・エキスプレス・カード、マスターカード、ビザカードでのキャッシングも可能。

●中央郵便局
MAP P.149-1B
住2 Hòa Bình　☎(0292) 3818818、3826653
営6:30～20:00　休無休
EMSはもちろん、DHLも取り扱っている。

レストラン Restaurant

川沿いのオープン席が人気

サオホム　ベトナム料理

Sao Hom　MAP P.149-2B

カントー市場内にあるレストラン。川に面してオープンエアの席が設けられており、カントー川を眺めながら食事が取れると人気がある。メニューは代表的なベトナム料理がおもで、野菜料理で7万ドン～、メインは16万～27万ドンとやや割高だが、サービスも味もレベルが高い。

カフェとしても利用できる

住Nhà Lồng Chợ Cổ, Bến Ninh Kiều　☎(0292) 3815616
営6:00～22:00　休無休　カードADJMV　予約ディナーは望ましい

落ち着いて食事を楽しむならここ

ライトハウス　西洋料理

The Lighthouse　MAP P.149-2B

ブティックホテル「ライトハウス」(→P.153)に併設したおしゃれなレストラン。ホテル同様に洗練されたインテリアとサービスでゆっくり食事を楽しめる。メニューは西洋料理で、ステーキでも20万ドン～とお手頃。メインを頼むと無料で前菜が付く。

6:00～17:00の朝食（7万5000ドン～）も人気

住120 Hai Bà Trưng　☎(0292) 3819994
営6:00～23:00　休無休　カードAMV　予約不要

その他のレストラン Restaurant

ホンファット　麺
Hong Phat　MAP P.149-2A
住6 Đề Thám　☎(0292) 3811668
営6:00～11:00、15:00～21:00　休無休
カード不可　予約不要

あっさりスープがおいしい地元で人気の麺屋。コシのある米麺フー・ティウと中華麺の2種類の麺が楽しめる五目麺、フー・ティウ・ミー・タップカム（Hủ Tiếu Mì Thập Cẩm、7万5000ドン）がおすすめ。ワンタンも人気。

Voice 市街中心部での宿泊なら4つ星ホテル「ニンキウ2 Ninh Kieu」も立地がよく人気がある。
MAP P.149-1B　住3 Hòa Bình　☎(0292) 3789999　URL www.ninhkieuhotel.com　料ⓈⓌⓉ99万ドン～↗

ホテル Hotel

唯一無二のアイランドリゾート
アゼライ・カントー 高級ホテル
Azerai Can Tho MAP P.149-1B参照

カントー市街東に位置する小島全体がリゾートで、市街の専用桟橋（MAP P.149-1B参照）から専用ボートでアクセス。雄大な自然をひとり占めできるヴィラは最小でも636㎡と非常に贅沢な造り。専属のバトラーが付き、極上のリゾートステイをサポートしてくれる。

プール付きヴィラ

住1 Cồn Ấu, Cái Răng ☎(0292)3627888 URL azerai.com/resorts/azerai-can-tho 料Ⓢ Ⓦ Ⓣ592万3000ドン～ ヴィラ1732万2000ドン～（朝食付き） カード A J M V 全60室、5ヴィラ

南国気分たっぷりの老舗リゾート
ヴィクトリア・カントー・リゾート 高級ホテル
Victoria Can Tho Resort MAP P.149-1B

コロニアル風建物の本格リゾート。レストラン、スパ、プールやテニスコートなど、施設も揃う。ホテル主催の水上マーケットを訪れる朝食クルーズと、サンセットディナークルーズ（43US$）が好評。

フローリングのウッディな客室。市街とホテル間に無料送迎ボートあり

住Cái Khế Ward ☎(0292)3810111 URL www.victoriahotels.asia 料Ⓢ Ⓣ130US$～ スイート200US$～（＋税・サービス料15%。朝食付き） カード A D J M V 全92室

充実設備で快適滞在
ムーンタン・ラグジュアリー・カントー 高級ホテル
Muong Thanh Luxury Can Tho MAP P.149-1B参照

市街北東のニンキウ橋を渡った先にある。ゴールドを基調にした客室は、ヨーロッパ風のクラシカルな家具が置かれゴージャス。レストラン、ルーフトップバー、屋外プール、ジム、スパなどに加えてカラオケやテニスコートまである充実の設備が魅力。

客室の大きさは最小32㎡。写真はデラックスキングルーム

住Khu E1, Cồn Cái Khế ☎(0292)3688888 URL luxurycantho.muongthanh.com 料Ⓦ Ⓣ350万ドン～ スイート550万ドン～（朝食付き） カード A J M V 全300室

立地良好&最新設備で人気
ライトハウス 中級ホテル
The Lighthouse MAP P.149-2B

にぎやかなハイバーチュン通りの角に建つクラシカルな外観のホテル。客室はインドシナスタイルのインテリアで、チークウッドを使用した上品な内装。防音ガラスの窓、ふかふかのベッドと新品のタオル類など、料金以上の快適な滞在が期待できる。

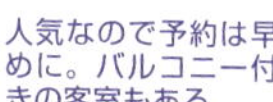

人気なので予約は早めに。バルコニー付きの客室もある

住120 Hai Bà Trưng ☎(0292)3819994 URL www.facebook.com/thelighthousecantho 料Ⓢ Ⓦ Ⓣ81万ドン～ カード A M V 全8室

コロニアル建築の風情を楽しめるブティックホテル
ナムボ 中級ホテル
Nam Bo MAP P.149-2B

フランス統治時代のコロニアル建築をホテルに改装。客室はすべて建物の雰囲気を生かしたクラシカルな内装のスイートルーム仕様で、全室異なるインテリア。屋上にはワインセラーを備えたテラスレストラン「レスカール」があり、カントー川を一望できる。

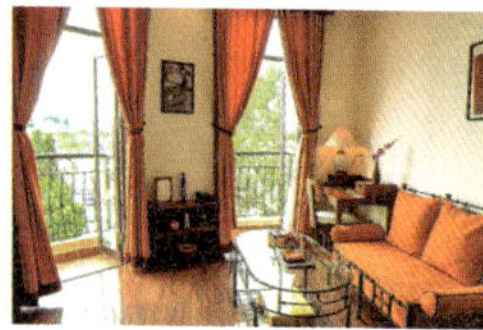
コーナースイートのリビングルーム

住1 Ngô Quyền ☎(0292)3819139 URL mekong-delta.com/vi/1_nights/nambo 料Ⓢ Ⓦ Ⓣ166万～202万ドン カード A M V 全7室

リバービューがすばらしい
ティー・ティー・シー・プレミアム・カントー 中級ホテル
TTC Premium Can Tho MAP P.149-1B

ハイバーチュン通りの北、カントー川に面して建つ大型ホテル。リバービューの客室からはもちろん、8階のオープンカフェからは川を一望でき、すばらしい眺めを楽しめる。客室はテーマカラーであるパープルが差し色のカジュアルな内装。屋外プール、レストラン、マッサージを完備。

欧米人利用が多い

住2 Hai Bà Trưng ☎(0292)3812210 URL cantho.ttchotels.com 料Ⓢ Ⓦ Ⓣ119万ドン～ スイート394万ドン～（朝食付き） カード A J M V 全107室

↘ スイート220万ドン（朝食付き） カード M V 全104室

クメール文化の色濃い町

ソクチャン

MAP 折表-4B

ソクチャンの市外局番
0299

Sóc Trăng

中央郵便局

MAP P.155-2A
住2 Trần Hưng Đạo
☎(0299) 3829323
営7:00～19:00　休無休

BIDVバンク

BIDV Bank
MAP P.155-2B
住60 Nguyễn Hùng Phước
☎(0299)3615455　営8:00～11:30、13:00～16:30　休土・日曜

USドルの現金の両替が可能。ATMがありマスターカード、ビザカードでのキャッシングが可能（24時間）。

ソクチャンのおもなクメール行事

水祭りとして知られるオクオムボク祭り（Lễ Hội Ooc-Om-Boc）は、旧暦の10月14、15日に行われる。ドラゴンボートレース（Đua Ghe Ngo）が有名。そのほか、4月中旬のクメール正月（Ngày Tết Chol Chnam Thmay）など。

カレン寺院

住6 Tôn Đức Thắng
☎(0299) 3821340
開24時間　休無休　料無料

ソクチャンの名物料理

ライギョの発酵調味料を使った汁麺ブン・ヌック・レーオ（Bún Nước Lèo）が名物。

豚肉や白身魚が載る。市場などで食べられる

コウモリ寺（ヨイ寺）

住181 Văn Ngọc Chính
☎(0299)3822233、091-9444503（携帯）　開5:00～22:00
休無休　料無料

ホーチミン市から直線で約150km、カントーから国道1号線を南東に約65km。現在の町の基盤はフランス統治時代に造られ、古いフランス風住居やロータリーのある広い道路がその面影を残している。

ソクチャンを代表するクメール建築の古寺、ヨイ寺（→下記）

この町の人口の約3分の1はクメール族※の人々。クメール族が多く住むメコンデルタ全体の中でも、ここソクチャンは特に多い。ソクチャンという地名もクメール語をベトナム語表記したものだという。町なかや郊外には90以上のクメール寺院がある。

見どころ　Sightseeing

★★ 黄金に輝くクメール寺院

カレン寺院

Chùa Khleang　Kh'leang Pagoda

MAP P.155-1B

かつてクメール族の大切な米蔵だった場所に建立された。1533年創建と歴史は古く、ソクチャン省の歴史文化遺産でもある。黄金に彩られた寺院は、まばゆいほどにきらびやかだ。内部には黄金の仏像が安置され、柱から天井まで装飾が施されている。

カレンとはクメール語で「米蔵」の意味。本堂への階段の手すりには猿神のハヌマン像がある

★★ コウモリがすみつくクメール寺院

コウモリ寺（ヨイ寺）

Chùa Dơi　Mahatup Pagoda

MAP P.155-2A参照

1562年創建の歴史の古いクメール寺院で、極彩色の仏教説話やクメール文字があちこちに見られる。敷地内のミルクフルーツの木々に、たくさんのオオコウモリ（フルーツバット）がすんでいることからこう呼ばれている。また、境内には5本指のブタ（普通は4本）が飼育されており、それらの祖先の墓もある。2007年に本堂が全焼したが、再建された。

本堂内には釈迦の生涯が壁一面に描かれている

※9世紀～15世紀に、現在のカンボジアを中心に栄えたクメール王朝（アンコール王朝）の末裔で、カンボジア、タイ、ラオス、ベトナムのメコンデルタ一帯に居住している。

★クメール族の文化に触れる

クメール文化展示館

MAP 左下図-1B

Nhà Trưng Bày Văn Hóa Khmer　Commercial Khmer Culture Museum

カレン寺院と道を隔てて正面にある。規模が小さく展示物も少ないが、結婚式の衣装や小道具、葬式の衣装など、クメール族の文化が垣間見られて興味深い。建物もクメール寺院のような造り。

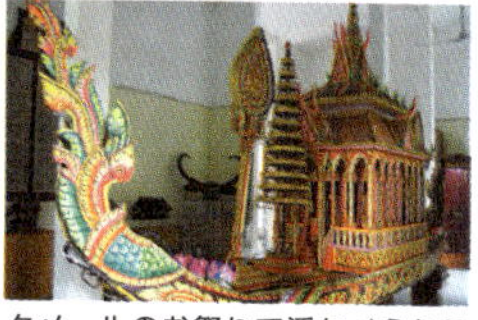
クメールのお祭りで浮かべられる伝統的な船の模型

クメール文化展示館
住53 Tôn Đức Thắng
開7:30〜11:00、13:30〜17:00
休月曜　料無料

★粘土で造られた仏像が安置された

ダットセット寺（宝山寺）

MAP 左下図-1B参照

Chùa Phật Đất Sét　Dat Set Temple

大地の守り神を祀った寺院で、正式名称はブー・ソン・トゥ（Bửu Sơn Tự）。2000体の仏像が安置されており、高さ2.6m、重量200kgの巨大なろうそくが6本あることでも有名。ダットセットとはベトナム語で粘土を意味し、寺院内の仏像、獅子や龍の像などは粘土で作られている。裏庭にも観音像が置かれている。

カラフルに彩られた寺院。ユニークにデフォルメされた寺院内の動物の像も見もの

ダットセット寺（宝山寺）
住286 Tôn Đức Thắng
☎(0299)3828723
開6:00〜17:00
休無休　料無料

アクセス ACCESS

ソクチャンへの行き方

●バス

ホーチミン市のミエンタイ・バスターミナルから0:30〜23:30の間に寝台バスが30分〜1時間間隔で運行。17万ドン、所要約5時間。カントーからは8:00〜18:00の間に8便運行。11万ドン、所要約1時間20分。ロンスエンからも便がある。

ソクチャンからの交通

●バス

中心部から南西へ約2kmの所にあるソクチャン・バスターミナル（MAP 左図-2A参照）から、各地への便が出ている。ホーチミン市へは終日30分〜1時間間隔で運行。16万ドン〜、所要約5時間。カントーへは6:00〜16:30の間に5便運行。11万ドン、所要約1時間20分。

ホテル

Hotel

フォンラン 2　Phong Lan 2

ミニホテル　MAP 上図-1A

住133 Nguyễn Chí Thanh　☎(0299)3821619
E-mail phonglan2@soctrangtourism.com　料Ⓢ①14万〜20万ドン
3人部屋22万〜25万ドン　カード不可　全29室

ソクチャン市場のある市街地からカウクアイ川を渡った所、大きなロータリーに面している。20万ドン以上の客室はエアコン付き。レストランを併設している。

フークイー　Phu Qui

ミニホテル　MAP 上図-2A

住19-21 Phan Chu Trinh
☎(0299)3611811
料Ⓢ①25万〜80万ドン　カード AJMV　全31室

中心部に位置し、便利な立地。全室ホットシャワー、エアコン、テレビ付き。Wi-Fi接続は無料。エレベーターあり。ロビーにはカフェもある。

Voice! 地元で人気のベトナム料理店「ハンキー Hang Ky」。ドジョウの煮付けなど大皿料理が多い。予算は20万ドンくらい。MAP上図-1A　住1 Hùng Vương　☎(0299)3612034　営8:00〜21:00　休無休

MAP 折表-4B

ハウジャン（後江）沿いののどかな町

ロンスエン

ロンスエンの市外局番
0296

Long Xuyên

郵便局
MAP 右下図-1A
住11-13 Ngô Gia Tự
☎(0296)3840986
営7:00～18:00　休無休

バス会社
フーンチャン
Phuong Trang
MAP 右下図-1A参照
住99 Hàm Nghi, P. Bình Khánh
☎(0296)3989999
営24時間　休無休　カード不可
ホーチミン市のミエンタイ・バスターミナル行きの寝台バスを終日30分～1時間間隔で運行。17万ドン、所要約5時間。

ココナッツを満載した船の売買（ロンスエン水上マーケット）

ベトナムで最も自然に恵まれているといわれるアンジャン省の省都。ベトナム民主共和国の第2代国家主席トン・ドゥック・タンの生誕地としても有名だ。また、2～7世紀にメコンデルタを中心に栄えた扶南の中心都市、オケオの遺跡が町の南西約30kmの所にあるが、出土品はロンスエンのアンジャン博物館（→P.157）やホーチミン市の博物館に保管され、遺跡には何も残っていない。

さらに約20km南東の運河沿いには省民の大半が信奉するホアハオ教※の本部がある。

アクセス ACCESS

ロンスエンへの行き方

●バス

ホーチミン市のミエンタイ・バスターミナルから3:00～23:15の間に寝台バスが30分間隔で運行。17万ドン、所要約5時間。カントーからは5:00、7:00発の便以降は1時間間隔で運行。7万5000ドン～、所要約2時間。

ロンスエンからの交通

●バス

町の中心部より東へ約4kmのファムクルーン（Phạm Cự Lượng）通りにあるロンスエン・バスターミナル（MAP 右図-2A参照）から、各方面へ運行。カントーへは11:00、13:30、14:30、15:30発の4便運行。7万5000ドン～、所要約2時間。そのほかチャウドック、ハーティエンなどへの便がある。ホーチミン市へは便数の多いフーンチャン（→欄外）を利用するのが便利。

※カンボジアとの国境に近いアンジャン省で起こり、20世紀前半にベトナムで最も栄えた仏教系民族宗教。教祖は釈迦の生まれ変わりとされている。

見どころ Sightseeing

★★★ ロンスエン最大の見どころ

MAP P.156-1B参照

ロンスエン水上マーケット
Chợ Nổi Long Xuyên　Long Xuyen Floating Market

ロンスエンから船で10分ほどの所にあり、野菜や果物を満載した卸売りの大型船に、仲買人や小売店が小さな船で買いにくる。積荷が売り切れるまで、大型船は数日間ほど停泊しているという。また、周辺には水上家屋や船上で暮らす人の船が停泊していて、水上での暮らしぶりが垣間見える。ツアー参加または船のチャーターで見学を。

麺やパンを売る船も見られる

★ トン・ドゥック・タンの生家

MAP P.156-1B参照

トンおじさんの家
Nhà Bác Tôn Đức Thắng　The Birth House of Ton Duc Thang

市場のそばにあるフェリー乗り場からハウジャン（後江）を20分ほど行ったオンホー島（通称タイガー島）に、ホーチミンの死後、２代目の国家主席となったトン・ドゥック・タンの生家が保存されている。小さな木造の家屋の中には、先祖を祀った祭壇や木製のベッド、テーブルが置かれている。道を挟んだ向こう側にある公園内には、トン・ドゥック・タンの遺品や革命の歴史を展示した展示館や記念館がある。

敷地内は国家特別遺産に認定されている

★ オケオ遺跡の貴重な出土品を展示

MAP P.156-1A参照

アンジャン博物館
Bảo Tàng An Giang　An Giang Museum

キン族、クメール族、華人、チャム族など各民族文化の展示が中心。３階はオケオ遺跡からの出土品が展示されており、青銅製のヴィシュヌ神、５～６世紀の物といわれる木製の仏像など貴重な物も見られる。

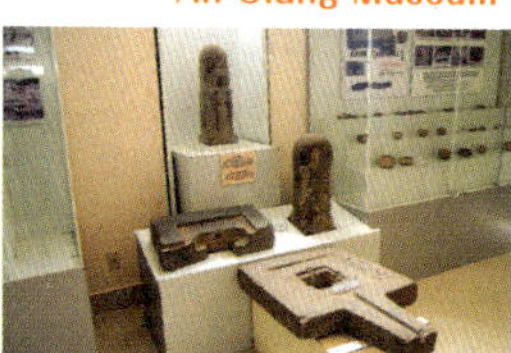
オケオ遺跡から出土したヨニやリンガ

★ ロンスエン一(いち)の大きな市場

MAP P.156-1B、2B

ロンスエン市場
Chợ Long Xuyên　Long Xuyen Market

雑貨や洋服中心の近代的な市場と、その周辺の路上に広がるロンスエン市場は、メコン川から水揚げされた魚、野菜や果物など、豊富な生鮮食料品が並んでいる。

立派な建物の市場

アンジャン・ツーリメックス　An Giang Tourimex：MAP P.156-1A　住17 Nguyễn Văn Cưng　☎(0296) 3841670　営6:00～20:00　休無休　ロンスエン水上マーケットのボート手配などが可能。

ロンスエン水上マーケット
営だいたい5:00～夕方
休無休

小さな船にバナナやザボン、マンゴーなど購入した、たくさんの果物を積み帰っていく

トンおじさんの家
住Ấp Mỹ
☎(0296) 3851310
開7:00～11:00、13:00～17:00
休無休　料無料

オンホー島へはフェリーが4:30～21:00の間に約30分間隔で運航。1000ドン、所要約20分。そこから1km弱。バイクタクシーで約５分、２万ドン～。

トン・ドゥック・タン展示館
☎(0296) 3851310
開7:00～11:00、13:00～17:00
休無休　料無料

アンジャン博物館
住11 Tôn Đức Thắng
☎(0296) 3956248
開7:30～11:00、13:30～17:00
休月曜　料無料

ロンスエン大聖堂
Nhà Thờ Long Xuyên
Long Xuyen Church
MAP P.156-1A
住9 Nguyễn Huệ
☎(0296) 3842570
開7:30～18:00　休無休

南フランスのアルビ大聖堂を模して1973年に建てられた、メコンデルタ最大の教会。建物の壁は風が通り抜ける透かし彫りで、いかにも南国らしい造り。尖塔の下にはマリア像が立つ。

毎日早朝と夕刻にミサがある

ロンスエン市場
営店によって異なるが、だいたい7:00～19:00　休無休

レストラン Restaurant

ハイトゥエ Hai Thue

ベトナム料理 MAP P.156-2B

住68 Lương Văn Cù ☎(0296) 3845573
営9:00〜20:00 休無休
カード不可 予約不要

メコンデルタ料理がおいしいと地元で評判の食堂。タックラックという淡水魚のさつま揚げ、チャー・カー・タック・ラック（Chả Cá Thác Lác Chiên、８万ドン〜）が名物。

ホ テ ル Hotel

広々とした明るい客室が魅力

ララ・ホテル・ロンスエン Lara Hotel Long Xuyen

エコノミーホテル MAP P.156-2A

2021年にオープンした３つ星ホテル。マンゴーウッドの家具が置かれた客室はシンプル＆ナチュラル。機能性にもこだわり、日本製のトイレやエアコンが採用されている。デラックスルーム以上はかなり広く快適。

明るく清潔な客室。写真はデラックスツインルーム

住46-48 Bis Hùng Vương ☎(0296) 3526526 URL www.larahotellongxuyen.com 料Ⓢ Ⓦ Ⓣ70万〜75万ドン スイート90万〜200万ドン（朝食付き） カード M V 全50室

サービスに定評あり

ホアビン１ Hoa Binh 1

エコノミーホテル MAP P.156-1A参照

ロンスエンでは比較的大きなホテルで24時間対応のフロントやスタッフのていねいな応対に定評がある。市街地からはやや離れるが静かな環境で周辺には飲食店もある。レストラン、プール、サウナを完備。客室も落ち着いた雰囲気で清潔。

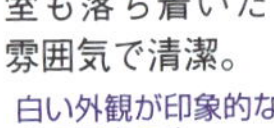

白い外観が印象的な３つ星ホテル

住130 Trần Hưng Đạo, P. Mỹ Bình ☎(0296) 6252999、6250434 URL www.hoabinhhotel.vn 料Ⓢ Ⓦ Ⓣ79万〜158万ドン スイート199万ドン（朝食付き） カード A D J M V 全60室

Column メコンデルタの野鳥生息地

広大にして豊饒（ほうじょう）なるメコンデルタは、人間だけでなく野鳥にとってもすみ心地のいい場所だ。特に通常食用にされないサギ類にとっては、安全が保証されたうってつけの繁殖地。エサとなる小魚や昆虫も多く、メコンデルタ全体でざっと数百万羽はいると推測されている。

メコンデルタでは、こうした野鳥の繁殖地が近年次々と発見され、観光客の人気を呼んでいる。おもな場所はドンタップ(Đồng Tháp)省のチャムチム国立公園(Vườn Quốc Gia Tràm Chim)、ベンチェーのヴァムホー（Vàm Hồ)、ほかにカオラン(Cao Lãnh)やカーマウの郊外にも確認されている。それぞれ地元の旅行会社のツアーを利用すれば行くことができるが、繁殖地はたいてい人の少ない奥地にあるため、往復するだけで半日はかかってしまう。

このなかで比較的行きやすいのはロンスエンから約50kmにあるチャムチム国立公園。水鳥の生息地として国際的に重要な湿地に関するラムサール条約湿地に認定されており、公園内を船で回って見られる。

繁殖地は湿地帯の低木林。高さ５mほどの密集した草木の上に巣が作られていて、観察用の櫓（やぐら）からそれを眺めることになる。場所によってはかなりの遠望となるので、できれば双眼鏡を用意しておきたい。

左／鳥の大群で木々に花が咲いたようだ
右／この上が観察用の櫓になっている

とにかく、どこの繁殖地でも驚かされるのは、その鳥の数。ダイサギやクロサギなど、翼を広げれば１mはゆうに超す大きな鳥が何千、何万という単位で集っている。あるものは悠々と空を舞い、あるものは枝の上であたりを睥睨（へいげい）している。こうしたコロニーを見ていると、地球が人間だけのものでないことがあらためてよくわかる。特に、すべての鳥が捕食から戻る夜は圧巻。闇の中で、その一帯だけがサギたちの白い色で明るくなっている。

観察は日中が中心だが、チャンスがあればぜひ夜も見てほしい。

チャム族が暮らす信仰の町

MAP 折表-4A

チャウドック

チャウドックの市外局番 **0296**

Châu Đốc

寺が多く、ベトナム人観光客も多く訪れる。山の中腹に建つフックディエン寺からは水田や運河が見える

カンボジア国境に近い小さな町、チャウドック。周辺にはマレーシアから伝来したイスラム教を信仰するチャム族※が暮らしており、郊外へ足を延ばすと白いイスラム服を身にまとい、モスクへ出かけるチャム族に出会う。

また、中国人やクメール族の人々も住んでおり、町なかではクメール文字や漢字を目にすることがある。西には信仰の山であるサム山を望み、ベトナム各地から参拝に訪れるベトナム人があとを絶たない。数多くの寺が存在する信仰の町、チャウドックは何か独特な雰囲気をもっている。

ハノイ
ダナン
ホーチミン市

郵便局
MAP P.160-2B
住 2 Lê Lợi ☎(0296) 3866416
営 7:00～18:00（日曜～17:30）
休 無休

サコム・バンク
Sacom Bank
MAP P.160-1A
住 88 Đống Đa
☎(0296) 3260262
営 7:30～11:30、13:00～16:30（土曜～11:30） 休 日曜
USドルの現金の両替が可能。

サム山
住 P. Núi Sam
料 2万ドン、15歳以下1万ドン

各見どころへの行き方
町なかからタイアン寺までバイクタクシーで片道5万ドン～。タイアン寺まで行けば、バー・チュアスー廟、トァイ・ゴック・ハウ陵の2ヵ所へは徒歩数分。フックディエン寺へはタイアン寺からバイクタクシーで約5分、3万ドン～。サム山山頂へは麓からバイクタクシーで片道5万ドン～、所要約10分。グラブ・バイク（→P.417）利用可。
中心部にはシクロに似たセー・ロイ・ダップ（Xe Lôi Đạp）という乗り物もある。1時間10万ドン程度～。

見どころ Sightseeing

★★★ 眺めが抜群、山岳信仰の聖地

MAP P.160-2A参照

サム山
Núi Sam　Sam Mountain

麓から頂上までは徒歩約30分

チャウドックから南西約6kmの所にある、標高230mのサム山。ここは多くの伝説が残る神聖な山だ。ベトナム戦争時代の壕が残されている頂上からは、川の向こうに広がるカンボジアの田園地帯が見渡せる。麓にはいくつかの寺や廟、陵墓が点在し、朝日や夕日を見に訪れる観光客や参拝者があとを絶たない。

アクセス ACCESS

チャウドックへの行き方

●バス

ホーチミン市のミエンタイ・バスターミナルから0:00～23:30の間に寝台バスが1時間間隔で運行。21万ドン、所要約6時間。カントーからは5:00、7:00発の便以降は1時間間隔で運行。13万ドン～、所要約3時間30分。

チャウドックからの交通

●バス

町の南東約4kmのチャウドック・バスターミナル（MAP P.160-2B参照）から各方面へ便が出ている。ホーチミン市へは5:00～24:00の間に1時間間隔で運行。21万ドン～、所要6～7時間。カントーへは4:00～18:00の間に1時間間隔で運行。13万ドン～、所要約3時間30分。ハーティエン行きもある。

カンボジアへの船

チャウドックからメコン川を遡り、カンボジアのプノンペンへ行く船が運航している。チャウドック・トラベル（→P.161）、「ヴィクトリア・チャウドック」（→P.162）など3社がスピードボートを運航。カンボジアビザはeビザのほか途中の国境で取得可能。

※2世紀から17世紀までベトナム中部を中心に栄えたチャンパ王国の末裔。そのほとんどがイスラム教を信仰しており、イスラム教徒をチャム族と呼ぶ人もいる。

タイアン寺（西安寺）
住Vòng Núi Sam, P. Núi Sam
開24時間　休無休　料無料

チャム族の村
MAP 右下図-1B参照
中心部から約7km、ハウジャン（後江）を越えた先にあるダーフック村（Xã Đa Phước）は、400人を超えるチャム族が住む村。特にこれといった見どころはないが、南国の雰囲気たっぷりのイスラムモスクや高床式の家が並ぶ道をのんびり散策するのもいい。村にはモスクがふたつあり、エッサン・モスク（Thánh Đường Ehsan）には異教徒でも入れる。

チャウドック中心部からエッサン・モスクへは、バイクタクシーで約10分、5万ドン～

バー・チュアスー廟（主處聖廟）
住132 Châu Thị Tế, P. Núi Sam
開24時間　休無休　料無料

トァイ・ゴック・ハウ陵
住P. Núi Sam
開24時間　休無休　料無料

本堂内にはトァイ・ゴック・ハウの胸像が立つ

カム山
Núi Cấm　Cam Mountain
MAP 右図-2A参照
住Xã An Hảo
☎(0296)3760229　開7:00～17:00　休無休　料ロープウエイ往復20万ドン、ウオーターパークを含む山頂パークの入場料とのセットチケット25万ドン
全長3485mのロープウエイで一気に山頂へ。山頂には高さ33mとベトナム一の大きさの弥勒菩薩像が鎮座する寺院のほか、池や公園、カフェなどがあり、なかなか楽しめる。

チャウドックの中心部から約35km先にある標高約700mの山

★★ ヒンドゥー様式を取り入れた寺
タイアン寺（西安寺）
Chùa Tây An　Tay An Temple
MAP下図-2A参照

町なかからサム山へ向かうと、真っ先に目に入る派手な寺。1847年にタイアン和尚によって創設され、その後1861年と1958年に補修された。ヒンドゥー教の建築様式を取り入れた独特な造りが、訪れる者を引き付ける。前庭ではゾウやライオンの像が出迎え、内部には200体もの神仏の像が安置されている。裏にはタイアン和尚の墓もある。

派手な色でペイントされた外観が印象的

★★ 伝説の女神が祀られる
バー・チュアスー廟（主處聖廟）
Miếu Bà Chúa Xứ　Ba Chua Xu Temple
MAP下図-2A参照

さまざまな伝説が残るチュアスー女神が祀られる。最初は木造だったが、1870年に建て替えられ、1972年に現在のような形に完成した。上から見ると開いたハスの花に似ているといわれ、今も人々のあつい信仰を集めている。内部の写真撮影は禁止。

毎年旧暦の4月23～27日には法要祭が行われ、たいへんな人出となる

★ 運河を建設した武将が眠る
トァイ・ゴック・ハウ陵
Lăng Thoại Ngọc Hầu　Tomb of Thoai Ngoc Hau
MAP下図-2A参照

グエン（阮）朝時代の武将トァイ・ゴック・ハウの陵墓。トァイ・ゴック・ハウは、この地方に広がるヴィンテー運河を造った人物として知られている。チャウドックからハーティエンまで延びる運河の工事には、5年の歳月を要したという。

1829年に建造された

★美しい農村風景が望める MAP P.160-2A参照

フックディエン寺（福田寺）

Chùa Phước Điền　Phuoc Dien Temple

サム山の西方の山の中腹にある。寺の門をくぐり、長い石段を上ると寺に着く。本堂の裏に高さ2m、深さ12mの石穴があることから、ハン寺（Chùa Hang：穴寺）とも呼ばれている。伝説によると、19世紀の初め頃、レ・チ・トーという名の少女がタイアン寺で修行した後、穴に仏を祀ったのがこの寺の始まりといわれている。寺からはチャウドックの水田と運河の美しい農村風景が望める。

★国境近くの町ならではの品揃え MAP P.160-1A、1B、2B

チャウドック市場

Chợ Châu Đốc　Chau Doc Market

カンボジアとの国境に近いだけあり、タイ製品が多く見られる。小さな町のわりに規模は大きく、品数も豊富だ。道幅の狭い路上でバイクと人がごった返し、朝早くから威勢のいい声が飛び交う。

夕方から市場前に屋台が並ぶ

その他のメコンデルタの町

ベトナム最南端の省都 MAP 折表-4A

カーマウ

Cà Mau

ホーチミン市から約350km、カントーからは約182km、ベトナムを縦断する国道１号線の最南端に位置するカーマウ省の省都。町の見どころは、川沿いの市場とその近くにある動・植物園、水上マーケットなど。

タイランド湾に面した港湾都市 MAP 折表-4A

ラックジャー

Rạch Giá

カントーから西へ約125kmの所にある、タイランド湾に面したキエンジャン省の省都。見どころこそ少ないが、空港や大学があり、町は省都らしいにぎわいに満ちている。

本堂に着くまでに整備された美しいハス池がある

フックディエン寺（福田寺）
開24時間　休無休　料無料

チャウドック市場
営店によって異なるが、だいたい6:30～19:00
休無休

カーマウの市外局番 0290

カーマウへの行き方

ホーチミン市からベトナム航空が週５便（所要約55分）運航。またホーチミン市のミエンタイ・バスターミナルから7:00～22:00の間に12便運行。19万ドン～、所要７時間35分～８時間。

ラックジャーの市外局番 0297

ラックジャーへの行き方

ホーチミン市からベトナム航空が週４便、バンブー・エアウェイズが週３便（所要約50分）運航。またホーチミン市のミエンタイ・バスターミナルから、7:55発の１便運行。15万～16万ドン、所要約６時間。フーコック島からスピードボートがあり（→P.166）、スーパードンは7:20、12:45発 の２便運航。33万ドン、所要２時間50分～３時間10分。フーコック・エクスプレスは7:10、8:10、10:30、12:40、13:45発の５便運航。34万ドン、所要約２時間30分。

旅行会社＆ツアーオフィス　TRAVEL OFFICE & TOUR OFFICE

●**チャウドック・トラベル　Chaudoc Travel**
MAP P.160-1B　住Con Tien Floating Restaurant, Trần Hưng Đạo　☎091-2217448(携帯)
URL www.chaudoctravel.com　営8:00～17:00
休日曜　カード不可

プノンペン行きのスピードボートを運航。7:30発、35US$、所要約４時間。時間変更が多いので、事前に確認を。

●**ミズ・サン・ツアーズ　Ms San Tours**
MAP P.160-2A参照　住277 Nguyễn Văn Thoại
☎091-8669236(携帯)　URL www.chaudocmekongtours.com.vn　営事前に連絡を　休無休　カードMV

チャウドック起点のさまざまなツアーを催行。チャウドックから約30km離れた、カヤプテが群生するチャースーの森（Rừng Tràm Trà Sư）へ行くツアーもある。

バス会社

●**フーンチャン　Phuong Trang**
MAP P.160-2B参照
住Quốc Lộ 1A（チャウドック・バスターミナル内）
☎(0296)3565888　営24時間

ホーチミン市行きは5:00～翌1:00の間に１時間間隔で運行。21万ドン、所要約６時間。カントー行きは4:00～18:00の間に８便運行。12万ドン、所要約３時間30分。

●**フンクーン　Hung Cuong**
MAP P.160-1A
住96 Đống Đa（フンクーン・ホテル内）
☎(0296)3862116、3560807　営24時間

ホーチミン市行きの寝台バスを5:00～23:00の間に１時間間隔で運行。18万ドン。

Voice チャウドックからハーティエン方面へ約44km。1978年、ポル・ポト政権に虐殺された3157人のベトナム人を弔うために建てられた「バーチュック霊廟 Nhà Mồ Ba Chúc」がある。MAP P.160-2A参照

レストラン Restaurant

バイーボン
Bay Bong
大衆食堂 MAP P.160-1B

住20 Sương Nguyệt Anh ☎(0296) 3867271
営8:00～22:00 休無休
カード不可 予約不要

おかずとご飯がセットになった定食（8万～12万ドン）が豊富。おすすめは魚の煮付け、カー・コー・ト（→P.35）やメコンデルタの郷土料理カイン・チュア（→P.31）など。どちらも定食で8万ドン。

チューンヴァン
Truong Van
大衆食堂 MAP P.160-2A

住10 Quang Trung ☎(0296) 3866567
営6:00～21:00 休無休
カード不可 予約不要

市場近くの食堂。メイン料理7万～10万ドンで、麺料理は6万ドン～。ポークチョップ（7万ドン）などがおいしい。バナナパンケーキ（5万5000ドン）は朝食に人気。英語メニューあり。

ホテル Hotel

川沿いのコロニアル風リゾート
ヴィクトリア・チャウドック
Victoria Chau Doc
高級ホテル MAP P.160-2B参照

市街のやや南側、ハウジャン（後江）に面した老舗の4つ星リゾートホテル。外観、内装ともにフレンチコロニアル調で、フローリングの客室も落ち着いた雰囲気。レストラン、バー、プール、スパなどの施設がある。ホテルの桟橋からは、カンボジアのプノンペンを結ぶスピードボートが出ている（要予約）。

客室のテラスからはハウジャン（後江）の眺めが美しい。写真は広々としたスイートルーム

住1 Lê Lợi ☎(0296) 3865010
URL www.victoriahotels.asia
料Ⓢ Ⓦ Ⓣ110US$～ スイート165US$～（＋税・サービス料15%。朝食付き） カード A D J M V 全92室

美しい田園風景が望める
ヴィクトリア・ヌイサム・ロッジ
Victoria Nui Sam Lodge
高級ホテル MAP P.160-2A参照

サム山の中腹にある4つ星リゾートホテルで、どこまでも広がるメコンデルタの大地を見下ろすことができる。レストランやバーなどの設備も充実しており、インフィニティプールからの景色もよい。宿泊者向けの自転車のレンタルも好評だ。ホテル～「ヴィクトリア・チャウドック」（→左記）間の無料シャトルバスを運行。

山の斜面に沿って建つ。デラックスルームはテラス付き

住Vĩnh Đông 1, P.Núi Sam ☎(0296) 3575888
URL www.victoriahotels.asia 料Ⓦ Ⓣ90US$～ ファミリー150US$～（＋税・サービス料15%。朝食付き）
カード A D J M V 全36室

その他のホテル Hotel

フンクーン
Hung Cuong
エコノミーホテル MAP P.160-1A

住96 Đống Đa ☎(0296) 3568111
料Ⓢ Ⓦ60万5000、71万5000ドン（＋税・サービス料15%。朝食付き） カード A D J M V 全45室

市場近くにある8階建てのホテル。全室エアコン、テレビ、ミニバー付き。レストランもある。バス会社のフンクーン（→P.161）と同経営。

フォンラン・リゾート
Phong Lan Resort
エコノミーホテル MAP P.160-2A参照

住Tân Lộ Kiều Lương, P. Núi Sam ☎(0296) 3861745
E-mail phonglantrangvn1980@gmail.com 料Ⓢ Ⓣ70万～160万ドン スイート180万～220万ドン（朝食付き） カード不可 全71室

中心部から約5.5km、サム山から約100m（徒歩約5分）の所にある2つ星の老舗リゾートホテル。広大な敷地内には、レストラン、テニスコートがある。「ベンダー・ヌイサム」から改名。

チャウフォー
Chau Pho
エコノミーホテル MAP P.160-2A参照

住88 Trưng Nữ Vương ☎(0296) 3564139
URL www.chauphohotel.com 料Ⓢ Ⓦ Ⓣ90万～110万ドン ファミリー125万～145万ドン スイート165万ドン（朝食付き） カード A J M V 全50室

レストランやカフェが近くにあり、チャウドック市場へも歩いて行ける好立地。全室バスタブ、エアコン、テレビ、ミニバー付き。部屋は広く、窓からの眺めもよい。館内にはレストランがあり、レンタサイクル1時間無料のサービスが好評。

チュングエン
Trung Nguyen
ミニホテル MAP P.160-1A

住86 Bạch Đằng ☎(0296) 3561561
E-mail trunghotel@yahoo.com 料Ⓢ15US$ Ⓦ17US$ Ⓣ21US$（朝食付き） カード不可 全15室

市場前に建つモダンな外観のミニホテル。部屋は明るい雰囲気で、設備、アメニティも十分。全室ホットシャワー、テレビ、ミニバー、バルコニー付き。1階にはカフェを併設。

Voice 中心部で食事をするなら食堂が集まるチーラン通りやクアンチュン通りへ行ってみよう。また夕方以降は市場周辺に屋台が立つ。

ベトナム南西端の小さな町

ハーティエン

MAP 折表-4A

ハーティエンの市外局番 **0297**

Hà Tiên

活気にあふれるハーティエン魚市場（→下記）

ベトナムの南西端、カンボジアとの国境地帯に位置する港町。ホーチミン市からは約340km、沖合約45kmにはフーコック島が浮かぶ。周辺は水路や湿地帯を利用した田園地帯で、石灰質の山から採掘した石灰岩のセメント工場もある。

市街はメコン川支流の河口部に位置している。碁盤の目状に造られた市街は非常にコンパクトで、散策には1時間もあれば十分だ。市内の見どころは、市場や中国寺、教会など。近郊には風光明媚な海岸や鍾乳洞などもあって楽しめる。全体的にのんびりしたムードで居心地のいい町だ。

見どころ Sightseeing

★★ 活きのいい魚介がたくさん!

MAP P.164-2B

ハーティエン魚市場

Chợ Cá Hà Tiên　Ha Tien Fish Market

ハーティエン近郊で取れた、さまざまな魚介類が並ぶ魚市場。エイやサメ、珍しい貝類もあり見て歩くだけでもなかなか楽しい。エビ1kg15万ドンなど、ほかの町の市場より安い。

魚介はその場で調理もしてくれる

一面の緑が広がる郊外

アグリ・バンク
Agri Bank
MAP P.164-1B 住37 Lam Sơn
☎(0297)3852055 営7:30～11:30、13:00～16:30 休日曜

郵便局
MAP P.164-1B 住3 Tô Châu
☎(0297)3850432 営7:00～11:00、13:00～17:00 休無休

各見どころへの行き方
バイクタクシー利用が便利。ムイナイ・ビーチ、タックドン岩までは4万～5万ドン程度。

ハーティエン魚市場
住Nguyễn Trung Trực
営4:00～20:30 休無休

アクセス ACCESS

ハーティエンへの行き方

●バス

ホーチミン市のミエンタイ・バスターミナルから寝台バスが8:00、10:30、12:30、21:30、23:30発の5便運行。20万5000ドン、所要約7時間。カントーからは7:00、8:30、11:30、14:00、16:00発の5便運行。20万ドン、所要4～5時間。

●船

フーコック島（バイボン港）からのスピードボートはスーパードンが8:10、9:15、12:00、14:00発の4便運航、23万ドン。フーコック・エクスプレスは7:50、9:15、13:30発の3便運航。25万ドン、所要1時間15～20分。

ハーティエンからの交通

●バス

ハーティエン・バスターミナル（MAP P.164-2B参照）からホーチミン市行きのバスが頻発。トゥアンガーは個室になるVIPリムジン寝台バスを8:30、22:00発の2便運行。35万ドン、所要約7時間。

トゥアンガー　Tuan Nga
MAP P.164-2B参照 住Hẻm 51, Tô Châu（ハーティエン・バスターミナル内） ☎(0297)3954464

●船

フーコック島（バイボン港）へスーパードンが7:10、10:00、12:00、13:45発の4便、フーコック・エクスプレスは7:10、9:40、11:05発の3便運航。料金、所要時間は行きの項と同じ。乗り場はMAP P.164-2B。フーコック・エクスプレスのチケット売り場は乗り場と同じ。

スーパードン　Superdong
MAP P.164-2B 住11 Trần Hầu
☎(0297)3955933 営5:00～20:30 休無休

★★ 華人マック・クー家の霊廟

MAP 下図-1B

マック・クー廟（鄭公廟）

Đình Thần Mạc Cửu　Mac Cuu Family Tombs

18世紀にこの地を治めていた華人、マック・クーとその一族を祀る中国式の霊廟。境内の奥、ビンサン山の麓には一族の立派な墓がある。

敷地内は花や木々が植えられ、和やかな空気に包まれる

★★ ハーティエンの洞窟寺

MAP 下図-1A参照

タックドン岩（仙山洞）

Núi Thạch Động　Thach Dong Cave Pagoda

市街からカンボジア国境に向かって約4km、小さな石灰山の中に造られた洞窟寺院。岩の合間からはカンボジアとの国境地帯が見渡せる。1978年にこの地でポル・ポト派との戦闘があり、約130人の犠牲者が出た。入口の横に戦没者を祀る記念碑が建つ。

一部が人の横顔に見える岩山

★ 波のない穏やかなビーチ

MAP 下図-2A参照

ムイナイ・ビーチ

Bãi Tắm Mũi Nai　Mui Nai Beach

市街から西へ約5km、弓なりの海岸に造られたビーチで、地元の人やベトナム人観光客でにぎわう。南側がフロント・ビーチ（Bãi Trước）、北側がバック・ビーチ（Bãi Sau）と呼ばれる。

フロント・ビーチ

マック・クー廟（鄭公廟）
住Đường Mạc Cửu
開7:00～20:00　休無休
料無料

タックドン岩（仙山洞）
開6:00～18:00　休無休
料5000ドン

洞窟内には祠が建てられている

ムイナイ・ビーチ
住Khu Phố 3, P. Pháo Đài
料2万ドン（バイクはプラス2000ドン、車1万ドンが必要）

モーソー洞窟
Động Mo So
Mo So Cave
MAP 下図-2B参照　住Bình An

市街から南東へ約27km、ラックジャー方面へ向かう途中、石灰で覆われた岩山が現れる。洞窟内には恐竜の手の形をしたものや馬の形をしたものなど、ユニークな形の鍾乳石が見られる。洞窟内を回る際はライトアップ（10万ドン）はしてくれるが、薄暗く滑りやすい所もあるため、懐中電灯を持参しよう。

モーソーはクメール語で石灰山を指す

Voice! 新興地区で毎晩18:00頃から開催されるハーティエン・ナイトマーケット（MAP上図-2A）は、店頭に魚介を並べた海鮮料理の店や洋服の屋台が並ぶ。

郊外の見どころ Sightseeing

★悲しい寓話から名付けられた

フ・トゥ岩

Hòn Phụ Tử　Phu Tu Islet　MAP P.164-2B参照

市街から南東へ約38km、海に浮かぶ奇岩。フ（Phụ）とはベトナム語で父、トゥ（Tử）は息子を意味する。この地に残る悲しい寓話から、寄り添うように立っていたふたつの奇岩はホン・フ・トゥ（父子岩）と呼ばれていたが、2006年に父とされていた大きな岩が倒れ、現在は息子の小さな岩のみが立つ。ボートに乗り、海岸付近に浮かぶ奇岩の下にある鍾乳洞の中を探検もできる。フ・トゥ岩のある海岸は、洞窟の中にあるハン寺（Chùa Hang）を抜けた先にある。

左側の岩の塊のうち、右の細長い岩が息子の岩

レストラン Restaurant

川沿いのレストラン

カンブォム　ベトナム料理

Canh Buom　MAP P.164-2B

トーチャウ橋のたもと、ジャンタン川沿いにある大型レストラン。フライドチキン載せご飯（Cơm Chiên Gà、７万ドン）など料理はどれもリーズナブルで朝食（２万5000ドン～）もある。エビのグリル、海鮮焼きそばなど海鮮料理はどれも８万ドン。メニューは写真付き。

新鮮な魚介を使った海鮮料理が人気

住1 Trường Sa　☎(0297)3700333、091-1466545(携帯)
営6:00～21:00　休無休　カード不可　予約不要

種類豊富な海鮮料理店

ホアンガン　海鮮料理

Hoang Ngan　MAP P.164-2A

市街地の西側、新興地区にある半屋外の海鮮料理店。メニューはベトナム語のみだが、味がよく評判がいい。おすすめはエビのレモングラス焼き（Tôm Nướng Sả、12万ドン）やカキのチーズ焼き（Hàu Nướng Phô Mai、１個６万ドン）など。

イカのショウガ蒸し（Mực Trứng Hấp Gừng、17万5000ドン）は“蒸し”というより、スープのよう

住15-10 Khu Đô Thị Mới Hà Tiên, P. Pháo Đài　☎091-8506022(携帯)　営11:00～22:00　休無休　カード不可　予約不要

ホテル Hotel

市街地にあり便利な立地

ヴィスハ　エコノミーホテル

Visuha　MAP P.164-2B

市街地に数あるホテルのなかでも2019年オープンと、比較的新しいホテルで、ハーティエン魚市場（→P.163）へも徒歩圏内。客室は白×パープルが基調の上品な雰囲気で、スタンダードルームでも25㎡と広々。屋外プール、レストランあり。

バルコニー＆バスタブ付きのデラックスキングルーム

住81 Trần Hầu　☎(0297)3958999、3959333
URL visuhahotel.com　料Ⓢ Ⓦ Ⓣ68万～319万ドン(朝食付き)
カード A D J M V　全18室

自宅のような居心地のよさ

セリ・ハウス　ミニホテル

Sele House　MAP P.164-2A

旅好きなベトナム人夫婦が、旅先で出合った好みのものを集めてデザインした、一軒家を改装したミニホテル。やわらかな色調の家具で統一された客室は居心地がよく、ミニバー、湯沸かし器、ヘアドライヤー、バスアメニティなど客室設備も十分。

バルコニー付きの部屋がおすすめ

住Đường Số 35&38, P. Pháo Đài　☎090-6605929(携帯)
E-mail ngoselehouse@gmail.com　料Ⓢ Ⓦ Ⓣ18US$～　ファミリー 36US$～　カード A D J M V　全12室

Voice! ハーティエンのホテルは、市街地のハーティエン魚市場（→P.163）周辺に集まる。週末や祝日は宿泊料が割り増しになるホテルが多い。

白砂のビーチと夕日が美しいリゾート地

MAP 折表-4A

フーコック島

フーコック島の市外局番
0297
Đảo Phú Quốc

両替

両替はホテル、市場内の貴金属店などでできるが、レートが悪いので、島に来る前に済ませておいたほうがよい。

郵便局

MAP P.167A図-1A
住Đường 30 Tháng 4, Dương Đông
営7:00〜18:00　休日曜

希少種フーコック犬は背中の逆毛が特徴

フーコック島の南に位置するアントイ諸島（→P.168）はベトナム屈指の透明度を誇る美しい海で知られ、スノーケリングやダイビングを楽しめる

タイランド湾に浮かぶ緑豊かなフーコック島は、黒コショウとヌックマムの生産地としても有名。島の南半分の海岸線には美しい白砂のビーチが広がっている。透明度の高い海は遠浅で、海水浴やスノーケリングに最適。一方、カンボジア国境に近いこともあり、北部、南部ともに軍事エリアと演習場がある。

今、島は国の観光開発戦略の拠点として急速にリゾート開発が進んでいる。それでもまだのんびりしたムードが漂っているが、今後リゾート観光地としてますます注目を集めそうだ。

アクセス ACCESS

フーコック島への行き方

●**飛行機**

ホーチミン市からベトナム航空（VN）が毎日5〜8便、ベトジェット・エア（VJ）が毎日8〜10便、バンブー・エアウェイズ（QH）が毎日2〜4便運航。所要約1時間。ハノイからはVNが毎日4〜7便、VJが毎日5〜7便、QHが毎日4〜5便運航。所要約2時間5分。ダナンからはVNが週3便、VJが毎日1便、QHが毎日2便運航。所要約1時間45分。ハイフォンからも便がある。空港からユーンドン中心部へはタクシーで所要約20分。

●**船**

ハーティエンからのスピードボートは、スーパードンが7:10、10:00、12:00、13:45発の4便運航、23万ドン。フーコック・エクスプレスは7:10、9:40、11:05発の3便運航、25万ドン。所要1時間15分〜20分。船は島の東部のバイボン港（MAP P.167B図-2B）に到着する。2社ともにラックジャーからのスピードボートもあり、時期によっては増便もある。悪天候の場合は欠航となる。船の到着時刻に合わせて、ユーンドンの中心部へのミニバスが運行。2万〜3万ドン、所要約20分。

フーコック島からの交通

●**飛行機**

行き方の項（→左記）参照。

●**船**

バイボン港からハーティエンへスピードボートが運航。スーパードンは8:10、9:15、12:00、14:00発の4便運航。フーコック・エクスプレスは7:50、9:15、13:30発の3便運航。料金、所要時間は行きの項と同じ。

スーパードン　Superdong
MAP P.167A図-1A
住10 Đường 30 Tháng 4, Dương Đông
☎(0297) 3980111　URL superdong.com.vn

フーコック・エクスプレス Phu Quoc Express
MAP P.167A図-1A
住90 Trần Hưng Đạo, Dương Đông
☎(0297) 3996686、098-9566889（携帯）
URL phuquocexpressboat.com

Voice! フーコック島のベストシーズンは乾季の11〜4月。ダイビングのベストシーズンもこの時期で、透明度は10mほど。ちなみに、5月は暑季、6〜10月は雨季。

歩き方 Orientation

生活の中心はユーンドン（Dương Đông）。ユーンドン川に架かる橋の周辺に市場、橋を渡った西側に銀行、郵便局、商店などが点在する。ホテルや旅行会社、ダイビングショップが並ぶのは、西海岸に沿って南に延びるチャンフンダオ通り。また、島の北西のオンラン・ビーチは、その豊かな自然を生かしたエコリゾートの拠点としても注目されており、バンガロータイプのホテルが増えている。

旅行会社&ツアーオフィス ✿ TRAVEL OFFICE & TOUR OFFICE

●オンバード・フーコック
Onbird Phu Quoc

MAP 下A図-1B 住Tổ 3, Ấp Cửa Lấp, Dương Tơ ☎036-3759280（携帯、LINE） URL onbird.vn E-mail hello@onbird.vn 営8:00～20:00 休無休 カード A D J M V

フーコック島でのさまざまなツアーを主催。コショウ農園訪問、料理教室、スターフィッシュ・ビーチへ行く1日ツアー（約8時間）は2名参加で520万ドン。美しい珊瑚礁が見られるアイランド・ホッピング&スノーケリングプライベートツアー（約5時間）は2名参加で540万ドン。

●フリッパー・ダイビング・クラブ
Flipper Diving Club

MAP 下A図-1A 住60 Trần Hưng Đạo, Dương Đông ☎093-9402872（携帯） URL www.flipperdiving.com E-mail flipper@flipperdiving.com 営9:00～21:00 休無休 カード M V

PADI公認のダイビングショップ。ダイビングとスノーケリングツアーを主催。ダイビングは1ダイブ170万ドン～。スノーケリングは70万ドン～。フーコック島南部2～3ヵ所のダイビングスポットでのスノーケリングツアー（約4時間）はひとり180万ドン。

カウ岩
Dinh Cậu　Cau Rock

MAP 下A図-1A

ユーンドン川が海と合流する、海水と淡水が交わるポイント。そこにある大きな岩はこの島のシンボル。岩の上には小さな廟、タックソン殿（Thạch Sơn Điện）があり島民の信仰を集めている。

岬の端に建つタックソン殿

真珠養殖場資料館

フーコック島沖には真珠貝が自然に育つ海域があるため、真珠の養殖が行われている。ダイバーが取ってきた真珠貝に核を入れて海に戻し、1年半から3年かけて真珠を育てる。白のほかにゴールドの真珠ができるのが珍しい。ロング・ビーチ沿いに資料館併設のショップがある。

ゴックヒエン・パール・ファーム
Ngoc Hien Pearl Farm

MAP 下A図-2A 住Trần Hưng Đạo, Dương Tơ ☎(0297) 6259259 営7:30～19:00（資料館は～16:00） 休無休

フーコック収容所
Nhà Tù Phú Quốc
Phu Quoc Prison

MAP P.167B図-2B
住 350 Nguyễn Văn Cừ, An Thới
☎ (0297) 3844578
開 7:00～11:00、13:00～17:00
休 月曜　料 無料

フランス統治下の1953年に建てられた収容所を利用した博物館。ベトナム戦争時には約４万人もの北ベトナム軍の捕虜や政治犯を収容していた。拷問の様子を再現した模型や、実際に使用されていた檻などが展示されている。地元では「ココナッツ・プリズン」と称される。

上／比較的遠浅のサオ・ビーチ　下／サオ・ビーチにはフルーツや魚介の物売りの姿も見られる

サンワールド・フーコック
Sunworld Phu Quoc

MAP P.167B図-2B
住 Bãi Đất Đỏ, An Thới
☎ 088-6045888（携帯、ホットライン）
URL phuquoc.sunworld.vn
開 9:30～16:30、ロープウエイは9:00～17:00（土曜～21:00）
休 無休　料 70万ドン、子供（身長100～140cm）35万ドン

料金にはアクアトピア、エキゾティカの入場料、ロープウエイ料金が含まれる。

見どころ　Sightseeing

★★★ フーコック島のメインビーチ　MAP P.167B図-2A
ロング・ビーチ（チューン・ビーチ）
Bãi Trường　Long Beach(Truong Beach)

島の西側に約20kmにわたって続く白砂のビーチ。ユーンドンから徒歩で行ける。ビーチで歩を進めるたびに砂がキュッキュッと鳴くのが楽しい。北にはカウ岩（→P.167欄外）が、南部はリゾート開発でホテル数が急増中。レストランやマリンショップもある。

ビーチからは美しいサンセットが望める

★★ フーコック島で一番美しい海岸　MAP P.167B図-2B
サオ・ビーチ
Bãi Sao　Sao Beach

フーコック島南東部にある、真っ白な砂浜とマリンブルーの海のコントラストが美しいビーチ。レストランを併設した海の家や売店があり、海水浴はもちろんジェットスキーやパラセーリングなどのマリンスポーツも楽しめる。ユーンドンからはバイクタクシーで約30分。

約2kmもの白砂のビーチが続く

★ ヒトデで有名なビーチ　MAP P.167B図-1A
スターフィッシュ・ビーチ
Bãi Rạch Vẹm　Starfish Beach

島の北西部にある、ヒトデが見られるビーチ。遠浅のビーチで泳ぐのには適しておらず、海の家などもない。

★★ ダイビング&スノーケリングを楽しもう　MAP P.167B図-2B
アントイ諸島
Quần Đảo An Thới　An Thoi Islands

島の南側に浮かぶ15の島々で、海の透明度が高く、スノーケリングやダイビングスポットとして人気がある。多くの旅行会社が複数の島を巡るアイランドツアーを行っているので参加してみるのもいい。また、一番大きなトム島（Hòn Thơm）にはマリンスポーツなどが楽しめる「サンワールド・フーコック」があり、フーコック本島とトム島を結ぶ海上ロープウエイや、ウオーターパークなどエンタメ施設が続々とオープン。

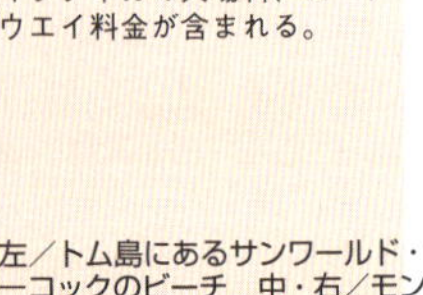
左／トム島にあるサンワールド・フーコックのビーチ　中・右／モンタイ島ではスノーケリングや船からのダイブも楽しめる

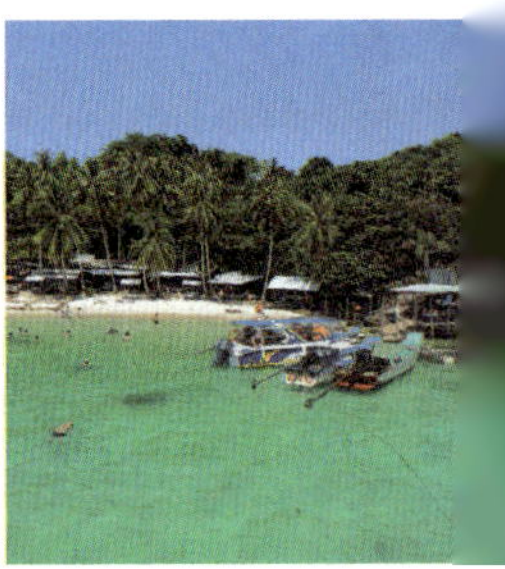

★ベトナム最大のサファリパーク　MAP P.167B図-1A

ヴィンパール・サファリ・フーコック

Vinpearl Safari Phu Quoc

歩いて回る動物園ゾーンと、バスに乗って巡るサファリゾーンのふたつがある。500ヘクタールの広大な敷地には150種類以上の動物が飼育されている。キリンやゾウへの餌やり（9:00〜16:00）やアニマルショーなどもあり、楽しめる。近くに同経営の大型アミューズメントパーク「ヴィンワンダーズ」がある。

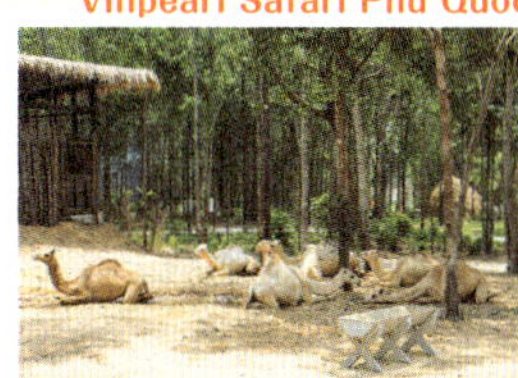

ラクダやライオン、水牛などが見られる

★森と小川を楽しむプチハイキング　MAP P.167B図-1B

チャン渓流／ダーバン渓流

Suối Tranh / Suối Đá Bàn　Tranh Waterfall / Da Ban Waterfall

緑いっぱいのチャン渓流

どちらも中部の山岳地帯の湧き水が小川となり、それが合流して山の谷間を流れる景勝地。水量が多いときは滝になるが、乾季は小川に過ぎず、干上がっていることもある。

★★縁日気分を楽しもう　MAP P.167A図-1A

フーコック・ナイトマーケット

Chợ Đêm Phú Quốc　Phu Quoc Night Market

ユーンドンで毎晩18:00頃から開かれるナイトマーケット。バクダン通り一帯にスナック系&スイーツ系のストリートグルメ屋台、海鮮屋台、レストラン、みやげ物の露店などが並び、縁日のようなにぎわい。海鮮料理は、店先に水槽を並べ、直接水槽から選んで注文できる店もある。値段はそれほど安くはないが、どの店もたいていは写真付き、または英語メニューが用意されていてわかりやすい。

左／屋台でもさまざまな海鮮料理が売られている。調理済みで温めるだけのものも多い
右／大きなロブスターの炭焼きも楽しめる

ヴィンパール・サファリ・フーコック

住Khu Bãi Dài, Gành Dầu
☎(0297) 3636699
URL vinwonders.com/en/vinpearl-safari-phu-quoc
開9:00〜16:00　休無休
料65万ドン、ナイトサファリ60万ドン、ヴィンワンダーズとのコンボチケット120万ドン
カード A D J M V

チャン渓流／ダーバン渓流

どちらもユーンドンからバイクタクシーで10〜15分。チャン渓流は観光地として整備され、近くまで車で行ける。滝まで歩いて往復30分ほど。ダーバン渓流は車を降りてから滝まで長い距離を歩く。

フーコック・ナイトマーケット

住Bạch Đằng, Dương Đông
営店によって異なるが、だいたい18:00〜23:00
休無休

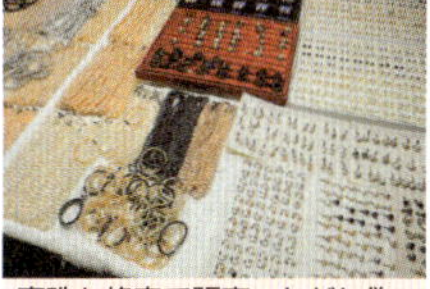

真珠も格安で販売。ただし偽物の場合もあるので注意

フーコック島の名物麺、ブン・クァイ

クリアスープにつるっとしたのどごしの米麺ブンに、エビのすり身が載ったブン・クァイ（Bún Quậy）はフーコック島の名物麺。島で見かけたら試してみて。

ブン・クァイは食堂や屋台で食べられる

レストラン　Restaurant

チュンユーン・マリーナ　Trung Duong Marina

海鮮料理　MAP P.167A図-1A

住136 Đường 30 Tháng 4, Dương Đông　☎(0297) 3980540
営9:00〜22:00　休無休
カード M V　予約不要

近海で取れる新鮮なシーフード（1品12万ドン〜）を提供する有名店。メニューが豊富で味がよく、地元の人と旅行者でにぎわう。フーコック島の森で捕獲されるシカのグリルなど珍味もある。

シュリ・フーコック　Shri Phu Quoc

多国籍料理　MAP P.167A図-2A

住Trần Hưng Đạo, Dương Tơ
☎(0297) 2233555
営8:00〜23:00　休無休　カード M V

ロング・ビーチが目の前に広がる絶景のロケーション。カジュアルなビーチバーのような雰囲気で気軽に利用できる。取れたての魚介を好みの調理方法で提供するメニューが人気でシーフード・プラッター（39万9000ドン）などがおすすめ。

Voice! ヌックマム工場の「フンフン Phung Hung」では瓶詰めなどの工程を見学できる。ヌックマムの販売もしているが航空会社によっては預け荷物、手荷物ともに禁止されているので注意。
MAP P.167B図-2B　住471 Nguyễn Văn Cừ, An Thới　☎(0297) 3997998　営7:00〜17:00　休無休

ホテル　Hotel

スパ無料の極上リゾート
フュージョン・リゾート・フーコック
高級ホテル
Fusion Resort Phu Quoc MAP P.167B図-1A

1泊につき1回のスパトリートメントが無料で受けられる、フュージョン・グループの5つ星リゾート。きちんと手入れされた緑豊かな敷地内は南国の木々や花が配され、気持ちがいい。ナチュラル素材を用いた客室はすべてヴィラタイプで、プール付き。ふたつのレストランに、海が眺められる大きなインフィニティプール、ビーチ沿いのバー、白砂のプライベートビーチなど心身ともにリラックスできる施設も魅力だ。ヨガやメディテーションなどのほか、カヤックや自転車ツアーなども開催。

5ベッドルーム・ヴィラの大きなプール

住Bãi Vũng Bầu, Hamlet 4, Cửa Cạn
☎(0297)3690000
URL phuquoc.fusionresorts.com
料583US$～（＋税・サービス料15%。朝食付き）　カード A D J M V
全130ヴィラ

ガーデンプールヴィラの客室。屋内54㎡、屋外74㎡と広々

ケム・ビーチ沿いの瀟洒なリゾートホテル
JWマリオット・フーコック・エメラルド・ベイ・リゾート&スパ
高級ホテル
JW Marriott Phu Quoc Emerald Bay Resort & Spa MAP P.167B図-2B

1889年に建てられた大学のキャンパスをイメージしたというユニークなコンセプトが話題の高級リゾートホテル。透明度が高く美しい砂浜のケム・ビーチに面して建つ。レストランやスパなどの施設のレベルも高く、滞在自体を楽しめる。

木のぬくもりを感じるクラシカルな3ベッドルームヴィラの客室

住Bãi Khem　☎(0297)3779999
URL www.jwmarriottphuquoc.com
料Ⓢ Ⓦ Ⓣ400US$～　スイート1500US$～（＋税・サービス料15%）　カード A D J M V　全234室

大人がくつろげるリゾートホテル
ラ・ベランダ・リゾート・フーコック・Mギャラリー
高級ホテル
La Veranda Resort Phu Quoc-MGallery MAP P.167A図-1A

客室は落ち着いた色調でまとめられ、天蓋付きベッドがロマンティック。高い天井にファン、広いテラスはコロニアル調で飾られたアジアの調度品と相まって多国籍の風情を醸し出す。2階はオープンエアのレストランで、海を眺めながらディナーが楽しめる。

イエローのかわいらしい外観。ロング・ビーチに近い

住Alley 118, Trần Hưng Đạo, Dương Đông
☎(0297)3982988　URL laverandaresorts.com
料Ⓢ Ⓣ299US$～　ヴィラ499US$～（＋税・サービス料15%。朝食付き）　カード A J M V　全53室　21ヴィラ

ロング・ビーチ沿いのリゾート
ノボテル・フーコック・リゾート
高級ホテル
Novotel Phu Quoc Resort MAP P.167A図-2B

トロピカルガーデンに客室棟やバンガローが点在。プールやプライベートビーチがとても広く、開放感が抜群だ。特にプールでカクテルを片手に楽しむトワイライトタイムは格別。客室は万人受けするカジュアルな内装で落ち着いた雰囲気。各種アクティビティも充実。

デラックスバンガローの客室

住Đường Bào, Dương Tơ　☎(0297)6260999　URL www.novotelphuquoc.com　料Ⓦ Ⓣ200万ドン～　スイート250万ドン～　バンガロー275万ドン～（朝食付き）　カード A D J M V　全366室

自然を感じるエコリゾート
マンゴー・ベイ・リゾート
中級ホテル
Mango Bay Resort MAP P.167B図-1A

約1kmのプライベートビーチと20ヘクタールの森に囲まれたバンガロータイプのエコリゾート。客室にはエアコンや電話を置かず、建物やインテリアにもすべて自然素材を利用。海を臨むレストラン&バーや南国植物に囲まれた屋外プール、スパがある。レンタサイクル無料。

バンガローには広めのテラスが付く

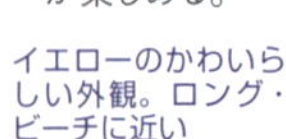

住Ông Lang Beach　☎(0297)3981693　URL mangobayphuquoc.com　料Ⓢ Ⓣ165万ドン～　スイート670万ドン～（朝食付き）　カード A D J M V　全44バンガロー

ベトナム最後の楽園

MAP 折表-4B

コンダオ島

コンダオ島の市外局番
0254
Côn Đảo

海の透明度はかなり高く、美しい自然が残る

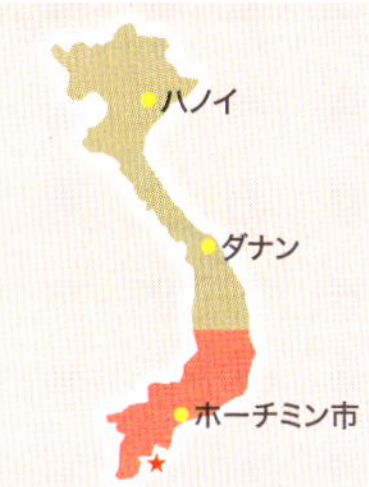

バリア・ブンタウ省コンダオ島は、ホーチミン市から約230km南の海域に浮かぶ大小16の島々の総称。

1800年代のフランス統治時代からベトナム戦争にかけての流刑地で、「監獄の島」として知られるとともに、ベトナム人にとっては独立の志士たちの「英雄の島」だ。志半ばで散った英雄たちが眠るハンユーン墓地（→P.172）は聖地として崇められており、多くのベトナム人が巡礼に訪れる。

島の約８割が国立自然公園に指定されており、数々のダイビングスポットに加えウミガメの産卵スポットやジュゴンの生息地もあり、エコツーリズムの拠点としても注目度が高い。ベストシーズンは３～5月。

ヴォー・ティ・サウ
Võ Thị Sáu
1933年生まれのヴォー・ティ・サウは女性ながら10代から抗仏運動に身を投じるが拘束され、19歳のときにコンダオ収容所で絞首刑に処された。若くして非業の死を遂げた彼女は国民的英雄となっている。

みやげ物店にはヴォー・ティ・サウグッズが並ぶ

歩き方 Orientation

中心となるのは空港のあるコンソン島。コンダオ市場の北から北西方向にかけて、ホテルや飲食店が集中している。島内を回るにはレンタバイクか、タクシーや電気自動車（メーター制）の利用を。ビーチは市街地近くにロヴォイ・ビーチ（MAP下図-1B）が、西へ少し行くとアンハイ・ビーチ（MAP下図-2A）がある。最近はアンハイ・ビーチ沿いにもホテルや飲食店が増えてきている。

アクセス ACCESS

コンダオ島への行き方

●飛行機

ホーチミン市からベトナム航空が毎日６～７便、バンブー・エアウェイズ（QH）が毎日２～３便運航。所要約１時間。ハノイからQHが毎日４～５便運航。所要約２時間30分。

●船

ブンタウから高速船がある（→P.133）。

コンダオ島からの交通

行きの項（→上記）参照。

Voice 空港からコンソン島中心部までは車で約20分。ホテルから空港へは、前日までにホテルを通して空港送迎バスを予約したほうがよい。島内ではグラブなどの配車サービス（→P.416）は使えない。

見どころ Sightseeing

★★★ フーハイ収容所跡など複数の収容所跡の総称 MAP P.171下図-1B、1B参照、2B

コンダオ収容所跡

Nhà Tù Côn Đảo　Con Dao Prisons

仏領時代、政治犯などの流刑地だったコンダオ島では、過酷な環境をジオラマで再現した複数の収容所跡を見学できる。ホーチミン市の戦争証跡博物館（→P.74）に模型がある「トラの檻」も原型がある。

1940年に建てられた「フランスのトラの檻」

★★★ ベトナム有数のパワースポット MAP P.171下図-1B参照

ハンユーン墓地

Nghĩa Trang Hàng Dương　Hang Duong Cemetery

ヴォー・ティ・サウ（→P.171欄外）などの祖国のために命を落とした英雄たちを祀る墓地。ベトナム人にとってはパワースポットとして有名で、霊力が強まるとされる20:00～24:00に最も混みあう。

供物が山積みになったヴォー・ティ・サウの墓

コンダオ収容所跡
フーハイ収容所跡（MAP P.171下図-2B）、コンダオ博物館（→下記）、フランスのトラの檻（MAP P.171下図-1B）、アメリカのトラの檻（MAP P.171下図-1B参照）、島政府宮（MAP P.171下図-2A）がセットになったチケット（購入日のみ有効）をコンダオ博物館で購入する。後半2ヵ所は2022年8月現在、準備中。

コンダオ博物館
Bảo Tàng Côn Đảo
Con Dao Museum
MAP P.171下図-1B
住 Nguyễn Huệ
☎(0254)3830517
開 7:00～11:30、13:30～17:00（チケット販売は～15:00）休 無休
料 5万ドン、14歳以下無料

ハンユーン墓地
住 Nguyễn Huệ　☎(0254)3630117　開 7:00～17:00、18:00～21:00（2022年8月現在、時短拝観中）休 無休　料 無料
※コロナ蔓延時は入場に事前予約が必要なので、ホテルなどで確認を。

Column ウミガメの産卵見学ツアーに参加してみよう

コンダオ島を構成する、バイカン(Bảy Cạnh)島やカウ(Cau)島、タイ(Tài)島のビーチでは、6～8月の間にアオウミガメとタイマイが産卵し、ツアーが催行される。15:00にバイカン島へ向け出発し、ビーチや夕食を楽しんだあと、夜中に始まる産卵を朝まで見守り翌朝7:00に帰着する。ハードなツアーだが、生命誕生の神秘的な瞬間は心に残る経験となるだろう。ツアーはナショナル・パークが主催しており、島内のホテルでも申し込みができる。なお、ツアー参加以外ではバイカン島へは入島できない。

ナショナルパーク・オフィス
National Park Office
MAP P.171下図-1A参照　住 Ma Thiên Lãnh, Khu 3　☎(0254)3830150、098-3830669（携帯）URL www.condaopark.com.vn　営 7:00～11:30、13:30～17:00　休 無休
料 2名参加400万ドン、4～5名参加250万ドンなど
※ボート乗降の際、海の中を歩くので濡れてもいい服で参加を。

母ガメはおよそ1時間かけて100個ほどの卵を産む

レストラン Restaurant

島一番の人気レストラン

ジャーミン

ベトナム＆西洋料理
Gia Minh　MAP P.171下図-1A

オープンエアの簡素な造りは大衆食堂風で値段も手頃だが、お味のほうは一級品。特にコシのある手作り麺は人気が高く、パスタとしても汁麺で食べてもおいしい。ベトナム料理にシーフード、イタリアンと、メニューの幅も広い。1品5万ドン～。

エビやイカがたっぷり入ったシーフードパスタ（18万ドン）

住 Corner of Lê Thanh Nghị & Nguyễn Văn Linh　☎038-3568789（携帯）営 10:00～22:00　休 月曜　カード 不可　予約 不要

歩き疲れた旅人のオアシス

インフィニティ

カフェ
Infiniti　MAP P.171下図-1A

高い天井とウッディな内装、あちこちに配した植物がナチュラルな雰囲気を醸し出すくつろぎカフェ。コンダオ市場の裏手という好立地で、町歩きのたびに立ち寄ってしまう。ドリンク類に加え、食事メニュー（22万ドン～）も揃う。味も盛り付けも都会のカフェに遜色ない。

カクテル（14万ドン～）もあり

住 Khu 8 Trần Phú　☎(0254)3908909
営 6:30～22:00　休 無休　カード 不可　予約 不要

Voice コンダオ収容所跡（→上記）は島内にある複数の収容所跡の総称。このうち公開されているフーハイ収容所跡、フランスのトラの檻、アメリカのトラの檻の3つは、コン↗

その他のレストラン Restaurant

オック・ルアン 麺
Oc Luan MAP P.171下図-1B
住Khu 8 Phạm Văn Đồng ☎035-4884649（携帯）
営5:00～22:00 休無休 カード不可 予約不要

コンダオ名物麺のイカ入りフー・ティウ（4万ドン）やカキのお粥（→P.18、5万ドン）が食べられる半屋台の食堂。特にカキのお粥は大ぶりのカキたっぷりでおすすめ。

チーキー 海鮮&ベトナム料理
Tri Ky MAP P.171下図-2A
住5 Nguyễn Đức Thuận ☎(0254) 3830294
営10:00～22:00 休無休 カード不可 予約不要

新鮮なシーフードを思う存分味わえる、庶民的な海鮮料理レストラン。イカ料理（24万9000ドン～）や、コンダオ島の名物貝のオック・ヴー・ナン（Ốc Vú Nàng）などが人気。

ビングエン 海鮮&ベトナム料理
Binh Nguyen MAP P.171下図-1B
住Khu 8 Phạm Văn Đồng ☎096-2499700（携帯）
営9:00～23:00 休無休 カード不可 予約不要

コンダオ市場のすぐ近くにある、町なかの人気シーフード店。店頭の生けすで魚介（時価）を選び、調理法を指定するスタイル。近隣には同種の店が軒を連ね、夜は島内で最もにぎわうエリアだ。予算は50万ドンくらいから。

ホテル Hotel

自然と調和するラグジュアリーリゾート
シックス・センシズ・コンダオ 高級ホテル
Six Senses Con Dao MAP P.171上図

息をのむような美しい自然と、スタイリッシュなヴィラがうまく調和して、エコ・ラグジュアリーな非日常空間を演出。全ヴィラにプールが付き、要望は専属バトラーが対応してくれる。4つのダイニングとプール付きのスパがあり、リゾートステイを満喫できる。

目の前にプライベートビーチが広がる、オーシャンフロント・プールヴィラ

住Bãi Đất Dốc ☎(0254) 3831222 URL www.sixsenses.com/en/resorts/con-dao 料ヴィラ2138万5000ドン～（+税・サービス料15%。朝食付き） カード A J M V 全50ヴィラ

市街中心部の高級リゾート
シークレット 高級ホテル
The Secret MAP P.171下図-1B

コンソン島の中心部近く、ロヴォイ・ビーチへもすぐの位置に、2022年にできたばかりの高級リゾート。プライベートビーチはないが、ホテル前に海へ直接アプローチできる階段を備える。スパやレストランもレベルが高く、観光ポイントへ行くにも便利。

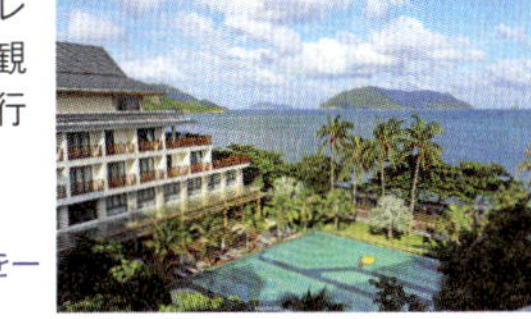

プールからは海を一望できる

住8 Tôn Đức Thắng ☎(0254) 3837888 URL thesecretcondao.com 料Ⓢ Ⓦ Ⓣ250万ドン～ スイート600万ドン～ カード D J M V 全197室

コンダオ随一のおしゃれホテル
ミステリー 中級ホテル
The Mystery MAP P.171下図-1A

観葉植物に覆われた外観や熱帯感あふれるロビーのインテリア、ブルーをポイントカラーにまとめたシックなインテリアなど、デザイン性の高さが光るブティックホテル。静かなエリアだがコンダオ市場に歩いて行け、周囲には飲食店もある。

屋上には眺望抜群のインフィニティプールがある

住Lê Thanh Nghị ☎(0254) 3956099 料Ⓢ Ⓦ Ⓣ130万ドン～ スイート170万ドン～ カード M V 全27室

カワイイ&リーズナブル
ウイェンズ・ハウス ゲストハウス
Uyen's House MAP P.171下図-1B

各室が趣向を凝らしたおしゃれな雰囲気で、欧米人バックパッカーに人気が高い。1階カフェでのほかの宿泊者との交流も楽しい。ドミトリールーム（2022年8月現在、コロナにより休止中）は部屋の広さのわりにベッド数が多く、あまりおすすめできない。

エキストラマットを入れたファミリールーム80万ドン

住Phạm Văn Đồng ☎034-9416331（携帯） 料Ⓢ Ⓦ Ⓣ60万ドン～ Ⓓ20万ドン カード不可 全7室

↘ダオ博物館で購入できるチケットを先に購入してから見学する。直接、各収容所跡に行っても入れないので要注意。

ウインド&カイトサーフィンのメッカ

ファンティエット

MAP 折表-4B

ファンティエットの市外局番
0252
Phan Thiết

ベッティン・バンク
Vietin Bank
MAP P.175上図-1A
住 2 Nguyễn Tất Thành
☎(0252)3828079
営7:00〜11:15、13:30〜17:30
休土・日曜
USドルや日本円、主要通貨の現金の両替が可能。

郵便局
MAP P.175上図-2A
住1 Nguyễn Văn Cừ
☎(0252)3817371
営7:00〜11:30、13:30〜17:00
休無休

ホーチミン市から東へ約250km、港町ファンティエットはフーコック島（→P.166）と並ぶヌックマム（魚醤）の本場。私営・公営のヌックマム工場があり、仕込みの時期には毎朝50トンもの小魚が運び込まれる。さすが本場だけあって、自家製のヌックマムを作る家庭もあるという。

また、ファンティエットはウインドサーフィン&カイトサーフィンが楽しめるリゾート地としての顔もあり、町の東、ムイネー岬までの約23kmの海岸線にはリゾートホテルが並び、白砂のビーチが続く。ヤシの木が立ち並ぶ風景は、ベトナムの熱気や喧騒から解き放たれた、のんびりとした休日を約束してくれる。

海に向かって伸びるヤシの木の向こうに日が沈む、ムイネーの夕景

Voice ファンティエットには自転車を貸し出しているホテルが多い。レンタサイクルの料金の目安は、半日（4時間）で3US$、1日（8時間）で5US$。

歩き方 Orientation

町を国道1号線（チャンフンダオ通り）が貫き、この通り沿いに商店、銀行、レストラン、ホテルなどが並んでいる。また、ファンティエット港に流れ込むカーティー川が町の中を流れ、川の西側の一画が市場や商店、寺院、民家などが建ち並ぶ生活に密着したエリアとなっている。ホテルやゲストハウスはチャンフンダオ通り沿いに多い。

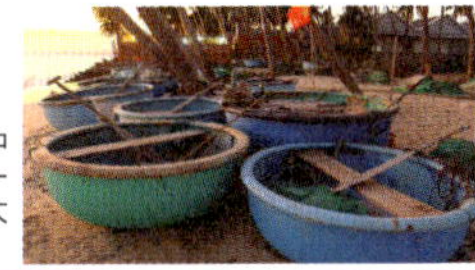

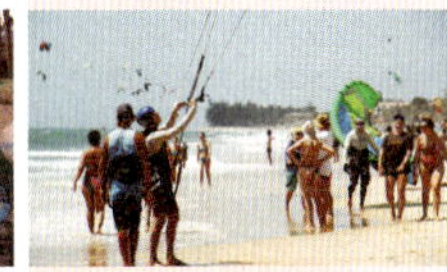

左／伝統のお椀舟は今も現役で活躍中
右／ムイネーのビーチではカイトサーフィンやウインドサーフィンの世界大会が開かれる

スーパーマーケット

コープマート　Co.opmart

MAP 上図-1A
住 1A Nguyễn Tất Thành
営 8:00～22:00　休 無休
カード A D J M V

3階建てで食料品や雑貨などが揃う。ロッテリアとフードコートが入っている。

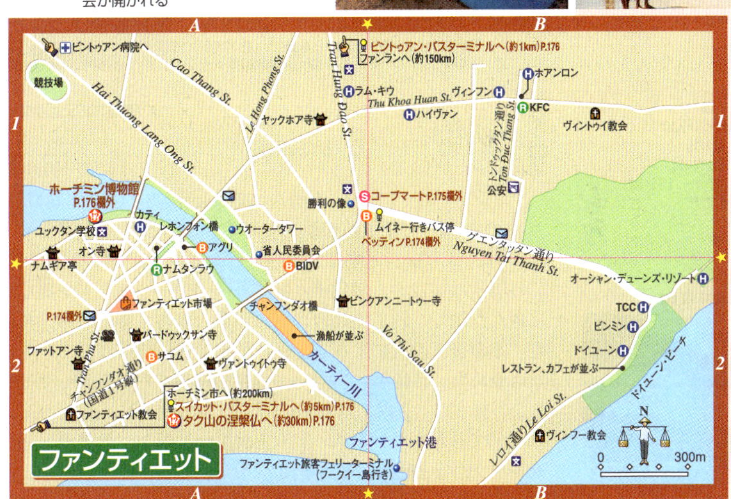

ファンティエット
A
B
1
2
ビントゥアン病院へ
競技場
Cao Thang St.
Hai Thuong Lang Ong St.
Le Hong Phong St.
Tran Hung Dao St.
ビントゥアン・バスターミナルへ（約1km）P.176
ファンランへ（約150km）
ラム・キウ
Thu Khoa Huan St.
ヴィンフン
ホアンロン
KFC
ハイヴァン
ヤックホア寺
ヴィントゥイ教会
トンドゥックタン通り
Ton Duc Thang St.
公安
ホーチミン博物館 P.176欄外
カティ
レホンフォン橋
ウオータータワー
勝利の像
コープマート P.175欄外
ムイネー行きバス停
ベッティン P.174欄外
ユックタン学校
オン寺
アグリ
省人民委員会
BIDV
グエンタッタン通り
Nguyen Tat Thanh St.
ナムギア亭
ナムタンラウ
オーシャン・デューンズ・リゾート
ファンティエット市場
チャンフンダオ橋
ビンクアンニートゥー寺
TCC
P.174欄外
ビンミン
パードゥックサン寺
漁船が並ぶ
Vo Thi Sau St.
ドイユーン
ファットアン寺
Tran Phu St.
サコム
ヴァントゥイトウ寺
カーティー川
レストラン、カフェが並ぶ
ドイユーン・ビーチ
チャンフンダオ通り（国道1号線）
ホーチミン市へ（約200km）
スイカット・バスターミナルへ（約5km）P.176
タク山の涅槃仏へ（約30km）P.176
ファンティエット教会
レロイ通り Le Loi St.
ヴィンフー教会
ファンティエット港
ファンティエット旅客フェリーターミナル（フークイー島行き）
N
0
300m

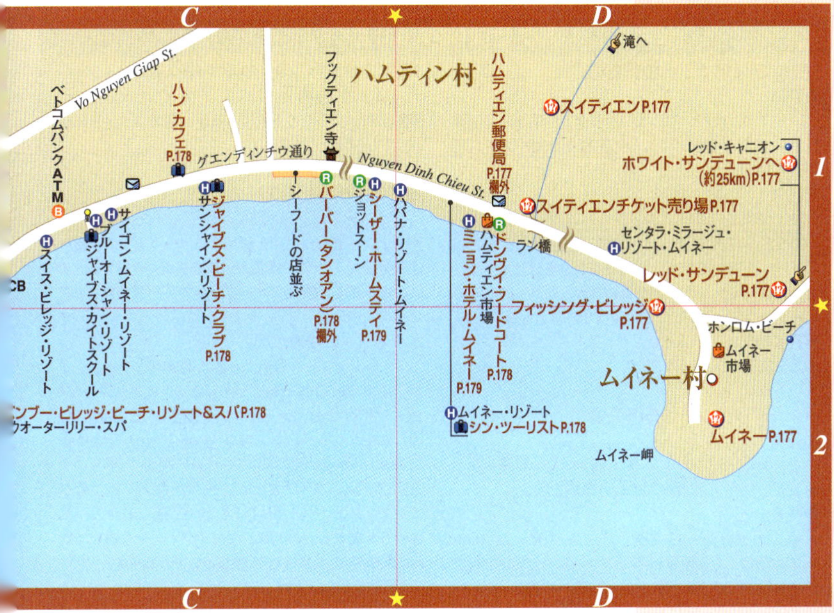

C
D
1
2
滝へ
ハムティン村
Vo Nguyen Giap St.
ベトコムバンクATM
ハン・カフェ P.178
フックティエン寺
ハムティエン郵便局 P.177欄外
スイティエン P.177
グエンディンチウ通り
Nguyen Dinh Chieu St.
レッド・キャニオン
ホワイト・サンデューンへ（約25km）P.177
スイティエンチケット売り場 P.177
ジャイブズ・ビーチ・クラブ P.178
サンシャイン・リゾート
シーフードの店並ぶ
バーバー（タンオアン）P.178欄外
ジョットスーン
シーザー・ホームステイ P.179
ハバナ・リゾート・ムイネー
ミミョン・ホテル・ムイネー P.179
ハムティエン市場
ドンヴィ・フードコート P.178
ラン橋
センタラ・ミラージュ・リゾート・ムイネー
レッド・サンデューン P.177
サイゴン・ムイネー・リゾート
ブルーオーシャン・リゾート
ジャイブス・カイトスクール
スイス・ビレッジ・リゾート
フィッシング・ビレッジ P.177
ホンロム・ビーチ
ムイネー市場
ムイネー村
ムイネー P.177
ムイネー岬
ムイネー・リゾート
シン・ツーリスト P.178
ンブー・ビレッジ・ビーチ・リゾート＆スパ P.178
ウオーターリリー・スパ

郊外の見どころ Sightseeing

★★ ポー・ハイ遺跡群の一部

MAP P.174-1B

ポー・シャヌ遺跡（チャム塔）

Di Tích Pô Sah Inư (Tháp Chăm)　Poshanu Cham Tower

市内から東へ約7km。8世紀末から9世紀初めに建立されたチャンパ王国時代のシヴァ神を祀る寺院（→P.457）。周辺に残るポー・ハイ遺跡群の一部で、寺院の内部には女性器の象徴ヨニの上に男性器の象徴リンガが載った像が祀られている。

左／赤茶色のれんが造りの塔が2基建つ　右／内部。ヨニとリンガはヒンドゥー教における子孫繁栄のモチーフ

★ 森に囲まれた大きな涅槃仏

MAP P.175上図-2A参照

タク山の涅槃仏

Chùa Núi Tà Cú　Ta Cu Mountain

ファンティエット市内から南西へ約30km、タク山の標高475mの密林の中に巨大な仏陀が眠っている。これは長寿の霊山（Linh Sơn Trường Thọ）と呼ばれる寺院にある全長49mに及ぶ涅槃仏。この場所は1872年、僧侶チャン・フー・ドゥックが悟りを開く場所に選んだ地で、約7年間岩の間の洞窟（現存する）で修行を積んだ。その後、役人によって住まいが建てられ僧侶はここで漢方医学も極めた。1880年、トゥドゥック帝の母親を病から救った功績からこの住まい（寺院）は長寿の霊山と名づけられ、洞窟の下方に後に建てられたロンドアン寺（Chùa Long Đoàn：竜団寺）と合わせてタク山寺と呼ばれている。

ホーチミン博物館

Bảo Tàng Hồ Chí Minh
Ho Chi Minh Museum
MAP P.175上図-1A
住39 Trưng Nhị
☎(0252)3818738
開8:00～11:30、13:30～16:30
休月曜　料無料

道路を挟んだ向かい側には、ホーチミンが20歳のときに教壇に立っていたユックタン（Dục Thanh）学校が残っている。

ポー・シャヌ遺跡（チャム塔）

開6:45～17:30　休無休
料1万5000ドン

タク山

住18 Nguyễn Văn Linh, Thuận Nam, Hàm Thuận Nam（ロープウエイ乗り場）
☎(0252)3867484
開6:00～17:00　休日曜
料入場料2万ドン、往復ロープウエイ＋入場料25万ドン

ファンティエット市内から車で約40分。麓から涅槃仏のある寺まではロープウエイが結んでいる。登山道もある。

圧倒される大きさの涅槃仏

アクセス ACCESS

ファンティエットへの行き方

●列車

ホーチミン市（サイゴン駅）から金・土曜1日1便運行（列車番号はSPT 2）。片道30万9000ドン～、所要約4時間。

●バス

ホーチミン市のミエンドン・バスターミナルから7:00～22:30の間に寝台バスが37便運行。25万～45万ドン、所要約6時間。ニャチャンからはニャチャン北バスターミナルから便があるほか、ハン・カフェのオープンツアーバスが7:30、21:00発の2便運行。所要約5時間30分。ムイネーからはメータータクシーで16万～30万ドンくらい。

ファンティエットからの交通

●列車

ホーチミン市（サイゴン駅）行きは金・日曜1日1便運行。料金、所要時間は行きの項と同じ。

●バス

ビントゥアン・バスターミナル（Bến Xe Bình Thuận MAP P.175上図-1A参照）からホーチミン市行きが終日頻発している。寝台バス25万～45万ドン。ニャチャン行きやファンラン-タップチャム行きは、ファンティエット市内からバスが出ている。Vexere URL vexere.comでも予約できるが、宿のスタッフに予約してもらうほうが確実。

ムイネーへの行き方

ファンティエットの町なかからタクシー（16万～30万ドン）またはバスを利用する（→下記）。砂丘へは旅行会社のツアー参加か、車をチャーターするとよい。ホーチミン市発のオープンツアーバスのほとんどがムイネー行き。

ムイネーへの路線バス

ファンティエット市街から西へ約5km、チャンクイカップ（Trần Quý Cáp）通りにあるスイカット・バスターミナル（Bến Xe Suối Cát MAP P.175上図-2A参照）からムイネーのホンロム（Hòn Rơm）行き1番バスが5:00～20:00の間に20～30分間隔で運行、1万6000ドン。コープマート（→P.175欄外）近くのグエンタッタン（Nguyễn Tất Thành）通り沿いのバス停からも乗れる。バスは、グエンディンチウ通りに約1km間隔で立つバス停に停まるので、ムイネー・ビーチを移動するのに便利。

Voice!「シー・リンクス・ゴルフ＆カントリークラブ Sea Links Golf & Country Club」は海を見下ろす高台にある36ホールのコースを有し、起伏がありチャレンジング。ビジターの ↗

外国人も多いビーチスポーツのメッカ　MAP 折表-4B、P.175下図-2D

★★★ ムイネー

Mũi Né

ファンティエットから東へ約23km、半島の突端の西側にある小さな漁村、ムイネー。そこへ向かう道の両脇には高いヤシの木が生い茂り、リゾートホテルやレストラン、ショップなどが軒を連ねる。今やファンティエットを素通りしてこのエリアを目指す観光客が増え、なおも開発が進んでいてビーチの幅が年々狭くなっている。

ムイネーの漁港には無数の漁船が停泊し、岸では小魚や小エビを天日干しする光景が見られる。また早朝や夕方は、漁を終えた船が戻ってきて魚を水揚げする様子も見られる（フィッシング・ビレッジ MAP P.175下図-2D）。

夕日観賞が人気の赤の砂丘　MAP P.175下図-1D

★★★ レッド・サンデューン

Đồi Cát Đỏ　Red Sand Dunes

左／砂丘滑りは3万ドン～　右／夕日に照らされ赤く染まる砂丘

ムイネーの北側には海岸からせり上がるようにして砂丘が広がる。レッド・サンデューンはムイネーの有名な砂丘のひとつで、ムイネー中心部から約2.5km北東にある。赤い砂丘と呼ばれるのは、砂が赤茶色で特に夕日にあたるとより赤く見えることから。

風紋が美しい真っ白な砂丘　MAP P.175下図-1D参照

★★★ ホワイト・サンデューン

Đồi Cát Hòa Thắng　White Sand Dunes

レッド・サンデューンから北東約25km先にある白砂の砂丘。バウチャン湖のすぐ脇に広がる砂丘で、チケット売り場から湖を望めるポイントや砂丘の頂上まではバギー、またはジープで行ける。日の出前に行くと観光客の足跡も少なく、風紋が美しい。早朝に行く場合は羽織れるものを用意して行こう。

昼間は、白砂と青空のコントラストが美しい

渓流ウオーキングを楽しめる　MAP P.175下図-1D

★★★ スイティエン

Suối Tiên　Fairy Stream

「妖精の渓流」を意味するスイティエン

ムイネーの手前、フィントゥックカン通りに架かるラン橋（Cầu Rạng）の下に小川が流れており、ここから北へ片道約30分、赤土と白い石灰石、ヤシの木が織りなすユニークな景観を楽しみながら渓流ウオーキングが楽しめる。行程のほとんどが砂地なので、はだしで歩くと気持ちがいい。

↘平日グリーンフィーは9ホール180万ドン、18ホール260万ドン（料金変動の可能性あり）。
MAP P.174-1B　住Nguyễn Thông, Phú Hài　☎(0252)3741666　URL www.sealinkscity.com

水揚げ風景が見られるフィッシング・ビレッジ

ハムティエン郵便局

MAP P.175下図-1D
住349 Nguyễn Đình Chiểu
☎(0252)3847101　営7:30～11:00、14:00～17:00　休日曜

アールディー・ワイン・キャッスル

RD Wine Castle
MAP P.174-1B
住Km9, Nguyễn Thông, Phú Hài（シー・リンクス・シティ内）
☎(0252)3719299　開8:30～17:00（土・日曜8:00～18:00）
休無休　料12万ドン（試飲1杯付き）、ワイナリーツアー＋5種の試飲25万ドン

ワインのテーマパーク。カリフォルニアのナパバレーにワイナリーをもつランドン社が運営。地下1階ではワイン醸造の方法を学べ、1階はテイスティングバーやショップ、2階はカフェ・バーになっている。

レッド・サンデューン

住1 Hòn Rơm, Mũi Né
開4:30～17:30頃　休無休
料無料

ホワイト・サンデューン

住1 Hoà Thắng, Q. Bắc Bình
開4:30～17:30頃　休無休
料1万5000ドン、頂上までのジープ1台60万ドン（20分）、バギー 1台65万ドン（20分）

風が作り出す風紋は刻一刻と変化する

スイティエン

住40B Huỳnh Thúc Kháng, P. Hàm Tiến（チケット売り場）
☎097-9293478（携帯）
開6:30～17:30
休無休
料1万5000ドン

旅行会社&ツアーオフィス ✿ TRAVEL OFFICE & TOUR OFFICE

●シン・ツーリスト　The Sinh Tourist
MAP P.175下図-1D　住144 Nguyễn Đình Chiểu, P. Hàm Tiến　☎(0252) 3847542
URL www.thesinhtourist.vn
営7:00～22:00　休無休　カード不可
「ムイネー・リゾート・ホテル」入口横にオフィスがある。オープンツアーバスのチケット手配などが可能。

●ハン・カフェ　Hanh Cafe
MAP P.175下図-1C　住364 Huỳnh Thúc Kháng, Mũi Né　☎1900-088804(ホットライン)
営24時間　休無休　カード不可
ホーチミン市～ムイネー間のリムジンバスを運行。

●ジャイブズ・ビーチ・クラブ　Jibe's Beach Club
MAP P.175下図-1C　住90 Nguyễn Đình Chiểu, P. Hàm Tiến　☎(0252) 3847405
URL www.jibesbeachclub.com
営7:00～17:00　休無休　カード J M V
ウインドサーフィン、カイトサーフィンのレッスンと器具レンタルを行う。カイトサーフィンの1時間のレッスンが65US$～。

レストラン　Restaurant

ドンヴイ・フードコート　Dong Vui Food Court
フードコート　MAP P.175下図-1D
住246 Nguyễn Đình Chiểu, P. Hàm Tiến　☎083-4517858(携帯)
営9:00～22:30　休無休　カード不可　予約不要

ムイネーにほど近いグエンディンチウ通りにあるフードコート。ベトナム料理をはじめ、インド料理、タイ料理、ピザなど、バラエティ豊かな約20店が店を構える。注文するとその場で炭火焼きにしてくれるグリル料理や海鮮料理がおすすめ。

ホ　テ　ル

リピーター続出の老舗ガーデンリゾート

バンブー・ビレッジ・ビーチ・リゾート&スパ　Bamboo Village Beach Resort & Spa
高級ホテル　MAP P.175下図-1C

リゾートに足を踏み入れると、ヤシの木が高くうっそうと茂る美しいガーデンに魅了される。2年に一度は客室の改装を行い、ゲストがいつも新鮮な気持ちで過ごせるように工夫がされている。客室はコテージとルームタイプがあり、チャム族の布や竹細工家具など手作りのベトナム式にこだわる。ふたつのプールとビーチレストランがある。「ウオーターリリー・スパ」のマッサージレベルの高さは感動ものだ。

目の前に美しいトロピカルガーデンが広がるガーデンビューバンガロー

住38 Nguyễn Đình Chiểu, P. Hàm Tiến　☎(0252) 3847007
URL bamboovillageresortvn.com
料ⓈⓌⓉ174万8000ドン～　バンガロー299万ドン～（朝食付き）
カード A D J M V　全152室

敷地内は南国の木々や花々が彩る

南国気分を存分に味わえるリゾート

ヴィクトリア・ファンティエット・ビーチ・リゾート&スパ　Victoria Phan Thiet Beach Resort & Spa
高級ホテル　MAP P.174-1B

海を見下ろす緩やかな丘の斜面の約8ヘクタールの敷地に、熱帯の花々が咲き乱れるさまは、まるで花園！　コテージ内部の優雅さはもちろん、海風の入るレストラン「ル・オーシャン」はロマンティック度満点だ。

ビーチフロントバンガローの客室

住Km9, Phú Hài　☎(0252) 3813000～3　URL bbhotels-resorts.com/victoria-phan-thiet-beach-resort-spa13
料バンガロー125US$～　ヴィラ589US$～（＋税・サービス料15%。朝食付き）　カード A D J M V　全57室

快適な滞在ができる5つ星リゾート

アナンタラ・ムイネー・リゾート　Anantara Mui Ne Resort
高級ホテル　MAP P.174-1B

竹でできたランプやハス池など、ベトナムの片田舎をイメージして建てられたタイ資本の5つ星リゾート。客室棟とプール付きのヴィラがあり、ファシリティ、サービスともにムイネーではトップクラスの快適な滞在ができる。

ワンベッドプールヴィラの客室

住12A Nguyễn Đình Chiểu, P. Hàm Tiến　☎(0252) 3741888
URL www.anantara.com/ja/mui-ne　料ⓈⓌⓉ430万ドン～　スイート615万ドン～　ヴィラ799万ドン～（朝食付き）
カード A D J M V　全90室

Voice「バーバー（タンオアン）Ba Ba (Thanh Oanh)」は、地元の人でにぎわうシーフード屋台。MAP P.175下図-1C　住118B Nguyễn Đình Chiểu, P. Hàm Tiến　☎(0252) 3743328　営7:00～翌1:00　休無休

ホテル  Hotel

施設充実の丘上のリゾート

シー・リンクス・ビーチ・リゾート&ゴルフ 高級ホテル

Sea Links Beach Resort & Golf MAP P.174-1B

ゴルフコース（→P.176欄外）、テニスコート、ワイン醸造所（→P.177欄外）などを有する丘の上の複合リゾート「シー・リンクス・シティ」内のホテル。6階建てで全室バルコニー付き。飲食施設、プール、スパ完備。

客室は海に面した造り

住Km9, Nguyễn Thông, Phú Hài ☎(0252) 2220088
URL www.sealinkscity.com 料Ⓢ Ⓦ Ⓣ322万ドン～ ファミリー710万ドン～ スイート501万ドン～（朝食付き）
カード A D J M V 全188室

全室ヴィラタイプのガーデンリゾート

チャム・ヴィラズ 高級ホテル

Cham Villas MAP P.174-1B

約1ヘクタールもの広大な敷地内にわずか21棟のヴィラが建つ贅沢なガーデンリゾート。55㎡の広々とした客室には少数民族の織物が随所にあしらわれ、全体的に落ち着いた内装で居心地がいい。リラックスした滞在ができるだろう。

緑に囲まれたプール

住32 Nguyễn Đình Chiểu ☎(0252) 3741234
URL www.chamvillas.com 料ガーデン154US$～ ビーチフロント189US$～（朝食付き）
カード A D J M V 全21ヴィラ

モダンアジア風のインテリアが好評

シーホース・リゾート&スパ 高級ホテル

Seahorse Resort & Spa MAP P.174-1B

3500㎡の広々とした中庭に、2階建ての客室棟とバンガローが点在する瀟洒な4つ星リゾート。バンガローはランタンやアンティーク家具などアジアモダンな設えで、デイベッドも備わる。レストラン、プール、スパ完備。

広々としたデラックスルーム

住16 Nguyễn Đình Chiểu ☎(0252) 3847507
URL seahorsemuine.com 料Ⓢ Ⓦ Ⓣ220万ドン～ バンガロー420万ドン～（+税・サービス料15%。朝食付き）
カード J M V 全113室、36バンガロー

バンガロータイプの客室が人気

バオクイン・バンガロー エコノミーホテル

Bao Quynh Bungalow MAP P.174-1B

手入れの行き届いた広々としたガーデンにルームタイプの部屋とバンガローが点在する人気ホテル。静かな落ち着いた環境でゆっくり過ごすのにいい。セーフティボックス、ドライヤーなど客室の設備も整っていてプールとレストランがある。

アットホームな雰囲気が魅力

住26 Nguyễn Đình Chiểu, P. Hàm Tiến
☎(0252) 3741007、3741070 URL baoquynh.com
料Ⓦ Ⓣ3人部屋 バンガロー 57US$～（朝食付き）
カード J M V 全45室

自宅のような居心地のよさ

ミニョン・ホテル・ムイネー ミニホテル

Minhon Hotel Mui Ne MAP P.175下図-1D

海岸近くに建つ人気のミニホテル。明るく清潔な客室は全室バルコニーまたはテラス付きで、室内からもヤシの木々やプールが見え、南国気分を盛り上げる。自転車の無料貸し出し、各種ツアーやバスの手配などが可能。

プールを囲むように客室棟が建つ

住210/5 Nguyễn Đình Chiểu, P. Hàm Tiến ☎(0252) 6515178 URL www.facebook.com/MiNhonMuineHotel
料Ⓦ55万ドン～ 3人部屋75万ドン～ ファミリー90万ドン～（朝食付き） カード A D J M V 全15室

海に面したミニマルなホテル

シーザー・ホームステイ ミニホテル

Cesar Homestay MAP P.175下図-1C

2020年オープンの海に面して建つロケーション抜群のミニホテル。敷地内の中央に半屋外の廊下があり、両脇に客室が並ぶ造り。客室はグレーと白が基調でシンプルだが、滞在に必要な物は揃っている。洗濯機が1回10万ドンで利用可能。

客室は広くはないが清潔でミニマルなデザイン

住124 Nguyễn Đình Chiểu, P. Hàm Tiến ☎094-1200118（携帯） 料Ⓢ Ⓦ55万ドン～ Ⓣ89万ドン～ カード不可 全12室

国内最大級のビーチリゾート

MAP 折表-3B

ニャチャン

ニャチャンの市外局番
0258

Nha Trang

ニャチャン２泊３日モデルプラン

２泊３日でニャチャンを効率よく楽しめる、モデルプランをご紹介。

１日目：カムラン空港到着後、ホテルにチェックイン。ニャチャン・ビーチ（→P.182）でのんびり過ごす。夜は「セイリング・クラブ・ニャチャン」（→P.191）または「ルイジアナ・ブルーハウス」（→P.192）でディナー。

２日目：朝から小島巡りツアー（→P.189）に参加、またはヴィンパール・ランド（→P.182）へ。夕方ニャチャン市街地へ戻り、夜は「ニャチャン・ビュー378」（→P.190）で新鮮な海鮮をいただく。その後ナイトマーケット（→下記）で夜の町歩き。

３日目：ポー・ナガル塔（→P.183）、ホンチョン岬（→P.184）を見学後、泥温泉リゾート（→P.193）へ。昼は「ラックカン」「ダン・ヴァン・クイン」（→ともにP.190）などでローカル料理のランチ。その後はダム市場（→P.184）や「キッサ・ハウス」（→P.192）でおみやげ探しをして、夕方カムラン空港へ向かう。

ナイトマーケット

MAP P.198-1B
住 Trần Phú
開 18:00～23:00
休 無休

毎晩開催されているナイトマーケット。夕方になると150mほどの小道が歩行者天国になり、雑貨や服、水着、靴、食品みやげなどの露店が並ぶ。

外国人観光客でにぎわう

「ベトナムのハワイ」と称されるニャチャンには、国内外から多くの観光客が訪れる。ベトナム人がビーチに出るのは、基本的に朝か夕方。昼間のビーチはすいていることが多い

カンホア省の省都で、ベトナムの代表的なリゾート地。中心街の東側にあるプロムナードに沿ってビーチが約5kmも続き、白い砂浜と緑したたるヤシの並木は、リゾート気分いっぱい。ヤシの葉陰にパラソルを広げ日光浴をする外国人ツーリスト、朝夕に海水浴や釣りにやってくる地元の人々……。ビーチは１日中私たちを楽しませてくれる。

また、ニャチャンはこの地方最大の漁港をもち、ニャチャン川河口の港には、青と赤に彩色された漁船が数十隻も停泊している。もちろん、新鮮な海産物も魅力的。河口近くの漁港では、夜明け前から魚介類の水揚げが威勢よく行われている。

開放的なムードが漂うニャチャンは、もともとフランス領インドシナ時代に政府要人向けのリゾートとして開発された町で、早くから欧米人旅行者には人気の町だった。周辺の島々を巡る各種ツアーやリーズナブルなホテル、おいしいレストランが多く、年々その傾向は強まっている。

歩き方 Orientation

ビーチと並行に走るチャンフー通りは、大型ホテルが連なるニャチャンの目抜き通り

ニャチャンの市街地は約3km四方に及んでいる。地元の人でにぎわうのは、ダム市場やトンニャット通り、ファンボイチャウ通り一帯。たくさんの商店、カフェ、レストランなどが建ち並び、車やバイクが途絶えることのないにぎやかなエリアだ。一方、観光客が多いのはビーチに並行して南北に延びるチャンフー通り一帯。観光客向けのホテルやカフェ、レストランなどが並び、ツーリスティックなエリアとなっている。近年、ツーリストエリアはレタントン通りの南部、チャンフー通りから１本西側のフンヴーン通り、グエンティエント

Voice! ツーリストサポートセンター（MAP P.198-2B）では地図やパンフレットなどを置いているが、2022年８月現在、休業中。☎094-7628000（携帯、ホットライン）

ゥアット通りやビエットゥ通り周辺に広がりつつある。レストランやツアーオフィス、ミニホテルが増え、外国人旅行者の姿も多い。

チャンフー通りは中央に緑の植え込み、海側にはヤシ並木があって、そぞろ歩きにピッタリ。ビーチにも幅1mほどの舗装道路が南北に敷かれ、歩きやすくなっている。

ここではぜひ、海から昇る日の出を見るために早起きしよう。浜辺にはまだ薄暗いうちから地元の人たちが集まって来る。朝焼けに染まりながら体操する人、海岸通りを散歩する人、ジョギングする人……。海辺の町の1日がこうして始まる。

多彩なマリンスポーツを楽しめるのもニャチャンならでは

ベトナム人のビーチタイムは早朝と夕方。昼はひと気がなかったビーチも夕暮れ時にはこのとおり

アクセス ACCESS

ニャチャンへの行き方

●飛行機

ホーチミン市からベトナム航空（VN）が毎日5～6便、ベトジェット・エア（VJ）が毎日3～4便、バンブー・エアウェイズ（QH）が毎日1便運航。所要約1時間。ハノイからVNが毎日6～7便、VJが毎日6便、QHが毎日4便運航。所要約2時間。ダナンからVNとQHが各週4便、VJが週3便運航。所要約1時間15分。ハイフォンからも便がある。

※カムランCam Ranh空港（MAP P.197-4B参照）発着。

●列車

ハノイ方面およびホーチミン市（サイゴン駅）方面からは毎日各4便ある。ホーチミン市からはハイクオリティ列車（→P.61）も運行している。所要時間は列車の種類によって異なるが、一番速い便でハノイから約24時間49分、フエから約11時間56分、ホーチミン市（サイゴン駅）から約7時間（→P.412）。

●バス

ホーチミン市のミエンドン・バスターミナルから、7:00～22:30の間に30分～1時間間隔でリムジン寝台バスが運行。30万～70万ドン、所要8～10時間。ダナンから14:30～20:30の間に16便運行。26万ドン～、所要約12時間。ダラットから7:00～16:00の間に7便運行。16万ドン、所要約4時間。そのほかフエ、クイニョン、バンメトート、ファンラン-タップチャム、ファンティエットなどからもバスが出ている。

ニャチャンからの交通

●飛行機・列車

行き方の項（→上記）参照。

●バス

ニャチャン南バスターミナルから、各方面へ便が出ている。ホーチミン市へは6:00～23:00の間に頻発。18万～30万ドン、所要約8時間。ダラットへは7:00～16:00の間に5便運行。16万5000～18万ドン、所要約4時間。

ニャチャン北バスターミナルからは、おもに北方面のダナン（45万ドン）やクイニョン（20万ドン）、ファンティエット（18万ドン）への便がある。

ニャチャン南バスターミナル
Bến Xe Phía Nam Nha Trang
MAP P.197-2A参照　☎(0258)3894192
営切符売り場は5:30～23:30

ニャチャン北バスターミナル
Bến Xe Phía Bắc Nha Trang
MAP P.197-1B参照　☎(0258)3838788
営切符売り場は5:30～21:00

フーンチャンバス乗り場
FUTA Bus Lines（Phuong Trang）
MAP P.197-2A　☎(0258)3812812

フーンチャンのバス乗り場は中心街にあり、行き先によっては、わざわざ遠い南北のバスターミナルへ行かなくてもバスに乗れる。ホーチミン市へは、ミエンドン、ミエンタイ・バスターミナルともに、8:00～23:00の間に10便前後運行。43万5000ドン。ダラットへは1日9便、16万5000ドン。ダナンへは19:00～20:30の間に3便運行、27万ドン。バス内ではWi-Fiが無料で接続できて便利。

カムラン空港～市内のアクセス

カムラン空港（MAP P.197-4B参照）と市内のバス発着所間の約38kmを、送迎バスが運行している。ひとり6万5000ドン、所要約50分。また、市内からカムラン空港行きは、4:30～19:55の間に30分間隔で運行。

エアポートタクシー利用なら、カムラン空港から市内までは38万～50万ドン（小型・大型で異なる）、所要40～45分。

空港バス発着場
Bến Xe Đất Mới
MAP P.197-2B　住10 Yersin
☎096-6282385（携帯）
URL www.busdatmoi.com

※ファンティエットのリゾートエリアであるムイネー行きは7:30、21:00発（時期によって時刻は変動）の2便のみ。所要約5時間30分。ファンティエットへのバスはニャチャンからは出ていないので注意。

海岸に並行するプロムナードにはヤシの木が林立している

ビーチクラブ

ニャチャン・ビーチにはさまざまなビーチクラブが点在。パラソルやデッキチェアのレンタルのほか、ビーチバーやシャワールームも備えている。写真下の「ブルーシー・ビーチクラブ」(MAP P.198-2B)はデッキチェア(シャワー使用料込み)5万ドン。

泳いだあとはビーチバーでドリンクを飲みつつひと休み

ヴィンパール・ランド

住 Phú Quý Tourism Pier, South of Cầu Đá, Vĩnh Nguyên Ward
☎ (0258) 3598123
URL www.vinpearlland.com
開 8:30〜21:00　休 無休
料 パスポート75万ドン、子供(身長100〜140cm)56万ドン

ニャチャン市内から7km南にあるフークイー・ツーリスト・ピアからフェリーで約20分。2022年8月現在、ロープウエイは休止中。
※園内への飲食物の持ち込みは禁止。

潜水艦の入場料は140万ドン、3歳〜身長140cmの子供は90万ドン。人数が集まらないとキャンセルになる

見どころ　Sightseeing

★★★ 思い思いに過ごせる美しい海岸　MAP P.197-2B〜4B

ニャチャン・ビーチ

Bãi Biển Nha Trang　Nha Trang Beach

約5kmにわたって延びる白砂のビーチ。背の高いヤシの木が心地よい木陰を作り出し、人々の絶好の"避暑地"となっている。幅1mほどの舗装道路とベンチも整備され、ジュース屋や物売りが行き来し、デッキチェア(有料)がズラリと並ぶ。また近年、外国人旅行者向けのしゃれたバンガロー風のカフェやバー、レストランがビーチ沿いに姿を現している。ここでは、心地よい風が吹き渡るヤシの木陰でゆったりと過ごしたい。

左／泳ぐもよし、ビーチでビールジョッキ片手に読書もよし。ニャチャンは楽しみ方の選択肢が豊富だ　右／ビーチからチャンフー通りを望む。高層ホテルが並ぶ光景はまさに「ワイキキ」

★★ 1日遊べる大型アミューズメントパーク　MAP P.189-2A、197-4B参照

ヴィンパール・ランド

Vinpearl Land

ニャチャン・ビーチ沖に浮かぶチェー島(Hòn Tre)にある大型アミューズメントパーク。島の一画を占める5万m^2の敷地には、ミニコースターや国内最大級の観覧車(→写真左下)といったアトラクションのほか、ウオーターパーク、動物園、植物園などがある。水族館「アンダー・ウオーター・ワールド」では7000匹のサメが泳ぐアクリルトンネルの下を動く歩道で見学できる。普段見られないような珍種も多く、見応え十分。レストランやショッピングアーケードも備わり、家族連れにおすすめだ。特にイルカのショーと水上音楽ショーは人気で、ショーのあとはイルカと一緒に記念写真も撮れる。

2022年から、潜水艦のアトラクションが隣接エリアで始まった。事前の予約と支払いが必要。詳細はウェブサイトで確認を。

左／ウオータースライダーの種類が豊富。右上は国内最大級の観覧車「ヴィンパール・スカイ・ホイール」。観覧車の上からは、対岸にニャチャン・ビーチのパノラマが広がる　右／スリル満点のアトラクションも乗り放題

1000年の時を経て信仰が続く

MAP P.189-1A、197-1B

ポー・ナガル塔（タップ・バー）

Tháp Pô Nagar (Tháp Bà)　Po Nagar Cham Towers

町の中心から北へ約2km、ニャチャン川の北岸に位置する花崗石の丘の上にある、9世紀初めに建立されたチャンパ寺院の遺跡。

今から1200年以上も前、774年と784年の2度にわたってジャワ軍が侵攻。この寺院は焼き払われ、壊滅的な被害を受けた。

塔は8〜13世紀にかけてチャンパの王によって建立されたが、現在は主祠堂をはじめ5棟の建物が残るのみとなっている。

この遺跡の見どころは、祠堂の内部に残されている女神ポー・ナガルの像。線香の煙で充満した堂内には、かわいらしく着飾って台座の上に座った10本の腕をもつ神像が見える。チャンパの遺跡の多くは現在では見捨てられ、彫像のほとんどは博物館に収蔵されているが、この寺院はベトナム人の信仰と結びつくことによって、かろうじて信仰の形が生き残っている。このほかにも、堂内には堅木で作られた2体の彫像（9世紀以前の物だと推定する学者もいる）が残っている。

ジャワ軍の侵攻時に、寺院の貴重な宝物のほとんどが持ち去られた。内部は掃除が行き届き、ベトナム人の信仰のあつさがうかがえる

ジュゴンのホルマリン標本など充実の展示

MAP P.189-2A、197-4B参照

国立海洋学博物館

Viện Hải Dương Học　National Oceanographic Museum of Vietnam

体長約18m、重さ約10トンにもなるクジラの骨格標本。ベトナム北部にある、海から4km離れた村の灌漑水路から発掘された

ニャチャンの中心から南へ約5km、ニャチャン港のすぐそばに建つ、ベトナム唯一の本格的な海洋学に関する博物館。設立は1922年と歴史は長く、研究と収集の成果が一堂に展示されている。

見応えがあるのは、棚にズラリと並ぶ魚やタツノオトシゴなど海洋生物のホルマリン標本で、その種類の多さに圧倒される。巨大クジラの骨格標本、ジンベエザメの剥製（はくせい）、体長3m近いジュゴンのホルマリン標本などの大物も見逃せない。ニャチャンの海で見られる熱帯魚が泳ぐ水族館コーナーもある。

美しいステンドグラスが特徴

MAP P.197-3A

ニャチャン大聖堂

Nhà Thờ Núi Nha Trang　Nha Trang Cathedral

鉄道駅を見下ろす小高い丘の上に、1934年建立のゴシック様式の大聖堂がある。石造りの内部はひんやりと涼しく、色鮮やかなステンドグラスに囲まれ、神聖な雰囲気が漂う。早朝、夕方にはミサが行われるので、時間を合わせて訪れるのもいい。

上／威風堂々としたたたずまいを見せるカトリックの大聖堂　右／内部に入るとステンドグラスとゴシック建築に魅了される

ポー・ナガル塔（タップ・バー）
開6:00〜18:00　休無休
料1万ドン、子供（身長120cm以下）無料
英語ガイドは約45分で5万ドン。また毎日チャム族による伝統楽器の演奏と伝統舞踊も行われている。開8:00〜11:00、14:00〜17:00（この間に客が集まれば踊ってくれる）　料無料

奥に小さな博物館があり、神々の彫像や石像などが展示されている

頭に壺を載せて踊るチャム族の伝統舞踊

国立海洋学博物館
住1 Cầu Đá　☎(0258)3590035
開6:00〜18:00　休無休
料4万ドン、学生2万ドン、子供1万ドン

大きな円柱形の水槽もある

ニャチャン大聖堂
開7:00〜11:00、14:00〜16:00
ミサは月〜土曜は4:45、17:00。日曜は5:00、7:00、9:30、16:30、18:30。教会の入口はグエンチャイ通り側にあり、そこから聖人像が並ぶ坂を上っていく。

奇岩のトンネルの下はカップルの撮影スポット

ホンチョン岬
開6:00～18:00　休無休
料1万ドン、子供（身長120cm以下）無料
　チャンフー通りからチャンフー橋を渡って真っすぐ北へ向かった所。中心部から車で約10分。
　客が数人集まればベトナムの伝統楽器の演奏が聴ける。
開7:30～17:00　休無休

ロンソン寺（隆山寺）
開7:00～17:00　休無休
料無料

神々しいほど白さがまぶしいロンソン寺の仏像

ダム市場
営店によって異なるが、だいたい7:00～17:00　休無休

海産物売り場は広く、干物や練り物などがズラリと並ぶ

★★ 青い海に突き出た岬の奇岩は必見　MAP P.189-1A、197-1B参照

ホンチョン岬
Mũi Đất Hòn Chồng　Hon Chong Promontory

　市の中心部から北へ約3.5kmの所に小さな岬があり、その下に広がる岩場に巨大な一枚岩が載っている。潮が満ちるとその岩の周辺だけが取り残され、小さな島のようになる。この岬からの眺めは最高で、突き出た巨岩の上から数mのダイビングに興じる子供たちもいる。南側は磯だが、北側は波の静かな遠浅の入江になっており、海水浴をするには穴場。

岬にはカフェや展望台があり、そこからは美しい湾が見渡せる

★ 裏山には大仏が鎮座する立派な寺院　MAP P.197-2A

ロンソン寺（隆山寺）
Chùa Long Sơn　Long Son Pagoda

寺院の講堂内では毎日のように何かしらの説法が行われている

　1889年創建。その後修復、再建を重ね、現在では立派な寺院になっている。本殿に入ると、ハスの花に囲まれた仏陀の座像があり、壁面には仏教説話の壁画が物語形式に描かれている。寺の背後の山の上には、町を見下ろすように巨大な白い仏像が座している。

★★ みやげ物も日用品も何でも揃う　MAP P.197-2B

ダム市場
Chợ Đầm　Dam Market

　ニャチャン最大のローカルマーケット。円形状の特異な建物の周りを、何重にも野菜や果物、衣類、雑貨などの露店が取り囲み、巨大に膨らんでいる。2階は布地や衣料品が中心。隣に3階建ての新市場が完成し、海産物店などが移転している。

掘り出し物が見つかるかも。外国人観光客の姿も多い

インフォメーション　INFORMATION

航空会社
●ベトナム航空　Vietnam Airlines
MAP P.198-2A
住227 Nguyễn Thiện Thuật　☎(0258) 3526768
営7:30～11:15、13:30～16:45　休無休
カムラン空港オフィス
☎(0258) 2241606

銀　行
●ベトコム・バンク　Vietcom Bank
MAP P.197-2A
住17 Quang Trung　☎(0258) 3568899
営7:30～11:30、13:30～17:00　休土・日曜
　USドルと日本円の現金の両替が可能。アメリカン・エキスプレス・カード、ダイナースクラブカード、JCBカード、マスターカード、ビザカードでのキャッシングが可能。

郵便局
●中央郵便局
MAP P.197-2B
住1 Pasteur　☎(0258) 3821271
営7:00～20:00（日曜7:30～11:30、14:00～18:00）
休無休
　ニャチャンで最も大きな郵便局。EMS、DHLも取り扱っている。ほかにも町なかにはいくつか郵便局があり、営業時間も同じ。

郊外の見どころ Sightseeing

★★★ 1000頭以上のサルが生息する

MAP P.197-1B参照

ラオ島（モンキー・アイランド）

Hòn Lao (Đảo Khỉ) Lao Island (Monkey Island)

名前のとおり、たくさんのサルが生息する小さな島。ここにいるのは野生ではなく、かつて旧ソ連向けの動物実験用として飼育されていたサル。ソ連崩壊後は需要がなくなり、結果、島全体を観光用に開発することになった。サルはそのまま残され、以来、島のシンボルとなり現在は1000頭を超える。きれいに整備されたビーチがひとつあり、泳ぐには最適の場所だ。この島に来たらぜひ見てほしいのが、サルの演技が披露される無料の動物ショー。ドッグレースもある。

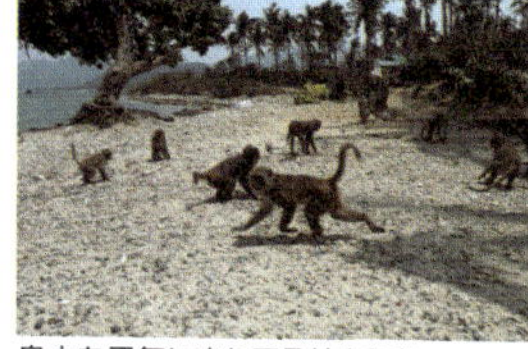
島中を元気に走り回るサルたち

★★ 遠浅の静かなビーチ

MAP P.197-1B参照

ヨックレット・ビーチ

Bãi Biển Dốc Lết Doc Let Beach

ニャチャンから国道1号線を北へ約40km行ったニンホア県（Huyện Ninh Hòa）に、ヨックレット・ビーチがある。リゾートとして整備されたビーチには、茅葺きのパラソルが付いたベンチが並び、幅は狭いが遠浅で水はきれい。レストランとホテルが数軒建ち、夏になるとホーチミン市からベトナム人観光客が押し寄せ、ビーチはにぎわいを見せる。

★★ 滝以外の見どころがたくさん

MAP P.197-2A参照

ヤンバイ滝

Thác Yang Bay Yang Bay Waterfalls

ニャチャンの中心から西へ約40km、標高約1500mのホンバー（Hòn Bà）山麓にある海抜100mの滝で、ニャチャン川（カイ川：Sông Cái）の源流となる。この滝と、温泉やバーベキューが楽しめるレストラン、動物の餌付けができる総合施設を含めたエリアがヤンバイ・ツーリストパークとなっていて、人気を集めている。滝壺の清らかな天然プールで泳いだり、近辺に住む少数民族ラグレイ（Raglay）族の民族舞踊ショーも見られる。地元の遊びの闘鶏やイノシシレースなどもおもしろい。

家族連れにも人気のスポット

ラオ島への行き方

ツアー参加が便利。ニャチャンからは車かバイクタクシーで20～30分行った所にある船着場から船が出ている。7:30～17:00の間に2～3人以上集まれば出港。往復18万ドン、所要約15分。

ビーチでの浮輪、パラソルとテーブル、椅子などのレンタルはすべて無料。

ヨックレット・ビーチ

料7万ドン、子供（身長140cm以下）4万ドン

ツアー参加が便利。自力で行くならニャチャンから車で所要約1時間。タクシーチャーターなら往復150万ドン以上。

ヨックレット・ビーチには静かでゆっくりとした時間が流れている

ヤンバイ滝

☎(0258)3792354
開8:00～17:00
料12万ドン

ツアー参加（→P.189）が便利でおすすめ。車で所要約1時間。

郊外の見どころ

ユィエン・カン砦
Thành Cổ Diên Khánh
Dien Khanh Fort
MAP P.197-2A参照

ニャチャンの西約11kmの所にある17世紀建造の砦。壁と門の一部が現存する。

バーホー滝　Suối Ba Hồ
Ba Ho Waterfalls
MAP P.197-1B参照

ニャチャンの北約22kmの山の中に3つの滝と池がある。

妖精の泉　Suối Tiên
Fairy Spring
MAP P.197-4B参照

ニャチャンの南約24kmの所にある美しい泉。植物や石で自然の庭園が形成されている。

果物屋のフレッシュジュース

海の町ニャチャンは、海鮮やグリル料理の店が多い。おいしいからといって食べ過ぎていると、野菜不足になっていることも。そこで活用したいのが、フレッシュフルーツジュースだ。繁華街にはあちこちに果物屋が点在しており、マンゴーやオレンジ、ドラゴンフルーツ、パイナップルなどの果物がズラリ。そのままカットして食べてもいいが、たいていの店では搾ったりミキサーにかけたりしてジュースにしてくれる。ミックスも可能で、値段は1杯3万ドン程度。店によっては野菜やアロエベラなども加えたオリジナルセットも用意しており、その日の気分に応じて選ぶのも楽しい。

ナイトマーケット（→P.180欄外）近くの果物屋は夜も営業している（MAP P.198-1A）

クイニョンの市外局番
0256

郊外の町

美しいビーチで有名な港町

MAP 折表-3B、左図

クイニョン

Quy Nhơn

ビンディン省の省都、クイニョンは港町として知られている。郊外はのどかな田園風景が広がり、町並みはのんびりとした雰囲気でほっとする。外国人旅行者には、タップ・ドイ（Tháp Đôi）と、郊外のタップ・バン・イット（Tháp Bánh Ít）などのチャンパ遺跡（→P.456）や、クイーン・ビーチ（Bãi Tắm Hoàng Hậu）、ヤイ・ビーチ（Bãi Dài）などの美しいビーチがあることで知られている。ヤイ・ビーチには大型リゾートホテル（→下記）もオープンし、ますます注目を集めている。

アクセス ACCESS

クイニョンへの行き方

ホーチミン市からベトナム航空（VN）が毎日2～3便、ベトジェット・エア（VJ）が毎日4便、バンブー・エアウェイズ（QH）が毎日2便運航。所要約1時間10分。ハノイからはVNが毎日2～3便、VJとQHが各毎日3便運航。所要約1時間45分。

クイニョン駅行きの列車は2022年8月現在、運休している。バスならニャチャンから約4時間。

クイニョンのホテル

Hotel

アヴァニ・クイニョン・リゾート&スパ 高級ホテル
Avani Quy Nhon Resort & Spa
MAP 上図参照

住 Ghềnh Ráng, Bãi Dài　☎(0256)3840133　URL www.avanihotels.com　料 Ⓢ Ⓣ 300万ドン～　スイート395万ドン～（朝食付き）　カード ADJMV　全63室

ヤイ・ビーチ沿いに建つ、クイニョン随一のモダンなリゾートホテル。スパメニューが豊富で技術に定評がある。敷地は緑にあふれ、外国人の利用も多い。無料Wi-Fiあり。客室の広さはデラックスで50㎡～と広め。

ファンラン-タップチャムの市外局番0259

ニャチャンから日帰りで

ファンラン-タップチャムへはニャチャンから、車（150US$～）をチャーターして遺跡などを回り、日帰りすることも可能。片道所要約2時間。

チャム文化の残る町

MAP 折表-4B、P.187

ファンラン-タップチャム

Phan Rang-Tháp Chàm

ニントゥアン省にあるこの町一帯は半砂漠地帯の中にある。荒野といった感じの大地には硬いトゲをもつサボテンが群生し、この土地独特の植物景観を目にする。

ファンラン-タップチャムは小さな町だが、ポー・クロン・ガライ

アクセス ACCESS

ファンラン-タップチャムへの行き方

●列車

町の中心部から北西へ7～8kmの所に鉄道のタップチャム駅がある。ホーチミン市（サイゴン駅）から毎日3便運行、一番速い便で所要約5時間27分。ニャチャンから毎日4便運行、一番速い便で所要約1時間28分。

●バス

ニャチャンからは早朝から夕方までの間に頻発。6万ドン～、所要約3時間。ダラットからは9万ドン、所要約4時間。ミニバスも数便運行している。ホーチミン市やファンティエットからも便がある。

ファンラン-タップチャムからの交通

●列車

タップチャム駅からホーチミン市（サイゴン駅）へ毎日4便運行。ニャチャンへは毎日3便運行。

●バス

町の北約3kmに位置するニントゥアン省バスターミナル（Bến Xe Tỉnh Ninh Thuận MAP P.187-1B参照）から各地へバスがある。ダラットへは6万ドン～、所要約4時間。ホーチミン市へは15万ドン～、所要約7時間。便数は少ないが、ファンティエット（7万ドン）、バンメトート（16万ドン）行きもある。ただし、2022年8月現在、多くが運休中。

をはじめとするチャンパの遺跡群（→P.456）が郊外に点在し、それらの見学の拠点となる所だ。また、郊外にはテーブルグレープやドラゴンフルーツの果樹園、海岸部には塩田が広がる。近年、新たな観光地として注目されている織物の村（Mỹ Nghiệp）、陶器の村（Bàu Trúc）、砂丘（Nam Cương）なども、数時間あれば町から見学できる範囲に点在する。

ファンラン-タップチャムという町名はチャム族のチャム（Chàm）からきたものだ。ファンラン周辺にはチャム族の人々が数多く住んでおり、郊外に行けばベトナムの多数民族であるキン族とは違う服装（頭に白いターバン、変形ズボン、3種類の色の服）のチャム族の人に出会うこともある。

ファンラン-タップチャムの見どころ

14世紀に造られたチャンパ遺跡　MAP 右図-1A参照

ポー・クロン・ガライ

Pô Klong Garai　Po Klong Garai Cham Temple Towers

左／外壁の装飾も要チェック
上／中央祠堂に祀られたムカリンガ（人の顔が描かれたリンガ）

れんが造りの3つの塔からなるチャンパの遺跡（14世紀）。町の中心部から北西へ約7kmの郊外の丘の上にあり、れんが造りの内部には木造の円錐形の鞘堂（さやどう）がある。この形式は古いもので、チャンパの宗教建築が最初は木造で建てられていたことの名残である。その下にはヨニ（女性器の象徴）の上に載ったリンガ（男性器の象徴）があり、リンガの正面には顔が描かれている。これは王とシヴァ神が一体化したことを示すもので、ムカリンガと呼ばれている。チャンパ王国の時代には、このリンガの上から聖水をかけ、その聖水をヨニから受け取る儀式が行われていた。

人里離れた遺跡だが、人々の信仰はあつく、祠堂入口の前にあるナンディン神像（雄牛）の前には、いつもハーブやアレッカ・ナッツが供えられている。毎年10月には地域の住民によって盛大な祭りが催され、大祭のときには祝宴が1ヵ月も続くことがある。

サボテンが茂る丘を登ると祠堂群が現れる

この遺跡は半砂漠状の大地にあり、周りはサボテンが群生している。丘の上から見える牛や馬の放牧地、タップチャム駅の操車場、赤茶色のれんが屋根の家々といった雄大な景観も味わおう。

ポー・クロン・ガライ
☎(0259) 3888116
開7:00～17:00　休無休
料2万ドン
町の中心からバイクタクシーで約10分、片道5万ドン～。タクシーなら片道20万ドンくらい。車をチャーターして、ポー・ロメも一緒に回ることも可能。

遺跡入口から祠堂のある丘までは歩ける距離だが、電気自動車もある。行き1万5000ドン、戻り1万ドン

丘の上からは、風力発電の風車群が林立する草原を見晴らせる

ポー・ロメ
料無料（入口の守衛に頼めば主祠堂の中を見せてもらえることもある。その際はチップを）

ニンチュー・ビーチ
町の中心から北東に約7km。タクシーで約10分、13万～15万ドン～。バイクタクシーで約15分、8万ドン～。

ファンラン-タップチャムのレストラン
フォンキー　Phong Ky
MAP P.187-2B
住1 Hồ Sinh Thái-Ngã 5 Tấn Tài　☎(0259)3929452
営11:00～23:00　休無休
カード不可　予約不要
中庭のある規模の大きなレストラン。メニューが多く、海鮮鍋（25万ドン～）が人気。

チャンパ最後の王のレリーフが残る
MAP P.187-2A参照
★★★ ポー・ロメ
Pô Romê　Po Rome Tower

ファンラン-タップチャムから南へ約20km行った丘の上にあるチャム族の最後の遺跡(17世紀)。石段を上り切ると、主祠堂が現れる。チャンパ最後の支配者、ポー・ロメ王のレリーフ、碑文などがある。

石段を上り詰めた丘の上にひっそりと建つ

家族連れが多くのんびりした雰囲気
MAP P.187-1B参照
★★★ ニンチュー・ビーチ
Bãi Biển Ninh Chữ　Ninh Chu Beach

町の中心部から民家を抜けると田園地帯が広がり、しばらくすると海が近づいてくる。白い砂浜が広がるビーチは、遠くになだらかな山を見渡せるのんびりとした雰囲気。ビーチには地元の家族連れの姿が多く、たくさんのリゾートホテルが並んでいる。

砂浜が約10kmも続くビーチは穏やかで泳ぐには最適

ファンラン-タップチャムのホテル　Hotel

ニンチュー・ビーチをひとり占め
ホアンミー•リゾート
Hoan My Resort
中級ホテル
MAP P.187-1B

2021年に開業した、ニンチュー・ビーチの最新リゾート。リーズナブルな価格帯のヴィラを備え、ホテルの敷地からすぐにニンチュー・ビーチに出られる。ベビーベッドや授乳用の椅子などの用意もあり、子連れ旅行にも対応している。

自然光を目いっぱい取り入れるデザインになっている

住Yên Ninh
☎(0259)2478888
URL hoanmyresort.com
料Ⓢ Ⓣ140万ドン～　スイート350万ドン～　カード A D J M V
全120室　32ヴィラ

その他のファンラン-タップチャムのホテル　Hotel

ロントゥアン・リゾート＆スパ　エコノミーホテル
Long Thuan Resort & Spa　MAP P.187-1B参照
住1 Yên Ninh　☎(0259)2220200、2220201
URL longthuanhotelresort.com　料Ⓢ Ⓦ Ⓣ90万ドン～　バンガロー170万ドン～（朝食付き）　カード A J M V　全468室　24バンガロー
ニンチュー・ビーチ沿いに建つ。もともとの188室に300室近くを擁する新館が加わり、ニンチュー・ビーチきっての大型リゾートとなった。大きめのプールやスパ、テニスコートも完備。

ホーフォン　エコノミーホテル
Ho Phong　MAP P.187-2A
住363 Ngô Gia Tự　☎(0259)3920333
E-mail hophonghotel@yahoo.com　料Ⓢ Ⓣ26万～32万ドン　スイート30万～45万ドン　カード不可　全27室
中心部エリアでは最も大きなホテル。6階建てでエレベーター付き。清潔感があり、特にビジネスデラックスは快適。英語も通じる。浴室の備品は有料の物もあるので要注意。

ノマド・ニンチュー　ミニホテル
Nomad Ninh Chu　MAP P.187-1B参照
住75 Yên Ninh　☎098-5594846（携帯）
料Ⓢ Ⓣ54万ドン～
カード不可　全9室
客室は新しく清潔感があり、価格もリーズナブル。ビーチまで徒歩約10分と少し距離があるのと、周囲に食事できるところが少ないのが難。

旅行会社＆ツアーオフィス TRAVEL OFFICE & TOUR OFFICE

旅行会社

ツアーオフィスは多く、どこも同様のツアーと各地へのオープンツアーバス（→P.413）を運行している。しかし2022年8月現在、新型コロナの影響で通常営業している会社は少なく、郊外へオフィスを移したケースもある。ウェブサイトやホテルのフロントを通じて申し込み、ホテルまでピックアップに来てもらうスタイルも多い。以下の料金は記述のない限り、ひとり当たりの料金を記している。

●フレンドリー・トラベル・ニャチャン
Friendly Travel Nha Trang
URL nhatrangfriendly.com

水圧を利用して海の上で空を飛ぶフライボードツアー（175万ドン～）やジェットスキーでラオ島へ行くツアー（245US$～）など、マリンスポーツを中心としたツアーを催行。2022年8月現在、ウェブサイトでのみ営業。

●シン・ツーリスト
The Sinh Tourist
MAP P.198-2B　住130 Hùng Vương
☎(0258)3524329　URL www.thesinhtourist.vn

各種ツアーやチケット手配など、総合的なサービスを行う老舗ツアーオフィス。
※2022年8月現在、休業中。

バス会社

●ハン・カフェ
Hanh Cafe
MAP P.197-4A参照　住106 Phong Châu
☎(0258)3527467　営6:00～22:00
休無休　カード不可

夜行便のオープンツアーバスを運行しており、Wi-Fi付きの寝台バスが人気。市内の各ホテルでも申し込め、ニャチャン市内ならホテルへピックアップに来てくれる。

ダイビング会社

ニャチャンでのダイビングのベストシーズンは3～10月。

●レインボー・ダイバーズ
Rainbow Divers
MAP P.198-2A　住132 Nguyễn Thiện Thuật
☎(0258)3524351、090-5071936(携帯)
URL www.divevietnam.com　営7:00～14:00
休無休　カード J M V

老舗のダイビング専門ツアー会社。体験ダイビング55US$～、ボートダイビング50US$～など。

大自然を満喫できるニャチャン発のツアー

ニャチャンには海や川といった自然や人々の暮らしに触れるツアーが数多くある。ただし2022年8月現在、ほとんどのツアーがプライベートツアーのみの対応となっており、下記料金よりも割高となっている。

●島巡りボートトリップツアー（1日）

ニャチャン沖に点在するムン島、モッ島、チェー島、ミウ島の4島ないしは、うち3島を船で巡る。多くのツアーがスノーケリングやカヌー、ランチなどを含み、ミウ島には水族館（入場料17万ドン）もある。ムン島では環境保護費用2万2000ドンが必要。8:30出発、16:00帰着。

島巡りボートトリップツアーは大人気。船着場には多くの船が発着している

●ヤンバイ滝ツアー（1日）

ヤンバイ滝（→P.185）を訪れるツアー。滝壺で泳いだり、温泉に入ったり、周辺に住むラグレイ族の民族舞踊などが見られる。

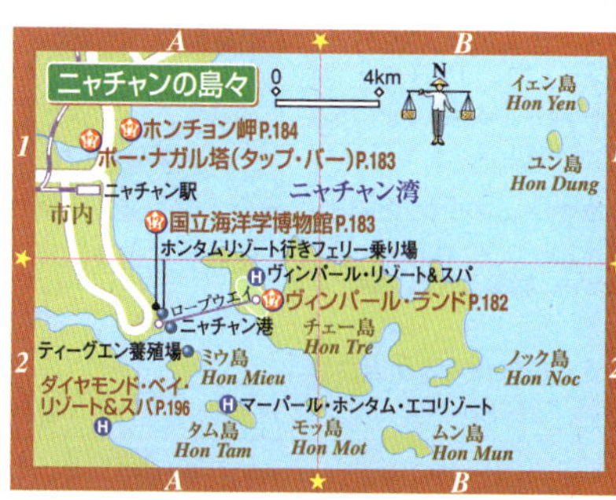

●ニャーフー・ベイツアー（1日）

ニャチャン北部のホンヘオ半島に面したニャーフー湾でラオ島（→P.185）とティ島（Hôn Thì）を回る。ラオ島でアニマルショーを楽しんだり、サルに出合うツアーもある。

●ニャチャン・リバーツアー（1日）

ニャチャン川を船で遡り、漁村やココヤシの村（中州）、陶器の村などを訪ねる。ツアーによってはさらに奥のユィエン・カン砦（→P.185欄外）まで行くこともある。

レストラン Restaurant

コンセプトは「おばあちゃんの味」

バートイ Ba Toi
ベトナム料理 MAP P.198-1A

一見素朴だが、実は手間のかかった家庭料理を味わえる隠れ家レストラン。総菜4品とスープがセットになった、おばあちゃんの伝統料理セット（19万9000ドン／2人前）がおすすめ。食事時だけの営業でとても混むので、開店後すぐの時間帯を狙おう。

セット料理の注文は2人前から。1品料理も種類豊富

住68/4 Đống Đa　☎(0258) 3522667　営10:00～14:00、16:30～21:00　休無休　カード不可　予約不要

新鮮なシーフードならココ

ニャチャン・ビュー 378 Nha Trang View 378
ベトナム料理 MAP P.197-1B

ワイルドな海景色に加え、ニャチャン・ビーチの端に建つため、リゾートホテル群を一望できる。観光客や地元ベトナム人が多く訪れる。海に面した客席は広く、団体客にも対応できる。エビ料理やイカ料理が1品17万5000ドン～。

ブラックタイガーの塩卵揚げ（19万5000ドン）、パッションフルーツジュース（4万1000ドン）

住48 Nguyễn Bỉnh Khiêm　☎083-6925290（携帯）　営6:30～22:00　休無休　カードMV　予約不要

観光客でにぎわうシーフードの老舗

チュックリン 2 Truc Linh 2
ベトナム＆各国料理 MAP P.198-2A

創業22年目を迎えるシーフードの名店。イタリアンやフレンチにベトナム料理をミックスさせた独自のメニューが人気。おすすめは好きな調理法を選べるスペシャルバーベキュー・ミックスフィッシュ（89万8000ドン～）や、ロブスター（時価）など。1品10万～18万ドン前後。

中華風の赤いランタンが目印

住18 Biệt Thự　☎(0258) 3521089　営8:00～22:00　休無休　カードJMV　予約不要

ベトナム人に人気のローカル焼肉店

ラックカン Lac Canh
ベトナム料理 MAP P.197-1B

七輪で焼くセルフ炭火焼肉の店。地元人気が高く食事時は混み合う。サイコロ型の牛肉（11万5000ドン／ひとり用）は特製ピリ辛だれに漬け込まれて、ご飯が何杯もいけそう。肉は牛、豚、鶏のほか海鮮やウナギなど幅広い。チャーハン（4万ドン～）などもある。

野菜も焼きたい人は野菜セット（4万5000ドン）を

住77 Nguyễn Bỉnh Khiêm　☎(0258) 3821391　営9:30～21:15　休無休　カード不可　予約大人数の場合は要予約

安くてうまいベトナム食堂

ホンドゥック Hong Duc
ベトナム料理 MAP P.198-2B

味、値段、メニュー数の三拍子が揃った食堂。1品4万～5万ドン程度で、おいしいベトナム料理が食べられる。フォーやベトナム版ビーフシチューのボー・コー（→P.33）など定番のほか、ビーフステーキもある。観光エリアにあり、客の多くは外国人。

牛ステーキに卵が載る、中部の定番朝食ボーネー（4万5000ドン）

住176 Hùng Vương　☎090-5946352（携帯）　営6:00～22:00　休無休　カード不可　予約不要

ニャチャン名物ネム・ヌオン専門店

ダン・ヴァン・クイン Dang Van Quyen
ベトナム料理 MAP P.197-2B

炭火で焼いた豚肉つくねを野菜などと一緒にライスペーパーで巻いて食べるニャチャン名物のネム・ヌオン（→P.33、5万ドン）がおいしいと評判の店。特製の付けだれが味を引き立てる。英語メニューがあり、巻き方も教えてくれる。

豚肉つくねと、ライスペーパーに干しエビを入れて揚げた物を野菜で巻いて特製のエビだれに付けて食べるネム・ヌオン

住16A Lãn Ông　☎(0258) 3826737　営7:00～20:30　休無休　カード不可　予約不要

Voice!「ライト・ホテル」（MAP P.198-3B）1階のレストラン「ミス・バンブー」は竹をふんだんに使ったリゾート感満載のオープンエアレストラン。宿泊客以外でも利用でき、特におすすめは朝食。ベトナム版↗

レストラン Restaurant

ニャチャンを代表するストリートフード
バン・カン51 ベトナム料理
Banh Can 51 MAP P.198-1A

バン・カン(Bánh Căn)は、半球状に焼いた米粉の生地にエビやイカ、肉、卵などの具材を載せたスナック。同店のバン・カンは特に大ぶりなタイガー・プロウンやミニイカが丸ごと載っていることで有名で、食べ応え抜群だ。全8種類をひと皿に載せたスペシャルセット(9万ドン)がおすすめ。

エビのバン・カン5万ドン／6個

住24 Tô Hiến Thành ☎(098) 9689348
営10:30～22:00 休無休 カード不可 予約不要

海の恵みが詰まった名物麺ブン・カーの店
ナムベオ 麺
Nam Beo MAP P.197-2B

ニャチャン名物の汁米麺、ブン・カー(Bún Cá、3万5000～4万ドン)の人気店。魚だしの米麺ブンに、ベトナム風さつま揚げのチャー・カー(→P.30)とコリコリした食感が楽しいクラゲをトッピング。魚の切り身も添えた、磯の香り漂うご当地麺料理だ。

英語は通じないが「ブン・カー」と言って、お碗の大小を選べばOK

住Lô B2 Chung Cư Chợ Đầm ☎097-2331881(携帯)
営7:00～21:00 休無休 カード不可 予約不要

ビーチが目の前の大型レストラン
セイリング・クラブ・ニャチャン 多国籍料理
Sailing Club Nha Trang MAP P.198-3B

ビーチクラブも兼ねた海沿いの人気レストラン&バー。多彩な料理が自慢で、ベトナム・西洋・インド料理まで幅広いラインアップ。座席は5つのエリアに分かれ、寝そべってくつろげるカバナ席やオープンエアのテーブル席、海辺のデッキチェアなど気分に合わせて選べる。

カバナ席は子連れ旅にも使い勝手がよい

住72-74 Trần Phú ☎(0258) 3524628 営7:00～22:00(バーは～翌2:00) 休無休 カードJMV 予約不要

北欧風の内装がキュート
アルパカ 西洋料理
Alpaca MAP P.198-1A

在住外国人や旅行客でいつもにぎわう、北欧スタイルのカフェレストラン。アパートを改装したカントリースタイルの店内には、かわいいアルパカの絵があちらこちらに。客席は2階席やガーデン席もある。メニューはパスタなど、イタリアンとメキシカンが中心。

手前からタコス13万5000ドン、スイカジュース4万5000ドン

住10/1B Nguyễn Thiện Thuật ☎033-8899439(携帯)
営8:15～21:30 休日曜 カードJMV 予約不要

Column トレンドはルーフトップバー

ニャチャンで旅人の人気を集めているのが、ホテル屋上のルーフトップバー。大きく分けてふたつのタイプがあり、「シェラトン・ニャチャン・ホテル&スパ」(→P.194)の「アルティテュード」に代表される、夕日や夜景を楽しみながらしっぽり飲めるバーと、「プレミア・ハヴァナ・ニャチャン」(→P.195)の「スカイライト」のような音楽やDJを楽しみながら仲間とわいわい楽しめるバーだ。海風わたる天空の特等席で、旅の夜を彩ろう。

「アルティテュード」のカクテルは16万5000ドン～

アルティテュード
Altitude
MAP P.197-3B 営17:00～翌1:00 休火曜 カードADJMV 予約不要

シーフードをはじめとする食事メニューも充実

スカイライト Skylight
MAP P.197-3B 営20:00～24:00 休月曜 料入場料15万ドン(1ドリンク付き)、水・木曜は女性無料 カードADJMV 予約不要

屋上から360度の夜景パノラマを堪能できる

↘ビーフシチューのボー・コー(→P.33)などのベトナム料理とドリンクがセットになって11万ドン。

レストラン Restaurant

ボリューム満点なグリル料理

ミックス　ギリシャ料理
MIX　MAP P.198-2B

がっつり食べたいときに最適な店。トレイに山盛りで出てくる豪快なグリル料理が充実しており、牛肉、豚肉、鶏肉、ソーセージのグリルがセットになったミックス・ミート・セット（30万ドン／1人前）は店の看板料理。ポテト、サラダ、デザートも付いておなかいっぱい。

肉料理を大盛りで注文し、分け合うグループが多い

住77 Hùng Vương　☎035-9459197（携帯）　営12:00～14:30、17:00～21:30　休無休　カード不可　予約週末の夜は望ましい

新鮮な魚介はやっぱり刺身で

居酒屋きわみ　日本料理
Izakaya Kiwami　MAP P.198-1A

日本人の板前が旬の魚をすすめてくれる。3月はタコ、4月後半はウニ、5～8月はマグロ、1年中おいしいのはイカやフエダイなど。焼き鳥メニューも豊富。ホンバン通りには寿司メインの「寿司処きわみ」（MAP P.197-3A）もある。

分厚く切られた刺身の5種盛り合わせ（37万ドン）

住136 Bạch Đằng　☎034-4092390（携帯）　営11:30～13:30、17:00～22:00　休火曜　カード JMV　予約望ましい

ニャチャン産クラフトビールがおいしい

ルイジアナ・ブルーハウス　ブルワリー
Louisiane Brewhouse　MAP P.198-3B

新鮮なビールが味わえる、海辺のブルワリーレストラン。毎日7種類のビールが造られ、特にピルスナーの生ビール（6万5000ドン～／330mL）が人気。食事メニューも多く、寿司は握りから巻物まで充実している。プールサイド席もある。

海風に吹かれながら飲む冷えたビールは最高

住29 Trần Phú　☎（0258）3521948　営7:00～翌1:00　休無休　カード ADJMV　予約不要

24時間営業のシントー屋さん

ヴイ・フルーツ　甘味
V Fruit　MAP P.198-1A

夕暮れ時には、シン・トー（→P.47）やアイスクリーム、かき氷を食べる若者たちであふれかえる。アボカド&ドリアンアイス（4万ドン）やフルーツバケット（3万5000ドン）が地元人気が高く、フルーツ載せプリン（3万ドン）も日本人が好きそう。

おすすめはアボカドアイス（3万5000ドン）

住24 Tô Hiến Thành　☎090-5068910（携帯）　営24時間　休無休　カード不可　予約不要

ショップ  Shop

ぬくもりあふれるベトナム雑貨

キッサ・ハウス　ベトナム雑貨
Kissa House　MAP P.198-1A

ベトナム産ハンドメイド雑貨が揃い、草木染めや手織り布などナチュラルな小物が中心。特に伝統織物のコースター（6万5000ドン）など、ベトナム北部の黒モン族による自然染めの商品は種類、デザインともに充実。自分で組み立てられるベトナム屋台のミニチュアハウス（→P.53）も注目。

住1B Ngô Thời Nhiệm
☎033-7356076（携帯）
営9:00～21:00
休無休
カード DJMV

オーナーは日本人。運よく会えれば、観光の相談にものってもらえる

Voice ローカル料理を食べたかったら、ダム市場周辺へ行こう。「ラックカン」、「ダン・ヴァン・クイン」（→各P.190）、「ナムベオ」（→P.191）もすべて徒歩で回れる距離にある。

スパ・マッサージ Spa & Massage

和のエッセンスをひとさじ

スパ・インターコンチネンタル スパ

Spa InterContinental MAP P.197-3B

和のおもてなしとベトナムの伝統が融合したスパ。金箔入りのプロダクトを使用したコラーゲンたっぷりのフェイシャル（210万ドン／70分）や緑茶のスクラブ（165万ドン／70分）など、和を意識したメニューが充実。

「インターコンチネンタル・ニャチャン」（→P.194）の2階にある

住32-34 Trần Phú ☎(0258) 3887777 営7:00～21:00 休無休 料フット・リフレクソロジー 140万ドン(60分)、ホットストーン・テラピー 250万ドン(100分)など カードADJMV 予約要予約

ホテルで手軽に泥スパ体験

ガリナ・マッドバス&スパ スパ

Galina Mud Bath & Spa MAP P.198-2B

ホテル併設の泥温泉リゾート。施設はビルの屋上にあるが、市街地とは思えないようなリラックスできる空間だ。料金には泥温泉のほかスチームサウナ、ジャクージ、プール利用が含まれている。マッサージの種類も豊富。

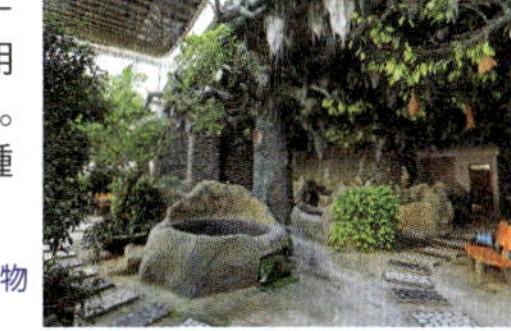

名物の泥温泉は植物あふれる露天風呂

住5 Hùng Vương ☎(0258) 3529998 営9:00～21:00 休無休 料ミネラルマッドバス(ひとり35万ドン～)、シグネチャー・マッサージ90万ドン(90分)など カードJMV 予約望ましい

黄色い外観の一軒家スパ

スー・スパ スパ

Su Spa MAP P.198-2A

町なかにあふれるローカルマッサージと比べると、落ち着いた雰囲気で清潔感がある。ベトナム式やタイ式、ボディスクラブなどメニューは多彩。スタッフの対応もていねいで、安心して施術を受けられる。

建物内に一歩入ると静寂が。観光の疲れを癒やしたい

住93AB Nguyễn Thiện Thuật ☎091-3444337(携帯) 営11:00～22:00 休無休 料ホットストーン64万5000ドン(80分)、オリエンタル・ハーバル・テラピー 74万9000ドン(90分)など カードMV 予約不要

リーズナブルな繁華街のスパ

チャーム・スパ・グランド・ニャチャン スパ

Charm Spa Grand Nha Trang MAP P.198-1A

ダナンの人気スパの支店。市街中心部のにぎやかな通りにあり、夜遅くまで個人旅行客でにぎわう。店内はこぢんまりしているが、間接照明の心休まる空間で、従業員のサービスも行き届いている。夜は混むので予約したほうがいい。

施術後は、お茶とお菓子のサービスがある

住48C Nguyễn Thị Minh Khai ☎090-1132138(携帯) 営10:00～22:30 休無休 料フットマッサージ43万ドン(60分)、首肩マッサージ44万ドン（50分）など カード不可 予約望ましい

ミネラルたっぷり！ ニャチャンの泥温泉

ミネラル分が多く、美肌効果があるといわれるニャチャンの泥温泉。市内北部には天然泥温泉があり、温水プールやレストラン、マッサージなども備えたリゾート施設として大人気だ。

泥湯は塩分濃度が高く、体が浮いておもしろい。20分くらいつかったあと、日なたで乾燥させてから洗い流すと肌がツルツルになる。あとはプールで遊んだりマッサージをしたり、思い思いに過ごそう。

左／さまざまなお風呂がある「タップ・バー」。これは露天ジャクージ　右／「アイ・リゾート」の泥温泉

アイ・リゾート I-Resort

日本の温泉をモデルにした人気の泥温泉リゾート。スライダー付きのプールもある。

MAP P.197-1B参照 住Tổ 19, Thôn Xuân Ngọc ☎(0258)3838838 URL www.i-resort.vn 営7:00～20:00 休無休 料泥温泉＋プール35万ドン(バスタブにふたりまで) カードJMV 予約不要

タップ・バー・ホットスプリング Thap Ba Hot Spring

老舗の泥温泉リゾート。温水プールやマッサージ、レストラン、くつろげるガーデンなどが揃っている。

MAP P.197-1B参照 住438 Ngô Đến ☎(0258) 3835335 URL tambunthapba.vn 営7:00～19:30 休無休 料泥温泉＋プール35万ドン(バスタブに4人まで) カードJMV 予約不要

ホテル

大自然に囲まれたラグジュアリーリゾート
シックス・センシズ・ニンヴァン・ベイ
高級ホテル
Six Senses Ninh Van Bay
MAP P.197-1B参照

ニャチャン中心部から北へ約30km、さらに専用ボートで約15分のニンヴァン・ベイに位置する。白砂のビーチや山の斜面、巨岩など天然の地形をうまく生かしながら、約14.5ヘクタールの敷地に62のヴィラが建つ。どのヴィラもベッドルーム、リビングルーム、バスルーム、サンデッキ、プールが備わっている。天然木材を使った室内はあたたかみにあふれ、海風が吹き抜けるナチュラルな空間に心癒やされる。まさに大人のための極上の隠れ家だ。デトックスプログラムやウエルネス・スクリーニングのアレンジも可。

自然木を多用した内装の客室

住Ninh Vân Bay, Ninh Hòa
☎(0258) 3728222
URL www.sixsenses.com
料ヴィラ896US$～　ファミリープールヴィラ1315US$（朝食付き）
カード ADJMV　全62ヴィラ

海と山の絶景が取り囲むヒルトップヴィラ

180度のオーシャンビューが楽しめる
インターコンチネンタル・ニャチャン
高級ホテル
InterContinental Nha Trang
MAP P.197-3B

レセプションには投げ網漁風オブジェ、客室は砂と海、自然をイメージしたベージュと水色でまとめ、浴室の床に南ベトナムの大理石をふんだんに使うなど、随所にニャチャンらしさがうかがえる。広々とした部屋は優雅で、オープンバスも開放感があり、わが家にいるような快適さだ。ほとんどの部屋から海が見えてバルコニー付き。夜は道路を隔てた海から潮騒が響く。食事のレベルはかなり高く、ロビーバーでのアフタヌーンティーや、生ビールと楽しめるシーフードビュッフェなどがある。

シングル・クラシックオーシャンビュールーム

住32-34 Trần Phú　☎(0258) 3887777
URL www.nhatrang.intercontinental.com
料Ⓢ Ⓦ Ⓣ340万ドン～　スイート450万ドン～（＋税・サービス料15%。朝食付き）
カード ADJMV　全279室
※2022年8月現在、クラブラウンジは閉鎖中。

敷地内には、リゾート気分を盛り上げる3つのプールを擁している

シックな部屋でくつろぎの滞在
シェラトン・ニャチャン・ホテル&スパ
高級ホテル
Sheraton Nha Trang Hotel & Spa
MAP P.197-3B

30階建ての9階以上が客室になっている。全室オーシャンビューのバルコニーからは、眼下に広がるニャチャン・ビーチの全景が圧巻だ。さらに、6階にある長さ21mのプールはインフィニティスタイルで、思う存分海を感じられる。レストランやスパ、ルーフトップバー（→P.191）の評判も高く、近くにショッピングセンターもあり飲食店も多い。ニャチャンを楽しみ尽くしたい人には最適のホテルだ。なお、クラブルーム以上の部屋を選べば専用ラウンジを使え、ワンランク上の滞在が可能。

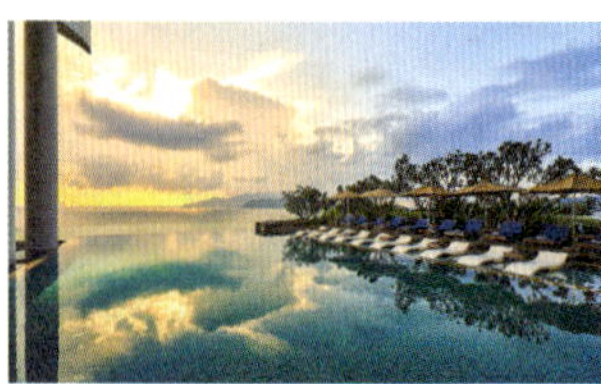
空と海とプールが一体になったインフィニティプール

住26-28 Trần Phú
☎(0258) 3880000
URL sheraton.marriott.com
料Ⓢ Ⓦ Ⓣ290万ドン～　スイート440万ドン～（＋税・サービス料15%。朝食付き）
カード ADJMV
全280室

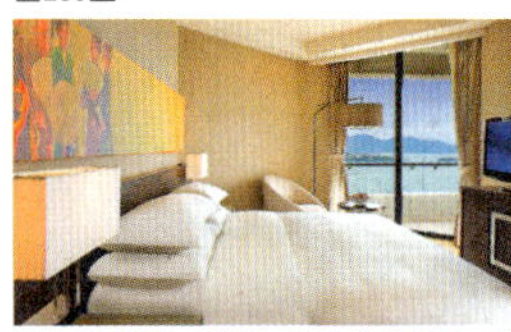
幅広のベランダのあるエグゼクティブスイートルーム

Voice! ホテル屋上のルーフトップバーが流行中のニャチャンだが、バーによってはかなりの音量で夜遅くまでDJナイトなどを催すところもある。静けさを求める人は、その点も考慮する必要がある。

ホテル Hotel

古き良き時代と現代の融合がテーマ
アナム 高級ホテル
The Anam MAP P.197-4B参照

カムラン・エリアに2017年にオープンした比較的新しいリゾート。プライベートビーチにインフィニティプール、はだしで歩ける芝生の庭、高級フレンチレストラン、映画館、パターゴルフなど、おおよそリゾートに求めるすべてが揃う。子連れ旅行にも対応。

デザインコンセプトはインドシナ時代のベトナム

住Lot D3, Northern Peninsula Cam Ranh ☎(0258)3989499
URL www.theanam.com 料Ⓢ Ⓦ Ⓣ410万ドン～ ヴィラ500万ドン～（朝食付き） カード A D J M V 全136室 77ヴィラ

安定した高いホスピタリティを提供
ノボテル・ニャチャン 高級ホテル
Novotel Nha Trang MAP P.198-2B

モダンなインテリアで、リゾート滞在にもビジネス滞在にも対応した造り。18階建ての全室オーシャンビューで、バルコニーからの眺めは絶景だ。スパ「インバランス」の個室からは海が望める。ロビーカフェでは14:00～17:00にアフタヌーンティーが楽しめる。

窓からは海が望め、バスタブもある。写真はスーペリアルーム

住50 Trần Phú ☎(0258)6256900
URL www.novotelnhatrang.com 料Ⓢ Ⓦ Ⓣ170万ドン～
カード A D J M V 全154室

広い部屋は全室オーシャンビュー
プレミア・ハヴァナ・ニャチャン 高級ホテル
Premier Havana Nha Trang MAP P.197-3B

チャンフー通り沿いの5つ星ホテル。40㎡の広々とした客室は、ブラウンとアイボリーを基調としたシンプルモダンな内装で、全室オーシャンビュー。館内はレストラン、スパ、プールなどを完備し、日本語スタッフもいる。ナイトマーケットも近いので、夜の散歩が楽しめる。

客室は全室禁煙

住38 Trần Phú ☎(0258)3889999
URL www.havanahotel.vn 料Ⓢ Ⓦ Ⓣ125万ドン～ スイート185万ドン～（朝食付き） カード A D J M V 全1067室

コロニアル風のリゾートホテル
サンライズ・ニャチャン・ビーチ・ホテル&スパ 高級ホテル
Sunrise Nha Trang Beach Hotel & Spa MAP P.197-2B

コロニアル調の老舗リゾートホテル。客室はオフホワイトを基調にした優雅な雰囲気で、ほとんどの部屋から海が望める。レストランは日本&ベトナム料理の「フーン・ヴィエット」をはじめハイレベル。

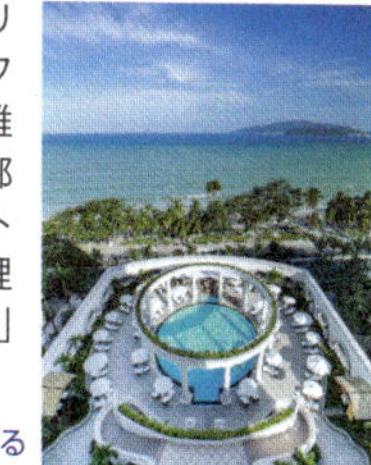
ギリシャ神殿をイメージさせる円形プール

住12-14 Trần Phú ☎(0258)3820999
URL www.sunrisenhatrang.com.vn
料Ⓢ Ⓦ Ⓣ266万ドン～ スイート440万ドン～（朝食付き）
カード A D J M V 全125室

町にも海にも近い4つ星ホテル
スターシティ・ニャチャン 中級ホテル
Starcity Nha Trang MAP P.198-3B

市内南部にある15階建ての4つ星ホテル。海にも繁華街にも近く、レジャーや町歩きに最高の立地だ。客室は白と木目でまとめたミニマルなデザインで、プレミアムルームにはコーヒーマシンが付く。3階にプール、ジム、スパ、サウナがある。

足元まである大きな窓は開放感抜群

住72-74 Trần Phú ☎(0258)3590999
URL starcitynhatrang.com 料Ⓢ Ⓦ Ⓣ120万ドン～ スイート200万ドン～（朝食付き） カード A D J M V 全204室

立地とサービスのよさが自慢
リバティ・セントラル・ニャチャン 中級ホテル
Liberty Central Nha Trang MAP P.198-2B

飲食店が集まるビエットゥ通りに面していて、ビーチへも徒歩約3分と便利な立地。客室はベージュ系の上品な内装で落ち着いた滞在ができる。21階のモダンなルーフトップバー「アバブ・スカイバー」は海が一望できる絶景スポット。

日本からのツアーにもよく利用される4つ星ホテル

住9 Biệt Thự ☎(0258)3529555
URL www.libertycentralnhatrang.com 料Ⓢ Ⓦ Ⓣ125万ドン～ スイート250万ドン～（朝食付き） カード A D J M V 全227室

ホテル

Hotel

町なかのカワイイ系ブティックホテル
ポティーク 中級ホテル
Potique MAP P.198-1A

ミニホテルが多いエリアに2022年にオープンしたブティックホテル。客室は重厚なベトナム風、共有スペースは白壁にエメラルドグリーンの窓枠をあしらった南仏風という越仏折衷スタイルで統一。屋上プールやスパ、レストランなども充実している。

屋上には空と海が一体になったインフィニティプールがある

住22 Hùng Vương ☎(0258)3556999
URL potiquehotel.com 料Ⓢ Ⓦ Ⓣ200万ドン～ スイート260万ドン～（朝食付き） カード D J M V 全151室

カジュアルで機能的
イビス・スタイルズ・ニャチャン 中級ホテル
ibis Styles Nha Trang MAP P.198-2B

中心部やビーチまで徒歩５分程度とアクセスがよく、ビジネスにもレジャーにも便利。海を意識した客室はマリンブルーとイエローを利かせたさわやかな内装で、シンプルながら快適に過ごせる。開放的なレストラン「ストリーツ」やバー、プール、スパも完備。

プレミアム以上はオーシャンビュー

住86 Hùng Vương ☎(0258)6274997
URL www.accorhotels.com/9578 料Ⓢ Ⓦ Ⓣ172万5000ドン～ スイート290万ドン～（朝食付き） カード A D J M V 全311室

部屋や設備は４つ星級
アジア・パラダイス 中級ホテル
Asia Paradise MAP P.198-2B

３つ星だが規模や客室、設備は４つ星相当と、コストパフォーマンスがいい。部屋はスーペリア（シティビュー）で32㎡と比較的広く、バルコニーやバスタブも付いている。繁華街の真ん中にあり、ビーチまでも至近距離。カフェやコンビニも近く使い勝手がいい。

落ち着いた色調のスーペリアルーム

住6 Biệt Thự ☎(0258)3524686
URL www.asiaparadisehotel.com 料Ⓢ Ⓣ140万ドン～ スイート303万ドン～（朝食付き） カード A J M V 全113室

窓付き＆モダンな新ホテル
モジョ・イン ミニホテル
Mojzo Inn MAP P.198-1A

便利な立地にある、ミニマルで機能的なホテル。全室窓付きの明るく清潔な客室は、現代アートがさりげなく配されたしゃれた造りでシャワーとトイレには仕切りがある。テレビ、ドライヤー、冷蔵庫など基本設備が揃い、スタッフも親切で快適に過ごせる。

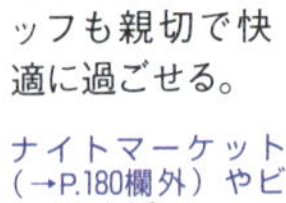

ナイトマーケット（→P.180欄外）やビーチにも近い

住65/7 Nguyễn Thiện Thuật ☎035-7751188（携帯）
URL www.facebook.com/MojzoInn 料Ⓢ Ⓦ Ⓣ40万ドン～ スイート65万ドン～ カード M V 全22室

その他のホテル・ゲストハウス

Hotel

ダイヤモンド・ベイ・リゾート＆スパ 高級ホテル
Diamond Bay Resort & Spa MAP P.189-2A

住Nguyễn Tất Thành ☎(0258)3711711
URL diamondbayresort.vn 料Ⓢ Ⓦ Ⓣ350万ドン～ バンガロー505万ドン～（朝食付き） カード A J M V 全342室

ニャチャン市街地から車で南へ約20分のダイヤモンド湾にある。ゴージャスなガーデン＆テラス付きのバンガローが人気で、プールやゴルフ場、ミネラルマッドスパ施設などもある。

ボス エコノミーホテル
Boss MAP P.198-2B

住10 Tôn Đản ☎(0258)3884555
料Ⓢ Ⓦ Ⓣ120万ドン～ スイート210万ドン～（朝食付き）
カード不可 全72室

チャンフー通り西側の路地にある、こぢんまりしたホテル。館内、客室ともに設備は新しく清潔。上階の部屋からは海が見え、屋上のプールから見下ろす景色は最高。

タバロ ゲストハウス
Tabalo MAP P.198-2A

住34/2/7 Nguyễn Thiện Thuật ☎058-3525295（携帯）
料Ⓢ Ⓦ23万ドン Ⓣ35万ドン Ⓓ10万ドン
カード A M V（手数料＋３％） 全21室

宿にお金をかけたくないという人におすすめ。男女別ドミトリー16室に加え、個室５室もある。ドミトリーはベッド間の距離が少し近いが、それが気にならないなら清潔度、スタッフの親切さなど◎な宿だ。

ニャチャン
ポー・ナガル塔（タップ・バー）P.183
ホンチョン岬へ（約2km）P.184
クーラオ（小島）漁港市場
2 Thang 4 St.
ソムボン橋
チャンフー橋
ハイダオ橋
ニャチャン川（カイ川）
シックス・センシズ・ニンヴァン・ベイへ（約3km）P.194
アイ・リゾートへ（約3km）P.193
タップ・バー・ホットスプリングへ（約3km）P.193
ニャチャン北バスターミナルへ（約4km）P.181
ラオ島（モンキー・アイランド）へ（約15km）P.185
バーホー滝へ（約22km）P.185欄外
ヨックレット・ビーチへ（約50km）P.185
ダイラン・ビーチへ（約90km）
ハーラ橋
ナムソン
レストランが並ぶ
ラックカン P.190
Nguyen Binh Khiem St.
ニャチャン・ビュー378 P.190
ダン・ヴァン・クイン（2号店）
近郊バス停
バビコ
省人民委員会
Hang Ca St.
4月2日通り
ダム市場 P.184
マグノリア
ダン・ヴァン・クイン P.190
公園
ナムベオ P.191
中央郵便局 P.184
ファンボイチャウ通り
レロイ通り Le Loi St.
HD
サネスト
チェンタン
広場
タンテー
フーンチャン バス乗り場 P.181
タンティエン
Tran Qui Cap St.
ビックダオ
書店
リン・カー・ケオ2
パスツール研究所
Phuong Sai St.
大仏
Thong Nhat St.
パスター通り
Pasteur St.
サンライズ・スパ
サンライズ・ニャチャン・ビーチ・ホテル&スパ P.195
ロンソン寺 P.184（隆山寺）
ロン・タン・ギャラリー
レンパレス
ベトコム P.184
Hoang Van Thu St.
ビタミンシー
トンニャット通り
競技場
Trung Nu Vuong St.
トーキョーサチ
カンホア博物館
23 Thang 10 St.
イェルシン通り
空港バス発着所 P.181
アヴァター
ヤサカ・カフェ&バー
Yersin St.
ヤサカ・サイゴン・ニャチャン
ホンハー
サコム
ヴィンコム・スーパーマーケット
公安（警察）
サガ
シティマート
本屋
フォー63
ニャチャン・パレス
ニャチャン・センター
ニャチャン駅
Thai Nguyen St.
KFC
Ly Tu Trong St.
リータントン通り
Ly Thanh Ton St.
Quang Trung St.
フォンナム
イエンミー
図書館
アルティテュード（28F）P.191
シェラトン・ニャチャン・ホテル&スパ P.194
ニャチャン大聖堂 P.183
ニャチャン南バスターミナルへ（約5km）P.181
ユィエン・カン砦へ（約11km）P.185欄外
ヤンバイ滝へ（約40km）P.185
レタントン通り
クイーン
ランゴック
大学
クックブック・カフェ
スパ・インターコンチネンタル P.193
インターコンチネンタル・ニャチャン P.194
パスキン
ロビンス
Nguyen Chanh St.
ハイアウ
公園（遊歩道）
Lac Long Quan St.
グエンチャイ通り
ナン・ハ（ラ・パロマ）
コスタ・レジデンス
ニャチャン・ビーチ P.182
スカイライト（43F）P.191
Le Hoang Phong St.
Bach Dang St.
Ngo Gia Tu St.
フォー・ホン
市人民委員会
イセナ
プレミア・ハヴァナ・ニャチャン P.195
アキラ・スシ
市場
ヴィンコム・プラザ
アンジェラ
ビエンドン
Cao Ba Quat St.
Nguyen Trai St.
ハーコム・ガー
Hong Bang St.
Nguyen Han St.
Trinh Phong
ニャチャン・ロッジ
チャンフー通り
アルパカ P.191
タップ・チャムフーン
Me Linh St.
キッサ・ハウス P.192
寿司処きわみ P.192
居酒屋きわみ P.192
Ke St.
Ngo Duc Ke St.
Ngo Thoi Nhiem St.
To Hien Thanh St.
Nguyen Thien Thuat St.
Hung Vuong St.
劇場
ニャチャン・シーフード
広場
Nguyen Thi Minh Khai St.
コン・カフェ
Tran Phu St.
グエンティミンカイ通り
ブンボー
ノボテル・ニャチャン P.195
カフェ・ラム
ムーンタン
公園（遊歩道）
ブーン・ソアイ
シン・ツーリスト P.189（2022年8月現在、休業中）
アジア・パラダイス P.196
リバティ・セントラル・ニャチャン P.195
ハン・カフェへ（約2km）P.189
Van Don St.
Biet Thu St.
ベトナム航空 P.184
ニャチャン空軍博物館
セイリング・クラブ・ニャチャン P.191
Le Hong Phong St.
Tran Quan Khai St.
ヴィンコム・プラザ
公安
ルイジアナ・ブルーハウス P.192
ニャチャン空港（旧空港）（2022年8月現在、閉鎖中）
Tue Tinh St.
国立海洋学博物館へ（約4km）P.183
ヴィンパール・ランドへ（約4km）P.182
妖精の泉へ（約24km）P.185欄外
アナムへ（約24km）P.195
カムラン空港へ（約38km）P.181
N
0
500m
ニャチャン南部 P.198
A
B
1
2
3
4

ニャチャン南部
A
B
1
2
3
100m
ビエンドン
ハイランズ・コーヒー
リブラ
アンラムビストロ
ハッピービーチ
Le Thanh Ton St.
パームス・ビストロ
ニャチャン・ロッジ
グリーン
ボティークP.196
カサ・スパ
アルパカP.191
セントラル・スクエア
マクドナルド
ハイアット・リージェンシー・ニャチャン
タップ・チャムフーン
(白檀の木のモニュメント)
キッサハウスP.192
チェングエン・レジェンド
クオックテー
オリンピック(ジム)
Bach Dang St.
居酒屋きわみ
P.192
Hien Thanh St.
チャンフー通り
夕方凧あげが見られる
ナイトマーケット
P.180欄外
バン・カン51 P.191
果物屋P.185
モジョ・インP.196
ナイス・スワン
劇場
ヴィ・フルーツ P.192
サタ
水上人形劇場
広場
バートイP.190
ニャチャン・シーフード
チャーム・スパ・グランド・ニャチャンP.193
ミーロン
ティゴン・スパ
パノラマ
グリーン・ワールド
Nguyen Thi Minh Khai St.
桜寿司
グエンティミンカイ通り
プリンセス
ハッピーライト
ヴァーゴ
コン・カフェ
モナコ
スクエア(2F)
レガリア
ベニス・コーヒー
ゴック・フオット
ノボテル・ニャチャンP.195
ボスP.196
ツーリスト
サポートセンターP.180欄外
(2022年8月現在、休業中)
パビリオン・ガーデン
ABC
ボンジュール
サン・シティ
Hung Vuong St.
ガリナ・ホテル&スパ
イビス・スタイルズ・ニャチャンP.196
ガリナ・マッドバス&スパP.193
アート・ネスト
公園(遊歩道)
Tran Phu St.
カムティエン
タバロP.196
ココ・スパ
ムーンタン
エルラウンジ
グエンティエントゥアット通り
スターライト
シン・ツーリストP.189
(2022年8月現在、休業中)
アリババ
マダム・フオン
アジア・パラダイス
P.196
ガリオット
パーム・ビーチ
シタディーンズ
チュックリン2 P.190
ニーフィー
Biet Thu St.
ガランガル
ロミー・イタリアンアイスクリーム
グエンフイ
ビエットゥ通り
リバティ・セントラル・ニャチャンP.195
エリカ
バンブー
フィーフン
レジェンド・シー
ハノイ
センコテル・ニャチャン
ベランダ
ミックスP.192
レインボー・ダイバーズP.189
ベトナム航空P.184
セイリング・クラブ・ダイバーズ
(2022年8月現在、休業中)
ブルーシー・ビーチクラブ
P.182欄外
スー・スパP.193
セイリング・クラブ・ニャチャン
P.191
ムーンライト
ニャチャン空軍博物館
Aマート
ホンドゥック
P.190
アミーゴス・ダイバーズ
チュアン
ハイランズ・コーヒー
Nguyen Thien Thuat St.
スターシティ・ニャチャンP.195
クーロンロン
ハノイ・ゴールデン
ゴールデン・レイン
チャオ・ベトナム
ロサカ
レンブラント
ゴールデン・ビーチ
ニャチャン・ビーチ
スターバックス コーヒー
モックバ
ヴィンコム・プラザ
Tran Quang Khai St.
ポセイドン
ソフィア
グリーン・ビーチ
公安
ヴィンパール
ゴールデン
アラナ・ニャチャン・ビーチ
スパ・リュクス
クアン・ヘム
ルイジアナ・ブルーハウスP.192
タイビン
フークイ2
Tue Tinh St.
ホアンソン
コモド
スターレット
ステラ・マリス
ミス・バンブー
ライトP.190欄外
グリル・ガーデン
ハイミン
オリエンタル・ニャチャン
ホアンハイ
ニャチャン空港(旧空港)
(2022年8月現在、閉鎖中)

花と緑に囲まれた高原リゾート

MAP 折表-4B

ダラット

ダラットの市外局番 **0263**

Đà Lạt

年中花が絶えないダラットだが、特に花の美しさを楽しめるのはフラワーフェスティバルのある12月頃だ

海抜1400～1500mにある高原都市、ダラット。町周辺に広がる丘陵の松林を吹き抜ける風が、頬に心地よい。年間を通じて平均気温が18～23℃、日本の軽井沢を思わせる避暑地だ。フランス植民地時代に開発されたため、起伏の多い丘陵地にフランス風ヴィラが点在している。スアンフーン湖の周りにはバラ、ジャスミンなどの花畑が広がり、1年を通しておいしい高原野菜が栽培されている。

ダラット郊外には自然豊かな景勝地がたくさんある。マイナスイオンたっぷりの滝や山間にたたずむ湖、トレッキングもできる山々などへは、町から30分もかからずアクセスできる。ツアーも出ているため、1日で複数回ることも可能だ。大自然を満喫したあとは、新鮮な野菜や果物をいただこう。体の底から元気になれること請け合いだ。

ハノイ
ダナン
ホーチミン市

壁画通り
Dốc Nhà Làng
Doc Nha Lang
MAP P.201-1A

ダラット市街中心部に、壁画をあしらった一角がある。雑貨店やカフェが集まるエリアの全140mほどのグエンビウ（Nguyễn Biểu）通りがそれ。ダラット市とアーティスト集団のコラボで2019年に生まれた空間で、記念撮影の名所になっている。

花の町ダラットらしい、色とりどりな花の絵が多い

アクセス ❀ ACCESS

ダラットへの行き方

●飛行機

ホーチミン市からベトナム（VN）航空が毎日3～4便、ベトジェット・エア（VJ）が毎日3便、バンブー・エアウェイズ（QH）が毎日1便運航。所要約50分。ハノイからはVNが毎日2～3便、VJが毎日4便、QHが毎日2便運航。所要約1時間50分。ダナンからはVN、VJ、QHが各毎日1便運航。所要約1時間15分。フエからはVNが週3便運航。所要約1時間10分。

●バス

ホーチミン市のミエンドン・バスターミナルから、寝台バスが7:45、22:30、23:30発の3便運行。30万ドン、所要約7時間30分。ニャチャンから7:00～16:00の間に5便運行。16万5000～18万ドン、所要約4時間。

ダラットからの交通

●飛行機

行き方の項（→上記）参照。

●バス

ダラット市外バスターミナル（Bến Xe Liên Tỉnh Đà Lạt MAP P.201-2B参照）から各方面へ便が出ている。ホーチミン市へは終日1時間間隔で運行。30万ドン、所要約7時間。ニャチャンへは7:00～16:00の間に7便運行。16万ドン、所要約4時間。ダナンへは14:00、15:00、16:00、17:00、18:00発の5便運行。34万ドン、所要約13時間。

ダラット空港～市内のアクセス

タクシーだと17万5000ドン～。バスは、飛行機の到着に合わせてフーンチャン（→P.204）が市内まで運行。6万ドン、所要約30分。乗客の希望に合わせて乗降でき、終点もそれによって変わる。降りたい場所の住所を運転手に見せるとよい。経路から外れる場合は追加料金が必要。市内から空港へのバスは「サミー・ホテル」前から出るが、宿泊ホテルを通して予約をすればピックアップに来てくれる。

サミー・ホテル　Sammy Hotel
MAP P.201-2A　住1 Lê Hồng Phong
☎(0263)3545454

Voice! ダラットは夏でも朝夕冷え込むため、長袖シャツ、薄手のセーターを用意しよう。冬場は厚手のジャケットの下に重ね着が必要。

歩き方 Orientation

市街地の中心はダラット市場前のロータリー。その西側にある階段を上ると正面に「アンダオ・ホテル」、そこを右に行くと、かつて映画館だった建物があり、その周りに小さな商店が並んでいる。そこから西に延びる2月3日通り、チューンコンディン通り、タンバットホー通りは商店、レストラン、ホテルなどが集まったにぎやかな一帯。食事や買い物を安く済ませたいなら、このあたりで。スアンフーン湖の西端から湖畔沿いを進み、最初の道を左に折れてブイティスアン通りを上っていくと、安宿街に出る。さらに上ってリンソン寺のあるグエンヴァンチョイ通りを左へ曲がり、突き当たりをさらに左へ向かうと、また安宿が連なるファンディンフン通りに出る。

ダラットの中心街はアップダウンがあり、道がくねくねと入り組んでいるが散策にはちょうどいい広さ。高原の町ならではの珍しい風景や食べ物に多く出合えて楽しい。

見どころ Sightseeing

★★ 果物やドライフルーツはみやげに最適

MAP P.202-1B

ダラット市場

Chợ Đà Lạt　Da Lat Market

1階はダラット特産のイチゴジャムやドライフルーツ、市場周辺の路上は紫キャベツやアーティチョーク、イチゴなど、高原ならではの温帯野菜や果物が並び、朝から活気に満ちている。ダラットといえば何といってもバラ。正面入口前は色とりどりの切り花が華やかだ。2階は雑貨や衣料品が並び、特にセーターやマフラーなどが揃うのは涼しいダラットならでは。

「ベトナムの野菜庫」だけあり、市場の野菜はどこよりも新鮮。ドライフルーツの品揃えも豊富だ

★★★ 町の中心にあり湖畔にはカフェも多い

MAP P.201-2B

スアンフーン湖（大湖）

Hồ Xuân Hương (Hồ Đại)　Xuan Huong Lake

町の中心部にあり、湖畔の松林を湖面に映す周囲約5kmの静かな湖。周りを散歩して疲れたら、湖畔のカフェでひと休み。ペダルボートやモーターボートに乗れる。

湖畔は地元の人の憩いの場となっている

★★ たくさんの花が咲き誇る

MAP P.201-1B

ダラット市ガーデン

Vườn Hoa Thành Phố Đà Lạt　Dalat Flower Garden

スアンフーン湖北側に位置するダラット最大のフラワーガーデン。敷地面積7000m²の広大な庭園内には350種類以上の花が見られる。

フラワーフェスティバルの会場にもなる

Voice ダラットといえばイチゴ。ダラット市場周辺には多くのイチゴ売り屋台が出る。フォトジェニックな光景に写真を撮りたくなるが、撮影は売り子さんたちの許可を得てからにしよう。

ラムビエン広場
Quảng Trường Lâm Viên
Lam Vien Square
MAP P.201-2B

スアンフーン湖の南にある市民の憩いの場。広場に建つ奇抜なふたつの建物は、それぞれキクとアーティチョークを模した劇場とカフェで、地下はスーパーになっている。

夜には多くの屋台が出てにぎわう

ダラット名産アーティチョーク

アーティチョークはキク科チョウセンアザミ科の多年草で、和名は朝鮮アザミ。ダラットでは栽培が盛ん。可食部はツボミの根元と芯の部分で、かすかな甘みとホクホクした食感が特徴だ。

小さなアルマジロのようでかわいい

ダラット市場
営店によって異なるが、だいたい7:00～19:00　休無休

ナイトマーケット
MAP P.202-2B

夕暮れ時になると、市場前のロータリーからホアビン広場に続く階段一帯に屋台が並ぶ。少数民族のハンドメイド製品を売る露店もある。

ライスペーパーに野菜や卵、ハムなどを載せて炭火で焼いた、通称ダラット・ピザ（Bánh Tráng Nướng）はダラット名物のひとつ

ダラット市ガーデン
住2 Trần Nhân Tông
☎(0263)3837771　開6:00～18:00　休無休　料7万ドン、子供3万5000ドン

★★★ かつての隆盛を今に伝える

MAP 下図-2A参照

バオダイの別荘（パレスⅢ）

Dinh Bảo Đại (Palace Ⅲ)　Bao Dai Summer Palace

1933年より5年の歳月をかけて建造された、グエン（阮）朝最後の皇帝バオダイと家族のための別荘。同時期に建てられた3つの宮殿のうちのひとつで、パレスⅢと呼ばれている。フランス人建築家が設計したアールデコ様式の洋館だが、皇帝の別荘としてはシンプルな印象。内部はレセプションルームやダイニング、執務室、家族の寝室など25の部屋がある。

上／敷地内に造られた見事なフランス式庭園　下／2階のサンルーム。皇帝一家のだんらん風景を想像するのも楽しい

入場の際は建造物保護のために、入口にある靴カバーを装着しよう

バオダイの別荘（パレスⅢ）
住1 Triệu Việt Vương
☎(0263) 3826858
開7:00～17:00　休無休
料4万ドン、子供（身長120cm以下）2万ドン

★★ 今も建築が続く奇妙な建物

MAP 下図-2A参照

クレイジー・ハウス（ハンガー）

Crazy House (Hằng Nga)　Crazy House

今も増築を重ね、ますます奇怪な構造になっている

大きな木をモチーフにした奇抜な外観のホテルで、ダラットを代表する観光スポットのひとつになっている。タイガールーム、イーグルルームなどと名づけられた客室はかなり造り込まれており、なかにはみやげ物店もある。

クレイジー・ハウス（ハンガー）
住3 Huỳnh Thúc Kháng
☎(0263) 3822070
開8:30～19:00　休無休
料6万ドン、子供（身長120cm以下）2万ドン

Voice アーティチョーク茶（Trà Atiso）はおみやげとしても人気。肝機能を高め、二日酔いに効能があるとされる。みやげ物店やスーパーではティーバッグや茶葉が手に入る。

ダラット駅
住1 Quang Trung
☎(0263) 3834409
料5000ドン（入場料）

チャイマット村への行き方
ハイシーズンは5:40、7:45、9:50、11:55、14:00、16:05発の1日6便運行するが、ローシーズンは予約があるときのみ運行する。最少催行人数20人。運賃は往復13万2000～14万8000ドン。片道の所要時間は約30分で、チャイマット村の駅に30分ほど停車し、列車は再びダラットへ引き返す。

チャイマット村にある派手な装飾で有名なリンフック寺（MAP P.201-2B参照）へは、駅から徒歩5分ほどで行ける

リンソン寺（靈山寺）
開24時間　休無休　料無料

ダラット大教会（チャントア教会）
住15 Trần Phú　料無料
ミサは月～金曜の5:15、17:15。日曜は5:30、7:00、8:30、16:00、18:00。

★日本で作られたSLが展示されている
MAP P.201-2B

ダラット駅

Ga Đà Lạt　Da Lat Railway Station

1938年に開業したベトナム一美しいと誉れ高い鉄道駅。路線はベトナム戦争中に一度廃止されたが、観光用列車として復活。現在は約7km東のチャイマット村（MAP P.201-2B参照）までの単線をディーゼル機関車が往復している。駅構内には日本製のSL機関車の展示や倉庫を改装したショコラカフェ「チョコ」などがあり、いつも観光客でにぎわっている。

左／クリーム色の壁と三角屋根がかわいい駅舎　右／1930年代に日本から中国経由で送られた「国鉄C12形蒸気機関車」。今は展示のみで撮影スポットとして人気

★静かで美しい厳かな空間
MAP P.201-1A

リンソン寺（靈山寺）

Chùa Linh Sơn　Linh Son Pagoda

1938年創建。中国とフランスの建築様式をミックスさせた寺で、ダラットの仏教信仰の中心になっている。まれに修行僧が寺の中を案内してくれることもある。

中心部からは歩いて15分程度

★遠くからでも見える美しい教会
MAP P.201-2A

ダラット大教会（チャントア教会）

Nhà Thờ Đà Lạt (Nhà Thờ Chánh Tòa)　Da Lat Church (Chanh Toa Church)

フランス統治時代の1931年から12年間かけて建てられた教会。地上から47mある尖塔の先端には雄鶏が止まっており、「鶏の教会」とも呼ばれている。

教会内のステンドグラスも見もの

インフォメーション　INFORMATION

●**サコム・バンク**　Sacom Bank
MAP 左図-1A　住32 Khu Hoà Bình
☎(0263) 3511082　営7:30～11:00、13:00～17:00
休土・日曜
USドルと日本円の両替が可能。

●**ベトナム航空**　Vietnam Airlines
MAP P.201-2B　住63 Hồ Tùng Mậu
☎(0263) 3833499　営7:30～11:30、13:30～16:30（土・日曜8:00～11:00、13:30～16:00）　休無休

●**中央郵便局**
MAP 左図-2B　住2 Lê Đại Hành　☎(0263) 3822586
営7:00～19:00（日曜～18:00）　休無休
EMS、DHLがある。

✉ダラット大教会（→上記）のステンドグラスは有名だが、昼間や夜はきれいに見えない。教会内に電気がついている早朝か夕方のミサの時間が、ステンドグラスがきれいに浮↗

郊外の見どころ Sightseeing

★★ ベトナム人カップルの定番スポット
MAP P.201-1B参照

ダーティエン湖／愛の盆地

Hồ Đa Thiện / Thung Lũng Tình Yêu　Da Thien Lake / Valley of Love

ダーティエン湖は市街地から北東に約6kmの所にある人造湖で、周囲はなだらかな草原と松林が広がっている。深い緑色の湖水をたたえたダーティエン湖一帯は"愛の盆地"と呼ばれ、ロマンティックな雰囲気だ。松林の中に咲くバラやジャスミンなどの花々が彩りを添えている。湖畔ではカウボーイの格好をした青年たちが観光用の馬を引く姿が見られ、遠くにはランビアン山(→P.204)を望む。

ベトナム人カップルでにぎわうダーティエン湖。近年は徐々に遊園地化しつつある

★★★ ダラットの大自然を一望できる
MAP P.201-2B参照

ロープウエイ

Cáp Treo　Cable Car

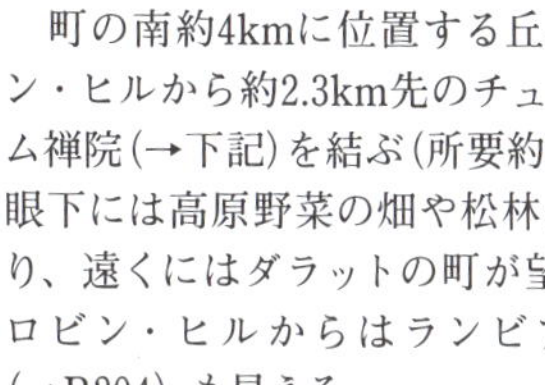
ロープウエイからの眺めも見事

町の南約4kmに位置する丘、ロビン・ヒルから約2.3km先のチュックラム禅院(→下記)を結ぶ(所要約20分)。眼下には高原野菜の畑や松林が広がり、遠くにはダラットの町が望める。ロビン・ヒルからはランビアン山(→P.204)も見える。

★★ 参拝客が絶えず訪れる
MAP P.201-2B参照

チュックラム禅院（竹林禅院）

Thiền Viện Trúc Lâm　Truc Lam Temple

ロープウエイ（→上記）でアクセスする禅院で、多くのベトナム人観光客が参拝に訪れる。禅院の下には350ヘクタールの人造湖、トゥイェンラム湖（MAP P.201-2B参照）がある。

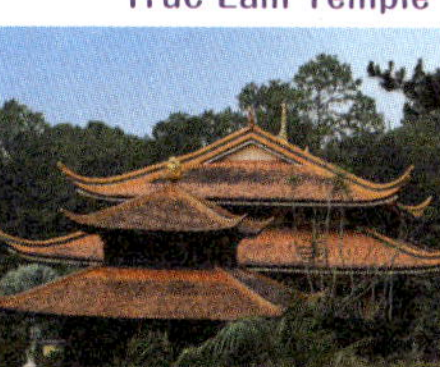
1993年に建てられた国内でも最大規模の禅寺

ダーティエン湖／愛の盆地

住7 Mai Anh Đào
☎(0263) 3821448
開8:30～17:00　休無休
料25万ドン
園内にはちょっとした乗り物もあり楽しめる。入場料にはペダルボートや園内移動のバス代が含まれる。

黄金の大仏

Vạn Hạnh
Statue of Golden Buddha

ヴァン・ハン（MAP P.201-1B参照）の丘の上から見下ろすダラット市街の景色は最高。ツアーに参加するならドライバーにお願いしてダーティエン湖の帰りに立ち寄ってもらえる。

ヴァン・ハンの大仏。隣接する寺院には奇抜な像が多数あり必見

ロープウエイ

住Robin Hill, Ward 3
☎(0263) 3837938
営9:00～11:30、13:00～16:30
休毎月第1水曜の午後
料片道8万ドン、往復16万ドン。子供（身長120cm以下）片道4万ドン、往復5万ドン

チュックラム禅院（竹林禅院）

開7:00～17:00　休無休
料無料

Column　ダラットのコーヒー農園

ベトナム産スペシャルティコーヒーの産地として注目されるダラット。せっかくダラットに行ったなら、コーヒー農園を訪ねてみよう。ランビアン山（→P.204）の麓にある「コホ・コーヒー」は、少数民族コホ族の一家が営む小さなコーヒー農園。農園内のカフェでは、コーヒーの木を眺めながら入れたてのコーヒーを味わえる。ここでは豆の精製から選別、焙煎までの一連の工程を行っており、タイミングが合えば作業を見られることも。ダラットならではのスペシャルな体験はいかが？

生豆の選別をしている

左／山の中腹にある農園カフェ。コーヒーはハンドドリップ7万ドン～　上／赤く色づくコーヒーの実

コホ・コーヒー　K'Ho Coffee

MAP P.201-1A参照　住Bonneur'C Village
☎097-4047049（携帯）　URL www.khocoffee.com
営8:30～16:30　休日曜　カード不可　予約農園見学はウェブサイトより要予約

↘かび上がってベスト。ミサは誰でも参加できるが、30分以上の長い時間だった。
（埼玉県　かこ）['22]

ダタンラ滝
住Quốc Lộ 20 Đèo Prenn
開7:00〜17:00　休無休
料3万ドン、子供（身長120cm以下）1万5000ドン
　ふたり乗りコースターは片道6万ドン、往復8万ドン。子供片道3万ドン、往復4万ドン。

ベトナム人に人気の行楽地

プレン滝
ティーリゾート・プレン
Tea Resort Prenn
住Quốc lộ 20, Chân Đèo Prenn
☎094-4391616（携帯）
URL tearesortprenn.doidep.com
開7:30〜17:00　休無休
料22万ドン、子供（身長140cm以下）11万ドン

XQ刺繍センター
XQ Hand Embroidery Centre
MAP P.201-1B参照
住80 Mai Anh Đào
☎(0263) 3831343　開8:00〜17:30　休無休　料10万ドン
　ベトナム伝統刺繍の製作過程を見学できるクラフトセンター。通称ダラットのXQ村。絵画かと見紛うばかりの緻密な刺繍作品が多数展示され、博物館のよう。シルク製品の店やレストランやカフェもあって、宮廷音楽などの生演奏も聴ける。

ランビアン山
　市内の旅行社が主催するツアーで行くのが便利だったが、2022年8月現在、プライベートツアーのみとなっており、コホ族の村なども訪ねる1日ツアーで、2名参加45US$／1名、4名参加28US$／1名など。

★★★ 迫力ある滝が連続して現れる　MAP P.201-2B参照

ダタンラ滝

Thác Đatanla　Datanla Waterfall

　町の中心部から南へ約5km。緑深い森の中にあり、約1kmの長い階段を下ると滝に出る。ふたり乗りのコースターがあり、滝の近くまで下って行くこともできる。帰りは上り坂がきついので利用するといいだろう。

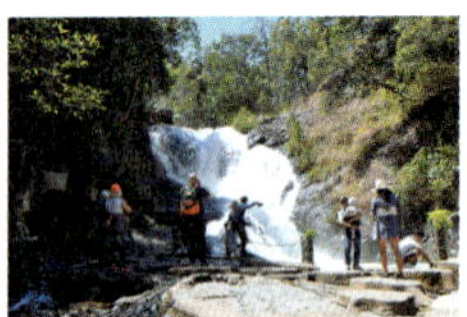
滝の高さは約32m。迫力のある水量に圧倒される

★★★ 水と緑の癒やしの公園　MAP P.201-2B参照

プレン滝

Thác Prenn　Prenn Waterfall

　町の南約10kmの所にある、高さ9m、幅20mの滝で、流れ落ちる水流の裏側にある歩道「滝のすだれ」を楽しみながら歩ける。2022年に周囲を含め一帯が、エコツーリズムエリアとしてリニューアルされた。滝以外に目を引くアトラクションがあるわけではないが、マイナスイオンあふれる空間でゆったりお茶を楽しめる。

涼しげな滝の水に引き寄せられそうになる

★★ ダラット最高峰の山　MAP P.201-1A参照

ランビアン山／ラット村

Núi Langbiang (Núi Bà) / Xã Lát　Langbiang Mountain / Lat Village

　市街地から北側に約12kmの所にそびえるランビアン山（標高2169m）は、標高1950m地点まで車で行くことができ、そこからの絶景が楽しめる。麓のラット村はコホ族の住む村で、伝統家屋や教会がある。

標高1950m地点には公園や展望台、小さなカフェがある

旅行会社＆ツアーオフィス ✿ TRAVEL OFFICE & TOUR OFFICE

●ツーリストサポート＆インフォメーションセンター
Tourist Support & Information Center
MAP P.201-2A　住2-4 Trần Quốc Toản
☎(0263) 3725555　URL www.dalat-info.vn
営7:00〜17:00　休土・日曜　カード不可
　ダラット市内・近郊の地図、周辺の観光＆ホテル情報などを入手できる。

●シン・ツーリスト　The Sinh Tourist
MAP P.201-1A　住22 Bùi Thị Xuân
☎(0263) 3836702　URL www.thesinhtourist.vn
営6:30〜22:00　休無休　カード A M V
　市内および近郊へのツアーを催行。オープンツアーバスや寝台バスも運行。
※2022年8月現在、休業中。

●グルービー・ゲッコー・ツアーズ
Groovy Gecko Tours
MAP P.201-2B参照　住14/33 Đường 3 Tháng 4
☎(0263) 3836521、091-8248976（携帯）
URL www.groovygeckotours.net
営7:00〜21:00　休無休　カード A J M V
　2022年8月現在、市内のオフィスはダラット市外バスターミナル（→P.199）の近くに移転しており、直接申し込むには不便。ウェブサイトやホテルの受付を通して申し込めば、ツアー当日にホテルまでピックアップに来てくれる。
　トレッキング（1日87万ドン〜）や自転車ツアー（78万ドン〜）などアドベンチャーツアーが得意。

バス会社

●フーンチャン　Phuong Trang
MAP P.201-2A　住11A/2 Lê Quý Đôn
☎(0263) 3560588　URL futabus.vn
営24時間（窓口7:00〜19:00）　休無休　カード不可
　各町へのバスを運行。バスを予約すると、ホテルまでピックアップに来てくれる。

レストラン Restaurant

アーティチョークスープの名店

ニャットリー ベトナム料理

Nhat Ly MAP P.201-1A

「何を食べてもおいしい」と地元のベトナム人が太鼓判を押す、老舗のベトナム料理店。特に生のアーティチョークを丸ごと煮込んだスープ（20万ドン～、シーズンによってはないことも）は、スペアリブのうま味とからんで絶品。野菜たっぷりのフエ鍋（35万ドン～）も人気。

手前はダラット特産のサーモンを使ったホイル焼き（25万ドン）

住88 Phan Đình Phùng ☎(0263) 3821651
営10:00～22:00 休無休 カード不可 予約不要

高原リゾートのヴィラレストラン

ル・プティ・ダラット ベトナム＆西洋料理

Le Petit Dalat MAP P.201-1A参照

「アナ・マンダラ・ヴィラズ・ダラット・リゾート＆スパ」（→P.207）の一角にある。地元産食材を使った創作料理が自慢で、アーティチョークスープ＆ダックコンフィなどシェフ特製のセットメニュー（95万ドン／3品）がおすすめ。肉・魚料理、パスタ、鍋料理など単品メニューも豊富。

テラス席からは町の眺望が楽しめる

住Lê Lai ☎(0263) 3555888 営10:00～22:00
休無休 カードADJMV 予約不要

ダラット野菜を味わえるハイセンスなイタリアン

シェフズ・ダラット イタリア料理

Chef's Dalat MAP P.201-1A

アジアのレストランを格付けする賞にノミネートされたこともある有名店。「ファームからテーブルへ」をモットーに、収穫したてのダラット野菜を使用し、ピザ生地やパスタ、パン類もすべて手作り。おすすめは、見た目もかわいいビートルートを練り込んだピンクのパスタ。

手前はビートルートのフェットチーネ、エビ添え（20万5000ドン）

住156 Phạm Ngọc Thạch ☎091-9069314（携帯）
営11:00～22:00 休火曜 カードJMV 予約不要

モチモチの窯焼きピザが絶品

プリマヴェラ イタリア料理

Primavera MAP P.202-1A

イタリア人オーナーによる本格イタリア料理店。店内の窯で直火焼きした、直径30cmの自家製ナポリピザ（18万ドン～）はふっくら＆モチモチで必食。スパゲティやラビオリ、ペンネなど多彩な手作りパスタ（22万ドン～）は21種類あり、グルテンフリーも選べる。

ブロッコリー、ナスなど野菜たっぷりのピザ・ダラット（16万ドン）

住54/7 Phan Đình Phùng ☎(0263) 3582018
営12:00～22:00 休月曜 カードMV 予約不要

がっつりお肉をいただくガーデンレストラン

ニャーゴー 西洋料理

Nha Go MAP P.201-1B参照

書斎風の一角や暖炉を囲む屋外スペース、カップル向けのブランコなど、気分に合わせて席を選べる。メインとなるのは、スモークポークリブ（25万9000ドン）といったボリュームある肉料理だが、ダラットの新鮮野菜を使ったポタージュスープ各種（5万9000ドン～）もおすすめ。

暖炉席やブランコ席など、店内にはSNS映えする仕掛けが随所に

住26 Nguyễn Đình Chiểu ☎096-5854084（携帯）
営17:00～22:00 休無休 カードJMV 予約不要

緑いっぱいの癒やし空間

アン・カフェ カフェ

An Cafe MAP P.202-1A

高低差のある立地を生かしたボタニカルカフェで、温室のような屋内席や木のブランコ席、ツルのからまるカウンター席などがあり楽しい。野菜や果物を使ったヘルシードリンクが充実しており、スムージーは18種類も。サンドイッチ、チャーハンなど軽食もある。

イチゴのパンナコッタ（左、3万9000ドン）とマルベリースムージー（右奥、5万5000ドン）

住63 Bis, Đường 3 Tháng 2 ☎097-5735521（携帯）
営7:00～22:00 休無休 カード不可 予約不要

レストラン　Restaurant

良質のコーヒー豆をプロデュース
ラ・ヴィエット・コーヒー　カフェ
La Viet Coffee　MAP P.201-1A参照

　ファクトリーのような内装の有名ロースターカフェ。ここで焙煎されたダラット産コーヒー豆は全国のこだわりショップに卸される。入れ方を選べるコーヒー（３万5000ドン〜）をはじめ、ドリンク類からスイーツや軽食まで揃い、客足の絶えない人気ぶり。

煎りたてのコーヒー豆（９万9000ドン〜／250g）も購入できる

住200 Nguyễn Công Trứ　☎(0263)3989919
営7:00〜22:00　休無休　カード J M V　予約不要

砂糖の量を調節できるのがうれしい
ホアスア　豆乳
Hoa Sua　MAP P.202-1A

　老舗の人気豆乳店で、豆乳は午後からのみ販売。砂糖の量を指定できるのがうれしい。メニューは大豆や緑豆の豆乳やピーナッツミルクなどのドリンク類と菓子パン（6000ドン）のみ。壁画通り（→P.199欄外）に近く、レトロな店構えが目印。

手前から緑豆豆乳、黒ゴマミルク（各１万2000ドン）

住64 Tăng Bạt Hổ　☎なし　営15:00〜24:00　休無休
カード不可　予約不要

Column　トレンドはマウンテンビューカフェ

　最近ダラットではやっているのが、市街を取り囲む山の斜面に建つ森林浴カフェ。コロナ時代にあって、密を避け心おきなく深呼吸できるマイナスイオン空間というのが、人気の秘密なのだろう。かなりの山の中でハイセンスなおしゃれ空間に遭遇して驚くこともある。行きやすいのは、複数のカフェが付近の山肌に散在するダラット市外バスターミナル付近。レンタバイク利用が便利。バイクタクシー利用の場合は、多少割高にはなるが、カフェで付近のバイクタクシーを呼んでもらおう。

フィアチャンドイ　Phía Chân Đồi
MAP P.201-2B参照　住Hẻm 31/6 Đường 3 Tháng 4
☎097-2818587（携帯）　営7:30 〜 19:30　休無休
カード不可　予約不要

付近にはほかにも「ルンチュン（Lung Chung）」などの人気カフェがある

ショップ　Shop

リエンホア　ベーカリー
Lien Hoa　MAP P.202-1A
住15-17, 19 Đường 3 Tháng 2
☎(0263)3837303　営6:00〜21:00
休無休　カード不可

地元で大人気のローカルベーカリー。広い店内には菓子パンや総菜パン、スナックなどがズラリと並ぶ。その場で作ってくれるバイン・ミー（→P.38）は10種類以上あり、朝食にぴったり。２階はレストラン、隣はケーキ専門店。

ランファーム　食料品
L'angfarm　MAP P.202-1B
住6 Nguyễn Thị Minh Khai
☎(0263)3510520　営7:00 〜 22:00
休無休　カード不可

ダラット産の農産物を使った自然食品を中心に販売。ドライフルーツやお茶、コーヒー豆、チョコレートバーなど商品は100種を超える。パッケージがおしゃれで日持ちするのでおみやげに最適。市内中心部に数店舗ある。

ラドラ・ワイナリー　ワイン
Ladra Winery　MAP P.202-1A
住1 Nam Kỳ Khởi Nghĩa
☎(0263)3827852
営7:00 〜 22:00　休無休　カード不可

ダラット産ワイン工場「ラドフーズ」の直営店。シャルドネ、ソーヴィニヨン、メルローなどさまざまな種類がある。１本10万ドン前後が中心。スパークリングジュースもある。

Voice! ナイトマーケット（→P.200欄外）にはさまざまな食べ物屋台が並んでいるが、煎りたての甘栗や日本式たこ焼きもありおもしろい。

ホテル・ゲストハウス

Hotel

皇帝の別荘に宿泊
ダラット・パレス・ヘリテージ 高級ホテル
Dalat Palace Heritage MAP P.201-2A

1922年にバオダイ帝の別荘として建てられた館を改装したダラット随一の歴史あるホテル。フレンチコロニアルとアールデコ様式でまとめられ、旧館は当時の雰囲気そのままの贅を尽くした客室やレストラン、カフェなどが揃い、非日常を味わえる。

当時のフランスのリゾート建築様式を踏襲している

住2 Trần Phú ☎(0263)38254446
URL www.facebook.com/dalatpalace 料Ⓢ Ⓦ Ⓣ710万ドン～ スイート1290万ドン～（朝食付き） カード A D J M V 全73室

自然派のフレンチヴィラ
アナ・マンダラ・ヴィラズ・ダラット・リゾート&スパ 高級ホテル
Ana Mandara Villas Dalat Resort & Spa MAP P.201-1A参照

フランス統治時代の建物を修復したヴィラが森の中に点在する丘の上のリゾート。ヴィラによって部屋の造りが異なり、プライベートな滞在が楽しめる。敷地内は広く、移動は電気自動車で。

屋外の温水プールやスパ、サウナを完備。近くにゴルフ場もある

住Lê Lai ☎(0263)3555888
URL anamandara-resort.com 料Ⓢ Ⓦ Ⓣ250万～730万ドン～（朝食付き） カード A D J M V 全87室

コロニアル様式の４つ星ホテル
ドゥ・パルク・ホテル・ダラット 高級ホテル
Du Parc Hotel Dalat MAP P.201-2A

1932年にインドシナ政府の要人のために建てられた宿を改装。館内にはクラシカルなエレベーターがあり、客室も上品で落ち着いた雰囲気だ。「ダラット・パレス・ヘリテージ」（→上記）の姉妹ホテルで、施設を一部共用している。レストラン、スパ、スチームサウナなどを完備。

開放感ある広いデラックスルーム

住15 Trần Phú ☎(0263)3825777
URL duparchoteldalat.com 料Ⓢ Ⓦ Ⓣ240万ドン～ スイート390万ドン～（朝食付き） カード A D J M V 全140室

高原リゾートをアクティブに楽しみたいなら
スイス・ベルリゾート・トゥイェンラム 高級ホテル
Swiss-Belresort Tuyen Lam MAP P.201-2B参照

トゥイェンラム湖近くの森の中に建つリゾート。ゴルフコース、温水プール、スパ、レストランなどの設備が揃う。バスタブ付きの客室はきれいで広く、バルコニーからは大自然が望める。空港や市内への送迎バスもある。

ゴージャス＆シックで落ちつける内装

住7 & 8 , Khu Du Lịch Hồ Tuyền Lâm
☎(0263)3799799 URL samtuyenlamhotel.com.vn
料Ⓢ Ⓦ Ⓣ125万ドン～ スイート210万ドン～
カード A D J M V 全151室

コスパ抜群&アクセス良好
チューリップ I エコノミーホテル
Tulip I MAP P.202-1A

ダラット市場（→P.200）や外国人向けの飲食店が集まるチューンコンディン通りに近く、銀行やベーカリーも目の前で便利。客室は明るく清潔で、エレガントにまとまっている。シャワーとトイレは別で、ミニバー、ドライヤーも完備。

デラックストリプルルーム

住26-28 Đường 3 Tháng 2 ☎(0263)3510995
URL www.tuliphotelgroup.com 料Ⓢ Ⓦ Ⓣ62万ドン～ スイート115万ドン～ カード J M V 全30室

居心地のいい人気ホステル
ピー・ホステル ゲストハウス
Pi Hostel MAP P.201-2A

スタイリッシュで清潔な客室とホスピタリティで人気上昇中のホステル。6～8ベッドのドミトリーと個室（バスルーム付き、または共用）があり、上階のバルコニーからは町が一望できて眺めが最高。

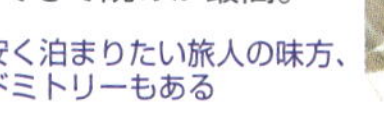
安く泊まりたい旅人の味方、ドミトリーもある

住61 Thủ Khoa Huân ☎(0263)3525679
URL www.facebook.com/PiHostel61
料Ⓢ Ⓦ63万5000ドン～ Ⓓ22万5000ドン～（朝食付き）
カード A D J M V 全14室

Voice! ダラットはベトナム人にも人気の観光地で、週末や祝日はホテルも満室になることが多い。週末や祝日に訪れる場合は、早めの予約が望ましい。

コーヒー栽培で有名な中部高原の町

MAP 折表-3B

バンメトート

バンメトートの市外局番
0262

Buôn Ma Thuột

ベトコム・バンク
Vietcom Bank
MAP P.209B図-2A
住30 Quang Trung, P. Thắng Lợi
☎(0262) 2240888
営8:00～11:30、13:30～16:30
休土・日曜
USドル、日本円の現金の両替が可能。ATMでJCBカード、マスターカード、ビザカードでのキャッシングも可能。

中央郵便局
MAP P.209B図-2A
住1-3 Nơ Trang Long, P. Thắng Lợi
☎(0262) 3852612、050-0368 6868（携帯、ホットライン）
営7:00～19:00　休無休

ベトナム航空
MAP P.209B図-2A
住17-19 Nơ Trang Long, P. Thắng Lợi
☎(0262) 3954442
営7:30～11:30、13:30～17:00
休無休

ブオンドン最大の見どころである大きな竹橋、カウ・チェオ

標高500～1000mの中部高原の中心地、ダックラック省の省都。人口の約40%はエデ族などの少数民族だ。ベトナム戦争中はアメリカとサイゴン政府軍の戦略拠点で、革命勢力による1975年の南部解放作戦は、この都市の攻略から始まった。その後、平野部からの移住者が増え、学校や病院も建設された。周辺は特産のコーヒーをはじめ、ゴム、コショウ、薬用植物などの栽培地が広がっている。付近の山中にはゾウ、トラなどの野生動物の生息も確認されている。

町なかのエデ族は、今は民族衣装を脱ぎ、ごく普通の格好をしている人も多い。しかし、郊外には今も伝統的な暮らしを続けている村が点在する。せっかくバンメトートまで来たからには、そうした少数民族の村を訪ねたり、自然に親しみたい。2年に1度、3月に開かれるコーヒーフェスティバルも人気が高まっている。

アクセス ACCESS

バンメトートへの行き方

●飛行機

ホーチミン市からベトナム航空（VN）とバンブー・エアウェイズ（QH）が各毎日1便、ベトジェット・エア（VJ）が毎日2便運航。所要約1時間。ハノイからはVNとQHが各毎日1便、VJが毎日2便運航。所要約1時間40分。ダナンからはVNが週3便、VJが週4便、QHが毎日7便運航。所要約1時間。

●バス

ホーチミン市のミエンドン・バスターミナルから6:30～23:00の間に寝台バスが30分～1時間間隔で運行。30万～50万ドン、所要約9時間。ニャチャン、ダラット、フエ、ダナンなどからも便がある。

バンメトートからの交通

●飛行機

行き方の項（→上記）参照。

●バス

町の南西にあるバンメトート南バスターミナル（Bến Xe Phía Nam Buôn Ma Thuột MAP P.209B図-2A参照）からホーチミン市行きのバスが数便運行。26万ドン～、所要約9時間。バンメトートの町は広く、多くのバスが複数のバスターミナルに発着する。そのため、フーンチャン（→P.212）のバスを利用する、または町なかのオフィスから出発するバスを宿泊先で予約してもらうほうがいい。バスの比較サイト、Vexereも使える（アプリもあり）。

Vexere
URL vexere.com

空港～市内のアクセス

空港～市内間は約10km。タクシーで15万～20万ドン。所要約20分。

Voice バンメトートからバスを利用する場合、バス会社によってはホテルまでピックアップしに来てくれるところもあるので、バス会社やホテルで確認しよう。

歩き方 Orientation

バンメトートの町は非常に広く、いくつかのエリアに分かれる。戦車のモニュメント「勝利の像」があるロータリー広場周辺は、昔からのダウンタウンで老舗ホテルや飲食店、旅行会社などが点在。ダウンタウンから北東方向に走るグエンタッタン通りとファンチューチン通りに囲まれたエリアはカフェ、ホテル、飲食店が多く、現在の町の中心はこちら。大型のスーパーマーケット「コープマート」もある。中心部の北西方向にあるアコドン村（Buôn Ako Đhong MAP 下B図-1A）は、今もエデ族の人々が暮らしており、伝統的なロングハウスが見られるほか、ロングハウスを使ったしゃれたカフェやレストランが集まっている。

町の東側に位置するバンメトート国際空港周辺は、コーヒー農園が多く、大通りから小さな道に入ると左右にコーヒーノキが植えられた農園が続く。さらに空港の南側は、果樹園、コショウ農園などが広がるのどかな農園地帯。バンメトート周辺は人口湖も含めた湖が多く、少数民族が暮らす小さな村も点在している。

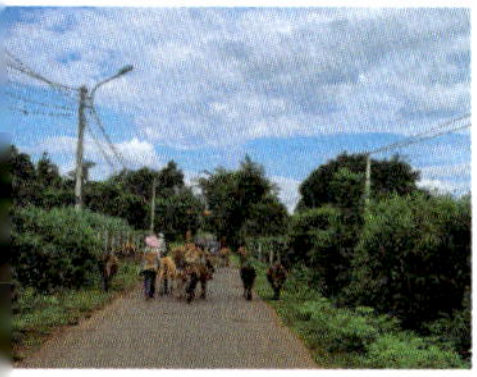

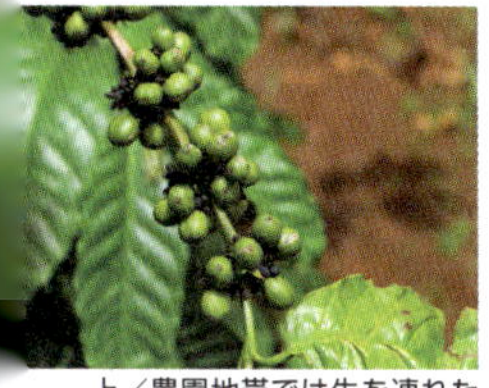

上／農園地帯では牛を連れた少数民族に出会うことも
下／バンメトート特産のコーヒーの実。2～3月に花が咲き、11～12月が収穫期

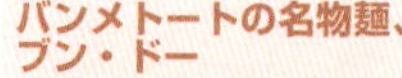

バンメトートの名物麺、ブン・ドー

ツルッとした食感の太い米麺ブンを赤く色付けしたトマト味のスープ麺。ウズラの卵、つみれ、田ガニ入りつみれなど具だくさん。1杯1万2000ドンくらい。ブン・ドー・フーン（MAP 下B図-2A）をはじめ、レホンフォン（Lê Hồng Phong）通りにブン・ドー屋台が集まる。

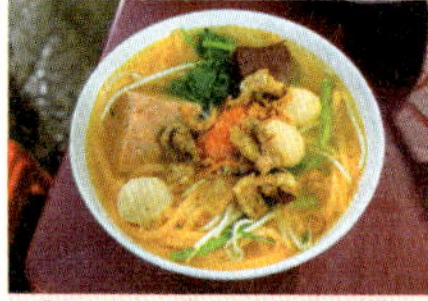

ブン・ドー屋台は夕方以降に開店

A図

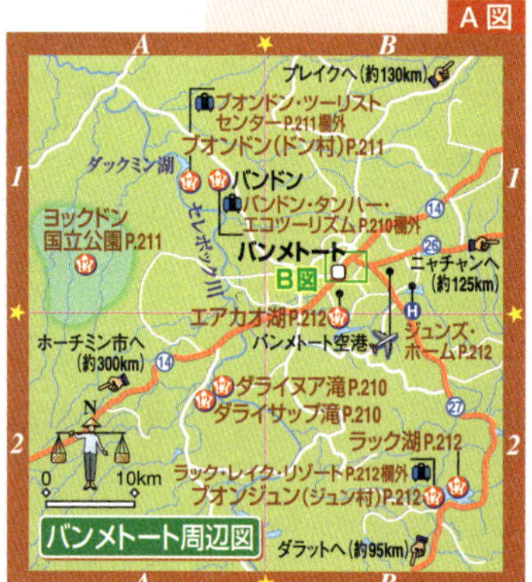

バンメトート周辺図
プレイクへ（約130km）
ブオンドン・ツーリストセンター P.211欄外
ブオンドン（ドン村）P.211
ダックミン湖
バンドン
バンドン・タンバー・エコツーリズム P.210欄外
ヨックドン国立公園 P.211
セレポック川
バンメトート
B図
ニャチャンへ（約125km）
エアカオ湖 P.212
バンメトート空港
ジュンズ・ホーム P.212
ホーチミン市へ（約300km）
ダライヌア滝 P.210
ダライサップ滝 P.210
ラック湖 P.212
ラック・レイク・リゾート P.212欄外
ブオンジュン（ジュン村）P.212
ダラットへ（約95km）
0 10km
N

B図

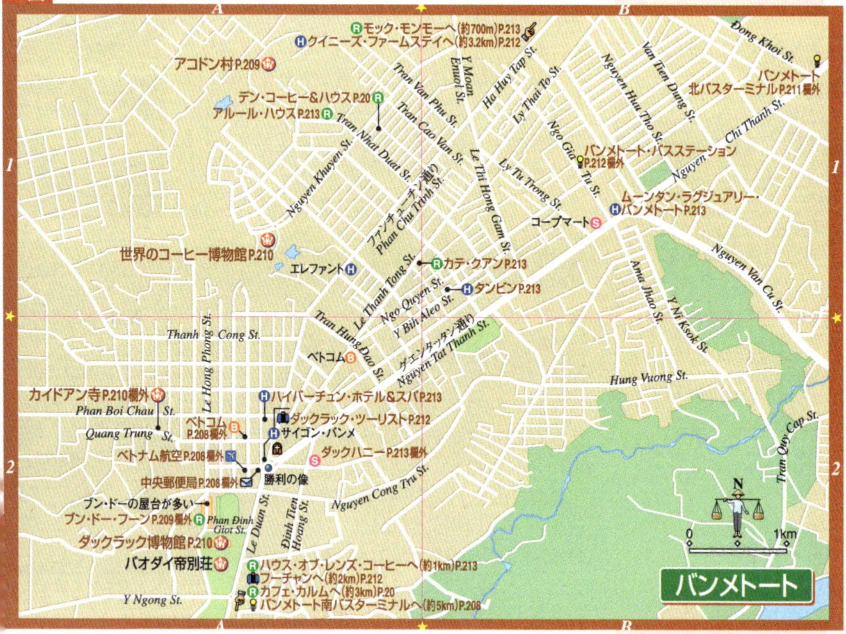
バンメトート
モック・モンモーへ（約700m）P.213
クイニーズ・ファームステイへ（約3.2km）P.212
アコドン村 P.209
デン・コーヒー&ハウス P.20
アルール・ハウス P.213
バンメトート北バスターミナル P.211欄外
バンメトート・バスステーション P.212欄外
ムーンタン・ラグジュアリー・バンメトート P.213
コープマート
世界のコーヒー博物館 P.210
エレファント
カテ・クアン P.213
タンビン P.213
ファンチューチン通り
グエンタッタン通り
ベトコム
カイドアン寺 P.210欄外
ハイバーチュン・ホテル&スパ P.213
ダックラック・ツーリスト P.212
ベトコム P.208欄外
サイゴン・バンメ
ベトナム航空 P.208欄外
ダックハニー P.213欄外
中央郵便局 P.208欄外
勝利の像
ブン・ドーの屋台が多い
ブン・ドー・フーン P.209欄外
ダックラック博物館 P.210
バオダイ帝別荘
ハウス・オブ・レンズ・コーヒーへ（約1km）P.213
フーチャンへ（約2km）P.212
カフェ・カルムへ（約3km）P.20
バンメトート南バスターミナルへ（約5km）P.208
Dong Khoi St.
Tran Van Phu St.
Y Moan Enuol St.
Ha Huy Tap St.
Ly Thai To St.
Nguyen Huu Tho St.
Van Tien Dung St.
Chi Thanh St.
Nguyen Chi Thanh St.
Tran Nhat Duat St.
Tran Cao Van St.
Nguyen Khuyen St.
Le Thi Hong Gam St.
Ly Tu Trong St.
Ngo Gia Tu St.
Phan Chu Trinh St.
Nguyen Van Cu St.
Le Thanh Tong St.
Ngo Quyen St.
Y Bih Aleo St.
Ama Jhao St.
Y Ni Ksok St.
Thanh Cong St.
Le Hong Phong St.
Tran Hung Dao St.
Nguyen Tat Thanh St.
Hung Vuong St.
Phan Boi Chau St.
Quang Trung St.
Tran Quy Cap St.
Nguyen Cong Tru St.
Phan Dinh Giot St.
Le Duan St.
Dinh Tien Hoang St.
Y Ngong St.
0 1km
N

Voice! バンメトートは配車アプリのグラブ（→P.416欄外）が車・バイクともに使える。メータータクシーならマイリン・タクシー（☎(0262)3819819）が安心。

見どころ Sightseeing

★★★ ダックラックの文化や自然がわかる

ダックラック博物館

Bảo Tàng Đắk Lắk　Dak Lak Museum

MAP P.209B図-2A

エデ族とムノン族の建築様式を取り入れた独特の外観の博物館。2階が通常展示スペースで、ダックラック省の歴史、地理と自然、人々の暮らしと文化の3つのスペースに分かれている。展示内容はかなりしっかりとしていて、実物展示に加えて写真や絵とともに詳しく説明書があるものも多く、見応えがある。特に少数民族の文化のスペースでは、エデ族のロングハウスや伝統的な台所の再現、ゾウ狩りに使われていた道具など、ここでしか見られない貴重な展示物がたくさん。

博物館敷地内にはバオダイ帝の別荘もあり、こちらも見学可能だが、2022年8月現在、修繕工事中。

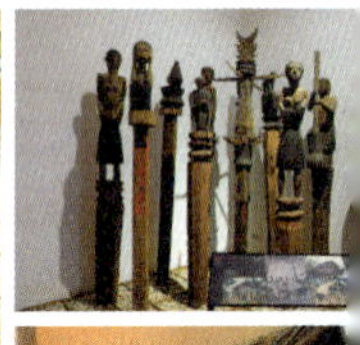

上／ゾウ狩りで使われていた道具がひととおり展示　右上／エデ族の墓の周りに建てられる木彫りの人形　右／エデ族のロングハウスの模型

★★ チュングエン・コーヒーが運営

世界のコーヒー博物館

Bảo Tàng Thế Giới Cà Phê　The World Coffee Museum

MAP P.209B図-1A

ベトナム・コーヒーの老舗ブランド、チュングエン・コーヒーが運営するコーヒーの博物館。ベトナム、日本、インドネシア、インドなどアジアを中心に各国のコーヒーの歴史や文化をはじめ、焙煎機やコーヒーを入れるのに使う道具など、貴重なコレクションが展示されている。チケットにはチュングエン・コーヒーの試飲1杯が含まれており、地下のスペースでチケットを見せるとコーヒーをもらえる。

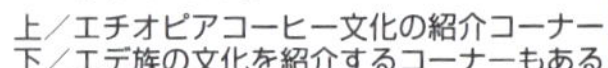

上／エチオピアコーヒー文化の紹介コーナー
下／エデ族の文化を紹介するコーナーもある

郊外の見どころ Sightseeing

★★★ 豪快に流れ落ちる

ダライヌア滝／ダライサップ滝

Thác Đray Nur / Thác Đray Sáp　Dray Nur Waterfall/Dray Sap Waterfall

MAP P.209A図-2A

バンメトートから南西約25kmにあり、ダライヌアの「ヌア」は、エデ族の言葉で「水牛の角」を指す。高さ約30m、幅約150mと横幅が広く、水量の多い雨季のあとは特に豪快だ。周辺は公園として整備されており、週末にはピクニックを楽しむ地元の人たちでいっぱい。近くにはひと回り小さいダライサップ滝もあり、こちらも人気だ。

ダライヌア滝はすぐ近くまで行くことができる。迫力満点の眺めだ

ダックラック博物館
住12 Lê Duẩn, P. Thắng Lợi
☎050-02240631（携帯）
開8:00～16:00　休月曜
料3万ドン、子供2万ドン

エデ族とムノン族の建築様式を取り入れた奇抜な建物

カイドアン寺
Chùa Khải Đoan
Khai Doan Temple
MAP P.209B図-2A
住117 Phan Bội Châu, P. Thống Nhất
開6:00～19:00　休無休
☎(0262) 3858649

1951年から約2年間かけて建てられたフエ・スタイルの寺。造りは、エデ族のロングハウスの要素も取り入れられている。満月の日は先祖礼拝の参拝客でにぎわう。

世界のコーヒー博物館
住Nguyễn Đình Chiểu, P. Tân Lợi　☎089-9355368（携帯）
URL baotangthegioicaphe.com
開7:30～17:00　休無休
料15万ドン（コーヒー試飲1杯付き）

独特な外観が印象的。館内にはチュングエン・コーヒーのカフェもある

ダライヌア滝
料3万ドン
管理連絡オフィス
営6:00～18:00
☎094-3529090（携帯）

ダライサップ滝
料8万ドン

Voice バンメトート郊外の見どころには旅行会社運営のツーリストセンターが複数ある。「バンドン・タンハー・エコツーリズム Du lich Sinh Thai Ban Don Thanh Ha」もそのひとつで↗

★★★ 野生の動物たちに合えるトレッキングが人気

MAP P.209A図-1A

ヨックドン国立公園
Vườn Quốc Gia Yok Đôn　Yok Don National Park

ゾウを驚かせないよう、少し離れたところから見学する

バンメトートの町から北西へ約40kmの所に位置する、総面積約11万3000ヘクタールのベトナムで最も広い面積をもつ国立公園。カンボジアと国境を隔てており、カンボジア側はモンドルキリ保全林へと続く。公園内にはゾウをはじめ、シカ、水牛、トラなど野生動物が数多く生息している。公園入口から渡し船でセレポック川を渡ると広い森林が広がる。4～10月の雨季は緑が美しく、11～3月の乾季はドライフォレストとなり全体が茶系に染まる。ここでは、ガイドと歩くトレッキングツアーやキャンプに参加してみよう。特に野生のゾウを見に行くツアーが人気で、ツアー中はゾウの生態や国立公園内の植物、少数民族の文化などについても学べる。バードウオッチングやサイクリング、魚釣りのツアーもある。

★★★ ゾウ使いの村

MAP P.209A図-1A

ブオンドン（ドン村）
Buôn Đôn　Don Village

バンメトートから北西に約45kmの所にある少数民族の村。この村は、野生のゾウをつかまえて飼い慣らしてきた人たちが住む村として有名（1998年より禁猟）。エデ族とムノン族のほかに、ラオ族、ジャライ族と、多くの民族が共存している。

スリル満点のカウ・チェオ

ブオンドン最大の見どころは、カウ・チェオと呼ばれる竹のつり橋。村の中を流れるセレポック川にはいくつもの竹のつり橋が架けられていて、ガジュマルの木（Cây Si）がからまるなかで、揺れる橋を渡るのはなかなかスリリング。つり橋を渡った先には鶏の丸焼きや竹筒入りのもち米など、地元の料理を楽しめる開放的なレストランがある。

村には、「ゾウの王」と呼ばれたムノン族出身のゾウ使い、アマコン（Amakong）の墓が建てられている。また、村から約3kmの所には、ゾウ使いを生業としてきたラオ族出身のゾウ使いたちの墓が残されており、どれもゾウの飾りが施され、捕らえたゾウの数が記されている。ジャライ族の葬儀の際に用いられる木彫りの像が立っているのも興味深い。村の奥には1883年に建てられたラオ族の家も残っている。カウ・チェオ入口付近には旅行会社運営のツーリストセンターがあり、エレファント・ライディングができる。

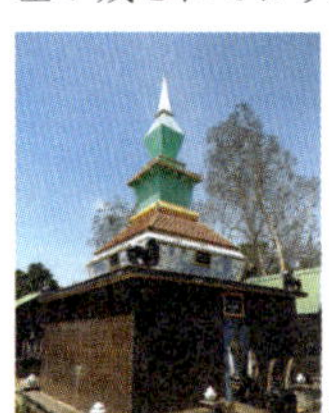
最後のゾウ使いとして政府が建てたアマコンの墓

↘ダライヌア滝へのツアーなどを催行。MAP P.209A図-1A　住Buôn N D'rếch, Xã Ea Huar, Huyện Buôn Đôn　☎(0262)8560079　URL bandontour.com.vn　営7:30～17:00　休無休

ヨックドン国立公園
住Xã Krông Na, Huyện Buôn Đôn　☎(0262)3783049、096-1382323（携帯）、096-6335399（携帯、ホットライン）
URL yokdonnationalpark.vn
開7:00～17:00　休無休
料エレファント・エクスペリエンス半日ツアーひとり80万ドン、オーバーナイトトレッキング＆キャンプひとり120万ドンなど

町の北東にあるバンメトート北バスターミナル（Bến Xe Phía Bắc Buôn Ma Thuột MAP P.209B図-1B）からカウ・チェオ（Cầu Treo）行きバスに乗車。3万5000ドン、所要約1時間。乗車時に車掌にヨックドン国立公園で降りる旨を伝えよう。タクシーなら50万ドンくらい。

野生の動物たちと出合えるトレッキングに参加しよう

ブオンドン（ドン村）
カウ・チェオ
Cầu Treo
料4万ドン、子供3万ドン

ブオンドンのカウ・チェオへは、町の北東にあるバンメトート北バスターミナル（Bến Xe Phía Bắc Buôn Ma Thuột MAP P.209B図-1B）からカウ・チェオ（Cầu Treo）行きバスに乗車。3万5000ドン、所要約1時間。

ブオンドン・ツーリストセンター
Trung Tam Du Lich Buon Don
MAP P.209A図-1A
住Xã Krông Na, Huyện Buôn Đôn
☎(0262)3783020
営7:00～21:00　休無休

カウ・チェオ近くにあるツーリストセンター。エレファントライディングの申し込みができる。センターすぐ近くの道路を300～600mゾウに乗れる。ふたりまで乗れて300mのコース20万ドン。

ゾウ保護の観点からエレファントライディングができるところは年々少なくなってきている

ブオンジュン（ジュン村）／ラック湖

　ブオンジュン、ラック湖へはバンメトート・バスステーション（Bến Xe TP.Buôn Ma Thuột MAP P.209B図-1B）から12番バスに乗車。3万2000ドン、所要約2時間。

ラック・レイク・リゾート Lak Lake Resort
MAP P.209A図-2B
住 30 Âu Cơ, Liên Sơn, Lắk
☎ (0262) 3586184
E-mail laklakedaklaktourist@gmail.com
営 7:00～17:00　休 無休
　ラック湖畔にあり、ラック湖でのボートライディング30分25万ドン（ふたりまで）、エレファントライディング12～15分45万ドン（ふたりまで）、ゴングミュージックショー220万ドン（60分／1～20人）などの申し込みができる。

湖のすぐ横には牧歌的な風景が広がる

★★ ムノン族が暮らす小さな村　MAP P.209A図-2B

ブオンジュン（ジュン村）／ラック湖

Buôn Jun / Hồ Lắk　Jun Village / Lac Lake

　バンメトートから南東に約60km、ラック湖のほとりにブオンジュン、ムノン族の言葉で“突き出た”という意味の小さな集落がある。村には30戸ほどの高床式ロングハウスが並び、はだしの子供とニワトリが走り回る。湖にはハスの花が咲き、水浴びするゾウや昔ながらの投げ網漁をする人など村の暮らしを垣間見られる。湖畔や水の中を歩き回るエレファントライディングが体験できたり、1本の木をくり抜いたボートにも乗れる。

静かな時間が流れるラック湖の船着場

　ラック湖のほとりには湖で取れる魚料理が食べられるレストランやホテルがあり、旧バオダイ帝別荘の見学も可能（料1万ドン）。

★★ 風光明媚な巨大人口湖　MAP P.209A図-1B

エアカオ湖

Hồ Ea Kao　Ea Kao Lake

　バンメトートの町から南へ約12km先にある、複数の小川を遮断して作られた巨大な人口湖。エデ族の言葉で「枯れることのない湖」を意味するという。周辺は豊かな自然に囲まれ、夕涼みに訪れる地元の人の姿も見られる。

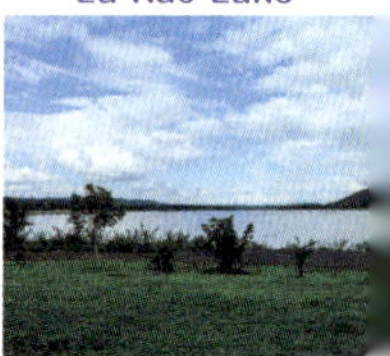
静かな湖面と青空のコントラストが美しい

旅行会社＆ツアーオフィス ✿ TRAVEL OFFICE & TOUR OFFICE

●ダックラック・ツーリスト　Dak Lak Tourist
MAP P.209B図-2A　住 3 Phan Chu Trinh, P. Thắng Lợi（サイゴン・バンメ・ホテル内）　☎ (0262) 3852246
URL www.daklaktourist.com.vn
営 8:00～17:00　休 無休　カード J M V
　ダウンタウンにあるホテル敷地内に併設。ダライヌア滝やラック湖などのおもな見どころへの日帰りツアーなどを主催。日帰りツアーひとり58万ドン～。

バス会社

●フーンチャン　Phuong Trang
MAP P.209B図-2A参照　住 172 Lê Duẩn, P. Tân Thành　☎ (0262) 3936666　営 6:00～22:00
休 無休　カード 不可
　ホーチミン市行きバスを0:15、1:00、10:45、12:15、14:15、16:00、22:30、23:30発の8便運行。25万5000ドン、所要約8時間。

Column　自然を楽しむ穴場の宿

　バンメトートでは雄大な自然を感じられる宿が増えている。花々が咲く庭園に小さな家が建つ「クイニーズ・ファームステイ」はかわいらしい内装とおいしい朝食で人気。「ジュンズ・ホーム」は空港近くのエア・チューカップ湖畔のバンガローで、雄大な湖の景色をひとり占めできる。どちらも町なかから離れており、観光には不便だが、のんびり過ごしたい人にはおすすめ。

左／小さなかわいらしい2階建てのハウス（A）　上／バンガローのすぐ横は湖（B）

A　クイニーズ・ファームステイ　Quynee's Farmstay
MAP P.209B図-1B参照　住 Y Moan Ênuôl, P. Tân Lợi
☎ 096-9082779（携帯）　URL www.facebook.com/queenysfarm/　料 Ⓢ Ⓦ 50US$～

B　ジュンズ・ホーム　Jun's Home
MAP P.209A図-1B　住 Hoà Thắng
☎ 078-5386666（携帯）　URL www.facebook.com/JunsHomevn　料 Ⓢ Ⓦ 40万ドン～

Voice バンメトートではノニの木のワイン「ヨックドニ Yokdoni」が有名。ゾウ狩りの人たちが愛飲していた酒「アマコン Amacong」もあり、これはハーブや木の葉などから作られる。

レストラン Restaurant

エデ族の料理を楽しめる
アルール・ハウス　エデ族料理
Arul House　MAP P.209B図-2A

エデ族女性がオープンし、伝統の高床式家屋でエデ族の料理を提供。敷地内にはエデ族の木彫りの像や彫刻があちらこちらにあり、興味をそそられる。セットメニュー 33万5000ドン～。地酒も楽しめる。飲食をせず敷地内で写真撮影は1万5000ドン。

黒米おこわと地鶏のグリル（Gà Đồng Bào Nướng - Cơm Lam、17万ドン～）

住17-19 Trần Nhật Duật, P. Tân Lợi　☎091-6434478（携帯）
営6:30～22:00　休無休　カード不可　予約不要

秘伝のたれがうまい牛焼肉
カテ・クアン　ベトナム料理
Cate Quan　MAP P.209B図-1A

バンメトート名物になりつつある、この店発祥の牛焼肉、ボー・ニュン・メー（Bò Nhúng Me、12万ドン～）。タマリンドなど52種類の食材で作る秘伝のソースに漬け込んだ牛肉を鉄板の上でマーガリン、ニンニクとともに豪快に焼くとソースの酸味が消えてまろやかに。

バイン・ミーと一緒に食べる

住140 Lê Thánh Tông, P. Tân Lợi　☎093-5551905（携帯）
営9:00～23:00　休無休　カード不可　予約ディナーは要予約

住宅街にある若者に人気のカフェ
ハウス・オブ・レンズ・コーヒー　カフェ
House of Lens Coffee　MAP P.209B図-2A参照

住宅街に現れるビビッドイエローの壁とビンテージカーが目を引く。地元出身のオーナー夫婦が開いたおしゃれなカフェで、地元の若者に大人気。緑いっぱいのガーデン席と屋内席があり、店内の奥にはさらに小さなガーデン席も。ダラット産豆を使ったコーヒーは1万8000ドン～。

しゃれた店内。P.21もチェック

住14/19 Cù Chính Lan, P. Tự An　☎090-2826909（携帯）
営7:00～22:00　休無休　カード不可　予約不要

メルヘンなガーデンカフェ
モック・モンモー　カフェ
Moc Mong Mo　MAP P.209B図-1B参照

みずみずしい緑が生い茂り、季節の花々が咲く庭園に小さなウッドハウスが建つ。おとぎ話に出てくるようなかわいらしいウッドハウスは2階建てで、2階は足を伸ばしてゆっくり過ごせるお座敷風。コーヒーは2万ドン。庭園にある小屋で注文し、支払う方式。P.21もチェック。

絵になる撮影スポットがたくさん

住305/35C Hà Huy Tập, P. Tân An　☎097-1811812（携帯）
営7:00～22:00　休無休　カード不可　予約不要

ホテル Hotel

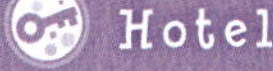

ムーンタン・ラグジュアリー・バンメトート　高級ホテル
Muong Thanh Luxury Buon Ma Thuot　MAP P.209B図-1B

住81 Nguyễn Tất Thành, P. Tân An　☎(0262) 3961555
URL luxurybuonmathuot.muongthanh.com　料Ⓦ①135万ドン～　スイート290万ドン～　カードAMV　全231室

中心部にも空港にも近い便利な場所にある、新しくきれいな5つ星ホテル。テニスコート、ジム、プール、マッサージ、カラオケ、会議室などが揃い、客室の設備も充実している。最上階の18階にはバンメトートを一望できるカフェ・バーも併設。

ハイバーチュン・ホテル＆スパ　高級ホテル
Hai Ba Trung Hotel & Spa　MAP P.209B図-2A

住8 Hai Bà Trưng, P. Thắng Lợi　☎(0262) 3899999
URL www.hbthotel.vn　料ⓈⓌ80万ドン～　①90万ドン～　スイート220万ドン～（朝食付き）　カードAJMV　全132室

中心部に建つ9階建て5つ星ホテル。屋上プールは360度パノラマが望める絶景スポットで雰囲気も最高。スパルームは全室ハイドロジャクージバス付きで設備も豪華だ。

タンビン　ミニホテル
Thanh Binh　MAP P.209B図-1B

住47 Y Bih Aleô, P. Tân Lợi　☎(0262) 3593456
料ⓈⓌ30万～40万ドン　①50万～60万ドン（＋税10%）
カード不可　全23室

町の中心部にあり、1階はおいしいと評判の食堂があるほか、周辺にはカフェ、飲食店が多く便利な立地。客室は、やや狭いが明るく清潔でドライヤー、湯沸かし器、バスアメニティ、冷蔵庫など必要最低限の物が揃う。エレベーターあり。

Voice! ハチミツはバンメトート名産のひとつ。老舗の「ダックハニー Dak Honey」は味がよく評判がいい。250gで3万9000ドン。MAP P.209B図-2A　住3 Đinh Tiên Hoàng, P. Tự An　☎(0262) 3810804　営7:00～17:00　休無休

読者投稿

ホーチミン市の入国審査は混み合う

ホーチミン市のタンソンニャット国際空港の入国審査で1時間以上待った。ホーチミン市到着後の予定は余裕をもったほうがよい。

水上人形劇は双眼鏡必須！

水上人形劇を見るときは、舞台から離れた席に座ることもあるので、双眼鏡必須です！

ハノイの旧市街にて

ハノイの旧市街でお菓子を購入するとき、お店の人が「これ、これ」と言ってお札を抜き取った。お菓子代は10万ドンだったのに、50万ドン札が抜き取られていたことにあとで気づいた。相手に財布を見せたのがいけなかった。

（以上、福岡県　かんた　'20）〔'22〕

ホイアンの観光施設の開館時間

ホイアン旧市街の観光物件は、テト期間中だったからか開館時間になっても開いていない所が多かった。時間がなくて効率よく回りたい場合は午後スタートがおすすめ。

ホイアンの観光チケット

ホイアン観光のチケットを2枚買ったら、ホッチキスで2枚まとめて留められた状態で渡された。各施設でチケットを切り取るときは、1枚目を使い切らずに2枚目を切り取る（1枚目の一番上→2枚目の一番上→1枚目の一番下などのように）のだが、1枚目と2枚目の同じ個所を2枚まとめて切り取られそうになったことがあったので要注意。

フエの帝陵ツアーの落とし穴

シン・ツーリストのミンマン帝陵、カイディン帝陵半日ツアーに参加した。ふたつの帝陵に手頃な料金で行けるのはとてもよかったが、帝陵は観光時間が短いのに（各30〜40分）、途中立ち寄ったみやげ物屋には1時間近くいた。大きな店でもないし、近くにも同じようなみやげ物屋以外ないので、帝陵をじっくりと見たい場合にはあまりおすすめしない。

広々とした帝陵は、時間がある場合はのんびり散策したい。写真はミンマン帝陵

（以上、茨城県　匿名希望　'20）〔'22〕

ベトジェット・エア利用時の注意点

ホーチミン市のタンソンニャット国際空港で国内線を利用する際、ベトジェット・エアのチェックインカウンターだけ別エリアにあるので要注意。その他の航空会社のエリアの電光掲示板には、ベトジェット・エアのフライト情報は表示されないので、知らないと少し焦ります。

ダラットのバスターミナル起点の巡り方

フーンチャンのバスでニャチャンからダラットに行く場合、到着バスターミナルはロープウエイ（→P.203）乗り場のすぐそば。荷物が少なければ、その足でロープウエイ片道利用→タクシーでダタンラ滝あるいはプレン滝→タクシーでホテル、というふうに回ると時間を有効活用できます。ロープウエイ折り返し地点や滝周りにはグラブのバイクタクシーはいません。　（以上、東京都　kyo　'19）〔'22〕

カントーのバスターミナルから中心街まで

カントーのバスターミナルから中心街までは距離がある。市内バスなどは走っておらず、徒歩でも1時間ほどかかるためタクシーに乗るしかない。バスターミナルでは客待ちをしているタクシーが多く、メータータクシーなら料金は7万ドン程度だった。しかし、値段をふっかけてくるドライバーも多いため注意が必要です。配車サービスアプリを使うとトラブルもなくいいと思います。

（神奈川県　アジア好き　'19）〔'22〕

バッチャン村のセレクトショップ

バッチャン村の奥まった所に、キッチン＆テーブルウエアのセレクトショップ「ピーゴム Pi Gom」があります。シンガポールや中国などの海外ブランドから注文を受けてバッチャンで製造されたおしゃれな陶器アイテムを格安で販売しています。営業時間は18:00までと短いので注意。MAP P.308
URL www.facebook.com/pigombattrang

（東京都　匿名希望　'19）〔'22〕

ホーチミン市での両替について

円を持ち込んで換金するほうがレートがよい。換金率は、キャッシュディスペンサー<銀行<換金所の順だった。滞在1週間のうち現地ツアーにもいくつか参加したが、5万円あれば十分。

ホーチミン市の空港で SIM カードを購入

タンソンニャット国際空港でSIMカードを購入。10GB／利用期間1ヵ月のSIMが、日本円で1000円くらいだった。設定はすべて店の人がしてくれて、面倒はまったくない。ホテルのWi-Fiがいまいち遅かったりでWi-Fiをオフにして使っていたが、1週間の滞在で総使用量2GB足らずだった。

空港からグラブタクシーで市内へ

グラブで配車したタクシーでホーチミン市のタンソンニャット国際空港から市内へ行った。20分ほど乗車して600円ほど。グラブはスマホにインストールして、使い方はYouTubeや「ベトナムでGrab」とググると出てくるので参照すると使えると思う。私はスマホ内アプリでクレジットカードも登録していたので、英語を話せない運転手だったが何も会話することなく、ありがとうだけ言ってタクシーを降りた。するとグラブからメールが来て、引き落とされた料金がすぐに確認できた。

（以上、神奈川県　横浜の豚　'19）〔'22〕

都市ガイド

中部

ノスタルジックな町並みが残るホイアン旧市街

人気急上昇中の極上ビーチリゾート

MAP 折表-2B

ダナン

ダナンの市外局番
0236

Đà Nẵng

ヤシの木が並び南国気分を盛り上げるダナンのビーチ沿い

入国手続きについて
具体的な入国手続きについてはP.404の「入国の手順」を参考のこと。

国際線ターミナルと国内線ターミナル間の移動
ダナン国際空港の国際線ターミナルと国内線ターミナルは隣接しており、徒歩約3分。シャトルバスなどの運行はない。

上／近代的な建物のダナン国際空港　下／国際線到着ロビーにはビジターセンターもあり、見どころや各店のパンフレットや地図が手に入る

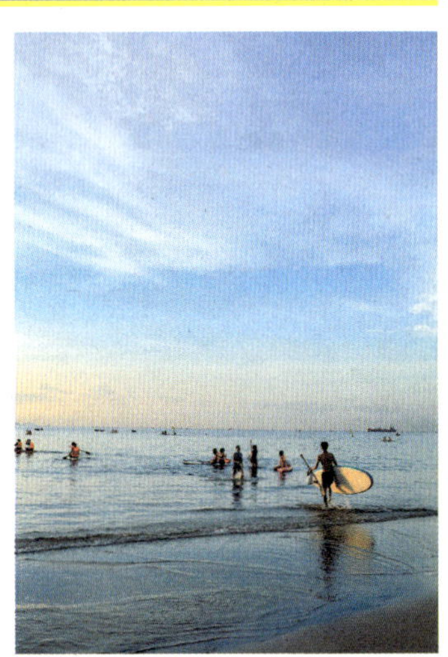
早朝のマンタイ・ビーチ（→P.222)。日の出とともにサーファーたちが海へ向かう

ホーチミン市、ハノイに次ぐベトナム第3の産業都市ダナン。ソンチャー半島に囲まれた天然の良港をもつベトナムを代表する港湾都市でもある。国際貿易港としての歴史は古く、かつて海のシルクロードの中継地として栄えたホイアン（→P.238）に代わる、大型船舶が停泊できる産業港として18世紀頃から発展してきた。また、2～15世紀にかけて勢力を誇ったチャンパ人（のちのチャム族）の国、チャンパ王国の王都が現在の市街地近郊のチャーキウにおかれていた時期もあり、周辺にはミーソンをはじめとするチャンパ遺跡が残っている。

ダナンと聞けば、ベトナム戦争中にアメリカ軍最大の基地がおかれた「基地の町」をイメージする人もいるかもしれないが、今はその面影はほとんどない。波止場には大小さまざまな漁船が停泊し、市場では水揚げされたばかりの新鮮な魚介類が並ぶ。明るく活気ある港町そのものだ。近年は、リゾート開発が進み、日本をはじめ周辺国からの直行便が次々と就航。ベトナム中部旅行の拠点として、ますます注目が集まっている。

ダナン国際空港到着

空港内でできること

●両　替

到着ロビーを出て左に進むと、EXIMバンク、BIDVバンク、両替所などがあり、日本円やUSドルなどの現金からベトナム・ドンへの両替が可能だ。両替レートは各銀行、両替所ともに市内とほぼ同レート。各銀行・両替所は年中無休で、その日の最初の到着便から最終便の到着まで営業している所が多い。また、到着ロビーを出て左手すぐ、出発フロアへのエレベーターや階段がある屋内エリアにATMが設置されている。

●SIMカードの購入

SIMフリーの携帯端末を持っている場合は、SIMカードの購入がおすすめ。オンラインで地図を使えたり、グラブの配車サービスを使えたりと、数日間だとしても滞在が格段に快適になる。購入にはパスポートが必要で、購入後すぐに電話・ネットともにつながるようになる。データ通信のみのSIMとデータ通信＋通話のSIMがある。SIMカード購入についてはP.422。

空港から市内へのアクセス

ダナン国際空港からダナンの中心部までは約3km。タクシー利用が便利。

●タクシー

到着ロビーを出てすぐの所にタクシー乗り場があり、メータータクシーが並ぶ。メータータクシーなら市内中心部（ハン市場周辺）まで５万ドン〜、所要約15分。

配車サービスのグラブ（→P.416欄外）も利用でき、通常はメータータクシーよりも割安だが、利用者の多い時間帯はメータータクシーよりも割高になる場合がある。

●旅行会社やホテルの送迎車

空港〜市内間の送迎を含めたツアーに参加していたり、ホテルで空港送迎を頼んでいたりする場合は、現地スタッフが到着ロビーを出たあたりで自分の名前が書かれた紙を持って待機している。

銀行や両替商が並ぶエリア

複数のATMが設置されている

ACCESS

ダナンへの行き方

●飛行機（空港の詳細は→P.409）

国際線：成田国際空港、羽田空港、関西国際空港から直行便があるが、2022年10月現在、運休中。2023年３月より運航再開予定（→P.399）。近隣諸国はバンコク、クアラルンプール、シンガポール、香港、ソウルなどから直行便がある。

国内線：各地からベトナム航空（VN）、ベトジェット・エア（VJ）、バンブー・エアウェイズ（QH）の便がある。

●ホーチミン市から（所要約１時間20分）
VN：毎日15〜16便　VJ：毎日９〜10便　QH：毎日２〜３便

●ハノイから（所要約１時間20分）
VN：毎日13〜16便　VJ：毎日７便　QH：毎日５〜６便

●ハイフォンから（所要約１時間15分）
VN：毎日７便　VJ：毎日２〜３便　QH：毎日１便

●ニャチャンから（所要約１時間）
VN：週４便　VJ：週３便　QH：週４便

●ダラットから（所要約１時間10分）
VN：毎日１便　VJ：週６便　QH：毎日１便

●バンメトートから（所要約55分）
VN：週３便　VJ：週４便　QH：毎日１便

●列　車

ホーチミン市（サイゴン駅）方面、ハノイ方面から各毎日４便運行。所要時間は列車によって異なるが、一番速い便でホーチミン市から約16時間７分、ハノイから約15時間21分、フエから約２時間28分、ニャチャンから約９時間２分（→P.412）。

●バ　ス

ホーチミン市のミエンドン・バスターミナルから7:00〜18:00の間に寝台バスが９便運行。60万ドン〜、所要約22時間。ハノイのザップバット・バスターミナルから13:30〜19:30の間に寝台バスが６便運行。35万ドン〜、所要約13時間。フエのフエ南バスターミナルから8:00〜18:00の間に１時間に２〜３便運行（ランコー村経由）。８万ドン〜、所要約３時間。そのほか、ほとんどの主要都市から便がある。

タクシー空港使用料
空港からタクシーに乗る場合、乗車料金とは別に空港使用料がかかる。４人乗りタクシーは１万ドン、７人乗りは１万5000ドン。

搭乗手続きについて
搭乗手続きについてはP.411の「国内の交通」を参照のこと。

空港使用税
国内線の空港使用税は航空券代に含まれており、空港で支払う必要はない。

国内線出発ロビーにはベトナム航空、ベトジェット・エアのセルフチェックイン機があり、便利

南北からの列車が発着するダナン駅

Voice! 港町ダナンに行ったら新鮮なシーフードをぜひ味わって。ミーケー・ビーチ（→P.221）沿いには生けすを並べた海鮮料理店が集まっており、日本に比べると値段ははるかに安い。

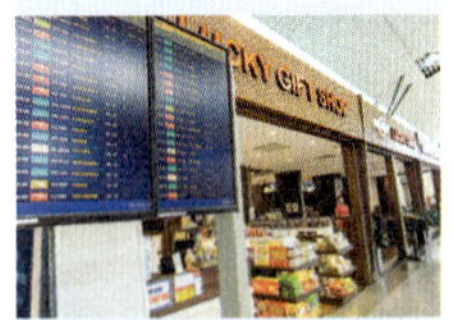

国内線出発ロビーにはカフェやみやげ物店がある

市内から空港までのバイクタクシー利用

市内中心部からバイクタクシーを利用した場合は3万ドン〜。ただし空港敷地内には入れないため敷地外で下車となる。

列車チケットの買い方、列車の利用方法について

詳しい列車チケットの買い方や列車の利用方法についてはP.411の「国内の交通」を参照。また、下記のベトナム鉄道のウェブサイトで時刻表や料金の確認、購入ができる。
URL dsvn.vn

ダナン駅

住202 Hải Phòng, Q. Hải Châu ☎(0236) 3821175
チケット売り場
営24時間 休無休

上／ダナン駅の駅舎　下／すばらしい景色を楽しめるダナン〜フエ間はぜひ列車で移動したい

鉄道旅行の注意

鉄道利用の注意点やトラブルについては、P.412欄外を参照のこと。

バスチケットの買い方、バスの利用方法について

詳しいバスチケットの買い方やバスの利用方法についてはP.413を参照。

ダナン中央バスターミナルのチケット売り場

地方への旅の起点

ダナンは、ホイアンやミーソン遺跡といった世界遺産をはじめとするベトナム中部旅行の起点となる町だ。近年はダナンからツアーでフエやフォンニャ・ケバン国立公園などへ足を延ばす旅行者も増えている。

●飛行機の旅の起点

ダナン国際空港　国内線ターミナル

国内線ターミナルは国際線ターミナルに隣接。出発ロビーは2階。

市内から空港への行き方

タクシー

市内中心部から空港まで、メータータクシーは5万ドン〜。配車サービスのグラブは若干安い場合が多い。どちらも空港入場料が別途必要（→P.217欄外）。空港までは所要約15分。

ホテルのシャトルバス

ホテルで送迎サービスを行っている所も多い。

ダナン発の直行便

各地へベトナム航空（VN）、ベトジェット・エア（VJ）、バンブー・エアウェイズ（QH）の便がある。

●ホーチミン市行き（所要約1時間25分）
VN：毎日16〜18便　VJ：毎日8〜9便　QH：毎日2〜3便

●ハノイ行き（所要約1時間20分）
VN：毎日12〜14便　VJ：毎日7便　QH：毎日5〜6便

●ハイフォン行き（所要約1時間15分）
VN：毎日1便　VJ：毎日2〜3便　QH：毎日1便

●ニャチャン行き（所要約1時間15分）
VN：週4便　VJ：週3便　QH：週4便

●ダラット行き（所要約1時間15分）
VN：毎日1便　VJ：毎日1便　QH：毎日1便

●バンメトート行き（所要約1時間）
VN：週3便　VJ：週4便　QH：毎日7便

●列車の旅の起点

市中心部から北西へ約2kmの所に位置するダナン駅からは、ハノイ方面とホーチミン市（サイゴン駅）方面へ列車が運行している。

ダナン駅（Ga Đà Nẵng） MAP P.237-2A

ダナン発の便

●ホーチミン市（サイゴン駅）行き　毎日4便、所要16時間24分〜。
●ハノイ行き　毎日4便、所要15時間58分〜。

●バスの旅の起点

大きな町はもちろん地方の小さな町へも走っており、有効な交通手段だ。

ダナン中央バスターミナル
（Bến Xe Trung Tâm Đà Nẵng） MAP P.236-2A参照

市中心部から西へ約7kmの所に位置し、長距離バスが発着する。タクシーで約20分、10万ドン〜。チケットは各バス会社のブースで買える。

●ホーチミン市行き　10:10〜17:50の間に十数便。58万ドン〜、所要約22時間。
●ハノイ行き　14:00〜翌1:50の間に数便。40万ドン〜、所要約12時間。
●ニャチャン行き　14:30〜20:30の間に16便。26万ドン〜、所要約12時間。
●フエ行き　7:00〜19:30の間に十数便。15万ドン〜、所要約2時間。

市内交通

ダナンは郊外の見どころも多く、移動には乗り物の利用が便利。

●タクシー　→P.415

メータータクシー

ダナンでは複数のメータータクシー会社が営業しており、車種もさまざま。ガソリンの値段により運賃は常に変動しているが、初乗り9500～1万2000ドン、以後1kmにつき1万1700～1万5000ドン加算。

配車サービスのタクシー

ダナンでは配車サービスのグラブ（→P.416欄外）が営業しており、通常はメータータクシーより割安で、トラブルも少ないと人気がある。ただし、混み合う時間帯や雨の日など利用する人が多いときはメータータクシーよりも割高になる場合がある。利用方法についてはP.416を参照。

●バイクタクシー　→P.417

小回りが利くため、渋滞のときなどは便利。ただし事故や料金交渉などでのトラブルもあるため、利用する場合は上記配車サービスのグラブが運営するバイクタクシーを選ぼう。

●シクロ　→P.418

利用する場合は旅行会社などで手配しよう。

●路線バス　→P.416

中心部には路線バスが走っており、運賃は市内なら5000ドン。五行山を経由するホイアン行きのバス（1番）もあり、5:30～17:50の間に20分間隔で運行。1万8000ドン、ダナン中心部から所要約1時間。ダナン中央バスターミナル発だがダナン大聖堂前のバス停（MAP P.237-3C）とホーチミン博物館の東側のバス停（MAP P.236-3A）が利用しやすい。
※2022年10月現在、1番バスは運休中。

●レンタサイクル・バイク　→P.418

バイクレンタルは、ホテルなどで行っていることが多い。ダナンはホーチミン市やハノイに比べると交通量は多くはないが、運転する際は細心の注意を。1日15万ドンくらい～。レンタサイクルはあまり見かけない。

歩き方　Orientation

ダナンの町はおもに、ハン川の西側に広がる市街地と、ハン川の東側にあるファムヴァンドン・ビーチエリア、そこから南に下ったミーケー・ビーチ周辺のアントゥーン（An Thượng）・エリア、そしてさらに南下した高級リゾートホテルが建ち並ぶノンヌック・ビーチエリアに分かれている。

中心部である市街地は、庶民の台所であるハン市場を中心に、安宿から高級ホテル、旅行会社、レストランなどが集中しており、リゾート目的でなければこのあたりに滞在するのがおすすめだ。ファムヴァンドン・ビーチ周辺は、中級リゾートホテルが林立するにぎやかなエリアで、大型海鮮料理店なども集まる。アントゥーン・エリアはサーフィンを楽しむ在住外国人や旅行者の姿が見られる。ノンヌック・ビーチ周辺のリゾートエリアは毎年のように新しいリゾートホテルがオープンし、ますます注目を集めている。

市内交通の乗り物について

市内交通のタクシー、バイクタクシー、シクロ、路線バス、レンタサイクル・バイクの詳しい利用方法はP.415～418を参照のこと。

トラブルが少ないメータータクシー会社

比較的トラブルが少ないのは以下の3社。

タクシー・ティエンサー（Taxi Tien Xa）
☎(0236)3797979

マイリン・タクシー（Mai Linh Taxi）
☎(0236)3565656

ビナサン・タクシー・グリーン（Vinasun Taxi Green）
☎(0236)3636868

ダナン市内に多いタクシー・ティエンサー

便利な路線バスマップ

下記のウェブサイトで市内のバスの走行ルートや時刻表などが確認できる。アプリとしてスマートフォンにダウンロードも可能。
URL www.danangbus.vn

ダナンの路線バスは新しい車体が多くきれい。ほとんどがエアコン付きの大型バス

ハスの花のツボミをかたどったダナン市庁舎

見どころ Sightseeing

「ブォ〜ッ」と、火炎放射のように火を吹く

★★★ ダナンのシンボル
ロン橋
Cầu Rồng　Dragon Bridge

MAP P.236-3B

ベトナム語で龍を意味するロンという名前のとおり、龍が水面を泳ぐさまがデザインされたハン川に架かる橋。夜は赤や黄、緑など色とりどりにライトアップされる。土・日曜、祝日の21:00から約15分間、龍が口から火や水を吐くパフォーマンスがあり、大勢の人々でにぎわっている。

ダナンを代表する観光名所のひとつ

★★ ライトアップされる夜に訪れよう
鯉の登龍像／愛の桟橋
Tượng Cá Chép Hóa Rồng / Cầu Tình Yêu Đà Nẵng　Ca Chep Hoa Rong Statue / Love Bridge

MAP P.236-3B

市街地からロン橋を渡ったハン川沿いにあるダナンの新名所「DHCマリーナ」の一画にある。鯉の登龍像は、鯉が急流を登り、龍に変身するという中国の故事「登龍門」に由来して造られた。鯉の登龍像の先は、愛の桟橋と呼ばれる地元の若者カップルに人気のスポットで、桟橋のあちらこちらにハート型の南京錠がかけられている。恋人同士が愛を誓い合って南京錠をかけるという。DHCマリーナには、レストランやフードコート、ツーリストインフォメーションがある。

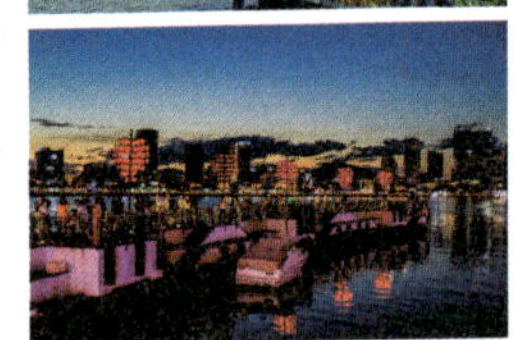
上／白い鯉の登龍像。夜はライトアップされる　下／ハート型のランタンがともる愛の桟橋

鯉の登龍像／愛の桟橋
住 2 Trần Hưng Đạo, Q. Sơn Trà
☎ (0236) 3561575
開 7:00〜23:00　休 無休　料 無料

名前や日付が刻まれた南京錠の数々。南京錠は桟橋の手前にある店で販売している

★★ ピンク色の外観が美しい
ダナン大聖堂
Nhà Thờ Đà Nẵng　Da Nang Cathedral

MAP P.237-3C

フランス統治時代の1923年から約1年をかけて創建されたゴシック様式のカトリック教会。尖塔の十字架の上に鶏の像があることから「鶏の教会」とも呼ばれている。教会内部へはミサ以外は入場できないが、ミサ時の観光は禁止されている。

ダナン大聖堂
住 156 Trần Phú, Q. Hải Châu
☎ なし　開 6:00〜16:30（日曜11:00〜14:00）　休 無休　料 無料
ミサは月〜金曜の5:00、17:15。土曜は17:15。日曜は5:15、8:00（子供向け）、10:00（英語）、15:00、17:00、18:30。

正面入口はチャンフー通りだが入場はミサ時のみ。裏門のあるイエンバイ通りから入る

★★ おみやげ買いにも訪れたい
ハン市場
Chợ Hàn　Han Market

MAP P.237-3C

中心部にあり、地元の人々でにぎわう。1階は生鮮食品、スパイスや乾物などの食品売り場と食堂のほか、みやげ店やサマーバッグなどを売る店もある。2階は衣類や靴などファッション関連の店が並ぶ。

ドライフルーツやお菓子は品揃え豊富

ハン市場
住 119 Trần Phú, Q. Hải Châu
営 店によって異なるが、だいたい6:00〜19:00　休 無休

みやげ選びにも足を運びたい

Voice フレスコ・ビレッジ（Fresco Village）は、グエンヴァンリン通りの路地裏にある、ベトナムやダナンをモチーフにした壁画アートエリア。MAP P.237-4B

★★ チャンパ王国の遺産を展示

MAP P.237-4C

チャム彫刻博物館

Bảo Tàng Điêu Khắc Chăm Đà Nẵng　The Museum of Cham Sculpture

フランスの極東学院による、チャンパ遺跡の調査発掘の際に発見された彫刻芸術品や石像が集められた博物館。発掘調査の際に一部の秀作はフランス本国に持ち去られてしまったといわれるが、それでも内部にはヒンドゥー教のシヴァ神やガネーシャ神の石像、リンガなど、チャム芸術の一級品がめじろ押しだ。近年改装され、1階の展示室はミーソン遺跡、ミーソン遺跡から約20km離れたドンユーン遺跡など、遺跡ごとに出土品が展示され見やすくなった。2階はチャム族に関する展示。

チャンパにおける仏教信仰の中心地、ドンユーン遺跡で1902年に発見されたチャム彫刻最大のブッダ像

★ ダナンの文化や歴史を紹介

MAP P.237-2C

ダナン博物館

Bảo Tàng Đà Nẵng　Da Nang Museum

1階はダナンの文化や歴史、2階は近代戦争を中心にしたダナンの戦いの歴史、3階はダナンの人々の生活を紹介した展示。実際に使われていた生活道具や武器、写真のほか、当時の様子を再現した人形も多数あり、なかなか見応えがある。また、この博物館はディエンハイ城と呼ばれた城跡に建てられている。周囲を歩けば大砲が置かれ、堀と強固なれんが壁が見られ、城だったことがわかるはず。

少数民族コトゥー族の文化も紹介

★★ 絵画から伝統工芸まで幅広く展示

MAP P.237-2B

ダナン美術博物館

Bảo Tàng Mỹ Thuật Đà Nẵng　Da Nang Fine Art Museum

3フロアからなる美術館。1階は子供のアート作品展示と企画展のスペースで、企画展ではダナン出身の画家による作品が展示されることも。2階は漆絵、絹絵、グラフィック・アートなどで、3階は版画やダナンと近郊の伝統工芸などを展示しており、興味深い。

★★★ サーフィンを楽しむ人が多い

MAP P.236-2C～3C

ミーケー・ビーチ

Bãi Tắm Mỹ Khê　My Khe Beach

ファムヴァンドン・ビーチ（→P.222）以南に4km近くにわたって延びる白砂の美しいビーチ。海水浴はもちろん、マリンアクティビティもでき、特にアントゥーン・エリアの目の前のミーケー・ビーチは、サーフィンを楽しむ在住外国人や観光客でにぎわっている。

海水浴を楽しむなら雨が少なく快晴が多い5～8月がおすすめ

Voice! チャム彫刻博物館、ダナン博物館、ダナン美術博物館（→各上記）は2022年12月末まで無料。2023年の入館料は記載料金から変更となる可能性がある。

チャム彫刻博物館

住2 Đường 2 Tháng 9, Q. Hải Châu
☎(0236)3572935
開7:00～11:00、13:00～17:00
休無休　料6万ドン※2022年末まで無料（→下部欄外）

5人以上のグループであれば事前の電話予約で英語ガイド（7:30～11:00、14:00～17:00）を頼める。英語のオーディオガイド（無料）あり。

躍動感あふれる彫像の数々をじっくりと鑑賞したい

ダナン博物館

住24 Trần Phú, Q. Hải Châu
☎(0236)3886236　開8:00～17:00　休無休　料2万ドン※2022年末まで無料（→下部欄外）

暮らしや文化を再現したコーナーはなかなか見応えがある

ダナン美術博物館

住78 Lê Duẩn, Q. Hải Châu
☎(0236)3865668　開8:00～17:00　休無休　料2万ドン※2022年末まで無料（→下部欄外）

漆絵の大作が並ぶ2階

ホーチミン博物館

Bảo Tàng Hồ Chí Minh
Ho Chi Minh Museum
MAP P.236-3A
住3 Duy Tân, Q. Hải Châu
☎(0236)3615982　開8:00～16:30　休無休　料6万ドン

独立戦争とホーチミンに関する展示、裏にはホーチミンの家（→P.293）を再現した建物がある。

ミーケー・ビーチ

ハン市場からアントゥーン・エリアのミーケー・ビーチまで約5.5km。タクシーで約15分。

★★★ マリンスポーツが盛ん

ファムヴァンドン・ビーチ

MAP P.236-2C

Bãi Tắm Phạm Văn Đồng　Pham Van Dong Beach

ファムヴァンドン通り東側の突き当たりに広がるビーチ。ジェットスキーやパラセーリングなど各種マリンスポーツが楽しめる。

★★ 早朝のSUP ＆サーフィンのスポット

マンタイ・ビーチ

MAP P.236-1C

Bãi Tắm Mân Thái　Man Thai Beach

ファムヴァンドン・ビーチの北側にあり、朝はスタンドアップペダルボート（SUP）やサーフィンを楽しむ人でにぎわう。以前はローカルな海辺だったが、ビーチハウスが登場し、サーフボードのレンタルも可能。

早朝は特に混み合うビーチ

★★ お椀舟での漁も見られる

ホアンサー・ビーチ

MAP P.223-1A

Bãi Tắm Hoàng Sa　Hoang Sa Beach

マンタイ・ビーチの北側にあり、日の出前はお椀舟での漁を見られることも。早朝は浜辺に魚介が並べられ即席の海鮮市場となる。

★ 観覧車からダナンの町が見渡せる

アジア・パーク

MAP P.236-4B

Asia Park

アジアの文化や建築をフィーチャーしたテーマパーク。「インターコンチネンタル・ダナン・サン・ペニンシュラ・リゾート」（→P.232）などを手がけた著名建築家ビル・ベンスリーによって設計された。園内には、かつて滋賀県大津市にあった観覧車「イーゴス108」を移築した「サン・ホイール」や、園内を走行する全長1.8kmのモノレールなどのアトラクションのほか飲食店もある。

サン・ホイールは、6人乗りで1周約15分

★★ レディ・ブッダで有名

リンウン・バイブット寺

MAP P.223-1B

Chùa Linh Ứng – Bãi Bụt　Linh Ung - Bai But Temple

ダナンに3つある仏教寺院「リンウン寺」のひとつで、ソンチャー半島の標高約700mの高台に建つ。19世紀、グエン（阮）朝ミンマン帝期に建てられたといわれており、2010年に約6年の歳月をかけて再建された。広大な敷地内には本堂、「レディ・ブッダ」の名で親しまれている巨大な観音像、涅槃像と舎利塔などがある。観音像は、高さ約67mとベトナムでも最大で、航海安全を祈願して建てられた。

ちなみに地名でもあるバイブットとは、「仏の浜」を意味する。

本堂の前の庭園にはきれいに手入れされた盆栽が並び、両脇に18体の阿羅漢像が立つ

ダナンの町を空から見渡せるパラセーリングが人気

ファムヴァンドン・ビーチ
ハン市場から約3km。タクシーで約5分。

マンタイ・ビーチ
ハン市場から約5km。タクシーで約15分。

ホアンサー・ビーチ
ハン市場から約6km、タクシーで約20分。

10人ほどの売り子が魚介を並べるホアンサー・ビーチの即席海鮮市場

アジア・パーク
住1 Phan Đăng Lưu, Q. Hải Châu　☎091-1305568（携帯、ホットライン）
URL asiapark.sunworld.vn
開14:30～21:30（観覧車とモノレールは15:30～）　休無休
料入場料＋観覧車10万ドン、入場料＋敷地内の各アトラクション20万ドン　※子供（身長100～140cm）は半額

リンウン・バイブット寺
住Bãi Bụt, Sơn Trà
☎090-5386726（携帯）
開6:00～21:00
休無休　料無料

ダナンの海を見守るように立つ観音像。内部はお堂になっている

Voice! ノンヌック・ビーチ（Bãi Tắm Nóng Nước）は、五行山（→P.223）に近く、高級リゾートホテルが並ぶエリアにある白砂のビーチ。広くはないが公共の遊泳エリアもある。MAP P.223-2B

★★★ ダナンのパワースポット

五行山

MAP 下図-2A

Ngũ Hành Sơn　　Marble Mountain

木火土金水の五行にちなんで名づけられたトゥイーソン（Thủy Sơn）、モックソン（Mộc Sơn、入山不可）、キムソン（Kim Sơn）、トーソン（Thổ Sơn、入山不可）、ホアソン（Hỏa Sơn、入山不可）の五山からなり、大理石でできていることから「大理石＝マーブル」で、マーブルマウンテンとも呼ばれている。一般的に旅行者が訪れるのは、その中で一番大きいトゥイーソン（標高108m）で、山腹の洞窟には仏像が安置されており、ここが長い間人々の信仰を集めてきたことがわかる。長い石段と山道を登るとリン・ニャム洞窟（Động Linh Nham）、ヴァン・トン洞窟（Động Vân Thông）など6つの洞窟や寺、展望台があり、そこからの眺めは最高！　ほかの4つの山と、白く輝くノンヌック・ビーチ、麓の町の美しい風景が広がる。さらに奥に進むと、1968年のアメリカ軍の爆撃でできた深さ10～15mの縦穴がある。ここにも仏像が祀られ、神秘的な雰囲気が漂っている。また、麓のノンヌック村では大理石の像やレリーフの工房が軒を連ねており、大理石の小物を売るみやげ物店もある。

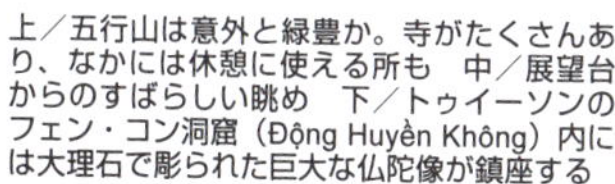

上／五行山は意外と緑豊か。寺がたくさんあり、なかには休憩に使える所も　中／展望台からのすばらしい眺め　下／トゥイーソンのフェン・コン洞窟（Động Huyền Không）内には大理石で彫られた巨大な仏陀像が鎮座する

Voice! 五行山は2022年12月末まで入場無料。2023年の入場料は記載料金から変更となる可能性がある。

五行山

住Huyền Trân Công Chúa, Q. Ngũ Hành Sơn
☎(0236)3961114、093-6455234、076-6506715（ともに携帯、ホットライン）
開7:30～17:30　休無休
料トゥイーソン：入山料4万ドン（入口は2ヵ所、第1ゲート付近のエレベーター 1万5000ドン）、アムフー洞窟（Động Âm Phủ）2万ドン、絵はがき付き五行山地図1万5000ドン、英語ガイド1時間20万ドン
キムソン：入山料無料（入口は1ヵ所、頂上までは登れない）
※2022年末まで無料（→下部欄外）

五行山のおもな道は階段が整備されているが、洞窟内などはよじ登るような箇所もあるため、スニーカーなどの歩きやすい靴が望ましい。また、洞窟内は薄暗いので懐中電灯があると便利。

五行山へはダナン中心部から、路線バス1番（→P.219、2022年10月現在、運休中）に乗り、五行山下車。所要約30分。タクシーで片道約20分。料金は五行山で2時間ほど待ってもらい、往復15US$～。バイクタクシーなら往復で10万ドン～。

将棋を指す仙人たちの像があるタンチョン洞窟

ホアンサー展示館

Nhà Trưng Bày Hoàng Sa
The Museum of Paracel Island

MAP 左図-1A
住Hoàng Sa, Thọ Quang, Q. Sơn Trà
☎(0236)3689921
開8:00～11:30、13:30～17:00
休無休　料無料

ベトナムと中国の領土問題など、ホアンサー諸島に関する展示。

ベトナム国旗がデザインされた外観

フランス村の「スターバックス コーヒー」ではバーナーヒルズ限定のマグカップを販売

サンワールド・バーナーヒルズ

住An Sơn, Xã Hòa Ninh, Huyện Hòa Vang ☎(0236) 3749888、090-5766777(携帯、ホットライン) URL banahills.sunworld.vn 開8:00～17:00 休無休 料85万ドン、子供(身長100～140cm) 75万ドン ※上記料金はロープウエイ、トロッコ列車、フラワーガーデンとワインセラーの入場料金、ファンタジーパークのゲーム料金を含む。

ダナンから車で約1時間30分。チケット売り場からロープウエイに乗り換える。ダナンからの日帰りツアーもある。

手入れの行き届いたフラワーガーデンも見どころのひとつ

ハイヴァン峠

旅行会社でダナン～フエ間の車をチャーターするとひとり35US$(ふたりで1台利用の場合)。ハイヴァン峠を通った場合、見学時間を含め所要約4時間。トンネルを通った場合は所要約3時間。

峠には軍事施設跡が残る

ゾウの渓流
Suối Voi　Elephant Springs

MAP P.223-1A

ダナンから国道1号線をフエ方面へ約40km(フエからなら約60km)、さらに山側へ数km入った山の中にある。非常に水が澄んでおり、自然景観が美しいことで知られている。

郊外の見どころ　Sightseeing

MAP P.223-2A

★★ 高原にあるアミューズメントパーク

サンワールド・バーナーヒルズ
Sun World Ba Na Hills

ダナンの町から西へ約40km、標高1487mの高地にある高原アミューズメントパーク。この一帯にはかつてはバナナの木が多かったためにこの名前がつけられた。

園内は、大きく4つのエリアに分かれており、各エリアはホイアン駅～マルセイユ駅間など、6ラインのロープウエイで結ばれている。一番の見どころは、「ゴールデン・ブリッジ」だ。巨大な山神の手に支えられるように設計された全長150mの橋で、フォトジェニックな景観が話題を呼んでいる。ゴールデン・ブリッジと同じエリアには美しく手入れされたフラワーガーデン「ル・ジャルダン・ダムール」やワインセラーがある。

ゴールデン・ブリッジとは別のエリアには、中世ヨーロッパをイメージしたフランス村があり、レストランやホテルなどが集まっている。またフランス村の近くには、さまざまなアトラクションやゲームが無料で楽しめる「ファンタジーパーク」がある。標高が高いので夏でも気温は17～20℃と涼しく、天気がいい日はダナンの町や緩やかに弧を描くビーチ、遠くにハイヴァン峠と絶景が望める。

ファンタジー感のあるゴールデン・ブリッジ。橋からはダナンの町が見える

MAP 折表-2B、P.223-1A

★★ 美しい海岸線が見られる絶景スポット

ハイヴァン峠
Đèo Hải Vân　Hai Van Pass

ダナンとフエの間にある峠で海抜496m。眼下には吸い込まれるような真っ青な海が広がる。ベトナム語でハイは海、ヴァンは雲を意味するが、山頂付近はその名のとおりガスがかかって曇っていることが多い。この峠を境に、気候も人の気質もガラリと変わるといわれる。事実、フエは雨でもダナンは快晴、ということも珍しくない。途中にある砦は19世紀初頭に造られた物で、第2次世界大戦時の日本軍や、ベトナム戦争中にはサイゴン政府軍も監視所として使った歴史がある。運よく晴れていれば、ここからすばらしい眺めが楽しめる。

ハイヴァン峠からの景色。晴れた日は遠くまで見渡せる

2005年、東南アジア最長の全長約6.3kmのトンネルがこの峠を貫くように開通し、ダナン～フエ間の所要時間が約40分短縮された。それにともない、ツアーバスやローカルバスは時間短縮でトンネルを利用するようになったため、この絶景を見るためにはハイヴァン峠へ立ち寄るツアーに参加するといいだろう。

インフォメーション INFORMATION

航空会社

●ベトナム航空　Vietnam Airlines
MAP P.236-2A参照
住39 Điện Biên Phủ, Q. Thanh Khê
☎(0236)3821130、3826465、1900-1100(ホットライン)
営7:30〜11:30、13:30〜17:00　休無休　カード A J M V

●ベトジェット・エア　VietJet Air
MAP P.236-3A　住200 Lê Đình Lý, Q. Hải Châu
☎(0236)3692665、1900-1886（ホットライン）
営7:00〜20:00（祝日7:30〜12:00、13:30〜17:00）
休無休　カード J M V

●バンブー・エアウェイズ　Bamboo Airways
MAP P.237-4C　住14 Lê Đình Dương, Q. Hải Châu　☎096-3848411(携帯)　営8:00〜18:00
休日曜　カード J M V

銀　行

●ベトコム・バンク　Vietcom Bank
MAP P.237-2B　住140-142 Lê Lợi, Q. Hải Châu
☎(0236)3822110
営7:30〜11:30、13:30〜17:00　休土・日曜
USドル、日本円の現金の両替が可能。

郵便局

●ダナン郵便局
MAP P.237-3C　住45 Yên Bái, Q. Hải Châu
☎1800-1096(ホットライン)
営7:00〜21:00（日曜14:00〜17:00）　休無休

英語の通じる救急病院

●ファミリーメディカルプラクティス・ダナン
Family Medical Practice Danang
MAP P.237-4A　住96-98 Nguyễn Văn Linh, Q. Hải Châu　☎(0236)3582699、3582700（代表）、091-3917303（救急）、(028)38221919（ホーチミン市の日本語デスク：月〜木曜 8:00〜17:00、金曜〜14:30、土曜〜12:00）
URL www.vietnammedicalpractice.com
E-mail hcmc.jpdesk@vietnammedicalpractice.com（日本語）　営8:00〜19:00（土曜8:30〜17:00、日曜8:30〜12:30）　休無休（救急時24時間対応）
内科、小児科などの診療、救急医療・搬送（国内外）を提供し、入院施設も備える。必要時はホーチミン市（→P.87）またはハノイ（→P.311）の日本人スタッフが電話でサポート。日系海外旅行保険やクレジットカード付帯保険のキャッシュレス対応も可能。日中は予約優先、救急時は24時間対応。

おもな領事館

●在ダナン日本国総領事館
MAP P.237-4C　住4-5F, Lot A17–18–19, Đường 2 Tháng 9, Q. Hải Châu　☎(0236)3555535
URL www.danang.vn.emb-japan.go.jp
開8:30〜17:15（領事窓口は月・水・金曜8:45〜11:45　※電話での予約制）　休土・日曜、祝日
※パスポートの発給、帰国のための渡航書の発給については→P.432。入館には身分証明書が必要。

旅行会社&ツアーオフィス TRAVEL OFFICE & TOUR OFFICE

●TNK & APT トラベル JAPAN ダナン支店
TNK & APT travel JAPAN Da Nang
URL www.tnkjapan.com
LINE ID：https://lin.ee/A2sNAk3
ホーチミン市（→P.89）に本店があるTNK&APTトラベルのダナン支店。2022年10月現在、ダナンにオフィスはないがツアーの手配は可能。問い合わせは公式LINEまたは、ウェブサイトから。午後からのミーソン遺跡&夜のホイアン・ツアー（80US$〜）、チャム島ボートトリップツアー（69US$）、フエ日帰り観光ツアー（89US$〜）など。

●シン・ツーリスト・ダナン
The Sinh Tourist Da Nang
MAP P.236-1A
住16 Đường 3 Tháng 2, Q. Hải Châu
☎(0236)3843259
URL www.thesinhtourist.vn
営7:00〜20:00　休無休　カード不可
ベトナム各地に支店をもつツアーオフィス。オープンツアーバスの運行のほか、サンワールド・バーナーヒルズへのツアーも扱う。
※2022年8月現在、休業中。

ダナンのナイトマーケット

ダナンのおもなナイトマーケットはふたつ。ロン橋のたもとで毎晩開かれる「ソンチャー・ナイトマーケット」と、中心部から少し離れるが雰囲気がよく、夕涼みがてら訪れた地元の人でにぎわう「ヘリオ・ナイトマーケット」。どちらも毎晩17:30頃〜22:30頃まで。

中央のステージで音楽ライブが開かれるヘリオ・ナイトマーケット

海鮮やストリートフードの屋台が立つソンチャー・ナイトマーケット

ソンチャー・ナイトマーケット
Chợ Đêm Sơn Trà
MAP P.236-3B　住Mai Hắc Đế, An Hải Trung, Q. Sơn Trà

ヘリオ・ナイトマーケット　Chợ Đêm Helio
MAP P.236-4B　住1 Đường 2/9, Q. Hải Châu

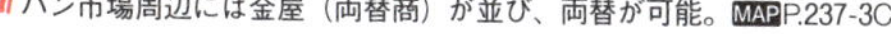

Voice! ハン市場周辺には金屋（両替商）が並び、両替が可能。MAP P.237-3C

レストラン Restaurant

ていねいに作られた良質なひと皿

デンロン Den Long

ベトナム料理

MAP P.237-1B

ベトナム中部の料理を中心に、全土の代表的な料理を厳選して提供するレストラン。メニュー数はそれほど多くはないが、化学調味料は一切使わず、ていねいに作られた料理の数々はどれも味付けが抜群でハズレがない。おすすめは、エビと豚肉の揚げ春巻（9万8000ドン）やホイアン・ワンタンヌードル（9万8000ドン）、レンコンの肉詰めフライなど。写真付き日本語メニューあり。2022年11月現在、休業中で移転予定だが移転先は未定。移転先はウェブサイトで確認を。

手前はパリッと揚がった春巻の中にプリプリのエビがぎっしり詰まったエビと豚肉の揚げ春巻

住71 Lý Thường Kiệt, Q. Hải Châu
☎(0236) 3887377
URL denlong-danang.com 営11:30～15:30、17:30～21:45 休無休 料税別
カード J M V（手数料＋5％） 予約不要

のどを潤してくれるスイカのデザート、スノウ・ホワイト

巻き物料理が名物

ベップ・クォン Bep Cuon

ベトナム料理

MAP P.236-3C

店名のクォンは「巻く」を意味し、ベトナムの巻き物料理が看板メニュー。生春巻、揚げ春巻、エビのすり身、豚肉の串焼きがセットの前菜盛り合わせ（Mẹt Bếp Cuốn）が特におすすめ。ダナン風バイン・セオ（→P.38、8万9000ドン～）も美味。

前菜盛り合わせ（24万9000ドン）

住54 Nguyễn Văn Thoại, Q. Ngũ Hành Sơn
☎070-2689989（携帯） 営10:30～21:30（L.O. 21:00）
休無休 カード J M V 予約不要

豊富なメニュー構成で人気

マダム・ラン Madame Lan

ベトナム料理

MAP P.237-1C

ホイアンの中国風家屋を模したレトロな空間で、200品以上のベトナム料理が食べられる。店のおすすめはバイン・ベオ（→P.30、5万ドン）や中部の名物麺ミー・クアン（→P.37、6万2000ドン～）。一夜干ししたイカのグリル（11万5000ドン／100g）など海鮮も人気。

晴れた日はテラス席での食事がおすすめ

住4 Bạch Đằng, Q. Hải Châu ☎(0236) 3616226
営6:30～21:30 休無休 カード A J M V 予約不要

激安シーフードの店

ナムダン Nam Danh

海鮮料理

MAP P.236-1C参照

中心部から距離があり、場所もかなりわかりづらいが、ほとんどの海鮮料理が7万ドンという破格の値段で新鮮なシーフードが味わえると地元の人に大人気。チップという貝のレモングラス蒸し（Chíp Đá Hấp、写真右奥）やカニのタマリンド炒めがおすすめ。

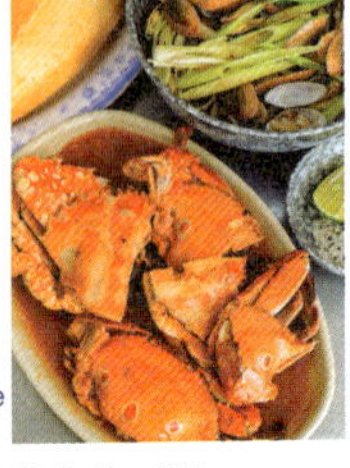

手前はカニのタマリンド炒め（Ghẹ Rang Me、7万ドン）

住139/59, H59/38 Trần Quang Khải, Q. Sơn Trà
☎090-5333922、076-2654677（携帯） 営10:30～20:30
休無休 カード不可 予約不要

地元人気のローカルシーフード店

タンヒエン2 Thanh Hien 2

海鮮料理

MAP P.236-3C

ミーケー・ビーチ（→P.221）沿いに店を構える老舗海鮮料理店。魚介は重量での値段表示で、生けすのそばに掲示されており、グリル、ボイル、バターニンニク揚げなど調理方法も選べる。時期などによっても異なるがエビは80万ドン～／1kgが目安。

店頭には生けすがズラリと並び、指さしで魚介を選んで注文する

住254 Võ Nguyên Giáp, Q. Sơn Trà ☎090-5959469（携帯）、090-5340528（携帯） 営10:00～22:00 休年に2日間不定休 カード J M V 予約不要

各データ欄の「税・サ別」は、税・サービス料別途のことを意味し、税（VAT）は10％です。サービス料は通常5％です。

レストラン Restaurant

家庭料理を味わうならここ
クンディン
ベトナム料理
Cung Dinh
MAP P.237-4B

路地裏にたたずむ、土鍋炊き込みご飯（Cơm Niêu Thập Cẩm、4万ドン～）の有名店。炊き込みご飯は調理に15分ほどかかるが、味もボリュームも満足させてくれる。おかずは家庭料理が中心で鶏肉のトウガラシ炒め（Gà Xào Ớt、8万ドン）などがおいしい。

ポークリブの甘辛炒め煮（手前左、7万5000ドン）など

住K254/2 Hoàng Diệu, Q. Hải Châu ☎(0236) 3897638
営11:00～14:00、17:30～20:30 休無休 カード不可 予約不要

ダナン風バイン・セオの有名店
バー・ユーン
ベトナム料理
Ba Duong
MAP P.237-4A

ダナン風バイン・セオ（→P.38、7万ドン）の専門店。皮がモチモチとして厚めのダナンのバイン・セオは豚肉つくねのネム・ルイ（Nem Lụi、3万5000ドン／5本）と一緒にライスペーパーで包んでたれに付けて食べる。店は細い路地の突き当たりにある。

野菜や香草と一緒に包み、特製味噌だれに付けていただく。後方左がネム・ルイ

住K280/23 Hoàng Diệu, Q. Hải Châu ☎(0236) 3873168
営9:00～21:30 休旧暦4/15、7/15 カード不可 予約不要

ダナン名物麺の老舗
ミー・クアン1A
麺
Mi Quang 1A
MAP P.237-2B

創業29年のミー・クアン（→P.37）の名店。ミー・クアンはエビ・豚肉入り（Tôm Thịt、3万5000ドン）、エビ・豚肉・鶏肉・卵入りのスペシャル（Đặc Biệt、5万ドン）など、5種類。太めの米麺はコシがあり、エビのだし入りスープとよくからむ。野菜や香草、辛みを入れ、ライムを搾って食す。

エビ・豚肉入りのミー・クアン

住1A Hải Phòng, Q. Hải Châu ☎(0236) 3827936
営6:00～21:00 休無休 カード不可 予約不要

つけ麺感覚が楽しいミー・クアン
モン・クアン・バー・ムア
ベトナム料理
Mon Quang B. Mua
MAP P.237-4C

麺と具が別盛りでサーブされ、つけ麺感覚で味わえるミー・クアン・トー（Mỳ Quảng Thố、7万5000ドン）が名物。もうひとつの人気メニュー、バイン・セオ（7万5000ドン～）は中部風と南部風の2種類のたれが付き、味変が楽しめる。

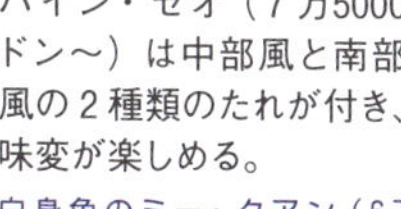
白身魚のミー・クアン（6万5000ドン）はさっぱり。ミー・クアンは10種類ある

住44 Lê Đình Dương, Q. Hải Châu ☎(0236) 3540199
営7:00～23:00 休無休 カードJMV 予約不要

魚のすり身揚げ入りピリ辛麺
ブン・チャー・カー109
麺
Bun Cha Ca 109
MAP P.237-2C

トウガラシが利いたピリ辛スープに、魚のすり身揚げやタケノコなどが載る、ダナンの朝ごはんの定番、ブン・チャー・カー（Bún Chả Cá）の有名店。クリアなピリ辛スープにつるつるとしたのど越しの米麺、ブンがよくからみ、美味。3万ドン～でスペシャル（4万ドン～）が人気。

あっさりとした味わいで朝食にぴったり

住109 Nguyễn Chí Thanh, Q. Hải Châu ☎094-5713171（携帯） 営6:00～22:00 休無休 カード不可 予約不要

ダナン名物、手巻き豚肉の生春巻
チャン
ベトナム料理
Tran
MAP P.237-2C

野菜や香草、豚肉、軟らかくもちもち食感のライスペーパーを通常のライスペーパーで巻いて食べるダナン名物、バイン・チャン・クオン・ティット・ヘオ（Bánh Tráng Cuốn Thịt Heo）の専門店。一番ポピュラーなゆで豚のセット（Đặc Sản Trần）は19万9000ドン。ゆで豚ではなくグリルポークもある。

ゆで豚肉のセット

住4 Lê Duẩn, Q. Hải Châu ☎090-5334349（携帯）
営9:00～22:30 休無休 カードMV 予約不要

Voice! ダナンでもバイン・セオ（→P.38）がよく食べられるが南部とは異なり、ライスペーパーで野菜などと一緒に包んでこってりとした味噌だれに付けて食べる。

ベトナム風チキンライス

コム・ガー・アー・ハイ

ベトナム料理

Com Ga A. Hai

MAP P.237-3B

ガックという赤い実で赤く色付けしたご飯の上にチキンを豪快に載せたベトナム式チキンライスの専門店。おすすめはパリッと揚げた弾力のある鶏肉が載ったコム・ガー・クアイ（Cơm Gà Quay、5万7000ドン）。裂いたゆで鶏が載ったコム・ガー・セー（Cơm Gà Xé、4万5000ドン）もある。

チキンライスにはスープと漬物が付く

住100 Thái Phiên, Q. Hải Châu ☎090-5312642（携帯）
営8:00～23:15 休旧暦4/15、7/15 カード不可 予約不要

厳選牛肉のステーキを堪能

オリビアズ・プライム・ステーキハウス

ステーキ

Olivia's Prime Steak House

MAP P.236-2B

こだわりの厳選肉を提供。おすすめは、厳しい認定基準をクリアしたサーティファイド・アンガスビーフ（CAB）を使用したステーキ（110万ドン／250g）。豊潤かつスモーキーな風味と、ほどよく軟らかな肉で、噛むほどにうまみがあふれ出す。

焼き加減はブルーからウェルダンまで6種類から選べる

住505 Trần Hưng Đạo, Q. Sơn Trà ☎090-8163352（携帯）
営16:00～23:30 休金～日曜 料サ別
カード A D J M V 予約不要

ラスティックな雰囲気がおしゃれ

キュイジーヌ・ドゥ・ヴァン

西洋料理

Cuisine De Vin

MAP P.237-3B

色あせたビンテージ風の家具に彩られたおしゃれなカジュアルレストラン。西洋料理を供しており、サラダは2万5000ドン～、牛肉料理は21万ドン～と手頃な値段で、パスタのオーブン焼き（8万5000ドン～）やブッラータチーズのサラダ（22万ドン～）がおすすめ。

手前はサーモンとパスタのオーブン焼き（18万ドン）

住176 Nguyễn Chí Thanh, Q. Hải Châu ☎090-5002050（携帯） 営8:00～22:00 休無休 カード不可 予約不要

古道具や家具に囲まれたレトロカフェ

ナム・ハウス

カフェ

Nam House

MAP P.237-3C

1960年代のベトナムの民家をイメージしたレトロな雰囲気のカフェ。小さな椅子とテーブルが置かれた店内には、年季の入ったミシンやラジカセ、ダイヤル式電話などが飾られ、不思議な居心地のよさを生み出している。ベトナム・コーヒーは2万ドン～。

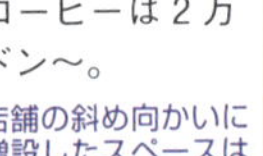

店舗の斜め向かいに増設したスペースは絵画が飾られている

住15/1 Lê Hồng Phong, Q. Hải Châu ☎036-6865996（携帯） 営7:00～22:00 休無休 カード不可 予約不要

エッグコーヒーが話題

ナムト・ハウス

カフェ

Namto House

MAP P.237-3C

店内は天井や壁にたくさんの緑が配され、小さなテーブル席が並ぶ。コーヒーは2万5000ドン～とリーズナブルだが香り高くおいしい。客のほとんどが注文するという店いち押しのメニューは好みで味の調整ができるエッグコーヒー（3万5000ドン）。

エスプレッソ、コンデンスミルク、ホイップが別々のカップで提供されるエッグコーヒー

住130 Nguyễn Chí Thanh, Q. Hải Châu ☎091-5130130（携帯） 営7:00～22:00 休無休 カード不可 予約不要

ハス茶のティーセレモニーを体験

ゴック・ニャー・トゥイ・ミン

カフェ

Goc Nha Tui Minh

MAP P.237-2C

ハノイやフエから取り寄せた高級ハス茶を味わえるティーハウス。注文すると、目の前でハスの花に包まれた茶葉を取り出し、ていねいに入れてくれる。ハス茶は伝統茶菓子付きで13万5000ドン（2人前）、3人以上の場合はひとり1万ドンずつ追加。

フルーティで甘美な香りのハス茶。三煎目まで味の変化を楽しみたい。コンブ茶もおすすめ

住36/36 Lê Duẩn, Q. Hải Châu ☎034-8356627（携帯）
営7:00～22:00 休無休 カード不可 予約不要

Voice 「ゴック・ニャー・トゥイ・ミン」（→上記）は1967年に建てられた民家を改装。店内で自家製のお酒やお茶（→P.53）、雑貨なども販売。

レストラン Restaurant

サパがテーマのエスニックカフェ
クアゴー・カフェ　カフェ
Cua Go Café　MAP P.237-2B

竹や木材をふんだんに使い、壁には小枝や伝統布をあしらった野趣あふれる内装で、サパの村を訪れたような気分に。ここは少数民族が多く暮らすサパの村がテーマのカフェで、民族衣装を着てお茶を楽しめる（1時間5万ドン）。おすすめドリンクは塩コーヒー（→P.13）。

店内は広々

住102 Nguyễn Thị Minh Khai, Q. Hải Châu　☎093-5059440（携帯）　営6:00～22:00　休無休　カード不可　予約不要
【1号店】MAP P.236-3C　住2 Trần Bạch Đằng, Q. Sơn Trà

路地裏のガーデンカフェ
チン・カフェ　カフェ
Trinh Ca Phe　MAP P.237-4C

クリーミーなアボカドとコーヒーの苦味のコンビが癖になる、ダナンで大流行中のアボカド・コーヒー（→P.13）のパイオニア的存在。1975年のベトナムをイメージしたレトロな内装で、店名の由来でもあるベトナムの国民的作曲家であるチン・コン・ソンの音楽が流れる。

緑に囲まれた癒やしのカフェ。市内に3店舗ある

住22/4 Lê Đình Dương, Q. Hải Châu　☎093-2453811（携帯）　営6:30～22:30　休無休　カード不可　予約不要

ココナッツを使ったデザート
ユア・ベンチェー190 バクダン　甘味
Dua Ben Tre 190 Bach Dang　MAP P.237-3C

川風が気持ちいい川沿いの小さな甘味屋。看板メニューはココナッツシェルに入ったココナッツゼリー（Rau Câu Trái Dừa、4万5000ドン）。周辺には同規模、同メニュー、同料金の店が数軒並んでいる。通り沿いに座ればロン橋（→P.220）のライトアップも眺められる。

ヨーグルト&フルーツ（6万5000ドン）など果物を使ったメニューも人気

住190 Bạch Đằng, Q. Hải Châu　☎093-4888328（携帯）
営5:00～24:00　休無休　カード不可　予約不要

中部のチェーが味わえる
チェー・クンディン・フエ　甘味
Che Cung Dinh Hue　MAP P.237-2C

フエ風チェー（→P.46）を中心にベトナム中部の伝統甘味を楽しめるチェー専門店。チェーは20種類あり1万5000～2万2000ドン。壁に書かれたメニュー以外にも、店頭に並ぶ大鍋を指さしての注文も可能。夕方は老若男女で大にぎわいとなる。

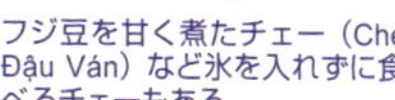
フジ豆を甘く煮たチェー（Chè Đậu Ván）など氷を入れずに食べるチェーもある

住2 Lê Duẩn, Q. Hải Châu　☎090-5512289（携帯）
営8:00～22:00　休無休　カード不可　予約不要

ダナン発クラフトビールのタップ・バー
セブン・ブリッジズ・ブルーイング・カンパニー・ダナン・ビーチサイド・ブルワリー　バー
7 Bridges Brewing Co. Da Nang Beachside Brewery　MAP P.223-1B

ダナン発クラフトビールブランドのタップ・バーがソンチャー半島手前の海を見渡す絶景ポイントに移転。すっきりとした飲み口のゴールデンエールなど基本のクラフトビール（メインステイビール）に加えて、季節限定のビールなども登場。255mLで7万ドン～。

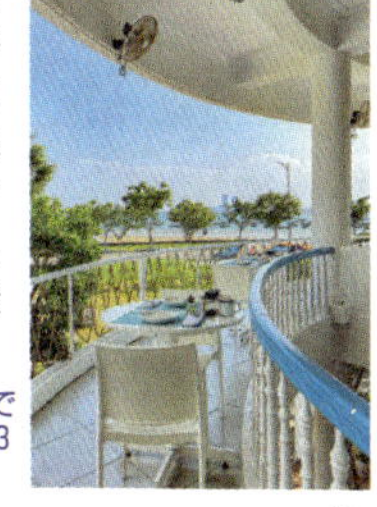
オープンエアの開放的な店内で作りたてクラフトビールを。3階にはカクテルバーを併設

住79 Lương Hữu Khánh, Q. Sơn Trà　☎036-2900123（携帯）　営15:00～23:00　休月曜　カードJMV　予約不要

大人の隠れ家的バー
テー・ミクソロジー　バー
Te Mixology　MAP P.237-3C

「コン・カフェ」内の階段を上がった3階に店を構える隠れ家的なバー。フォー・カクテルを考案したとされる「ネー・カクテル・バー」（→P.325）の姉妹店で、ここでもフォー・カクテルやベトナム風梅干しの味を再現したカクテル、オーマイ（18万ドン）などが味わえる。

フォー・カクテル（18万ドン）はカクテルを作るパフォーマンスも必見。カクテルは40種類以上

住3F, 39-41 Nguyễn Thái Học, Q. Hải Châu　☎078-8334343（携帯）　営19:00～翌1:00　休無休　カードMV　予約不要

Voice 「セブン・ブリッジズ・ブルーイング・カンパニー・ダナン・ビーチサイド・ブルワリー」（→上記）は食事メニューもおいしく、ピザやシーフードなどビールに合う料理が揃っている。

ショップ

ツボをおさえた品揃えで人気

ホアリー
Hoa Ly

ベトナム料理

MAP P.237-3C

ダナンでおみやげを買うなら一度は訪れたいのがここ。ノートやピンバッジ、キーホルダーなどこまごまとした商品からプラカゴ、陶器、刺繍商品、レトロキッチュなキッチン用品、さらにはコスメ、フードみやげまで、日本人女性オーナーのお眼鏡にかなった厳選アイテムがズラリと並ぶ。ベトナム数字をモチーフにしたモッ・ハイ・バー・ポーチ（→P.53）など、店オリジナル商品も多く、ここでしか手に入らないアイテムも。商品数は1000点以上と品揃え豊富なので、時間をかけてゆっくり選びたい。

プラスチック皿３万ドン〜、ホーロー皿５万ドン〜

住252 Trần Phú, Q. Hải Châu
☎091-2347454（携帯）、(0236) 3565068
営10:00〜19:00
休無休
カード J M V

他店ではあまり見かけないパステルカラーがかわいいプラカゴ（各25万ドン）

ベトナム・ブランドのセレクトショップ

ワンダーラスト
Wonderlust

ベトナム雑貨

MAP P.237-3C

中部を中心にベトナム全土のデザイナーズブランドを集めたセレクトショップ＆カフェ。１階奥と２階がショップになっており、衣類やアクセサリー、布小物、コスメがメイン。注目は花柄の布を使ったホイアン発の雑貨ブランド「ミルクスタイル Miukstyle」。

ミルクスタイルの商品の数々。左のポーチ10万ドン、右奥のバッグは23万ドン

住96 Trần Phú, Q. Hải Châu　☎(0236) 3744678
営8:30〜21:30（カフェは8:00〜22:00）　休無休　カード不可

変わり種チョコレートが評判

ティーブロス
T-Bros

チョコレート

MAP P.237-4C

世界的チョコレート品評会で10以上もの受賞経験をもつ、ダナン発のチョコレートブランド。ダックラック省産カカオを使用したチョコは、小エビの発酵調味料マムルォック＆レモングラスやライスワインなど、ユニークなフレーバーが多く新たなチョコレートのおいしさに出合える。

チョコは13種類。30gで５万1000ドン〜

住36 Trưng Nữ Vương, Q. Hải Châu　☎094-7949898、097-8270911（携帯）　営9:00〜20:00　休無休　カード M V

その他のショップ

フェヴァ
Pheva

チョコレート　MAP P.237-3C

住239 Trần Phú, Q. Hải Châu
☎(0236) 3566030
営9:00〜19:00　休無休　カード J M V

ベンチェー産カカオを使ったシングルオリジンチョコレート専門店。フーコック産コショウなどベトナムらしい素材をトッピングした12種類のフレーバーが並び、試食もできる。好みの味を箱詰めできるひと口サイズのチョコは12個入り７万8545ドン〜。

チ・バー・ブティック
Chi Ba Boutique

ウエア　MAP P.237-1C

住45 Lý Thường Kiệt, Q. Hải Châu
☎097-6537835（携帯）
営8:00〜21:30　休無休　カード M V

リネンやコットンなど、肌に優しい生地を使ったオリジナルデザインのウエアが並ぶ小さなブティック。花などの手刺繍が入ったアイテムも多く、ワンピースは60万ドン〜、キャミソールは30万ドン〜。小物類も要チェック。

ゴー！ダナン
Go! Da Nang

スーパーマーケット　MAP P.237-3A

住Khu Thương Mại Vĩnh Trung, 255-257 Hùng Vương, Q. Thanh Khê　☎(0236) 3666085
営8:00〜22:00　休無休　カード A D M V

ダナン中心部でも最大規模のスーパーマーケット。地元の人の利用が多く、１日中混み合っている。フォーなどの乾麺、調味料、お菓子など、食料品の品揃えが豊富で日用品なども売っている。オリジナルのエコバッグも販売。

Voice!「ワンダーラスト」（→上記）のカフェは休憩にも使えておすすめ。人気のドリンクはココナッツミルクシャーベットにエスプレッソをかけるアイスブレンド・ココナッツラテ（６万5000ドン）。ケーキもある。

スパ・マッサージ　Spa & Massage

極上のスパ体験が楽しめる

ラグーン・スパ　スパ

The Lagoon Spa　MAP P.223-1B

ソンチャー半島の緑豊かな自然と海を望む静かなラグーンに、格納庫をイメージしたヴィラタイプのスパルームが浮かぶ5つ星スパ。ベトナムの天然由来のプロダクツを使用した、極上のスパトリートメントが受けられる。

施術室には五行山の大理石を使用

住Khu Du Lịch Sinh Thái Biển Bãi Bắc, Q. Sơn Trà（インターコンチネンタル・ダナン内）　☎(0236)3938888（内線6904）　営9:00〜20:00　休無休　料オリエンタルハーブの旅路500万ドン（150分）など。税サ別　カードADJMV　予約要予約

プライベートヴィラでリラックス

ヴィー・スパ　スパ

Vie Spa　MAP P.223-2B

静かな庭園にトリートメント用の10棟のヴィラが点在。高い塀に囲まれた各ヴィラには小さなガーデンと屋外のバスタブが備えてあり、自分だけのスパタイムを満喫できる。90分から4時間まで、4種類あるパッケージメニューがおすすめ。

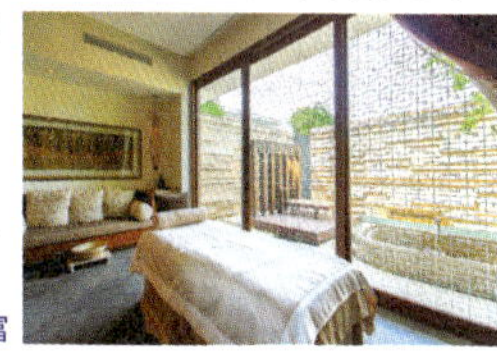

メニューも豊富

住5 Trường Sa, Q. Ngũ Hành Sơn（ハイアット・リージェンシー内）　☎(0236)3981234（内線8560）　営10:00〜18:30（L.O. 17:00）　休無休　料ヴィー・フュージョン・マッサージ260万ドン（60分）など　カードADJMV　予約要予約

在住者のファンも多い実力派スパ

クイーン・スパ　スパ

Queen Spa　MAP P.236-3C

外観は、よくあるローカルなスパだが、高いマッサージ技術で在住外国人や観光客に人気。おすすめはキャンドルで肌をやわらかくなめらかにしてくれるスパ・ボディ・ローション・キャンドルや竹を使ったオイルマッサージなど。

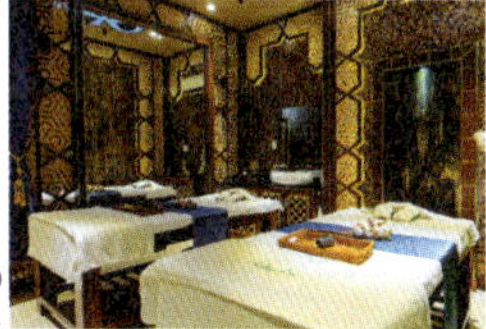

エジプトがテーマのトリートメントルーム

住144 Phạm Cự Lượng, Q. Sơn Trà　☎(0236)2473994　営10:00〜21:30（L.O. 20:30）　休無休　料スパ・ボディ・ローション・キャンドル49万ドン（60分）など　カードJMV　予約要予約

ホーチミン市の人気店がダナンに上陸

ゴールデン・ロータス・オリエンタル・オーガニック・スパ　スパ&マッサージ

Golden Lotus Oriental Organic Spa　MAP P.237-3C

技術に定評があり、人気は足＋首&肩のマッサージ。指圧を取り入れ、的確にツボを刺激してくれるゴールデン・ロータス・マッサージ（33万ドン／60分）もおすすめ。

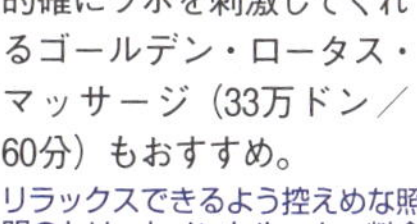

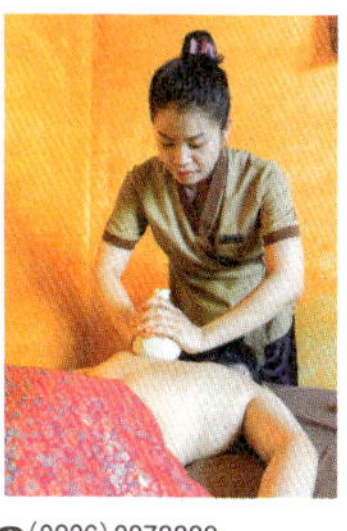

リラックスできるよう控えめな照明のトリートメントルーム。料金はチップ込み。施術後はマンゴーとお茶のサービスあり

住209 Trần Phú, Q. Hải Châu　☎(0236)3878889　営10:00〜22:00（L.O. 20:15）　休無休　料ゴールデン・ロータス足マッサージ＋首&肩のマッサージ35万ドン（90分）など　カードMV　予約土・日曜は要予約

その他のスパ・マッサージ　Spa & Massage

スパイス・スパ　スパ

Spice Spa　MAP P.236-2C

住200 Võ Nguyên Giáp, Q. Sơn Trà（アラカルト・ダナン・ビーチ内）　☎(0236)3959555（内線110）　営9:00〜22:00　休無休　料スパイス・テラピー90万ドン（60分）など　カードAJMV　予約要予約

ベトナムのハーブを使ったハーブボールによるスパイス・テラピーや、ナツメグ、シナモン、ジンジャーなど自然のエレメンツを取り入れたトリートメントが話題。時間のない旅行者のために30分（60万ドン）のメニューもある。

チャーム・スパ　スパ

Charm Spa　MAP P.237-3C

住283 Nguyễn Chí Thanh, Q. Hải Châu　☎(0236)3565676　営9:00〜22:00　休無休　料ホットストーン・マッサージ64万ドン（60分）など　カードAJMV　予約不要

ダナンの中心部にあり、町歩きの途中に立ち寄れるカジュアルなスパ。英語可能なスタッフがおり、外国人旅行者の利用も多い。男女施術可能で、男女別のロッカールームもある。チップは任意。

コン・スパ&ネイル　スパ

Cong Spa & Nail　MAP P.237-2C

住80 Trần Phú, Q. Hải Châu　☎(0236)3825777、093-5171088（携帯）　営10:00〜22:30（L.O. 21:30）　休無休　料ドライ・マッサージ31万5000ドン（60分）など　カードMV　予約不要

全国的にチェーン展開している大人気のレトロカフェ「コン・カフェ」が経営するカジュアルスパ。マッサージのほか、ネイルもでき、爪のケア&カラーポリッシュのベーシックネイルは10万ドン。ハン市場（→P.220）近くで便利な立地。

Voice! スパ・マッサージのチップが料金に含まれていない場合、目安は1時間の施術で4万〜5万ドン。もちろん満足なサービスを受けられなかった場合はチップ不要。

美しい自然に囲まれた高級ラグジュアリーリゾート
インターコンチネンタル・ダナン・サン・ペニンシュラ・リゾート
InterContinental Danang Sun Peninsula Resort

高級ホテル

MAP P.223-1B

ソンチャー半島の山の斜面に建つ。圧倒的な規模を誇り、ベトナム伝統デザインと自然が調和した造りのリゾート内に散りばめられたベトナムモチーフを探すのも楽しい。ミシュラン・スターシェフによる本格フレンチの「ラ・メゾン1888」など５つのレストラン&バー、「ラグーン・スパ」(→P.231)、無料で楽しめる各種アクティビティなどホテルライフを満喫できる設備が充実している。フットネイルケアの巨匠として世界的に有名なバスティン・ゴンザレス氏のネイルスタジオもある。

クラブペニンシュラスイート・オーシャンビューの客室

住Khu Du Lịch Sinh Thái Bãi Biển Bắc, Q. Sơn Trà ☎(0236) 3938888
URL danang.intercontinental.com
料ⓈⓌⓉ1500万ドン～　スイート1800万ドン　ヴィラ3000万ドン～（＋税・サービス料15%。朝食付き）
カード ADJMV　全201室

自然を生かした４層構造。各エリアへはケーブルカーとカートで移動

ダナン最長のインフィニティプールがある
シェラトン・グランド・ダナン・リゾート
Sheraton Grand Danang Resort

高級ホテル

MAP P.223-2B

東南アジアでは初となる、シェラトン・グループのなかでも、より洗練された上級ブランドのシェラトン・グランド。館内は上品な調度品でまとめられ、ラグジュアリーな空間が広がる。全室バスタブ付きで、機能性を重視した客室はクリームとゴールドを基調にし、クラシカルな印象だ。約250mと、ダナンでは最も長いインフィニティプールやプライベートビーチ、贅沢気分が味わえるスパなど、リゾートライフを満喫できる施設も整う。

デラックスツイン・プールビューの客室。プールを囲むように客室棟が建つ

住35 Trường Sa, Q. Ngũ Hành Sơn
☎(0236) 3988999
URL www.sheratongranddanang.com
料ⓈⓌⓉ450万ドン～　スイート700万ドン～（＋税・サービス料15%）
カード ADJMV　全270室

目の前に広がる海を眺めながらカクテルや食事を楽しめる「ラ・プラージュ」

滞在を楽しみたいスパリゾート
ティア・ウェルネス・リゾート
TIA Wellness Resort

高級ホテル

MAP P.223-2A

スパに特化したリゾート「フュージョン・マイア・リゾート」から改名。さらに心身を癒やし、活力を得るウエルネスリトリートに重点をおき、パワーアップした。１泊の滞在につき、合計90分間のスパトリートメントが受けられるほか、ヨガレッスンや太極拳、呼吸法などのクラスも無料で参加できる。ホワイトがメインカラーの客室はすべてプライベートプール付きのヴィラタイプ。朝食は敷地内であれば、いつでもどこでも食べられるシステム。

メインプールのほか、スパエリアにもプールがある

住Võ Nguyên Giáp, Q. Ngũ Hành Sơn
☎(0236) 3967999
URL tiawellnessresort.com
料ⓈⓉ540US$～（朝食付き）
カード ADJMV
全87ヴィラ

白砂の美しいプライベートビーチでのんびりしたい

Voice! ダナンのホテルは、2022年10月現在、通常の宿泊料金よりお得なレートを提示しているところが多い。ウェブサイトからさらにお得に泊まれるキャンペーンを打ち出しているホテルもあるので、チェックしてみよう。

ホテル Hotel

海が望める高層ホテル
フォー・ポイント・バイ・シェラトン・ダナン
高級ホテル
Four Points by Sheraton Danang MAP P.236-2C

シェラトン・ブランドのなかでもサービスのクオリティはそのままに比較的リーズナブルに泊まれるフォー・ポイント。ファムヴァンドン・ビーチの北側、海沿いに建つ高層ホテルで、オーシャンビューの客室からはダナンの長い海岸線が、シティビューの客室からは活気に満ちた町並みを見下ろせる。客室は、心地よい眠りにつけるシェラトン特製のベッド、防音窓など機能性を重視した造りで全室バスタブ付き。24時間オープンのジム、大海原を眺められるスパ、屋上プールなど施設も充実。

屋上の「ホライズン・バー」では12:00～17:00にアフタヌーンティーを提供

住118-120 Võ Nguyên Giáp, Q. Sơn Trà ☎(0236) 3997979
URL fourpointsdanang.com
料Ⓢ Ⓦ Ⓣスイート200万ドン～（＋税・サービス料15%。朝食付き）
カード A D J M V　全390室

間接照明でリラックスできる。写真はデラックスキングの客室

客室によって眺望が異なる
ヒルトン・ダナン
高級ホテル
Hilton Da Nang MAP P.237-2C

ロン橋のすぐ近く、ハン川沿いの28階建てシティホテル。客室をはじめ、ロビーやレストランなどパブリックエリアはヒルトンらしいエレガントで気品漂うデザインで統一。5～27階が客室で、下層階からはにぎやかな町並みが、高層階からはダナンの海を望める。

全室バスタブ付き。写真はエグゼクティブルーム

住50 Bạch Đằng, Q. Hải Châu ☎(0236) 3874000
URL hiltondanang.hilton.com 料Ⓢ Ⓦ Ⓣ140万ドン～　スイート190万ドン～（朝食付き）　カード A D J M V　全220室

充実したサービスの日系リゾート
グランヴィリオ・オーシャン・リゾート・ダナン
高級ホテル
Grandvrio Ocean Resort Danang MAP P.223-2B

男女別の大浴場をはじめ、和食、ビュッフェ、ビーチサイドでのセットメニューから選べる朝食、日本の民放番組が視聴可能、アオザイレンタル（女性＆子供無料）などのサービスが好評。

プール付きのヴィラ。マリンスポーツや料理教室なども充実。日本人スタッフ常駐

住Vô Nguyên Giáp, Q. Điện Ngọc
☎(0235) 3788994　URL www.grandvriooceanresortcitydanang.com　料Ⓢ Ⓦ Ⓣ426万ドン～　スイート905万ドン～　ヴィラ765万ドン～（朝食付き）　※2023年以降、変更の可能性あり　カード A D J M V　全150室　54ヴィラ

全室ヴィラ&竹インテリアが話題
ナムアン・リトリート
高級ホテル
Naman Retreat MAP P.223-2B

ベトナムで古くから親しまれてきた竹を随所に使い、自然に溶け合うように造られた建築デザインが話題。ランタン作りやヨガ、お椀舟体験など各種アクティビティが充実しており、滞在自体を楽しめる。最小でも45㎡ある客室のほとんどはヴィラタイプで全室プライベートプール付き。

ヴィラ宿泊者は1泊につきスパ1回無料

住Trường Sa, Q. Ngũ Hành Sơn ☎(0236) 3959888
URL namanretreat.com 料Ⓢ Ⓦ Ⓣ464US$～（朝食付き）
カード A D J M V　全257室

リゾートライフを楽しむ施設が充実
プルマン・ダナン・ビーチ・リゾート
高級ホテル
Pullman Danang Beach Resort MAP P.236-4C

広大な敷地をもつリゾートで、飲食施設、スパなどのほか、好評のカクテルワークショップなどアクティビティが揃い、リゾートライフを思いっきり楽しめる。客室は十分な広さでスタイリッシュなデザイン。

大きなプールとプライベートビーチ

住101 Võ Nguyên Giáp, Q. Ngũ Hành Sơn ☎(0236) 3958888 URL www.pullman-danang.com 料Ⓢ Ⓣ718万6500ドン～　スイート898万6500ドン～　ヴィラ998万6500ドン～（朝食付き）　カード A D J M V　全186室　11ヴィラ

ホテル

ダナンの老舗リゾートホテル

フラマ・リゾート&ヴィラ・ダナン 高級ホテル

Furama Resort & Villa Danang MAP P.223-2B

トロピカル植物に囲まれたラグーンプールが印象的。伝統的なベトナム建築にコロニアルのテイストを加えたリゾート感あふれる建物が点在し、広々とした客室もアジアンリゾートの趣。全客室にバルコニーまたはテラスがある。

ダナンのビーチリゾートを牽引する老舗

住103-107 Võ Nguyên Giáp, Q. Ngũ Hành Sơn ☎(0236) 3847333 URL www.furamavietnam.com
料ⓈⓉ420万2126ドン～ ヴィラ1307万3283ドン～(朝食付き) カード ADMV 全198室 70ヴィラ

5つのプールがある超大型リゾート

ダナン・マリオット・リゾート&スパ 高級ホテル

Danang Marriott Resort & Spa MAP P.223-2B

五行山のすぐ近くにある大型リゾートホテルで、「ヴィンパール・ラグジュアリー・ダナン」からマリオット系列のリゾートに生まれ変わった。4つの飲食施設や5つのプール、テニスコート、スパ、ヒマラヤ岩塩のサウナなどがある。

1185㎡もあるインフィニティプール

住7 Trường Sa, Q. Ngũ Hành Sơn URL www.marriott.com/en-us/hotels/dadmr-danang-marriott-resort-and-spa ☎(0236) 3968888 料ⓈⓌⓉ548万ドン～ ヴィラ1643万ドン～(朝食付き) カード ADJMV 全200室 39ヴィラ

プールの種類が豊富で家族連れに人気

ハイアット・リージェンシー・ダナン・リゾート&スパ 高級ホテル

Hyatt Regency Danang Resort & Spa MAP P.223-2B

目の前には五行山があり、ホイアンへもダナンへも便利な立地。敷地には約700mのプライベートビーチ、5つのプール、5つのレストランを含む計10軒の飲食施設、「ヴィー・スパ」(→P.231) などが点在し、電気カーでの移動となる。

窓が大きい造りで明るく居心地がよい客室

住5 Trường Sa, Q. Ngũ Hành Sơn ☎(0236) 3981234
URL danang.regency.hyatt.com
料ⓈⓉ540万ドン～ ヴィラ2240万ドン～(+税・サービス料15%) カード ADJMV 全198室 22ヴィラ

リゾートの趣のシティホテル

ライズマウント・プレミア・リゾート・ダナン 中級ホテル

Risemount Premier Resort Danang MAP P.236-3C

敷地内は花や木々にあふれ、リゾート感たっぷりのシティホテル。ヴィラタイプの客室は2フロア構成で、海を思わせるインテリアもすてき。ガーリーなインテリアの「エリア・バー」など3つの飲食施設やスパがある。

真っ白な建物に差し色のブルーが映える

住120 Nguyễn Văn Thoại, Q. Ngũ Hành Sơn
☎(0236) 3899999 URL risemountresort.com
料ⓈⓌⓉ112万ドン～ スイート210万ドン～(朝食付き)
カード AJMV 全97室

客室からの眺望がすばらしい

ノボテル・ダナン・プレミア・ハン・リバー 中級ホテル

Novotel Danang Premier Han River MAP P.237-1C

町なかの37階建て高層ホテル。客室は都会的なインテリアと最新式の設備を備え、ビジネス客への各種設備やサービスも充実。スパやヨガクラス、ジム、プールもありホテル滞在を楽しめる。飲食施設も評判がいい。

リバービューの客室がおすすめ

住36 Bạch Đằng, Q. Hải Châu ☎(0236) 3929999
URL www.novotel-danang-premier.com 料ⓈⓌⓉ230万ドン～ スイート350万ドン～(+税・サービス料15%。朝食付き)
カード ADJMV 全328室

日本人宿泊客が多いシティホテル

ブリリアント・ホテル・ダナン 中級ホテル

Brilliant Hotel Danang MAP P.237-3C

ハン川沿いにあり便利な立地。規模はそれほど大きくないが、館内は洗練された内装で、サービスがよく日本人客も多い。客室は明るく都会的なデザイン。川の眺めがいいレストラン、17階にある屋上バー、スパ&マッサージ、インドアプールなど設備も充実している。

スーペリアスタンダードツインの客室

住162 Bạch Đằng, Q. Hải Châu ☎(0236) 3222999
URL www.brillianthotel.vn 料ⓈⓌⓉ189万ドン～ スイート300万ドン～(朝食付き) カード ADJMV 全102室

ホテル Hotel

ロン橋を眼下に望む

ヴァンダ エコノミーホテル

Vanda MAP P.237-4C

ロン橋のすぐ近くに建つ高層ホテル。橋側の客室や屋上のバーからは、ロン橋やハン川を挟んだ海沿いのエリアまで望め、ロン橋の週末夜の火炎&水放射ショーを眺められる。ホテル名の由来でもあるランの花の絵が飾られた客室は明るくカジュアルな雰囲気。プール、スパあり。

客室からの眺め

住3 Nguyễn Văn Linh, Q. Hải Châu ☎(0236) 3525969
URL www.vandahotel.vn 料ⓈⓌⓉ101万2000ドン スイート248万8000ドン～（朝食付き） カード ADJMV 全114室

立地よく館内施設が充実

ロイヤル・ロータス・ホテル・ダナン エコノミーホテル

Royal Lotus Hotel Danang MAP P.236-3C

ミーケー・ビーチまで徒歩約5分の高層ホテル。海が見える韓国料理店「パノラマ」、25mプール、スパ、キッズクラブなど豊富な館内設備で使い勝手がいい。客室は上品な雰囲気で、基本的な設備が整う。

コンシェルジュサービスもあり。写真はプレミアムツイン

住120A Nguyễn Văn Thoại, Q. Ngũ Hành Sơn
☎(0236) 6261999 URL royallotushoteldanang.vn
料ⓈⓌⓉ90万ドン～ スイート200万ドン～（＋税・サービス料15%） カード AJMV 全199室

ミーケー・ビーチまで徒歩1分の好立地

チュー エコノミーホテル

Chu MAP P.236-3C

ミーケー・ビーチ南側のアントゥーン・エリアにあり、ビーチまで徒歩約1分。客室はアンティーク風の落ち着いた調度品で統一され、基本的なアメニティや設備が整う。テラス席が気持ちいいレストランを併設。人気のホテルなので予約は早めに。

客室はフローリングで広めの造り。写真はデラックスパーシャル・シービュールーム

住2-4-6 An Thượng, Q. Ngũ Hành Sơn ☎(0236) 3955123
E-mail chuhoteldanang@gmail.com 料ⓈⓌⓉ50万ドン～ スイート80万ドン～（朝食付き） カード JMV 全30室

ダナン市街地の中心部に建つ

ダイアー エコノミーホテル

Dai A MAP P.237-3C

ダナン市街地の中心部に位置するホテル。ビジネスにも観光にも絶好のロケーションで、設備のわりに料金はリーズナブル。イングリッシュスタイル、フォーなど、選べる朝食（8万ドン）が好評。日本語を話すスタッフがいる。

少し古いが清潔で、冷蔵庫、ドライヤーなどひととおりの設備が整う（スーペリアルーム）。NHKも視聴可能

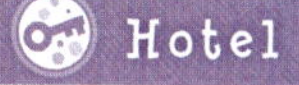

住51 Yên Bái, Q. Hải Châu ☎(0236) 3827532
料Ⓢ30万ドン～ ⓌⓉ40万ドン～
カード MV 全49室

その他のホテル Hotel

ワン・オペラ・ダナン エコノミーホテル

One Opera Danang MAP P.237-4A

住115 Nguyễn Văn Linh, Q. Hải Châu ☎(0236) 2223344
料ⓈⓌⓉ115万ドン～ スイート300万ドン～（朝食付き）
カード AJMV 全206室

ダナン中心部に建つ大型ホテル。ロビーはゴージャスだが、部屋は落ち着いた色調。館内には4つのレストラン&バーのほか、プール、スパ、サウナなどもある。特に23階のバー「スカイ・バー」からはダナンの町を一望できる。

東屋 エコノミーホテル

Azumaya MAP P.236-1A

住31 Nguyễn Tất Thành, Q. Hải Châu ☎(0236)3743888
URL azumayavietnam.com
料ⓈⓌⓉ40～60US$（朝食付き） カード JMV 全32室

ホーチミン市、ハノイにも展開する人気の日系ビジネスホテル。40US$の部屋は窓なし。海が見える屋上の展望露天風呂、サウナ、足マッサージなどがあり、併設の展望居酒屋は深夜まで営業していて便利。民放、NHK視聴可能。

サン・リバー エコノミーホテル

Sun River MAP P.237-3C

住132-134-136 Bạch Đằng, Q. Hải Châu ☎(0236)3849188
URL www.sunriverhoteldanang.com 料Ⓢ55万ドン～ ⓌⓉ120万ドン～（朝食付き） カード AJMV 全45室

ハン川沿いのソンハン橋近くに建つ10階建てホテル。上層階のリバービューの客室からの眺めがよく、夜はソンハン橋のライトアップも見られる。8、9階にはレストラン、バーも完備。客室はやや狭く窓なしもある。

Voice! ダナンにはさまざまな規模と料金のホテルがあり、それぞれにエリアが分かれている。ミニホテルはバクダン通りとファンチャウチン通りに挟まれたエリアに点在（MAP P.237-2C～3C）。ミーケー・ビーチ（→P.221）↗

↘沿いには、ベトナム人がビーチリゾートを楽しむための20～100室（1泊20～100US$）のホテルがびっしりと並んでいる。高級リゾートホテルはノンヌック・ビーチ（MAP P.223-2B）沿いに並んでいる。

世界遺産のノスタルジックタウン

MAP折表-3B

ホイアン

ホイアンの市外局番
0235

Hội An

ホイアンの洪水

ベトナム中部は9～11月が雨季にあたり、ホイアンは数年に1度トゥボン川が増水し、旧市街の家々の1階部分が水没するほどの大洪水に見舞われる。9～11月にホイアンを訪れる場合は事前に天気予報などで最新情報を入手しておこう。

歩行者天国

チャンフンダオ通りとバクダン通りに挟まれた旧市街と、トゥボン川を挟んだ対岸のグエンフックチュー通りは、毎日9:00～11:00、15:00～22:00の間は車とバイクの乗り入れが禁止され（自転車は可能）、歩行者天国になる。

ランタン祭り

毎月旧暦の14日（ほぼ満月）の夜は旧市街の各家の電気が消され、軒下のランタンの光だけがともり、町全体が幻想的なムードに包まれる。

各見どころでの日本語オーディオガイド

日本橋（→P.240）、貿易陶磁博物館、ホイアン博物館、サーフィン文化博物館、ホイアン民俗文化博物館（→各P.242）の5ヵ所のみ日本語のオーディオガイドがある。1ヵ所なら4万ドン、2ヵ所以上なら9万ドン。上記5ヵ所で貸出している。
※2022年10月現在、オーディオの貸し出しは停止中。

旧市街をシクロ（1時間15US$～）やレンタサイクル（1日2US$～）で回るのも人気

旧市街の横を流れるトゥボン川。夜は、灯ろう流し＆手こぎ舟クルーズでにぎわう

ダナンの南東約30km、トゥボン川が南シナ海に流れ出る三角州に形成された沿岸都市。チャンパ王国の時代（→P.456）には中国やインド、アラブを結ぶ中継貿易都市として栄えた。その後、15～19世紀にかけてはアジアとヨーロッパの交易の中心地として繁栄し、16～17世紀頃にはアユタヤ、マニラと並んで日本人町も造られていた。最盛期には1000人以上の日本人が住んでいたといわれるが、今では旧市街の日本橋（来遠橋）や、郊外の日本人の墓がわずかにその面影を残しているのみである。

その後、江戸幕府のとった鎖国政策で日本人町が衰退したあとは、華僑の人々が多く移り住んだため、古い建築物や町並みは中国南部の色合いが濃い。だが当時、朱印船で遠くこの地にやってきた日本人商人たちの活躍に思いをはせながら町を歩けば、ぐんとベトナムが身近な国に感じられてくる。

1999年、古い町並みはユネスコの世界遺産に登録された。

歩き方　Orientation

古い町並みが残るホイアンの旧市街は、チャンフンダオ通りと川沿いのバクダン通りに挟まれたエリア。チャンフー通りの西側にある日本橋（来遠橋）がホイアン観光のスタートだ。橋を渡ってチャンフー通りを進むと、木造の古い家屋や華僑の建てた中華会館、福建会館などの中国建築が並んでいる。1本南のグエンタイホック通りにも古い木造建物が残され、往時の雰囲気が漂っている。ホイアンの町は小さいので、町なかだけなら徒歩で回ることができる。

カラフルなランタンが飾られたホイアン旧市街。写真はグエンタイホック通り

✉ホイアンで夜停電があり、復旧するのに3時間程度かかった。私が体験したのはディナー時で、何軒かのレストランに入ってみたものの、停電のため調理ができないとのことだった。↗

アクセス ACCESS

ホイアンへの行き方

●バス

ダナン中央バスターミナル（→P.218）～ホイアン・バスターミナル（MAP P.259上図-2A）間を路線バス１番が5:30～17:50の間に20分間隔で運行。１万8000ドン、ダナン中心部から所要約１時間。ダナン中央バスターミナル発だが、ダナン大聖堂前のチャンフー通り沿いにあるバス停（MAP P.237-3C）やホーチミン博物館の東側、ユイタン通り沿いにあるバス停（MAP P.236-3A）から乗車できる。

※ダナン～ホイアン間のバスは2022年10月現在、運休中。

バスのルートはダナン市バスの公式ウェブサイトから確認できるほか、スマートフォンにアプリをダウンロードすることもできる。

ダナン市バス DanaBus URL www.danangbus.vn

●タクシー

ダナン中心部からホイアンまではタクシーで約45分。メータータクシーは36万ドン～、配車サービスのグラブ（→P.416欄外）は若干安い場合が多い。なお、ホイアンの歴史保存地区内は車の乗り入れが禁止されている。

ホイアンからの交通

●バス

ダナンへは、ホイアン・バスターミナル（MAP P.259上図-2A）から5:30～17:50の間に20分間隔で路線バス１番が運行。１万8000ドン、ダナン中心部まで所要約１時間。終点はダナン中央バスターミナル（→P.218）だが、ダナン大聖堂前のチャンフー通り沿いにあるバス停（MAP P.237-3C）やホーチミン博物館の東側、ユイタン通り沿いにあるバス停（MAP P.236-3A）で下車できる。

※ダナン～ホイアン間のバスは2022年10月現在、運休中。

ホイアン市内→ダナン国際空港

ホイアン～ダナン～ダナン国際空港を結ぶシャトルバスが運行。ダナン駅など13ヵ所で乗り降りでき、片道13万ドン、往復23万ドン。ホイアンからは6:00、7:00、9:00、10:00、12:00、13:00、15:00、16:00、18:00、20:00発の10便運行。ダナン国際空港からは7:00、8:15、10:15、11:15、13:15、14:15、16:15、17:15、19:15、21:00発の10便運行。

ホイアン・エクスプレス Hoi An Express

住 30 Trần Hưng Đạo　☎093-8405917（携帯）

URL www.facebook.com/hoianexpress

インフォメーション INFORMATION

ホイアン観光のチケット売り場

ホイアンの観光物件への入場は、各所で入場料を払うのではなく、３枚綴りになった総合チケットを購入し、各観光物件入場の際に、３枚綴りの１枚を切り取るシステムだ。つまり総合チケット１枚で任意の観光物件の３ヵ所に入場でき、４ヵ所以上を見る場合は２枚の総合チケットが必要となる。この総合チケットで入場できるのは、ホイアン観光局が指定した25ヵ所で、本書で紹介しているほとんどの観光物件にこの総合チケット（もしくはチケットなし）で入場できる。なお、世界遺産エリアに入るだけでもチケットが必要で、旧市街の入口でチケットチェックがある。

町なかには10ヵ所以上の総合チケット売り場があり、入場券を販売している。チケットは15万ドン。チケットには「有効期間は購入から24時間以内」と記載されているが、実際は２日間が有効期間とされている。３日前のチケットでも入場できる場合もあり、このあたりは曖昧なため、現地で確認のこと。

英語ガイド（不定期に日本語ガイドもいる）もここで雇うことが可能。約60分で５ヵ所を巡り12万5000ドン。

おもな総合チケット売り場

MAP P.259-2C　住 6 Lê Lợi

MAP P.258-2B　住 687 Hai Bà Trưng

MAP P.258-3B　住 2 Nguyễn Phúc Chu

MAP P.258-2B　住 155 Trần Phú

MAP P.258-2A　住 Công Nữ Ngọc Hoa

MAP P.259-3C　住 62 Bạch Đằng

営 8:00～22:00（冬季～21:30）　休 無休

URL www.hoianworldheritage.org.vn

インフォメーション INFORMATION

両替

●**ベトコム・バンク　Vietcom Bank**

MAP P.258-1B

住 2 Trần Cao Vân　☎(0235) 3916619

営 7:30～11:30、13:30～17:00　休 土・日曜

USドル、日本円の現金の両替が可能。各種クレジットカードでのベトナム・ドンのキャッシングも可能。ほかに町なかにはベッティン・バンク、アグリ・バンクなどもあり、それらでも両替やキャッシングが可能。また、旧市街のチャンフー通り（MAP P.259-2C）には両替所が並び、USドルや日本円の現金からの両替ができる。

雑貨店を兼ねた両替所が多い

郵便局

●**ホイアン郵便局**

MAP P.259-1C参照　住 6 Trần Hưng Đạo

☎(0235) 3862888　営 6:30～20:00　休 無休

↘歴史地区は驚くほど真っ暗で、平日なのにこれでもかというほど歩行者がおり、歩くうえで注意を要した。小型の懐中電灯を持参しておくとよいかも。（東京都　青い蓮）['22]

夏は19:00〜21:30、冬は18:00〜21:30に毎晩ライトアップされ、幻想的な姿も見せてくれる

橋の両入口脇には犬と猿の像が鎮座している

日本橋（来遠橋）
住Trần Phú　☎なし
開8:00〜21:30
休無休
料チケットのみ（→P.239）。毎月旧暦14日は無料

クアンタンの家（均勝號）
住77 Trần Phú　☎(0235) 3863267　開7:00〜20:00
休無休　料チケットのみ（→P.239）

上／家の奥ではホワイト・ローズと揚げワンタン（→各P.248）が食べられる　中・下／昔の洗面所や台所も当時のまま残されている

見どころ　Sightseeing

★★★ 日本人商人たちによって架けられた　MAP P.258-2B

日本橋（来遠橋）

Cầu Nhật Bản(Lai Viễn Kiều)　Japanese Bridge

1593年に造られた屋根付きの橋で、2万ドン札にも印刷されているベトナムを代表する観光名所のひとつ。当時、ホイアンに住む日本人たちによって架けられたと考えられており、その頑丈な造りは「地震にも耐えられるように」との意味合いがあったようだ。橋の中には小さな寺も造られ、橋の両側はユニークな猿と犬の像が守っている。これは申の年に建設し始めて戌の年に造り終えたからといわれている。以前はこの橋を境に内側（東側）にかつての日本人町、反対側に中国人町があったといわれていたが、近年の調査で日本人町は橋の西側ではないかという説も出て、その場所はいまだはっきりとはわかっていない。

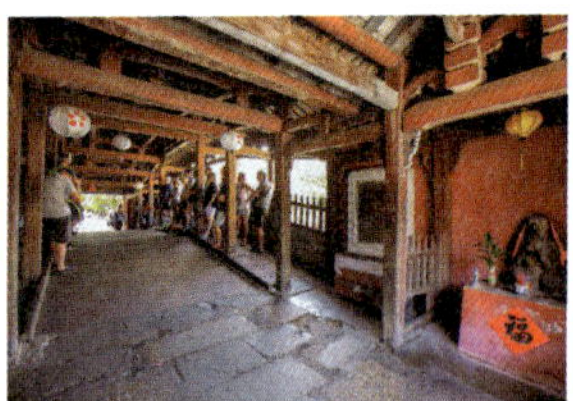

左／正式名称は来遠橋だが、日本橋と呼ばれている　右／橋内には小さな寺があり、寺内には20世紀初めや1950年代の橋の写真が飾られている

日本橋（来遠橋）の伝説

この橋を造った人たちは、インドからホイアン、さらに日本まで達する大ナマズがいると信じていた。そして、この大ナマズが暴れると地震や洪水に見舞われると考え、大ナマズを鎮めるために、この地に橋を建て、橋内に寺を造ったといわれている。

★★★ 約300年前に建てられた中国人の住まい　MAP P.259-2C

クアンタンの家（均勝號）

Nhà Cổ Quân Thắng　Quan Thang Ancient House

旧市街の現存する建物で最も古いとされる築約300年の家屋。平屋の代表的な建築様式で中国・福建省出身の商人が建てた。ホイアンの家屋の特徴は、京都の「うなぎの寝床」と呼ばれる町屋に似て、間口が狭くて奥に長く、中庭のある造りの家が多いことだ。これらの家は木造で、外観から内部まで美しい彫刻で飾られている。

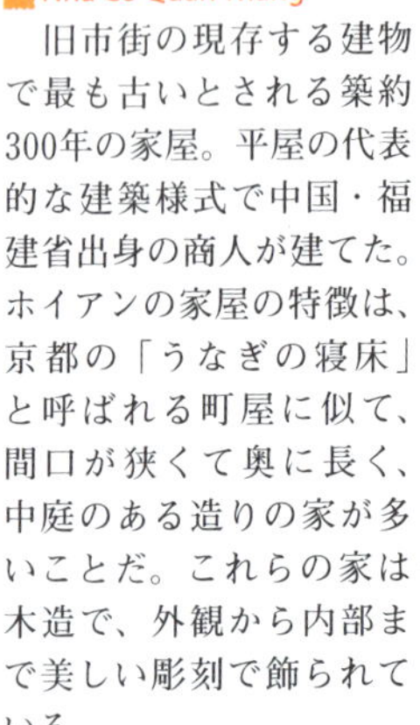

上／当時は商談も行われたという中庭　左下・右下／現在は6代目が暮らす。初代は生薬の商いをしていた

Voice! ホイアンではクッキングクラスが盛んだが、ここ数年でホームステイの人気も高まり始めた。町なかはもちろん、自転車で十数分も走った郊外の民家でも受け入れていたりする↗

★★★ 日本と中国の建築様式がミックス

MAP P.258-3B

タンキーの家（進記家）

Nhà Cổ Tấn Ký　　Tan Ky Ancient House

200年ほど前に建てられた中国、広東省出身のお茶や香料で財を成した漁師の家。ところどころで日本と中国の建築様式がミックスされ、それらがうまく調和している。柱や梁、格子などの螺鈿（らでん）の装飾はすばらしく、一見の価値がある。天井には洪水の際に2階に荷物を運び上げるための格子状の窓もある。

左／グループで訪れるとスタッフが英語で説明をしてくれる　中／洪水時に使われた格子状の窓　右／螺鈿細工が見事な家具や柱にも注目

バクダン通りに面した入口。グエンタイホック通りからも入れる

タンキーの家（進記家）
住101 Nguyễn Thái Học
☎(0235) 3861474
開8:00～18:30　休無休
料チケットのみ（→P.239）

★★★ 生活の工夫が随所に見られる

MAP P.258-2B

フーンフンの家（馮興家）

Nhà Cổ Phùng Hưng　　Phung Hung Ancient House

約200年前にシルクや漢方薬を扱う貿易商人の家として建てられた木造建築で、ベトナム、中国式に加え、屋根には日本の建築様式も取り入れられている。1階の天井には、洪水の際に2階に商品を運び上げるための窓が造られているなど、随所に生活の工夫が見られる。内部はみやげ物店も兼ねている。

左／ 2階の手すり付き回廊は中国の建築様式　右／ベランダからは通りが眺められる

フーンフンの家（馮興家）
住4 Nguyễn Thị Minh Khai
☎(0235) 3861280
開8:00～18:00　休無休
料チケットのみ（→P.239）

上／玄関の上には魔除けの役割を表す「扉の目」。旧市街の民家にも見られる　下／ホイアンの古い家のなかでは珍しく間口が広い建築

★★★ グエン朝官吏によって建てられた

MAP P.259-2C

チャン家の祠堂（陳祠堂）

Nhà Thờ Tộc Trần　　Tran Family Chapel

1802年に、中国人の血を引くグエン（阮）朝の官吏によって、祖先礼拝をする場所兼住居として建てられた。祠堂には3つの扉があり、両側は家族が使用し（外側から見て右側は男性が、左側は女性が使用）、中央の大きな扉は祖先の霊が出入りするための物で、特別な場合のみ開かれたといわれる。この祠堂が建てられた時代はすでに日本人がいなかったにもかかわらず、ベトナム、中国の建築様式に加え、屋内装飾などは日本様式が折衷されており興味深い。

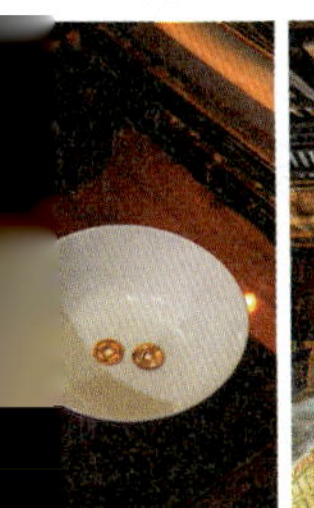
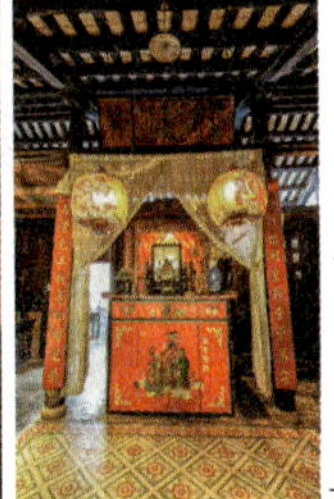

左・右／祭壇。奥でコインを使った吉凶占いができる

チャン家の祠堂（陳祠堂）
住21 Lê Lợi
☎(0235) 3861723
開8:30～18:00　休無休
料チケットのみ（→P.239）
無料の英語ガイドあり。

古い食器や像などが展示されたスペースもある

↘ほど、一気に増えてきた。もちろんどの家も許可を取っての営業ではあるが、少なからずトラブルも起きているようだ。利用する場合は慎重に決め、それなりの注意はしておこう。

17世紀頃の肥前焼も展示。ホイアンが海のシルクロードの重要地点だったことがよくわかる展示内容

貿易陶磁博物館
住80 Trần Phú
☎(0235) 3862944
開7:00～21:30 休毎月15日
料チケットのみ（→P.239）

ホイアン博物館
住10B Trần Hưng Đạo
☎(0235) 3862367
開7:30～17:00
休毎月第２月曜
料チケットのみ（→P.239）

当時ホイアンと交易のあった中国や日本、オランダなどの貿易船の絵が展示されている。写真は朱印船

サーフィン文化博物館
住149 Trần Phú
☎(0235) 3861535
開7:00～22:00（冬季～21:00）
休無休
料チケットのみ（→P.239）

ホイアン民俗文化博物館
住33 Nguyễn Thái Học & 62 Bạch Đằng
☎(0235) 3910948
開7:00～21:30 休毎月20日
料チケットのみ（→P.239）

ホイアンの古い家を改装しており、建物にも注目

★★ 交易都市ホイアンの歴史が見える　MAP P.259-2C

貿易陶磁博物館

Bảo Tàng Gốm Sứ Mậu Dịch　Museum of Trading Ceramics

２階建ての代表的民家がそのまま博物館になっていて、この周辺で発掘された陶磁器の数々、沈没船から引き上げた遺物など約100点が展示されている。日本人町や御朱印船を描いた絵巻の写真などは、ホイアンでの日本人の暮らしの一端が垣間見られる。

かつての貿易船の模型

★★ ホイアンの歴史を知る貴重な展示　MAP P.259-1C

ホイアン博物館

Bảo Tàng Hội An　Hoi An Museum

ホイアンの歴史と文化を遺物や模型などを通して紹介。３フロアから構成されており、見どころは２階のチャンパ時代のアクセサリーや、朱印船をはじめ各国の貿易船の絵、江戸時代の通貨などが展示された、ホイアンが貿易港として栄えた時代の展示物。伝統的な民家の建築模型は旧市街の古い建築（P.240～241）を訪れる前に行くとより理解が深まるだろう。また屋上からの眺めがよく、旧市街を見渡せる。

左／ホイアンの伝統的な民家の内部を再現したコーナー　中／チャム島で発見された９～10世紀のアクセサリー　右／日本橋内の寺に祀られていた玄武の木像

★ ベトナム中部で栄えたサーフィン文化の遺物を展示　MAP P.258-2B

サーフィン文化博物館

Bảo Tàng Văn Hóa Sa Huỳnh ở Hội An　Museum of Sa Huynh Culture in Hoi An

サーフィン文化とは、チャンパ文化以前の紀元前数世紀から２世紀頃までの金属を使用し始めた頃の文化のことで、おもにベトナム中部で栄えたと考えられている。ここにはベトナム中部で出土した、当時使用された土器や埋葬の際に使用した瓶、生活用具が展示されている。

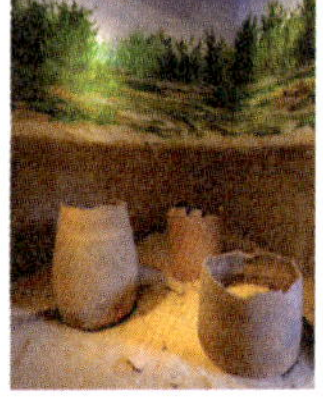

左・右／人類史の観点からも、貴重な遺物が並ぶ

★★ ホイアンの人々の暮らしがわかる　MAP P.259-3C

ホイアン民俗文化博物館

Bảo Tàng Văn Hóa Dân Gian Hội An　Museum of Folklore in Hoi An

ホイアンの文化や歴史を、人々の暮らしを通して紹介した博物館。１階はホイアンのシルク工芸に関する展示、２階は農具や漁具のほか、ホイアンの伝統的な暮らしを再現した展示で、身近な生活道具や生活の様子に興味をそそられる。

武の神、関羽を祀る

MAP P.259-2C

クアンコン廟（関公廟）

Quan Công Miếu　Quan Cong Temple

1653年に建てられた小さな寺。中央には武の神とされる関羽が祀られており、左側は側近の周倉将軍、右側は関平が守っている。龍の装飾や赤を基調とした彩色は中国様式の寺であることを物語っている。

左／祭壇の手前には小さな池がある　右／ベトナムの国家文化歴史遺跡でもある

航海安全の守り神を祀る

MAP P.259-2C

福建会館

Hội Quán Phúc Kiến　Assembly Hall of The Fujian Chinese Congregation

寺として建てられたが後に会館に転用

会館というのは華僑の人々の同郷人の集会所で、現在でも活用されている。この福建会館には福建省出身者の多くが信仰する航海安全の守り神、天后聖母が奥へ続く途中の祭壇に祀られ、一番奥の祭壇には17世紀に中国の福建省からホイアンへやってきた6家族の家長の像が収められている。また、天后聖母の手前にはベトナム医療の礎を築いたといわれるレ・フー・チャックの小さな像も収められている。

会館内には、2週間ほど燃え続けるという願掛け用の渦巻き線香がつり下げられている

内部の彫刻や透かし彫りに注目

MAP P.259-2D

潮州会館

Hội Quán Triều Châu　Assembly Hall of The Chaozhou Chinese Congregation

1845年に中国の潮州出身者たちによって建てられた同郷人集会所で、漢時代の武帝、伏波将軍を祀っている。柱や扉などの彫刻や透かし彫りが細かく、一番奥の扉には日本髪を結った女性の姿が施されている。

屋根部分に色彩豊かに装飾された龍にも注目

日本髪を結った女性の透かし彫り。この地で暮らした日本人女性の姿が目に浮かぶよう

龍が描かれた鮮やかな扉。地元では「オン寺」と呼ばれる

クアンコン廟（関公廟）
住24 Trần Phú
☎(0235)3862945
開7:00〜11:30、12:00〜17:00、18:00〜22:00　休無休
料チケットのみ（→P.239）

福建会館
住46 Trần Phú
☎(0235)3861252
開7:00〜17:00
休無休
料チケットのみ（→P.239）

上／天后聖母の像　下／レ・フー・チャックの像

ホイアン伝統医療博物館
Bảo Tàng Nghề Y Truyền Thống Hội An
Hoi An Museum of Traditional Medicine
MAP P.259-2C
住46 Nguyễn Thái Học
☎なし
開7:00〜11:00、13:00〜17:30
休無休
料チケットのみ（→P.239）

クアンナム省の伝統医療を紹介した博物館で、生薬など200以上にも及ぶ展示品で紹介している。

潮州会館
住362 Nguyễn Duy Hiệu
☎(0235)3914853
開8:00〜17:30　休無休
料チケットのみ（→P.239）

モザイクタイルで作られた龍の像が中庭にある

廣肇会館
住176 Trần Phú ☎なし
開7:30～18:30（冬季～17:30）
休無休
料チケットのみ（→P.239）

海南会館（瓊府会館）
住10 Trần Phú
開7:00～21:30（冬季～21:00）
休無休
料チケットのみ（→P.239）

上・下／旧市街の東側にある。外観はシンプルだが祭壇のある内部は美しい

中華会館
住64 Trần Phú
開7:00～22:00（冬季～21:30）
休無休
料無料

敷地内には中華学校もあり、この地に暮らす華人たちはここで中国語を学んでいる

ホイアン市場
住Ngã 3 Trần Quý Cáp－Nguyễn Thái Học / Hoàng Diệu－Bạch Đằng
営店によって異なるが、だいたい6:00～17:00 休無休

広州&肇慶出身者による集会所 MAP P.258-2B

廣肇会館

Hội Quán Quảng Triệu　Assembly Hall of The Canton and Zhaoqing Chinese Congregation

1786年に中国の広州と肇慶出身者たちによって建てられた同郷人集会所。屋根や柱の彫刻は美しく、中央には関羽が祀られている。裏庭にはタイルと陶器で飾られた９つの頭をもつ龍の像が置かれている。

左／奥の祭壇に祀られた関羽。武の神、または商売の神として知られる　右／日本橋に近く、ホイアンにある各会館のなかでも観光客が多い

海南島出身者の鎮魂のために建てられた MAP P.259-2D

海南会館（瓊府会館）

Hội Quán Hải Nam　Assembly Hall of The Hainan Chinese Congregation

1851年にホイアン近海で殺害された108人の海南島出身の商人の鎮魂を目的に建てられた会館。祭壇前の金箔を施した華やかな彫刻は、当時の中国の宮廷の生活を描いたものだといわれている。

ほかの会館に比べて派手さはないが広い中庭をもつ

中国５つの省の共同集会所 MAP P.259-2C

中華会館

Hội Quán Ngũ Bang　Chinese All-Community Assembly Hall

1741年に福建、潮州、海南など５つの省人会が共同使用の目的で建てた集会所。商談や祈りの場として、中国出身者たちの心のよりどころとなってきた。中央の建物には航海安全の守り神、天后聖母が祀られている。

青い外壁が印象的な入口

ぶらぶら歩くだけでも楽しい MAP P.259-2C、2D

ホイアン市場

Chợ Hội An　Hoi An Market

シナモンなどホイアン近郊の名物も売られていて興味深い

カムナム橋のたもとに建つホイアンで最も大きな市場。２階建ての内部は薄暗く、日用雑貨、衣料品、布地などの店がびっしりと並んでいる。市場南側のトゥボン川沿いには、生鮮食料品を売る路上市場が並ぶ。西側にも市場があり、こちらもホイアン市場と呼ばれている。市場内の北側には食べ物の屋台が集まっており、外国人旅行者の姿も多い。

★★★ アンホイ島と旧市街の2ヵ所ある　MAP P.258-3B、259-2C〜3C

ホイアン・ナイトマーケット

Chợ Đêm Hội An　Hoi An Night Market

ホイアンのナイトマーケットは、旧市街からアンホイ橋を渡ってすぐ、アンホイ島のグエンホアン通りと、旧市街のホイアン市場近くバクダン通り周辺の2ヵ所。どちらもみやげ物やローカルグルメの屋台が出るが、アンホイ島のナイトマーケットにはランタンの店が並び、軒先で職人がランタンを作る姿も見られる。

左／アンホイ島のナイトマーケットのランタン屋　右／ベトナムみやげの屋台は旧市街のナイトマーケットのほうが多い

★★★ ダイナミックなショーが話題　MAP P.259上図-2A

ホイアン・インプレッション・テーマパーク

Công Viên Ấn Tượng Hội An　Hoi An Impression Theme Park

トゥボン川の中州、ヘン島にある16〜17世紀のホイアンの町並みをイメージしたテーマパーク。注目は2万5000㎡の巨大なステージで500人の演者が繰り広げるダイナミックなショー「ホイアン・メモリーズ」。16〜17世紀のホイアンの歴史を中心にアオザイやランタンなどの文化を交えて紹介する5部構成で、最新鋭の照明や音響を駆使したベトナム最大のショーだ。園内にはホイアンのストリートフードが楽しめるレストランやバーもある。

上／竹で組まれたユニークな建築のレストラン「コニカル・ハット」　下／「ホイアン・メモリーズ」のアオザイをテーマにしたクライマックスシーン

★★★ 完成度の高いアクロバティックショー　MAP P.259-3C

ホイアン・ルーン・センター

Hoi An Lune Center

ホーチミン市で始まったエンターテインメントショー、アー・オー・ショー（→P.80）を上演するルーン・プロダクションによるショーが楽しめる。2022年10月現在、ベトナム南西部の高原に暮らす少数民族をテーマにした「テッダー」の定期公演がある。水牛の角の楽器などで奏でられる音楽にも注目。月によって公演日は異なるので、ホームページでチェック。

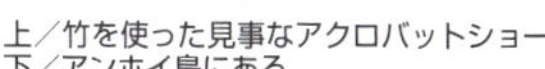

上／竹を使った見事なアクロバットショー
下／アンホイ島にある

アンホイ島のナイトマーケットに並ぶランタンの店

ホイアン・ナイトマーケット

住アンホイ島のナイトマーケット：Nguyễn Hoàng St.、旧市街のナイトマーケット：Bạch Đằng St. / Hoàng Văn Thụ St. / Trần Quý Cáp St. / Tiểu La St.
営18:00頃〜23:00頃
休大雨の日

ホイアン・インプレッション・テーマパーク

住Cồn Hến
☎テーマパーク：(0235)6299699、ホイアン・メモリーズ：1900-636600（ホットライン）、090-4636600（携帯）
URLhoianmemoriesland.com
開7:00〜22:00（ホイアン・メモリーズは19:30〜20:45）
休火曜　料テーマパーク：5万ドン、子供（身長140cm未満）無料、ホイアン・メモリーズ：60万ドン〜、子供（身長100〜140cm）30万ドン〜
　上記ウェブサイトからチケット購入が可能。

ホイアンで伝統芸能を見るなら

ホイアン・トラディショナル・アート・パフォーマンス・ハウス
Hoi An Traditional Art Performance House
MAP P.259-3C
住66 Bạch Đằng
☎(0235)3861159
開10:15、15:15、16:15（チケット販売は14:30〜17:15）
休無休
料チケットのみ（→P.239）
　チャム族のダンスなど中部の伝統芸能が見られる。

ホイアン劇場
Rạp Hát Hội An Hoi An Theatre
MAP P.259上図-2A
住548 Hai Bà Trưng
☎094-1378979（携帯）
開月・火・木〜土曜18:30〜19:15（チケット販売は17:00〜18:30、またはP.239のチケット売場で購入可能）　休水・日曜
料8万ドン　カード不可
　北部の伝統芸能、水上人形劇が楽しめる。上演は約45分。

ホイアン・ルーン・センター

住1A Nguyễn Phúc Chu
☎084-5181188（ホットライン、携帯）
URLwww.luneproduction.com
開18:00〜19:00　休月・金曜
料70万ドン〜
カードAJMV

上／ビーチにはデッキチェアが並ぶ　下／行商人によるシジミ粥（2万ドン）などローカルグルメも楽しめる

アンバン・ビーチ
開夏季：4:30～18:30、冬季：5:00～18:00
　ホイアンの町なかから車で約10分。

タンハー陶芸村
チケット売り場
住Corner of Duy Tân St. & Phạm Phàn, Thanh Hà
☎094-4871779（ホットライン、携帯）
開8:00～18:00　休無休
料３万5000ドン（ロクロ体験付き）

チケット売り場

タンハー・テラコッタ・パークには陶器でできた世界の有名ミニ建築の庭園がある

日本人の墓
　場所はわかりづらいので、しかるべきガイドかドライバーの同行が必要。ホイアンの町なかからバイクタクシーで数分。

★★ マリンスポーツも楽しめる
MAP P.259上図-1A参照

アンバン・ビーチ

Bãi Biển An Bàng　An Bang Beach

　ホイアンの町なかから北へ約4kmの所に位置するビーチ。規模はそれほど大きくなく、こぢんまりとしているがのんびりでき、海もきれいとあって外国人観光客の姿が多い。ビーチ周辺にはホテルやレストラン、マッサージ店が増えている。

左／白砂の小さなビーチ　右／海を眺められるしゃれた飲食店が多い

郊外の見どころ　Sightspot

★★ 16世紀から続く伝統工芸村
MAP P.258-2A参照

タンハー陶芸村

Làng Gốm Thanh Hà　Thanh Ha Pottery Village

　ホイアンの町なかから南西へ約3kmの所に位置する、16世紀頃から続く陶芸の村。ここで作られる陶器などはタンハー焼と呼ばれ、素焼きの陶芸作品が多い。村の入口にあるチケット売り場でチケットを購入すると村内の各工房で陶芸体験が無料で何度でも楽しめる。チケット売り場近くには、博物館併設の「タンハー・テラコッタパーク」があり、ここでも陶芸体験ができる。

水を入れて吹くと鳥の鳴き声のような音色がなる笛

左／工房スタッフに声をかけると陶芸体験をさせてくれる　右上／村は歩いて回れる　右下／工房の中庭に陶器を並べて乾燥させる

★ 日本の方角に向けて建てられた
MAP P.259上図-1A

日本人の墓

Mộ Cổ Người Nhật　Japanese Tombs

　町外れの水田の中に「谷弥次郎兵衛」と書かれた日本人の墓がある。言い伝えによれば、彼は江戸幕府の鎖国政策により帰国を余儀なくされたが、ホイアンに残した恋人に会うために戻り、1647年にこの地で亡くなった、とされている。またこの墓は、故郷の日本の方角に向けて建てられているといわれている。

「谷弥次郎兵衛」の墓

Voice クアダイ・ビーチ（Bãi Biển Cửa Đại）はアンバン・ビーチの西側にある。年々侵食が進み、時期によってはまったく砂浜がなくなることもある。MAP P.259上図-1C

★★★ チャンパ王国の聖地 MAP 折表-3B、P.259上図-2A参照、下図

世界遺産 ミーソン遺跡

Thánh Địa Mỹ Sơn　My Son Sanctuary

ホイアンの南西約40kmに位置するミーソン遺跡は、チャンパ王国（→P.456）の聖地だった場所。遺跡群は四方を山に囲まれ、北に聖山、マハーパルヴァタがそびえる盆地の中央にある。ここは王と一体化したシヴァ神などを祀るために多くのれんが建造物が造られた。4世紀後半、チャンパの王がシヴァ神を祀った木造の祠堂を創建したことに始まり、7世紀にはれんがを使って再建されている。現在は8世紀から13世紀末までに建てられた、70棟を超える遺構が草木に埋もれて残っている。

この遺跡の醍醐味は、遺跡の壁面を飾るチャンパの女神像や、あちこちに置かれた石像の彫像の逸品を探索できること。接着剤を使わず、すり合わせて造られたれんが建築の技術や、アーチを用いないで屋根を架ける構造などのチャンパ文化を心ゆくまで堪能したい。また、グループC、Dの一部の建築物が彫刻展示室にもなっている。一見無造作に置かれているが、どれもチャンパ芸術の一級品で、それらが間近で見られるのは貴重な体験になるだろう。自然崩壊に加え、一部の建物はベトナム戦争時には解放軍が基地として使用し、それを目標にアメリカ軍が空爆したため、かなり崩壊が進んでいる。しかし、草に埋もれた遺跡の中で、900年間チャンパ王国の聖地であり続けたミーソンの雰囲気は十分に感じ取れるはずだ。

1999年、ミーソン遺跡はユネスコの世界遺産に登録された。

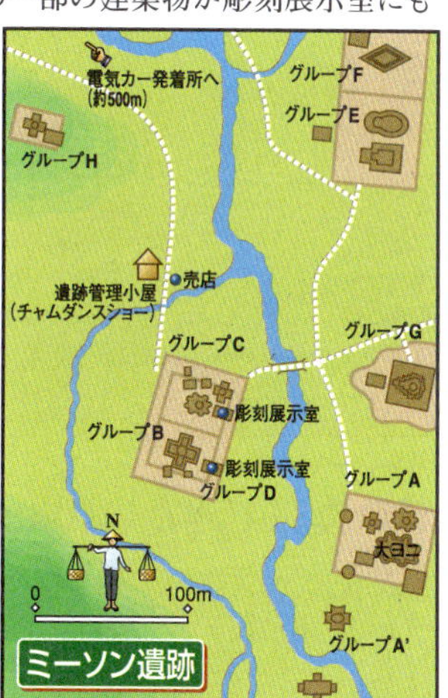

★★ ダイビングスポットとして人気 MAP 折表-2B、P.223-2B

チャム諸島

Cù Lao Chàm　Cham Islands

ホイアンから東へ約28kmの南シナ海に浮かぶ7つの島々で、メインのラオ（Lao）島は周囲約32kmで、島の大半は軍が管理しているため、自然がそのままに残されている。ジャングルのような山々と、小さいながら白砂のビーチもある。また、周辺の海はダイビングスポットとしても人気がある。

島内からは9世紀頃の物と見られるアラブの陶器やガラス片が発掘されており、海洋貿易が盛んだったことを物語っている。

島内にはバイラン（Bãi Làng）村とバイフーン（Bãi Hương）村があり、約3500人の島民が暮らす

12〜13世紀頃に建てられた遺跡が残るグループB。宝物庫や足を清めるための聖水が入っていたとされる小さな浴槽も残る

ミーソン遺跡

住 Xã Duy Phú, Huyện Duy Xuyên, Tỉnh Quảng Nam
☎ (0235) 3731309
開 6:00〜17:00
休 無休（雨天の場合、見学不可になることもある）
料 15万ドン（博物館の入館料込み）

ホイアン中心部から車で約70分、ダナン市内からは1時間30分。

チケット売り場でチケット購入後、そこから歩いて橋を渡り、100mほど行った所で待機している電気カーに乗る。5分ほどで遺跡の手前の駐車場まで行き、そこから徒歩（約10分）で遺跡に向かう。

ミーソン博物館

遺跡の入口を入って右手にある。館内では、写真や地図などで、遺跡が紹介されている。日本語での簡単な説明も書かれている。

開 8:00〜16:00　休 無休
料 ミーソン遺跡のチケットに含まれている

チャム・ダンスショー

遺跡管理小屋では1日に4回、約30分間のチャム・ダンスショーが行われている。

開 9:15、10:45、14:00、15:30
休 無休　料 無料

チャム諸島

日帰りツアーで訪れるのが一般的。クアダイ港（MAP P.259上図-2C参照）から高速船（片道所要約30分）とローカル船（片道所要約1時間30分）がラオ島までが運航しているが、高速船（2名以上で運航、往復43万ドンが目安）はクアダイ港、ラオ島ともに9:00〜10:00頃発、ローカル船（片道10万ドン）はクアダイ港7:30発、ラオ島11:30発と日帰りで訪れるのは難しい運航スケジュール。高速船は基本的に旅行会社所有のため事前に予約が必要。海が荒れると運休になるので要注意。

Voice! キムボン大工村（Làng Mộc Kim Bồng）は木彫りの工芸品や舟作りが盛んな村。ホイアンの町なかからバイクで約20分。船でも行ける（船乗り場はMAP P.259-3C）。MAP P.258-3A参照

旅行会社&ツアーオフィス TRAVEL OFFICE & TOUR OFFICE

●ジャック・チャン・ツアーズ
Jack Tran Tours

MAP P. 259上図-2C 住 3 Phù Đổng Thiên Vương, P. Cửa Đại ☎(0235)3928900、083-4331111(携帯) URL jacktrantours.com 営8:00～17:00 休無休 カード不可

ホイアン郊外でのカントリーサイドツアーをおもに扱う旅行会社。田植え体験、お椀舟を回転させるバスケットボートライディング、チャークエ村のオーガニック野菜の農園を訪問するなどホイアンの田舎の1日体験ツアー（300万ドン）など。自社ボートで行くサンセットクルーズも人気。

●TNK & APT トラベル JAPAN ホイアン支店
TNK & APT travel JAPAN Hoi An

URL www.tnkjapan.com
LINE ID：https://lin.ee/A2sNAk 3

ホーチミン市に本店（→P.89）をもつ日系旅行会社。2022年10月現在、ホイアンにオフィスはないがツアーの手配は可能。問い合わせは公式LINEまたは、ウェブサイトから。ホイアン旧市街&ミーソン遺跡とふたつの世界遺産を巡る1日ツアー（75US$）など。

●シン・ツーリスト・ホイアン
The Sinh Tourist Hoi An

MAP P.258-1B 住646 Hai Bà Trưng ☎(0235)3863948 URL www.thesinhtourist.vn 営8:00～17:00 休無休 カード J M V

ミーソン遺跡ツアー（49万9000ドン～）など各種ツアーを催行。

おもなツアー

●ミーソン遺跡ツアー
入場料含まず、英語ガイド、軽食付きで49万9000ドン～。行きはバスで、帰りはバスまたはボートを選べるツアーもある。8:00出発、14:30頃帰着。ツアーの場合、現地での見学時間は約2時間。5:30出発、9:30頃帰着のサンライズツアーを行う所もある。

●チャム諸島への日帰りツアー
チャム諸島でスノーケリングが楽しめる。8:00出発、14:00頃帰着。ボート、英語ガイド、昼食、スノーケルセット、入島代などすべて込みで69万9000ドン～。海が荒れると中止になる。

●田植え体験
郊外の農家で、水牛で代掻き、種まきなど伝統的な田植えをダイジェストで体験。ツアーには漁村を訪れたり、お椀舟乗船などが含まれる場合がある。

●クッキングクラス
旅行会社やレストラン、ホテルが主催。旅行会社が主催するツアーの多くは、料理教室を行うレストランが増えているホイアン近郊のチャークエ村（→P.249欄外）で開催されることが多い。

●カムタン村でのお椀舟クルーズ
カムタン（Cẩm Thành）村はホイアン旧市街から東へ約5km。ニッパヤシの生い茂る細い水路がある小さな村で、お椀舟でのクルーズが楽しめる。8:30出発、13:00頃帰着。お椀舟クルーズ、英語ガイド、昼食付きで70万ドン～。午後出発のツアーや料理教室が付くツアーもある。

Column ぜひ食べてみたい! ホイアン四大名物

ホイアン名物といえば、「ホワイト・ローズ」、「カオ・ラウ」（→P.37）、「揚げワンタン」、「コム・ガー・ホイアン」（→P.38）の4品だ。

ホワイト・ローズは米粉で作った皮にエビのすり身を詰めて蒸し上げた物。半透明の皮が開いているさまが白いバラのように見えるから、というナイスなネーミング。しかし、ホワイト・ローズはどのレストランで食べても同じ味。というのも、ホイアンのホワイト・ローズはほとんどが「ホワイト・ローズ」（→P.250）で製造されているからだ。過去に何人もの人間がまねをして作ったが、本家の作り方には秘伝があるらしく、本家の味に近づけるのは難しいという。

揚げワンタンは、豚ミンチとエビのすり身を黄色い皮で包み揚げた物。口がていねいに折りたたまれており、手の込んだ作りだ。

カオ・ラウは日本の伊勢うどんがルーツ、日本人が伝えたともいわれる米製の麺。これはホワイト・ローズとは違い、スープやトッピングの具材により各店で微妙に味が変わる。また、揚げワンタンも揚げ加減、トッピングによって大きく味が変わる。

コム・ガー・ホイアンは中国の海南島から伝わった鶏飯がルーツといわれており、鶏だしで炊いたご飯の上にゆで鶏が載る。

4品ともにホイアンが本場で、しかもほかの町ではなかなか食べられない。ホイアンへ来たからには旅の思い出にもなるホイアン四大名物、ぜひお試しあれ。

左上／ホワイト・ローズ。まさに白いバラ　右上／揚げワンタン。トッピングの味付けで、各店独自の味になる　左下／カオ・ラウ。ライムを搾り入れ、混ぜてから食べるのが基本　右下／コム・ガー・ホイアン。香草やタマネギと一緒に食べる

Voice コム・ガー・ホイアン（→上記）は専門店ではいくつか種類がある。一般的なのは、裂いたゆで鶏が載るコム・ガー・セー（Cơm Gà Xé）。ゆで鶏もも肉が載るコム・ガー・ドゥイ（Cơm Gà Đùi）やコム・ガー・セーに鶏のキンカン（Lòng Trứng Non）を追加したものもある。

レストラン Restaurant

古民家で味わう彩り美しいひと皿
ホアヒエン
Hoa Hien
ベトナム料理
MAP P.259上図-2A

川沿いのホイアン式古民家を利用した落ち着いたたたずまいのレストラン。ホイアンをはじめ、ベトナム全土の料理を提供しており、化学調味料は一切不使用。野菜やハーブをふんだんに使った料理が多く、見て楽しい、食べておいしいヘルシーなベトナム料理が味わえる。おすすめは、ライスペーパーで包んで食べるもちもち食感が独特なホイアン風バイン・セオ（→P.38、7万ドン）、豚肉や野菜、錦糸卵などが盛られたフエ風ワンプレートご飯のコム・アム・フー（Cơm Âm Phủ、13万ドン）など。

雰囲気のいい中庭のガーデン席

住33 Trần Quang Khải
☎(0235) 3939668、090-3112237（携帯）
営9:00～21:30　休無休
カードAJMV
予約望ましい

10種類以上の具材が載ったコム・アム・フー。混ぜてヌックマムだれを好みでかけていただく

心地よい風が吹き抜ける田園レストラン
フィールド
The Field
ベトナム料理
MAP P.259上図-2B

ホイアン中心部から車で約5分。田園風景が広がるカムタン村にある一軒家レストラン。敷地内には南国の木々や花々が咲き、手入れの行き届いた庭の横には小川が流れ、ゆったりとした時間が流れる。東屋風の屋外席のほか、ガーデン席、川にせり出したテラス席など、自然のなかでリラックスしながら食事が楽しめる。メニューは地元の食材を使ったベトナム料理を中心に創作料理もあり、野菜料理で6万ドン～、肉料理9万ドン～。化学調味料は一切使用せず、素材の味を生かした目にも美しい料理が味わえる。

ヤシの木が生い茂る緑豊かなガーデン席

住Võng Nhi Hamlet, Cẩm Thanh
☎(0235) 3923977
営10:00 ～ 22:00
休無休　カードMV
予約望ましい

豚つくねなど、メニューの一例。季節ごとに旬の食材を使ったメニューに変わる

ベトナム人料理研究家がオープン
モーニング・グローリー・オリジナル
Morning Glory Original
ベトナム料理
MAP P.258-3B

中部の大衆・屋台料理を「ストリートフード」と銘打った料理の数々が評判。オーナーの祖母から受け継いだレシピで作る白身魚のバナナの葉包み蒸し（16万5000ドン）やホイアン名物料理（→P.248）も絶品。

1階はオープンキッチン。系列店も人気

住106 Nguyễn Thái Học　☎(0235) 2241555
営9:00～23:00　休無休　カードJMV　予約不要
［モーニング・グローリー・シグネチャー］　MAP P.258-3B
住2F, 41 Nguyễn Phúc Chu

レトロかわいい創作料理店
ヌー・イータリー
Nu Eatery
ベトナム料理
MAP P.258-2B

細い路地の中にある小さな民家を改装。レトロでかわいらしい店内で、ベトナム料理をヘルシーにアレンジした創作料理が味わえる。おすすめは甘辛煮の豚肉をふわふわの蒸しパンで挟んだ蒸しパンサンドや生春巻（4万5000ドン）など。メインでも7万5000ドン～と安い。

蒸しパンサンドは3万5000ドン～

住10A Nguyễn Thị Minh Khai　☎082-5190190（携帯）
営12:00 ～ 21:00　休日曜　カード不可　予約望ましい

Voice! チャークエ村（Làng Trà Quế）はハーブや野菜がおいしいことで知られ、新鮮な野菜やハーブを使ったレストランが増えている。料理教室を開催する所も多い。MAP P.259上図-1A

レストラン　Restaurant

チャークエ村の実力派レストラン
ベビー・マスタード　ベトナム料理
Baby Mustard　MAP P.259上図-1A

レストランが急増中のチャークエ村のなかでも特に評判がいい。竹組みの開放的な店内でいただけるのは、チャークエ村で作られた無農薬野菜やハーブを使ったシンプルな料理。サバのハーブ蒸しやチキンのレモンリーフ焼（9万ドン）などがおすすめ。

手前がサバのハーブ蒸し（Cá Thu Hấp Cuộn Rau Thơm、9万9000ドン）

住Đường Biển, Cẩm Hà　☎090-5640577（携帯）
営11:00～21:00　休無休　カード不可　予約不要

路地裏のガーデンレストラン
シークレット・ガーデン　ベトナム料理
Secret Garden　MAP P.258-2B

その名のとおり旧市街の路地裏にたたずむガーデンレストラン。路地の入口はファンチューチン通り、チャンフー通り、レロイ通りにある。オーガニック食材を使用しており、ホイアン名物料理も味わえる。雰囲気だけではなく味や盛りつけも申し分なし。1品10万ドン前後～。

豊富な各国ワインとともにガーデン席で食事を楽しみたい

住132/2 Trần Phú　☎083-9883866（携帯）
営11:00～23:00　休無休　カードADJMV　予約要予約

1976年創業の老舗店
カオ・ラウ・バーレー　ベトナム料理
Cao Lau Ba Le　MAP P.259-2C

バーレー井戸（→P.257）近くにある家族経営の老舗カオ・ラウ（→P.37）専門店。代々伝わる秘伝のレシピで作られるカオ・ラウは、たっぷりの野菜や豚肉、麺に甘辛いたれがからんで美味。コム・ガー・ホイアン（→P.38、248、3万5000ドン）やセットメニュー（2人前）も人気。

カオ・ラウ（3万5000ドン）

住49/3 Trần Hưng Đạo　☎093-7691891（携帯）　営11:00～21:30（土・日曜6:30～）　休無休　カード不可　予約不要

ホイアン名物の製造卸元
ホワイト・ローズ　ベトナム料理
White Rose　MAP P.258-1B

ホイアン名物のひとつ、ホワイト・ローズ（→P.248、7万ドン）の製造卸元。ここで1日に2000個ほど、ホイアンのホワイト・ローズのほとんどが作られて各店に卸されていく。揚げワンタン（10万ドン）もおいしい。ホワイト・ローズを注文すると、一緒に蒸し餃子も盛られて出てくる。

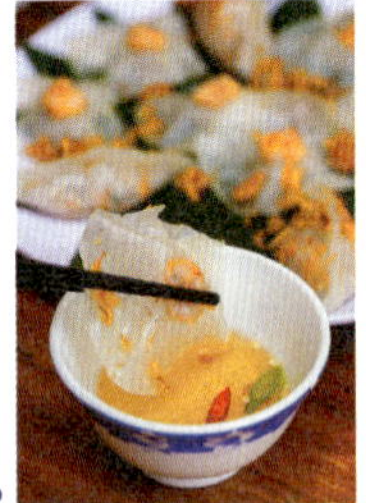

作りたてが味わえる

住533 Hai Bà Trưng　☎(0235)3862784　営7:00～21:00
休旧暦5/5　カードJMV　予約不要

しっとり鶏肉が美味
コム・ガー・ガー　ベトナム料理
Com Ga Nga　MAP P.259-2C

ホイアン名物、コム・ガー・ホイアンの店が多いファンチューチン通りのなかでも常に客でにぎわう人気店。しっとりとした鶏肉がおいしく、裂いたゆで鶏のコム・ガー・セー（5万ドン～）のほか、鶏肉とパパイヤのサラダ、ゴイ・ガー（Gỏi Gà、20万ドン）も人気。

コム・ガー・セーにはスープが付く。卓上の調味料で味変を楽しもう

住8 Phan Chu Trinh　☎090-5300947（携帯）
営11:00～22:00　休無休　カード不可　予約不要

路地裏のチキンライス
コム・ガー・ティー　ベトナム料理
Com Ga Ty　MAP P.259-2C

ファンチューチン通りから路地に入った左手に店を構える家族経営のコム・ガー・ホイアン専門店。手作りのホイアン豆板醤が絶品で、コム・ガーと混ぜて食べると止まらないおいしさ。裂いたゆで鶏のコム・ガー・セー（写真、Cơm Gà Xé、3万5000ドン）が定番。

コム・ガー・セーにはスープが付く

住27-29 Phan Chu Trinh　☎078-7661943（携帯）
営11:00～21:00　休無休　カード不可　予約不要

Voice! トゥボン川のサンセットを眺められる飲食店は意外と少ないが、川沿いの「ホア・アン・ダオ（サクラ）」（MAP P.258-3B）は料理もおいしくおすすめ。

レストラン Restaurant

ソースがおいしい専門店
マダム・カン バイン・ミー
Madam Khanh MAP P.258-1B

口コミで人気となったバイン・ミー（→P.38）店。バイン・ミーは6種類（2万～3万ドン）しかないが、味のバランスがよく特に具材を詰めたあとにかけるソースが美味。おすすめは野菜とチーズ、卵焼き入りのベジタリアン（Chay、2万ドン）など。イートインスペースがあり、ドリンクなども販売。

甘辛そぼろがおいしいポーク&ハム（2万5000ドン）

住115 Trần Cao Vân ☎077-7476177（携帯）
営6:00～19:00 休毎月1日不定休 カード不可 予約不要

ベトナムで一番おいしいと話題
バイン・ミー・フーン バイン・ミー
Banh My Phuong MAP P.259-2D

海外メディアで「ベトナム一うまいバイン・ミー」と評されたローカル店で、店先にはしばしば行列ができる。16種類あるなかでも特におすすめは、焼豚肉&パテのバイン・ミー・ティット・ヌーン＋パテ（Bánh Mì Thịt Nướng+Patê、3万ドン）。ツナ&海苔入りなどオリジナルも多い。

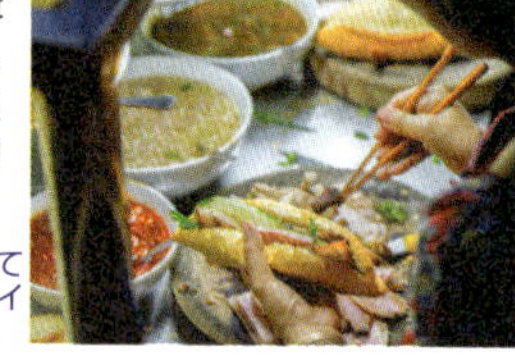

店頭で手際よく作ってくれる。奥にイートイン席あり

住2B Phan Chu Trinh ☎090-5743773（携帯）
営6:30～21:30 休無休 カード不可 予約不要

アートに囲まれた隠れ家カフェ
ホイアン・コーヒー・ハブ カフェ
Hoi An Coffee Hub MAP P.259-2C

見落としてしまいそうな小さな路地を進んだ先に現れる、地元の若者が集う憩いのカフェ。路地の壁や店内には現代アート作品が飾られ、独特の空間だ。人気はダラット産イチゴの果肉入り自家製シロップに塩クリームを載せたドリンク（Vết Son Dại Khờ、3万5000ドン）。

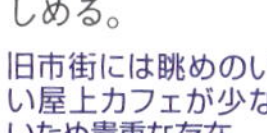

緑いっぱいのガーデン席でひと息つこう

住11/5 Nguyễn Thái Học ☎091-3786626（携帯）
営7:00～22:00 休無休 カード不可 予約不要

旧市街が眺められる古民家カフェ
ファイフォー・コーヒー カフェ
Faifo Coffee MAP P.259-2C

屋上からの眺めがすばらしい古民家カフェ。瓦屋根が並ぶ旧市街が見渡せ、サンセットタイムは特に混み合う。メニューはドリンクとケーキ類のみで、コーヒーは3万9000ドン～。2階のカウンター席からはチャンフー通りが見え、こちらも風情ある眺めが楽しめる。

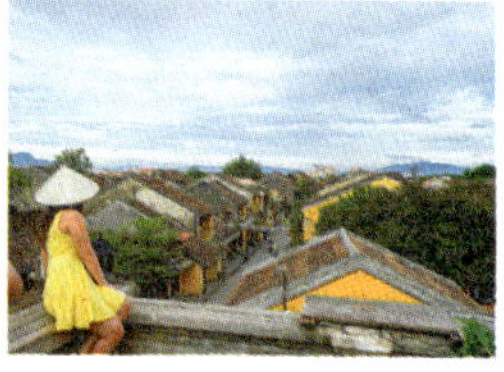

旧市街には眺めのいい屋上カフェが少ないため貴重な存在

住130 Trần Phú ☎（0235）3921668 営7:00～21:30
休無休 カードMV 予約不要

おいしいコーヒーを飲むなら
ミア・コーヒー カフェ
Mia Coffee MAP P.259-2D

ブーゲンビリアの花が軒先を彩る、ひきたてのコーヒーがおいしいカフェ。品質のいいダラット産コーヒー豆だけを厳選して使用し、店内で焙煎。オーダーごとにひきたての豆で入れてくれるコーヒーは香り高く、味わい深い。ベトナム・コーヒーのほかカフェラテ（4万5000ドン）もおいしい。コーヒー豆も販売している。

ベトナミーズ・アイス・コーヒー3万ドン

住20 Phan Bội Châu ☎090-5552061（携帯）
営7:00～17:00 休無休 カードMV 予約不要

ホイアンで展開するコーヒーチェーン
ホイアン・ロースタリー カフェ
Hoi An Roastery MAP P.258-2B

豆からこだわるホイアン発の人気カフェ。中部クアンチー省の少数民族が営むコーヒー農園から厳選の豆を取り寄せ、自社焙煎したコーヒーは香りがよく、まろやかな味わいだ。木造家屋を改装した趣ある店内で、プアオーバー（3万9000ドン）などを味わいたい。

エッグコーヒー（5万4000ドン）も人気

住135 Trần Phú ☎（0235）3927277 営7:30～22:00
休無休 カードADJMV 予約不要

Voice! クー・アム・トゥック（Khu Ẩm Thực）は複数の店が集まる屋台街。エリア別に店名があるが、どこに座っても同じメニュー、料金。MAP P. 259-3C 住1 Nguyễn Phúc Chu ☎なし 営8:00～22:00 休無休

レストラン

古さを生かした空間が魅力
ヒル・ステーション
カフェ・バー
The Hill Station
MAP P.259-2D

古びた壁や床板など、廃屋のような雰囲気をもつコロニアル建築をカフェ・バーとして再利用。店内は、建物の雰囲気に絶妙にマッチしたビンテージ感のあるインテリアで、個性際立つ空間。13種類の生ビールが味わえ、食事メニューもハイレベル。

スカンジナビア風ミートボール（14万5000ドン）は人気メニューのひとつ

住321 Nguyễn Duy Hiệu　☎(0235) 6292999
営7:00～22:00　休無休　カードMV　予約不要

ホイアン市場の２階にあるバー
マーケット・バー
バー
The Market Bar
MAP P.259-2D

バクダン通りとホアンジウ通り側のホイアン市場２階にあるオープンエアのバー。道側の席からは、屋台や行商人が行き交う夜の通りを眺められる。カクテル10万ドン～、ビール５万ドン～。16:00～18:00はハッピーアワーで一部のカクテルが６万ドン～とお得に楽しめる。

グラスワイン９万5000ドン～

住2F, Chợ Hội An, 2 Bạch Đằng　☎098-5807783（携帯）
営15:00～23:00　休無休　カードADJMV　予約不要

その他のレストラン

Restaurant

侍食堂
Samurai Kitchen
日本料理
MAP P.259-2C

住9 Tiểu La　☎077-8504627（携帯）
営12:00～14:00、17:00～21:00　休日曜、不定休
カード不可　予約不要

日本人がオーナーシェフを務める日本料理店。いち押しは、おろしとんかつ（13万ドン、セットは17万5000ドン）で、お好み焼きやラーメンも人気。またベトナム・コーヒーのかき氷など、３種類あるかき氷（３万ドン～）もおすすめ。

アイヴィー・フルーツ
Ivy Fruits
カフェ
MAP P.258-2B

住103 Trần Hưng Đạo　☎090-5224466（携帯）
営7:00～22:00　休無休
カード不可　予約不要

すげ笠をかぶった女性の壁画が印象的な、道に小さな椅子を並べたカフェ。メニューはフルーツジュースからミルクティー、コーヒーなど豊富で、注文するとその場で搾ってくれるフルーツジュース（２万8000ドン～）がおすすめ。

ショップ

Shop

パステルカラーのライフスタイル雑貨
サンデー・イン・ホイアン
ベトナム雑貨
Sunday in Hoi An
MAP P.258-2B

淡い色合いのキュートなライフスタイル雑貨を集めたセレクトショップ。商品はハンドメイドまたはベトナムメイドの物で、レトロな柄のタイルコースター（11万5000ドン）や、い草のバッグ、パステルカラーの陶器などが人気。

自然素材のバッグは色使いが秀逸でセンスのよい物が多い。写真はシーグラスのバッグで、左は57万ドン、右は59万ドン

住184 Trần Phú　☎079-7676592（携帯）
営9:30～21:30　休無休　カードMV

シンプル服のオーダーメイド
ライム
ウエア
LiMe
MAP P.258-1B

仕立て屋の多いホイアンでオーダーメイドで服を作るならここ。麻やリネンなど自然素材で着心地のいい布地を使った、シンプルで洗練されたデザインが人気。店内にあるデザインから選んで、採寸、生地を選び、24時間ほどで仕上げてくれる。ワンピースなら50万～60万ドンが目安。

店内の既製品も購入可能

住107 Trần Cao Vân　☎035-3150613（携帯）
営9:00～20:00　休日曜　カードMV

Voice!「バー・ブーイ Ba Buoi」は、ホイアンでコム・ガー・ホイアン（→P.38、248）といえば必ず名前が挙がる有名店。コム・ガーはスープが付いて３万5000ドン。行列ができることもしばしば。↗

ショップ Shop

個性派バッグ&シンプルウエア
ムイ・ザ・レーベル バッグ＆ウエア
Mui the Label MAP P.259-2C

い草やウオーターヒヤシンスなど、ナチュラル素材のバッグにチロリアンテープやフリンジ、フェザーなどをデザインしたオリジナルバッグの店。形、大きさなども豊富で、小さい物なら30万ドン前後～。ショートパンツやワンピースなどの衣類もあり、カスタムメイドもできる。

個性的なサマーバッグが手に入る

住15B Lê Lợi ☎093-1900300（携帯）
営13:00～23:00 休不定休 カードMV

品質に定評がある
リーチング・アウト・アーツ&クラフトショップ ベトナム雑貨
Reaching Out Arts & Craft Shop MAP P.258-2B

障がい者の職場作りを目指し、ホイアンに住む障がい者を支援する団体がオープンさせた雑貨店。刺繍が施されたテーブルセンターや壁掛け、パッチワークのクッションカバー、金属加工のペンダントやブックマークなど、洗練されたアイテムが並ぶ。

すべてオリジナルで、一点一点ていねいに作られている

住131 Trần Phú ☎093-5323626（携帯）
営8:00～18:30 休日曜 カードAJMV

ホイアン名物、豆板醤の名店
オッ・トゥーン・チウ・ファット 調味料
Ot Tuong Trieu Phat MAP P.259-3C

５世代にわたって秘伝のレシピで作り続けるホイアン名物の豆板醤の老舗。ホイアンの豆板醤はコム・ガー・ホイアンやカオ・ラウ（→各P.248）の味変調味料として欠かせないもので、甘めだけれどピリッとした辛味が利いてうま味もたっぷり。

炒め物や野菜スティックのソースにも使える万能調味料。小さい物で４万ドン～。瓶詰めもある

住41 Nguyễn Thái Học ☎(0235)3861816、090-5187798（携帯） 営7:30～18:30 休無休 カード不可

靴のオーダーメイドならここ
トン 靴
Tong MAP P.259-2D

オーダーメイドの靴屋が多いホイアン旧市街のなかでも、在住外国人の顧客が多く、評判がいい。好みの色と形を選んでオーダーが可能（所要１日～）で、宿泊先まで配達してくれる。良質な牛革と、インソールにピッグスキンを使用したバレエシューズは30US$～。

店頭のサンプルから好みの形を選ぼう

住69 Phan Bội Châu ☎(0235)3915686、093-2115667(携帯)、090-6552686(携帯) 営9:00～21:00 休無休 カードMV

スパ・マッサージ Spa & Massage

オゾン・スパ スパ
Ozone Spa MAP P.259上図-2A

住Little Riverside - A Luxury Hotel & Spa, 9 Phan Bội Châu ☎(0235)3575555 営9:00～21:00 休無休 料フット・リフレクソロジー 39万9000ドン（30分）など カードAMV 予約要予約

15年以上の経験をもつスゴ腕マッサージ師がトレーナーを務める実力派スパで、マッサージのレベルが高いスタッフを揃える。リトル・リバーサイド・ホイアン・シグネチャー・マッサージ（88万ドン／70分）など。人気が高く、予約は必須。

ホワイト・ローズ・スパ スパ
White Rose Spa MAP P.258-1B

住529 Hai Bà Trưng ☎(0235)3929279 営9:30～22:00（L.O. 20:00） 休無休 料リニュー・ユア・ホールセルフ102万ドン（２時間15分）など カードJMV 予約要予約

カジュアルな雰囲気の町スパ。人気は指圧などをミックスしたボディマッサージのアジアン・ブレンド・マッサージ（38万ドン／60分）と足マッサージ（20万ドン／30分～）。予約するとホテルへのピックアップ無料。

ラー・スパ スパ
La Spa MAP P.258-2A参照

住La Siesta Hoi An Resort & Spa, 132 Hùng Vương ☎(0235)3915915 営8:00～21:00（L.O. 19:15） 休無休 料トータル・フット・トリートメント85万ドン（75分）など カードAJMV 予約要予約

ハノイの人気スパのホイアン支店。リゾート感あふれるホテル内のガーデンスパで、トリートメントルームは全室サウナ付きの個室。マッサージの腕が特にいいと評判で的確にツボを押しながらもみほぐしてくれる。

↘MAP P.259-2C 住22 Phan Chu Trinh ☎090-5767999（携帯） 営10:30～14:00、17:00～20:00 休無休 カード不可 予約不要

ホテル

フランス資本の５つ星ブティックホテル

ホテル・ロイヤル・ホイアン・Mギャラリー

高級ホテル

Hotel Royal Hoi An - MGallery

MAP P.258-3A

ホイアン旧市街まで徒歩数分、トゥボン川沿いに建つ５つ星ホテル。フランス資本のアコーホテルズ・グループのなかでも上級ブティックホテルブランドのMギャラリーらしく、客室はモダンかつクラシカルなインテリアで統一され、洗練された雰囲気。全室バスタブ付きでコーヒーメーカーなどが備わる。館内には、スパ、ふたつの屋外プール、メインダイニングの「ファイフォー」やホイアンでは珍しい寿司店「ワカク」などの飲食施設のほか、すばらしい眺めが楽しめるルーフトップバーなどがある。

新館のグランドデラックスルーム

住39 Đào Duy Từ
☎(0235) 3950777
URL www.hotelroyal-hoian.com
料Ⓢ Ⓦ Ⓣ300万ドン～　スイート695万ドン～(朝食付き)
カード A D J M V　全187室

ベトナム料理から西洋料理まで並ぶ朝食のビュッフェは品数豊富でおいしい

何もしない贅沢を味わう非日常空間

フォーシーズンズ・リゾート・ザ・ナムハイ

高級ホテル

Four Seasons Resort The Nam Hai

MAP P.259上図-1A参照

フォーシーズンズ・グループ傘下の贅を尽くしたラグジュアリーリゾートホテル。客室はすべてヴィラタイプで、ベトナム中部の伝統的な家屋をイメージした建築に、フランス人デザイナーによる洗練されたスタイリッシュな内装がマッチし、非日常的な雰囲気を演出している。約35ヘクタールもの広大な敷地には３つのプール、約1kmにもおよぶビーチ、スパ、ジム、テニスコートなどがあり、優雅なリゾート滞在が楽しめる。クッキングクラスやヨガなどアクティビティプランも充実。

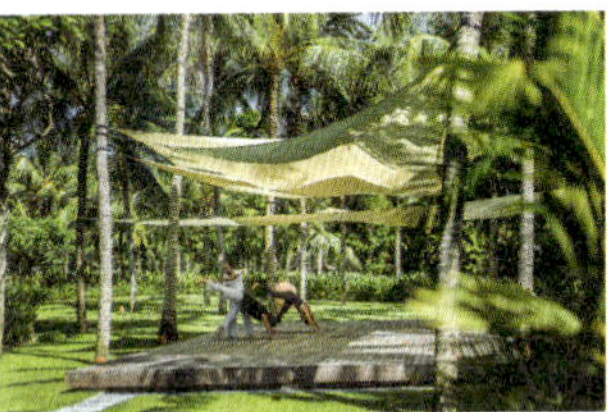

トロピカルガーデンでのヨガクラス

住Block Hà My, Đông B, Điện Dương Ward, Điện Bàn Town　☎(0235)3940000
URL www.fourseasons.com/hoian　料1～2ベッドヴィラ760US$～　3～4ベッドヴィラ2240US$～　5ベッドヴィラ5395US$～（＋税・サービス料15%。朝食付き）
カード A D J M V　全100ヴィラ

ヴィラは天井が高く、広々

全室スイート仕様の川沿いホテル

リトル・リバーサイド・ア・ラグジュアリー・ホテル&スパ

高級ホテル

Little Riverside - A Luxury Hotel & Spa

MAP P.259上図-2A

ホテルの目の前に広がるのはトゥボン川の大パノラマ。川からの心地よい風と、対岸に並ぶトロピカルグリーンが身も心も癒やしてくれる。館内は、さりげなくホイアン伝統のモチーフで飾られ、特にゲストルームのあるエリアは風通しがよく開放的な雰囲気だ。客室は全室スイートルームで最小でも46㎡と贅沢な造り。コロニアル風の色鮮やかなタイルとフローリングを組み合わせ、ランタン風のベッドランプやクラシカルな調度品を配した洗練の空間だ。屋上プール、「オゾン・スパ」(→P.253) などがある。

全室バルコニー付き。リバービューの客室

住9 Phan Bội Châu
☎(0235)3575555
URL www.littleriversidehoian.com
料スイート100US$～（＋税・サービス料15%。朝食付き）
カード A M V　全42室

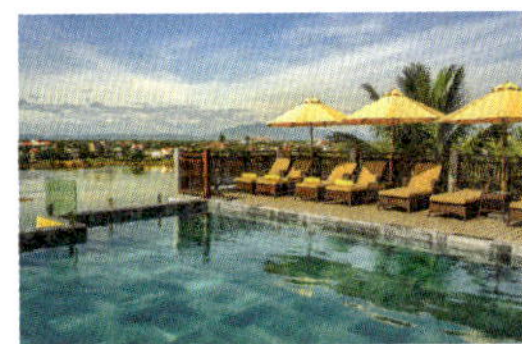

屋上のインフィニティプールからはトゥボン川のすばらしい眺望を楽しめる

ホテル Hotel

旧市街近くのラグジュアリーホテル

アレグロ・ホイアン・ア・リトル・ラグジュアリー・ホテル&スパ

Allegro Hoi An. A Little Luxury Hotel & Spa

高級ホテル MAP P.258-1B

旧市街へ徒歩数分と立地がいいわりに、周辺は緑が多く静かな環境。ホイアンで展開する人気のリトル・ホイアングループのひとつとあって、上品で落ち着いた空間、行き届いたサービスであたたかく迎えてくれる。山吹色を基調にした客室は、ベッド上のコロニアル風タイルとミラーのデコレーション、ランタンモチーフのしゃれたベッドランプ、チークの引き戸などホイアンの伝統とモダンが融合したインテリア。アンホイ島の系列ブティックホテル「リトル・ホイアン・ブティックホテル&スパ」（MAP P.258-3A）も人気。

自転車レンタル無料、ビーチへのシャトルバスあり

住2-86 Trần Hưng Đạo
☎(0235) 3529999
URL www.allegrohoian.com
料スイート120US$～（＋税・サービス料15%。朝食付き） カード A J M V 全94室

全室スイートルーム仕様。写真はバルコニーから屋外プールを見下ろせるリトルスイートの客室

クアダイ・ビーチ沿いのリゾート

ヴィクトリア・ホイアン・ビーチ・リゾート&スパ

Victoria Hoi An Beach Resort & Spa

高級ホテル MAP P.259上図-1C

ホイアン旧市街から車で約15分、クアダイ・ビーチに面して建つリゾートホテル。ベトナム全土に展開するヴィクトリア・グループのホテルで、昔の漁村やホイアンの町を再現した敷地内には池や小道、みやげ物店の並ぶ通りが造られ、エキゾチックな雰囲気に包まれている。客室は広々としており、スイートルームは西洋風、日本風、コロニアル風など部屋によってインテリアが異なる。海に面したプール、プライベートビーチ、レストランやバーなどの飲食施設、スパ、キッズクラブなど施設も整う。

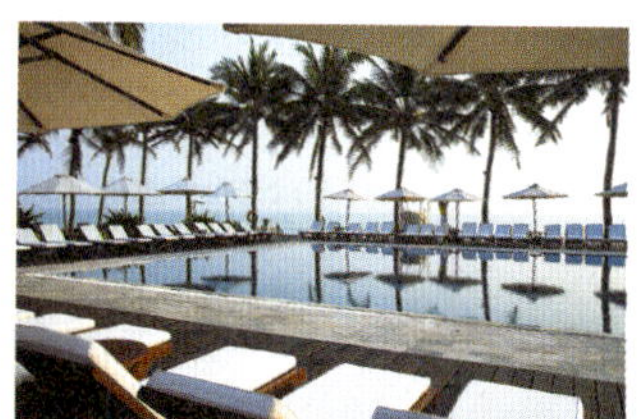

夕日が望める屋外プール

住Cửa Đại Beach
☎(0235) 3927040
URL www.victoriahotels.asia
料ⓈⓉ160US$～ スイート300US$～（＋税・サービス料15%。朝食付き）
カード A D J M V
全109室

ジャクージ付きのスイートルーム

トゥボン川沿いのコロニアル風リゾート

アナンタラ・ホイアン・リゾート

高級ホテル

Anantara Hoi An Resort

MAP P.259上図-2A

川沿いに建つクリーム色のフレンチコロニアル様式のホテル。6つある客室カテゴリーのうち5つがスイートルームで、全室リビングエリアと大きなデイベッドを備えたバルコニーまたはテラス付き。3つのレストラン、プール・バー、スパ、キッズクラブなどを完備。

客室はガーデンビューまたはプールビュー

住1 Phạm Hồng Thái ☎(0235)3914555
URL www.anantara.com/ja/hoi-an 料ⓈⓌスイート489万3000ドン～（朝食付き） カード A D J M V 全94室

アンバン・ビーチ至近の人気ブティックホテル

アイラ・ブティック・ホイアン・ホテル&ヴィラ

中級ホテル

Aira Boutique Hoi An Hotel & Villa

MAP P.259上図-1A参照

ビーチまで徒歩約1分の海をコンセプトにしたホテル。客室はナチュラル素材を取り入れ、ブルーの差し色が利いたおしゃれな空間だ。トロピカルガーデン内にある開放的なレストラン、スパ、プールがある。

センスのいいインテリアがすてき

住Bãi Biển An Bàng, Tổ 5, Khối An Tân, Cẩm An
☎(0235)3926969 URL airaboutiquehoian.com
料ⓈⓌⓉ75US$～ スイート110US$～ ファミリー125US$～ ヴィラ390US$～(朝食付き) カード A D J M V 全44室 1ヴィラ

豊富なサービスが自慢のブティックホテル
メゾン・ヴィー　中級ホテル
Maison Vy　MAP P.259上図-2B

「モーニング・グローリー・オリジナル」（→P.249）のオーナーシェフがオープンさせた、ターコイズブルーが基調のブティックホテル。ロフト風のユニークな客室や、客室での無料ハーバルフットバスといったサービスが好評。屋外プール、スパあり。

パブリックエリアの雰囲気もいい

住544 Cửa Đại　☎(0235) 3862231　URL tastevietnam.asia/maison-vy-hotel-in-hoi-an　料ⓈⓌⓉ142万ドン～　ファミリー236万5000ドン～（朝食付き）　カード MV　全28室

旧市街付近の大型ホテル
ホイアン・ヒストリック　中級ホテル
The Hoi An Historic　MAP P.259-1C

客室棟、レストラン棟などの4つの建物のほか、屋外プールやテニスコートもある大型ホテル。客室はダークカラーのチーク材をメインにしたシックな雰囲気で設備も整う。1991年創業と歴史のあるホテルだが改装を重ね、手入れが行き届いている。

スイートルーム

住10 Trần Hưng Đạo　☎(0235) 3861445　URL www.hoianhistorichotel.com.vn　料ⓈⓌⓉ150万ドン～　スイート250万ドン～（朝食付き）　カード ADJMV　全150室

有名建築家によるシティリゾート
マルベリー・コレクション・シルク・エコ　エコノミーホテル
Mulberry Collection Silk Eco　MAP P.258-2A

ベトナムの有名建築家、ヴォー・チョン・ギア（Vô Trọng Nghĩa）氏が手がけた、グリーン＆エコがテーマのホテル。館内のいたるところに緑が配され、涼しげな雰囲気。リゾート感ある屋外プール、スパ、レストラン、プール・バー、ジムが備わる。全室バルコニー付き。

日本風のデラックスツインルーム

住30 Đào Duy Từ　☎(0235) 3666222　URL silkeco.mulberrycollectionvn.com　料ⓈⓌⓉ105万ドン～　スイート200万ドン～（朝食付き）　カード ADJMV　全48室

川沿いのカジュアルリゾート
タンビン・リバーサイド　エコノミーホテル
Thanh Binh Riverside　MAP P.258-2A

タンビン・グループのなかで最も規模が大きい。客室は白壁と木目調の床のコントラストが上品な雰囲気で、全室バルコニー付き。またシャワールームとバスタブが分かれているのもうれしい。レストラン＆カフェやプール、スパなども揃いホテル滞在も楽しめる。

明るく、広々とした客室。写真はスイート・リバービュー

住Hamlet 6, Nguyễn Du　☎(0235) 3922923　URL thanhbinhriversidehotel.com　料ⓈⓌⓉ90万ドン～　スイート130万ドン～（朝食付き）　カード JMV　全81室

ホイアンの古民家を改装
ホイアン・エンシェント・ハウス・リゾート＆スパ　エコノミーホテル
Hoi An Ancient House Resort & Spa　MAP P.259上図-2B

古い民家を改装した雰囲気のあるホテル。広々とした敷地内には約200年前に建てられた古民家がそのまま残り、毎日5:00～16:00には昔ながらの製法でライスペーパーを作る工程を見学できる。ホテルと旧市街やビーチを結ぶ無料シャトルバスを運行。

明るく涼しげな雰囲気の客室

住377 Cửa Đại　☎(0235) 3923377　URL ancienthouseresort.com　料ⓈⓉ120万ドン～　スイート280万ドン～（朝食付き）　カード ADJMV　全56室

穏やかな空気が流れる
ホイアン・シック　ミニホテル
Hoi An Chic　MAP P.259上図-1B

ホイアン旧市街から車で約10分の所にある、フレンドリーなミニホテル。一面の田んぼビューが楽しめるインフィニティプールはリゾート感満点。広々とした客室はシックでモダンな雰囲気。無料のレンタサイクルあり。

田園風景のなかにあり、自然を満喫できる造り

住Nguyễn Trãi, Cẩm Châu　☎(0235) 3926799　URL hoianchic.com　料ⓈⓌⓉ140US$～（朝食付き）　カード AMV（手数料＋2～3％）　全17室

Voice! ホイアンの町なかは建築規制が厳しく、新規のホテル開業が難しい。アンバン・ビーチへの道沿いやビーチ沿いには年々増えてはいるものの、町全体での部屋数は決して十分ではない。特に40万ドン以下の安↗

ホテル Hotel

ランタンのインテリアがかわいい
コージー・ホイアン・ブティック・ヴィラズ ミニホテル
Cozy Hoi An Boutique Villas
MAP P.258-2A参照

旧市街から少し離れた路地裏にある、ホイアン旧市街をコンセプトにした小さなブティックホテル。上品な調度品でまとめられた客室はカラフルなランタンのモチーフが飾られ、かわいらしい雰囲気。バスタブ付きの部屋もある。

人気のホテルなので早めの予約が望ましい。無料レンタサイクルあり

住108/2 Đào Duy Từ　☎(0235)3921666　E-mail info@cozyhoianvillas.com　料Ⓢ Ⓦ Ⓣ198万ドン～（＋税・サービス料15%。朝食付き）　カード J M V　全17室

アンバン・ビーチのアットホームなミニホテル
カシュー・ツリー・バンガロー ミニホテル
Cashew Tree Bungalows
MAP P.259上図-1A参照

アンバン・ビーチまで徒歩約3分の路地に建つ。ビーチエリアにあるホテルらしく、バンガロー風の客室は天井が高く、天蓋付きのベッド、半屋外のシャワールームと開放的な雰囲気。

テラス付きの部屋もあり、朝食はテラスでとれる

住Block 8, Biển An Bàng, Cẩm An　☎(0235)6268686　E-mail cashtrewtreebungalow@gmail.com　料Ⓢ Ⓦ Ⓣ25US$～　ファミリー36US$～（朝食付き）　カード M V　全8室

田園ビューの人気ホテル
エデン・ホイアン・ヴィラズ ミニホテル
Eden Hoi An Villas
MAP P.259上図-2A

旧市街から車で約7分の田園地帯に2019年末オープンした比較的新しい一軒家ホテル。全12室と規模は小さいものの、客室は広々としてバルコニーからは田園風景が楽しめる。プールあり。

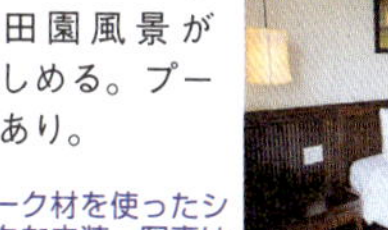

チーク材を使ったシックな内装。写真はスイートルーム

住63 Lý Thái Tổ　☎091-4013355（携帯）　E-mail edenvillahoian@gmail.com　料Ⓢ Ⓦ Ⓣ70万ドン～（朝食付き）　カード A J M V　全12室

居心地抜群の高コスパホテル
ラー・アン・ホームステイ ミニホテル
La An Homestay
MAP P.258-1B参照

旧市街から徒歩約10分とやや離れた場所にあるが、お湯の出がいいシャワー、清潔で居心地のいい部屋とサービスのよさで人気が高い。ホイアン名物から西洋料理まで選べる朝食（15万ドン）が充実しており、味もいい。満室になることが多いので早めに予約を。

バルコニー付きの部屋もある

住455 Hai Bà Trưng　☎094-6920808（携帯）　E-mail laanhomestay@gmail.com　料Ⓢ Ⓦ Ⓣ35万ドン～　カード A M V　全6室

Column ホイアンの不思議な水

ホイアンの小道を歩くとあちこちで井戸を見かけるが、実際に使われている形跡はほとんどない。そんななか、ホイアンの住人なら誰もが知っており、いまだ現役で利用され、そしてホイアンの食生活になくてはならない井戸がある。それがバーレー井戸（Giếng Bá Lễ MAP P.259-2C）だ。

言い伝えによると、この井戸はチャンパの時代から枯渇せず使われ続け、今にいたるという。しかも、ホワイト・ローズ（→P.248）やカオ・ラウ（→P.37、248）を作るための水はこの井戸水でなければ、あの味、あの食感は生まれないらしく、これがホワイト・ローズやカオ・ラウがほかの土地で食べられない理由のひとつでもあるという。

「狭い町での井戸水なんだから、地下水脈はつながっていて、どの井戸水も同じじゃないの？」との疑問もあるだろう。しかし、そんな疑問もどこへやら。ホイアンの人々はこのバーレー井戸の水だけは特別な物と信じ、現在はホワイト・ローズの皮やカオ・ラウの麺を作る一族にのみ利用が許されているという。

ここがバーレー井戸。ただの言い伝えなのか、水質に何かしらの秘密があるのか？

↘宿と呼ばれるホテルがほかの町に比べると少ない。ホイアンで宿泊する際、特に安宿を求める場合は早めの予約が望ましい。

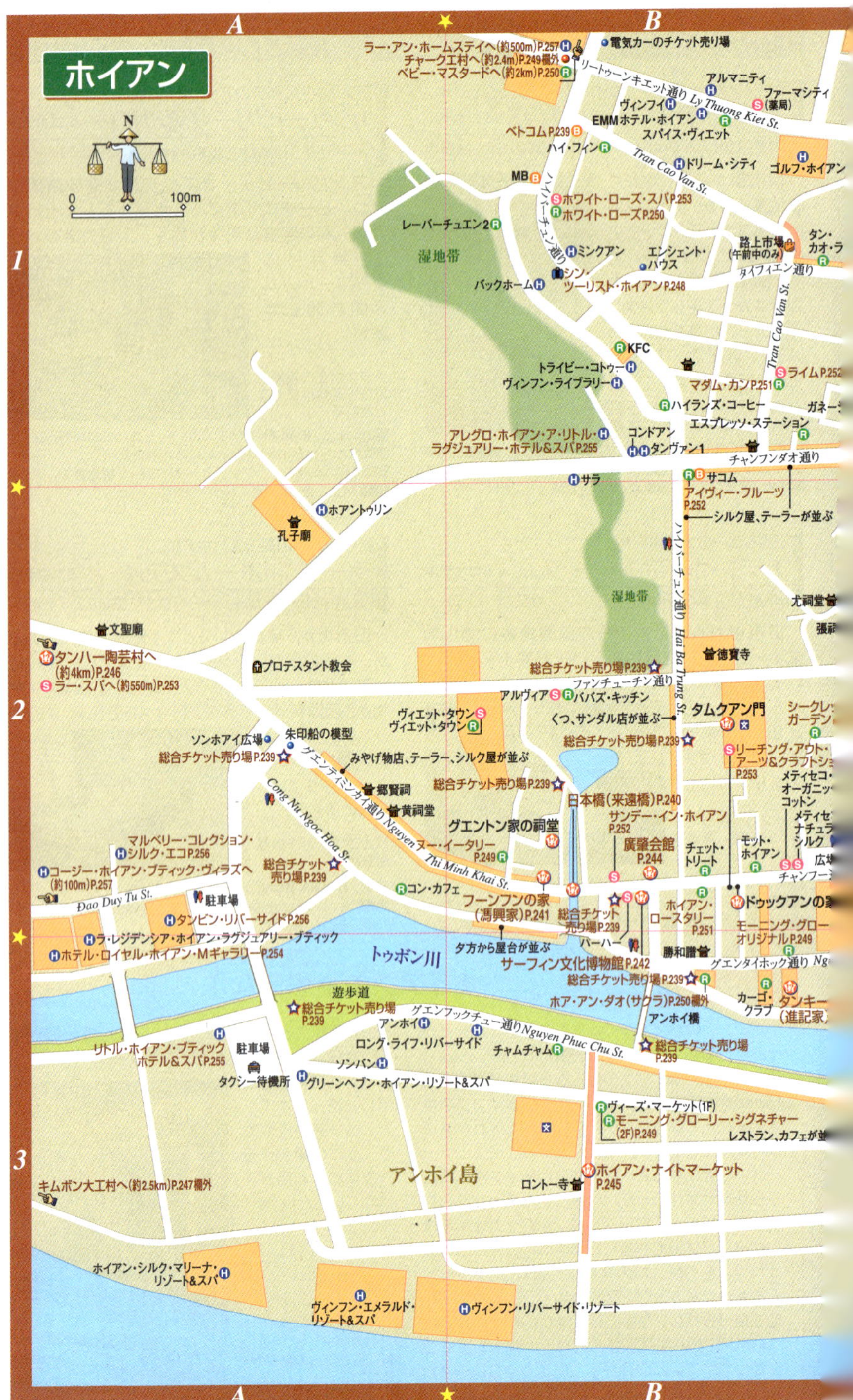
ホイアン
A
B
1
2
3
N
0
100m
ラー・アン・ホームステイへ(約500m)P.257
チャーク工村へ(約2.4m)P.249欄外
ベビー・マスタードへ(約2km)P.250
電気カーのチケット売り場
リートゥーンキエット通り Ly Thuong Kiet St.
アルマニティ
ファーマシティ(薬局)
ヴィンフイ
EMMホテル・ホイアン
スパイス・ヴィエット
ベトコム P.239
ハイ・フィン
Tran Cao Van St.
ドリーム・シティ
ゴルフ・ホイアン
MB
ホワイト・ローズ・スパ P.253
ホワイト・ローズ P.250
レーバーチュエン2
湿地帯
路上市場(午前中のみ)
タン・カオ・ラ
ミンクアン
エンシェント・ハウス
タイフィエン通り
シン・ツーリスト・ホイアン P.248
バックホーム
KFC
トライビー・コトゥー
ヴィンフン・ライブラリー
ライム P.252
マダム・カン P.251
ハイランズ・コーヒー
エスプレッソ・ステーション
アレグロ・ホイアン・ア・リトル・ラグジュアリー・ホテル&スパ P.255
コンドアン
タンヴァン1
チャンフンダオ通り
サラ
サコム
アイヴィー・フルーツ P.252
シルク屋、テーラーが並ぶ
ホアントゥリン
孔子廟
ハイバーチュン通り Hai Ba Trung St.
尤祠堂
文聖廟
タンハー陶芸村へ(約4km)P.246
ラー・スパへ(約550m)P.253
プロテスタント教会
徳寶寺
総合チケット売り場 P.239
ファンチューチン通り
アルヴィア
ババズ・キッチン
ヴィエット・タウン
くつ、サンダル店が並ぶ
タムクアン門
シークレット・ガーデン
ソンホアイ広場
朱印船の模型
総合チケット売り場 P.239
グエンティミンカイ通り Nguyen Thi Minh Khai St.
みやげ物店、テーラー、シルク屋が並ぶ
郷賢祠
黄祠堂
Cong Nu Ngoc Hoa St.
リーチング・アウト・アーツ&クラフトショップ P.253
日本橋(来遠橋)P.240
サンデー・イン・ホイアン P.252
グエントン家の祠堂
ヌー・イータリー P.249
廣肇会館 P.244
チェット・トリート
モット・ホイアン
マルベリー・コレクション・シルク・エコ P.256
コージー・ホイアン・ブティック・ヴィラズへ(約100m)P.257
総合チケット売り場 P.239
コン・カフェ
フーンフンの家(馮興家)P.241
総合チケット売り場 P.239
ホイアン・ロースタリー P.251
ドゥックアンの家
Dao Duy Tu St.
駐車場
タンビン・リバーサイド P.256
ラ・レジデンシア・ホイアン・ラグジュアリー・ブティック
ホテル・ロイヤル・ホイアン・Mギャラリー P.254
トゥボン川
夕方から屋台が並ぶ
バーハー
勝和譜
モーニング・グローリー・オリジナル P.249
サーフィン文化博物館 P.242
グエンタイホック通り
総合チケット売り場 P.239
遊歩道
総合チケット売り場 P.239
ホア・アン・ダオ(サクラ)P.250欄外
カーゴ・クラブ
タンキー(進記家)
アンホイ
グエンフックチュー通り Nguyen Phuc Chu St.
アンホイ橋
リトル・ホイアン・ブティックホテル&スパ P.255
駐車場
ロング・ライフ・リバーサイド
チャムチャム
総合チケット売り場 P.239
ソンバン
タクシー待機所
グリーンヘブン・ホイアン・リゾート&スパ
ヴィーズ・マーケット(1F)
モーニング・グローリー・シグネチャー(2F)P.249
レストラン、カフェが並ぶ
アンホイ島
ホイアン・ナイトマーケット P.245
ロントー寺
キムボン大工村へ(約2.5km)P.247欄外
ホイアン・シルク・マリーナ・リゾート&スパ
ヴィンフン・エメラルド・リゾート&スパ
ヴィンフン・リバーサイド・リゾート

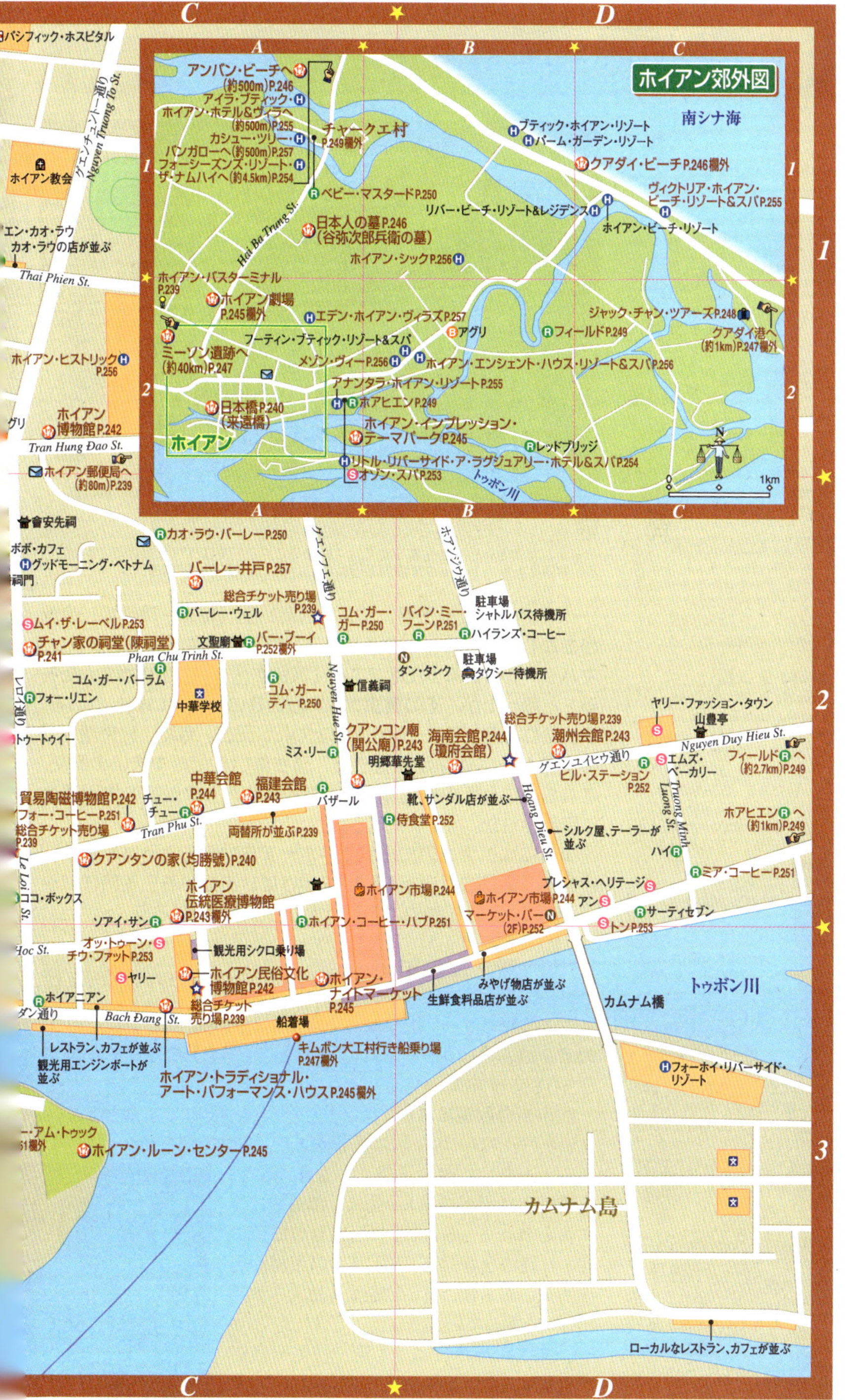
ホイアン郊外図
南シナ海
アンバン・ビーチへ(約500m)P.246
アイラ・ブティック・
ホイアン・ホテル&ヴィラへ(約500m)P.255
カシュー・ツリー・
バンガローへ(約500m)P.257
フォーシーズンズ・リゾート・ザ・ナムハイへ(約4.5km)P.254
チャークエ村 P.249欄外
ベビー・マスタードP.250
日本人の墓P.246(谷弥次郎兵衛の墓)
ホイアン・シックP.256
ホイアン・バスターミナルP.239
ホイアン劇場P.245欄外
エデン・ホイアン・ヴィラズP.257
フーティン・ブティック・リゾート&スパ
メゾン・ヴィーP.256
アグリ
ミーソン遺跡へ(約40km)P.247
日本橋P.240(来遠橋)
ホイアン
アナンタラ・ホイアン・リゾートP.255
ホアヒエンP.249
ホイアン・インプレッション・テーマパークP.245
リトル・リバーサイド・ア・ラグジュアリー・ホテル&スパP.254
オゾン・スパP.253
トゥボン川
レッドブリッジ
フィールドP.249
ジャック・チャン・ツアーズP.248
クアダイ港へ(約1km)P.247欄外
ホイアン・エンシェント・ハウス・リゾート&スパP.256
ブティック・ホイアン・リゾート
パーム・ガーデン・リゾート
クアダイ・ビーチP.246欄外
ヴィクトリア・ホイアン・ビーチ・リゾート&スパP.255
リバー・ビーチ・リゾート&レジデンス
ホイアン・ビーチ・リゾート
Hai Ba Trung St.
1km
パシフィック・ホスピタル
ホイアン教会
グエンチュント通り
Nguyen Truong To St.
エン・カオ・ラウ
カオ・ラウの店が並ぶ
Thai Phien St.
ホイアン・ヒストリックP.256
ホイアン博物館P.242
Tran Hung Đao St.
ホイアン郵便局へ(約80m)P.239
會安先祠
ボボ・カフェ
グッドモーニング・ベトナム
カオ・ラウ・バーレーP.250
バーレー井戸P.257
総合チケット売り場P.239
バーレー・ウェル
ムイ・ザ・レーベルP.253
チャン家の祠堂(陳祠堂)P.241
文聖廟
バー・ブーイP.252欄外
グエンフエ通り
コム・ガー・ガーP.250
バイン・ミー・フーンP.251
ホアンジウ通り
駐車場
シャトルバス待機所
ハイランズ・コーヒー
Phan Chu Trinh St.
タン・タンク
駐車場
タクシー待機所
コム・ガー・バーラム
フォー・リエン
中華学校
コム・ガー・ティーP.250
信義祠
Nguyen Hue St.
トゥートゥイー
クアンコン廟(関公廟)P.243
海南会館P.244(瓊府会館)
ミス・リー
明郷華先堂
総合チケット売り場P.239
潮州会館P.243
ヤリー・ファッション・タウン
山豊亭
Nguyen Duy Hieu St.
グエンユイヒウ通り
エムズ・ベーカリー
ヒル・ステーションP.252
フィールドへ(約2.7km)P.249
中華会館P.244
福建会館P.243
貿易陶磁博物館P.242
チュー・チュー
フォー・コーヒーP.251
総合チケット売り場P.239
Tran Phu St.
バザール
靴、サンダル店が並ぶ
侍食堂P.252
Hoang Dieu St.
Truong Minh Luong St.
シルク屋、テーラーが並ぶ
ハイ
ホアヒエンへ(約1km)P.249
両替所が並ぶP.239
クアンタンの家(均勝號)P.240
Le Loi St.
ミア・コーヒーP.251
ホイアン伝統医療博物館P.243欄外
ココ・ボックス
ホイアン市場P.244
ホイアン市場P.244
プレシャス・ヘリテージ
アン
サーティセブン
ソアイ・サン
ホイアン・コーヒー・ハブP.251
マーケット・バー(2F)P.252
トン P.253
Hoc St.
オッ・トゥーン・チウ・ファットP.253
観光用シクロ乗り場
ヤリー
ホイアン民俗文化博物館P.242
ホイアン・ナイトマーケットP.245
みやげ物店が並ぶ
生鮮食料品店が並ぶ
カムナム橋
トゥボン川
ホイアニアン
総合チケット売り場P.239
Bach Đang St.
船着場
レストラン、カフェが並ぶ
観光用エンジンボートが並ぶ
キムボン大工村行き船乗り場P.247欄外
ホイアン・トラディショナル・アート・パフォーマンス・ハウスP.245欄外
フォーホイ・リバーサイド・リゾート
ホイアン・ルーン・センターP.245
カムナム島
ローカルなレストラン、カフェが並ぶ

古都の風情が漂う、グエン朝最後の都

MAP 折表-2B

世界遺産 フエ

フエの市外局番
0234
Huế

フエの洪水

ベトナム中部は9～11月が雨季にあたり、フエは数年に1度、フーン川が増水し、新市街の家々の1階部分が水没するほどの大洪水に見舞われる。年々その周期は短くなり、1年に2度、3度と水があふれる年もある。

シクロで回る旧市街

シクロに乗ってゆっくりと王宮を1周、もしくは王宮周辺の車の少ない道を走る場合、1時間20万ドン～。シクロは町なかや王宮の出入口周辺でひろえる。

タントアン橋

Cầu Ngói Thanh Toàn
Thanh Toan Bridge

MAP P.266-1B参照
開24時間　休無休　料無料

市内から東へ約7kmのタントアン村にある、1776年建造の木造屋根付きの橋。当時は粗末な竹造りの橋しかなく、それを不便に思ったチャン・ティ・ダオという女性が村人の休憩所も兼ねる意味で、私財をはたいて造ったといわれている。橋の構造がホイアンの日本橋に似ていることから、欧米人からは「ジャパニーズ・ブリッジ」とも呼ばれる密かな人気観光地だ。橋の内部は人が座れる構造になっており、村人たちがここに座り雑談する姿も見られる。2021年に改修され、きれいになった。橋を渡った左側には農機具展示館（Nhà Trưng Bày Nông Cụ　開7:00～18:00　休無休　料2万ドン）があり、この地で使われてきた古い農機具が展示されている。

タントアン橋は村のシンボルにもなっている

ベトナム文化を体現する古都フエでは、町のそこここで宮廷文化を感じることができる。写真はトゥ・ドゥック帝陵内で行われている、伝統音楽の演奏風景。

ベトナム最後の王朝、グエン（阮）朝（1802～1945年）の都がおかれた町フエ。かつてユネスコの事務局長だったアマドゥ・マハタール・ムボウ氏はフエを「賞賛すべき建築上のポエムである」と語ったが、その言葉はズバリとこの町を言い表している。ゆったりと流れるフーン川のほとりに、王宮、寺院、皇帝陵などの風格ある建築物が点在する、落ち着いたたたずまいの町だ。これらいにしえの建造物群は、1993年にベトナム初の世界遺産に登録された。

フエにはダナンのにぎわいやホーチミン市のような喧騒は似合わない。静まり返った城内を歩けば、あたかも王朝時代にタイムスリップしたかのような錯覚にとらわれるだろう。

歩き方 Orientation

フエの町はフーン川を挟んで新市街と旧市街に分かれている。両者を結ぶのはチューンティエン橋とフースアン橋の2本の橋で、どちらも交通量は多い。

旧市街の散策は常にフラッグ・タワーを目印にして進むとよい。フラッグ・タワーの下には広場があり、木陰で語らうカップルや、サッカーをして遊ぶ子供たちも目に入る。王宮付近は平屋の家しかなく、部分的に苔に覆われた5～6mほどの石造りの城壁に囲まれ荘厳な雰囲気。逆にドンバ市場周辺は活気にあふれ、買い物をする地元の人々でごった返している。

一方、新市街にはフエ駅、住宅や商店が集まり、ホテルや観光客向けのレストラ

旧市街をシクロでのんびり回るのも一興

Voice クオック・ホック（Quốc Học）はホーチミンをはじめ、近代ベトナム史に名を残す要人たちが学んだ学校。かつては男子校だったが現在は共学の高校になっている。↗

通り沿いにレンタル衣装店が並ぶ線香村。レンタル料5万ドン

ンも多い。特に川沿いのレロイ通り北東には「フーンジャン」（→P.275）をはじめとした大型ホテルが並び、すぐ近くのファングーラオ通り周辺はレストランやバー、みやげ物店、エコノミーホテル、ミニホテルなどが集まるツーリスティックなエリアとなっている。

トゥイースアン線香村
Làng Hương Thủy Xuân
Thuy Xuan Incense Village
MAP P.266-2A
住Corner of Lê Ngô Cát & Huyền Trân Công Chúa
トゥドゥック帝陵（→P.267）近くの線香作りで有名な村。宮廷衣装をレンタルして、色とりどりの線香と写真を撮れるスポットとして人気になっている。定陵見物のついでにいかが？

インフォメーション ✿ INFORMATION

●**ベトコム・バンク　Vietcom Bank**
MAP P.276-2A
住160 Nguyễn Trãi　☎(0234)3931934
営7:30～11:30、13:30～16:30　休土・日曜
市内各所には上記のベトコム・バンク以外にも銀行があり、各行ともにUSドルと日本円の現金の両替が可能。各種クレジットカードでベトナム・ドンのキャッシングが可能（要パスポート）。ATMからはベトナム・ドンのみのキャッシングが可能。

●**ベトナム航空　Vietnam Airlines**
MAP P.276-3B
住23 Nguyễn Văn Cừ　☎(0234)3824709
営7:30～11:30、13:30～16:45　休無休
カード A J M V

●**中央郵便局**
MAP P.277-3A
住8 Hoàng Hoa Thám　☎(0234)3826278
営7:00～19:00（日曜～18:00）　休無休

アクセス ✿ ACCESS

フエへの行き方

●**飛行機**
ホーチミン市からベトナム航空（VN）とベトジェット・エア（VJ）が各毎日6便、バンブー・エアウェイズ（QH）が毎日1便運航。所要約1時間25分。ハノイからVNとVJが各毎日2便、QHが毎日1便運航。所要約1時間15分。ダラットからも便がある。

●**列車**
ハノイ方面およびホーチミン市（サイゴン駅）方面から各毎日4便ある。所要時間は列車の種類によって異なるが、一番速い便でハノイから約12時間46分、ホーチミン市（サイゴン駅）から約19時間、ニャチャンから約11時間54分、ダナンから約2時間27分（→P.412）。

●**バス**
ホーチミン市からはミエンドン・バスターミナルから6:00～18:00の間に寝台バスが14便運行。60万～70万ドン、所要19～25時間。ダナンからは7:00～19:30の間に十数便運行。15万ドン～、所要約2時間。そのほかニャチャン、ダラットなどおもな町からも便がある。ハノイからフエへの直行便はなく、ダナンで乗り換える必要がある。ハノイ～ホーチミン市間を運行する寝台バス利用でフエ下車も可能。

フエからの交通

飛行機、列車に関しては行き方の項(→上記)参照。

●**バス**
南部へのバスは、新市街から南へ約3kmのフエ南バスターミナル（Bến Xe Phía Nam Huế MAP P.266-2B）から出ている。ダナン（ランコー村経由）へは8:00～18:00の間に1時間に2～3便運行。8万ドン～、所要約3時間。ホーチミン市へは7:30～15:00の間に3便運行。70万ドン～、所要約25時間。旧市街から北西へ約5kmのフエ北バスターミナル（Bến Xe Phía Bắc Huế MAP P.266-1A参照）からはドンハ、ヴィン、ラオバオなどの北部への便が出ている。フエ郊外の近距離の町へはドンバ・バスターミナル（Bến Xe Đông Ba MAP P.276-2B）から出ている。

フエからラオスへの行き方

●**ツアーに参加する**
フエからダイレクトでラオスまで行く公共バスはない。旅行会社（→P.270）が運行するサバナケットやビエンチャン行きのバスを利用できる。DMZツアー（→P.270）に参加していく方法もあるが、2022年8月現在、DMZツアーは休止中。

フーバイ空港～フエ市内のアクセス

※2022年8月現在、下記情報のACVバスは新型コロナの影響で運休中。

●**フーバイ空港→フエ市内**
フエのフーバイ空港からフエ市内までは約15km。到着ターミナル内にベトナム空港公社(ACV)運行のバスのチケットカウンターがあり、市内のハノイ通り（MAP P.277-3B）まで運行。所要約30分。タクシーは22万ドン～が目安。所要約20分。

●**フエ市内→フーバイ空港**
ACV運行のバスは市内のハノイ通り（MAP P.277-3B　住20 Hà Nội）から出発する。基本的にフライトの2時間前に、1フライトにつきバス1台の運行のため、予約は早めに。予約をすればホテルまでピックアップに来てくれる。予約は☎093-4754774（携帯）。チケット販売は7:30～18:00。タクシーなら22万ドン～が目安。

↘赤いれんが造りの建物で、一面緑に覆われた校庭には、いたるところに学生が集う姿が見られる。MAP P.276-3B

グエン朝王宮

開夏季：6:30〜17:30、冬季：7:00〜17:00
休無休
料20万ドン、子供４万ドン
※上記料金にはフエ宮廷骨董博物館の入場料金が含まれる。

王宮と帝陵がセットになったチケットもあり、王宮＋ミンマン帝陵＋カイディン帝陵の３ヵ所は42万ドン、子供８万ドン。さらにトゥドゥック帝陵も加えた４ヵ所は53万ドン、子供10万ドン。発行日から２日間有効。

英語ガイド（１時間15万ドン）や12ヵ国語対応のオーディオガイド（日本語あり、10万ドン）は入口で申し込もう。

王宮への入口は王宮門の１ヵ所のみ、出口は顕仁門の１ヵ所のみ。

入場の際はノースリーブなど肌の露出した服装、ひざ上丈のパンツ・スカートは禁止。

威風堂々としたたたずまいの王宮門

王宮内の池のコイ

MAP 下図-2A

王宮門をくぐってすぐの所に池があり、数百匹の色とりどりのコイが泳いでいる。備え付けの餌を投げ入れると、水しぶきを上げていっせいに集まってくる。その餌を求めるパワフルな姿は、王宮のちょっとした名物にもなっている。

見どころ Sightseeing

★★★ 紫禁城を模したグエン朝の王宮

グエン朝王宮

MAP P.276-2A、下図

Đại Nội　Imperial Enclosure

1802〜1945年の間、13代もの長期にわたって政権を握ったグエン（阮）朝の王宮。東西約642m、南北約568m、高さ約6mの城壁に囲まれ、その外側にさらに壕が張り巡らされた長方形の王宮は、中国の紫禁城を模して建てたといわれる。門は東西南北にひとつずつあり、正門は南の午門で、そのほか東の顕仁門（Cửa Hiển Nhơn）、西の彰徳門（Cửa Chương Đức）、北の和平門（Cửa Hòa Bình）がある。敷地内には、正殿であるタイホア殿、菩提寺であるテートー廟のほか、皇族の住居や劇場などが存在していた。

王宮門（午門）

MAP 下図-2A、2B

Ngọ Môn　Ngo Mon Gate

紫禁城の午門を模して建てられた入宮門。ミンマン帝期の創建、カイディン帝期に再建されている。高さ約17mの石畳上の２層式の中国風の建物で、門口が５つあるが、中央の門は皇帝の外出時にしか使用されなかった。皇帝が使用する門だけに鳳凰が描かれている。左右の門は文官と武官が使用していた門で、外側の門は兵士やゾウ、馬などが使用していた。左右の門は現在、観光客の入口に使われている。Ngọ Mônを漢字に直すと「午門」と書くが、「午」は南の意味もある。これは、古代中国の「聖人君子が南から天下に耳を傾ければ、世の中は平和に治まる」との考え方に由来しており、正午になると建物の真上に太陽が来るためだともいわれている。建設当時は、石造りの門の上の木造の建物にはすべて金箔が貼られていたともいわれているが、現在はその名残は何もない。

タイホア殿（太和殿）

MAP 下図-2A、2B

Nội Điện / Điện Thái Hòa　Thai Hoa Palace

王宮の正殿。中央に玉座が置かれ、ここで即位式などさまざまな儀式が行われていた。こちらも紫禁城の太和殿を模して造られた。初代皇帝ザーロン帝が創建し、その後何度か修復されたがベトナム戦争中の1968年に完全に破壊され、1970年に再建された。

即位式など重要な儀式が執り行われていた。内部の撮影は禁止

屋根の上をはじめタイホア殿の随所に、皇帝を表す龍の装飾が施されている

テートー廟（世祖廟）
MAP P.262-2A
Thế Tổ Miếu　The To Temple

グエン朝の菩提寺。13代の歴代皇帝のうち、5・6・13代以外の10人の皇帝の位牌が祀られた祭壇が並んでいる。

ヒエン・ラム・カック（顕臨閣）
MAP P.262-2A
Hiển Lâm Các　Hien Lam Pavilion

テートー廟の前閣。ヒエン・ラム・カックとテートー廟の間にはミンマン帝によって造られた9つの大きな3本脚の鼎（かなえ）※が並ぶ。鼎には、それぞれ「高」、「仁」、「章」、「英」、「毅」、「純」、「宣」、「裕」、「玄」の文字と、ベトナム各地の四季折々の絵が刻まれており、興味深い。

鼎は高さ約1.5m、口径約1.4m、重さは約2.5トンもある

ジエントー宮（延寿宮）
MAP P.262-1A
Cung Diên Thọ　Dien Tho Residence

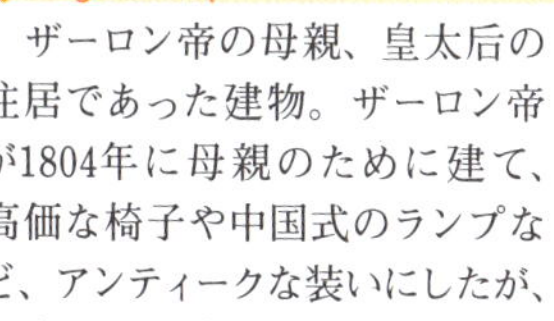

ザーロン帝の母親、皇太后の住居であった建物。ザーロン帝が1804年に母親のために建て、高価な椅子や中国式のランプなど、アンティークな装いにしたが、戦争による破壊や盗難のために現在はその面影はない。

内部には家具などが展示されている

ロイヤル・シアター（閲是堂）
MAP P.262-2B
Nhà Hát Duyệt Thị Đường　Royal Theatre

かつては皇族のみが楽しんだといわれるニャー・ニャック：Nhã Nhạc（雅楽）が行われた劇場を復元した建物。1日に2回、約40分間の雅楽と宮廷舞踊のショーが催されている。ニャー・ニャックはユネスコの世界無形遺産にも登録されている。

ショーで使用される仮面や衣装の展示もしている

ヒューヴー／ターヴー（右廡／左廡）
MAP P.262-2A、2B
Hữu Vu / Tả Vu　Hall of Mandarins / Ta Vu Building

当直の高級官吏の詰所だった所で、ヒューヴーは武官、ターヴーは文官が使用していた。現在では、ヒューヴーは皇帝の衣装を着ての記念撮影所になっており、ターヴーにはフエの世界遺産や王宮の修復工事についてのパネルが展示されている。

チューンサン宮（長生宮）
MAP P.262-1A
Cung Trường Sanh　Truong Sanh Residence

1822年、第2代皇帝ミンマン帝の時代に建設され、当初はチューンニン宮（Trường Ninh：長寧宮）と名づけられた。幾度かの修復工事を経て、1886年頃からは皇太后の住居として使用。1923年、第12代皇帝カイディン帝の時代に現在の名前に変わった。

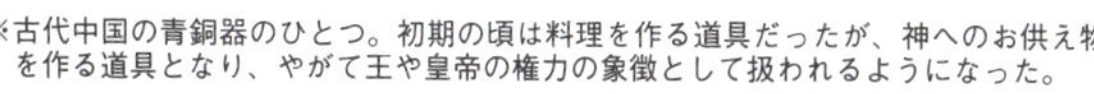

※古代中国の青銅器のひとつ。初期の頃は料理を作る道具だったが、神へのお供え物を作る道具となり、やがて王や皇帝の権力の象徴として扱われるようになった。

テートー廟の内部は土足厳禁

ヒエン・ラム・カックは1821～22年の間に建てられた

王宮内の電気カー
7人まで乗車でき、王宮内を巡ることができる。45分間24万ドン、60分間30万ドン。王宮からフエ宮廷骨董博物館までの運行は、2022年8月現在、休止中。
※すべて1台当たりの料金。

グエン朝の歴代皇帝
1 ザーロン帝（1802～20）
2 ミンマン帝（1820～41）
ザーロン帝の四男
3 ティエウチ帝（1841～47）
ミンマン帝の長男
4 トゥドゥック帝（1847～83）
ティエウチ帝の次男
5 ズックドゥック帝（1883）
トゥドゥック帝の甥
6 ヒエップホア帝（1883）
トゥドゥック帝の弟
7 キエンフック帝（1883～84）
トゥドゥック帝の甥
8 ハムギー帝（1884～85）
トゥドゥック帝の養子
9 ドンカイン帝（1885～89）
トゥドゥック帝の養子
10 タインタイ帝（1889～1907）
ズックドゥック帝の息子
11 ズイタン帝（1907～16）
タインタイ帝の息子
12 カイディン帝（1916～25）
キエンフック帝の息子
13 バオダイ帝（1925～45）
カイディン帝の息子

ロイヤル・シアター（閲是堂）
☎(0234) 3529219
開 開演時間は10:00、15:00（最少催行人数は10名）
休 無休
料 20万ドン（ミネラルウォーター付き）

きらびやかな装飾が施されたヒューヴー。宮廷衣装をレンタルし、王座に座った写真を撮れる

タイ・ビン・ラウ（太平樓）

MAP P.262-1B

Thái Bình Lâu　Emperor's Reading Room

第3代皇帝ティエウチ帝のもと、書斎として建てられた2階建ての木造建築物。1921年、第12代カイディン帝の時代に一度修復されている。2010年から4年間の修復を経て、2015年に一般公開が再開された。

美しいタイルで彩られた書斎は必見

フラッグ・タワー

MAP P.276-2A

Kỳ Đài　Flag Tower

1807年、ザーロン帝の時代に建てられた旗塔。台座は3層式で高さは17.4m、塔のてっぺんまで入れると29.52mにもなり、新市街からも眺められる。建造当初は木製だったが、大嵐や戦争で何度か破壊された。1969年に鉄筋コンクリートで建て直されたが台座には銃弾の跡が残る。

王宮門前の堀を挟んだ向かいにある

大砲（九位神公）

MAP P.276-2A、2B

Cửu Vị Thần Công　Nine Holy Cannons

初代皇帝ザーロン帝が造らせた9つの大砲。1803年より四季で分納し1年かけて完成した。王宮に向かって右側に四季（春夏秋冬）を表す4つの大砲が、左側には中国の五行思想（木火土金水）を表す5つの大砲が置かれている。これらの大砲は一度も使われたことはないが、超自然的な霊力があり、王宮を死守しているとされている。

貴重な宮廷コレクションが見られる

★★★ フエ宮廷骨董博物館

MAP P.276-2B

Bảo Tàng Cổ Vật Cung Đình Huế　Hue Royal Antiquities Museum

1923年に建てられ、近年修復工事を終えた博物館。グエン朝時代に宮廷で使用されていた玉座、衣装、日用品、御進物・貢ぎ物などが陳列されている。グエン朝王宮を巡るマクロな視点と異なり、細かな仕事のミクロな世界に浸りたい。

時間をかけてゆっくり鑑賞したい

大通り沿いの目につく立地

★ ホーチミン博物館

MAP P.276-3B

Bảo tàng Hồ Chí Minh　Ho Chi Minh Museum

フエはホーチミンが少年時代を過ごした土地で、当時の住まい（ホーチミンの家→欄外）など、彼にまつわる場所も多い。同博物館では、そうしたホーチミンゆかりの場所の紹介や当時の一家の生活の再現、ホーチミンの文書や遺物のほか、クオック・ホック（→P.260欄外）に関する展示もある。

フエ歴史博物館

Bảo Tàng Lịch Sử Thừa Thiên Huế

Thua Thien Hue History Museum

MAP P.276-2B

住23 Tháng 8

歴史革命博物館は新市街へ移転（2022年8月現在、準備中）。跡地が新たに歴史博物館となる予定だが、2022年8月現在、準備中。

フラッグ・タワー

ここは王宮の堀の外側になり、入場料なしで見学可能。

大砲（九位神公）

ここは王宮の堀の外側になり、入場料なしで見学可能。

大砲には、これが納められた経緯と神聖なる個々の名前などが刻まれている

フエ宮廷骨董博物館

住3 Lê Trực

☎(0234)3524429

開夏季：6:30～17:30、冬季：7:00～17:00　休無休

料グエン朝王宮のチケットにフエ宮廷骨董博物館の入場料金も含まれている。王宮チケット売り場でフエ宮廷骨董博物館のチケットももらうこと

ホーチミン博物館

住7 Lê Lợi　☎(0234)3822152

開7:30～11:30、13:00～17:00

休月曜　料2万ドン

600㎡の展示スペースに1300点を展示

ホーチミンの家

Nhà Lưu Niệm Bác Hồ

Ho Chi Minh's Memorial House

MAP P.276-2A

住114 Mai Thúc Loan

☎なし　開7:30～11:30、13:00～17:00　休月曜　料無料

ホーチミンが5～11歳および16～18歳の計10年間を過ごした家が、記念館として公開されている。

開館時間内でも閉まっていることがままある

Voice! 金・土曜18:00～翌2:00と日曜～24:00は新市街のファングーラオ（Phạm Ngũ Lão）通り、チューヴァンアン（Chu Văn An）通り、ヴォーティサウ（Võ Thị Sáu）通りが歩行者天国となる。

★★★ フランス風の内装が美しい宮殿 MAP P.276-3C

アンディン宮（安定宮）

Cung An Định　An Dinh Palace

カイディン帝の離宮として1917年に建てられた宮殿で、その後バオダイ帝が譲り受け住居として使用していた。1階には王宮内での使用品が展示され、2階にはバオダイ帝やナムフーン皇后の写真が展示されている。

内部にはきらびやかな装飾が施されている

★★ 各時代の貴重な陶磁器のコレクション MAP P.276-2B

グエン王朝陶磁器博物館

Bảo Tàng Đồ Sứ Kí Kiểu Thời Nguyễn　Museum of Nguyen Dynasty Commissioned Porcelains

フエの研究者チャン・ディン・ソン氏が設立した、グエン朝時代に皇族たちが使用していた陶磁器を展示した博物館。展示品は同氏の父、チャン・ディン・バー氏が1962年頃から収集し始めた貴重なコレクションばかりで、なかにはフランスや日本、中国で作られた陶磁器もある。

陶磁器の展示は、各皇帝の時代ごとに分かれている

★★ 東遊運動の革命家の墓がある MAP P.266-2B

ファン・ボイ・チャウ記念館

Nhà Lưu Niệm Phan Bội Châu　Phan Boi Chau Memorial Hall

日露戦争の日本の勝利に影響を受け、フランスからの民族独立を目指した「東遊運動」の立役者として有名な革命家、ファン・ボイ・チャウが1925～40年までフランスに軟禁されていた場所で、住まいや彼と両親の墓が残されている。敷地内には写真館も造られているほか、チューンティエン橋のたもとには彼の胸像がある（MAP P.277-2A）。

敷地内の軟禁場所はごく簡素な造りの小屋

★ フエの市場といえばここ MAP P.276-2B

ドンバ市場

Chợ Đông Ba　Dong Ba Market

1階は食料品、雑貨類、ローカルフードの屋台、2階はおもに衣料品売り場。内部は商品が山積みにされ、迷路のようになっている。東側の路上の生鮮食料品売り場は特に活気がある。

★ 水色のかわいらしい教会 MAP P.276-3C

フエ大教会

Nhà Thờ Dòng Chúa Cứu Thế　The Most Holy Redeemer

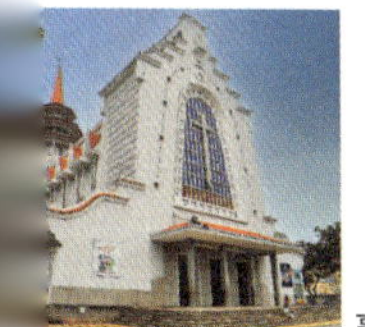

1959～62年の間に、アメリカの援助によって建てられた教会。ヨーロッパの建築様式と伝統的なベトナムの建築様式を融合させた独特な造り。淡いブルーで装飾された教会内部には、神聖な雰囲気が漂う。

高台に建つ教会前の広場は風が吹き渡り心地よい

Voice! 餅にゴマとピーナッツを練りこんだフエの伝統菓子「メースン」の老舗「ティエンフーン」本店（MAP P.276-2B）。空港の売店だと12万ドン以上する12個入りが4万7000ドンで買える。

フランス風の優美な宮殿。中央には等身大のカイディン帝の銅像が立っている

アンディン宮（安定宮）
住179B Phan Đình Phùng
☎なし　開夏季：6:30～17:30、冬季：7:00～17:00　休無休
料5万ドン、12歳以下無料

グエン王朝陶磁器博物館
住114 Mai Thúc Loan
☎090-5775166（携帯）
開8:00～11:30、14:00～18:00
休月曜
料3万ドン

トゥアンアン・ビーチ
Bãi Tắm Thuận An
Thuan An Beach
MAP P.276-1C参照

とてもきれいな海岸で、白砂青松とまではいかないが、やや茶色っぽい砂と透明な水が迎えてくれる。4～9月が海水浴シーズンで、特に6～8月には海の家や海鮮屋台がズラリと並び、おおいににぎわう。フエの人々はもちろん、近年は外国人旅行者の姿もちらほら見かけるようになった。10～3月は人影が少なく、海の家もほぼ休業状態。

市内からバイクで20～30分。トゥアンアン通りをひたすら真っすぐ行けばたどり着く。

ファン・ボイ・チャウ記念館
住119 Phan Bội Châu
☎なし
開7:30～11:00、13:30～17:00
休日・月曜　料無料
※2022年8月現在、写真館は閉館中。

ドンバ市場
営店によって異なるが、だいたい7:00～19:00　休無休

色とりどりの刺繍が施されたノンラー（すげ笠）売り場

フエ大教会
ミサは平日は5:15と17:30。土曜は5:15、15:00、19:30、日曜は5:30、8:00、17:00もある。ミサ以外の時間は不定期に入場可能。

郊外の見どころを回るには

●旅行会社主催のシティツアー（→P.270）を参照。

●タクシー
4人乗りで、半日50万ドン～（2ヵ所）、1日80万ドン～（5ヵ所）。

●バイクタクシー
天気に左右されるが便利。ホテルや旅行会社で手配可能。1日35US$～。

●レンタサイクル・バイク
各帝陵へは極端なアップダウンはないものの、市内から若干上り坂が続くため、体力のある人向き。雨季や真夏の自転車移動は厳しい。1日3万～4万ドン。各帝陵では若干の駐輪代がかかる。

ミンマン帝陵

開夏季：6:30～17:30、冬季：7:00～17:00　休無休
料15万ドン、子供3万ドン

郊外の見どころ　Sightseeing

★★★ グエン朝最隆盛を極めた皇帝の陵墓　MAP 下図-3A

ミンマン帝陵

Lăng Minh Mạng　Tomb of Minh Mang

1840年から3年間かけて建立されたこの陵は中国風の構成。ほかの陵と比べて最も威厳のある造りで、その調和性と手の込んだ装飾には目を見張るものがある。

正門は第2代皇帝ミンマン帝が亡くなった際に使用されただけで、現在は使用されていないため、向かって右横の左紅門、もしくは向かって左側の右紅門から中に入る。門をくぐり道なりに左へ行くと、白一色で敷き詰められた石畳の中庭に出る。ここには死者の霊魂を守るとされるゾウや馬、役人の石像が両側に立っている。そこから上に登るとミンマン帝の功績をたたえる石碑のある建物にいたる。その先の3つのアーチ型の顕徳門を過ぎると、皇帝と皇后の位牌のある建物、崇恩殿がある。さらに進み、ハス池に架けられた3本の橋を渡ると2層式の木造の明楼にいたり、三日月型のハス池に架かる橋を渡りきると、やっと墳墓に到着する。陵は日本の古墳のような小高い丘にあり、表面には草がうっそうと茂っているが、ミンマン帝はここには埋葬されておらず、埋葬場所がどこかはいまだにわかっていない。ちなみに、ミンマン帝は登用試験を採用するなど優れた皇帝で、ミンマン帝の在任期間が最もベトナムが発展した時代ともいわれている。

上／崇恩殿に続く顕徳門。3つの門のうち、中央は皇帝専用のため閉じられている　左下／華麗な崇恩殿　右下／崇恩殿に展示された龍の金印

Voice ミンマン帝陵、トゥドゥック帝陵、カイディン帝陵の入口ではオーディオガイド（日本語あり）の貸し出しがある。いずれも料金は7万ドン。

★★★ 生前は離宮として利用されていた

トゥドゥック帝陵

MAP P.266-2A

Lăng Tự Đức　Tomb of Tu Duc

1864年2月から1867年3月までの約3年間を費やして造られた、第4代皇帝トゥドゥック帝の帝陵で、広々とした別荘風の落ち着いた造りが絵画的な美しさを生み出している。門を入ってすぐ右側に大きなハス池があり、池岸には釣殿と涼しさを味わうための木造の建物、スンキエム殿がある。池の西側には、池を望むように皇帝を祀った寺があるが、ここは皇帝が長期滞在用に使用した宮殿といわれている。階段を戻り、池を右に見ながら200mほど歩いた左側にある階段を上ると、皇帝の功績をたたえる石碑がある。その奥にはまたハス池があり、さらに奥に石壁に囲まれた皇帝の墓がある。しかしトゥドゥック帝はここには埋葬されておらず、ほかの多くの皇帝と同様に埋葬場所がどこかはいまだにわかっていない。

左／トゥドゥック帝の直筆による20トンもの巨大な石碑が置かれている
右／皇帝と皇后の位牌のある和謙殿。滞在時にはここを使用していたといわれる

★★★ 東洋と西洋が入り混じる独特の建築

カイディン帝陵

MAP P.266-3B

Lăng Khải Định　Tomb of Khai Dinh

新しい物好きだったカイディン帝は、建築にも洋の東西にかかわらずさまざまな様式を取り入れた。加えて無宗教だったため、仏教、ヒンドゥー教、キリスト教の宗教建築も混在している

第12代皇帝カイディン帝の陵。1920年からカイディン帝の死後6年経過した1931年まで、11年かけて造られた。西洋風の建築で、芸術的にも優れた陵は、ほかの陵とは異なった趣がある。石の階段の手すりには龍が刻まれ、階段の上には馬やゾウ、役人の石像が立ち、陵を守っている。陵の背後には、皇帝の偉業をたたえた2層造りで八角形の小さな石堂があり、その両側に建つ高い塔はヨーロッパ風。陵の内部には金箔を施した青銅のカイディン帝の等身大の像があり、下に皇帝の遺体が安置されている。壁と天井は中国の磁器や日本のガラスでステンドグラスのように飾られ、美しい。左側の部屋は皇帝の遺品が展示されている。

カイディン帝の像は金箔が施されている。この像の地下9mに遺体が埋葬されている。歴代皇帝の中で唯一埋葬場所がわかっている皇帝

トゥドゥック帝陵

開夏季：6:30～17:30、冬季：7:00～17:00　休無休
料15万ドン、子供3万ドン

カイディン帝陵

開夏季：6:30～17:30、冬季：7:00～17:00　休無休
料15万ドン、子供3万ドン

陵を守る役人たちの石像

その他の帝陵

ティエウチ帝陵
Lăng Thiệu Trị
Tomb of Thieu Tri

MAP P.266-2A

開夏季：6:30～17:30、冬季：7:00～17:00　休無休　料5万ドン、12歳以下無料

第3代皇帝の陵。戦争時に破壊されたが修復もされず、そのままになっている。この陵は、彼の次男であるトゥドゥック帝の命により建設された。構成はミンマン帝陵とよく似ており、皇帝の功績をたたえる石碑、3本の橋が架かる三日月の池、一番奥に墳墓などが見てとれる。陵に向かって右側100mほどの離れた建物もこの陵の一部。

ザーロン帝陵
Lăng Gia Long
Tomb of Gia Long

MAP P.266-3B

開夏季：6:30～17:30、冬季：7:00～17:00　休無休
料5万ドン、12歳以下無料

フエ市内からは南へ約18kmも離れ、皇帝陵のなかでは最も遠くにある。また、かなり損壊も進んでおり、時間に余裕のある人か、この皇帝に興味のある人以外にはおすすめできない。1815年から6年かけて造られた初代皇帝ザーロン帝のこの陵は、ほかの陵とは異なって自然の地形をもとにして建築されている。

ドンカイン帝陵
Lăng Đồng Khánh
Tomb of Dong Khanh

MAP P.266-2A

開夏季：6:30～17:30、冬季：7:00～17:00　休無休　料5万ドン、12歳以下無料

市内から車かバイクで15～20分くらい南へ行った所にある。トゥドゥック帝陵とは車で数分の近さ。この皇帝は在位わずか5年のためか、ほかの陵よりも小さいが、田園風ののどかな雰囲気と調和している。この陵は1889年2月から12月にかけて造られた。2層式の屋根でほぼ立方体の形をしている。

ティエンム寺
開敷地内は24時間開放されているが、ダイフン寺は7:00～11:00、13:30～18:00
休無休　料無料

ベトナム戦争に抗議した住職がサイゴンまで乗った車

ティエンム寺の伝説
伝説によると、あるとき、若く見える顔つきながら、白髪と白い眉毛の老婆が赤い服と緑のズボンをはいて、ここの丘の上に座っていた。彼女は地元の人に「間もなくここに支配者がやってきて、彼が塔を建てるだろう」と予言をし、どこへともなく消えていった。そしてその老婆こそ実は天女で、その天女を記念してこの寺が建てられたという。そのことから、別名「天女の寺」とも呼ばれている。

ホンチェン殿
開夏季：6:30～17:30、冬季：7:00～17:00　休無休
料5万ドン、12歳以下無料
フーン川を下り、ミンマン帝陵へ行く途中、市内からは南へ約8km離れた森の中にある。車やバイク、自転車の場合は対岸から渡し船を利用する。往復1US$～。

上／DMZツアーのハイライトのひとつケサン基地跡。赤錆びた戦車、砲弾、輸送機、塹壕などが戦争遺物として保存されている　下／ヴィンモック・トンネルもケサン基地跡と人気を二分する見どころだ。写真はトンネル内での出産を再現した人形。実際にベトナム戦争中、トンネル内では十数人の子供が産まれたという

★★ 天女の伝説が残る　MAP P.266-1A

ティエンム寺

Chùa Thiên Mụ　Thien Mu Temple

1601年創建。仏塔は高さ21.24mの七層八角形で、各層には仏像が安置されている。仏塔の名はトゥニャン（慈悲）塔といい「幸福と天の恵み」を意味する。仏塔の裏には漢字でここの歴史が書かれた石碑があり、隣には約2トンの大きな鐘がある。そこを通り過ぎると、寺の中心となる釈迦を祀ったダイフン寺がある。ここの青銅の仏像は、タイソン党を破り、ザーロン帝を助けたポルトガル人のジーン・デ・ラ・クロイスによって造られた物だ。また、ベトナム戦争中、住職が政府に抗議して焼身自殺したことでも有名で、そのときに彼がサイゴンまで乗った車が中庭に展示されている。

ティエンム寺のトゥニャン塔はフエのシンボル的存在。フーン川の船上から眺めると風情がある。塔の両側には鐘と亀に載せられた石碑がある

★ 参拝すると婚期が遅れるとの言い伝えがある　MAP P.266-2A

ホンチェン殿

Điện Hòn Chén　Hon Chen Temple

別名を、このあたりの山の名前でもある、ゴック・チャン（Ngọc Trản）という。この寺は1832年に建てられ、しばしば名前が変更されているが、もともとはチャム族（→P.159下部欄外）の寺で、Y-A-NAという名前だった。かつては1年に2回の巡礼と、毎年1月20日に祭礼が行われていた。伝説によると、ニャチャンのチャム族の寺から神の遺骨の一部といわれる物を持ってきて、ここに奉納したといわれている。また「未婚の女性が参拝すると婚期が遅れる」といわれている。

★★ ベトナム戦争の激戦地跡を巡る　MAP 折表-2B

DMZ（非武装地帯）

Khu Phi Quân Sự　Demilitarized Zone

DMZとは「DEMILITARIZED ZONE（非武装地帯）」の略で、17度線近くを東西に流れるベンハイ川沿いに、幅約4kmに渡って定められた軍事活動ができない地域のこと。17度線を境に北ベトナムと南ベトナムが分裂した1954年から、ベトナム戦争が終結した1975年まで定められていた。

フエの旅行会社では、この非武装地帯の南を東西に走る国道9号線や国道1号線沿いに点在するベトナム戦争の激戦地跡を回るツアー（→P.270）を催行しており、欧米人に人気だ。激戦地の町ドンハ、アメリカ軍の長距離砲基地のあったロック・パイル、ブルース・スプリングスティーンの「ボーン・イン・ザ・USA」の歌詞にも登場する激戦の象徴にもなっているケサン基地跡、アメリカ軍の猛攻を避けるために掘られた地下基地&地下住居のヴィンモック・トンネル、南北分裂の象徴ともいえるベンハイ川に架かるヒエンルーン橋などを回る。

Voice「タンタン・ホットスプリングスThanh Tan Hot Springs」は、フエ中心部から約23km離れた所にある天然温泉。ホテル併設で敷地内にはスパもある。タクシーで片道約30↗

★★★ 世界最大の洞窟を有する

MAP 折表-2B

世界遺産 フォンニャ・ケバン国立公園

Vườn Quốc Gia Phong Nha-Kẻ Bàng Phong Nha-Ke Bang National Park

大小約300の鍾乳洞を有し、豊かな原生林に覆われた約８万6000ヘクタールの国立公園は、2003年にベトナムで５番目のユネスコ世界遺産に登録された。鍾乳洞のなかでも観光スポットとして人気なのが、フォンニャ洞窟（Động Phong Nha）、ティエンソン洞窟（Động Tiên Sơn）、天国の洞窟と呼ばれるティエンドゥーン洞窟（Động Thiên Đường）の３ヵ所。

フォンニャ洞窟とティエンソン洞窟は同じ山にあり、フォンニャ洞窟は川の水が山を削って形成された洞窟で、地底湖のような神秘的な雰囲気だ。約8kmにわたって地底川となった川をボートで進みながら見学する（途中、徒歩での見学もあり）。一方、ティエンソン洞窟は山の中腹にある洞窟で、鍾乳石が垂れ下がる開けた一部の場所が一般公開されている。

ティエンドゥーン洞窟は、フォンニャ洞窟、ティエンソン洞窟から直線距離で約7km離れた山中にあり、洞窟学者をして「世界中のどの洞窟も比べ物にならないほど美しい」と言わしめたほど石筍（せきじゅん）の美しさで知られる。また、2009年に調査が行われたソンドン洞窟（Hang Sơn Đoòng）は、全長約9km、最大高は約240mあり、2022年８月現在、世界最大の大きさを誇っている。ソンドン洞窟の観光ツアー（→欄外）が行われているものの、まだまだ観光で訪れるにはハードルが高い。

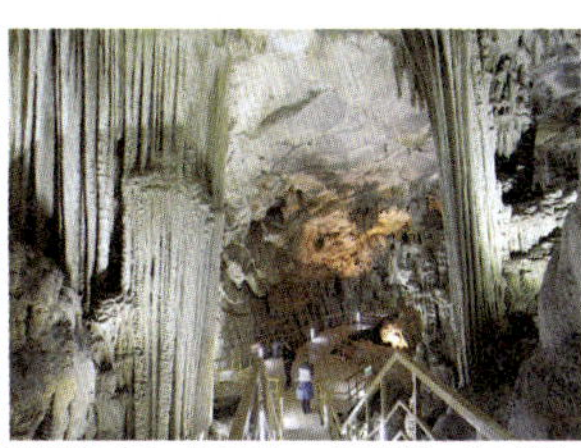

左／天井から地面に達する長いつらら石群が圧巻（ティエンドゥーン洞窟）　右／美しいライティングがよりいっそう神秘的な雰囲気を醸し出す（ティエンソン洞窟）

★★ 美しいビーチが有名な

MAP 右下図-2B、P.223-1A

ランコー村

Lăng Cô　Lang Co Village

フエから車でハイヴァン峠（→P.224）を越えてダナンへ向かう途中に、美しい砂州の広がる村がある。ヤシの木に囲まれた小さな村だが、真っ白な砂浜に囲まれて、絵画のような美しさだ。西側が干潟、東側の砂浜は鳴き砂で有名なランコー・ビーチ。ビーチにはリゾートホテル「ランコー・ビーチ・リゾート」がある。

白い砂浜が続くランコー・ビーチ。ハイヴァン峠の中腹からもランコー村が見える

フォンニャ・ケバン国立公園

☎(0232)3677110　開7:30～16:00
休無休　料フォンニャ洞窟：15万ドン、ティエンソン洞窟：８万ドン、身長130cm以下無料

上記の入場料以外に船代が必要。船は最大12人まで乗船可能で、洞窟ふたつを回って１隻55万ドン、所要約４時間。シェアしたい人が集まるのを待って乗ると安くできる。

ベストシーズンは３～８月。９～11月は雨季にあたり、川が増水して洞窟へ入れなくなることもあるため、事前に現地の旅行会社などで確認を。

ドンホイからツアーに参加するのが一般的だが、フエからもツアーがある（→P.270）。

ティエンドゥーン洞窟（天国の洞窟）

☎(0232)3506777　開夏季：6:30～17:00、冬季：7:00～16:00
休無休　料25万ドン、身長110～130cm12万5000ドン、110cm未満無料

駐車場から洞窟の入口の階段までは約1.5km。道は整備された森の中の一本道で迷うことはないが、電気カーもある。４人乗りは片道６万ドン、往復10万ドン。６人乗りは片道９万ドン、往復15万ドン。電気カー停車場から10分ほど石段を上ると洞窟の入口に到着する。

ソンドン洞窟へのツアー

オキザリス・アドベンチャー・ツアーズ
Oxalis Adventure Tours

住Phong Nha, Bố Trạch, Tỉnh Quang Bình
☎(0232)3677678、091-9900357（携帯、ホットライン）
URL oxalisadventure.com
営7:30～12:00、13:30～17:30（土曜～12:00）
休日曜　カード J M V

ソンドン洞窟ツアー（５泊６日7200万ドン～）を主催。３ヵ月前までにウェブサイトから要予約。

ランコー村

フエ中心部から車で約１時間30分。

↘万ドン。MAP P.276-3A参照　住Phong Sơn, Phong Điền, Thừa Thiên - Huế
☎(0234)3553225　URL thanhtanhotsprings.com

旅行会社＆ツアーオフィス TRAVEL OFFICE & TOUR OFFICE

旅行会社&ツアーオフィス

●フエ観光情報促進センター

Hue Tourism Information

MAP P.276-2A 住106 Đinh Tiên Hoàng
☎(0234) 3820241
URL www.vietnamhuekanko.com
営7:30～11:30、13:30～20:30（土曜～17:00）
休日曜 カード不可

政府が運営するインフォメーションセンター。
※2022年８月現在、休業中。

●シン・ツーリスト・フエ

The Sinh Tourist Hue

MAP P.277-1C 住38 Chu Văn An
☎(0234) 3845022 URL www.thesinhtourist.vn
営6:30～21:30 休無休 カード J M V

ベトナム各地に支店をもつツアーオフィス。
※2022年８月現在、休業中。

●バックパッカー・ホステルズ・トラベルデスク

Backpacker Hostels Travel Desk

MAP P.277-1B 住10 Phạm Ngũ Lão ☎(0234) 3933423 営7:00～23:00 休無休 カード不可

バイクや自転車のツアーが多く、宿泊客以外も参加可。前日までの予約が必要だが、参加人数に余裕があれば当日10:00までは参加可能なツアーもある。

●ハン・カフェ（ハーフーン・ツーリスト）

Hanh Cafe（Ha Phuong Tourist）

MAP P.277-1C 住28 Chu Văn An
☎(0234) 3837279
営7:00～18:00 休無休 カード不可

市内ツアーのほか、おもな町へのオープンツアーバスを運行している。

バス会社

●フーンチャン　Phuong Trang

MAP P.266-2B
住97 An Dương Vương（フエ南バスターミナル内）
☎1900-6067（ホットライン）、091-1994426（携帯）
営7:00～20:00 休無休 カード不可

ベトナム全土で展開する大手バス会社でホーチミン市（40万ドン）、ダラット（38万ドン）など、おもな町へのバスを運行。上記へは基本的に３列×２段の寝台バスでWi-Fiも無料で利用でき快適だが、バスのタイプは事前に要確認。

●キャメル・トラベル　Camel Travel

MAP P.277-2C 住62 Chu Văn An
☎(0234) 3829456
営6:00～21:00 休無休 カード不可

ダナンやホイアン（各10万ドン）、フォンニャ洞窟のあるドンホイへの夜行バス（20万ドン）など、おもな町へのオープンツアーバスを運行する。

現地ツアーについて

フエにはグエン（阮）朝時代の遺跡が数多く点在し、それらを巡るシティツアーが人気。また、中部ベトナムはベトナム戦争の激戦地でもあり、当時の戦跡をたどるDMZツアーが各旅行会社で催行されている。

旅行会社はチューヴァンアン通りやグエンタイホック通りに多く集まるが、ホテルでツアーを申し込める所も多い。旅行会社によってツアー料金や内容は変わる。※2022年８月現在、各社とも以下のグループツアーはすべて休止中。プライベートツアーは組んでくれるが、ふたり参加でひとり99万ドンなど、かなり割高。なお、下記記載の料金はすべて2020年３月時点のものなので、再開後は値上がりしている可能性が高い。

●シティツアー

ホテルまでのピックアップ、英語のガイド、昼食付きで24万9000ドン～（各入場料は別料金）。7:30頃出発、17:00頃帰着。午前中にカイディン帝陵、ミンマン帝陵、トゥドゥック帝陵、午後にグエン朝王宮、ティエンム寺をバスで巡り、ボートで市内に戻るコースが一般的。途中にトゥイースアン線香村（→P.261欄外）などを挟むコースのほか、半日ツアー（午前発、午後発）もある。

●DMZツアー

英語ガイド、各見どころの入場料込みで49万9000ドン～。ロック・パイル、ヒエンルーン橋、ヴィンモック・トンネル、ホーチミン・ルート、ケサン基地跡、戦没者墓地などの戦跡を見学する。7:00頃出発、17:30頃帰着。帰りは渋滞に巻き込まれることもある。

●フォンニャ洞窟ツアー

ガイド、昼食付きで59万9000ドン～（入場料、ボート代込み）。6:30頃出発、20:00頃帰着。各旅行会社ともに６～８月のみ催行している。９～11月は水量が増して洞窟へ入れないこともあるため、プライベートツアーの場合は現地で要確認。

●ティエンドゥーン洞窟（天国の洞窟）ツアー

ガイド、昼食付きで69万9000ドン～（入場料込み）。6:30頃出発、20:00頃帰着。

ティエンドゥーン洞窟（天国の洞窟）は季節に関係なく入場可能。通常、フォンニャ洞窟とティエンドゥーン洞窟のふたつを一度に回るツアーは催行されていない。プライベートツアーなら１日でフォンニャ洞窟とティエンドゥーン洞窟のふたつを巡ることも可能だが、早朝に出発しても帰着は21:00頃と、かなりのハードスケジュールとなる。

●フーン川遊覧

レロイ観光船乗り場　Bến Thuyền Du Lịch Lê Lợi

MAP P.276-3A 住5 Lê Lợi ☎(0234) 3846744
営船によって異なるが、だいたい8:00～16:00
休無休 カード不可

小舟から30人近くが乗れる大型船まで、さまざまな船でフーン川を遊覧できる。ふたりで１時間乗ると25万ドン／ひとり～、３人だと20万／ひとり～など。

●カー・フエ　Ca Huế

MAP P.277-1B

宮廷音楽を聴きながら遊覧船が楽しめる。船は19:00、20:00発の１日２便。所要約１時間の遊覧航行。１隻は25人乗りで、ひとり15万ドン。ドリンク付きだが、食事は付いていない。

Voice! フエ名物のコム・ヘン（→P.38）の本場はヘン島（MAP P.276-1C）。「ヘン島＝シジミ島」の名前のとおり、この周辺ではシジミ漁が盛んで、専門店も多い。またフーン川の支流、ニューイー川沿い（MAP ↗

レストラン Restaurant

美しい庭が自慢の宮廷料理店
イータオ・ガーデン 宮廷料理
Y Thao Garden MAP P.276-2A参照

広く美しい庭を開放した静かなガーデン席、王朝時代の建物を模した上品なアンティークルームなど4つのエリアに分かれている。ランチ、ディナーともに美しい盛りつけの宮廷料理（→P.40）のセットメニュー（28万～60万ドン／ひとり用）のみ。

約150席を擁する大型店で、陶磁器コレクションも有名

住3 Thạch Hãn ☎(0234) 3523018 営11:00～22:00
休無休 カードJMV 予約望ましい

瀟洒なコロニアル空間で優雅なひとときを
レ・ジャルダン・ドゥ・ラ・カラムボル ベトナム&フランス料理
Les Jardins De La Carambole MAP P.276-3A

コロニアル様式のヴィラレストラン。優雅な雰囲気と上質のサービスとともに、フエ料理を含むベトナム料理やフランス料理を味わえる。ベトナム料理のセットメニューが34万ドン～。少しカジュアルな雰囲気の2号店（MAP P.277-1C）もある。

おすすめは庭が見えるテラス席。天気の良い日はガーデン席も○

住32 Đặng Trần Côn ☎054-3548815（携帯）
営7:00～23:00 休無休 カードMV 予約不要

安くておいしいカジュアルレストラン
マダム・トゥー ベトナム料理
Madam Thu MAP P.277-1C

バイン・ベオ（→P.30、5万5000ドン／10個）などフエの名物料理を気軽に味わえるカジュアルな店。メニュー数は多くはないが、1品4万ドン～とリーズナブルで、ひとりでも入りやすい雰囲気。おすすめは、フエ料理全種のスペシャルセット（写真）。

11種類のフエ料理を少しずつ楽しめて16万ドンはお得

住45 Võ Thị Sáu ☎(0234) 3681969
営9:00～22:30 休無休 カード不可 予約不要

フエ料理を気軽にたっぷり食べられる
ハン フエ料理
Hanh MAP P.277-2C

2022年に新装開店したフエ料理店で、広くて清潔感がある。バイン・ザム・イット（5万ドン）など、代表的なフエ料理が手頃な価格で揃う。食後には、パッションフルーツソース添えプリン（2万5000ドン）をどうぞ。写真付きメニューで注文しやすい。

バイン・セオ（→P.38）によく似たフエ料理バイン・コアイは3万ドン

住11-15 Phó Đức Chính ☎(0234) 3833552
営10:00～20:30 休無休 カード不可 予約不要

バイン系料理の殿堂的存在
バードー フエ料理
Ba Do MAP P.276-1B

バイン・ボット・ロック（→P.31）の名店。ほかにも、フエを代表する「バイン○○」といった料理（5万ドン～）が勢揃いで、どれも他店よりプリプリしていておいしい。庶民的な雰囲気の店内は広いが、いつも多くの地元の人や観光客で混雑している。

バイン・ボット・ロック5万ドン。バイン・ベオ（→P.30）は6万ドン

住8 Nguyễn Bỉnh Khiêm ☎(0234) 3541182
営8:00～21:30 休無休 カード不可 予約不要

シジミご飯の有名店
ニョー フエ料理
Nho MAP P.276-3B

フエ名物のシジミご飯、コム・ヘン（→P.38、1万3000ドン）の名店。「パークビュー・ホテル」の敷地内にある。創業22年のこの店は、フエに多数あるシジミご飯店のなかでも特においしいと有名。ほかにブン・ヘン（シジミ入り米麺、1万ドン）もお試しあれ。売り切れ次第閉店。

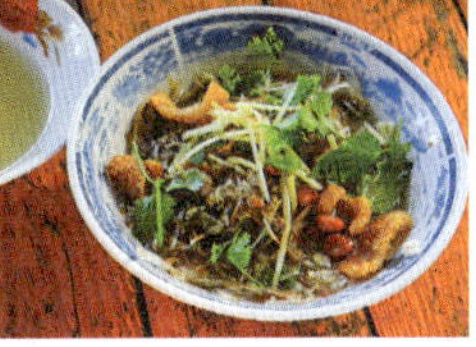
ピーナッツやバナナの花のつぼみなどの具が載り、食感が楽しい

住13/137 Hàn Mặc Tử ☎090-6433223（携帯）
営7:00～12:00 休無休 カード不可 予約不要

↘P.276-2C）にもコム・ヘンを出す店が多い。お気に入りの味を探し、ディープな世界を探求するのもいいだろう。ただし、どの店も英語は通じにくい。

必ず食べたいフエの牛肉麺
キムドン１ 麺
Kim Dong 1 MAP P.276-3B

食事時は地元っ子で満席になるブン・ボー・フエ（→P.36）の店。人気の秘密はフワフワに仕上がった分厚い牛肉。スパイシーなスープやツルツルの麺との相性も抜群だ。市内に支店（住21 Nguyễn Thị Minh Khai）もある。

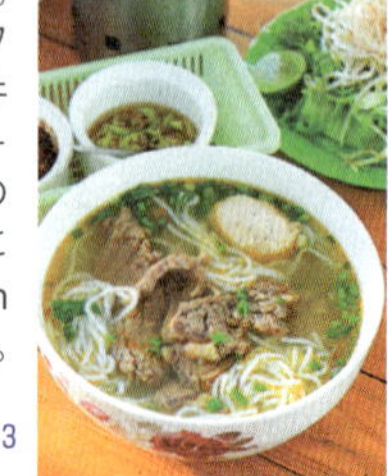

具材は注文時に選べ、1杯3万5000ドン〜

住56 Hai Bà Trưng ☎091-5088175（携帯）
営6:00〜21:00 休無休 カード不可 予約不要

讃岐うどん好きなら気に入るはず
フーン 麺
Huong MAP P.277-3A

フエに数あるバイン・カイン・クア（→P.36）の店の中でも、ここが1番人気。濃厚なカニ味噌風味のスープとコシのある太麺が絶品と評判だ。カニの殻がときどき入っているのが玉にキズだが、本物のカニをふんだんに使っている証拠だと思えば許せる範囲。

トッピングなしのカニだけが入ったバイン・カイン・クア3万ドン

住30 Phạm Hồng Thái ☎079-4224131（携帯）
営6:00〜21:00 休無休 カード不可 予約不要

帝陵めぐりの朝ごはんにいかが?
フインアン ベトナム料理
Huyen Anh MAP P.266-1A

創業46年、フエ人なら誰でも知っているバイン・クオン（→P.38）の有名店。ひと皿の量は少なく、小腹がすいたときに食べられる。ブン・ティット・ヌオン（→P.37、3万ドン）、ティット・ヌオン（豚焼肉、7万ドン）もおいしい。

ひと皿5個入りで2万5000ドン。ヌックマムベースのソースが付く

住50 Kim Long ☎(0234)3525655
営8:00〜19:00 休無休 カード不可 予約不要

庶民的なベトナム食堂
ラックタン ベトナム料理
Lac Thanh MAP P.276-2B

旧市街にある、観光客に人気の小さな食堂。ブン・ボー・フエ（→P.36）などフエ料理もひと通り揃い、どれもおいしい。つくねをライスペーパーに包んで食べるネム・ルイは、豚肉、鶏肉、魚介などから選べる。英語メニューあり。

ボリューミーなつくねが好評のネム・ルイは4万ドン

住6 Đinh Tiên Hoàng ☎(0234)3524674
営7:00〜22:00 休日曜 カード不可 予約不要

母娘が切り盛りするフエのスナック屋台
ムーミー フエ料理
Mu My MAP P.276-3C

バイン・エップは、タピオカ粉と卵の生地に干しエビや牛ミンチ、パテ、ネギなどの具材を載せて、2枚の丸い鉄板で薄く挟み焼きにするフエの屋台料理。添えられた野菜をバイン・エップで春巻のようにに巻き、ソースを付けて食べる。少しかための薄焼き卵といった食感だ。

1枚6000ドンでひと皿5枚入り。種類を混ぜた注文もOK

住27 Lê Hồng Phong ☎078-9494404（携帯）
営14:00〜21:00 休無休 カード不可 予約 不要

遠慮していては注文できない混雑店
チェー・モートンディック 甘味
Che Mo Ton Dich MAP P.276-2B

伝統的な種類がひととおり揃う、フエで最も人気が高いチェー（→P.46）の店。店内は狭く、開店してすぐに周囲の路上に客があふれかえる。席の確保も難関だ。数人で訪れるなら、12種類のチェーを一度に味わえるセットメニュー（7万ドン）をぜひ試してみて。

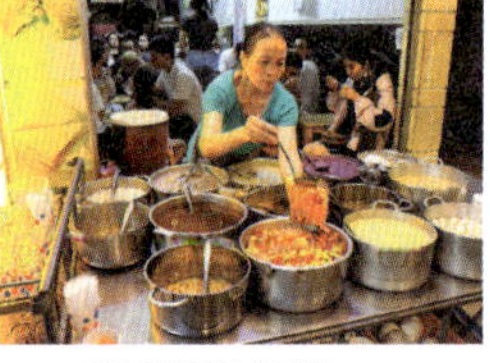

店頭のチェーを指さし注文できるが、忙しそうな店員を呼び止めるのが至難の業

住20 Đinh Tiên Hoàng ☎098-6408694（携帯）
営18:00〜24:00 休無休 カード不可 予約不可

✉塩コーヒーを「フィンホリック」（→P.273）で試してみました。ベトナムコーヒーのストロングな甘みと塩味のミルクフォームがベストマッチ。とてもまろやかな仕上がりになっていておいしかったです。（東京都 ヤマ '22）

宮廷茶がいただける庭園カフェ
ヴィー・ヤ・スア
カフェ
Vy Da Xua MAP P.276-1C

ベトナム風庭園の趣のあるカフェ。店内からも庭が眺められる造りで、居心地のいい空間だ。抹茶ラテ（5万8000ドン）やアイスクリームのほか数種類の生薬を配合したフエ名物の宮廷茶、チャー・クンディン（Trà Cung Đình、6万9000ドン）もある。

宮廷茶はブレンド別に7種類あり、写真は美肌効果があるというもの。ピーナッツを使った甘味（右奥）といただく

住131 Nguyễn Sinh Cung ☎054-3827131（携帯）
営6:15～22:30 休無休 カード不可 予約不要

フエ産のコーヒーが飲める
フィンホリック
カフェ
PhinHolic MAP P.277-3C

フエ郊外の山地で栽培された、希少なアラビカコーヒー「アー・ルイ A Lưới」を提供。自家焙煎のアー・ルイ（2万7000ドン～）は、ベトナム式、ハンドドリップなどから抽出方法が選べる。フエ名物の塩コーヒー（3万2000ドン）もあり、コーヒー好きなら訪れたい店。

コーヒー以外のメニューも多数

住65 Bến Nghé ☎091-1715551（携帯）
営7:00 ～ 22:30 休無休 カードJMV 予約不要

その他のレストラン Restaurant

ニナズ・カフェ
Nina's Cafe
カフェ MAP P.277-3B
住16/34 Nguyễn Tri Phương ☎(0234) 3838636
営9:00～20:30 休無休
カード不可 予約不要

ミニホテルが集まる路地奥の立地でとても静か。1品5万ドン前後からとリーズナブルな価格と、半オープンなダイニングが欧米人にも人気。さまざまなフエ料理を味わえるセットメニュー（17万ドン～）など。

リエンホア
Lien Hoa
精進料理 MAP P.276-2C
住3 Lê Quý Đôn ☎093-5266046（携帯）
営8:00～21:00 休毎月旧暦2・16日
カード不可 予約不要

精進料理店の多いフエのなかでも、安くておいしいと評判の店。隣接するお寺による経営で、僧侶もよく利用している。野菜、豆腐、湯葉などを使った料理（2万ドン～）は種類豊富で、味も完成されており食べ応えがある。

チェー・ヘム
Che Hem
甘味 MAP P.277-3B
住1 Kiệt 29 Hùng Vương ☎(0234) 3822099
営10:00～22:30 休無休
カード不可 予約不要

路地の奥のローカル度100%のチェー（→P.46）の店。チェーはどれも素朴な味わいで、紫イモのチェー（Chè Khoai Tía）など15種類あり、すべて1万5000ドン。店内は小さなテーブルと椅子があるだけで、夕方は若者たちでいっぱい。

ショップ Shop

上品なウエアが手に入る
シエロ
ウエア
Cielo MAP P.277-1C

フエ出身のデザイナーが経営する小さなブティック。フラワープリントなどをあしらったフェミニンなアイテムが豊富で、生地はリネンやコットンなど肌に優しい素材をチョイス。シルエットもゆったりとした物が多いのも特徴だ。ワンピースは60万ドン～。

カンカン帽やバッグなどの小物類もチェックしたい

住31 Chu Văn An ☎090-5531189（携帯）
営8:00 ～ 22:00 休無休 カード不可

フエにゆかりある作家作品を集めた
ター・ギャラリー
ギャラリー＆ベトナム雑貨
Ta Gallery MAP P.277-2C

フエ出身またはフエ在住アーティストの作品を展示・販売するショップ＆ギャラリー。漆絵と油絵が中心で、フエの風景を鮮やかな色彩で表現した作品は、見るだけでも楽しい。バッチャン焼をはじめとする陶器やウエア、布小物などのハンドメイド雑貨もある。

花柄のカップ＆ソーサー（25万ドン）

住44 Phạm Ngũ Lão ☎(0234) 3824894、091-4196992（携帯） 営9:00～12:00、15:00～22:00 休無休 カードJMV

Voice! 食品みやげを買うなら旧市街にあるスーパーマーケット、「コープマート」（MAP P.276-2B）がおすすめ。宮廷茶（→上記）も売っている。

ホテル  Hotel

コロニアル邸宅を改装した
アゼライ・ラ・レジデンス・フエ 高級ホテル
Azerai-La Residence, Hue MAP P.276-3A

各国の要人も宿泊する５つ星ホテル。建物の一部は、約90年前に建てられたフランス統治時代の提督の邸宅を改装したもので、館内の内装や調度品はコロニアル調で統一され洗練された空間。客室はクラシカルなデザインで、部屋ごとに異なるデコレーション。

スーペリアリバービュー

住5 Lê Lợi ☎(0234)3837475
URL www.azerai.com 料Ⓢ①500万ドン〜（朝食付き）
カード A J M V 全122室

中心部に近いナチュラル系リゾート
ピルグリミッジ・ビレッジ 高級ホテル
The Pilgrimage Village MAP P.266-2B

広い敷地内には、コテージタイプの客室、スパ棟、レストラン棟などが点在。100%ナチュラルなプロダクツを使用したスパやヨガクラスは豊富なメニューで、非日常の時間が流れる。飲食施設は５つあり、宮廷料理も楽しめる。

モダンと伝統が融和した内装

住130 Minh Mạng ☎(0234)3885461
URL www.pilgrimagevillage.com
料Ⓢ225万ドン〜 スイート800万ドン〜（朝食付き）
カード A D J M V 全173室

ラグーン沿いの自然派リゾート
ヴェダナ・ラグーン・リゾート&スパ 高級ホテル
Vedana Lagoon Resort & Spa MAP P.223-1A参照

緑あふれる広大な敷地を有するラグジュアリーホテル。ハネムーン&ウエディング・パッケージなどが充実し、ふたりだけのロマンティック・ディナーなどの要望にも応えてくれる。フエまで毎日シャトルバスを運行。

ラグーンの先端に位置し、朝日から夕日まで眺められる

住41/23 Đoàn Trọng Truyến, Phú Lộc
☎(0234)3681688 URL www.vedanalagoon.com
料ⓈⓌ①437万ドン〜（朝食付き） カード A D J M V
全142室

高級感あるエレガントなデラックスホテル
インドシン・パレス 高級ホテル
Indochine Palace MAP P.276-3C

館内はゴージャスな内装で凛とした空気が感じられ、調度品も高級品でまとめられている。ベトナム料理と西洋料理のレストラン、ピアノの生演奏を楽しめるラウンジバーなど、飲食施設のレベルが高い。

インドシナ時代を彷彿させるエレガントなインテリアのデラックスキングの客室

住105A Hùng Vương ☎(0234)3936666
URL www.indochinepalace.com
料ⓈⓌ①180万ドン〜 スイート200万ドン〜（朝食付き）
カード A D J M V 全222室

フエで最も歴史あるホテル
ホテル・サイゴン・モリン 高級ホテル
Hotel Saigon Morin MAP P.277-2A

1901年創業の、フエで最も歴史あるホテル。白を基調にしたコロニアル調の内装が上品な印象。客室内の調度品はモダンで、設備も十分。ベトナム料理を中心としたレストランのほか、中庭にはプールとガーデンカフェがある。

プレミアリバーデラックスルーム

住30 Lê Lợi ☎(0234)3823526
URL www.morinhotel.com.vn 料Ⓢ252万〜336万ドン
Ⓦ①294万〜378万ドン スイート735万〜2100万ドン（＋税・サービス料15%。朝食付き） カード A D J M V 全180室

重厚な装飾で気分は王侯貴族
エンシェント・フエ・ガーデン・ハウジーズ 高級ホテル
Ancient Hue Garden Houses MAP P.266-1A

王宮近くにある、フエ宮廷料理の高級レストランが開いた隠れ家ホテル。レストランだけの利用も可。フエの伝統家屋を模したヴィラに、部屋ごとに異なる趣向を凝らした９室だけの客室を擁する。フエ王朝時代の貴族の気分を味わえそうだ。

チューンティエン・ハウスと名づけられた客室

住104/47 Kim Long ☎(0234)3590356
URL www.ancienthue.com.vn 料ⓈⓌ①350万ドン〜 スイート450万ドン〜（朝食付き） カード A D J M V 全９室

ホテル Hotel

リバービューの客室がおすすめ
フーンジャン　高級ホテル
Huong Giang　MAP P.277-1C

　フーン川沿いの大型ホテルで、リバービューの客室からは美しい川の流れが眺められる。客室には籐の家具が配され、設備も十分。3棟からなる館内には、宮廷料理を楽しめる「ロイヤル」、プール、サウナ、スパがある。

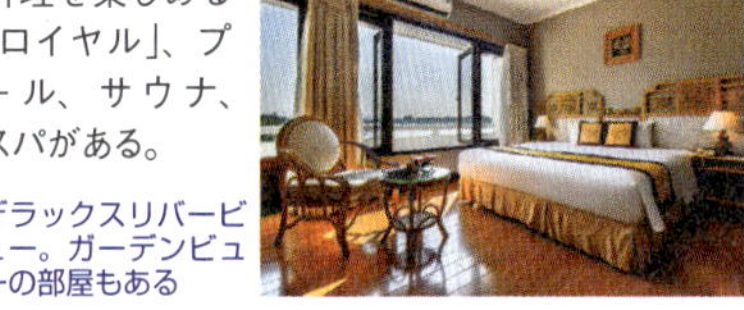

デラックスリバービュー。ガーデンビューの部屋もある

住51 Lê Lợi　☎(0234)3822122
URL www.huonggianghotel.com.vn　料ⓈⓉ100万ドン～　スイート180万ドン～（朝食付き）　カード AJMV　全163室

明るく広々とした大型ホテル
ムーンタン・ホリデイ・フエ　高級ホテル
Muong Thanh Holiday Hue　MAP P.277-2B

　フーン川沿いのレロイ通りにある11階建てホテル。まぶしいほどに白い外観が印象的で、明るく広々としたロビーは都会的なデザイン。全室バルコニー付きで広く、設備、調度品ともに高級感がある。

バスルームとベッドルームはガラスで仕切られ、開放感がある（デラックスツインルーム）

住38 Lê Lợi　☎(0234)3936688
URL holidayhue.muongthanh.com　料ⓈⓌⓉ140万ドン～　スイート295万ドン～（朝食付き）　カード MV　全108室

2022年オープンの新築ホテル
ジェイド・シーン　エコノミーホテル
Jade Scene　MAP P.276-2C

　ミニホテルがひしめく路地奥にあるが、歩ける範囲に飲食店が多く、ホテル前までタクシーも入れるので便利。ほとんどの部屋にバルコニーが付くうえ、屋上のプールからはフエ市内が一望できる。スタッフもとても親切。

ロビーや部屋には趣向を凝らした壁画が

住30/42 Nguyễn Công Trứ　☎093-5353117（携帯）
料ⓈⓌ30US$　Ⓣ40US$（朝食付き）
カード ADJMV（手数料＋3％）　全35室

繁華街に近くて何かと便利
タンティエン・フレンドリー　エコノミーホテル
Than Thien Friendly　MAP P.277-1C

　レストランやカフェ・バーの集まるエリアにあり町歩きに便利。清潔な客室は上品な家具で統一され、テレビ、冷蔵庫、ドライヤー完備。シャワー・トイレ別室で、気持ちよく過ごせる。1階レストランでの朝食ビュッフェは評判がいい。

大きな窓から日差しが入るデラックスルーム

住10 Nguyễn Công Trứ　☎(0234)3834666
URL thanthienhotel.com.vn　料ⓈⓌⓉ17US$～　スイート45US$～（朝食付き）　カード ADJMV　全37室

清潔&リーズナブル
ストップ&ゴー・ホームステイ　ミニホテル
Stop & Go Homestay　MAP P.276-2C

　ミニホテルやエコノミーホテルが並ぶ路地に建つ。スタッフの応対がよく、ツアーアレンジなどの相談にも乗ってくれる。客室は広くはないが、明るく清潔に保たれていて気持ちがいい。テレビ、ミニ冷蔵庫、ドライヤーなど基本設備も揃う。

シンプルで小ぎれいな客室

住43 Lane 42 Nguyễn Công Trứ　☎(0234)3841269
URL www.stopandgohomestay.com　料ⓈⓌⓉ34万ドン～
カード MV　全9室

居心地抜群の人気ホテル
サニー C（オリジナル・ビンジュオン 4）　ミニホテル
Sunny C(Original Binh Duong 4)　MAP P.276-3B

　オーナーやスタッフは日本語が堪能で、オーナーの奥さんは日本人。客の面倒見がよく、旅行者に大人気。レンタサイクル・バイク、日本語の本のほか、ツアーアレンジも可能だ。静かな環境&客室は明るく清潔と、人気のため早めの予約を。

室内設備は高級ホテルに遜色ないほど充実

住7/25 Hai Bà Trưng　☎(0234)3849662、093-4716780（携帯、日本語可能）　URL binhduonghotel.info/100
E-mail binhduong_aki@yahoo.co.jp（日本語可能）　料Ⓢ16US$　Ⓦ17US$　Ⓣ18～20US$　Ⓓ3US$　カード MV　全10室

その他のホテル

アンサナ・ランコー
Angsana Lang Co

高級ホテル　MAP P.223-1A参照

住 Cù Dù Village, Lộc Vĩnh Commune, Phú Lộc　☎(0234)3695800
URL www.angsana.com　料ⓈⓌⓉ175US$～（＋税・サービス料15%。朝食付き）　カード ADJMV　全222室

フエ・フーバイ空港から約42kmの所にあるリゾート。客室は広々としており、ナチュラル素材を生かしたスタイリッシュなインテリア。飲食施設やスパ、各種リゾートアクティビティも揃う。フエやホイアンへの無料シャトルバスも運行。

インペリアル
Imperial

高級ホテル　MAP P.277-3B

住 8 Hùng Vương　☎(0234)3882222
URL imperial-hotel.com.vn　料ⓈⓉ160万ドン～　スイート300万～1050万ドン（朝食付き）　カード AMV　全195室

日本のVIPも宿泊した16階建ての高層ホテル。晴れた日の上階からの展望は自慢のひとつで、特に最上階の「キングス・パノラマ・バー」のテラス席からの眺めは最高。

サニー A（オリジナル・ビンジュオン 1）
Sunny A(Original Binh Duong 1)

ミニホテル　MAP P.277-3B

住 17/34 Nguyễn Tri Phương　☎(0234)3829990、091-3495663（携帯、日本語可能）　URL E-mail サニー C（→P.275）と同じ
料Ⓢ10～12US$　Ⓦ12US$　Ⓣ12～14US$　カード MV　全24室

世界中のバックパッカーに大人気の老舗ホテル。ツアーアレンジ、レンタサイクル・バイクなどが可能。全室エアコン、テレビ、ホットシャワー付き。サニーA～Cまで3軒が同経営で、同じ路地にあるサニーBは料ⓈⓉ16US$～。

フエ全図

Voice! 旧市街のハントゥエン（Hàn Thuyên）通りは、だいたい15:00から翌3:00（無休）くらいに、バン・カン・ドゥーン・ハントゥエン（Bánh Canh Đường Hàn Thuyên）と呼ばれるバイン・↗

ひと味違ったフエの見方

チューンティエン橋のライトアップ＆夜市

夜、時間をもて余しているのならフーン川に架かるチューンティエン橋（MAP P.276-2B）へ行ってみよう。この橋は毎日18:30～22:00にライトアップされており、数秒ごとにライトの色が変化する演出は見る者を飽きさせない。橋の左右に歩道もあるので歩いて渡るのもおもしろい。ちなみに、この鉄筋の橋は1897年にフランスによって架けられた物で、設計はエッフェル塔で有名なギュスターヴ・エッフェルといわれている。

橋のたもとには記念写真屋なども営業し、けっこうなにぎわい

チューンティエン橋の南側の川沿いには、外国人旅行者向けのみやげ物店が数軒並ぶ

さて、夜この橋まで来たのなら、橋のたもとの夜市ものぞいてみよう。このフォー・デム・フエ（Phố Đêm Huế）と呼ばれる夜市には、衣料品やファッション雑貨の店、チェーの屋台などが並んでいる。夕涼みも兼ねて毎夜地元民が集まり、なかなかの盛況ぶりだ。

MAP P.276-2B 開18:00～22:00 休無休（大雨は中止）

フエ新市街図

N
0 200m
A B C
1 2 3
フーン川
ステイ
Nguyen Cong Tru St.
タンティエン・フレンドリー P.275
リゾット
フーンジャン P.275
ロイヤル（1F）
ミニホテルが並ぶ
富楼寺
フローラ
コーヒーハウス
みやげ物店、マッサージ屋が並ぶ
アオザイ・ショー
アリタ
トロピカル・ガーデン
ゴールデンスター
チュー・カフェ・ラウンジ
シン・ツーリスト・フエ P.270（2022年8月現在、休業中）
センチュリー・リバーサイド・フエ
マダム・トゥー P.271
Chu Van An St.
レト・ハンドメイド
ビストロ・ラ・カラムボル（2号店）P.271
Vo Thi Sau St.
ライフ
ミニホテルが並ぶ
トア・カム
DMZバー
カー・フエ（チケット売り場）P.270
センチュリー
ハン・カフェ P.270
バックパッカーズ・ホステル
（ハーフーン・ツーリスト）
シエロ P.273
ホアンティエン
バックパッカー・ホステルズ・トラベルデスク P.270
オーキッド
ホットツナ
オンタオ
観光船乗り場
レストラン、カフェ、みやげ物店が並ぶ
アジア
ビアウーア
ムーンタン・ホリデイ・フエ P.275
Pham Ngu Lao St.
ティエン・ティー
ソンフーン
ター・ギャラリー P.273
デンダウ
シヴァ・シャクティ
チューンティエン橋 P.277
ザ・サンリバー
オプラ33
サンライト
彫刻が並ぶ公園
ミニホテルが並ぶ
ミニホテルが並ぶ
ミッド・タウン
バナナ・フラワー
キンドー
ブラウニーズ
アボス
レロイ通り Le Loi St.
Nguyen Thai Hoc St.
ロマンス
リトルイタリー
フエ師範大学
ヴィラ・フエ
競技場
キャメル・トラベル P.270
公安
Tran Quang Khai St.
ファン・ボイ・チャウの胸像 P.265
Tran Cao Van St.
サコム
ニャーハン・コムニェウ
VIB
グランド・コーヒー
オコビア
ベンゲー通り
シェアカフェ
フォー・デム・フエ（夜市）P.277
ラ・メゾン
ハン P.271
公園
ホテル・サイゴン・モリン P.274
ワン・コーヒー＆ベーカリー
路上市場
サイゴン・ツーリスト
ヌック・イタリー
チャンカオヴァン通り
コン・カフェ
トゥーンラック寺
インペリアル P.276
B-41
Ben Nghe St.
キングス・パノラマ・バー（16F）
ハイランズ・コーヒー
Nguyen Tri Phuong St.
チェリッシュ・フエ
タイビン2
竹
ユイタン2
MB
Truong Dinh St.
マンダリン・カフェ
ユイタン
ラ・ブーランジェリー・フランセーズ
ホワイト・ロータス
ジェットスター・パシフィック航空
ユイタン
エルドラ
アルバ・スパ
Pham Hong Thai St.
ルア・ビール
チェー・ヘム P.273
フィンホリック P.273
中央郵便局 P.261
ホアンカウ
Hung Vuong St.
コック・カフェ
ビンミン・サンライズ
タンロン
トゥイーユーン
ジェイド
Le Quy Don St.
ホットヤキ
サニー A P.276（オリジナル・ビンジュオン1）
チャンカオヴァン通り
アグリ
Hoang Hoa Tham St.
フーン P.272
サニー B P.276（オリジナル・ビンジュオン3）
ニナズ・カフェ P.273
ハノイ通り
Ha Noi St.
サイゴン
BIDV
空港へのバス、空港からのバスの発着所（2022年8月現在、運休中）P.261
ロータリー
文化センター
ミン・カフェ
AB
テレビ局
2022年8月現在、工事中
ヴィンコム・プラザ

↘カイン・クア（→P.36）の屋台が並ぶ屋台街に変身する。地元の人々になかなかの人気だ。
MAP P.276-2A、2B

読者投稿

空港から市内へのタクシー

ホーチミン市のタンソンニャット国際空港から市内へのメータータクシーで「評判がいいのはビナサン・タクシー、マイリン・タクシー」という記述がありますが（→ P.57 欄外）、現地のぼったくり白タクもこの情報を知っており、メーター使用のタクシー乗り場に向かって歩いていると、「ビナサン・タクシーですよ」とか「マイリン・タクシーだよ」と声をかけてきます。つい信用しそうになりますが、うそですから必ずタクシー乗り場まで行って車体を見てから乗車してください。

（東京都　きえっち　'19）['22]

ニンビンのチャンアン・クルーズ

屋根のない小舟に乗って楽しむチャンアン・クルーズは、ピンクのハスの花が咲く川をのんびりと進みます。頭を低くしないと通れない洞窟の入口には、「LAM CAVE」などの名称や長さを記した看板が取り付けられているのでお見逃しなく。いくつかの洞窟のほかにも、黄金に輝く仏像が祀られた寺院や鐘楼が建てられた小島があり、上陸してリラックスする方々も見受けられました。帽子・日傘・飲み物を持参して暑さ対策をしながらの2時間……。ときおり川面に吹く風に癒やされました。

（東京都　石原麻紀　'19）['22]

ハザンのルンフィン市場

ハザンで有名な市はドンヴァンとメオヴァックの日曜市（→ P.392）ですが、旧暦の猿の日、虎の日に開かれるルンフィンの市もおすすめです。ルンフィンまではドンヴァンからバイクで約1時間。バイクを運転できない私はバイクタクシーを予約、6:00 にドンヴァンを出発。メオヴァック経由ではなく、ロックマウンテンを抜けるルートを要望。眼下に霧の立ち込めるなか走る風景は美しかったです。ドンヴァン、メオヴァックが町なかの市場なのに対して、ルンフィンは山あいの小さな村全体が市場！　という感じです。観光客慣れしているサパ、バックハーと違い、おみやげを強くすすめてくることもなく、「地元の人々の市」を味わえます。ルンフィン往復は、バイクタクシーで 50 万ドンでした。

バンゾック滝、グオムガオ洞窟おすすめルート

カオバンからバスで 3 時間かけバンゾック滝へ。滝を見学したあと、バイクタクシーでグオムガオ洞窟へ。片道 5 万ドン。帰りは洞窟入口のおみやげ屋さんに声をかけてバイクを出してもらおう。滝まで戻る必要はないので、バスの通る道路まで 3 万ドンで送ってもらい、バンゾック滝からのバスに乗りカオバンに戻る。滝から洞窟の 3km を歩きたくなければ、このルートがおすすめです。

（以上、神奈川県　山崎かおり　'19）['22]

窃盗タクシーに注意

空港出口で待ち受けるタクシーの客引きに引っかかり、現金を盗まれました。手口はこうです。

①ビナサン・タクシーの社員証（おそらく偽物）を見せて信用させ、車に誘導する。
②車に乗せたあと、料金交渉を持ちかけ、前払いさせる（料金はそんなに高くない）。
③料金を支払おうとして、財布から札を取り出そうとすると、数えてあげると言い、強引に札を取り上げる。
④取り返そうと、もみ合いになる。
⑤この間にお金を抜かれる（50 万ドンを 3 枚抜かれましたが、そのときは、あまりの早技にまったく気づきませんでした）。
⑥別の車に乗り換えさせられる（おそらく、⑤で抜いた金を回収するため）。
⑦何事もなかったかのように、目的地まで送る（カムフラージュのためか、やけに親切で愛想がいい）。

まず、声をかけてくるタクシーには、絶対に乗らないほうがいいです。出口から少し歩けば、客を待つまともなタクシーが並んでいるので、社名とメーターを確認のうえ、自分で声をかけて乗れば、ほぼ間違いないと思います。

（東京都　たかし　'19）['22]

ハロン湾ワンナイトクルーズ

初めてのベトナム旅行でハロン湾に行ってみたかったのですが、ハノイから片道 4 時間というネット情報を見てゆっくり1泊することにしたところ期待以上に楽しめました。バーヤ・クルーズの宿泊、往復送迎込みのプランで、ふたりで約 370US$ でした。ツアーにはカヌー約 30 分、ビーチでの海水浴約 40 分、洞窟探検、ベトナム料理ショー、早朝の太極拳などなど、イベント盛りだくさんで飽きずに過ごすことができます。むしろやること盛りだくさんで夜はぐっすりでした。もちろん興味がわかなかったり、ゆっくりしたい人などは参加は自由。食事は到着した日のランチビュッフェ、選べるディナーと翌日の朝食とブランチも出ます。ベトナム料理が苦手だったり、自分のタイミングで何か食べたい人は乗船前にハノイから食べ物や飲み物を持っていったほうがいいと思います。船上にはバーがあるのでアルコールやソフトドリンクには困りません。部屋はダブルベッドとシャワー＆トイレ付き。冷房・冷蔵庫も完備。Wi-Fi もありましたが、部屋では弱いので食堂で使用してる人が多かったです。非日常的な景色を楽しみながらゆっくりと時間を過ごし、とても癒やされました。ちなみにハノイとハロン湾の往復は高速道路を利用して 2 時間半ほどでした。

（神奈川県　ミチコッシー　'19）['22]

夕食とビール 1 杯が無料！ ハノイの日本人向けホテル

「ホテル呉竹荘トーニュム 84 ハノイ」（→ P.339）の姉妹店「くれたけイン キンマー 132」ですが、夕食のカレーライス（おかわり自由）とビール 1 杯が無料でした。疲れて外に出かけたくないとき、ホテル内で食事を済ませられたので助かりました。ハノイのノイバイ国際空港から 90 番のバスに乗り、終点のキムマー通りで降りて歩いて 5 分と、とても便利な所にあります。

（千葉県　谷本直久　'19）['22]

都市ガイド

北部

たくさんの少数民族に出会えるバックハー（→P.375）

新旧が隣り合う、政治と文化の中心地

MAP 折表-1B

ハノイ

ハノイの市外局番
024

Hà Nội

寺社の呼び名は？

ベトナム、特にハノイには多くの寺社が存在するが、その呼び名には微妙な使い分けがある。これを知っておくだけでも、寺社を理解するのに大きな手がかりとなるはずだ。

Chùa（チュア）：仏教寺で、漢字では寺。

Đền（デン）：歴史上の実在した人物を神格化して祀った建物で、漢字では祠。

Miếu（ミエウ）：歴史上の実在した人物の霊を祀った建物で、漢字では廟。

Điện（ディエン）：神々を祀った建物で、漢字では殿。

Đình（ディン）：庭に造られた休息用などの建物で、漢字では亭。

トイレ

公衆トイレが市内各所、市場内などに設置されている。使用料は2000～3000ドン。係員がいて、一応、掃除もされている。

国内線と国際線の移動

国内線のターミナル1と国際線のターミナル2は約850m離れており、無料シャトルバスが5:15～翌0:50の間に15～25分間隔で運行している。そのほか、電気カーが7000ドンで運行。

入国手続きについて

具体的な入国手続きについてはP.404の「入国の手順」を参照のこと。

空港のツーリストインフォメーション

Tourist Information

営8:00～20:00　休無休

ハノイ市が運営するツーリストインフォメーション（→P.313）。

※1986年、第6回ベトナム共産党大会において、市場経済と外交開放を柱に提起されたスローガン。「刷新」と訳されることも多い。

かつての城下町の趣をたたえるハノイ旧市街（→P.288）。気の向くまま散策しよう

ベトナム社会主義共和国の首都、ハノイ。南のホーチミン市が商業の中心なら、こちらは政治・文化の中心都市だ。11世紀に首都タンロン（昇龍）がおかれ、以来1000年の歴史をもつ古都にふさわしく由緒ある寺社が多い。その一方では、フランス統治時代に建てられた洋館や教会も多く残されている。整然と走る美しい並木の道路、点在する湖や公園。道行く人々の表情もどこか穏やかな感じで、街全体に落ち着いた雰囲気が漂う。

ドイモイ政策※にともなう経済改革では、ホーチミン市に一歩リードされているかのようだが、ハノイも負けてはいない。街なかのビルはどんどんと建て替えられ、人々の服装もオシャレに、そしてバイクや高級車の数が急増している。特に市の南西側のミーディン地区、カウザイ区は近代的な高層ビルが続々と建ち、ハノイの新都心となりつつある。

ハノイはハロン湾やサパ、ニンビンなどの北部観光の起点にもなる街だ。また、陶器村のバッチャンや伝統文化村のドゥオンラムなど、伝統工芸や歴史に触れられる見どころも注目され、年々、外国人観光客も増えている。

ハノイ・ノイバイ国際空港到着

空港内でできること

●両　替

到着ホールにはベッティン・バンクなどがあり、日本円、USドルなどの現金からベトナム・ドンへの両替が可能で、両替レートは市内の各本店とほぼ同レート。ATMコーナーもあり、マスターカード、ビザカードなどからベトナム・ドンのキャッシングが可能。銀行の営業時間、ATMの稼働時間ともに年中無休で、その日の始発便の到着時間から最終便到着時間まで、とされているが、銀行は不定期に無人になることが多い。また国際空港といえど、テト（旧正月）の3日間はすべての銀行が休むため要注意。

ハノイの住所欄の表記について：住所欄には通り名に続き、行政区画の区を入れていますが、ベトナム語で区を表す「Quận」を略し、例えばバーディン区なら↗

SIMカードの購入

SIMフリーの携帯端末を持っている場合は、SIMカードの購入がおすすめ。オンラインで地図を使えたり、グラブなどの配車サービスを使えたりと、数日間だとしてもベトナム滞在が格段に快適になる。到着ロビーには、Vinaphone、Viettel、Mobifoneの大手通信会社のブースがあり、ここでSIMカードを購入できる。購入にはパスポートが必要で、購入後すぐに電話・ネットともにつながるようになる。データ通信のみのSIMとデータ通信＋通話のSIMがある。SIMカード購入についてはP.422。

空港から市内へのアクセス

ノイバイ国際空港からハノイ市中心部までは約30km。空港から市中心部までのアクセスにはタクシー、エアポートミニバス、路線バスなどがある。

タクシー、ミニバスでの料金トラブルが頻繁に起きているため、事前に宿泊先のホテルや旅行会社で送迎を頼むか、路線バス利用がおすすめ。

タクシー

到着ホールを出て左手のタクシー乗り場からタクシーが利用できる。市内までは所要約35分。複数のタクシー会社が乗り入れており、各社ともに４人乗りのセダンと７人乗りのバンの２車種がある。

メーター制のみで、料金は各社によって異なるが、４人乗りで初乗り（最初の30kmまで1kmごと）１万5000ドンが目安。ハノイ市内までの料金の目安は、ハノイ駅周辺（MAP P.341-2D）で約50万ドン～、旧市街周辺（MAP P.341-2D）で約45万ドン～、タイ湖の北側周辺（MAP P.341-1C）で約35万ドン～、ミーディン地区やカウザイ区周辺（MAP P.340-2A、2B & 3A、3B）で約55万ドン～くらいを考えておこう。渋滞に巻き込まれるとさらに高くなる。比較的安心なタクシー会社は、Ｇ７タクシー、マイリン・タクシー、タクシーグループなど（→P.283欄外）。Ｇ７タクシー ４人乗りの場合は初乗り（最初の30kmまで1kmごと）１万7500ドン、その後1kmごとに１万5000ドンが加算。タクシーグループ４人乗りの場合は1kmごとに１万6700ドン。

なお、車体に社名の入っていない、いわゆる白タクや、料金メーターの周辺に運転手の写真入り社員証がない車には絶対に乗車しないこと。車体に社名が入っているタクシーでもトラブルは頻発しているため、配車サービスアプリ（→P.416）を利用するか（旧市街まで約30万ドン～）、若干割高ではあるが、空港の到着ロビーにあるハノイ・ツーリズムインフォメーションで市内までの定額タクシーを手配してもらうのが安心（旧市街まで１台55万ドン〈24US$〉）。

エアポートミニバス

到着ホールの出口を出て目の前の車道を渡り、左手に進むと、ベトジェット・エアのミニバス乗り場があり、空港と市内を結ぶエアポートミニバスが発着している。また、ターミナル１（国内線）からベトナム航空のミニバスが運行。市内までは所要約40分。市内の到着場所は、チャンニャントン通りのトンニャット（統一）公園正門近く（MAP P.348-1A）。料金はいずれも５万ドン（2US$）で、乗車後に支払うシステム。ベトナム航空のミニバスの場合、5:00 ～ 19:30の間に約１時間間隔で運行しているが、ある程度人が集まらないと出発しない。特に離れたエリアでなければ指定したホテル前まで行ってくれる。しかし、旧市街の道幅の狭いエリアにあるホテルだと途中で降ろされることも多い。

ミニバスを利用する前に、乗車の際の注意点（→欄外）に目をとおしておこう。

↘「Q. Ba Đình」のように「Q. ○○」と表示しています。ただしホアンキエム区に限り、通り名のみで区の表記は省略して表示しています。

空港からのタクシーについて

グラブなどの配車サービス（→P.416）の普及にともない、ハノイのメータータクシーの質が急激に悪化しており、近頃は地元の人や在住外国人でも避けるほど。空港から市内へは距離があり、白タクに乗ってしまっても降りるタイミングがないため、事前の送迎手配が望ましい。

出迎えの偽ガイド被害が多発！

ハノイの空港では、旅行会社のプラカードを持った偽ガイドによる強盗・詐欺被害が多発している。不審に感じたら、ガイドの携帯電話を借りて旅行会社のオフィスに確認をしよう。

上／タクシー乗り場には各タクシー会社の料金表が掲示されている　下／到着ロビーには銀行が複数あり両替可能。数軒でレートや手数料を確認してから両替しよう

エアポートミニバス乗車の際の注意点

エアポートミニバスは、リーズナブルにホテルまで行けるのが利点だが、悪質なミニバスが多く、あまりおすすめしない。下記のようなトラブルが多発しているので、利用するなら危険性を十分に把握しておこう。

- 満席になるまで出発せず、１時間以上も車内で待たされることがある。
- ホテルを指定すると、１～２US$程度、ひどい場合は数十ドルの追加料金を要求されることがある。事前に要確認。
- 指定したホテルとまったく違う場所で降ろされる。

安いがトラブルも多いエアポートミニバス

路線バスは赤と黄色の車体が目印

ツーリスト用の86番バスはオレンジ色の車体

86番の車内。スーツケースの持ち込みに追加料金を支払う必要はない。Wi-Fi無料

空港使用税

国内線の空港使用税は航空券購入時に支払うシステムになっており、空港では支払う必要はない。

国内線航空券の買い方、搭乗手続きについて

詳しい国内線航空券の買い方、搭乗手続きについてはP.411の「国内の交通」を参照のこと。

路線バスの乗車拒否？

空港～市内間を運行する7番、90番、109番の路線バスは、空港職員の運送をおもな目的に運行されているため、時間帯によっては外国人が大きな荷物を持って乗り込もうとすると乗車を拒否されることもあるようだ。その点、86番は旅行者向けなので運賃は高いが、英語も通じるため利用しやすい。

●路線バス

路線バスの7番、90番、109番、ツーリストバスの86番が空港と市内間を運行している。キムマー・エリアでの宿泊を予定しているなら7番か90番利用、旧市街での宿泊を予定しているなら、86番でロンビエン・バスターミナル（MAP P.343-1D）まで行くか、終点下車が便利。

7番バス：ターミナル2を出て、左手に進んだ所にあるバスターミナル～カウザイ・バスターミナル（MAP P.340-2B）間を運行。5:00～22:30の間に10～15分間隔。8000ドン、所要約50分。

90番バス：ターミナル2を出て、左手に進んだ所にあるバスターミナル～キムマー・バスターミナル（MAP P.342-2B）間を運行。6:40～22:30の間に20～30分間隔。9000ドン、所要約1時間5分。

109番：ターミナル2を出て、左手に進んだ所にあるバスターミナル～ミーディン・バスターミナル（MAP P.340-2A）間を運行。5:00 ～ 21:30の間に20 ～ 30分間隔。8000ドン、所要約1時間。

86番バス：ターミナル2を出て、目の前の歩道を渡り、左手に進んだ所にある「86番」乗り場～ハノイ駅（→P.284）間を運行。6:18～22:58の間に25～30分間隔。4万5000ドン、所要約55分。市内の停車ポイントはロンビエン・バスターミナル、市劇場前、メリア・ハノイ・ホテル前。

●旅行会社やホテルのシャトルバス＆送迎車

空港～市内間の送迎を含めたツアーに参加していれば、到着ホールを出たあたりで社名と名前入りのプラカードを持ったガイドが待機している。個人旅行の場合も、事前にホテルや旅行会社のウェブサイトから送迎の申し込みが可能。万が一、ガイドやホテルスタッフと会えなかった場合の連絡先を控えておくこと。

ACCESS

ハノイへの行き方

●飛行機（空港の詳細は→P.410）

国際線：成田国際空港、羽田空港、関西国際空港、中部国際空港、福岡空港から直行便がある（→P.399）。近隣諸国はバンコク、プノンペン、クアラルンプール、シンガポール、香港、ソウルなどから直行便がある。

国内線：各地からベトナム航空（VN）、ベトジェット・エア（VJ）、バンブー・エアウェイズ（QH）の便がある。

●**ホーチミン市から**（所要約2時間5分）
VN：毎日21～23便　VJ：毎日22～24便　QH：毎日9～11便

●**フーコック島から**（所要約2時間5分）
VN：毎日3～5便　VJ：毎日2便　QH：毎日3～4便

●**カントーから**（所要約2時間）
VN：毎日3便　VJ：毎日2便　QH：毎日1便

●**クイニョンから**（所要約1時間40分）
VN：毎日2～3便　VJ：毎日4便　QH：毎日2便

●**バンメトートから**（所要約1時間45分）
VN：毎日1便　VJ：毎日2便　QH：毎日1便

●**ダラットから**（所要約1時間55分）
VN：毎日2～3便　VJ：毎日4便　QH：毎日2便

●**ニャチャンから**（所要約2時間）
VN：毎日6便　VJ：毎日6便　QH：毎日4便

●**ダナンから**（所要約1時間20分）
VN：毎日12～14便　VJ：毎日7便　QH：毎日5～6便

✉国際線→国内線ターミナル間の移動は、ターミナル2の18番乗り場から無料のシャトルバスサービスを利用するとよい。国内線ターミナルのベトナム航空カウンターは行先で分かれて↗

●フエから（所要約１時間15分）
VN：毎日２便　VJ：毎日２便　QH：毎日１便
●ドンホイから（所要約１時間20分）　VN：毎日２便　QH：毎日１便
●ディエンビエンフーから（所要約１時間）　QH：毎日１便

●列　車

ホーチミン市（サイゴン駅）方面から毎日４便、ラオカイから１便、ハイフォンから４便運行している。所要時間は、ホーチミン市（サイゴン駅）からは一番速い便で約32時間30分、ダナンから約15時間58分（→P.412）、ラオカイからは約７時間55分、ハイフォンからは約２時間25分。ハノイにはハノイ駅（Ga Hà Nội）、ザーラム駅（Ga Gia Lâm）、ロンビエン駅（Ga Long Biên）の３つがあるので要注意。

●バ　ス

ハイフォン、バイチャイ（ハロン湾）、ディエンビエンフー、カオバン、ラオカイ、フエ、ダナン、ダラット、ニャチャン、ホーチミン市など、ほとんどの主要都市から毎日運行している。詳しくは各町のアクセスの項参照。

地方への旅の起点

ベトナムの北部に位置する首都ハノイは、世界遺産のハロン湾やニンビン、少数民族が住むサパなどの北部観光の起点となる。国内の移動手段には飛行機、列車、バスなどがある。旅行のスタイルに合わせて選ぼう。

●飛行機の旅の起点

ノイバイ国際空港　国内線ターミナル

ターミナル２から約850mの距離にある、ターミナル１が国内線。航空会社によって利用ロビーが分かれており、ベトナム航空はロビーB、ベトジェット・エアはロビーAとE、バンブー・エアウェイズはロビーA、パシフィック航空はロビーE、ベトラベル・エアラインズはロビーE。

市内から空港への行き方

タクシー

数社のタクシー会社が定額料金で運行している（→欄外）。空港までは所要約35分。メーター制のタクシー会社もあるので事前に確認を。

配車サービスのグラブ（→P.416）を利用するのもいい。旧市街からなら45万ドンくらい〜。利用者の多い時間帯は割高になる。

エアポートミニバス

チャンニャントン通りのトンニャット（統一）公園正門近く（MAP P.348-1A）から約24人乗りのミニバスを使用したエアポートミニバスが運行している。空港までは所要40分。4:00〜21:00の間に１時間間隔で運行、料金はひとり５万ドン（２US$）。

路線バス

空港へは、路線バスの７番がカウザイ・バスターミナル（MAP P.340-2B）から、90番がキムマー・バスターミナル（MAP P.342-2B）から、109番がミーディン・バスターミナル（MAP P.340-2A）から、ツーリストバスの86番がハノイ駅（→P.284）から運行している。７番バスは5:00〜21:30の間に10〜15分間隔で運行し、所要約50分。90番バスは5:30〜21:10の間に20分間隔で運行し、所要約１時間５分。109番バスは5:00 〜 21:00の間に20 〜 30分間隔で運行し、所要約60分。86番バスは5:05 〜 21:40の間に25 〜 30分間隔で運行し、所要約55分。運賃は、７番と109番は8000ドン、90番は9000ドン、86番は４万5000ドン。旧市街周辺からなら86番バ

↘いるので注意が必要です。また、セキュリティチェックにかなり時間がかかる場合もあるので、時間に余裕をもってのトランジットをおすすめします。（埼玉県　ジョン・キッチン）['22]

ハノイ駅。駅構内にはコンビニがあり、周辺にはカフェや食堂、ホテルがある

チャンクイカップ通りに面したハノイB駅

市内から空港までのタクシー定額料金

市内から空港まではタクシー会社数社が定額料金で運行。G７タクシーなどのように一定距離まで定額で、それ以降は料金加算という会社もあるので事前に確認を。

G７タクシー（G7 Taxi）
☎(024) 32323232
初乗り30kmまで４人乗り26万ドン、７人乗り30万ドン。それ以降は1kmごとに４人乗り１万5000ドン、７人乗り１万6500ドン加算。

マイリン・タクシー（Mai Linh Taxi）
☎(024) 38333333
初乗り30kmまで４人乗り、７人乗りとともに28万ドン。それ以降は1kmごとに４人乗り１万7500ドン、７人乗り１万9500ドン加算。

タクシーグループ（→P.286欄外）のエアポートタクシー
☎(024) 38515151（空港）、38535353（市内）
初乗り30kmまで４人乗り30万ドン、７人乗り33万ドン。それ以降は1kmごとに４人乗り１万5000ドン、７人乗り１万7200ドン加算。

スの利用が便利だ。路線バスはターミナル2の、1階到着ホールを出たあたりに到着する。ロンビエン・バスターミナル（MAP P.343-1D）発の17番バスはターミナル1（国内線）着。

ホテルのシャトルバス＆送迎車

ホテルの送迎サービスが最も安心で確実だ。料金はホテルによって異なる。

国内線チェックインカウンター。遅くとも出発の1時間30分前には到着したい

ハノイ発の直行便

各地へベトナム航空（VN）、ベトジェット・エア（VJ）、バンブー・エアウェイズ（QH）の便がある。

●ホーチミン市行き（所要約2時間5分）
VN：毎日21～23便　VJ：毎日22～24便　QH：毎日9～11便

●フーコック島行き（所要約2時間25分）
VN：毎日4～7便　VJ：毎日5～7便　QH：毎日4～5便

●カントー行き（所要約2時間10分）
VN：毎日3～4便　VJ：毎日4便　QH：毎日2便

●クイニョン行き（所要約1時間45分）
VN：毎日2～3便　VJ：毎日3便　QH：毎日3便

●バンメトート行き（所要約1時間40分）
VN：毎日1便　VJ：毎日2便　QH：毎日1便

●ダラット行き（所要約1時間50分）
VN：毎日2～3便　VJ：毎日4便　QH：毎日2便

●ニャチャン行き（所要約2時間）
VN：毎日6～7便　VJ：毎日6便　QH：毎日4便

●ダナン行き（所要約1時間20分）
VN：毎日13～16便　VJ：毎日7便　QH：毎日5～6便

●フエ行き（所要約1時間15分）
VN：毎日2便　VJ：毎日2便　QH：毎日1便

●ドンホイ行き（所要約1時間30分）　VN：毎日2便　QH：毎日1便

●ディエンビエンフー行き（所要約1時間）　QH：毎日1便

列車のチケットの買い方、利用方法、注意点について

詳しい列車のチケットの買い方、利用方法、注意点についてはP.411の「国内の交通」を参照のこと。

また、下記のベトナム鉄道のウェブサイトで鉄道の時刻表や料金の確認、購入ができる。
URL dsvn.vn

●列車の旅の起点

ハノイ市内の鉄道駅は、ハノイ駅のほかにザーラム駅とロンビエン駅などがある。ハノイ駅からはホーチミン市（サイゴン駅）方面、ラオカイ方面、ハイフォン方面が主要路線。ザーラム駅からは中国の北京への国際列車も運行されている（2022年10月現在、運休中）。

ハノイ駅（Ga Hà Nội） MAP P.343-3C

ハノイ駅と、ハノイ駅裏側のチャンクイカップ（Trần Quý Cáp）通りに面したハノイB駅があり、便によってどちらの改札を利用するのかが異なる。

ザーラム駅（Ga Gia Lâm） MAP P.341-1D参照

北部地方行きが発着。ザーラム駅は市の東、ホン河のチュオンズオン橋を渡って、さらに約2km行った所にある。ハノイ駅からタクシーで約30分。

ロンビエン駅（Ga Long Biên） MAP P.344-1B

ハイフォン、ラオカイなど東・北部地方行きが発着。ロンビエン駅は旧市街の北側にある。ハノイ駅からタクシーで約15分。

ハノイ駅のチケット売り場。行き先別に窓口が分かれている

ハノイ駅

MAP P.343-3C
住 120 Lê Duẩn
☎ 1900-0109（ホットライン）

チケット売り場

営 5:00～22:00　休 無休

ハノイB駅、ザーラム駅、ロンビエン駅のチケット窓口は、7:00～18:00まで開く。

ハノイB駅

MAP P.343-3C

ハノイ駅の裏側にあり、ハノイ駅から徒歩約15分の距離。チャンクイカップ駅（Ga Trần Quý Cáp）とも呼ばれる。

ハノイ駅の荷物預かり所

開 24時間
料 4時間まで5万ドン、4～8時間10万ドン、24時間を超える場合は30万ドン

ロッカー式の荷物預かり所で、スーツケースも収納可能。

ハノイ発の便

●ホーチミン市（サイゴン駅）行き　毎日4便、所要32時間17分～。途中フエ、ダナン、ニャチャンなどで停車する（→P.412）。

●ラオカイ行き　毎日1便、所要約7時間55分。

●ハイフォン行き　毎日4便、所要2時間25分～。

✉タンロン遺跡からタンロン水上人形劇場までタクシーを利用した際、2万～3万ドンのはずがメーターはどんどん上がり、運転手と口論に。運転手は20万ドンと言い張りますが、「警↗

バスの旅の起点

鉄道網が発達していないベトナムでは、バスは非常に有効な交通手段だ。大きな町はもちろん、地方の小さな町へもバスは走っている。おもなバスターミナルは市内に3ヵ所あり、行き先方面によって分かれている。

ミーディン・バスターミナル（Bến Xe Mỹ Đình） MAP P.340-2A

市の西、トゥーレ公園からさらに約2km行ったミーディン地区にある。おもに北・西部方面への中距離バスが発着している。ハノイ駅からタクシーで約40分。

- **ディエンビエンフー行き** 寝台バスが16:00、16:30、17:45、19:00、20:00の5便。40万ドン～、所要約10時間。
- **ラオカイ行き** 5:30～23:00の間に寝台バスが1時間間隔。25万ドン、所要約4時間30分。
- **カオバン行き** 6:00～21:00の間に1～2時間間隔。20万ドン～、所要約6時間。
- **ランソン行き** 5:00～17:30の間に20分間隔。12万ドン、所要約4時間。
- **サパ行き** 6:45～翌0:25の間に寝台バスが1時間間隔。31万ドン、所要5時間～6時間30分。
- **バイチャイ（ハロン湾）行き** 5:00～19:00の間に30分間隔。高速道路を利用する便はなく、一般道利用で12万ドン、所要約4時間30分。
- **ハザン行き** 7:00～21:30の間に寝台バスが30分～1時間30分間隔。25万ドン、所要約7時間。

ザップバット・バスターミナル（Bến Xe Giáp Bát） MAP P.341-3D参照

ハノイ駅から南へ約5kmの所にある。おもに中・南部方面への長距離バスが発着している。フィアナム（Phía Nam）・バスターミナルとも呼ばれている。ハノイ駅からタクシーで約20分、4万ドン～。

- **ホーチミン市行き** 8:00～20:00の間に5便。92万ドン～、所要34～36時間。
- **ダナン行き** 13:30～19:30の間に寝台バスが6便。35万ドン～、所要約13時間。
- **ニンビン行き** 6:00～18:00の間に20分間隔。9万5000ドン～、所要約2時間。
- **ハイフォン（ラックロン・バスターミナル）行き** 5:00～17:00の間に30分間隔。12万ドン、所要約2時間。
- **ランソン行き** 6:00～17:00の間に30分間隔。10万ドン～、所要3時間30分～4時間。

ザーラム・バスターミナル（Bến Xe Gia Lâm） MAP P.341-1D参照

市の東、ホン河のチュオンズオン橋を渡ってさらに約2km行った所にある。おもに北・東部方面への中距離バスが発着している。ハノイ駅からタクシーで約30分。

- **ハイフォン（ニエムギアまたはカウザオ・バスターミナル）行き** 5:00～19:30の間に15分間隔。12万ドン～、所要約2時間。
- **バイチャイ（ハロン湾）行き** 6:00～17:30の間に40分間隔。25万ドン～、所要約4時間。
- **ラオカイ行き** 8:20、11:00、16:00、20:00発の4便。26万ドン～、所要約5時間。

寝台バス

ホーチミン市、ダナン、サパなどへ、数社の会社が寝台バスを運行。

↘察呼ぶよ！」と言って1万ドンを支払って降りました。初日なら相場がわからないので払っていたかもしれません。気をつけてください。（徳島県　みっぴー）['22]

ラオカイ行き列車の改札は列車やチケットによって変わる

ラオカイ行きの寝台列車には、1両をそのままホテルや旅行会社が使用し、独自の名称で販売している車両もある。ラオカイ行きの一般的な座席や寝台の場合はハノイB駅の改札利用だが、こういった車両の寝台はバウチャー（チケットの引換券）だけを渡され、当日の出発前に駅の指定された場所でチケットへの引き換え、となる場合が多い。その場合は「○○時に、ハノイ駅を入った右側の○○待合室に集合してください」となり、ハノイ駅の集合となることも多く、その場合はハノイ駅の改札利用となる。チケット引き換えの場合は、正確に指定場所と時間を確認しておこう。

ハノイ発北京行きの国際列車

ザーラム駅から北京行きが、ドンダン、中国の憑祥、南寧、桂林などを経由して、火・金曜の週2便、所要約40時間で運行している。
※2022年10月現在、運休中。

バスのチケットの買い方、利用方法、注意点について

詳しいバスのチケットの買い方、利用方法、注意点についてはP.413を参照のこと。

規模の大きいミーディン・バスターミナル

カラフルな車体のバスが並ぶ（ミーディン・バスターミナル）

市内交通

ハノイ市内は広く、観光には乗り物の利用が欠かせない。市内の移動や観光手段にはタクシー、バイクタクシー、シクロ、路線バス、レンタサイクル・バイクなどがあり、旅行者が利用しやすいのはタクシーだ。

●タクシー →P.415

数多くのタクシー会社が営業しており、軽自動車、セダン、ワゴンなど使用されている車の種類もさまざま。各社メーター制で、「ミニタクシー」と呼ばれる軽自動車タイプが最も安い。ガソリン価格により常に変動するが、目安として軽自動車のG7タクシーで初乗り0.5kmまで1万2000ドン、その後20kmまでは1kmごとに1万4500ドン加算。流しのタクシーをひろうほか、各タクシー会社に電話したり、スマートフォンのアプリ（→欄外）を利用してホテルなどへ配車してもらうこともできる。ハノイ市内には一方通行や、通りによってはタクシー乗り入れ禁止の時間帯もあるので、タクシー利用時にはおおまかに目的地までの地理を確認しておこう。

タクシーグループのタクシー

●バイクタクシー →P.417

あらゆる場所で客待ちしており気軽に利用できるが、事故や料金トラブルもあるため、利用するなら定額制の配車サービスアプリ利用がおすすめ（→P.417）。流しのバイクタクシーは、タクシー利用とそれほど料金が変わらず、料金は事前交渉制で、外国人旅行者なら1kmで5万ドンくらいが目安。運転手は予備のヘルメットを持っているので、バイクタクシー乗車時は必ず着用すること。

配車サービスのグラブのバイクタクシーの運転手は、緑の制服を着用している

●シクロ →P.418

ハノイでは移動手段としてではなく、時間とルートを決めて旧市街を巡る観光目的で利用されることが多い。MAP P.347-2Dに観光用シクロが集まる所があり、そこから旧市街周辺を巡るコースが人気。

シクロに乗るなら旅行会社を通すのがベター

●路線バス →P.416

案内はすべてベトナム語のため、外国人には難易度の高い交通手段だ

市内・郊外を50以上の路線でバスが走っている。路線によって大型バス、ミニバスの違いはあるが、たいていはエアコン付きで、運賃は市内なら7000、9000ドンと路線によって異なる。運行時間は路線によって若干異なるが、だいたい5:00～21:00頃までで、ほぼ15～30分間隔で運行されている。ただし、路線や路線番号の変更が頻繁に行われているので要注意。

✉旅行代理店でシクロに交渉してもらった。料金は前払いで旅行代理店に支払い、1時間の市内観光後に旅行代理店からシクロ運転手へお金を支払う、という形で無事にシクロを楽し↗

市内交通の乗り物について

市内交通のタクシー、バイクタクシー、シクロ、路線バス、レンタサイクル・バイクの詳しい利用方法はP.415の「市内交通」を参照のこと。

市内交通のトラブル

タクシー、バイクタクシーでのトラブルはP.429の「旅のトラブル対策」を参照のこと。

トラブルが少ないタクシー会社

市内を走るタクシーで比較的トラブルが少ないのは、G7タクシー、タクシーグループなど。G7、タクシーグループともに配車アプリあり。

G7タクシー (G7 Taxi)
☎(024) 32323232

タクシーグループ (Taxi Group)
☎(024) 38535353（代表）

タクシー、バイクタクシーの配車サービスアプリ

スマートフォン用のアプリ、グラブを使えば、簡単にタクシー、バイクタクシーを呼ぶことができる。事前に料金もわかるので便利（→P.416）。

シクロ乗り入れ禁止道路もある

ホアンキエム湖周辺のレタイトー通り、ディンティエンホアン通り、チャンティ通り、レズアン通りなどはシクロの乗り入れ禁止となっている。

シクロ料金は？

各自の交渉能力やルートにもよるが、ひとり乗りで旧市街を約1時間巡ってもらって10万ドン～。ちなみに移動手段としての目安は1km、5万ドン～。

路線バスのルート検索

下記のウェブサイトで市内のバス運賃や走行ルートが確認できる（アプリとしてスマートフォンにダウンロードも可能）。
URL busmap.vn
「Tìm Buýt」というバスアプリもある。

●レンタサイクル・バイク　→P.418

旧市街のミニホテルやゲストハウスで貸し出しているところもある。しかし、ハノイ市内は交通量が多く、運転マナーも悪いため、慣れない外国人には非常に危険だ。実際にバイクの運転で事故を起こす外国人は多い。またバイクの運転は、運転技術や交通ルール以外にもベトナム人特有の呼吸やタイミングも重要な要素となっている。これが理解できないともらい事故にもつながる。自転車は1日5US$～、バイクは1日10～20US$（ガソリン代は別）。ベトナムでは50ccを超えるバイクの運転には免許証が必要だが、日本の国際免許証は通用しない。

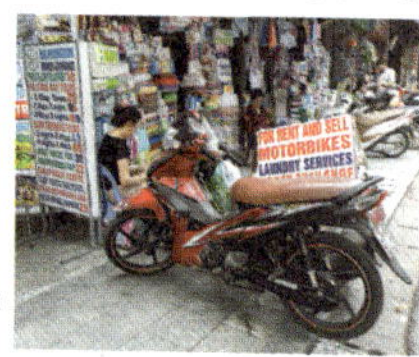

ベトナムの法律上、原則として外国人はバイクの運転はできないことになっている

●電気カー

旧市街周辺

ホアンキエム湖や旧市街のおもな見どころ、外国人旅行者に人気の通りを観光電気カーが運行している。出発地点はタンロン水上人形劇場前（MAP P.345-3C）とドンスアン市場前（MAP P.344-1B）の2ヵ所。2ルートあり、ルート1は旧市街の喧騒をダイレクトに感じられるホアンキエム湖北側の旧市街を走り、ルート2はホアンキエム湖の西側から南側の比較的大きな通りを走る。運行ルートはP.344-345、P.346-347の地図を参照。

7人まで乗車可能。グループで1台貸し切るシステム

ドンスアン・コマーシャル・ジョイント・ストック・カンパニー（旧市街周辺電気カー）
Dongxuan Commercial Joint Stock Company
☎(024)39290509、093-6624566（携帯）
運行時間 8:00～21:00（金～日曜～17:00）
休 無休
料 2ルートともにスピード運転で所要約30分、1台24万5000ドン。スロー運転で所要約60分、36万ドン。7人まで乗車可能

●都市鉄道（ハノイ・メトロ）　→P.417

2010年に着工したハノイの要所を結ぶ都市鉄道が、2021年11月に運行開始。2022年9月現在開通しているのは、ドンダー区カットリン駅（MAP P.342-2B）～ハドン区イエンギア駅間の約13kmを高架で結ぶ2A号線で、全12駅。始発駅から終着駅までを約24分で走行。料金は距離により8000～1万5000ドン。

Column　旧市街ハノイ36通り　（→P.288）

ベトナム文学作品のなかには、ハノイを描いた物、あるいは題名にハノイの名をつけた物が数多くある。これらの作品に現れるハノイは、単にベトナムの首都というだけではなく、それぞれに作者たちの思い入れが込められている。ハノイをこよなく愛した作家のひとりに、タック・ラム(1910～1942)がいる。生前に出版された彼の最後の作品『ハノイ36通り』は、ハノイ旧市街区の風物、人、食べ物について繊細な筆致で描写した、ハノイ賛歌である。

ところで現在、ハノイには、大はブルバードと呼べるような大通りから、小は十数mしかない小道にいたるまで、無数の通りがある。タック・ラムの『ハノイ36通り』とは、このうちハノイ中心部のホアンキエム湖北側の通りのことである。この一帯は、往時の首都、タンロン(昇龍)のあった所である。ハノイは長い歴史の間に街域を拡大してきた。拡大された新街域の通りには、ディエンビエンフーやグエンチャイなど、歴史上の事件や民族英雄の名がついている。これに対し、昇龍の市域にある「ハノイ36通り」には、当時この地に興った小商工業の名をつけたものが多い。例えば、ホアンキエム湖から北へ4番目の東西に走る筋にハンバック通りがある。「ハンバック」の「ハン」は商品、「バック」は銀の意味である。つまりハンバック通りとは銀通りである。昔、この通りには銀鍛冶、装身具製造、換金業など銀に関係した人たちがいたのでこの名がある。またこの通りは、古き昇龍のなかでも、比較的早くから商業が栄えた区域だったようだ。

一つひとつ例を挙げれば枚挙にいとまがないが、このほか各通りはそれぞれ歴史的由来をもっている。

（加藤　栄）

↘めた。1台にふたり乗って、チップ込みで15US$だった。ガイドの話ではシクロは悪評が高く、旅行者は徐々に電気自動車へ移っているとの話だった。（宮城県　ベガっち）['22]

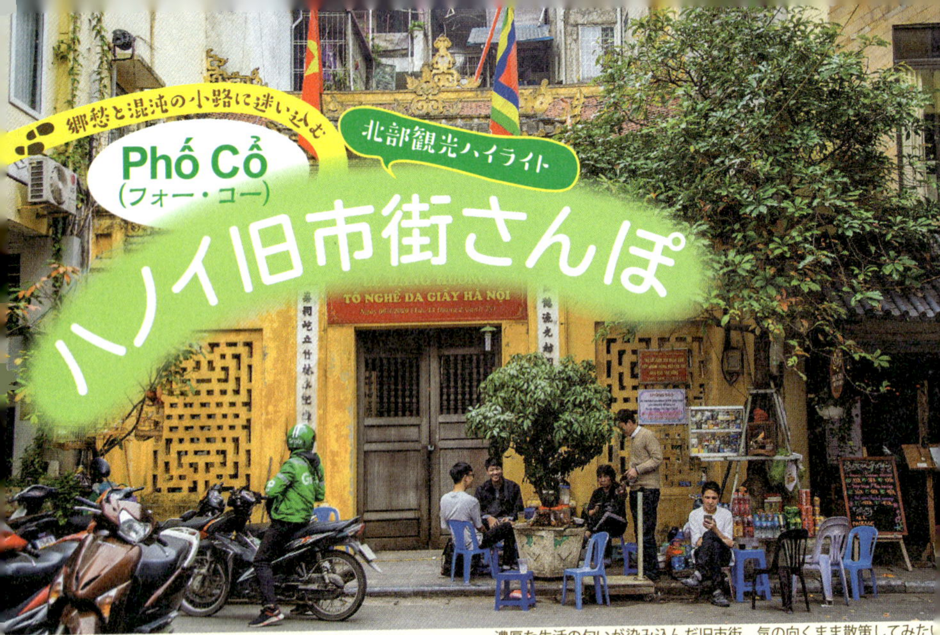

郷愁と混沌の小路に迷い込む

北部観光ハイライト

Phố Cổ（フォー・コー）ハノイ旧市街さんぽ

濃厚な生活の匂いが染み込んだ旧市街。気の向くまま散策してみたい

ホアンキエム湖の北側に広がる旧市街（Phố Cổフォー・コー）は、昔ながらの商業区として風情と趣をたたえたエリアだ。「ハノイ36通り」（→P.287コラム）と称されるこの一画は、ハノイに都がおかれていた時代（11〜19世紀）から商業の街として栄え、その機能と形態を今に引き継いでいる。通りごとに同種の職人工房や店が集まり、角を曲がるたびにめくるめく光景に出くわす。長い時の流れに培われた文化、生活の匂いが、一瞬にして別世界へと導いてくれる。

❷ハンコアイ通りにはプラスクの生活用品や台所用品な販売する店が並ぶ　❺籐製カゴバッグの店が並ぶハンウ通り。じっくり探せば日本人のデザインも見つかる

金魚形の木型を発見

㉛はんこ屋が多いハンクアット通り。月餅用の木型を製作する店もある

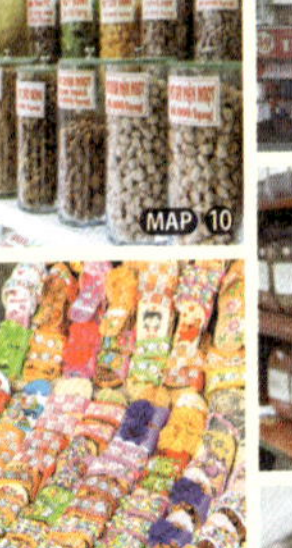

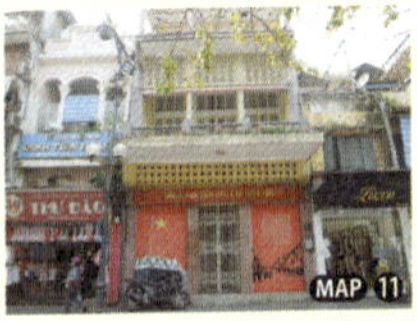

MAP 11

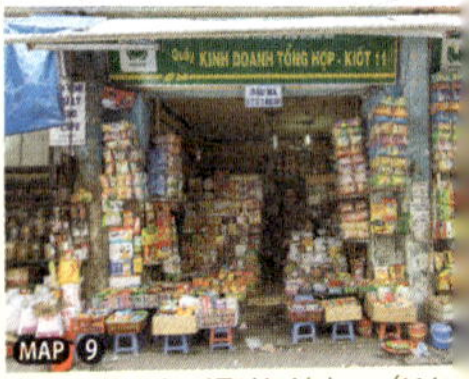

MAP 9

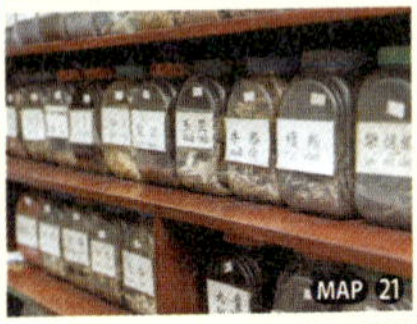

MAP 21

❿ハンドゥオン通りにはムッ（Mứt ライフルーツ）の店が並ぶ　⓫ハン通り48番の家は、ホーチミンが宣言を起草した場として記念館にている（MAP P.344-2B）　㉑漢方がズラリと並ぶランオン通り　❾子問屋がびっしりと並ぶハンザイ通

⓱キッチングッズの掘り出し物が多いハンティエック通り

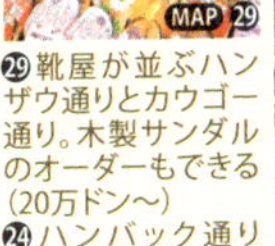

㉙靴屋が並ぶハンザウ通りとカウゴー通り。木製サンダルのオーダーもできる（20万ドン〜）
㉔ハンバック通りは、"バック＝銀"を意味するとおり、銀屋が並ぶ

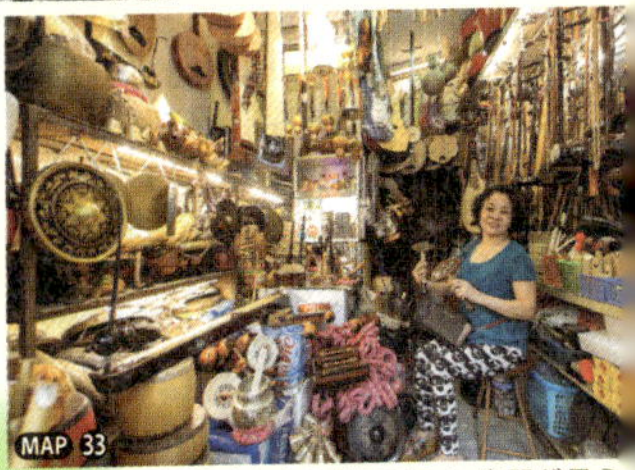

MAP 33

㉝ベトナム製の珍しい楽器が見らハンノン通り。使い方を聞いて試みよう

昔ながらの太鼓

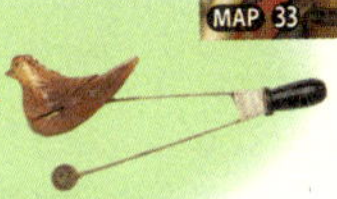

㉖ハンバック通り東側には墓石店が数軒ある　㉕クリーム色の壁とグリーンの木窓の建物が並ぶタヒエン通りは、夕方から路上にテーブルと椅子が並び、飲み屋街に変身　⑱冥器や祭祀用の紙製品などを扱う店が並び、中国色が濃厚なハンマー通り　㉞フーンフン通りの高架のアーチ部分に、ハノイのアイコンや懐かしの風景が描かれた通称「壁画通り」(MAP P.344-1A)

旧市街職人街

ドンスアン市場
ドンハー門(東河門)
バックマー祠(白馬最霊祠)
タンロン水上人形劇場
ホアンキエム湖
ゴックソン祠(玉山祠)
ハンザ・ギャレリア
0　100m

❶ **野菜、果物、乾物などの路上市場**
グエンティエントゥアット通り(Nguyen Thien Thuat St.)、カオタン通り(Cao Thang St.)

❷ **生活雑貨の路上市場**
ハンコアイ通り(Hang Khoai St.)

❸ **肉、海鮮の路上市場**
タインハー通り(Thanh Ha St.)

❹ **寝具、衣料品**
ドンスアン通り(Dong Xuan St.)

❺ **ゴザ、籐の編み籠**
ハンチエウ通り(Hang Chieu St.)

❻ **みやげ物**
マーマイ通り(Ma May St.)

❼ **小麦粉、ジュース問屋**
ダオズイトゥ通り(Dao Duy Tu St.)

❽ **たばこ問屋**
グエンシエウ通り(Nguyen Sieu St.)

❾ **お菓子問屋**
ハンザイ通り(Hang Giay St.)

❿ **ドライフルーツ**
ハンドゥオン通り(Hang Duong St.)

⓫ **衣料品**
ハンドゥオン通り(Hang Duong St.)、ハンガン通り(Hang Ngang St.)

⓬ **時計**
ハンダオ通り(Hang Dao St.)

⓭ **玩具**
チャーカー通り(Cha Ca St.)

⓮ **衣料品、文具**
チャーカー通り(Cha Ca St.)、ハンカン通り(Hang Can St.)

⓯ **玩具、アオザイ、バイン・バオ(肉まん)**
ルオンヴァンカン通り(Luong Van Can St.)

⓰ **金物**
トゥオックバック通り(Thuoc Bac St.)

⓱ **ブリキ製品、台所用品**
ハンティエック通り(Hang Thiec St.)

⓲ **祭祀用の紙製品**
ハンマー通り(Hang Ma St.)

⓳ **金物、メッキ**
ハンドン通り(Hang Dong St.)

⓴ **竹製品**
ハンヴァイ通り(Hang Vai St.)

㉑ **漢方薬**
ランオン通り(Lan Ong St.)

㉒ **裁縫道具**
ハンボー通り(Hang Bo St.)

㉓ **お茶、寝具**
ハンディエウ通り(Hang Dieu St.)

㉔ **銀製品、みやげ物**
ハンバック通り(Hang Bac St.)

㉕ **飲み屋街**
タヒエン通り(Ta Hien St.)

㉖ **墓石**
ハンバック通り(Hang Bac St.)

㉗ **みやげ物**
ハンベー通り(Hang Be St.)

㉘ **野菜、果物、肉、乾物などの路上市場**
カウゴー市場通り(Cho Cau Go)

㉙ **靴、サンダル**
ハンザウ通り(Hang Dau St.)、カウゴー通り(Cau Go St.)

㉚ **フォー屋、食堂**
ロースー通り(Lo Su St.)、グエンヒューフアン通り(Nguyen Huu Huan St.)

㉛ **儀式・祭礼用品、はんこ**
ハンクアット通り(Hang Quat St.)

㉜ **シン・トー(フルーツジュース)、ハッ・ゼー(甘栗)、ホア・クア・ザム(フルーツチェー)**
トーティック通り(To Tich St.)

㉝ **楽器**
ハンノン通り(Hang Non St.)

㉞ **壁画通り**
フーンフン通り(Phung Hung St.)

歩き方 Orientation

ハノイは中心部から東西南北それぞれ6～7kmの広がりをもつ大きな街だ。市内はエリアによってそれぞれに個性があり、違いがはっきりしている。ここではそれぞれのエリア別に紹介する。旅行の形態や目的に合わせて訪れる地域を考えよう。

歩いて楽しい旧市街

MAP P.344～345

ホアンキエム湖の北側一帯は、「ハノイ36通り」(→P.287、288)と呼ばれる地域だ。11世紀、リー（李）朝の都、タンロンがおかれて以来、産業の中心として栄えた場所である。このあたり一帯は保存地域にも指定されており、許可なく取り壊しや建て替えができない。そのためお菓子屋通り、衣料品通り、金物屋通りなど、個性豊かな路地が入り組み、古い家並みが残っている。時間を忘れて、気の向くまま歩いてみたい。ホテルや旅行会社なども多く、ハノイで最も外国人旅行者が集まるエリアともなっている。

左／歴史を感じさせるコロニアルな家並みがあちらこちらに見られる　右／路上にテーブルと椅子を並べて営業する麺屋やカフェは、旧市街でよく見かける光景

旅行者に便利なホアンキエム湖周辺

MAP P.346～347

旅行者にとって便利な繁華街はホアンキエム湖を中心に広がっている。湖周辺は遊歩道になっており、週末の歩行者天国（→欄外）は1日中多くの人々でにぎわう。湖の南側一帯はホテルやレストラン、旅行会社、航空会社などが集まり、フランス統治時代の面影を残す建物も目にする。そして、旅行者にとってのメインストリートともいえるのがチャンティエン通りである。湖の南端から市劇場まで延びる通りの両側にはギャラリー、本屋、ブティック、カフェなどが並んでいる。

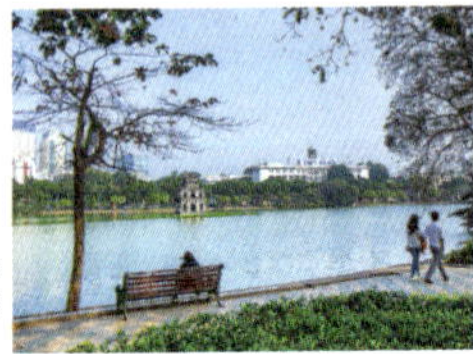

緑豊かなホアンキエム湖畔の遊歩道。朝や夕方の涼しい時間の散歩がおすすめ

ホアンキエム湖南部、ホム市場周辺

MAP P.348～349

街の南部、ホム市場の周辺には、人々の生活臭がいっぱいの細い通りが走っている。ローカル食堂やカフェなど飲食店が集まっていることで知られており、名店も多い。チエウヴィエットヴオン通り周辺には日本料理店が多く、どの店も連日在住日本人やベトナム人でにぎわっている。

ホム市場は別名「布市場」とも呼ばれる

✉ハノイ市内は車道を横切る際も信号機が少ないため左右の確認は絶対に必要だ。またベトナム人から「道路を渡る場合はゆっくり歩いて横切るとよい」とアドバイスされた。↗

旧市街の街並み保存

2011年、旧市街のタヒエン通り（→P.305）の民家の壁がクリーム色、木窓はグリーンに塗り直された。これはハノイの姉妹都市、フランスのトゥールズ市との「旧市街の保存・整備活動」の成果。今後は漢方薬通りとして知られるランオン通り（MAP P.344-2B）が整備される予定だとか。

飲食店が並ぶタヒエン通り

休憩におすすめのレトロカフェ

カフェ・ディン　Cafe Dinh

MAP P.345-3C

住 2F,13 Đinh Tiên Hoàng

☎ (024) 38242960

営 7:00～22:00　休 無休

カード 不可　予約 不要

古いアパートの階段を上ると、1987年の創業から時が止まったかのような空間が広がる。地元客に交じって、まったりとベトナム・コーヒー（2万ドン～）を味わおう。

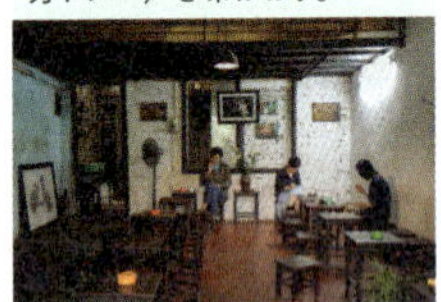

ホアンキエム湖が見下ろせるテラス席もある

ホアンキエム湖周辺の歩行者天国エリア

MAP P.347-1C、2C

毎週金曜の19:00～日曜24:00の間、ホアンキエム湖の外周道路と、その付近の通り（以下）が歩行者天国になる。

ディンティエンホアン通り、レライ通り、レタック通り、ディンレー通り、グエンシー通り、チャンティエン通り、ハンカイ通り、レタイトー通り、ロースー通り、ハンザウ通り、ドンキンギアトゥック広場、チャングエンハン通り、ルオンヴァンカン通り。

布市場

ホム市場

Chợ Hôm　Hom Market

MAP P.349-1C

次々とショッピングセンターに建て替えられるハノイの市場にあって、いまだ古きよき市場の雰囲気を残す。1階は生鮮食品と衣料品、2階は生地売り場が並ぶ。生地の品揃えがいいことで知られている。

見どころが多いホーチミン廟周辺

MAP P.343-2C

旧市街の西側は博物館や廟、寺が多い観光エリアだ。鉄道の線路を越えたあたりから西へ延びるグエンタイホック通りに入ると人々の生活臭は薄くなり、大使館や政府の建物が増え、官庁街の様相を見せ始める。ホアンジエウ通りの東側はタンロン遺跡(旧ハノイ城跡)(→P.294)で、ベトナム王朝時代の城壁や城門が歴史を感じさせてくれる。さらにディエンビエンフー通りを北へ行くと、バーディン広場に出る。ホーチミン廟が建つ広場周辺は観光物件が集中しており、外国人旅行者が一度は訪れるエリアだ。広場の北側は緑豊かなバックタオ公園、さらにタイ湖と自然豊かなエリアへと移ってゆく。

威風堂々とした姿で建つホーチミン廟

欧米人が多く住むタイ湖北側

MAP 下図

タイ湖の北側、スアンジエウ通り周辺は静かな環境と景観のよさから欧米人が好んで住むエリアで、在住者が集う隠れ家的なバーやカフェ、スパが点在している。さらに近年は、街なかの家賃高騰で、この周辺にオープンするレストランも増えている。高級ホテルはあるものの見どころが点在するわけではなく、決してツーリスティックなエリアではないが、食に関しては注目すべき店が多い。ちなみにレストランの項（→P.316）で紹介している以外では、ステーキの「エル・ガウチョ：El Gaucho」、カフェの「メゾン・ドゥ・テト・デコール：Maison de Tet Decor」などが人気。

タイ湖に面したクアンアン通りにはテラス席をもつカフェやレストランが並ぶ

郊外のメガモールに注目

ヴィンコム・メガモール・タイムズ・シティ
Vincom Mega Mall Times City

MAP P.341-3D参照
住458 Minh Khai, Q. Hai Bà Trưng ☎(024) 32002101

ベトナム最大の水族館もあり、水中トンネル状の歩道を歩く海のトンネルが人気だ。また「ヴィンメック・インターナショナル・ホスピタル」(→P.311)もある。

ヴィンコム・メガモール・ロイヤル・シティ
Vincom Mega Mall Royal City

MAP P.341-3C
住72A Nguyễn Trãi, Q. Thanh Xuân ☎(024) 39743550

ベトナム最大のショッピングモール、レストラン街、映画館、東南アジア最大のアイススケートリンク、ベトナム最大の屋内プールまであり、その広さは東南アジア最大級。

ギネスブックに登録された、世界最大の陶器モザイク壁画

MAP P.343-1D

ハノイの陶器モザイク壁画が世界最大としてギネスブックに登録されている。2010年のタンロン・ハノイ建都1000年を記念して国内外のアーティストによって制作されたもので、約7kmの長さを誇る。場所は、ハノイ市街北東のアウコー（Âu Cơ）通りから、南へイエンフ（Yên Phụ）通り、チャンクアンカイ（Trần Quang Khải）通りへと続き、ロンビエン橋までの道沿いの壁画。

壁画には、バッチャン村（→P.308）の陶器が使用されている

↘ゆっくり歩けばバイクが避けていってくれるそうだ。確かにベトナム人を見ていると、道路はゆっくり歩いて横切っていた。（福岡県　輪菜）['22]

上／日本語の看板が並ぶリンラン通り　下／ローカルな雰囲気のリンラン市場

薬局

ハプハルコ　Hapharco

MAP P.347-2C
住 2 Hàng Bài
☎ (024)39387275
営 7:30～21:00　休 無休
カード 不可

使用期限切れの薬も売られているハノイでも、在住外国人に信頼されている薬局。

日本料理店が並ぶキムマー通り、リンラン通り周辺

MAP P.342-2A

市の西側、キムマー通り周辺は、在住外国人用のアパートメントが多く、また日本国大使館もあることから日本人が多く住むエリアだ。そのため日本料理店が多く、特にキムマー通りとグエンチータイン通りが交差する西側と、トゥーレ公園の北側のリンラン通りに集中している。ラーメン、定食、居酒屋、焼肉、海鮮とチョイスも多く、店舗は今も増え続けている。食べ疲れたり、日本食が恋しくなったらこのあたりへ。

最新ショッピングスポット、ハノイ大教会周辺

MAP 左図

ホーチミン市に追いつけ追い越せで、ハノイにも洗練されたレストランやベトナム雑貨のショップが増えている。ハノイはホーチミン市と違い古い建築物が残り、それらを改築した趣のある建物がショッピングをより楽しいものにしてくれる。そんななか、注目されているのがハノイ大教会（→P.300）周辺だ。教会前のニャートー通り、リークオックスー通り、ニャーチュン通り、ハンチョン通り、ハンガイ通りは、この十数年で、みやげ物店が並ぶオシャレなエリアに変身した。レストランやカフェはもちろん、オリジナルの商品を扱うハイセンスなみやげ物店が増え、その独自のセンスが外国人旅行者の心をくすぐっている。もちろんベトナムチックなキッチュな小物みやげの店も増え続けている。買い物に興味がある人もない人も、このエリアを歩いてみれば、おもしろいハノイの一面が垣間見られるだろう。

ハノイ大教会の外壁は、2021年にかつての色に似せて塗り替えられた

ニャートー通りの人気カフェ「コン・カフェ」（→P.323）

✉ ホーチミン廟の国旗掲揚儀式を見学した（儀式に参加）。ベトナム人はもちろん、観光バスでやってきた欧米人グループなどもいてけっこうな人数が見学。儀式数分前には純↗

見どころ　Sightseeing

★★★ ベトナム建国の父、ホーチミンが眠る MAP P.343-2C

ホーチミン廟

Lăng Chủ Tịch Hồ Chí Minh　Ho Chi Minh Mausoleum

このホーチミン廟ができたのは1975年9月2日の建国記念日。総大理石造りの廟は、ハスの花をかたどっていて、内部にはベトナムの民族的英雄、ホーチミンの遺体がガラスケースに入れられて安置されている。毎日ベトナム全土から人々が参拝に訪れ、ホーチミンが亡くなった9月2日（1969年）の命日には、特にたくさんの人々が訪れる。ホーチミン廟の前にあるバーディン広場（Quảng Trường Ba Đình）は、1945年9月2日にホーチミンがベトナム民主共和国の独立宣言を読み上げた場所として有名で、廟の左右には大きく「Nước Cộng Hòa Xã Hội Chủ Nghĩa Việt Nam Muôn Năm！：ベトナム社会主義国万歳！」「Chủ Tịch Hồ Chí Minh Vĩ Đại Sống Mãi Trong Sự Nghiệp Của Chúng Ta！：偉大なるホーチミン主席は、永遠に我々の中で生きている！」の文字が掲げられている。

毎朝執り行われる国旗掲揚儀式。広場は厳粛な雰囲気に包まれる

ホーチミン廟は、夜は22:00くらいまで美しくライトアップされ、バーディン広場には夕涼みや見学に人々が集まってくる。ちなみに広場の国旗掲揚塔では、毎日6:00（冬季は6:30）からは国旗掲揚儀式、毎晩21:00からは国旗降納儀式が、純白の制服を着た衛兵たちによっておごそかに行われている。一般見学も可能だ。

★★★ 素朴で庶民的だった人柄がしのばれる MAP P.343-2C

ホーチミンの家（ホーおじさんの家）

Nhà Sàn Bác Hồ Chí Minh　Ho Chi Minh's Stilt House

ホーチミンの家の敷地へ入り、まず右側に見えるクリーム色の洋館は、ホーチミンが1954年から亡くなる1969年まで執務を行った大統領府。残念ながら見学はできない。さらに道なりに進むと左側に平屋の建物が見えてくる。左側に展示されているのは実際にホーチミンが使用していた車で、右側は1954年から1958年までホーチミンが書斎として使った部屋。壁にマルクスやレーニンの肖像画が飾られているのが印象的だ。池を左手に見ながら進むと1969年まで住んでいた家が見えてくる。室内へ入ることはできないが、周りの廊下から書斎や寝室内の小さな木の机、簡素なベッド、愛読書や時計などが、生前のたたずまいのまま見学できる。

1958年に建てられた木造高床式の住居

↘白の衛兵に立ち位置を指示され全員直立不動。写真撮影は自由だったが、座り込んだり、大声を上げたりで注意される人も。背筋の伸びる厳粛な時間だった。（岐阜県　匿名希望）['22]

ホーチミン廟

住17 Ngọc Hà, Q. Ba Đình（入口は住19 Ngọc Hà）
☎(024)38455128
開4/1～10/31：7:30～10:30（土・日曜、祝日～11:00）、11/1～3/31:8:00～11:00（土・日曜、祝日～11:30）
休月・金曜、メンテナンスのため、毎年6月15日～8月15日は休館。元日、旧正月の元日、国慶節、ホーチミンの誕生日である5月19日は月・金曜でも開館
料2万5000ドン

入口はホーチミン廟の西側、ゴックハー通り沿いにある。X線手荷物検査ののち、バッグやカメラなどは入口横のラゲージルームに預けて番号札をもらい、見学後にこの場所へ戻り番号札と引き換えに受け取る。ツアーなどでガイドがあらかじめ訪問予定申請し許可書を取得していれば、優先的に廟の南側の入口から入場できる。見学は1日に1回のみで、一列に並んで入場する。1～2時間待ちになることもあるため、開館時間からの訪問が望ましい。

半ズボンやノースリーブ、ひざ上丈のスカート、サングラスは禁止。廟内では私語や中で立ち止まったり、写真撮影も厳禁。

廟の見学にあたっては、廟見学後にその流れのまま「ホーチミンの家」も半強制的に見学することになるが、見学を放棄してそのまま流れから外れることも可能。また撮影不可は廟内のみで、その後の撮影に制限はない。

ホーチミンの家（ホーおじさんの家）

住1 Hoàng Hoa Thám, Q. Ba Đình（入口は住19 Ngọc Hà）
☎0804-4287（ホットライン）
開4/1～10/31：7:30～11:00、13:30～16:00、11/1～3/31：8:00～11:00、13:30～16:00
休月・金曜の午後　料4万ドン

敷地への入場の際はX線手荷物検査があり、ライターは持ち込み不可。

書斎は当時のまま保存

バックタオ公園（ボタニカル・ガーデン）

Công Viên Bách Thảo
Botanical Gardens
MAP P.342-2B
開5:00～22:00　休無休
料5000ドン

「ホーチミンの家」の北西側一帯に広がる大きな公園。園内にはさまざまな植物が植えられ緑豊かな美しい公園だ。

ホーチミン博物館
住19 Ngọc Hà, Q. Ba Đình
☎(024) 38455435
開8:00～11:30
休月・金曜　料4万ドン
　無料の英語パンフレットあり。写真撮影は禁止。敷地への入場の際はX線手荷物検査があり、ライターは持ち込み不可。

現代芸術を織り交ぜた展示法は、美術館のようでもある

一柱寺
開7:00～18:00　休無休
料無料
　敷地への入場の際はX線手荷物検査があり、ライターは持ち込み不可。

「蓮花台」の扁額の下に8手の黄金の観音が鎮座している

タンロン遺跡（旧ハノイ城跡）
住9 Hoàng Diệu, Q. Ba Đình
☎(024) 37345427
開8:00～17:00　休無休
料3万ドン、15歳以下無料
　チケット売り場はホアンジエウ通り南側（MAP P.343-2C）。チケット売り場内には、昔のハノイの街並みを再現した撮影スポットがあり、宮廷衣装やアオザイのレンタルも可能（30分15万ドン）。バック門（正北門）へ行くには一度敷地を出なければならず、こちらの入場にもチケットが必要。

発掘現場の展示や、遺跡内から出土した遺物を展示した資料館もある

★★★ ハスの花をかたどった大規模な博物館　MAP P.342-2B

ホーチミン博物館
Bảo Tàng Hồ Chí Minh　Ho Chi Minh Museum

　ホーチミン廟のそばにある白い立派な建物で、1990年5月19日、ホーチミンの生誕100周年を記念して建てられた博物館。旧ソ連などの援助でレーニン博物館の専門家が設計や内装を担当し、斬新でアーティスティックな造りと内装だ。ホーチミンの生家の模型、愛用品、書簡などの展示のほか、革命への歩みもわかりやすく展示されている。

★★★ 5000ドン硬貨にも描かれる名所　MAP P.343-2C

一柱寺
Chùa Một Cột　One Pillar Pagoda

　リー（李）朝のリー・タイ・トン（太宗）が1049年に創建したジエンフー寺（Diên Hựu Tự：延祐寺）内の楼閣で、1本の柱の上に仏堂を載せたユニークな形から、この名で呼び親しまれている。先の太宗は蓮華の上で子供を抱いた観音菩薩の夢を見てから、間もなく子供を授かった。太宗は夢の観音に感謝し、ハスの花に見立ててこの寺を建立したと言い伝えられている。仏堂は小さいがベトナムを代表する古刹であり、ハス池の中に浮かび立つ優雅な姿はハノイのシンボルのひとつに挙げられる。

御堂内には小さな仏像が安置されており、お参りをすれば子宝に恵まれるといわれている

★★ 1010～1804年の間、都がおかれた場所　MAP P.343-2C

世界遺産 タンロン遺跡（旧ハノイ城跡）
Di Tích Hoàng Thành Thăng Long　Imperial Citadel of Thang Long

　旧市街の西側、バーディン広場の東側に、11～19世紀に栄えたベトナム王朝の城が築かれていた。その一帯は軍の管理下におかれ一般の入域は制限されていたが、2005年から、発掘調査を終えたタンロン遺跡の一部が一般公開されている。時間が許すなら、ぜひこれらの遺跡にも足を運び、栄華を極めた首都、タンロン（昇龍）の匂いを感じてほしい。タンロン遺跡は2010年、ベトナムで6ヵ所目のユネスコの世界遺産に登録された。

　2022年9月現在、遺跡内の各見どころは一般公開されているが、再調査・発掘のため入域制限されることもあるので、訪れる前に旅行会社などで確認するのが望ましい。

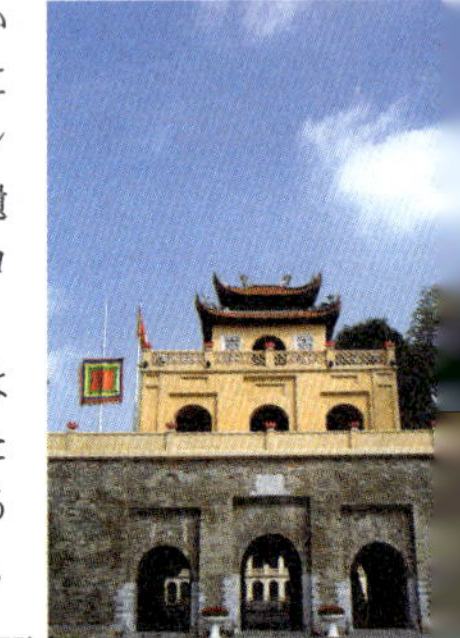
威風堂々としたドアン門（端門）

ドアン門（端門）
MAP P.343-2C
Đoan Môn　Doan Gate

　第一城壁に配されていた正門。楼閣に上ることができ、上からの眺めがよい。すぐ裏側には発掘調査の跡があり、現場の一部では地中深く何層にもれんがが積まれている様子が見学できる。

✉「メリア・ハノイ・ホテル」近くの12月19日通りが「ハノイ・ブックストリート」（→P.301欄外）となった。おしゃれに整備された通りには十数店もの本屋が並んでおり、目当ての↗

キンティエン殿（敬天殿）
Điện Kính Thiên　Kinh Thien Palace

MAP P.343-2C

この龍の階段を境にして上段が皇帝の政庁、下段が役人の政庁に分けられていた

龍の手すりの石階段の上が皇帝の宮殿があったとされる一画だ。建物自体は近年に建てられ、発掘された土器などが展示されている。キンティエン殿のすぐ裏（北側）に、フランス統治時代にフランス軍やその後の旧北ベトナム軍が作戦司令部として使用した建物（薄緑色の建物）も残されており、地下約10mの「D-67」と呼ばれた地下室が公開されている。この作戦司令部は旧ソ連の援助で造られ、原子爆弾にも耐えられる設計だったといわれており、それほどに徹底抗戦の覚悟があったことがうかがえる。さらにここから約17km離れたハドンまで地下道が延びていたといわれているが、地下道は公開されていない。また、ドアン門（端門）のすぐ裏の建物の西側にも地下室があり、こちらも公開されている。壁に貼られた手書きの地図にはアメリカ軍の基地があった日本の沖縄もマーキングされており、ベトナム戦争時の日本とベトナムの微妙な関係も見てとれる。

D-67内部の作戦会議室。ほかに通信機器が置かれた部屋もある

後楼はこぢんまりとした質素な建物

後楼
Hậu Lâu　Ladies' Pavilion

MAP P.343-2C

キンティエン殿（敬天殿）の楼閣として建てられ、王に仕えた側近たちに利用されていた所。内部の階段で上ることができる。

バック門（正北門）
Bắc Môn　Northern Gate

MAP P.343-2C

1805年に建てられ、第２城壁で現存する唯一の門。門の上部にはフランス軍と戦った英雄ホアン・ジエウとグエン・チー・フオンが祀られている。正面の左上と左下には1882年、ホン河に停泊するフランス軍の艦艇から放たれた砲弾の跡が残されている。

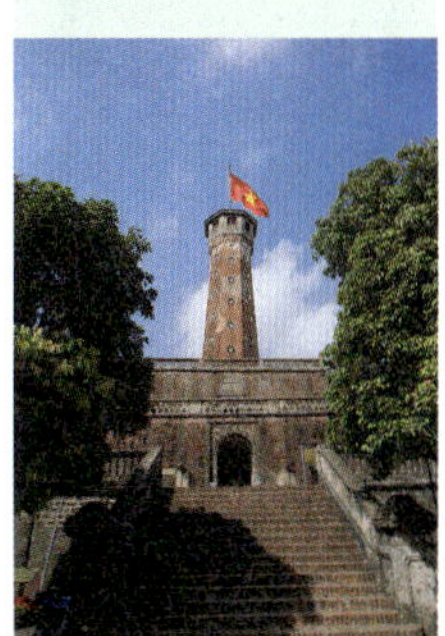
国旗掲揚塔上部の展望室からは、博物館の中庭やドアン門の眺めが見事。夜は美しくライトアップされる

国旗掲揚塔
Cột Cờ Hà Nội　Flag Tower

MAP P.343-2C

ベトナム軍事歴史博物館（→P.296）の一画に建つ国旗掲揚塔も世界遺産に含まれている。れんが造りの八角柱の塔は、1812年、ザーロン帝によって８年間かけて城の監視塔として建てられた。３段の正方形の台座も含めて高さは約33m。内部はらせん状の階段があり、展望室まで上ることができる。展望室からはドアン門（端門）を正面から眺められる。国旗掲揚塔のみなら入場料不要。

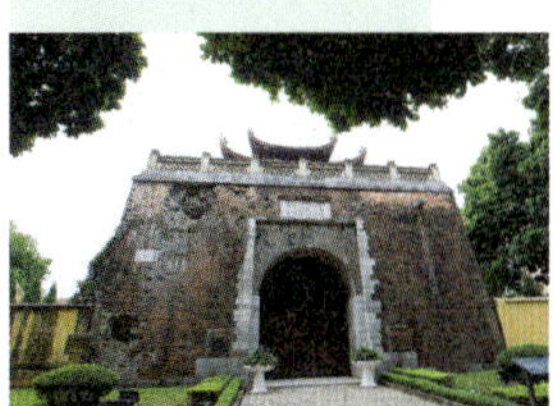
バック門は外観だけなら常時見学可能。左上と左下の穴は砲弾の跡

ホアンジエウ18番遺跡
Khu Khảo Cổ 18 Hoàng Diệu　Archeological site at 18 Hoang Dieu

MAP P.343-2C

国会議事堂の移転計画で、2002年にこの地を調査した際に発見された。８世紀以降のさまざまな時代の柱の土台や基礎、井戸などが折り重なるように残されている。その中心となるのはリー（李）朝（1010年～）とチャン（陳）朝（1225年～）の物と考えられており、年号や名前が漢字で書かれたれんがやタイルに混じって、チャム文字が書かれたれんがも発見されている。ほかにも各時代の中国の陶磁器や日本の有田焼、伊万里焼などの陶磁器も発見されており、各王朝が他文化との交流が盛んだったこともうかがえる。

各王朝の建物は木造だったため、建物はまったく残っていない（ホアンジエウ18番遺跡）

↘本を探し出すことができる。また、通りの中心には小さな広場があり、そこのベンチで本を読んで休憩することができる。本好きにはたまらない場所である。（千葉県　高橋和哉）['22]

ベトナム軍事歴史博物館
住28A Điện Biên Phủ
☎(024) 38234264
開8:00～11:30、13:00～16:30
休月・金曜
料4万ドン、7歳～大学生2万ドン、6歳以下無料（カメラの持ち込みは3万ドン）
　博物館の敷地内に国旗掲揚塔（→P.295）があり、こちらのみの見学なら入場無料。

右／サイゴン陥落の際に大統領官邸に突入したソ連製のT54B型843号戦車　下／ベトナムの英雄、ファム・トゥアンの愛機だった国宝のミグ戦闘機。彼は宇宙飛行士だったことでも知られている

文廟
住58 Quốc Tử Giám, Q. Đống Đa
☎(024) 38452917
開8:00～17:30
休無休　料3万ドン、学生1万5000ドン（要学生証提示）、15歳以下無料
　入口はクオックトゥザム（Quốc Tử Giám）通り側。英語の無料案内アプリ（Van Mieu Audio Guide）あり。日本語のオーディオガイドは5万ドン。

上／科挙試験合格者の名を刻んだ石碑と亀の像。触れることはできない　下／本殿に祀られた孔子像

ベトナム美術博物館
住66 Nguyễn Thái Học, Q. Đống Đa　☎(024) 38233084
開8:30～17:00　休月曜
料4万ドン、6～15歳1万ドン、5歳以下無料
　作品情報が閲覧できるアプリ（i Museum VFA）あり（5万ドン）。

★★ ベトナム軍の歴史を紹介した博物館　MAP P.343-2C

ベトナム軍事歴史博物館

Bảo Tàng Lịch Sử Quân Sự Việt Nam　Military History Museum of Vietnam

　特にベトナム戦争当時、北ベトナム軍、アメリカ軍に使われた小火器や爆弾、戦闘機などの展示が充実している。なかでも1975年4月30日のサイゴン陥落の際、大統領官邸（現、統一会堂→P.74）に突入したT54B型843号戦車と、博物館入口左側に展示されているミグ21型5121号戦闘機は、ベトナムの歴史を語るうえで貴重な遺物で、2012年に国宝に認定。さらに2015年には、博物館入口左側に展示されているミグ21型4324号戦闘機と「ホーチミン決心戦役地図」が新たに国宝に認定されている。

★★★ “学問の神”孔子を祀る廟　MAP P.343-2C

文廟

Văn Miếu　Temple of Literature

　1070年、孔子を祀るために建立された廟で、孔子廟とも呼ばれる。1076年には、境内にベトナムで最初の大学が開設され、1779年までの約700年の間に数多くの学者や政治指導者を輩出した。大学施設として使われていた建物のなかでも、19世紀のグエン（阮）朝時代にできたクエ・ヴァン・カック（奎文閣）はハノイの象徴のひとつとなっている。

入口門。本殿には孔子像が鎮座し、学業祈願に参拝する人も多い

　クエ・ヴァン・カックを通り抜けた先にある池を囲むように並ぶ82の石碑は、すべて異なる顔をした亀の像の上に置かれており、1442～1779年の間の科挙試験合格者1304人の名前が刻んである（科挙試験は3年に1度の官吏登用試験。ベトナムではリー〈李〉朝より採用されていた）。この82の石碑は、2011年に「世界の記憶遺産」（→下部欄外）に登録された。

★★ 6000点に及ぶ美術作品を所蔵　MAP P.343-2C

ベトナム美術博物館

Bảo Tàng Mỹ Thuật Việt Nam　Vietnam Fine Arts Museum

　近代美術から文化的芸術品まで、幅広い視点で芸術を捉えた美術作品、資料を展示。建物は2棟に分かれ、正面棟の1階は青銅器を中心とした考古学的視点、仏教的視点の展示物。2階、3階は絵画を中心にした近代美術品が展示されている。本館の左側の建物では、地下に陶器、2階にドンホー版画（→P.453）や地獄絵図、ベトナム中部高原に住むジャライ族による木彫りの像などが展示されているほか、3階では少数民族の衣装や生活道具が見られる。

木造の千手観音菩薩像は国宝に指定されている

「世界の記憶遺産」とは、ユネスコが主催する遺産保護事業のひとつで、不動産を対象とする「世界遺産」を補う形で登録される文化財保護事業。「世界記録遺産」とも呼ばれる。↗

★★★ ハノイ市民の憩いの場 MAP P.347-1C、2C

ホアンキエム湖

Hồ Hoàn Kiếm　Hoan Kiem Lake

ハノイ市街の中心にある穏やかな姿の湖。ここはホアンキエム（還剣という意味→下記の伝説）湖、別名ホー・グオム（剣湖）と呼ばれ、緑豊かな湖畔は人々の憩いの場となっている。もともとはホン河の浸食でできた三日月湖とも考えられており、16世紀頃にはふたつの湖に分かれていて左望湖と呼ばれていた（もう一方の右望湖は現存しない）。毎週金曜の19:00〜日曜24:00の間は湖周辺が歩行者天国になり（→P.290欄外）、よりいっそうにぎわう。

ホアンキエム湖の伝説

1428年、レ（黎）朝の始祖、レ・ロイ（＝レ・タイ・トー）は、湖にすむ亀から授かった宝剣で明軍を駆逐し、ベトナムを中国支配から解放した。平和が訪れた頃、再び亀が姿を現し、剣を返すよう啓示され、湖の中の小島で剣を返した。現在、湖の南に小さな亀の塔が建っている場所こそ、レ・ロイが剣を亀に奉還したと言い伝えられている所である。

左上／ハノイの象徴のひとつでもある亀の塔。夜はライトアップされる　右上／湖周辺は人気の撮影スポット。季節の花とともに撮影を楽しむ人も多い　左下／湖に架かるテーフック橋　右下／週末の歩行者天国にはみやげ物の屋台やストリートパフォーマーが出現する

ホアンキエム湖の大亀

2016年、ホアンキエム湖に生息していた最後の大亀の死亡が確認された。シャンハイハナスッポンと呼ばれる中国南部からベトナム北部にかけて生息する大型の淡水亀で、体長は1.8mほど。ゴックソン祠に鎮座する剥製の大亀とほぼ同サイズだった。

シャンハイハナスッポンはホアンキエム湖に1頭が生息していたほかは、中国の動物園に2頭生息するだけで、野生の個体は絶滅したと考えられてきた。しかし2008年、アメリカの研究チームが同じベトナム北部の湖で野生のシャンハイハナスッポンを再発見し、再び脚光を浴びた。

古来よりベトナムでは亀は神聖なものとして崇められ、姿を現すことは吉兆を意味するともいわれている。

★★★ ホアンキエム湖に浮かぶ、由緒ある祠 MAP P.347-1C

ゴックソン祠（玉山祠）

Đền Ngọc Sơn　Ngoc Son Temple

ホアンキエム湖上のゴックソン島にあり、その創建は13世紀のチャン（陳）朝の時代まで遡るが、現在の建物は1865年に建立、後に再建された物。入口の門柱には著名な儒学者グエン・ヴァン・ズーによる二文字の書、幸福を意味する「福」と、豊かさを意味する「禄」が見える。さらに岸から真紅のテーフック橋（棲旭橋、朝日の差す橋の意）を渡って正殿（得月楼）へと進めば文・武・医の三聖人が、さらに進めば13世紀に元の進撃を撃退した英雄、チャン・フン・ダオが祀られている。その隣室に鎮座している体長約2mの大亀の剥製（はくせい）は、1968年にこの湖で捕獲されたもので、発見当時はこれが還剣伝説の亀ではないかと話題を呼んだ。

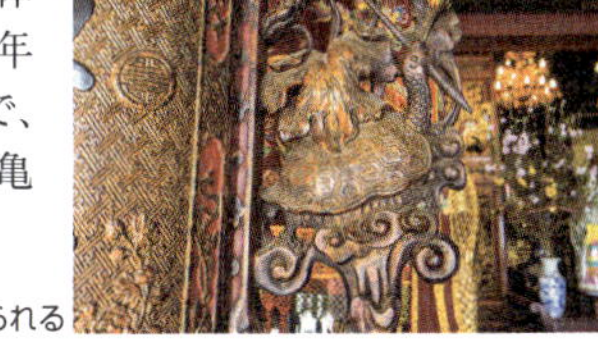

還剣伝説をモチーフにした装飾も見られる

ゴックソン祠（玉山祠）

住 Đinh Tiên Hoàng
☎ (024) 38255289
開 7:00〜18:00　休 無休
料 3万ドン、学生1万5000ドン、15歳以下無料

ゴックソン祠の入口門

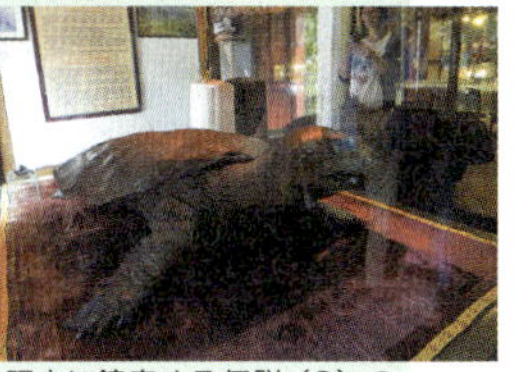

祠内に鎮座する伝説（?）の大亀の剥製

↘ほかに「無形文化遺産」を含めて「三大遺産事業」と称することもある。

水上人形劇
タンロン水上人形劇場
Nhà Hát Múa Rối Thăng Long
Thang Long Water Puppet Theatre
MAP P.345-3C
住57B Đinh Tiên Hoàng
☎(024)38249494
URL thanglongwaterpuppet.com
開 毎日15:00、16:10、17:20、18:30、20:00の5回公演
休無休　料10万、15万、20万ドン（劇場入口横のチケット窓口は8:30〜20:30）。

日本語のオーディオガイドは5万ドン。座席は全席指定で、満席となった時点で販売打ち切りとなるので、チケットは早めに買っておこう。チケットは市内の旅行会社でも手配してくれる。後部座席は人形が小さくしか見えず理解できない、なんてこともある。入口付近に日本語を含む各国語に翻訳された無料のパンフレットあり。

ロータス水上人形劇
Múa Rối Nước Bông Sen
Lotus Water Puppet
MAP P.347-1C
住16 Lê Thái Tổ
☎(024)39381173
URL bongsenwaterpuppet.vn
開毎日17:15　休無休
料10万、15万ドン。3歳以下無料
カード不可

タンロン水上人形劇場とは別グループが行う。こちらも水上人形劇の代表的な演目や構成で、劇場が若干小さいことを除けば、上記のタンロン水上人形劇と大きな違いはないが、演目の説明のナレーションが英語で流れる。

ドンスアン市場
営店によって異なるが、だいたい7:00〜18:00　休無休

ドンハー門（東河門）
Đông Hà Môn
Dong Ha Gate
MAP P.345-1C

旧市街のハンチエウ通りに残る、16あった旧ハノイ城の門のひとつ。1749年に建てられ、その後、19世紀に修復されている。

現存する旧ハノイ城の門はここだけ

★★★ ハノイを代表するエンターテインメント

水上人形劇

Múa Rối Nước　Water Puppetry

水面を舞台にして繰り広げられる人形劇はベトナムの伝統芸能。舞台は3〜5分の短編が9話。それぞれのテーマに沿って、民話、習慣、伝説、民族的な話が、ベトナム伝統楽器の軽やかな音色とともに、水中で操られる人形によって綴られてゆく。言葉がわからなくても、そのコミカルで繊細な人形の動きには見入ってしまい、おおまかなストーリーは理解できる。

この水上人形劇は1000年も昔から伝わるもので、もともとはタイビン省の農民たちが、収穫の祭りのときなどに屋外の水辺を使って演じていた。11〜15世紀（リー朝、チャン朝）の頃には、娯楽として宮廷にまで広まったといわれている。ハノイ中心部にはふたつの劇場があり（→欄外）、おすすめはタンロン水上人形劇場。ここは1956年、ベトナム庶民の英雄、ホーチミンが子供たちのために建てた劇場。何度も修繕、改築がなされ、今も大切に使われている。

右上／民間信仰の儀式で霊媒師に神が降臨するシーン　左下／ホアンキエム湖の伝説（→P.297）がモチーフの演目（タンロン水上人形劇場）　右下／ロータス水上人形劇場

★★ 旧市街地区にあるハノイ中心部最大の市場　MAP P.344-1B

ドンスアン市場

Chợ Đồng Xuân　Dong Xuan Market

1階は日用雑貨、みやげ物、2、3階は衣料品の店が並んでおり、特に綿やシルク生地の品揃えが豊富で安いことでも知られている。また建物周辺は生鮮食料品の路上市場になっており、さらに活気がある。

左／日用雑貨や衣料品、小物は卸売りの店もある。そんな店はひとつ、1枚の買い物には応じてくれないので要注意　右／1階にはお茶やお菓子、みやげ物を売る店もある。街なかよりは微妙に安く、意外と使える

✉タンロン水上人形劇場のチケットオフィスでは「チケットは完売」と言われても「じゃあ○○曜日は？」としつこく聞くとOKだったりする。（東京都　grisgris）['22]

★★ 1000年以上の歴史をもつハノイ最古の祠

MAP P.345-2C

バックマー祠（白馬最靈祠）

Đền Bạch Mã　Bach Ma Temple

国の守り神であるロンドー（龍肚）と白馬神を祀っている。ヴォイフック祠（象伏祠、→P.303）、鎮武観（→P.302）、キムリエン祠（金蓮祠）とともにハノイの東西南北を守る「ハノイ四鎮」のひとつ。本祠に祀られている白馬神には、「タンロン（現在のハノイ）建都の際に、リー朝の始祖リー・タイ・トーの夢に白馬が現れ城壁の要所を示した」という伝説がある。

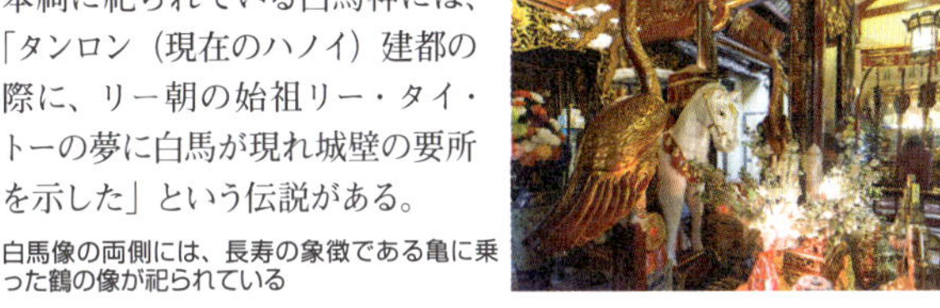

白馬像の両側には、長寿の象徴である亀に乗った鶴の像が祀られている

★★ 重要文化財の建築を利用した博物館

MAP P.345-2C

旧家保存館

Bảo Tồn, Tôn Tạo Phố Cổ Hà Nội　87 Ma May's House

19世紀後半に建てられた伝統的な中国風の木造民家。旧市街の古い街並みを保存する活動の一環として1999年に修復され、一般公開されている。家内は当時の生活を物語るように、居間、台所、寝室、トイレなどが保存されている。光を取り入れ、風通しをよくするための中庭を造る技法はホイアン（→P.238）の古い家々にも見られる。館内は2014年に改築され、柱や梁の一部は新しくなった。

かつては5家族が住んでいたこともあるという

★ ハノイのシンボルのひとつ

MAP P.343-1D

ロンビエン橋

Cầu Long Biên　Long Bien Bridge

ホン河に架かる約1700mの鉄道橋。海の玄関口ハイフォン港とハノイとを結ぶ交通の要として1902年に完成し、当時は世界で2番目の長さを誇っていた。完成からしばらくは、インドシナ提督のポール・ドメールにちなんで「ドメール橋」と名づけられていたが、第2次世界大戦終戦後にロンビエン橋と改名され現在にいたる。

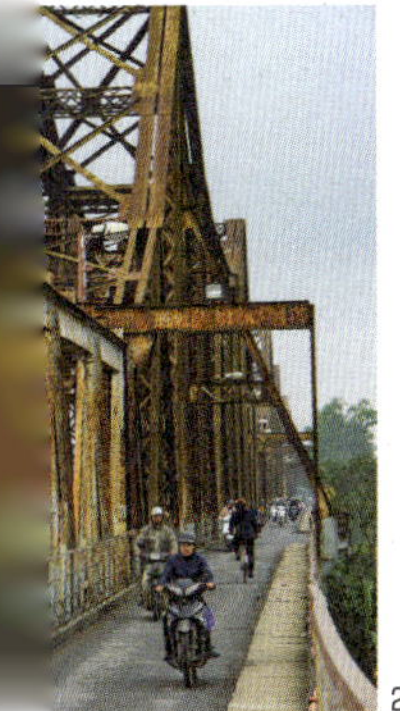

ベトナム戦争時には補給路を絶つため何度もアメリカ軍による爆撃を受け、そのたびに補修されてきた歴史がある。現在も随時、補修工事がされているが、老朽化が進み、取り壊しの計画が浮上したことも。この橋は、パリのエッフェル塔を設計したギュスターヴ・エッフェルの設計との説もあるが、現在ではDayde & Pille社という建設会社が請け負ったとの説が最有力だ。よく見て歩けば、橋の鉄骨に「1899-1920 Dayde & Pille Paris」と書かれた鉄板がはめ込まれているのに気がつくだろう。

2023年より全面改修が予定されている

Voice!「スラン・カフェ Serein Cafe」（MAP P.344-1B）からは、ロンビエン橋が俯瞰できる。

バックマー祠（白馬最靈祠）

住Hàng Buồm & Hàng Giầy
☎なし　開8:00〜11:00、14:00〜17:00（旧暦1・15日8:00〜21:00）　休月曜　料無料

旧家保存館

住87 Mã Mây　☎(024)3926 0585　開8:00〜20:00
休無休　料1万ドン

奥行きの深い建物の一番奥に台所がある

ハノイ旧市街文化交流センター

Trung Tâm Giao Lưu Văn Hóa Phố Cổ Hà Nội
Hanoi Old Quarter Cultural Exchanges Center
MAP P.345-2C
住50 Đào Duy Từ
☎(024)39261426
開8:00〜17:30
休無休　料無料

旧市街における有形・無形文化遺産の保存と発信を目指し創設。1階はベトナム文化にまつわる企画展、2階はタンロン時代から今日までの旧市街の発展の歴史や風習についてのパネル、伝統家屋のジオラマなどを展示。説明はベトナム語のみ。

旧市街の伝統建築を参考に設計された

ロンビエン橋

料無料

橋上、橋付近は、夕方以降はやや治安が悪くなるため、見学は日の高いうちに。

橋には歩道も設けられ、徒歩で渡っているベトナム人もいるが、実は徒歩で渡ることは禁止されている。歩道と車道の間に柵はなく、歩行者すれすれをバイクが走り抜けるほど幅も狭い。また歩道に敷かれたコンクリートブロックが抜け落ちている個所もあり、十数m下の川へ落ちそうになり非常に危険だ。ひとり、ふたりの外国人が歩くのは黙認されているが、複数だと橋手前に立つ交通公安官（交通警察官）に止められることもある。その場合は素直に従おう。

★★ハノイで最も大きな教会　MAP P.346-1B

ハノイ大教会（セント・ジョセフ教会）

Nhà Thờ Lớn　St. Joseph's Cathedral

1886年、仏教寺院の跡地に建立され、その後、1900年初頭に現在のふたつの尖塔を有するネオゴシック様式に改築された。外壁は白と黒の石材を使用して建てられ、カビとほこりで黒ずんでいだが、修復工事で塗装された。内部は美しいステンドグラスで飾られ、教会の厳粛な雰囲気と相まって幻想的な空間を造り出している。このステンドグラスはイタリアのベネチアから輸入された物だという。ハノイ周辺のカトリック信者にとっては信仰の中心的な教会だ。

★★威厳を放つフレンチコロニアル建築　MAP P.347-2D

市劇場

Nhà Hát Lớn Hà Nội　Hanoi Opera House

フランス統治時代の1911年、パリのオペラ・ガルニエ（オペラ座）を模して建築された劇場。オペラハウスとも呼ばれ、ハノイのフランス風建築のひとつに挙げられる。現在、コンサートや演劇などが上演されている（ラントイのショーは休演〈→P.304〉）が、残念ながら見学のみの一般公開はされていないため、外部のみの見学に限られる。劇場でコンサートや演劇が行われる日は、19:00頃から終了時間までライトアップされ、昼間とはまた違った幻想的な姿を見せてくれる。

クリーム色の外壁が青空に映える。向かって右側に「ハイランズ・コーヒー」（→P.324）がある

★★★先史時代から近代まで、ベトナムの歴史をたどる　MAP P.347-2D

国立歴史博物館

Bảo Tàng Lịch Sử Quốc Gia　National Museum of Vietnamese History

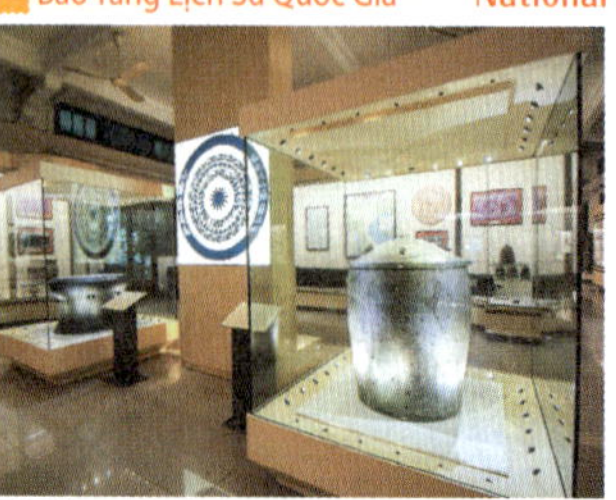
展示物の充実度はベトナムでも屈指の博物館

道路を挟んでふたつの建物で構成される博物館。エリアA（チャンティエン通り側）は先史時代から近代までのベトナムの歴史が年代を追って紹介されている。1階の注目はドンソン遺跡から出土した銅鼓コレクションで、最も古いゴクリュ銅鼓は紀元前5世紀前後の物。2階の注目はチャンパ王国時代のヒンドゥー神の彫刻の数々で、クアンナム遺跡群から出土した11世紀頃のガルーダ神の頭部、ビンディン遺跡群から出土した12世紀頃のシヴァ神の彫刻などはチャンパ芸術の一級品だ。

エリアB（チャンクアンカイ通り側）はフランス植民地時代の税務署だった所で、2000年来のベトナム人民の抵抗と独立への苦難の歴史が、その記念の品々とパネルなどで時代順に紹介されている。19世紀中頃の抗仏運動からインドシナ戦争終結、そして現代の発展まで、ベトナムの歴史をたどることができる。

ホアロー収容所（→P.301）：2008年のアメリカ大統領選で共和党から出馬した故ジョン・マケイン氏も、ベトナム戦争時にこの収容所に収容されていた。1967年、爆撃作戦に↗

ハノイ大教会（セント・ジョセフ教会）

住Nhà Thờ　☎なし
開5:00～11:00、14:00～19:30
休無休　料無料
ミサは月～金曜の5:30と18:30、土曜の5:30と18:00、日曜の5:00、7:00、8:30、10:00、11:30、16:00、18:00、20:00。ミサ以外の時間は、正面左側の裏門から入場する。

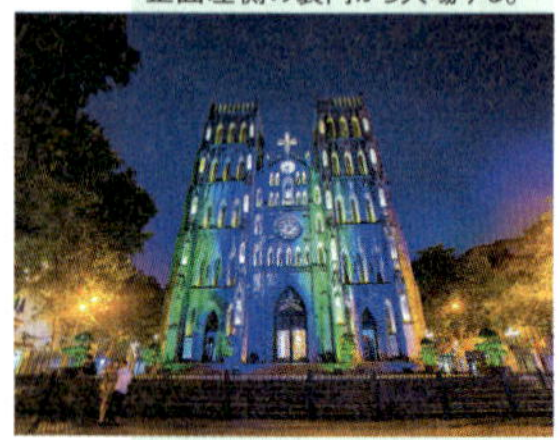
ライトアップされた夜の姿も美しい

市劇場

住Lê Thánh Tông
☎(024) 38267361
市劇場では、日本人の本名徹次氏が首席指揮者を務めるベトナム国立交響楽団(VNSO)の定期演奏会も開催。
URL www.vnso.org.vn
当日券は劇場入口右手の窓口で、公演のある日の8:30～17:30に販売している。
チケットベトナム・ドットコム
ticketvn.com
☎091-3489858（携帯）、098-3067996（携帯）
URL ticketvn.com　カード A J M V
市劇場で開催されるオペラなどのチケットをオンラインで販売。チケットは無料でデリバリーしてくれる。

国立歴史博物館

住1 Tràng Tiền & 216 Trần Quang Khải
☎(024) 38252853
開8:00～12:00、13:30～17:00
休月曜
料4万ドン、大学生2万ドン、学生1万5000ドン、6歳以下無料（カメラ撮影は1万5000ドン、ビデオカメラ撮影は3万ドン）
パスポートを提示すれば英語のオーディオガイドがレンタルできる。バッグは入口の無料ロッカーに預けるシステム。

1910年に建てられたハノイ初の博物館が歴史博物館の前身となり、現在の建物は1932年に建てられた（エリアA）

★★ 女性の姿を通してベトナムを見つめる MAP P.347-2C

ベトナム女性博物館

Bảo Tàng Phụ Nữ Việt Nam　Vietnamese Women's Museum

歴史・文化においてベトナム女性が担ってきた役割、その活躍ぶりをさまざまな展示で紹介。暮らし、服装から戦争中の女性兵士について、またあらゆる方面での女性の業績などが資料や模型、映像、写真などで展示されている。ベトナムにおける女性の立場の重要さ、なぜベトナム女性が強いのかがわかるとともに、この国の歴史や文化の一面に触れられる。

モン族の女性の出産に関する展示

★ ベトナムの公安の昔と今を紹介 MAP P.346-2B

ハノイ公安博物館

Bảo Tàng Công An Hà Nội　Hanoi Police Museum

1945年の公安組織発足から現代までの歴史が年代順に紹介されている。前半はフランス軍スパイや米中央情報局（CIA）スパイとの戦いが紹介されているほか、空襲時の対応などベトナム戦争中の公安の知られざる活躍を知ることができる。後半では交通違反・違法ドラッグ・偽造品等の対策といった現代の公安の果たしている役割についても紹介。年代別の制服・バッジの変遷などは実物の展示もありわかりやすい。各種公安グッズも販売されており、おみやげによい。

★★ 19世紀末にフランスによって造られた監獄 MAP P.346-2B

ホアロー収容所

Di Tích Lịch Sử Nhà Tù Hỏa Lò　Hoa Lo Prison

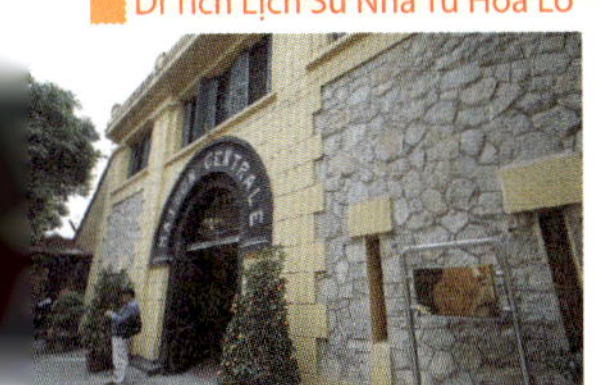

フランス領だった1890年代に建てられたため、入口のアーチにはフランス語名が刻まれている

ベトナムの歴史の暗部ともいえる建造物が市内のど真ん中に取り残されている。1km²にも及ぶ敷地内には、最も多いとき（1953年）で、2000人以上も収容されていたという。ディエンビエンフーの戦い（1954年）でフランス軍が敗戦したあとも、ベトナム戦争におけるベトナム人民軍の捕虜収容所として使われていた。その後1993年に完全に閉鎖となり、半分以上が取り壊され、1997年「サマセット・グランド・ハノイ（通称ハノイ・タワーズ）」という高層ビルが建設された。だが、一部は歴史的遺物として保存され、1997年、一般公開されるにいたった。

館内には、独房・集団房の内部、拷問の道具やその様子を描いたレリーフ、処刑に使われたギロチン台、収容者の持ち物などが展示されている。ベトナム戦争当時、収容所内の過酷な状況を皮肉って、米軍の収容者からは「ハノイ・ヒルトン」とも呼ばれ、後に捕虜としてこの収容所で暮らした米軍兵士の体験が『ハノイ・ヒルトン』のタイトルで映画化もされている。

↘参加したマケイン氏が搭乗した航空機がハノイ上空で撃墜され、パラシュートで脱出した際に捕虜となり、その後の約5年間をこの収容所で過ごしている。

ベトナム女性博物館
住36 Lý Thường Kiệt
☎(024) 39365973
開8:00～17:00　休無休
料4万ドン
1階に無料ロッカー、少数民族グッズなどを扱うショップがある。

ハノイ公安博物館
住67 Lý Thường Kiệt
☎069-2342098（携帯）
開8:00～11:30、13:30～16:30
休月曜　料無料

公安の各部隊の制服を着用した人形が展示されている

本屋
ハノイ・ブックストリート
Phố Sách Hà Nội
Hanoi Book Street
MAP P.346-2B
住19 Tháng 12　営店によって異なるが8:00～22:00頃
書店やブックカフェが約20店並ぶ通称「本屋通り」。小説、児童書、漫画など幅広いラインアップで、散策するだけでも楽しめる。

若者の間では撮影スポットとしても人気

ホアロー収容所
住1 Hỏa Lò
☎(024) 39342253
開8:00～17:00
休無休　料3万ドン、学生1万5000ドン、15歳以下無料

集合房の様子は人形を使って再現されている

チャンクオック寺（鎮国寺）
住Thanh Niên, Q. Ba Đình
☎なし　開7:30～11:30、13:30～17:30　休無休　料無料

ロッテ・オブザーベーション・デッキ
Lotte Observation Deck
MAP P.342-2A
住65F, Lotte Centre Hanoi, 54 Liễu Giai, Q. Ba Đình
☎(024)33336016　開9:00～24:00　休無休　料23万ドン、子供（3～12歳）17万ドン
　約267mという国内3番目の高さのビル「ロッテ・センター・ハノイ」の65階にある展望台。253m地点に浮かんでいるような体験ができるガラス張りの床「スカイウオーク」やカフェがある。同ビルの屋上の「トップ・オブ・ハノイ」は、ハノイ一高所にあるルーフトップバー。

展望台からはハノイ市街を見渡せる

鎮武観
住Thanh Niên, Q. Ba Đình
開8:00～17:00
休無休　料1万ドン

立派な門構えの鎮武観

西湖府
住Đặng Thai Mai, Q. Tây Hồ
☎なし
開5:00～19:00（旧暦1・15日～21:00）
休無休　料無料

山積みで売られているバイン・トム・ホー・タイ

★★ ハノイ最古の寺　MAP P.343-1C

チャンクオック寺（鎮国寺）

Chùa Trấn Quốc　Tran Quoc Pagoda

もとはリー・ナム・デー（李南帝、在位544～548年）の時代にホン河のほとりに建立された（当時の名称は開国寺）。17世紀に今のタイ湖畔の小島に移され、名前もチャンクオック（鎮国）寺と改称された。境内には釈迦や菩薩、関羽のほか、13世紀に元の侵攻を撃退したベトナムの英雄チャン・フン・ダオまで、さまざまな神様や聖人が祀られている。湖岸から眺めると、湖面に仏塔や木々が映り、何とも風情がある。

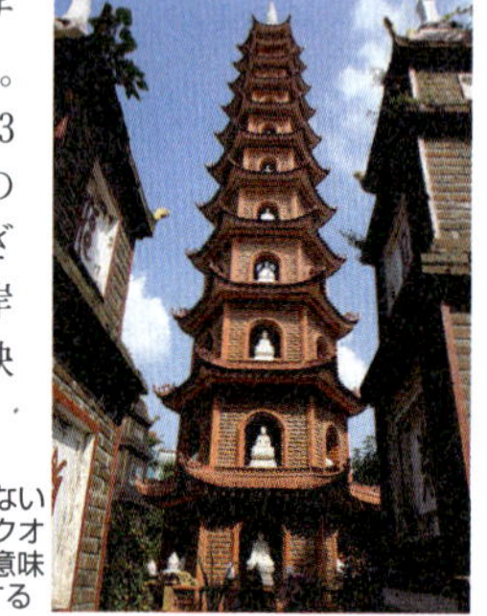
100ドン札（現在ではほとんど流通していない古銭扱いの札）にも描かれているチャンクオック寺。寺ではあるが「廟」や「祠」の意味合いもあり、さまざまな建築様式が混在する

★ 玄天鎮武神の足先に触れて願掛け　MAP P.343-1C

鎮武観

Đền Quán Trấn Vũ　Quan Thanh Temple

玄天鎮武神の足先に触れると御利益があると信じられている。参拝者が触れるため足先だけがツヤツヤと光っている

チュックバック湖の南にある苔むした道教寺院。11世紀のリー（李）朝時代に北の守護殿として建立され、別名クアン・タイン祠（Đền Quán Thánh）とも呼ばれている。北敵を討って国を守ったという玄天鎮武神が祀られており、寺院内には蛇と亀を従えた高さ約4m、重さ約4トンの玄天鎮武神の大きな銅像が鎮座している。

★ タイ湖に静かにたたずむ　MAP P.341-1C

西湖府

Phủ Tây Hồ　Tay Ho Pagoda

民間信仰の聖母道（ダオマウ：Đạo Mẫu）を祀る総本山。天を司る柳杏聖母など、聖母道の女神が祀られ、ハノイの人々に親しまれている。特に、毎月、旧暦の1日、15日、テト（旧正月）後の2週間は、たくさんの人がここに先祖供養にやってくる。また、参道はタイ湖名物のバイン・トム・ホー・タイ（→P.34）やライギョ、タニシ料理の専門店が並ぶことで知られている。

左／山荘洞には山岳を司る女神である上岸聖母が祀られている
右／柳杏聖母や玉皇上帝が祀られている西湖願跡。熱心に祈りをささげる人々の姿が見られる

★★★ 少数民族に興味があるなら訪問する価値あり MAP P.340-2B

ベトナム民族学博物館

Bảo Tàng Dân Tộc Học Việt Nam　Vietnam Museun of Ethnology

ベトナムを構成する54の民族の暮らし、風俗、祭礼などがこと細かに展示されており、ベトナム全土から収集された資料は１万5000点にも及ぶ。生活道具や衣装、図解や模型、ビデオを用いた視覚的な展示がほとんどなので、たいへんわかりやすい。北部、中部、南部と地域ごとに分けられていて、順路をたどるにつれ、ベトナムが多民族国家だということがよくわかる。常設展示の中南部高原地帯の文化を紹介した「タイグエンのゾウ」や各国の大使館と協働した企画展にも注目したい。また、建物の裏庭には各民族の住居やお墓が移築されている。

ベトナム中部の高原地帯、コントゥム省から移築されたバーナー族のコミュニティハウス

麻糸を使った手織りの様子。華やかなモン族の衣装も要チェック

ベトナム民族学博物館
住Nguyễn Văn Huyên, Q.Cầu Giấy　☎(024) 37562193
開8:30〜17:30　休月曜
料４万ドン、大学生２万ドン、学生１万ドン、５歳以下無料（カメラ、ビデオカメラ撮影は５万ドン）
英語ガイド（約１時間10万ドン）あり。裏庭で土・日曜の10:00、11:00、14:00、15:30から水上人形劇の上演がある。料金は５万ドン、子供３万ドン。

★ ハノイのことをもっと知りたいなら MAP P.340-3A

ハノイ博物館

Bảo Tàng Hà Nội　Hanoi Museum

ハノイの歴史を紹介した博物館。１〜４階まである館内は国内最大規模の展示面積を有し、中央にらせん階段が貫く近代的な造り。１階はタンロン王朝時代の出土品が並び、２階はハノイ周辺の鉱物や動植物の剥製（はくせい）が並ぶ自然科学と、土器や矢じりなどが並ぶ考古学のフロア。３〜４階は特別フロアで、青銅器、古銭、焼物、４階は近代のハノイを写真で紹介する展示物が並べられている。ベトナムという国の歴史や側面に触れられる見応えある博物館だ。

多民族国家ベトナムならではの貴重な文化遺物が並ぶ。ベトナムの歴史の奥深さを実感

ハノイ博物館
住Phạm Hùng, Q. Nam Từ Liêm
☎(024)62870604、62870603
開8:00〜11:00、13:30〜17:00
休月曜　料無料
写真撮影は禁止。カメラ、バッグは入口の無料ロッカーに預けるシステム。

★ 動物園や遊園地もある大きな公園 MAP P.340-2B

トゥーレ公園

Công Viên Thủ Lệ　Thu Le Park

市の西側に位置する広い公園。緑が豊富でトゥーレ湖もあり、市民の憩いの場にもなっている。特に併設されている動物園が人気。また園内にはヴォイフック祠（Đền Voi Phục：象伏祠 MAP P.340-2B）と呼ばれる祠もあり、人々のあつい信仰を集めている。

ヴォイフック祠の伝説

リー（李）朝の３代皇帝リー・タイン・トンの息子のリン・ランは中国軍が攻め入ってきた際、王から授かったゾウとともに戦いに出向いた。あるときリン・ランがゾウに伏せるように命じたところ、ゾウはそれに従ってひざまずいた。リン・ランは忠実なゾウの助けもあり敵軍に打ち勝った。

左／ヴォイフック祠は、２ヵ所ある公園入口のうちの西側の入口手前のキムマー通りから入ってすぐの所にある　右／園内には遊園地、動物園、ボート遊覧可能な池などがあり、週末は家族連れやカップルで大にぎわいだ

トゥーレ公園
住32 Thủ Lệ, Q. Ba Đình
☎(024) 38347395
開7:00〜18:00
休無休
料３万ドン、子供（身長130cm以下）２万ドン

トンニャット（統一）公園
Công Viên Thống Nhất
Thong Nhat Park
MAP P.348-1A、2A
☎(024) 35724163
開6:00〜22:00　休無休
料4000ドン、子供2000ドン
広い公園内にはバイマウ湖があり、遊歩道が敷かれている。緑も多く、静かでのんびりとした公園だ。

まだまだあるハノイの見どころ

●防空・空軍博物館
Bảo Tàng Phòng Không-Không Quân
Air Force Museum

MAP P.341-3C　住173C Trường Chinh, Q. Thanh Xuân　☎098-3600253（携帯）　開8:00～11:00、13:00～16:00　休金曜　料3万ドン（カメラの持ち込みは5000ドン、スマートフォンでの撮影無料）

ベトナム戦争を中心にベトナム空軍の歴史を紹介した博物館。写真や軍用機の部品を3フロアにわたって展示。敷地内にはベトナム戦争当時に使用されたミグ戦闘機やヘリコプターなども展示されている。

●B52池　Hồ B52　B-52 Wreckage　MAP P.342-2B
ホーチミン廟の裏あたりの民家が密集する空き地に、アメリカ軍の爆撃機、B52が墜落した池がある。池の中には1972年12月に撃墜された機体の残骸が戦争遺物として保存されている。墜落当時はある程度の形は残っていたらしいが、その後クズ鉄として売るために盗難され続け、現在は原形をとどめていない。正しくはヒューティエップ池（Hồ Hữu Tiệp）だが、ホーB52のほうがとおりがいい。

●ハイバーチュン祠（二徴夫人祠）
Đền Hai Bà Trưng　Hai Ba Trung Temple

MAP P.349-2C　住Hương Viên, Q. Hai Bà Trưng　☎なし　開6:30～18:30（旧暦1日～20:00）　休不定期に閉館　料無料

中国の漢の支配下、厳しい搾取に対して民衆を率いて反乱を起こしたチュン（徴）姉妹を祀るため、1142年に建立された祠。「チュン（徴）姉妹の反乱」（→P.438）は、紀元40年に起きた反乱で、その後44年に漢軍によって鎮圧された。

●B52戦勝博物館
Bảo Tàng Chiến Thắng B52　B52 Victory Museum

MAP P.342-2B　住157 Đội Cấn, Q. Ba Đình　☎(024) 62730994　開8:00～11:00、13:30～16:30 ※5人以上の入館は事前予約が望ましい。休月・金曜　料無料

ベトナム戦争当時、ハノイを空爆したアメリカ軍の爆撃機B52に、ベトナム人民軍がいかに対抗したかを写真と戦争遺物で綴った博物館。前庭には撃墜されたB52の残骸やSA-2地対空ミサイルなどを展示。

※2022年9月現在、改装工事中のため見学不可。

ハノイで見る伝統演劇＆ショー

●ハット・トゥオン　Hát Tuồng
MAP P.344-3A
住51 Đường Thành（ベトナム・トゥオン劇場内）
☎(024) 38252803、38287268
URL vietnamtuongtheatre.com
開月・木曜18:00～20:00
休火・水・金・土・日曜
料15万ドン、6歳以下7万5000ドン　カード不可

旧市街のベトナム・トゥオン劇場では、ハット・トゥオン（→P.453）と呼ばれる歌劇が上演されている。ハット・トゥオンはハット・チェオとは違い、中国劇の影響が強い宮廷歌劇で、宮廷での生活や波乱万丈な武将の生涯が題材になっている。派手な化粧や衣装、大げさでわかりやすい表現で、言葉がわからずとも楽しめる。

衣装や振りは中国の京劇に似ている

●ラントイ　Làng Tôi　My Village
住市劇場（→P.300）またはベトナム・トゥオン劇場（→左記）　☎084-5181188（携帯）
URL www.luneproduction.com/my-village
開2022年9月現在、休演中。開演情報はウェブサイトで確認を　料70万～210万ドン　カードMV

ホーチミン市で大人気のアー・オー・ショー（→P.80）の制作陣がプロデュースする、新感覚のアクロバットショー。伝統楽器の生演奏にのせて、ベトナム北部の生活を詩的に描くシーンとコンテンポラリーなアクロバットが交互に展開される。

上／生活に欠かせない竹を使ったアクションに息を飲む　下／演者は全員北部出身者

✉市バスでは必ず1000～5万ドンの紙幣を用意して乗ったほうがいい。私は10万ドン札しかなく、それで支払おうとしたら車掌が「おつりがないので次で降りろ」と受け取りを拒否された。幸いほかの乗客の↗

ハノイの夜遊びスポット

ハノイの夜はおしゃれなバー（→P.325）もいいけれど、もう少し遊びたいなら夜の街に繰り出してみよう。

週末の夜は旧市街でショッピング
●ナイトマーケット　Night Market

毎週金～日曜（夏季：19:00 ～ 24:00、冬季：18:00 ～ 24:00）に、旧市街のドンスアン市場北側（MAP P.344-1B）からホアンキエム湖（MAP P.345-3C）間のハンザイ通り～ハンダオ通りが歩行者天国になり、みやげ物やファッション、スナックなど約200店の露店が並ぶ。このナイトマーケットに加えてMAP P.344-2B、P.345-1C ～ 2Cのハンチエウ通り～ハンブオム通り～マーマイ通り～ダオズイトゥ通り～ハンザイ通り～ルオンゴッククエン通り～タヒエン通りも歩行者天国になるので、ゆっくり夜の街歩きを楽しむのもいい。スリ被害が多数報告されているため、手荷物やスマートフォンの管理には十分気をつけよう。

スナックを販売する屋台も多く、食べ歩きも楽しめる

上・下／定番みやげやベトナムモチーフのTシャツの店がズラリと並ぶ

左上／タヒエン通りの中心部にあるクラブ「1900」は劇場を改装したおしゃれな造り　中上＆右上／毎晩20:00頃からにぎわう。金・土曜は大にぎわい　右／ベトナム料理、鍋、BBQなどの店が並ぶ。ビールは２万ドンくらいから

通称「ビア・ストリート」
●タヒエン通り　Tạ Hiện St.　MAP P.345-2C

毎晩日が沈む頃から小さな机と椅子が並び、飲み屋ストリートと化すタヒエン通り。小さな路地に地元の若者や旅行者がびっしりと並び、ビールやBBQを楽しむ姿は今や旧市街名物だ。にぎやかに外飲みを楽しみたい人におすすめ。

24時間営業の「ソファ・カフェ」（MAP P.346-1A）は女性に人気

上／ローカルな食堂が並ぶ
下／このあたりでは老舗の「プク・カフェ＆スポーツバー」（→P.324）

24時間営業がうれしい
●フォー・アム・トゥック
Phố Ẩm Thực

(Tống Duy Tân St.)
MAP P.346-1A

トンズイタン通りは、麺屋、お粥屋、鍋屋などの食堂が軒を並べる食堂街。夜の早いハノイにおいて、市内で唯一飲食店の24時間営業が認められているエリア（実際には深夜は客が少なくほとんどが閉店）。

↘人が運賃を支払ってくれて助かった。またお年寄りには必ず席を譲ること。（山口県　福田真衣子）['22]

郊外の見どころ　Sightseeing

★★ 2011年に世界遺産に登録された　MAP 折表-1B

世界遺産 ホー朝城跡
Thành Nhà Hồ　Citadel of Ho Dynasty

ハノイから南へ直線距離で約130kmの所に、ホー（胡）朝の城跡が残されている。ホー朝は、1400～1407年のわずか7年間というベトナムの歴史のなかでは短命で消えた王朝。しかし、その間に造り上げられた石の城は当時の東南アジアでは最大規模だったと考えられている。しかも10トン、20トンもの石を積み上げての築城を、わずか数ヵ月で終えたほど建築技術が高かった。その城跡の一部がタインホア省の片田舎の水田に囲まれた、わずか1km四方の中に残されている。残念ながら四方に残された石造りの城門以外にこれといった建造物は残されていないが、城門や要所に建つ石造りやれんが造りの建築遺物は歴史的な意味合いが深く、非常に貴重な物だ。

ホー朝城跡
住 Vĩnh Tiến, Huyện Vĩnh Lộc, Tỉnh Thanh Hóa
☎ (0237) 8929181、3728661
開 夏季：6:30～17:30、冬季：7:00～17:00　休 無休
料 4万ドン、8歳以下2万ドン
ハノイから車で約3時間。車のチャーターは150US$～。

上／小さな博物館が建てられており、瓦やれんがなどの発掘品が展示されている　右／石造りの城門は、現在もごく普通に村人に利用されている

★ 山頂の洞窟寺院は圧巻！　MAP 下図-2A

フオン寺（香寺）
Chùa Hương　Perfume Pagoda

ハノイから南へ約65km、緩やかな岩山の中にあるフオン寺。毎年テト（旧正月）が明けた2月から3月の祭りの頃、多くの参拝者が集まる有名な寺だ。フオン寺（香寺）とはフオン山（Hương

フオン寺（香寺）
住 Hương Sơn, Huyện Mỹ Đức　開 24時間　休 無休
料 入場料8万ドン、舟代5万ドン※通常1隻につき10万～20万ドンほどのチップが必要。
舟を降りて十数分ほど歩いた所から、山頂付近までゴンドラも運行している。所要約10分。

（次ページへ続く）

ハノイ近郊図

✉ハノイからフオン寺へ1日ツアーに参加した。小舟からの景色は絶景だったが、問題は下船時。チップを支払うことが習慣になっているとのことで、同乗したドイツ人がドルで渡したところ、こぎ手のお↗

Sơn：香山）に散在する13の寺を総した呼び方で、このあたり一帯は仏教の聖域とされている。

駐車場近くから小舟に乗り、川を約１時間30分上ると、フオン寺のある岩山に到着する。この小舟から眺める、水田と石灰岩の山々が連なる景色は水墨画のようにすばらしい。寺を参拝することに大きな意味をもたない外国人旅行者にとっては、この小舟からの景色こそがフオン寺のハイライトかもしれない。

大きく口を開けたような山頂の洞窟寺院の入口

小舟を降り、各寺を参拝しながら急な斜面の岩の道を上ること約１時間30分（ゴンドラもある）、入口が直径50mはあろうかという洞窟寺院にたどり着く。長い年月を経てできた巨大な鍾乳洞が見せる、その神秘的で崇高なさまは感動的だ。触れると金運がよくなる、子宝に恵まれるなど御利益のある鍾乳石もある。

★国宝の十六羅漢像は必見 MAP P.306-1A

タイフオン寺（西方崇福寺）

Chùa Tây Phương　Tay Phoung Pagoda

ハノイから西へ約30km、水牛の姿に似ているといわれる小さな丘の上に建つ寺。約230段の階段を上ると、頂上には３つの祠堂が平行に並んだタイフオン寺が姿を現す。梁に施された彫刻や、堂内の仏像には芸術的に優れた物もあり興味深い。創建は３世紀頃とされ、その後、増改築が繰り返されてきたが、現存する最も古い建物は８世紀頃の物だと考察されている。

★水上人形劇発祥の地との説がある MAP P.306-1A

タイ寺（天福寺）

Chùa Thầy　Thay Temple

ハノイから西へ約20kmの所に、仏陀と18人の阿羅漢（あらかん）にささげられたタイ寺が建っている。阿羅漢像の右側に、12世紀に実在した高僧（マスター）、トゥー・ダオ・ハインの像もあり、英語ではマスター・パゴダとも呼ばれている。正面の池の中央には歴代の王たちが寺の正面門付近から鑑賞した、水上人形劇のための舞台が造られている。現在でも祭りの際に、水上人形劇が行われることもある。

★ベトナム仏教美術の傑作が眠る古刹 MAP P.306-1B

ブッタップ寺（筆塔寺）

Chùa Bút Tháp　But Thap Pagoda

ハノイから東へ約25km、バックニン省ののどかな田園の中に、ぽつんとブッタップ寺が建っている。建立されたのは17世紀頃と考えられており、筆のような姿の五重塔が、寺院の名前の由来だ。建立当時の姿を保っていると考えられ、木彫りの千手観音像や修行僧の姿も、表情豊かで芸術的に貴重な物だ。

★ベトナムで最も古い都城があった場所 MAP P.306-1B

コーロア

Cổ Loa　Co Loa

ハノイから北へ約18kmの所にある村。紀元前３世紀頃、アウラック国（Âu Lạc：甌駱国）の王、アン・ズオン・ヴオン（An Dương Vương：安陽王）によって建築された数km四方に及ぶ都城があった

↘ばさんは「ドルではだめだ。ドンでくれ」と怒りだし、舟を揺らせて降りられないようにされた。結局２万ドンを渡して降りたが、先に渡したドルは返そうともしなかった。（神奈川県　ヒロ）［'22］

（前ページから）
営旧暦１～３月末：5:00～20:00（それ以外は運行時間が頻繁に変更になるため現地で要確認）
休無休
料往復18万ドン、子供（身長120cm以下）12万ドン。片道12万ドン、子供（身長110cm以下）９万ドン
　ハノイから車で約１時間30分。車のチャーターは１日で70US$～。ハノイからツアー利用が便利。
※寺までの道は足場が悪い所もあり、非常に滑りやすいので、スニーカーなどの歩きやすい靴で。またスリが多く、特に暗い洞窟内は要注意。

タイフオン寺（西方崇福寺）
住Chùa Tây Phương, Huyện Thạch Thất
☎なし　開7:00～17:00
休無休　料１万ドン
　ハノイから車で約１時間。車のチャーターは半日で45US$～。ハノイからツアーもある。

本堂内にはジャックフルーツの木に彫られた十六羅漢像が並び、信仰の対象になっている

タイ寺（天福寺）
住Chùa Thầy, Huyện Quốc Oai
☎なし　開6:00～17:00
休無休　料１万ドン
　ハノイから車で約40分。車のチャーターは半日で65US$～。ハノイからツアーもある。

ブッタップ寺（筆塔寺）
住Bút Tháp, Huyện Thuận Thành, Tỉnh Bắc Ninh
☎なし　開24時間　休無休
料無料
　ハノイから車で約１時間。車のチャーターは半日で70US$～。ハノイからツアーもある。

境内には石造りの架け橋や五重塔などがあり、木造と石造が混在している

が、現在はいくつかの寺と祠、亭などが点在するのみ。村は小さく、各見どころは数百mの範囲に集中しており、徒歩で十分見学できる。歴史や考古学に興味がなくても、ハノイの喧騒を忘れ、アウラックの時代に思いをはせながら散策するのもいいかもしれない。毎年、旧暦の1月6日には、アン・ズオン・ヴオンをしのぶ盛大な祭りが催される。

コーロア
開8:00～17:00　休無休
料1万ドン
　ハノイから車で約40分。車のチャーターは半日で50US$～。ハノイからのツアーを催行しているのは一部の旅行会社に限られる。また、ザーラム・バスターミナル（MAP P.341-1D参照）から路線バス15番、ロンビエン・バスターミナル（MAP P.343-1D）から路線バス17番、ミーディン・バスターミナル（MAP P.340-2A）から路線バス46番でも行ける。

バッチャンの市外局番 024

バッチャン
　ハノイから車で約20分。車のチャーターは半日で25US$～。ハノイからツアーもある。また、ロンビエン・バスターミナル（MAP P.343-1D）から路線バス47A番、47B番で行ける。47A番バスは終点下車。ともに片道7000ドン、所要約40分。

バッチャンと日本とのかかわり
　バッチャン焼と日本とのかかわりは古く、16世紀頃には日本にも輸出され、茶人たちに愛用されていた。当時、日本人が注文したトンボをモチーフにした絵柄は、その後ベトナムでも一般的になり、現在でも数多く生産されている。

郊外の町

リー朝から続く陶器村　　MAP 下図、P.306-1B

バッチャン
Bát Tràng

　ハノイ市街から約10km南東へ行ったホン河沿いのバッチャン村は陶器の村として有名で、外国人旅行者の人気を呼んでいる。今もこのあたり一帯ではれんが作りの窯があちこちで見られるが、もともとこの村はれんが作りが盛んだった。陶磁器生産が盛んに行われるようになったのは15世紀頃からで、今では大小約100軒の工房がある。村の人口約5000人のうち9割近くが陶器作りを行っている。村はゆっくり歩いても30分ほどで回れる大きさで、通りには陶器の店が並んでいる。路地の壁には、窯焚き用の泥炭を張り付けて干す光景も見られる。外国人旅行者の増加にともない、観光客用の店も増え、村

バッチャン焼物市場（→P.309欄外）は圧巻の品揃え

バッチャンのショップ　Shop

LCホーム
LC Home　陶磁器　MAP 上図
住34 Xóm 5, Bát Tràng　☎(024)38788222
営8:00～16:30
休無休　カード不可
熱に強く、電子レンジや食洗器に対応した、新しいタイプのバッチャン焼「ニュー・バッチャン」を製作する工房兼ショールーム。レトロからモダンまで幅広いデザインと、小皿5万ドン～というリーズナブルな価格が魅力。

バッチャン・コンサーベーション
Bat Trang Conservation　陶磁器　MAP 上図
住68, Xóm 6, Bát Tràng　☎(024)36715215、090-4175170（携帯）
営8:00～17:00
休無休　カード ADJMV
バッチャンで最も大きな店。1～3階が店舗、4～6階が工房で、製作や絵付けを見学したり、絵付けにトライすることも可能。また顔写真を皿に手描きで絵付けもしてくれる（40US$～、所要7日～。日本への郵送可能）。値段は高め。

デリシャス・セラミックス
Delicious Ceramics　陶磁器　MAP 上図
住227 Giang Cao, Bát Tràng　☎090-8068337（携帯）
営8:00～20:00
休不定休　カード不可
バッチャン焼の陶芸家グエン・スアン・グエン氏の工房兼ショップ。ベトナムの風景をモチーフに絵付けされた、味わい深い作品に出合える。小皿は3US$～。

ガイア
Gaia　陶磁器　MAP 上図
住78 Alley, Giang Cao, Bát Tràng　☎093-2389218（携帯）、098-9869271（携帯）　営7:00～18:00
休無休　カード ADJMV
イチゴや魚、鳥といったモダンな絵柄の器や、バッチャン焼のマトリョーシカなど、ほかにはないアイテムが見つかる個性派ショップ。特にフクロウをかたどったマグカップ（3US$）が人気。

✉バッチャンへは路線バスがおすすめ。ロンビエン・バスターミナルから47A番で40分くらいだが、バッチャンは終点なのでわかりやすい。通勤・通学の時間帯だととても混み合うが、9:00以降に行き15:00に戻る↗

左／旅行者に絵付けの見学や体験をさせてくれる工房もある　中／レトロからモダンまで絵柄は種類豊富　右／洗練されたバッチャン焼の店「ガイア」（→P.308）

の景観も変わりつつある。それでもほとんどの店は卸を生業としているため、ハノイ市内より価格は若干安く、落ち着いて買い物が楽しめる。また、バス停の横と前にはバッチャン焼物市場があり、100軒ほどの小さな店が並んでいる。

シルク織りの村として有名　MAP P.306-1A

ヴァンフック
Vạn Phúc

ハノイの南西約10kmの所に位置するヴァンフック村は非常に小さく、人口約1000人のうち９割以上の人々がシルク織物関係の仕事に従事している。各シルク工房はどこもが織機を数台稼動させる程度の家内工業だ。れんが敷きの入り組んだ小道を歩くと、各家々からは「ガタン、ガタン」と織機の音が響き、風情を感じさせる。思わぬ所で縫製工房や染色工房が発見できたりもする。シルク店の品揃えはハノイ市内の専門店には劣るが、価格は安めだ。

木版画制作の村　MAP P.306-1B

ドンホー
Đông Hồ

ハノイから東へ約30kmの所に位置するバックニン省のドンホー村。ここがみやげ物店で見かけるドンホー版画（→P.453）が制作されている村だ。版画制作が始まったのは16世紀頃からで、各家は代々継承された版木を持ち、村全体で絵画作りを行っていた。しかし、現在は村の人口約2000人のうち、約50人が版画刷りに携わり、制作だけで生計を立てている家は２軒のみになってしまった。

ドンホー版画は海外からも高い評価を得ており、グエン・ダン・チェ氏とグエン・ヒュー・サム氏は、日本でいえば無形文化財にあたる勲章を授与されたこともあるドンホー版画の第一人者。グエン・ヒュー・サム氏は2016年に他界したものの、両氏の工房は、観光客の見学を受け入れている。

工房では版画制作も見学できる（グエン・ダン・チェ氏の工房にて）

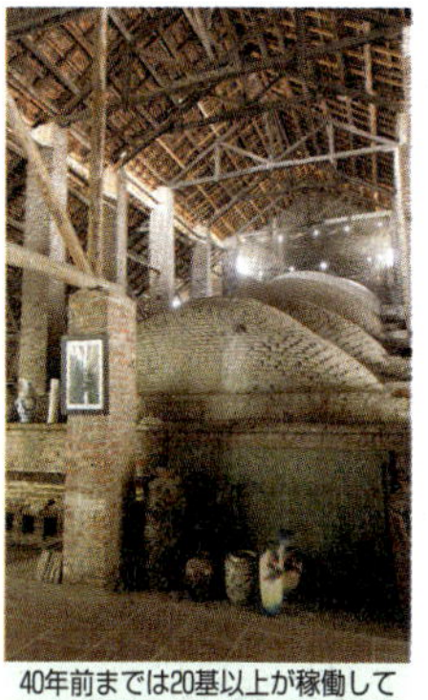

40年前までは20基以上が稼働していた妊婦窯。窯は1030㎡で「紅河窯」という名前がつけられている

妊婦窯
Lò Bầu Cổ
Lo Bau Co

MAP P.308　住 Xóm 3, Bát Tràng
☎097-9236326（携帯）
開 8:00～17:00　休 無休
料 無料

バッチャンに唯一残る登り窯（現在は使用されていない）が保存されている工房。登り窯とは、大量に陶器を焼成できるように斜面を利用し炉内を一定の高温に保てるよう工夫した窯のこと。その窯の形状が妊婦のおなかのように見えることから妊婦窯と呼ばれている。この工房ではその窯が見学でき、またろくろ回しや絵付けにも挑戦できる。カフェを併設。

バッチャン焼物市場
Chợ Gốm Làng Cổ Bát Tràng
Bat Trang Pottery Market

MAP P.308
☎086-8933169（携帯）
営 店によって異なるが、だいたい8:00～18:00　休 無休

ヴァンフック
ハノイから車で約30分。車のチャーターは半日で30US$～。ハノイからツアーもある。

ドンホーの市外局番 0222

ドンホー
ハノイから車で約１時間。車のチャーターは半日で50US$～。ハノイからツアーもある。

ドンホーの工房・ショップ　 Shop

グエン・ダン・チェ氏の工房　版画工房
Nguyen Dang Che

住 Làng Đông Hồ, Tỉnh Bắc Ninh　☎(0222) 3865308
営 6:30～17:00
休 無休　カード

チェ氏は文化活動で各地へ赴くため、不在のことが多いが、彼の弟子たちが版画制作を行っている。

グエン・ヒュー・サム氏の工房　版画工房
Nguyen Huu Sam

住 Làng Đông Hồ, Tỉnh Bắc Ninh　☎(0222) 3865482
営 7:00～17:00
休 無休　カード 不可

現在はサム氏の娘で女性初のドンホー版画家のオアイン（Oanh）氏が経営している。工房から徒歩約５分の所にファミリーのグエン・ヒュー・クア（Nguyễn Hữu Quả）氏の工房（☎(0222) 3873847）があり、見学も可能。

↘と車内はガラガラで快適。またバッチャンでの買い物は店によって値段は変わるが、小さい物をまとめて買うと値切れてお得。（埼玉県　かこ）['22]

ドゥオンラム

開7:00～17:00　休無休
料入村料２万ドン、15歳以下無料。料金を徴収しない寺や廟へは小額の喜捨を

ハノイから車で約１時間30分。ハノイからツアーを催行しているのは一部の旅行会社に限られる。車のチャーターは半日で30US$～。カウザイ・バスターミナル（MAP P.340-2B）から路線バス20B番バスでも行ける。終点のソンタイ（Sơn Tây）まで所要約１時間、9000ドン。ソンタイからタクシーで約10分（10万ドン前後）。村内は広く道が複雑なため、ガイドの同行が望ましい。

また、村内での写真撮影の際は、村人にひと言断りを入れることが望ましい。

ドゥオンラム村観光情報センター
Văn Phòng Thông Tin Du Lịch Làng Cổ Đường Lâm
Duong Lam Tourism Information Office
☎(024) 33831080
URL www.duonglamvillage.com

見学、農業体験、伝統料理教室、地場産業体験などの問い合わせを受け付けており、またガイドの手配が可能。

ドンキー

ハノイから車で約１時間。車のチャーターは半日で20US$～。ツアーには組み込まれていないため、車をチャーターするしかない。

村で売られているのは家具のみで、みやげ物になるような小物は売られていないので要注意。

クアットドン／タンロイ

ハノイから車で約40分。車のチャーターは半日で30US$～。ツアーには組み込まれていないため、車をチャーターするしかない。狭いエリアに工房が集中していたり、みやげ物店が並んでいるわけではないので要注意。

マイチャウ

ハノイから車で約３時間30分。ハノイからツアーもある。

牧歌的な景観が広がる

数百年前から時の流れが止まったかのような村　MAP P.306-1A

ドゥオンラム

Đường Lâm

ハノイから西へ約50km、田園地帯の一画にドゥオンラム村がある。村はモンフ、カムティン、ドンサン、ドアイザップ、カムラムの５つの集落からなる約800ヘクタールの広さで、約8000人が生活している。村内には数百年前に建てられた民家や井戸、寺、廟などが点在し、れんが敷きの小道が入り組んだ景観は訪れる者をノスタルジックな気分にさせてくれる。また、家具や衣服、祭りや食にも、昔ながらの独特な伝統文化が受け継がれており、村の長い歴史を感じさせる。

日本の大学やJICAを中心にドゥオンラム村の保存調査が行われ、村そのものがユネスコ・アジア太平洋遺産賞を受賞した。ハノイからの日帰り旅行先として近年、密かな人気を博している。

右上／ツアーに参加すれば、築100年以上の民家見学も可能　左下／れんが敷きの小道やれんが造りの家が並ぶ　右下／畑仕事を終えた牛も帰路につく

螺鈿細工の技を伝える職人村　MAP P.306-1B

ドンキー

Đồng Kỵ

ハノイから北東へ約18kmの所に位置するバックニン省のドンキー村は木工家具で有名な村。通りには材木を満載したトラックや馬車が行き交う。螺鈿（らでん）細工の家具が並べられた店もあり、店のすぐ裏からはのこぎりや木づちの音が響いてくる。

数多くの刺繍製品が生まれる村　MAP P.306-1B

クアットドン／タンロイ

Quất Động ／ Thắng Lợi

ハノイから南へ約25km、国道１号線沿いの小さな村、クアットドン村、タンロイ村周辺は伝統的な刺繍村として有名な所だ。ハノイ市内で見かける刺繍製品の多くはこの村周辺で制作されている。各家々が家族数人で働く工房になっていて見学もできる。ただし、訪れる際はしかるべきガイド、ドライバーの同行が必要となる。

少数民族に会える　MAP 折表-1A、P.306-2A

マイチャウ

Mai Châu

ハノイから南西に約100km、ホアビン省のホアビンから、さらに約70km西のラオス国境に近い山岳地帯のマイチャウ周辺には、ターイ族やムオン族の村が点在している。マイチャウの近くのヴァン村をベースに、各村を歩いて回るツアーが人気だ。ラック村のターイ族の民家に宿泊し、ターイ族の料理や民族舞踊を楽しみ、暮らしの一端に触れる。早朝には町の市場見学に出かけ、珍しい山の幸や少数民族の人々の手作りの品々にも出合えるだろう。

✉ハノイからのツアーで陸路約４時間30分のマイチャウ（→上記）は、山間部の小さな村。昭和初期の日本の田園地帯を彷彿させる風景のなかでゆっくりできる。村の宿泊施設↗

インフォメーション INFORMATION

銀 行

●ベトコム・バンク Vietcom Bank
[本店] MAP P.347-1D 住198 Trần Quang Khải ☎(024)39343137 営8:00～12:00、13:00～16:00 休土・日曜

USドルと日本円の現金の両替が可能。窓口ではJCBカード、マスターカード、ビザカードでのUSドル、ベトナム・ドンのキャッシングが可能(要パスポート)。また本店のみベトナム・ドンからUSドル、日本円へ再両替も可能。

※市内各所に支店があり、ATMではマスターカード、ビザカードでのベトナム・ドンのキャッシングも可能。

●VIB Vietnam International Commercial Joint Stock Bank
MAP P.347-1C 住79 Hàng Trống ☎(024)39382180 営8:00～12:00、13:00～17:00(土曜～12:00) 休日曜

USドルと日本円の現金の両替が可能。入口にATMがあり、マスターカード、ビザカードでのベトナム・ドンのキャッシングが可能。

●シティバンク Citibank
MAP P.342-2B 住Horison Tower, 40 Cát Linh, Q. Đống Đa ☎(028)35211111 営8:30～17:30 休土・日曜、祝祭日

ATMがあり、シティバンクのキャッシュカードがあれば引き出し可能(ベトナム・ドンのみ)。

●両替商が並ぶ通り
MAP P.346-1A、1B

ハンザ・ギャレリアの南側のハーチュン(Hà Trung)通りには両替商が並び、USドル、日本円の現金の両替が可能。各店ともに銀行より若干レートがよい。数は少ないがハンガイ通り(MAP P.292-1A)、ハンバック通り(MAP P.345-2C)の金屋、銀屋にも両替可能な所がある。

おもな病院

●東京インターナショナル・クリニック Tokyo International Clinic
MAP P.347-3D 住10F, Hanoi Tourist Bldg., 18 Lý Thường Kiệt ☎(024)36611919 URL www.tokyo-clinic.tokyo 営8:00～17:00 休日曜、祝祭日

日系クリニック。内科一般、小児科、消化器科、外科、皮膚科、泌尿器科、整形外科、心療内科などの診察が可能で、日本語で対応。日本人医師が常駐。無料送迎サービスあり。LINE ID：egaonoouchiから日本語で予約可能。

●さくらクリニック Sakura Medical & Dental Clinic
MAP P.341-1C参照 住65 Trịnh Công Sơn, Q. Tây Hồ ☎(024)37181000 URL sakurahanoi.com 営8:00～18:00(土曜～13:00、歯科は9:00～) 休日曜、祝祭日

日系の病院で一般内科、小児科などの総合診療のほか、歯科もある。日本人医師および日本人歯科医が常駐。

●ロータスクリニック ハノイ Lotus Clinic Hanoi
MAP P.342-3B 住4F, D2, Giảng Võ, Q. Ba Đình ☎(024)38170000 URL lotus-clinic.com 営9:00～12:30、14:00～18:00(土曜～13:00、予約受付8:30～12:00、13:30～17:30、土曜の予約受付～12:30) 休日曜、祝日

ホーチミン市にあるベトナム初の日系クリニックのハノイ分院。日本人医師と日本人看護師が常駐。一般内科をはじめ診療全般を行う。医療機器や設備も整っている。各種日系海外旅行保険会社のキャッシュレス対応も可能。予約優先なので、受診の際はまず電話連絡を(日本語対応可能)。

●ファミリーメディカルプラクティス・ハノイ Family Medical Practice Hanoi
MAP P.342-2A 住298 i Kim Mã, Q. Ba Đình ☎(024)38430748(緊急時は24時間対応) URL www.vietnammedicalpractice.com 営8:30～17:30(土曜～12:30) 休日曜、祝祭日(緊急時は24時間対応だが時間外料金が必要)

一般内科、小児科、婦人科、整形外科、その他専門科の診療が可能。予約優先。日本人医師、日本人スタッフ常勤。

●ヴィンメック・インターナショナル・ホスピタル Vinmec International Hospital
MAP P.341-3D参照 住458 Minh Khai, Q. Hai Bà Trưng ☎(024)39743556(代表)、090-2144455(日本語通訳、24時間受付) URL www.vinmec.com 営8:00～12:00、13:00～17:00(土曜～12:00) 休日曜、祝祭日

内科、外科、小児科、産婦人科などが診察可能で、最新の医療機器が備わりハイレベルな手術も行える。日本語通訳が勤務。

●ラッフルズ・メディカル・ハノイ・クリニック Raffles Medical Hanoi Clinic
MAP P.291-1A 住51 Xuân Diệu, Q. Tây Hồ ☎1900-545506(日本語対応)、(024)39340666 URL www.rafflesmedical.vn 営8:00～19:00(土曜～18:00) 休日曜

日本人医師の勤務時間は月～金曜8:00～19:00(水・土曜～16:00)。日本語通訳2名が勤務。緊急の場合を除き予約制。

※緊急来院の場合でも事前に電話連絡しておくことが望ましい。6院ともにおもな海外旅行保険の会社と提携しており、基本的に加入者はキャッシュレスで治療が受けられるが、対象外の治療もあるため、事前に要確認。また、クレジットカード付帯の海外旅行保険は、基本的にキャッシュレスの対象外で、現地で治療費を支払い、帰国後に保険会社に請求することになる(各自で要確認)。さらにカード会社によって保険会社が違うため、事前に自分のクレジットカードに付帯されている保険会社名を確認しておこう。

↘はすべて民宿で、竹でできた高床式住居に宿泊する。ハノイの旅行会社からツアーが出ている。(東京都 宮嶋美香)['22]

インフォメーション INFORMATION

おもな航空会社

●ベトナム航空　Vietnam Airlines
MAP P.346-2B
住25 Tràng Thi（1 Quang Trung）☎1900-1100（ホットライン）営8:00〜12:00、13:00〜17:00 休無休
カードADJMV

●ベトジェット・エア　Vietjet Air
MAP P.342-2A
住302 Kim Mã, Q. Ba Đình ☎（024）71082868
営8:30〜19:30（土曜〜12:00）
休日曜 カードADJMV

●バンブー・エアウェイズ　Bamboo Airways
MAP P.340-2B
住265 Cầu Giấy, Q. Cầu Giấy
☎1900-1166（ホットライン）
営9:00〜18:00 休無休 カードAJMV

●パシフィック航空　Pacific Airlines
MAP P.346-2B 住1 Quang Trung
☎（024）39550550 営8:00 〜 12:00、13:30〜17:00
休土・日曜、祝日 カードADJMV

●日本航空　Japan Airlines
MAP P.340-2A
住1F, Hyatt Regency West Hanoi, 36 Lê Đức Thọ, Q. Nam Từ Liêm（ハイアット・リージェンシー・ウエスト・ハノイ内）☎(028)38422161（日本語ホットライン）
カウンター業務は行っていないため、問い合わせは上記のホットライン（営7:00〜17:00）に。

●全日空　All Nippon Airways
MAP P.347-1D 住9F, BIDV Tower, 194 Trần Quang Khải ☎（024）39262808 営9:30〜16:30
休土・日曜、祝日 カードJMV

●大韓航空　Korean Air
MAP P.340-2B
住14F, Discovery Complex, 302 Cầu Giấy, Q. Cầu Giấy ☎（024）39347247 営8:30〜12:00、13:00〜17:30 休土・日曜、祝日 カードMV

●チャイナ・エアライン　China Airlines
MAP P.347-2D
住4F, Opera Business Centre Bldg., 60 Lý Thái Tổ
☎（024）39366364 営8:00〜12:00、13:00〜17:00（土曜〜12:00）休日曜 カードADJMV

●ラオス航空ブッキングオフィス
Lao Airlines Booking Office
MAP P.346-1A
住38A Trần Phú Q. Ba Đình（Viet Care Travel内）
☎091-4425788（携帯）
営9:00〜18:00 休土・日曜 カード不可

郵便

●国際郵便局
MAP P.347-2C 住75 Đinh Tiên Hoàng
☎（024）38255948 営8:00〜19:00 休無休
国際郵便・小包、切手販売の窓口がある。

●中央郵便局
MAP P.347-2C 住75B Đinh Tiên Hoàng
☎（024）39333355 営7:00〜20:00 休無休

おもな大使館

●日本国大使館
MAP P.342-2A
住27 Liễu Giai, Q. Ba Đình
☎（024）38463000（緊急時は365日24時間対応）
FAX（024）38463043（代表）、38463046（領事）
URL www.vn.emb-japan.go.jp
開8:30〜17:15（領事8:30〜12:00、13:30〜16:45）
休土・日曜、原則としてベトナムのすべての祝祭日と日本の一部の祝祭日
※パスポートの新規発給、帰国のための渡航書の発給については→P.432。

●中国大使館
MAP P.343-2C 住46 Hoàng Diệu, Q. Ba Đình
☎（024）38235569
開9:00〜11:00、14:30〜15:30 休土・日曜、祝日

中国ビザ申請サービスセンター
Chinese Visa Application Service Centre
MAP P.340-2B
住7F, Trường Thịnh Tower, Tràng An Complex, 1 Phùng Chí Kiên, Q. Cầu Giấy
☎（024）32753888 URL www.visaforchina.cn
E-mail hanoicenter@visaforchina.org
開9:00 〜 12:00 休土・日曜、祝日
日本国籍の場合、一般の観光ならビザなしで15日間の滞在が可能。それ以上滞在する場合は、中国ビザ申請サービスセンターへ。3ヵ月間以上滞在可能なビザを取得する場合は、残存有効期間が3ヵ月以上（申請するビザの種類によって変わる）あるパスポート、顔写真1枚が必要。料金は所要4業務日が30US$（3ヵ月シングル）〜60US$（6ヵ月マルチ）、所要3業務日が各プラス25US$。
※2022年11月現在、観光目的での中国の入国は不可。

●ラオス大使館
MAP P.346-3B 住40 Quang Trung
☎（024）39424576
開8:30〜11:30、13:30〜16:00 休土・日曜
日本国籍の場合、入国時点でパスポートに6ヵ月以上の残存有効期間があれば、ビザなしで15日以内の滞在が可能。30日間滞在できるアライバルビザ（40US$、写真2枚要）やeビザ（50US$、所要3業務日）も取得可能。eビザは以下公式ウェブサイトから申し込む。
URL application.visalaos.com/application
大使館では1ヵ月滞在可能な観光ビザが取得可能。顔写真1枚が必要。料金は35US$。通常は申請の3業務日以降の受け取りだが、プラス5US$で翌日の受

け取りが可能。
※2022年11月現在、ラオスへの入国は新型コロナワクチン2回以上の接種証明書（英語、紙ベースのオリジナル必須）、到着72時間前のPCR検査陰性証明書、到着48時間前の抗原検査陰性証明書のいずれかが必要。

●カンボジア大使館
MAP P.346-3B 住71 Trần Hưng Đạo
☎(024) 39424789
開8:00～11:30、14:00～17:00 休土・日曜
空港でのアライバルビザ(30US$)またはeビザ(36US$、所要3業務日)が取得可能。どちらも30日間滞在可能な観光シングルビザ。eビザは以下公式ウェブサイトから申し込む。URL www.evisa.gov.kh
大使館では1ヵ月間滞在可能な観光ビザが取得可能。顔写真1枚が必要。料金は50US$。申請から3～5業務日以降に受け取り。
※2022年11月現在、カンボジア入国にあたって、新型コロナ関連の水際対策は撤廃されている。ワクチン接種有無にかかわらず、入国後の隔離やPCR検査陰性証明書などは必要ない。

旅行会社＆ツアーオフィス ✿ TRAVEL OFFICE & TOUR OFFICE

インフォメーションセンター

●ツーリストインフォメーション
Tourist Information
MAP P.345-3C 住28 Hàng Dầu 休無休
MAP P.347-2C 住Lê Thạch 休土・日曜
☎なし 営9:00～18:00 カード不可
ほかに空港の到着ホール（→P.280欄外）にもある。
キオスクのような造りだが、れっきとしたハノイ市観光局が運営するツーリストインフォメーション。住28 Hàng Dầuのセンターは、ベトナム・ツーリズム（→P.314）が催行するフリーツアーのブッキングカウンターを併設しており、カフェもある。

旅行会社＆ツアーオフィス

●TNK & APT トラベル JAPAN ハノイ支店
TNK & APT Travel JAPAN Ha Noi
MAP P.292-1B 住99 Hàng Gai
URL www.tnkjapan.com
LINE ID：https://lin.ee/A2sNAk3
営8:00～20:00 休無休 カード J M V
ハロン湾宿泊ボートの取り扱い数が豊富で、ハロン湾ボートのスペシャリストが在籍している。現地ツアーのほかにホテル予約、航空券、専用車チャーター、列車のチケット、サパ行きのバスの手配も可能。またハノイ発ツアーだけではなく、ニンビン発やサパ発、ハロン湾・ハイフォン発のツアーなど、さまざまなリクエストに合わせたツアーも豊富。情報盛りだくさんのオリジナルのハノイ観光マップ（3ヵ月ごとに改訂）も作っており、無料配布している。ホーチミン市（→P.89）に本店がある。
※2022年10月現在、問い合わせはウェブサイトまたは公式LINEからのみとなっている。

[各種ツアー]
格安ハロン湾日本語ツアー(79US$)、高級船ハロン湾日帰りツアー(1000US$)、ハロン湾宿泊ボート計50種類以上(95US$～)、ホアルー・チャンアンツアー(96US$)、絶景ハンムア寺訪問タムコックツアー(87US$)、市内観光半日ツアー(35US$)、水上人形劇ツアー(49US$)、秘境ヴァンロンを巡るツアー(96US$)、サパ宿泊パッケージプラン(125US$～)、サパ発ラオチャイ+タヴァン村ツアー(45US$)、サパ発日曜限定バックハー市場観光(70US$)など。

●ウェンディーツアー
Wendy Tour（SMI-VN Travel Co., Ltd.）
MAP P.343-1D
住401, 62 Yên Phụ, Q. Ba Đình
☎(024) 39765970（日本語可能）
URL www.wendytour.com/vietnam
E-mail wendy.hcm@wendytour.com.vn（日本語可能）
営9:00～18:00（土曜9:30～17:30）
休日曜、ベトナムの祝日 カード M V
日本人スタッフが常駐し、全コース日本語ガイド付きのツアーを催行している。航空券やホテルの手配なども可能。

[各種ツアー]
ハノイ市内半日(79万ドン)、バッチャン半日(59万ドン)、ホアビン(146万ドン)、チャンアン＆ホアルー1日(209万ドン)、往復高速道路利用の日帰りハロン湾(310万ドン)など10種類以上のツアーを行っている。前日までに要予約。ハロン湾各種船上宿泊クルーズツアーにも力を入れている(499万ドン～)。
※ふたり参加時のひとり料金。

●シン・ツーリスト・ハノイ
The Sinh Tourist Hanoi
MAP P.345-2C 住52 Lương Ngọc Quyến
☎(024) 39261568 URL www.thesinhtourist.vn
営6:30～22:00 休無休 カード A J M V

その他のオフィス
MAP P.345-1C 住64 Trần Nhật Duật
☎(024) 39290394
ベトナムのおもな観光地に支店をもつシン・ツーリスト（以前のシン・カフェ）のハノイ・オフィス。観光地を結んだオープンツアーバスや各種ツアーを催行。航空券や鉄道チケットの手配も可能。
※2022年10月現在、シン・ツーリスト・ハノイは休業中。

[各種ツアー]
ハロン湾1日（79万9000ドン～）、ハロン湾とカットバ・ビーチリゾート1泊2日(196万9000ドン～)、バイディン寺＆チャンアン1日（69万9000ドン）、ホアルー＆タムコック1日（62万9000ドン）、マイチャウ1日(63万9000ドン)、ハノイ・シティツアー（54万9000ドン）など、10種類以上のツアーを催行。
※ハノイにはシン・カフェ（現シン・ツーリスト・ハノ

イ）の看板を出す所が無数にあるが、ホーチミン市に本店があり、全国展開をしているシン・ツーリストのハノイ・オフィスは上記の2店のみ。

●オー・ディー・シー・トラベル
ODC Travel
MAP P.344-2A 住13 Hàng Hương
☎083-8281977（携帯）
URL www.facebook.com/odctravel.com.vn
営8:00～17:00 休日曜 カード A J M V
各種ツアー、航空券・各種チケット手配、ガイド手配などが可能。
[各種ツアー]
ハロン湾、カットバ島、マイチャウ、フオン寺、ホアルー、タムコック、タイ寺、ハノイ近郊の伝統工芸村ツアーなど50種類以上のツアーを催行している（料金は参加人数によって異なる）。

●ハンドスパン・トラベル・インドシナ
Handspan Travel Indochina
MAP P.345-2C
住78 Mã Mây ☎(024)39262828
URL www.handspan.com
営9:00～17:30 休土・日曜 カード A J M V
トレッキングやカヤック、マウンテンバイクなど各種アウトドアツアーに強い。ハロン湾カヤックなど、ユニークなエコツアーを主催している。
[各種ツアー]
ハロン湾シー・カヤッキング1泊2日（167US$～）、サパ・レジャー＆トレック1泊2日（187US$～）など。

●トパス・トラベル・ベトナム
Topas Travel Vietnam
MAP P.291-1A
住 Ngõ 12/70 Đặng Thai Mai, Quảng An, Q. Tây Hồ
☎(024)73070899 URL topastravel.vn
営8:30～17:30 休土・日曜 カード不可
サパにあるトパス・エコロッジ（→P.377）を運営するトパス・トラベルのハノイ・オフィス。ツアーや宿泊の相談、予約が可能。
[各種ツアー]
トパス・エコロッジとトパス・リバーサイドロッジに泊まる2泊3日のリトリートプラン（638万ドン）など。

バス会社

●キャメル・トラベル
Camel Travel
MAP P.349-3C
住459 Trần Khát Chân, Q. Hai Bà Trưng
☎(024)85850555
営8:00～19:00 休無休 カード不可
ハノイ～フエ、ダナン、ホイアンなどへの寝台バスを運行する。36万ドン～。前日までに要予約。

●サパ・エクスプレス
Sapa Express
MAP P.345-3D 住70C Nguyễn Hữu Huân
☎(024)66821555 URL sapaexpress.com
営6:00～21:00 休無休
カード A J M V
ハノイのオフィス～サパ中心部の支店間を結ぶバスを運行する。全24席の寝台バス（22US$）は毎日21:30発、全28席のリムジンバス（19US$）は毎日7:00発。所要約5時間30分。前日までに要予約。

ラオスへの直行バス

●ラオス航空ブッキングオフィス（→P.312）
Lao Airlines Booking Office
ハノイからカウチェオの国境を通り、ラオスのビエンチャンまでの直行寝台バスを運行している。バスは45人乗りでエアコン付き。ビエンチャンまでは所要約22時間30分、ルアンパバンまでは約27時間。毎日18:30発、ビエンチャン行き55万ドン、ルアンパバン行き95万ドン。2日前までに要予約。
※バスの乗客を狙った強盗事件が起きており、利用はおすすめしない。

国営旅行会社

●ベトナム・ツーリズム
Vietnam Tourism
MAP P.347-2C 住30A Lý Thường Kiệt
☎(024)38255552
学生のボランティアガイドが英語で案内する、市内フリーツアーを催行している。旧市街、コロニアル建築、寺院や教会などの史跡を歩いて巡るふたつのコースがあり、各所要約1時間30分。申し込みは下記のカウンターで。
[フリーツアー・オペレーション&ブッキングカウンター]
MAP P.345-3C 住28 Hàng Dầu（ツーリストインフォメーション内） ☎091-1081968（携帯） 営9:00～18:00（フリーツアーは水～日曜9:30、10:15、14:00、15:00、16:00に開始） 休月・火曜
※最少催行人数はひとり。最大10人まで。

申し込みカウンター。当日の申し込みも可能

旧市街ツアーでは、特色ある通りを歩きながら名産品や歴史について解説してくれる

✉ベトナム・ツーリズムのブッキングカウンター（→上記）で申し込み、ドゥオンラム日帰りウオーキングツアー（56US$）に参加。参加者は私ひとりだけだったが、英語ガイドが村の歴史や暮らしについてしっかりと説↗

Column 乗り降り自由の市内周遊バス

オープントップのダブルデッカーバスに乗って、音声ガイドを聞きながら観光名所を見て回る「ホップオン・ホップオフ」を使えば、見どころが点在するハノイの市内観光がぐんと楽に。2022年9月現在、2社が運行しており、チケットの有効期間や料金、ルートが異なる(MAP P.342～343参照)。

●ベトナム・サイトシーイング
Vietnam Sightseeing

ベトナム・サイトシーイングが運営する赤色の車体のダブルデッカーバス。料金にはミネラルウオーター1本、イヤホン、日本語パンフレットが含まれ、Wi-Fi無料。降車ポイントは11ヵ所、1周約90分。3社のなかで唯一、日本人による日本語音声ガイドを採用しており理解が深まる。

チケットブース＆出発場所
MAP P.343-3D　住51 Lý Thái Tổ　☎1900-558865(ホットライン)　URL vn-sightseeing.com　営金～

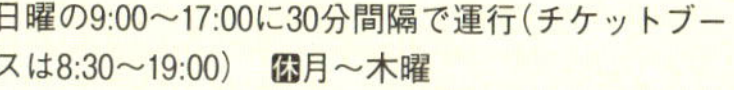

日曜の9:00～17:00に30分間隔で運行(チケットブースは8:30～19:00)　休月～木曜　料4時間29万9000ドン、24時間42万9000ドン、48時間59万9000ドン　カード J M V

●ハノイ・シティツアー　Hanoi City Tour

赤い車体のダブルデッカーバス。降車ポイントは13ヵ所、1周約60分。

チケットブース＆出発場所
MAP P.343-2D　住ホアンキエム湖北側※土・日曜は市劇場(→P.300)前　☎091-1938282(携帯)
URL hanoicitytour.com.vn
営9:00～17:00に30分間隔、途中下車不可のナイト・シティツアー(10万ドン～)は土・日曜の18:00～19:15に運行　休無休　料4時間30万ドン、24時間45万ドン、48時間65万ドン　カード不可

チケットブースのほか車内でもチケット購入可能

上／車内でのWi-Fi無料。ミネラルウオーター1本もサービス
左／ホアンキエム湖北側にあるチケットブース

Column ハノイ発のオプショナルツアー

ハノイを中心としたベトナム北部には、特異な自然景観を生かしたさまざまな観光地がある。それらへはハノイの旅行会社からツアーが催行されており、各社ともに、安さ、豪華さ、日本語ガイド付き、各種オプション付きなど、オリジナル色を出したツアーを企画し、外国人旅行者に利用されている。以下にハノイの旅行会社で聞いた外国人旅行者に人気のオプショナルツアーを記してみたので、旅行の参考にしてほしい。

第1位：ハロン湾　(→P.356)

「世界遺産」というブランド価値もあり、圧倒的な人気。晴れてよし雨降ってよし、夏もいいし冬もいいと、どんな条件でもそれなりの姿を見せてくれる。調査によるとハノイを訪れる外国人の90%以上がハロン湾を訪れるという。ハノイからの日帰りツアーは時間のない日本人には大人気。ほかに、カットバ島を含めた1泊or2泊ツアー、豪華客船での船上1泊or2泊ツアー（→P.24、362)なども欧米人には人気だ。

第2位：ニンビン　(→P.350)

"陸のハロン湾"とも呼ばれる風光明媚な奇岩群が楽しめ、ハノイから日帰りが可能。これらの奇岩群を含むエリア一帯が2014年に「チャンアン複合景観」としてベトナム初の世界複合遺産に登録された。

第3位：サパ　(→P.369)

都市部とは別世界のような少数民族の暮らしに触れられるとあって、欧米人には大人気。ハノイを訪れる欧米人の70%が訪れるとの統計もある。ただし、ハノイから距離があり、最低でも3泊はみておきたい。

前記のツアーをメインに日程に組み込み、さらにフオン寺ツアー(→P.306)、バッチャン・ツアー(→P.308)、ハノイのおもな見どころがぎゅっと詰まった市内ツアー、ディナーと水上人形劇などをセットにしたナイトツアーなども、日帰りor半日とお手軽に参加できておすすめだ。また、この1～2年、在住者を中心にドゥオンラム・ツアー（→P.310)とゴルフツアーの人気がじわりじわりと高まっている。

山あり海あり歴史ありと、さまざまな姿を見せてくれるベトナム北部。オプショナルツアーをうまく活用して、旅行にオリジナルのアクセントをつけよう。

↘明してくれ大満足。地元のお酒もおみやげに購入できる。ハノイの喧騒を離れてのんびりしたいときにおすすめです。(東京都　匿名希望)['22]

レストラン Restaurant

五感を使って楽しめる珠玉のコース料理

トゥン・ダイニング
T.U.N.G Dining

創作料理

MAP P.346-2B

フィンランドの大学を卒業後、ヘルシンキやコペンハーゲンのミシュラン獲得レストランで働きながら料理を学んだ新進気鋭のベトナム人シェフ、ホアン・トゥン氏によるファインダイニング。メニューは一品一品が斬新で個性的な全20品のコース（205万ドン～）のみ。店名の「T.U.N.G」とはツイスト、ユニーク、ナチュラル、ガストロノミックの頭文字を取った略語。その名のとおり、北欧とアジアを融合させた驚きの食体験が待っている。完全予約制なので早めの予約がベター。

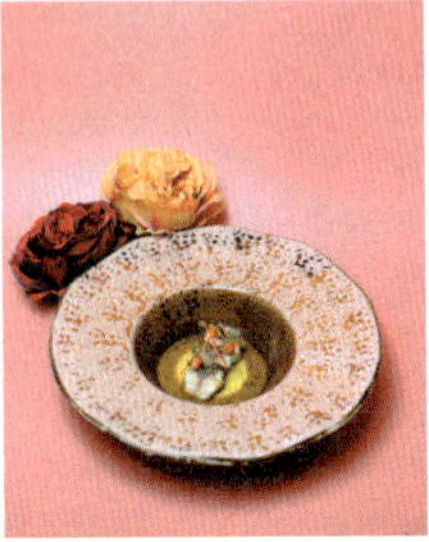
旬の食材を取り入れたコースは3～4ヵ月ごとに変わる。写真はウナギカレー

住2C Quang Trung
☎085-9933970（携帯）
営18:00～23:00
休月曜　税税・サ別
カードAJMV
予約要予約

店内は北欧風のインテリア。カクテルバーの「Kuusi」を併設している

気取らないベトナム家庭料理が味わえる

タムヴィ
Tam Vi

ベトナム料理

MAP P.343-2C

ベトナムの懐かしくも味わい深い家庭料理が楽しめるレストラン。日本人が思い描く「ベトナム料理」とは少し違うかもしれないが、ベトナムの家庭では定番のメニューをラインアップ。おすすめは白ご飯によく合う豚肉のココナッツ煮込み、エビと豚バラ肉の生春巻（11万ドン）など。古いベトナムの邸宅を模したインテリアが上品に配置された店内席と、緑豊かなテラス席がある。人気店のため事前予約を。ただし電話予約はベトナム語のみなので、ホテルなどで予約してもらったほうがよい。写真付きメニューあり。

手前右が豚肉のココナッツ煮込み（9万5000ドン）

住4B Yên Thế, Q. Ba Đình
☎096-6323131（携帯）
営11:00～14:30、17:00～22:00
休無休
カードMV
予約要予約

古民家風の心地よい空間

カジュアルなのに本格派

チャオバン
Chao Ban

ベトナム料理

MAP P.291-1A

近年、惜しまれつつ閉店した人気のベトナム料理店「マダム・ヒエン」で腕を振るったシェフとスタッフによるレストランが、2020年にオープン。フレンチビストロのようなおしゃれな雰囲気のなか、ていねいに作られたベトナム料理が味わえる。人気はバナナの葉で蒸し焼きにしたスズキに、甘酸っぱいパッションフルーツソースをかけた、スズキのバナナの葉包み焼きや、ハノイ風揚げ春巻（6万5000ドン）。家庭料理のような優しい味わいのベトナム料理と、アットホームな雰囲気にファンが多い。

手前がスズキのバナナの葉包み焼き（25万ドン）

住98 Tô Ngọc Vân, Q. Tây Hồ
☎(024) 36333435
営11:00～14:30、17:30～21:00
休無休
カードDJMV
予約望ましい

こぢんまりとした隠れ家レストラン。テラス席もおすすめ

各データ欄の「税・サ別」は、税・サービス料別途のことを意味し、税（VAT）は10%です。サービス料は通常5%です。

レストラン Restaurant

感動を呼ぶ精進料理
ウーダムチャイ
Uu Dam Chay
ヴィーガン料理
MAP P.346-3B

マントラが流れるアーティスティックな空間で、動物性食品を一切使用しないヴィーガン料理が楽しめる。えりすぐりの食材で作るベトナム＆タイ料理は見た目にも美しく、ヴィーガンとは思えないほど豊かな味わい。メニューによっては美肌効果やデトックス効果も期待できる。おすすめはマンゴーとアボカドのソースに付けて食べる生春巻（Mango Avocado Spring Roll、15万5000ドン）やベトナム南部で食べられている花鍋（Rice-Flower Hotpot、35万5000ドン）など。写真付きメニューがあり、選びやすい。

手前は古代米と海苔を混ぜたご飯（Brown Rice with Lotus Leaf、14万5000ドン）

住55A Nguyễn Du
☎098-1349898（携帯）
営10:30～22:00
休無休
カード A J M V
予約 望ましい

東洋と西洋を融合させたインテリア

ホアンキエム湖ビューならこの店
ラウ・カウゴー
Lau Cau Go
鍋＆ベトナム料理
MAP P.345-3C

ホアンキエム湖畔の人気レストラン「カウゴー」が、鍋専門店としてリニューアルオープン。オリエンタルバジルをたっぷり加えた鶏鍋（Lẩu Gà Lá É、28万ドン／2人前）と、ダラットの有名な鍋料理、バートア風牛鍋（Lẩu Bò Ba Toa、32万ドン／2人前）の2種類から選べる。鍋のほかにも、バナナの花と鶏肉のサラダ（15万ドン）や鶏のから揚げ（19万ドン）など、サイドメニューも豊富。6階にはウッドデッキの広々としたテラス席があり、夜風に吹かれながらすばらしいレイクビューとともに食事が楽しめる。

塩ベースのスープの鶏鍋に、エー（É）というオリエンタルバジルがさわやかな風味をもたらす

住6-7F, 73 Cầu Gỗ
☎083-8332688（携帯）
営10:00～22:00
休無休
カード A J M V
予約 望ましい

古い日用品が飾られた、ノスタルジックながらも洗練された雰囲気

湖を望むガーデン席が気持ちいい
ゴン・ガーデン
Ngon Garden
ベトナム料理
MAP P.346-3A

「クアンアン・ゴン」（→P.318）と同経営のガーデンレストラン。ベトナム全土の家庭料理や麺料理から、豪華な海鮮料理まで網羅するメニューの多彩さに加え、ラグジュアリーを追求したのが「ゴン・ガーデン」だ。熱帯の花や木々に包まれた、ハノイ最大規模のガーデンスペースが自慢。インドシナ様式の屋内席は雰囲気がよく、屋台形式のオープンキッチンや個室も完備。朝食、ランチ、ティータイムから夕食まで幅広く利用できるのも魅力的。前菜15万ドン～、メイン20万ドンくらいから。

手前がフエ風蒸し料理のセット、後方右はダラット野菜と牛肉のサラダ（各14万5000ドン）

住70 Nguyễn Du, Q. Hai Bà Trưng
☎090-2226224（携帯）
営6:30～21:00
休無休
カード A J M V
予約 湖側のテラス席は要予約

ティエンクアン湖畔に建ち、レイクビューも楽しめる

レストラン Restaurant

驚きのひと皿に出合えるハス料理

センテ Sente

ベトナム料理

MAP P.344-3A

ハスのモザイク画が目を引くかわいらしい内装が印象的なこのレストランは、ハスの実や茎、レンコンなどすべての料理にハスを使った、ありそうでなかったハス料理専門店。食感や味の変化が楽しめるよう、ハスとともにさまざまな食材を組み合わせた独創的な料理の数々は、新鮮な驚きを与えてくれる。玄米やたっぷりの野菜を使ったヘルシーな料理にこだわっているのも特徴だ。食後にはハスミルク入りココナッツコーヒーや、ハスの実を包んだタピオカ入り玄米&ハスの実ドリンクを。料理は6万5000ドン～。メニューは写真付き。

室内席と緑いっぱいのガーデン席がある

住20 Nguyễn Quang Bích
☎091-1048920(携帯)
営10:00～14:00、17:30～22:00
休無休
カード D J M V
予約望ましい

ハスの茎と豆腐の生春巻(6万5000ドン)はシャキシャキの食感が楽しい

おしゃれな雰囲気で味わう創作ベトナム料理

ルックラック Luk Lak

ベトナム料理

MAP P.347-3D

ハノイの5つ星ホテルで約25年のシェフ歴を誇るビンさんが腕を振るうベトナム料理店。マルベリー(桑の実)ジャムを添えたローストダックや、もち米を詰めたハトの五香粉グリル(Bồ Câu Nhồi Nướng Ngũ Vị、33万ドン)、など、伝統的なメニューをモダンにアレンジした創造的なレシピが話題。ボー・ラー・ロット(→P.33)にはオージー牛テンダーロインを使用するなど食材へのこだわりはもちろん、四季折々の名物や地元の野菜を取り入れたメニューも多く、ベトナムの食文化に触れられるのも人気の理由。

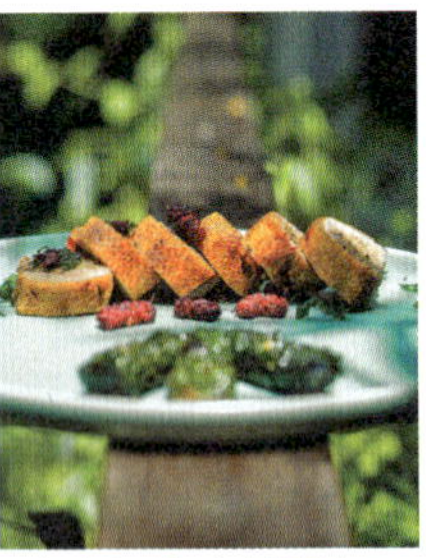

マルベリージャムを添えたローストダック(Vịt Nướng Lá Dâu Tằm)

住4A Lê Thánh Tông
☎094-3143686(携帯)
営7:00～23:00
休無休
カード M V
予約不要

個室や屋外席などもある

ベトナム全土の料理が大集合

クアンアン・ゴン Quan An Ngon

ベトナム料理

MAP P.346-2A

「安くておいしいベトナム料理を食べるならここ」と、地元の人や在住外国人が太鼓判を押す人気のレストラン。100種類以上のメニューがあり、生春巻やバイン・セオなど、ハノイでは意外と見かけない南部の定番料理や、中部のローカル麺のカオ・ラウ、ストリートフード、海鮮、鍋までベトナム全土のメニューを網羅。開放的なテラス席で屋台風のライブキッチンを眺めながら、ベトナムのグルメツアーを楽しもう。麺料理は5万ドン～と、リーズナブルな価格設定もうれしい。

手前はバナナの花に包み炭火で焼いたブン・チャー(7万ドン)、後方は約40cmの巨大バイン・セオ

住18 Phan Bội Châu
☎090-2126963(携帯)
営6:45～21:45
休無休
カード A D J M V
予約不要

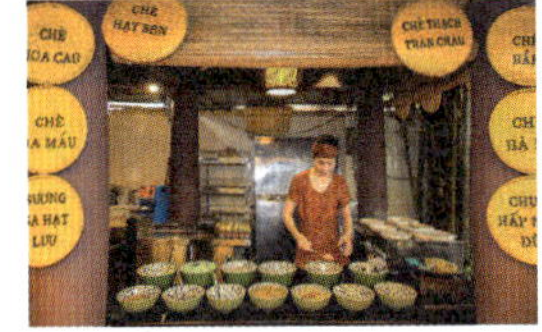

ベトナムスイーツ、チェーの屋台。屋台を見て指さし注文もできる

Voice 「センテ」(→上記)は、レンコンとナシのジュース(6万5000ドン)などドリンク類もオリジナリティあふれるメニューが多い。

レストラン Restaurant

オペラハウスでの公演の余韻を楽しみたいなら

バックステージ Backstage

ベトナム＆多国籍料理

MAP P.347-2D

2022年にオープンした「カペラ・ハノイ」（→P.333）内にあるダイニング。「オペラハウスの舞台裏」をコンセプトに、赤とゴールドを基調としたきらびやかでラグジュアリーな空間を造り上げた。フランスの劇作家エドモン・ロスタンの好物であった鴨肉のピティヴィエ（パイ包み）を、ベトナムでよく食される アヒルで再現したメニューなど、フランスとベトナムの食文化が融合した創意あふれる料理が楽しめる。前菜は30万ドン～、メインは50万ドンくらいから。日替わりのコースメニューもある（95万ドン～）。

オペラの衣装なども展示されている

住11 Lê Phụng Hiểu（カペラ・ハノイ内）
☎(024) 39878888
営6:00～10:00、11:30～14:00、17:00～22:00 休無休
カード A D J M V 予約要予約
ドレスコード スマートカジュアル

ダラットの高原野菜やフーコック島の青コショウを取り入れるなど、ベトナム産の食材にこだわった料理を提供

看板メニューの田ガニ鍋が絶品

モッチンボンサウ 1946

ベトナム料理

MAP P.343-1C

店名の1946年は第１次インドシナ戦争が勃発した、ベトナムの転換期ともいえる時代。そんな1946年頃のベトナム料理を楽しめる、ノスタルジックなレストラン。おすすめはトマトベースのスープに、カニ肉＆カニ味噌、揚げ豆腐、牛すね肉、たっぷりのハーブや米麺などを入れて食べる田ガニ鍋（28万5000ドン～）。コクのあるスープにトマトのさわやかな酸味が加わり何とも贅沢。田ガニとロットの葉の素揚げ（Cua Đồng Rang Muối、７万5000ドン）など、おつまみにぴったりなメニューも豊富。

田ガニ鍋は右の鍋に具材を入れて食べる

住3 Ngô Yên Thành, 61 Cửa Bắc, Q. Ba Đình
☎(024)62961946
営9:30～22:30 休無休
カード J M V
予約望ましい

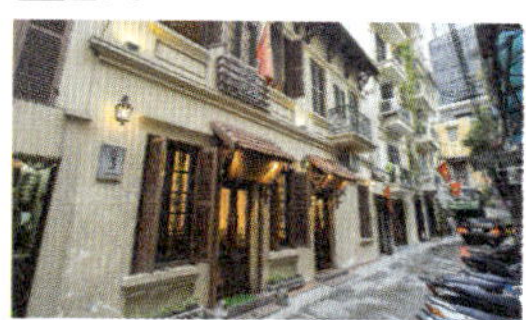

路地裏にある隠れ家レストラン。インドシナ様式の１階席と、座敷スタイルの２階席がある

こだわり続けた珠玉の一杯

フォー・ティン Pho Thin

麺

MAP P.349-1C

「ハノイでNo.1のフォー」との声も挙がる1979年創業のフォー屋。メニューはサッと炒めた牛肉入りのフォー・タイ・ラン（Phở Tái Lăn、７万ドン）のみで、ネギとアサツキがどっさりと載る。トッピングには揚げパン（Quẩy、5000ドン／３つ）と卵（Trứng Gà、5000ドン）を。本店は食事時をずらしたほうがよい。スープがなくなり次第閉店となるので注意。ベトナム国内のほか、アジアに多数支店あり。ハノイ２号店では限定でベトナム風ビーフシチューのフォー、フォー・ソット・ヴァン（Phở Sốt Vang、７万ドン）を提供。

スープはこってり濃いめの味わい

住13 Lò Đúc, Q. Hai Bà Trưng
☎なし 営4:30～21:00 休無休
カード不可 予約不要
［２号店］MAP P.340-3B 住19 Hoàng Ngọc Phách, Q. Đống Đa ☎なし
営6:00～14:00、17:00～21:00 休無休

２号店はカフェのようなかわいらしい雰囲気で、ひとりでも入りやすい

レストラン Restaurant

配給制時代のハノイを体験
クアハン・アンウォン・マウジック・ソー37　ベトナム料理
Cua Hang An Uong Mau Dich So 37　MAP P.343-1C

1976〜1986年の配給制時代をテーマにした店で、メニューはもちろん、店の雰囲気やホーローカップなど使われる食器も忠実に当時を再現している。食券ならぬ「配給券」を買ってから料理と交換するシステム。おすすめはエビや香草のほか発酵米をレタスで巻いたオリジナルの生春巻など。

手前が生春巻（Nem Cuốn、12万ドン）

住158 Trần Vũ, Q. Ba Đình　☎(024)37154336　営9:00〜15:00、17:00〜22:00　休無休　カードMV　予約望ましい

ボリューム満点のチャー・カーは必食
タンタン　ベトナム料理
Tan Tan　MAP P.347-2C

常連客の多い北部家庭料理の店。分厚い切り身で食べ応えのあるチャー・カー・ハノイ（→P.35のチャー・カー・タン・ロン）が有名で、白身魚にはナマズを使用。コロッケのような味わいのタンタン風エビの揚げ春巻（Nem Tôm Tân Tân、2万5000ドン／1本）も人気。

チャー・カー・ハノイはひとりからでも注文可能。12万ドン

住2F, 15 Tràng Thi　☎(024)39342591　営10:30〜14:00、17:00〜21:00　休無休　カード不可　予約大人数は要予約

コロニアルな風情たっぷりの老舗
ナムフオン　ベトナム料理
Nam Phuong　MAP P.347-3D

老舗の一軒家レストラン。料理は濃いめの味付けが多く、ご飯が進む。ソフトシェルクラブのタマリンドソース添え（1杯17万ドン）など、海鮮料理の種類が豊富。6:00〜10:00は麺料理の朝食メニュー（6万5000ドン〜）が、10:00〜14:00はランチセット（20万ドン）がある。

2階では、毎日18:30〜20:15に民族楽器の演奏がある

住19 Phan Chu Trinh　☎(024)38240926　営10:00〜14:00、17:00〜22:00　休無休　カードAJMV　予約要予約

ヤギ肉が味わえる大型レストラン
ニャットリー　ベトナム料理
Nhat Ly　MAP P.344-1A

ベトナムではポピュラーなヤギ肉料理が味わえる店。まずはヤギのおっぱい肉（Bẹ Sữa）、数種類のスパイスで漬け込んだヤギ肉（Dê Ướp Nướng、各14万ドン）などを焼肉で食べ、ヤギ鍋（Lẩu Dê、36万ドン〜）で締めるのが地元流。ヤギの脳みそ（Óc Dê）といった珍味も。

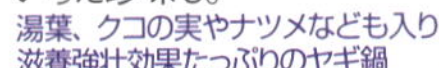
湯葉、クコの実やナツメなども入り滋養強壮効果たっぷりのヤギ鍋

住15A Hàng Cót　☎(024)39271434　営10:00〜15:00、17:00〜22:00　休無休　カードJMV　予約不要

キノコ鍋ブームを巻き起こした
アシマ　ベトナム料理
Ashima　MAP P.348-2B

ヘルシーなキノコ鍋、ラウ・ナム（→P.39）の専門店。スープ（18万ドン〜）、30種類以上あるキノコ（8万5000〜59万ドン）、肉、野菜などを煮込み、キノコからだしが染み出した頃に、ゴマ、ピーナッツ、塩をミックスしたたれで食す。

おいしく、ヘルシーと地元の人にも観光客にも大人気

住182 Triệu Việt Vương, Q. Hai Bà Trưng　☎(024)73007318　営11:00〜22:00　休無休　カードJMV　予約望ましい
[支店] MAP P.342-2B　住60 Giang Văn Minh　☎(024)73007317

カリッとしたバゲットがおいしい
バイン・ミー25　バイン・ミー
Banh Mi 25　MAP P.344-2B

口コミで人気に火がついたバイン・ミー店。屋台の向かい側にはカフェスペースがある。バイン・ミーは3万ドン〜で、炭火であぶったバゲットにパテ、焼き豚、ハム、ソーセージを挟んだミックス（4万ドン）や豆腐のヴィーガン・バイン・ミー（3万9000ドン）がおすすめ。

表面はカリッ、中はフワッとしたバゲットがおいしい

住25 & 30 Hàng Cá　☎097-7668895（携帯）　営7:00〜20:30　休無休　カード不可　予約不要

レストラン Restaurant

ザーチュエン Gia Truyen

行列の絶えない人気フォー屋

麺

MAP P.344-3A

ハノイで最も歴史があり、最もおいしいと評判のフォー・ボー（→P.36）の名店。ウェルダン（Chín、5万ドン）、レア（Tái、5万5000ドン）、牛バラ&レア（Tái Nạm、6万ドン）など。トッピングの人気は卵（Trứng Gà、5000ドン）。店頭で先払いし、料理を受け取ってから着席するシステム。

人気のフォー・タイ・ナムと揚げパン

住49 Bát Đàn　☎なし　営6:00～11:00、18:00～20:30（スープがなくなり次第閉店）　休無休　カード不可　予約不要

マイアイン Mai Anh

鶏ガラスープのあっさりフォー

麺

MAP P.347-3C

創業約40年の鶏肉フォーの専門店。看板メニューの肉団子入りフォー・ガー（→P.36）は中6万ドン、大9万ドン。あっさりヘルシーで特に女性に人気がある。トッピングには揚げパン（Quẩy、5000ドン）や卵（Trứng Gà、5000ドン）をぜひ。

鶏ガラを10～12時間煮込んで取るスープはうま味たっぷり

住32 Lê Văn Hưu, Q. Hai Bà Trưng　☎(024) 39438492　営5:00～15:00　休無休　カード不可　予約不要

ダックキム Dac Kim

ハノイのがっつりご当地麺

麺

MAP P.344-3B

1966年創業のブン・チャー（→P.37、7万ドン）専門店。細い米麺ブンを、焼肉や肉団子、香草と一緒に、青パパイヤ入りヌックマムベースのたれに付けて食べるハノイ名物だ。ブン・チャーと一緒に、カニ肉入り揚げ春巻（Nem Cua Bể、1本2万ドン）を。

ブン・チャーは大盛りにもできる

住1 Hàng Mành　☎(024)38285022　営8:00～21:00　休無休　カード不可　予約不要　[支店] MAP P.346-1B　住67 Đường Thành

59ハンマー 59 Hang Ma

揚げたてのネム・クア・ベーが自慢

麺

MAP P.344-2B

創業50年以上、旧市街の住人でも知る人ぞ知るブン・チャー（5万ドン）の老舗。ブン・チャーはもちろん、カニ肉入り揚げ春巻のネム・クア・ベー（3万ドン／1個）も絶品！　小さな店のため11:00～13:00頃のピーク時間を外して来店を。

スンソットという香草で巻いて炭火で焼いた肉団子がおいしい

住59 Hàng Mã　☎094-2892895（携帯）　営10:00～16:00　休不定休　カード不可　予約不要

ホアンロン Hoang Long

熱々の鉄板ステーキとビールがうまい!

大衆食堂

MAP P.349-1C

熱々の鉄板でサーブされるビッ・テット（Bít Tết、12万ドン）が人気のステーキ店。鉄板には牛肉、肉団子、目玉焼き、ポテトが載り、さらにサラダとパンが付いて、ボリューム満点。店内はテーブルも椅子も微妙に油っぽく、いかにも大衆店といった趣。

油が飛び散るため、ステーキカバーをかぶせ「ジュージュー」の音が落ち着くまでしばらく待とう

住70 Hòa Mã, Q. Hai Bà Trưng　☎094-3482468（携帯）　営10:00～22:00　休無休　カード不可　予約不要

コム・フォー・コー Com Pho Co

ひとりでも気軽に入れる

大衆食堂

MAP P.345-2C

地元ベトナム人、旅行者ともに人気のクアンコム・ビンザン（→P.41）。11:00～14:00、18:00～21:00の間は、定番から昆虫などの郷土料理まで店頭に約40種類のおかずが並ぶ。北部の家庭料理が味わいたいならこの時間帯に。英語の写真付きメニューもある。

ライスの上に好みの野菜料理、豆腐料理、肉料理を1品ずつ載せて5万ドン～

住16 Nguyễn Siêu　☎036-8192826（携帯）　営10:30～14:00、17:30～21:00　休無休　カード JMV　予約不要

レストラン　Restaurant

心温まる精進料理ビュッフェ

ベジー・キャッスル　ヴィーガン料理

Veggie Castle　MAP P.343-1C

肉や魚を一切使用しないヴィーガン料理のビュッフェを提供するカフェ。スタイリッシュな内装と、ひとり8万ドンというリーズナブルさで、ひっきりなしに客が訪れる。サラダ、ゆで野菜、炒め物、揚げ物、蒸し物などはどれも優しい味付けでつい食べ過ぎてしまいそう。

約10種類の日替わり総菜と2種類のスープ、白米と古代米を用意

住7 Yên Ninh, Q. Ba Đình　☎086-6911741（携帯）
営11:00～14:00、18:00～21:30　休無休　カード不可　予約不要

バックパッカーに人気の食堂

ニュー・デイ　大衆食堂

New Day　MAP P.345-2C

英語メニューがあり英語も通じるクアンコム・ビンザン（→P.41）。明朗会計で、食事時は欧米人で満席となる。各種おかずは小皿が2万ドン～、大皿が3万ドン～。手頃な料金でベトナムの庶民の味がおなかいっぱい食べられる。

個人なら皿にご飯とおかずを載せたコムディア・スタイル（ぶっかけご飯）も可能。目安は5万ドン～

住72 Mã Mây　☎(024) 38280315、39262436
営10:00～22:30　休無休　カードJMV　予約不要

ハノイ名物のおこわを味わう

ソイ・イエン　ベトナム料理

Xoi Yen　MAP P.345-3D

ベトナム風おこわのソイ（Xôi）の専門店。まずはソイ・ゴー（トウモロコシ入りおこわ）、ソイ・セオ（ターメリックで色付けされ、緑豆ペーストを載せたおこわ）、ソイ・チャン（白おこわ）の3種類（各2万ドン）から好きなおこわを選び、トッピングを注文する。

トッピングは卵の煮付け（Trứng Kho、1万ドン）、チャーシュー（Thịt Xá Xíu、2万2000ドン）など

住35B Nguyễn Hữu Huân　☎(024) 39263427
営6:30～24:00　休無休　カード不可　予約不要

創意工夫のフュージョン・チャイニーズ

ペペ・ラ・プール　創作中華＆パスタ

Pepe La Poule　MAP P.291-2A

高級中華料理店で腕を磨いた日本人シェフによるカジュアルレストラン。何を食べてもおいしいと、在住外国人が足繁く通う。おすすめは本気麻婆豆腐や四川担担麺（各18万ドン）など。平日は、サラダ、メイン、ドリンク、デザート付きのランチメニュー（20万ドン～）あり。

屋上からはタイ湖が望める

住22 Quảng Khánh, Q. Tây Hồ　☎(024) 62912641　営11:00～23:00（日曜～21:30）　休無休　カードJMV　予約要予約

上質のワインが豊富に揃う

コレット　フランス料理

Colette　MAP P.345-3D

フランス料理とワインをカジュアルに楽しめるフレンチビストロ。32種類のワインがグラスでオーダーでき、飲み比べも楽しめる（グラス15万ドン～）。おすすめはチーズフォンデュ、ラクレットなど。料理とマッチするワインがメニューに記載されているのでオーダーの参考に。

平日ランチは前菜とメイン、デザートのセットが39万5000ドン

住12 Lò Sũ　☎076-6253630（携帯）　営11:30～22:00
休月曜　カードADJMV　予約望ましい

ランチ利用や散策中の休憩に

ルー・ドゥ・カンプ　ベトナム料理＆カフェ

Rue Du Camp　MAP P.346-1A

奇抜なデザインが目を引くビルの1～4階を占めるカフェレストラン。フォーや、ベトナム風ビーフシチューのバイン・ミー・ソット・ヴァン（Bánh Mì Sốt Vang、8万ドン）といったローカルフードと、ベトナムならではの食材を使ったドリンクがおすすめ。

ホロホロの牛すじとスパイスの利いたスープがおいしいバイン・ミー・ソット・ヴァン

住50A Tràng Thi　☎096-7448088（携帯）　営7:00～23:00
休無休　カード不可　予約大人数の場合は要予約

ヤギの焼肉店が並ぶ界隈（MAP P.344-1B）へ行くと、ベトナム語で焼肉に使う肉の種類が4種類ほど書かれた看板がある。「Nam」という文字を指さし注文するとヤギのおっぱい焼肉が出てくる。店のスタ↗

レストラン Restaurant

タイ湖エリア散策のおやつ休憩に
アボス&マンゴー カフェ
Avos & Mango MAP P.291-1A

2017年にホイアンでオープンした人気店が、コロナ禍を機に、2021年ハノイへ移転。マンゴーとアボカドを中心に、ハノイで楽しめる季節のフルーツをたっぷり使ったスイーツはどれも絶品で見た目もキュート。ショップスペースではローカルアーティストのプロダクトも販売。

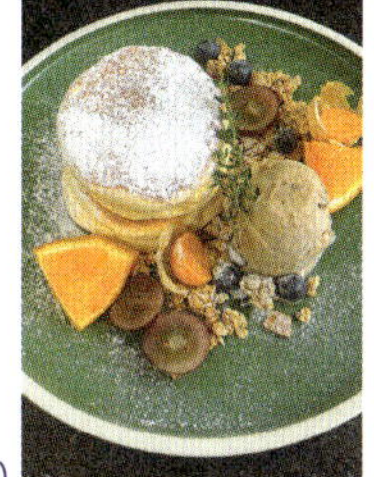
ふわふわのパンケーキもおいしい

住50/12 Đặng Thai Mai, Q. Tây Hồ ☎039-6834404(携帯) 営8:30～18:00 休無休 カード ADJMV 予約不要

5つ星ホテルで甘いひとときを
ル・クラブ ハイティー
Le Club MAP P.347-2D

大きな窓からたっぷり光が差し込むサロンのような空間で、3段トレイのアフタヌーンティー（69万ドン）やチョコレート・トレイ（39万ドン）などのスイーツとともに、優雅な午後を過ごせる。火～日曜19:00～22:45はジャズの生演奏もある。

ティーセットにはサンドイッチ、スコーン、5種類のパティスリー、マドレーヌが付く

住15 Ngô Quyền（ソフィテル・レジェンド・メトロポール・ハノイ内）☎(024)38266919 営6:00～23:00（ハイティーは15:00～17:30） 休無休 カード ADJMV 予約不要

古民家を改装した旧市街のカフェ
バンコン・カフェ カフェ
Bancong Cafe MAP P.345-3C

築100年以上の古い建物の雰囲気をそのままに、昔ながらの家具を配した和みのカフェ。エッグベネディクトなどの朝食メニュー（13万5000ドン）やパスタといった食事メニューがおいしい。店は3フロアからなり、2階のテラス席からは通りを見下ろせる。

不思議な居心地のよさでゆったりとした時間が過ごせる

住2 Đinh Liệt ☎096-5300860(携帯) 営8:00～23:00 休無休 カード MV 予約不要

スペシャルなチョコレートスイーツを召し上がれ
メゾン・マルウ・ハノイ カフェ
Maison Marou Hanoi MAP P.346-3B

ホーチミン市発のシングルオリジンチョコレートブランド「マルウ」のカフェ&ショップ。国内の6つの農園から直接仕入れたカカオを店内奥の工房で焙煎して作る、香り豊かなチョコレートスイーツやドリンク（9万ドン～）が観光の疲れを吹き飛ばしてくれる。

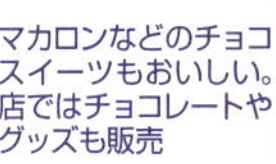

マカロンなどのチョコスイーツもおいしい。店ではチョコレートやグッズも販売

住91A Thợ Nhuộm ☎(024)37173969 営9:00～22:00（金・土曜～23:00） 休無休 カード ADJMV 予約不要

フォトジェニックな人気カフェチェーン
コン・カフェ カフェ
Cong Caphe MAP P.292-3B

共産主義カラーに彩られたレトロカフェ。コンクリートの壁にプロパガンダアートがかけられ、古びた本が無造作に本棚に並ぶ。名物フローズンココナッツミルク入りコーヒー（Cốt Dừa Cà Phê、4万9000ドン～）がおすすめ。ドリンク類も割安でコーヒー2万9000ドン～。

手前がココナッツミルク入りコーヒー。夏にぴったり

住27A Nhà Thờ ☎086-9353605(携帯) 営7:30～23:30 休無休 カード不可 予約不要

エッグコーヒー発祥の店
カフェ・ザン カフェ
Cafe Giang MAP P.345-3D

エッグコーヒーとは、コーヒーの上から卵黄とコンデンスミルクを混ぜ合わせて泡立てたクリームを注ぐという、1940年代のハノイで生まれたメニュー。ビターなベトナム・コーヒーとまろやかな甘いクリームがマッチして、まるでスイーツのような口当たり。ぜひ発祥のこの店で味わいたい。

手前左がエッグコーヒー（Cà Phê Trứng、3万ドン）。右はヨーグルトコーヒー、後方はエッグビール

住39 Nguyễn Hữu Huân ☎098-9892298(携帯) 営7:00～22:00 休無休 カード不可 予約不要

↘ッフが目の前で焼いてくれるので安心。かなり脂っこいので、フランスパンを同時に注文して一緒に食べるといいと思う。現地の人もそうしていた。（大阪府　吹田A.U.）['22]

レストラン Restaurant

体に優しくおいしい、素朴なチェー

チェー・ボンムア　甘味

Che 4 Mua　MAP P.344-2B

ひっきりなしに地元客が訪れる、旧市街のローカルチェー屋。おすすめは冬季限定の白玉団子のチェー(Bánh Trôi Nóng、2万ドン)。もっちりとした生地にぎっしりと黒ゴマペーストが詰まった白玉団子にココナッツミルクをかけた温かいスープチェーは、体も心も温めてくれる。

手前が白玉団子のチェー、後方左はハスの実のチェー（Chè Sen Đá）

住4 Hàng Cân　☎098-4583333(携帯)
営9:00～22:00　休無休　カード不可　予約不要

フルーツを使った甘味店

ホアベオ　甘味

Hoa Beo　MAP P.344-3B

いつも地元客でにぎわっている甘味店。フルーツのチェー、ホア・クア・ザム(→P.46のチェー・ホア・クア、Hoa Quả Dầm)をはじめ、ソフトクリームが載ったホア・クア・ケム(Hoa Quả Kem、4万ドン)、角切りのマンゴーが山盛りのピンス風かき氷(6万ドン)など、どれもおいしい。写真付きメニューあり。

ホア・クア・ザム（3万ドン）

住17 Tô Tịch　☎093-7541988（携帯）
営9:00～24:00　休無休　カード不可　予約不要

その他のレストラン Restaurant

カイカウ　ベトナム料理

Cay Cau　MAP P.347-3D

住17 Trần Hưng Đạo（ドゥ・セロイア・ホテル内）
☎(024)39331010　営8:00～21:00　休無休
カード A J M V　予約ディナーは望ましい

「何を食べてもハズレがない」と、長年、在住日本人から厚い支持を得ている。シーフード料理が多く、肉料理は16万9000ドン～、南部風のやや甘めで濃い味付けが特徴だ。日本語メニューやセットメニューがある。毎晩19:00～21:00に伝統楽器の演奏がある。

サンホー　海鮮料理

San Ho　MAP P.346-2A

住58 Lý Thường Kiệt　☎(024)39349184
営11:00～14:00、17:00～22:00　休無休
カード A J M V　予約要予約

店頭にロブスターやカニが泳ぐ生けすが並ぶ海鮮料理店。3フロアを有し、店内は肩の凝らないカジュアルな内装だ。ロブスター（39万5000ドン～／100g)、カニ（11万ドン～／100g）など。料金は高めだが味はいい。

スイ・カオ・トム・トゥオイ　麺

Sui Cao Tom Tuoi　MAP P.344-2B

住22 Hàng Phèn　☎098-3213638、093-7111898（携帯）
営6:00～21:00頃　休無休
カード不可　予約不要

ワンタンメン(Mỳ Vằn Thắn、→P.36)の人気店。ほんのり甘いだしの利いたスープに極細の中華麺、そして具がいっぱいの巨大揚げワンタンが絶妙の取り合わせ（4万ドン）。量が多く、食べ応えあり。

ハイランズ・コーヒー　カフェ

Highlands Coffee　MAP P.347-2D

住1 Tràng Tiền　☎(024)39334801
営7:00～23:00　休無休
カード A D J M V　予約不要

ベトナム全土に展開する有名コーヒーチェーン店。ハノイには十数店舗あり、特にこの市劇場横の店はカフェテラス風の造りで外国人旅行者、地元客ともに人気。コーヒーは3万5000ドン～でアイスクリームやバイン・ミーなどの軽食もある。

カフェ・フォー・コー　カフェ

Cafe Pho Co　MAP P.345-3C

住11 Hàng Gai（みやげ物店を抜けた奥にある。臆せず奥の階段を上へ上へと上っていこう）　☎(024)39288153
営8:00～23:00　休無休　カード不可　予約不要

フォー・コーとは旧市街という意味。古い中国式民家をカフェにした店は、旧市街ならではの風情。屋上からはホアンキエム湖が見下ろせる。メニューはコーヒー（3万ドン～）など。卵入りのエッグコーヒー（→P.49、4万5000ドン）が名物。

キンドー・ハノイ・カフェ252　カフェ

Kinh Do Hanoi Cafe 252　MAP P.346-1A

住252 Hàng Bông　☎(024)38250216
営7:00～19:30　休無休
カード不可　予約不要

カトリーヌ・ドヌーヴが映画『インドシナ』の撮影時に通ったハノイの老舗カフェ。時代に取り残された感のある渋い店内、“甘い”“濃い”とわかりやすい味のコーヒー（2万5000ドン～）やホームメイドのパンやケーキも、どこか懐かしい風情だ。

プク・カフェ＆スポーツバー　カフェ＆バー

Puku Cafe & Sports Bar　MAP P.346-1A

住16-18 Tống Duy Tân　☎(024)39381745
営24時間　休無休（まれに深夜閉店）
カード J M V　予約不要

ハノイでは貴重な24時間営業のカフェ＆バー。店内の壁にはオールド・アメリカンの看板やポスターがかけられ、気取らないカジュアルな雰囲気のなか静かに会話が楽しめる。ビール4万ドン～、カクテル8万5000ドン～などのほか、食事もおいしい。

Voice! ハノイでジャズを聴きたいなら「ビンミン・ジャズ・クラブBinh Minh Jazz Club」。ベトナムのジャズ界第一人者、グエン・ヴァン・ミン氏が経営する老舗のジャズクラブだ。ライブは毎晩21:00～。↗

ナイトライフ Night Life

カクテルがおいしい小さなカフェ&バー
インフュージョン Infusion
カフェ・バー
MAP P.292-3A

近所にあったら毎日通いたくなるようなアットホームなカフェ・バー。ジャパニーズクラフトジンROKUをベースに、バラとエルダーフラワーの香り、そしてドリップコーヒーをアクセントに加えたオリジナルカクテル、エルダーフラワーガーデン（17万ドン）がおすすめ。

便利な立地で、カフェ利用も可能

住20 Âu Triệu ☎096-4379293（携帯）
営8:00～23:30 休無休 カード A D J M V 予約不要

ロマンティックなルーフトップバー
サミット The Summit
バー
MAP P.343-1C

5つ星ホテルの20階から眺める360度の壮大なパノラマが自慢のバー。ハノイでも1、2の眺めを誇り、在住外国人の姿も多い。タイ湖側には広々としたバルコニーがあり、タイ湖に沈む美しい夕日が眺められる。カクテル（10US$～）も種類が多くおすすめ。

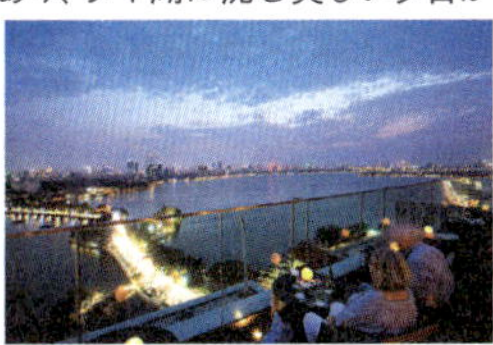
バルコニーから眺めるサンセットはハノイでも屈指

住20F, 1 Thanh Niên, Q. Ba Đình（パン・パシフィック・ハノイ内） ☎(024)38238888 営16:00～24:00 休無休
カード A D J M V 予約不要

心地いい空間でカクテルを楽しむ
バンブー・バー Bamboo Bar
バー
MAP P.347-2D

名門ホテルのバーながら、カジュアル使いもできるのが魅力。竹製のファンが回るオープンエアな空間で、チャーリー・チャップリン（26万ドン）やグレアム・グリーン（29万ドン）など、ホテルに宿泊した著名人の名を冠した創作カクテルを。モクテルや軽食もある。

茅葺き屋根が印象的。プールのすぐそばにあり開放感抜群

住15 Ngô Quyền（ソフィテル・レジェンド・メトロポール・ハノイ内） ☎(024)38266919 営6:00～23:00 休無休
カード A D J M V 予約不要

変わり種カクテルが味わえる
ネー・カクテル・バー Ne Cocktail Bar
カクテルバー
MAP P.346-1A

ハノイ発フォー・カクテル（19万ドン）を考案した名バーテンダーがオーナーのひとり。豆腐のデザートをアレンジしたカクテル（22万ドン）や青米（Cốm）を使ったカクテルなどハノイならではの変わり種カクテルが楽しめる。火・水曜21:30～23:00はライブ演奏あり。

フォー・カクテルを作る際の、炎を注ぐような演出は見もの

住3B Tống Duy Tân ☎079-6495988（携帯）
営19:30～翌2:00 休無休 カード A M V 予約不要
[支店] MAP P.344-2A 住12 Cửa Đông

ハノイ発クラフトビール専門店
ファーブルー Furbrew
ビールバー
MAP P.291-1A

花市場の裏路地にあるブルワリー&ビアガーデン「The 100」（MAP P.291-1B）が経営するビールバー。フォーと同じスパイスを配合したビア・フォーなどハノイ愛と遊び心あふれるフレッシュなクラフトビール（4万ドン～）が常時20種類ほど揃う。

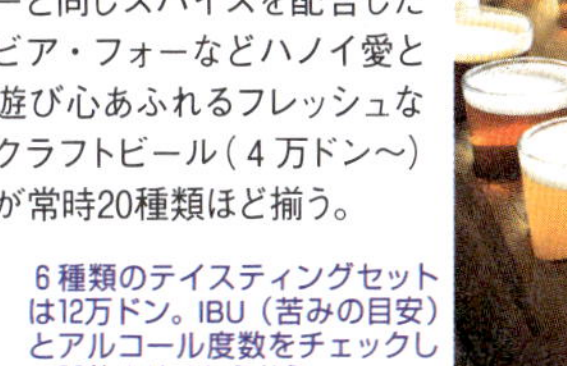
6種類のテイスティングセットは12万ドン。IBU（苦みの目安）とアルコール度数をチェックして試飲させてもらおう

住8 Ngõ 52 Tô Ngọc Vân, Q. Tây Hồ ☎091-2666736（携帯）
営16:00～24:00 休無休 カード M V 予約不要

ベトナム風居酒屋
ハイウエイ4 Highway 4
レストラン・バー
MAP P.345-3D

フルーツや米など十数種類のオリジナルの地酒（4種のサンプリングは11万5000ドン～）とともに、北部料理が味わえる。アルコール度は45～50度と強いが、果実酒をリキュールとミックスしたカクテルは飲みやすい。

「ソンティン」の地酒4種のサンプリング。通好みのハーブやスパイス入りの地酒セットもある

住5 Hàng Tre ☎(024)39264200 営10:00～23:45
休無休 カード J M V 予約不要

↘ビール9万9000ドン～など。MAP P.347-2D 住1A Tràng Tiền ☎(024)39336555 営9:00～24:00
休無休

ショップ  Shop

注目の地元ブランドが集合

コレクティブ・メモリー

ベトナム雑貨

Collective Memory

MAP P.292-3B

トラベルライターとカメラマンとして世界を旅してきたオーナーカップルによるセレクトショップ。「オリジナリティと高品質」をキーワードに、ベトナム全土を回って出合った約30のブランドをラインアップ。ハノイではこの店でしか扱っていないブランドも多数ある。ビンテージ小物で彩られた店内には、デザイン雑貨、少数民族雑貨、ウエア、ドライフルーツやジャムなどの食品、モダンな陶器、自然派コスメなど、好感度なアイテムが詰まっていて、ギフト選びにもぴったり。

ベトナムコーヒーをモチーフにしたトートバッグ（26万ドン）。フォーやバイン・ミーの絵柄もある

住 12 Nhà Chung
☎098-6474243（携帯）
営9:30～19:30
休無休
カード D J M V

ハノイの路上カフェを描いたジグソーパズル（45万ドン／100ピース）

手描きのバッチャン焼にひとめ惚れ

セレンダー

陶器

Cerender

MAP P.347-2C

バッチャン（→P.308）に工房を構えるデザインチーム「Jork Pap」が製作する、バッチャン焼の専門店。10人以上の職人による手作業で絵付けされたニュータイプのバッチャン焼は、電子レンジや食洗器も使用可能。サイズが豊富で使い勝手もよい。手描きでしか出せない味わい深さとリーズナブルさで、ついつい目移りしてしまいそう。おすすめはネコ形の箸置きや、魚を描いたティースプーン。作家やサイズによって値段が変わるが、ティースプーンは７万ドン～、薬味皿８万ドン～など。

箸置きは３万5000ドン、花柄のカップは20万ドン

住11A Tràng Thi
☎098-8595858（携帯）
営9:00～21:00
休無休
カード M V

他店にはない色合いや絵柄の陶器が揃う店。陶器好きは要チェック

洗練された民族雑貨が見つかる

チエ・ドゥプドゥパ

手工芸品＆布小物

Chie Du Pu Du Pa

MAP P.292-2B

ベトナム少数民族の刺繍やろうけつ染め、手織り布といった伝統文化を守る組織が経営するクラフトショップ。ターイ族やラオ族、モン族の伝統布を使った布小物やウエアを扱っていて、値札にはアイテムの産地や素材を記載。少数民族雑貨好きはぜひ訪れたいお店だ。優しい色合いのコットンやシルクの布小物はどれも上品で、日本でも使えそう。人気はセンスがよくしっかりとした作りのポーチで、15万ドンくらいから。日本のJICAやNGOも商品開発や販売に携わり、地域振興に協力している。

ヘンプと刺繍生地を組み合わせたポーチは13万8000ドン

住66 Hàng Trống
☎(024)39387215
営8:30～19:30
休無休
カード A D J M V

黒モン族のろうけつ染めや、ターイ族の織物を利用したコースター

Voice! ベトナムは今、ジャコウネコにコーヒー豆を食べさせ、その糞の中にある未消化の豆を高級品としてブランド化するプロジェクトが進んでいる。有名なインドネシアの「コピ・ルアク」と同じ製法だ。↗

ショップ Shop

上質な少数民族雑貨&ウエア

インディゴ・ストア

ウエア&布小物

Indigo Store

MAP P.343-2C

黒ターイ族の藍染めコットンのワンピースや、モン族の刺繍ポーチなど、ベトナム北部の少数民族の伝統布を使ったフェアトレード品を扱う店。１階は小物やウエア、２階ではアンティークの民族衣装を販売。天然の染料で一つひとつ染め上げるスカーフやウエアはすべて一点物。日本人オーナーがデザインを手がけており、どれも洗練されているのはもちろん使い心地も考慮されていて、長く使いたい逸品に出合えるだろう。藍染めワークショップ（23万ドン）も開催している。

ポーチ類は11万5000ドン〜。パスポートカバーなどもある

住33A Văn Miếu, Q. Đống Đa
☎(024) 37193090
営8:00〜21:00
休無休
カード A D J M V

インディゴがアクセントになった麻のクラッチバッグ（46万ドン）

ベトナム発の気鋭のブランドをチェック

タンミー・デザイン

ウエア&ベトナム雑貨

Tanmy Design

MAP P.292-1B

３世代にわたってハノイのファッションをリードしてきたシルクショップがプロデュースする大型ブティック。ベトナムで活躍する各国のデザイナーのウエアやアクセサリーなど洗練されたアイテムをセレクト。オリジナルの刺繍小物やベッドリネンは２階にある。

３階建てで、１階にはカフェを展開

住61 & 63 Hàng Gai　☎(024) 39381154
営9:00 〜 19:00　休無休　カード A J M V

ベトナムみやげの品揃えはハノイ随一

アメージング・ハノイ

ベトナム雑貨

Amazing Hanoi

MAP P.292-1B

刺繍小物、バッチャン焼、竹細工、水牛の角のアクセサリー、ナチュラルコスメ、コーヒー、お茶、チョコレートなど、ベトナムみやげの品揃えは圧巻。広い店内をぐるりと見て回れば、お目当てのアイテムが見つかるはず。欲しい物が見つからなければスタッフに聞いてみよう。

おみやげのまとめ買いに便利な店

住69 & 71 Hàng Gai　☎(024) 38285104
営9:00〜18:00　休無休　カード A J M V

ホーチミン市のトレンドをキャッチ

クラフト・ハウス

ベトナム雑貨

Craft House

MAP P.346-1B

ベトナム発のブランドを集めた、ホーチミン市の人気ショップがハノイに進出。クラフト雑貨からフード、アルコール、スキンケア商品までこだわりの詰まったアイテムがズラリ。ポストカードなどがセットになったハノイ・スーベニアキット（78万ドン）も要チェック。

見ているだけで楽しい雑貨たちは、ブランドごとに陳列されている

住19 Nhà Chung　☎(024) 62920919
営9:00 〜 21:30　休無休　カード A D J M V

味わい深い雑貨に出合える

トーヘー

ベトナム雑貨

Tohe

MAP P.340-3B

カラフルな色使い、のびのびとした作風はどれもアーティスティックでほっと心が和む。ここの商品はベトナム北部の障がいをもつ子供や貧困家庭に生まれた子供たちの絵を、布小物やバッグにデザインした物がメインで、非営利団体が運営。人気はポーチ（11万ドン〜）など。

ヘアゴム（各１万ドン）はバラマキみやげにぴったり

住8 Đỗ Quang, Q. Cầu Giấy　☎083-7790465（携帯）
営9:00〜19:30　休無休　カード M V

↘ベトナムの市場にはすでに相当数が「Weasel Coffee：イタチ・コーヒー」と称して出回っているが、その多くが人為的に香りをつけただけの偽物。本物に出合うには確かな目、鼻、舌、そしてお金が必要なようだ。

日本で着たい高品質なリネンウエア

モリコ・サイゴン　ウエア＆布小物

Moriko Saigon　MAP P.292-3A

繊細で美しい手刺繍と淡い色合いのリネン生地で仕立てられたワンピース（288万ドン～）やアオザイのブティック。ホーチミン市の工房で作られたワンピースはどれも日本人好みのスタイル。ハザン省の天然素材から作られたナチュラルコスメブランド「Story of the forest」の製品も扱う。

小物もあり、トートバック75万ドン～、マスク12万ドン～など

住18 Âu Triệu　☎093-8780767（携帯）
営9:00～20:30　休無休　カード J M V

ポップなデザインのご当地Tシャツ

ギンコー・Tシャツ　Tシャツ

Ginkgo T-Shirts　MAP P.292-1B

ベトナムのありふれた日常風景や、シンボルをデザインしたTシャツ（60万ドン～）の専門店。電線がからまる電柱、荷物を満載したバイクなどが、フランス人デザイナーの眼を通してデフォルメされ、おしゃれ。カラーやサイズも豊富で、メンズ、レディス、キッズを展開。縫製もしっかりしている。

ホーチミン市やホイアンにも店がある

住79 Hàng Gai　☎(024) 39382265　営9:00～21:00　休無休
カード A D J M V　［支店］MAP P.345-3D　住44 Hàng Bè

遊び心とエッジの利いたドレス

チュラ　ウエア

Chula　MAP P.291-1A参照

スペイン人デザイナーのブティック。文化・食・人など、ベトナムのあらゆるものから受けたインスピレーションを、ベトナムの素材で表現したドレスはまるで芸術品。ロンビエン橋やフォーがデザインされており、そのアイデアには脱帽。ドレスは400万ドン～。

ロンビエン橋の刺繍が施されたデニムのチャイナドレス（430万ドン）

住43 Nhật Chiêu, Q. Tây Hồ　☎098-9886480（携帯）
営9:00～18:00　休無休　カード A D J M V

一点物のモダン・アオザイ

ヒューララ　アオザイ

Huu la la　MAP P.292-3B

古民家を改装したブティック。伝統の技が生きたキュートな刺繍入りのアオザイや、花柄や水玉模様といった1点1点生地や風合いが異なるカジュアルなアオザイなど、ベトナム人女性デザイナーのヒューさんの手による色とりどりのアオザイに乙女心がくすぐられる。バッグやノートもある。

アオザイはコットン素材で200US$～、シルクなら300US$～

住2 Nhà Chung　☎089-8128223（携帯）
営9:00～22:00　休無休　カード M V

少数民族雑貨の老舗

サ　パ　バッグ＆布小物

Sapa　MAP P.292-1A

北部の少数民族が暮らす地名のサパ（→P.369）を店名にし、少数民族の布を使ったバッグや財布、クッションカバー、スカーフ、ウエアなどの布小物がごっちゃりと山積みされている。少数民族の布を使ったエスニックなブラウスなども販売。

アイテムの約半分がオリジナル。アンティークの布や靴といったお宝もある

住108 Hàng Gai　☎(024) 39380058
営7:00～21:30　休無休　カード A D J M V

珍しい民族雑貨を扱う

クラフト・リンク　布小物

Craft Link　MAP P.343-3C

手工芸品生産者への援助を目的としたNPOが運営する少数民族雑貨の店。花モン族、ザオ族、ターイ族、ヌン族、マ族などの伝統布をアレンジしたグッズは、ポーチやバッグ、ピアスなど市内随一の品揃え。水牛の角製のアクセサリーや漆器なども扱う。

モン族のベルベットバングル各15万9000ドン

住51 Văn Miếu, Q. Đống Đa　☎(024) 37336101
営9:00～18:00　休無休　カード A J M V

✉やはり「フックロイ」（→P.330）のハンコはおすすめ！　図柄を選び、友人の名前などを彫ってもらってみやげ物にするのが私の定番ですが、時間があるのなら住所のハンコを作るのもおすすめ。画数の↗

ショップ Shop

ストーリー性のあるアイテムに出合う
ヒューマニティ・ハノイ　ウエア＆雑貨
Humanity Hanoi　MAP P.291-1A

環境や社会に配慮したものづくりを行うベトナムや東南アジア諸国の作り手の商品をセレクトしているライフスタイルショップ。ショップオリジナルの衣類やアクセサリーもセンスがよく、良質なアイテムが多数。収益の５％は地元の慈善団体に寄付される。

コスメやインテリア雑貨も揃う

住16 Tây Hồ, Q. Tây Hồ　☎079-6100050（携帯）　営10:00～18:00（金・土曜～19:00）　休月曜　カード AJMV

ベトナム発の帆布ブランド
ジャムロス　バッグ
Jamlos　MAP P.345-2C

カジュアルな装いにぴったりの帆布バッグ専門店。トートバッグ、カップホルダー、ボストンバッグなど種類が豊富で、どれも使いやすく丈夫。値段もリーズナブルで、定番人気の三角形ショルダーバッグは33万ドン。

ショルダーバッグにもなるミニトートバッグ（27万ドン）。抹茶色などカラー展開あり

住26 Đào Duy Từ　☎089-9899767（携帯）　営10:00～20:30　休無休　カード不可

古いフレンチヴィラ内の隠れ家ショップ
ヒエンヴァン・セラミックス　陶器
Hien Van Ceramics　MAP P.292-2A

バックニン省ヒエンヴァン村にある陶器工房直営のショールーム兼ショップ。ベトナム王朝時代の陶器愛好家でもあるアーティストのブイ・ホアイ・マイ氏が、伝統的な陶器の美しさを継承しつつモダンなエッセンスを加えた「ヒエンヴァン陶器」が静かな人気を呼んでいる。

どこか懐かしさを感じるヒエンヴァン陶器。小皿15万ドン～、大皿30万ドン～など

住2F, 8 Chân Cầm　☎094-4683390（携帯）　営9:00～18:00　休無休　カード JMV

お値打ち価格で陶器をゲット
ドラゴンフライ　手工芸品＆陶器
Dragonfly　MAP P.344-3B

陶器や竹製品、漆製品といった、ベトナムの伝統手工芸品をモダンにアレンジしたハイセンスな品が手に入る。パステルカラーの陶器のテーブルウエアは、手になじむ曲線のフォルムが斬新で、電子レンジでも使える優れ物。竹製の器や水牛の角製品もある。

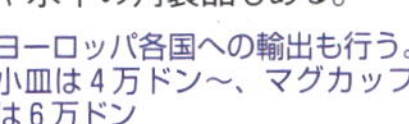

ヨーロッパ各国への輸出も行う。小皿は４万ドン～、マグカップは６万ドン

住10 Tô Tịch　☎（024）38285532　営7:00～18:00　休無休　カード AJMV

レトロなホーロー食器にときめく
ニョム・ハイフォン　ホーロー製品
Nhom Hai Phong　MAP P.344-1A

ハノイではあまり見られなくなったホーロー食器がズラリと揃う店。ハイフォンの工場で作られており、動物やバラなどの花が描かれたレトロな皿は11万ドン～、コップは14万ドン～。小さな店なので見逃さないように。

生産数が少なくなり、値段の上昇が激しいベトナム製のホーロー食器

住38A Hàng Cót　☎（024）38269448　営7:30～17:30　休無休　カード不可

宝石からキッチュな雑貨まで揃う
スター・ロータス　ジュエリー＆ベトナム雑貨
Star Lotus　MAP P.349-2C

石の中に星状の反射光が見える、アジアでも一部でしか産出されない希少なスタールビーとベトナム雑貨の店。スタールビーは280US$～で日本人オーナーの目で選び抜かれた品々が並ぶ。ルビー、スピネル。アクアマリンなどの石ずり体験(80US$～)が可能。

石ずり体験での完成品は持ち帰れる。前日までに要予約

住111 Mai Hắc Đế, Q. Hai Bà Trưng　☎（024）39749710、091-8152992（携帯）　営10:30～19:30　休無休　カード JMV

↘多い漢字、ひらがなを彫る技術には脱帽。「フックロイ」は小さな間口で２軒並んでいますが、どちらも「フックロイ」。（神奈川県　山崎かおり）['22]

ショップ

Shop

老舗のハンコ屋
フックロイ　ハンコ
Phuc Loi　MAP P.344-3B

店頭にはベトナムゆかりの動物や生活、文化などをモチーフにしたハンコが並ぶ。オーダーメイドも可能で、好みの大きさ、絵柄、文字(漢字、ひらがな、カタカナなど可能)で彫ってくれる。小さい物なら所要30分～数時間(受注状況により異なる)、2～30US$。似顔絵ハンコも可(10US$)。

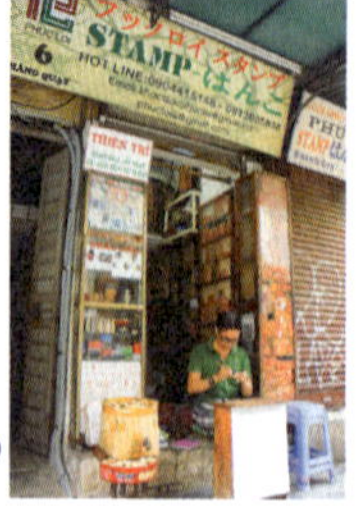

ハンコの素材は木や石、水牛の角、ゴム、プラスチックなど

住6 Hàng Quạt　☎(024)39940970　営7:00～18:00　休無休
カード不可　[支店] MAP P.345-2C　住2B Tạ Hiện

贈り物におすすめの"本物の"ハス茶
フオンセン　お茶
Huong Sen　MAP P.344-3A

王侯貴族に愛されたハス茶(80万ドン／100g)を昔ながらの製法を守って作り続け、今に伝える店。収穫は6～7月の年に1度だけで、雄しべのみを使用するため、100gのハス茶を作るのに120個以上のハスの花が必要とか。現在は4代目のハイさんが営む。試飲も可能。

ジャスミン茶(18万ドン／100g)やハスの実の砂糖漬け(Mứt Sen、5万ドン／150g)もある

住15 Hàng Điếu　☎(024)38246625、034-4585378(携帯)
営8:00～18:30　休無休　カード J M V

ベトナム・フレーバーのチョコレート
フェヴァ　チョコレート
Pheva　MAP P.346-1A

ベトナム南部のベンチェーで栽培されたトリニタリオ種カカオ豆を使用したシングルオリジンのチョコレートショップ。黒コショウやオレンジピール、コーヒーなどフレーバーは18種類。6、12、24、48個入りの4種類のボックスがあり好みのフレーバーを詰められる。試食可能。

チョコレートバーもあり各3万ドンとリーズナブル

住8B Phan Bội Châu　☎(024)32668579　営8:00～19:00
休無休　カード A J M V

食品みやげを買うならここ!
ロッテ・マート　スーパーマーケット
Lotte Mart　MAP P.342-2A

「ロッテ・デパートメント・ストア」の地下1階にある、フードみやげのまとめ買いに便利なスーパーマーケット。ベトナムみやげのコーナーを大々的に展開しており、パッケージもおしゃれなダラット発の食品ブランド「ランファーム」(→P.110、206)も入店。小さなフードコートもある。

ご当地アイテムを集めたベトナム・ゾーン

住B1, Lotte Center Hanoi, 54 Liễu Giai, Q. Ba Đình
☎(024)37247501　営8:00～22:00　休無休　カード D J M V

その他のショップ

Shop

アンナム・グルメ・マーケット　食料品
Annam Gourmet Market　MAP P.291-1A
住1F, Syrena Shopping Center, 51 Xuân Diệu, Q. Tây Hồ
☎(024)66739661　営7:00～21:00
休無休　カード A D J M V

輸入食料品やベトナム国内で生産された高品質な食品や化粧品を扱う高級スーパーマーケット。「マルウ」をはじめとするベトナム発のチョコレートブランドなども販売しており、おみやげ買いに使える。オリジナルのエコバッグもかわいい。

BRGマート　スーパーマーケット
BRG Mart　MAP P.347-1C
住120 Hàng Trống
☎(024)38256148　営6:00～22:00
休無休　カード M V

観光エリアにあり、おみやげ買いに便利なスーパー。1～2階にはローカルな総菜や冷凍食品をはじめ、酒やお菓子などの輸入品も豊富に並ぶ。3階はみやげ物や生活雑貨売り場。

ウィンマート　スーパーマーケット
Winmart　MAP P.291-1A
住2F, Syrena Shopping Center, 51 Xuân Diệu, Q. Tây Hồ
☎(024)71066866　営8:00～21:30
休無休　カード J M V

ベトナム全土で展開する大型スーパーマーケット。生活雑貨から各種食品、キッチン用品まで、地元の生活に根ざした品揃えで在住外国人の姿も多い。ベトナム製はもちろん、タイ、中国などからの輸入食品も並ぶ。

✉マッサージ店では、たいてい終わったあとにチップを要求される。場所によっては7万ドンの料金に対して5万ドン、20US$のコースで10US$を要求されることもある。曖昧な態度だとしつこく付きまとう↗

スパ・マッサージ Spa & Massage

非日常にトリップ
ル・スパ・デュ・メトロポール スパ
Le Spa du Metropole MAP P.347-2D

5つ星ホテルならではの上品な雰囲気が味わえる。温かいハーバル・ボールを用いたベトナム式マッサージのベトナミーズ・ジャーニーやフランス発のコスメ、ソティスのプロダクツを使用したフェイシャルが人気。

全7室あり、インテリアが異なる

住15 Ngô Quyền（ソフィテル・レジェンド・メトロポール・ハノイ内） ☎(024)38266919（内線8700） 営10:00〜22:00 休無休 料ボディトリートメント160万ドン〜（60分）など カードAJMV 予約要予約

散策途中の休憩にぴったり
ボディ&ソウル・スパ スパ
Body & Soul Spa MAP P.292-2B

タイ湖エリアに本店がある人気のスパ。30分のフットマッサージから3時間のコースまでメニューは豊富。10年以上の経験をもつテラピストによる、ベトナムの伝統的な治癒メソッドを用いたマッサージが評判。

ベトナムらしい赤を基調としたインテリア

住108 Hàng Trống ☎076-6067080（携帯） 営9:00〜22:00 休無休 料ボディ&ソウル・シグニチャー・マッサージテラピー68万5000ドン（60分）など カードMV 予約要予約
[本店] MAP P.291-1A 住53 Tô Ngọc Vân, Q. Tây Hồ

赤ザオ族の民間療法にトライ
ザオズ・ケア スパ
Dao's Care MAP P.342-1A

赤ザオ族の伝統的な民間療法である薬草風呂（15万ドン／15〜20分）や、薬草を用いたマッサージが受けられる。施術は視覚障がい者が行う。中心部から少し外れた立地だが、ほかにはないメニューとサービス内容なので行く価値はある。

数種類の薬草が入った赤ザオ族の薬草風呂

住351 Hoàng Hoa Thám, Q. Ba Đình ☎(024)37228316、097-8899539(携帯) 営9:00〜21:00 休火曜 料ザオ・マッサージ28万ドン、ハーバル・マッサージ32万ドン（各60分）など カードMV 予約望ましい

ハノイでは規模の大きなスパ
アマドラ・ウエルネス&スパ スパ
Amadora Wellness & Spa MAP P.291-1B

ハイレベルな施術とサービスで、在住外国人に人気。特に体をトータルでケアするパッケージが好評で、最長5時間のコースがある。各種ハーブを包み込んだハーバル・ボールを使ってのマッサージも好評だ。

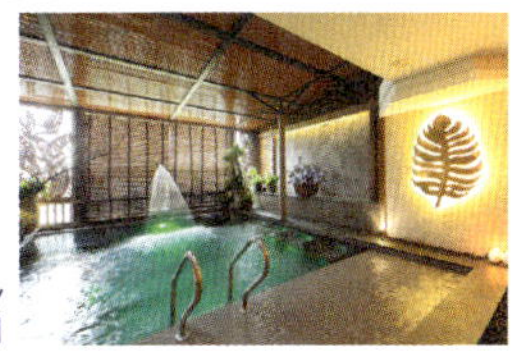
内装もリラクセーションを追求した空間

住50 Xuân Diệu, Q. Tây Hồ ☎(024)37951702 営9:00〜21:30 休無休 料フェイシャル67万5000ドン〜（60分〜）、ボディマッサージ127万5000ドン〜（90分〜）、各種パッケージ147万5000ドン〜（2時間30分〜）など カードAJMV 予約要予約

確かな技術力で在住外国に人気が高い
オマモリ・スパ スパ
Omamori Spa MAP P.292-2A

視覚障がい者の自立を支援する団体が運営するスパ。ハイレベルかつていねいな施術で、全身のこりをじっくりほぐしてくれる。営利目的ではないため、価格も良心的。施術スタッフの性別や力の強さは選べる。チップ不要。

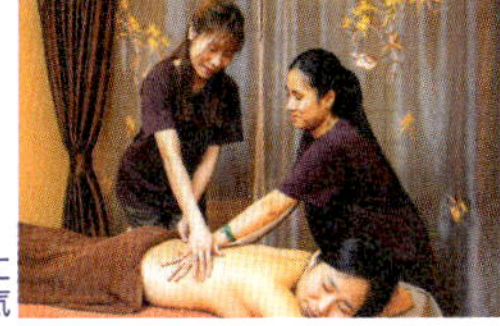
ふたりのテラピストによるマッサージも人気

住48 Ngõ Huyện ☎(024)37739919 営9:00〜23:00（L.O. 21:30） 休無休 料スウェディッシュ・マッサージ30万ドン、ノンオイルマッサージ35万ドン（各60分）など カード不可 予約不要

日本人に人気のカジュアルなスパ
アーバン・オアシス・スパ スパ
Urban Oasis Spa MAP P.292-1B

約50%が日本人客というだけあり、ハイレベルな施術とていねいな接客、リーズナブルな価格は満足度が高い。ココナッツ・スクラブ、ボディマッサージ、フェイシャルを含むサマー・パッケージ（140万ドン／2時間30分）がおすすめ。

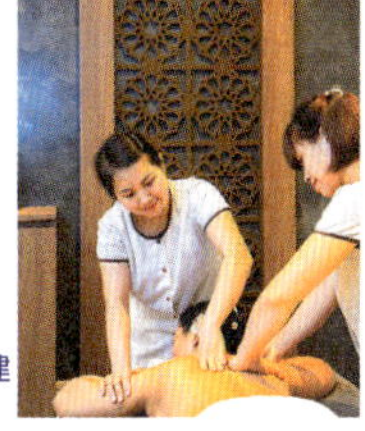
エレベーターを完備した7階建ての大型スパ

住39A Ngô Hàng Hành ☎(024)33543333 営9:00〜22:00（L.O.21:30） 休無休 料ボディマッサージ43万ドン（60分）、ハンド&ヘッドマッサージ29万ドン（45分）など カードAJMV 予約望ましい

↘ので、支払う気がない場合ははっきりと断ったほうがいい。（東京都 のっち）['22]

ホテル　Hotel

ハノイ随一の名門ホテル

ソフィテル・レジェンド・メトロポール・ハノイ

高級ホテル

Sofitel Legend Metropole Hanoi

MAP P.347-2D

伝統と格式を誇る100年以上の歴史が、コロニアル調の内装や調度品の随所に刻まれており、各国のVIPや著名人が多数宿泊している。上質のリネン類やスマートなサービスなど、こまやかなもてなしの心も光る。フレンチではベトナム一（いち）といわれるレストランの「ル・ボリュー」など５つの飲食施設、個室を備えた高級スパ「ル・スパ・デュ・メトロポール」（→P.331）など、宿泊以外にも魅力がいっぱいだ。クラシカルな内装のメトロポール・ウイング（本館）と洗練された内装のオペラ・ウイング（新館）がある。

本館のレジェンダリー・スイート

住15 Ngô Quyền
☎(024) 38266919
URL www.sofitel-legend-metropole-hanoi.com
料ⓈⓌⓉ586万ドン～　スイート1858万3000ドン（＋税・サービス料15%）
カード ADJMV　全364室

プールを囲むように、本館と新館が建つ

タイ湖を眺めながら極上の癒やしを

インターコンチネンタル・ハノイ・ウエストレイク

高級ホテル

InterContinental Hanoi Westlake

MAP P.291-2B

タイ湖上に客室棟を配し、プライベートな空間と時間を造り出している、贅を尽くした５つ星ホテル。全室バルコニー付きで、最高の眺めを堪能でき、特にタイ湖が見える客室からの眺めは圧巻。客室は上品なインテリアと優しい配色でリラックスした空間だ。また全室43m²以上の広さがあり、これはハノイのホテルのなかではトップクラスの広さ。優雅にハイティーが楽しめる「ディプロマット・ラウンジ」、アジア料理や多種のワインが自慢の「サイゴン」、「サンセット・バー」など厳選のレストランやバーも魅力的。

リゾート気分満点のプール

住5 Từ Hoa, Q. Tây Hồ
☎(024) 62708888
URL hanoi.intercontinental.com
料ⓈⓌⓉ140US$～　スイート237US$～（＋税・サービス料15.5%。朝食付き）
カード ADJMV
全318室

暖色でまとめられたスーペリアルーム

タイ湖畔にそびえる、シンガポール系の５つ星ホテル

パン・パシフィック・ハノイ

高級ホテル

Pan Pacific Hanoi

MAP P.343-1C

全室に上質なリネンで眠りを誘う特注のベッドが配されており、さらにデラックスルームにはバスタブのほかにシャワーブースもありくつろげる。プールは開閉ルーフ式全天候型の温水プールで、１年中使用可能。360度のパノラマが楽しめる最上階の「サミット」（→P.325）、飲茶がおいしいと評判の「ミン・レストラン」、インターナショナル・ビュッフェの「パシフィカ」など飲食施設も充実。サービスアパートメントもあり、ビジネスなどの長期滞在にも対応している。

デラックス・レイクビューのツインルーム

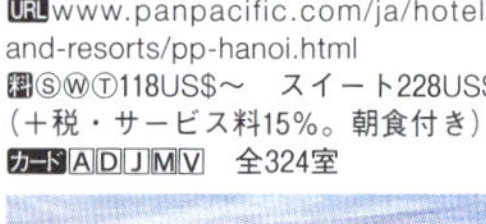
住1 Thanh Niên, Q. Tây Hồ
☎(024) 38238888
URL www.panpacific.com/ja/hotels-and-resorts/pp-hanoi.html
料ⓈⓌⓉ118US$～　スイート228US$（＋税・サービス料15%。朝食付き）
カード ADJMV　全324室

タイ湖のほとりに建つホテル。レイクビュールームがおすすめ

ホテル Hotel

随所にこだわりが光る最旬ホテル
カペラ・ハノイ
Capella Hanoi

高級ホテル

MAP P.347-2D

2022年にハノイ中心部にオープンした、シンガポール系のカペラ・ホテルズ&リゾーツが運営するラグジュアリーな５つ星ホテル。ハノイのオペラハウスから着想を得て、フランス統治時代のインドシナ様式をデザインに取り入れている。ベトナム国内の数々の人気リゾートを手がける建築家ビル・ベンズリー氏による設計で、そのきらびやかな世界観には圧倒されるばかり。「バックステージ」(→P.319)や、高級日本料理店「光輝」、オイスターバー「ハドソン・ルームズ」といったレストランもハイレベル。プールやスパなど施設も充実している。

アーティスティックな内装のプレミアルーム

住11 Lê Phụng Hiểu
☎(024)39878888
URL capellahotels.com/en/capella-hanoi
料Ⓣ700万ドン～　スイート1100万ドン～（＋税・サービス料15%。朝食付き）
カード A D J M V　全47室

市劇場やホアンキエム湖に近く、観光に便利な立地

ハノイ市街を眼下に望む絶景ホテル
ロッテ・ホテル・ハノイ
Lotte Hotel Hanoi

高級ホテル

MAP P.342-2A

地下５階、地上65階建てで、高さ267mというベトナム国内３位の高さを誇るビル「ロッテ・センター・ハノイ」の38階から61階を占めるホテル。どの客室も窓が大きく、ハノイ市内をはるか遠くまで見渡せるのが魅力だ。優しい色合いで統一された客室は、全室バスタブ、ウォシュレット完備。屋上のレストラン・バー「トップ・オブ・ハノイ」、36階の「ティムホーワン（添好運）」など、７つある飲食施設は名店揃い。35階にはミネラルウオーターでおなじみの「エビアン」のスパがあり、こちらも人気。

デラックスルーム。大きな窓から街を一望

住Lotte Centre Hanoi, 54 Liễu Giai, Q. Ba Đình　☎(024)33331000
URL www.lottehotel.com/hanoi
料ⓈⓌⓉ400US$～　スイート560～10000US$（＋税・サービス料15.5%。朝食付き）　カード A D J M V　全318室

38階「ラウンジ・スカイ」のアフタヌーンティー（営14:00～18:00）もおすすめ

各国のVIPも利用する
シェラトン・ハノイ
Sheraton Hanoi

高級ホテル

MAP P.291-2B

街の喧騒を忘れさせる静かな環境に建ち、タイ湖の眺めはハノイ随一。サウナやマッサージを併設したフィットネスジム、プールやビジネスセンター、ハイレベルな４つの飲食施設など施設はトップクラス。特に「オーヴンドール」のランチやディナービュッフェはおすすめだ。全室に快眠を追求した特別注文のスイート・スリーパー・ベッドやセンスのいい調度品が配置されているなど、設備にも格式の高さがうかがえる。日本人スタッフも在駐し、ベトナム文化のなかに日本のきめ細かなサービスも生きている。

天井が高く広々としたエグゼクティブルーム

住K5 Nghi Tàm, 11 Xuân Diệu, Q. Tây Hồ　☎(024)37199000
URL sheraton.marriott.com
料ⓈⓌⓉ280万ドン～　スイート580万ドン～（＋税・サービス料17%）
カード A D J M V　全299室

日曜のブランチには海鮮ビュッフェが楽しめる「オーヴン・ドール」

ホテル

Hotel

立地抜群の5つ星ブティックホテル

ホテル・ドゥ・ロペラ・ハノイ・Mギャラリー

Hotel De L'Opera Hanoi-MGallery

高級ホテル

MAP P.347-2D

フレンチコロニアルな雰囲気が漂うたたずまいから一転、一歩館内に入ればモダンでアーティスティックな空間が広がる。大きなシャンデリアが飾られたフロントや、噴水のあるアトリウムはどこを切り取ってもおしゃれで、思わず写真に収めたくなる。モダンとレトロが融合するヒップな客室は、高品質なベッドマットレスやコーヒー&ティーセットを備え、設備も十分。テーマ性のあるアフタヌーンティーが好評な「ラフェ・ベルト」やベトナム料理の「サティーヌ」といったレストランもレベルが高く、食事のみの利用もおすすめ。

オペラスイートはバスタブ付き

住29 Tràng Tiền
☎(024)62825555
URL www.hoteldelopera.com
料ⓈⓉ150US$～　スイート220US$～(+税・サービス料15%)
カード ADJMV　全107室

屋外プールと屋内プールを完備。プールサイドには雰囲気のよいバルコニーもある

滞在とともにアートも楽しめる

アプリコット

Apricot

高級ホテル

MAP P.347-1C

「リビング・アート・ミュージアム」をテーマに、ロビーやレストラン、スパ、客室などすべての施設にベトナム人アーティストのオブジェや絵画600点以上を展示した、美術館顔負けの5つ星ホテル。ホアンキエム湖のほとりという好立地だが、ネオクラシカル様式の館内はきらびやかな別世界で、街の喧騒を忘れさせてくれる。客室はキャンバス、ギャラリーなどアートにちなんだ名前がつけられた全10タイプ。レストラン、アフタヌーンティーができるカフェ、屋上にはプールとルーフトップバーの「ワン36」がある。

週末はホテル前の道路が歩行者天国になるため注意が必要

住136 Hàng Trống
☎(024)38289595
URL www.apricothotels.com
料Ⓢ135US$～　ⓌⓉ157US$～　スイート278US$～(+税・サービス料15%。朝食付き)　カード ADJMV　全123室

キャンバスと名づけられた客室。各客室に2作品以上のアートが配されている

日本のおもてなしを世界の人々へ

ホテル デュ パルク ハノイ

HÔTEL du PARC HANOÏ

高級ホテル

MAP P.348-1A

ハノイ唯一の日系5つ星ホテル。高級感をそのままにシックでエレガントな雰囲気をプラスし、上質で心地よい空間を演出。日本人スタッフも在籍し、日系ならではの質の高いサービスを提供している。日本食を含む朝食ビュッフェに加え、全室バスタブ、温水洗浄トイレの完備のほか、無料靴磨きサービスなど、日本人ゲストへの心配りも好評。プール、ジム、スパ・マッサージを併設し、インターナショナルダイニング「ボヤージュ」、日本料理「麻布」などレストランも充実。

ホテル名の由来となった公園や湖が望める

住84 Trần Nhân Tông, Q. Hai Bà Trưng
☎(024)38223535
URL hotelduparchanoi.com
料Ⓢ180US$～　ⓌⓉ200US$～　スイート700US$～(+税・サービス料15.5%。朝食付き)

カード ADJMV　全255室

緑を配し、開放感のあるロビー

✉「カイカウ」(→P.324)で食事を終えた帰りは20:30になった。ホアンキエム湖の南部は旧市街などと比べると道幅は広いが街灯が少ないため、夜のひとり歩きは危険だと感じた。夜遅くにホアンキエム湖↗

ホテル Hotel

屋上のプール&バーでシティリゾートが味わえる

ペリドット・グランド・ラグジュアリー・ブティック

高級ホテル

Peridot Grand Luxury Boutique

MAP P.344-3A

2022年8月にグランドオープンした5つ星ブティックホテル。旧市街のなかにありながらも少し路地奥に位置するので、周りの喧騒がうそのような異空間。周辺には市場やストリートフードの露店、ビアホイなどがある、地元の生活が垣間見られる立地で、ハノイをディープに楽しみたい人におすすめ。エレガントな雰囲気の館内や客室のインテリアには、木や竹など自然の素材を用い、環境にも配慮。プレミアデラックス以上の客室は窓付き。ループトップにはプールとスカイバーがあり、旧市街の街並みを上から楽しめる。

青を基調としたシックデラックスルーム

住33 Đường Thành
☎(024)38280099
URL peridotgrandhotel.com
料Ⓢ①240万ドン～　スイート450万ドン～（＋税・サービス料15%。朝食付き）
カード ADJMV　全104室

旧市街を一望できるインフィニティプール

マリオット・グループの最高級ホテル

JWマリオット・ハノイ

高級ホテル

JW Marriott Hanoi

MAP P.340-3A

ハイテクを駆使した客室設備は使い勝手がよく、ツインルームにはダブルベッドがふたつ配されるなど、広々とした客室が自慢。フランス料理の「フレンチ・グリル」、多国籍料理の「JWカフェ」など飲食施設のレベルも高い。

新興地区を見下ろす屋内プール

住8 Đỗ Đức Dục, Q. Nam Từ Liêm　☎(024)38335588
URL www.jwmarriotthanoi.com
料ⓈⓌ①560万ドン～　スイート658万8000ドン（＋税・サービス料15%）　カード ADJMV　全450室

ハノイでも屈指の大型ホテル

デウー

高級ホテル

Daewoo

MAP P.342-2A

セキュリティ面が重視されており、各界の著名人やVIP客も多い。客室は上品なファブリックでまとめられ、設備も申し分ない。日本料理の「江戸」、中華料理の「シルク・ロード」などレストランも充実している。

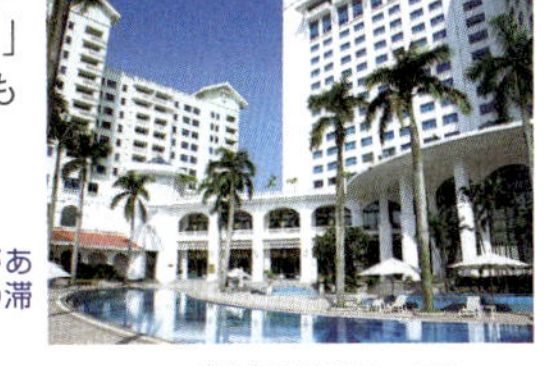

約80mのプールがあり、リゾート型の滞在にも対応

住360 Kim Mã, Q. Ba Đình　☎(024)38315000　URL www.daewoohotel.com/ja　料Ⓢ115US$～ ①140US$～ スイート270US$～(＋税・サービス料15%。朝食付き)　カード ADJMV　全411室

各国の要人も利用する高級ホテル

メリア・ハノイ

高級ホテル

Melia Hanoi

MAP P.346-2B

洗練されたサービスと空間が自慢。ロケーションがよく、街のランドマーク的存在。ビュッフェスタイルの「エル・パティオ」、アジア料理の「エル・オリエンタル」など飲食施設が充実。

機能性と快適さを追求した客室は広々とし、優雅な滞在ができる。日本人スタッフ在駐

住44B Lý Thường Kiệt　☎(024)39343343
URL www.melia.com　料ⓈⓌ①258万8000ドン～　スイート690万ドン～（＋税・サービス料15%）
カード ADJMV　全306室

観光にもビジネスにも便利

ヒルトン・ハノイ・オペラ

中級ホテル

Hilton Hanoi Opera

MAP P.347-2D

市劇場へは徒歩約1分というロケーションに建つ、コロニアル様式の外観が印象的なホテル。客室のファブリックは上品で、すべての客室にバスタブとシャワーブースを設置。ベトナム料理の「バーミエン」は在住外国人にも人気。

壮麗な建築美が人々を魅了する。手前は市劇場

住1 Lê Thánh Tông　☎(024)39330500
URL hanoi.hilton.com　料Ⓢ①95US$～（＋税・サービス料15%）　カード ADJMV　全268室

↘南部で移動する場合はタクシー移動をすすめる。レストランから帰る場合もタクシーを呼んでもらうのがいいと感じた。（福岡県　輪菜）['22]

ホテル

スタッフがフレンドリーで親切
ハノイ・ル・ジャルダン・ホテル&スパ 中級ホテル
Hanoi Le Jardin Hotel & Spa MAP P.343-1C

2019年オープン。ユニークな外観とかわいらしいインテリアが特徴のホテル。21㎡のこぢんまりとした客室から、大人4人が滞在できるファミリーコネクティングルームまで、さまざまなタイプの客室がある。

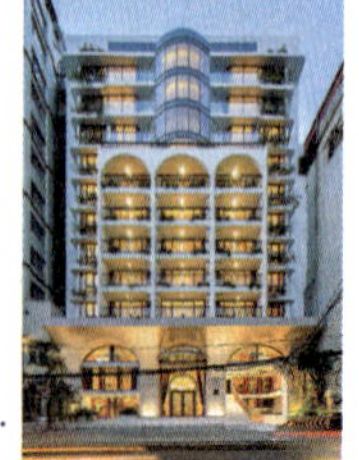
ベトナム料理が楽しめる「クエ・レストラン」もおいしいと評判

住46A Nguyễn Trường Tộ, Q. Ba Đình ☎(024)66682299
URL lejardinhotels.com
料Ⓢ Ⓣ71.7US$～ スイート136.37US$～（朝食付き）
カード A D J M V 全72室

ホスピタリティの高さに定評あり
オリエンタル・ジェイド・ホテル&スパ 中級ホテル
Oriental Jade Hotel & Spa MAP P.292-2B

ハノイ大教会（→P.300）近くに2019年にオープンした12階建てホテル。ハノイの文化とモダンの融合をコンセプトにしたデザインで、ラグジュアリーな雰囲気。客室の設備も申し分なく、レストランやスパ、屋上プールを完備。

屋上のインフィニティプールもこのホテルのウリ

住92-94 Hàng Trống ☎(024)39367777
URL www.theorientaljadehotel.com
料Ⓢ Ⓦ166US$～（＋税・サービス料15%。朝食付き）
カード A D J M V 全120室

アコー・グループが経営する
プルマン・ハノイ 中級ホテル
Pullman Hanoi MAP P.342-2B

明るく開放感ある吹き抜けのロビーをはじめ、館内や客室は都会的なデザインで、明るい色調でまとまっている。設備も機能的で、ミニバーのソフトドリンクは無料など、うれしいサービスも。ビジネス利用が多い。

モダンな内装のスーペリアルーム

住40 Cát Linh, Q. Đống Đa ☎(024)37330688
URL pullman-hanoi.com
料Ⓢ Ⓣ120US$～ スイート270US$～（＋税・サービス料15%。朝食付き） カード A D J M V 全242室

飲食施設のレベルも高い
ラ・シエスタ・プレミアム・ハンベー 中級ホテル
La Siesta Premium Hang Be MAP P.345-3D

スタイリッシュなデザインと洗練されたサービスで知られるラ・シエスタグループのホテル。静かで優雅な滞在が期待できる。ルーフトップバーの「ライトハウス・スカイバー」は宿泊せずとも利用したい夜景スポットだ。

客室は8種類あり、ペントハウスには広々としたバルコニーが付く

住27 Hàng Bè ☎(024)39290011
URL lasiestahotels.vn/hangbe 料Ⓢ Ⓣ115US$～ スイート145US$～（朝食付き） カード A D J M V 全50室

コロニアルな雰囲気のブティックホテル
アイラ・ブティック・ハノイ・ホテル&スパ 中級ホテル
Aira Boutique Hanoi Hotel & Spa MAP P.346-1A

人気ホテル「エッセンス・ハノイ」が移転し、2020年にホテル名を変えリニューアル。エッセンス時代から変わらぬホスピタリティあふれる対応と居心地のよさで人気を集めている。スーペリアルームでも小さな窓付きで明るい雰囲気。

掃除、メンテナンスが行き届いている

住38A Trần Phú ☎(024)39352485
URL airaboutiquehanoi.com
料Ⓢ Ⓣ180万ドン～ スイート320万ドン～（朝食付き）
カード A J M V 全59室

バルコニー付きの客室がおすすめ
MKプレミア・ブティック 中級ホテル
MK Premier Boutique MAP P.345-2C

バックマー祠（→P.299）の隣に建つ、旧市街観光にうってつけのホテル。棚田を彷彿させる奇抜な外観で、客室の3分の1はバルコニー付き。インテリアにはラタンや竹がふんだんに使われ、リゾート気分が味わえる。

ルーフトップバーは宿泊客以外も利用できる

住72-74 Hàng Buồm ☎(024)32668896
URL mkpremier.vn 料Ⓢ Ⓦ Ⓣ75US$～ スイート115US$～（＋税・サービス料15%。朝食付き） カード A D J M V 全52室

ホテル Hotel

お値打ちのビジネスホテル
ヒルトン・ガーデン・イン・ハノイ 中級ホテル
Hilton Garden Inn Hanoi MAP P.347-3C

館内は上品なビジネスホテルといった雰囲気で、全館禁煙。全室に洗浄便座とバスタブ付きで、机が広くビジネス宿泊にも対応している。ヒルトン・グループだけにサービスはハイレベル。立地や設備、サービスを考えるとお得感がある。

客室のベッドや椅子はヒルトンの特注品

住20 Phan Chu Trinh ☎(024)39449396
URL www.hanoi.hgi.com 料Ⓢ⓪64US$ スイート137US$（＋税・サービス料15%） カード ADJMV 全87室

観光にもショッピングにも便利
ランヴィエン 中級ホテル
Lan Vien MAP P.347-3C

ホアンキエム湖まで徒歩約5分という便利なロケーション。客室は窓が大きくて明るく、ウッドフロアと木目調の家具がシックな雰囲気。11階のレストランからは街の景観が眺められる。2022年11月現在、休業中。

客室によってはバルコニー付きも

住32 Hàng Bài & 37A Lý Thường Kiệt
☎(024)37228888
料Ⓢ180万ドン～ Ⓣ210万ドン～ スイート330万ドン～（朝食付き） カード ADJMV 全105室

旧市街にどっぷり浸かりたいなら
ハノイ・アリュール 中級ホテル
Hanoi Allure MAP P.345-2C

バロック様式の豪華なたたずまいが印象的。全室バルコニー付きで、コネクティングルームも完備。旧市街を満喫するのにぴったりなホテルだが、週末の夜はホテル前の道路が歩行者天国になるため注意。

客室は白とグリーンでまとめられ、すっきりと落ち着いた雰囲気

住52 Đào Duy Từ ☎(024)33958899
URL hanoiallurehotel.com 料ⓈⓌⓉ170万ドン～ スイート210万ドン～（朝食付き） カード ADJMV 全45室

アーティスティックなインテリアで飾られた
メルキュール・ハノイ・ラ・ガール 中級ホテル
Mercure Hanoi La Gare MAP P.346-2A

ハノイ駅から徒歩数分の立地で、館内には鉄道をテーマにした写真やインテリアが配されている。レストラン、バー、フィットネスジム、ビジネスセンターなどの施設を有し、スタッフの応対もスマート。旅行にもビジネスにも便利。

曲線を描くコロニアルな外観が印象的

住94 Lý Thường Kiệt ☎(024)39447766 URL all.accor.com/hotel/7049/index.ja.shtml 料ⓈⓉ245万6850～290万3550ドン（＋税・サービス料15%） カード ADJMV 全100室

ラグジュアリーな4つ星ホテル
JMマーヴェル・ホテル&スパ エコノミーホテル
JM Marvel Hotel & Spa MAP P.346-1B

ハンザ・ギャレリアのすぐそばに建つ4つ星ホテル。クラシックモダンなインテリアで統一された館内は、静かで優雅な雰囲気に包まれている。客室は9つのタイプに分かれ、窓なしの部屋もある。ルーフトップバーあり。

スイートやバルコニールームからは旧市街を見下ろすことができる

住16 Hàng Da ☎(024)38238855
URL hanoimarvelhotel.com 料ⓈⓌⓉ60US$～ ファミリー90US$～ スイート92US$～（＋税・サービス料15%）
カード MV 全45室

まるで日本にいるような心地よさ
ビジネス・コテージ・ハノイ エコノミーホテル
Business Cottage Hanoi MAP P.342-2A

日本のホテルチェーン。日本人スタッフが常駐し、男女別大浴場や和朝食、日本の民放が視聴可能なテレビ、シャワートイレ（水は軟水）を完備。元ホテルオークラ総料理長監修のフランス料理店「キッチン春日」もある。

リンラン・エリアにあり、特にビジネス利用には好立地

住14-16 Kim Mã Thượng, Q. Ba Đình
☎(024)73023123 URL businesscottagehanoi.com
料ⓈⓉ129万ドン～ スイート157万ドン～（朝食付き）
カード JMV 全44室

路地裏の静かな立地も魅力

ハノイ・インペリアル　エコノミーホテル

Hanoi Imperial　MAP P.292-1B

ホアンキエム湖へ徒歩数分の立地で、周辺にはカフェやレストラン、みやげ物店が多く便利。こぢんまりとした造りながら館内は清潔で、スパ&マッサージや眺めのいいレストランがある。客室の設備も十分。

日本人利用が多く、宿泊客の約30%が日本人。2019年に全館改装を終えた

住44 Hàng Hành　☎(024)39335555
URL www.hanoiimperialhotel.com　料ⓈⓌⓉ75US$　スイート81US$　カード A J M V　全40室

日本人、欧米人に人気で常に満室状態

ドゥ・セロイア　エコノミーホテル

De Syloia　MAP P.347-3D

規模こそ小さいものの、設備と上質なサービスは高級ホテルにも引けを取らない。改装を終え、2022年5月にリニューアルオープン。ベトナム料理を中心とするレストラン「カイカウ」(→P.324)は雰囲気、味ともにハイレベル。

バルコニー付きのスーペリアバルコニー

住17A Trần Hưng Đạo　☎(024)38245346
URL www.desyloia.com　料ⓈⓌⓉ75～120US$　スイート135～175US$（＋税・サービス料15%。朝食付き）
カード A D J M V　全33室

ベトナム全土で展開するビジネスホテル

東屋キンマー2号店　エコノミーホテル

Azumaya Kim Ma 2　MAP P.342-3A

ここのウリはサウナ付きの露天風呂。朝食に和食、日本語可能なスタッフ、全室で日本の民放番組がリアルタイムで視聴可能など、日系ならではのサービスもうれしい。和食ダイニング、足マッサージもある。

露天風呂は男性客のみで、宿泊客以外も10万ドンで利用可能

住18 Phạm Huy Thông, Q. Ba Đình　☎(024)37247570
URL azumayavietnam.com
料ⓈⓌⓉ55～75US$（＋税10%。朝食付き）
カード J M V　全36室

清潔で居心地のよいホテル

コニファー・ブティック　エコノミーホテル

Conifer Boutique　MAP P.347-2D

ブティックやレストランが多いおしゃれエリアに建ち、あらゆるシーンに便利。館内や客室はやや狭いが、明るく上品な造りで、設備も十分。日本人客向けに日本名をつけた客室も用意されている。

エントランス前にはカフェが、正面にはベーカリーがある

住9 Lý Đạo Thành　☎(024)32669999
URL www.coniferhotel.com.vn　料ⓈⓉ95US$～　スイート140US$～（＋税・サービス料15%。朝食付き）　カード A J M V　全34室

街歩き派におすすめ

メイ・ドゥ・ヴィル・ラグジュアリー・ホテル&スパ　エコノミーホテル

May De Ville Luxury Hotel & Spa　MAP P.345-3C

市内に5つのホテルを有するグループのなかで最も規模が大きい。旧市街の中心にあり、観光にぴったり。スパ、カフェ・バーやプールもある。「メイ・ドゥ・ヴィル・トレンディ・ホテル & スパ」(MAP P.349-1D)は静かな立地。

全室セーフティボックス、ドライヤー、バスローブを完備

住43 Gia Ngư　☎(024)39335688　URL www.maydeville.com　料ⓈⓌⓉ55US$～　スイート85US$～（＋税・サービス料15%。朝食付き）　カード A D J M V　全96室

日本食レストランが多いエリアに建つ

さくら　エコノミーホテル

Sakura　MAP P.342-2A

すべて日本語対応で日本人スタッフが在駐。館内には男性専用大浴場やサウナ、無料で利用できるランドリーなどを完備し、朝食は和食を提供。客室には、日本式の風呂や空気清浄機の設置など、きめこまやかなサービスが特徴だ。

全室バスタブ付きで日本の民放番組も視聴可能

住16 Liễu Giai, Q. Ba Đình　☎(024)71065678
URL www.sakurahotel.net　料ⓈⓌⓉ60～80US$（＋税・サービス料15%。朝食付き）　カード A D J M V　全47室

ホテル・ゲストハウス Hotel

日本発デザイナーズホテル

ホテル呉竹荘トーニュム84 ハノイ エコノミーホテル

Hotel Kuretakeso Tho Nhuom 84 Hanoi MAP P.346-2B

日系のホテルグループならではの質の高いサービスを提供し、男女別の大浴場や、無料で使用できる洗濯機&乾燥機などの充実した設備があるのも魅力。ツインは全室システムキッチン付き。キンマー店（MAP P.342-2B）もある。

全室バスタブ、空気清浄機を完備し、ゆったりくつろげる

住84 Thợ Nhuộm ☎(024)37847777
URL www.kuretake-inn.com 料Ⓢ Ⓦ64US$～ Ⓣ73US$～（朝食付き） カード A J M V 全182室

旧市街のプチブティックホテル

ハノイ・グレイスフル ミニホテル

Hanoi Graceful MAP P.344-2B

旧市街のフレンチコロニアル建築を改装した小さなブティックホテル。客室はやや狭いものの、センスのいい調度品で統一されシックな雰囲気が漂う。スタッフの応対がよく、サパのバスやトレッキングの予約代行もしてくれる。

スイートルーム。窓なしの部屋もある

住21 Hàng Phèn ☎(024)39233397
E-mail res@hanoigracefulhotel.com 料Ⓢ Ⓦ Ⓣ65万ドン～ スイート80万ドン～（＋税・サービス料15％）
カード A D J M V 全21室

心温まるサービスに癒やされる

ホリデイ・エメラルド ミニホテル

Holiday Emerald MAP P.292-1A

一見よくあるミニホテルだが、人気ホテルグループが手がけているだけあって、遊び心あふれるインテリアやきめ細かなサービスで、快適な滞在を約束してくれる。ローシーズンは10US$の割引あり。

客室にはミニバー、湯沸かし器などを完備。窓なしの部屋もあるが、宿泊客が使用できるテラスがある

住24 Hàng Mành ☎(024)38282814
URL www.holidayemeraldhotel.com 料Ⓢ Ⓦ Ⓣ40万ドン～ ファミリー70万ドン～（朝食付き） カード J M V 全17室

ドミトリーのある清潔なホステル

リトル・チャーム・ハノイ・ホステル ゲストハウス

Little Charm Hanoi Hostel MAP P.344-3B

手芸用品店が並ぶハンボー通り沿いという、旧市街ど真ん中の立地なので、旧市街散策を楽しみたい人にはおすすめ。ゲストは旧市街散策ツアー（無料）やベトナム料理教室（45US$）にも参加できる。室内プール、女性専用ドミトリーあり。

カフェ&バーも完備

住44 Hàng Bồ ☎(024)22116895
URL littlecharmhanoihostel.vn 料Ⓓ9～14US$（朝食付き）
カード A D J M V 全24室（148ベッド）

その他のホテル Hotel

シルク・パス・ホテル・ハノイ 中級ホテル

Silk Path Hotel Hanoi MAP P.346-1A

住195-199 Hàng Bông ☎(024)32665555
URL silkpathhotel.com 料Ⓢ Ⓦ Ⓣ76US$～ スイート100US$～（＋税・サービス料15％） カード A D J M V 全106室

旧市街周辺では規模が大きく、壁材はイタリアから輸入された大理石を使用し、造り、インテリアともに都会的なデザインだ。ピザがおいしいと評判の「ベリッシモ」を含む2軒のレストラン、スパ、ジムがある。

チー・ブティック 中級ホテル

Chi Boutique MAP P.292-3B

住13-15 Nhà Chung ☎(024)37192939
URL www.thechihotel.com 料Ⓢ Ⓦ Ⓣ75US$～ スイート110US$（＋税・サービス料15％） カード A D J M V 全65室

ショッピング派におすすめのブティックホテル。全館モダンでシックなデザインで統一されており、1階には飲茶を提供する広東&ベトナム料理のダイニング、ルーフトップにはハノイを一望できるバーがある。

ティラント エコノミーホテル

Tirant MAP P.345-3C

住36-38 Gia Ngư ☎(024)62698899、62655999
URL www.tiranthotel.com 料Ⓢ Ⓦ Ⓣ63.75～110US$ スイート140.25US$（朝食付き） カード A D J M V 全80室

ロビーはゴージャスだが、客室はクラシカルな雰囲気で設備も十分。全室禁煙でパソコン付き。客室は若干狭く、窓なしもあるため、予約時に要確認。屋上の屋外プールや9階のバーから旧市街が見渡せる。

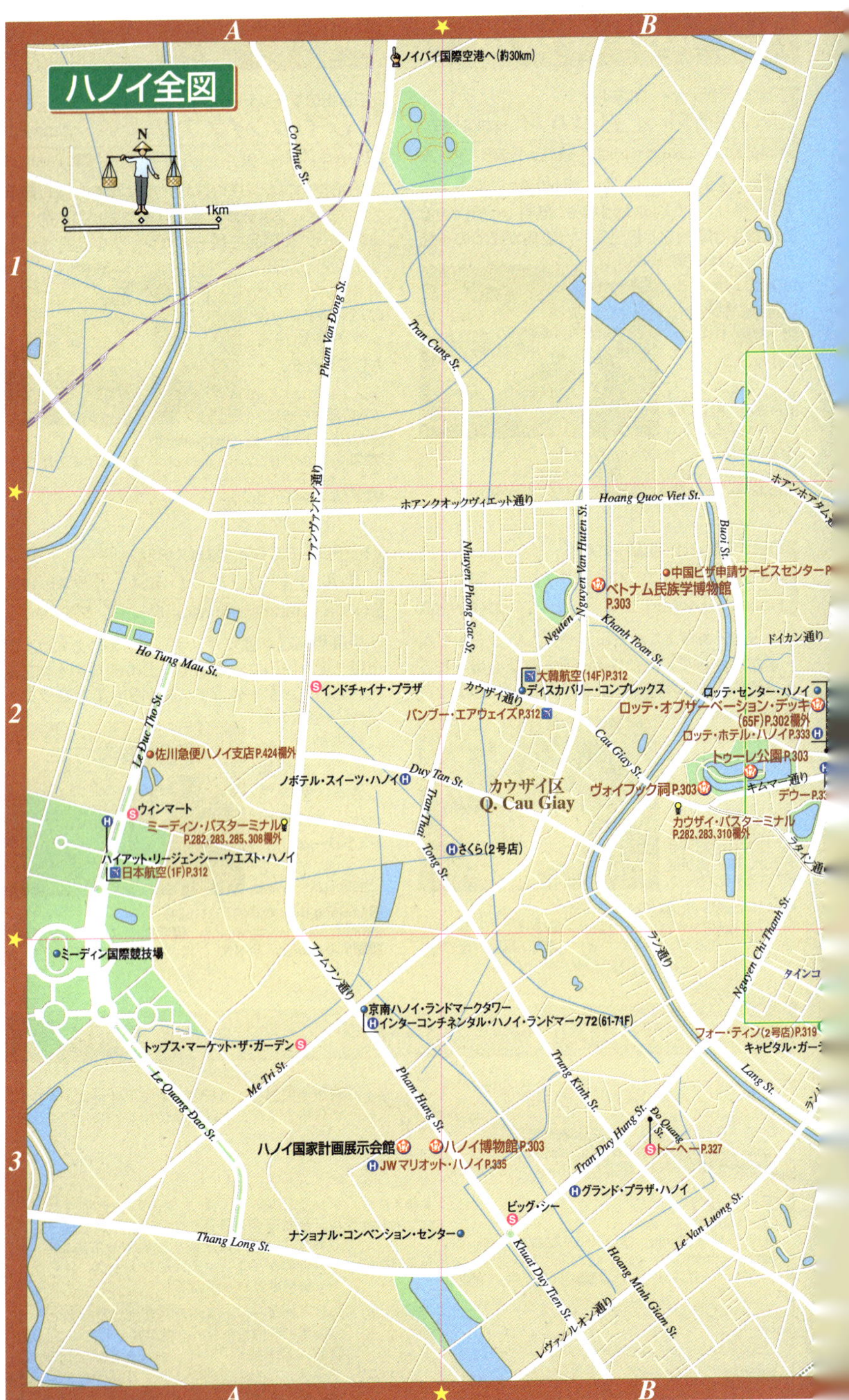
ハノイ全図
N
0
1km
A
B
1
2
3
ノイバイ国際空港へ(約30km)
Co Nhue St.
Pham Van Dong St.
Tran Cung St.
ファンヴァンドン通り
ホアンクオックヴィエット通り
Hoang Quoc Viet St.
Nguyen Phong Sac St.
Nguyen Van Huyen St.
Buoi St.
中国ビザ申請サービスセンター
ベトナム民族学博物館 P.303
Nguyen
Khanh Toan St.
ドイカン通り
Ho Tung Mau St.
インドチャイナ・プラザ
大韓航空(14F)P.312
ディスカバリー・コンプレックス
カウザイ通り
ロッテ・センター・ハノイ
ロッテ・オブザーベーション・デッキ (65F)P.302欄外
ロッテ・ホテル・ハノイP.333
バンブー・エアウェイズP.312
Le Duc Tho St.
佐川急便ハノイ支店P.424欄外
Cau Giay St.
トゥーレ公園P.303
Duy Tan St.
ノボテル・スイーツ・ハノイ
カウザイ区
Q. Cau Giay
ヴォイフック祠P.303
キムマー通り
ウィンマート
ミーディン・バスターミナル P.282, 283, 285, 308欄外
Tran Thai Tong St.
さくら(2号店)
カウザイ・バスターミナル P.282, 283, 310欄外
ハイアット・リージェンシー・ウエスト・ハノイ
日本航空(1F)P.312
ミーディン国際競技場
ファムフン通り
ラン通り
Nguyen Chi Thanh St.
京南ハノイ・ランドマークタワー
インターコンチネンタル・ハノイ・ランドマーク72(61-71F)
フォー・ティン(2号店)P.319
キャピタル・ガー
トップス・マーケット・ザ・ガーデン
Me Tri St.
Le Quang Dao St.
Pham Hung St.
Trung Kinh St.
Lang St.
Tran Duy Hung St.
Do Quang St.
トーヘーP.327
ハノイ国家計画展示会館
ハノイ博物館P.303
JWマリオット・ハノイP.335
グランド・プラザ・ハノイ
ビッグ・シー
Le Van Luong St.
Thang Long St.
ナショナル・コンベンション・センター
Khuat Duy Tien St.
Hoang Minh Giam St.
レヴァンルオン通り

タイ湖北側図 P.291
ノイバイ国際空港へ（約30km）
さくらクリニックへ（約1km）P.311
花市場
シレナ・ショッピング・センター
参賀寺
タイホー区 Q. Tay Ho
シェラトン・ハノイ P.333
インターコンチネンタル・ハノイ・ウエストレイク P.332
タンロイ
西湖府 P.302
ホン河（紅河）
ハノイ中心部図 P.342-343
ハノイ・クラブ
サミット（20F）P.325
パン・パシフィック・ハノイ P.332
タイ湖（西湖）
チャンクオック寺（鎮国寺）P.302
チュックバック湖
タンクアン寺
ザーラム・バスターミナルへ（約3km）P.285、308欄外
ザーラム駅へ（約3km）P.284
ロンビエン橋 P.299
タンロン・ハノイ建都1000年記念陶器モザイク壁画 P.291欄外
バーディン区 Q. Ba Đình
鎮武観 P.302
ロンビエン・バスターミナル P.282、284、308欄外
ザオズ・ケア P.331
バックタオ公園 P.293欄外（ボタニカル・ガーデン）
ロンビエン駅 P.284
チュオンズオン橋
B52池 P.304
ホーチミン廟 P.293
タンロン遺跡 P.294（旧ハノイ城跡）
ドンスアン市場 P.298
イオンモール・ロンビエンへ（約6km）
バーディン広場
ホーチミン博物館 P.294
旧市街
旧市街図 P.344-345
ベトナム軍事歴史博物館 P.296
キムマー・バスターミナル P.282、283
プルマン・ハノイ P.336
ハノイ競技場
ホアンキエム区 Q. Hoan Kiem
ザンボー湖
文廟 P.296
ホアンキエム湖 P.297
ドンダー区 Q. Đong Da
ハノイB駅 P.284欄外
ホアロー収容所 P.301
ハノイ駅 P.284、284欄外
市劇場 P.300
チャンフンダオ通り
ホアンキエム湖周辺図 P.346-347
都市鉄道（ハノイメトロ）
ティエンクアン湖
ドンダー湖
ホテル・デュ・パルク ハノイ P.334
ホム市場 P.290欄外
トンニャット（統一）公園 P.303欄外
ハイバーチュン区 Q. Hai Ba Trung
ナムズオン湖
バーマウ湖
レズアン通り
バイマウ湖
ヴィンコム・センター
ヴィエット・タワー
キムリエン・オーシャン・パーク
バックコア大学
チャンニャン湖
ホアンキエム湖南部図 P.348-349
ハノイ・フレンチ・ホスピタル
チュオンチン通り
ヴィンコム・メガモール・ロイヤル・シティ P.291欄外
防空・空軍博物館 P.304
ヴィンメック・インターナショナル・ホスピタル P.311
ヴィンコム・メガモール・タイムズ・シティへ（約500m）P.291欄外
バックマイ通り
ザップバット・バスターミナルへ（約2km）P.285
チャンカインズー通り
ホン河（紅河）
イエンフ通り

※地図中、左上の小エリア図の赤枠部分が、ハノイ全図（P.340-341）でのこの地図の位置を示しています。

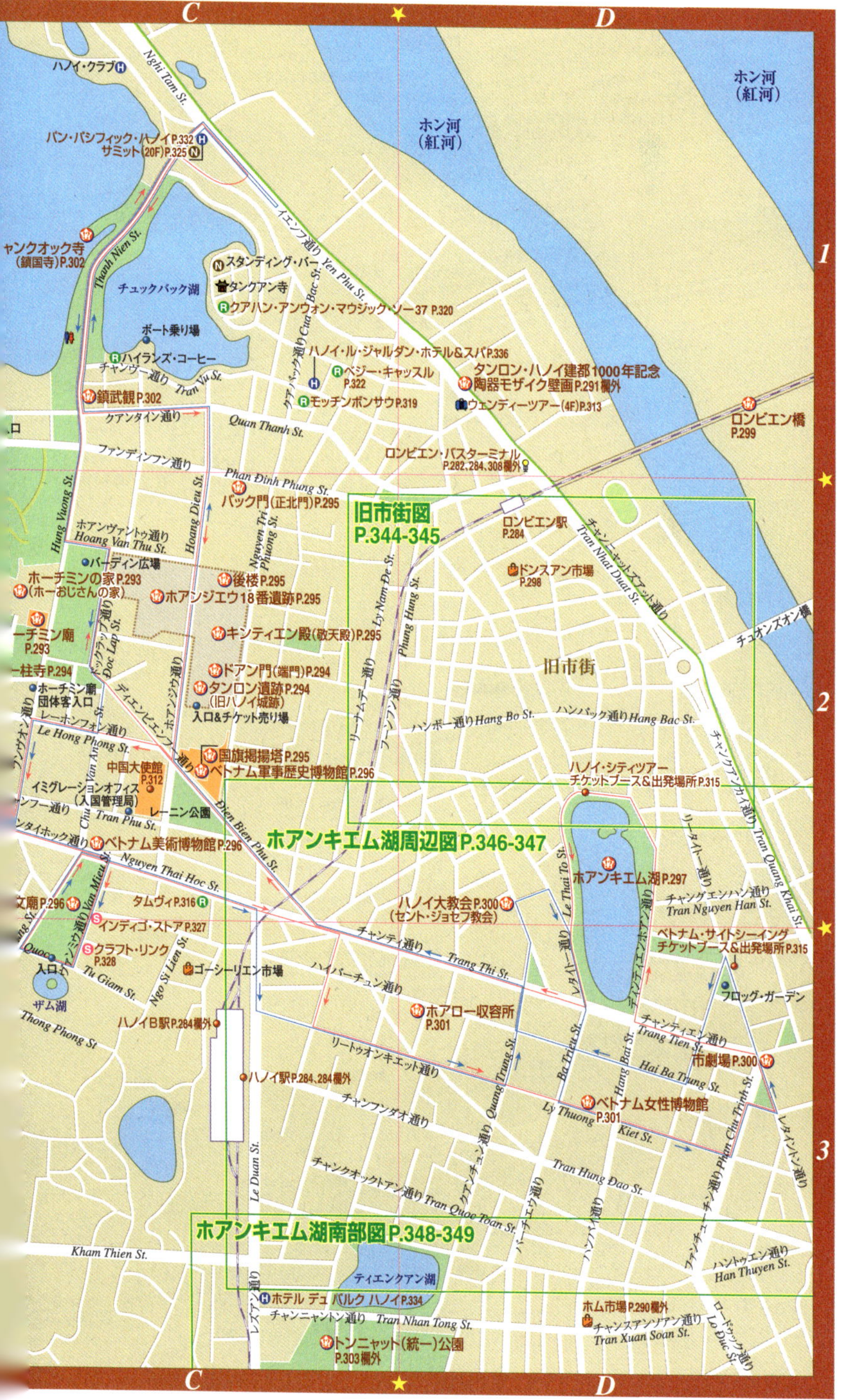
ホン河
(紅河)
ハノイ・クラブ
パン・パシフィック・ハノイ P.332
サミット(20F) P.325
Nghi Tam St.
イエンフ通り Yen Phu St.
チュックバック湖
Thanh Nien St.
スタンディング・バー
タンクアン寺
クアハン・アンウォン・マウジック・ソー37 P.320
ボート乗り場
ハイランズ・コーヒー
チャンヴー通り Tran Vu St.
鎮武観 P.302
ハノイ・ル・ジャルダン・ホテル&スパ P.336
ベジー・キャッスル P.322
モッチンボンサウ P.319
タンロン・ハノイ建都1000年記念陶器モザイク壁画 P.291欄外
ウェンディーツアー(4F) P.313
ロンビエン橋 P.299
クアンタイン通り
Quan Thanh St.
ファンディンフン通り
Phan Dinh Phung St.
バック門(正北門) P.295
ロンビエン・バスターミナル P.282,284,308欄外
旧市街図 P.344-345
ロンビエン駅 P.284
チャンニャットズアット通り Tran Nhat Duat St.
ドンスアン市場 P.298
チュオンズオン橋
旧市街
ホアンヴァントゥ通り Hoang Van Thu St.
Hoang Dieu St.
Nguyen Tri Phuong St.
Ly Nam De St.
Phung Hung St.
バーディン広場
ホーチミンの家 P.293(ホーおじさんの家)
後楼 P.295
ホアンジエウ18番遺跡 P.295
キンティエン殿(敬天殿) P.295
ドアン門(端門) P.294
タンロン遺跡 P.294(旧ハノイ城跡)
入口&チケット売り場
ホーチミン廟団体客入口
リーナムデー通り
フンフン通り
ハンボー通り Hang Bo St.
ハンバック通り Hang Bac St.
チャンクアンカイ通り
Tran Quang Khai St.
レーホンフォン通り Le Hong Phong St.
国旗掲揚塔 P.295
ベトナム軍事歴史博物館 P.296
中国大使館 P.312
イミグレーションオフィス(入国管理局)
レーニン公園
Tran Phu St.
Dien Bien Phu St.
ハノイ・シティツアー チケットブース&出発場所 P.315
ホアンキエム湖 P.297
ベトナム美術博物館 P.296
ホアンキエム湖周辺図 P.346-347
Nguyen Thai Hoc St.
タムヴィ P.316
インディゴ・ストア P.327
クラフト・リンク P.328
ハノイ大教会 P.300(セント・ジョセフ教会)
Le Thai To St.
チャンゲンハン通り Tran Nguyen Han St.
ベトナム・サイトシーイング チケットブース&出発場所 P.315
チャンティ通り Trang Thi St.
ハイバーチュン通り
ゴーシーリエン市場
Ngo Si Lien St.
Tu Giam St.
ザム湖
Thong Phong St.
ハノイB駅 P.284欄外
ホアロー収容所 P.301
フロッグ・ガーデン
チャンティエン通り Trang Tien St.
市劇場 P.300
Hai Ba Trung St.
リートゥオンキエット通り
Ly Thuong Kiet St.
ベトナム女性博物館 P.301
ハノイ駅 P.284、284欄外
チャンフンダオ通り
Tran Hung Dao St.
Quang Trung St.
Ba Trieu St.
Hang Bai St.
Phan Chu Trinh St.
チャンクオックトアン通り Tran Quoc Toan St.
Le Duan St.
ホアンキエム湖南部図 P.348-349
Kham Thien St.
ティエンクアン湖
ホテル デュ パルク ハノイ P.334
チャンニャントン通り Tran Nhan Tong St.
トンニャット(統一)公園 P.303欄外
ホム市場 P.290欄外
チャンスアンソアン通り Tran Xuan Soan St.
ハントゥエン通り Han Thuyen St.
ロードゥック通り Le Duc St.
C
D
1
2
3

A
B
1
2
3
祖国決死隊像
ヴァンスアン公園
給水塔
金魚店が並ぶ
スラン・カフェ P.299欄外
ロンビエン駅 P.284
ローカルカフェが並ぶ
ファンディンフン通り Phan Dinh Phung St.
A25
ドラゴンパール
モン・リージェンシー
食器、キッチン用品店が並ぶ
ハンザイ通り
Gam Cau St.
ガムカウ通り
食器店が並ぶ
Nguyen Thiep St.
ダイロアン・チャー・クアン
ホテル・ル・カルノ
フーンフン通り
ニャットリー P.320
フレッシュ・ガーデン（ベーカリー）
夕方から牛、ヤギの焼肉の屋台が並ぶ。おっぱい（胸肉）が有名P.322欄外
玄天古観
Hang Khoai St.
壁画通り P.289
一方通行始まり
回位霊祠
Hang Giay St.
アグリ
ハンコアイ通り
屋台街
バインゴット・ホンコン（ベーカリー）
カファ・カフェ
アル・ノウル・モスク
ハンルオック通り
電気カー発着所 P.287
ドンスアン市場 P.298
ニョム・ハイフォン P.329
フォー・ヴィ
ドンスアン通り Dong Xuan St.
法賓蔵寺
文化センター
Hang Cot St.
永疇寺
カウドン通り Cau Dong St.
Hang Ruoi St.
Hang Luoc St.
上等祠
ズア・ズン
ハンコット通り
ダイヤモンド・レジェンド
ハノイ・オールド・クオーター・ゲストハウス
ハノイ・リトルタウン
ローカル食堂が並ぶ
ハンチエウ通り
Ly Nam De St.
Phung Hung St.
Hang Ma St.
ホンラム
清河靈
ハンマー通り
59ハンマー P.321
バイン・ミー25 P.320
Ngo Gach St.
トーリンパレス
フィーロンティー
Thuoc Bac St.
ハンドゥオン通り Hang Duong St.
ナムデー
ローゼン通り
Lo Ren St.
Hang Ca St.
東寺
ハノイ・ブティック
Hang Ga St.
Hang Dong
上等福祠
ガーデン・ブティック・ホテル&スパ
泰相寺
バイン・ミー25 P.320
チャーカー通り Cha Ca St.
タンニン・ワインバー
靈新開祠
エス・ホープ・ベーカリー
ハンヴァイ通り
ハンガー通り
福建会館
Hang Vai St.
ランオン通り
ランオン通り P.290欄外
Lan Ong St.
メイソウ
ハンガイ通り
セリーヌ・ブティック・ホテル&スパ
オー・ディー・シー・トラベル P.314
夕方から鍋料理屋台が並ぶ
ゴールデン・アート
ハンカン通り Hang Can St.
チェー・ボンムア P.324
ボンニュイ
クアドン通り
ドンモン・ビストロ
Bat Su St.
アルケミスト・カクテル・バー
トゥオックバック通り
ドリーム・セントラル
ネー・カクテル・バー（支店） P.325
ライジング・ドラゴン
Cua Dong St.
エコ・ラグジュアリー
アハ・カフェ
スイ・カオ・トム・トゥオイ P.324
ハンガン通り48番記念館 P.288
Hang Phen St.
ハノイ・グレイスフル P.339
リトル・チャーム・ハノイ・ホステル P.339
Nha Hoa St.
リーナムデー通り
フーンフン通り
ブン・ゾック・ムン
クオックホア・プレミア
ハンボー通り
Hang Bo St.
フォンノイ・ステーショナリー
ビア・テンプル
アグリ
Bat Dan St.
ラ・ドルチェ・ヴィータ
バッダン通り
ザーチュエン P.321
フーミー
仁内靈祠
アップ・クラブ
ドンフー・モッチンバーハイ
フォンセン P.330
バイン・バオ（肉まん）屋が並ぶ
ルオンヴァンカン通り Luong Van Can St.
ヘリオス・レジェンド
Hang Dieu St.
チャー・カー・タンロン
ドゥオンタイン通り Duong Thanh St.
麺家いろは
ペリドット・グランド・ラグジュアリー・ブティック P.335
フックロイ P.330
A25
ハンティエック通り Hang Thiec St.
ゴールデンチャーム
葬儀場
順美祠
Hang Quat St.
To Tich St.
トーティック通り
コン・カフェ
ハンノン通り
ローカルブティックが並ぶ
ハンクアット通り
ゴールデン・サン・パレス
ネクシー
Hang Non St.
A25
ドラゴンフライ P.329
ホアペオ P.
トランクウィル・ブックス&コーヒー
Nguyen Quyen Bich St.
ハンディエウ通り
ハノイ・トレンディ・ホテル&スパ
ブン・ボー・ナム・ボー
ビッグ・フオン
ダックキム P.321
ホア・クア&シン・トー
ラ・シエスタ・ホテル・トレンディ
ヌック・ミア
ミニホテル、G.H.が並ぶ
Hang Hom St.
フックロン
センテ P.318
ミエンルオン
タンミ デザイ P.327
イエンタイ通り Yen Thai St.
Hang Manh St.
ラッキー2
ブンタン
路上市場
ホリデイ・エメラルド P.339
ホンゴック・ダイナスティ
Hang Gai St.
オーセンティック・バッチャン
グエンヴァントー通り Nguyen Van To St.
ベトナム・トゥオン劇場
ハノイ・ガーデン
譜竹林
Bao K
ハノイ・フォー・ホステル
ハンザ・ギャレリア
Duong Thanh St.
ハット・トゥオン P.304
安泰霊祠
ハンガイ通り
ミニホテル、カフェ
カフェ、レストランが並ぶ
スプーン
ラントイ P.304
ハノイ大教会周辺図 P.292
A
B
P.346

旧市街図

※地図中、右上の小エリア図の赤枠部分が、ハノイ全図（P.340-341）でのこの地図の位置を示しています。

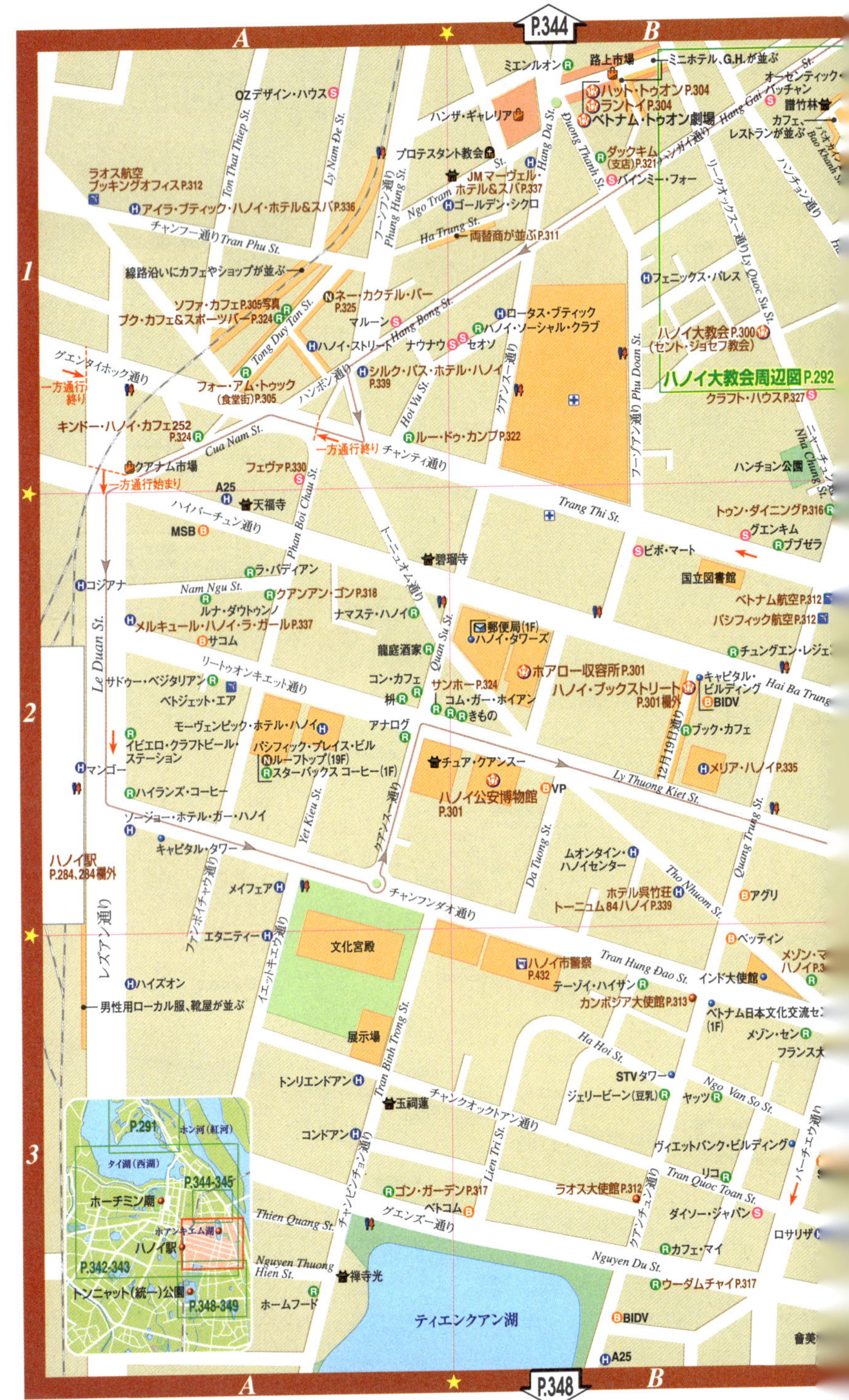

※地図中、左下の小エリア図の赤枠部分が、ハノイ全図(P.340-341)でのこの地図の位置を示しています。

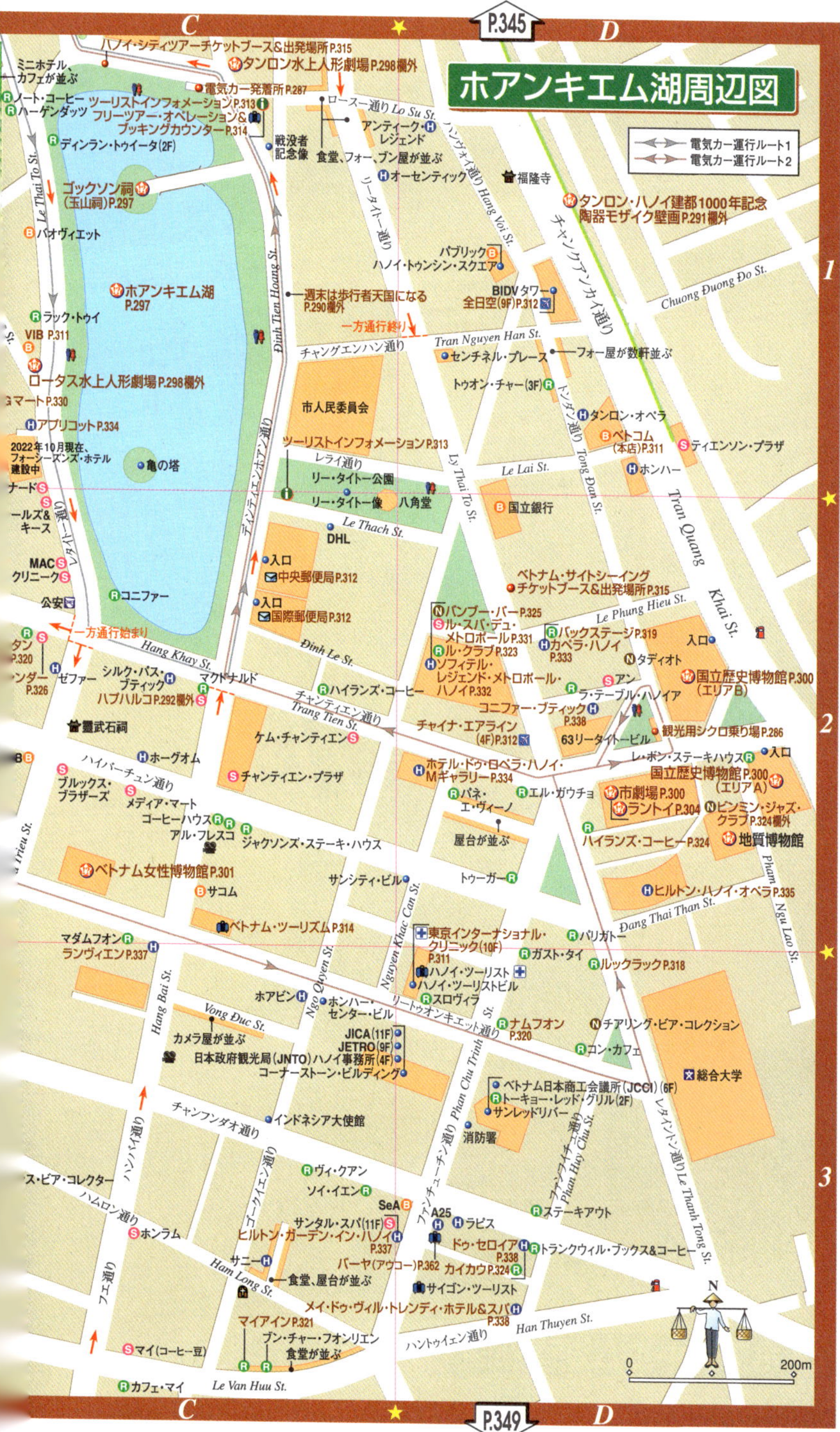
ホアンキエム湖周辺図
P.345
P.349
電気カー運行ルート1
電気カー運行ルート2
ハノイ・シティツアーチケットブース&出発場所P.315
タンロン水上人形劇場P.298欄外
電気カー発着所P.287
ツーリストインフォメーションP.313
フリーツアー・オペレーション&ブッキングカウンターP.314
ゴックソン祠(玉山祠)P.297
ホアンキエム湖P.297
ロータス水上人形劇場P.298欄外
亀の塔
市人民委員会
ツーリストインフォメーションP.313
リー・タイトー公園
リー・タイトー像
八角堂
中央郵便局P.312
国際郵便局P.312
国立銀行
ベトナム・サイトシーイングチケットブース&出発場所P.315
ソフィテル・レジェンド・メトロポール・ハノイP.332
国立歴史博物館P.300(エリアB)
国立歴史博物館P.300(エリアA)
市劇場P.300
ラントイP.304
地質博物館
ヒルトン・ハノイ・オペラP.335
観光用シクロ乗り場P.286
タンロン・ハノイ建都1000年記念陶器モザイク壁画P.291欄外
ベトナム女性博物館P.301
ベトナム・ツーリズムP.314
東京インターナショナル・クリニック(10F)P.311
ハノイ・ツーリストビル
総合大学
ベトナム日本商工会議所(JCCI)(6F)
日本政府観光局(JNTO)ハノイ事務所(4F)
コーナーストーン・ビルディング
インドネシア大使館
ヒルトン・ガーデン・イン・ハノイP.337
メイ・ドゥ・ヴィル・トレンディ・ホテル&スパP.338
マイアインP.321
Le Thai To St.
Dinh Tien Hoang St.
Hang Khay St.
Trang Tien St.
Ly Thai To St.
Tong Dan St.
Tran Quang Khai St.
Le Lai St.
Le Thach St.
Dinh Le St.
Le Phung Hieu St.
Trang Nguyen Han St.
Chuong Duong Do St.
Hang Voi St.
Lo Su St.
Ngo Quyen St.
Nguyen Khac Can St.
Vong Duc St.
Hang Bai St.
Phan Chu Trinh St.
Phan Huy Chu St.
Pham Ngu Lao St.
Dang Thai Than St.
Le Thanh Tong St.
Ham Long St.
Han Thuyen St.
Le Van Huu St.
0
200m
N

※地図中、左下の小エリア図の赤枠部分が、ハノイ全図（P.340-341）でのこの地図の位置を示しています。

P.347
C
D
SeA
バーヤ(アウコー)P.362
A25
ヒルトン・ガーデン・イン・ハノイP.337
ドゥ・セロイア
P.338
チャンフンダオ通り
トランクウィル・ブックス&コーヒー
カイカウP.324
ハムロン
食堂、屋台が並ぶ
uoc Toan St.
Ham Long St.
HD
サイゴン・
ツーリスト
メイ・ドゥ・ヴィル・
トレンディ・ホテル&スパP.338
Tran Hung Đao St.
ハントゥエン通り Han Thuyen St.
ホアビエン
グエンズー通り
マイ(コーヒー豆)
マイアインP.321
ブン・チャー・フオンリエン
Le Van Huu St.
カフェ・マイ
劇場
食堂が並ぶ
ハンチュオイ通り
ビアホイが並ぶ
フォー・ティン
P.319
ロードゥック通り
ボーニュンザム999
ビュッフェ・ヴィエット
長安寺
ホム市場
P.290欄外
ゴーティーニャム通り
メゾン・ヴィー
チャンタイントン通り
ダンバットホー通り
1
ミー・ヴァン・タン
Hang Chuoi St.
チャンスアンソアン通り Tran Xuan Soan St.
本屋
生地問屋が並ぶ
Ho St.
リコ
Pham Đinh
ラ・カーサ・ハノイ
サークルK
ロッテリア
サンウエイ
ドリ・ブティック
フエ通り
劇場
Ngo Thi Nham St.
ティーサック通り
Thi Sach St.
ルビー・プラザ
Tran Thanh Tong St.
和馬靈祠
Tang Bat Ho St.
小鳥店が並ぶ
チャー・カー・キンキー
トレジュール
ホアンロンP.321
ホアマー通り Hoa Ma St.
ローカルなカフェが並ぶ
アグリ
ヴィナ・ティー(お茶)
ビアホイ・ハイソム
んちゃんラーメン
東下祠
アンビエン
ビアホイ
A25
居酒屋 やんちゃ
ァンスアン
Nguyen Cong Tru St.
アジア
ドミノピザ
グエンコンチュー通り
公園
ヴァ・チャー・カー
Yen Bai 1 St.
市場
ドンニャン通り Đong Nhan St.
ビエット
アグリ
Yec Xanh St.
アリサ
Lo Đuc St.
Mai Hac De St.
スター・ロータスP.329
ハイバーチュン祠
(二徴夫人祠)P.304
オスム・スパ
Huong Vien St.
Hue St.
フラミンゴ
電気機器、部品、
工具店が並ぶ
Le Gia Đinh St.
2
Nguyen Cao St.
食堂が並ぶ
アンタイン・タワー
ハイランズ・コーヒー(1F)
ピザ・フォーピース(1F)
Tho Lao St.
Tran Cao Von St.
Đe Tran Khat Chan St.
A25
電気機器、部品、工具市場
ボタニカ
ドリーム・
シー・コーヒー
Yen Bai 2 St.
Thinh Yen St.
Chua Vua St.
Tran Khat Chan St.
VP
ナムズオントゥー
SHB
一方通行始まり
テクコム
チャンカットチャン通り
キムグー通り
キャメル・トラベルP.314
ニーロン
ヴォーティサウ通り
Bach Mai St.
3
バックマイ通り
Kim Nguu St.
チャンニャン湖
トゥオイチェー公園
ゴークイン通り Ngo Quynh St.
Vo Thi Sau St.
N
0
200m

世界遺産登録で人気過熱中

MAP折表-1B

ニンビン

ニンビンの市外局番
0229
Ninh Bình

ハノイから南へ約100km、ニンビン省の省都ニンビン市。10～11世紀にかけて、現在の市西部に広がるホアルーの地に首都がおかれ、ベトナムの歴史を知るうえでも重要な町である。なかでも "陸のハロン湾" と称されるタムコックやチャンアンは、石灰岩の奇岩奇峰が連なる実に風光明媚な所。2014年、古都ホアルーの遺跡群、チャンアン、タムコックなどの景勝地、ビックドン寺などの洞窟寺院を含むチャンアン複合景観（→P.27）が世界遺産に登録された。

石灰岩が隆起した独特の光景が広がるタムコック

アクセス ACCESS

ニンビンへの行き方

●列車

ハノイから毎日４便運行。所要２時間９分～。フエ、ダナン、ニャチャン、ホーチミン市方面からも毎日４便ある。

●バス

ハノイのザップバット・バスターミナルから6:00～18:00の間に20分間隔で運行。９万5000ドン～、所要約２時間。同バスターミナルからは7:00～17:00の間にミニバスも頻発。９万ドン～、所要約２時間。ハイフォン（ニエムギア）からは8:00発、８万5000ドン～。ハロン湾（バイチャイ）、フエ、ダナン方面などからも毎日便がある。

●リムジンバス

「ホテル デュ パルク ハノイ」向かいのバス乗り場（MAP P.348-1A）からニンビン中心部まで、セー・ベトナム（→右記）が９人乗りのリムジンバスを毎日５～８便運行。17万ドン、所要約１時間20分。前日までにウェブサイトか電話で要予約。

ニンビンからの交通

●列車

ハノイへは1:58、2:41、3:26、16:30発の４便運行。所要２時間14分～。ホーチミン市（サイゴン駅）行き（フエ、ダナン、ニャチャン経由）も毎日４便運行。所要30時間５分～。※ニンビン駅のチケット売り場は11:30～12:30、18:30～19:30はクローズとなる。ニンビン駅では無料Wi-Fi可能。

●バス

ニンビン・バスターミナル（MAP P.351-2B）から、ハノイのザップバット・バスターミナル行きが5:00～17:00の間に15～25分間隔で運行、７万ドン～。ハイフォン行きは12:45発の１便運行、９万ドン。ランソン行きは5:30、13:00発の２便運行、10万ドン～。ハロン湾（バイチャイ）行きは5:30、11:00発の２便運行、10万～13万ドン。また、同バスターミナルからは6:00～17:00の間にハノイ行きのミニバスも頻発している。７万ドン～、所要約２時間。

●リムジンバス

ニンビン中心部から「ホテル デュ パルク ハノイ」向かいのバス乗り場（MAP P.348-1A）まで、セー・ベトナム（→下記）が９人乗りのリムジンバスを毎日５～11便運行。17万ドン、所要約１時間20分。前日までにウェブサイトか電話で要予約。予約すれば市内のホテルまでピックアップに来てくれる。

セー・ベトナム　X.E Viet Nam

☎1900-1731(ホットライン)
営7:00～22:00

電話はベトナム語対応のみ。電話予約すると、乗車の数時間前までに車のナンバーを告げる折り返し電話があるので、滞在しているホテルのスタッフなどに電話予約を頼むのが確実。

ベッティン・バンク Vietin Bank：MAP P.351-2B　住951 Trần Hưng Đạo　☎(0229) 3872675　営7:00～11:30（冬季7:30～）、13:30～17:00（冬季13:00～）　休土・日↗

見どころ Sightseeing

★★★ ベトナム初の独立王朝の首都

MAP P.350

古都ホアルー

Cố Đô Hoa Lư　Hoa Lu Ancient Capital

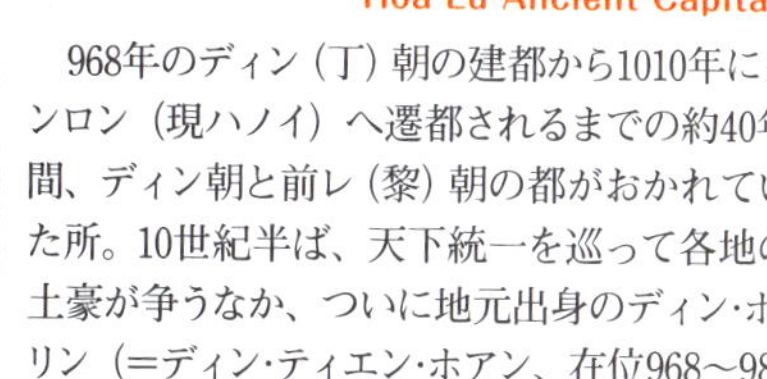

歴史を感じさせるディン・ティエン・ホアン祠の門

968年のディン（丁）朝の建都から1010年にタンロン（現ハノイ）へ遷都されるまでの約40年間、ディン朝と前レ（黎）朝の都がおかれていた所。10世紀半ば、天下統一を巡って各地の土豪が争うなか、ついに地元出身のディン・ボ・リン（＝ディン・ティエン・ホアン、在位968～980年）がベトナム北部を統一。国号をダイコーヴィエット（大瞿越）と定め、初の独立王朝が誕生した。古都ホアルーの中心地は市街地から北西へ約12km、現在のディン・ティエン・ホアン祠とレ・ダイ・ハン（＝2代皇帝、在位980～1005年）祠が建っているあたりだと考えられている。いずれも17世紀に再建された重要文化財で、内部に祀られているのはそれぞれの皇帝と皇族たち。小さな祠ではあるが、ベトナムの歴史上、非常に重要な所だ。かつての宮殿は堅固な城壁に囲まれていたといわれ、その一部が現存している。

↘曜　USドルの現金の両替、マスターカード、ビザカードでのキャッシングも可能。

古都ホアルー

☎(0229) 3621890
開夏季：6:00～18:30、冬季：6:30～18:00　休無休　料2万ドン、子供（6～15歳）1万ドン、6歳未満無料

ニンビン博物館

Bảo Tàng Ninh Bình
Ninh Binh Museum
MAP 左下図-1B
住Lê Đại Hành
☎(0229) 3871462
開7:30～11:00、13:30～16:30
休土・日曜　料無料

古代から現代までのニンビンの歴史を紹介した博物館。ニンビン周辺で発掘された石器や銅鼓、近代の戦争写真などを展示。

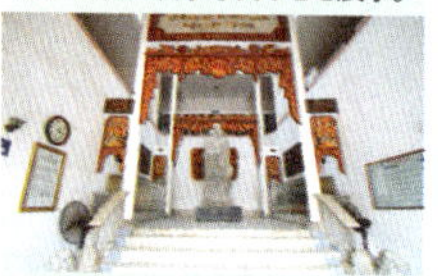

1階にはホーチミンの像が展示されている

ムア洞窟

Hang Múa　Mua Cave
MAP 左図-2A参照
☎なし　開6:00～19:00
休無休　料10万ドン

石灰岩の鍾乳洞があり、裏山の頂上からはタムコックの景観が眺められる。頂上までは急な階段なのでスニーカーなどの歩きやすい靴で。

約450段の階段を上れば、絶景が待っている

観光のアドバイス

●ニンビン近郊の見どころを回るには、ホテルでアレンジを頼むとよい。車（4人乗り）のチャーターは1日40US$～(行き先による)。バイクタクシーなら1日10US$～。レンタバイクは1日7US$～、レンタサイクルは1日2US$～。

●ニンビン中心部～古都ホアルー～バイディン寺～クックフオン国立公園から10kmほどの町を結ぶ8番の路線バス（2万ドン～　営6:30～17:00）も利用価値大。バスには国道1号線沿いで手を挙げて乗車し、乗車後運転手に目的地を告げて、降車ポイントを教えてもらおう。

●チャンアン、バイディン寺にはビジターセンターがあり、ここで帰りのタクシーを呼んでもらうことも可能。

●ボートツアー終了後はこぎ手ひとりにつき5万ドン程度のチップを渡すのが望ましい。

チャンアン
☎(0229)3620335
開夏季：6:00～16:45、冬季：7:00～16:30　休無休
料ボート込みで25万ドン、子供12万ドン（4～5人乗り。4人に満たない場合は相乗りになるが、5人分の料金を支払えばチャーターできる）

ボートツアーのルートは3種類あるが、ルート①が定番。詳細は下記のとおり。
ルート①：トイ洞窟やナウジウ洞窟を含む9つの洞窟、3つの祠と寺院を巡る。
ルート②、③：それぞれ3つの洞窟、3つの寺院を巡る。
※ルート②、③は巡るエリアはほぼ同じだが、訪れるポイントが異なる。

タムコック／タイヴィー祠
☎なし
開7:00～17:00　休無休
料12万ドン(子供6万ドン)＋ボート代15万ドン(乗船人数で割る。1隻に外国人ふたりまで)

タイヴィー祠へはタムコックのボートツアーの途中で舟を降り、水田の中の一本道を約10分歩くと到着。ここで舟に待ってもらって再度舟で舟乗り場へ戻る場合は少額のチップを。

その他のボートツアー
ヴァンロン　Vân Long
MAP P.350　☎(0229)3502385
開6:00～17:00　休無休
料入場料はひとり2万ドン。ボート代は1隻5万ドン（ふたり乗り）

約3000ヘクタールに及ぶ北部デルタ最大の湿地帯を巡る、所要約1時間のクルーズが楽しめる。457種類の植物、39種類の動物が生息するとされる、手つかずの大自然に圧倒される。観光客が少なく静か。

昔ながらの竹製の手こぎボートでのクルーズはここだけ

ティエンハー洞窟
☎091-3292458（携帯）　開8:00～18:00　休無休　料ボート代込みで12万ドン（ボートは2～4人乗り。ひとりでチャーターする場合は24万ドン）

ティエンハー洞窟、ティエンタイン洞窟などを巡る約2時間のコース。ソンハー村を出発してタムコックへ抜けるルートもある。

★★★ 神秘的な鍾乳洞内をボートクルーズ
MAP P.350
チャンアン
Tràng An　Trang An

石灰岩の奇岩が連なるチャンアンのカルスト地形は、約2億4000万年前にできたとされ、世界で最も新しいといわれる。考古学的にも珍しい優美な景観を誇るチャンアンには48もの鍾乳洞があり、洞窟や祠、寺院を訪れる所要約3時間のボートツアーが大人気だ。頭をかがめなければならないほど狭く320mもの長さがあるトイ洞窟（Hang Tối）や、きれいな水が湧き出るため、かつて酒造りが行われていたナウジウ洞窟（Hang Nấu Rượu）などを手こぎボートでゆっくり進めば、悠久の歴史と自然の美しさに触れることができる。

上／晴れた日は帽子を忘れずに　下／チャンアンの渓流では3万年～4000年前までの生活の痕跡が発見されている

★★★ 水田の中をまったりクルーズ
MAP P.350
タムコック
Tam Cốc　Tam Coc

上／タムコックのボート発着所周辺。チャンアンに比べると観光客は少ない　下／水田の中をクルーズするタムコックは、稲の収穫前の3、6月頃が美しい

タムコックとはベトナム語で“3つの洞窟”を意味するとおり、途中、舟は3回ほど鍾乳石の垂れ下がる真っ暗な洞窟をくぐり抜ける。このボートツアーの途中に、13世紀のチャン（陳）朝時代に創建されたタイヴィー祠（Đền Thái Vi）がある。ここは当時の軍拠点、ブーラム宮がおかれていた場所で、内部にはチャン朝の初代の皇帝チャン・タイ・トンのほか4人の皇帝が祀られている。

★★ 洞窟内に広がる“小宇宙”をクルーズ
MAP P.350
ティエンハー洞窟
Động Thiên Hà　Thien Ha Cave

10世紀中頃、ホアルー王朝を守る自然要塞であったトゥオン山脈にある鍾乳洞。ソンハー村のツアーセンターから手こぎボートで運河を渡って洞窟へ。この洞窟のハイライトは、洞窟内の水路クルーズ。ライトアップされた鍾乳石が水面に反射して、銀河のような絶景が見られることから「ギャラクシー・ケイブ」という別名がつけられているほど。

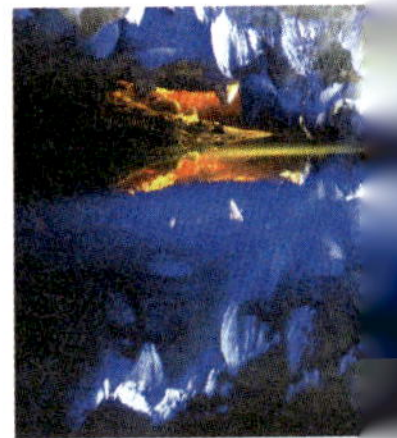
ないだ水面が鏡のよう

✉ファッジエム教会堂だけでなく、町なかのニンビン教会（MAP P.351-2B）も仏教寺のデザインを取り入れた造りでおもしろい。旅行者でも入場可能。（東京都　トク）['22]

★★★ まるで仏教のテーマパーク
MAP P.350

バイディン寺

Chùa Bái Đính　Bai Dinh Pagoda

ニンビン中心部から北西へ約18km離れた小山に建立された新しい仏教寺。あらゆる物が規格外の大きさで、敷地面積も仏教寺としては東南アジア一（いち）の広さを誇る。釈迦仏殿に鎮座する御本尊は高さ約10m、重量約100トンで、アジア最大の金銅像といわれる。ほかにも重さ約36トンのベトナム一（いち）大きな鐘楼や五百羅漢など、見どころは多い。ちなみにもともとのバイディン寺は新しい寺の裏山を約800m歩いた場所にある洞窟寺で、約1000年前に高僧リー・クオック・スーによって建てられた。

★★ 神聖な洞窟寺
MAP P.350

ビックドン寺（碧crown）

Chùa Bích Động　Bich Dong Pagoda

2010年に建て替えられた中寺。岩山に張り付くように建つ

タムコックからさらに約2km奥へ進んだ山懐にある。1705年に創建され、1774年にチン・サムによって今の名前がつけられた。麓から急な石段を上って行くと、まず下寺（チュア・ハ：Chùa Hạ）、続いて11世紀頃に開かれたという中寺（チュア・チュン：Chùa Trung）にたどり着く。岩山を背にした寺に入ると内部には大きな洞窟が広がり、奥に数体の仏像が祀られている。洞窟を出てさらに石段を上りきった所に上寺（チュア・トゥオン：Chùa Thượng）がある。上寺からは麓の美しい風景が見下ろせる。

★★ 新旧東西の建築様式が混ざり合う、美しい教会
MAP P.350

ファッジエム教会堂

Nhà Thờ Đá Phát Diệm　Phat Diem Cathedral

市内から南東へ約30km行った所に、1875年創建のファッジエム教会堂がある。伝統的な寺院建築とゴシック様式がミックスされた独特な建築美で名高い建物である。まず石組みアーチ門の上に瓦屋根が載ったユニークな鐘楼、その後部には幅24m、奥行き80m、高さ18mの堂々たる大聖堂（1891年建立）が続く。正面部分は石造りだが、後方の屋根全体は瓦葺き、側面や内部もどっしりした木の列柱で支えられている。教会の裏側にはアオザイを着たマリア像も見られる。

石造と木造が調和した珍しい建築物。現在、世界文化遺産の登録に向けて、日本の研究チームとさらなる研究が進められている

★ トレッキングツアーが人気
MAP P.350

クックフオン国立公園

Vườn Quốc Gia Cúc Phương　Cuc Phuong National Park

市内から北西に約65km、ハノイからは南西に約90km。約2万2200ヘクタールの自然林に覆われたクックフオンは、1962年にベトナム初の国立公園に認定された。その広大なエリア内には2200種類以上もの珍しい植物や、リス、サル、トカゲ、チョウなど多種類の動物が生息する。ここでは樹齢1000年といわれる巨木を目指して、3～4時間のトレッキングを楽しもう。園内には石灰岩の洞窟（先史時代の石器が発見された所）が点在し、それらを訪れるコースもある。

✉町の北側に小さなキーラン山（麒麟山、MAP P.351-1A）がある。特におもしろい寺ではないが、階段途中には休憩所などもあり、頂上から見る町はなかなかの絶景だ。（東京都　トク）['22]

バイディン寺

☎なし　開7:00～22:00　休無休　料無料（宝塔は5万ドン）

駐車場から寺の入口までは徒歩約20分。電気カー（営7:00～21:30）なら所要約5分で往復6万ドン。トイレ2000ドン。

境内から町並みを一望できる

ミンチャン・ハンドメイド

Minh Trang Hand Made

MAP P.351-2A参照

住Tam Cốc

☎(0229)3618015　営8:00～22:00　休無休　カードMV

ニンビンのヴァンラム村は約700年前から「刺繍の村」として栄えた工芸村。そんな伝統の技が光る刺繍製品が手に入る工房兼ショップ。おみやげにいい刺繍入りのポーチは3万ドンくらいから。

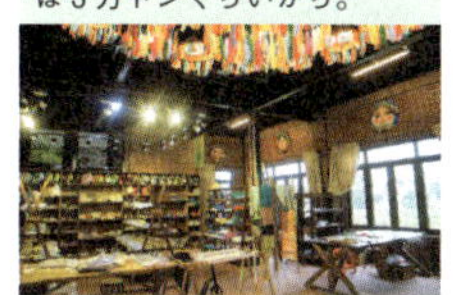
製作風景を見られることも

ビックドン寺（碧crown）

☎なし　開6:30～18:30　休無休　料無料

ファッジエム教会堂

☎なし　開敷地内は6:00～18:00。教会堂内は5:00と17:00のミサ以外は不定期にオープン　休無休　料無料

ニンビンのバスターミナルからライタイン（Lai Thành）行きの路線バスに乗りキムソン（Kim Sơn）で下車。そこから教会までは徒歩約20分。バイクタクシーなら往復で10～12US$、タクシーなら往復で約35US$。

クックフオン国立公園

☎(0229)3848006　開7:00～17:00　休無休　料6万ドン、子供1万ドン

園内ではゴミの投げ捨て厳禁。園内にはバンガローがあり、宿泊可能。レンタバイクもある。

「ヴォック」など絶滅危惧種のサルの保護施設もある

レストラン　Restaurant

星空の下でおいしい食事とビールを
チョーキーズ・ハイダウエイ　各国料理
Chookie's Hideaway　MAP P.351-2B

もっちりした生地にとろーりチーズと地元の野菜を載せたピザやバーガーと、ニンビンのローカルビール（２万5000ドン）の相性が抜群。豆腐ピザなどヴィーガンメニューも揃う。開放感あふれるガーデン席には、オーナーが廃材をリメイクしたというあたたかみのあるインテリアが配される。

夜は満席になることも珍しくない人気ぶり

住147 Nguyễn Huệ　☎091-9103558（携帯）
営9:00～22:00　休無休　カードJMV　予約不要

ブン・モックの専門店
クエットニュン　麺
Quyet Nhung　MAP P.351-2B

ニンビン南東部にあるキムソン（Kim Sơn）地区の名物麺ブン・モック（→P.36）の専門店。細い米麺ブンに、豚肉団子のモック（Mọc）とさつま揚げ風豚ハムのゾー・チャー（Giò Chả）、揚げニンニクを載せ、豚骨でとったあっさりスープをかけた、朝の定番メニュー（２万5000ドン）。

プリっとした食感の豚肉団子がおいしい

住13, Ngõ 22, Vân Giang　☎094-8649165（携帯）
営5:00～10:00　休無休　カード不可　予約不要

その他のレストラン　Restaurant

ナムホア　ベトナム料理
Nam Hoa　MAP P.351-2A参照

住2F, Nam Hoa Hotel, Tam Cốc, Bích Động
☎（0229）3618043　営11:00～13:00、17:00～21:00　休無休
カード不可　予約不要

地元のベトナム人も通う人気レストラン。ヤギ肉のグリル（30万ドン）、おこげご飯のコム・チャイ（16万ドン）などニンビンの名物料理がおすすめ。英語メニューあり。

チェー・ゴン　甘味
Che Ngon　MAP P.351-1B

住17 Đinh Tiên Hoàng　☎（0229）6287022
営8:00～22:00　休無休
カード不可　予約不要

チェーの専門店。チェー初心者は緑豆、黒豆、アズキ、ココナッツミルクなどが入ったチェー・タップ・カム（→P.46、２万ドン）を。プリン（Caramen、5000ドン）やザボンのチェー（Chè Bưởi）もおいしい。写真付きメニューあり。

ホテル

ホテル滞在が目的になる４つ星リゾート
エメラルダ・リゾート・ニンビン　高級ホテル
Emeralda Resort Ninh Binh　MAP P.351-1A参照

カントリーサイドに建つ、ニンビン随一のリゾートホテル。ヴァンロン（→P.352欄外）のボート乗り場へは徒歩約10分。広大な敷地に９つのヴィラエリア、大小５つのプール、スパ、レストラン、バーが点在し、まるでひとつの村のよう。木を使ったあたたかみのあるヴィラタイプの客室は、50～107㎡と広々としていて、メゾネットタイプもある。チャンアンやタムコックのほかビックドン国立公園などへの個人ツアーの申し込みも可能。日常を離れて心身ともにリフレッシュしたいときにおすすめのホテルだ。

伝統的な木造家屋を模した客室はすべてヴィラタイプ

住Vân Long Nature Reserve, Gia Vân, Gia Viễn
☎（0229）3658333
URL www.emeraldaresort.com
料ⓈⓌⓉ273万～1049万ドン（朝食付き）
カードAJMV　全172室

屋内プールのほか屋外プールも完備

Voice ニンビンで食べたい郷土料理はヤギ肉料理とコム・チャイ（おこげご飯）。特に、スープをおこげご飯にかけて食べる料理は絶品！　コム・チャイは観光地などでみやげ品としても販売している。

ホテル Hotel

設備もサービスも申し分なし
ニンビン・レジェンド　高級ホテル
Ninh Binh Legend MAP P.351-1A参照

「サービス第一」というオーナーのおもてなし精神が隅々まで行き届き、スタッフの笑顔が疲れを癒やしてくれる。客室は広く、全室バスタブ付き。プール、サウナ、テニスコート、バーなど館内施設が整い、ツアーやバスの手配も可能。

開放感のある屋外プール

住177 Lê Thái Tổ, Xuân Thành　☎(0229) 3899880
URL www.ninhbinhlegendhotel.com
料ⓈⓌⓉ110万ドン～　スイート250万ドン（朝食付き）
カード ADJMV　全145室

タムコックの奇岩をひとり占め
タムコック・ガーデン　高級ホテル
Tam Coc Garden MAP P.351-2A参照

田園の中にひっそりとたたずむプチリゾート。全8棟のバンガローはフレンチタイルと自然素材がマッチしたあたたかい雰囲気で、レストランでは新鮮な有機野菜を使った食事を提供。料理や刺繍、魚釣りといったホテルアクティビティ（有料）に参加してベトナム文化を体験するのもおすすめ。

プールの先には奇岩と田園風景が広がる

住Thôn Hải Nham, Xã Ninh Hải, Hoa Lư　☎037-8253555（携帯）　URL www.tamcocgarden.com　料490万～1400万ドン（朝食付き）　カード AJMV　全25バンガロー＆ヴィラ

観光に便利なラグジュアリーホテル
ニンビン・ヒドゥン・チャーム・ホテル＆リゾート　高級ホテル
Ninh Binh Hidden Charm Hotel & Resort MAP P.351-2A参照

観光もリゾート気分も満喫したい人におすすめ。タムコックのボート乗り場までは徒歩数分。館内はモダンで洗練された別空間で、ふたつのレストラン、バー、スパ、会議室など施設も充実している。屋外プールからは、タムコックの奇岩が目の前という贅沢な造り。

上品なインテリアのスーペリアダブルルーム。全室バスタブ付き

住 9 Tam Cốc, Bích Động　☎(0229) 3888555
URL hiddencharmresort.com　料ⓈⓌⓉ140万ドン～　スイート250万ドン～（朝食付き）　カード AJMV　全96室

スパだけでも訪れる価値あり
リード　高級ホテル
The Reed MAP P.351-1B

中心部に建つ、コンベンションセンターを併設したモダンな大型ホテル。広々とした客室は、シンプルで機能的にまとめられており使いやすい。全室バスタブ＆バルコニー付き。インフィニティプールやスパ「Sen1992」、ガラス張りのおしゃれなベトナム料理レストランなど、施設もハイレベル。

グランドデラックスルーム

住 Đinh Điền, Đông Thành　☎(0229) 3889979
URL thereedhotel.com　料ⓈⓌⓉ168万ドン～　スイート230万ドン～（朝食付き）　カード AJMV　全140室

その他のホテル Hotel

バイディン　中級ホテル
Bai Dinh MAP P.351-1A参照

住Bái Đính Pagoda　☎(0229) 3868789
URL www.baidinhhotel.com　料ⓈⓌⓉ118万ドン～　スイート258万ドン～（朝食付き）　カード AJMV　全53室

バイディン寺（→P.353）の敷地内にあるホテル。広大な敷地を電気カーでぐるりと回って見学する宿泊者限定のナイトツアー（ひとり18万ドン～）がおすすめ。ツアー催行状況は事前に要確認。

トゥイーアイン　エコノミーホテル
Thuy Anh MAP P.351-2A

住2 Trương Hán Siêu　☎(0229) 3871602、3882712
URL www.thuyanhhotel.com　料ⓈⓌⓉ65万～75万ドン　3人部屋90万ドン（朝食付き）　カード JMV　全35室

中心部に建ち、町歩きも楽しめるロケーション。1階にレストラン、6階にルーフトップバーがある。ニンビンでは老舗のホテルだが、館内は清潔に保たれ、スタッフの応対もしっかりしており人気が高い。「ニンビン・レジェンド」（→上記）と同経営。

ホアンハイ　エコノミーホテル
Hoang Hai MAP P.351-2A

住28&34 Trương Hán Siêu　☎(0229) 2210631、3875177
URL ninhbinhhotel.com.vn　料新館：ⓈⓌⓉ58万5000～76万5000ドン　旧館：ⓈⓌⓉ35万ドン～　カード MV　全60室

創業25年目のニンビンの老舗ホテル。町なかに建ち、バスターミナルへは徒歩圏内。新館（No.28）と旧館があり、どちらもレストランあり。客室はシンプルな造りで全室エアコン、テレビ付き。清潔感もある。

ベトナムきっての景勝地

MAP 折表-1B

世界遺産 ハロン湾

ハロン湾の市外局番
0203
Vịnh Hạ Long

ベストシーズンはいつ?
晴天の日が多い9～11月。12～3月は晴れてもかなり寒いので防寒着が必要。4～10月は雨も降るが、島などで泳ぎたいなら6～8月がベスト。

1泊2日の豪華クルーズツアーも人気（→P.362、パラダイス・クルーズ）

海面からニョキニョキと突き出した大小2000の奇岩が静かな海面にその姿を映し出す幻想的な光景は、まさに"海の桂林※"。まるで一幅の絵画を見ているような美しさだ。ハロンという地名は、ハ＝降りる、ロン＝龍を意味している。その昔、外敵の侵略に悩まされていたこの地に龍の親子が降り立ち（→P.361のロンティエン寺）、敵を打ち破って宝玉を吹き出した。それが奇岩となり、その後、海からの外敵の侵入を防いだという。深いエメラルドグリーンの海はそんな伝説がよく似合う、神秘的な雰囲気に包まれている。

ハロン湾は北部観光のハイライト

1994年、ユネスコの世界遺産に登録され、世界各国の旅行者の注目を集めている。それに呼応して、近年、観光開発が著しく、外資系のホテルや観光スポットが次々に建設され、今や北部を代表する一大観光地となっている。

アクセス ACCESS

ハロン湾への行き方

●**飛行機**
ホーチミン市からベトナム航空とベトジェット・エアが毎日1便、バンブー・エアウェイズが週4便運航。所要約2時間。

●**バス**
ハノイのザーラム・バスターミナルからバイチャイ行きが6:00～17:30の間に40分間隔で運行。25万ドン～、所要約4時間。同ミーディン・バスターミナルからバイチャイ行きを5:00～19:00の間に30分間隔で運行。12万ドン、所要約4時間30分。ほかにハイフォン、ニンビンなどからも便がある。

ハノイからは乗降場所の送迎サービスを含むリムジンバスが数多く運行しており、URL vexere.comでオンライン予約が可能。ホテルでも予約を代行してくれる所がある。ハノイから26万ドン～、所要約2時間。

※「ハロン湾」という地域はあるが「ハロン湾」という町は存在せず、ハノイなどのバスターミナルなどではバイチャイ（Bãi Cháy）やホンガイ（Hồng Gai）など、町名で行き先が表示されているので要注意。また、ハロン湾のバイチャイ・バスターミナル（MAP P.359-1A）とバイチャイのホテルエリアは数kmの距離があり、バイクタクシーで5万ドン～。

●**船**
カットバ島のザールアン（Gia Luận）からトゥアンチャウ（Tuàn Châu）島へフェリーが定期運航している。9:00、11:30、13:00、15:00、16:00（冬季は9:00、13:00、16:00）発。8万ドン、所要約1時間。

ハロン湾からの交通

飛行機に関しては行き方の項（→左記）参照。

●**バス**
バイチャイ・バスターミナル（MAP P.359-1A）からハノイのザーラム・バスターミナルへ7:30～15:00の間に20分間隔で運行、25万ドン。同ミーディン・バスターミナルへは5:45～17:00の間に15分間隔で運行、15万ドン。所要3時間30分～4時間。ほかにハイフォン、ニンビンなどへも便がある。

※ハノイ行きのバスは「ハノイ」の表示以外に「ザーラム」「ミーディン」などバスターミナル名も併記されている。ハノイへ行く場合は要注意。

●**船**
トゥアンチャウ島の船乗り場（MAP P.359右図）からカットバ島のザールアンへフェリーが定期運航している。7:30、9:00、11:30、13:30、15:00（冬季は8:00、11:30、15:00）発。8万ドン、所要約1時間。

※悪天候や、30人以上集まらない場合は出航しないため要注意。

※桂林：中華人民共和国広西チワン族自治区にある、石灰岩の山々が連なる水墨画の題材として有名な景勝地。

歩き方 Orientation

一般的にハロン湾と呼ばれるのは、クアンニン省バイチャイ(Bãi Cháy) とホンガイ (Hồng Gai) のふたつの町を合わせたエリアだ。このふたつの町は湾で隔てられ橋で結ばれているが、観光に便利なのはバイチャイのほう。ハロン通りから「ムオンタイン・ラグジュアリー・クアンニン・ホテル」(→P.364) を左手に見ながらヴオンダオ (Vườn Đào) 通りを入ると、1泊10 ~ 30US$程度のミニホテルや食堂などが並ぶツーリスティックなエリアになる。宿泊費を節約したい場合はこのあたりでホテルを探すといいだろう。

ハロン通りにはレストランやカフェ、みやげ物店が連なる

ハロン通りを西へ直進するとデラックスホテルが建ち並ぶ観光エリアとなる。海岸沿いには、テーマパークの「サンワールド・ハロン・コンプレックス」(→P.359) があり、2019年には大規模なクルーズ船ターミナルであるハロン国際港 (→欄外) が開港。現在も開発が進められている。

また、バイチャイの南西の海沿いは埋め立てられた新興地区で、近年、中・高級ホテルが建ち始め、日本人ツアーにも利用されている。

さらに西へ進み海上に架かる橋を渡ると、トゥアンチャウ国際港があるトゥアンチャウ島へといたる。かつてはクルーズ船のメインターミナルだったトゥアンチャウ国際港だが、現在はハロン国際港を起点とするクルーズ船のほうが多い。

バイチャイの対岸のホンガイのホテルやレストランが集まる中心部は、ハロン市場周辺。新鮮な海産物が安く売られている。近年、埋め立てによるニュータウンや5つ星ホテルの建設が進められ、開発が加速している注目のエリアだ。

見どころ Sightseeing

★★★ 北部観光のハイライト　MAP P.359

ハロン湾クルーズ
Ha Long Bay Cruise

ハロン湾クルーズツアーは、奇岩を眺めたり鍾乳洞やフローティングビレッジに立ち寄る3 ~ 5時間のコースが一般的だ。ツアー、個人ともにハロン国際港かトゥアンチャウ国際港 (→欄外) から出航。ツアーならハノイ発が一般的だが、ハロン湾周辺のホテルでツアーに申し込んだり、港でチケットを購入することも可能。ツアーの場合は通常すべての料金が含まれている。個人の場合は乗り合いとなり、下記コースの1か2を選択し、カウンターでチケットを購入する。定員になるまで長時間待つ可能性もあるので注意。

	見学ルート	ハロン湾入域料金	ボート代金	ひとり当たりの合計
コース1 (所要約3時間)	犬の形に見える岩~闘鶏岩~フローティングビレッジ~ティエンクン洞窟	29万ドン (洞窟1ヵ所の入場料込み)	15万ドン	44万ドン
コース2 (所要約5時間)	犬の形に見える岩~闘鶏岩~フローティングビレッジ~スンソット洞窟~ティートップ島		20万ドン	49万ドン

ベトコム・バンク
Vietcom Bank
MAP P.360-2A
住166 Hạ Long, Bãi Cháy
☎(0203) 3811808
営7:30~11:30、13:00~16:30
休土・日曜
USドル、日本円の現金の両替が可能。24時間稼働のATMがあり、マスターカード、ビザカードでのキャッシングが可能。

バイチャイ橋
Cầu Bãi Cháy
Bai Chay Bridge
MAP P.361-1C
バイチャイ～ホンガイ間に、日本のODAと当時最新の建築技術で架けられた橋。この橋の全長は903m、主塔間の長さは435mで、橋のたもとからの海の眺めはなかなかのもの。

夜はライトアップされ、よりいっそう壮麗な姿に変身する

ハロン湾クルーズ船の乗り場

ハロン国際港
Halong International Cruise Port
MAP P.360-2B
住9 Hạ Long, Bãi Cháy
☎032-8225699(携帯)
営6:00 ~ 22:00 休無休

トゥアンチャウ国際港
Tuan Chau International Marina
MAP P.359右図
住Tuàn Châu Island
☎(0203) 6275658
営6:30~18:30 休無休
上記2港ともに、ハロン湾クルーズ船が発着する大規模なターミナル。個人の場合はカウンターで乗り合いのクルーズチケットを購入しよう。料金は左下の表を参照。
船を貸し切る場合は、平日は1時間70万ドン~ (週末やベトナムの祝日は最大30%加算される)。
※天候によっては当日に突然中止となることもあるので、台風接近時などは要注意。

2019年に開港したハロン国際港

20万ドン札にも印刷されているハロン湾で最も有名な岩「香炉岩」

こちらもハロン湾を代表する岩のひとつ「闘鶏岩」

ファンタジー感があるスンソット洞窟

コース２で行くティートップ島頂上付近からの眺め

ティエンクン洞窟
Động Thiên Cung　Thien Cung Cave

MAP P.359-1A

ティエンクン洞窟はダウゴー島にある鍾乳洞で、天宮の意味がある。ハロン湾に点在する鍾乳洞のなかで、クルーズで立ち寄る最もポピュラーな鍾乳洞。鍾乳洞の内部は高さ約20m、幅10mほどでさほど広くはないが、ライトアップされていて幻想的な世界。階段やフットライトで整備された順路には、ユニークな名前がつけられた鍾乳石や石筍（せきじゅん）がある。

ティエンクン洞窟から約300mの所にあるダウゴー洞窟（Hang Đầu Gỗ MAP P.359-1A）は、13世紀の元の侵攻の際、チャン・フン・ダオ将軍がこの洞窟に木の杭を隠したという言い伝えがある。

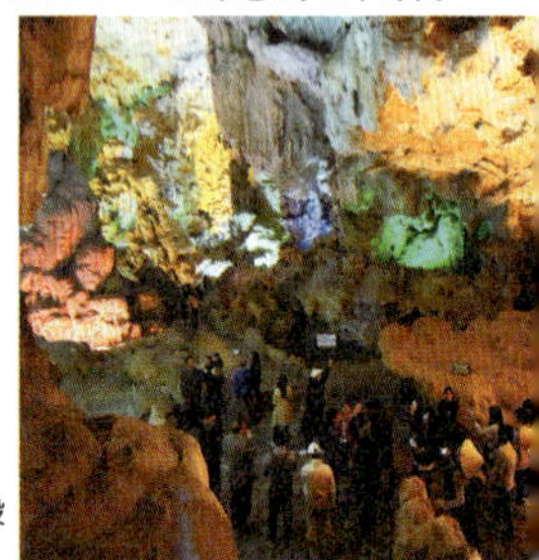
ティエンクン洞窟の中の階段は滑りやすいので注意

スンソット洞窟
Hang Sửng Sốt　Sung Sot Cave

MAP P.359-2B

バイチャイの南約13kmに位置する、ボーホン島にあるハロン湾で最も大きな鍾乳洞。スンソットとはベトナム語で「びっくり」を意味し、その大きさは圧倒的で、ライトアップされた珍しい形状の奇岩が人気だ。ティエンクン洞窟と比べて観光客が少ないぶん、静かに散策できるが、こちらに立ち寄るのは長時間クルーズか、船上泊の１泊２日クルーズの船のみ。

チョン洞窟
Hang Trống　Trong Cave

MAP P.359-2B

この周辺には複数の鍾乳洞が点在し、特に風が強いときには洞窟内を抜ける風音が複雑な音を作り出し、太鼓の音のように聞こえるといわれている。

コース１でたどるハロン湾クルーズ

13:00 クルーズ船に乗船し出発。

上／乗船後すぐに船内で昼食　右／犬の形に見える岩

13:30 フローティングビレッジに到着。手こぎの小舟に乗り換えて奇岩見学。

手こぎボートやカヤックの料金が含まれているか否かは、事前に要確認

14:30 ダウゴー島に到着。下船してティエンクン洞窟を見学。

自然が織りなす造形美を堪能できる

15:30 見学後、再度乗船し帰路に着く。

天気がよければデッキへ出て奇岩をバックに記念撮影

16:00 右側に遠くバイチャイ橋を見ながらクルーズ船乗り場へ帰着。

✉ クルーズ途中で乗り換える小舟の料金はツアー料金に含まれておらず、舟主のおばちゃんへ直接支払う場合も多いようですが、ぜひ参加をおすすめします。小舟は島の近く↗

ベトナム色満載の巨大テーマパーク

MAP P.360-2A～2B

サンワールド・ハロン・コンプレックス

Sun World Ha Long Complex

“ベトナム最大”と銘打った一大テーマパーク。約214ヘクタールのテーマパークは、ビーチサイドとバーデオ（Ba Đèo）山の山頂サイドに分かれ、両エリアは全長約2kmのクイーン・ケーブルカー（ロープウエイ）で結ばれている。

ビーチサイドは、スリル満点のコースターやボートライドなど約20のアトラクションが楽しめる遊園地「ドラゴンパーク」とビーチ、12のウオータースライダーやアトラクションを備えるテーマパーク型プール「タイフーン・ウオーターパーク」がオープン。

山頂サイドの「ミスティック・マウンテン」には、日本の庭園を模した「ゼン・ガーデン」や、ろう人形館「フェイム・ホール」などがあり、目玉のアトラクションはハロン湾の大パノラマが楽しめる観覧車「サン・ホイール・ハロン」。

各エリアにはレストランやショップもあり、たっぷり半日は楽しめる。それぞれのエリアごとにチケットの購入が必要。

左／ハロン湾を横目に疾走するジェットコースター「ドラゴンズ・ラン」
右／バーデオ山の頂に広がる「ミスティック・マウンテン」

サンワールド・ハロン・コンプレックス

住 9 Hạ Long, Bãi Cháy
☎ (0203) 3616838
URL halongcomplex.sunworld.vn
休 無休　カード J M V

ドラゴンパーク
開 14:00～18:00（土・日曜9:00～）
料 20万ドン、子供10万ドン

ミスティック・マウンテン&クイーン・ケーブルカー
開 14:00～19:00（土・日曜9:00～18:00）料 35万ドン、子供25万ドン

タイフーン・ウオーターパーク
開 9:00～18:00
料 20万ドン、子供10万ドン
※時期により開園時間や料金が異なるため、事前に要確認。

海抜215mのバーデオ山の山頂に建つ観覧車「サン・ホイール・ハロン」へは、2層式のクイーン・ケーブルカーでアクセスする

↘まで寄ってくれ、水面から見上げる切り立った岩壁の景色は大型船からでは味わえない迫力があります。小舟かカヤックかを選べるツアーもあるようです。（東京都　匿名希望）['22]

バイチャイ市場
営店によって異なるが、だいたい7:00～17:00　休無休

ハロン市場
営店によって異なるが、だいたい7:00～17:00　休無休

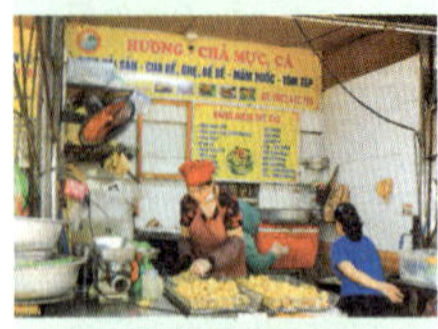

ハロン湾名物イカのさつま揚げ（Chả Mực）の店もある

クアンニン博物館
住Trần Quốc Nghiễn, Hồng Gai　☎(0203)3825031
URL www.baotangquangninh.vn　開8:00～13:00、14:00～17:00　休無休　料4万ドン、学生2万ドン、子供1万ドン、身長120cm未満無料

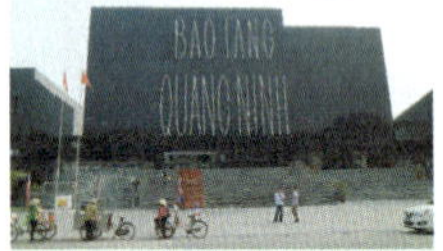

スペイン人建築家によって設計された奇抜な建物は存在感抜群

★ 生活感漂うローカル市場　MAP 下図-1B

バイチャイ市場

Chợ Bãi Cháy　Bai Chay Market

バイチャイで最も大きな市場。ハロン市場と比べれば魚介類を売る店は少なく、生活雑貨や衣料品の店が多い。

★ 活気あふれる大きな市場　MAP P.361-2D

ハロン市場

Chợ Hạ Long　Ha Long Market

ホンガイにあるハロン湾で最も大きな市場。2階建てで、生活雑貨や電化製品、衣料品の店が整然と並んでいる。裏には魚介類や野菜、果物が並ぶ生鮮食料品売り場がある。こちらもハロン市場の一部だが、ホンガイ市場とも呼ばれている。

★ ハロン湾だけじゃない、クアンニン省の魅力に触れる　MAP P.359-1B

クアンニン博物館

Bảo Tàng Quảng Ninh　Quang Ninh Museum

クアンニン省の歴史や文化、自然などを、時代やテーマに沿って紹介する博物館。1～3世紀に造られた井戸など貴重な出土品をはじめ、珍しい楽器から戦争時代の映像まで、多岐にわたる展示品は2万点を超える。

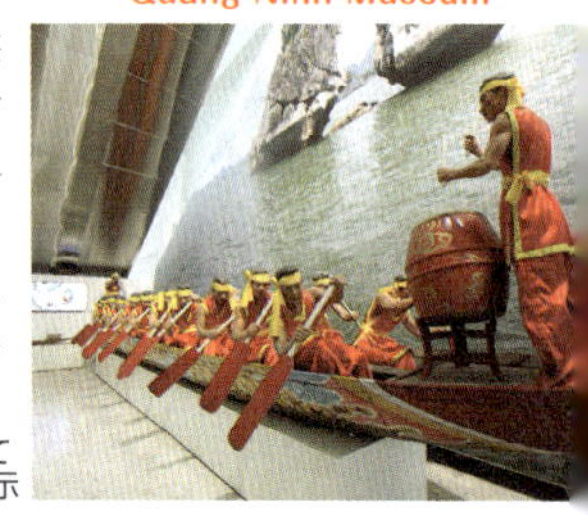

1階にはクアンニン省の生物や、かつて漁業に使われていた道具や船などを展示

ハロン湾（地図）

N
0　500m
バイチャイ
カイラン通り
Cai Lan St.
チャンミー
ホテルが並ぶ
みやげ物店が並ぶ
スター
ライト P.364
バイチャイ市場 P.360
ハロン・ダイヤモンド
ハロン・フォーシーズンズ
ティエンロン
ミニホテルが並ぶ
ヘリポート
ホアンハー
ビエンドン
ヴオンダオ通り
ミニホテル、食堂が点在する
海鮮料理店が並ぶ
ハロン・ドリーム
ムオンタイン・ラグジュアリー・クアンニン P.364
ハロン通り
Ha Long St.
ハロン湾周遊バスチケットブース P.360欄外
ヘリテージ・ハロン
フオンヴィ P.363
グランド・ハロン
入口
駐車場
駐車場
レストラン、みやげ物店が並ぶ
コンドアン・ハロン
ハロン・コーヒー
オーシャン・ステーション（ロープウエイ乗り場）
レストラン、みやげ物店が並ぶ
ハロン国際港 P.357欄外（クルーズ船乗り場）
アセアン・ハロン
ハウカン通り Hau Can St.
コン・カフェ P.363
サンワールド・ハロン・コンプレックス P.359
Ha Long St.
ノボテル・ハロン・ベイ P.364
タイフーン・ウオーターパーク
ロイヤル・カジノ
ロイヤル・ハロン
ハロン・パール
ベトコム P.357欄外
サイゴン・ハロン P.364
ハロン通り
ドラゴンパーク
ハロン湾
サン・プレミア・ビレッジ・ハロンベイ
バイチャイ・バスターミナルへ（約4km）P.356
トゥアンチャウ国際港（クルーズ船乗り場）へ（約15km）P.357欄外
ハロン夜市へ（約4km）P.361
バイチャイ・ビーチ
灯台

Voice! 乗り降り自由のハロン湾周遊バスが便利。ベトナム・サイトシーイング運営のダブルデッカーバスでハロン湾のおもな見どころを回れる。降車ポイントは10ヵ所で2時↗

★降龍伝説の舞台といわれる

ロンティエン寺

MAP 下図-2D

Chùa Long Tiên　Long Tien Temple

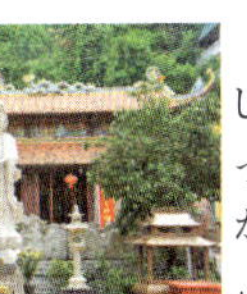

境内は線香の煙が充満している

ハロン湾で最も大きな寺で、1941年建立と比較的新しい。伝説によれば、この地こそが龍が最初に降り立った場所（→P.356）といわれている。平日でも参拝者が絶えず、旧暦の3月24日には盛大な祭りも行われる。

ロンティエン寺
住Long Tiên, Bãi Cháy
☎なし
開5:00～20:00（毎月旧暦の1日～21:00）
休無休　料無料

ハロン夜市にはベトナムみやげを売る店がズラリと並ぶ

ハロン湾の夜の過ごし方

ハロン湾は夜もエンターテインメントがめじろ押しだ。一大テーマパークの「サンワールド・ハロン・コンプレックス」（→P.359）をはじめ、2021年には巨大な彫刻が立ち並ぶ「キングコング・パーク」がオープン。ショッピングなら、サンワールド・ハロン・コンプレックス沿いに並ぶみやげ物店や、「マリン・プラザ」内のハロン夜市へ。ショー会場もあり、人気は水上人形劇。仙女の舞いや還剣伝説といった伝統的な演目が楽しめる。また、遊園地「トゥアンチャウ・パーク」では、イルカショーが行われる。

キングコング・パークはトゥアンチャウ・パークに隣接している

●ホアセン・ハロン水上人形劇場　Nhà Hát Múa Rối Nước Hoa Sen Hạ Long
MAP P.359-1A　住Lô 46- Khu Bán Đảo 2, Khu Đô Thị Dịch Vụ Hùng Thắng　☎(0203)3656866　開16:30、17:30、18:30、19:30　休無休　料12万ドン　カード不可

●ハロン夜市　Chợ Đêm Hạ Long
MAP P.359-1A　住Marine Plaza, Hoàng Quốc Việt, Bãi Cháy　開17:00～22:00　休無休

●トゥアンチャウ・パーク　Tuan Chau Park
MAP P.359右図　住Tuần Châu Island
☎(0203)3842200　開8:00～22:00（イルカショーは10:00、15:00、20:30）　休無休　料35万ドン
カードMV

ヴァンドン国際空港へ（約60km）
ヴァンハイ
ウィンダム・レジェンド・ハロン P.363
ハロン・プラザ P.364
バイチャイ橋 P.357欄外
ホンガイ
レロイ通り
Le Loi St.
チャンフー通り Tran Phu St.
路線バス、バスターミナル
サン・ホイール・ハロン
ミスティック・マウンテン
クイーン・ケーブルカー
カウバイチャイ通り Cau Bai Chay St.
Tran Hung Dao St.
アグリ
チャンフンダオ・プラザ
チャンフンダオ通り
レタイントン通り
ヴィンメック・インターナショナル・ジェネラル・ホスピタル
Le Thanh Tong St.
4月25日通り 25 Thang 4 St.
ベッティン
ハロン・ディーシー
ナムダット
ベトコム
ハロン・センター・ビル
シティ・ベイ・パレス
競技場
チャンクオックギエン通り Tran Quoc Nghien St.
ミニホテルが並ぶ
ベッティン
AB
レタイントン通り
ヴィンコム・プラザ・ハロン
ミニホテルが並ぶ
VIB
ハロン市場 P.360
ハンノイ通り Hang Noi St.
ロンティエン寺 P.361
クアンニン博物館へ P.360（約1.5km）
クアンラン島行き船乗り場

↘間、5時間、10時間、24時間有効の4種類のチケットがあり7.8US$～。Wi-Fi無料、日本語音声ガイドあり。チケット売り場：MAP P.360-1B　URL vn-sightseeing.com

カットバ島への行き方、カットバ島からの交通

カットバ島はツアーならハロン湾からが一般的。定期船はハロン湾のトゥアンチャウ島（→P.356）とハイフォン（→P.365）から出ている。

ハノイからの場合は、あらかじめハノイの旅行会社でチケットを予約しておくことが望ましい。

国立公園トレッキング

2～6時間までさまざまなコースがあり、これらにカットバ島周辺のクルーズを組み合わせることも可能。たいていのホテルでトレッキングツアーのアレンジを行っている。

個人で手配した場合、ガイド、国立公園入域料、車（または船、バイク）すべて込みで、2時間15US$～、6時間30US$～が目安。

ハロン湾に浮かぶ野生の楽園

カットバ島

MAP P.359-2A

Đảo Cát Bà　Cat Ba Island

カットバ島はバイチャイから南へ約10kmに位置する、ハロン湾で一番大きな島。南北約18km、面積約354km²の島の約半分と南東側とダウベー島を含む近海90km²は、島の自然を保護するために国立公園に指定されている。その自然は亜熱帯の常緑樹の森林、マングローブの林、湖、滝、鍾乳洞など千差万別で見どころは多い。また野生動物も生息しており、金色の毛をしたサルなど珍しい動物も多い。周辺の海には約1000種類にも及ぶ魚介類やイルカ、アザラシなどの海洋動物も多く、まさに自然の宝庫だ。

島内にはホテルやレストランもあり、時間が許すならぜひ1～2泊はしたいところだ。バイチャイと比べればまだまだ観光開発はされていないが、美しいビーチもあり夏にはハノイからのベトナム人観光客でにぎわっている。

左／透明度の高いカットコー・ビーチ（Bãi Tắm Cát Cò）　中／ベトナム戦争時に病院として使用された洞窟「ホスピタル・ケイブ」　右／海抜177mの場所に造られた要塞「キャノン・フォート」からの絶景

Column　ハロン湾1泊2日クルーズの旅

ハロン湾へはハノイからの日帰りツアーが主流だったが、ここ数年、クルーズ船内に宿泊するツアーが人気上昇中。船上で朝日や夕日を眺めたり、マッサージを受けたりと、泊まりならではのスペシャルな体験ができる。どの船も人気が高いため、ウェブサイトなどで早めの予約を。P.24もチェック。

※下記は、ハノイからの往復送迎付き、1泊2日の値段。

●パラダイス　Paradise

ハロン湾のラグジュアリーホテル「パラダイス・スイーツ」（→P.363）と同経営。海も陸もたっぷり味わえるのが魅力。エレガンス、グランド、セイルという3種類のクルーズ船がある。

料620万ドン～
URL www.paradisevietnam.com

パラダイス・セイルのテラススイートルーム

カヤックはクルーズの人気アクティビティのひとつ

●エメロード　Emeraude

フランス統治時代にハロン湾を遊覧した豪華クルーズ船、エメロード号が復活。当時の面影を残した洗練された内装。

料100US$～　URL www.emeraude-cruises.com
☎1800-599955（ホットライン）

左／デッキでのんびり奇岩を眺めるのも醍醐味
右／船上で新鮮な海鮮料理が味わえる

●バーヤ　Bhaya

17隻の豪華客船を有する、ハロン湾最大級のクルーズ会社。船上では太極拳や料理教室などさまざまなアクティビティで楽しめる。

料365US$～
URL bhayacruises.com
〔ハノイオフィス〕
MAP P.347-3D
住47 Phan Chu Trinh
☎(024)39446777

バーヤ・クラシックのスタンダードの客室。全室バルコニー、トイレ、シャワー付き

レストラン Restaurant

クアヴァン Cua Vang
海鮮料理 MAP P.359-1A

住32 Phan Chu Trinh ☎(0203) 3819919
営8:00〜22:00 休無休
カード A J M V 予約グループは要予約

カニ料理が有名なレストランで、一番人気はカニ鍋（110万ドン／2人前〜）。店頭の生けすから素材を選んで好きな調理法も指定できる。メイン料理は20万ドン〜。

フオンヴィ Phuong Vi
海鮮料理 MAP P.360-1B

住97 Hạ Long ☎098-3161578（携帯）
営8:30〜22:00 休無休
カード不可 予約不要

バイチャイのツーリスティックなエリアにあり、ひとりでも入りやすい。メニューは海鮮料理とベトナム料理全般を網羅。店頭の生けすから素材を選ぶことも可能で、エビは1kg55万ドン〜、カニは1kg80万ドン。

コン・カフェ Cong Caphe
カフェ MAP P.360-2A

住Kios C101-C201, Công Viên Sunworld Hạ Long
☎091-1866494（携帯） 営7:30〜23:00
休無休 カード不可 予約不要

ハノイ発レトロカフェチェーンの支店で「サンワールド・ハロン・コンプレックス」（→P.359）近く、飲食店が集まるエリアにある。名物のフローズンココナッツミルクドリンク（4万9000ドン〜）のほか、ヨーグルトドリンクも人気。

ホテル

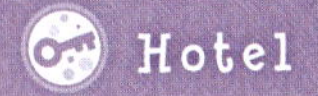

全室スイート仕様のブティックホテル

パラダイス・スイーツ Paradise Suites
高級ホテル MAP P.359右図

ハロン湾クルーズの玄関口であるトゥアンチャウ島唯一のブティックホテル。コロニアルな風情の宿泊棟は、ハロン、ハノイ、サイゴン、フエという名を冠した4つの棟に分かれ、ベトナム料理と西洋料理のレストラン、バー、スパ、プライベートビーチ、プールなど施設も充実。客室は木目を基調としたシックな印象のクラシックスイートと、モダンなインテリアのトレンドスイートの2タイプ。豪華クルーズ船のパラダイス・クルーズ（→P.362）も運営しており、クルーズツアーとホテルステイがセットになったプランもある。

クラシックスイートはアンティーク調のインテリア

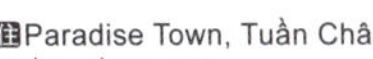

住Paradise Town, Tuần Châu
☎(0203) 3815088
URL www.halongparadisesuites.com
料ⓈⓌⓉ115万ドン〜（＋税・サービス料15%。朝食付き）
カード A D J M V 全156室

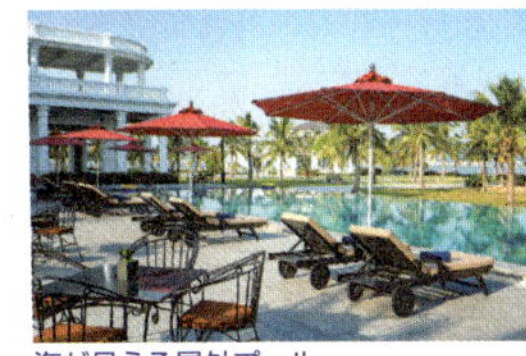

海が見える屋外プール

バイチャイ・エリア初の5つ星ホテル

ウィンダム・レジェンド・ハロン Wyndham Legend Halong
高級ホテル MAP P.361-1C

バイチャイ橋至近の5つ星ホテルで、エレガントに演出された客室や屋外プールからは、ハロン湾や橋の眺望が見事。バーを含む4つの飲食施設やスパ、サウナ、ジム、キッズクラブ、ツアーデスクなどの施設も充実。

ハロン湾が一望できるデラックスシービュー

住12 Hạ Long, Bãi Cháy ☎(0203) 3636555
URL www.wyndhamhalong.com
料ⓈⓌⓉ330万ドン〜 スイート470万ドン〜（朝食付き）
カード A D J M V 全450室

ゼウ（Rều）島にある5つ星リゾート

ヴィンパール・リゾート&スパ・ハロン Vinpearl Resort & Spa Ha Long
高級ホテル MAP P.359-1A

バイチャイから専用のボートでアクセスするプライベートアイランドに建つラグジュアリーな5つ星ホテル。小さい客室でも40㎡あり、全室バスタブとバルコニー付きで開放感あふれる造り。館内には5つの飲食施設やスパがあり、どれもハイレベル。

屋外プールや約1.5kmのプライベートビーチも備わる

住Đảo Rều, Bãi Cháy ☎(0203) 3556868
URL vinpearl.com 料ⓈⓌⓉ365万ドン スイート519万ドン（＋税・サービス料15%。朝食付き） カード A D J M V 全384室

ホテル Hotel

ハロン湾の最高級ホテル

ノボテル・ハロン・ベイ 高級ホテル

Novotel Halong Bay MAP P.360-2A

屋外プール、レストラン、バー、スパ&ジムなどの施設を備える高層ホテル。近代的な設備と、スタイリッシュな内装がリゾート感を盛り上げる。約65%の客室がベイビューで、そのほかはマウンテンビュー。

スーペリアベイビューの客室。バスタブの有無はリクエスト可

住160 Hạ Long, Bãi Cháy ☎(0203) 3848108
URL www.novotelhalongbay.com 料ⓈⓉ214万2155～253万5225ドン スイート319万1265ドン（+税・サービス料15%。朝食付き） カード ADJMV 全225室

トゥアンチャウ島に建つリゾートホテル

トゥアンチャウ・リゾート・ハロン 高級ホテル

Tuan Chau Resort Ha Long MAP P.359右図

静かな環境にあるリゾートホテルで、広い敷地内にはプライベートビーチ、プール、ベトナム&西洋料理のレストランのほか、サウナやスパなどもある。オリエンタルな家具を配した客室はリゾートを意識したモダンな内装で設備も十分。

屋外プールの先にはビーチが広がる

住Tuần Châu Island, Hạ Long ☎(0203) 3842999
URL www.facebook.com/tuanchauresorthalong
料ⓈⓌⓉ185万～215万ドン スイート225万～255万ドン（朝食付き） カード AJMV 全170室

バイチャイ・エリアの高層ホテル

ムオンタイン・ラグジュアリー・クアンニン 高級ホテル

Muong Thanh Luxury Quang Ninh MAP P.360-1B

バイチャイのツーリスティックなエリアにある大型ホテル。ハロン湾で最も高い34階を有し、高層の海側からの眺めは絶景。プール、レストラン、スパ&マッサージ、テニスコートなどの施設はもちろん、客室の設備も最新式が揃う。

バイチャイ観光にもってこいの立地

住Hạ Long, Bãi Cháy ☎(0203) 3646618
URL luxuryquangninh.muongthanh.com 料ⓈⓌⓉ290万～340万ドン スイート470万～3500万ドン（朝食付き）
カード ADJMV 全508室

サービス&清潔な客室に定評あり

ライト ミニホテル

The Light MAP P.360-1B

サービス、客室設備ともに人気が高いミニホテル。明るく清潔感がある客室にはテレビ、エアコン、冷蔵庫、電気ポットが備えられている。ツアーデスクもあり、ハロン湾クルーズやバスの手配、バイクレンタルなどが可能。レストランと屋上にプールがある。

客室は、さわやかなブルーを基調としたカジュアルな内装

住108A Vườn Đào, Bãi Cháy ☎(0203) 3848518 URL www.facebook.com/thelight.108 料ⓈⓌⓉ平日50万～65万（週末は平日料金プラス10万ドン） カード ADJMV 全13室

その他のホテル Hotel

ハロン・プラザ 高級ホテル

Halong Plaza MAP P.361-1C

住8 Hạ Long, Bãi Cháy ☎(0203) 3845810
URL www.halongplaza.com 料ⓈⓌⓉ140万ドン～ スイート350万ドン～（+税・サービス料15%。朝食付き） カード ADJMV 全185室

12階建ての高級ホテル。客室はモダンな造りで必要な設備はすべて揃っている。上階の海側からの眺めは最高。プール、ジム、サウナ、マッサージあり。週末のシーフードビュッフェ（営18:00～22:00）が人気の「フォー・シーズンズ」は味も雰囲気も申し分ない。

サイゴン・ハロン 高級ホテル

Saigon Halong MAP P.360-2A

住168 Hạ Long, Bãi Cháy ☎(0203) 3845845
料ⓈⓉ119万ドン～ スイート459万ドン～（朝食付き）
カード AJMV 全223室 4ヴィラ（17室）

14階建ての近代的な客室棟とヴィラからなるリゾートタイプのホテル。ここの特徴は何といっても最上階（14階）のレストランから望む、180度開けたハロン湾の絶景だ。シービュールームは全室バルコニー付き。

ムオンタイン・グランド・ハロン 高級ホテル

Muong Thanh Grand Ha Long MAP P.359-1A

住7, Block 20, East of Hùng Thắng, Bãi Cháy ☎(0203) 3812468
URL grandhalong.muongthanh.com 料ⓈⓌⓉ150万ドン～ スイート400万ドン～（朝食付き） カード JMV 全180室

バイチャイの新興地区に建つ。館内は全体的にやや古いが、客室の窓が大きく眺めがよい。客室の設備も十分で過ごしやすい。各国のツアーにも利用されており、サービスもスマートだ。レストラン、マッサージ、プールあり。

北部の海の玄関口

MAP 折表-1B

ハイフォン

ハイフォンの市外局番
0225
Hải Phòng

ハノイの東約100kmに位置する、北部ではハノイに次ぐ規模をもつ都市。サイゴン港と並ぶ国際的なハイフォン港があり、港湾都市として有名だ。近年は郊外に外国企業の工場が数多く建ち、町なかには外国人の姿が増え、ますます活気に満ちている。５月には、フランス風の建物が並ぶエキゾチックな通り沿いに、火炎樹が真っ赤な花をつけ町全体を赤く染める。ハロン湾のような風光明媚な風景は望めないが、カットバ島（→P.362）への船の乗り継ぎの際に少し時間を取って、町を歩いてみよう。

町の中心はディエンビエンフー通りとクアンチュン通り周辺。このあたりにはホテルやレストラン、ツアーオフィス、銀行などが集まっていて便利。

ハイフォンの旅の起点、ハイフォン駅。仏領時代に開通した歴史ある駅で、フレンチコロニアル様式の美しい駅舎が印象的

ハイフォンのフランス風建築

ハイフォンの町なかには、市民劇場、中央郵便局、ハイフォン駅、ハイフォン大聖堂、ハイフォン博物館などのフランス風建築が数多く残されている。町を歩く際には周辺の建物にも目を向けてみよう。意外と楽しい町並みに気がつくことだろう。ちなみに市民劇場内はハノイの市劇場（→P.300）よりも豪華な造りといわれている。

アクセス ACCESS

ハイフォンへの行き方

●飛行機

ホーチミン市からベトナム航空（VN）が毎日６～７便、ベトジェット・エア（VJ）が毎日７～８便、バンブー・エアウェイズ（QH）が毎日２便運航。所要約２時間。ダナンからはVNとQHが各毎日１便、VJが毎日２～３便運航。所要約１時間15分。バンメトートからはVJとQHが各週４便運航。所要約１時間40分。ニャチャンからはVNが週３便、VJが毎日１便、QHが週５便運航。所要約１時間45分。ダラットからはVJが週４便運航。所要約１時間45分。フーコック島からはVJが毎日１便、QHが週３便運航。所要約２時間５分。

●列車

ハノイから毎日４便運行。８万5000ドン～、所要２時間25分～。

●バス

ハノイのザップバット・バスターミナルからラックロン・バスターミナル（MAP P.366B図-1A）へは5:00～17:00の間に30分間隔で運行。12万ドン。同ザーラム・バスターミナルからニエムギア（MAP P.366B図-2A参照）またはカウザオ・バスターミナル（MAP P.366B図-2B参照）へは5:00～19:30の間に15分間隔で運行。12万ドン～。所要約２時間。バイチャイ（ハロン湾）からは5:00～19:00の間に30分間隔。15万ドン～、所要約２時間。ニンビン、ダナンなどからも便がある。

●船

カットバ島から高速船が8:00～17:00の間に６便運航。20万ドン、所要約50分。ただし運休やルート変更も多いため、事前に予約を。

ハイフォンからの交通

飛行機に関しては行き方の項（→左記）参照。

●列車

ハノイ駅へは6:10、9:10、15:00、18:40発の４便運行。８万5000ドン～、所要２時間35分～。

●バス

ラックロン・バスターミナル（MAP P.366B図-1A）からハノイのザップバット・バスターミナル行きが5:00～18:00の間に15分間隔で運行。12万ドン、所要約２時間。バイチャイ（ハロン湾）行きは5:00～17:00の間に15分間隔で運行。15万ドン～、所要約１時間30分。ニエムギア・バスターミナル（MAP P.366B図-2A参照）からはラオカイ、ランソンなどへ便がある。

●船

タムバック通り沿いのビン船着場（Bến Bính MAP P.366B図-1A）からカットバ島行きの高速船が7:00～16:00の間に６便運航。20万ドン、所要約50分。観光エリアに位置するカットバ船着場（Bến Tàu Cát Bà）行きと、島の北西部の高速船船着場（Bến Tàu Cao Tốc）行きの船があり、高速船船着場～カットバ船着場間は無料送迎バスで約30分かかるので注意。

見どころ Sightseeing

★★ ハイフォンの歩みを知ることができる

MAP 下A図-1A

ハイフォン博物館

Bảo Tàng Hải Phòng　Hai Phong Museum

紀元前から近代まで、2万点を超えるさまざまな展示品でハイフォンの歴史を振り返る。1階はハイフォン近郊で出土した紀元前の青銅器や、フランス統治時代に使用されていた人力車など、2階はホーチミンとハイフォンのかかわりや、港町ハイフォンの発展の歴史に関する資料を展示。英語の説明書きもある。

1919年に建てられたゴシック建築を利用した博物館

★★ 「軍港の町」ハイフォンの歴史を学ぶ

MAP 下B図-2B参照

海軍博物館

Bảo Tàng Hải Quân　Navy Museum

グエン（阮）朝の時代から軍事基地がおかれ、フランス統治時代には極東最大のフランス海軍基地もあったハイフォンは、漢字で「海防」と表記する軍港の町だ。そんなハイフォンならではの、ベトナム海軍の歴史を写真や模型で紹介した博物館。

A図

B図

✉「チェー・タイ・ラン＆バイン・ミー・カイ」（MAP上A図-2A）はハイフォン名物の小さめバイン・ミー（→P.38）の有名店。（東京都　匿名希望）['22]

ハイフォン博物館

住66 Điện Biên Phủ
☎(0225) 3823451
開8:00～10:30、14:00～16:30（土・日曜～10:30）
休月曜　料無料
※2022年9月現在、修繕のため一時閉館中。

海軍博物館

住353 Cầu Rào, Q. Dương Kính
☎(0225)3814788　開8:00～11:00、14:00～16:30（開館時間でも閉まっていることがあるので要注意）休無休　料無料

前庭には実物の機関砲や魚雷、機雷なども展示されている

花市場

Chợ Hoa　Flower Market

MAP 右B図-2B　住Hoàng Văn Thụ　営店によって異なるが、だいたい7:30～20:00　休無休

季節の花々で彩られた十数軒の花屋が集まる。切り花はもちろん、美しく盛られたフラワーギフトも見もの。

この一画だけ花が咲いたよう

ベトコム・バンク

Vietcom Bank

MAP 右B図-1B
住11 Hoàng Diệu
☎(0225) 3822423
営7:30～11:30、13:00～17:00
休土・日曜

USドルと日本円の現金の両替が可能。

ベトナム航空

MAP 右B図-2B
住166 Hoàng Văn Thụ
☎(0225)3810890
営7:30～12:00、13:30～17:00
休無休　カード A J M V

中央郵便局

MAP 右B図-1B
住5 Nguyễn Tri Phương
☎(0225)3842547
営7:30～18:00（土曜～12:00）　休日曜

DHLのオフィスがある。

★★ 混沌とした雰囲気が楽しい

タムバック市場

MAP P.366B図-2A

Chợ Tam Bạc　Tam Bac Market

市場の内部には生地や衣料品の店が入っており、各店には商品がうずたかく積まれている。通路が狭く、人とすれ違うのですらひと苦労。商品に囲まれて自分の居場所がわからなくなるほどだ。また、散策するなら市場周辺の路上市場もおもしろい。路上にはびっしりと露店が並び、生鮮食料品、日用雑貨、衣料品などありとあらゆる物が売られており、活気がある。

市場内の乾物売り場。午前中が最もにぎわうが、市場内は昼過ぎまで人であふれている

★ 電化製品が豊富に揃う

サット市場

MAP P.366B図-2A

Chợ Sắt　Sat Market

3階建ての大きな市場。内部は薄暗くて雑然としている。1階が日用雑貨や電化製品、金属部品、2階が衣料品売り場。地元では電化製品が安いことで知られる。ただし、テレビとリモコンなど、周辺機器をバラ売りするので外国人には少々使いづらい市場だ。

町の建設に尽力した女傑、レ・チャン（Lê Chân）像（MAP P.366B図-2A）が町を見守る

タムバック市場

住4 Hoàng Ngân　営店によって異なるが、だいたい7:00～18:00　休無休

サット市場

営店によって異なるが、だいたい7:00～18:00　休無休

がらくた？と思われる中古品も修理済みで、立派な商品

ハイフォンの名物料理

バイン・ダー・クア（→P.36）はハイフォンの名物麺。米粉をサトウキビ汁で練り込んだ麺に、カニをすりつぶした濃厚なだし汁がからむ。

チャンフー通りの有名屋台（→下記）のバイン・ダー・クア

郊外の町

海沿いの保養地

ドーソン

MAP 折表-1B、P.366B図-2B参照

Đồ Sơn

ハイフォンの南東約20kmの所に位置する海沿いの町。ハノイやハイフォンの人々にとっては日帰りができる保養地として、シーズン中にはたくさんの観光客でにぎわう。また在住外国人の間ではカジノがあることでも知られている。

レストラン　Restaurant

バイン・ダー・クアの有名屋台

バイン・ダー・クア・ザーリエウ　麺

Banh Da Cua Da Lieu　MAP P.366B図-2B

バイン・ダー・クア（→P.36、367欄外。3万5000ドン）の屋台。一風変わったこの麺は、ほかの町ではめったに食べられないので、ぜひこの機会に。ここは屋台ではあるが、「バイン・ダー・クア・チャンフー」と言えば誰でも知っている超有名店。

一度食べると病みつきになる味わい。週末はかなり混み合うので食事時を外すのがベター

住140 Trần Phú　☎なし　営7:00～19:00（スープがなくなり次第閉店）　休無休　カード不可　予約不要

海ガニを使った名物麺

バイン・ダー・クア・バーク　麺

Banh Da Cua Ba Cu　MAP P.366B図-2B

ここのバイン・ダー・クア（4万ドン）は他店とは違い海ガニを使っている。海ガニの身がゴロンと載って贅沢。トッピングの野菜は別皿で出され、食べ放題。ネム・クア・ベー（カニ肉入り揚げ春巻、5万ドン）も絶品で、こちらも必食。

カニの身がぎっしり詰まったネム・クア・ベーは必食。バイン・ダー・クアは汁なしもある

住179 Cầu Đất　☎090-4666053（携帯）、098-3963384（携帯）　営7:00～21:00　休無休　カード不可　予約不要

✉「バイン・ダー・クア・バーク」（→上記）のネム・クア・ベー（カニ肉入り揚げ春巻）は、ネム・クア・ベーを食べ慣れたハノイの人々も絶賛するおいしさ。バイン・ダー・クアとともにぜひ食べてほしい。（東京都　匿名希望）['22]

その他のレストラン

Restaurant

バイン・ミー・カイ・バーザー
Banh Mi Cay Ba Gia

バイン・ミー

MAP P.366B図-2B参照

住57 Lê Lợi ☎090-6084368（携帯）
営8:00～22:00 休無休
カード不可 予約不要

ハイフォン名物の小ぶりで細長いフランスパン、バイン・ミー・クエー（1本3000ドン）の店。バターとレバーパテを塗っただけのシンプルなサンドイッチはおやつにぴったり。

ミンクイン
Minh Quynh

鍋

MAP P.366B図-2B参照

住188 Văn Cao ☎(0225) 3501533
営10:00～23:00 休無休
カード不可 予約不要

ハイフォンの名物鍋ラウ・クア・ドン（Lẩu Cua Đồng、田ガニ鍋）の有名店。すりつぶした田ガニとトマトベースのスープで、豆腐、キノコ、野菜、魚介類、肉類などを煮込み、カニのすり身を練り込んだ幅広麺バイン・ダーで締めよう。12万ドン。

バックヴィエット・コーヒー
Bac Viet Coffee

カフェ

MAP P.366B図-2A

住103 Tam Bạc ☎098-8727554（携帯）
営7:00 ～ 23:00 休無休
カード不可 予約不要

レトロなベトナムをテーマにした、若者に人気のカフェ。プロパガンダアートやビンテージ家具が飾られたおしゃれな店内で、コーヒーやシン・トー（3万5000ドン～）を。屋上のテラス席がおすすめ。MAP P.366B図-1Bの支店のほか市内に6店あり。

ホ テ ル

Hotel

コロニアル様式の白亜の外観

アヴァニ・ハイフォン・ハーバー・ビュー
高級ホテル

Avani Hai Phong Harbour View MAP P.366B図-1B

フレンチコロニアル風デザインを随所に取り入れたデラックスホテル。客室の無料ミニバーや夕方にハウスキーピングが入るターンダウンサービスなど、サービスのよさに定評がある。4つの飲食施設、スパ、プール、ジムを完備。

客室は落ち着いた雰囲気で居心地がいい

住12 Trần Phú ☎(0225) 3827827 URL www.avanihotels.com/ja/hai-phong 料ⓈⓌ219万ドン～ Ⓣ242万3000ドン～ スイート595万ドン～（＋税・サービス料15%。朝食付き）
カード ADJMV 全122室

28階建ての高層ホテル

メルキュール・ハイフォン
高級ホテル

Mercure Hai Phong MAP P.366B図-2B参照

世界最大規模のホテルグループ、アコーホテルズによるホテルブランドで、市内を望む好立地。プライビレッジルームに宿泊すると無料のアフタヌーンティーやディナーが楽しめるラウンジアクセスが可能。屋上プール、スパあり。

赤と紫色を基調にした客室。アパートもある

住12 Lạch Tray ☎(0225) 3240999
URL www.mercurehaiphong.com 料ⓈⓌⓉ210万ドン～
カード ADJMV 全233室

設備が整ったお値打ちホテル

パール・リバー
中級ホテル

Pearl River MAP P.366B図-2B参照

町外れのロケーションながら、ヨーロッパ調の豪華な内装で、サービスもレベルが高く、料金以上のお得感がある。ふたつのレストランやバー、屋外プール、スパ＆サウナ、ジム、会議室など館内設備も整う。

清潔で居心地のいい客室。写真はスーペリアツインルーム

住Km 8 Phạm Văn Đồng ☎(0225) 3880888 URL www.pearlriverhotel.vn 料Ⓣ74～150US$ スイート185～716US$（＋税・サービス料15%。朝食付き） カード ADJMV 全113室

町歩きに便利な高層ホテル

インペリアル・ボート
中級ホテル

Imperial Boat MAP P.366A図-1B

ホテルが建ち並ぶディエンビエンフー通りで、特徴的なフォルムがひときわ異彩を放つ3つ星ホテル。客室はシンプルにまとまっており、広さも十分。デラックスルームはバスタブ付き。レストラン、スパがある。

高層階の客室からは市内を望める

住48 Điện Biên Phủ ☎(0225) 3666789
料ⓈⓌⓉ200万～270万ドン（朝食付き）
カード AJMV 全110室

Voice ハイフォン名物の幅広麺バイン・ダー（Bánh Đa）のなかでも、米粉にサトウキビを混ぜて作る茶褐色の麺はバイン・ダー・ドー（Bánh Đa Đỏ）と呼ばれる。特にズーハンケイン（Dư Hàng Kênh）村産が有名。

美しき棚田と少数民族の里

サパ

MAP 折表-1A

サパの市外局番 **0214**

Sa Pa

棚田を歩きながら少数民族の村を訪ねるトレッキングはサパ旅行のハイライト

サパはラオカイ（→P.379）から南西へ約29km、ホアンリエンソン山脈中、海抜1560mの山間部にある。1918年、この地を訪れたイエズス会の宣教師によって初めて欧米人に紹介された。その後フランス人によって多くの別荘が建てられ、避暑地として有名に。1954年にディエンビエンフーの戦い（→P.383、445）でフランス軍が敗れると、フランス人はこの地を去り、ほとんどのフランス風建築が破壊された。現在ではその面影を残す建物はほとんど残っていない。

サパでは、西方約9kmの所にそびえるベトナムの最高峰、ファンシーパン山（→P.373）や、周囲の山中に点在する少数民族の村々を巡るトレッキング（→P.370）を楽しみたい。毎週土曜と日曜には大きな市が開かれ、たくさんの少数民族の人たちでにぎわうので、サパへは週末に行くといいだろう。

アグリ・バンク
Agri Bank
MAP P.372A図-2A 住1 Cầu Mây ☎(0214)3871206
営夏季：7:00～11:30、13:30～17:00、冬季：7:30～12:00、13:00～16:30 休土・日曜
USドルと日本円などの現金の両替可能。24時間稼働のATMがあり、JCBカード、マスターカード、ビザカードでのキャッシングが可能。

両替
たいていのホテルで、USドルの現金からベトナム・ドンへの両替が可能。一部の高級ホテルでは日本円の両替も可能。

サパ中心部の中でも店やホテルが連なるカウマイ通り

アクセス ❀ ACCESS

サパへの行き方

●バス

ラオカイ駅近くのバス停(MAP P.379A図-2B)から路線バス１番が5:20～17:00の間に30分間隔で運行。３万ドン、所要約１時間。バス停横の駐車場（MAP P.379A図-2B)から列車の到着時間に合わせてミニバスが運行。５万ドン、所要約45分。ハノイのミーディン・バスターミナルから6:45～翌0:25の間に寝台バスが１時間間隔で運行。31万ドン、所要５時間～６時間30分。バス発着所はサパ市場前（MAP P.372B図-1B)。

ハノイ発サパ行きリムジンバス

乗降場所の送迎サービスを含むリムジンバスが数多く運行。URL vexere.comでオンライン予約が可能。

サパからの交通

●バス

ラオカイへは公園近くのバス発着所（MAP P.372A図-2B）から路線バス１番が7:00～18:30の間に30分間隔で運行。３万ドン、所要約１時間。ミニバスは５万ドン、所要約45分。ホテルで要予約。

ハノイ行き寝台バス＆リムジンバス

ハソン・ハイヴァン　Hason Hai Van
MAP P.372B図-1B ☎1900-6776（ホットライン）
営8:00～17:00 休無休 カード不可
サパ市場前のハソン・ハイヴァン専用のバスターミナル～ハノイを結ぶ寝台バスを運行する。ザーラム・バスターミナル行きは11:30、14:00発、VIP仕様車で65万ドン。所要約６時間。

サパ・エクスプレス　Sapa Express
MAP P.372B図-1B 住6 Ngõ Vườn Treo
☎098-4890055（携帯）、098-6107055（携帯）
URL sapaexpress.com 営6:30～21:00
休無休 カード不可
サパ中心部～ハノイのオフィス（→P.314）間を結ぶバスを運行する。全24席の寝台バス（22US$）は毎日14:00発、全28席のリムジンバス（19US$）は毎日15:00発。所要約６時間。前日までに要予約。ハノイのノイバイ国際空港で下車することも可能。

少数民族の里を訪ねる トレッキングツアー

サパ周辺の山中には少数民族の村々が点在し、それらを巡るトレッキングが楽しめる。個人で行くことも可能だが、道に迷いやすいので、ツアーに参加するのが無難。いずれも長時間歩くことになるため、自分の体力をよく考えてから参加しよう。

おもな日帰りツアー

ツアーによっては車を使うことも可能。ホームステイができるのは、タフィン、カットカット、ラオチャイ、タヴァン、バンホー、ザンタチャイなど。ミーソンはサフォー族の村で、日帰りツアーをアレンジしてくれる旅行会社(→ P.374)もあるので尋ねてみよう。

カットカット／シンチャイ Cát Cát / Sín Chải

黒モン族のふたつの村と滝などを歩いて巡る(4～5時間)。比較的近いため、参加者が多い。

イーリンホー／ラオチャイ／タヴァン Ý Linh Hồ / Lao Chải / Tả Van

最も美しいといわれるイーリンホーの棚田を歩き、黒モン族の村、ラオチャイとザイ族、黒モン族、赤ザオ族が住むタヴァンを訪問。

マーチャ／タフィン Má Tra / Tả Phìn

赤ザオ族の村を訪問。近郊には黒モン族の美しい棚田が見られる。

バンコアン／タザンフィン Bản Khoang / Tả Giàng Phình

赤ザオ族の村、バンコアンと黒モン族の村、タザンフィンを訪問。タザンフィンへは入域許可証が必要で、旅行会社によってはツアーがないところもある。前日までに要予約。

バンホー／タインフー Bản Hồ / Thanh Phú

タイ族とザイ族の村を訪問。

トレッキングツアーでトラブル多発

トラブルの多くは、「最初の説明と実際のツアー内容が違った」というものだ。ツアーを決める前に内容を細部まで確認するとともに、旅行会社のシステムや管理態勢にも注意を払い、見極めたい。

サパ近郊図

N
タザンフィン Ta Giang Phinh (黒モン族)
ラオカイ
紅河 Song Hong
バンコアン Ban Khoang (赤ザオ族)
タフィン(黒モン族、赤ザオ族) Ta Phin
チュンチャイ Trung Chai
ライチャウへ(約55km)
バック滝 P.373 (シルバー・ウオーターフォール)
ティンイェウ滝 P.373 (ラブ・ウオーターフォール)
マーチャ(黒モン族) Ma Tra
トラム
シンチャイ(黒モン族) Sin Chai
サパ
ハムロン丘 P.374
サーセン Sa Seng
ハウタオ(黒モン族) Hau Thao
ロープウエイ
ファンシーパン山
カットカット(黒モン族) Cat Cat
ラオチャイ(黒モン族) Lao Chai
イーリンホー(黒モン族) Y Linh Ho
タインフー Thanh Phu (タイ族)
タヴァン Ta Van (赤ザオ族、黒モン族、ザイ族)
Muong Hoa
トパス・エコロッジ P.377
サンワールド・ファンシーパン・レジェンド P.373
ザンタチャイ(赤ザオ族) Giang Ta Chai
バンホー(タイ族) Ban Ho
ミーソン My Son (サフォー族)
0 10km

サパ周辺の少数民族の服装

各民族ともに、女性の衣装に大きな特徴が見られる。

黒モン族 Black H'mong

袖口と襟に刺繍が入った藍色シャツに、スカート、ソックスを着用。光沢のあるベストを着用する人もいる。髪を束ね、筒状の帽子をかぶるのも特徴。

花モン族 Flower H'mong

襟から右脇にかけて刺繍が入ったシャツに、刺繍入りのエプロンを着用。ベトナムで最も色鮮やかな衣装。刺繍のスカートは1kgほどあり、最近は中国製のプリントスカートを着用する人がほとんど。

フーラー族 Phu La

黒いパンツに藍色のシャツを着用。腕章のようなカラフルな刺繍が特徴。

ザイ族 Dzay

薄い色の生地に襟から右の脇にかけて刺繍入りの布を縫い合わせたシャツに黒いパンツを着用。

タイ族 Tay

黒いパンツにシャツ、かぶりものを着用する。現在では黒いパンツのみが特徴。右は伝統的なスタイル。

赤ザオ族 Red Dzao

刺繍入りパンツと襟と袖口に刺繍が入った黒い上着を着用し、頭に鈴や房飾りを付けた赤い布を巻いている。成人女性は眉毛、髪を剃るのも特徴。

サパで見つけた少数民族グッズ

市場には緻密な刺繍がびっしり施された衣類もⒸ

少数民族のマスコット 45万ドンⒶ

モン族の藍染めを組み合わせたシックなポーチ36万ドンⒶ

赤ザオ族の刺繍入り腰巻き(10万ドン)はストールとして使うのもアリⒸ

iPadケースとパスポートケース各15万ドンⒷ

Ⓐインディゴ・キャット Indigo Cat (→ P.376)
Ⓑヘンプ & エンブロイダリー Hemp & Embroidery MAP P.372A図-3B 住14 Mường Hoa ☎035-5523850(携帯) 営8:00 ～ 22:00 休無休 カード不可
Ⓒサパ市場 (→ P.374)

ツーリストインフォメーションセンター
Tourist Information Center

MAP 右図-2A 住 2F, 2 Phan Xi Păng ☎(0214) 3871975
URL www.sapa-tourism.com
営 7:45～11:30、13:30～17:30
休 無休

トレッキングのアレンジやホテルの紹介を行っている。サパ旅行の資料も入手可能。ラオカイ発ハノイ行きの列車のチケット手配もできる。

サパ博物館
Bảo Tàng Sa Pa
Sa Pa Museum

MAP 右図-2A 住 2F, 2 Phan Xi Păng ☎(0214) 3873239
開 7:30～11:30、13:30～17:00
休 不定休 料 無料

サパの歴史や自然、周辺で暮らす各少数民族の生活を、写真や衣装、生活道具の展示で紹介した博物館。細部まで実物が使われ見応えがある。1階にサパの特産品を扱うショップあり。

ベストシーズンと服装のアドバイス

トレッキングをするなら4～5月頃と9～11月頃がベスト。特に9月頃は金色の稲穂が実った美しい棚田が見られる。6～8月にかけては雨が多く、1～3月は寒さが厳しい。気候は夏でも涼しく、夜は10℃近くまで下がることもあるので、上着やセーター類を用意して行こう。冬は防寒着（厚手のセーター・ジャンパー類・靴下など）が必要。また、トレッキングは必ず履き慣れたシューズで。雨具や長靴のレンタルもできる。

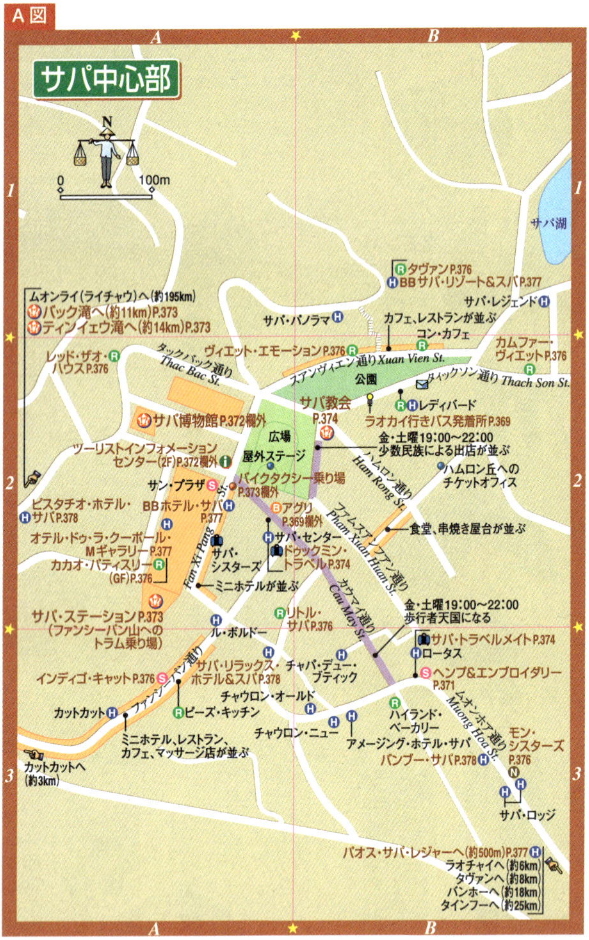

A図

サパ中心部

0 100m
サパ湖
タヴァン P.376
BBサパ・リゾート&スパ P.377
サパ・レジェンド
サパ・パノラマ
カフェ、レストランが並ぶ
コン・カフェ
カムファー・ヴィエット P.376
ムオンライ（ライチャウ）へ（約195km）
バック滝へ（約11km）P.373
ティンイェウ滝へ（約14km）P.373
レッド・ザオ・ハウス P.376
ヴィエット・エモーション P.376
タックバック通り Thac Bac St.
スアンヴィエン通り Xuan Vien St.
公園
タックソン通り Thach Son St.
サパ教会 P.374
レディバード
ラオカイ行きバス発着所 P.369
サパ博物館 P.372欄外
広場
屋外ステージ
金・土曜19:00～22:00 少数民族による出店が並ぶ
ツーリストインフォメーションセンター（2F）P.372欄外
バイクタクシー乗り場
ハムロン通り Ham Rong St.
ハムロン丘へのチケットオフィス
サン・プラザ P.373欄外
ピスタチオ・ホテル・サパ P.378
BBホテル・サパ P.377
アグリ P.369欄外
オテル・ドゥ・ラ・クーポール・Mギャラリー P.377
ファンシーパン通り Fan Xi Pang St.
サパ・センター
ドゥックミン・トラベル P.374
ファムスアンフアン通り Pham Xuan Huan St.
食堂、串焼き屋台が並ぶ
カカオ・パティスリー（GF）P.376
サパ・シスターズ
ミニホテルが並ぶ
サパ・ステーション P.373（ファンシーパン山へのトラム乗り場）
リトル・サパ P.376
カウマイ通り Cau May St.
金・土曜19:00～22:00 歩行者天国になる
ル・ボルドー
サパ・トラベルメイト P.374
ロータス
ヘンプ&エンブロイダリー P.371
インディゴ・キャット P.376
サパ・リラックス・ホテル&スパ P.378
チャパ・デュー・ブティック
ファンシーパン通り
チャウロン・オールド
カットカット
ビーズ・キッチン
ハイランド・ベーカリー
ムオンホア通り Muong Hoa St.
モン・シスターズ P.376
チャウロン・ニュー
アメージング・ホテル・サパ
バンブー・サパ P.378
ミニホテル、レストラン、カフェ、マッサージ店が並ぶ
カットカットへ（約3km）
サパ・ロッジ
パオス・サパ・レジャーへ（約500m）P.377
ラオチャイへ（約6km）
タヴァンへ（約8km）
バンホーへ（約18km）
タインフーへ（約25km）

B図

✉ ファンシーパン山の登山は現地で簡単に申し込みが可能。ホテルを通すと70～90US$。旅行会社では60～62US$。1泊2日で登る人がほとんどで、食料、寝袋、↗

見どころ Sightseeing

★★★ ロープウエイでインドシナ最高峰へ　MAP P.370

サンワールド・ファンシーパン・レジェンド
Sun World Fansipan Legend

ホアンリエンソン（Hoàng Liên Sơn）山脈の一部で、インドシナ半島最高峰（3143m）の高さを誇るファンシーパン山を舞台にした一大テーマパーク。サパ中心部にあるサパ・ステーション（MAP P.372A図-2A）からトラムでムオンホア・ステーションへ。そこから徒歩約10分の所にあるホアンリエン・ステーションでロープウエイに乗り、山頂付近のファンシーパン・ステーションへ（約30分）。ここから山頂まではトロッコが運行。山頂で記念撮影後、山頂付近に設けられた大仏や寺を見学しながらファンシーパン・ステーションまで下りる。

左／ファンシーパン・ステーション周辺には10を超える寺や仏塔が建設された
右／全長6292.5m、標高差1410mのロープウエイ。棚田や雄大な山々の景色を楽しめる

★★ 愛の伝説にちなんで名づけられた　MAP P.370

ティンイェウ滝（ラブ・ウオーターフォール）
Thác Tình Yêu　Love Waterfall

サパ中心部から西に約15km、ファンシーパン山の登山口付近にあるロマンティックな名前の滝。ここに伝わる妖精と青年の愛の伝説にちなんで「愛の滝」と名づけられ、ベトナム人カップルにも人気だ。滝から流れる渓流は黄金に見えることから「ゴールデン・ストリーム」とも呼ばれる。

滝は国立公園の内部にあり、入口から滝までは徒歩30分ほどのトレイルコースを歩く

落差は約100m。夏は滝つぼで泳ぐ外国人観光客の姿も

★「銀のシルク」を意味する　MAP P.370

バック滝（シルバー・ウオーターフォール）
Thác Bạc　Silver Waterfall

岩肌をぬって落下する水の流れが、銀色の絹に例えられている

サパからティンイェウ滝へいたる道中にある滝。標高1800mのムオンホア（Mường Hoa）山の頂から約200mの高さを、数段にカーブを描いて落下するさまは迫力満点。階段を上って滝の近くを散策することも可能。

↘ガイド料などはすべて含まれているため、防寒着とヘッドランプなどの小物のみの軽装で登ることができる。（匿名希望）['22]

各見どころへの行き方

教会広場の交差点に定額のバイクタクシー乗り場（MAP P.372A図-2A、☎096-5876668〈携帯〉）がある。目的地別に片道、往復の金額が明記された料金表があり利用しやすい。カットカット（→P.370）へは片道4万ドン、バック滝（→下記）へは片道7万ドンなど。

タクシーは初乗り1万8000ドン〜、レンタバイクは1日15万ドン〜。

サンワールド・ファンシーパン・レジェンド

☎(0214) 3818888
URL fansipanlegend.sunworld.vn/en　開7:45〜18:30（土・日曜7:00〜19:30）
休無休　料トラム往復9万9000ドン、ロープウエイ往復73万7000ドン、山頂へのトロッコ片道9万9000ドン
カード M V

各ステーションにレストラン、カフェ、ショップあり。山頂はかなり気温が低いので、暖かい服装で。
※心臓病や高血圧、糖尿病など高所に不安がある場合は要注意。

上／サパ・ステーション〜ムオンホア・ステーション間はトラムで片道約10分　中／山頂には記念碑と国旗が立ち、記念撮影スポットになっている　下／高さ約31mの大仏を階段から望む

ティンイェウ滝（ラブ・ウオーターフォール）

開9:00〜17:00　休無休
料7万ドン

バック滝（シルバー・ウオーターフォール）

開8:00〜17:30　休無休
料2万ドン

☆☆ 美しいサパの町並みが見下ろせる

ハムロン丘

MAP P.370

Đồi Hàm Rồng　Ham Rong Hill

町の東側に白色や灰色の石灰岩がニョキニョキと突き出た丘陵地帯があり（その景観が龍の顎に似ていることからハムロン〈ハム＝顎、ロン＝龍〉と呼ばれている）、周辺は自然公園のように整備されている。園内にはジュースを売る東屋や少数民族の暮らしを紹介した博物館などもある。ここではぜひサン・マイ（Sân Mây）と呼ばれる頂上まで登ってみよう。サパの町、天気がよければファンシーパン山までが一望できる。南側の丘を登ったラジオアンテナが建つチャム・ヴィバ（Trạm Viba）からの眺めもすばらしい。

ハムロン丘には複数のビューポイントがあり、サパの町や山々が見渡せる

ハムロン丘
☎(0214)3871289
開6:00～18:00（夏季～18:30）
休無休　料7万ドン、子供（身長130cm以下）3万5000ドン
　無料の遊歩道図がもらえる。園内のエスニック・ビレッジでは、1日4～6回、少数民族のダンスショーが行われる。

☆ 町のシンボル的存在

サパ教会

MAP P.372A図-2B

Nhà Thờ Sa Pa　Sa Pa Church

1920年にフランス人によって建てられた教会。1954年、ディエンビエンフーの戦いでフランス軍が敗れると同時に教会も一部破壊されたが、その後、十数年にわたって修復されてきた。ミサの時間以外は門が閉ざされ中へ入ることはできない。

サパ教会
　ミサは月～土曜の5:30、18:30、19:00。日曜は8:30、9:00、19:00。

町のランドマークとなるサパ教会。近くにはみやげ物売りや軽食の屋台も出る

☆☆☆ 少数民族グッズを手に入れるならココ

サパ市場

MAP P.372B図-1B

Chợ Sa Pa　Sa Pa Market

サパ湖の北側にある近代的な市場。市場の前はバス停になっており、周辺には安い食堂なども多い。1階はみやげ物、洋服、スパイス、漢方、生鮮食品売り場と食堂があり、2階はおもに洋服売り場。2階の北側は黒モン族や赤ザオ族などの少数民族雑貨の製作&販売スペースになっている。観光客へのセールス攻撃は激しいが、少数民族の雑貨が欲しいなら、ここが一番種類豊富でリーズナブルだ。

サパ市場
営6:00頃～18:00頃　休無休
　サパ教会前～サパ市場間を電気自動車が運行。片道6000ドン。

民族布の豊富さに圧倒される

旅行会社＆ツアーオフィス ✿ TRAVEL OFFICE & TOUR OFFICE

●ドゥックミン・トラベル　Duc Minh Travel
MAP P.372A図-2A
住10 Cầu Mây（サパ・センター・ホテル内）
☎(0214)3871881　URL ducminhtravel.com
営6:00～22:00　休無休　カード JMV
　少数民族ホームステイ（1泊2日～4泊5日）やファンシーパン山ツアー（2泊3日～）、自転車ツアーなどが人気。セオチュア、チュンチャイ、モンセンといった少数民族の村や棚田を約5時間歩く1日トレッキングツアーはひとり19US$～、6人以上で催行。

●サパ・トラベルメイト　Sapa Travelmate
MAP P.372A図-3B　住5 Mường Hoa（ロータス・ホテル内）　☎(0214)3873625～6
URL sapatravelmate.com　営7:30～12:00、14:00～18:00　休無休　カード JMV
　赤ザオ族、モン族を含む15人の地元ガイドがおり、日帰りから1週間までさまざまなツアーを主催。人気はマーチャやタフィンへの1日ツアー（15～20US$）やバックハー・ツアー（15US$～）。ラオチャイやタヴァンでのホームステイは日帰りが15US$～、1泊2日30US$～。ファンシーパン山トレッキングもアレンジ可能。

●トパス・トラベル　Topas Travel
MAP P.372B図-1B　住15 Lê Văn Tám
☎(0214)3871331　URL www.topastravel.vn
営7:30～17:30（土・日曜8:00～）　休無休
カード ADJMV
　サパから約18km離れた赤ザオ族の村に「トパス・エコロッジ」（→P.377）、約35km離れたナムカン村に「リバーサイドロッジ」をもつ旅行会社。各ロッジを拠点にしたユニークな個人ツアーをアレンジ。ツアーには基本的にハノイからの送迎、ツアーガイド、宿泊代、飲食代、入域料などが含まれる。

Voice! 夏でも朝晩冷え込むサパでは、各レストランで独自のショウガ茶を出している。ライスティーやエモーションティーなど名称はさまざまだが、基本は刻んだ生ショウガに、↗

郊外の町

少数民族が集まるマーケットが開かれる

バックハー

Bắc Hà

MAP 折表-1A、下図

サパから北東へ約110km、ラオカイから車で約2時間の山奥にある。普段は静かなこの町も、毎週日曜になると朝から開かれるマーケットを目指して、各少数民族の人々が周辺の山村から続々と集まり、小さな町はいきおい活気づく。せっかく週末にサパまで来たのなら、日曜はバックハーへ出かけよう。まだまだ素朴な魅力にあふれる人々と、どこか懐かしい農村の風景が待っている。

バックハーの見どころ 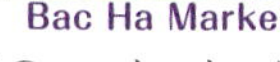

Sightseeing

★★★ 花モン族でにぎわう日曜市で有名

バックハー市場

Chợ Bắc Hà

Bac Ha Market

MAP 上図-1B、2B

バックハーの日曜市は鮮やかな民族衣装をまとった花モン族であふれ返る

このマーケットへはぜひ日曜に訪れたい。カラフルな民族衣装をまとった花モン族の女性たちが、農作物を売り買いしたり、友達に会うために、遠くは夜明け前に出発して約20kmもの道のりを歩いてやってくるという。市場とその周辺には野菜や日用品、民族衣装などの露店がズラリと並び、大きなカゴを背負った女性たちでごったがえしている。その色とりどりの衣装が集うさまは、まさに満開の花畑を眺めているようだ。ほかにフーラー族や赤ザオ族、タイ族などの人々もやってくるが、人数自体は少ない。マーケットは6:00頃開始し、ピークは10:00から昼過ぎ頃まで。また、バックハー近郊のカンカウでは土曜の朝に、コックリーでは火曜の朝にマーケットが開かれる。

左／鮮やかな刺繍が施されたグッズがズラリと並ぶ　右／市場には食堂エリアもあり、麺類などが食べられる

↘紅茶、シナモン、砂糖などが入るお茶で、これにリンゴの香りを加えたりと、店によって味もさまざま。疲れたらぜひこのショウガ茶を飲んで温まろう。

バックハーの市外局番 0214

バックハーへの行き方・バックハーからの交通

ラオカイ・バスターミナルから、バックハー行きが6:30〜17:00の間に10便運行。6万ドン、所要約2時間30分。バックハー・バスターミナル（MAP 左図-2B参照）からラオカイ行きが5:30〜16:00の間に6便運行。6万ドン、所要約2時間。タクシーならサパ〜バックハー片道80US$〜、ラオカイ〜バックハー片道40US$〜。サパからのツアーは日曜9:30発、15:00帰着で15US$〜。

両替

たいていのホテルでUSドルの現金からベトナム・ドンへの両替が可能。

バックハーでの食事

バックハー市場やホテルの多い9月20日通り、ゴックウイェン通りに多く、カフェもある。

少数民族グッズはサパで買うよりもバックハー市場のほうが安い

バックハーの旅行会社

下記旅行会社のほか、ホテルやゲストハウスでツアー手配ができる所もある。

バックハー・トレッキングツアー
Bac Ha Trekking Tour

MAP 左上図-1B
住 152 Ngọc Uyển
☎ 098-2804708（携帯）
URL www.bachatrekking.com
営 事前に連絡を　休 無休

バックハー発のトレッキングツアーやバイクツアーを主催。カンカウ市場へ立ち寄る1泊2日ツアーは70US$。

その他の郊外の見どころ

カンカウ　Cán Cấu

MAP 左上図-1B参照

カンカウはバックハーの北約20kmに位置し、車またはバイクで約30分。ラオカイからは車で約2時間。

コックリー　Cốc Ly

MAP 左上図-2A参照

コックリーはバックハーの南西約18kmに位置し、車またはバイクで約40分。ラオカイからは車で約1時間30分。

レストラン

サパ名物はココで!

カムファー・ヴィエット　ベトナム料理

Kham Pha Viet　MAP P.372A図-2B

地元に愛される大衆酒場で、中国に起源をもつといわれるモン族伝統の馬肉鍋（Lẩu Thắng Cố、40万ドン～）が楽しめる。サーモン鍋（Lẩu Cá Hồi、50万ドン～）や特産の野菜（Rau Cải Mèo、5万ドン～）を使った料理などサパ名物もおすすめ。

手前は馬肉のグリル（20万ドン）。地酒のリンゴ酒（Rượu Táo Mèo）と一緒に味わいたい

住15 Thạch Sơn　☎(0214)3871555、091-2032430（携帯）
営9:00～22:00　休無休　カード不可　予約不要

味も見た目も格別なアフタヌーンティー

カカオ・パティスリー　カフェ

Cacao Patisserie　MAP P.372A図-2A

「オテル・ドゥ・ラ・クーポール・Mギャラリー」（→P.377）内のカフェ。アフタヌーンティー（62万9000ドン／ふたり）は、ボリューム、味、見た目の美しさと、どれをとっても満足度が高いと評判。

アフタヌーンティーはサパ・ハイランドティーセットと英国式の2種類ある

住1 Hoàng Liên　☎(0214)3629999
営7:00～19:00（宿泊客以外は金～日曜9:00～18:00のみ）
休無休　料税・サ別　カードAMV　予約不要

その他のレストラン

Restaurant

タヴァン　アジア&西洋料理

Ta Van　MAP P.372A図-1B

住Hoàug Diệu（BBサパ・リゾート&スパ内）
☎(0214)3871522　営6:30～22:00　休無休
カードAJMV　予約不要

地元の旬の食材を使ったアジア&西洋料理が味わえるホテルダイニング。おすすめはサパ産のマスを使った料理で、人気はサパ・スペシャル鍋など。予算は30万ドンくらい。土曜夜は少数民族のダンスパフォーマンスもある。

リトル・サパ　ベトナム&西洋料理

Little Sapa　MAP P.372A図-2A

住5 Đồng Lợi　☎038-8063526（携帯）
営10:00～15:00、17:00～22:00　休無休
カード不可　予約不要

ベトナム&西洋料理全般を供する、欧米人に人気の老舗レストラン。人気は熱々の鉄板でサーブされる“リトル・サパ・スタイル”のグリル料理。牛肉、魚、豚肉などが選べ、おすすめは豚肉とレモングラスのグリル（12万5000ドン）。

ヴィエット・エモーション　ベトナム料理

Viet Emotion　MAP P.372A図-2B

住17 Xuân Viên　☎(0214)3872669
営7:30～23:00　休無休
カード不可　予約不要

オーガニック&化学調味料不使用の、こだわりの料理が味わえる。自家製の豆腐とトマト炒め（7万5000ドン）やナスのグリル（8万5000ドン）など、新鮮なサパ産野菜を使ったメニューや、100%アラビカのエスプレッソ（3万9000ドン～）が店の自慢。

レッド・ザオ・ハウス　各国料理

Red Dao House　MAP P.372A図-2A

住4B Thác Bạc　☎(0214)3872927
営8:00～21:00　休無休
カードMV　予約要予約

山小屋風の落ち着いた雰囲気の店。西洋料理がメインでチキンやポークなどの肉料理（14万ドン～）がおいしい。一番のおすすめは、フライドポテトとサラダ付きのサパ・サーモン（25万ドン）と、シカ肉のレモングラス&チリ味（15万5000ドン）。

モン・シスターズ　バー

The H'mong Sisters　MAP P.372A図-3B

住31 Mường Hoa　☎097-6259828（携帯）
営14:00～深夜　休無休
カード不可　予約不要

花モン族のファブリックで彩られたおしゃれなバー。バーの少ないサパでは貴重な存在。ビールは3万5000ドン～、アイリッシュ・マティーニなどのカクテルは各10万5000ドン。水タバコのシーシャ（25万ドン）も楽しめる。

ショップ

Shop

インディゴ・キャット　手工芸品&布小物

Indigo Cat　MAP P.372A図-3A

住34 Phan Xi Păng　☎098-2403647（携帯）
営8:30～21:00　休無休
カードMV

サパ近郊に暮らすモン族の手工芸品を販売するフェアトレードショップ。どれも質がよく、デザインもいい。さまざまな刺繍布を使ったコースター5万ドンなど。事前予約でタヴァンにある工房で製作体験もできる（40万ドン、交通費別）。

Voice! サパ名物のひとつ、サパ・サーモンとはマス（英語ではトラウトTrout）のこと。

ホテル Hotel

環境に寄りそうエコリゾート
トパス・エコロッジ 高級ホテル
Topas Ecolodge MAP P.370

サパ中心部から約18km、美しい棚田が広がる山あいにある自然に囲まれたリゾート。小高い丘に、タイ族の伝統的な高床式家屋を移築して建てられたレセプション、レストラン、スパ、49のバンガロー、棚田ビューが楽しめるインフィニティプール、野菜畑などが点在し、まるでひとつの村のよう。環境や地域に寄り添うエコリゾートらしく、料理には敷地内の畑または近隣の村の野菜が使われ、客室の家具にはエコプロダクトが採用されている。自然に溶け込んだ空間で、何もしない贅沢な時間を思う存分楽しみたい。

周辺の村や棚田を散策するツアーもある

住Bản Lếch Dao, Xã Thanh Bình ☎(024)37151005(ハノイ・オフィス) URL topasecolodge.com 料ⓈⓌⓉ225US$～(朝食付き) カード ADJMV 全49バンガロー＆ヴィラ

客室はすべてバンガローまたはヴィラタイプでテレビやインターネットはない。Wi-Fiはラウンジで使用可

非日常を味わえる圧巻の意匠
オテル・ドゥ・ラ・クーポール・Mギャラリー 高級ホテル
Hôtel de la Coupole - MGallery MAP P.372A図-2A

イエローとグリーンのコロニアルな外観のホテルは、フランス領インドシナ時代のノスタルジーと少数民族の伝統文化の融合がコンセプト。エントランスやレストラン、客室からエレベーターまでどこを切り取っても絵になる建築は、まるでアート作品のよう。

グリーンが基調のデラックスキング

住1 Hoàng Liên ☎(0214)3629999 URL mgallery.com 料ⓈⓌⓉ99.35US$～ スイート279.02US$～(＋税・サービス料15%) カード AMV 全249室

豪奢な5つ星ホテル
シルク・パス・グランド・リゾート＆スパ・サパ 高級ホテル
Silk Path Grand Resort & Spa Sapa MAP P.372B図-1A

中心部を見下ろす小高い丘の上にあり、館内はラグジュアリーな別世界が広がる。少数民族のテキスタイルで彩られた客室は、全室バルコニーかテラス付き。赤ザオ族の薬草風呂が体験できる「チー・スパ」など施設もハイレベル。

一面ガラス張りの温水プール

住Đội Quản 6 ☎(0214)3788555 URL silkpathhotel.com/en/sapa 料ⓈⓌⓉ805万ドン～ スイート1035万ドン～ バンガロー2760万ドン～(＋税・サービス料15%) カード AJMV 全152室

棚田ビューをひとり占め
パオス・サパ・レジャー 高級ホテル
Pao's Sapa Leisure MAP P.372A図-3B参照

ムオンホア渓谷の壮大な棚田を望むパノラマビューが魅力の5つ星ホテル。客室からはもちろん、レストランやルーフトップバー、温水プールからも牧歌的な風景を満喫できる。棚田トレッキングには便利な立地。

すばらしい眺望を楽しめるループトップバーのバルコニー席

住Mường Hoa ☎(0214)6253999 URL paoshotel.com 料ⓈⓌⓉ230万ドン～ スイート520万ドン～(朝食付き) カード ADJMV 全223室

丘の上のリゾートホテル
BBサパ・リゾート＆スパ 高級ホテル
BB Sapa Resort & Spa MAP P.372A図-1B

評判の高いスパや飲食店など館内設備は、ほぼそのままに「ヴィクトリア・サパ・リゾート＆スパ」が「BBサパ・リゾート＆スパ」として生まれ変わった。コロニアルスタイルの「BBホテル・サパ」(MAP P.372A図-2A)と同経営。

客室はあたたかみのある木目調で統一

住Hoàng Diệu ☎(0214)3871522 URL bbhotels-resorts.com/bb-sapa-resort-spa12 料ⓈⓌⓉ130～250US$(＋税・サービス料15%。朝食付き) カード AJMV 全77室

ホテル

Hotel

すばらしい眺望のラグジュアリーホテル

ピスタチオ・ホテル・サパ　高級ホテル

Pistachio Hotel Sapa　MAP P.372A図-2A

ホアンリエンソン山脈とムオンホア渓谷が望める好立地でサンライズやサンセットも楽しめる。少数民族布をあしらった客室は、高級感がありながらも居心地のよさが評判。スパ、屋内&屋外のふたつの温水プール、飲食店がある。

全室バスタブ付き。広々とした客室が自慢

住29, Tổ 5, Thác Bạc　☎(0214) 3566666
URL pistachiohotel.com　料ⓈⓌⓉ220万ドン～　スイート450万ドン～(朝食付き)　カード AJMV　全106室

谷側の客室からの眺めがすばらしい

バンブー・サパ　エコノミーホテル

Bamboo Sapa　MAP P.372A図-3B

山小屋風のデザインをベースに近代的な設備を配した清潔感のあるホテル。客室の設備も整い、全室に電気ヒーターと暖炉が設置されている。レストランからの眺めもよく、味もレベルは高い。人気なので早めの予約を。

新館と旧館があり、写真は新館のデラックスルーム

住18 Mường Hoa　☎(0214) 3871076
URL www.bamboosapahotel.com.vn　料ⓈⓉ117万～235万ドン　スイート297万ドン～（朝食付き）　カード JMV　全109室

その他のホテル

Hotel

サパ・リラックス・ホテル&スパ　エコノミーホテル

Sapa Relax Hotel & Spa　MAP P.372A図-3A

住19 A Đông Lợi　☎(0214) 3800368
URL www.saparelaxhotel.com　料ⓈⓌⓉ60US$～　スイート100US$～(朝食付き)　カード MV　全58室

迫力のホアンリエンソン山脈を望むホテルで、客室のバルコニーからは青々とした山々や田園風景が楽しめる。フローリングの清潔感あふれる客室は設備が整い、暖房も完備。スパでは赤ザオ族の伝統薬草風呂やサウナが人気。

バックハーのホテル

Hotel

ガンガー・バックハー　ミニホテル

Ngan Nga Bac Ha　MAP P.375-1A

住117 Ngọc Uyển　☎(0214) 3880286
URL www.nganngabachahotel.com
料ⓈⓉ22～50US$（朝食付き）　カード JMV　全12室

バックハーではわりと大きく、ツアーデスクもあって欧米人の利用も多い。レストランの味がよく、サパからの日帰りツアーの昼食で使われることが多い。デラックスルームはバルコニー付き。

コンフー　ミニホテル

Cong Fu　MAP P.375-1B

住152 Ngọc Uyển　☎(0214) 3880254、097-7415929(携帯)
E-mail congfuhotel@gmail.com　料Ⓢ65万ドン　ⓌⓉ70万ドン～　3人部屋80万ドン～（朝食付き）　カード MV　全25室

バックハーでは比較的新しいホテル。客室はシンプルでやや狭いが、電気ヒーターやエアコンなど、設備は揃っている。レストランはサパからのツアー客にも利用されている。

Column

消えたサパの歌垣

サパを訪れる外国人旅行者が増えるにしたがい、各少数民族の文化や風習に変化が生じている。そのひとつの例が歌垣※(ラブマーケット)の消滅だ。90年代後半までは、週末の夜になるとサパ市場周辺にザオ族の若い男女が集まり、女の子たちは男の子たちの気を引くためにハミングのような独特な歌声で歌ったり、カセットテープレコーダーで音楽を流す姿が見られたものだった。しかし、今ではその姿もほとんど見られなくなってしまった(サパ以外の某村では行われている)。その原因のひとつが、外国人旅行者が見物に集まったためといわれている。

少数民族の文化や風習に興味をもつのはよいが、「われわれは訪問者」の立場をしっかりと認識し、むやみに彼らの生活に立ち入らないよう注意を払いたい。

※歌垣とは未婚の男女が集まり、歌謡をかけ合い求婚する習俗。古い習慣で、現在でも中国南部から東南アジアにかけての一部の地域で行われている。古くは日本でも行われていた。

サパ観光の起点となる中国国境の町

MAP 折表-1A

ラオカイ

ラオカイの市外局番
0214
Lào Cai

時間に余裕があればハノイからの鉄道旅を楽しみたい

ハノイの北西約240km、中国雲南省と接する国境の町。1979年の中越紛争以来、国境は閉鎖されていたが、1993年に再び門戸が開かれた。ベトナムと中国を結ぶ貨物列車が行き交うようになり、国境貿易でおおいににぎわっている。ホーキエウ2橋を核として、町は加速度を増して変化。さらに、2014年にはハノイから中国・昆明までの高速道路の一部が開通し、10時間かかっていたハノイ～ラオカイ間をわずか4時間あまりで結ぶようになった。

両替

駅前、国境のイミグレーションオフィス近く、コックレウ地区に銀行があり、USドルの現金からベトナム・ドンへの両替が可能。グエンフエ通りの商店でも中国元、USドルの現金からベトナム・ドンへの両替が可能。

A図

B図

アクセス ACCESS

ラオカイへの行き方

●列車

ハノイ駅から週1便運行。所要約7時間55分。ホテルや旅行会社が独自の名称で車両をもち、これらの車両チケットが各旅行会社や各ホテルで販売されている。

●バス

ハノイのミーディン・バスターミナルから5:30～23:00の間に寝台バスが1時間間隔で運行。25万ドン、所要約4時間30分。ザーラム・バスターミナルからも8:20、11:00、16:00、20:00発の4便運行。26万ドン～、所要約5時間。サパから路線バス1番が7:00～18:30の間に30分間隔で運行。3万ドン、所要約1時間。バックハーから5:30～16:00の間に6便運行。6万ドン、所要約2時間。

ラオカイからの交通

●列車

ハノイ駅へは21:30発の1便運行。所要約8時間。

●バス

サパへはラオカイ駅近くのバス停（MAP 上A図-2B）から路線バス1番が5:20～17:00の間に30分間隔で運行。3万ドン、所要約1時間。また、バス停横の駐車場（MAP 上A図-2B）から列車の到着時間に合わせてミニバスが運行。5万ドン、所要約45分。バックハーへは6:30～17:00の間に10便運行。6万ドン、所要約2時間30分。ハノイ行きは、ラオカイ中央バスターミナル（Bến Xe Trung Tâm Lào Cai MAP 上A図-2B参照）からザーラム・バスターミナルへは18:45、17:00発の2便が、ミーディン・バスターミナルへは6:30、8:15、16:00、18:45発の4便運行。23万ドン、所要4～5時間。

Voice ハノイ発ラオカイ行きのバスは、サパ・エクスプレス（→P.314）など、サパ行きバスの会社が運行する場合が多い。

上はラオカイ駅、下は駅前のグエンフエ通り。ホテルや食堂が並ぶ

歩き方 Orientation

ラオカイはホン河を挟んでコックレウ地区とラオカイ地区に分けられる。コックレウ側のメインストリートとなるホアンリエン通り沿いには郵便局、学校、市場、人民委員会などが並び、町の機能の中心はこちら側に集中している。両地区を結ぶコックレウ橋を渡ってラオカイ地区を歩けば、細い通り沿いにホテルや食堂などが並ぶ。この通りを北へ10分ほど歩けば中国との国境の橋だ。その周辺は天秤棒を担いだ荷運びの女性たちが行き交い、バイクタクシーがたむろし、ちょっとしたにぎわいを見せている。近年では中国からの観光客の姿が増えている。

ホーキエウ２橋のたもとからは中国がもう目の前に見える

国境開放時間
開7:00～22:00

見どころ Sightseeing

★英雄を祀る神社 MAP P.379B図-1B

トゥオン祠
Đền Thượng　Thuong Shrine

13世紀後半、元の侵攻を撃退した武将チャン・フン・ダオ（本名チャン・クオック・トアン）を祀る。チャン・フン・ダオは国を救った英雄として神格化され、ベトナム全土で広く信仰されている。高台に位置するここからはナムティー川、さらにその向こうの中国まで見渡せる。

トゥオン祠
☎なし
開7:00～22:00　休無休
料無料

上／階段を上った右側の菩提樹は、数百年前からこの地に立つといわれており、信仰の対象にもなっている
右／国境のホーキエウ２橋からすぐの場所にある

ホテル Hotel

ラオカイでのホテルの探し方

ラオカイでホテルを探すなら、駅前のグエンフエ通り、ファンディンフン通り沿いへ行けば、１泊30万～50万ドンのミニホテルが並んでいる。半日、あるいは１時間単位で宿を提供しているホテルも多いので、バスや列車待ちに利用したい。

サパリー Sapaly　中級ホテル　MAP P.379B図-2B
住48 Nguyễn Huệ　☎(0214) 3666222
URL sapalyhotel.com　料Ⓢ①110万～130万ドン　スイート150万ドン～（朝食付き）　カード ADJMV　全186室

17階建てで上階からの景色がよく、客室の設備は申し分なし。飲食施設は３つあり、ベトナム料理と中国料理のレベルは高い。中国国境近くにある。

ラオカイ・スター Lao Cai Star　中級ホテル　MAP P.379A図-1A
住3 Hoàng Liên　☎(0214) 3823328　URL www.laocaistarhotel.com　料ⓈⓌ①90万ドン～　スイート160万ドン～　VIP380万ドン～（朝食付き）　カード AJMV　全141室

コックレウ地区の中心部、コックレウ市場近くに建つ大型ホテル。客室は明るく、設備も申し分ない。館内にはマッサージ、レストラン、カフェがある。旧館と新館がある。

ティエンハイ Thien Hai　エコノミーホテル　MAP P.379A図-2B
住306 Khánh Yên
☎(0214) 3833666
料ⓈⓌ①60万～100万ドン（朝食付き）　カード不可　全45室

ラオカイ駅から徒歩約30秒の場所に建つ10階建てのホテル。駅周辺では最も規模が大きく、設備は近代的で、お湯がためられるバスタブ付き。ツアーデスクもあり便利。最上階（10階）のカフェ・バーからは、ラオカイの景色が楽しめる。

歴史的勝利を収めた激戦地

MAP 折表-1A

ディエンビエンフー

ディエンビエンフーの市外局番
0215

Điện Biên Phủ

仏領時代に建設され、往時の姿をとどめるムオンタイン橋（→P.383）

ハノイから車を飛ばし約10時間、飛行機なら約1時間の、丘に囲まれたこの小さな町が、世界史の教科書にも登場する有名な場所。この場所こそベトナム独立戦争の分岐点となった、フランス植民地軍とベトミン軍（ベトナム独立同盟軍）との最後の激戦地である（→P.383、445）。長年ベトナムを植民地支配してきたフランスはこの戦いで敗北。これによって西欧の植民地政策にピリオドが打たれた。

町の中心から30分も歩けば、一面の水田とターイ族の高床式の家が建つのんびりとした山奥の田舎町だが、道路やホテルが整備されつつあり、年々、外国人観光客の姿も増えつつある。

歩き方 Orientation

ソンラーを経てディエンビエンフーに入ると、国道の左右にいくつもの丘が見えてくる。それらのほとんどがかつてのフランス軍の陣地だった所。それぞれの丘には番号がつけられ、そのうちのいくつかはコンクリートで認識番号が示されている。小さな町とはいえ、それらの丘すべてを巡ることは現実的ではない。A1の丘（→P.382）やド・カストリーの司令部跡（→P.383）なら観光用に整備されており、また町なかにあるため、徒歩で移動できる。

ノンニャイ記念碑

Đài Kỷ Niệm Noong Nhai
Noong Nhai Monument
MAP P.382-2B参照

町なかから約2.5kmの所に、1954年4月25日のフランス軍による空爆で亡くなった444人の慰霊碑として、死んだわが子を抱きかかえる母親像が建てられている。

パートム洞窟

Động Pa Thơm
Pa Thom Cave
MAP P.382-2B参照

町なかから約40km、ラオスとの国境に近い山中に大きな鍾乳洞がある。洞窟内へは100mほど進めるが、ライトアップなどの観光整備はされておらず、懐中電灯が必要。また途中のパートム村（Xã Pa Thơm）からの道はかなり険しいので、しかるべきドライバー、ガイドの同行が必要。

アクセス ACCESS

ディエンビエンフーへの行き方

●飛行機

ハノイからバンブー・エアウェイズが毎日1便運航。所要約1時間。

●バス

ハノイのミーディン・バスターミナルから寝台バスが16:00、16:30、17:45、19:00、20:00の5便運行。40万ドン～、所要約10時間。ほかにソンラー、ライチャウなどからも便がある。

ディエンビエンフーからの交通

●飛行機

行きの項（→左記）参照。

●バス

ディエンビエン・バスターミナル（MAP P.382-1A）からハノイのミーディン・バスターミナルへ寝台バスが20:00、21:00発の2便運行。38万ドン～、所要約12時間。ソンラー、ライチャウ行きの便もある。ラオスのルアンパバーン行きは2022年10月現在、運休中。

見どころ Sightseeing

ディエンビエンフーの戦いの資料が充実

MAP 下図-2B

ディエンビエンフー歴史的戦勝博物館

Bảo Tàng Chiến Thắng Lịch Sử Điện Biên Phủ　Dien Bien Phu Victory Museum

規模の大きな博物館で、ディエンビエンフーの戦いを4つのテーマに分けて約1000点もの資料や写真とともに紹介している。当時使用されていた小火器や写真、人形などが展示されており、ベトミン軍の物資輸送は人力、武器の多くは旧式で数も不十分という劣勢のなかで、いかにフランス軍と戦ったかがよくわかる。建物は、ディエンビエンフーの戦いで兵士たちがかぶっていた竹の帽子をモチーフにしている。

作戦会議の様子。中央はホーチミン

ディエンビエンフー歴史的戦勝博物館
住Tổ 1, P. Mường Thanh
☎(0215) 3831341
開7:00～11:00、13:30～18:00（冬季～17:30）
休無休　料10万ドン

ベトナム兵がフランス軍の総司令部の屋根に登る。ディエンビエンフーの戦いにおける勝利の瞬間

抗仏戦争でフランス軍が立てこもった

MAP 下図-2B

A1の丘

Đồi A1　A1 Hill

A1の丘
☎(0215) 3830874
開7:00～11:00、13:30～17:00
休無休　料2万ドン

左／フランス軍の戦車数機が屋外に展示されている　右／フランス軍の塹壕　下／960kgの爆弾の爆発跡。一説には数kmといわれるトンネルを掘り進めたベトミン軍が、フランス軍の塹壕の下あたりに爆弾を仕掛け、起爆させた

攻め来るベトミン軍に対して、フランス軍が最後まで立てこもった丘のひとつ。丘の南側には当時使用されていた戦車や砲、重火器が並べられている。小さな塹壕を左に見ながら小道を上ると、頂上付近には記念碑が建てられ、その横にはフランス軍が使用したM24戦車が壊れたまま置かれている。さらにフランス軍の強固な塹壕陣地も残されている。頂上から東へ20mほど下ると、ベトミン軍が使用した960kgの爆弾の跡がすり鉢状に残っており、さらに下ると両軍が掘り進めた塹壕が網の目のように残され、有刺鉄線を張り巡らせて当時の要塞の模様も再現。この丘の数百m西側にはフランス軍の総司令部があり、まさに雌雄を決する最後の砦となり、両軍ともに総力をあげた激戦地だったといわれる。

★★ フランス軍の総司令部跡

MAP P.382-2A

ド・カストリーの司令部跡

Hầm Kiên Cố của Tướng De Castries　Bunker of Colonel De Castries

フランス軍のディエンビエンフー基地の総司令部跡。当時の地下壕は少数民族に切り出させた丸太を天井に渡し、鉄板を敷いた上に2.5mも土を積み上げ、さらにその上をカマボコ型の天板で覆っていたという。内部は中央通路を挟んで左右に4室ずつ部屋があり、北側の入口から入った左の3室目がド・カストリーの司令室、右の4室は通信室。

左／カマボコ型の鉄板や内部の材木は当時の物がそのまま使われている　右／薄暗い司令部内

ド・カストリーの司令部跡
☎なし
開7:00～11:00、13:30～18:00
休無休　料2万ドン

ウーヴァー温泉
Suối Nóng Khoáng U-Va
U-Va Hot Spring
MAP P.382-2B参照
☎(0215)3959005
営7:00～22:00　休無休
料入浴料5万ドン（赤ザオ族の薬草風呂は8万ドン）

町なかから約18kmの山中に温泉が湧き出る所がある。日本のそれとは趣が異なるが、宿泊施設もある。

★ 戦勝50周年を記念して建てられた

MAP P.382-1B

勝利の記念像

Tượng Đài Chiến Thắng　Victory Monument

ディエンビエンフーの戦いの際、フランス軍の陣地のひとつでもあった丘上に、2004年、戦勝50周年を記念に建てられた像がある。旗を振る兵士はド・カストリー司令部を落とした際に、屋根に上ったベトミン軍の兵士がモデルといわれている。この丘の上からの町の展望は見事。

記念像のある丘からの眺め

勝利の記念像
☎なし
開7:00～11:00、13:30～18:00（冬季～17:00）
休無休
料2万ドン（時間外は無料）

★ フランス軍が架けた鉄橋

MAP P.382-2A

ムオンタイン橋

Cầu Mường Thanh　Muong Thanh Bridge

フランス軍がナムゾム川に架けた全長約30m、幅約5mの鉄橋。橋のたもとには「1954年5月7日の14:00、第312師団360中隊がムオンタイン橋を攻撃し、司令部を撃破した」と記された石碑が立っている。

現在も当時のままの姿で利用されているムオンタイン橋。橋の東側はムオンタイン市場のため、利用者は多い

ディエンビエンフーの戦い

開戦当初の勢いを失ったド・カストリー司令官率いるフランス軍は、劣勢を打破すべくラオスとの国境に近いディエンビエンフーに飛行場、砲陣地を含めた強固な陣を築き上げた。この地を選んだのは、ベトミン軍が航空機をもたないゆえの地理的優位性、ベトミン軍のラオスからの補給路を断ち切る戦略的意味などがあったといわれている。これに対してベトミン軍は、フランス軍が「物資輸送は不可能」と考えた険しい山中を、昼夜を問わず突き進み、砲や弾薬を運び続け、やがてディエンビエンフーの盆地を見下ろす山々にたどり着いた。攻撃されにくいように巧みに砲陣地を作り上げ、攻撃準備を整えたベトミン軍は、1954年3月13日、フランス軍陣地に向けて砲撃を開始。フランス軍は圧倒的な人海戦術とゲリラ戦法で攻め入るベトミン軍に対し、空軍を中心に兵員増強、物資輸送、爆撃を繰り返したが、ベトミン軍の対空砲により作戦は進まず後退を余儀なくされる。フランス軍はムオンタインの南方、国道12号線沿いのホンクムに背水の陣を敷いたが、ベトミン軍は夜間に猛烈な攻撃を仕掛けてきた。当初は兵器の数、装備ともにフランス軍が圧倒的優位ではあったが、最後には負傷者の救出もできない状態となり、1954年5月7日、2000人以上の戦死者を出して敗退した。

町のあちらこちらにフランス軍の砲や戦車の残骸が残されている

ムオンタイン市場
営店によって異なるが、だいたい7:00～17:00
休無休

★ディエンビエンフー最大の市場

ムオンタイン市場

Chợ Mường Thanh　Muong Thanh Market　MAP P.382-1A

ムオンタイン橋の東側にある市場で、食材から生活用品までさまざまな商品が売られている。食品売り場には、地域特産のキノコや木の実、見慣れない獣肉、川魚なども並び、山の市場ならではの品揃えで見て歩くのも楽しい。

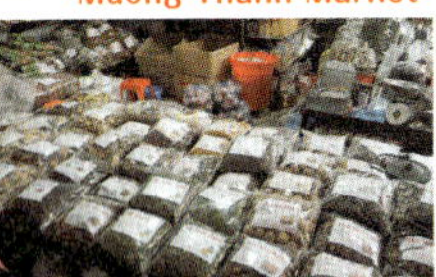
お茶や漢方食材なども並ぶ

レストラン　Restaurant

リエントゥオイ　Lien Tuoi
ベトナム料理　MAP P.382-2B参照

住64 Hoàng Văn Thái, P. Mường Thanh　☎094-1003999（携帯）
営11:30～14:00、17:30～22:00　休無休
カード不可　予約望ましい

ディエンビエンフーでは誰もが知る有名店。メイン料理はチキン、ビーフ、魚と豊富で、味もいい。英語メニューあり。ほとんどがグループ用メニューのため、ひと皿の量が多いので要注意。目安は20万ドン～。

ザントック・クアン　Dan Toc Quan
ターイ族料理　MAP P.382-2A

住Thanh Trường　☎(0215) 3828666、091-2575405（携帯）
営8:00～22:00　休無休
カード不可　予約不要

ターイ族の経営で、ターイ族の木造高床式の家を改築し、靴を脱いで床に座るスタイル。肉料理がおいしく、地酒もある。珍しい料理が多いので、ふたり以上ならいろいろ試せるセット料理（40万ドン～）がおすすめ。写真付き英語メニューあり。

ホテル　Hotel

町一番の大型ホテル

ムオンタイン・グランド・ディエンビエンフー　Muong Thanh Grand Dien Bien Phu
中級ホテル　MAP P.382-1B参照

町の中心部に立つ8階建ての4つ星ホテル。建物はやや古いものの、設備は近代的で、ちょっとだけ豪華なビジネスホテルといった趣。館内にはふたつのレストラン、屋外プール、スパ＆マッサージなどの施設がある。

落ち着いた雰囲気の客室

住514 Võ Nguyên Giáp, P. Him Lam　☎(0215) 3810043
URL dienbienphu.muongthanh.com　料Ⓢ Ⓦ Ⓣ150万ドン～　スイート240万ドン～（朝食付き）　カード M V　全134室

緑に囲まれた山小屋風ホテル

ヒムラム・リゾート　Him Lam Resort
エコノミーホテル　MAP P.382-1B参照

中心部から西へ約4km、湖のほとりに位置する自然に囲まれたベトナム式高原リゾート。広大な敷地内にはターイ族の高床式家屋を模した宿泊棟やレストランなどの飲食施設、屋外プール、サウナ、ジムなどが点在。

レストランではターイ族の郷土料理を提供

住Tổ 6, P. Him Lam　☎(0215) 3811666
URL himlamresort.vn　料Ⓢ Ⓦ Ⓣ60万～100万ドン（朝食付き）
カード M V　全83室

その他のホテル　Hotel

ファーディン　Pha Din
エコノミーホテル　MAP P.382-1A

住63, Tổ 3, Trần Đăng Ninh, P. Thanh Bình　☎(0215) 6558888
E-mail phadinhotel@gmail.com　料Ⓢ Ⓦ35万ドン　Ⓣ45万ドン　スイート70万ドン　カード M V　全68室

観光地へのアクセスがよく、周辺には食堂が多い好立地で、外国人旅行者からの評価が高いホテル。客室は明るく清潔で、スタンダードな部屋でも24m²と広々としており、設備も整う。カフェを併設。

ルビー　Ruby
エコノミーホテル　MAP P.382-1A

住43 Nguyễn Chí Thanh, P. Mường Thanh　☎(0215) 3835568
料Ⓢ56万ドン　Ⓦ Ⓣ68万～79万ドン　3人部屋90万ドン　スイート170万ドン（朝食付き）　カード M V　全31室

館内設備はレストランのみとシンプルだが、立地がよく、掃除の行き届いた客室も明るく清潔とあって人気がある。ミニバーやエアコンなど客室設備も十分。

Voice ディエンビエンフーのお米（ムオンタイン米）は、もっちりとした食感で香りがよいことで有名。

中国との貿易でにぎわう国境近くの町

ランソン

MAP 折表-1B

ランソンの市外局番 **0205**

Lạng Sơn

ドンダン（→P.386）にある中国国境、友誼関

ランソンはハノイの北東約150kmの所に位置し、中国の国境までは約15km。1979年の中越紛争（→P.442）時には中国軍の侵攻を受け、町は大半が破壊されたが、中国との国交が正常化した現在では活気を取り戻している。

中国との盛んな国境貿易を物語るように、市場では中国から輸入された電化製品、食器、漢方薬の材料らしき物などが並べられている。また、黒い民族衣装を着たヌン族の人たちの姿も見られる。

両替
町なかのあちこちに銀行があり、USドルや中国元などからベトナム・ドンへの両替が可能。日本円の両替はできない。

見どころ Sightseeing

★岩山からの眺望も楽しめる鍾乳洞 MAP P.386-1A参照

タムタイン洞窟（三清洞）
Động Tam Thanh　Tam Thanh Cave

町外れの小高い岩山の中に鍾乳洞があり、山腹に寺も建てられ人々の信仰を集めている。鍾乳洞内は美しくライティングされており、見学も可能だ。また岩山の頂上からは、ランソンの町と、のどかな田園風景が見渡せる。

タムタイン洞窟（三清洞）
☎なし　開6:00〜18:00
休無休　料2万ドン

タムタイン洞窟の奥はライティングされているが、足元が暗い。懐中電灯があると便利

★仏教寺がある美しい鍾乳洞 MAP P.386-1A参照

ニタイン洞窟（二清洞）
Động Nhị Thanh　Nhi Thanh Cave

タムタイン洞窟と同じく鍾乳洞があり、内部はライティングされている。ここにも仏教寺があり、聖なる場所とされている。

ニタイン洞窟（二清洞）
☎なし　開7:00〜17:00
休無休　料2万ドン

アクセス ACCESS

ランソンへの行き方

●列車
ハノイ駅からのランソン行きの便は2022年10月現在、運休中。また、ハノイのザーラム駅からドンダン（→P.386）経由で中国・南寧行きの列車が火・金曜21:20発の週2便運行していたが、2022年10月現在、運休中。再開は未定。

●バス
ハノイのミーディン・バスターミナルから5:00〜17:30の間に20分間隔で運行。12万ドン、所要約4時間。同ザップバット・バスターミナルから6:00〜17:00の間に30分間隔で運行。10万ドン〜、所要約3時間30分〜4時間。ハザンからも便がある。

ランソンからの交通

●列車
ハノイ駅への便は2022年10月現在、運休中。また、中国・南寧からハノイのザーラム駅行きの列車がドンダン1:55発の1便運行していたが、2022年10月現在、運休中。再開未定。

●バス
ランソン北バスターミナル（Bến Xe Phía Bắc Lạng Sơn MAP P.386-1B参照）から4:35〜17:00の間に、ハノイのミーディン・バスターミナル、ザップバット・バスターミナル行きが頻発。12万ドン〜、所要約3〜5時間。ランソン市内またはドンダンからもバスが頻発しており、乗降場所の送迎サービスを含むバスもある。URL vexere.comでオンライン予約が可能。

ランソンの市場

ジエンヴオン市場
Chợ Giếng Vuông
Gieng Vuong Market
MAP右図-1A
営だいたい6:00～16:00 休無休
　ランソンで最も大きく、特に生鮮食料品と衣料品が豊富。目の前のバックソン通りも、午前中は路上市場になる。

ドンキン市場
Chợ Đông Kinh
Dong Kinh Market
MAP右図-2A
営だいたい6:00～18:00 休無休
　中国製品が豊富に並ぶ。

キールア・ナイトマーケット
Chợ Đêm Kỳ Lừa
Ky Lua Night Market
MAP右図-1A
営だいたい7:00～23:00（土・日曜17:00～24:00） 休無休
　土・日曜は屋台が並ぶナイトマーケットに。

ランソンのレストラン

ニュー・センチュリー
New Century
MAP右図-1A
住Đảo Hồ Phai Loạn ☎(0205) 3898000 営9:00～23:00
休無休 カード不可 予約不要
　代表的なベトナム料理から海鮮料理までメニューが豊富で味もいい。10万ドン～が目安。

ドンダンの市外局番 0205

ドンダンへの行き方

　ランソンのおもな大通りを6:00～17:00の間にドンダン行きの路線バスが20分間隔で運行。1万ドン。そのほかにもミニバスが巡回しており、2万ドン。所要約20分。

郊外の町

中国・広西壮族自治区と国境を接する町　MAP折表-1B、上図-1B参照

ドンダン
Đồng Đăng

　ランソンよりさらに北北西約13kmの所に位置し、中国・広西壮族自治区と接する国境の町。ドンダン駅から北へ約2km（タクシーで約5分）、中国の商品が並ぶ市場の周囲400～500mが町と呼べるあたりだ。町なかからタクシーで10分ほど行くと、中国との国境に出る。国境の先、中国側には友誼関と呼ばれる関所がある。

ホ　テ　ル  Hotel

ムオンタイン・ラグジュアリー・ランソン　中級ホテル
Muong Thanh Luxury Lang Son　MAP上図-1B
住68 Ngô Quyền ☎(0205) 3866668
URL luxurylangson.muongthanh.com 料Ⓢ Ⓣ80万～150万ドン スイート250万ドン（朝食付き） カード A D J M V 全124室
ランソンで最も大きなホテルで高級感もある。レストラン、プール、マッサージ、サウナなどの施設があり、12階のカフェ＆バー（営9:00～22:00）からの眺めはランソン随一。客室の設備も申し分なし。

ヴィーズ・ブティック　エコノミーホテル
Vi's Boutique　MAP上図-1A参照
住185 Trần Đăng Ninh ☎(0205) 3886633
料Ⓦ Ⓣ65万～150万ドン（朝食付き）
カード M V 全58室
近代的な設備を整えた3つ星ホテル。フローリングの床と落ち着いた雰囲気の内装で、快適な滞在が期待できる。フロントは24時間対応で、Wi-Fi接続無料。

ホアン・ソン・ハイ　ミニホテル
Hoang Son Hai　MAP上図-2A
住57 Tam Thanh ☎(0205) 3710479
E-mail hoangsonhai.tpls@gmail.com
料Ⓢ Ⓣ40万ドン～ カード不可 全32室
ニタイン洞窟やタムタイン洞窟へ徒歩十数分の所に建つ9階建てホテル。この周辺では比較的大きい規模だが、客室はやや狭く、設備も古い。エアコン、テレビなどひととおり揃っている。

ナムキン（南京賓館）　ミニホテル
Nam Kinh　MAP上図-2B
住40 Ngô Gia Tự ☎(0205) 3717698
料Ⓢ Ⓦ Ⓣ45万～100万ドン
カード不可 全27室
ドンキン市場（→欄外）のすぐ裏に建つ、造りの古い8階建てホテル。掃除はされており清潔感はある。シングルでも広さは十分。中国人の利用が多い。英語がやや通じにくいのが難点。

Voice! キールア・ナイトマーケット（→欄外）の西側の入口付近には飯屋やフォー屋が並ぶ一画がある。やや不衛生ではあるが、手頃な料金で食事ができる。

MAP 折表-1B

ホーチミン主席ゆかりの地

カオバン

カオバンの市外局番
0206
Cao Bằng

ハノイの北、直線距離で約200kmの所に位置するカオバンは、中国と国境を接するカオバン省の省都。バン川沿いに開けた町は意外と大きく、市場周辺は活気に満ちている。町にはこれといった見どころはないが、郊外のバンゾック滝、パックボー遺跡、タンヘン湖、バベ湖などへの拠点となる町だ。

バンゾック滝（→下記）。雨季は川幅いっぱいに水が流れ落ち、圧巻の光景

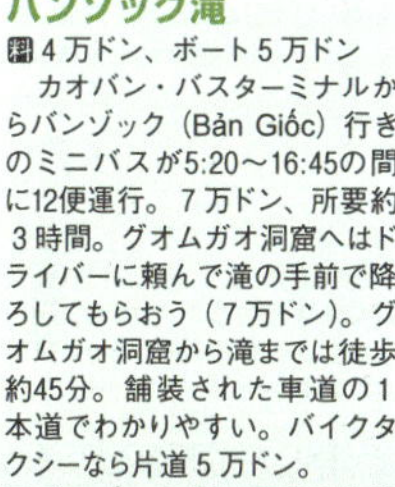

郊外の見どころ Sightseeing

★★★ 山間に流れる神秘の滝　MAP 折表-1B、P.388-1B参照

バンゾック滝

Thác Bản Giốc　Ban Gioc Waterfall

中国との国境沿いの山の中にある、高さ約50m、幅約300mというベトナムで最も大きな滝。階段状に流れ落ちる滝は美しく、特に水量の多い雨季の5～9月は迫力満点だ。ここでは竹組の筏（いかだ）に乗り、水しぶきがかかる滝の近くまで行くこともできる。この地域は川を挟んで中国と国境を接しており、対岸の中国側からも多くの中国人観光客が筏に乗ってやってきて遊覧を楽しんでいる。また滝の手前約3kmの山中に、グオムガオ洞窟と呼ばれる鍾乳洞もあり、滝と合わせて観光することも可能だ。

世界で4番目、アジアでは最大の大きさを誇る。中国側の滝は徳天瀑布という

バンゾック滝
料 4万ドン、ボート5万ドン
カオバン・バスターミナルからバンゾック（Bản Giốc）行きのミニバスが5:20～16:45の間に12便運行。7万ドン、所要約3時間。グオムガオ洞窟へはドライバーに頼んで滝の手前で降ろしてもらおう（7万ドン）。グオムガオ洞窟から滝までは徒歩約45分。舗装された車道の1本道でわかりやすい。バイクタクシーなら片道5万ドン。
※バンゾック滝は国境に位置するため外国人は入域許可証(10US$)が必要。入出国管理局で即日取得可能。

入出国管理局
Xuất Nhập Cảnh
MAP P.388-2A　住 54 Kim Đồng
☎ (0206)3852940
開 7:30～11:30、13:30～16:30（土曜～11:30）　休 日曜

グオムガオ洞窟
Động Ngườm Ngao
Nguom Ngao Cave
MAP P.388-1B参照
料 4万5000ドン

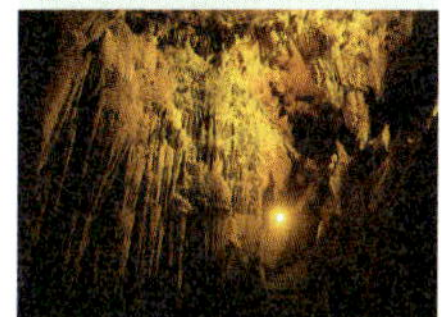
石筍（せきじゅん）が垂れ下がるグオムガオ洞窟内は数百m奥まで徒歩で進める

アクセス ACCESS

カオバンへの行き方

●バス
ハノイのミーディン・バスターミナルから6:00～21:00の間に1～2時間間隔で運行。20万ドン～、所要約6時間。

カオバンからの交通

●バス
カオバン・バスターミナル（MAP P.388-1B）からハノイのミーディン・バスターミナルへ寝台バスが6:30～21:30の間に7便運行。35万ドン～、所要約8時間。

パックボー遺跡
コックボー洞窟
Hang Cốc Bó
Coc Bo Cave
料2万ドン
ホーおじさん記念館
Nhà Tưởng Niệm Bác Hồ
Memorial Hall of Uncle Ho
開7:30～12:00、13:30～17:00
休無休　料無料

カオバンからハークアン（Hà Quảng）行きの路線バスが6:00～17:00の間に30分間隔で運行。バスは町なかを循環しており各バス停で乗車できるが、わかりやすいのはバスターミナル前の道を北方向（ターミナルを背にして左方向）へ向かう車線のバス停。3万5000ドン、所要約1時間10分。ハークアンで下車し、そこからバイクタクシーに乗る。所要約15分でチケット売り場に到着。バイクタクシーは往復で契約し10万ドン～。チケット売り場からさらに約800m進むと、駐車場に到着。そこでバイクタクシーを降りて徒歩約15分で洞窟に到着。電気カー（往復2万ドン）もある。

★★★ ホーチミンが暮らした

パックボー遺跡

MAP 折表-1B、下図-1B参照

Khu Di Tích Pác Bó　　Pac Bo Remains

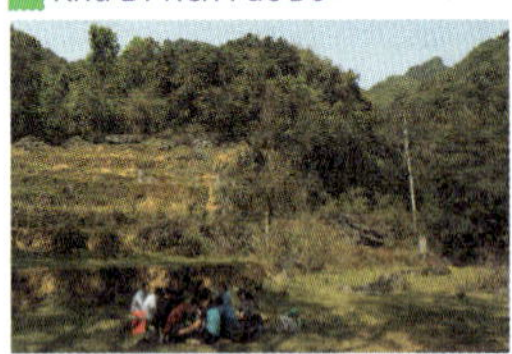
敷地内は牧歌的な風景が広がる。ピクニックを楽しむ地元の若者の姿も

カオバン中心部から約55km、中国との国境の約3km手前にパックボー遺跡がある。ここはホーチミンが海外から帰国した1941年2月8日から、当時、北ベトナムを支配していた大日本帝国に対する革命の構想を練るために4年間住んだ所で、ベトナム人にとってはある意味、神聖な場所とされている。

パックボー遺跡に含まれるのは、ホーチミンが実際に寝起きをしていたコックボーと呼ばれる小さな洞窟、洞窟チケット売り場前にあるホーおじさん記念館、洞窟の正面にあるホーチミンが名づけたレーニン渓流（Suối Lê Nin）など。コックボー洞窟内の簡素な木のベッドや、机と椅子代わりに仕事をしていた岩、詩を詠んでいたといわれる場所、仕事終わりにレーニン渓流で魚釣りを楽しんだ場所など、ホーチミンゆかりの場所が残されている。

なお、中国との国境沿いに隠れ住んだのは、フランス軍の追っ手が迫っても国境を越えて逃げやすかったからといわれている。

左上／ホーチミンが机と椅子代わりにして仕事をしていたとされる岩　右上／コックボー洞窟内にある薄い木の板でできた簡素なホーチミンのベッド

エメラルド色で透明度が高いレーニン渓流

上・下／この地でのホーチミンの暮らしを紹介したホーおじさん記念館。ホーチミンの獄中日記も展示されている

ベトナムの南端と北端を結ぶホーチミン道路の終点を示す碑

グオムガオ洞窟は普通の鍾乳洞だが、一番奥は大きな空洞が開けており、ハスの花の岩などがあってなかなか見応えがある。（神奈川県　だーおー）['22]

★★ ダイヤモンド形の大きな湖

MAP P.388-1B参照

タンヘン湖

Hồ Thang Hen　　Thang Hen Lake

11～3月の乾季は水位が下がり、レストランも休業する

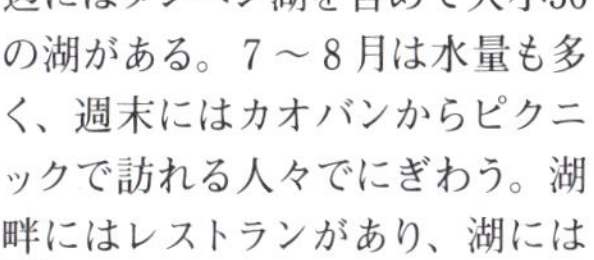

カオバンから中国国境方面へ約30kmに位置する大きな湖で、周辺にはタンヘン湖を含めて大小36の湖がある。7～8月は水量も多く、週末にはカオバンからピクニックで訪れる人々でにぎわう。湖畔にはレストランがあり、湖には筏（いかだ）を改造した遊覧船もある。

タンヘン湖
料 2万ドン
バイクタクシーで往復20US$～、車なら往復30US$～、片道約1時間。

★★ 森に囲まれた淡水湖

MAP 折表-1B、P.388-1A参照

バベ湖

Hồ Ba Bể　　Ba Be Lake

バベ湖は、バックカン省にあるベトナム最大の自然湖

カオバンから約160kmの所に位置する湖で、周辺には滝、渓谷、洞窟などがあり、国立公園に指定されている。湖は海抜約150mの所にあり、周囲約7kmにも及ぶ大きさだ。近くを流れるナン川（Sông Năng）では、タイ族やザイ族の村々を回るクルーズもできる。また、近くにあるプオン洞窟（Động Puông）は高さ約30m、全長約300mの大きさがあり、クルーズの大きな目玉になっている。

バベ湖
料 4万6000ドン
車で往復50US$～、片道約3時間。距離があるので、バイクタクシー利用は現実的ではない。

バベ湖からプオン洞窟を中心に巡るボートツアーは約4時間

ホテル　Hotel

町の中心部にある好立地ホテル

マックス・ブティック　Max Boutique

エコノミーホテル　MAP P.388-1A

サイン市場まで徒歩3分、周辺には飲食店も多く滞在するには便利な立地。客室にはセーフティボックス、ミニバー、無料のコーヒー＆ティーセットなどが備え付けられ設備は申し分ない。客室のほとんどがマウンテンビューまたはリバービュー。レストラン、ツアーデスクを併設。

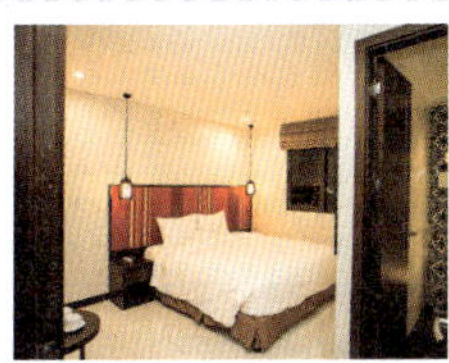

カジュアルで清潔感のある客室。写真はデラックスダブルルーム

住 117 Vườn Cam
☎ (0206) 3881999、083-9781555（携帯）
E-mail Sales@maxboutiquehotel.com
料 Ⓢ Ⓦ Ⓣ 55万ドン～（朝食付き）※金・土曜59万5000ドン～
カード Ⓥ　全40室

その他のホテル　Hotel

サニー　Sunny

エコノミーホテル　MAP P.388-2A

住 40 Kim Đồng　☎ (0206) 3828888　URL www.caobanghotel.com.vn　料 Ⓢ Ⓦ 58万～140万ドン　Ⓣ 75万～140万ドン　スイート198万～850万ドン（朝食付き）　カード Ⓙ Ⓜ Ⓥ　全80室

国道4A号線沿いに建つ11階建てホテル。ホテルの造り、客室の設備ともに新しく都会的で、非常に居心地がいい。そのわりに料金も安くお得感がある。11階のベトナム料理店は味がよく、眺めもいい。

ホアヴィエット　Hoa Viet

ミニホテル　MAP P.388-1A

住 14 Kim Đồng　☎ (0206) 3828688
URL www.hoaviethotelcb.com.vn
料 Ⓢ Ⓣ 35万～40万ドン　カード 不可　全20室

外観は細く上階に伸びる典型的なミニホテル。9階建てで上階からはサイン市場が見下ろせる。造りは白を基調にしたモダンな感じ。客室はやや狭いが設備は近代的で、非常に清潔だ。

Voice! カオバンのフォーは、ローストダック、豚バラ肉、タケノコなどが載った汁なしフォー。酸味があり、ピリ辛で美味！

山奥に残された桃源郷

MAP 折表-1A

ハザン

ハザンの市外局番
0219
Hà Giang

ベトナム最北端の山岳地帯に位置するハザン省。悠久の時が育んだカルスト台地の絶景と、石灰岩の岩肌をひたむきに耕す少数民族の人々の姿は見る者の心を打つ。「ベトナム最後のフロンティア」と呼ばれるハザンの絶景スポットを巡りながら一周してみよう。

ハザンでは少数民族の暮らしに触れられるホームステイもおすすめ

見どころ Sightseeing

★★★ 天国のような絶景が広がる

MAP 下図

ヘヴン・ゲート

Cổng Trời　Heaven Gate

ハザン市から40kmほど北のクアンバにある絶景ポイント。クアンバ・ビジターセンター脇の海抜1500mに位置する展望台からは、タムソン村を一望できる。田園風景のなかにきれいな円錐形のカルストがふたつ連なっており、この地に伝わるモン族男性と妖精の伝説にちなんで「おっぱい山 Núi Đôi（Fairy Mountain）」と呼ばれている。

ヘヴン・ゲート
住 Tam Sơn, Quản Bạ
☎ (0219) 3846929（クアンバ・ビジターセンター）
開 24時間　休 無休　料 無料
ハザン市中心部から車で約1時間。

中国
カフェ・クックバック P.392欄外
ルンクー・フラッグタワー P.391
王の屋敷跡 P.391
ドンヴァン Dong Van
ドンヴァン旧市街 P.392
ルンカム村カルチャーヴィレッジ
マーピーレン峠 P.391
メオヴァックの日曜市 P.392
ヘヴン・ゲート P.390
ルンクイ洞窟 P.391
メオヴァック Meo Vac
カウヴァイ・ラブマーケット
イェンミン Yen Minh
クアンバ Quan Ba
リーターハン
ルンタム・リネン・コーポレーティブ P.391欄外
ハザン省博物館 P.391欄外（2022年10月現在、休館中）
ハザン Ha Giang
ロイヤル P.392
バックメ Bac Me
ホアンスーフィー Hoang Su Phi
ヴィスエン Vi Xuyen
クアンビン Quan Binh
バッククアン Bac Quang
N
0　30km
ハザン全図

右下のふたつの小山がおっぱい山

アクセス ACCESS

ハザンへの行き方

●バス
ハノイのミーディン・バスターミナルからハザン市のハザン・バスターミナルまで、寝台バスが7:00～21:30の間に30分～1時間30分間隔で運行。25万ドン、所要約7時間。

ハザンからの交通

●バス
ハザン市のハザン・バスターミナルからハノイのミーディン・バスターミナルへは、5:00～21:00頃の間に頻発。25万ドン～。便数は少ないがザーラム・バスターミナル行きも運行。ほかにラオカイ、サパなどへも便がある。
ハザン・バスターミナルからドンヴァンへのミニバスも頻発。11万ドン、所要約5時間30分。

各見どころへの移動方法

車移動がベスト。ハザン市のホテルでドライバーを手配してもらう場合、1日当たり100万～200万ドン（ドライバーの宿泊費、ガソリン代込み）が目安。ツーリングも人気だが、ベトナムは日本が加盟する国際運転免許が通用しないので注意。

Voice 入境許可証はハザン市だけなら必要ないが、ドンヴァンなど国境付近に行く場合は必要。22万ドン。宿泊先のホテルで手配を頼める。基本的に確認されることはないが、↗

★★ 自然の神秘を感じる鍾乳洞 MAP P.390

ルンクイ洞窟
Động Lùng Khúy　Lung Khuy Cave

世界ジオパークに指定されているハザン省には無数の鍾乳洞があるが、見学できるのはクアンバにあるここだけ。鍾乳洞まではゴツゴツした岩肌を耕してトウモロコシを植えるモン族の人々を横目に約30分のトレッキング。洞窟は全長約500mと広く、訪れる人も少ないため探検気分満点。妊婦のおなかのように見える石筍(せきじゅん)など、ユニークな造形が楽しめる。

洞窟内は木の歩道が整備されている

★★★ 巨大な権力を握ったモン族の王の家 MAP P.390

王の屋敷跡
Di Tích Kiến Trúc - Nghệ Thuật Nhà Vương　Vuong Castle

木と石でできている。敷地面積は1120㎡

かつてアヘンの原料となるケシ栽培と貿易で財を築き、ドンヴァン全域、約7万人を支配していたモン族の王チン・ドゥック（Chính Đức、1865～1947年）の屋敷跡。王の権力が最高潮に達した1919年から約8年の歳月をかけて建てられた。中国、フランス、そしてモン族の伝統建築が融合した建物内には、王の写真や手彫りの石風呂などが残る。

★★★ 中国雲南省との国境付近に建つ MAP P.390

ルンクー・フラッグタワー
Cột Cờ Lũng Cú　Lung Cu Flag Pole

ベトナム最北端にあるルンクー村のロン山（Núi Rồng）の山頂に建つフラッグタワー。掲げられた国旗の面積はベトナムの民族の数と同じ54㎡。タワーの頂上からはドンヴァンのカルスト台地や棚田、中国まで見渡すことができる。みやげ物店あり。

タワーまでは約400段、タワーの頂上までは140段の階段を上る

★★★ 天空のドライブが味わえる MAP P.390

マーピーレン峠
Đèo Mã Pí Lèng　Ma Pi Leng Pass

毎年4月にはマーピーレン峠を舞台にハザン・マラソンが開催されている

ドンヴァンとメオヴァックを結ぶマーピーレン峠を曲折するハイウエイは、1959～65年にかけて建設された。最高地点は標高2000m、全長約20kmのこの道は「スカイパス」という別名をもち、ベトナム一(いち)の絶景が見られるといわれる。ドライブ中の景観はもちろん、峠の中腹に建つツーリストセンターの展望台から望むワイルドな石灰岩の山々と、渓谷を流れるニョークエ川の光景は圧巻！

↘念のため携帯しておこう。万が一警察に提示を求められた場合に未取得でも、その場で発行してもらうことができる。

ルンクイ洞窟
住Quản Bạ　☎なし　開7:30～17:30　休無休　料5万ドン
ハザン市中心部から車で約1時間30分。

ハザン省博物館
Bảo Tàng Tỉnh Hà Giang
Ha Giang Province Museum
MAP P.390
住Nguyễn Trãi, Hà Giang
☎(0219)3867029
開8:00～11:00、14:00～16:00
休月曜　料無料
1階はハザンの歴史や自然についての展示、2階はロロ族、ザイ族、フーラー族、ラーチー族などハザンに住む少数民族について写真や衣装、農具や祭具などを用いてわかりやすく展示している。
※2022年10月現在、休館中。

王の屋敷跡
住Xà Phìn, Đồng Văn
☎なし　開7:00～17:30
休無休　料2万ドン
ドンヴァン旧市街から車で約30分。

ルンクー・フラッグタワー
住Lũng Cú, Đồng Văn
☎なし　開7:00～17:30
休無休　料2万5000ドン
ドンヴァン旧市街から車で約1時間。

マーピーレン峠
ドンヴァン旧市街からマーピーレン峠を越えてメオヴァックへ行く場合、見学も含めて所要約1時間。

ルンタム・リネン・コーポレーティブ
Hợp Tác Xã Lanh Lùng Tám
Lung Tam Linen Cooperative
MAP P.390　住Lùng Tám, Quản Bạ　☎085-5147665（携帯）　開9:00頃～17:30頃
休無休　料無料
モン族の伝統布の工房兼ショップ。糸を紡ぎ、色を抜き、手織りしたヘンプを石で踏んで柔らかく仕上げるという伝統的な布作りの工程が見学できる。

足踏み糸車を使って糸を紡いでいく

旧ドンヴァン市場前の広場の背後には石灰岩の岸壁がそびえる

築約100年の古民家が並ぶ

MAP P.390、下図-1A

ドンヴァン旧市街

Phố Cổ Đồng Văn　　Dong Van Ancient Street

ドンヴァンは、ハザン観光の主要エリアのひとつ。カルスト台地のトレッキングや少数民族の朝市巡り、ベトナム最北端のルンクー村などへはドンヴァンが拠点となる。ドンヴァン旧市街は、フランス統治時代に造られた旧ドンヴァン市場（現在はみやげ物店とレストラン）の北側と西側に古民家が並ぶ小さな通り。旧市街を中心に、ホテルや食堂、商店が並んでいる。旧ドンヴァン市場の北側にはかつてフランス軍が建造した要塞があり、ここに上れば町を一望できる。

モン族が集う日曜市

MAP 上図-2A

ドンヴァンの日曜市

Chợ Đồng Văn　　Dong Van Market

毎週日曜の日が昇る頃から昼頃まで行われる曜日市。常設のドンヴァン市場の周辺に米や野菜、衣類から家畜まで、さまざまな路上市場が立つ。訪れるのはほとんどがモン族。

ドンヴァンの日曜市
住Đồng Văn
開日曜6:00～12:00頃

野菜や米のほか、牛や豚、鶏なども売買される

メオヴァックの日曜市
住Mèo Vạc
開日曜6:00～12:00頃

大規模な日曜市

MAP P.390

メオヴァックの日曜市

Chợ Mèo Vạc　　Meo Vac Market

ドンヴァン中心部から約20km南下した場所にあるメオヴァック中心部で毎週日曜に開催。ドンヴァンの日曜市より規模が大きく、モン族を中心にザオ族などにも出会える。

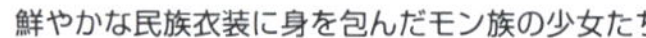

鮮やかな民族衣装に身を包んだモン族の少女たち

ホテル

Hotel

ロイヤル
Royal

中級ホテル　MAP P.390

住89-91 Lê Quý Đôn, Hà Giang　☎(0219) 3867515
E-mail royalhotelhagiang@gmail.com　料Ⓢ Ⓦ Ⓣ40万～45万ドン　3人部屋50万ドン　カード M V（手数料+3.5%）　全22室

ハザン・バスターミナルから車で約10分ほどの場所にある近代的な3つ星ホテル。客室は広々としており、エアコン、湯沸かしポットやドライヤーなども揃う。ホテルを通してドライバーを雇いプライベートツアーをアレンジしてもらうことも可能。

ホアクオン
Hoa Cuong

中級ホテル　MAP 上図-1B

住5 Thị Trấn, Đồng Văn　☎(0219) 3856868
URL kshoacuong.vn　料Ⓢ Ⓦ Ⓣ60万ドン　3人部屋80万ドン　VIP130万ドン（朝食付き）　カード 不可　全81室

ドンヴァンでは最大の規模を誇る8階建てホテル。白で統一された客室は広々としており開放感抜群。ホテル棟の隣に大きなレストラン棟がある。入境許可証の取得代行やツアーアレンジが可能。

ホアンゴック
Hoang Ngoc

中級ホテル　MAP 上図-1A

住QL4C, Đồng Văn　☎(0219) 3875888
料Ⓢ Ⓦ Ⓣ40万～50万ドン　3人部屋50万ドン　ファミリー70万ドン　VIP90万ドン　カード M V　全45室

ドンヴァン中心部に建ち、周辺には食堂や商店が多く便利。新館の客室はとてもクリーンで湯沸かしポット、冷蔵庫などが揃う。1階にレストランあり。入境許可証の取得代行やツアーアレンジが可能。

Voice 築約150年のロロ族の伝統家屋を改装した「カフェ・クックバック Café Cuc Bac」へぜひ行ってみて。MAP P.390　住Lũng Cú, Đồng Văn　☎037-8122088（携帯）　営10:00～16:00　休無休

旅の準備と技術編

シルエットが美しいベトナムの伝統衣装、アオザイ

知っておきたい

アフターコロナのベトナム旅行

ベトナムは2022年3月より、約2年ぶりに外国人観光客の受け入れを開始。
ベトナムへ旅行に行く前に、入出国に関する情報、滞在時のお役立ち情報や注意点、
現在の町の様子などをチェックしておこう。

ベトナム入国&出国の規制

2022年11月現在、ベトナム入国および出国時の規制はなし。観光の場合、15日間のビザ免除入国または30日間のeビザを取得して入国。ビザに関しては→P.402。ワクチン接種証明書、PCR検査陰性証明書、コロナ関連のアプリダウンロード、入国後の隔離などもなし。入国も非常にスムーズ。

日本帰国で必要なこと

2022年11月現在、ワクチン接種証明書の有無によって検疫措置が異なる。Visit Japan Webはどちらの場合も事前登録しておくこと。

● 3回のワクチン接種済みの場合

- □Visit Japan Web：日本到着2～3日前までに登録
- □3回目ワクチン接種証明書：Visit Japan Webにアップロード
- □出国前72時間以内のPCR検査陰性証明書：不要
- □到着時の検査：不要
- □入国後の隔離：不要

● 3回のワクチン未接種の場合

- □Visit Japan Web：日本到着2～3日前までに登録
- □出国前72時間以内のPCR検査陰性証明書：必要 Visit Japan Webにアップロード
- □到着時の検査：不要
- □入国後の隔離：不要

Visit Japan Web

日本入国時の検疫手続き(ファストトラック)、入国手続き、税関申告をオンラインで提出できるシステム。ワクチン接種証明書などの各種証明書のアップロード、入国&税関申告に必要な情報の登録などができる。

URL vjw-lp.digital.go.jp

ワクチン接種証明書およびPCR検査陰性証明書

ワクチン接種証明書の取得方法、日本入国で有効なワクチンの種類等および、PCR検査の有効な検査方法については以下、厚生労働省のウェブサイトで確認を。

ワクチン接種証明書

URL www.mhlw.go.jp/stf/seisakunitsuite/bunya/border_vaccine.html

PCR検査陰性証明書

URL www.mhlw.go.jp/stf/seisakunitsuite/bunya/0000121431_00248.html

ベトナムでできる新型コロナの検査

滞在先などで手軽に新型コロナの検査ができる抗原検査キット(Covid-19 Rapid Test Kitなどと呼ばれる)は各町の薬局で販売している。全国にある薬局チェーン「ファーマシティ Pharmacity」では抗原検査キットは8万ドンくらいから。万が一、感染の疑いがある場合は、PCR検査が可能な医療機関へ行こう。ホーチミン市などベトナム南部なら検査センター「ディアグ」が安くて便利。新型コロナに感染した場合は速やかに病院に連絡を。出国できずビザが切れてしまう場合は→P.403。

ディアグ diag

URL diag.vn/en

RT-PCR検査55万ドン、結果判明18～22時間(混んでいなければ約8時間で結果判明)。緊急検査80万ドン、結果判明6～8時間。予約不要。オンラインでの結果受け取り可。ディアグ各センターの住所等はウェブサイトで確認できる。

Voice! ベトナム入国の際に、特にチェックされることはないが、新型コロナウイルス治療費をカバーする海外旅行保険には必ず入ること。

ベトナムの今はどうなっている？

観光客受け入れを開始したベトナムの各町は、実際にはどうなっているのだろう。今の様子を知っておこう。

ホイアン旧市街はコロナ禍前と変わらぬにぎわい

● 町なかの様子&観光スポット

ベトナムの各町はほとんどがコロナ禍前と変わらない活気を取り戻している。一部、地方の博物館などは休館中だが、多くの各町の観光地はすでに再開し、入場規制を設けている所はほとんどない。みやげ物店はどの町も以前に比べてかなり数が減っている一方、飲食店は入れ替わりが激しいものの、地元客・国内旅行者向けの店が増え、にぎわっている。

ホーチミン市内の様子

● 空港&交通機関の利用

バス車内や空港など公共の場所ではマスク着用が義務づけられている。特に、ベトナム各地の空港では、国内線・国際線を問わずマスクの着用が徹底されており、マスクをしていないと注意を受ける。一方、市内では店の中でもマスクをしていない人は多い(ホーチミン市などの都市部では、お店のスタッフやホテルスタッフは着用)。タクシーの運転手はほぼマスクを着用しており、マスクをしていないと着用を促されることもあるので、その場合は従おう。

コロナ禍前とほぼ変わらぬ日常に戻りつつあるベトナムだが、感染者は毎日出ており、身を守るためにも密閉された空間ではマスク着用を心がけよう。

空港内は100%マスク着用

● 非接触でチェックイン&チェックアウトできる宿泊施設

ベトナムでは、都市部ではもちろん、地方でもエアビーアンドビー(Airbnb)を使って民泊ができる。Airbnbにリスティングされている宿泊施設では、非接触でチェックイン&チェックアウトができる所も増えている。非接触でチェックイン&チェックアウトする場合、ホストによって異なるが、多くは予約が完了すると、宿の住所(路地にある場合は行き方の詳細も)とともにチェックイン方法が送られてくる。こういった宿の場合、ナンバー鍵あるいはパスコードを入力して入るデジタルドアロックを採用している。

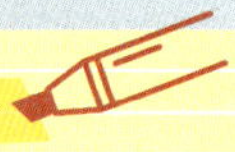

左上／デジタルドアロック　右上／客室前に取り付けられたナンバー鍵。番号を合わせるとボックスが開き、中に入室用の鍵が入っている　左／Airbnbにリスティングされている宿の一例

必ず最新情報を確認しよう

本ページで紹介した情報は、2022年11月現在のものです。ベトナム入出国および日本入国の諸条件は、新型コロナウイルスの感染状況によって大きく変更となる可能性があります。旅行前はもちろん、滞在中にも最新の情報を確認してください。

旅の予算

予算の組み方

ベトナムでは、バックパッカー旅からリッチなセレブ旅まで、スタイルに合わせた滞在が楽しめる。タイプ別の予算は、節約重視のバックパッカー旅なら1日4000円くらい、やや高めのミニホテルや安めの中級ホテルに泊まり、レストランで食事をとる中流派なら1日1万円くらい、リッチで贅沢な旅を楽しむセレブ派なら1日5万円くらいが目安。実際に用意するのは、1日の予算×日数×予備費1.5くらいの予算を組んでおこう。

おもな物価

ミネラルウオーターなどのおもな物価は以下のとおり。

- ミネラルウオーター（500mL）
  5000ドン～
- 缶ビール（330mL）
  1万ドン～
- コーヒー（路上）
  8000ドン～
- シャンプー（500mL）
  4万ドン～
- 日焼け止め
  5万ドン～

ベトナムの物価

ベトナムの諸物価は、日本よりも安く、おおむね日本の3分の1といったところ。ただし、輸入品や外国資本のサービスは日本と同等か、それ以上の場合も多い。また、都市部や観光地は物価高、地方は物価安ということも知っておきたい。

宿泊費

1泊35万ドン（約2000円）前後のゲストハウスやミニホテルから、1泊800万ドン（約4万8000円）以上の高級ホテルまであり、旅のスタイルに合わせて選べる（→P.425）。

食費

価格に幅があり、ホーチミン市の場合、カジュアルなレストランは1食50万ドン前後～、高級店なら300万ドン以上の所もある。庶民的な食堂なら1食10万ドン、屋台なら1食4万ドンくらい～。

交通費

ホーチミン市からハノイまで飛行機を利用すると100万ドン～。早期発券ならもっと安いこともある。バスなら寝台で70万ドン～。鉄道ならソフトベッドで139万1000ドン～。市内交通は、安くて便利なのはタクシーで初乗り1万2000ドンくらい～。原油価格によって乗車料金は頻繁に数千ドン単位で変わる。

旅の情報収集

ベトナムで情報収集

ベトナム観光総局は政府観光局にあたる機関だが、他国のような個人旅行者向けのサービスは行っていない。そのため現地では、旅行会社や都市部にあるツーリストインフォーメーションセンターなどから情報を得るといいだろう。

在住者向けの日本語フリーペーパーは、旅行・生活情報の『ベトナムスケッチ』（URL www.vietnam-sketch.com）、ニュースやビジネス情報の『週刊Vetter』（URL wkvetter.com）、ビジネス情報に特化した『Access』（URL access-online.net）などがある。日系をはじめとする飲食店やショップなどで手に入る。

ベトナム情報収集に便利なサイト

旅行会社から個人制作のホームページまで、さまざまなウェブサイトからベトナムの旅の情報を入手できる。近年は、上記の日本語フリーペーパー3誌もウェブサイトをもつほか、多数の情報サイトが存在する。出発前のお役立ち情報満載の「地球の歩き方」ホームページをはじめニュースサイトなど有益な情報サイトをご紹介。

「地球の歩き方」ホームページ
URL www.arukikata.co.jp
本書ホームページ。「各国情報」には基本情報のほか、ビザ情報、現地語会話、週間天気予報など、お役立ち情報がたくさん。

ジェトロ（日本貿易振興機構）
URL www.jetro.go.jp
ビジネス情報がメイン。ニュース・レポートや統計など情報豊富。

ベトナム観光総局
URL vietnam.travel
政府観光局にあたる観光総局のホームページ。ベトナム南部・中部・北部のおもな観光スポットの紹介、ビザ情報など。

ベトナム総合情報サイト「ベトジョー」
URL www.viet-jo.com
社会、経済、観光などベトナムのニュースを配信。さまざまなテーマの読みものもあり、情報豊富。

Poste
URL poste-vn.com
ベトナムの生活情報サイト。医療・交通などの生活基本情報から新店舗情報、ニュースや情報掲示板もあり。

旅のシーズンと持ち物

旅のシーズン

地域で異なる気候

ベトナム全体としては、高温多湿、年間平均気温は22℃以上という熱帯モンスーン気候だが、南北に細長い国土のため、地域によってかなり気候は異なる。なおP.10に、南部のホーチミン市、中部のダナン、北部のハノイの、それぞれの気温と降水量グラフを掲載しているので、そちらも参考にしてほしい。

南部の気候

大きく乾季（11～4月頃）と雨季（5～10月頃）に分けられ、年間の平均気温は26℃くらい。雨季には「マンゴーシャワー」と呼ばれる激しい雨が1日に1時間程度降るだけで、雨のあとは気温が下がり涼しく感じられる。雨量が最も多いのは6・7月と9月。乾季は、日差しは強いものの、湿度が下がり暑さもいくらかしのげる。特に、1～2月はカラリとした晴天の日が多く、朝夕は日本の初秋と同じくらい涼しく感じられることもある。また、雨季に入る直前の4月頃は、強烈な日差しに加えて湿度が80～90％まで上がる日もあり、じっとしていても汗が流れ出すほどの蒸し暑さだ。この時期を「暑季」と呼んで区別することもある。

突然のスコールもなんのその。バイク文化のベトナムではバイク用の雨合羽も種類豊富

▶南部のベストシーズン

比較的涼しく雨が少ない11～3月頃。ただし、雨季でも1日中雨が降り続くことは少ないので、1年を通して旅行シーズンといえる。

中部の気候

1年を通して降水量や気温の変化が著しい。南部同様に雨季と乾季に分けられるが、雨季（9～2月）は少々肌寒い雨の季節で、乾季（3～8月）は雨が少なく気温の高い日が続く。中部の暑さは半端ではなく、特に8月が最も暑く38～40℃になることも。10月に入ると雨量が増え、1日中雨が降り続く日本の梅雨に似た雨季に突入する。10～11月が最も雨が多い時期で、気温も下がり、16℃前後になる日もある。1～ 2月も20℃を下回る肌寒い日が続く。

フエとダナンの境界にあるハイヴァン峠（→P.224）を境に、気候も人の気質もガラリと変わるといわれている

また、中部は台風の進路に当たり、毎年いくつも台風が上陸して（9～12月）、町が水浸しになり、田んぼが沼と化すことも珍しくない。台風が続くとフエやホイアンも床下や床上浸水となり、観光どころではなくなる。

▶中部のベストシーズン

ビーチを楽しむなら乾季のなかでも晴天が多い5～8月。観光メインなら暑さもさほどではない3月中旬の乾季に入って間もない頃。

出発前に現地の天気をチェック

「地球の歩き方 世界の天気&服装ナビ」では、ホーチミン市、ハノイ、ダナンなどの1週間の天気予報と、日本の各都市との気温差が比較できる。また、最高・最低気温に適する服装のアドバイスも掲載。

●地球の歩き方 世界の天気&服装ナビ
URL www.arukikata.co.jp/weather

南部・ニャチャン周辺の気候

同じ南部のホーチミン市周辺とは乾季と雨季の期間が異なる。5～8月頃まではかなり暑いが雨は比較的少ない。特に風が弱く、海が穏やかな4～5月は海の水もクリアでダイビングや海水浴には最適。反対に曇りがちで雨が最も多いのは9～12月頃で、この時期には台風もよくやってくる。

北部の気候

亜熱帯気候に属し一応四季がある。夏の5～10月下旬が雨季にあたり、ほぼ毎日短時間の激しいスコールに見舞われ、気温も高い。特に6～8月は猛烈に暑くなり、連日最高気温が30°Cを超える「猛暑季」となる。湿度も90%近くと、まるでサウナに入っているようなじっとりした蒸し暑さで、夜になってもほとんど気温は下がらない。ソンラー付近ではフェーン現象で40℃を超えることもある。11～4月が乾季にあたり、ごく短い秋冬春が巡る。1～4月にかけてはベトナム語でムアフン（ムアモック）と呼ばれる霧雨が降り、このときはかなり涼しくなる。特に12～2月頃は最低気温が7～8℃くらいまで下がることもある。

12～3月のハノイは曇りの日が続き肌寒い。日中でも上着が必要だ

▶北部のベストシーズン

秋にあたる10～11月。雨が少なく、涼しい日が続き、1年で一番過ごしやすい季節となる。

北部・山岳地帯の気候

山岳部のサパにも雨季と乾季があり、1～6月が乾季にあたる。乾季といってもまったく雨が降らないわけではなく、午後の夕立程度は頻繁に降る。6～8月も雨は降るが、ハノイ周辺と比べれば格段に涼しい。12～3月は霧雨が降り、気温も0℃近くまで下がることもある。

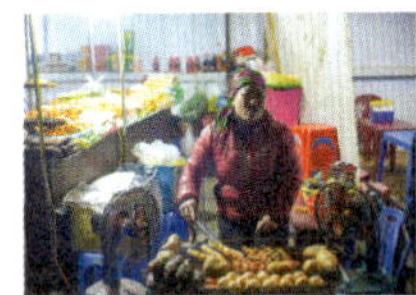

北部山岳地帯にあるサパ。12～3月は霧が出て、小雨が降り続くことが多い。冬の時期はダウンジャケットが必要

旅の持ち物

季節に合わせた服装を

ベトナムは、地域や季節によって気候が異なるので、旅行する時期や行き先によって服装を考えよう。南部は1年を通して夏服で過ごせるが、屋内の施設はエアコンが強めに利いていることがあるので、羽織れる長袖などを持参するといいだろう。注意したいのは、冬の北部で、ハノイでも12～2月頃は冷え込む日が多いため、防寒具が必要だ。また、サパなどの山岳地帯へ行く予定がある場合はダウンジャケットやマフラーなど、しっかりとした防寒対策をしたい。

日用品は現地で調達可能

シャンプーや歯ブラシ、ティッシュなど、たいていの日用品は現地のスーパーマーケットや商店などで手に入る。基本の持ち物は以下のチェックリストを活用しよう。

基本の持ち物チェックリスト

貴重品
- □ パスポート
- □ ビザ(必要な人のみ)
- □ 航空券(eチケット控え)
- □ クレジットカード
- □ 現金
- □ 海外旅行保険証書

洗面用具
- □ シャンプー類
- □ 歯磨きセット
- □ 洗顔ソープ
- □ 化粧水、乳液
- □ タオル

衣類
- □ 普段着
- □ 下着、靴下
- □ 帽子
- □ サンダル

その他
- □ サングラス
- □ マスク
- □ 日焼け止め
- □ 折りたたみ傘
- □ ウェットティッシュ
- □ 虫除けスプレー
- □ 薬
- □ カメラ
- □ 電池、充電池

靴は履き慣れた物がベスト

旅行中は思いのほか、歩く時間が長くなる。都市部でのグルメと買い物だけが目的ならパンプスや革靴でもいいかもしれないが、そうでないなら履き慣れたスニーカーがベスト。また、ビーチサンダルがあると便利。ビーチへ行く時はもちろん、ゲストハウスなどの宿泊先で、あるいはちょっとした散歩へ出る時などに活躍する。

蚊対策はしっかり

ベトナムでは都市部でも蚊が多く、デング熱やジカ熱にかかることもある。虫除けスプレーを持参してこまめにつける、肌を露出させない、池や水たまりなど水辺に近づかないなど、対策をとろう。

貴重品の保管方法

ホテルの客室内にあるセーフティボックスが最も安全。フロントで貴重品を預けるのはトラブルのもとになるし、施錠したスーツケース内などに保管しても開けられたというケースもあるので注意。なお、ベトナムではパスポートをホテルに預ける習慣があるので提示を求められたら素直に従おう。

ベトナムへのアクセス

ベトナムへのフライトルート

日本～ベトナム間は毎日直行便が運航

日本からベトナムをダイレクトに結ぶ航空会社は、ベトジェットエア(VJ)、ベトナム航空(VN)、全日空(NH)、日本航空(JL)、バンブー・エアウェイズ(QH)の5社がある。ホーチミン市、ハノイへの直行便がある空港は、成田国際空港（以下、成田)、羽田空港（以下、羽田)、関西国際空港(以下、関空)、中部国際空港セントレア（以下、中部)、福岡空港。ダナンへは成田、羽田、関空から直行便があるが2022年11月現在、運休中。2023年3月よりベトジェットエアが羽田発ダナン行きを運航予定。

日本～ベトナム間を運航するベトジェットエア

日本→ベトナム直行便フライトスケジュール

▶ホーチミン市行き

出発地	到着地	出発日	航空会社	出発時刻	到着時刻	所要時間
成田	ホーチミン市	毎日	VJ/W2/H1	8:55	13:55	7時間
成田	ホーチミン市	毎日	VN/NH	9:30	13:30	6時間
成田	ホーチミン市	毎日	JL/OM	17:45	21:55	6時間
成田	ホーチミン市	毎日	NH/VN	18:55	23:45	6時間50分
羽田	ホーチミン市	毎日	JL/AA	1:25	5:15	5時間50分
羽田	ホーチミン市	毎日	NH/VN	16:50	21:25	6時間25分
関空	ホーチミン市	毎日	VJ/A1/W2/H1	9:30	13:30	6時間
関空	ホーチミン市	火水土	VN/NH	10:30	14:00	5時間30分
中部	ホーチミン市	水日	VN/NH	10:00	14:00	6時間
福岡	ホーチミン市	金日	VN/NH	10:30	13:50	5時間20分

▶ハノイ行き

出発地	到着地	出発日	航空会社	出発時刻	到着時刻	所要時間
成田	ハノイ	火金	QH	9:15	13:05	5時間50分
成田	ハノイ	月水木土日	QH	9:15	13:10	5時間55分
成田	ハノイ	毎日	VJ/A1/W2/H1	9:30	14:00	6時間30分
成田	ハノイ	月火木土	VN/NH	10:00	14:00	5時間55分
成田	ハノイ	毎日	VJ/A1/W2/H1	16:55	21:25	6時間30分
成田	ハノイ	毎日	JL/GM	18:00	21:50	5時間50分
成田	ハノイ	毎日	NH/VN	18:30	22:15	6時間15分
羽田	ハノイ	水金日	VN/NH	17:05	20:40	5時間35分
関空	ハノイ	毎日	VJ/A1/W2/H1	9:20	13:05	5時間45分
関空	ハノイ	月水木金日	VN/NH	10:30	13:35	5時間5分
関空	ハノイ	毎日	VJ/A1/W2/H1	15:30	19:15	5時間45分
中部	ハノイ	月水金日	VJ/W2/H1	9:25	13:40	6時間15分
中部	ハノイ	月火木土	VN/NH	10:15	13:40	5時間25分
福岡	ハノイ	火木土	VJ/W2/H1	8:55	12:05	5時間10分
福岡	ハノイ	火水土	VN/NH	10:30	13:10	4時間40分

国際観光旅客税

2019年1月7日より日本を出国するすべての人に、出国1回につき1000円の国際観光旅客税がかかる。支払いは原則、航空券代に上乗せされる。

日本～ベトナム間の直行便はベトジェットエアが便利

ベトジェットエアはベトナム3都市と日本の各都市の直行便を運航。成田・関空～ハノイ・ホーチミン市および羽田～ダナン間は毎日運航、福岡～ハノイ間は週3便、名古屋～ハノイ間は週4便運航している。また、2023年3月より、羽田～ダナン間の直行便を運航予定。

●ベトジェットエア
Vietjet Air
☎(03)5937-0821
URL www.vietjetair.com
営10:00～12:00、13:00～17:00
休土・日曜、祝日

各航空会社のウェブサイト

●ベトナム航空
URL www.vietnamairlines.com
●全日空
URL www.ana.co.jp
●日本航空
URL www.jal.co.jp
●バンブー・エアウェイズ
URL www.bambooairways.com

eチケットについて

eチケットは電子航空券のこと。航空会社のホームページやアプリなどで直接予約・発券すると、eチケットをウェブ上で表示・保存できるほか自分のeメールに送ることもできる。

航空会社によっては搭乗券になる2次元バーコードを取得できることもある。また、旅行会社を通じて航空券を発券するとeメールで送られてくることが多い。

リコンファームについて

現在、多数の航空会社がリコンファーム（予約再確認）を不要としている。ベトナム航空、全日空、日本航空、ベトジェットエア、バンブー・エアウェイズをはじめ、大韓航空、アシアナ航空、キャセイパシフィック航空など、ベトナムに乗り入れている各航空会社も多くはリコンファーム不要。

格安航空券を上手に利用
　各航空会社の販売する正規割引運賃（PEX）よりも割安な格安航空券は、各旅行会社が独自設定値段で販売する個人旅行者向けの航空券。旅行者の少ない時期には割引率が高くなるので確認してみよう。

『地球の歩き方』格安航空券専用サイト
URL air.arukikata.com

格安航空券検索＆予約サイト
●スカイスキャナー
URL www.skyscanner.jp
　旅行代理店や航空会社など十数社の運賃や運航スケジュールを一度に検索＆予約できるウェブサイト。

ベトナム→日本直行便フライトスケジュール

▶ホーチミン市から

出発地	到着地	出発日	航空会社	出発時刻	到着時刻	所要時間
ホーチミン市	成田	毎日	VN/NH	0:05	8:00	5時間55分
ホーチミン市	成田	毎日	NH/VN	7:00	15:20	6時間20分
ホーチミン市	成田	毎日	JL	8:00	16:00	6時間
ホーチミン市	成田	毎日	VJ/W2/H1	0:15	8:00	5時間45分
ホーチミン市	成田	土	W2	23:40	8:00(+1)	6時間20分
ホーチミン市	羽田	毎日	NH/VN	22:45	6:55(+1)	6時間10分
ホーチミン市	羽田	毎日	JL/AA	23:25	6:55(+1)	5時間30分
ホーチミン市	関空	火水土	VN/NH	0:10	7:20	5時間
ホーチミン市	関空	毎日	VJ/A1/W2/H1	1:20	8:30	5時間10分
ホーチミン市	中部	水日	VN/NH	0:05	7:30	5時間35分
ホーチミン市	福岡	金日	VN/NH	1:05	8:20	5時間15分

▶ハノイから

出発地	到着地	出発日	航空会社	出発時刻	到着時刻	所要時間
ハノイ	成田	月火木土	VN/NH	0:20	7:35	5時間15分
ハノイ	成田	毎日	VJ/A1/W2/H1	0:55	8:00	5時間5分
ハノイ	成田	毎日	VJ/A1/W2/H1	7:50	14:55	5時間5分
ハノイ	成田	毎日	JL/OM	23:20	6:30(+1)	5時間10分
ハノイ	成田	毎日	NH/VN	23:35	6:45(+1)	5時間10分
ハノイ	成田	月木土日	QH	23:35	7:15(+1)	5時間40分
ハノイ	成田	水金日	VN/NH	8:35	15:35	5時間
ハノイ	関空	月水木金日	VN/NH	0:20	6:40	4時間20分
ハノイ	関空	毎日	VJ/A1/W2/H1	1:40	7:50	4時間10分
ハノイ	関空	毎日	VJ/A1/W2/H1	8:20	14:30	4時間10分
ハノイ	中部	月火木土	VN/NH	0:25	7:00	4時間35分
ハノイ	中部	月水金日	VJ/W2/H1	1:35	8:00	4時間25分
ハノイ	福岡	火木土	VJ/W2/H1	1:50	7:55	4時間5分
ハノイ	福岡	火木土	VN/NH	2:20	8:20	4時間

・VJ＝ベトジェットエア　VN＝ベトナム航空　NH＝全日空　JL＝日本航空　QH＝バンブー・エアウェイズ　AA＝アメリカン航空　A1＝A.P.G.ディストリビューションシステム　W2＝フレックスフライト　OM＝モンゴル航空
・航空会社併記の場合は共同運航便で、上記航空会社による運航。例）VN/NH＝ベトナム航空と全日空の共同運航便でベトナム航空による運航
※フライトスケジュールは2022年10月現在のもの。スケジュールは季節ごとに変更されるため、出発前に各自で確認を。

同日着ができるおもな乗り継ぎ都市

　2022年10月現在、乗り継ぎでベトナムへ行く便は香港経由（同日着）などがあるが、コロナ禍で乗り継ぎの際の規制も頻繁に変わる可能性があるため、直行便で行くことをおすすめする。

陸路での入国

陸路入国の注意点

　中国、ラオス、カンボジアからは陸路でも入国できるが、外国人が陸路入国できるルートは限られている。道路や交通機関が未整備な所もあり、ルートによっては同日着ができない場合もあるので、

事前に下調べをしておこう。

外国人の通過が認められているおもな国境は以下のとおり。

中国国境

モンカイ(Móng Cái)、ヒューギ(Hữu Nghị)、ラオカイ(Lào Cai)、チーマ(Chi Ma)、ホアインモー(Hoành Mô)の5ヵ所。外国人旅行者にポピュラーなのは、列車も通っているラオカイだ。なお、ハノイ～中国・南寧、北京間の国際列車は2022年10月現在、運休中。

ラオス国境

タイチャン(Tây Trang)、ナメオ(Na Mèo)、ナムカン(Năm Căn)、カウチェオ(Cầu Treo)、チャーロー(Cha Lo)、ラオバオ(Lao Bảo)、ポーイー(Pờ Y)の7ヵ所。外国人旅行者にポピュラーなのは、カウチェオとラオバオで、ハノイ～ラオス間の直行バスはカウチェオを、ダナン～ラオス間の直行バスはラオバオを通る。

カンボジア国境

ホアルー(Hoa Lư)、サーマット(Xa Mát)、モックバイ(Mộc Bài)、ビンヒエップ(Bình Hiệp)、トゥーンフック(Thường Phước)、ヴィンスーン(Vĩnh Xương)、ティンビエン(Tịnh Biên)、サーシア(Xà Xía)、レタン(Lệ Thanh)、ジンバー(Dinh Bà)の10ヵ所。最もメジャーなルートは、ホーチミン市～プノンペンをわずか7時間程度で結ぶモックバイ・ルート(カンボジア側の町はバベット)で、ホーチミン市～プノンペン間を走る直行バスもこのルートを通る。ちなみに、ヴィンスーン・ルートは、チャウドック(Châu Đốc)～プノンペン間を運航するスピードボートによる国境越えとなる。

パッケージツアーを利用

お得なパッケージツアー

旅行期間が4～10日間と短く、2名以上での旅行を考えているのなら、個人手配よりもパッケージツアーのほうがお得な場合がある。特にホーチミン市、ハノイへは、航空券、ホテルのみが付く価格重視のツアーが主流で、旅行時期や滞在都市、宿泊先などによっても異なるが、5万円前後～のプランが多い。この場合の宿泊先はエコノミークラスのホテルがほとんどだが、旅行会社やプランによっては、追加料金でホテルのグレードが選べたり、無料で空港送迎が付いていたりするものもある。滞在期間中は、ほぼ自由行動のため、現地ツアーに参加するなど、アレンジしやすいのも特徴だ。

そのほか、ベトナム各地の世界遺産を巡る周遊ツアー、食文化体験ツアー、北部・山岳地帯の秘境ハザン・ツアーなど、多種多様なパッケージツアーがあるので、希望に合うプランを探してみよう。

パッケージツアー比較サイト
●エクスペディア
URL www.expedia.co.jp/tour
●トラベルコ
URL www.tour.ne.jp

パスポートとビザ取得

パスポート申請に必要な書類

❶一般旅券発給申請書1通
用紙は各都道府県のパスポートセンターで手に入るほか、下記よりウェブ上で必要事項を入力し、申請書PDFを作成・印刷が可能。
URL www.mofa.go.jp/mofaj/toko/passport/download/top.html

❷戸籍謄本（抄本）1通
6ヵ月以内に発行されたもの。本籍地の市区町村役所で発行してくれ、本人以外の代理人の受領も可能。現在有効なパスポートを所持し、氏名、本籍地に変更がなければ不要。

❸身元確認のための証明書
顔写真付きの身分証明書1点（運転免許証、マイナンバーカードなど。※マイナンバーカードの通知カードは不可）。または、写真が付いていない保険証や年金証書2点、うち1点は写真付き学生証、会社の身分証明書でも可能。

❹顔写真1枚
サイズ縦4.5cm×横3.5cm、顔の大きさ3.4cm±0.2cm（細かい規格規定があるので注意）。6ヵ月以内に撮影されたもの。背景無地、無帽正面向き。前髪が長すぎて目元が見えない、顔の輪郭が隠れるなどは不可。
※住民票は住基ネット運用済みの自治体では原則不要。

パスポート問い合わせ

●パスポート電話案内センター
東京☎(03)5908-0400
大阪☎(06)6944-6626

●外務省Passport A to Z
URL www.mofa.go.jp/mofaj/toko/passport/index.html

パスポートに関する注意

国際民間航空機関（ICAO）の決定により、2015年11月25日以降は機械読取式でない旅券（パスポート）は原則使用不可となっている。日本ではすでにすべての旅券が機械読取式に置き換えられたが、機械読取式でも2014年3月19日以前に旅券の身分事項に変更のあった人は、ICチップに反映されていない。渡航先によっては国際標準外と判断される可能性もあるので注意が必要。

●外務省による関連通達
URL www.mofa.go.jp/mofaj/ca/pss/page3_001066.html

パスポート

パスポートの申請について

パスポート（旅券）は、所持者が日本国民であることを証明し、渡航先国に対する安全な通過や保護を要請した公文書。つまり、政府から発給される国際的な身分証明書で、旅の準備はパスポートの申請から始まる。

パスポートは発給日から5年／10年間有効で、自分でどちらの期間にするか選択できる（18歳未満は5年用のみ取得可能）。有効期間内なら何度でも使える。申請は、自分の住民票がある各都道府県のパスポートセンターで行う。学生などで現住所と住民票のある場所が異なる場合は、現住所のパスポートセンターに相談してみるといい。

なお、ベトナムに入国するためのパスポートの残存有効期間は、入国時から6ヵ月以上なければならない。期限切れギリギリのパスポートを持っている人は早めに更新を。

申請から受領までの期間と申請手数料

申請後7～10業務日で旅券が発給される。受領日には申請時に受け取った受理票と発給手数料（5年用1万1000円　※12歳未満は6000円、10年用1万6000円）を持って、必ず本人が受領に行くこと。

2023年3月27日からパスポート更新はオンライン化

2023年3月27日より、パスポートの残存有効期間が1年未満で、新しいパスポートに切り替え申請する場合は、オンラインでの申請ができるようになり、申請時にパスポートセンターへ出向く必要がなくなる。更新と同様に、紛失した場合もオンラインでの届出が可能となる。詳細は下記の外務省ウェブサイトを確認。

URL www.mofa.go.jp/mofaj/press/release/press3_000939.html

ビザ

15日以内の滞在はビザ不要

通常、ベトナムの入国にはビザが必要だが、日本国籍のパスポートを所持する者で、下記の条件を満たす場合のみ、15日以内のビザなし滞在が可能。

❶入国時点でパスポート残存有効期間が6ヵ月以上ある。
❷出国用の航空券を所持している。

※15日以内の滞在でビザ免除での入国をする場合、「前回のベトナム入国から30日以上経過していること」が条件にあったが、2022年9月現在、この条件は撤廃されている。

日本でビザを取得

観光目的で15日以上滞在する場合、eビザ申請（→P.403）が早くて便利。日本国内のベトナム大使館・領事館でもビザ申請は可能だが、2022年10月現在、取得にはベトナムにあるベトナム入国管理局またはベトナム外務省・領事局が発行の入国許可書が必要で、ビジネスビザ以外は取得が非常に困難。そのため、観光目的で入国する場合は、eビザ取得が現実的。

各大使館・領事館で申請する場合、ビザ発給までの所要時間や日数は各館によって異なり、東京の大使館は2業務日、大阪総領事館は3業務日（別途手数料で当日発給可）、福岡総領事館は5業務日かかる。また、旅行会社でビジネスビザの取得代行を依頼することもできる。

▶ビザの種類

ベトナムのビザは20種類と細かくカテゴリー分けされている。観光ビザの場合、入出国は1回に限られるシングルビザと、有効期間内なら何度でも入出国が可能なマルチプルビザともに、滞在有効期間1ヵ月と3ヵ月のビザがある。ただし、2022年10月現在、3ヵ月の観光ビザおよびマルチプルビザは発給休止。前述したように、観光での入国の場合、ビザ免除による15日以内の滞在またはeビザとなる。

▶eビザ申請

2017年より、オンライン申請によるeビザ（電子ビザ）の試験運用が開始されている。取得できるのは30日間有効の観光ビザ（シングル）のみで、料金は25US$（カード決済のみ）、所要3業務日。下記専用ウェブサイトから、パスポートおよび顔写真をアップロード&必要事項を記入、カード決済でビザ料金を支払う。ビザ発給後はeメールで送られてくる電子ビザをプリントアウトし、入国時に提示する。

URL visa.mofa.gov.vn/Homepage.aspx

ビザの延長

2022年10月現在、現地でビザの延長は不可。ビザ延長措置が再開されたとしても、2015年のビザ関連法改正後、手続きは頻繁に変更されてきたため、現地で延長するのではなく事前に旅程に合わせたビザの取得が望ましい。延長手続きは、原則として個人ではできないことになっているため、必ず旅行会社を通して行うこと。なお、ビザ失効後の超過滞在は出国時に罰金が科せられる。

▶観光ビザの滞在延長について

コロナ禍以前から観光ビザの延長は年々困難になってきていた。2022年10月現在、観光ビザの延長は不可で、ビザ満期を迎えたらベトナムを出国する必要がある。観光ビザ（15日以内のビザ免除入国の滞在延長も含む）の延長措置の再開は未定。

▶新型コロナ感染により滞在延長となった場合

ベトナム滞在中に新型コロナに感染し、滞在可能な日数を超えてオーバーステイとなった場合、2022年9月現在、ベトナムでの療養後に出国にあたって必要なものは以下のとおり。①PCR検査陽性の証明書、②出国前72時間以内のPCR検査陰性証明書、③罰金（例：オーバーステイ1～15日間:50万～200万ドン、オーバーステイ16～29日:300万～500万ドン）。以上3点を空港の出入国管理局に提出する。

なお、新型コロナ感染でのオーバーステイの措置は、変更となる可能性が高いため、現地で確認を。

大使館・領事館での ビザ申請に必要な物

①残存有効期間が6ヵ月以上あるパスポート。
②顔写真（縦4cm×横3cm程度）。
③ベトナム入国管理局またはベトナム外務省・領事局発行の入国許可書（ベトナムで取得）
※申請書は各大使館・領事館で入手できるほか、大使館のウェブサイトからダウンロードできる。

ベトナム社会主義共和国 大使館

住〒151-0062
東京都渋谷区元代々木町50-11
☎(03) 3466-3311
URL www.vnembassy-jp.org/ja
開9:00～12:00、14:00～17:00
※ビザ業務は9:30～11:30、14:00～16:00。
休土・日曜、両国祝祭日

ベトナム社会主義共和国 在大阪総領事館

住〒590-0952
大阪府堺市堺区市之町東4-2-15
☎(072) 221-6666
URL vnconsulate-osaka.org/ja
開9:00～17:00
※ビザ業務は火～金曜9:00～12:00、14:00～16:30（月曜が祝日の場合、火曜9:30～）。
休土・日曜、両国祝祭日

ベトナム社会主義共和国 在福岡総領事館

住〒810-0801
福岡県福岡市博多区中洲5-3-8
アクア博多ビル4F
☎(0922) 63-7668
開9:00～12:00、14:00～17:00
休土・日曜、両国祝祭日

上記以外にも釧路と名古屋に名誉領事館があるが、ビザ発給業務は行っていない。

ビジネスビザについて

ベトナムのビジネスビザはタイプ別に細分化されているが、事実上適用されているのはビザタイプDN（ベトナム企業に勤務する外国人）と、ビザタイプNN3（駐在員事務所や支店で勤務する者）。どちらも在ベトナム企業の申請に基づく、ベトナム入出国管理局が発行する入国許可書が必要。

ベトナム入出国

入国の手順

2022年9月現在、ベトナム入国の際は入出国カードの提出は必要ない。ただし、入国時に税関申告を必要とする物品を持っている場合は、税関申告書（→P.405）を提出しなければならない。2022年11月現在のベトナム入出国の規制についてはP.394を参照。

空港での手続き

1 入国審査（イミグレーション）

到着ターミナルに入ったらイミグレーションカウンターへ向かおう。日本人は「All Passport」と書かれた所に並ぶ。入国審査官にパスポートと出国便のeチケットを提出する。eチケットがないと、その場で出国用の航空券を買わされるか罰金を徴収される、あるいは入国拒否される場合もある。陸路で出国予定の人は出国用のバスチケット提示でも可能だが、審査官のさじ加減で航空券を買わされる場合があるので、出国用の航空券提示が望ましい。

2 荷物の受け取り

入国審査を終えたら、電光掲示板でターンテーブル番号をチェックし、機内預けにした荷物を受け取る。荷物が出てこない場合は、近くにいる係員に搭乗地でもらった手荷物引換証（クレームタグ）を見せて、探してもらおう。

3 税関検査

申告の対象となる物品を持っていない場合は緑のランプの検査台へ。荷物をX線検査機に通し、検査を受ける。税関申告を必要とする物品を持っている場合は、税関で税関申告書をもらって記入し、赤のランプの検査台でパスポートと一緒に提出する。荷物をX線検査機に通し、係官の指示に従って荷物の検査を受ける。検査終了後、税関申告書の出国用の半券が返却される。これは出国の際、税関検査時に必要となるため大切に保管しておこう。

4 到着ロビーへ

空港出口で、搭乗地のチェックイン時にもらった機内預け荷物用の手荷物引換証と、手荷物に付けられているタグの番号が合っているかをチェックされることがあるので、この時点まで捨てないように。

入国時に申告の対象となる物品
（2022年9月現在）

1. 5000US$相当を超える外貨。ちなみに外貨の持ち込みに制限はない。
2. 1500万ドン以上のベトナム・ドン。
3. 300g以上の貴金属やジュエリー。
4. 3億ドン相当を超える貴金属やジュエリー。
5. 2L以上の20度未満のアルコール。
6. 1.5L以上の20度以上のアルコール。
7. 3L以上のビールなどのアルコール飲料。
8. 200本以上のたばこ。
9. 20本以上の葉巻。
10. 250g以上の刻みたばこ。
11. CDプレーヤー、ビデオカメラ、ラジカセ、テレビ、通信機器など、500万ドン相当を超える物。
12. 別送品。

持ち込み禁止品

麻薬、毒物、花火、骨董品、銃器類などのほか、社会主義を批判する印刷物やビデオ、ポルノ雑誌、アダルトビデオ・DVDなど。

空港に着いたら

空港内での両替、空港から市内へのアクセスなどについては、ホーチミン市P.57、ダナンP.216、ハノイP.280を参照。

Column わいせつ雑誌は持ち込み禁止

ベトナムは社会主義やベトナムを批判する印刷物やDVD、わいせつ雑誌やわいせつDVDなどの持ち込みを厳しく制限している。そんななか、わいせつ雑誌とDVDの持ち込みを税関で発見され、罰金を徴収される日本人があとを絶たないという。日本の空港で買った雑誌でも、ベトナムではちょっとした写真1枚がアウト！　日本人はこのちょっとした雑誌1冊で引っかかるケースが多い。もし税関で見つかった場合は現物の没収と多額の罰金を徴収される。罰金の金額はケース・バイ・ケースで数百ドルから、なかには数千ドルを取られたケースもある。

ちなみに、わいせつ雑誌と判断されるボーダーラインは何か？については、在ベトナム十数年の観光業の日本人によれば、「税関職員によって曖昧のようですが、女性の乳首が服から透けて見える写真、女性の水着姿でも乳首のラインが見える写真はアウト！と思ってください」とのこと。さらに、DVDも大量に持っていると厳しく検査されることがあるようだ。十分に注意したい。

税関申告書の書き方

署名以外はすべてアルファベットのブロック体で記入すること。

❶ 姓名
❷ 性別
（男ならMaleに、女ならFemaleに✔を付ける）
❸ 生年月日（※を参照）
❹ 国籍（日本国籍なら　JAPANESE　と記入）
❺ パスポートの番号
❻ 到着便名（飛行機なら便名を記入。例：ベトナム航空の951便の場合は　VN951　と記入）
❼ 入国日（※を参照）
❽ 署名（必ずパスポートと同じサインを記入）
❾ 滞在日数
❿ 携帯荷物の数
⓫ 別送品の数
⓬ 一時的にベトナムに持ち込み持ち出す物、または一時的にベトナムから持ち出し持ち帰る物を持っているか？
旅行者の場合は、持ち込んでそのまま持ち帰る、高価なパソコンやカメラがこれに相当する（持っている場合はYesに✔を付ける）
⓭ 免税品以外の品物を持っているか？
（持っている場合はYesに✔を付ける）
⓮ 携帯する現金
⓯ 数
⓰ ベトナム・ドン、USドル、その他の外貨
（右の欄に通貨別に金額を記入）
⓱ 手形（産業手形や銀行手形など）、小切手など
（右の欄に項目別に金額を記入）
⓲ 貴金属やジェムストーン（金を除く）
（右の欄に項目別に数・金額を記入）
⓳ 銀、プラチナ
（右の欄に項目別に数・金額を記入）
⓴ ダイヤモンド、ルビー、サファイア、エメラルド
（右の欄に項目別に数・金額を記入）
㉑ 金（右の欄にグラム数で記入）
※Day（日）、Month（月）、Year（年）の順で記入。
例：2023年11月10日は10　11　2023　と記入。

AB 0105647

1. Họ và tên trong hộ chiếu (chữ in hoa) /*Full name as appears in passport (please fill in block letters):* ❶

2. Giới tính/*Sex:* ❷ Nam/*Male* Nữ/*Female*

3. Sinh ngày/*Date of birth:* ❸ Ngày/*Date* tháng/*month* năm/*year*

4. Quốc tịch/*Nationality:* ❹

5. Số hộ chiếu/*Passport No:* ❺

6. Số chuyến bay/Tên tàu/Biển số xe (*Flight/Vessel/Car No*): ❻

7. Ngày/*Date:*....../....../20...... (DD/MM/YY) ❼

Chữ ký/ *Signature:* ❽

8. Xác nhận của Hải quan /*Certification by Customs:*

2

AB 0105647

1. Họ và tên trong hộ chiếu (chữ in hoa)/*Full name as appears in passport (please fill in block letters):* ❶

2. Giới tính/*Sex:* ❷ Nam/*Male* Nữ/*Female*

3. Sinh ngày/*Date of birth:* ❸ Ngày/*Date* tháng/*month* năm/*year*

4. Quốc tịch/*Nationality:* ❹

5. Số hộ chiếu/*Passport No:* ❺

6. Số chuyến bay/Tên tàu/Biển số xe (*Flight/Vessel/Car No.*): ❻

7. Thời gian lưu trú/ *Duration of stay:* ❾

8. Hành lý mang theo/ *Accompanied baggage* ❿ kiện, túi/ *pieces*

9. Hành lý không cùng chuyến/ *Unaccompanied baggage* ⓫ kiện, túi/ *pieces*

10. Hàng hóa tạm nhập - tái xuất hoặc tạm xuất – tái nhập/ *Temporary import, re-export goods or temporary export, re-import goods:* ⓬ Có/*Yes* Không/*No*

11. Hàng hóa phải nộp thuế/*Goods subject to duty:* ⓭ Có/*Yes* Không/*No*

12. Lượng tiền mang theo/ *Carry on cash:* ⓮	Trị giá/ *Amount:* ⓯
- Đồng Việt Nam / VND: - Đô la Mỹ/USD: - Ngoại tệ khác/ *other foreign currencies* (GBP, EUR, CAD...) ⓰	
Hối phiếu, séc/ *Drafts, cheques:* ⓱	

13. Kim loại quý, đá quý mang theo (trừ vàng)/ *Bringing precious metals, gemstone (other than gold).* ⓲	Trị giá/ *Amount:*
Kim loại quý: Bạc, bạch kim/ *Precious metals: Silver, platinum:* ⓳	
Đá quý: Kim cương, ruby, saphia, và ê-mơ-rốt/ *Gemstone: Diamond, ruby, sapphire and emerald.* ⓴	
14. Vàng/*Gold:* ㉑	Trọng lượng/ *Gross weight:* ....gram.
15. Ngày/*Date:*....../....../20...... (DD/MM/YY) ❼ Chữ ký/ *Signature:* ❽	

3

出国の手順

2022年9月現在、ベトナム出国の際は5000US$相当以上の外貨、1500万ドン以上のベトナム・ドンは持ち出せず、X線検査などで見つかると没収される。なお、ほとんどの航空会社ではリコンファームは不要（→P.399欄外）。

空港での手続き

1 搭乗手続き（チェックイン）

国際線ターミナルは、ホーチミン市のタンソンニャット国際空港は3階、ダナン国際空港は2階、ハノイのノイバイ国際空港は、ターミナル2の3階にある。チェックインは通常出発の2時間前（ベトナム航空は3時間前）から始まる。便数の多い夜発の便で日本に帰国する場合は、搭乗手続き、出国審査ともにかなり混み合うため、チェックイン開始時間に合わせて余裕をもって空港に到着したい。ウェブチェックイン（→欄外）もしておくと安心だ。チェックインカウンターは航空会社ごとに分かれているので、電光掲示版（サインボード）でこれから乗る飛行機の便名とカウンターの番号を確認しよう。チェックインカウンターはさらにエコノミークラス、ビジネスクラス、ウェブチェックイン済みの搭乗客用の預け荷物専用カウンターに窓口が分かれている。機内荷物を預け、搭乗券（ボーディングパス）を受け取ったら搭乗手続きは終了。

2 出国審査（イミグレーション）

各空港ともに、税関検査と保安検査（セキュリティチェック）の前に出国審査となる。イミグレーションカウンターでパスポートと搭乗券を提出し、問題がなければパスポートに出国スタンプが押されて返却される。

3 税関検査＆保安検査（セキュリティチェック）

各空港ともに税関検査と保安検査（セキュリティチェック）は一本化されており、X線検査による手荷物チェックが行われる。入国時に税関申告をした場合は、返却された税関申告書と搭乗券とパスポートの3点を提示する。税関申告をしていない場合は、搭乗券とパスポートのみを提示。いずれの場合も、たいていはX線検査だけで通過するが、ときどき荷物を開けてチェックされることもある。特に持ち出しが禁止されている物や申告が必要な物（→P.404欄外）が見つかった場合は、没収および罰金が科せられることもある。骨董価値がありそうな古い皿や壺、陶磁器、仏像などを持っている場合も、徹底的に調べられることがあるので注意（→欄外）。また、飲料水などの液体物は禁止されているので没収される。ライターは航空会社によって異なる（→欄外）。

4 搭乗

手続きがすべて終了したら、搭乗券に記載された搭乗ゲートへ向かおう。たまに出発ゲートが変更されることがあるので、構内アナウンスにも注意したい。

Voice! 特にホーチミン市、ハノイの国際線ターミナルは、深夜発の便が集中しているため、2時間前に着いてもチェックインやセキュリティチェックに時間を取られてギリギ↗

便利なウェブチェックイン
ウェブ上でチェックインすることにより空港での搭乗手続きが不要となるサービス。利用は航空会社によって異なるが出発の24時間前から2時間前あるいは1時間前まで。LCCでも利用可能だ。なお、ウェブチェックイン済みだとしても出国審査などで混み合うため、時間に余裕をもって空港に到着するようにしたい。

自動チェックイン＆発券機
ホーチミン市、ダナン、ハノイの各国際空港には、ベトナム航空の自動チェックイン＆発券機が設置されており、予約コードやeチケット番号などを入力すると搭乗券が印刷される。チェックインカウンターに並ばずにスムーズにチェックインできるので便利。

機内持ち込み荷物について
刃物に該当する物、スプレー類、ガス、オイルなどに加え、100mLを超える液体物（ジェル含む）は持ち込み禁止。なお、ライターの機内預けは禁止、機内持ち込みはベトナム航空とベトジェット・エアは不可、全日空と日本航空はひとり1個までだがコードシェア便は他社ルールになることがあるので注意。
●国土交通省（液体物持込制限について）
URL www.mlit.go.jp/koku/15_bf_000006.html

機内預け荷物＆手荷物の重量制限
各航空会社によって異なる。ベトナム航空の日本～ベトナム間を利用する場合、エコノミークラスの預け荷物は各23kg以内2個までで、縦・横・高さの合計が158cm以内の物。手荷物は3辺の合計が115cm以内の物1個と付帯品1個で合計12kgまで。

骨董品＆コピー商品持ち出しに注意
ベトナムからは基本的に骨董品の持ち出しはできない。購入店でレッドインボイス（Red Invoice）と呼ばれるベトナムの正式な領収書を発行してもらえば没収は免れるようだが、賄賂を要求されることもある。また、偽ブランドや音楽ソフトなどを違法に複製したコピー商品を持って帰国すると、没収されるだけでなく場合によっては損害賠償請求を受けることも。

再両替
ホーチミン市、ダナン、ハノイの各国際空港ともに、空港内の銀行または両替所でベトナム・ドンからUSドルまたは日本円への再両替が可能。

日本入国

2022年10月現在のベトナムから日本へ入国する際に必要なものはP.394を参照。顔認証ゲートで入国審査を済ませたあと、ターンテーブルで預けた荷物を受け取り、税関検査へ。持ち込み品が免税範囲を超えていた場合や別送品がある場合は機内でもらえる「携帯品・別送品申告書」(2枚)に記入の上、赤のランプの検査台へ行き、係員に提出。免税範囲内の人も記入し(1枚)、緑のランプの検査台へ行き、係員に提出する。

別送品の送り方・受け取り方

現地から品物(みやげ物など)を送る場合は、外装や送り状に「別送品(Unaccompanied Baggage)」と明記し、受取人は本人とする。日本に帰国したら到着空港で「携帯品・別送品申告書」2通を税関に提出し確認印をもらい、1通を保管。荷物が到着すると税関からはがきが届くので、その指示に従い荷物を受け取る。

なお、郵便で到着した別送品の外装などに「別送品」の表示がない場合は、課税対象となり、税関から「国際郵便物課税通知書」が送付されることがある。その場合は、納税前に課税通知書を発送した税関外郵出張所に免税扱いか確認をしよう。

携帯品・別送品申告書記入例　(表)

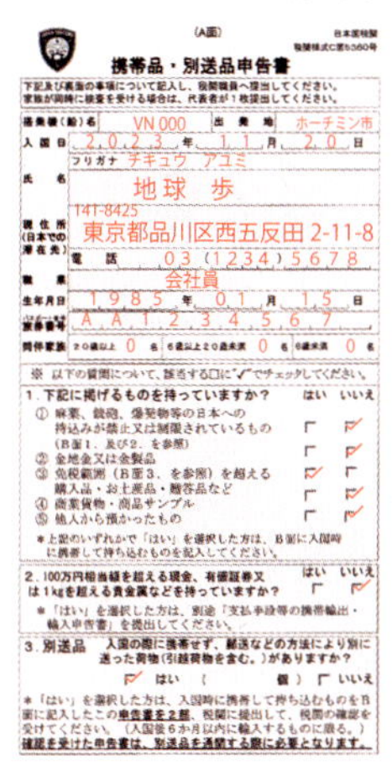

(A面)

日本国税関
税関様式C第5360号

携帯品・別送品申告書

下記及び裏面の事項について記入し、税関職員へ提出してください。
家族が同時に検査を受ける場合は、代表者が1枚提出してください。

搭乗機(船)名	VN 000
出発地	ホーチミン市
入国日	2023 年 11 月 20 日
フリガナ	チキュウ アユミ
氏名	地球 歩
現住所(日本での滞在先)	141-8425 東京都品川区西五反田 2-11-8
電話	03(1234)5678
職業	会社員
生年月日	1985 年 01 月 15 日
旅券番号	AA1234567
同伴家族	20歳以上 0 名　6歳以上20歳未満 0 名　6歳未満 0 名

※ 以下の質問について、該当する□に"✓"でチェックしてください。

1. 下記に掲げるものを持っていますか?	はい	いいえ
① 麻薬、銃砲、爆発物等の日本への持込みが禁止又は制限されているもの(B面1. 及び2. を参照)		✓
② 金地金又は金製品		✓
③ 免税範囲(B面3. を参照)を超える購入品・お土産品・贈答品など	✓	
④ 商業貨物・商品サンプル		✓
⑤ 他人から預かったもの		✓

＊上記のいずれかで「はい」を選択した方は、B面に入国時に携帯して持ち込むものを記入してください。

2. 100万円相当額を超える現金、有価証券又は1kgを超える貴金属などを持っていますか?	はい	いいえ
		✓

＊「はい」を選択した方は、別途「支払手段等の携帯輸出・輸入申告書」を提出してください。

3. 別送品　入国の際に携帯せず、郵送などの方法により別に送った荷物(引越荷物を含む。)がありますか?

✓ はい (　　個)　□ いいえ

＊「はい」を選択した方は、入国時に携帯して持ち込むものをB面に記入したこの**申告書を2部**、税関に提出して、税関の確認を受けてください。(入国後6か月以内に輸入するものに限る。)
確認を受けた申告書は、別送品を通関する際に必要となります。

日本入国時の免税範囲

酒類:3本(1本760mL程度の物)。
たばこ:紙巻きのみの場合200本。加熱式たばこのみの場合、個装等10個(1箱当たりの数量は、紙巻たばこ20本相当。アイコスなら200本)。葉巻たばこのみの場合50本。その他250g。
香水:2オンス(56mL)。オーデコロン、オードトワレは含まれない。
その他:1品ごとの海外小売価格の合計額が1万円以下の物(例:1本5000円のネクタイ2本の場合は免税)。上記以外の合計が海外小売価格で20万円以内の物(1個で20万円を超える品物は、その1個の全額が課税される)。

●携帯品・別送品や税関手続きに関する税関のウェブサイト
URL www.customs.go.jp

(裏)

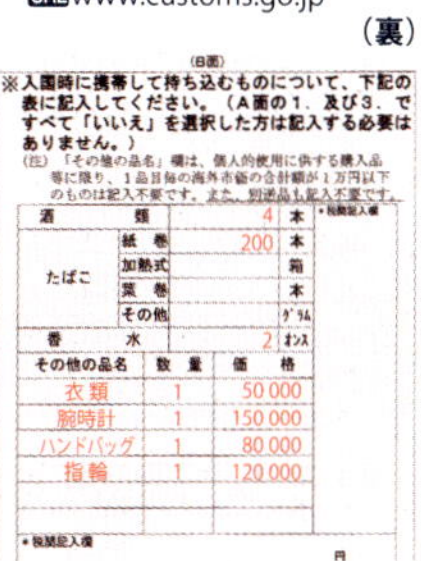

(B面)

※入国時に携帯して持ち込むものについて、下記の表に記入してください。(A面の1. 及び3. ですべて「いいえ」を選択した方は記入する必要はありません。)
(注)「その他の品名」欄は、個人的使用に供する購入品等に限り、1品目毎の海外市価の合計額が1万円以下のものは記入不要です。また、別送品も記入不要です。

酒類		4	本
たばこ	紙巻	200	本
	加熱式		箱
	葉巻		本
	その他		グラム
香水		2	オンス

＊税関記入欄

その他の品名	数量	価格
衣類	1	50 000
腕時計	1	150 000
ハンドバッグ	1	80 000
指輪	1	120 000

＊税関記入欄　　円

付加価値税(VAT:Value Added Tax)還付制度

2022年8月現在、ホーチミン市のタンソンニャット国際空港、ハノイのノイバイ国際空港、ダナン国際空港、カンホア省のカムラン国際空港、フーコック国際空港の5つの空港と、ホーチミン市のカンホイ港、ダナン港、ニャチャン港の3つの港に付加価値税還付カウンター(VAT Refund Counter)が設けられ、実施されている。

還付対象者

・ベトナム以外のパスポートを所持している者。

還付対象商品

・付加価値税対象の未使用品で、飛行機への持ち込みが可能な商品。
・輸出規制品目リストに登録されていない商品。
・付加価値税申告書兼インボイス(領収書)が出国日から逆算して30日以内に発行された物であること。
・同日に同店で購入した商品の購入金額が200万ドン以上であること。

付加価値税還付の手順

還付手続き可能な還付登録店(購入前に要確認)で商品を購入する。➡支払い時にパスポートを提示して付加価値税申告書兼インボイス(領収書)を作成してもらう。➡商品購入から30日以内に、前述の5つの空港と3つの港にて、チェックイン手続き前(ホーチミン市のタンソンニャット国際空港はチェックイン後)に付加価値税還付カウンターでパスポート、商品、付加価値税申告書兼インボイス(領収書)を提示する。➡通常はその場で還付金を受け取れるが、まれに銀行窓口で受け取るよう指示されることもある。その場合は還付金請求書をもらい、空港内の指定された銀行窓口で還付金を受け取ることになる。

還付金はベトナム・ドンでの受け取りとなっており外貨での受け取りはできない。
※付加価値税とは、売上税の一種で、生産の各段階で賦課徴収する税。英語ではValue Added Taxと呼ばれ、略してVATとも呼ばれている。
※付加価値税還付とは、外国で支払った付加価値税を決められた手続きを経て還付(払い戻し)してもらうこと。

↘リになってしまうことが多い。必ずウェブチェックインを済ませ、2時間30分ほど前には到着するようにしたい。

旅の技術

空港ガイド

日本からの直行便がある空港は3つ

日本からの直行便がある空港は、ホーチミン市のタンソンニャット国際空港、ダナン国際空港、ハノイのノイバイ国際空港の3つだ。各空港の詳細マップを紹介しよう。

ホーチミン市

空港〜市内間の交通に関しては →P.57

タンソンニャット国際空港 国際線ターミナル

国際線出発ロビー 3F

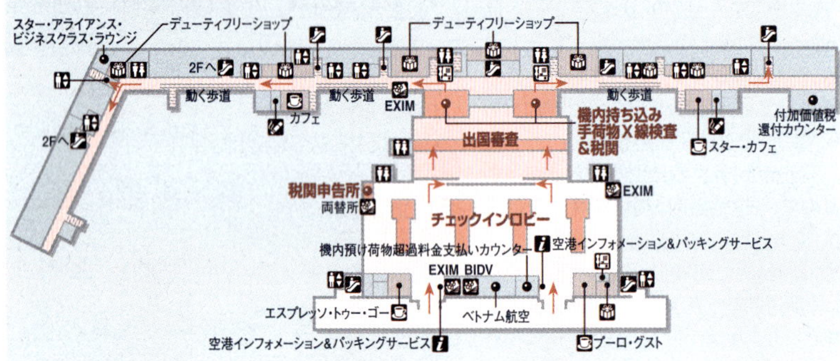

国際線到着ゲート 2F

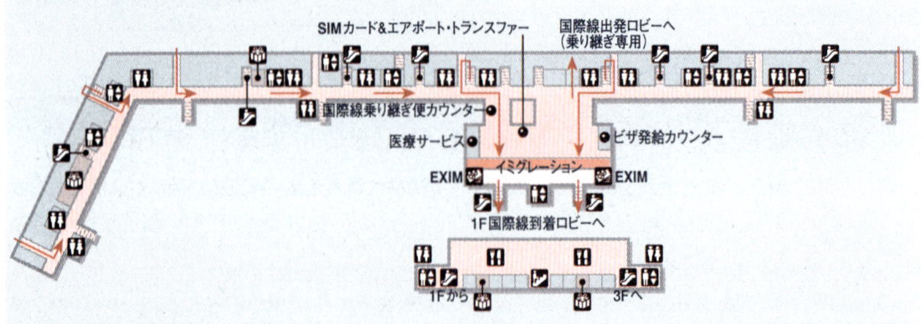

国際線到着ロビー 1F

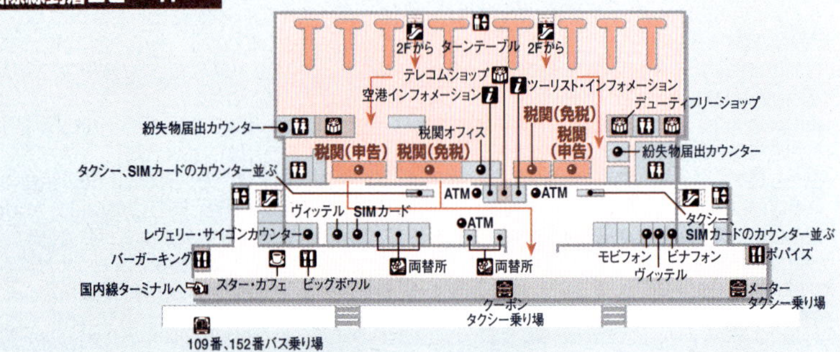

タンソンニャット国際空港 国内線ターミナル

国内線出発ロビー 2F
国内線チェックインロビー＆到着ロビー 1F

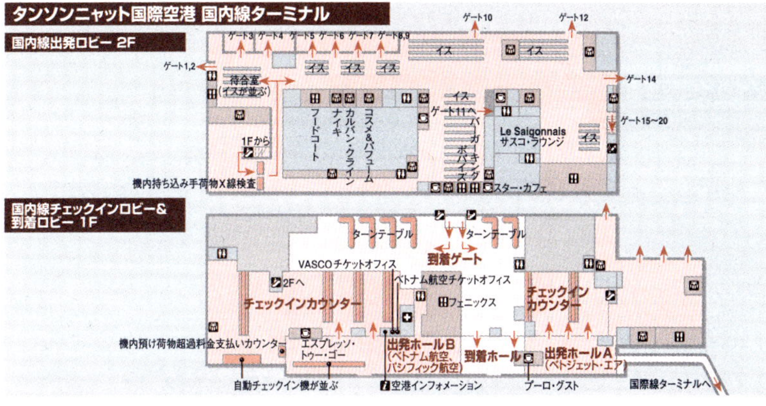

ダナン

空港～市内間の交通に関しては →P.217

ダナン国際空港 国際線ターミナル

国際線出発ロビー 3F
国際線到着ロビー 1F

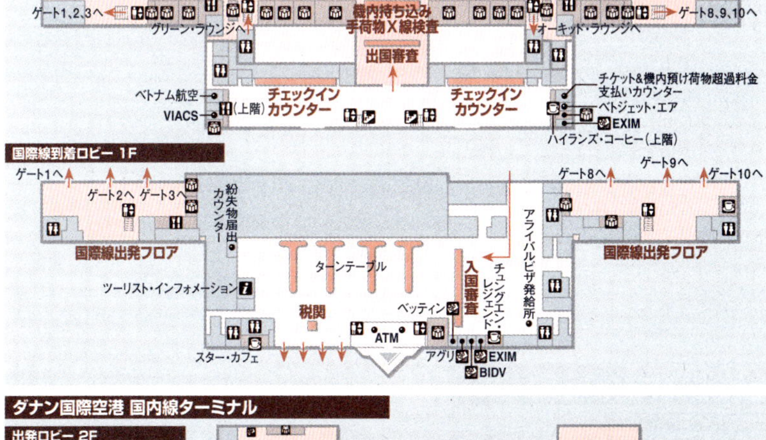

ダナン国際空港 国内線ターミナル

出発ロビー 2F
到着ロビー 1F

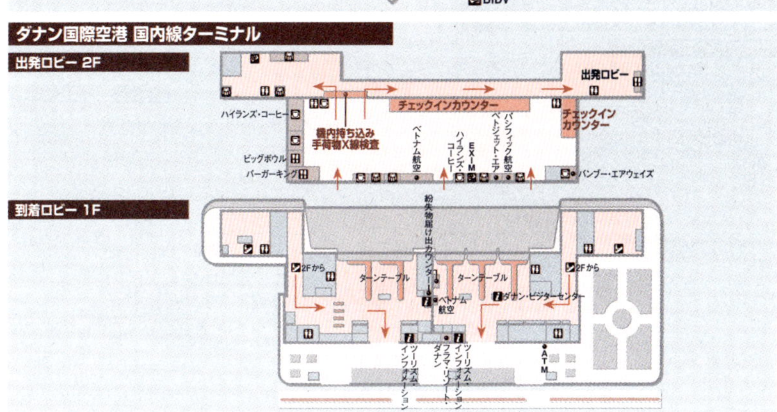

空港〜市内間の交通に関しては →P.281

ノイバイ国際空港 国際線ターミナル(ターミナル2)

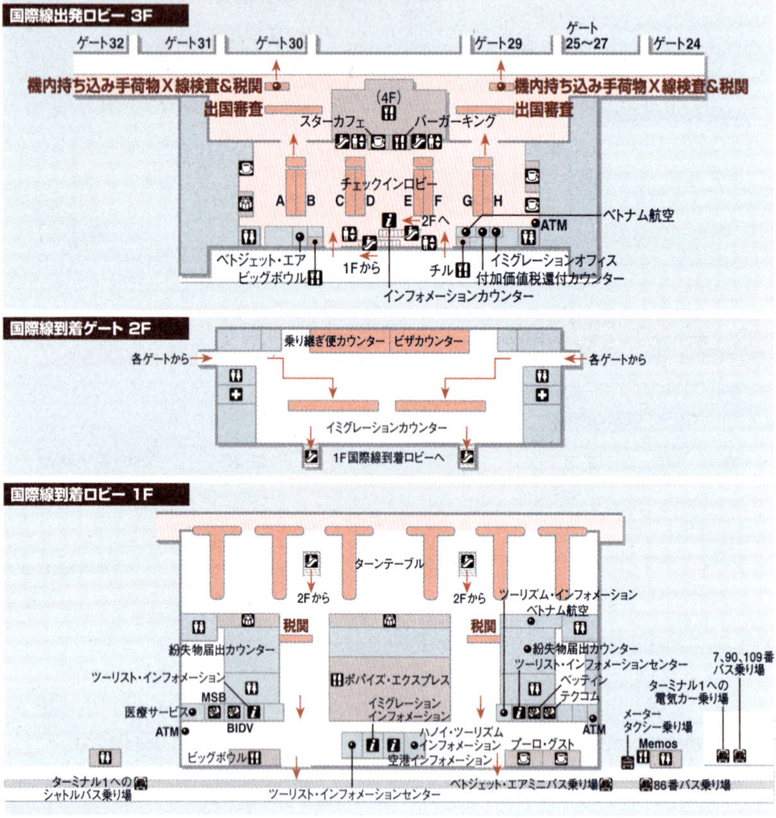
国際線出発ロビー 3F
ゲート32
ゲート31
ゲート30
ゲート29
ゲート 25〜27
ゲート24
機内持ち込み手荷物X線検査&税関
機内持ち込み手荷物X線検査&税関
出国審査
出国審査
(4F)
スターカフェ
バーガーキング
チェックインロビー
A B C D E F G H
2Fへ
ATM
ベトナム航空
ベトジェット・エア
ビッグボウル
1Fから
チル
イミグレーションオフィス
付加価値税還付カウンター
インフォメーションカウンター
国際線到着ゲート 2F
乗り継ぎ便カウンター
ビザカウンター
各ゲートから
各ゲートから
イミグレーションカウンター
1F国際線到着ロビーへ
国際線到着ロビー 1F
ターンテーブル
2Fから
2Fから
ツーリズム・インフォメーション
ベトナム航空
税関
税関
紛失物届出カウンター
紛失物届出カウンター
ツーリスト・インフォメーションセンター
ツーリスト・インフォメーション
ボパイズ・エクスプレス
ペッティン
テクコム
MSB
医療サービス
ATM
BIDV
イミグレーション
インフォメーション
ATM
ハノイ・ツーリズム
インフォメーション
プーロ・グスト
ビッグボウル
空港インフォメーション
7,90,109番
バス乗り場
ターミナル1への
電気カー乗り場
メーター
タクシー乗り場
Memos
ターミナル1への
シャトルバス乗り場
ツーリスト・インフォメーションセンター
ベトジェット・エアミニバス乗り場
86番バス乗り場

ノイバイ国際空港 国内線ターミナル(ターミナル1)

出発ロビー 2F
機内持ち込み手荷物X線検査
待合室
待合室
待合室
ロビーE
ベトジェット・エア
機内持ち込み手荷物X線検査
ロビーA
ベトナム航空
チェックインカウンター(ベトナム航空)
ロビーB
ベトジェット・エア
バンブー・エアウェイズ
チェックインカウンター
(ベトジェット・エア、バンブー・エアウェイズ)
チェックインカウンター
(ベトジェット・エア)
到着ロビー 1F
ターンテーブル
到着ゲート
ロビーE
タクシー乗り場
ターンテーブル
到着ゲート
BIDV
ロビーA
ATM
ATM
ターンテーブル
到着ゲート
ロビーB
ミニバス乗り場
86番バス乗り場
ターミナル2へのシャトルバス、
電気カー乗り場
タクシー乗り場

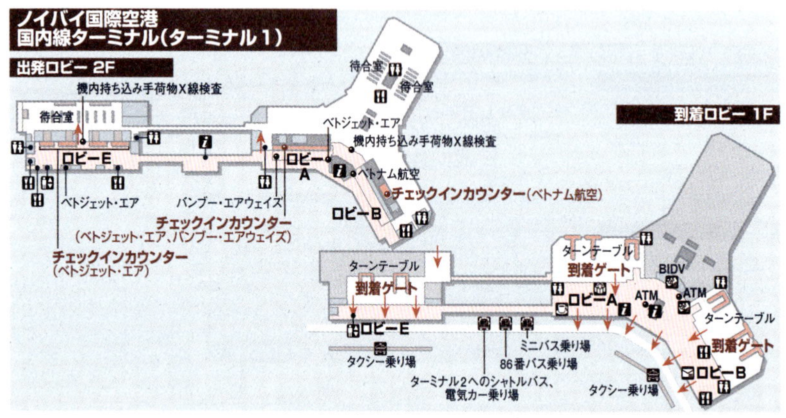

国内の交通

飛行機 Máy Bay

国内の路線は充実

ベトナム航空とベトジェット・エアが国内の主要な20数都市の間を結んでおり、短時間で移動したい人には有効な交通手段だ。また、バンブー・エアウェイズやパシフィック航空も一部の路線を運航しているが、便数はベトナム航空やベトジェット・エアに比べると少ない。

列車 Tàu Hỏa

南北を結ぶ統一鉄道がメイン

ベトナムの鉄道は、国営のベトナム鉄道が運営している。ハノイ～ホーチミン市（サイゴン駅）の全長約1726kmを結ぶ南北線、いわゆる統一鉄道が主要路線だ。その他、ホーチミン市～ファンティエット線とホーチミン市～ニャチャン線のホーチミン市起点の2路線と、ハノイ～ハイフォン線、ハノイ～ラオカイ線などハノイを起点とした地方路線が4本ある。

のんびり鉄道旅を楽しもう

列車の種類

統一鉄道（ハノイ～サイゴン）の列車にはSE1・SE2などの番号が付けられていて、奇数番号がハノイ発サイゴン行き、偶数番号がサイゴン発ハノイ行きの列車となっている。最も速いのはSE1とSE2で、ハノイ～サイゴン間をSE1は約32時間17分、SE2は約32時間30分で結ぶ。全車両エアコン付き。スケジュールは頻繁に変更されるため注意。また、テトなどの祝日には増便される。

サパへ行く際に利用されるハノイ～ラオカイ間の寝台列車には、ホテルや旅行会社が使用し、独自の名称で販売している車両もある。

座席の種類

座席のカテゴリーは列車の種類によってさまざまな分け方があり、それぞれ運賃が異なる。統一鉄道の場合、座席のカテゴリーは以下で、カテゴリーごとに車両が異なる。

▶統一鉄道の座席のカテゴリー

- ●ソフトシート：座席は狭いがリクライニング式。
- ●ハードベッド：上・中・下段の3段ベッド。薄いマットレスが敷いてある。上段→中段→下段の順に運賃が高くなる。
- ●ソフトベッド：上下2段のベッドで、4人1室（ふたり1室もあり）のコンパートメント。クッションの利いたベッドで快適。上段より下段のほうが運賃が高い。

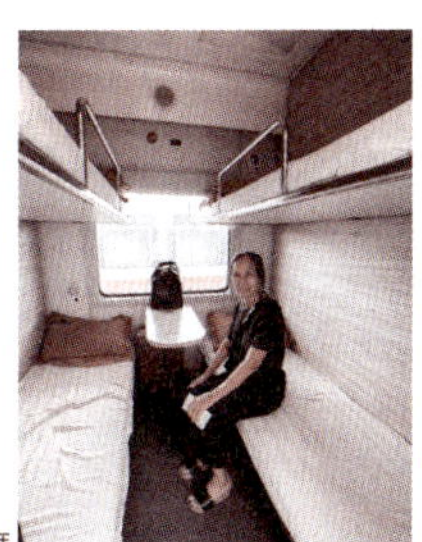
ソフトベッド4人コンパートメントの座席

ソフトシートの車両

おもな国内線航空会社

●ベトナム航空
URL www.vietnamairlines.com
●ベトジェット・エア
URL www.vietjetair.com
●バンブー・エアウェイズ
URL www.bambooairways.com
●パシフィック航空
URL www.pacificairlines.com

機内持ち込み荷物について

刃物に該当する物、スプレー類、ガス、オイル、ライターは持ち込み禁止。ベトナム航空の場合、電子たばこや加熱式たばこは持ち込み可能だが、機内での使用や充電は不可。バッテリーは短絡事故を防ぐため、保護パウチなどに個々の電池を収納して持ち込むこと。また、ドリアンやヌックマムなど匂いの強い食品・物品は持ち込み不可。液体物も空港や時期によって厳しくチェックされる場合がある。

機内預け荷物＆手荷物の重量制限

国際線同様、リチウム電池は預け荷物には入れられないため、必ず手荷物へ。重量制限は各航空会社によって異なるが、ベトナム航空の場合は、国内線エコノミークラスで、機内預け荷物23kgまでと手荷物1個まで。

国内線の搭乗手続き

上記の各航空会社はいずれもリコンファームは不要だが、遅延や欠便もあるため、スケジュール確認はしたほうがいい。チェックインが始まるのは、出発時刻の2時間前。ウェブチェックイン済みだとしても、空港や時間帯によっては混み合うため、出発時刻の1時間30分～2時間前までには空港に到着しておきたい。

中国への国際列車

ベトナムから中国の南寧、北京、昆明への列車は2022年10月現在、運休中。再開未定。

ベトナム鉄道
Vietnam Railways
URL dsvn.vn

鉄道旅行の注意点
駅構内や列車内はスリや置き引きなどが多い。列車内では荷物に鍵をかけ、荷物から目を離さないようにしよう。貴重品は常に持ち歩くよう心がけよう。

ダナン駅。海沿いも走るダナン～フエ間は、車窓からの景色も楽しめる

ダナン駅には電光掲示板があり、プラットホームや列車の到着時刻を確認できる

切符の予約と買い方

長距離列車の座席･寝台を利用するときは、予約をする必要がある。特に、テト前後などのピーク時は、1週間待ちと言われることもある。統一鉄道のチケット変更は出発の24時前まで、手数料2万ドン。キャンセルは出発の4時間前までで、キャンセル料は24時間前までは10%、4～24時間前は20%。

▶駅で購入

各鉄道駅の窓口で予約とチケット購入ができる（要パスポート）。通常、予約は 1ヵ月くらい前から可能。サイゴン駅やハノイ駅など、外国人利用が多い駅では英語が通じる（ハノイ駅は国際列車専用窓口もある）。また、地方の町の駅窓口は1日中開いているわけではなく、列車出発時刻の1時間前ぐらいから開くところもある。

▶旅行会社で購入

多くの旅行会社で予約・発券代行をしている。数ドル程度の手数料がかかるが、旅行会社で手配してもらうのが確実で便利。

▶ウェブサイトで購入

ベトナム鉄道のウェブサイトで購入できる。オンライン決済または後払いが選べる。後払いの場合は、指定の郵便局または銀行で支払いが可能。また、ウェブサイトは、タイムテーブルや料金確認のためにも使えて便利なのでチェックしてみよう。

列車の乗り方

列車の運行はかなり正確で、遅れることはあまりない。駅ではホームに入る前に改札があるので係員にチケットを見せて、始発駅なら停車している列車のなかから自分の乗る便を探そう。途中駅から乗る場合は、列車が到着するまで待合室やホームで待つことになる。いずれの場合も1日の列車本数は多くないので、ホームで迷うことはない。

統一鉄道の時刻表（ハノイ～サイゴン）

▶ハノイ駅発

駅名＼列車番号	SE1	SE3	SE5	SE7
ハノイ	22:15	19:25	15:45	6:00
ニンビン	0:24	21:41	18:01	8:16
ドンホイ	7:59	5:45	2:37	16:25
フエ	11:01	8:55	5:55	20:22
ダナン	13:36	11:33	8:52	23:00
ニャチャン	23:04	22:04	19:38	9:31
サイゴン	6:32	5:47	4:45	17:10

▶サイゴン駅発

駅名＼列車番号	SE2	SE4	SE6	SE8
サイゴン	21:10	19:00	16:00	6:00
ニャチャン	4:08	2:16	0:10	13:42
ダナン	13:17	11:59	10:26	0:32
フエ	16:09	15:08	13:44	3:27
ドンホイ	19:09	18:15	17:07	7:10
ニンビン	3:23	2:38	1:55	16:27
ハノイ	5:40	5:00	4:17	19:12

※主要駅のみを掲載。始発駅以外は到着時間。ハノイ→サイゴンは毎日4便（→P.284）、サイゴン→ハノイも毎日4便（→P.61）が運行。（2022年10月現在）

統一鉄道料金表

▶ハノイ⇨サイゴン　SE1（約32時間17分）　単位:千ドン

種類＼行き先	ソフトシート（エアコン付き）	3段ベッド上段（エアコン付き）	3段ベッド中段（エアコン付き）	3段ベッド下段（エアコン付き）	2段ベッド上段（エアコン付き）	2段ベッド下段（エアコン付き）
フエ	523	677	783	864	902	984
ダナン	613	718	830	916	957	1043
ニャチャン	895	938	1085	1196	1250	1363
サイゴン	996	1044	1208	1331	1391	1516

▶サイゴン⇨ハノイ　SE2（約32時間30分）　単位:千ドン

種類＼行き先	ソフトシート（エアコン付き）	3段ベッド上段（エアコン付き）	3段ベッド中段（エアコン付き）	3段ベッド下段（エアコン付き）	2段ベッド上段（エアコン付き）	2段ベッド下段（エアコン付き）
ニャチャン	395	488	564	621	649	708
ダナン	616	699	809	891	931	1016
フエ	677	735	850	937	979	1067
ハノイ	996	1044	1208	1331	1391	1516

※主要駅のみを掲載。（2022年10月現在）

バス　Xe Buýt / Xe Khách

小さな町まで網羅する庶民の足

バスはほかの交通機関に比べれば安上がり。飛行機や鉄道路線のない町までバス路線がカバーしていて、地方の小さな町にも行くことができる。

バスの種類

▶中・長距離バス

発着はすべて各町のバスターミナルで、国内のおもな町を結ぶ。複数のバス会社が運行しており、バスの種類や発着時間、運賃もさまざま。最近は各バス会社の比較サイトも登場し、オンラインや電話で予約もできて便利。予約&支払い方法はバス会社によって異なる。

▶近郊バス

だいたい100km以内の距離の短い町と町を結ぶ。中型かミニバスを使用し、途中の町のバスターミナルのほか、道中どこでも乗り降り可能。外国人旅行者が訪れるような町なら、朝から夕方まで30分～1時間間隔で運行している。

▶寝台バス

上下2段のベッドが並び、ベッドの幅は狭いが体を横にして伸ばせるぶんだけ快適で、長距離移動に向いている。数多くの会社が運行しており、Wi-Fi無料、トイレ付きで食事が付くタイプもある。さらに「目的地まで途中でほかの客はひろわない」、「荷物にはタグを付けて盗難防止」など、こまやかなサービスをウリにする所もある。

▶ミニバス・リムジンバス

ひと昔前はマイクロバスやワゴン車を使用し、客が集まり次第出発&客引きをしながら走るローカルバスがあったが、近年はほとんど見かけない。ほぼ定時で出発するミニバスが多く、さらにここ数年かなり数が増えているのが、バンやワゴン車を改造し、ゆったりとした座席でサービスもしっかりとした「リムジンバス」。運行会社にもよるが、マッサージチェアの座席やWi-Fi完備のVIP仕様のバスもある。

前後左右にスペースがあり、リクライニングが利く快適なシートのリムジンバス

▶オープンツアーバス

旅行会社が運行するバスで、おもな観光地間を毎日運行している。ハノイからホーチミン市へ行く場合、最終目的地のホーチミン市までチケットを買い、ハノイ➡フエ➡ダナン➡ニャチャン➡ホーチミン市というように途中下車をしながら旅行できるシステムだ。バスの予約は各町の支店で、次の目的地へ出発する前日までに行う。エアコン付きで、ミニバスか大型バス、長距離では寝台バスを使用。各町の支店前か旅行会社の契約ホテルまで運行している。

近年は、見どころで途中停車したり、途中でツアーが分かれたりと便利になった反面、やや路線が複雑になりつつあるため、集合場所・時間を間違える、バスを乗り間違えるなどのトラブルが多い。時間、場所、運賃など基本的な内容を必ず確認すること。

ベトナムのバス比較サイト
●Vexere
URL vexere.com

中・近距離を走る大型バス

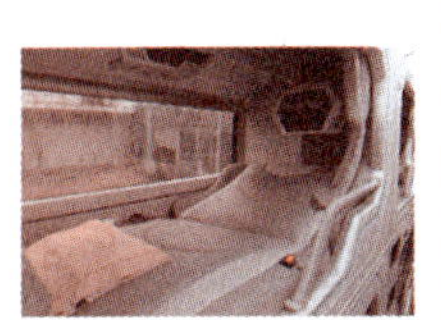

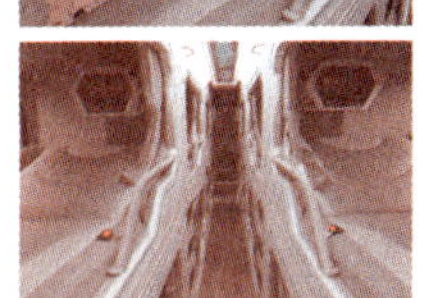

カーテンを閉めると個室になるカプセル型の超快適な寝台バスも登場。写真はホーチミン市～ハーティエンを結ぶトゥアンガーのバス

バス運賃について

中・長距離バスでは、バス会社によって同じ路線でも運賃が多少異なる。また、同じバス会社で同じ路線でも窓口に複数の運賃が表示されていることがあるが、これはバスのクオリティによる差で、運賃が高ければ快適度もアップする。オープンツアーは料金システムがはっきりしており安心だ。

バス利用の注意点

大型バス以外のミニバスやリムジンバスを利用する場合、スーツケースなどの大きな荷物は持ち込めないこともあるので、事前に確認を。大型バスの場合は、大きな荷物は床下の荷物入れか屋根に積まれるため、貴重品や壊れやすい物は手元に確保しておこう。かばんの中やポケットから物がなくなることも多いので要注意だ。バックパックなどを預ける場合は、大きなビニール袋などに入れるのも手。トイレ休憩の際は、貴重品を持ち、乗車時に迷わないよう自分のバスナンバーや特徴を確認しておこう。

おもにベトナム南部の各町を走る大手バス会社のフーンチャンは各町のバスターミナルの敷地内に専用のチケット売り場兼待合室をもっていることが多い

ほとんどのバスターミナルにはカフェがある。写真はカントー中央バスターミナル

フーコック島〜ハーティエン間を結ぶスピードボート、スーパードン

バスチケットの予約と買い方

バスターミナルのチケット売り場。バス会社ごとにブースをもっている

▶中・長距離バス

長距離バスターミナル内にはチケット売り場があり、民営のバス会社ごとに窓口が分かれている。都市部の窓口ではたいてい片言程度の英語が通じるが、地方では通じないことも多い。近郊バスは、車掌やドライバーに直接運賃を支払って乗る場合も多い。チケット購入は、15分〜1時間ごとに頻発しているような便数の多い路線なら、当日でも大丈夫。1日に数便しかないような長距離バスは、前日までに窓口で購入しておいたほうがよい。

▶ミニバス・リムジンバス

座席数の少ないミニバスやリムジンバスは、人気の路線だと売り切れることが多い。各社のオフィス(バスターミナルに窓口をもつ会社もある)または、電話で事前の予約が望ましい。電話の場合はホテルの人にお願いするとスムーズ。Vexere (→P.413欄外) からも予約できるバスがある。バス会社によってはホテルへのピックアップサービスもあるので、聞いてみよう。

▶オープンツアーバス

出発する前日までに各旅行会社で申し込む。通しで最終目的地まで買うこともできるが、1区間だけの利用も可能。

バスの乗り方と運行状態

バスはたいてい時間どおりに出発するので、出発予定時刻の30分前までにはバスターミナルに到着しているようにしたい。中・長距離バスのチケットには車のナンバーが記されているので、わかりやすい。近年は、長距離であれば座席指定のバスが増えているが、中距離・近距離は自由席が基本。また、車内で大音量のベトナムミュージックを流すバスもあったが、近年は減少傾向にある。中・長距離の場合は、途中でトイレ休憩・食事休憩がある。

船　Tàu Thủy

航路によっては利用価値大

旅行者にも利用しやすいおもな水上交通は、ホーチミン市〜ブンタウ、フーコック島〜ラックジャー、フーコック島〜ハーティエン、ブンタウ〜コンダオ島、ハロン湾(トゥアンチャウ島)〜カットバ島、ハイフォン〜カットバ島などを運航する航路だ。

ホーチミン市〜ブンタウ間は、片道約2時間と、バスと同じくらい時間がかかるが、中心部からの発着なので、利便性が高い(→P.62)。また、ハロン湾(トゥアンチャウ島)〜カットバ島、ハイフォン〜カットバ島間は、ハロン湾の景色を眺められ、クルーズも同時に楽しめる(→ P.356、365)。

市内交通

タクシー Taxi

メータータクシーは安くて利用価値大

旅行者にとって最も利用しやすいのはタクシーだろう。都市部のドライバーのなかにはしっかりと教育され礼儀正しく、どんな細かい路地も把握したプロフェッショナルもいる。大手タクシー会社はトラブルが比較的少なく安心だ。

タクシーの車種

大きく分けて、ミニバン使用の7人乗り、セダン使用の4人乗り、軽自動車使用の3人乗り（通称ミニタクシー）がある。

左／大手マイリン・タクシーの7人乗り　右上／ハノイのタクシーグループの4人乗り
右下／3人乗りのミニタクシー。ハノイに多い

タクシーの運賃システム

メーター制で、初乗り料金やその後の加算システムは、タクシー会社によって異なるが、メーターに細工がされていない限り、数kmの移動なら、どの会社でも最終的な運賃にそれほど大きな差はない。また、ホーチミン市では7人乗りと4人乗りでは運賃に差はないが、ハノイでは7人乗り、4人乗り、3人乗りの順番に運賃は安くなっていくなど、町によっても多少異なる場合がある。

タクシーの乗り方

トラブルの少ないタクシー会社を指定し、ホテルやレストラン、ショップなどからスタッフに呼んでもらうのが安心。路上で止める場合は日本と同様、手を挙げて合図する。ドアは自動ドアではないので、自分で開けて閉める。行き先は地図を見せるより、有名な観光地やホテル、レストランならその名称を伝えるか、そうでなければ住所を書いた紙を見せるほうが確実だ。

タクシー利用の注意点

車が走り出したらメーターが作動しているか確認し、遠回りをしないか地図で車が走っている位置を確認しよう。ベトナム全土で展開する大手タクシー会社のビナサン・タクシーはカーナビを搭載している車種もあるので、カーナビで確認してもいい。

なかには「会社のルールで一律料金だ」、「メーターはドル表示だ」などと言ってくる悪質なドライバーもいるので注意。

ハノイでは多くの地元客がグラブなどの配車サービス（→P.416）に流れていることもあり、メーターに細工を施した悪質なぼったくりタクシーが急増している。下記コラムの特徴に当てはまるタクシーには乗らないよう注意したい。

ホーチミン市のビナサン・タクシーに装備されたカーナビ

下2桁を省いて表示されるメーターもある。6.0と表示されていたら6000ドンということ

Column トラブルタクシーの見分け方

以下にトラブルに巻き込まれやすいタクシーの特徴を記しておくので参考にしよう。

❶車の屋根に社名表示灯はあるが、車体には社名が書かれていないタクシー。個人タクシーで、運賃が高い場合が多い。

❷大手タクシー会社のロゴやカラーリングに似せた車体。よく見ると、1文字違っていたり、ロゴが異なっていたりする。個人タクシーで、運賃が高い場合が多い。

❸メーターのカバーやドライバーの顔写真がないタクシー。メーターが細工されているか、ドライバーや運賃管理にいい加減な会社の可能性がある。大手のタクシー会社はドライバーのメーター操作を防ぐために、メーターと顔写真にプラスチックカバーをかぶせ、シールで封印している。

❹メーター利用ではなく「そこまでなら○○ドンでどう？」と持ちかけてくるドライバー。交渉しても一見の外国人には一切のメリットはない。

一般的に観光地で客待ちしているタクシーは前記のどれかにあてはまることが多く、要注意だ。

配車サービスを上手に活用

スマートフォンやタブレットに専用アプリをダウンロードし、タクシーを呼ぶシステム。以前は都市部に限られていたが、地方でも配車サービスを使える町が増えてきている（町によってはバイクのみのサービス）。通常のタクシーよりも運賃が安くなる場合が多く、評価システムや運転手の身分が明確なことからトラブルが少ないため、利用者数はここ数年で増加傾向にある。代表的な配車サービスはグラブ（→欄外）で、車種や地域によって異なるが、初乗り2kmまで2万2000～2万5000ドン。また、バイクタクシーの配車も可能（→P.417）。

▶配車サービスの利用方法

①専用アプリを開き、乗車場所の住所と目的地の住所を入力するか、地図で乗車場所と目的地をプロットする。

②車種を選ぶと（車種によって運賃が異なる）、目的地までの運賃が表示される。

③車をリクエストすると、近くにいるドライバーが承諾し、車のナンバーとドライバーの顔写真＆名前が通知される。さらにドライバーの地図上での現在地と到着までのおよその時間が表示される。時間指定での配車リクエストも可能。

④車のナンバーを確認し、乗車。無事目的地に着いたら、現金払いの場合はアプリに表示された運賃を支払って降りる。クレジットカード払いなら、そのまま降りる。

路線バス Xe Khách

主要都市で走行

ホーチミン市、ハノイ、ダナンなどの主要都市では路線バスが走っている。ルートが決まっているうえ運賃も安く、エアコン付きもある（各町の項参照）。ホーチミン市やハノイは路線が多く、朝・夕のラッシュ時は道路も車内も想像以上の混雑状態で乗車拒否も起きているので、ラッシュ時の利用は避けたい。運行時間は、だいたい5:00～19:00頃（都市部では深夜走行するルートもあり）で、5～30分間隔で運行している。

バスの運賃システム

路線バスの運賃は路線によって異なるが、一律料金の場合が多い。ホーチミン市の場合、6000～7000ドンがほとんどで、一部5000ドン。ハノイの場合は路線によって7000ドンと9000ドンとがある。乗車の際には小額紙幣を用意しておこう。

バスの乗り方

乗車は発着ターミナルか途中のバス停から。各バス停には路線番号のプレートが出ているのでわかりやすいが、特にバス停名は付いていない。一応時刻表はあるが、正確に運行されているとは限らない。前後にドアがあるバスは前乗り、後ろ降り。

バスに乗車したら車掌かドライバーに運賃を支払い、切符を受け取る。あとでもう一度確認しに来ることもあるので、切符は降りるときまでなくさないようにしよう。目的地をあらかじめ車掌やドライバーに伝えておくと、降りる場所が近づくと教えてくれる。

配車サービス会社

●グラブ Grab

URL www.grab.com/vn/en

シンガポールを拠点に、タイやマレーシアなど東南アジア諸国で展開。タクシーやバイクタクシーをスマホの操作ひとつで呼び出せて便利。最も運賃の安いタイプの車種は3人乗りの車体の小さな車を使用していることが多い。なお登録にはSMSで認証番号を受信できる電話番号が必要となる。日本で登録を済ませ、現地ではWi-Fiを使ってグラブを利用することもできる。ベトナムの電話番号で登録する場合はSIMカードを購入しよう。SIMカードは空港や通信会社などで取得できる（→P.422）。アプリは英語表示。

配車サービス利用の注意点

普通のタクシーに比べてトラブルが少ないといっても、遠回りをされるなどのトラブルは起きているので、油断は禁物。また、スマートフォン操作はひったくりに狙われるため、極力屋内でアプリを使うようにしよう。

✉グラブを呼ぶときの注意

グラブでタクシーを呼ぶとき、はっきり場所がわからないと電話がかかってくることがあります。ホテルにいるときはフロントの人に携帯を渡して答えてもらいましょう。ベトナム語ですから、日本人にはわかりません。行き先も料金も事前にわかるため、説明しなくてもよいのでとても楽です。どんなに道が混んでいても料金は変わりませんから安心です。ホーチミン市では女ひとりでグラブをよく利用していますが、安心できます。（滋賀県　きょうさん　'19）['22]

路線バス利用の注意点

車内やターミナルには非常にスリが多いので、十分注意しよう。ホーチミン市、ハノイは路線が複雑で、乗り間違えにも注意したい。

バスの番号は車体に大きく表示されている（ホーチミン市、サイゴン・バスターミナル）

バイクタクシー Xe Ôm

小回りが利き、便利な交通手段

普通の50〜100ccのバイクの後部座席に客を乗せて走る交通機関。小回りが利くので路地や渋滞時などに利用すると便利。運賃は交渉が基本なため、トラブルが多く、タクシーより割高になることも。バイクタクシーの配車サービスもあり、こちらは安くて安心と好評。

上／グラブ・バイクの運転手は緑色のジャンパーを着用　下／流しのバイクタクシー。ドライバーは客用のヘルメットを持っている

バイクタクシーの運賃システム

▶配車サービスの場合

タクシー配車サービスのグラブ（→P.416欄外）が距離に応じた定額制のバイクタクシーを都市部をはじめ、地方の町でも展開。初乗り2kmまで1万2000ドン〜と通常のバイクタクシーよりも格安。運賃も配車タクシーと同様、事前に目的地までの運賃が表示され、降車時にアプリに表示された運賃を支払うだけなのでわかりやすく、トラブルも少ない。

▶流しのバイクタクシーの場合

事前の運賃交渉が必要。地域によって異なり、都市部は1km2万ドン〜、地方は1km1万ドン〜が目安。時間単位で利用する場合は移動距離によって異なり、都市部は1時間20万ドン〜、地方は1時間15万ドン〜。

バイクタクシーの利用方法

流しのバイクタクシーの場合、通りの角に数台単位で停まり、客待ちしていたり、街なかで「バイクタクシー?」などと声をかけられるので、運賃交渉して利用する。配車サービスはP.416の利用方法を参照しよう。いずれも乗車時はヘルメット要着用で、ドライバーから手渡される。

都市鉄道 Tàu Điện Metro

ハノイ・メトロが運行開始

2021年11月、ベトナム初の都市鉄道がハノイで開業した。現在運行しているのはドンダー区カットリン駅〜ハドン区イエンギア駅の約13kmを高架で結ぶ2A号線で、始発駅から執着駅までを約24分で走行。料金は距離により8000〜1万5000ドン、6〜10分間隔で運行している。ハノイでは2030年までに空港や中心部を網羅した8路線が整備される予定。一方、ホーチミン市でも都市鉄道の建設が進められている。

上／乗るバスの番号によって待つ場所が違うので、しっかり確かめておこう（ハノイ、ミーディン・バスターミナル）　下／ハノイを走る路線バス

✉便利な路線バスアプリ

難易度の高そうな路線バスですが、ハノイもホーチミン市も、公式バスアプリが無料提供されています。iOS・Android対応です。なかなかの優れもので、現在地、バス停、バス停に来るバスの番号、バスの最新の路線図、そしてほとんどのバスがGPS対応のため、どのバスがどこにいるかもアプリ内の地図上でわかります。ハノイは「Tim Buyt」、ホーチミン市は「Bus Map」で検索できます。
（千葉県　小池匡史　'19）['22]

バイクタクシー利用の注意点

流しのバイクタクシーの場合は、とにかく利用する前の運賃交渉をしっかりとすること。バイクタクシーの営業にはライセンスも登録も必要ないため、質の悪いドライバーが多い。ぼったくりはもとより、強盗やレイプ事件も起きている。また、交通事故が多いことも知っておきたい。

シクロ　Xích Lô

ホイアンの旧市街を巡る観光客向けのシクロは大人気

観光地巡りで利用したい

自転車の前に人力車の座席をくっつけたような乗り物。以前は庶民の交通手段とされていたが、都市部ではほぼ観光用の乗り物になっている。町ごとに微妙に形状が異なり、乗り比べてみるのもおもしろいが、旅行会社などを通して利用するのがいいだろう。

シクロの運賃システム

個人で利用する場合、事前の運賃交渉が必要。言い値は高く、最終的な料金はバイクタクシーよりも高い。

シクロの利用方法

個人で利用する場合、ハノイやホイアン、フエなどの観光地では、観光用シクロの停車場所があり（各町ページや地図参照）、停車しているシクロに交渉して利用する。

レンタサイクル／レンタバイク　Xe Đạp Cho Thuê / Xe Máy Cho Thuê

町によっては利用価値大

ホテルや旅行会社、レンタサイクル・レンタバイクの専用店などで貸し出している。ホーチミン市やハノイは交通量が多く、利用はおすすめしないが、交通量の少ないホイアンではレンタサイクルで回る人が多いなど、町によっては使い勝手がいい乗り物だ。

レンタサイクル＆レンタバイクの料金システム

借りるときにはパスポートかデポジットを求められることがあるが、極力デポジットで借りられる所を探そう。料金は自転車1日5万ドン～、バイクは15万ドン～で、ガソリン代は別。

レンタカー　Xe Ôtô Cho Thuê

ドライバー付きが基本

ベトナムには国際レンタカー会社はまだない。ここでいうレンタカーとは、ドライバー付きのプライベートカーや貸切ハイヤーのこと。車種は乗用車からワゴンカーまでさまざま。旅行会社やホテルで手配できる。

レンタカーの料金システム

車種、時間によって各会社で異なり、1日25～100US$と幅がある。通常、料金には、ドライバー、ガソリン代は含まれているが、途中の駐車場料金などが含まれていない。申し込みは前日までにホテルのフロントや旅行会社で行う。また、車の運転には日本が加盟する国際運転免許証は通用せず、ベトナムの免許証が必要。無免許、また不携帯の場合は外国人でも厳しく罰せられる。

シクロ利用の注意点
都市部では悪質なドライバーもおり、評判はよくない。また、ホーチミン市やハノイの大通りにはシクロ乗り入れ禁止エリア（各町の項参照）があるので、利用する際は注意しよう。

自転車・バイクレンタルの注意点
借りる前にはブレーキやタイヤの空気、鍵がかかるかどうかの確認を忘れずに。また保険がないため、盗難に遭ったら借りた人の責任で補償しなければならない。盗難防止のため、駐輪する場合は必ず施錠するように。ベトナムでは、車・バイクは右側通行。自転車も歩道ではなく、車道（右側通行）を走る。

日本の国際免許は通用しない
ベトナムでは50ccを超えるバイクおよび車の運転には免許証の携帯が義務付けられており、外国人もその対象だ。万一、免許証不携帯で警察の検問に遭った場合は、外国人でも罰せられる。ちなみに、ベトナムは日本と加盟する国際運転免許証の条約が異なるため、日本の国際運転免許証は通用しない。

道路を横断するときの注意点
ベトナムは基本的な交通法規はあるが、交通マナーに関する関心は低く、逆走や信号無視などもあるため道路横断には十分注意を。信号のない道路を横断する際は、一定のペースでゆっくり歩行すること。急に走り出したり、止まったりするのが一番危険。

住所を頼りに物件を探すには
ベトナムの住所番号は、道路を境に偶数番号側、奇数番号側とはっきりと分かれている。住所を頼りに物件を探すとき、参考にするとよい。

通貨と両替

ベトナムの通貨

ベトナム・ドン

ベトナムの通貨単位はベトナム・ドン（Đồng=VND）で、「VND」や「đ」と表記される。

USドルは流通していない

ベトナムでは、原則として外貨での価格表示・支払いは禁止されている。以前はUSドルが流通していたが、現在は指定された場所以外での外貨支払いはできない。わかりやすいようにUSドルで料金を伝えられることもあるが、支払いはベトナム・ドンを使用するように。

ベトナム・ドンの紙幣。左段の上から100、200、500、1000ドン。中段の上から2000、5000、1万、2万ドン。右段の上から5万、10万、20万、50万ドン。100、200ドンはほとんど流通していない

ベトナム・ドンの硬貨。左から200、500、1000、2000、5000ドン。硬貨はほとんど流通していない

ベトナム・ドン→日本円の簡単な計算方法

ベトナム・ドン表示価格の0をふたつ取って、×0.6が日本円に換算時のおおよその価格。

価格に記された「K」とは？

価格を表示する際に「20K」などと「K」を使うことがある。Kは1000を表しており、「20K」なら「20000」ドンということになる。

お金の持ち方

日本円を持っていくのがベスト

日本円を持っていき、現地でベトナム・ドンに両替するのが最も効率的でお得。USドルが手元にある場合は持っていってもいいが、わざわざ日本円から換金する必要はない。日本で日本円をUSドルに換金し、さらにそれを現地でベトナム・ドンに両替すると、日本円➡USドル➡ベトナム・ドンと、両替手数料を2度支払うことになるためだ。また、日本の一部の空港では日本円からベトナム・ドンへの両替が可能だが、現地で両替したほうがレートはいい。

クレジットカードがあると安心

都市部ではホテルやレストラン、ショップなどでクレジットカードが使える所は多く、普及しており、地方でも使える所が増えている。ただ、クレジットカードでの支払いができなくても、ATMでのキャッシングなどで利用できるので、1枚持っておくと安心だろう。クレジットカード利用に関する詳細はP.421を参照。

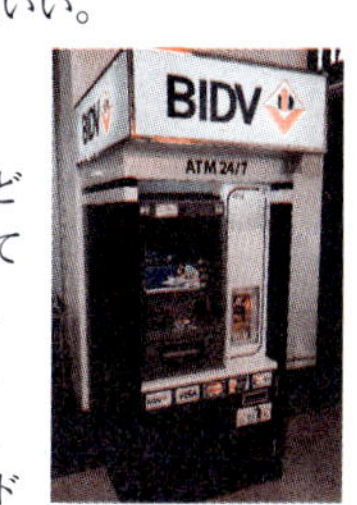

ATMは空港をはじめ、町なかにもある

両替

ベトナムでの両替

外貨からベトナム・ドンへの両替は、空港内の銀行・両替所、町なかの銀行・両替所、銀行代理の両替認可証をもつホテルなどでできる。なお、ベトナムでは銀行代理の両替認可証をもたない所での外貨両替は認められておらず、認可証のないゴールドショップ（金・アクセサリー屋）や両替商での両替は違法となる。

▶銀行で換える

銀行内の外貨両替窓口（Foreign Currency Exchange）で両替できる。ベトコム・バンクといったベトナムの大手銀行は、各主要都市に支店があり、日本円、USドルをはじめ主要各国の通貨の両替が可能だ。なお、銀行によっては両替にパスポートの提示が必要な場合もあるので確認しよう。

▶両替所で換える

ホーチミン市など都市部には銀行代理の両替認可証をもつ両替所が数ヵ所あり、銀行よりも営業時間が長く、手軽に利用できるので便利。なお認可証をもつ両替所は、代理銀行のレート表を表示している。

▶空港で換える

空港によっても異なるが、両替レートは町なかの銀行とほぼ同じ。ただし手数料がかかる所もあるので確認してから両替しよう。

上手に両替するコツ

旅行形態にもよるが、ベトナム・ドンへの両替は一度にたくさんしないほうがいい。残ったドンの再両替は場所が限られており、分厚い札束を持ち歩くのも無用心。2泊、3泊程度の短期旅行なら、到着時に1万円を両替し、様子を見ながら都度、両替していくのがおすすめ。なお、小さな店やタクシーでは、5万ドン以上の札を出すとおつりがないと言われることがあるので、両替時に1万ドン、2万ドン札に崩してもらうと使いやすい。地方へ行く場合は、両替できる場所が限られるためホーチミン市やハノイなどの都市部で両替をして行ったほうがいい。

再両替

ベトナム・ドンから日本円、USドルへの再両替は、銀行、銀行代理の両替認可証をもつ両替所、各国際空港などでできる。ただし、日本円への再両替に関しては、少額の両替の場合はしてもらえないことがあり、小銭はベトナム・ドンで換金される場合がほとんどのため、両替したお金はすべて使い切ったほうがいい。

ベトナム・ドンの参考レート
1US$≒2万4627ドン
1円≒170ドン
1ドン≒0.0059円
（1000ドン≒6円）
（2022年11月現在）

両替レート表の見方
日本円からのベトナム・ドンへ両替は「Buy」欄のレートが適用される。「170.13」と表示されている場合、10000÷170.13で1万ドン＝約59円となる。1万円を両替すると10000×170.13で170万1300ドン。

両替レートはどこもほぼ同じ
多少の差はあるものの、各銀行の出すレートはどこもほぼ同じだ。レートのいい両替所があったとしても、その差は1万円を両替して170万ドンか169万ドンかの違いだ。1度の両替が2、3万円程度なら差額は小さく、時間をかけてレートのいい両替所を探したり、わざわざタクシーで両替所へ行ったりするメリットはほとんどない。

両替したら必ず確認を
両替した紙幣を受け取ったら、必ずその場（窓口のスタッフの目の前）でレートと見比べて金額を確認しよう。また、受け取った紙幣の中に破れた紙幣、セロテープで補修してある紙幣、汚れのひどい紙幣などが混じっていたら、すぐに取り替えてもらうこと。破れた札や汚い札は受け取ってもらえないことがあるからだ。

テト期間の両替は注意
テト（旧正月）の3〜7日間は銀行、両替所ともに休みとなるので、前もって両替しておこう。

キャッシュレス決済
都市部では電子決済でのキャッシュレス化が進んでいるが、ベトナムの銀行口座＆電話番号がないと利用はできない。

海外旅行で便利なプリペイドカード

海外専用のプリペイドカードは、事前にお金をチャージすると現地のATMで引き出せたり、ビザカードなど国際ブランド対応の店で決済ができたり海外旅行で使えて便利。おもなカードは以下。

キャッシュパスポート　CashPassport
URL mcp.cashpassport.jp
マネーティーグローバル　MoneyT Global
URL www.aplus.co.jp/prepaidcard/moneytg

クレジットカード

クレジットカード利用の現状

都市部ではクレジットカードが普及しており、ホテルや旅行会社、ショップ、レストランなど、旅行者が訪れる場所で利用できることが多い。店によっては手数料を取る、数十万ドン以上の支払いでなければ使用できないなどの制限がある場合も。地方でも普及しつつある。5つ星ホテルでは、チェックイン時にデポジットとしてカードの提示が求められる場合がある。

ベトナムに持っていくクレジットカードの種類

ベトナムでの通用度はビザカード、マスターカードが最も高く、続いてJCBカード、アメリカン・エキスプレス・カード、ダイナースクラブカードの順なので、ビザカードかマスターカードのどちらかを持っていくと安心だろう。その他、ホーチミン市やハノイなどの都市部ではJCBカードやアメリカン・エキスプレス・カードを使える所も。ダイナースクラブカードは5つ星ホテルなどで使える場合がある。

クレジットカードのメリット

ベトナムでのクレジットカード利用のおもなメリットは、以下が挙げられる。

①紛失や盗難に対する補償

万一、カードの紛失や盗難といったトラブルに遭っても、カード会社に連絡すれば無効にしてくれる。また、被害届を出しておくと、一定期間遡り、補償してくれる場合がある。

②ATMでのキャッシング

海外キャッシュレスサービスの設定があるクレジットカードを持っていれば、空港や銀行、町なかに設置されているATMでベトナム・ドンの現金引き出しができる。手数料は各銀行やカード会社によって異なるが、3～4%程度。

日本で口座から引き落とされるのは1～2ヵ月後で、カード会社が決めたその日のレートに規定分が上乗せされ、さらに利息がかかる。カードのキャッシングは年利18%(20日で約1%)が一般的なため、帰国後すぐにカード会社に連絡し、海外キャッシング分の一括返済の予約をすれば余分な金利を支払わずに済む。

③クレジットカード付帯のサービス

カードによっては海外旅行保険付帯やショッピングの割引、空港ラウンジが無料で利用できるなどの特典が付いているものがある。出発前に手持ちのカードにどんな特典があるかチェックしておこう。

クレジットカードのデメリット

①ほかの国に比べて加盟店はまだ少なく、使える場所が限られている、②実際の金額よりも多く決済するなどのトラブルやスキミング被害がある、③店によっては手数料が高いなど。店やホテルでカードを使う場合は、目の前で処理してもらい、レシートはきちんと保管し、帰国後は利用代金明細書などで確認するようにしたい。

ATMでのベトナム・ドンの引き出し方

各クレジットカードに対応しているロゴを確認し、利用できるATMの機械を探そう。

●アメリカン・エキスプレス・カード
AMERICAN EXPRESSのロゴ
●JCBカード
Cirrusのロゴ
●マスターカード
Cirrusのロゴ
●ビザカード
PLUSのロゴ

ATM利用のトラブル

都市部のATMではカードが機械に入ったまま出てこなくなるトラブルが多発している。銀行内のATMならその場でスタッフを呼べるが、夜の市中のATMだとその場を離れることができない。ATMを利用する場合は極力、営業中の銀行内のATMを利用しよう。

クレジットカードを紛失したら

カード発行会社に連絡してカード停止とともに、再発行の手続きをしよう。万一の紛失を考え、カード会社の緊急用電話番号、カード番号と有効期限を控えておこう。

チップは必要?

もともとベトナムにはチップの習慣はないが、特にホーチミン市などの都市部では外国人旅行者の増加によって、一部では半ば習慣化されつつある。チップの相場は以下を参考に。なお、タクシードライバーにはチップ不要。

●ホテル
ホテルのポーターやベッドメイクには1万～2万ドン程度。
●観光客向けのレストランやカフェ
通常、10%の税金と5%のサービス料が加算されているが、レシートを確認して、サービス料が含まれていなかったら、料金の5～10%以内でつり銭を残しておけばOK。
●ツアーガイドやドライバー
プライベートツアーの場合、1日5万～10万ドンくらい。格安ツアーの場合は、渡しても渡さなくてもOK。
●マッサージやスパ
5万～10万ドン程度を目安に。料金にチップが含まれている、チップは気持ち次第としている所もあるので事前に確認しておこう。

電話と郵便

電話

国内電話のかけ方

▶市内電話

ホテルの客室からは、外線番号（ホテルによって異なるが「9」または「0」が多い）➡相手の電話番号と続ける。料金はホテルからかけると、1分間300～1万ドン程度（携帯電話へは1分間1000～1万ドン程度）。ホテルによっては市内通話は無料の所もある。

▶市外電話

市外局番（各町の項参照）➡相手の電話番号をダイヤル。

国際電話のかけ方

▶ベトナムから日本へかける

ホテルの客室内の電話から、ダイヤル直通で国際電話がかけられる。これをIDD（International Direct Dialing）という。かけ方は、（外線番号）➡国際電話識別番号「00」➡日本の国番号「81」➡市外局番（最初の「0」不要）➡相手の電話番号をダイヤル。通話料金は1分間ごとに2万4000ドンで、通話秒数で請求される。相手が電話に出なくても料金がチャージされることがあるので注意。

▶日本からベトナムへかける

国際電話会社の番号➡国際電話識別番号「010」➡ベトナムの国番号「84」➡市外局番（最初の「0」不要）➡相手の電話番号。

ベトナムで携帯電話を使う

ベトナムでの携帯電話の普及率は非常に高く、スマートフォンの利用者も多い。都市部だけでなく郊外や農村部でも、基本的にはほぼ問題なく通話が可能だが、観光名所のハロン湾の船上などでは、電波が通じにくい場合がある。

長期旅行や数回にわたって訪問する予定があるならベトナムの携帯電話番号を入手し、携帯電話SIMカードを購入するのがおすすめ。ベトナムのSIMカードを使うためには、携帯端末が必要になるが、日本の携帯端末を使う場合はSIMフリー解除をするか、あらかじめSIMフリーの携帯端末を手に入れよう。なお、ベトナムでも携帯電話は購入できる（→P.423）。通話料金は各通信キャリアによって微妙に異なるが、国内電話ならおよそ1分980ドン～、日本への国際電話は1分4114ドン～と日本に比べると安い。

▶SIMカードの購入

SIMカードは、通信キャリア会社の直営店や携帯ショップなどで購入できる。ホーチミン市、ダナン、ハノイの各国際空港ではおもな通信キャリア会社のブースがあり、SIMカードの購入ができる。ホーチミン市の空港のVinaphoneの場合、4Gデータ通信のみのSIMカードは12万ドン（2GB／日）～、通話＋データ通信のSIMカードは18万ドン（4GB／日、国内通話50分）～。いずれも30日間有効。

なお、ベトナムでは携帯はプリペイド（先払い）方式が一般的。残高がなくなったらチャージ（Top Up）する必要がある。トップアップ

電話はどこからかけられる？
国内電話、国際電話ともに、ホテルのほか郵便局などからかけられる。

ベトナムからのコレクトコール
コレクトコールとは、着信者が通話料を払う国際電話サービスで、日本語オペレーターを通じて電話がかけられる。通話料金は通常の国際電話料金よりも高い。
●KDDIジャパンダイレクト
☎120-81-0010

日本での国際電話の問い合わせ先
●KDDI、au
Free 0077-7-11（一般電話などから）
Free 157（au携帯から）
URL www.kddi.com
URL www.au.com
●NTTコミュニケーションズ
FD 0120-506506
URL www.ntt.com
●NTTドコモ
FD 0120-800-000（一般電話などから）
Free 151（ドコモ携帯から）
URL www.docomo.ne.jp
●ソフトバンク
Free 157（ソフトバンク携帯から）
URL www.softbank.jp

ベトナムのおもな通信キャリア
大手はモビフォン（Mobifone）、ヴィナフォン（Vinaphone）、ヴィッテル（Viettel）の3社。3社ともにホーチミン市、ダナン、ハノイに限られるが4G対応のSIMカードを販売している。

楽天モバイル&アハモの海外ローミング
楽天モバイルやアハモ（ahamo）では追加契約なしで、海外ローミングができる。楽天モバイルは海外では2GBまで無料で使える。料金プランは1ヵ月3GB利用なら1078円、20GB利用なら2178円、それ以上は3278円。アハモは月間利用可能データ量で、15日以内であれば速度制限がかからずに使える。料金プランは1ヵ月20GBまで使えて2970円。どちらも機種によって使えない場合があるので、各ウェブサイトで確認を。
●楽天モバイル
URL network.mobile.rakuten.co.jp
●アハモ　ahamo
URL ahamo.com

（例）ベトナムから東京の（03）1234-5678へかける場合

ホテルの客室からなら外線番号（客室以外なら不要） ＋ 国際電話識別番号 00 ＋ 日本の国番号 81 ＋ 市外局番の「0」を除く 3※ ＋ 相手先の電話番号 1234-5678

※ベトナムから日本の携帯電話の090-12345678へかける場合も、最初の「0」を除き90＋相手先の電話番号12345678となる。

（例）日本からホーチミン市の（028）38123456へかける場合

国際電話会社の番号
0033　（NTTコミュニケーションズ）※1
0061　（ソフトバンク）※1
005345　（au携帯）※2
009130　（NTTドコモ携帯）※3
0046　（ソフトバンク携帯）※4

＋ 国際電話識別番号 010※2 ＋ ベトナムの国番号 84 ＋ 市外局番の「0」を除く 28 ＋ 相手先の電話番号 38123456

※1　「マイライン」、「マイラインプラス」の国際区分に登録している場合は不要。ただしマイラインは2024年1月終了。詳細はURL www.myline.org
※2　auは005345をダイヤルしなくてもかけられる。
※3　NTTドコモは009130をダイヤルしなくてもかけられる。
※4　ソフトバンクは0046をダイヤルしなくてもかけられる。

※日本からベトナムの携帯電話の090-1234567へかける場合は、ベトナムの国番号84のあとに、最初の「0」を除き90＋相手先の電話番号1234567となる。

カードは、通信キャリア会社の直営店、携帯ショップのほか商店やコンビニなどで販売している。

▶携帯電話端末の購入

携帯電話端末は、携帯ショップで新品を200万ドンくらいから購入できる。おもな携帯ショップは、主要都市に店舗展開している「テーゾイジードン（The Gioi Di Dong）」など。

▶携帯電話から電話をかける

国内の固定電話へかける場合は、市外局番➡相手の電話番号。国際電話もかけられ、日本へかける場合は、「＋」➡日本の国番号「81」➡市外局番（最初の「0」不要）➡相手の電話番号をダイヤル。携帯からの国際電話でフリーダイヤルやナビダイヤルにはかけられない。

Wi-Fi環境について

Wi-Fi（インターネットの無線LAN接続）環境が整っており、各空港をはじめ、ホテル、レストラン、カフェ、ショップなどでWi-Fiが無料で使える。パスワードを設定している所がほとんどなので、スタッフに尋ねてみよう。ほかにも海外用モバイルWi-Fiルーターをレンタルする方法もある。

INFORMATION

ベトナムでスマホ、ネットを使うには

スマホ利用やインターネットアクセスをするための方法はいろいろあるが、一番手軽なのはホテルなどのネットサービス（有料または無料）、Wi-Fiスポット（インターネットアクセスポイント。無料）を活用することだろう。主要ホテルや町なかにWi-Fiスポットがあるので、宿泊ホテルでの利用可否やどこにWi-Fiスポットがあるかなどの情報を事前にネットなどで調べておくとよい。ただしWi-Fiスポットでは、通信速度が不安定だったり、繋がらない場合があったり、利用できる場所が限定されたりするというデメリットもある。そのほか契約している携帯電話会社の「パケット定額」を利用したり、現地キャリアに対応したSIMカードを使用したりと選択肢は豊富だが、ストレスなく安心してスマホやネットを使うなら、以下の方法も検討したい。

☆海外用モバイルWi-Fi ルーターをレンタル

ベトナムで利用できる「Wi-Fiルーター」をレンタルする方法がある。定額料金で利用できるもので、「グローバルWiFi（【URL】https://townwifi.com/）」など各社が提供している。Wi-Fiルーターとは、現地でもスマホやタブレット、PCなどでネットを利用するための機器のことをいい、事前に予約しておいて、空港などで受け取る。利用料金が安く、ルーター1台で複数の機器と接続できる（同行者とシェアできる）ほか、いつでもどこでも、移動しながらでも快適にネットを利用できるとして、利用者が増えている。

▼グローバルWiFi

海外旅行先のスマホ接続、ネット利用の詳しい情報は「地球の歩き方」ホームページで確認してほしい。
【URL】http://www.arukikata.co.jp/net/

郵 便

ベトナムの郵便局でできること

ベトナムの郵便局はベトナムポスト(Vietnam Post Corporation)と呼ばれる郵便公社が運営していて、郵便・小包を国内外に送れる。

国際郵便

▶はがき・封書

ポストから投函できるが、郵便局の窓口から出すほうが確実。窓口で郵便物を差し出すと重さを量って料金のスタンプが押されるか切手をくれるので、料金を支払ってそのまま係員に渡すか自分で投函口に入れる。日本までは下記の料金表を参照。航空便で所要1ヵ月。

国際郵便料金

重量(g)	～20	20～100	100～250	250～500	500～1000	1000～1500	1500～2000
はがき、封書、印刷物(VND)	3万	7万	13万4000	28万	55万5000	90万3000	125万1000

▶EMS(国際スピード郵便)

最高30kgまで、国際郵便のなかで最優先に取り扱う郵便システムで、各町の郵便局にEMSの窓口がある。

日本へは、手紙・書類が～500g39万6300ドン。以後500g増すごとにプラス6万4900ドン。物品・小包は～500g53万3400ドン。以後500g増すごとにプラス7万9400ドン。所要2～3日。

▶国際小包

船便と航空便があり、船便は1kg以上からの受け付けで～1kg47万5600ドン、以後1kg増すごとにプラス18万5800ドン、日本まで所要22.5～54.5営業日（1ヵ月強～3ヵ月強)。航空便は～500g37万3200ドン、以後500g増すごとにプラス6万6300ドン、所要約1ヵ月。税・燃油サーチャージ別途。

申請用紙に英語で各荷物の名称、個数、価格などを記入し、荷物と一緒に窓口で係員に提出。郵便税関で内容物の検査を受けなければならず、検査後に送料と、必要に応じて梱包代を払う。箱や包装紙(有料)は用意されているが、緩衝材は用意されていないので持参しよう。

国際宅配便

各主要都市ではDHL、FedEX（フェデラルエクスプレス）などの国際宅配便が使える。ホーチミン市、ハノイ、ダナンには佐川急便もあり、日本までドア・トゥ・ドアで届けてくれる。所要日数は各社によって異なるが、日本まで5～7日ほど。佐川急便の場合、日本へは手紙・書類は500g～1kg33.6US$。以後500g増すごとにプラス6.72US$。物品小包は5kg117.6US$、10kg160US$、20kg320US$。前記料金はすべて目安の料金で、関税・消費税等の実費費用は含まれない。食品は輸送不可、食器は発送制限あり。利用の際は出国の最低3日前までに連絡を。

サービスごとに窓口が分かれているホーチミン市の中央郵便局

国内郵便の料金

重さ、郵送方法によって料金が異なる。封書の場合、普通郵便なら20g以下が4000ドン～、20～100gが6000ドン。

ベトナムの郵便ポスト

国際郵便専用、国内郵便専用の2種類のポストがある。国際郵便専用のポストには「International」と書かれている。

日本へ送れない物

送付できない物は、ワシントン条約で規制されている物品、薬物、銃刀、100年以上経過した希少価値のある骨董品(陶器は100年未満でも不可な場合がある)、情報文化省の許認可シールのない海賊版DVD、CDなど。なお、荷物を送ったら日本帰国時に税関で「携帯品・別送品申告書」の提出(→P.407)を忘れずに。

国際航空便にかかる新型コロナサーチャージ

2022年9月現在、国際航空便の封書、小包に関しては送料のほか、新型コロナ特別サーチャージがかかる。

佐川急便ベトナム

URL sagawa-vtm.com.vn

ホテルなどへの集荷も可能。

●ホーチミン市支店

→P.88

●ハノイ支店

MAP P.340-2A

住 3F, MHDI Bldg., 60 Hoàng Quốc Việt, Q. Cầu Giấy

☎090-6231786(携帯)

E-mail sgv_info_hcm@sgh-global.com

●ダナン支店

MAP P.236-1A参照

住 Lot B1-10, B1-11, B1-12 Nguyễn Phúc, T Da Nang Aquaculture Service Industrial Park, Q. Sơn Trà

☎(0236) 3832248

ホテル事情

ホテルのタイプ

地方都市にも世界規模のホテルチェーンが進出。地方なら一流ホテルでも100US$強で泊まれる所も(サパ、オテル・ドゥ・ラ・クーポール・Mギャラリー)

高級ホテル
▶1泊100～600US$

レストラン、バー、ビジネスセンター、ジム、プール、スパなどの館内施設の充実はもちろん、24時間ルームサービス、ランドリーなど十分なサービスが期待できる。全室エアコン、バス、トイレ、電話、インターネット接続、テレビ、ミニバー、セーフティボックスなどが備わり、バスアメニティも標準装備。掃除も行き届いている。フロントでは英語が必ず通じるし、日本人スタッフをおくホテルもある。都市部では外資系デラックスホテルが多い。

中級ホテル
▶1泊50～150US$

最新機器を備え、おしゃれなインテリアで統一した高級感あふれるブティックホテルも増えてきた(ホーチミン市、オディス)

客室数50前後のホテルが多いが、設備面では高級ホテルと大差ない所もあり、快適に過ごせる。客室の設備、バスアメニティともにグレードはやや落ちるものの高級ホテルと同様の備えの場合が多く、掃除も行き届いている。町の中心街の便利な地区に多く、値段も手頃。女性や初めてのベトナム旅行でちょっと不安という人も、このクラスならまず大丈夫。

エコノミーホテル
▶1泊30～80US$

エコノミーホテルでも料金や立地によって客室の設備等はかなり異なる(ダナン、チュー・ホテル)

館内設備は高級&中級ホテルに比べると充実しておらず、レストランのみという所もある。室内設備は、エアコン、トイレ、ホットシャワー、テレビ、電話、インターネット接続、ミニバー付きで、朝食が付くことも多く、それなりに快適に過ごせる。特に都市部でこのタイプのホテルが増えてきている。

ミニホテル・ゲストハウス
▶1泊10～40US$

年々増えているのが、個人経営のミニホテル。特にハノイやホーチミン市に多い。たいてい5～20室程度のこぢんまりとした建物だが、民家の一部を改装したものから、立派な建物まである。客室設備は

チェックイン&チェックアウト
ベトナムではチェックインの際にパスポートを預けるシステム。パスポートをコピーしてすぐに返却してくれるホテルもある。チェックイン時間はホテルによって異なり、14:00または15:00の所が多いが、早めにチェックインできる場合もある。チェックアウトは通常12:00。

デポジットについて
高級ホテルでは、チェックインの際にデポジットとして、クレジットカードの提示または現金が必要な場合がある。クレジットカードの場合は、通常ホテル側がカードのコピーを保管し、チェックアウト時にコピーを破棄し、支払い請求がくることはない。現金でデポジットを支払った場合は、チェックアウト時に返金される。

宿泊料金について
2022年8月現在、USドルを併記しているホテルがあるが支払いはベトナム・ドン。なお、この項でも便宜上、USドルで表記している。

客室のタイプについて
ベトナムでは、1部屋にシングルベッドがひとつ置かれている、純粋なシングルルームはほとんどない。大きなダブルベッドがひとつ置かれ、ひとりで宿泊するか、ふたりで宿泊するかで料金が変わる。本書では⑤は1ベッドだけの純粋なシングルルームの料金もしくはツイン・ダブルルームをひとりで使用する場合の料金を掲載している。また、ⓉⓌはツイン・ダブルルームにふたりで宿泊する場合の1部屋の料金を、Ⓓはドミトリーの1ベッドの料金を掲載している。

外国人が泊まれない宿
ベトナム語でホテルはKhách Sạnという。その他の宿泊施設としてNhà Nghỉ(ゲストハウス、ラブホテル)、Nhà Trọ(宿屋)、Nhà Khách(公営の宿)があるが、外国人は泊まれない場合が多い。

知っておきたい客室の設備&サービス

ベトナムのホテルでのおもな客室設備およびサービスは以下のとおり。

●シャワー
ミニホテルでもたいていはホットシャワー付き。タンク式の場合は途中から水に変わることもある。

●エアコン
ベトナムでは冷房のみのクーラーのこともエアコンと呼ぶ。暖房が付いているホテルは北部でも少ない(サパの各ホテルは暖房設備あり)。

●タオル
エコノミー以上はもちろん、ミニホテルやゲストハウスでもほとんどが備わっている。

●バスアメニティ
歯磨きセット、石鹸、シャンプーはミニホテルやゲストハウスでも置いている所がある。

●テレビ
ミニホテルでも備わっていることが多く、衛星放送やケーブルテレビなども見られる。日本人の利用が多いホテルではNHK衛星放送や民放番組が見られることも。

●ミニバー
1泊10US$以上ならたいていある。ただし、外出時にルームキーを抜くと電源が落ちるタイプもある。

●セーフティボックス
ミニホテルやゲストハウスでも備わっていることがある。

●ランドリーサービス
中・高級ホテルなら「シャツ1枚〇〇ドン」のスタイルで、客室備え付けの申込用紙に記入して出し、チェックアウト時に精算。ミニホテルやゲストハウスなら「1kg、〇〇万ドン」などと、ホテルによってさまざま。無料サービスはほとんどない。洗濯物の入れ間違いを防ぐために洋服のタグに油性ペンで部屋番号などが書かれることがある。

●インターネット(Wi-Fi)
高級ホテルからミニホテル・ゲストハウスまで、Wi-Fi接続は無料という所がほとんど。ただし、ミニホテル・ゲストハウスなどでは電波が弱くつながりにくい場合もある。

ホテル予約サイト

●アゴダ　Agoda
URL www.agoda.com

●エクスペディア　Expedia
URL www.expedia.co.jp

●ブッキングドットコム　Booking.com
URL www.booking.com

●ホテルズドットコム　Hotels.com
URL jp.hotels.com

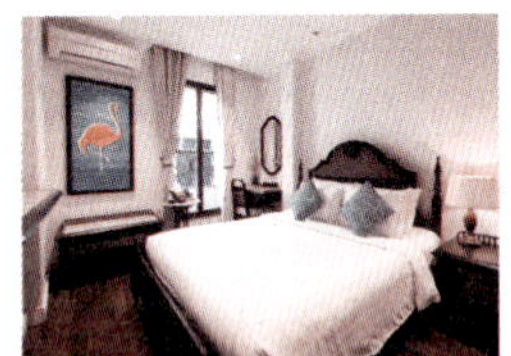

ミニホテルでも清潔で設備の揃った所は多く、快適に過ごせる(ハノイ、ハノイ・グレイスフル)

料金によって変わるが、20US$程度の客室では、たいていエアコン、トイレ、ホットシャワー、テレビ、インターネット接続、ミニバー、簡易バスアメニティが備わる。ホテルによっては、セーフティボックスや朝食付きの場合も。清潔でサービスがよいとあって、なかなか人気がある。

また、ここ数年ではドミトリールーム中心のしゃれたミニホテル&ゲストハウスが都市部を中心に急増しており、欧米人やベトナム人の若者に人気がある。

リゾートホテル

▶1泊100～600US$

リゾートホテルに泊まるならプライベートプール付きの広々とした部屋を選びたい(ダナン、グランヴィリオ・オーシャン・リゾート・ダナン)

ダナンやニャチャン、フーコック島などには、リゾートタイプのホテルがある。特にダナンとホイアン間の海岸線沿いには急増中だ。高級ホテルと同様の館内設備、客室設備、サービスで、リゾート内で楽しめる各種アクティビティやマリンスポーツを楽しむための設備が充実しているホテルもある。客室はヴィラタイプ&プライベートプール付きの所も多い。

ホテルの予約

予約は必要?

ホーチミン市やハノイなどの都市部ではホテルの数が多いので、普通は予約なしでも大丈夫。何軒かあたれば必ずどこかに空室がある。ただ、人気の宿や高級ホテルへの宿泊、あるいは夜遅く到着予定の場合は、予約をしたほうがよい。またベトナムの祝日や連休にリゾート地へ行く場合は、どこもベトナム人観光客で混み合うため早めの予約が望ましい。ちなみにハノイの高級ホテルは、慢性的な部屋不足が続いているため、ハノイで高級ホテルに宿泊したい場合は早めの予約を。

便利&お得な予約方法

▶ホテル予約サイトが便利&お得

インターネットを通じて、ホテル予約サイトを利用すると、ホテルに直接交渉するより安く泊まれる場合がある。各社ともに多数ラインアップし、ホテル施設や設備を細かく紹介。口コミを参考にしながら、予算や好みに合わせて選べるので便利だ。

▶各ホテルの正規割引

時期によって、さまざまなキャンペーンによる割引料金をはじめ、さまざまなお得なプランを用意している高級ホテルは多い。キャンペーン内容は各ホテルのウェブサイトまたは、日本国内の予約センターへ問い合わせを。また、インターネット予約のみの特別割引を行っていることもあるのでチェックしたい。

旅の健康管理

ベトナムの医療事情

都市部では設備の整っている病院があり、ホーチミン市、ハノイ、ダナンには外資系・日系クリニックもある。地方では設備・医薬品の不足、衛生面など、問題のある病院も多い。そのため治療を受けるなら地方よりも都市部の病院がよいだろう。重症の場合は、第三国（シンガポールやバンコク）へ行くか、日本に帰国して治療を受けたほうがよい。第三国へ緊急移送してくれる病院もあるが、膨大な費用がかかるので、緊急移送も含めた海外旅行保険に加入しておこう。

ホーチミン市、ハノイには日系クリニックがある。写真はハノイの日系クリニック、「ロータスクリニック ハノイ」。日本語が通じるので安心

ベトナムでかかりやすい病気

ベトナムでかかりやすい病気の特徴

旅行者は、気候風土と衛生状態の悪さから病気にかかる場合が多い。衛生状態は年々よくなってきてはいるが、地方ではまだまだ安心できないのが現状だ。都市部を中心とした観光旅行程度なら、飲食に気をつけるだけで、かなりの病気は防げる。

▶細菌性腸炎（食中毒）

患者や保菌者の汚物から、食物、手などを介して細菌が経口感染する。通常は下痢、腹痛、嘔吐、発熱をともなう。菌の種類にもよるが、菌が体内から出てしまえば治ることが多い。下痢止めの使用は控え、脱水症状に注意し、十分な水分・ミネラル補給を行うこと。

▶ウイルス性肝炎

A・B・C・E型肝炎のうち、旅行中にかかりやすいのはA型肝炎。ウイルスはベトナム全土に存在し、肝炎患者の糞尿に汚染された水や食べ物、またウイルスに汚染された食べ物（特に貝類）から感染する急性肝炎だ。全身倦怠、食欲低下、発熱などの症状が数日間続き、黄疸が現れる（出ない場合もある）。肝炎の疑いがある場合は早めに医師の診察を受けよう。A・B型肝炎にはワクチンがあり、予防接種ができるが効果は数ヵ月間。またB型肝炎は性交渉でも感染する。

▶デング熱

イエ蚊（普通の蚊）に刺されて感染するウイルス感染症で、一般的に雨季に多いといわれるが、1年を通して存在する。ベトナムでは都市部でも感染し、数年おきに大流行する。通常2～7日間の潜伏期間後、突然の高熱、頭痛、腰部を中心とした激しい筋肉痛、全身の関節痛、眼痛が現れ、3～4日で発疹が現れる。重症型になると毛細血管からの出血や肝臓障害をともなう場合もある。治るまでに1ヵ月以上かかることもあり、ときには死亡することもある（特に子供は死亡しやすい）。疑いがある場合は、一刻も早く医師の診察を受けよう。予防はとにかく蚊に刺されないようにするしかない。

感染症危険情報を事前にチェック

●外務省海外安全ホームページ
URL www.anzen.mofa.go.jp

病気の予防

●水
ベトナムの水は硬水のため、軟水に慣れた日本人が口にすると下痢を起こしやすい。町なかではミネラルウオーターも売られている。また氷も生水から作られている場合があるので、避けたほうがよい。

●生野菜
地方はもちろん、都市部でも屋台などで出される生野菜や氷は極力避けたほうがよい。ベトナムでは畑の肥料に人糞を使用している所もあるため、生野菜には寄生虫がいる場合もあり要注意だ。

●魚介類
寄生虫がいる可能性がある。また、貝類はA型肝炎のウイルスをもちやすいので、しっかりと火が通った物を食べるようにしよう。

●乳製品
乳製品は菌が発生しやすいので衛生状態が悪い店の物は避けること。

●虫・動物
虫除けや蚊取り線香などの防虫準備をしておこう（現地でも手に入る）。ハエ、ダニ、ノミもさまざまな寄生虫を媒介する虫であることを頭に入れておこう。また、動物はさまざまな病原体をもっている場合が多く、狂犬病をもっている可能性もあるのでむやみに近寄らないようにしよう。

●河川などでの水遊び
特にメコン川流域には皮膚から侵入するメコン住血吸虫がいる。感染すると肝機能障害を引き起こし、最悪の場合死亡することもある。暑いから、地元の人が泳いでいるからと、むやみに川や湖に入らないように。

●はだし
土中や水中には破傷風菌や寄生虫が生息しており、小さな傷口からも感染する。衛生状態の悪い地域では、はだしで歩かないこと。

感染症が多くなる季節は？

●南部

感染症は年間を通してほぼ平均的に流行するが、特に雨季(5～10月)に多発する傾向がある。マラリアやデング熱は10月の雨季明けに多発。また、日射病や熱射病にも気をつけたい。

●中部

9～2月頃の雨季のなかでも10～11月の最も雨の多い時期。マラリアやデング熱などもこの時期に多い。

●北部

4～10月の気温の高い時期。マラリアやデング熱などもこの時期に多い。

交通事故によるけがにも注意

交通量の多い町ではレンタサイクルやバイクの運転は極力避けよう。ホーチミン市などの都市部では、外国人を狙ったバイクによるひったくりが多く、けがをするケースもある。事故や外傷は、そのときはたいしたことがなくても、あとで後遺症に悩まされることもあり、けがをしたときは医師による適切な処置を受けたほうがよい。

残留枯れ葉剤について

ベトナム戦争に使用された枯れ葉剤が、所により残留している可能性がある。野生の果物などをむやみに食べないこと。特に妊娠中の人は注意したい。

予防接種について

ベトナムへの入国にあたって、特に義務付けられた予防接種はない。予防接種に関しては、各地区の保健所や市・区役所の保険予防課に問い合わせてみよう。

海外旅行保険に加入しよう

海外旅行保険は、旅行中の死亡、傷害、病気、盗難事件などを補償するもの。海外旅行保険が自動的に付帯するクレジットカードも多いが、補償額が小さい、疾病死亡が補償されないなどカバーされる範囲が限られている。特に新型コロナに感染した場合の治療費は高額になるため、必ず新型コロナ治療費をカバーする保険に加入すること。地球の歩き方ホームページで、海外旅行保険に加入できる。手続きは簡単で、申し込み画面の案内に従って必要事項を入力するだけ。保険料はクレジットカード決済なので、振り込みや来店の手間は一切なし。詳しくは地球の歩き方ホームページで。

URL www.arukikata.co.jp/hoken

▶マラリア

都市部での感染は少ないが、山岳地帯では珍しい病気ではない。ハマダラカ属の蚊に刺されることで感染し、一般的に熱帯熱マラリア、四日熱マラリア、三日熱マラリア、卵型マラリアの4種に分けられる。ベトナムでかかるのは大半が熱帯熱マラリアで、そのほとんどが薬剤耐性のため、早期に的確な診断、治療を受けないと数日のうちに脳マラリアを起こし死亡することもある。潜伏期間は12日（熱帯熱マラリア）～30日前後と種類によって異なる。熱帯熱マラリアの症状は、潜伏期間の後、悪寒、震え、高熱が1～2時間続き、その後悪寒は治まるが熱はさらに上昇し、顔面紅潮、結膜充血、嘔吐、頭痛、筋肉痛などが起こる。これが数時間続き、その後発汗とともに解熱する。マラリアの疑いがある場合は、一刻も早く医師の診察を受けよう。予防法はとにかく蚊に刺されないようにするしかない。また、感染しても発病を抑える予防内服薬が何種類かあるが、薬剤耐性マラリアの出現や薬の副作用などの問題もあり、服用する際は十分な注意が必要。

▶ジカウイルス感染症

ジカウイルスをもったヤブカ属の蚊によって感染する。潜伏期間は2～12日間で、デング熱と似た軽度の症状が2～7日間続く。流行地ではジカウイルス感染症後に小頭症の新生児の増加や急性・多発性根神経炎であるギラン・バレー症候群の発症が報告されている。蚊に刺されないようにすることが最善の予防方法。ベトナムでも2016年にジカウイルス感染症が発生している。

▶寄生虫・原虫

ベトナムにはさまざまな寄生虫・原虫が存在する。基本的には消化器官に寄生し、下痢、腹痛、体重減少などの症状を呈する。幼虫が消化器以外の臓器に寄生することも多い。治療よりも予防を心がけ、生ものを食べることは極力避け、川で泳いだり、はだしで水辺を歩いたりしないよう注意すること。

▶エイズ(後天性免疫不全症候群)

南部、特にホーチミン市あたりでは風俗関係の女性や麻薬中毒者を中心にエイズ感染者が急増中で、ベトナムのエイズ感染者の80～90%が売春婦との性交渉で感染しているともいわれている。予防法は各人の良識ある行動以外にない。

▶鳥インフルエンザ

2005年前後に東南アジアから中央アジア、欧州で流行した鳥インフルエンザ。ベトナムでも感染による犠牲者が出たが、情報がオープンで対策も早かった。2013年初頭に中国で発生した新型鳥インフルエンザ（H7N9型）の予防法は家禽類との接触は避けることと、鶏肉や卵を食す場合は加熱調理された物にすることだ。

▶新型コロナウイルス(COVID-19)

新種のコロナウイルスを病原体とする感染症で、2019年末に中国の武漢で初めて確認された。2020年初頭からパンデミックに陥り、ベトナムでも多数の感染者、死亡者を出している。2022年11月現在も研究過程にあるウイルスだが、インフルエンザなどと同様に飛沫等で感染することがわかっている。最新情報は外務省海外安全ホームページや在ベトナム日本国大使館等のホームページで確認を。

旅のトラブル対策

ベトナムの全体的な治安はそれほど悪くなく、テロ等の凶悪犯罪は報告されていない。しかしながら、スリやひったくりといった盗難をはじめとする軽犯罪は日常的に起きており、その発生率は日本よりも高く、特に都市部では外国人旅行者が狙われるケースは多い。以下に実際に起こったトラブルの実例を紹介し、傾向と対策を考えてみたい。

バイクタクシー&タクシー利用のトラブル

流暢な日本語を話すバイクタクシーに注意

ホーチミン市のドンコイ通りにいた、とても流暢な日本語を話すバイクタクシーを利用。みやげ物屋に連れていかれ、50万ドンのお茶を買わされただけでなく、最初の交渉で料金はチップとガソリン代だけでいいと言っていたのに100万ドンを請求された。

(熊本県　松隈健一)['22]

空港からのタクシーに注意

ビナサン・タクシーで、ホーチミン市の空港から統一会堂まで向かった。道中、いろいろ案内してくれて、よいドライバーだと思っていたが、統一会堂に着くと態度が一変。ベトナム･ドンは0が多いからと、ひと桁多い120万ドンを支払うよう要求してきた。口論になり、結局40万ドンを置いて下車。トラブルが少ないといわれているビナサン･タクシーだったので安心しすぎていた。(福岡県　かんた　'20)['22]

悪質な白タク

ベンタン市場からタクシーに乗った。ビナサン･タクシーと思って乗ったがフロントガラスの右上に番号もなく、あとから偽物だと気づいた。10分足らずの乗車で38万1000ドンを請求してきたので、抗議したが聞き入れてもらえず、仕方なく40万ドン支払った。すると運転手は20万ドン札を1万ドン札にすり替えて足りないと怒りだす始末。下車しようとしたところ、ドアがロックされていて開かない。運転手が操作しないとドアが開かないように細工されていたのだ。また、助けを呼べないよう窓のハンドルは外されていた。運転手をひっぱたいてドアを開けさせたが、降りてびっくり目的地ではなかった。

(匿名希望)['22]

▶傾向と対策

バイクタクシーによるトラブルは多く、日本人の推薦ノートを見せて安心させ、お金をだましとるというケースも報告されている。高級ホテル前や観光地で客待ちしているドライバー、日本語を話すドライバー、断ってもしつこくつきまとうドライバーには要注意。都市部でバイクタクシーを利用するなら配車サービス(→P.417)がおすすめ。

タクシーも料金に関するトラブルが多い。白タクはほぼ100%に近い確率でトラブルに遭うため、絶対に利用しないこと。実例のように巧妙に大手タクシー会社に似せた車体を使っている白タクもいるので、要注意だ(トラブルタクシーの見分け方は→P.415コラム)。また、タクシーのメーターは2桁省略した金額を表示している会社があり、それを悪用してひと桁多く請求したり、「単位はドル」と言い張ったりする手口も多い。その場合はメーターどおりの金額をベトナム・ドンで支払い、さっさと立ち去ること。メーターが細工されている場合は、気づいた時点で降ろしてもらい、そこまでの金額を支払ったほうが面倒なことにはならない。

また、空港からのタクシーでのトラブルはホーチミン市やハノイで非常に多い。ホーチミン市とハノイの国際空港では空港使用料がかかるが、1万ドンのみ。

空港でのトラブル

入国時のeチケット提示は必須

タンソンニャット国際空港の入国審査で帰国便の航空券(以下eチケット)の提示を求められたが、機内預け荷物の中。ないのなら同フロアのベトナム航空オフィスへ行くように言われたが、私のeチケットはアシアナ航空のためどうにもならない。eチケットを再度プリントアウトするため、ベトナム航空で渋々ながらパソコンを貸してもらえたが、日本語が表示されないためeチケットのページにたどり着くまでがひと苦労。印刷でき、無事に入国できたのは最初の入国審査から2時間後。

(京都府　aya)['22]

ハノイの空港からのミニバスはトラブル続出

ハノイの空港からミニバスを利用したとき、市内に入ると男がバスに乗り込んできて「どこのホテル？僕がもっといいホテルを知っている」と客引きを始めた。「予約をしてある」と言い張ったら、「じゃあ近いからここで降りてくれ」と降ろされたが、ホテルまで30分以上歩かなければならない場所だった。

(大分県　ばおばぶ)['22]

空港のX線検査時の金属探知機

ダナンとハノイの空港を利用したが、ベルトのバックル、おなかに巻くセキュリティポーチ内の鍵なども金属探知機にひっかかる。スニーカーも脱ぐよう言われたので、スムーズにチェックを抜けたい場合は、体から外せるものは全部外し、靴はすぐ脱げるようにしておくといい。

(匿名希望　'20)['22]

▶傾向と対策

入国審査は非常に厳しく、入国条件である「パスポートとベトナム出国用の航空券の提示」は必須。航空券がなくてもよほど心証を悪くしない限り入国できないことはないだろうが、出国用の航空券を買わされるか、罰金を徴収されることは覚悟しておこう。実例のように「再度プリントアウトできた」のはレアケースと考えておいたほうがいいだろう。入国に関しては→P.404。

ハノイの空港からのミニバスはとにかくトラブルが多い。このほかにも「数十万ドンを請求された」、「支払いしたのに乗車後にもう一度しつこく請求された」といった被害が報告されている。なるべくミニバスは利用せず、ハノイやホーチミン市なら路線バス(→各町の項参照)が使い勝手がいい。トラブルに遭ってしまった場合はドライバーや客引きの言いなりにはならず、毅然とした態度で断ろう。脅し言葉には「ポリス！」のひと言で引き下がることも意外と多い。また、ミニバスが連れていくホテルはトラブル多発のホテルであることも知っておきたい。

ベトナムの空港でのセキュリティチェックは時間をかけて厳密に行われることを覚えておこう。そのため深夜発の便が多いハノイの国際線ターミナルのセキュリティチェックでは長時間待たされることもしばしば。時間に余裕をもって訪れるようにしたい。また、ライターは没収されるので注意。

町なかでのスリ・窃盗

バイクにスマホを奪われた

ホーチミン市でスマートフォンを持って歩いていたら、バイクに乗った中年女性が後ろから近づいてきて、あっという間にスマートフォンを奪っていった。スピードの出たバイクで奪う、手慣れた鮮やかな手さばきだった。

（台湾　ふぁんうぇい）['22]

▶傾向と対策

昼夜問わず、スマートフォンや携帯電話のバイクによるひったくり被害は多数報告されている。歩きながらの使用はもちろん、ポケットに入れていてもひったくられるので、路上での使用は控え、かばんにしまおう。また、たすきがけのバッグも無理やりひったくられ、引きずられるというケースもあるので、リュックにするか、あるいはたすきがけにするならバッグは体の正面に持ち、手で押さえながら歩くようにしよう。

また、ハノイのナイトマーケットはスリが多く、かばんを刃物で切り裂かれ、貴重品を盗られたケースも報告されている。ナイトマーケットに限らず、人混みは地元のベトナム人でもスリに気をつける危険地帯。貴重品はなるべく持ち歩かないようにしたい。

町なかでのトラブル

ハノイの強制募金

夜、ハノイの旧市街を散歩していると、ベトナム人女性から流暢な日本語で声をかけられた。学生で支援活動団体に属し、ボランティアで世界中の学生に募金を呼びかけているとのこと。募金したと思われる人たちが書いた署名ノートを見せながら「募金は10US$以上、日本円で1000円 から」と要求してきた。払わないでいたら財布に手を入れてきそうになった。　（東京都　Keishi)['22]

ハノイの靴磨きに注意

大教会周辺を歩いていると、靴磨きの男性が靴先にボンドのような物を塗り付けてきた。新しい靴なので、修理の必要がないと立ち去ろうとすると修理代を要求された。　（匿名希望　'18) ['22]

▶傾向と対策

旅行者をターゲットにしたハノイの強制募金や靴磨きによる被害は多数報告されており、上記例のほかにも金額が少ないと「最低でも50US$！」と強い口調で脅されたり、断ると汚い言葉で捨て台詞を吐かれたといった報告もある。2013年には詐欺で現行犯逮捕されたグループがあり、犯人たちは支援活動団体の偽造身分証明書や6つの言語に翻訳した書類を所持するなど、その手口は巧妙で、約2年間にわたって外国人相手に詐欺を繰り返していたという。詐欺グループに遭遇した場合は、①徹底的に無視する、②提示する身分証明書あるいは相手の顔写真を撮ろうとすると、引き下がる、あるいは逃げるという報告がある。

ショッピングでのトラブル

商品の郵送で脅された

バッチャンで「日本へ郵送する」契約で先払いの買い物をしたが、何ヵ月たっても送られてこない。店に電話すると「送ってほしかったら、あと1000US$払え」と脅された。　（匿名希望)['22]

▶傾向と対策

先払いで日本へ郵送してもらう場合、商品到着後に半額を支払うなどのリスクを分散させよう。

レストランでのトラブル

注文していない料理の請求がきた

某有名レストランで食事をしたとき、注文していない料理まで運ばれてきた。「サービスだ」と言っていたが、あやしいと思い下げてもらった。会計時にレシートを見ると、案の定その料理の名前が書かれており、さらに運ばれてきてもいない料理の名前や、注文した料理もメニュー表示より高い金額で請求されていた。

(神奈川県　匿名希望)['22]

破損紙幣にすり替えられた

とある日本食レストランでの支払い時、スタッフはテーブルで支払ったお金を受け取り、金額を確認しつつ背を向けた次の瞬間、振り向き直して「このお札は破れている」と、微妙に破れた50万ドン札を突き返してきた。その店では以前も同じことがあったため、おかしいと感じ「手に持っているお札と伝票をすべてテーブルに出しなさい」と出させたところ、案の定50万ドン札が1枚多い。つまりこちらが50万ドン札で支払うことを見越して、あらかじめ破れた札を隠し持ち、瞬時に支払ったお札を破れた札とすり替えて突き返してきたわけだ。店長を呼んで謝罪させたが、スタッフひとりではなく複数のスタッフがグルであったと思われる。

(ホーチミン市在住　匿名希望)['22]

▶傾向と対策

レシートの間違いは日常的に起きている。支払いの際は必ずレシート内容の確認を。実例のように故意にレシートの請求額を上増しする店もあるので、毅然とした態度で相手の非を正すこと。

ベトナムでは破れたり汚れたりしているお札は受け取ってもらえないことがあるが、外国人旅行者は破損紙幣をつかまされる確率が高い。支払いのときは実例のようにすり替えられても毅然とした態度で臨むこと、またおつりをもらうときは、破損紙幣がないか必ず確認を。

マッサージ店でのトラブル

強引に表示額以上の料金を取られた

ハノイのマッサージ店で、表示料金よりも高く請求され、強引に40万ドンを取られた。返金の要求をしても「10万ドンは1US$だ」と、うそのレートを主張して取り合ってくれなかった。

(東京都　匿名希望)['22]

性的なマッサージのセールス

某ホテルの客室内でマッサージを受けたところ、まともなのは最初の5分だけで、その後は一切の手を休めて性的なマッサージのセールスに変身。最後には冷蔵庫から勝手に飲み物を取り出して飲み始めた。「出て行け!」と言っても知らん顔。フロントに電話をして警備員に連れ出してもらった。もちろん一切のお金は支払わず。

(東京都　匿名希望)['22]

▶傾向と対策

マッサージ後の高額なチップの強要は非常に多い。さらに多くの日本人は安易にチップを支払うため、日本人にターゲットを絞った詐欺まがいの店もある。マッサージのチップの相場は5万～10万ドン程度。法外なチップの強要はきちんと断ること。

またベトナムではいかがわしいマッサージ店が多いのは事実。中級クラス以下のホテルに併設されている店、大通りから外れた場所に建つ店、厚化粧、ミニスカートをはいた女性がいる店にその傾向が強い。そういった店ではチップ強要以外のトラブルも多く、おすすめできない。

ホテルでのトラブル

客室のセーフティボックスから現金が盗まれた

ハノイの由緒ある中級ホテルのセーフティボックスから1万円札を2枚、100ドル札を3枚抜き取られた。現金は封筒に入れて管理し記録していたので間違いない。セーフティボックスは「パスワードのみ」や「マスターキーとゲスト用キー」で開けられるタイプではなく、「マスターキーのみ」で簡単に開けられるタイプだった。

(東京都　匿名希望)['22]

▶傾向と対策

セーフティボックスにはさまざまなタイプがあり、緊急解錠は一般のスタッフでも簡単にできてしまうタイプもある。セーフティボックスが信用できないと判断した場合は、貴重品はセーフティボックスと24時間肌身離さずなどに小分けしてリスクを分散させるしかない。また、安宿などではチェックイン時は客室の窓が開いていることが多いので戸締りをしてから外出をしよう。

そのほかの注意事項

カード賭博の詐欺にも注意

言葉巧みにポーカーなどに誘い、最初は勝たせて最終的には有り金すべてを巻き上げるカード詐欺も確認されている。手口は、町なかで日本とのかかわりや、こちらの服や持ち物に興味があるかのように声をかけ、仲よくなったところでアジトに連れ込み、頃合いを見てカード遊びに誘い込むというもの。必ず勝てるような説明を受けるが最終的には全額を巻き上げられ、クレジットカードでも限度額まで引き出しされる。町なかで親しげに声をかけてくる輩には注意ということを覚えておこう。

過去にホーチミン市でカード詐欺グループのひとつ(フィリピン人)が逮捕されたが、その後も被害が報告されており、今後も注意が必要だ。

なお、ベトナムでは国営以外のギャンブルは違法で、外国人でも罰せられる。

現地ツアーでの注意

ハロン湾での観光船沈没など、ツアー中に人命にかかわるような事故が起きている。ツアーを利用する場合は保険内容の確認も忘れずに。ただし私営の旅行会社では、事故が起きた場合の保険はほとんど無視されている状態のため、もしもの場合は十分な補償は受けられないと考え、あらかじめ海外旅行保険に加入しておくことはもとより、各自で備えをしておく必要がある。

また、ツアーオフィスではなく安宿で申し込んだツアーが、同じツアー内容にもかかわらず旅行会社で申し込むより高額というケースは多い。極力、旅行会社へ足を運び、直接ツアー内容と料金を確認して申し込むようにしたい。

警察へ行くときの注意

盗難に遭った場合、警察署では保険金請求のための紛失届受理証明書は発行してくれるが、被害に遭った同地域の警察でないと発行してくれないので要注意。また、一般の警察署ではほとんど英語は通じないため、ホテルのスタッフに同行してもらうなど通訳を付けたほうがいい。

治安情報を入手する

出発前に、以下のウェブサイトなどで現地の最新治安状況をチェックしよう。また、トラブル体験などもウェブ上で検索するとたくさん出てくるので参考に。

●外務省海外安全ホームページ
URL www.anzen.mofa.go.jp
●在ベトナム日本国大使館
URL www.vn.emb-japan.go.jp
●在ホーチミン市日本国総領事館
URL www.hcmcgj.vn.emb-japan.go.jp
●在ダナン日本国総領事館
URL www.danang.vn.emb-japan.go.jp

緊急連絡先

●日本国大使館（ハノイ）
MAP P.342-2A　住 27 Liễu Giai, Q. Ba Đình
☎ (024)38463000（緊急時は365日24時間対応）
開 8:30～12:00、13:30～16:45
休 土・日曜、ベトナムのすべての祝祭日と日本の一部の祝祭日

●日本国総領事館（ホーチミン市）
MAP P.122-2B　住 261 Điện Biên Phủ, Q. 3
☎ (028)39333510
開 8:30～12:00、13:15～16:45
休 大使館と同じ

●在ダナン日本国総領事館
MAP P.237-4C　住 4-5F, Lot A17-18-19, Đường 2 Tháng 9, Q. Hải Châu　☎ (0236)3555535
開 月・水・金曜8:45 ～ 11:45※電話での予約制
休 大使館と同じ

●警察 ☎ 113
●消防署 ☎ 114
●救急車 ☎ 115
●ハノイ市警察　MAP P.346-3B
☎ (024)39423076（24時間）
☎ (024)39396100

パスポートを紛失した場合

「パスポートの新規発給」または「帰国のための渡航書」の発給手続きは、ハノイの日本国大使館、ホーチミン市およびダナンの日本国総領事館（→上記）で行っている。パスポート、渡航書のどちらの発給に関しても、まず盗難に遭った地区内の公安（警察）で「紛失届受理証明書」を発行してもらう。

※新規発給のパスポートで出国するためには、申請後、10日間～2週間、帰国のための渡航書で出国するためには、申請後、1～2週間は現地で足止めとなることを覚悟しておこう。また、ベトナムでは原則としてパスポートがなければホテルに宿泊できないことになっているため、その間はほかの町への移動は不可能と考えるべきである。

●パスポートの新規発給

[必要な物]
①公安（警察）が発行した紛失届受理証明書
②顔写真1枚（縦4.5cm×横3.5cm。背景白色）
③身分を証明する物（運転免許証、学生証など）
④紛失一般旅券等届出書（各館の申請窓口にある）

有効期間が5年間のパスポートは234万ドン（12歳未満128万ドン）、10年間の物は340万ドン（ドン払いのみ）。新規発給の所要日数は通常申請から3業務日。さらに発給後、イミグレーションオフィスで滞在許可証と出国許可証を取得する。料金は数十～100US$（滞在許可日数によって異なる）。所要7～10日。

●帰国のための渡航書の発給

[必要な物]
①公安（警察）が発行した紛失届受理証明書
②顔写真１枚（縦4.5cm×横3.5cm。背景白色）
③身分を証明する物（運転免許証、学生証など）
④紛失一般旅券等届出書（各館の申請窓口にある）
⑤戸籍謄本または抄本、あるいは日本国籍を確認できる公的文書（申請時に提示できない場合は、大使館、領事館に相談すること）
⑥航空券など、帰国便の予約状況を示す物
⑦帰国のための渡航書の申請書（各館の申請窓口にある）

渡航書の発給には53万ドンが必要。所要日数は、特段の問題がない場合、即日発給。さらに発給後、イミグレーションオフィスで滞在許可証と出国許可証を取得する。料金は数十～100US$（滞在許可日数によって異なる）。所要５～７日。

ベトナム百科

メコンデルタの田舎では舟は重要な交通手段

地形と自然

まず地図を広げてみよう

インドシナ半島の東側をふちどるようなベトナムは、北緯8.35度〜23.4度、東経102.8度〜109.4度に位置し、スリムなＳ字形をしている。このＳ字形、ベトナムでは天秤棒の両端にふたつの籠を下げた形、あるいは逆立ちした龍の姿にたとえられている。

ベトナムの４分の３は山岳地帯である。ベトナムの背骨、チュオンソン山脈が、西側を南北に走り、ラオス・カンボジアとの国境をなしている。一方、東側は南シナ海に面し、約3260kmという長さの遠浅の海岸線。そのため西から東、北から南へと大小さまざまな川が流れ、下流にはデルタが形成されている。特に、チュオンソン山脈の切れた南のほうには、広大な三角州、メコンデルタがある。このようにベトナムには、山あり海あり平野あり……といった、バラエティに富んだ風景がある。

南　部

タイのバンコクからベトナム第１の都市、ホーチミン市までは飛行機で約１時間30分。途中、窓から見下ろせば雄大なメコンデルタが広がり、視線はすっかり下界に釘付けにされてしまう。全体では約4.4万km^2、ベトナム領内でも約3.6万km^{2}という、母なる大地メコンデルタ。雲海の切れ目から見えるものは、「混沌」という言葉がぴったりの、どろどろとした感じの緑地と悠々と蛇行する大河メコン。これがどこまでも果てしなく広がっている。

この平坦なデルタを形成するメコン川はインドシナ最大の河川で、実に全長約4300km、流域面積約81万km^{2}というスケールの大きさ。はるかチベット高原に源を発し、中国・ミャンマー・ラオス・タイ・カンボジアの諸国を旅してベトナムの地を流れる。ベトナム領内では全長の20分の１ほどしか流れていないが、９つの河口を作り大海に注いでいる。

ベトナムの人々がメコン川に付けたニックネームは「九龍」。人々は、ときには龍のように荒れ狂い、大地を作り、大地を水浸しにするメコン川と格闘して水田を広げている。

メコンデルタと聞けば、いかにもじめじめした湿地帯や木々が生い茂るジャングルなどを想像するが、上空から眺めると、むしろフランス領時代から開発整備され始めた運河網が縦横に走る水田地帯を目にすることのほうが多い。メコンデルタはベトナムの、いやアジアの一大穀倉地である。

メコンデルタの町、カントーは、南部ベトナムの米の大集積地。実り豊かな産物が並ぶ、活気あふれる町だ。

ホーチミン市から南へ約75km、ミトーへ向かう道の両側は、実にのどかな水田地帯が続いている。ところどころにヤシなどの熱帯の樹木がひゅうと天を突いて立ち並び、日本の水田を見慣れた私たちにとっては妙な組み合わせである。また、国土の４分の３が山岳地帯というのに、周りに山ひとつ見えないのには、メコンデルタの広大さを改めて痛感……。

メコンデルタに足を踏み入れれば、真っ赤な道が真っすぐ延びて、熱帯植物の深い緑と絶妙なコントラストを呈している。この赤い土、つまり玄武岩が風化した紅土（テール・ルージュ）が肥沃な土地をもたらしてくれているのだ。

メコンデルタの東北を流れるドンナイ川支流のサイゴン川右岸に開けた大都市ホーチミン市は、赤やオレンジの原色の花が咲き、街路樹もすくすくと育った美しい南国情緒あふれる街。それもそのはず、年間を通しての最低気温が20℃前後という暑さなのだ。

ベトナム南部の沿岸には水深100mにも達しない大陸棚が広がっている。遠浅の海岸ではプランクトンが発生し、豊かな漁場が作られる。どうりで海の幸がおいしいわけだ。デルタ地帯の海岸は砂丘もあるが砂浜の続く平坦な所が多く、ブンタウは１年中泳げる白砂の美しい海岸として有名である。

支流が網目のように張り巡らされたメコンデルタでは、船は重要な交通手段だ（ベンチェー）

中　部

中部の海岸都市、ダナンを目指してホーチミン市をたつと、やがて山が見えてくる。ベトナムを縦断して走るチュオンソン山脈だ。中部では、海岸線までこのチュオンソン山脈が迫っているので、南部とはガラッと景色が変わる。西側には山、東側には海といった地形が特徴的だ。

ハイヴァン峠は霧がかっていることが多く、フエ方面とダナン方面でまったく異なる天気が見られることも

中部の二大都市フエとダナンの間にあるハイヴァン峠は、まさしく山地が海に迫る交通の難所。全長約20km、海抜496mのこの峠は、展望もすばらしく、古来より軍事上の要衝として南と北を隔ててきた。天気もここで大きく変わるといわれる。

ハイヴァン峠からは南シナ海のすばらしい景色や、砂州の上にできた教会のあるランコーという美しい漁村が見渡せる。

2005年にこの峠を貫くハイヴァン・トンネルが完成し、残念ながら一般車は峠越えをしなくなってしまったが、ハイヴァン峠へ立ち寄るフエ～ホイアン間のツアーバスが出ており、この峠越えの景色がすばらしく、旅情を感じさせると人気がある。

中部の海岸部には天然の良港が多く、ダナンもそのひとつである。ここにはミーケー・ビーチのような海水浴場もあるが、1年中は泳げない。

漁船が停泊するダナンのホアンサー・ビーチ

北　部

北部は、南国的な樹木は少なくなって、どことなく日本の水田地帯に似た風景が広がる。ベトナムの首都ハノイは、そんな紅河（ホン河）デルタの中にある。ちなみにハノイのハは河、ノイは内側という意味。

ハノイ市郊外の空港から市内へ向かう途中、巨大なニャッタン橋を渡る。この橋の下をゆっくり流れる大河が紅河で、その名のとおり鉄分の多い紅い土が水に混じっている。紅河はメコン川と異なり、川の多くのシーンをベトナム領内で展開している。全長約

北部を代表する景勝地といえばハロン湾。ユニークな形の島がボコボコと顔を出す

1140km、中国の雲南省に源を発し、ベトナム領内ではラオカイから約500kmを流れている。上流では密林に覆われ川幅も狭く激流だが、下流になるとぐっと川幅は広くなり、流れもゆったりとしてくる。上流での姿が想像もできないほど、ニャッタン橋の下を紅河はのんびり堂々と流れ、紅河デルタを蛇行していく。たくさんの支流を集め、大量の泥土を運ぶため、デルタ内では川床の高い天井川となっている。川沿いの地で堤防を見かけるのはこのためだ。

北部では、デルタばかりでなくバラエティに富んだ風景を楽しむことができるが、その筆頭に挙げられるのが、ベトナムでも指折りの景勝地、ハロン湾だ。石灰岩質の大小さまざまな2000もの島々がユニークな形をした岩をそそり立たせて、「海の桂林」といわれるほど。自然が創り出した美しき姿である。

どうしてこれほどの風光明媚な景観ができあがったのかといえば、それは山岳部に目を向ければわかる。北部の山岳地帯のうち東北部、つまり中国との国境をなすあたりは、1000m級の石灰岩質の丘陵山地で、長い年月の間に風雨にさらされて侵食され、奇峰が林立するいわゆるカルスト地形だ。このカルスト地形がストンと沈降した状態がハロン湾の景観というわけだ。紅河デルタの中に散らばっている石灰岩質の岩の丘も同様である。

また、ラオスとの国境部、北西部は多くの少数民族が暮らす地域として知られる。インドシナ半島で最高峰のファンシーパン山（標高3143m）などの高山もある山岳地帯となっている。

サパ周辺には各少数民族の村が点在。美しい棚田が見られる

政治・経済

放縦イメージと一党独裁

ベトナムでは1976年の南北統一以降、共産党の一党支配が続いている。社会の無秩序さから受ける表向きの放縦イメージと裏腹に政治的統制は厳しく、ほかの政党は許されていない。その統制ぶりは100％近い国会投票率からもうかがえる。非党員の国会議員もごく少数いるが、反体制派ではない。

国と党の最高人事は、国家主席、首相、党書記長の３職。国家主席は国の元首でやや儀礼的な存在。首相は行政の責任者で、書記長が最高実力者とされる。

党大会は５年ごとに開かれ、国の進路や書記長をはじめとする党内人事を決める。その数ヵ月後に、国会と地方議会の選挙が全国いっせいに行われるが、それに向けて立てられる候補者や、新しく決まる国と地方の指導者は、党大会で定まった党内人事に沿うのが基本だ。

書記長は2011年からグエン・フー・チョン。2021年から首相はファム・ミン・チンが務め、それまで首相だったグエン・スアン・フックが国家主席に就任した。

共産国としては個人独裁の傾向が小さく、集団指導が定着しているが、批判勢力がないため腐敗はあとを絶たず、汚職撲滅の努力は大きいものの、期待どおりの成果は上がっていない。

教条社会主義からドイモイへ

1976年の南北統一後、市場制を否定する教条的な社会主義を南部にも適用して大きな失敗をこうむったあと、1986年にドイモイ（刷新→P.280欄外）と呼ばれる改革が始まった。当初は政治改革も想定していたが、中国の天安門事件（1989年）やソ連・東欧の共産政権崩壊（1989～91年）の衝撃を受けて経済面に限定され、「市場経済導入」「対外開放」の２本柱に沿って進められた。

1978～89年のカンボジア侵攻で国際的に孤立したが、1991年に後ろ盾だったソ連が崩壊して全方位外交への転換が進行。1995年に東南アジア諸国連合（アセアン）に加盟し、アメリカとの国交も回復した。

2007年に世界貿易機関（WTO）に加盟。2009年に日越経済連携協定（JVEPA）が発効。2015年にはアセアン経済共同体（AEC）が発足した。日本など11ヵ国の環太平洋連携協定（TPP）も2019年に発効。欧州連合（EU）との自由貿易協定（EVFTA）も2020年に発効するなど、ここ15年で自由貿易体制への参加が大きく進んだ。これに伴って激しい国際競争にも直面している。2018年にはアセアン各国から輸入する自動車への関税が廃止され、輸入車の圧迫を受けている。地場ビングループは2019年、欧州製の設備を使って国産車の生産を始めたが、2022年１月にガソリン車からの撤退という衝撃の発表を行って、電気自動車（EV）生産に移行した。

株式化で国営企業を効率化

自由な経済活動を解禁したドイモイ以降、民間企業が急増する一方、非効率な国営企業が多く残った。その象徴が2010～12年の国営造船（ビナシン）と国営海運（ビナライン）の破綻だが、最近では民間企業による違法な資金作りが次々摘発され、大手企業の著名創業者らが逮捕されて国民を驚かせている。

市場経済化に合わせて、2000年にホーチミン市証券取引所（HOSE）、2005年にハノイ証券取引所（HNX）が開設。政府は国営企業の株式化に積極的で、政府保有株を国内外の投資家に売却して経営に参画させ、企業改革を進めている。国営企業は企業総数の0.1％にも満たないが、国内総生産（GDP）の３割を占めている。

輸出の７割超は外資系企業

ベトナムの主な輸出品は、電子製品（携帯端末など）、繊維製品、履物、機械類、木工品、水産物、鉄鋼など。これらの大半は組立や加工に大量の人手を要する品目で、低賃金労働に頼る部分が大きい。

外資系企業は輸出の主力で、輸出総額の４分の３近くを担う。特にスマートフォンなどを生産する韓国サムスン電子の存在は大きく、同社だけで輸出総額の２割を占める。

農産物には競争力があり、コショウ輸出やカシューナッツ加工量で世界１位。コメやコーヒー輸出では世界２位を占める年が多い。1986年から南部・中部沖で採取されてきた原油は、かつておもな輸出品だったが、近年は先細りで、むしろ石油輸入国になりつつある。

長年の悩みだった電力不足は、大型火力発電所の建設で改善した。日本とロシアの支援で進んでいた原発建設計画は、火力と再生可能エネルギーに軸足が移って2016年末にいったん撤回されたが、世界的な風向き変化を受けて2022年から再検討の動きが出ている。

体制の違いを超えた友好国

日本への輸出品としては衣料、機械、木工品、車両、水産物、電子製品が目立つ。日本は長年にわたる最大の投資国だったが、中国での生産に見切りをつけた韓国企業も大挙押し寄せている。

日本の自動車とバイクはベトナムで大きなシェアを占め、多くが国内で組立生産されているが、自由貿易体制の中で、タイやインドネシアで生産された日本車の輸入が増えている。

日本は長年、最大の政府開発援助（ODA）供与国であり、日本のODAは、ホーチミン市のタンソンニャット空港新ターミナルや都市鉄道1号線（建設中）、ハノイのノイバイ空港第2ターミナルなど交通インフラ整備や、発電所建設、下水道整備などエネルギー、環境、医療、教育の改善に貢献している。

日越関係は良好で、現政権も体制の違いを超えて日本を主要な友好国と位置付けている。国民の対日感情も全般に良く、日本語を第2外国語として学ぶ人も多い。ベトナム語には漢語起源の言葉が極めて多いので、日本語を学べば自国語への理解も深まるだろう。

日本への旅行や留学、実習生の形での派遣労働が急増し、在留ベトナム人は40万人を超えた。在留外国人のなかでは韓国人を抜いて2位で、中国人に次ぐ多さになっている。

新型コロナでマイナス成長も

ベトナム経済は2015～19年に7％程度の堅実な成長が続いたが、2020年には新型コロナウイルスの世界的感染拡大で、一転して先行き不透明になった。当初は中国式に近い強権的な感染抑え込み策が奏功したものの、2021年に破綻。都市や工場の封鎖が相次ぎ、国民生活は苦境に。経済成長率が2％台に低下したほか、ホーチミン市ではマイナス成長に陥った。特に観光・運輸は大打撃を受け、国営ベトナム航空も破綻の瀬戸際だ。2022年は経済が回復中で、成長率は7％近くに戻りそうだ。

全国初の都市鉄道ついに開業

近年社会で目立つのが、貧富の格差、麻薬、環境汚染など、経済拡大の陰で発生する各種の弊害だ。交通事情も劣悪で悲惨な事故が多発しているが、公共交通は整備されつつある。2021年末にはハノイで国内初の都市鉄道（高架）が開業した。ホーチミン市でも日本の援助による都市鉄道（高架＋地下）が2023年末の開業を目指している。

政治面では、多元主義を否定する政権への不満がくすぶり、インターネット上の発言でブロガーが逮捕されることもある。国境なき記者団（本部パリ）による報道の自由度調査（2022年度）では、180ヵ国のうち下から7番目と長年向上していない。2019年には教育省の通達で、生徒がソーシャルネットワーク（SNS）上で共産党の路線や国の政策に反する内容を発信することが禁じられるなど、日本とは異質な社会も顔をのぞかせる。

南シナ海紛争と反中感情

スプラトリー諸島（中国名・南沙諸島、越名・チュオンサー諸島）、パラセル諸島（西沙諸島、ホアンサー諸島）の領有権紛争を抱える南シナ海では、中国船によるベトナム漁船・公船への銃撃や体当たり、中国によるベトナム排他的経済水域（EEZ）での一方的な石油掘削装置（オイルリグ）設置が起きてきた。国民の反中感情は根強く、2018年には反中国の暴動も起きた。

中国の南シナ海領有権の主張は2016年にオランダ・ハーグの仲裁裁判所の判決で退けられたが、中国はこれを踏みにじる形で島々の軍事化を進めている。このなかにはベトナムが領有を主張する島や岩礁が含まれており、危機感が募るベトナムは海軍力強化を急いでいる。2017年までにロシア製潜水艦6隻を受領。米国は2016年にベトナム向け武器輸出を全面解禁し、日本も2015年に巡視船6隻を供与した。2017～20年には海上自衛隊最大の艦艇であるヘリコプター搭載護衛艦「いずも」やアメリカの空母が寄港するなど国際的な対中国牽制も行われている。一方、ウクライナ戦争では一貫してロシア非難を避けるベトナムと日米欧との間にはすきま風も吹く。

（岡　和明）

ベトナムの歴史

ベトナムと聞いて、誰もが思い出すのは、ベトナム戦争のことだろう。ベトナムは、中国と国境を接しているために、古来から中国やその他の国に長い間占領された歴史をもつ。つまりベトナムの歴史は、ひと言でいえば、常に被征服の歴史といっても過言ではない。そしてその傷跡は今でも残されている。

ベトナムの先史文化

ベトナムの人類最古の痕跡は、北部タインホア省のド山（標高158m）で発見された、約30万年前の前期旧石器時代の石器である。

紀元前１万年から前5000年の間のホアビン文化と呼ばれる頃になると、現在と同じ気候、地理的環境になっていた。ベトナムの考古学者は、この文化内で原始農業の発生、土器の出現を考えている。

前8000年から前6000年代頃の前期新石器時代にはバクソン文化となる。次に北部ベトナムで発見された前4000年頃のダブット文化、クィンヴァン文化へと続き、以前の居住地である山地の洞窟や岩陰を離れ、広い土地に下りてきたダブット人は、狩猟、漁労、農業に従事していた。

前3000年頃の後期新石器時代の文化として、バウチョ文化、ハロン文化などがあり、農耕文化とともに漁労文化が発展した。

●青銅器文化

青銅器文化には、フングエン・ドウダウ・ゴームンの３文化がある。これらの遺跡は、北部ベトナムの紅河（ホン河）流域に分布し、前2000年から前1000年の間と考えられている。この段階は、農耕が主体で、青銅器が農業生産に使用されだし、社会の階層分化をみた時代であった。

東南アジア地域から出土する青銅器中の白眉、銅鼓（青銅製太鼓）をもつのがドンソン文化だ。この文化の名前はそれらが出土した地名からつけられている。この文化は青銅器文化と思われていたが、この遺跡から鉄器も出土しており、鉄器時代に入るものと考えられている。前８世紀から後１～２世紀頃である。ドンソン社会は農耕生活を行い、首長が共同体の成員を支配する階級社会であった。また、ベトナムの史書によると、前1000年の中頃、紅河沿いにフンヴオン（雄王）と呼ばれる王家がヴァンラン（文郎）国と呼ばれる国家を造っていたという。ベトナム人学者は、このドンソン文化とそれ以前の青銅器文化を伝説の王、フンヴオン王、ヴァンラン国と結び付けて考えている。このヴァンラン国は前257年にアンズオン（安陽）王によって滅ぼされ、アウラック（甌駱）国が建設された。

中国支配の時代（前編）

もともと中国は雲南から海に出る最短ルートとして、紅河の支配を望んでいた。つまり、この紅河デルタは西方との交易の重要な拠点となっていたわけである。

秦は、始皇帝の死後、ベトナムへの支配力が弱まりつつあった。秦代の末期に、南海部（中国が辺境支配のためにおいた地方行政区）の支配者であった趙佗が独立し、今の中国の広州を首都として南越国を建国した。南越は紀元前208年に南の甌駱を征服したが、秦を継いで中国の統一王朝となった漢が紀元前111年に南越国を滅ぼしたことにより、ベトナムも漢の支配下に入り、これ以後約1000年間、中国の支配を受けることになった。また、この頃中部ではチャンパが国を造り（林邑・占城）、独立国となっていた。さらに南部には、クメール族の国、扶南が存在していた。

ベトナムを支配した漢は官吏を送り込み、住民から厳しい搾取を行ったため、逆に住民に強く民族意識を目覚めさせ、たびたび反抗を受けるようになった。中国の支配期間には40～44年のチュン（徴）姉妹の反乱（→P.304、ハイバーチュン祠）、248年のハンチエウ（趙嫗）の反乱、544年のリーボン（李賁）の反乱、791年のフーンフン（馮興）の反乱と４回の大きな反乱が起きたが、どれも数年しか持続できず、中国支配に甘んじていた。

●扶南王国の盛衰

メコン川下流域に１世紀頃建国した王朝である。伝説では次のように建国について伝えられている。扶南はもともと柳葉という王女が統治しており、あるときインドの東部にあった模趺の国の混慎という男が商船に乗ってこの地を訪れ、混慎は柳葉と結婚しこの国の王となった。したがって扶南ではインド文化が色濃く反映され、言葉もサンスクリット語が使用されヒンドゥー教が信仰された。また高い文化的水準を有していた。扶南は中東・

西洋と中国を結ぶ中継貿易の重要地となり、海のシルクロードの中心となっていったのである。しかし、その繁栄のため、かえって征服される危険性をはらんでいた。そして中国の分裂により貿易収入は減り始め、徐々に勢力は弱まり、550年頃にクメール族の真蠟に滅ぼされてしまった。

●4世紀からのチャンパ

チャム人の国、チャンパは192年に今のフエ地方に興り、347年に范文王が王宮の建築や軍事機構について中国の様式を取り入れたが、王の孫のバドラヴァルマン王はヒンドゥー教のシヴァ神を崇拝し、チャム芸術の代表となるミーソン寺院を建立した（→P.247、456）。この国は中国とバグダッドの中間に位置していたため、通商貿易の拠点となり（いわゆる海のシルクロード）、経済的にもおおいに繁栄した。

8世紀半ばには、ニャチャン、ファンランと都を遷し、安南都護府の衰退にともなって、中部ドンユーンに再遷都したが、北部ベトナムの圧迫に耐えかね、南部ヴィジャヤに1000年に3度遷都した。

北部ベトナムの圧迫に対し、南部に進出しメコンデルタを占領し生き長らえたが、1471年にベトナム軍に敗退し滅亡してしまった。

ダナンのチャム彫刻博物館には数多くのチャム芸術の一級品が展示されている

ベトナムの独立

907年に唐が滅ぶと、広州に地方政権の南漢国が成立し、ベトナムはこの南漢に支配されたが、938年にゴー・クエン（呉権）が南漢の軍を紅河デルタの入口、バクダン江で破り、939年にコーロアを都とし、自ら王となり、長い中国支配からベトナムを解放した。

しかしゴー（呉）朝は965年に滅亡し、内部紛争が起こった。その後、ディン（丁）朝（968～980年）、さらに前レ（黎）朝と続いたが、この前レ朝もわずか30年間（980～1009年）しか持続できず、短命の王朝が続いた。しかし、この前レ朝の始祖レ・ホアン（黎桓）が南部のチャンパを破ったため、このときからチャンパはベトナムに朝貢するようになり、ある意味でベトナムの統一がなされた。

リー（李）朝

1010年にリー・コン・ウアン（李公蘊）がタンロン（昇龍、現ハノイ）に都を定め、国号をダイコーヴィエット（大瞿越）とするリー（李）朝を興した。このリー朝がベトナム初めての長期王朝となったのである。リー朝は宋代の中国のシステムをいろいろ取り入れて、国家を充実させた。1070年には現在、ハノイの名所となっている文廟（→P.296）を設け、1075年には科挙の制度を導入した。また仏教を導入し、それにともない文学や芸術も普及した。現在ホーチミン廟の隣にある一柱寺（→P.294）は、このリー朝期の創建である。

また、この時代にチャンパへ3度遠征し、その一部を奪い取った。また南洋諸国とも交易し繁栄したが、やがて農民への圧政に起因する反乱の結果、政権をチャン（陳）一族に譲った。

チャン（陳）朝

1225年にチャン（陳）氏は政権を獲得し、都をタンロン（昇龍）に定め、制度もほぼリー朝を踏襲した。

文学が栄え、固有の文字、いわゆるチューノム（字喃）を作り、中国漢字から独立して自国の文字をもつようになった。農業が発達しただけではなく、商工業も発達し、貨幣経済が浸透し始めた。特筆すべきことは、元の軍隊をゲリラ戦で撃破したことである。しかし、元は撃退したものの、そのため国家が疲弊し、さらに飢饉が起こり、山岳民族の反乱などで国家が乱れた。また、地方官が農民を虐げたために反乱が起こり、1400年にレ氏（後のホー〈胡〉氏）に政権を奪われ、チャン朝も滅んでしまった。しかし、チャン朝を支持していた人々はホー氏に逆らい内乱状態となった。このとき、機を見るに敏な中国（明）が侵入し、ホー（胡）朝を滅ぼしてしまった。

中国支配の時代（後編）

ホー（胡）氏を滅ぼした明は1414年から1427年までベトナムを支配し、ベトナム固有の言語や風俗などを排斥し、中国風を強制し、さらに暴政を敷いたので、人民は各地で蜂起し、1418年にレ・ロイ（黎利）が決起した。

動乱の時代

レ・ロイは人民の支持を得て1428年にベトナムを解放した。これが後レ（黎）朝である。行政・軍事の制度を充実させ農業を奨励した。また法律上、女性と男性とが家庭内では同等の権利を有した。チャンパを完全に支配し、ベトナムを統一した。しかし無能な王が続いたため、諸侯の抗争が起き、マック・ダン・ズン（莫登庸）が1527年に帝位を奪ったが、南北に分裂し、北部はチン（鄭）氏、南部はグエン（阮）氏が実権を握り、約200年にわたって対立した。

ここでいう南部とは現在のフエ地方のことで、実際は中部地方を指すことになる。南部のグエン氏は南進を続け、コーチシナを獲得し、さらにカンボジアの一部を併合した。この頃、宣教師アレキサンドル・ド・ロードがベトナム語をローマ字で綴り、クオック・グー：Quốc Ngữ（国語）の起源となった。

1717年、グエン氏の末期にタイソン（西山）の３兄弟が圧政・物価高騰の不満から蜂起し、中部、続いてコーチシナを獲得。1777年にグエン氏を追放し、さらに北上してチン氏を討ち、1786年にタンロンに入城し南北を統一したが、やがて一族の対立から、グエン・アイン（阮映）の巻き返しを許してしまった。これがタイソン党の乱である。

グエン（阮）朝とフランスの進出

グエン・アインは1788年に中部ベトナムを奪回し、大砲と海軍力でタイソン党を圧倒し、1801年にフエを落とした。翌年にはタンロンに入城し、ベトナムの統一を回復したが、この際、フランスの志願兵と宣教師の助力を仰いだため、この後のフランスの進出を許すこととなった。彼は皇帝となり、ザーロン（嘉隆）と名乗った。現在のベトナム領を統治し、さらにカンボジアを保護下において、首都をフエに定めた。これがグエン朝である。

次のミンマン（明命）帝は、カトリックの布教や西欧諸国を排絶する方向を選んだので、フランスは1858年にダナン（トゥーラン）に砲撃を加え開国を迫った。その結果1862年６月にフランスと協定を結び、メコンデルタの一部の割譲とカトリックの布教を認めたが、地方官や農民の抵抗に遭ったフランスは、全土の直接支配を目指し、メコンデルタ全域を併合した。1882年にはハノイを占領し、フエ政府の形骸化が始まった。この結果、ベトナムはフランスの保護下におかれ、実質的に植民地化されてしまった。

ベトナム最後の王朝、グエン朝がおかれていたフエ。写真はグエン朝王宮

●フランス支配時の地方体制

ベトナム住民の敵意と反抗のなか、フランスは直接支配を行い、上部はフランス人が司ったが、下部の行政実務はベトナム人に委ねた。

当初は反発が多かったが、徐々にベトナム人の中にも対仏協力者が現れた。旧官僚とノタブル層（地方支配者階級）である。フランス化を図るための学校まで生み出し、このフランス化政策によって輩出された知識層が、後に南部ベトナムの特権階級となった。

仏領インドシナ時代

フランスにとってみれば、支配しやすい植民地となったが、ベトナムからみれば激しい搾取に遭うことになり、強い排仏運動が起きた。フランスはノタブル（地方支配者階級）を取り込み、ベトナム人を分裂させた。農民は零落し、中部・北部では農村を中心に反仏運動が展開された。

この頃、日本が日露戦争でロシアを破ったことを聞き、同じ黄色人種の日本が援助してくれるのではないかという期待があったが、日本がフランスの要請に従い、日本国内のベトナム人の迫害を行ったため、日本に頼るという夢を捨て、自国民がベトナムを解放しなければならないと考えるようになった。

第１次世界大戦後、フランス社会党大会でホーチミン（グエン・アイ・クオック）が「われわれを救え」と演説し、1925年には中国の広州でベトナム青年革命同志会を組織した。彼らは武力による解放を目指し、1930年にはゲティン地方で大蜂起したが、弾圧され、革命は一時停滞した。

●生活破壊

フランスはベトナムに対して、不平等関税制度を導入し、さらに中国・日本からも輸入を行ったので、激しい貿易赤字を生み出すことになった。さらに、塩・アヘン・アルコールを専売制度にしたため、これらの価格を激しく上昇させることになった。

●教育の変遷

1907年に進歩的な知識人や官僚、都市商人などにより、ハノイに「東京義塾」が設立された。これは単なる学校ではなく、教育・宣伝・著作・財政の部門をもつ総合機関であった。教育部門では、クオック・グー（ローマ字化したベトナム語）、漢文、フランス語、歴史、文学などを教えた。ほとんどの生徒は上流階級や裕福な商人の子弟であった。宣伝部門では、パンフレットの配布や演説会の実施などを行い、著作部門では民族意識を高める出版を行った。次第に反フランスの思想が強く出てきたために、フランスは「東京義塾」の閉鎖を命令した。

一方、フランスは都市知識層の切り崩しのため、インドシナ大学を設立し、フランス文化の宣伝とクオック・グーの普及を図り、ほかのベトナム人に対する懐柔策も含めて、ある程度の成功を収めた。

ベトナムの教育制度は着実に伸び、非公認学校も含めれば、1935年には在校生徒が43万人を超え、ハノイ大学でも612人中518人がベトナム人学生であった。しかし、これらの層の人々は就職や待遇の面においてフランス人と著しく差別されたため、世界状況を知っていた彼らは、かえって反フランスの中心的存在となった。これは、フランスにとってみればたいへん皮肉なことであった。

日本軍の進駐と独立運動、そしてフランスの再侵略

第2次世界大戦の初期（1940年）にフランスがナチスドイツに敗れると、日本は北部ベトナムに進駐し、さらに翌年南部にも進駐した。

日本は「大東亜共栄圏」をスローガンとしたが、日本がビシー政府のフランスとも協定を結んだために、ベトナムは日仏の二重支配を受けることとなった。地下に潜っていた共産党（ベトナム青年革命同志会の後裔）は抗日・抗仏の武装蜂起を計画し、ベトナム独立同盟会（ベトミン）を結成して、帝国主義者と裏切り者の土地を没収し貧困層へ分配することと、地代と利子の軽減をスローガンとした。

●フランスの再侵略

日本の無条件降伏が決まると、1945年8月19日、ハノイで蜂起が起こり、八月革命が始まった。さらにフエでも蜂起が起こり、バオダイは退位し、グエン朝は完全に崩壊した。ポツダム宣言では、北部は中国が、南部はイギリスが日本軍の武装解除を行うことになっていたが、9月からイギリスの支援でフランスの再侵略が始まり、翌年2月までに北緯15度線以南が平定され、フランスの支配下となり、これから長い南北分裂と南部解放政策が始まることとなる。

南北分断国家時代とアメリカの弾圧 ベトナム戦争

ホーチミンは9月26日に「南部同胞への呼びかけ」を通じて、フランス植民地主義に反対し、南部への支援を約束し、南部でもフランス軍への抵抗が強まった。

北部ではホーチミンが1946年の総選挙で95%という圧倒的な支持を受けた。11月にはハイフォンでのフランス軍の攻撃が始まり、多数の死者を出した。ハノイでも戦闘が始まり、2ヵ月間にわたって続いた。南部でも抵抗軍が攻撃を始めた。これが第1次インドシナ戦争である。

開戦当初はフランス軍が優勢であったが、フランスの経済が破綻をきたし始めたため、フランスは休戦交渉を提案した。北ベトナムはこれに従わなかったため、フランスはベトナム軍の拠点である山岳地区を攻撃したが、大損害を被り戦闘は長期化した。

●1950年代のレジスタンス

1950年には中国とソ連がベトナム民主共和国を承認し、長い孤立の時代が終わった。しかし、アメリカはフランスの傀儡（かいらい）政権であるバオダイ—ベトナム国を承認した。ベトナム民主共和国は反攻に転じ、フランス軍を消耗させ、その結果フランスはアメリカに依存するようになった。1954年3月にディエンビエンフーの戦い（→P.383、445）が起こり、55日に及ぶ戦いでフランス軍は敗退し、劣勢が明らかとなる。5月にはジュネーブ会議で停戦問題が話し合われ、結果的には北緯17度線を軍事境界線として、国家は名目上も実質上も分裂することとなった。

北部のベトナム民主共和国では、1960年にはベトナムの悲願である統一を目的とする憲法が公布された。南部ではアメリカのあと押しでジエム政権ができたが、激しい弾圧を反政府者に加え、かえって民衆を武装闘争に走らせてしまった。

1954年に「サイゴン・チョロン平和委員会」が結成され、宗教者や知識階級に広まり、反米・反ジエムの運動が公然と起こった。また、これとは別に労働者や農民もジエム政権に抵抗し、1960年12月には「南ベトナム解

放民族戦線」ができ、これらの抵抗グループを結集した。この団体はアメリカとジエム政権に対して宣戦布告を行い、第２次インドシナ戦争が始まった。

●アメリカの本格的侵略

ケネディ大統領は本格的な軍事介入を行ったが、解放戦線は各地で勢力を伸ばし、戦争は泥沼化した。アメリカもさすがにジエム政権を見放して新政府を擁立し、1964年に反政府ゲリラの拠点と思われる北部へ爆撃を始めた。

しかし、反政府軍はよく戦い、アメリカに多大な損害を与えた。南部のベトナム共和国政府内ではたび重なる内閣改造が行われ、1965年にはグエン・ヴァン・チューとグエン・カオ・キの政権が「血の弾圧」を繰り返す恐怖政治を行い、民衆の心は離れるばかりであった。

●ベトナムの解放

1968年旧正月（テト）にベトナム軍や解放戦線の攻撃が全土で始まり、再び激しい戦闘状態となった。アメリカ軍は1972年２月にハノイを大爆撃したが、もはや収拾がつかない状況になった。1973年のパリ協定でアメリカ軍の撤兵が決まったが、アメリカは実質的な援助と介入を続けた。

1973年に北ベトナム軍は反攻に転じ、1975年にメコンデルタ地区をはじめ、各地を攻略した。南ベトナムのサイゴン政府は自壊状態となり、４月30日にサイゴンが陥落し、長い長い分裂状態に終止符を打った。翌1976年に統一国会が開かれ、ベトナム社会主義共和国となり、共産党が実権を握った。

●中越紛争

中国はもともとベトナムを支援していたが、1970年初頭から関係が悪化し始めた。おもな原因は次の３つであろう。ひとつは中国とアメリカの接近である。ベトナムにとってみれば、戦争をしている相手国であり、とても見過ごせないことであったのは当然である。これによって、ベトナムはよりどころを失い、結果的に旧ソ連との関係を徐々に深めることになった。ふたつめは国境紛争で、南沙諸島と西沙諸島の領有問題が勃発した。さらに３つめとしてカンボジア紛争が持ち上がった。カンボジア人民を迫害したポル・ポト政権は中国に支援を依頼し、ベトナムはプノンペンを攻略しヘン・サムリン政権を樹立した。しかし、中国がカンボジア国内で戦うポル・ポト軍に援助を続けたため両国の関係は最悪の状態となった。また一方で、1978年にはベトナム国内の華僑を迫害したため、1979年２月にベトナム北部に中国軍が侵攻し、両国は紛争状態となってしまった。

中国との国交が正常化した現在では国境貿易も行われている（中国側の国境の町、河口）

●統一後の南部の商工業改造

ベトナム統一後、1978年に南部の資本主義的工場経営を禁止するため時の副首相ド・ムオイは、３万人の商工業者を国営の流通企業に加入するか、国営企業に就職するか、合作社を組織するかの強制措置を実施した。そのためこれに賛成しない華僑や南部ベトナム人の国外脱出が発生した。この措置が中国の反感を招いて中越紛争の原因のひとつともなった。

●現在のベトナム

1988年12月にベトナム国会で憲法前文の修正が決議され、フランス、日本、アメリカ、中国に対する批判的文言は削除された。さらに現在はドイモイ（刷新）政策により、西側諸国との協力関係を拡大している。ベトナム軍のカンボジアからの撤退を契機に、中越の国境貿易が再開。1991年11月には中国との国交正常化が宣言され、中越対立は約20年ぶりに修復された。

1986年12月に共産党第６回大会で採択されたドイモイ（刷新）政策で、農業と工業の改革を一段と進めるようになった。これは食料・消費財・輸出品の三大増産政策である。また統制経済の縮小化と市場経済の導入を実施することになり、外国資本・技術の導入が図られた。この政策によって、米は世界第２位の輸出国となった。旧ソ連の援助削減にともない、西側諸国との関係をより緊密化させ、アセアン諸国との貿易を拡大し、ソ連の崩壊と反比例して台湾、香港といった東アジアの各国、イギリス、オーストラリアといった先進国からの援助を受け、資本の導入を図った。

確かにこれらの国とのジョイント企業や産業・建設物を大都市でかなり見かける。またベトナム戦争のときは、現政権とは敵国であった韓国とも貿易を開始し、1995年７月にはアメリカとも国交正常化を果たした。

ベトナム戦争

2015年４月30日、ベトナム戦争終結から40年目にあたる日を迎えたホーチミン市では、南北ベトナム統一40周年を記念した式典が開かれた。映画『プラトーン』『フルメタル・ジャケット』などでも描かれたベトナム戦争。ベトナムで何が起こり、何が変わったのだろうか。ベトナム戦争とはわれわれにとって何だったのだろうか？

現在からベトナム戦争の時代へと時を遡ってみよう。

1975年４月30日　サイゴン

オートバイや車の往来も騒々しいホーチミン市（旧サイゴン）。1975年までのこの街は、外見上、今とは趣を異にしていた。

市民劇場や市庁舎に挟まれたドンコイ通り。こういう主要な目抜き通り沿いには、現在より豊かな木立がこんもりと繁っていた。その道の上を、映画『グッドモーニング，ベトナム』でも描かれたように、車やオートバイがわが物顔にけたたましく走り回っていた。そんな時代もあったのだ。

アメリカをはじめとする資本主義文化がサイゴンに浸透していた時代。それに比べると今のホーチミン市は、往来の激しさにもかかわらず静かになったとさえいえる。

今は亡き哲学者の吉野源三郎は、ベトナム革命が人類の歴史のなかで、やがてフランス革命やアメリカ独立戦争に匹敵するものとして位置付けられるだろうと評したことがある。

ホーチミン市を歩いていると、そのベトナム戦争の象徴的シーンを追体験させる場所がいくつも残っている。「レユアン通り」（旧「４月30日通り」）の突き当たりにあるのが旧大統領官邸。今では統一会堂（独立宮殿）と呼ばれている。1975年４月26日。北ベトナム正規軍など数十万の解放勢力がサイゴン攻略へと向かった。「ホーチミン作戦」である。そして４月30日。ベトナム報道で知られる近藤紘一の表現によれば、「解放軍の兵士たちは銃を手に、まさしくひたひたとホーチミン・サンダルの音を立ててサイゴン市内へと入ってきた」。やがて地響きとともに路上に姿を現した解放軍の戦車の列。

解放戦線旗を掲げた戦車が大統領官邸へ入ったのが正午。それから30分後、官邸屋上には解放戦線旗が風にたなびき、高く翻った。こうしてベトナム戦争は終わった。

この旧大統領官邸に足を踏み入れてみる。いくつもの豪華な会議室。金色の壁もまばゆい大統領執務室。大統領夫人が友人たちを招き談笑したという部屋。ダンスホールやバー、映画室、屋上にはヘリポートまであった。

屋上から、解放軍の戦車が入ってきた鉄製の門を眺める。今ではその向こう側にうっそうと繁った木立に囲まれ、車やバイク、自転車がいつもと変わりなく走っている。だが40余年前、その同じ道路の上を解放軍がひたひたと、そして地鳴りを轟かせて、まさしくこの場所を目がけて押し寄せてきた。

解放軍兵士の眼。そして大統領官邸に残った人たちの眼。ひとつの門を境にして垣間見えたこれからの世界と人生は、まったく異なったものだったに違いない。

戦火を逃げまどう一家。今ではこの幼女も母親となった。「安全への逃避」と題された沢田教一氏撮影のこの写真は1966年、ピュリッツアー賞を受賞した

旧大統領官邸（現統一会堂）から見たレユアン通り。1975年4月30日、この道を解放軍の戦車がやってきた

この旧大統領官邸をレユアン通りに沿って4筋ほど歩いていく。すると左側にアメリカ領事館が見えてくる。かつてのアメリカ大使館だ。1975年にはここでも壮絶な場面が展開された。サイゴン陥落がもはや誰の眼にも明らかとなったとき、富ある者はアメリカ大使館を通じて亡命しようと、群れとなって押し寄せたのだった。

地下トンネル　クチ

ホーチミン市街から車で約1時間30分、左右に水田を配した細い道を走っていく。日本の田園さながらののんびりした風景だ。小さな森の中で車を降り、木漏れ日の差す道を歩いていくと、枯れ木を組み合わせて屋根にした長方形の穴が開いていた。戦争中、南ベトナム解放民族戦線（ベトコンと米軍は呼んだ）の指導者たちが、自然を利用して作られたこの“会議室”で作戦を練っていたのだ。

そこから少しばかり歩いていくと、長方形の木の板が土の中からひっそりと顔を出していた。板を持ち上げると、人間ひとりがやっと入れる穴がポッカリと開いている。地下トンネルの入口だった。

この地下トンネルは、ベトナム戦争中200kmとも250kmともいわれるほど掘られ、サイゴンでの戦いを指導する解放戦線の本拠地となっていた。トンネル内は診療所まで造られるほど精巧だった。

トンネルを利用する解放戦線は神出鬼没だった。そのため米軍や政府軍は、手榴弾、毒ガスと水をトンネル内に入れて攻めたが、さしたる効果をあげ得なかった。当時、このあたりはゴム園だったが、解放戦線の根拠地のため米軍によって枯れ葉剤が散布され、爆撃も激しかった。まさしく根こそぎ破壊されてしまったのである。

大量虐殺事件　ソンミー

ホーチミン市郊外のタンソンニャット国際空港から空路約1時間で、中部最大の都市ダナンに着く。ダナンの町から南へ約130km行くとクアンガイ市に入る。車を走らせると左側に「ソンミー記念館まで12km」という看板が掲げられている。車1台がようやく通れるほどの悪路を進む。デコボコが激しく距離は短いのに優に1時間ぐらいかかる。周りはベトナムのほかの農村と同じのどかな水田風景。山々の緑が美しい。やがて左側にソンミー記念館が見えてくる。

1968年3月16日の朝。山あいにある基地を飛び立ったヘリコプターがこの村に着陸した。空は青く晴れ渡っていたそうだ。いつものように朝食を用意していた村人たち。そこへカリー中尉率いる小隊が突然侵入してきた。問答無用の殺戮。504人の村人が犠牲となったのだ。

この大量虐殺事件の現場も、今では緑美しく整備され、緩やかな小川が静かな音を立てて流れている。そんな静寂のなかで右手を空に向かって突き立て、左手でわが子を抱いた母親の像が、この場で起こった凄惨な事件を忘れるなと、強く訴えている。

テト攻勢　フエ

ダナンから北へ向かう。ハイヴァン・トンネルを抜け、穏やかな舗装道路を走り続ける。やがて古都フエだ。フーン川のゆったりとした流れ、ハイビスカスの赤がまぶしい。水面には漁に出る小舟の往来も多い。この古都にある大きな城壁と濠で囲まれたフエ王宮は、昔のたたずまいのまま、ゆったりとその姿を残している。

かつては皇帝しか通れなかったという王宮門。その門を通ろうとして途中でたたずみ、歴史の重みをたたえた石造りの壁や路面に眼をやる。するとあちこちに何かがぶつかって弾けたような亀裂がある。弾痕だ。

1968年2月のフエの攻防は、ベトナム戦争で最も激しい闘いのひとつとなった。いわゆるテト攻勢である。古城の壁を背に闘う米兵たち。その姿は、34歳で戦場に散った沢田教一の写真でリアルに残されているとおりだ。この戦闘で破壊されたザーロン帝陵は、いまだ当時のまま瓦礫となり、無残な姿をさらしている。

北爆　ハノイ

ベトナムの首都、ハノイに入る。車やバイクなどの交通量は、ホーチミン市に負けず劣らず多い。人々の顔付きは南部より穏やかだ。

この街に米軍によって落とされた爆弾の総量は8万トン。だが、今ではその爪跡はまったく残っていない。ただハノイ駅から少し南に下ったカムティエン街には、死んだ幼児を抱いて立つ母親の像が記念碑として建てられている（ダイ・トゥオン・ニエムMAP P.348-1A）。

ハノイの目抜き通りには、カフェやレストラン、雑貨店などが並んでいる。路上のカフェに座り込み新聞や小説に読みふける人たち。ベトナムのどこの町にもありそうな何の変哲もない沿道。だが1965年から始まった米軍による北爆以降、この沿道には空襲を避けるためのタコツボが無数に作られた。空襲警報が鳴る。すると市民や子供たちは、タコツボのふたを開け、その中に身を隠す。この戦争の遺物も今ではすっかり街から姿を消してしまった。

機雷封鎖された港　ハイフォン

ハノイから東へ約100km行くと、ハイフォンがある。世界中の船が出入りし、軍港にもなっている。町並みには火炎樹の並木も目立ち、荷出しやフェリーの客で交通も激しい。

このハイフォンの町も繰り返し米軍の爆撃を受けた。この港がベトナムを支援する国や団体の支援物資を受け入れる要衝だったからだ。特に1972年、この港が機雷封鎖されたとき、国際世論は強くアメリカを非難した。

今では軍港であるゆえに「許可なしでの写真撮影は禁止」程度の緊張感を感じさせるくらいだ。むしろフェリーを利用してベトナムの名勝であるハロン湾方面との往来に急ぐ庶民たちの生活臭に、今のベトナムのおかれた姿が表現されているかのようだ。

ベトナム戦争の始まり　ディエンビエンフー

ハノイから国道６号線を西へ約475km。ラオスとの国境の山中にあるディエンビエンフー。その道行きは渓谷を越え、まるで桃源郷に向かうかのようだ。紅河の西側にあるこの地方。標高も2000～3000mで、ターイ族などの少数民族が住んでいる。朝もやに煙る少数民族の村の姿は、日本人などからすれば、まったく別世界に迷い込んだかのようだ。

1954年、この土地でベトナム史を二分する戦闘が行われた。ベトナム人民軍（ベトミン）とフランス軍とのディエンビエンフーの戦いだ。フランス軍陣地を包囲するように掘り進められたベトナム人民軍の陣地網。近代兵器に対する人力の勝利でもあった。

フランス軍が敗れ、次にベトナムに侵入してきたのがアメリカだ。だからディエンビエンフーでの戦いは、ひとつの戦争の終わりとともにアメリカとの戦闘――ベトナム戦争の始まりでもあった。

ベトナム戦史データ

ディエンビエンフーの戦い

1945年８月、日本の敗戦とともにベトミンが総決起し、９月２日にベトナム民主共和国が独立宣言を発した。ところがフランスはインドシナへの復帰を目指し、1946年11月からベトナム軍との戦闘が始まった。フランス軍は全戦費の半分36億ドルをアメリカの援助に頼ったが、1954年５月７日、ディエンビエンフー要塞が陥落して敗北が決定的となった。

ハノイ爆撃

米軍による北ベトナム爆撃が始まったのは1965年。ハノイの爆撃が特に激しかったのは、1972年12月の12日間にわたるものだった。そのとき、繁華街のカムティエン通り、アンズオン住宅区、バックマイ病院が全壊した。死者は1318人。だが米軍が誇ったB52爆撃機は、ハノイ周辺で34機が撃墜されている。

テト攻勢

1968年１月30日、解放戦線は旧正月（テト）入りを期して大攻勢を開始した。このときフエの町は１ヵ月間にわたって解放戦線が制圧した。このテト攻勢でサイゴンのアメリカ大使館、タンソンニャット空港、大統領官邸なども攻撃を受け、約1500人が犠牲となった。これ以降、アメリカのベトナム政策に再検討が加えられ始めた。

ソンミー村事件

1968年３月16日、この村で米軍による無差別虐殺事件が起きた。現場のソンミー村ミーライ集落では、妊婦17人、老人60人、子供173人、１歳以下の幼児56人を含む504人が殺され、生き残ったのはわずか５、６人のみであった。指揮官のカリー中尉は、1974年にいったん無罪判決が出されたが、翌年取り消された。

ハイフォン機雷封鎖

北爆で米軍の主要な目標となったのがハイフォン港だった。ここは1972年に機雷封鎖された。当時、北ベトナムへの支援物資を積んだ船舶が沖合に停泊していた。そのため物資を陸揚げするため、決死隊が船舶と埠頭の間を行き来した。さらにこの1972年には市街地も爆撃を受け、アンズオン地区では200人以上が死傷した。

ベトナム全土解放

1975年４月30日、北ベトナム正規軍と解放戦線の一斉攻撃によりサイゴンが陥落した。ベトナム戦争の終結である。この攻勢については、1974年12月から1975年１月に開かれたベトナム労働党政治局会議で決定された。当初の方針では1975年に総攻撃の条件を作り、1976年に一斉決起、全土解放の予定だった。

ベトナム人のアイデンティティ

ベトナム人の起源

ベトナムの町を歩きながら人の顔を見ていると、ふと日本のどこかを歩いているような気持ちになる。ベトナム人の祖先は、漢民族が進出する以前に中国の揚子江の南に存在していた百越の世界の担い手であった。

この百越は、日本の古代の基層文化の形成に大きな影響を与えたと考えられている。古い昔、日本人の祖先とベトナム人の祖先の間の距離は、今よりももっと近かったのかもしれない。

さて、ここでベトナム人という言葉を使ったが、これは今日、多民族国家として存在しているベトナムの人口の約86%を占めている、キン族ないしはベト族と呼ばれている多数民族のことである。

このベトナム人の起源に関して、現在、最も有力な仮説は、インドシナ半島の山岳地帯に住んでいたモン・クメール系（現在のカンボジア人などにつながる、古代の大陸部東南アジアの主要住民）の集団が、現在の北部ベトナムにあたる紅河（ホン河）の下流域に進出し、そこで北方のタイ系（現在のタイ人にもつながる集団で、かつては百越の主要住民であった）の集団と交わり、後のベトナム人となる人間集団の基礎が形成されたという説である。

北部ではカーキ色の服にムーコーイと呼ばれるサファリ帽のスタイルが根強く残っている

ベトナムにはキン族（狭義のベトナム人）以外に53の少数民族も暮らしている。写真はサパのモン族

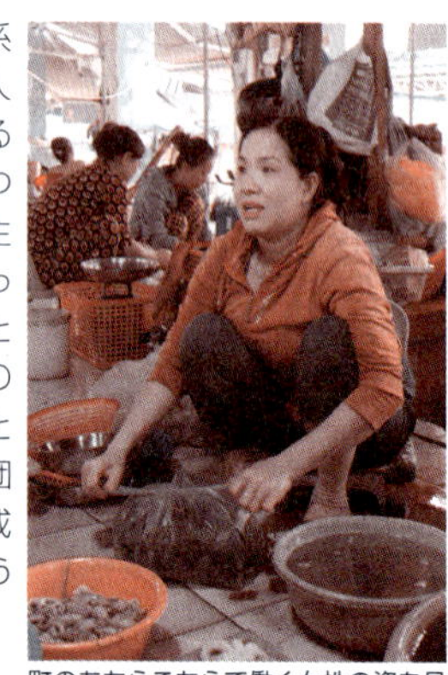

町のあちらこちらで働く女性の姿を見かける。穏やかな笑顔が印象的

ベトナム人の民族意識

ベトナムの建国神話

今日に伝えられているベトナムの建国神話は、漢民族の起源を伝える伝説である中国の三皇伝説のひとり、炎帝神農氏の話から始まる。その子孫で、龍の一族である男性と仙女が結ばれ、ふたりの間に生まれた100の卵から100人の男子が生まれた。後に50人は父に従って海辺の平野に、50人は母に従って山へ行き、父に従った者の中からフンヴオン（雄王）が出てベトナム最初の国家、ヴァンラン（文郎）国を建てた。

この話の後半部分、つまり水と火の精が交わって胞状の物が生まれ、その中から自分たちの王者やさまざまな民族の祖先が生まれたという話は、インドシナ半島に居住する多くの民族に共有された神話であり、おそらくはベトナム土着の伝承であると考えられている。

これに対して炎帝神農氏から始まる前半部分は、明らかに中国から輸入された話で、中国の伝奇に通じたベトナムの学者があとで付け足した部分であると考えられている。

一方で中国とのつながりを強調し、他方ではベトナムの独自の土着性も保持しているこの神話の構成は、ベトナムの伝統文化のあり方をよく示している。

原初的な民族意識

紅河下流域に、ドンソン銅鼓に象徴される高度な青銅器文化を形成したベトナム人の祖先たちは、その後、紀元前２世紀から紀元10世紀にかけて、1000年以上にわたる中国の直接支配下におかれた。

中国から自立を達成したあとも、北方の巨人＝中国は、ベトナムにとってあるときには存立そのものを脅かす大敵であり、あるときにはベトナムの国家建設に役立つモデルを提供してくれる模範であった。

このような体験のなかで、中国文化を積極的に摂取した人々が今日のベトナム人の主流のキン族につながり、あまり中国文化の影響を受容しなかった人々が、ベトナムの少数民族のひとつであるムオン族になったと考えられる。

中国に対する抵抗とそこからの文化の受容を通じて、ベトナム人の間で、原初的な民族意識とでもいうべきものが形成されていった。

それは中国を北国とし、自らを南国と規定する南国意識であった。ベトナムが決して蛮夷(ばんい)の国ではなく、中国と同様に文明の光に照らされた「中華世界」の一員であることを主張するとともに、その「中華世界」の中で、ベトナムは中国とは明確に区別された独自の領域・文化・王朝・歴史をもった存在であるとするものであった。

ベトナムは小中国か？

ベトナム人の国家は、10世紀から15世紀までは今日の北部ベトナムから中部ベトナムの北の部分を版図にしていたに過ぎなかったが、15世紀の末に、今日の中部ベトナムに大きな力をもっていたチャム人のチャンパ王国を事実上滅ぼして以降、本格的に南へ版図を拡大し、18世紀には従来クメール人（カンボジア人）の勢力範囲であったメコンデルタにまで進出するようになった。

この過程で、ベトナムは自らの版図の中に紅河デルタ地帯とは異なる多様性をもった世界を組み込むとともに、ラオス、カンボジアなど周辺のインドシナ半島全域の世界とのかかわりを強めていった。

ベトナムのいたるところで中国の文化が息づく（ホイアン、福建会館）

ベトナムの伝統的な稲作には水牛の存在が欠かせない

そこで新しく提起された国内の統合と地域的な秩序の形成という課題に対して、ベトナムの支配者たちは自らを小中華とし、内には儒教イデオロギーに基づく集権的な国家体制を築き、外に対しては周辺民族を「蛮族」としてそれを自らの統制下におくという形で対応しようとした。つまり、ベトナムを小中国にしようとしたのである。

しかし、この試みは地方ごとにある多様な土着性の反発を受け、また周辺諸国に対して、中国のような圧倒的国力をベトナムがもっていなかったために、挫折せざるを得なかった。

19世紀の後半、フランスの植民地支配下におかれたベトナム人には、伝統的な「中華世界」観を脱して、世界の中およびインドシナ植民地という同じ支配の枠組の中に組み込まれたラオス、カンボジアをはじめとする周辺の東南アジア世界の中に、ベトナムを位置付けるという課題が提示されたのである。

この課題への回答を模索するなかで、一部の人々はベトナム＝小中国論を継承し、ベトナムの伝統文化の精華は儒教であるとして、それを中核に新しいベトナム文化の構築を提唱した。これに対し、内に対してはベトナムのより土着的な価値に注目し、長い中国諸王朝への抵抗のなかで形成された「愛国主義」を伝統の最も重要な価値とし、外に対しては、国際共産主義運動との連帯やカンボジア、ラオスの解放運動との連携という新しい広がりをもつことを提唱したのが、ホーチミンが指導した革命勢力であった。後者の試みが、第2次世界大戦後のフランスとアメリカに対する果敢な抵抗運動の構築に大きく貢献することになったのである。

今日のベトナムで、建国神話の中で継承すべき価値を含んでいるとして重視されているのは、神話の後半部分。この部分がベトナムを構成している平地民や山岳民などの諸民族は「同胞」であることを教えているとして、多民族国家ベトナムの統合のシンボルとされている。

上は弱く民は強いベトナム社会

いまひとつベトナム人の社会の特徴を挙げれば、それが極めて強固なムラ社会であるということであろう。

ベトナムのことわざに「王の法律も村の垣根まで」（→下記コラム）というのがあるが、ベトナムの村落が国家に対して相対的な自立性を獲得していくのは、16世紀から18世紀にかけての戦乱期であった。この過程で本来は「おおやけ」、つまりは国家の田であった公田は、村落内の有力者たちにその処分が委ねられることになり、やがては村落共同体の共有田と見なされるようになっていった。

ベトナム人の外に対しては自立性を主張し、内に対しては強い共同体的な規制をもつムラ社会という社会構造は、村の支配者が地主や儒学者でなくなったという変革を経てではあるが、社会主義国という看板が掲げられている今日のベトナムでも、依然として重要な役割を果たしている。

国家機関の一つひとつも、人々の発想ではムラのようなものである。したがって中は運命共同体でひどくまとまりがよいのだが、上からの指導がヨソ者の意見と受け止められるとあまり受け入れられないし、機関同士の横の連携ということになるとまったくといってよいくらいダメである。また外部世界については、ほとんど関心がなくなる傾向も強い。

また16世紀から18世紀にかけて、村が自立性を高め、結合力を増していった時代は、他方で、村の中から冒険者や食いつめ者を村の外部に放り出し、多量の流民が発生した時代でもあった。

外に出た者は成功すれば村に錦を飾れたので、村との縁がまったく切れたわけではなかったが、内なるまとまりと外への排除は、表裏一体であった。

このような現象と、1970年代後半から80年代のいわゆるベトナムからの難民流出の問題も、まったく無縁とは言い切れないであろう。かつては外に出た人々が目指したフロンティアは南部のメコンデルタであったが、今はそれが全世界に広がっているといえるかもしれない。

カカア天下

市場や商店、露店などでのお金の管理は女性が行う。ベトナム女性は強い！

ベトナムに襲いかかった者は、侵略者の常としてベトナムの人々や文化を軽蔑する傾向が強かったが、それでもほぼ例外なくほめちぎっていることがひとつだけある。それはベトナムの女性の美しさである。もっとも美しさに見惚れていたためではないだろうが、侵略者はベトナムの女性の強さに、十分には気づかなかったようだ。

農業社会ではもともと女性の地位が高いのだが、それに加えて長い戦争で男たちが戦場におもむき、銃後の社会の運営は大きく女性に依存せざるを得なかったベトナムでは、女性の社会的活躍の場がいっそう拡大することになった。儒教的な男尊女卑の発想が根強い一方で、実際に仕事をこなし、家を切り回しているのは女性という面もベトナム社会では強い。ムラ社会では主婦のことを「内主」と呼んでいるが、「王の法が村の掟に負ける」のと同様、「主人の命令も内主の言葉に負ける」のがベトナムの人々の日常である。　（古田元夫）

Column　ベトナムの村落構成

かつてベトナムの村落は4つの階層で構成されていた。最上位はマンダラン・ノタブルと呼ばれた官吏・科挙の合格者・村役人であり、権力をもっていた。第2位はキーラオ・クァンラオと呼ばれた長老階級であった。彼らは象徴的存在で権力は有していなかった。第3位がザイと呼ばれた普通の成年男子であり、最下位が未成年者と女性であった。村落の会議はマンダラン・ノタブルの世話人が木魚をたたいて招集し、成年男子は全員参加できたが、上位階級の者には異を唱えることができなかった。そしてこれらの組織は封建制のほかに独立性と閉鎖性を帯びていた。例えば、16世紀頃から村落の長は選挙で選ばれるようになり、徴税を請け負い、兵役も自村落で出し、公田も自村落で運営したのである。

また村の周りは竹で囲い、中国の城壁のようなものを造り、そこに設けられた門からしか出入りできないようになっていた。この頃のベトナムのことわざに「王の法律も村の垣根まで（王法も村落の秩序には及ばないという意味）」というものがある。

多民族国家ベトナム

ベトナムの国民は自分がベトナム社会主義共和国の公民であるという市民籍とともに、多民族国家ベトナムを形成しているどの民族に所属しているのかという民族籍とでもいうべきものをもっている。

現在、ベトナムの国家がベトナムを構成している民族として認定しているのは54民族である。この中には多数民族であるキン族（あるいはベト族）が含まれているから、残りの53民族がいわゆる少数民族ということになる。もっとも、この53という数字は固定的なものではなく、ある集団の自己意識の変化や行政側の認識の変化によって、新たに民族として認定される集団が生まれたり、独自の民族としての取り扱いをやめさせられたりするので、変化する可能性がある。

多数の少数民族

これら諸民族の分布の特徴を考えると、まずいえることは民族として識別される集団の多さ、多様さであろう。これはベトナムが「民族の十字路」と呼ばれ、歴史上数多くの民族の興亡の舞台となった東南アジアの一画に位置していることとともに、以前は中国の華南地方に居住していた民族が漢民族の発展に圧迫されて南下し、その行き着く先がベトナムであったという歴史とも関係している。

モザイク模様の民族分布

ベトナムの民族分布を地図にすると非常に細かいモザイク模様となる。多数民族であるキン族は平野の民であり、現在最も生産力の高いハノイを含めた紅河デルタ・中部海岸平野・メコンデルタが居住空間である。このキン族と同じ空間に住む民族としては、中国系ベトナム人（華人）や、中部海岸平野・メコンデルタの先住民であるチャム族・クメール族などがいる。

紅河を遡っていくと、扇状地や山間盆地の小平野で水田耕作を行っているムオン族や、ターイ族・タイ族・ヌン族といったキン族と近いが、タイ系に属する諸民族が居住している。彼らの居住地を囲む高地やさらに山間部深くには、モン族（メオ族）やザオ族（中国でヤオ族と呼ばれている集団）などの焼畑耕作を行う山岳民族が住んでいる。

要するにデルタ地帯を除く山間部・高原地帯は少数民族の居住空間であり、人口でいえばベトナムの総人口の10%を占めるに過ぎない少数民族の居住空間が、中国との国境の越北地方やラオスとの国境の西北地方、そして南部ベトナムの中部高原などベトナムの国土の3分の2を占めている。

サパは旅行者が最も少数民族の暮らしに触れやすい町

民族の住み分け

近年では、平野部の人口過剰状態を解消し、あわせて山間部の経済開発を促進するためにキン族の山間部への移住が奨励されているので、民族分布に変化が生まれているが、以前は平地民と山地民の間には「住み分け」の原理が存在していた。

山地民は通常、平野の国家や土侯の支配下におかれてはいたが、その支配は厳格なものではなく、居住空間の高度に応じて平地民と山地民がそれぞれの「縄張り」を認め合い、相互の社会の内部的なあり方には干渉をしないという関係が保たれることが多かった。

もっとも、それぞれの民族が小さいながらも独自の居住空間をもってはいたものの、彼らの居住地域を含む行政単位ごとに見ると、そこには多数の民族が雑居しているといえる場合が多く、今日でも山間部ではひとつの村に5つ以上の民族が居住しているような例が多数見られる。

それでも、このような人々が新しい問題に直面していることも事実である。平地民と同じ組織に入ってだまされたりしないだろうか、対等の競争など可能であろうかという不安をモン族の人々はもつし、彼らを迎え入れた平地民の側でも、不作などの問題に直面するとモン族などという「やっかい者」を抱えているからうまくいかないのだという発想が頭をもたげることがしばしばある。

1960年代から建設が始まった山間部での合作社も、これまでの40年を超える歴史は、事実上の解体と再建の繰り返しであった。

昔ならば「住み分け」の原理が働くなかでの諸民族の「共生」は、互いの相手の社会の内部には介入しないということで済んでいたが、今ではそのようなことは不可能である。そのなかでの新しい「共生」の模索が続く世界が、ベトナムの山々の中に広がっている。　（古田元夫）

少数民族は美人のルーツ!?

アオザイを着た美人の多い国――それがベトナムだ。ベトナムでは「ドイモイ（刷新→P.280欄外）」の中で、伝統文化への再評価が進み、かつての一時は見かけることが少なくなっていたアオザイ姿が再び目に付くようになっている。高校生の白いアオザイ姿が復活し、ベトナム航空のキャビンアテンダントもアオザイを着るようになった。ベトナム伝統の深く切れ込んだ裾が特徴のアオザイ美人の復活――これも「刷新」が生み出した社会現象である。

どこの女性が美しいか――ベトナム人の友人に尋ねると、たちまちベトナム人同士の大論争が始まる。定評があるのは、北ではバックニン、ハイフォン、中部ではかつての王都フエと、ホーチミンが生まれたゲアン、南ではホーチミン市などである。その多くが、民族的な混淆の地であることに気づく。港町はともかく、バックニンなどの農村はどうなのかという疑問があるかもしれないが、バックニンは、かつてベトナム中部に君臨していたチャンパ王国（→P.456）の戦争捕虜がベトナムの王朝によって入植させられた所で、この歴史が美人とクアンホ民謡という芸術性の高い音楽を生み出したといわれている。

美人のルーツは、ベトナムの多様な民族構成というわけだ。今日のベトナムは、国家が公認しているだけで53の少数民族が存在する多民族国家である。少数民族は、ベトナムの総人口の1割を占めるだけだが、その構成は、タイ系、クメール系、マレー系、ビルマ系があり、そして華人もいてと、東南アジア世界全体を包摂する多様性をもっている。

ベトナムの伝統衣装、アオザイを着た女性たち

ベトナム美人のルーツ――少数民族の生活に触れてみよう。

ムオン族

ハノイから車で西に1時間も走れば、もうそこはムオン族の村が点在する地域である。ムオン族は、ベトナムの少数民族の中では、最もキン族（ベトナムの多数民族、狭義のベトナム人）に近い関係にあり、ベトナム人の古い文化を現在にまで伝えている民族といわれている。

今はキン族とムオン族を見分けることはたやすい。キン族の女性がクアンと呼ばれるズボンをはいているのに対して、ムオン族の女性は1枚の布でできた腰巻きを着用している。家もムオン族は高床式の家に住んでいるので、すぐにわかる。高床式の家では、床の下がブタやニワトリなどの家畜の飼育場になっていて、ムオン族の家に泊まると、下から響く家畜の鳴き声で目を覚ますことがある。

ムオン族の人々が祭りや遠来の客を迎えたときに行う最大のもてなしは、カンと呼ばれる酒である。モチ米で作られた酒が大きな壺に入れられ、壺の口からは竹の管が四方に伸びていて、これで酒を飲むのだ。

カンと同様に宴会になくてはならないのが、2000年以上も前のドンソン文化の時代から伝わる銅鼓（どうこ）である。銅鼓は、ムオン族の人々の祭祀の対象でもあり、春祭りのときには、銅鼓を祀った山の洞窟の祭壇に人々がお参りをする。

ターイ族

ムオン族の居住地域を過ぎてさらに西に向かい、ラオスと国境を接する西北地方に入ると、そこはターイ族の居住地域である。このターイ族は、今日タイ王国を築いているタイ系の諸民族の最も古い文化を保持しているといわれている。

西北地方の入口、ソンラー省モックチャウにある白ターイ族の高床式の家は、横15m、縦10mもある堂々たる構えの家である。中に入ると中央には囲炉裏があり、ゴザが敷いてあるので、何となく日本の伝統的な農家を彷彿とさせる。入口を背にして左の奥にあるのが未婚の女性の部屋で、ここは家族といえども自由に立ち入れないことになっている。そのためフランスとの抵抗戦争を戦っている頃には、ゲリラをかくまうのにこの部屋がよく使われたという。

ここでは遠来の見知らぬ人が訪ねてきた場合には、酒をすすめて客が眠りこんだあと、その足先に糸くずを挟んで火を付け、それでも客が目を覚まさなかったら、この客はわが家の歓待を快く受け入れた心配のない人物だということで、家の人々も安心して寝るという習慣があったという。

その酒を飲みながら、ターイ族のソエと呼ばれる踊りを楽しむのが、西北地方の夜の過ごし方である。

モン族

「魚は水に泳ぎ、鳥は空を飛び、われらは山に生きる」というのは、中国南部からインドシナ半島の北部にかけて広く分布する山地民のモン（メオ、ミャオ）族のことわざである。「山に生きる」ことは、モン族の人々の基本的な生活形態になっており、山地での焼畑農業を生活の基盤とし、耕地が疲弊すると新たな土地を求めて山地を移動するという暮らしをしている。

モン族がもともと焼畑農耕民であったのかどうかは不明であるが、ほかの有力な民族があまり魅力を感じない山間部を自らの居住空間とし、政治的・経済的に卓越した「主民」に対する「客民」として自分たちを位置付け、独自のアイデンティティを維持してきたのがモン族であった。

山奥に暮らしているからといって、モン族の人々が世界の影響から遮断されていたわけではない。このことは、19世紀の半ば以降に、彼らが国際的な市場で消費されるアヘンの原料となるケシ栽培民となったことを見ても明らかだろう。

ベトナム政府は、モン族がケシの栽培からほかの作物の栽培に転換するように努力をしてきたが、近年の少数民族地域への国家補助金の削減により、一部ではケシ栽培に復帰する人が増え、アヘン吸引者の数も増大して社会問題になっている。

ジャライ族

さて、今度は南に飛んでみよう。南の少数民族が集中しているのは中部高原である。ここには、クメール系やマレー系の民族が居住しているが、その中でも最大のグループが、ジャライ省、コントゥム省を中心に居住するマレー系のジャライ族である。

中部高原は、今でこそ平地からのキン族の入植で、ジャライ族などの先住民が少数派になってしまっているが、フランス植民地支配が形成された頃は、まだ半ば独立的な地位を保っており、「火の王」と「水の王」と呼ばれたジャライ族の首長が、周辺諸民族に対して精神的な権威をもっていた。

それゆえにこの地域には、ベトナムの中央政府に抵抗する分離運動が、さまざまな形態で存在していた。そのため、中部高原への外国人の立ち入りは困難であったが、1991年にカンボジアに国連暫定統治機構が設置された際に、最後の武装抵抗グループが武装解除に応じたため、中部高原も徐々に外国人旅行者へ門扉を開いてきた。

ジャライ族の集落には、「ゾン」と呼ばれる、高い屋根のそそり立つ高床式のコミュナルハウスがある。今では、都市近郊に住むジャライ族はベトナム人と同じような服装をしているが、祭りなどのときには「ゾン」の前で、裸体にふんどしを着け、銅や鉛や錫、あるいは水牛の角で作った腕輪、首飾りをまとったジャライ族の男たちの勇壮な姿を目にすることができる。

クメール族

メコンデルタには、この地の先住民であるクメール人の村落が多数存在している。彼らは、カンボジアのクメール人同様、南方上座部仏教（いわゆる小乗仏教）の信徒で、タイやカンボジアで見られるような様式の寺院を中心とした村落を形成しているので、見つけるのは容易である。女性も、ベトナム農民のようなすげ笠ではなく、大きなタオルのような布を頭に巻いている。

かつて、メコンデルタを中心としたコーチシナはフランスの直轄領であったため、ここのクメール人は、カンボジア本土のクメール人よりも近代教育を受ける機会に恵まれていた。このことから、この地のクメール人は、カンボジア本土のクメール人からはベトナムの手先のように見られ、ベトナム人からはカンボジアの手先のように思われて、複雑なベトナム・カンボジア関係の狭間を揺れ動かなければならなかった。このような事情が重なって、この地からはカンボジア近現代史で活躍する多数の政治家が生まれてきた。1993年の総選挙後、カンボジア議会で議長を務めたソン・サン氏も、メコンデルタ出身である。

メコンの雄大な流れを前に、そこで生活するクメール人の姿は、私たちにこの地域の歴史の複雑なひだを示してくれる。（古田元夫）

少数民族に会うために

ムオン族の住む集落は、ハノイから西へ100kmほど行ったホアビン省のホアビン周辺に多い。ターイ族はモックチャウ、ソンラー、ディエンビエンフー周辺、モン族はムオンライ、サパ、ソンラー周辺、ジャライ族はコントゥム、プレイク周辺、クメール族はメコンデルタに、各集落がある。

山間部の村へは旅行会社で車をチャーターするとよい。また、ハノイの旅行会社ではホアビンやサパの少数民族の村を訪ねるツアーを行っているので、それを利用する手もある。

ベトナム文化

ベトナム語とその表記法

自らが「中華世界」の一員であると考えていたベトナムの伝統的な知識人は、「中華世界」の聖なる文字である漢字を使って文章を書くことに疑問をもたなかった。特に公文書は漢文で書かれていた。そのような中でベトナム語にも、日本語や朝鮮語同様に多数の漢語が取り入れられることになった。

しかし、もともと中国語とは別系統の言語であるベトナム語を、すべて漢字で書くことには限界があった。そこでベトナムの知識人は、日本の万葉仮名のように漢字の部首を組み合わせるなどしてチューノムという独自の文字を考案し、ベトナム語で詩を詠むときなどにはこれを使用するようになった。

だが、このチューノムは漢字をさらに複雑にしたような文字で、漢字をすでに知っている知識人以外にはマスターすることが不可能な文字であった。日本のひらがな・カタカナや朝鮮のハングルのような文字の簡易化へは向かわなかったのである。これにはベトナム語が声調言語で、音節の種類がたいへん多く、ひとつの音節にひとつの文字を対応させるのでは、4000以上の文字が必要であったことも関連していたように思われる。

ベトナムを植民地化したフランスは、かつて漢字・漢文がベトナムで果たしていた地位をフランス語が取って代わることを構想し、フランス語にベトナム人を導く補助手段として、ヨーロッパ人宣教師が発明したベトナム語のローマ字表記法を奨励する政策を採用した。

当初ベトナム人はこれに反発し、反仏的な知識人は漢字・チューノムで文章を書き続けたが、20世紀の初頭になって民族運動を一般大衆へ広める必要が生じると、漢字の理解を前提としたチューノムの限界は明白であった。そこで、民族主義的な知識人もベトナム語のローマ字表記法を受容し、これを「クオック・グー（国語）」と呼んで、その普及と表現能力の向上に努めるようになった。

クオック・グーは植民地時代にはフランス語の補助手段であり、その読み書きができる人の数も限定されていたが、ベトナムが独立を達成してからは、文字どおりベトナムの国語となり、今日ではベトナム語表記はすべてこのクオック・グーで行われるようになっている。

このことは、識字率を上げて文字をすべての人々の物とし、かつ世界や周辺民族からの語彙や音節の借用を可能にして、ベトナム語の新たな可能性を開いた点では大きな成果があった。しかし他面では、もはや漢字は学校で中国語やベトナムの古典を読むための特別な訓練を受けた人以外には理解できなくなっており、このことが伝統との断絶など別の文化的問題を生んでいることも事実である。

クアンホ（民謡）

「あなた行かないで、ここにいて。行ってしまわないで。あなたが行ってしまったら、私は涙に濡れるでしょう……。あなたが行ってしまうなら、また会う日を決めましょう。私の愛はあなたを待っています。誰とも一緒になったりしないでね。行かないであなた……」。

これは、ベトナム戦争中の北ベトナムで爆発的にヒットした歌謡曲の一節である。この歌は、もともとは「クアンホ」と呼ばれる紅河デルタのバックニン地方の民謡であった。

クアンホは村の祭りのときに青年男女が歌合戦の形式で歌う恋愛歌で、日本にも昔は存在し、ベトナムでもさまざまな民族の間で今日なお伝えられている歌垣の歌である。

ハノイ方言で6つの声調をもつベトナム語は、非常に音楽的な言語であり、詩歌の発展には適切な言語であった。漢字という文字の世界からは排除されていた民衆の間でも、詩歌の形式を取った芸術的な作品が口伝えに伝播・継承され、それが豊かな民謡の世界を形成していた。クアンホの歌詞も、6・8体というベトナムの伝統的な詩の形式になっているものが多い。

最初に紹介した歌は、このクアンホの祭りの最後に親しくなった男女がその別れを惜しんで歌った物であった。それが1960年代の半ば、ベトナム戦争が次第に激しくなり、多くの青年男子が軍隊に赴くようになった時期に現代的にアレンジされて、ベトナム全土で歌われる流行歌となったのである。南ベトナムの人々も、

ベトナムの民族楽器である一弦琴、ダンバウ

この歌が放送されるハノイ放送の民謡の時間になると、こっそりとハノイ放送に耳を傾けていた。

ベトナムの歌の世界では、声のよさとともに詩を作る能力が重視されている。クアンホでも、相手がレパートリーの中から1曲歌った場合には、受け手は同旋律だが自作の歌詞で応えることが求められる。そのため全国的な流行歌になったこの歌のような場合でも、それぞれの歌手や合唱団ごとに独特の歌詞をもって歌われることになった。

民衆文学

文学のうえにおいても、声調言語ということが大きな影響を与えており、詩という形で著され、現代へと受け継がれてきた。民衆文学＝民謡といっても過言ではないだろう。長い物は8000行にも及び、全体を通してみると、物語と呼べる物であった。内容は古くから生活の不満を訴えた物、支配者を皮肉った物が多く、やはり「クアンホ」のように、各地方によって独自の呼び名が付けられていた。

そうしたベトナム民族文学の代表作といえるのが、18〜19世紀にチューノム文字で著されたグエン・ズー（阮攸）作の『キムヴァンキエウ（金雲翹）』である。これも6・8体の詩の形式が取られており、表現は口伝えの物を取り入れている。官僚にいじめられ、ひどい仕打ちを受けた美少女の悲劇の生涯の話で、封建社会への批判が込められている。話の題材は中国から伝わった物だが、この作品にはベトナム人のメンタリティが強く表れている。

今も残る歌垣（→P.378コラム）

男女の自由な恋愛の形式をもった歌垣が、少数民族の間で伝えられている。ハノイの北東部バックニン省ではキン族（ベトナム人）の間でも、この歌垣の形式が現存し、年に1度春の行事としてとり行われる。古代より延々と受け継がれてきた男女の恋愛を歌った歌垣は、ベトナムの貴重な文化遺産である。

バックニン省は特に恋愛の歌が盛んな所だが、ここで生まれた歌のいくつかは、南北に分断されていたときでも、南部の町にも伝わり愛好されていた。

ハット・チェオ　民衆歌劇

「ティ・キンは富裕な家の妻として幸せな暮らしをしていたが、ある晩、仕事机に向かったまま眠ってしまった夫の髭を剃ろうとして剃刀を持って近づいたところ、不意に目を覚ました夫が自分を殺そうとしたのだと思い込み、離縁されてしまう。途方にくれたティ・キンは男に変装して寺に入った。ところが、村の金持ちの娘が、このティ・キンが変装した「美形」の僧に恋をして愛を迫った。ティ・キンがつれない態度をとるのに腹を立てた娘は、召使の男と関係をもち妊娠してしまった。ティ・キンは娘を妊娠させた責めを負わされ、娘の子供を押し付けられて寺から出ざるを得なくなる。物乞いをしながら子供を育てたティ・キンは、子供が3歳になったとき、極楽浄土へと旅立っていく。」

これは、ベトナムの伝統的な民族歌劇「ハット・チェオ」の代表作である「ティ・キン（観音）」のあらすじである。「ハット・チェオ」は、中国劇の影響が強い宮廷歌劇「ハット・トゥオン」よりも古くから存在し、ベトナム的な特色の強い歌劇と考えられている。チェオは村祭りなどの際に、村の広場の即興の舞台で上演されていた。俳優は村の歌上手であったし、観客も客というよりは劇の脇役として、その一部を構成する性格が強かった。

例えば、おもだった登場人物は、最初の出演のときに観客に「出てよいか」と問いかける。これに観客が「よいとも」と答えて初めて俳優の登場となるのである。

今では、チェオ、トゥオンともに専門の劇団をもち、芸術的にも洗練された上演をハノイの近代的な劇場（→P.304囲み）などで見ることができるが、どうも野外の即興の舞台で見たほうが似つかわしい感じのする劇である。

ドンホー版画

もうひとつムラ社会が生み出した芸術を紹介しておきたい。それは、「クアンホ」の故郷と同じバックニン省のドンホー村（→P.309）で制作された版画である。生活や四季の風物や民族英雄などをモチーフとし、手すきの紙に柑子色やからし色などで下地を塗り、その上に多彩な色で手刷りされた多版多色の木版画で、今も正月の飾りとして人々に愛好されている。

ドンホー版画の代表作のひとつに「嫉妬」（→P.454写真）というのがある。絵に添えられたチューノムの句は、正妻と妾の関係を調停しようとする身勝手な男の言葉として、「まぁまぁ怒りを和らげよ、われも人も恥ずかしむるは無益なれば」とある。

こうしたドンホー版画は、ドンホーやハノイ

の美術館、書店などで購入することができる。

ドンホー版画の紙は、中国との国境周辺に自生するゾーと呼ばれる樹木から作られる。この紙をすく職人も今では2、3人になってしまった。写真はドンホー版画の代表作「嫉妬」

絵画・彫刻

ベトナムの特徴的な絵画として、絹絵と漆絵が挙げられる。絹絵は絹織物の上に、主として女性の肖像を描いた物で、その手法は水墨画の物、近代絵画の物がある。漆絵には、美しい貝殻細工が施された物がある。

彫刻はチャム族の石の彫刻が著名だが、ベトナム独自の物といえば、フエの王宮に施された彫刻が挙げられる。王宮の装飾として柱や調度品などに、王権の象徴である龍が彫られている。この龍は、いかめしさや力強さはなく、線が細く繊細で、蛇のようにも見えるのが特徴だ。

以上のような歌や演劇や絵画を見ると、ベトナムの芸術は民衆的な物ほど見るべき物が多いような気がする。

これは、ベトナムが社会主義体制をとっていて民衆的な芸術に高い評価を与えているためなのか、あるいは「民は強く、お上は弱し」というベトナム社会の伝統を反映しているからなのか、どちらであろうか。

チャム族の文化との関連

「石の文化」、「紙の文化」という分類において、キン族の文化は紙の文化といえるが、チャム族の文化は、インド文化の影響を受けたほかの東アジア地域と共通して、石の文化の担い手だった。インド文化の取り入れ方は各地域によって異なるが、石碑をはじめ、石の建造物に独自の彫刻がなされている点で共通している。

ベトナムの宮廷音楽には、このチャムの民族音楽の影響が色濃く見られ、ひいては日本の雅楽の中にもその影響が及んでいる。

（古田元夫）

ベトナムの祭り

●テト（旧正月）

1月下旬から2月中旬の旧正月に国を挙げて祝う伝統的な農民の春祭り。

●花市

テトの7日前に始まり、大晦日の24:00までハノイのドンスアン市場（→P.298）そばのハンルオック通りで催される。

●新春の花の展示会

旧正月初日から2週間、ハノイのトンニャット公園（→P.303欄外）で行われる。種々の花や盆栽のコンテストがあり、優勝者には賞も贈られる。

●タイ寺（天福寺、→P.307）の祭り

タイ寺の前には池があり、その池の中で水上人形劇が催されることもある

ハノイ西部のサイソンにあるタイ寺で、旧暦3月5日から7日まで行われる祭り。この寺は美しい山と洞窟で有名。人々は山登りや洞窟巡り、民族芸能、水上人形劇などを楽しむ。

●リム村の祭り

バックニン省のリム村の祭りで、旧暦1月13日に催される。獅子舞い、チェスや闘鶏・闘鳥が行われる。子供たちがグループに分かれて歌いながら問答する「花一匁（はないちもんめ）」のような遊び、クアンホ（→P.452）が行われる。

●フオン寺（香寺、→P.306）の祭り

巨大な鍾乳洞の洞窟寺院が見もののフオン寺。テトの頃には全国から参拝者が訪れ、大変なにぎわいを見せる

旧暦の2月半ばから3月末まで、ハノイ南西部フオンソン地区の川や山、寺、洞窟を訪れ、ボート遊びや山登りなどを楽しむ。この時期は例年、気候がよい。

●中秋節

旧暦8月15日（日本のお月見の頃にあたる）の子供の祭り。人々は、ハノイの旧市街、ハンマー通りにおもちゃや提灯を買いに押し寄せる。街は獅子舞や提灯、太鼓を持って歩く子供たちでにぎわう。この日はバイン・チュン・トゥー：Bánh Trung Thu（月餅）を食べる。

●ドンダーの祭り

1788年、中国清軍がタンロン（昇龍、現ハノイ）を占領するべく20万人の兵を送り込んだ。クアンチュン王は農民を率いて侵入者を撃退し、旧暦1月5日に勝利を収めた。毎年この日にハノイの中心地から約5kmの所にあるドンダーで記念の祭りが催され、レスリングの試合などが行われている。

※旧暦表示の日は毎年変わるので要チェック。2023年のテト元日は1月22日。2024年は2月10日。

Column

世界遺産について

ベトナムの世界遺産は8つ

ニンビン省にある「チャンアン複合景観」(→P.27、350)が、2014年にベトナム初の複合遺産として登録された。世界遺産には文化遺産と自然遺産に加えて、ふたつの要素を併せもつ複合遺産がある。チャンアンはこれまでも海の自然遺産としてのハロン湾(→P.26、356)に対して、陸の景勝地として知られていた。しかし、なぜ自然遺産ではなくて複合遺産とされたのであろうか。チャンアン近郊には短いながらハノイに都が移るまでディン(丁)朝の首都・ホアルー(→P.351)があったためである。再建された物もあるが、10世紀から11世紀のディン朝・前レ(黎)朝の英雄を祀った霊廟建築(ディン廟、レ廟)などが、仙人の住むような神霊な雰囲気の世界に残されている。現在、一部は博物館として公開されて、タンロン遺跡などと同様に重要な文化・観光の拠点となっている。見どころは17世紀の再建ながらディン・ティエン・ホアン祠(→P.351)や見事な彫刻の床タイルの残る宮殿跡やディン廟、レ廟などである。ニンビン省には、そのほかファッジエム教会堂(→P.353)がある。ベトナムにおける本格的なキリスト教の布教は16世紀頃に始まるが、当初は宣教師主導の西洋式教会が建てられた。ベトナムの伝統的な寺院建築の様式を用いてゴシック様式のベトナム式教会堂を表現しており、興味深い。

これでベトナムの世界遺産は8つになった。自然遺産がふたつ(ハロン湾→P.26、356、フォンニャ・ケバン国立公園→P.29、269)に、文化遺産が5つ(フエ王宮群→P.28、260、ホイアン→P.28、238、ミーソン遺跡群→P.29、247、タンロン遺跡→P.27、294、ホー朝城跡→P.27、306)、そして複合遺産として前述のチャンアン複合景観である。

歴史から見る世界遺産

タンロン遺跡はハノイ都心にあり、7世紀頃に中国が築いた拠点(安南都護府(あんなんとごふ))上に造られた11世紀(リー〈李〉朝)以降のチャン(陳)朝・レ朝の宮殿跡である。この遺跡は、国会議事堂建設のための発掘によって宮殿遺構と大量の陶磁器が発見された。歴代の宮殿の遺構が地下に保存状態よく保たれているため、今後、各時代の王の生活が解明されることになるだろう。それに加えて中国に支配されていた時代から独立までの間に短期政権であったディン朝の遺産が世界遺産になったことの意義は大きい。

中国の影響を強く受けた政権の遺産であるタンロン遺跡とホー朝城跡、ヒンドゥー教のチャンパの聖地ミーソン、その交易拠点が町並みとして残されたホイアン、そして北部から中部に政権が移った19世紀の王都フエというように、ベトナム史を形作った各地の拠点がしだいに浮彫りとなっている。

自然遺産のハロン湾は自然が創り出した奇観であり、中国庭園や日本の枯山水(かれさんすい)に通じる自然と一体化した世界観が垣間見られる。クルーズで自然が織りなす造形美を満喫できるし、船から見る落陽はドラマチックで、どんな人も詩人にしてくれる。

ミーソンは2世紀末頃から17世紀末まで栄えたチャンパの宗教的聖地で、8世紀から13世紀までのれんが造建築が残る。単なる復元整備という手法で遺跡の価値を残すのではなく、遺跡の入口に遺跡を楽しむためのサイトミュージアムが日本のODAにより建設され、訪れた人それぞれが想像力をかきたてて、歴史を感じ取る仕組みがとられている。

ホイアンは交易国家、チャンパの屋台骨を支えた中心港であった。生活や祭事と一体化した町並みとして、生きた世界遺産としての意味が大きい。

フエは北部の政治の中心が中部に正式に移った19世紀初頭の都城跡である。チャンパの旧領土を次第に侵食してベトナムの南北統一を果たしたグエン朝は、各地から商人や職人を王都に集め、新国家造りをスタートする。ベトナムに維新をもたらしたグエン朝だったが、急速な統一と近代化の推進により、フランスの介入に甘んじることとなった。

以上のように、まったく独立したように見える文化遺産だが、世界遺産を深く理解するだけで、ベトナム史が浮かび上がってくる。

世界遺産登録の意義

もうひとつ、ベトナムにとって世界遺産に登録されることは、観光収入を得るための財源確保という側面と、人々にベトナム文化に対する誇りを与えるという側面がある。日本でも明治時代以降に外国人によって「再発見」された文化は数多いし、戦前には研究者も技術者も限られていた。ベトナムではまだ世界遺産とそれ以外の文化財を含めて、それらを専門とする研究者や技術者、それらを統括する組織の整備が追いついていないことは認めざるをえない。

最初にフエ王宮群が世界遺産に登録されてから約30年が経過した。遺跡を管理するフエ遺跡保存センターも年々充実しており、王宮内の復元も進んでいる。それ以上に当初から比べると、訪れる旅行者がバックパッカーの若者、女性グループ、長期滞在者など多様化してきている。文化観光で重要なことは、人々にもう一度訪れたいという印象を与える配慮だ。

ベトナムの文化財保護システムの未成熟さを指摘したが、人材の育成や組織の充実には時間がかかる。そのためには世界遺産を核にしながら、周辺にある文化遺産に世界の人々が目を向ける必要がある。そのことによって、ベトナムの人々にこれらがベトナムの遺産だということに気づいてもらうことだ。彼らの意識の高まりが、保存の裾野を広げることになる。

ベトナムには文化財として保護されるべき遺産が各地にある。北部に点在する仏教寺院と、そのそばに造られた教会堂、村の集会施設としてのディン、グエン朝時代に造られた本格的な民家群などさまざまである。日本では多くの近代以降の遺産が失われてしまったが、ベトナムではまだそれぞれが生活の中に生きている。私たちは外国人としてそれらを再発見することしかできないが、そのことがベトナムの遺産を将来に伝えることにつながるのだろうと思う。

(重枝　豊)

Column

チャンパ王国とチャンパの遺跡

チャンパ王国は２世紀末から17世紀まで、ベトナム中部の海岸平野を中心に栄えた。特に９世紀以降は、東南アジアの海上交易の担い手であった。古都ホイアン、南方のニャチャン、ファンティエットなどの港町は、高地から取れる栴檀・伽羅などの香木や香辛料などを主要商品としていた。東南アジアにおけるチャンパ王国の存在は、中国とオリエントを結ぶ中継貿易の拠点だったのである。

王国の繁栄していた時期に建立された建造物の遺跡は、ほぼ８世紀末から17世紀にかけての物が残っている。それらを分類すると、聖地ミーソン地域に残る「ミーソン遺跡群」、それらを除くダナン近郊に残る「クアンナム遺跡群」、クイニョン近郊に残る「ビンディン遺跡群」、ニャチャン地区に残る「ポー・ナガル遺跡群」、ファンラン-タップチャム、ファンティエットの「ポー・ハイ遺跡群」、王国末期に属する「衰亡期の遺跡群」の６つに区分できる。

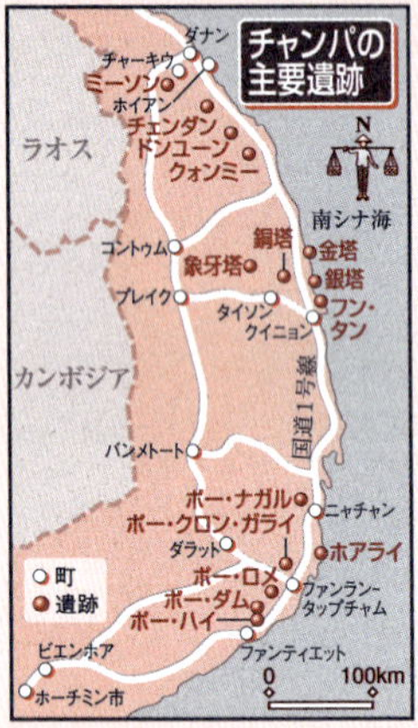

各遺跡群を訪ねる

1. ミーソン遺跡群(→P.29、247)

碑文によると４世紀から13世紀まで900年にわたり、チャンパ王国の聖地として宗教建築が建設された。東南アジアにおいて同じ地域に宗教建築が継続的に造営される例は珍しく、東南アジア史を知るうえで極めて重要な遺跡群である。現在はA～Gに分類された建築群が整備されている。

四方を山々に囲まれた神秘的なミーソン遺跡

2. クアンナム遺跡群

クアンナム省に残るこの遺跡群には、ドンユーン遺跡(９世紀末～10世紀初頭)、クォンミー遺跡(10～11世紀初頭)、チェンダン遺跡(11～12世紀)、バンアン遺跡(12世紀)が含まれている。建設された時期は異なるが、平坦な敷地に展開していること、ミーソンの建物に比べて規模が大きいことなどの共通点がある。ドンユーン遺跡はチャンパの最大規模の伽藍をもつ仏教寺院であったが、抗仏戦争の際に徹底的に破壊され、現在は瓦礫の山と化している。クォンミー遺跡の壁面装飾にはクメールとジャワの美術様式の融合が見られる。チェンダン遺跡は基檀の装飾に一部砂岩を用いた方形の平面である。クォンミー、チェンダン遺跡はともに３つの中心建物(祠堂)が東向きに配置されているのも特徴的である。バンアン遺跡はチャンパで唯一、八角形平面の珍しい主祠堂が残されている。クォンミー、チェンダンともに考古学発掘が現在進行中である。

3. ビンディン遺跡群

ダナンから約300km南下すると、クイニョンに到着する。この周辺部には金塔(13～14世紀)、銀塔(11世紀初頭)、銅塔(13～14世紀)、象牙塔(11世紀)、フン・タン(10世紀初頭)、トゥーティエン(13～14世紀)、雁塔(11世紀)、ビン・ラム(11世紀)の８つの遺跡が集中して残っている。フン・タン、トゥーティエン、ビン・ラムの３遺跡は平坦地に展開した寺院であるが、ほかは小高い丘陵上に伽藍が配置されている。この町を訪れたらぜひ、銀塔(バンイット)に登ってみるといい。南シナ海とクイニョン市内を見渡すことのできるこの寺院からの眺望は絶品である。天気がよいとほかの遺跡の位置も確認できる。銀塔は壁面の彫刻など装飾性は乏しいのだが、それぞれの建物の規模が大きく、都市の中から遺跡を見上げるという遠望を意識した造形が意図されていることに気づくはずである。

4. ポー・ナガル遺跡群(→P.183)

ニャチャンの市街地にある参道を上ると、ニャチャン川の河口に広がる雄大な南シナ海の眺望が展開する。今から1200年以上も前、この地域がカウターラ国と呼ばれていた頃、774年と784年の2度にわたってジャワ軍から侵攻され、創建期の木造寺院は焼き払われ壊滅的な被害を受けた。同時に、貴重な宝物のほとんどが持ち去られた。"海の道"は現在

ポー・ナガルは、規模こそ小さいが、迫力あるレリーフが見られる。ニャチャンの町なかから近く、アクセスしやすいのも魅力

よりも身近な存在だったようである。その後、れんがと砂岩による最初の寺院が再建されている。伽藍は丘上の500m四方に密集して建てられていた。8世紀から13世紀までチャンパの王によって諸塔が建立され続けたが、現在は主祠堂、副祠堂や列柱廊など5棟の建物が残るのみである。

この遺跡の見どころのひとつは、主祠堂の内部に残されているポー・ナガルを祀った神像である。線香の煙で充満した堂内には、10本の腕をもって台座の上に足を組んで座り、着飾った姿が見える。チャンパ遺跡の多くはベトナム人から見捨てられ、彫像のほとんどは博物館に収蔵されている。この寺院ではベトナム人の信仰と結び付くことによって、辛うじて信仰とつながっている。

5. ポー・ハイ遺跡群

この遺跡群にはポー・シャヌ(→P.176)、ポー・ダム、ホアライの3つが含まれ、チャンパの中部都市からファンラン-タップチャム、ファンティエット周辺に点在している。それぞれ8世紀から9世紀中葉までに創建され、チャンパ遺跡のなかでも古い部類に入る。カンボジア領内のプレアンコール期の建築と類似点が多く、貴重な存在である。ホアライ遺跡はニャチャンから南下する国道1号線に接していて、壁面に施された精緻(せいち)な彫刻は必見に値する。ポー・シャヌ遺跡はファンティエットの町の東約7kmにあり、南シナ海と市街地を眺望できる景勝の地に配置されている。

6. 王国衰亡期の遺跡群

ファンラン-タップチャムにあるポー・クロン・ガライ(14世紀初頭、→P.187)、ポー・ロメ(17世紀初頭、→P.188)が造営された時期には、チャンパは越族の圧迫などを受け隷属化した地方勢力となっていた。ポー・クロン・ガライ遺跡は地味の薄い地域の丘上に建てられ、主祠堂や供物を収める倉庫(宝物庫)と塔門から構成されている。十数年前に修復が行われた。門前ではチャム族の織物や衣装をみやげ物として売っている。

ポー・ロメ遺跡は、ニントゥアン省の人里離れた不毛の地の中央にあるチャム族の最後の遺跡である。主祠堂にはポー・ロメ王が、小祠堂にはポー・ロメ王の王妃とポー・ロメ王の葬儀に際して捧げられた碑文が祀られている。チャム族最後の遺跡であるせいか、物悲しい雰囲気が漂っている。

人里から離れひっそりとした遺跡だが、祭りのときには大勢の人々でにぎわう（ポー・クロン・ガライ）

Column チャンパ建築のマメ知識

チャンパ建築の中心となる建物は祠堂と呼ばれる。そこには神格化された王のリンガやシヴァ神像などが祀られる。それを囲むように副祠堂、小祠堂、付属建築物、周壁などで構成されている。

ヒンドゥー教、特にシヴァ信仰の強かったチャンパでは、祠堂の中に女性を象徴するヨニ、その上に男性を象徴するリンガが多く安置されている。祠堂は王や貴族による儀式のための空間であった。このチャンパ建築の特徴を紹介しておこう。

左／グループGの主祠堂に残る巨大なヨニ（ミーソン）
右／ミーソン遺跡にポツンと立つ彫像。ドヴァラパーラ（守護神）と見られるが、頭部は持ち去られたようだ

ひとつ目は、チャンパの宗教建築は、れんがを少しずつずらして積んで屋根を支える迫り出し構造で内部空間を構成していることである。そのため大きな空間を造ることができなかった。より大きな建築物を造るために、時代を経るに従って建物そのものが高くなっていったのである。

ふたつ目は、古い建物ほど壁体が厚く、建築の技術・構造的な解明が進むにつれて壁厚は薄くなることである。遺跡から受ける印象は、古い物ほど重々しく、構造技術が進化するにつれて次第にリズミカルな、軽快な建築を目指すようになる。これは建物に施される彫刻装飾も同様で、力強さが徐々に失われてゆく。

3つ目は、チャンパの宗教建築では日干しれんがではなく、焼成されたれんがが建築材料としておもに使われたことである。そのれんがの各面はすり合わせて施工されている。さらに、れんがの壁面は、建物の形ができあがってから外部の装飾彫刻を行っている。チャンパの宗教建築造営のこの工程は、明快で合理的な分業化のシステムがあったからこそ可能であったのである。　（重枝　豊）

ベトナム歌謡

ザン・カー（民歌）とニャック・チェー（若曲）

ベトナム歌謡は大きく「ザン・カー：Dân Ca（民歌）」と「ニャック・チェー：Nhạc Trẻ（若曲）」に分けられるだろう。ザン・カーが演歌・民謡、ニャック・チェーがポップスにあたり、近年はVポップと呼ばれている。一般的にザン・カーはベトナム人の生活に密着した内容の歌詞が多く、恋愛の歌詞が多いニャック・チェーよりも息が長いといえる。

やはり年配者にはザン・カー人気が強く、若者にはニャック・チェー、Vポップが人気だ。

ベトナム歌謡の変貌

1995年頃から越僑※歌手によるベトナム歌謡が盛り上がり、それまで静かだったベトナム歌謡界が急ににぎやかになり始めた。1997年になると、男性ではラム・チューンLam Trường、女性ではホン・ニュンHồng Nhung、フーン・タンPhương Thanhなど、ベトナム国内の歌手がニャック・チェー界をにぎわせた。

2000年に入った頃から、男性ではしっとりした曲を中心に歌うクアン・ユンQuang Dũng、男らしい歌声と派手なパフォーマンスのダム・ヴィン・フンĐàm Vĩnh Hưng、女性ではポップな曲を歌うミー・タムMỹ Tâmなどが活躍している。モデル出身で広告にも多数起用される、歌唱力抜群のホー・ゴック・ハー Hồ Ngọc Hàも台頭してきた。

2005年あたりから越僑でもベトナム国内でのCD発売が可能になり、越僑歌手もベトナム歌謡界に登場し始めた。逆に、この頃から国内の歌手も、頻繁に海外公演に行くようになり、海外でもベトナムで活躍する歌手の歌声を生で聞けるようになった。

近年の新人歌手は、ミュージックビデオ（以下MV）にも力を入れており、品質のよいMVも作られるようになってきた。MVはおもにケーブルテレビの音楽専門番組やユーチューブ（YouTube）などで視聴できる。また、K-POPの影響を受けヴィジュアルやダンスに力を入れるグループも出てきた。

若者の間で一番注目を集めているのは自ら作詞・作曲をし、俳優、司会までもこなす、女性ではドン・ニー Đông Nhi、男性ではソン・トゥン・エム・テーペー Sơn Tùng M-TPだろう。このふたりはアジアの音楽授賞式でもさまざまな賞を受賞している。ファッションリーダー的存在で甘いマスクと歌声のヌー・フック・チンNoo Phước Thịnh、多くのバラードでファンを魅了しているブイ・アイン・トゥアンBùi Anh Tuấnも人気だ。

そのほか、近年、若者の間ではヒップホップ、ラップが流行っており、ベトナム語による多くのラッパーが現れている。男性では、カリックKarik、女性ではスボイSboi、キミーズkimmeseなどが若者の支持を得ている。

また、ベトナムであまり支持されていなかったロックも、若者の間で徐々に聞かれるようになり、ロックイベントやテレビで大々的にロックコンテストが行われ、伝説のロックバンド、ブックトゥーンBức Tường（2016年にボーカルが癌により41歳の若さで死去）のように、アルバムを出し多くの若者に影響を与えたベトナムロック界を代表するバンドが出てきた。2001年より活動しているマイクロウェーブMICROWAVEをはじめ、最近ではチリーズChillies、ゴットNgọtなどに注目だ。

大御所歌手

ダム・ヴィン・フン（Đàm Vĩnh Hưng）
男らしい歌声と派手なパフォーマンスで、観客を魅了。

ホン・ニュン（Hồng Nhung）
大御所作曲家、故チン・コン・ソン（Trịnh Công Sơn）などの聴かせる歌が得意。

ミー・タム（Mỹ Tâm）
隣のお姉さん的存在で、低音を利かせた歌いっぷりが人気。

レ・クイン（Lệ Quyên）
聴かせる曲が多く、若者から年配者まで好まれている。

人気歌手

ソン・トゥン・エム・テーペー（Sơn Tùng M-TP）
今一番勢いのある歌手で、映画の主演にも抜擢され、歌を披露している。

ヌー・フック・チン（Noo Phước Thịnh）
ルックス、ファッション、歌唱力でファンを魅了する。大阪で撮影されたPVも人気。

ドン・ニー（Đông Nhi）
多くの賞を受賞し、作詞作曲も手がける。女性若手No.1。

ブイ・アイン・トゥアン（Bùi Anh Tuấn）
透きとおった高音で歌うしっとりした歌声は、多くのヒットバラードを生み出している。

※越僑：世界各地に暮らすベトナム人のこと。

ザン・カーに関しては、今のベトナム歌謡界では新人歌手が育ちにくい状況ではあるものの、近年ボレロという1950年頃の南部で流行ったラテンアメリカ系音楽（おもにルンバ、スローなど）とザン・カーに影響を受けたジャンルの曲が人気を集めるようになってきている。ボレロの歌謡コンテストには老若男女問わず多くの参加者があり、注目を集めている。男性では、大御所ゴック・ソンNgọc Sơn、若手のクアン・レー Quang Lê、女性では聴かせるレ・クインLệ Quyênが人気だ。

ベトナム国内の作曲家

今までは、歌手よりも作曲家の地位がはるかに高かったが、近年は作曲家よりも歌手のほうが人気を集めている。また、歌手自身が作詞・作曲を試み始めており、これらの歌手が活躍し始めている。

今まで自由にいろいろな曲が歌えたベトナム歌謡界も、2007年頃から著作権の問題が浮上し、ステージで自由に歌えない曲も出てきている。

ライブを楽しむ

ベトナムでの音楽の中心といえば、やはりハノイよりもホーチミン市だろう。以前は大きなホールでしか聴けなかった人気歌手の曲も、近年は小さな歌謡喫茶で聴けるようになってきた。トップ歌手が歌う場所は限られているが、新人・中堅歌手の歌は市内のさまざまな場所で聴くことができるので、時間のある人はぜひ一度のぞいてみることをおすすめする。ロックやラップなどを楽しみたい人には、近年ライブハウスも増えてきているホーチミン市で、ベトナムの若者と一緒に盛り上がるのもいいだろう。ライブハウスはちょっと苦手という人には、アコースティックライブを行っているカフェもたくさんあるので気軽に足を運んでみよう。

音楽配信について

以前は多くのベトナム歌謡のCDが販売されていたが、近年はCDを出すのにお金がかかるようになり、今の若手歌手はおもにネットなどで、自分の曲やMVを配信し、それによる広告収入が大きな売り上げとなっている。おもなサイトは下記。ベトナム語のサイトだが、ぜひチェックして最新ベトナム音楽を入手しよう。また、YouTubeにあるベトナム歌手オフィシャルサイトでも多くの曲が聞ける。

ホーチミン市でライブが楽しめる場所

有名歌手がよく歌っている歌謡喫茶

有名歌手の出演日は、テーブルチャージがかかる場合があるが、通常は40万ドン(1ドリンク付き)。

●**ドンヤオ　Dong Dao**
MAP P.126-2B　住164 Pasteur, Q. 1
☎(028)38296210、091-8488585（携帯）

有名歌手がよく出演する野外ステージ歌謡ショー

公園の常設ステージなどで歌あり、踊りあり、コントありの庶民的歌謡ショーが土・日曜、祝日に開かれている。入場料は10万ドン〜。飲み物などは持ち込み可能。

●**サンカウ・カーニャック・チョンドン**
San Khau Ca Nhac Trong Dong　MAP P.123-2C
住12B Cách Mạng Tháng Tám, Q. 1
☎093-8699655(携帯)、076-7396979(携帯)

人気のバンドやラッパーが出演するライブハウス

ベトナムの若者に人気のロック、ラップなどを楽しみたい人は、サイトなどでジャンルをチェックしてから出かけよう。ドリンク10万ドン〜。

●**アコースティック　Acoustic**　MAP P.122-2B
住6E1 Ngô Thời Nhiệm, Q.3
☎081-6777773(携帯)

ホーチミン市でCDが買える店

●**フーンナム書店　Nha Sach Phuong Nam**
MAP P.127-2C　住B2, Vincom Center, 72 Lê Thánh Tôn, Q. 1　☎091-4129286(携帯)

●**グエンフエ書店　Nha Sach Nguyen Hue**
MAP P.127-3C　住40 Nguyễn Huệ, Q. 1
☎(028)38225796

※最近はCDを取り扱う店が非常に少なく、品数も少なくなってきている。

ベトナム音楽の配信サイト

●**Nhac.vn**
URL nhac.vn

●**Zing mp 3**
URL zingmp3.vn

ベトナム人の信仰

ベトナム人の信仰には、まず万物に霊魂の存在を認めるアニミズムや、その霊と交流するシャーマニズムに代表されるベトナム固有の信仰に基づくものがある。さらに、仏教・道教・儒教・キリスト教・イスラム教などの外来宗教に基づくものがある。そして、外来宗教の中でも、最も接触の多い中国の道教と儒教、さらに漢文教典を用いる中国系大乗仏教が、アニミズムとシャーマニズムと結び付いて造り出された民間信仰が数多くある。

さまざまな民間信仰

祭壇にはブタの丸焼きも供えられる

ベトナム人の家屋には、日本の仏壇と神棚のような「バーントー」という祭壇がある。一般家庭の「バーントー」は、壁の高い位置につるされた棚に、いくつかの線香鉢が置かれている。それらの線香鉢は、5代前までの先祖や、家屋や敷地を魔物から守る土公、または土地精霊という土地神に捧げられている。観音や布袋の像や仏画が安置されている家庭も少なくない。祖先の命日や毎月1日と15日には、燃やした箒(ほうき)の灰を満たした線香鉢に、赤い竹ヒゴに香を塗った長い線香が供えられる。普段は線香が燃え尽きて竹ヒゴだけになっても捨てることがないので、たいがいの線香鉢は竹ヒゴでいっぱいである。年末になって初めて3本だけを残し、あとは紙に包んで川に流すのだ。また台所に3つのれんがまたは石を三角に並べて作られた、使われていないかまどがある。これはかまど神の二柱の男神と一柱の女神を象徴している。この神は毎年、旧暦12月23日になると、その家庭の善悪を道教の玉皇上帝という天の神に報告に行くというので、その日にはかまど神の乗り物とされる生きた鯉や、神を象徴する紙製の冠や靴が供えられる。ドイモイ政策による経済発展により、ベトナムでは各地に3、4階建ての個人住宅が続々と新築されているが、その屋上にも祠(ほこら)の形をした「バーントー」が設けられていることが多い。そこには観音などの仏像や、昔その地に住んでいたと考えられている先住者の霊の祟りを防ぐため、それを先主と呼んで祀っている。

テト(旧正月)には多くの人々が寺院にお参りにやってくる(ハノイ)

一方、商店では高い場所に置かれた「バーントー」に、土公に捧げられた線香鉢がただひとつ置かれていることが多い。近頃は商店に限らず、国営のゲストハウスや博物館など公共の建物でも、この土公を祀った「バーントー」を見かけるようになった。また商店の床には、別に箱型の「バーントー」が直接置かれていることが少なくない。この中には、頭巾をかぶり笑みを浮かべた太鼓腹の「土地」と呼ばれる神と、白髪の「財神」が安置されている。これらはベトナム南部で祀られ始めた神々であるが、最近では北部でもよく祀られている。土地という神は、特に店舗をもった商人の守り神であり、財神は行商人の守り神である。土地は日本の七福神の大黒天に似ているが、この神は南部の農民の姿に、弥勒菩薩の化身である布袋と、道教の正一教教主の張天師などが重ねられて創造された神といわれる。財神の起源は明確ではないが、おそらく、これも日本の七福神の福禄寿、または寿老人の起源となった龍骨座のα星カノープスが神格化した南極老人星と深い関連があると思われる。ベトナムのことわざに「土地の口は、財神を導く」といわれるように、穀物、貴金属や宝石を生み出す豊かな大地は、貨幣などの財産のもとを作り出すと考えられている。そこで土地も財神の一種と見なされているのだ。

家々の周辺の守り神

ベトナム人の家屋の周辺にも、小規模のさまざまな祭祀の場所がある。中南部の一般家屋の庭には、一本柱の上に四角い板を置き線香鉢を置いた簡単な祭壇がある。これは「チャーントー」と呼ばれ天を祀った物である。中南部では木製やれんが製の柱の上に百葉箱のような小さな祠を載せた物もよく見かけられる。これは「アム」と呼ばれ、

大木には死者の霊が集まると信じられており、線香や花を添えて供養する(フエ)

各町の市場には祭祀用の紙製品「マー」を売る店がある

その家の近くで事故や行き倒れで亡くなった人々や、本命と呼ばれる家人の守り星などが祀られている。路傍には「ミエウ」と呼ばれる小さな祠があり、変死者や木火土金水の五行などが祀られている。ガジュマルのような大木の幹にも、線香鉢を置いた小さな棚がつるされたり、あるいは幹に直接多くの線香が差し込まれている。おもにこれは大木に集まると信じられている、誰にも祀られない死者の霊魂を供養するための物だ。

家の庭や近くの路上でも、いずれも旧暦の夏の初めの4月、夏の終わる7月、年末の12月、年明けの1月に「マー」という紙銭、紙製の金銀貨や衣服を燃やして祀られない死者を供養する。特に7月15日は赦罪亡人の日と呼ばれて、日本と同様にお盆の行事があり、「マー」を焼くほか、白粥を地面にまいて祀られない死者を慰める。これは祀り手のいない死者への哀れみとともに、彼らを供養しないと疫病などの祟りがあるとの恐れに基づいている。そのほか、各家庭では大晦日に庭や路上に簡単な祭壇を設け、冠や靴の「マー」や酒、肉、線香などを供える。これは当年行遣という年神に対するもので、旧年の年神を送り、新年の年神を迎える風習である。

旧暦の毎月1日と15日、特に1月15日の上元節には、多くのベトナム人が寺や神社に参拝する。仏教寺院は「チュア」と呼ばれ、大きな神社は「デン」、小さい物は「ミエウ」と呼ばれる。村落には集会所を兼ねた鎮守の社の「ディン」がある。これらは単独に建立されている物もあるが、「前は神、後ろは仏」というベトナムの宗教建築の様式施設を示すことわざがあるように、前方は「デン」で後方は「チュア」、その反対に前方は「チュア」で後方は「デン」、さらに「デン」と「チュア」がひとつの壁を隔てて併設されている物も珍しくない。「チュア」の背部には、聖母や公主と呼ばれる女神たちを祀る「ディエン」という建物がある。

ハノイの代表的な「デン」のひとつ、鎮武観（デン・クアン・チャンヴー）

女神たちには多くの種類があり、北部では人間界を支配する赤い衣を着た玉皇上帝の娘の柳杏聖母（りゅうきょうせいぼ）を筆頭に、山と山林を支配する緑の衣を着た上岸聖母、水界を支配する水宮聖母が信仰されている。中部ではチャム族の信仰したヒンドゥー教の女神ウマを起源とするティエンイーアナー聖母、または主仙聖母の信仰が盛んであり、南部ではクメール族が信仰したヒンドゥー教の神を起源とすると見られる主處聖母や霊山聖母が有名である。

以上のように、ベトナムには儒教や死霊信仰に基づく祖先崇拝、道教とアニミズムに基づく女神信仰など、極めて多様な信仰体系がある。さらに経済活動の活発化とともに、北部バックニン省の主庫聖母のような新たな財神の信仰も、1990年頃から盛んになってきている。（大西和彦）

Column 混在するさまざまな宗教

ベトナムでは国民の約8割が仏教徒(大乗仏教)といわれる。仏教がいつ頃ベトナムに伝来したかは諸説あるが、11～13世紀のリー（李)朝、13～15世紀のチャン(陳)朝では歴代皇帝の多くが禅師でもあり、国教として保護されたため次第に民衆に浸透していったとされる。それと同時にリー朝廷では官吏登用試験(科挙)を実施するなど儒教の普及にも熱心で、15～18世紀のレ(黎)朝にいたっては儒教のほうが優勢を占めていった。現在でも常に先祖を敬うなど、人々の生活習慣や考え方の根底には儒教的な影響が強く見られる。

仏教に続いて信徒数が多いのはキリスト教で、そのうち約600万人がカトリック。プロテスタントは約30万人と少ない。カトリックは14世紀頃宣教師たちによって伝えられたとされるが、グエン(阮)朝時代にはキリスト教は激しく弾圧された。それがフランス軍の介入を招いて植民地化につながったが、その後の仏領インドシナ時代には保護を受けた。その後、国を二分した1954年のジュネーブ協定後は多くのキリスト教徒が北から南ベトナムへ移住。現在でも南部のほうが信徒数、教会数ともに多い。

一方、新興宗教にもベトナム独特なものが見られる。なかでもタイニン省に本部をおくカオダイ教(→P.132)は、派手な寺院建築と内部に据えられたシンボルの巨大な眼“天眼”が目を引く。仏教、儒教、キリスト教、イスラム教などを融合した混合宗教で、カオダイによる人類救済を教義として掲げている。また、メコンデルタのアンジャン省を中心に信仰されているホアハオ教は、仏教系の新興宗教で、教祖は釈迦の生まれ変わりとされている。

このほかにも、おもにチャム族に信仰されているイスラム教、鮮やかな寺院のヒンドゥー教、中国系の天女信仰(天后宮)など、社会主義国でありながら、ベトナムにはさまざまな宗教が息づいている。

旅のベトナム語

ベトナム語の特徴

ベトナムは多くの民族が住む多民族国家だが、公用語はベトナム語。ひと口にベトナム語といっても、北部、中部、南部ではそれぞれ発音に違いがある。普通北部の発音は濁音が多く、南部に行くにつれて発音は柔らかくなっていくが、文法や単語にそれほど大きな違いはない。現在公用語として一般的に使われているのは、ハノイを中心とした北部の言葉だ。

また、ベトナム語の最大の特徴は前置詞や女性名詞、男性名詞などによる語形変化がなく、動詞や形容詞、時制の変化すらないということだ。そのうえ日本語のような敬語表現も少ない。

6つの声調

ベトナム語の一番難しい点は声調が6つ(六声)あることだ。つまり、ベトナム語の発音は音の上がり下がりの変化に富んでいるということで、6つの声調はそれぞれ主母音の上下に符号を付けて区別されている。同じ綴りの単語でも、この声調を間違うととんでもない意味になったりするので要注意だ。以下、maという単語を例に説明しよう。

① ma	悪魔	真っすぐ
② mà	しかし	下がる
③ má	ほお	上がる
④ mả	墓	ゆっくり下がったあとで再び上がる
⑤ mã	馬	声帯を緊張させてはねるように上げ、高い所で終わる
⑥ mạ	苗	普通より低い所から始まり、のどを閉めてさらに低く終わる

このように、日本語でふりがなを付けるとほとんどマーになってしまい、実際にこれらの声調をきちんと区別して正確に発音するのは大変だ。でも、初めはなかなか通じなくても、何回か繰り返せばきっと理解してもらえるので、諦めずにチャレンジしてみよう。

基礎構文

〈平常文〉

① AはBです(A là B)
Tôi là người Nhật.　私は日本人です

② Aは～する(主語+動詞+目的語)
Tôi đi Hà Nội.
私はハノイに行きます

③ Aは～したい(主語+ muốn +動詞)
Tôi muốn ăn cơm.
私はご飯が食べたい

④ Aは～できる(主語+動詞+ được +目的語)
Tôi nói được tiếng Việt.
私はベトナム語が話せます

〈疑問文〉

① AはBですか(A là B + phải không?)
Anh là người Nhật, phải không?
あなたは日本人ですか?

② Aは～しますか(主語+ có +動詞+目的語+ không?)
Anh có đi Hà Nội không?
あなたはハノイに行きますか?

〈命令文〉

② ～しなさい(主語+動詞+目的語+ đi)
Anh đi Hà Nội đi.
ハノイに行きなさい

〈時制〉

普通ベトナム語は時制による変化はないが、時制を強調したいときは動詞の前に以下のような副詞をおく。

① 過去形　đã +動詞
② 未来形　sẽ +動詞
③ 現在進行形　đang +動詞
④ 完了形　đã +動詞+ rồi

ベトナム語会話

以下の各例文では便宜上、二人称(あなた)は年上の若い男性に対して使われる「anh」を使用しているが、実際に話すときは相手の性別や年齢などに合わせて使い分けること。

基礎会話

※( )内はおもに南部で使われる言葉。

1 こんにちは
Xin chào.
シン　チャオ

2 ありがとう
Cảm ơn (Cám ơn).
カム　オン　(カム　オン)

3 どういたしまして
Không có gì (Không có chi).
ホン　コー ジー　(ホン　コー　チー)

4 ごめんなさい
Xin lỗi.
シン　ローイ

Google翻訳アプリ：入力した言語を108の言語で翻訳してくれるアプリ。特に便利なのはカメラを向けるだけでリアルタイムで画像内のテキストを翻訳してくれるカメラ翻訳。食料品の成分表や商品の説明書きを知りたいときなどに便利。

5 どうぞ
Xin mời.
シン　モーイ

6 すみませんが……
Xin lỗi.
シン　ローイ

7 はい／いいえ
Vâng（Dạ).／Không.
ヴァン　（ヤ）　ホン

8 さようなら
Tạm biệt.
タム　ビエット

9 あなたはどこの国の人ですか？
Anh là người nước nào?
アイン　ラー　グオイ　ヌオック　ナオ

10 私は日本人です。
Tôi là người Nhật.
トイ　ラー　グオイ　ニャット

11 あなたのお名前は？
Anh tên gì?
アイン　テン　ジー

12 私の名前は佐藤です。
Tôi tên là Sato.
トイ　テン　ラー　サトー

13 あなたは何歳ですか？
Anh bao nhiêu tuổi?
アイン　バオ　ニュウ　トゥオイ

14 私は22歳です。
Tôi 22 tuổi.
トイ　トゥオイ

15 お元気ですか？
Anh khỏe không?
アイン　ホエー　ホン

16 はい、元気です。
Vâng（Dạ), tôi khỏe.
ヴァン　（ヤ）　トイ　ホエー

17 あなたのお仕事は？
Anh làm nghề gì?
アイン　ラム　ゲー　ジー

18 私はビジネスマンです。
Tôi là nhà kinh doanh.
トイ　ラー　ニャー　キン　ゾアン

19 私は大学生です。
Tôi là sinh viên.
トイ　ラー　シン　ヴィエン

20 何人家族ですか？
Gia đình anh có mấy người?
ザー　ディン　アイン　コー　メイ　グオイ

21 3人です。
Ba người.
バー　グオイ

22 英語が話せますか？
Anh nói được tiếng Anh không?
アイン　ノイ　ドゥオック　ティエン　アイン　ホン

23 はい、話せます。
Vâng（Dạ), tôi nói được.
ヴァン　（ヤ）　トイ　ノイ　ドゥオック

24 いいえ、話せません。
Không, tôi không nói được.
ホン　トイ　ホン　ノイ　ドゥオック

25 もう1回言ってください。
Xin anh nói lại một lần nữa.
シン　アイン　ノイ　ライ　モッ　ラン　ヌア

26 もっとゆっくり言ってください。
Xin anh nói chậm.
シン　アイン　ノイ　チャム

27 また会いましょう。
Hẹn gặp lại.
ヘン　ガップ　ライ

28 お元気で。
Xin anh giữ sức khỏe.
シン　アイン　ジィウ　スック　ホエー

私	tôi トイ	姉	chị チ	エンジニア	kỹ sư キー スゥ
あなた	anh（年上の若い男性）アイン	弟	em trai エムチャイ	留学生	lưu học sinh ルー ホック シン
	chị（年上の若い女性）チ	妹	em gái エム ガイ	日本人	người Nhật グオイニャット
	ông（年配の男性）オン	夫	chồng チョン	ベトナム人	người Việt Nam グオイ ヴィエットナーム
	bà（年配の女性）バー	妻	vợ ヴォ		
彼	ông ấy／anh ấy オン エイ　アイン エイ	息子	con trai コンチャイ	外国人	người nước ngoài グオイ ヌオック ゴアイ
彼女	bà ấy／chị ấy バー エイ　チ エイ	娘	con gái コン ガイ		
父	bố（ba）ボー（バー）	会社員	nhân viên công ty ニャンヴィエン コン ティ	これ	cái này カイ ナイ
母	mẹ（má）メ（マー）	公務員	công chức コン チュック	それ	cái đó カイドー
兄	anh アイン	教師	giáo viên ザオ ヴィエン	あれ	cái kia カイキーア

数と曜日、月・時間

1 một モッ　2 hai ハイ　3 ba バー　4 bốn ボン　5 năm ナム　6 sáu サウ　7 bảy バイー　8 tám タム　9 chín チン　10 mười ムオイ
11 mười một ムオイ モッ　12 mười hai ムオイ ハイ　13 mười ba ムオイ バー　14 mười bốn ムオイ ボン　15 mười lăm ムオイ ラム
16 mười sáu ムオイ サウ　17 mười bảy ムオイ バイー　18 mười tám ムオイ タム　19 mười chín ムオイ チン　20 hai mươi ハイ ムオイ
100 một trăm モッ チャム　1000 một nghìn モッ ギン　10000 mười nghìn ムオイ ギン　10万 một trăm nghìn モッ チャム ギン

※――の下線部は会話の対象となる人の性、年齢によって使う単語が変わります。上の囲み内「あなた」の項参照（以下同）。

日	chủ nhật チューニャット	月曜日	thứ hai トゥー ハイ	火曜日	thứ ba トゥー バー	水曜日	thứ tư トゥー トゥ
曜日	thứ năm トゥー ナム	金曜日	thứ sáu トゥー サウ	土曜日	thứ bảy トゥーバイー		
今日	hôm nay ホム ナイ	昨日	hôm qua ホム クア	明日	ngày mai ガイ マイ		

1月	tháng giêng タン ジエン	2月	tháng hai タン ハイ	3月	tháng ba タン バー	4月	tháng tư タン トゥ	5月	tháng năm タン ナム
6月	tháng sáu タン サウ	7月	tháng bảy タン バイー	8月	tháng tám タン タム	9月	tháng chín タン チン		
10月	tháng mười タン ムオイ	11月	tháng mười một タン ムオイ モッ	12月	tháng mười hai タン ムオイ ハイ				

1時間	một tiếng モッ ティエン	1分	một phút モッ フッ	2時10分	hai giờ mười phút ハイ ゾー ムオイ フッ		
1日間	một ngày モッ ガイ	1週間	một tuần モットゥアン	1ヵ月	một tháng モッ タン	1年	một năm モッ ナム

疑問詞

いつ	khi nào ヒー ナオ	だれ	ai アイ	なぜ	tại sao タイ サーオ	いくら・いくつ	bao nhiêu バオ ニュウ
どこ	ở đâu オーダウ	なに	cái gì カイジー	どんな	nào ナオ	何時	mấy giờ メイ ゾー

ホテルで

1 空き部屋はありますか?
Ở đây còn phòng trống không?
オー ディ コン フォン チョン ホン

2 1泊いくらですか?
Một đêm bao nhiêu tiền?
モッ デム バオ ニュウ ティエン

3 もっと安い部屋はありませんか?
Có phòng rẻ hơn không?
コー フォン ゼー ホン ホン

4 朝食付きですか?
Có gồm cả ăn sáng không?
コー ゴム カー アン サン ホン

5 部屋を見せてください。
Xin cho tôi xem phòng.
シン チョー トイ セム フォン

6 部屋を代えてください。
Xin đổi cho tôi phòng khác.
シン ドーイ チョー トイ フォン カック

7 3泊します。
Tôi sẽ ở 3 đêm.
トイ セー オーバー デム

8 部屋を予約してあります。
Tôi đã đặt phòng trước rồi.
トイ ダー ダッ フォン チュオック ゾイ

9 予約していません。
Tôi không đặt trước.
トイ ホン ダッ チュオック

10 朝食は何時ですか?
Mấy giờ có ăn sáng được?
メイ ゾー コー アン サン ドゥオック

11 チェックアウトは何時ですか?
Mấy giờ tôi phải trả phòng?
メイ ゾー トイ ファーイ チャー フォン

12 クーラーが故障しています。
Máy lạnh bị hỏng(bị hư).
マイ ライン ビ ホーン ビ フー

13 ホットシャワーですか?
Có nước nóng không?
コー ヌオック ノン ホン

14 1日早く出発したいのですが。
Tôi muốn khởi hành sớm một ngày.
トイ ムオン コーイ ハイン ソム モッ ガイ

15 荷物を預かってください。
Xin giữ hành lý cho tôi.
シン ズゥ ハイン リー チョー トイ

16 チェックアウトしてください。
Xin tính tiền cho tôi.
シン ティン ティエン チョー トイ

17 ホテルを紹介してください。
Xin giới thiệu khách sạn.
シン ゾーイ ティエウ カック サン

ホテル	khách sạn カック サン	ツイン	phòng đôi フォン ドイ	トイレ	nhà vệ sinh ニャーヴェ シン	扇風機	quạt máy クァット マイ
部屋	phòng フォン	シングル	phòng đơn フォン ドン	毛布	chăn (mền) チャン (メン)	鍵	chìa khóa チア ホア
ゲストハウス	nhà nghỉ ニャー ギー	クリーニング	giặt ủi quần áo ザットウィクアンアオ	予約	đặt trước ダッ チュオック	フロント	tiếp tân ティエップタン
クーラー	máy lạnh マイ ライン	シーツ	khăn trải giường カン チャイ ズゥン	タオル	khăn tắm カン タム	石鹸	xà phòng サー フォン
窓	cửa sổ クーア ソー	貸自転車	xe đạp thuê セーダップトゥエ	風呂	tắm タム	シャンプー	dầu gội đầu ザウゴイダウ

レストランで

1 4人席を予約したい。
Tôi muốn đặt bàn cho bốn người.
トイ ムオン ダッ バン チョー ボン グオイ

2 メニューを見せてください。
Xin cho tôi xem thực đơn.
シン チョー トイ セム トゥック ドン

3 何がおいしいですか？
Món nào ngon?
モン ナオ ゴン

4 これは何の料理ですか？
Món này là món gì?
モン ナイ ラー モン ジー

5 これをください。
Cho tôi món này.
チョー トイ モン ナイ

6 フォーはありますか？
Có phở không?
コー フォー ホン

7 フォーをください。
Cho tôi phở.
チョー トイ フォー

8 飲み物は何にしますか？
Anh uống gì?
アイン ウォン ジー

9 ベトナム料理が食べたい。
Tôi muốn ăn món ăn Việt Nam.
トイ ムオン アン モン アンヴィエットナーム

10 おいしい！
Ngon quá!
ゴン クア

11 缶ビールをもう1本ください。
Cho tôi thêm một lon bia.
チョー トイ テム モッ ロン ビア

12 お勘定をお願いします。
Tính tiền cho tôi.
ティン ティエン チョー トイ

レストラン nhà hàng ニャー ハン	ご飯 cơm コム	フォー phở フォー	箸 đũa ドゥア
メニュー thực đơn トゥック ドン	パン bánh mì バイン ミー	氷 đá ダー	フォーク dĩa (nĩa) ジア ニア
つまようじ tăm xỉa răng タム シア ザン	水 nước suối ヌオックスォイ	ビール bia ビア	ナイフ dao ザオ
スプーン thìa (muỗng) ティア (ムーン)	おしぼり khăn lạnh カン ライン	コップ cốc (ly) コック (リー)	茶碗 bát (chén) バット (チェン)

ショッピング

1 これは何ですか？
Cái này là cái gì?
カイ ナイ ラー カイ ジー

2 これはいくらですか？
Cái này giá bao nhiêu?
カイ ナイ ザー バオ ニュウ

3 高過ぎる！
Đắt quá! (Mắc quá!)
ダッ クア マッ クア

4 まけてください。
Xin bớt cho tôi.
シン ボッ チョー トイ

5 これをください。
Cho tôi cái này.
チョー トイ カイ ナイ

6 Tシャツが欲しい。
Tôi muốn mua áo phông(thun).
トイ ムオン ムア アオ フォン トゥン

7 あれを見せてください。
Xin cho tôi xem (coi) cái kia.
シン チョー トイ セム コイ カイ キーア

8 おつりをください。
Xin tiền thối lại cho tôi.
シン ティエン トイ ライ チョー トイ

9 コーヒー豆はどこで売っていますか？
Ở đâu bán hạt cà phê?
オー ダウ バン ハッ カー フェー

10 アオザイを作りたい。
Tôi muốn may áo dài.
トイ ムオン マイ アオ ザーイ

11 何日かかりますか？
Mất mấy ngày?
マッ メイ ガイ

12 赤色が欲しい。
Tôi muốn màu đỏ.
トイ ムオン マウ ドー

13 これは気に入らない。
Tôi không thích cái này.
トイ ホン ティック カイ ナイ

14 これは何でできていますか？
Cái này bằng cái gì?
カイ ナイ バン カイ ジー

15 クレジットカードは使えますか？
Tôi trả tiền bằng thẻ tín dụng được không?
トイ チャーティエン バン テーティン ズン ドゥオック ホン

16 全部でいくらですか？
Tất cả giá bao nhiêu?
タット カー ザー バオ ニュウ

みやげ物 quà đặc sản クア ダック サン	お金 tiền ティエン	漆製品 đồ sơn mài ドー ソン マイ	高い đắt (mắc) ダッ (マッ)
アオザイ áo dài アオザーイ	地図 bản đồ バーン ドー	骨董品 đồ cổ ドーコー	安い rẻ ゼー
絵画 tranh チャイン	コーヒー豆 hạt cà phê ハッ カー フェー	たばこ thuốc lá トゥオックラー	大きい lớn ロン
シルク lụa ルア	新聞 báo バオ	ライター bật lửa バッルーア	小さい nhỏ ニョー

街で・交通

1 ドンスアン市場はどこですか？
Chợ Đồng Xuân ở đâu?
チョ　ドン　スアン　オー　ダウ

2 近いですか？
Có gần không?
コー　ガン　ホン

3 何分くらいかかりますか？
Khoảng mấy phút?
ホアン　メイ　フッ

4 ハノイに行きたい。
Tôi muốn đi Hà Nội.
トイ　ムオン　ディー　ハ　ノイ

5 ハノイ行きの切符はいくらですか？
Vé đi Hà Nội giá bao nhiêu?
ヴェー ディーハ ノイ　ザー　バオ　ニュウ

6 ハノイ行きの切符を１枚ください。
Cho tôi một vé đi Hà Nội.
チョー　トイ　モッ　ヴェーディー　ハ　ノイ

7 予約が必要ですか？
Có cần đặt trước không?
コー　カン　ダッ チュオック　ホン

8 何時に出発しますか？
Mấy giờ xe chạy?
メイ　ゾー　セー　チャイ

9 このバスはブンタウ行きですか？
Xe này có đi Vũng Tàu không?
セー　ナイ　コーディー　ヴン　タウ　ホン

10 降ります！
Tôi xuống !
トイ　スオン

11 住所を書いてください。
Xin anh viết địa chỉ cho tôi.
シン　アインヴィエットディア　チー　チョー　トイ

12 ここはどこですか？
Đây là ở đâu?
デイ　ラーオー　ダウ

13 徒歩で行けますか？
Đi bộ được không??
ディーボ　ドゥオック　ホン

14 そこを右に曲がってください。
Xin anh rẽ tay（quẹo）phải.
シン　アイン　ゼー　タイ　ウェオ　ファーイ

15 （シクロなどに）１時間いくら？
Một tiếng giá bao nhiêu?
モッ　ティエン　ザー　バオ　ニュウ

16 切符はどこで買えますか？
Mua vé ở đâu?
ムア　ベー オー　ダウ

切符売り場　quầy bán vé ／ phòng vé（クアイ バンヴェー　フォン ヴェー）	バス　xe buýt（セーブィット）	駅　ga（ガー）
バスターミナル　bến xe buýt ／ trạm xe（ベン セーブィット　チャムセー）	列車　tàu hỏa（タウ ホア）	空港　sân bay（サン バイ）
時刻表　bảng ghi thời gian（バーン ギー トイ ザン）	飛行機　máy bay（マイ バイ）	自転車　xe đạp（セーダップ）
博物館　bảo tàng（バオ タン）	通り　đường（ドゥオン）	バイクタクシー　xe ôm（セーオーム）
大使館　đại sứ quán（ダイ スー クアン）	市場　chợ（チョ）	まっすぐ　đi thẳng（ディー ターン）
銀行　ngân hàng（ガン ハン）　教会　nhà thờ（ニャー トー）	公園　công viên（コンヴィエン）	右　phải（ファーイ）
郵便局　bưu điện（ブーディエン）　寺院　chùa（チュア）	劇場　nhà hát（ニャーハット）	左　trái（チャイ）

郵便・電話・両替

1 この手紙は日本までいくらですか？
Cái bức thư này gửi sang Nhật bao nhiêu?
カイブックトゥ ナイグーイ サン ニャットバオ ニュウ

2 日本まで何日くらいで着きますか？
Khoảng mấy ngày thư tới Nhật?
ホアン　メイ　ガイ　トゥ　トイ　ニャット

3 電報を打ちたいのですが。
Tôi muốn đánh điện.
トイ　ムオン　ダイン　ディエン

4 電話を貸してください。
Xin cho tôi dùng máy điện thoại.
シン　チョー　トイ　ズン　マイ　ディエン　トアイ

5 電話番号は××です。
Số điện thoại là ××.
ソー　ディエン　トアイ　ラー

6 もしもし、こちらは○○です。
Alô, tôi là ○○.
アロー　トイ　ラー

7 ○○さんをお願いします。
Cho tôi gặp anh ○○.
チョー　トイ　ガップ　アイン

8 どこで両替できますか？
Ở đâu đổi tiền được?
オー　ダウ　ドーイ ティエン ドゥオック

9 日本円をベトナムドンに両替したい。
Tôi muốn đổi tiền Nhật sang tiền Việt.
トイ　ムオン　ドーイ　ティエン　ニャット　サン　ティエンヴィエット

航空便　đường hàng không（ドゥオン ハン ホン）	船便　đường thủy（ドゥオントゥイー）	切手　tem（テーム）	住所　địa chỉ（ディアチー）
国際電話　điện thoại quốc tế（ディエン トアイ クオックテー）	速達　gửi nhanh（グーイ ニャイン）	絵はがき　bưu thiếp（ブー ティエップ）	両替　đổi tiền（ドーイティエン）
電話番号　số điện thoại（ソーディエントアイ）	小包　bưu phẩm（ブー ファム）	携帯電話　điện thoại di động（ディエン トアイジードン）	現金　tiền mặt（ティエンマット）
電話　điện thoại（ディエントアイ）	封筒　phong bì（フォンビー）	手数料　tiền hoa hồng（ティエンホア ホン）	USドル　tiền đo la（ティエンドーラー）

トラブル・病気・けが

1 カメラを盗られました。
Tôi bị ăn cướp máy ảnh.
トイ ビ アン クオップ マイ アイン

2 パスポートをなくしました。
Tôi bị mất hộ chiếu rồi.
トイ ビ マッ ホ チエウ ゾーイ

3 交通事故に遭いました。
Tôi bị gặp tai nạn giao thông.
トイ ビ ガップ タイ ナン ザオ トン

4 日本大使館(領事館)に連絡をしたいです。
Tôi muốn liên hệ với đại sứ quán (lãnh sự quán).
トイ ムオン リエン ヘ ヴォイ ダイ スー クアン ラン スー クアン

5 医者に診てもらいたい。
Tôi muốn đi khám bác sĩ.
トイ ムオン ディー カム バック シー

6 おなかが痛い。
Tôi bị đau bụng.
トイ ビ ダウ ブン

7 風邪をひきました。
Tôi bị cảm.
トイ ビ カーム

8 熱があります。
Tôi bị sốt.
トイ ビ ソット

9 助けて!
Cứu tôi với !
クゥ トイ ヴォイ

10 泥棒!
Ăn cướp !
アン クップ

11 あっちへ行け!
Đi đi !
ディーディー

12 紛失届出受理証明書を書いてください。
Xin viết cho tôi giấy chứng nhận mất đồ.
シン ヴィエット チョー トイ ザイ チュン ニャン マッ ドー

13 警察(公安)を呼んでください。
Xin gọi công an cho tôi với.
シン ゴイ コン アン チョー トイ ヴォイ

14 病院へ行きたい。
Tôi muốn đi bệnh viện.
トイ ムオン ディー ベイン ヴィエン

15 ここに英語を話せる医者はいますか?
Ở đây có bác sĩ nào nói tiếng Anh không?
オー デイ コー バック シー ナオ ノイ ティエン アイン ホン

16 何の病気ですか?
Tôi bị bệnh gì?
トイ ビ ベイン ジー

17 吐き気がする。
Tôi buồn nôn.
トイ ブオン ノン

18 悪寒がします。
Tôi rét.
トイ ゼット

19 下痢をしています。
Tôi tiêu chảy.
トイ ティエウ チャイ

20 歯が痛い。
Tôi đau răng.
トイ ダウ ザン

21 これは何の薬ですか?
Cái thuốc này là thuốc gì?
カイ トゥオック ナイ ラー トゥオック ジー

22 診断書をください。
Cho tôi giấy chuẩn đoán bệnh của bệnh viện.
チョー トイ ザイ チュアン ドアン ベイン クア ベイン ヴィエン

紛失届出受理証明書 giấy chứng nhận mất đồ ザイ チュン ニャンマッドー	病院 bệnh viện ベイン ヴィエン	手術 phẩu thuật ファウ トゥアット	下痢 tiêu chảy ティエウ チャイ
泥棒 ăn trộm / ăn cướp アン チョム アンクオップ	病気 bệnh (ốm) ベイン (オム)	薬 thuốc トゥオック	エイズ si đa シ ダ
警察(公安) công an コン アン	薬局 nhà thuốc tây ニャートゥオックタイ	痛い đau ダウ	盲腸炎 viêm ruột thừa ヴィエム ズオット トゥア
再発給 cấp phát lại カップ ファットライ	医者 bác sĩ バックシー	かゆい ngứa グア	マラリア sốt rét ソットゼット
パスポート hộ chiếu ホ チエウ	看護師 y tá イーター	風邪 cảm カーム	デング熱 sốt xuất huyết ソット スワット フイエット
交通事故 tai nạn giao thông タイ ナン ザオ トン	血液型 nhóm máu ニョム マウ	食あたり ngộ độc thực phẩm ゴ ドック トゥック ファーム	破傷風 uốn ván ウォン ヴァン
海外旅行保険 bảo hiểm du lịch nước ngoài バオ ヒエム ズー リック ヌオック ゴアイ	注射 tiêm ティエム	肝炎 viêm ヴィエム	骨折 gãy xương ガーイ スオン

遊ぶ・友達になる

1 おいしいレストランを紹介してください。
Xin anh giới thiệu cho
シン アイン ゾーイ ティエウ チョー
tôi một tiệm ăn ngon.
トイ モッ ティエム アン ゴン

2 写真を撮ってもいいですか?
Chụp ảnh được không?
チュップ アイン ドゥォック ホン

3 写真を撮ってください。
Chụp giùm tôi.
チュップ ズム トイ

4 結婚していますか?
Anh có gia đình chưa?
アイン コー ザー ディン チュア

5 まだです。
Chưa.
チュア

6 手紙を書いてください。
Xin anh viết thư cho tôi.
シン アイン ヴィエットトゥ チョー トイ

7 楽しい?
Vui không?
ヴイ ホン

こんな本を読んでみよう

ベトナム旅行の前に、そして旅行から帰ったあとで、より深くベトナムを知る手助けとなる本を紹介しよう。

人々の生活と文化を知るために

『サイゴンから来た妻と娘』
近藤　紘一著（文春文庫）
戦火のサイゴンで働く新聞記者が、子連れのベトナム人女性と結婚。その文化の違いを日常生活からユーモラスに描く。大宅壮一ノンフィクション賞受賞。

『ベトナムの微笑み』
樋口　健夫著（平凡社新書）
日本とベトナム、異なるビジネス慣行にとまどいつつも、すっかりベトナムに魅せられた商社マンのハノイ滞在記。

『ハノイ挽歌』
辺見　庸著（文春文庫）
共同通信ハノイ支局長を務めた筆者が、ベトナムの神髄を鮮やかに描く随想集。

『一号線を北上せよ〈ヴェトナム街道編〉』
沢木　耕太郎著（講談社文庫）
『深夜特急』の著者がホーチミン市からハノイまでを結ぶ国道一号線をバスで走破する、ベトナム縦断旅行記。

『ベトナムの風に吹かれて』
小松　みゆき著（角川文庫）
ハノイで日本語教師をしていた著者が認知症の母を迎え、ハノイで海外介護の日常をユーモラスに綴った感動のエッセイ。2016年に松坂慶子主演で映画化された。

『ベトナムめし楽食大図鑑』
伊藤　忍／福井　隆也共著（情報センター出版局）
北から南、麺から甘味まで、ベトナムの食を膨大な量の写真とともに網羅。「ベトナムへは食の旅行」、という人は必読の一冊。

『ベトナムかあさんの味とレシピ』
伊藤　忍著（誠文堂新光社）
本場ベトナムの家庭で日々の食卓にのぼるリアルなごはんを、料理自慢の北部・南部のかあさんたちが紹介。空心菜のニンニク炒めやチェーなど、素朴でおいしいグルメが盛りだくさん。

『米旅・麺旅のベトナム』
木村　聡著（弦書房）
ベトナムを30年以上にわたって取材し続けた写真家の、ベトナム食文化に関する写真記録集。

文学で読むベトナム

『トゥイ・キョウの物語』
グエン・ズー原作、レ・スァン・トゥイ越英訳・脚注、佐藤　清二／黒田　佳子英和訳（吉備人出版）
ベトナム文学界に金字塔を打ち立てたといわれる名作。ある美少女の悲しい生涯を長編詩で綴（つづ）ったこの作品は、中国の古い物語を作者グエン・ズーが翻案したもので、ストーリーに盛られた教訓の数々は学校教科書にも採用された。

『輝ける闇』
開高　健著（新潮文庫）
戦争中のベトナム社会を、自身の従軍記者の経験をベースに小説化した物。開高文学の代表作のひとつ。

『愛人　ラマン』
マルグリット・デュラス著（河出文庫）
少女時代をフランス統治時代の南ベトナムで送ったデュラスが、少女から女へと成長していく姿を綴（つづ）った自伝的小説。ゴンクール賞受賞。

『インドシナ』
クリスチャン・ド・モンテラ著（二見書房）
1930年代のインドシナを舞台に、揺れ動く歴史の中で愛に生きるフランス人女性の生涯を描く。カトリーヌ・ドヌーヴ主演で映画化された。

『天と地』（全４巻）
レ・リ・ヘイスリップ著（角川文庫）
ベトナム戦争中、アメリカ人との結婚で祖国を逃れたベトナム人女性が、新天地で必死に生き抜いていくノンフィクション。

『浮　雲』
林　芙美子著（新潮文庫）
第２次世界大戦下、美しいダラットで出会い、激しい恋に落ちた男女は悲劇的な結末へ。

『虚構の楽園』
ズオン・トゥー・フオン著（段々社）
1950年代の土地改革を背景に、革命の波に翻弄され葛藤するふたつの家族を、気鋭の女性作家が力強く描き出している。農村の伝統風俗の描写も瑞々しい。アメリカ、イギリス、フランスなどでも翻訳出版されている。

『安南　愛の王国』
クリストフ・バタイユ著（集英社）
18世紀末の仏領インドシナに派遣されたドミニコ会修道士と修道女たち。仏革命の混乱のなか、故国から忘れ去られた彼らが見た“愛の王国”とは？　1994年ドゥ・マゴ賞受賞。

『戦争の悲しみ』
バオ・ニン著　井川　一久訳（めるくまーる社）
　ハノイを舞台に、ベトナム戦争で心身ともに傷ついた若い男女の悲劇を描いた作品。1991年にベトナム作家協会賞受賞、1994年に英国インディペンデント紙文学賞海外小説部門最優秀作に選ばれた、ドイモイ文学の最高作。

ベトナムの歴史をもっと知る

『歴史としてのベトナム戦争』
古田　元夫著（大月書店）
　ベトナムというアジアの小国が、なぜアメリカに戦争で勝つことができたのかがわかる。

『戦場の村』
本多　勝一著（朝日文庫）
　戦火にさらされた庶民の視点から、ベトナム戦争の最前線を現場から報告。

『ベトナム戦記』
開高　健著（朝日文庫）
　1964～65年にかけてサイゴンから書き送られたルポをまとめた一冊。

『ベトナム戦争と私 カメラマンの記録した戦場』
石川　文洋著（朝日選書）
　ベトナム戦争報道で知られる写真家によるベトナム戦争の記録。ベトナム戦争から45年たってもなお語りきれない戦地を深く書いた。

『サイゴンのいちばん長い日』
近藤　紘一著（文春文庫）
　ベトナム戦争末期、首都サイゴン陥落前後の混乱を、民衆と生活をともにした新聞記者が綴ったルポ。

『クォン・デ―もう一人のラスト・エンペラー』
森　達也著（角川文庫）
　フランス植民地支配からの祖国解放運動のため来日したベトナムの王子クォン・デは、なぜ祖国へ帰れず、日本で孤独死をする運命になったのか。知られざる歴史の裏側にスポットを当てたノンフィクション。

『物語ヴェトナムの歴史』
小倉　貞男著（中公新書）
　エネルギッシュなベトナムパワーはどこから生まれるのか？　紀元前の伝説王朝まで遡り、抵抗と独立の戦いに勝ち抜いてきた国民性を探る。

『チャンパ遺跡：海に向かって立つ』
チャン・キィ・フォン／重枝　豊共著（連合出版）
　ダナンのミーソンをはじめ、チャンパの遺跡建築についてわかりやすく解説。ベトナム中南部に点在する遺跡を訪れる前に一読を。

ベトナム雑学

『ベトナムの事典』
石井　米雄監修（同朋舎）
　歴史、文化、宗教から政治経済まで、第一線のベトナム人研究者87人が総力を結集して編纂した、全448ページの最強のベトナム事典。

『現代ベトナムを知るための60章　第２版』
今井　昭夫、岩井　美佐紀編著、他（エリア・スタディーズ39）
　歴史、文化、経済、政治、映画、文学など、さまざまなトピックについて多くの著者が各２～４ページ程度の章を60立てて執筆。

ガイドブック

『arucoホーチミン』『arucoハノイ』『arucoダナン　ホイアン』
地球の歩き方シリーズ（ダイヤモンド社）
　旅好き女子なら必ず体験したくなるような、魅力あふれるテーマの旅を『aruco』では「プチぼうけん」と名づけて紹介。2010年３月の発刊以来、海外旅行ビギナーから、こだわり派リピーターまで、すべての女性旅行者に大人気。

『Platホーチミン／ハノイ／ダナン／ホイアン』
地球の歩き方シリーズ（ダイヤモンド社）
　初めてその場所を旅する人や、短い滞在時間で効率的に観光したい旅人におすすめのシリーズ。限られた時間で、主要なエリアや見どころを効率よく回りたいアクティブな旅行者にぴったりのガイドブック。

『地球の歩き方リゾートスタイル ダナン／ホイアン／ホーチミン／ハノイ』
地球の歩き方シリーズ（ダイヤモンド社）
　今、人気急上昇中のベトナム中部のリゾート地ダナン、世界遺産の町ホイアンを中心に紹介。ベトナム中部を楽しむのにおすすめの一冊。

『ハノイから行ける　ベトナム北部の少数民族紀行　かわいい雑貨と美しい衣装に出会う旅』
西澤　智子著（ダイヤモンド社）
　繊細な刺繍、黄金に輝く棚田、彩りあふれる市場や衣装、ご当地グルメなど、知られざるベトナム少数民族の暮らしの撮影をライフワークにしてきた西澤智子氏による、ベトナム少数民族の『かわいい』を詰め込んだ、役に立つ紀行本。

索　引

ホーチミン市、ダナン、ハノイの主要な見どころと、おもなレストラン、ショップ、ホテルを載せています。

ホーチミン市

見どころ

レストラン

ショップ

ホテル

ダナン

見どころ

レストラン

〈凡例〉**レストラン**（ベ）：ベトナム料理　（海）：海鮮料理　（大）：大衆食堂・屋台　（麺）：麺料理　（各）：フランス・中華などの各国料理　（甘）：甘味　（カ）：カフェ　（他）：そのほかの料理
ショップ（ベ）：ベトナム雑貨　（ウ）：ウエア　（バ）：バッグ　（手）：手工芸品　（ス）：スーパーマーケット・デパート　（他）：そのほかのショップ

ショップ

ホテル

ハノイ

見どころ

レストラン

ショップ

ホテル

地球の歩き方 シリーズ一覧 2022年11月現在

＊地球の歩き方ガイドブックは、改訂時に価格が変わることがあります。＊表示価格は定価（税込）です。＊最新情報は、ホームページをご覧ください。www.arukikata.co.jp/guidebook/

地球の歩き方 ガイドブック

A ヨーロッパ

A01	ヨーロッパ	¥1870
A02	イギリス	¥1870
A03	ロンドン	¥1760
A04	湖水地方＆スコットランド	¥1870
A05	アイルランド	¥1980
A06	フランス	¥1870
A07	パリ＆近郊の町	¥1980
A08	南仏プロヴァンス コート・ダジュール＆モナコ	¥1760
A09	イタリア	¥1870
A10	ローマ	¥1760
A11	ミラノ ヴェネツィアと湖水地方	¥1870
A12	フィレンツェとトスカーナ	¥1870
A13	南イタリアとシチリア	¥1870
A14	ドイツ	¥1980
A15	南ドイツ フランクフルト ミュンヘン ロマンチック街道 古城街道	¥1760
A16	ベルリンと北ドイツ ハンブルク ドレスデン ライプツィヒ	¥1870
A17	ウィーンとオーストリア	¥1870
A18	スイス	¥1870
A19	オランダ ベルギー ルクセンブルク	¥1870
A20	スペイン	¥1870
A21	マドリードとアンダルシア	¥1760
A22	バルセロナ＆近郊の町 イビサ島／マヨルカ島	¥1760
A23	ポルトガル	¥1815
A24	ギリシアとエーゲ海の島々＆キプロス	¥1870
A25	中欧	¥1980
A26	チェコ ポーランド スロヴァキア	¥1870
A27	ハンガリー	¥1870
A28	ブルガリア ルーマニア	¥1980
A29	北欧 デンマーク ノルウェー スウェーデン フィンランド	¥1870
A30	バルトの国々 エストニア ラトヴィア リトアニア	¥1870
A31	ロシア ベラルーシ ウクライナ モルドヴァ コーカサスの国々	¥2090
A32	極東ロシア シベリア サハリン	¥1980
A34	クロアチア スロヴェニア	¥1760

B 南北アメリカ

B01	アメリカ	¥2090
B02	アメリカ西海岸	¥1870
B03	ロスアンゼルス	¥1870
B04	サンフランシスコとシリコンバレー	¥1870
B05	シアトル ポートランド	¥1870
B06	ニューヨーク マンハッタン＆ブルックリン	¥1980
B07	ボストン	¥1980
B08	ワシントンDC	¥1870
B09	ラスベガス セドナ＆グランドキャニオンと大西部	¥1870
B10	フロリダ	¥1870
B11	シカゴ	¥1870
B12	アメリカ南部	¥1980
B13	アメリカの国立公園	¥2090
B14	ダラス ヒューストン デンバー グランドサークル フェニックス サンタフェ	¥1980
B15	アラスカ	¥1980
B16	カナダ	¥1870
B17	カナダ西部 カナディアン・ロッキーとバンクーバー	¥1760
B18	カナダ東部	¥1760
B19	メキシコ	¥1980
B20	中米	¥2090
B21	ブラジル ベネズエラ	¥2200
B22	アルゼンチン チリ パラグアイ ウルグアイ	¥2200
B23	ペルー ボリビア エクアドル コロンビア	¥2200
B24	キューバ バハマ ジャマイカ カリブの島々	¥2035
B25	アメリカ・ドライブ	¥1980

C 太平洋／インド洋島々

C01	ハワイ1 オアフ島＆ホノルル	¥1980
C02	ハワイ2 ハワイ島 マウイ島 カウアイ島 モロカイ島 ラナイ島	¥1760
C03	サイパン ロタ＆テニアン	¥1540
C04	グアム	¥1980
C05	タヒチ イースター島	¥1870
C06	フィジー	¥1650
C07	ニューカレドニア	¥1650
C08	モルディブ	¥1870
C10	ニュージーランド	¥1870
C11	オーストラリア	¥2200
C12	ゴールドコースト＆ケアンズ	¥1870
C13	シドニー＆メルボルン	¥1760

D アジア

D01	中国	¥2090
D02	上海 杭州 蘇州	¥1870
D03	北京	¥1760
D04	大連 瀋陽 ハルビン 中国東北部の自然と文化	¥1980
D05	広州 アモイ 桂林 珠江デルタと華南地方	¥1980
D06	成都 重慶 九寨溝 麗江 四川 雲南	¥1980
D07	西安 敦煌 ウルムチ シルクロードと中国北西部	¥1980
D08	チベット	¥2090
D09	香港 マカオ 深セン	¥1870
D10	台湾	¥1870
D11	台北	¥1650
D13	台南 高雄 屏東＆南台湾の町	¥16
D14	モンゴル	¥20
D15	中央アジア サマルカンドとシルクロードの国々	¥20
D16	東南アジア	¥18
D17	タイ	¥18
D18	バンコク	¥18
D19	マレーシア ブルネイ	¥18
D20	シンガポール	¥16
D21	ベトナム	¥20
D22	アンコール・ワットとカンボジア	¥18
D23	ラオス	¥20
D24	ミャンマー（ビルマ）	¥20
D25	インドネシア	¥1
D26	バリ島	¥1
D27	フィリピン マニラ セブ ボラカイ ボホール エルニド	¥1
D28	インド	¥2
D29	ネパールとヒマラヤトレッキング	¥2
D30	スリランカ	¥1
D31	ブータン	¥1
D33	マカオ	¥1
D34	釜山 慶州	¥1
D35	バングラデシュ	¥2
D37	韓国	¥1
D38	ソウル	¥1

E 中近東 アフリカ

E01	ドバイとアラビア半島の国々	¥2
E02	エジプト	¥1
E03	イスタンブールとトルコの大地	¥2
E04	ペトラ遺跡とヨルダン レバノン	¥2
E05	イスラエル	¥2
E06	イラン ペルシアの旅	¥2
E07	モロッコ	¥
E08	チュニジア	¥
E09	東アフリカ ウガンダ エチオピア ケニア タンザニア ルワンダ	¥
E10	南アフリカ	¥
E11	リビア	¥
E12	マダガスカル	¥

J 国内版

J00	日本	¥
J01	東京	¥
J02	東京 多摩地域	¥
J03	京都	¥
J04	沖縄	¥
J05	北海道	¥
J08	千葉	¥

地球の歩き方 aruco

●海外

1	パリ	¥1320
2	ソウル	¥1320
3	台北	¥1320
4	トルコ	¥1430
5	インド	¥1540
6	ロンドン	¥1320
7	香港	¥1320
9	ニューヨーク	¥1320
10	ホーチミン ダナン ホイアン	¥1430
11	ホノルル	¥1320
12	バリ島	¥1320
13	上海	¥1320
14	モロッコ	¥1540
15	チェコ	¥1320
16	ベルギー	¥1430
17	ウィーン ブダペスト	¥1320
18	イタリア	¥1320
19	スリランカ	¥1540
20	クロアチア スロヴェニア	¥1430
21	スペイン	¥1320
22	シンガポール	¥1320
23	バンコク	¥1430
24	グアム	¥1320
25	オーストラリア	¥1430
26	フィンランド エストニア	¥1430
27	アンコール・ワット	¥1430
28	ドイツ	¥1430
29	ハノイ	¥1430
30	台湾	¥1320
31	カナダ	¥1320
33	サイパン テニアン ロタ	¥1320
34	セブ ボホール エルニド	¥1320
35	ロスアンゼルス	¥1320
36	フランス	¥1430
37	ポルトガル	¥1650
38	ダナン ホイアン フエ	¥1430

●国内

東京	¥1540
東京で楽しむフランス	¥1430
東京で楽しむ韓国	¥1430
東京で楽しむ台湾	¥1430
東京の手みやげ	¥1430
東京おやつさんぽ	¥1430
東京のパン屋さん	¥1430
東京で楽しむ北欧	¥1430
東京のカフェめぐり	¥1480
東京で楽しむハワイ	¥1480
nyaruco 東京ねこさんぽ	¥1480
東京で楽しむイタリア＆スペイン	¥1480
東京で楽しむアジアの国々	¥1480
東京ひとりさんぽ	¥1480
東京パワースポットさんぽ	¥1599
東京で楽しむ英国	¥1599

地球の歩き方 Plat

1	パリ	¥1320
2	ニューヨーク	¥1320
3	台北	¥1100
4	ロンドン	¥1320
6	ドイツ	¥1320
7	ホーチミン／ハノイ／ダナン／ホイアン	¥1320
8	スペイン	¥1320
10	シンガポール	¥1100
11	アイスランド	¥1540
14	マルタ	¥1540
15	フィンランド	¥1320
16	クアラルンプール／マラッカ	¥1100
17	ウラジオストク／ハバロフスク	¥1430
18	サンクトペテルブルク／モスクワ	¥1540
19	エジプト	¥1320
20	香港	¥
22	ブルネイ	¥
23	ウズベキスタン／サマルカンド／ブハラ／ヒヴァ／タシケント	¥
24	ドバイ	¥
25	サンフランシスコ	¥
26	パース／西オーストラリア	¥
27	ジョージア	¥

地球の歩き方 リゾートスタ

R02	ハワイ島	¥
R03	マウイ島	¥
R04	カウアイ島	¥
R05	こどもと行くハワイ	¥
R06	ハワイ ドライブ・マップ	¥
R07	ハワイ バスの旅	¥
R08	グアム	¥
R09	こどもと行くグアム	¥
R10	パラオ	¥
R12	プーケット サムイ島 ピピ島	¥
R13	ペナン ランカウイ クアラルンプール	¥
R14	バリ島	¥
R15	セブ＆ボラカイ ボホール シキホール	¥
R16	テーマパークｉｎオーランド	¥
R17	カンクン コスメル イスラ・ムヘーレス	¥
R20	ダナン ホイアン ホーチミン ハノイ	¥

地球の歩き方　御朱印

1	御朱印でめぐる鎌倉のお寺　三十三観音完全掲載　三訂版	¥1650
2	御朱印でめぐる京都のお寺　改訂版	¥1650
3	御朱印でめぐる奈良の古寺　改訂版	¥1650
4	御朱印でめぐる東京のお寺	¥1650
5	日本全国この御朱印が凄い！　第壱集　増補改訂版	¥1650
6	日本全国この御朱印が凄い！　第弐集　都道府県網羅版	¥1650
7	御朱印でめぐる全国の神社　開運さんぽ	¥1430
8	御朱印でめぐる高野山　改訂版	¥1650
9	御朱印でめぐる関東の神社　週末開運さんぽ	¥1430
10	御朱印でめぐる秩父の寺社　三十四観音完全掲載　改訂版	¥1650
11	御朱印でめぐる関東の百寺　坂東三十三観音と古寺	¥1650
12	御朱印でめぐる関西の神社　週末開運さんぽ	¥1430
13	御朱印でめぐる関西の百寺　西国三十三所と古寺	¥1650
14	御朱印でめぐる東京の神社週末開運さんぽ　改訂版	¥1540
15	御朱印でめぐる神奈川の神社　週末開運さんぽ	¥1430
16	御朱印でめぐる埼玉の神社　週末開運さんぽ	¥1430
17	御朱印でめぐる北海道の神社　週末開運さんぽ	¥1430
18	御朱印でめぐる九州の神社　週末開運さんぽ　改訂版	¥1540
19	御朱印でめぐる千葉の神社　週末開運さんぽ　改訂版	¥1540
20	御朱印でめぐる東海の神社　週末開運さんぽ	¥1430
21	御朱印でめぐる京都の神社　週末開運さんぽ　改訂版	¥1540
22	御朱印でめぐる神奈川のお寺	¥1650
23	御朱印でめぐる大阪　兵庫の神社　週末開運さんぽ	¥1430
24	御朱印でめぐる愛知の神社　週末開運さんぽ　改訂版	¥1540
25	御朱印でめぐる栃木　日光の神社　週末開運さんぽ	¥1430
26	御朱印でめぐる福岡の神社　週末開運さんぽ	¥1430
27	御朱印でめぐる広島　岡山の神社　週末開運さんぽ	¥1430
28	御朱印でめぐる山陰　山陽の神社　週末開運さんぽ	¥1430
9	御朱印でめぐる埼玉のお寺	¥1650
0	御朱印でめぐる千葉のお寺	¥1650
1	御朱印でめぐる東京の七福神	¥1540
2	御朱印でめぐる東北の神社　週末開運さんぽ　改訂版	¥1540
3	御朱印でめぐる全国の稲荷神社　週末開運さんぽ	¥1430
4	御朱印でめぐる新潟 佐渡の神社　週末開運さんぽ	¥1430
5	御朱印でめぐる静岡 富士 伊豆の神社　週末開運さんぽ	¥1430
6	御朱印でめぐる四国の神社　週末開運さんぽ	¥1430
7	御朱印でめぐる中央線沿線の寺社　週末開運さんぽ	¥1540
8	御朱印でめぐる東急線沿線の寺社　週末開運さんぽ	¥1540
9	御朱印でめぐる茨城の神社　週末開運さんぽ	¥1430
	御朱印でめぐる関東の聖地　週末開運さんぽ	¥1430
	御朱印でめぐる東海のお寺	¥1650
	日本全国ねこの御朱印＆お守りめぐり　週末開運にゃんさんぽ	¥1760
	御朱印でめぐる信州 甲州の神社　週末開運さんぽ	¥1430
	御朱印でめぐる全国の聖地　週末開運さんぽ	¥1430
	御船印でめぐる全国の魅力的な船旅	¥1650
	御朱印でめぐる茨城のお寺	¥1650
	御朱印でめぐる全国のお寺　週末開運さんぽ	¥1540
	日本全国 日本酒でめぐる　酒蔵＆ちょこっと御朱印〈東日本編〉	¥1760
	日本全国 日本酒でめぐる　酒蔵＆ちょこっと御朱印〈西日本編〉	¥1760
	関東版ねこの御朱印＆お守りめぐり　週末開運にゃんさんぽ	¥1760
52	一生に一度は参りたい！　御朱印でめぐる全国の絶景寺社図鑑	¥2479
D51	鉄印帳でめぐる全国の魅力的な鉄道40	¥1650
	御朱印はじめました　関東の神社　週末開運さんぽ	¥1210

地球の歩き方　島旅

1	五島列島　3訂版	¥1650
2	奄美大島～奄美群島1～　3訂版	¥1650
3	与論島　沖永良部島　徳之島（奄美群島②）改訂版	¥1650
4	利尻　礼文	¥1650
5	天草	¥1650
6	壱岐　4訂版	¥1650
7	種子島　3訂版	¥1650
8	小笠原　父島　母島　3訂版	¥1650
9	隠岐	¥1650
10	佐渡　3訂版	¥1650
11	宮古島　伊良部島　下地島　来間島　池間島　多良間島　大神島　改訂版	¥1650
12	久米島　渡名喜島　改訂版	¥1650
13	小豆島～瀬戸内の島々1～　改訂版	¥1650
14	直島　豊島　女木島　男木島　犬島～瀬戸内の島々2～	¥1650
15	伊豆大島　利島～伊豆諸島1～	¥1650
16	新島　式根島　神津島～伊豆諸島2～	¥1650
17	沖縄本島周辺15離島	¥1650
18	たけとみの島々　竹富島　西表島　波照間島　小浜島　黒島　鳩間島　新城島　由布島　加屋	¥1650
19	淡路島～瀬戸内の島々3～	¥1650
20	石垣島　竹富島 西表島 小浜島 由布島 新城島 波照間島	¥1650
22	島旅ねこ　にゃんこの島の歩き方	¥1344

地球の歩き方　旅の図鑑

W01	世界244の国と地域	¥1760
W02	世界の指導者図鑑	¥1650
W03	世界の魅力的な奇岩と巨石139選	¥1760
W04	世界246の首都と主要都市	¥1760
W05	世界のすごい島300	¥1760
W06	地球の歩き方的！　世界なんでもランキング	¥1760
W07	世界のグルメ図鑑　116の国と地域の名物料理を食の雑学とともに解説	¥1760
W08	世界のすごい巨像	¥1760
W09	世界のすごい城と宮殿333	¥1760
W10	世界197ヵ国のふしぎな聖地＆パワースポット	¥1870
W11	世界の祝祭	¥1760
W12	世界のカレー図鑑	¥1980
W13	世界遺産　絶景でめぐる自然遺産　完全版	¥1980
W15	地球の果ての歩き方	¥1980
W16	世界の中華料理図鑑	¥1980
W17	世界の地元メシ図鑑	¥1980
W18	世界遺産の歩き方　学んで旅する！　すごい世界遺産190選	¥1980
W19	世界の魅力的なビーチと湖	¥1980
W20	世界のすごい駅	¥1980
W21	世界のおみやげ図鑑	¥1980
W22	いつか旅してみたい世界の美しい古都	¥1980
W23	世界のすごいホテル	¥1980
W24	日本の凄い神木	¥2200
W26	世界の麺図鑑	¥1980
W28	世界の魅力的な道	¥1980

地球の歩き方　旅の名言＆絶景

ALOHAを感じるハワイのことばと絶景100	¥1650
自分らしく生きるフランスのことばと絶景100	¥1650
人生観が変わるインドのことばと絶景100	¥1650
生きる知恵を授かるアラブのことばと絶景100	¥1650
心に寄り添う台湾のことばと絶景100	¥1650
道しるべとなるドイツのことばと絶景100	¥1650
共感と勇気がわく韓国のことばと絶景100	¥1650
人生を楽しみ尽くすイタリアのことばと絶景100	¥1650
今すぐ旅に出たくなる！　地球の歩き方のことばと絶景100	¥1650

地球の歩き方　旅と健康

地球のなぞり方 旅地図 アメリカ大陸編	¥1430
地球のなぞり方 旅地図 ヨーロッパ編	¥1430
地球のなぞり方 旅地図 アジア編	¥1430
地球のなぞり方 旅地図 日本編	¥1430
脳がどんどん強くなる！　すごい地球の歩き方	¥1650

地球の歩き方　gemstone

アフタヌーンティーで旅するイギリス	¥1650
キューバ　革命と情熱の島を旅する　増補改訂版	¥1760
スイス　歩いて楽しむアルプス絶景ルート　改訂新版	¥1760
とっておきのポーランド　増補改訂版	¥1760
ハノイから行ける　ベトナム北部の少数民族紀行	¥1760
ポルトガル　奇跡の風景をめぐる旅	¥1650
ヨーロッパ鉄道の旅　はじめてでもよく分かる	¥1650
ラダック　ザンスカール　スピティ　北インドのリトル・チベット　増補改訂版	¥1925
新装改訂版　ベルリンガイドブック　歩いて見つけるベルリンとポツダム13エリア	¥1760

地球の歩き方　旅の読み物

今こそ学びたい日本のこと	¥1760
週末だけで70ヵ国159都市を旅したリーマントラベラーが教える自分の時間の作り方	¥1540

地球の歩き方　BOOKS

FAMILY TAIWAN TRIP　#子連れ台湾	¥1518
GIRL'S GETAWAY TO LOS ANGELES	¥1760
HAWAII RISA'S FAVORITES　大人女子はハワイで美味しく美しく	¥1650
LOVELY GREEN NEW ZEALAND　未来の国を旅するガイドブック	¥1760
MAKI'S DEAREST HAWAII	¥1540
MY TRAVEL, MY LIFE Maki's Family Travel Book	¥1760
WORLD FORTUNE TRIP　イヴルルド遙華の世界開運★旅案内	¥1650
いろはに北欧	¥1760
ヴィクトリア朝が教えてくれる英国の魅力	¥1320
ダナン＆ホイアン　PHOTO TRAVEL GUIDE	¥1650
とっておきのフィンランド	¥1760
フィンランドでかなえる100の夢	¥1760
マレーシア　地元で愛される名物食堂	¥1430
やり直し英語革命	¥1100
気軽に始める！大人の男海外ひとり旅	¥1100
気軽に出かける！　大人の男アジアひとり旅	¥1100
香港　地元で愛される名物食堂	¥1540
最高のハワイの過ごし方	¥1540
子連れで沖縄　旅のアドレス＆テクニック117	¥1100
純情ヨーロッパ　呑んで、祈って、脱いでみて	¥1408
食事作りに手間暇かけないドイツ人、手料理神話にこだわり続ける日本人	¥1100
親の介護をはじめる人へ　伝えておきたい10のこと	¥1000
人情ヨーロッパ　人生、ゆるして、ゆるされて	¥1518
総予算33万円・9日間から行く！　世界一周	¥1100
台北　メトロさんぽ　MRTを使って、おいしいとかわいいを巡る旅	¥1518
鳥居りんこ　親の介護をはじめたらお金の話で泣き見てばかり	¥1320
鳥居りんこの親の介護は知らなきゃバカ見ることだらけ	¥1320
北欧が好き！　フィンランド・スウェーデン・デンマーク・ノルウェーの素敵な町めぐり	¥1210
北欧が好き！2　建築＆デザインでめぐるフィンランド・スウェーデン・デンマーク・ノルウェー	¥1210
地球の歩き方JAPAN　ダムの歩き方　全国版　初めてのダム旅入門ガイド	¥1712
日本全国　開運神社　このお守りがすごい！	¥1522

地球の歩き方　スペシャルコラボ BOOK

地球の歩き方　ムー	¥2420
地球の歩き方　JOJO　ジョジョの奇妙な冒険	¥2420

地球の歩き方 関連書籍のご案内

ベトナムとその周辺諸国をめぐる東南アジアの旅を「地球の歩き方」が応援します!

地球の歩き方 ガイドブック

- D09 香港 マカオ ¥1,870
- D16 東南アジア ¥1,870
- D17 タイ ¥1,870
- D18 バンコク ¥1,870
- D19 マレーシア ブルネイ ¥1,870
- D20 シンガポール ¥1,650
- D21 ベトナム ¥2,090
- D22 アンコール・ワット ¥1,870
- D23 ラオス ¥2,090
- D25 インドネシア ¥1,870
- D26 バリ島 ¥1,870
- D33 マカオ ¥1,760

地球の歩き方 aruco

- 07 aruco 香港 ¥1,320
- 10 aruco ホーチミン ¥1,430
- 12 aruco バリ島 ¥1,320
- 22 aruco シンガポール ¥1,320
- 23 aruco バンコク ¥1,870
- 27 aruco アンコール・ワット ¥1,430
- 29 aruco ハノイ ¥1,430
- 38 aruco ダナン ホイアン ¥1,430

地球の歩き方 Plat

- 07 Plat ホーチミン ハノイ ¥1,320
- 10 Plat シンガポール ¥1,100
- 16 Plat クアラルンプール ¥1,100
- 20 Plat 香港 ¥1,100
- 22 Plat ブルネイ ¥1,430

地球の歩き方 リゾートスタイル

- R12 プーケット ¥1,650
- R14 バリ島 ¥1,430
- R20 ダナン ホイアン ¥1,650

地球の歩き方 gemstone

ハノイから行けるベトナム北部の少数民族紀行 ¥1,760

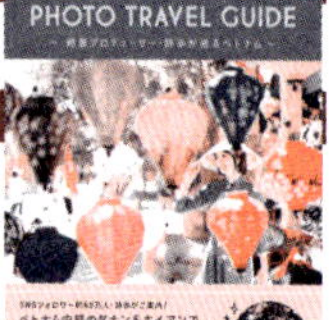

地球の歩き方 BOOKS

ダナン&ホイアン PHOTOTRAVEL ¥1,650
マレーシア 地元で愛される名物食堂 ¥1,430
香港 地元で愛される名物食堂 ¥1,540

地球の歩き方 aruco 国内版

aruco 東京で楽しむアジアの国々 ¥1,480

※表示価格は定価（税込）です。改訂時に価格が変更になる場合があります。

地球の歩き方 旅の図鑑シリーズ

見て読んで海外のことを学ぶことができ、旅気分を楽しめる新シリーズ。
1979年の創刊以来、長年蓄積してきた世界各国の情報と取材経験を生かし、
従来の「地球の歩き方」には載せきれなかった、
旅にぐっと深みが増すような雑学や豆知識が盛り込まれています。

W01
世界244の国と地域
¥1760

W07
世界のグルメ図鑑
¥1760

W02
世界の指導者図鑑
¥1650

W03
世界の魅力的な奇岩と巨石139選
¥1760

W04
世界246の首都と主要都市
¥1760

W05
世界のすごい島300
¥1760

W06
世界なんでもランキング
¥1760

W08
世界のすごい巨像
¥1760

W09
世界のすごい城と宮殿333
¥1760

W11
世界の祝祭
¥1760

- W10 世界197ヵ国のふしぎな聖地&パワースポット ¥1870
- W13 世界遺産　絶景でめぐる自然遺産　完全版 ¥1980
- W16 世界の中華料理図鑑 ¥1980
- W18 世界遺産の歩き方 ¥1980
- W20 世界のすごい駅 ¥1980
- W22 いつか旅してみたい世界の美しい古都 ¥1980
- W24 日本の凄い神木 ¥2200
- W26 世界の麺図鑑 ¥1980
- W12 世界のカレー図鑑 ¥1980
- W15 地球の果ての歩き方 ¥1980
- W17 世界の地元メシ図鑑 ¥1980
- W19 世界の魅力的なビーチと湖 ¥1980
- W21 世界のおみやげ図鑑 ¥1980
- W23 世界のすごいホテル ¥1980
- W25 世界のお菓子図鑑 ¥1980
- W28 世界の魅力的な道 178 選 ¥1980

※表示価格は定価（税込）です。改訂時に価格が変更になる場合があります。

あなたの**旅の体験談**をお送りください

「地球の歩き方」は、たくさんの旅行者からご協力をいただいて、
改訂版や新刊を制作しています。
あなたの旅の体験や貴重な情報を、これから旅に出る人たちへ分けてあげてください。
なお、お送りいただいたご投稿がガイドブックに掲載された場合は、
初回掲載本を1冊プレゼントします！

ご投稿はインターネットから！

URL www.arukikata.co.jp/guidebook/toukou.html
画像も送れるカンタン「投稿フォーム」
※左記のQRコードをスマートフォンなどで読み取ってアクセス！

または「地球の歩き方　投稿」で検索してもすぐに見つかります

地球の歩き方　投稿

▶投稿にあたってのお願い

★ご投稿は、次のような《テーマ》に分けてお書きください。

《新発見》――――ガイドブック未掲載のレストラン、ホテル、ショップなどの情報
《旅の提案》―――未掲載の町や見どころ、新しいルートや楽しみ方などの情報
《アドバイス》――旅先で工夫したこと、注意したこと、トラブル体験など
《訂正・反論》―――掲載されている記事・データの追加修正や更新、異論、反論など

※記入例「○○編20XX年度版△△ページ掲載の□□ホテルが移転していました……」

★データはできるだけ正確に。

ホテルやレストランなどの情報は、名称、住所、電話番号、アクセスなどを正確にお書きください。ウェブサイトのURLや地図などは画像でご投稿いただくのもおすすめです。

★ご自身の体験をお寄せください。

雑誌やインターネット上の情報などの丸写しはせず、実際の体験に基づいた具体的な情報をお待ちしています。

▶ご確認ください

※採用されたご投稿は、必ずしも該当タイトルに掲載されるわけではありません。関連他タイトルへの掲載もありえます。
※例えば「新しい市内交通パスが発売されている」など、すでに編集部で取材・調査を終えているものと同内容のご投稿をいただいた場合は、ご投稿を採用したとはみなされず掲載本をプレゼントできないケースがあります。
※当社は個人情報を第三者へ提供いたしません。また、ご記入いただきましたご自身の情報については、ご投稿内容の確認や掲載本の送付などの用途以外には使用いたしません。
※ご投稿の採用の可否についてのお問い合わせはご遠慮ください。
※原稿は原文を尊重しますが、スペースなどの関係で編集部でリライトする場合があります。

あとがき

約２年半ぶりの取材で訪れた町は、どこもベトナムらしいにぎやかさと明るさで満ちあふれていました。閉業を余儀なくされ消えていったところは数多くありますが、その反面、次々と新しいものが生み出され、ベトナムの人々の持ち前の強さや柔軟性を目の当たりにしました。これからますますおもしろくなるベトナム。ぜひご自身の目で見て、体験してください。本書がどうか皆様の旅のお役に立ちますよう。最後に、取材にご協力いただいた皆様に心より感謝申し上げます。

STAFF

Producer：
池田祐子　Yuko Ikeda
Editors：
大久保民　Tami Okubo、小坂歩　Ayumi Kosaka（有限会社アジアランド　Asia Land Co.Ltd）
Writers：
板坂真季　Maki Itasaka
Researchers & Coordinators：
竹森美佳　Mika Takemori、高野有貴　Yuki Takano、ルー・ビック・ユン　Luu Bich Dung
Designer：
山中遼子　Ryoko Yamanaka
Proofreader：
戸村悦子　Etsuko Tomura
Cartographers：
辻野良晃　Yoshiaki Tsujino
Photographers：
竹之下美緒　Mio Takenoshita、大池直人　Naoto Ohike、西澤智子　Tomoko Nishizawa、湯山繁　Shigeru Yuyama、松本光子　Mitsuko Matsumoto、杉田憲昭　Noriaki Sugita、©iStock
Cover Designer：
日出嶋昭男　Akio Hidejima

Special Thanks

岡和明さん / 河村きくみさん / 重枝豊さん / 吉田元夫さん / 大西和彦さん / 近江かおるさん / 有田芳生さん（順不同）

本書についてのご意見・ご感想はこちらまで
読者投稿　〒141-8425　東京都品川区西五反田2-11-8
株式会社地球の歩き方
地球の歩き方サービスデスク「ベトナム編」投稿係
https://www.arukikata.co.jp/guidebook/toukou.html
地球の歩き方ホームページ（海外・国内旅行の総合情報）　https://www.arukikata.co.jp/
ガイドブック『地球の歩き方』公式サイト　https://www.arukikata.co.jp/guidebook/

地球の歩き方 D21
ベトナム 2023-2024年版

2023年1月3日初版第1刷発行

Published by Arukikata. Co., Ltd.
2-11-8 Nishigotanda, Shinagawa-ku, Tokyo, 141-8425, Japan

著作編集　地球の歩き方編集室
発 行 人　新井 邦弘
編 集 人　宮田 崇
発 行 所　株式会社地球の歩き方　〒141-8425　東京都品川区西五反田2-11-8
発 売 元　株式会社Gakken　〒141-8416　東京都品川区西五反田2-11-8
印刷製本　開成堂印刷株式会社

※本書は基本的に2022年8月～2022年11月の取材データに基づいて作られています。発行後に料金、営業時間、定休日などが変更になる場合がありますのでご了承ください。更新・訂正情報：https://www.arukikata.co.jp/travel-support/

●この本に関する各種お問い合わせ先
・本の内容については、下記サイトのお問い合わせフォームよりお願いします。
URL ▶ https://www.arukikata.co.jp/guidebook/contact.html
・広告については、下記サイトのお問い合わせフォームよりお願いします。
URL ▶ https://www.arukikata.co.jp/ad_contact/
・在庫については　Tel 03-6431-1250（販売部）
・不良品（乱丁、落丁）については　Tel 0570-000577
学研業務センター　〒354-0045　埼玉県入間郡三芳町上富279-1
・上記以外のお問い合わせは　Tel 0570-056-710（学研グループ総合案内）

※本書は株式会社ダイヤモンド・ビッグ社より1994年3月に初版発行したもの（2020年8月に改訂第26版）の最新・改訂版です。
学研グループの書籍・雑誌についての新刊情報・詳細情報は、右記をご覧ください。学研出版サイト　https://hon.gakken.jp/